Controvérsias Atuais em Responsabilidade Civil

Controvérsias Atuais em Responsabilidade Civil

ESTUDOS DE DIREITO CIVIL-CONSTITUCIONAL

2018

Coordenadores:
Eduardo Nunes de Souza
Rodrigo da Guia Silva

CONTROVÉRSIAS ATUAIS EM RESPONSABILIDADE CIVIL
ESTUDOS DE DIREITO CIVIL-CONSTITUCIONAL
© Almedina, 2018

COORDENADORES: Eduardo Nunes de Souza e Rodrigo da Guia Silva
DIAGRAMAÇÃO: Almedina
DESIGN DE CAPA: FBA
ISBN: 9788584933976

Dados Internacionais de Catalogação na Publicação (CIP)
(Câmara Brasileira do Livro, SP, Brasil)

Controvérsias atuais em responsabilidade civil :
estudos de direito civil-constitucional /
coordenadores Eduardo Nunes de Souza, Rodrigo
da Guia Silva. -- São Paulo : Almedina, 2018.
Vários autores.

Bibliografia.
ISBN 978-85-8493-397-6

1. Direito civil 2. Direito civil - Brasil
3. Responsabilidade civil - Brasil I. Souza,
Eduardo Nunes de. II. Silva, Rodrigo da Guia.

18-19820   CDU-347.51(81)

Índices para catálogo sistemático:

1. Brasil : Responsabilidade civil : Direito civil 347.51(81)

Maria Alice Ferreira – Bibliotecária – CRB-8/7964

Este livro segue as regras do novo Acordo Ortográfico da Língua Portuguesa (1990).

Todos os direitos reservados. Nenhuma parte deste livro, protegido por copyright, pode ser reproduzida, armazenada ou transmitida de alguma forma ou por algum meio, seja eletrônico ou mecânico, inclusive fotocópia, gravação ou qualquer sistema de armazenagem de informações, sem a permissão expressa e por escrito da editora.

Setembro 2018

EDITORA: Almedina Brasil
Rua José Maria Lisboa, 860, Conj.131 e 132, Jardim Paulista | 01423-001 São Paulo | Brasil
editora@almedina.com.br
www.almedina.com.br

SUMÁRIO

Sobre Esta Obra 13
Apresentação: O Oxímoro da Responsabilidade Civil Brasileira 17

CONTROVÉRSIAS SOBRE O NEXO DE CAUSALIDADE E A RESPONSABILIDADE INDIRETA

1. Em Defesa do Nexo Causal: Culpa, Imputação e Causalidade na Responsabilidade Civil..33
Eduardo Nunes de Souza

1. Introdução: em que *não* consiste a reparação civil na legalidade constitucional 33
2. A confusão conceitual dos requisitos da responsabilidade civil sob o paradigma do ato ilícito e a difícil sistematização da matéria no modelo atual 42
3. A longeva dificuldade de dissociação entre nexo de causalidade e culpa...........58
4. Responsabilidade civil indireta e o suposto dever de indenizar sem nexo causal......75
5. O chamado nexo de imputação e a equivocada superação do nexo de causalidade como requisito da responsabilidade civil 89
6. Síntese conclusiva 98
7. Referências..99

2. A Questão do Nexo Causal Probabilístico no Direito Brasileiro................ 103
Marcos de Souza Paula

1. Introdução 103
2. A dificuldade epistemológica em torno da causalidade............................104
3. Causalidade na responsabilidade civil 107
4. Da certeza à probabilidade 112
5. Nexo causal como objeto de prova 117
6. Teorias da probabilidade: a probabilidade quantitativa e a probabilidade lógica.....118
7. Casos paradigmáticos para a discussão do nexo causal probabilístico 125
   7.1. Dano pelo uso de estrogênio sintético (DES)..125

7.2. Danos oriundos do fumo 129
7.3. Outros casos: responsabilidade pelo uso do amianto, acidentes de trabalho e danos ambientais... 136
8. Considerações finais.. 139
9. Referências.. 141

3. Breves Apontamentos Acerca do Enfraquecimento Dogmático do Nexo Causal 147
Guilherme de Mello Franco Faoro

1. Introdução.. 147
2. As diversas teorias da causalidade 148
3. A relativização das excludentes de causalidade 152
4. A causalidade alternativa (ou disjuntiva) e a responsabilidade coletiva 157
5. O problema da causalidade virtual ou hipotética 163
6. Conclusão 168
7. Referências.. 169

4. A Responsabilidade Civil dos Pais Pelos Danos Causados por Filhos Menores: Análise dos Requisitos de Autoridade e Companhia............. 171
Marina Duque Moura Leite

1. Introdução.. 171
2. Responsabilidade civil dos pais por danos causados pelos menores: responsabilidade direta ou indireta?... 172
3. Análise histórica da responsabilidade civil dos pais pelos danos causados por filhos menores 175
4. A problemática interpretação do art. 932, I, do Código Civil de 2002 183
5. Conclusão 192
6. Referências.. 193

5. O Fortuito Interno e Externo e Sua Relação Com a Culpa do Agente 197
Tayná Bastos de Souza

1. Introdução.. 197
2. O caso fortuito e força maior no ordenamento jurídico brasileiro 199
3. As teorias atinentes ao caso fortuito e força maior 202
4. O desenvolvimento da doutrina do fortuito interno e externo 206
5. Os critérios de aferição do fortuito interno 209
6. Conclusão 215
7. Referências.. 217

CONTROVÉRSIAS SOBRE A CONFIGURAÇÃO DO DANO INJUSTO

6. Privação do Uso e Dever de Indenizar: Perspectivas de Configuração do Dano Indenizável à Luz do Paradigma do Dano Injusto 221
Rodrigo da Guia Silva

1. Introdução 221
2. A indenizabilidade dos danos por privação do uso no contexto do giro conceitual do ato ilícito para o dano injusto 223
3. Notas sobre o reconhecimento do dano emergente autônomo pela privação do uso no direito brasileiro 227
4. Repercussão do não uso sobre a configuração do dever de indenizar 232
5. Perspectivas iniciais sobre a definição do *quantum debeatur* 244
6. Síntese conclusiva 254
7. Referências 256

7. A Reparação Pela Perda de Uma Chance 259
Marcella Campinho Vaz

1. Introdução 259
2. Modalidades e objeto de reparação: distinções necessárias 260
3. Histórico 264
4. Natureza jurídica do dano decorrente da perda de uma chance 271
5. Aplicação da teoria da perda de uma chance na responsabilidade médica 281
6. Limites na aplicação da teoria 287
7. Conclusão 293
8. Referências 294

8. O Papel da Responsabilidade Civil na Regulação dos Riscos: Uma Análise do Chamado Risco do Desenvolvimento 297
Diego Brainer de Souza André

1. Introdução 297
2. O risco na sociedade contemporânea e a função da responsabilidade civil 299
3. Do ato ilícito ao dano injusto: o papel da responsabilidade civil em cotejo com o direito administrativo e o direito penal 306
4. A teoria do risco do desenvolvimento: da necessidade de regulação pelo direito administrativo à possível não indenizabilidade pela responsabilidade civil 316
5. Conclusão 327
6. Referências 331

9. Dano Moral Coletivo e o Discurso De Ódio: a Responsabilização Civil Pelo *Hate Speech* é Solução ou Excesso? 335
Júlia Costa de Oliveira

1. Introdução 335
2. Breves considerações sobre dano moral no Brasil 336
3. Dano moral coletivo 339
4. Discurso de ódio ou *hate speech* 348
   4.1. Conceito 348
   4.2. Discurso de ódio e liberdade de expressão 351
   4.3. Discurso de ódio e dano coletivo 357
5. Síntese conclusiva 362
6. Referências 363

10. Pós-Eficácia das Obrigações 367
Marcella Campinho Vaz

1. Introdução 367
2. Compreensão geral da pós-eficácia das obrigações 368
   2.1. Fundamentação e natureza jurídica 368
   2.2. Distinções de outras figuras jurídicas 377
3. Pressupostos e formas de reparação 380
4. Critérios de aplicação da *culpa post factum finitum* 382
5. Conclusão 391
6. Referências 393

11. Responsabilidade Civil nas Relações de Vizinhança: Reflexões Sobre um Velho Dilema 395
Marcos de Souza Paula

1. Introdução 395
2. Dogmática dos direitos de vizinhança: o uso anormal da propriedade e a composição de interesses conflitantes 397
3. Estrutura e função dos direitos de vizinhança: entre obrigação e responsabilidade 405
4. Responsabilidade objetiva e direito de vizinhança: traços de uma trajetória comum e a busca por um elemento de imputabilidade do dano entre vizinhos 410
5. A vizinhança no plano da legalidade constitucional: uma aplicação do merecimento de tutela 420
6. Síntese conclusiva 427
7. Referências 428

SUMÁRIO

12. A Responsabilidade Civil dos Provedores de Aplicações de Internet por Danos Decorrentes de Conteúdo Gerado por Terceiros na Perspectiva Civil-Constitucional 433
João Quinelato de Queiroz

1. Introdução 433
2. Os sistemas de responsabilidade civil aplicáveis aos provedores de aplicações... 438
   2.1. O artigo 19 do Marco Civil da Internet e seu retrocesso à luz da pessoa.... 443
   2.2. O sistema de notice and take down à brasileira: o equívoco do locus privilegiado da liberdade 451
3. Síntese conclusiva 461
4. Referências 463

CONTROVÉRSIAS SOBRE A QUANTIFICAÇÃO DA REPARAÇÃO CIVIL

13. A Regra de Compensação de Vantagens com Prejuízos (*compensatio lucri cum damno*) no Direito Brasileiro 469
Rodrigo da Guia Silva

1. Introdução: a quantificação do dano patrimonial à luz da sua unidade e complexidade 469
2. Enquadramento dogmático da regra de compensação de vantagens com prejuízos (*compensatio lucri cum damno*) 476
3. Análise do requisito da causalidade entre conduta danosa e vantagens 487
4. Análise do requisito da homogeneidade de natureza dos interesses 494
5. Perspectivas concretas de aplicação 497
6. Síntese conclusiva 515
7. Referências 517

14. A Reparação Não Pecuniária dos Danos: Aplicabilidade no Direito Brasileiro 523
Tayná Bastos de Souza

1. Introdução 523
2. A reparação *in natura* dos danos materiais 525
3. A possibilidade de reparação não pecuniária dos danos extrapatrimoniais 528
4. Possibilidade de decretação ou afastamento da reparação não pecuniária de ofício 535
5. Conclusão 541
6. Referências 543

15. O Que Levar na Mala: Aspectos Controvertidos da Aplicação da Convenção de Montreal Pelos Tribunais Brasileiros 545
Felipe Zaltman Saldanha

1. Introdução 545
2. Diplomas legais incidentes: Código Civil, Código de Defesa do Consumidor e a Convenção de Montreal 546
3. A antinomia jurídica aparente entre os diplomas em cotejo e os recentes acórdãos do Supremo Tribunal Federal sobre a matéria 556
4. Um passo além: o dever de informação como pressuposto de validade da cláusula limitativa do dever de indenizar no caso das bagagens perdidas, destruídas ou avariadas 565
5. Conclusão 567
6. Referências 568

CONTROVÉRSIAS SOBRE AS FUNÇÕES DA RESPONSABILIDADE CIVIL

16. Por Uma Função Promocional da Responsabilidade Civil 573
Antonio dos Reis Júnior

1. Introdução 573
2. A função reparatória-compensatória e a perseguição da justiça comutativa: a finalidade primária da responsabilidade civil 574
3. Avanço econômico, risco, despersonalização e solidariedade: os fundamentos da socialização da responsabilidade civil 578
4. Reflexões preliminares em torno da suposta função punitiva da responsabilidade civil 584
5. Reflexões preliminares em torno dos fundamentos da chamada função preventiva da responsabilidade civil 588
6. A função promocional do direito: a contribuição de Norberto Bobbio 593
7. A função promocional da responsabilidade civil: o estímulo à reparação espontânea do dano 595
8. Primeiras conclusões 602
9. Referências 603

17. A Função Preventiva da Responsabilidade Civil Sob a Perspectiva do Dano: É Possível Falar em Responsabilidade Civil Sem Dano? 607
Cássio Monteiro Rodrigues

1. Introdução 607
2. Análise funcional da responsabilidade civil e de seus pressupostos 609

3. O dano e o seu espaço na responsabilidade civil..619
4. A (in)existência da função preventiva na responsabilidade civil: é possível falar em responsabilidade civil sem dano?..625
5. Conclusão 638
6. Referências...639

18. Indenização Punitiva: Potencialidades no Ordenamento Brasileiro........645
Maria Proença Marinho

1. Introdução..645
2. A responsabilidade civil tem uma função punitiva?.......................................646
3. Os *punitive damages* e a experiência norte-americana..................................651
4. A substituição da indenização com caráter punitivo por uma indenização punitiva 657
5. Conclusão 660
6. Referências...661

19. Cláusulas Limitativas ou Excludentes do Dever de Restituir: Estudo a Partir da Releitura Funcional dos Efeitos da Resolução...................663
Rodrigo da Guia Silva

1. Introdução: a qualificação funcional das obrigações restitutórias no direito civil....663
2. Apontamentos iniciais sobre os denominados "efeitos da resolução" 670
3. Qualificação do denominado "efeito restitutório da resolução" à luz da vedação ao enriquecimento sem causa 675
4. Ausência superveniente de causa e o problema do pagamento do "equivalente" na resolução contratual 682
5. Limitação ou exclusão convencionais da obrigação restitutória: distinção entre as "cláusulas de não restituir" e as "cláusulas de não indenizar" 687
6. Conclusão 695
7. Referências...696

APÊNDICE

20. Tópicos Especiais de Direito Civil: Controvérsias Atuais em Responsabilidade Civil (programa do curso) 703

21. Grupo de Pesquisa Institucional: Novos problemas de responsabilidade civil (programa do curso)..711

Sobre Esta Obra

Quando, em janeiro de 2017, lancei-me à tarefa de projetar um curso de responsabilidade civil para os alunos do Programa de Mestrado e Doutorado em Direito Civil da UERJ, ciente da longevidade da maior parte dos problemas práticos que ainda atormentam o intérprete nessa matéria, evitei o uso do adjetivo "novo" para o título da disciplina, optando pela denominação de "Controvérsias Atuais em Responsabilidade Civil". Em atenção ao grupo diversificado de alunos (alguns iniciando seus estudos do Mestrado e outros já concluindo o Doutorado), propus que as aulas iniciais se destinassem à leitura de textos essenciais sobre a responsabilidade civil em perspectiva civil-constitucional. No início de sua formação, o pós-graduando em Direito Civil acaba por enfrentar algumas dificuldades na compreensão dos mecanismos e potencialidades da abordagem civil-constitucional, de modo que o aprofundamento dessa metodologia especificamente em matéria de responsabilidade civil parece ter se encaixado com sucesso aos estudos previamente desenvolvidos pelos alunos na disciplina obrigatória de Direito Civil-Constitucional.

A essa fase inicial seguiram-se seminários apresentados por cada aluno sobre os temas selecionados. O enfoque, voltado essencialmente às controvérsias, me pareceu imprescindível desde o início. Já a atualidade dessas controvérsias foi buscada a partir de um critério singelo de corte: objetivou-se, na medida do possível, que as leituras que serviram de base aos seminários, todas publicadas nos principais periódicos científicos especializados do país, não datassem de mais de um ano de publicação. Com isso, foi possível traçar um panorama das principais discussões contemporâneas sobre o tema, sem que o estudo se perdesse em outras conjecturas que, igualmente fascinantes, fossem de pouca repercussão atual. Os textos selecionados pertenciam, em sua grande maioria, à doutrina brasileira, de modo a garantir um retrato, tão fiel quanto possível, do desenvolvimento atual dos temas no âmbito nacional. Optou-se, ainda, por que apenas fossem lidos autores com algum distanciamento da metodologia civil-constitucional, de modo a evitar uma improdutiva repetição de posicionamentos já conhecidos e, ainda, permitir uma muito benéfica incursão em outras escolas hermenêuticas, com a consequente reflexão crítica sobre as virtudes e as falhas de nossa própria metodologia.

Após um semestre de discussões muito bem-sucedidas (o que se deve, antes de tudo, à seriedade e ao comprometimento com que os temas sugeridos foram conduzidos pela turma), e já tendo em mente a confecção de uma obra coletiva, optei por oferecer uma nova disciplina, desta vez na forma de Grupo de Pesquisa Institucional, com a designação "Novos Problemas de Responsabilidade Civil". Naquele segundo semestre de 2017, permiti-me selecionar temas que, não tendo sido objeto central das discussões da disciplina anterior, mereciam abordagem crítica pelo grupo, sobretudo pela circunstância de não estarem satisfatoriamente esclarecidos (mas, igualmente, não serem objeto de maior reflexão pela doutrina contemporânea). Foram também selecionados, desta vez, textos para leitura que reuniam tanto autores filiados ao direito civil-constitucional quanto aqueles pertencentes a outras metodologias. Dentre os temas estudados nessa segunda disciplina, alguns resultaram em novos artigos científicos, que, conjuntamente com os trabalhos finais da disciplina anterior, vieram a compor e enriquecer esta obra.

Os programas originais de ambas as disciplinas podem ser encontrados ao final deste volume, nos exatos termos em que foram concebidos e oferecidos à turma. Optei por mantê-los na íntegra, de modo a permitir, em retrospecto, a comparação entre o ponto de partida sugerido e as searas, muito mais ricas, alcançadas por cada autor. Após uma aplicação profícua desses planos de curso no âmbito do PPGD-UERJ, para minha alegria, tive notícia de que serviram de base também para novos cursos, ministrados por outros professores em seus respectivos programas de pós-graduação. Assim segue seu caminho a responsabilidade civil, com acréscimos, edições, avanços e até mesmo eventuais retrocessos, mistificando estudiosos das mais diversas origens e escolas de pensamento.

Ao procurarmos a melhor casa para acolher esta coletânea, almejamos imediatamente a avaliação da Editora Almedina, uma das poucas no mercado editorial brasileiro que compreende a importância da publicação de trabalhos acadêmicos em sentido estrito – de especialistas, para especialistas –, como acreditamos ser a nota diferencial do trabalho destes jovens e brilhantes autores, ora trazido ao público.

Na composição e revisão desta obra, contamos com o apoio do acadêmico Diego Bellot de Oliveira, talentoso bolsista de iniciação científica do programa PIBIC-UERJ.

Para dividir comigo a enorme responsabilidade e a gratificante tarefa de coordenar esta obra, vali-me da preciosa ajuda do Prof. Rodrigo da Guia Silva, querido amigo e aluno egresso do mesmo grupo de autores que, durante um ano, compartilharam comigo suas dúvidas e inquietações sobre responsabilidade civil. O Prof. Rodrigo sintetiza, com louvor, muitas das maiores qualidades deste grupo de autores: o debate honesto, o interesse sincero em contribuir para o desenvolvimento da doutrina civilista brasileira, o absoluto desprendimento de suas próprias ideias para ouvir e compreender as dos outros e, enfim, o mais estrito comprometimento científico. Autor de estudos doutrinários de enorme riqueza e profundidade, atualmente doutorando em Direito Civil do PPGD-UERJ e professor (precocemente) experiente de nossa instituição, sua participação contribuiu decisivamente para promover a unidade sem prejudicar a diversidade de pensamentos que buscamos imprimir nesta obra.

A ele, e a todos os autores, grandes responsáveis pelos eventuais méritos que o leitor vier a encontrar nesta obra, minha mais sincera gratidão.

Eduardo Nunes de Souza
Julho/2018

Apresentação:
O Oxímoro da Responsabilidade Civil Brasileira

Poucos setores do direito civil têm observado mudanças tão drásticas (e vertiginosamente rápidas) nos últimos anos quanto a responsabilidade civil. Muitos fatores contribuem para essa aparente volatilidade. Um deles, e talvez o mais evidente, consiste na facilidade que o intérprete encontra, na prática, para deflagrar o dever de indenizar. Com efeito, trata-se de uma das mais simples reações da ordem jurídica à lesão de um interesse juridicamente tutelado:[1] a reparação civil representa, nesse sentido, o primeiro estágio de que se cogita na tutela das situações jurídicas, aquele de mais singela implementação e que precede outras formas de tutela mais sofisticadas e progressivamente mais voltadas à satisfação específica do interesse em questão.[2] Sem dúvida, cuida-se de uma proteção, em certa medida, deficitária, uma vez que ocorre necessariamente *após* a lesão; quase sempre, porém, que se cogita de um novo interesse merecedor de reconhecimento pelo ordenamento jurídico, o primeiro remédio que se oferece ao titular desse direito em caso de violação é a responsabilidade civil.

Esse papel de resposta imediata do sistema às violações de interesses juridicamente relevantes – que a converte também em um indicador confiável do

---

[1] Leciona, a respeito, Stefano RODOTÀ: "a responsabilidade civil tem sido, em toda a fase recente, o instrumento que permitiu fornecer uma primeira faixa de proteção jurídica a novos bens ou interesses" (Modelli e funzioni della responsabilità civile. *Rivista critica del diritto privato*. Napoli: Jovene, vol. 3/1984, p. 605. Tradução livre).

[2] Como registra Maria Celina BODIN DE MORAES, "a responsabilidade civil é um dos instrumentos jurídicos mais flexíveis, dotado de extrema simplicidade, estando apto a oferecer a primeira forma de tutela a interesses novos, considerados merecedores de tutela tão logo sua presença seja identificada pela consciência social, e que de outra maneira ficariam desprotegidos, porque ainda não suficientemente amadurecidos para receberem atenção e, portanto, regulamentação própria por parte do legislador ordinário" (A constitucionalização do direito civil e seus efeitos sobre a responsabilidade civil. *Direito, Estado e Sociedade*, vol. 9, n. 29. Rio de Janeiro: PUC-Rio, jul.-dez./2006, p. 238).

paulatino reconhecimento, pela ordem jurídica, de novos interesses merecedores de tutela – corresponde à mais conspícua explicação para as constantes mudanças na teoria e na práxis da responsabilidade civil. De fato, em um ambiente de ampla constitucionalização do direito privado, expandem-se cada vez mais as fronteiras dos interesses relevantes para a ordem jurídica, particularmente aqueles de cunho extrapatrimonial. Não é mais imprescindível o reconhecimento de direitos subjetivos para a tutela dos interesses individuais; qualquer situação jurídica subjetiva e o próprio interesse juridicamente relevante em si considerado podem ser protegidos pela via indenizatória.[3] O processo, também observado na experiência estrangeira (particularmente no direito italiano),[4] foi designado por autorizada doutrina brasileira como "giro conceitual" do ato ilícito para o dano injusto.[5] Não se trata, porém, de um fenômeno restrito à responsabilidade civil; cuida-se, ao contrário, do reflexo de uma transição muito maior observada no direito civil – da análise estrutural para o perfil funcional dos direitos, da rígida estrutura do direito subjetivo para a valoração ponderada de interesses.[6] Também aqui, como em

---

[3] Nesse sentido, identifica Stefano RODOTÀ que "o direcionamento da atenção para a vítima e a centralidade do momento do dano (e não mais da sanção) favorecem a atitude do sistema da responsabilidade civil a legitimar e tutelar novos interesses, mesmo na ausência de disposições específicas normativas, mesmo porque o inteiro sistema institucional parece orientado a esses objetivos de larguíssima garantia (por vezes formalizados em disposições de nível constitucional). [...] Desaparece, ou ao menos é fortemente redimensionado, um dos elementos característicos do modelo tradicional da responsabilidade civil, construído de maneira tal a consentir uma forte seleção dos danos ressarcíveis [...]" (Modelli e funzione della responsabilità civile, cit., p. 599. Tradução livre).

[4] A virada conceitual em direção à injustiça do dano na doutrina italiana foi capitaneada por Francesco BUSNELLI, que, já na década de 1964, propunha: "trata-se de definir se a proteção de um interesse, como resultado do que dispõem uma ou mais normas, resulta em uma relação de 'correspectividade' com o comportamento dos terceiros, no sentido de que a proteção jurídica de que goza o interesse lesado se mostra efetivamente destinada àquele tipo de interesse, em conformidade com aquele tipo de comportamento" (*La lesione del credito da parte di terzi*. Milano: Giuffrè, 1964, p. 88. Tradução livre). Contemporaneamente, sustenta Pietro TRIMARCHI que o problema da verificação da injustiça do dano "depende principalmente da valoração comparativa entre um certo tipo de conduta e o interesse que o agente realiza ou tende a realizar com aquela conduta" (*Istituzioni di diritto privato*. Milano: Giuffrè, 2016, p. 110. Tradução livre).

[5] A expressão foi difundida no Brasil por GOMES, Orlando. Tendências modernas na teoria da responsabilidade civil. In: FRANCESCO, José Roberto Pacheco di (Org.). *Estudos em homenagem ao professor Silvio Rodrigues*. São Paulo: Saraiva, 1989, p. 293.

[6] Como destaca Stefano RODOTÀ, não se tratou de um "ajustamento apressado, ao qual se possa pensar que se siga um igualmente brusco *revirement*, mas a uma transformação profunda que incidiu sobre o próprio material normativo 'elástico', de modo que parece inadequado o apelo à letra das normas para tornar a canalizar a responsabilidade civil por rotas mais tranquilas" (Modelli e funzioni della responsabilità civile, cit., p. 603. Tradução livre).

geral ocorre, a responsabilidade civil serviu de índice para um fenômeno que, a rigor, dizia respeito não apenas a ela, mas à inteira teoria do direito civil.

Particularmente no direito brasileiro (e nos demais ordenamentos que baseiam seus sistemas de responsabilidade civil em cláusulas gerais), a expansão do dever de indenizar (e dos interesses tutelados por essa via) foi bastante fomentada pela atipicidade das *fattispecie* ensejadoras de reparação civil.[7] A rigor, a investigação do dano injusto, nas duas cláusulas gerais contidas no *caput* e no parágrafo único do art. 927 do Código Civil, consiste na busca, pelo intérprete, do interesse a ser protegido em um caso concreto (não raro por meio de um juízo de merecimento de tutela em sentido estrito).[8] Embora se mitigue, na doutrina estrangeira, a importância de certo sistema de responsabilidade civil ser tipificado (como o germânico) ou atípico,[9] não há dúvidas de que a estruturação legislativa aberta do sistema brasileiro, aliada a uma doutrina e a uma jurisprudência já habituadas à proliferação de cláusulas gerais nas últimas décadas, tem contribuído sobremaneira para a expansão do dano indenizável no Brasil.[10]

---

[7] No direito italiano já se destacou que "a construção do modelo da responsabilidade civil segundo uma série aberta de critérios de imputação representa um dos poucos casos de fundação teórica da superação da antítese entre princípios e regras especiais, que lacerou uma parte tão significativa do tecido privatístico. Ordenando de maneira sistemática (mas não dogmática) o conjunto dos critérios de imputação, amplia-se globalmente a validade operativa do modelo da responsabilidade civil" (RODOTÀ, Stefano. Modelli e funzione della responsabilità civile, cit., pp. 599-600. Tradução livre). Prossegue o autor: "Ora, é indubitável que as transformações profundas do modelo não teriam sido possíveis se a responsabilidade civil não estivesse fundada substancialmente sobre cláusulas gerais, que não apenas, ainda nos sistemas aparentemente mais rígidos, permitiram superar a antítese entre tipicidade e atipicidade do ilícito, como também permitiram conferir ao modelo uma elevada flexibilidade [...]" (Ibid., p. 602. Tradução livre).

[8] Sobre o sentido estrito de merecimento de tutela e o enquadramento do dano injusto como hipótese dessa instância valorativa, cf. SOUZA, Eduardo Nunes de. Merecimento de tutela: a nova fronteira do direito privado no direito civil. *Revista de Direito Privado*, vol. 58. São Paulo: Revista dos Tribunais, abr.-jun./2014, *passim* e, especialmente, item 5.

[9] Assim, por exemplo, Pietro TRIMARCHI afirma que "a diferença entre os sistemas fundados sobre a enumeração de figuras típicas e aqueles fundados sobre uma amplíssima regra geral é, no entanto, menos abrupta do que se pode crer", mesmo porque "a adoção de um ou outro princípio não conduz necessariamente a um diverso regramento substancial das hipóteses fáticas" (*La responsabilità civile*: atti illeciti, rischio, danno. Milano: Giuffrè, 2017, p. 14. Tradução livre).

[10] Como leciona Maria Celina BODIN DE MORAES, "o mecanismo da responsabilidade civil é composto, em sua maioria, por cláusulas gerais e por conceitos vagos e indeterminados, carecendo de preenchimento pelo juiz a partir do exame do caso concreto. Como a incidência dos princípios e valores constitucionais se faz, em via mediata, justamente desta maneira, através do preenchimento valorativo destes conceitos, vê-se que a constitucionalização da responsabilidade civil pode se dar naturalmente" (A constitucionalização do direito civil e seus efeitos sobre a responsabilidade civil, cit., p. 239).

É nesse contexto que a responsabilidade civil assume o posto de um dos ramos mais cambiantes do direito. São frequentes as notícias de decisões judiciais que passaram a reconhecer em certas hipóteses fáticas a configuração de danos injustos que, pouco tempo antes, seriam impensáveis; assim também certos danos que observaram um veloz reconhecimento nos últimos anos vêm sendo vistos com maior cautela pelos tribunais brasileiros.[11] Este parece ser o ponto unívoco do trabalho doutrinário e jurisprudencial na responsabilidade civil brasileira em tempos recentes: superados muitos dos requisitos clássicos da reparação, em grande parte por força da dissociação entre a noção de dano e a lesão a direitos subjetivos (noção clássica de ilícito) e da ampla adoção de hipóteses de responsabilidade objetiva pelo legislador[12] (em um processo já denominado, de forma eloquente, *erosão dos filtros da reparação*),[13] tem-se trabalhado progressivamente para mover as fronteiras do dano indenizável, que ora avançam, ora recuam, mas conferem a este setor do direito uma permanente aparência de *novo*.[14]

Dentre os temas que têm pautado os debates contemporâneos na responsabilidade civil brasileira, porém, poucos se podem dizer, em termos históricos, efetivamente *novos*. A constatação, algo paradoxal, não oferece uma explicação simples. Um motivo provável, porém, para esse verdadeiro oxímoro da responsabilidade civil brasileira está na constatação de que, exceto pelo ímpeto comum de se modificarem os limites do dano injusto, a legislação,

---

[11] A título ilustrativo, aluda-se ao caso da mora na entrega de imóveis em construção, hipótese em que se costumava reconhecer pacificamente a configuração de dano moral ao adquirente. O STJ, revendo sua posição anterior, passou a entender que "o dano moral, na hipótese de atraso na entrega de unidade imobiliária, não se presume, configurando-se apenas quando houver circunstâncias excepcionais que, devidamente comprovadas, importem em significativa e anormal violação a direito da personalidade dos promitentes-compradores" (STJ, REsp. 1.639.016, 3ª T., Rel. Min. Nancy Andrighi, julg. 28.3.2017). Para uma análise sobre a importância da jurisprudência para a estabilização da noção de dano indenizável no Brasil, cf. RAMOS, André Arnt. A responsabilidade civil para além dos esquemas tradicionais: prospecções do dano reparável na contemporaneidade. *Revista Fórum de Direito Civil*, a. 4, n. 10. Belo Horizonte: Fórum, set.-dez/2015, item 3.

[12] A relevância do sistema objetivo de responsabilidade civil para a ampliação das hipóteses de reparação é destacada por Stefano RODOTÀ: "a passagem de um sistema monocêntrico [fundado na culpa] para um articulado, segundo uma multiplicidade de critérios de imputação, acentua a flexibilidade do modelo e a sua propensão a adimplir múltiplas funções" (Modelli e funzione della responsabilità civile, cit., p. 599. Tradução livre).

[13] A respeito, cf. DIEZ-PICAZO, Luís. *Derecho de daños*. Madrid: Civitas, 1999, p. 238 e, na doutrina brasileira, SCHREIBER, Anderson. *Novos paradigmas da responsabilidade civil*. São Paulo: Atlas, 2009, p. 11.

[14] Cf., ilustrativamente, as *fattispecie* danosas descritas nos CAPÍTULOS VI, VIII E X desta obra.

a doutrina e a jurisprudência pátrias parecem ter projetos muito distintos para o chamado direito de danos no país. Nesse cenário, a doutrina tem se esforçado por preservar como novos (ou, pelo menos, como atuais) temas que são conhecidos há décadas no direito brasileiro (e há muito mais tempo em outros países da família continental), mas que jamais obtiveram uma acolhida consistente na lei ou na jurisprudência.

Pense-se, por exemplo, na teoria da causalidade alternativa.[15] Na experiência estrangeira, a matéria é discutida de longa data.[16] No Brasil, também a doutrina mais tradicional já abordava o tema,[17] e, no campo jurisprudencial, uma das mais célebres decisões a respeito foi proferida pelo Tribunal de Justiça do Rio Grande do Sul na década de 1970.[18] Desde então, porém, a causalidade alternativa tem permanecido uma grande desconhecida para a jurisprudência, sendo raras as menções a essa teoria.[19] No plano legislativo, são igualmente escassas as hipóteses em que ela foi adotada.[20] Não pareceu conveniente ao legislador, até o presente momento, a edição de uma regra geral sobre o tema. Até mesmo a célebre construção ampliativa conferida pela doutrina ao art. 938 do Código Civil (que prevê a responsabilidade pelas

---

[15] A respeito, cf. o CAPÍTULO II desta obra.

[16] Por todos, cf. SAVATIER, René. *Traité de la responsabilité civile en droit français*, t. II. Paris: LGDJ, 1939, §463, pp. 14 e ss.

[17] Ilustrativamente: "Há causalidade alternativa quando o dano pode ter sido causado e o foi pelo ato de A ou pelo ato de E, sem se poder determinar, com certeza, qual dos dois o causou" (MIRANDA, F. C. Pontes de. *Tratado de direito privado*, t. XXII. Atual. Nelson Nery Jr. e Rosa Maria de Andrade Nery. São Paulo: Revista dos Tribunais, 2012, p. 274).

[18] Trata-se do muito propalado caso do desfile de carros alegóricos na cidade gaúcha de Flores da Cunha, em que um grupo de pessoas fantasiadas de caçadores disparava balas de festim, exceto por uma delas, que portava uma arma verdadeira e acabou por ferir um dos espectadores, sem que se pudesse identificar, posteriormente, qual delas foi o autor do dano (TJRS, Ap. Cív. 11.195, 1ª CC, Rel. Des. Oscar Gomes Nunes, julg. 25.11.1970).

[19] Ilustrativamente, até o final do ano de 2017, a busca da expressão "causalidade alternativa" na jurisprudência do STJ retornava um único resultado, atinente à morte de um torcedor em uma briga de torcidas de futebol (STJ, REsp 26.975, 4ª T., Rel. Min. Aldir Passarinho Júnior, julg. 18.12.2001).

[20] A mais conhecida, provavelmente, consta do Estatuto de Defesa do Torcedor e diz respeito a brigas em estádios esportivos – contudo, a norma, a rigor, parece dispor mais sobre responsabilidade indireta do que sobre causalidade alternativa (já que os responsáveis pelo dever de indenizar não são, como propõe a causalidade adequada, os membros de um grupo de agentes ao qual pertence o causador direto do dano). Nos termos do art. 19 da Lei n. 10.671/2003: "As entidades responsáveis pela organização da competição, bem como seus dirigentes respondem solidariamente com as entidades de que trata o art. 15 e seus dirigentes, independentemente da existência de culpa, pelos prejuízos causados a torcedor que decorram de falhas de segurança nos estádios ou da inobservância do disposto neste capítulo".

coisas lançadas ou caídas de edifício), segundo a qual é possível responsabilizar o condomínio edilício quando não se puder identificar a origem do dano decorrente do *effusum et deiectum*,[21] não consta expressamente do dispositivo normativo.[22] Tem cabido à dogmática o papel de manter viva a teoria, tão plena de potencialidades.[23]

Cogite-se, ainda, da tradicional teoria da perda de uma chance.[24] O legislador dela não tratou textualmente, o que dá fôlego à permanente dúvida acerca de sua compatibilidade com a vedação à reparação de danos hipotéticos.[25] A jurisprudência brasileira ainda a aplica de modo hesitante e parcimonioso, muitas vezes confundindo-a com outras figuras da teoria da responsabilidade civil.[26] Nesse cenário, a teoria permanece "nova" (*rectius*, repita-se, atual) na doutrina, a despeito de datar de quase um século, tendo sido amplamente debatida nos clássicos tratados franceses[27] e, igualmente, na mais tradicional

---

[21] A construção é adotada pela jurisprudência desde o período de vigência do Código Civil de 1916, embora sem referência à tese da causalidade alternativa. Ilustrativamente: "Responsabilidade civil. Objetos lançados da janela de edifícios. A reparação dos danos é responsabilidade do condomínio. A impossibilidade de identificação do exato ponto de onde parte a conduta lesiva, impõe ao condomínio arcar com a responsabilidade reparatória por danos causados à terceiros. Inteligência do art. 1.529, do Código Civil Brasileiro" (STJ, REsp. 64.682, 4ª T., Rel. Min. Bueno de Souza, julg. 10.11.1998). O tema também é objeto do enunciado n. 557 da VI Jornada de Direito Civil do Centro da Justiça Federal, que tampouco menciona a teoria: "Nos termos do art. 938 do CC, se a coisa cair ou for lançada de condomínio edilício, não sendo possível identificar de qual unidade, responderá o condomínio, assegurado o direito de regresso".

[22] Em linhas gerais, interpreta-se a expressão "aquele que habitar prédio, ou parte dele" do art. 938 do Código Civil como fundamento para a responsabilização coletiva dos moradores do edifício e, por extensão, do condomínio: "[...] dir-se-á que na concorrência habitacional, todos respondem, salvo se se demonstrar que o fato danoso pode ser atribuído a um dos habitantes, porque se trata de responsabilidade alternativa e não cumulativa" (PEREIRA, Caio Mário da Silva. *Responsabilidade civil*. Atual. Gustavo Tepedino. Rio de Janeiro: GEN, 2016, p. 154).

[23] Sobre o tema, em perspectiva crítica, cf., por todos, RODRIGUES JUNIOR, Otavio Luiz. Nexo causal probabilístico: elementos para a crítica de um conceito. *Revista de Direito Civil Contemporâneo*, vol. 8. São Paulo: Revista dos Tribunais, jul.-set./2016.

[24] A respeito, cf. o CAPÍTULO VII desta obra.

[25] Semelhante ordem de questionamento também se identifica no âmbito da controvérsia sobre a indenizabilidade do denominado *dano da privação do uso*. A propósito, cf., com ampla bibliografia, SILVA, Rodrigo da Guia. Danos por privação do uso: estudo de responsabilidade civil à luz do paradigma do dano injusto. *Revista de Direito do Consumidor*, vol. 107. São Paulo: Revista dos Tribunais, set.-out./2016, *passim*.

[26] Para uma crítica à aplicação jurisprudencial da teoria, cf. SOUZA, Eduardo Nunes de. Considerações sobre a aplicação da teoria da perda de uma chance na responsabilidade civil do médico. *Pensar*, vol. 20, n. 3. Fortaleza: set.-dez./2015.

[27] Por todos, cf. SAVATIER, René. *Traité de la responsabilité civile en droit français*, t. II, cit., §§460-461.

doutrina brasileira.[28] Tem-se a impressão (talvez não de todo equivocada) de que qualquer noção na responsabilidade civil que destoe do modelo tradicional do ato ilícito e de seus requisitos desperta no intérprete e no próprio legislador certa desconfiança, revestindo-se, assim, de um permanente ar de novidade (ou, talvez fosse melhor dizer, de incerteza).[29]

Mais ainda, por vezes a doutrina tem-se posto a elaborar construções relativamente novas em termos históricos, mas que não chegam a se tornar atuais, porque contradizem escolhas consolidadas do legislador e da jurisprudência no país, não encontrando efetiva repercussão nesses âmbitos. Assim ocorre, por exemplo, nas mais recentes tentativas de abandono do nexo de causalidade como requisito da responsabilidade civil, a partir de uma suposta noção de "nexo de imputação"[30] – que, substituindo o requisito do nexo causal, permitiria a atribuição do dever de indenizar a agentes que não ingressaram na cadeia de produção do dano, à míngua de qualquer autorização legal.[31] Essa noção *sui generis* de imputação[32] não parece ter encontrado eco na jurispru-

---

[28] Por todos, cf. ALVIM, Agostinho. *Da inexecução das obrigações e suas consequências*. São Paulo: Saraiva, 1949, p. 171.

[29] Como pondera Stefano Rodotà, inicialmente, "a extensão da tutela aquiliana foi requerida invocando-se analogias formais ou substanciais de novas situações com aquelas precedentemente protegidas", o que parece explicar a dificuldade que se enfrenta, ainda hoje, para se desvencilhar do modelo clássico de responsabilidade pelo ilícito. "O passo ulterior, muito mais longo, é dado quando a tutela é assegurada, sem mediações, a interesses de base não proprietária. O modelo tradicional não é hábil a operar, mesmo porque não se trata de gerir a compatibilidade entre interesses homogêneos (em uma lógica intraproprietária), mas o conflito se produz entre interesses qualitativamente irredutíveis a lógicas comuns" (Modelli e funzione della responsabilità civile, cit., p. 598. Tradução livre).

[30] Para uma crítica a essa noção, cf. o CAPÍTULO I desta obra.

[31] Nesta acepção *sui generis* de imputação, dita objetiva, a investigação da causalidade é substituída por um juízo de equidade: "Situação que também emerge como exemplar é a imputação sem nexo de causalidade na responsabilidade por danos. Não raro se vê a reafirmação tradicional do nexo para imputar responsabilidade, o que, de todo correta, pode não ser, em determinados casos, o mais justo concretamente para a vítima. Quando assim, a direção pode indicar a renovação do conteúdo da causa, e especialmente do nexo causal. A imputabilidade tem no centro a preocupação com a vítima; a imputação é operação jurídica aplicada à reconstrução do nexo. [...] É de alteridade e de justiça social que se deve inebriar o nexo de causalidade, atento à formação das circunstâncias danosas" (FACHIN, Luiz Edson. *Direito civil*: sentidos, transformações e fim. Rio de Janeiro: Renovar, 2015, pp. 113-114).

[32] Diz-se *sui generis* porque, no sentido técnico da tradição jurídica, a investigação sobre a imputação diz respeito tão somente à *ratio essendi* da opção legislativa de exigir os requisitos da culpa ou do risco para a configuração do dever de indenizar, e não a um suposto requisito substituto do nexo causal. Nesse sentido, afirma Fernando Noronha: "Nexo de imputação é o fundamento, ou a razão de ser da atribuição da responsabilidade a uma determinada pessoa, pelos danos ocasionados

dência, que, nas poucas ocasiões em que alude ao termo "nexo de imputação", tem-no feito em caráter de sinonímia (e não de alternativa ou exclusão) ao nexo de causalidade.[33]

O que essa corrente doutrinária pretende com semelhante conceito de imputação, ao que tudo indica, é criar hipóteses de responsabilidade indireta para certos agentes, muito embora não haja previsão legal nesse sentido.[34] A positivação em lei se revela imprescindível, contudo, tanto para a superação da culpa (excetuadas as hipóteses em que se aplique a cláusula geral do risco, prevista pelo art. 927, parágrafo único, do Código Civil) quanto para a

---

ao patrimônio ou à pessoa de outra, em consequência de um determinado fato antijurídico. É o elemento que aponta o responsável, estabelecendo a ligação do fato danoso com este. Em regra o fundamento de tal imputação é uma atuação culposa. Excepcionalmente poderá haver imputação pelo risco" (*Direito das obrigações*. 4. ed. São Paulo: Saraiva, 2013, pp. 495-496). A tal formulação acrescenta-se, por vezes, a noção de imputabilidade do agente: "O nexo de imputação é o vínculo que se estabelece entre determinado fato e sua atribuição a certa pessoa, podendo a imputação ser delitual (culpa *lato sensu*) ou objetiva (risco). [...] No nexo de imputação, inclui-se também o conceito de imputabilidade, exigindo-se que o agente tenha capacidade (maturidade e higidez mental), tendo um regime jurídico especial a responsabilidade dos incapazes (art. 928)" (SAN-SEVERINO, Paulo de Tarso Vieira. *Princípio da reparação integral*: indenização no Código Civil. São Paulo: Saraiva, 2010, p. 152).

[33] Nesse sentido, cf., ilustrativamente, STJ, REsp. 1.451.312, 3ª T., Rel. Min. Nancy Andrighi, julg. 5.12.2017; STJ, REsp. 1.426.598, 3ª T., Rel. Min. Nancy Andrighi, julg. 19.10.2017; TJRJ, Ap. Civ. 0076813-90.2005.8.19.0001, 13ª C.C., Rel. Des. Antonio José Azevedo Pinto, julg. 30.4.2009. Em doutrina, já se observou que a proposta da superação do nexo causal "é chocante e tende a custar para ser bem assimilada pela comunidade jurídica em geral e, pelos aplicadores do direito em particular" (RAMOS, André Arnt. A responsabilidade civil para além dos esquemas tradicionais: prospecções do dano reparável na contemporaneidade, cit., p. 16).

[34] Por entender que o sistema tradicional da responsabilidade civil não responde satisfatoriamente à tutela da vítima, parte da doutrina indaga se não seria possível "imputar a alguém a responsabilidade por danos na ambiência civil e consumerista, sem que estivesse presente o nexo causal, previsível ou altamente provável, entre o fato danoso e o dano", e responde afirmativamente, sustentando "a ideia da formação da circunstância danosa como um critério com melhor aptidão para imputar a responsabilidade ao causador direto do dano ou outro responsável, independentemente de haver nexo de causalidade ou presunção de causalidade de determinado fato, nos moldes construídos até o momento" (FROTA, Pablo Malheiros da Cunha. *Responsabilidade por danos*: imputação e nexo de causalidade. Curitiba: Juruá, 2014, p. 289). Proposta semelhante também é encontrada, por exemplo, na doutrina portuguesa: "O que dissemos sobre o nexo de causalidade, ao transformá-lo, justificadamente, em nexo de imputação ou nexo de ilicitude, leva ínsita a resposta à questão sobre quem recai o ônus de provar a causalidade. [...] o antes condicional a que acresce o depois causalista são substituídos por uma também dialética conformação do nexo de imputação à luz das exigências de sentido comunicadas pela concretude dos acontecimentos, aos quais, por sua vez, só poderemos aceder na inteleção da intencionalidade do sistema já constituído e a constituir" (BARBOSA, Ana Mafalda Castanheira Neves de Miranda. *Responsabilidade civil extracontratual*: novas perspectivas em matéria de nexo de causalidade. Cascais: Principia, 2014, pp. 195-196).

superação do nexo causal como requisitos do dever de indenizar.[35] O abandono da responsabilidade civil fundada na causalidade, aliás, coloca-se na contramão das mais recentes disposições normativas na matéria. O exemplo mais eloquente parece residir no (bastante criticável) art. 19 do Marco Civil da Internet, que adotou técnica legislativa das mais antiquadas:[36] ao dispor sobre a responsabilidade dos provedores de aplicações por conteúdos criados por terceiros (hipótese que, pela sua própria enunciação, parecia ser, por excelência, um caso de responsabilidade objetiva e indireta), optou o legislador por instaurar um regime de responsabilidade subjetiva e direta para o provedor, que apenas responde pelos danos causados pelo conteúdo depois de descumprir ordem judicial de retirada – e, assim, ingressar por ato próprio (o descumprimento da ordem) na cadeia causal de produção do dano.[37]

Também a noção de uma responsabilidade civil *ex ante* ou preventiva,[38] isto é, o surgimento do dever de indenizar anterior à produção de qualquer dano, tem permanecido na pauta da doutrina em tempos recentes, sem que qualquer alteração legislativa de maior relevo justifique ou acompanhe tal proposta teórica.[39] A jurisprudência, por sua vez, não parece compreender (e com razão)

---

[35] Embora os defensores das diversas teorias que buscam dispensar ou presumir o elemento causal sustentem a desnecessidade de previsão legislativa para tal intuito (ilustrativamente, cf. FROTA, Pablo Malheiros da Cunha. *Responsabilidade por danos*, cit., p. 229), tais propostas despertam a justificada crítica de outro setor da doutrina, que entende ser "necessário identificar para ela [para a presunção de causalidade] um fundamento jurídico apropriado, que não seja tão genérico e omnicompreensivo como a dignidade humana ou o solidarismo jurídico. É ainda mais do que conveniente recorrer ao legislador democrático, se for a intenção de se criar uma nova e mais radical forma de responsabilidade de determinados agentes econômicos" (RODRIGUES JUNIOR, Otavio Luiz. Nexo causal probabilístico: elementos para a crítica de um conceito, cit., p. 124).

[36] Dispõe a Lei n. 12.965/2014: "Art. 19. Com o intuito de assegurar a liberdade de expressão e impedir a censura, o provedor de aplicações de internet somente poderá ser responsabilizado civilmente por danos decorrentes de conteúdo gerado por terceiros se, após ordem judicial específica, não tomar as providências para, no âmbito e nos limites técnicos do seu serviço e dentro do prazo assinalado, tornar indisponível o conteúdo apontado como infringente, ressalvadas as disposições legais em contrário. [...]".

[37] Para uma necessária crítica ao dispositivo, cf. SCHREIBER, Anderson. Marco Civil da Internet: avanço ou retrocesso? A responsabilidade civil por dano derivado do conteúdo geral por terceiro. In: LUCCA, Newton De; SIMÃO FILHO, Adalberto; LIMA, Cíntia Rosa Pereira de. (Org.). *Direito e Internet III*, t. II: Marco Civil da Internet. São Paulo: Quartier Latin, 2015. A respeito, cf., ainda, o Capítulo XII desta obra.

[38] Sobre a chamada função preventive da responsabilidade civil, cf. o Capítulo XVII desta obra.

[39] Para além de divergências pontuais, as vertentes que sustentam a função preventiva costumam adotar a seguinte lógica: "Como se entende que a responsabilização por danos é pressuposta, no sentido de ser anterior a sua produção, todos aqueles fatores, agentes e atividades que estejam aptos a produzir o dano e, no caso concreto, não respeitaram a alteridade, concretizada pela precaução

de que modo a indenização poderia ser exclusivamente preventiva, ideia que contradiz a própria natureza, já mencionada, da responsabilidade civil como remédio posterior à lesão.[40] Até mesmo o princípio da reparação integral, este sim consolidado em nossa ordem jurídica, aparenta impor desafios à noção de uma responsabilidade (puramente) preventiva, pois, ausente o elemento do dano, não parece haver mais medida para a indenização. É, contudo, muitas vezes com base no princípio da reparação integral que se sustenta a noção de uma indenização preventiva, ampliando-se o conceito de dano para abranger também as ameaças de lesão, isto é, a mera exposição de certos bens jurídicos a risco (tem-se popularizado, nesse sentido, o recurso à *mise en danger* da doutrina francesa).[41] Passa-se a sustentar, assim, a reparação integral como se fosse o fundamento (e não o óbice legal) para a reparação preventiva, isto é, como se o imperativo de reparar todo dano (e todo o dano)[42] sofrido pela

---

e pela prevenção, prospectivas, a esse danos, podem ser responsabilizados pelo evento danoso" (FROTA, Pablo Malheiros da Cunha. *Responsabilidade por danos*, cit., p. 265).

[40] Eventual mecanismo preventivo há de pautar-se, com efeito, na função primordial de indenização que preside a responsabilidade civil. Precisamente nesse sentido, conclui, na doutrina portuguesa, Mafalda Miranda BARBOSA: "[...] parece-nos injustificada a defesa de uma finalidade preventiva que se autonomize da função reparadora. Esvaziada da consideração da personalidade, a prevenção transforma um instituto jurídico num instrumento de uma tecnocracia que contraria a estrutura básica, axiologicamente fundamentada, do sistema. Torna-se, por isso, imperiosa a negação incondicional da perspectiva encabeçada pela *law and economics*. Ligada à eficácia, a prevenção torna-se desvaliosa. Unida aos vetores sedimentados, a prevenção deve manter-se dentro dos parâmetros por ele definidos, pelo que se subordinará sempre a uma finalidade reparadora ou ressarcitória. O que quer dizer que ela não poderá nunca justificar, por si só, a admissbilidade de prinípio dos danos punitivos" (Reflexões em torno da responsabilidade civil: teleologia e teleonomologia em debate. *Boletim da Faculdade de Direito de Coimbra*, vol. 81, 2005, p. 599).

[41] Sobre o sentido original da expressão *mise en danger*, cf. a obra seminal SCHAMPS, Geneviève. *La mise en danger*: un concept fondateur d'un principe général de responsabilité. Paris: LGDJ, 1998, *passim*. O uso mais relevante da expressão no Brasil deve-se, provavelmente, à obra de Giselda Hironaka (cf., dentre outras, HIRONAKA, Giselda. Responsabilidade Pressuposta: Evolução de Fundamentos e de Paradigmas da Responsabilidade Civil na Contemporaneidade. In: DELGADO, Mário Luiz; ALVES, Jones Figueirêdo (Coord.). *Novo Código Civil*: questões controvertidas, vol. 5: responsabilidade civil. São Paulo: Método, 2006, *passim* e, particularmente, pp. 220-221). Sobre a controversa aplicabilidade do conceito de prevenção em matéria de responsabilidade civil na França, cf. ROCHFELD, Judith. *Les grandes notions du droit privé*. Paris: PUF, 2011, pp. 521 e ss.; a autora destaca que, na doutrina francesa, a maior parte das propostas de aplicação da prevenção em matéria de responsabilidade civil dizem respeito à criação de deveres de abstenção para determinados agentes (não, portanto, à criação de um suposto dever de indenizar *ex ante*).

[42] A expressão, que bem define o prinípio, é de MONTEIRO FILHO, Carlos Edison do Rêgo. Artigo 944 do Código Civil: o problema da mitigação do princípio da reparação integral. *Revista de Direito da Procuradoria Geral do Estado do Rio de Janeiro*, vol. 63, 2008.

vítima permitisse ao intérprete superar a própria lesão como medida do dever de indenizar.[43]

Como já se observou argutamente, talvez fosse melhor reconhecer tão somente que a imposição da obrigação pecuniária nesses casos, motivada por uma proteção à vítima a todo custo, não se encontra mais no campo da responsabilidade civil,[44] em vez de se proceder à tentativa de estiramento do conceito de indenização ao ponto de ele se tornar a antítese de seu sentido original.[45] Nesse sentido, até mesmo a chamada função punitiva da responsabilidade civil,[46] que já encontra acolhida muito maior na doutrina e na jurisprudência do que a função preventiva, ainda desperta enorme celeuma, a despeito de já se tratar de longeva discussão no direito brasileiro.[47] A rigor, as duas

---

[43] Tanto a superação do nexo causal como requisito da reparação civil quanto a responsabilidade preventiva costumam ser sustentadas pelos autores que as defendem com fulcro nos princípios da dignidade humana e da reparação integral. Nesse sentido, por todos, cf. FROTA, Pablo Malheiros da Cunha. *Responsabilidade por danos*, cit., p. 231.

[44] Ao descrever o processo de "fuga para a responsabilidade civil", ocorrido sobretudo em países subdesenvolvidos, critica Otavio Luiz RODRIGUES JUNIOR: "A responsabilidade civil assume um papel de agente involuntário de distribuição de renda, o que não é sua função histórica e jurídica, muito menos é uma perspectiva que lhe permita sobreviver como um instituto jurídico autônomo" (Nexo causal probabilístico: elementos para a crítica de um conceito, cit., p. 117). Remata o autor: "Quanto à função distributiva da responsabilidade civil, reitera-se que transformá-la em uma técnica de justiça distributiva é algo que a desnaturaria e a deixaria irreconhecível como um instituto de Direito Civil. Se é este o objetivo do legislador democrático ou da jurisprudência, talvez fosse o caso de se criar um novo nome para esse instituto, que não corresponde ao que se entende por responsabilidade civil" (Ibid., p. 126).

[45] Vale, aqui, invocar a lição de Stefano RODOTÀ, que, já na década de 1980, ponderava: "observa-se mesmo que uma expansão tão significativa não é sustentável pela própria estrutura do instituto [da responsabilidade civil], que, cedo ou tarde, não suportará o peso das múltiplas funções que lhe têm sido impostas e conhecerá um inevitável redimensionamento" (Modelli e funzione della responsabilità civile, cit., p. 596. Tradução livre). O autor antevia que o recurso excessivo à responsabilidade civil para o atendimento de funções estranhas ao instituto haveria de, eventualmente, retroceder (como de fato aconteceria posteriormente na jurisprudência italiana): "Essa previsão, evidentemente, é filha de uma valoração negativa sobre o recurso que sobretudo os tribunais têm feito nestes anos às técnicas da responsabilidade civil para enfrentar uma série de situações caracterizadas pela demanda de reconhecimento de novos interesses, de soluções de conflitos sociais irredutíveis aos esquemas conhecidos. Dessa valoração negativa nasce uma expectativa de redimensionamento do recurso à responsabilidade civil, entendendo-se que a fase que temos atrás de nós é pouco mais do que um parêntese" (Ibid. Tradução livre).

[46] Sobre a função punitive da responsabilidade civil, cf. o Capítulo XVIII desta obra.

[47] Para uma crítica contundente à chamada função punitiva da responsabilidade civil nos casos de reparação individual, a qual se acompanha plenamente neste estudo, cf. BODIN DE MORAES, Maria Celina. *Danos à pessoa humana*: uma leitura civil-constitucional dos danos morais. Rio de Janeiro: Processo, 2017, *passim*. Embora bastante presente na jurisprudência brasileira, referida

vertentes parecem corresponder a duas faces da mesma moeda, na medida em que a imputação de indenização a certo agente que, tendo exposto determinado bem jurídico a risco, não chegou a produzir lesão concreta, consiste em raciocínio típico da responsabilidade criminal, eminentemente punitiva. Ironicamente, em nome de uma responsabilidade civil cada vez mais voltada à vítima (como pioneiramente propôs o próprio direito civil-constitucional no Brasil)[48] e não à conduta do ofensor, defende-se uma função preventiva intimamente ligada à ideia de punição do agente.[49]

Ainda que se cogite de uma função preventiva, em sentido lato, acessória à função reparatória[50] (e não independente desta), sua proximidade com a noção de punição é evidente.[51] Nessa perspectiva, porém, a prevenção consistiria, ao menos, em uma função secundária da responsabilidade civil (o que se pode afirmar, a rigor, com acerto sobre a generalidade dos institutos jurídicos),[52] inábil para autonomizá-la como instituto (papel exercido pela

---

função punitiva não é acolhida com unanimidade pelos tribunais. Ilustrativamente, em precedente exemplar, já decidiu o STJ que "[...] O sistema brasileiro de responsabilidade civil não admite o reconhecimento de danos punitivos, de modo que a adoção de medidas inibitórias eficazes para prevenir a concretização de dano material, seja pela comercialização, seja pela mera exposição ao mercado consumidor, afasta a pretensão de correspondente reparação civil" (STJ, REsp. 1.315.479, 3ª T., Rel. Min. Marco Aurélio Bellizze, julg. 14.3.2017).

[48] A proposta do direito civil-constitucional, porém, nunca consistiu no desrespeito às escolhas legislativas ou na superação, sem nenhum critério, dos requisitos da responsabilidade civil; propunha-se, isto sim, o aumento das hipóteses de reconhecimento do dano ressarcível (particularmente o reconhecimento da indenizabilidade do dano moral) e a perda da função moralizadora e punitiva outrora atribuída à responsabilidade civil. A respeito, cf., já em um momento de plena implementação da proposta civil-constitucional, a análise de BODIN DE MORAES, Maria Celina. constitucionalização do direito civil e seus efeitos sobre a responsabilidade civil, cit., p. 238.

[49] A perspectiva de se deslocar maior atenção à vítima do que ao ofensor, usualmente invocada pelos defensores da função preventiva da responsabilidade civil, é tomada como premissa, por exemplo, por VENTURI, Thaís G. Pascoaloto. A responsabilidade civil como instrumento de tutela e efetividade dos direitos da pessoa. Civilistica.com. Rio de Janeiro, a. 5, n. 2, 2016, pp. 5 e ss.

[50] A função reparatória como traço distintivo da indenização é estudada no CAPÍTULO XIX desta obra.

[51] Nesse sentido, afirma Pietro PERLINGIERI: "Sintomático do delinear-se de uma função preventiva em sentido lato do instrumento ressarcitório, análoga àquela própria das sanções penais, é a oportunidade, manifestada por uma parte da doutrina penalista, de acentuar os caracteres civis do sistema sancionatório, considerado mais idôneo para satisfazer o interesse da vítima do crime" (O direito civil na legalidade constitucional. Trad. Maria Cristina De Cicco. Rio de Janeiro: Renovar, 2008, p. 768).

[52] Não é esse significado acessório, porém, que os defensores da função preventiva costumam sustentar. Ilustrativamente: "muito mais do que enxergar nas regras de responsabilidade civil uma mera função preventiva que acaba sendo tratada no mais das vezes como simplesmente acessória, eventual ou circunstancial, constituindo simples reflexo da função reparatória classicamente idealizada, busca-se demonstrar que a prevenção de danos, para além de função, deve ser compreendida como

função reparatória), mas ainda assim com potencial de influenciar em sua disciplina, o que parece muito mais razoável. Em nossa práxis judicial, contudo, reparação, punição e prevenção se confundem e se prestam, não raro, a justificar o arbitramento de indenizações nas quais não se diferenciam parcelas reparatórias, punitivas ou preventivas – como seria de se esperar se, de fato, prosperassem todas as funções propostas em doutrina para a responsabilidade civil.[53]

Ao mesmo tempo em que a doutrina, talvez se excedendo em sua função promocional,[54] empenha-se na construção de teses com pouca repercussão jurisprudencial e com escasso subsídio legislativo, questões prementes na prática da responsabilidade civil brasileira permanecem em aberto, sem que se tenham pacificado controvérsias históricas ou que se tenham proposto subsídios ao intérprete para a solução de antigos problemas.[55] Veja-se o exemplo das teorias da causalidade no direito brasileiro: a despeito da redação, aparentemente inequívoca, do art. 403 do Código Civil, subsiste a dúvida, tanto em doutrina quanto em jurisprudência, sobre a teoria adotada pelo ordenamento pátrio – se a teoria da causalidade adequada ou a do dano direto e imediato.[56] Enquanto a doutrina busca inovar na superação deste fundamental requisito da responsabilidade civil, não é possível nem mesmo afirmar estar pacificado qual critério de aferição permite a identificação desse requisito no direito brasileiro, muitas vezes utilizado pelo julgador para, valendo-se das muitas teorias disponíveis, decidir controvérsias concretas de modo arbitrário, em um grave cenário de insegurança jurídica.[57]

Vale mencionar, ainda, o problema da quantificação da compensação por danos morais em nosso ordenamento, questão que nem mesmo se aproxima de uma solução no cenário atual.[58] Recentemente, tem cabido à jurisprudência

---

verdadeiro fundamento do instituto" (VENTURI, Thaís G. Pascoaloto. A responsabilidade civil como instrumento de tutela e efetividade dos direitos da pessoa, cit., pp. 19-20).

[53] Crítica já formulada por BODIN DE MORAES, Maria Celina. Dano moral: conceito, função, valoração. *Revista Forense*, vol. 413. Rio de Janeiro: Forense, 2011, item 3.

[54] Sobre a função promocional da responsabilidade civil, cf. o CAPÍTULO XVI desta obra.

[55] Bons exemplos podem ser encontrados nos CAPÍTULOS IV E XI desta obra.

[56] Um panorama ainda atual da divergência doutrinária e jurisprudencial na matéria é traçado em detalhe por GUEDES, Gisela Sampaio da Cruz. *O problema do nexo causal na responsabilidade civil*. Rio de Janeiro: Renovar, 2005, pp. 122 e ss. Cf., ainda, os CAPÍTULOS I E III desta obra.

[57] Para uma crítica às consequências nocivas da indefinição da causalidade na jurisprudência brasileira, cf. SCHREIBER, Anderson. Flexibilização do nexo causal em relações de consumo. In: MARTINS, Guilherme Magalhães (Coord.). *Temas de direito do consumidor*. Rio de Janeiro: Lumen Juris, 2010, pp. 33 e ss. Cf., ainda, ilustrativamente, os problemas abordados nos CAPÍTULOS I E V desta obra.

[58] Cf., ilustrativamente, os problemas abordados nos CAPÍTULOS IX E XV desta obra.

a elaboração de um método de quantificação,[59] merecedor de elogios e críticas, tendo em vista que a doutrina não conseguiu, até o presente momento, oferecer critérios úteis para orientar o intérprete (função precípua da dogmática jurídica, particularmente nos países do sistema romano-germânico).[60] Nessa matéria, a principal contribuição doutrinária tem sido a de acrescentar ao cômputo da reparação um aspecto que não foi albergado pelo legislador quando previu o princípio da reparação integral: a já mencionada função punitiva. Em nome da reparação integral,[61] acaba-se por, ironicamente, ferir esse princípio: a indenização deixa de ser medida pela extensão do dano (em decorrência da chamada função punitiva), que muitas vezes poderia, afirma-se, sequer existir (na perspectiva da função preventiva).

Esse diuturno exercício doutrinário em criar para a responsabilidade civil projetos distintos daqueles concebidos pelo legislador e efetivamente aplicados pela jurisprudência, em vez de orientar a atividade hermenêutica, acaba por confundi-la, principalmente no que tange à atribuição de novas funções à reparação. Configura-se, assim, um cenário de incerteza para a jurisprudência, permanentemente intrigada por construções doutrinárias que, por vezes, aplica com insegurança e atecnia e, outras tantas, simplesmente ignora. Entrementes, questões antigas e prementes permanecem sem resolução, embora façam parte do quotidiano jurisprudencial. A crítica, é bem verdade, poderia ser estendida, em maior ou menor medida, a muitos outros setores do direito. A enorme expansão observada por demandas indenizatórias, porém, coloca o foco justamente sobre a responsabilidade civil – mais uma vez eleita, na prática, como representante de questões muito mais amplas do que ela própria.

Eduardo Nunes de Souza
Rodrigo da Guia Silva

---

[59] No âmbito do Superior Tribunal de Justiça, tem-se proposto o método, designado como bifásico, para a determinação do quantum indenizatório, segundo o qual, "na primeira etapa, deve-se estabelecer um valor básico para a indenização, considerando o interesse jurídico lesado, com base em grupo de precedentes jurisprudenciais que apreciaram casos semelhantes", ao passo que, "na segunda etapa, devem ser consideradas as circunstâncias do caso, para fixação definitiva do valor da indenização, atendendo a determinação legal de arbitramento equitativo pelo juiz" (STJ, REsp 959.780, 3ª T., Rel. Min. Paulo de Tarso Sanseverino, julg. 26.4.2011).

[60] Para uma análise comparativa do papel desempenhado por doutrina e jurisprudência na configuração do direito no âmbito da *civil law* e da *common law*, cf. BODIN DE MORAES, Maria Celina. Professores ou juízes? Editorial a *Civilistica.com*, a. 3, n. 2, 2014, *passim*.

[61] Para outros dilemas de implementação da reparação integral, cf. os Capítulos XIII e XIV desta obra.

Controvérsias Sobre o Nexo de Causalidade
e a Responsabilidade Indireta

1. Em Defesa do Nexo Causal: Culpa, Imputação e Causalidade na Responsabilidade Civil

Eduardo Nunes de Souza
Professor Adjunto de Direito Civil da Faculdade de Direito da Universidade do Estado do Rio de Janeiro (UERJ). Doutor e mestre em Direito Civil pela UERJ.

A cause may be inconvenient, but it's magnificent.
– ARNOLD BENNETT, romancista inglês

1. Introdução: em que *não* consiste a reparação civil na legalidade constitucional

A aplicação das previsões normativas sobre a responsabilidade civil, tanto no ordenamento brasileiro quanto em outros países do sistema continental, é fortemente marcada por uma reputação de plasticidade e de incerteza. Trata-se, com efeito, de um dos setores mais jovens, em perspectiva histórica, do direito civil,[1] e um daqueles cujas fronteiras mais têm sido empurradas, nos últimos anos, pela doutrina e pela jurisprudência, tendo em vista a necessidade de atender ao progressivo reconhecimento de novos interesses juridicamente relevantes.[2] A responsabilidade civil revestiu-se, assim, de uma aura de permanente novidade e assumiu, entre erros e acertos, o papel de instrumento

---

[1] Segundo Philippe MALAURIE e Laurent AYNÈS, apenas no século XVIII se construiu um princípio geral de reparação civil (*Droit des obligations*. Paris: LGDJ, 2016, p. 25).
[2] Leciona Stefano RODOTÀ: "a responsabilidade civil tem sido, em toda a fase recente, o instrumento que permitiu fornecer uma primeira faixa de proteção jurídica a novos bens ou interesses" (Modelli e funzioni della responsabilità civile. *Rivista Critica di Diritto Privato*, vol. 3. Napoli: Jovene, 1984, p. 605. Tradução livre).

particularmente flexível colocado à disposição do intérprete para proteger os interesses que julgar concretamente merecedores de tutela.[3]

Decisiva para a configuração desse cenário foi a progressiva superação, pela doutrina civilista, dos moldes rígidos do ato ilícito clássico como fonte do dever de indenizar,[4] não apenas no Brasil como também nos países que diretamente influenciaram o modelo brasileiro (a França[5] e a Itália[6]). Em lugar

---

[3] Contribuiu para essa flexibilidade a adoção, no direito brasileiro, do conceito de injustiça do dano, oriundo do direito italiano. A respeito, pondera Rodolfo SACCO que, com o dano injusto, o legislador italiano não requer a lesão de um direito para que surja o dever de indenizar; mas, "renunciando a esclarecer melhor esta ideia, vaga e quase filosófica, da 'injustiça', acaba por conceder ao juiz um verdadeiro poder discricionário. Porém, o juiz italiano não tira proveito dessa relação de poder posta a favor dos tribunais. Formado nas universidades, aprendeu as duas concepções, baseadas, respectivamente, na lesão do direito ou fato equiparado e na regra do *neminem laedere*. Por sua vez, acrescentará a regra do mínimo esforço, enunciando a regra da lesão quando deva absolver, e a regra omnicompreensiva quando deva condenar" (*Introdução ao direito comparado*. Trad. Véra Jacob de Fradera. São Paulo: RT, 2001, p. 133).

[4] Como pondera Stefano RODOTÀ, o modelo clássico de tutela era menos avançado, fundando-se na proteção da propriedade, a justificar a associação entre o ato ilícito e o direito subjetivo. "O passo ulterior, muito mais longo, é dado quando a tutela é assegurada, sem mediações, a interesses de base não proprietária. O modelo tradicional não é hábil a operar, mesmo porque não se trata de gerir a compatibilidade entre interesses homogêneos (em uma lógica intraproprietária), mas o conflito se produz entre interesses qualitativamente irredutíveis a lógicas comuns" (Modelli e funzione della responsabilità civile, cit., p. 598. Tradução livre).

[5] Sobre o direito francês, em que a reparação dos danos centra-se no art. 1382 do *Code*, relata Rodolfo SACCO que, embora se entenda hoje que o dispositivo alude ao princípio amplo do *neminem laedere*, os autores franceses da metade do século XIX vislumbravam nesse dispositivo apenas "o equivalente da norma que estará mais tarde contida no §823 do BGB, a qual limita o ressarcimento à hipótese de violação de um direito absoluto da vítima. Esta reconstrução do art. 1382 é bem nítida, antes de mais nada, nos intérpretes alemães do *Code Civil*, ou nos autores franceses influenciados pelo pensamento germânico. [...] No final do século passado [XIX], por outro lado, a interpretação assim favoravelmente acolhida começa a perder terreno. Toma-se consciência do fato de que comportamentos produtores de danos são reprimidos independentemente de qualquer lesão de um direito subjetivo da vítima [...]. Trata-se de acrescentar as novas figuras de ilícito às velhas e conhecidas figuras de lesão de direitos, elaborando novas e mais genéricas categorias de violações" (*Introdução ao direito comparado*, cit., pp. 124-126).

[6] A virada conceitual em direção à injustiça do dano na doutrina italiana foi bastante impulsionada por Francesco BUSNELLI, que, já na década de 1964, propunha: "trata-se de definir se a proteção de um interesse, como resultado do que dispõem uma ou mais normas, resulta em uma relação de 'correspectividade' com o comportamento dos terceiros, no sentido de que a proteção jurídica de que goza o interesse lesado se mostra efetivamente destinada àquele tipo de interesse, em conformidade com aquele tipo de comportamento" (*La lesione del credito da parte di terzi*. Milano: Giuffrè, 1964, p. 88. Tradução livre). Contemporaneamente, sustenta Pietro TRIMARCHI que o problema da verificação da injustiça do dano "depende principalmente da valoração comparativa entre um certo tipo de conduta e o interesse que o agente realiza ou tende a realizar com aquela conduta" (*Istituzioni di diritto privato*. Milano: Giuffrè, 2016, p. 110. Tradução livre).

do antigo modelo, passou-se a sustentar que o dano passível de reparação era aquele ocasionado por qualquer lesão a um interesse juridicamente tutelado, fosse ele ou não conteúdo de um direito subjetivo formalmente reconhecido.[7] A ampliação do objeto de tutela do sistema reparatório, que passou a abranger interesses identificados em concreto exteriores a situações jurídicas subjetivas, reconfigurou a responsabilidade subjetiva (fundada, agora, em um ato ilícito ressignificado),[8] abriu caminho à responsabilidade objetiva[9] e transformou a responsabilidade civil em um mecanismo ainda mais capaz de oferecer uma resposta célere do sistema a novos interesses não previstos pelo legislador.[10]

Esse conceito valorativo de ressarcibilidade[11] foi desenvolvido sob a alcunha de *ingiustizia del danno* no direito italiano, em feliz aproveitamento de uma expressão adotada pelo codificador de 1942,[12] tendo a designação alcançado

---

[7] Como explica Pietro PERLINGIERI, "O direito subjetivo [...] perde centralidade definitivamente e aflui a exigência de diversificar os interesses e de dar formas e técnicas de tutela das pessoas asseguradas por novos instrumentos, individualizados segundo o tipo de interesse a ser tutelado e a ponderação de valores a ser realizada" (*O direito civil na legalidade constitucional*. Trad. Maria Cristina De Cicco. Rio de Janeiro: Renovar, 2008, p. 678).

[8] Identifica Stefano RODOTÀ que "o direcionamento da atenção para a vítima e a centralidade do momento do dano (e não mais da sanção) favorecem a atitude do sistema da responsabilidade civil a legitimar e tutelar novos interesses [...]. Desaparece, ou ao menos é fortemente redimensionado, um dos elementos característicos do modelo tradicional da responsabilidade civil, construído de maneira tal a consentir uma forte seleção dos danos ressarcíveis" (Modelli e funzione della responsabilità civile, cit., p. 599. Tradução livre).

[9] Alude-se, em particular, à íntima associação entre o paradigma do dano injusto e a socialização dos prejuízos promovida pelo sistema de responsabilidade objetiva. Ao propósito, cf., dentre outros, GOMES, Orlando. Tendências modernas na teoria da responsabilidade civil. In FRANCESCO, José Roberto Pacheco di (Org.). *Estudos em homenagem ao professor Silvio Rodrigues*. São Paulo: Saraiva, 1989, pp. 301-302.

[10] Como registra Maria Celina BODIN DE MORAES, "a responsabilidade civil é um dos instrumentos jurídicos mais flexíveis, dotado de extrema simplicidade, estando apto a oferecer a primeira forma de tutela a interesses novos, considerados merecedores de tutela tão logo sua presença seja identificada pela consciência social, e que de outra maneira ficariam desprotegidos, porque ainda não suficientemente amadurecidos para receberem atenção e, portanto, regulamentação própria por parte do legislador ordinário" (A constitucionalização do direito civil e seus efeitos sobre a responsabilidade civil. *Direito, Estado e Sociedade*, vol. 9, n. 29. Rio de Janeiro: PUC-Rio, jul.-dez./2006, p. 238).

[11] Sobre a noção de dano injusto como uma aplicação do juízo de merecimento de tutela, permita-se a remissão a SOUZA, Eduardo Nunes de. Merecimento de tutela: a nova fronteira do direito privado no direito civil. *Revista de Direito Privado*, vol. 58. São Paulo: Revista dos Tribunais, abr.-jun./2014, *passim* e, especialmente, item 5.

[12] Verbis: "Art. 2.043. *Qualunque fatto doloso o colposo, che cagiona ad altri un danno ingiusto, obbliga colui che ha commesso il fatto a risarcire il danno*". Leciona Guido ALPA que a expressão *ingiustizia* apresenta as funções e problemas de uma cláusula geral: "é tendencialmente indefinível, tem conotações

também a doutrina nacional.[13] No caso brasileiro, essa mudança paradigmática se deu na esteira do processo de constitucionalização e despatrimonialização do direito civil, a partir da incidência da cláusula geral de tutela da pessoa humana.[14] Não por acaso, o giro conceitual promovido pelo dano injusto e a funcionalização da responsabilidade civil tiveram na proliferação de hipóteses fáticas de dano moral sua mais marcada expressão. O processo, muito acelerado pela jurisprudência nas primeiras décadas de vigência da Constituição de 1988, ocorreu de forma acidentada e assistemática,[15] tendo-se associado o reconhecimento desenfreado de interesses tutelados pela via reparatória a uma lamentável banalização do dano moral.[16]

Contudo, essa evolução pouco ordenada e muito voltada a resolver problemas concretos, longe de ser recente, parece ter marcado a própria história da responsabilidade civil.[17] Em particular nos países em que se adotaram sistemas, em linhas gerais, atípicos[18] de responsabilidade civil, como França

---

historicamente relativas, constitui uma valoração que tempera a rigidez do ordenamento, confere ao intérprete elasticidade de apreciação e assim por diante" (*I principi generali*. In IUDICA, Giovanni; ZATTI, Paolo (a cura di). *Trattato di diritto privato*. Milano: Giuffrè, 2006, p. 486. Tradução livre). A fórmula já foi interpretada das mais diversas formas, sendo de se destacar a concepção de Stefano RODOTÀ, que caracteriza o dano injusto a partir de uma lesão à solidariedade social (*Il problema della responsabilità civile*. Milano: Giuffrè, 1967, p. 89).

[13] A expressão foi difundida no Brasil particularmente pelo estudo seminal de GOMES, Orlando. Tendências modernas na teoria da responsabilidade civil, cit., p. 293.

[14] Cf. BODIN DE MORAES, Maria Celina. *Danos à pessoa humana:* uma leitura civil-constitucional dos danos morais. Rio de Janeiro: Renovar, 2003, *passim* e, particularmente, pp. 182-182.

[15] Particularmente em matéria de dano moral, já se analisou que os tribunais oscilam entre a banalização e a excessiva restrição, nem sempre logrando êxito "em realizar esse duplo movimento de modo harmonioso" (BODIN DE MORAES, Maria Celina. *Danos à pessoa humana*, cit., p. 166). Para uma análise sobre o papel da jurisprudência no desenvolvimento da noção de dano indenizável no Brasil, cf. RAMOS, André Arnt. A responsabilidade civil para além dos esquemas tradicionais: prospecções do dano reparável na contemporaneidade. *Revista Fórum de Direito Civil*, a. 4, n. 10. Belo Horizonte: Fórum, set.-dez./2015, item 3.

[16] Nesse sentido, Anderson SCHREIBER: "a atuação das cortes tem tido menos o papel de tranquilizar inquietações, mais ou menos justificadas, e mais o de disparar os alertas acerca da superproliferação das demandas de ressarcimento, especialmente em face dos contornos ainda imprecisos do dano extrapatrimonial" (*Novos paradigmas da responsabilidade civil*. São Paulo: Atlas, 2009, pp. 189-191).

[17] Nesse sentido parece apontar, por exemplo, o relato de PEREIRA, Caio Mário da Silva. *Responsabilidade civil*. Atual. Gustavo Tepedino. Rio de Janeiro: GEN, 2016, p. 17.

[18] Em estudo comparatista, destaca Rodolfo SACCO que, no sistema continental, "as oposições mais fortes aparecem de fato ao nível das definições gerais", colocando-se, de um lado, os ordenamentos fundados em fórmulas de caráter geral (em geral reconduzidas ao *neminem laedere*, como no modelo francês) e, de outro, por regras legisladas (lesões tipificadas em lei, como na Alemanha) (*Introdução*

e Itália, os próprios requisitos tradicionais do ato ilícito clássico são frequentemente atribuídos a tentativas de se conter, por meio de "filtros", o crescimento desenfreado de demandas indenizatórias.[19] O nexo causal, em particular, tem sido constantemente referenciado como uma barreira deliberadamente desenvolvida com esse propósito.[20] Por outro lado, algumas construções antigas foram paulatinamente concebidas para viabilizar o surgimento do dever de indenizar onde a prova dos requisitos tradicionais do ato ilícito (do dano, do nexo ou da culpa) se mostrasse particularmente difícil – assim ocorreu, por exemplo, com a teoria da perda de uma chance,[21]

---

ao direito comparado, cit., p. 137). Com efeito, a relevância da tipicidade ou atipicidade das hipóteses ensejadoras do dever de indenizar já foi relativizada em doutrina. Assim, por exemplo, Pietro TRIMARCHI afirma que "a diferença entre os sistemas fundados sobre a enumeração de figuras típicas e aqueles fundados sobre uma amplíssima regra geral é, no entanto, menos abrupta do que se pode crer", mesmo porque "a adoção de um ou outro princípio não conduz necessariamente a um diverso regramento substancial das hipóteses fáticas" (*La responsabilità civile*: atti illeciti, rischio, danno. Milano: Giuffrè, 2017, p. 14. Tradução livre). Nesse sentido, VISINTINI, Giovanna. *Trattato breve della responsabilità civile*. Padova: CEDAM, 2005, p. 422, afirma que os ordenamentos francês, italiano e alemão "não são muito distantes no que diz respeito ao regime da responsabilidade extracontratual vigente", pois "o trabalho interpretativo dos juízes terminou por, em todos os três ordenamentos, completar a obra do legislador alcançando soluções simétricas com referência à casuística" (Tradução livre).

[19] Em perspectiva comparatística, pondera Pier Giuseppe MONATERI que "o direito operacional da RC [responsabilidade civil] é um direito que tende a ser uniforme nos vários sistemas, mesmo se as fórmulas que o exprimem são próprias de cada tradição jurídica. Essas fórmulas se baseiam sobre a reconstrução dos elementos que devem estar na base da responsabilidade. É então do maior interesse comparativo constatar como regras substancialmente similares são reconstruídas mediante a busca de elementos da responsabilidade de sistema a sistema [...]"; assim, verifica-se que "o mundo da RC é um mundo de elementos cambiantes e tendencialmente indefinidos", e "a imagem que emerge do estudo comparado dos sistemas jurídicos em tema de RC é a imagem de uma transmutação constante dos termos que exprimem o juízo de responsabilidade, o qual evidentemente foge a qualquer formulação técnica e verbal" (Le strutture della RC. Disponível em: <academia.edu>, pp. 2-3. Tradução livre).

[20] No direito italiano, por exemplo, relata Giovanna VISINTINI que a previsão das *"conseguenze immediate e dirette"* no art. 1.223 do *Codice civile* corresponde ao "critério jurídico acolhido pelo código civil para fixar um limite à responsabilidade por danos" (*Trattato breve della responsabilità civile*, cit., p. 681. Tradução livre). A autora analisa, ainda, a exigência de uma *"suite nécessaire"* pelo Código Civil francês, para concluir que essas fórmulas legislativas, provavelmente por seu alcance genérico, chegaram até nós com o objetivo de "resolver o problema da seleção dos danos ressarcíveis no quadro de consequências danosas concatenadas entre si e reconduzíveis a um único evento" (Ibid., p. 683. Tradução livre).

[21] Sobre a perda de uma chance como uma técnica que ajudou a superar as dificuldades de prova dos lucros cessantes, permita-se a remissão a SOUZA, Eduardo Nunes de. Considerações sobre a aplicação da teoria da perda de uma chance na responsabilidade civil do médico. *Pensar*, vol. 20, n. 3. Fortaleza: set.-dez./2015.

a tese da causalidade coletiva ou alternativa[22] e a própria responsabilidade objetiva fundada no risco.[23]

A despeito dessa característica histórica, o problema parece assumir cores mais fortes no momento atual, em grande parte porque os próprios limites reconhecidos à atividade hermenêutica mudaram drasticamente com o passar dos anos. Se, de um lado, a superação da subsunção como mecanismo suficiente para a fundamentação das decisões representou um ganho em segurança jurídica,[24] por outro lado a interpretação sistemática e unitária do ordenamento na legalidade constitucional é frequentemente confundida como uma suposta carta branca à criatividade do intérprete ou como oportunidade para a invocação genérica e vazia de fundamentos valorativos para justificar decisões arbitrárias.[25] Semelhante arbitrariedade, não é demais frisar, não mantém qualquer relação com a proposta civil-constitucional, escola hermenêutica autenticamente positivista (ainda que, em certa formulação, pós-positivista) e deferente às escolhas legislativas (as quais apenas submete ao imprescindível crivo dos valores do sistema).[26]

---

[22] Sobre a causalidade alternativa como forma de garantir a indenização à vítima nos casos em que não se possa comprovar o exato autor do dano, cf. CRUZ, Gisela Sampaio da. *O problema do nexo causal na responsabilidade civil*. Rio de Janeiro: Renovar, 2005, p. 292.

[23] Sobre as dificuldades de prova da culpa que conduziram ao desenvolvimento da responsabilidade objetiva, cf. BODIN DE MORAES, Maria Celina. Risco, solidariedade e responsabilidade objetiva. *Revista dos Tribunais*, vol. 854, dez./2006, item 1.

[24] Nessa perspectiva, esclarecendo o conteúdo da premissa civil-constitucional da superação da subsunção, permita-se a remissão a SOUZA, Eduardo Nunes de. Merecimento de tutela, cit., item 2.

[25] A subsunção "traduz uma segurança ilusória e uma neutralidade falsa, por trás das quais apenas se mascaram as escolhas políticas existentes no processo. [...] Ao que parece, todavia, parte do Judiciário não percebeu que a derrubada do limite externo, formal, que restringia o intérprete – o dogma da subsunção – não significou a consagração do arbítrio, mas, ao contrário, impôs um limite interno – metodológico – a exigência de fundamentação (argumentativa) da sentença" (BODIN DE MORAES, Maria Celina. Do juiz boca-da-lei à lei segundo a boca-do-juiz: notas sobre a interpretação-aplicação do direito no início do século XXI. *Revista de Direito Privado*, vol. 56. São Paulo: Revista dos Tribunais, out-dez/2013, pp. 27-28).

[26] De fato, Pietro PERLINGIERI ressalta que, em perspectiva civil-constitucional, propõe-se "uma nova hermenêutica, inspirada pelo critério da razoabilidade, pelo princípio da proporcionalidade, pelo balanceamento dos interesses e dos valores, segundo uma técnica voltada a realizar um controle de adequação e de conformidade à Constituição dos atos 'com força de lei'. [...] Interpretar 'segundo a Constituição', de fato, quer dizer interpretar no respeito à legalidade constitucional, proceder tendo em conta peculiaridades e natureza do ato a ser interpretado, distinguindo, sobretudo, entre atos de autonomia negocial e atos com força de lei" (Il principio di legalità nel diritto civile. *Rassegna di diritto civile*, a. 31, n. 1, 2010, p. 200. Tradução livre).

Em nome da constitucionalização do direito civil, cumpre registrar, muitos excessos jamais cogitados pela doutrina civil-constitucional são cometidos. Particularmente em matéria de reparação civil, crescem por toda parte propostas doutrinárias que insistem na imputação do dever de indenizar a determinados agentes, a despeito de uma evidente ausência dos respectivos requisitos autorizadores da responsabilidade civil. Fala-se, nesse sentido, em responsabilidade sem nexo causal[27] e até mesmo em responsabilidade sem dano,[28] muito embora nenhuma previsão legislativa específica assim autorize. Trata-se, evidentemente, de propostas genuinamente interessadas na promoção de valores do ordenamento, e que geralmente afirmam buscar a implementação do princípio da dignidade humana ou, mais especificamente, do princípio da reparação integral.[29] No entanto, tais interpretações, cuja refutação se mostra particularmente delicada (na medida em que se ancoram, ainda que nominalmente, na promoção de princípios centrais do ordenamento jurídico brasileiro, os quais nenhum intérprete, naturalmente, poderia negar-se a aplicar), correspondem, em verdade, à antítese da metodologia proposta pelo direito civil-constitucional, uma vez que traduzem soluções antissistemáticas.

De fato, a proteção prioritária da vítima e a reparação integral do dano, duas consequências inafastáveis da cláusula geral de tutela da pessoa humana, não significam, de nenhum modo, que se possa atribuir o dever de indenizar a *qualquer pessoa*, mesmo se ausentes os requisitos previstos em lei para o surgimento desse dever. Considerando que o legislador concebeu um sistema completo e bastante abrangente para disciplinar a reparação dos danos no direito brasileiro, e ressalvada a hipótese de se vislumbrar alguma inconstitucionalidade (em abstrato ou em concreto)[30] nesse sistema – o que não

---

[27] Cf., por todos, FACHIN, Luiz Edson. *Direito civil*: sentidos, transformações e fim. Rio de Janeiro: Renovar, 2015, pp. 113-114.
[28] Cf., por todos, LÔBO, Paulo. *Direito civil*, vol. II. São Paulo: Saraiva Educação, 2018, item 19.14.
[29] Cf., por todos, FROTA, Pablo Malheiros da Cunha. *Responsabilidade por danos*: imputação e nexo de causalidade. Curitiba: Juruá, 2014, p. 231.
[30] Como leciona Ana Paula de BARCELLOS, o legislador prevê em abstrato ou preventivamente "[...] apenas situações-tipo de conflito (imaginadas e/ou colhidas da experiência) tanto no que diz respeito aos enunciados envolvidos, como no que toca aos aspectos de fato. Tudo isso sem que se esteja diante de um caso real. A partir das conclusões dessa ponderação preventiva, é possível formular parâmetros específicos para orientação do aplicador quando ele esteja diante dos casos concretos. Evidentemente, o aplicador estará livre para refazer a ponderação, considerando agora os elementos da hipótese real, toda vez que esses parâmetros não se mostrarem perfeitamente adequados. De toda sorte, caberá ao intérprete o ônus argumentativo de demonstrar por que o

parece ser o caso –, não será uma invocação genérica da dignidade humana que justificará afastar a escolha legislativa. Com efeito, não apenas se entende que a incidência dos princípios constitucionais deve ocorrer, em perspectiva civil-constitucional, preferencialmente de forma indireta e apenas esporadicamente de forma direta,[31] como, mais ainda, constata-se que da mesma tábua de valores que tem servido às argumentações ora criticadas decorre também a tutela ao patrimônio mínimo, à livre iniciativa e à eventual atividade empresarial do agente a quem se pretende imputar o dever de indenizar.[32]

Uma interpretação civil-constitucional, portanto, deve ser responsável e devidamente fundamentada, levando em conta a perene tensão entre tendências valorativas antagônicas do ordenamento,[33] reconhecendo que toda interpretação implica uma ponderação de princípios[34] e um esforço de unifi-

---

caso por ele examinado é substancialmente distinto das situações-tipo empregadas na ponderação preventiva" (*Ponderação, racionalidade e atividade jurisdicional*. Rio de Janeiro: Renovar, 2005, pp. 154-155). Nesse sentido, destaca Rodrigo da Guia SILVA a insuficiência da ponderação prévia realizada pelo legislador, constatando que "a afirmação abstrata da legitimidade de uma norma não assegura *ipso facto* a legitimidade dos efeitos que decorreriam da sua aplicação subsuntiva ao caso concreto" (Um olhar civil-constitucional sobre a 'inconstitucionalidade no caso concreto'. *Revista de Direito Privado*, vol. 73, ano 18. São Paulo: Revista dos Tribunais, jan./2017, p. 47).

[31] Leciona Pietro PERLINGIERI: "seja na aplicação dita indireta – que sempre acontecerá quando existir na legislação ordinária uma normativa específica, ou cláusulas gerais ou princípios expressos –, seja na aplicação dita direta – assim definida pela ausência de intermediação de qualquer enunciado normativo ordinário –, a norma constitucional acaba sempre por ser utilizada. O que importa não é tanto estabelecer se em um caso concreto se dê aplicação direta ou indireta (distinção nem sempre fácil), mas sim, confirmar a eficácia, com ou sem uma específica normativa ordinária, da norma constitucional respeito às relações pessoas e socioeconômicas" (*O direito civil na legalidade constitucional*, cit., pp. 589-590).

[32] De fato, como destaca Gustavo TEPEDINO, "as liberdades fundamentais, asseguradas pela ordem constitucional, permitem a livre atuação das pessoas na sociedade. [...] Tal poder, cujo conteúdo se comprime e se expande de acordo com opções legislativas, constitui-se em princípio fundamental do direito civil, com particular inserção tanto no plano das relações patrimoniais – na teoria contratual, por legitimar a regulamentação da iniciativa econômica pelos próprios interessados –, quanto no campo das relações existenciais – por coroar a livre afirmação dos valores da personalidade" (Evolução da autonomia privada e o papel da vontade na atividade contratual. In: FRANÇA, Erasmo; ADAMEK, Marcus Vieira von (Coord.). *Temas de direito empresarial*. São Paulo: Malheiros, 2014, p. 317).

[33] Em perspectiva civil-constitucional, constata-se que o "caos das fontes do direito torna difícil a tarefa hermenêutica de reconstruir um sistema jurídico orgânico e unitário", devendo o problema ser resolvido pela consideração de que a legalidade não se exaure na lei estatal, devendo ser buscada na axiologia do ordenamento (PERLINGIERI, Pietro. Il principio di legalità nel diritto civile, cit., p. 182. Tradução livre).

[34] Como ressalta Giorgio PINO: "é possível afirmar que uma tal lógica de balanceamento esteja subentendida a qualquer atividade interpretativa, já que toda técnica interpretativa pressupõe

cação de fontes normativas potencialmente contraditórias ao redor dos valores consagrados pela Constituição.[35] Interpretações *contra legem* escoradas na invocação genérica de princípios constitucionais e não inseridas na unidade lógica e axiológica do ordenamento, portanto, embora não se descarte sua validade argumentativa, pertencem a outra escola hermenêutica e não ao direito civil-constitucional.[36] Esse equívoco frequente, em que incorre a civilística brasileira nas mais diversas matérias, tem agravado sobremaneira o já mencionado histórico de assistematicidade que caracterizou a evolução dogmática das categorias da responsabilidade civil. O prejuízo maior, nesse sentido, é sofrido pelos próprios requisitos autorizadores do dever de indenizar, em um cenário que já foi argutamente designado como *erosão* dos filtros da reparação.[37]

Dentre eles, o alvo mais recente de certos setores da doutrina tem sido o nexo de causalidade. De fato, a culpa foi democraticamente afastada pelo legislador brasileiro em uma série de relações inseridas no regime da responsabilidade objetiva, que atualmente disciplina boa parte das demandas reparatórias. Quanto ao dano, a doutrina que sustenta uma responsabilidade civil independente de prejuízo efetivo tem se aproveitado da grande flexibilidade da noção contemporânea de dano para, sem eliminá-la, nela inserir também as ameaças de lesão, mesmo quando não produzam resultados concretos.[38]

---

uma reconstrução (atual, hipotética, contrafactual etc.) ou uma proposta de individualização de uma possível *ratio legis*" (*Diritti fondamentali e ragionamento giuridico*. Torino: G. Giappichelli, 2008, p. 100). Particularmente sobre a metodologia civil-constitucional, como se teve oportunidade de sustentar em outra sede, "seria necessário dizer que é preciso ponderar princípios sempre, uma vez que todo ordenamento do caso concreto é composto por princípios potencialmente colidentes. Portanto, 'ponderação', no sentido de compatibilização de princípios, é algo presente em qualquer hipótese de interpretação-aplicação do direito" (SOUZA, Eduardo Nunes de. Merecimento de tutela, cit., p. 87).

[35] TEPEDINO, Gustavo. Crise de fontes normativas e técnica legislativa na Parte Geral do Código Civil de 2002. *O Código Civil na perspectiva civil-constitucional*: Parte Geral. Rio de Janeiro: Renovar, 2013.

[36] Propõe Pietro PERLINGIERI que o discurso dos juízes, "proposto em termos históricos e positivos, deve estar em consonância com os valores da Constituição, entre os quais indiscutivelmente o princípio da legalidade, entendido certamente, não como uma subserviente interpretação e aplicação de uma lei particular isolada, mas como dever de interpretá-la e aplicá-la em respeito às normas e escolhas constitucionais, como a obrigação da correta motivação e argumentação" (*O direito civil na legalidade constitucional*, cit., p. 24).

[37] A respeito, cf. DIEZ-PICAZO, Luís. *Derecho de daños*. Madrid: Civitas, 1999, p. 238 e, na doutrina brasileira, SCHREIBER, Anderson. *Novos paradigmas da responsabilidade civil*, cit., p. 11.

[38] Afirma-se, por exemplo, que um dos objetivos da reparação civil contemporânea seria "garantir ampla e integral reparação às vítimas, com extensão de igual direito a todos quantos alcançados indiretamente pelo dano ou expostos ao risco que o provocou, mesmo que por circunstâncias

O nexo de causalidade, assim, resiste como o último obstáculo ao dever de indenizar; a doutrina que pretende expandir esse dever desfere, portanto, duros golpes contra o requisito causal. Não bastasse se tratar de um conceito pouco claro, sua prova é especialmente difícil.[39] Antes identificada na produção episódica dos danos, a causalidade precisa ser provada atualmente em certas atividades que causam danos quotidianamente – tornou-se frequente, neste ponto, a alusão à noção, colhida da sociologia, de sociedade de risco.[40]

Nesse contexto, sucessivas tentativas de abandono do nexo causal, mais ou menos claras, têm surgido na doutrina brasileira. Desprovidas, em geral, de subsídios legais e, ao mesmo tempo, desacompanhadas de uma fundamentação adequada para se superarem as escolhas legislativas atuais, tais propostas não parecem indicar um caminho legítimo ou eficaz para a solução dos problemas contemporâneos da responsabilidade civil. Um estudo em defesa do nexo de causalidade, portanto, parece traduzir, no momento atual, um estudo em defesa do sistema brasileiro de responsabilidade civil.

2. A confusão conceitual dos requisitos da responsabilidade civil sob o paradigma do ato ilícito e a difícil sistematização da matéria no modelo atual

Como acontece, em linhas gerais, com a maior parte dos setores do direito civil, buscar as raízes da responsabilidade civil na tradição romana ou em obras do período medieval resulta, quase sempre, em simples curiosidade histórica.[41] De fato, é na primeira grande codificação e nas escolas de pensamento modernas que a influenciaram que parece ser mais profícuo iniciar quase toda investigação de direito civil.[42] Particularmente em matéria de

---

fáticas, devendo nesta hipótese o valor da reparação ser destinado a um fundo voltado para o estudo e a pesquisa da antecipação e do equacionamento dos danos oriundos de determinadas atividades socioeconômicas" (FROTA, Pablo Malheiros da Cunha. *Responsabilidade por danos*, cit., p. 230).

[39] Sobre as dificuldades de prova do nexo de causalidade, cf. CARPES, Artur Thompsen. *A prova do nexo de causalidade na responsabilidade civil*. São Paulo: Revista dos Tribunais, 2016, *passim*. O autor sustenta: "o nexo causal *stricto sensu* não é um evento empírico observável ou perceptível como todos os demais acontecimentos materiais que compõem o complexo do enunciado causal" (p. 101).

[40] BECK, Ulrich. *La sociedad del riesgo global*. Madrid: Siglo XXI, 1999, *passim*.

[41] Sobre o decréscimo de importância da tradição romanista a partir do período moderno, cf. HESPANHA, António Manuel. *Panorama histórico da cultura jurídica europeia*. Mem Martins: Publicações Europa-América, 1997, pp. 130 e ss.

[42] Cf. BODIN DE MORAES, Maria Celina. Do juiz boca-da-lei à lei segundo a boca-do-juiz, cit., p. 15.

responsabilidade civil, essa tendência aparenta ser ainda mais verdadeira: de fato, foi com o *Code Napoléon* e suas fontes doutrinárias diretas que os ordenamentos do sistema romano-germânico (ao menos aqueles que herdaram o modelo francês de responsabilidade civil, como a Itália e o Brasil) passaram a cogitar do ato ilícito e de seus elementos característicos como fonte do dever de indenizar.[43] Pothier, um dos mais influentes autores para a codificação francesa (e, consequentemente, para a codificação italiana de 1865, seu espelho fiel), ao reelaborar a divisão quadripartite das fontes de obrigações colhida das Institutas de Gaio,[44] divulgou as figuras do delito e do quase-delito como fontes da obrigação reparatória.[45]

Codificações mais recentes acabaram não adotando tal distinção e escolheram o ato ilícito como fonte principal da responsabilidade civil, como já aconteceu, na Itália, com o *Codice* de 1942[46] e, no Brasil, com o art. 159 do Código

---

[43] De fato, afirma-se que "os redatores do Código Civil renunciavam à casuística que tinha prevalecido no direito romano, preferindo a formulação de uma cláusula geral [art. 1.382] suscetível de apreender todos os comportamentos repreensíveis, inclusive aqueles que não foi possível prever quando da elaboração da lei" (VINEY, Geneviève; JOURDAIN, Patrice; CARVAL, Suzanne. *Les conditions de la responsabilité*. In: GHESTIN, Jacques. *Traité de droit civil*. Paris: LGDJ, 2013, p. 435. Tradução livre).

[44] Atribui-se às *Institutas* de Gaio a primeira classificação de fontes das obrigações de relevo considerável para a doutrina moderna. Veja-se, a esse propósito, o relato de Serpa LOPES: "A primeira e mais antiga classificação de fontes de obrigações vem das *Institutas* de Gaio: *omnis obligatio vel ex contractu nascitur, vel ex delicto*, entendendo-se por contrato não só a convenção, como ainda todo ato jurídico lícito, do qual derivase uma obrigação. [...] Os bisantinos, porém, introduziram uma outra modificação nessa matéria: [...] reservaram o termo – *delictum* – unicamente para os atos dolosos. Veio daí a necessidade de distinguir os negócios jurídicos voluntários dos exsurgidos sem o concurso da vontade, e, quanto ao ilícito, determinar os atos meramente culposos, distinguindo-os dos dolosos. Aos primeiros, denominaram de quase-contratos, e aos segundos, quase-delitos" (*Curso de direito civil*, vol. II. Rio de Janeiro: Freitas Bastos, 1966, pp. 28-29).

[45] Na lição de POTHIER: "Chama-se delito o fato pelo qual uma pessoa, por dolo ou malignidade, causa prejuízo ou dano a uma outra. O quase-delito é o fato pelo qual uma pessoa sem malignidade, mas por uma imprudência que não é escusável, causa algum dano a uma outra" (*Traité des obligations*, tome 1er. Paris: Debure, 1761, p. 129. Tradução livre). Um estudo detalhado das fontes das obrigações no sistema continental é empreendido por SILVA, Rodrigo da Guia. *Enriquecimento sem causa*: as obrigações restitutórias no direito civil. São Paulo: Thomson Reuters, 2018, pp. 62 e ss.

[46] A respeito, explica Giovana VISINTINI: "atribuiu-se à escolha operada no art. 2.043 do código civil [italiano] o objetivo de apagar toda diferença entre delitos e quase-delitos, ao passo que a *ratio* legislativa era apenas a de introduzir o quase-delito como fonte de responsabilidade civil mesmo na falta de previsões penais. Daí deriva a ideia absurda de uma equivalência para fins civis de dolo e culpa, duas categorias conceituais que eram, em vez disso, tidas como bem distintas nas definições dos juristas do final do oitocento" (*Trattato breve della responsabilità civile*, cit., pp. 65-66. Tradução livre).

Civil de 1916.[47] A França, por sua vez, manteve a quadripartição das fontes.[48] Tanto na experiência francesa, contudo, quanto nos países que adotaram o ato ilícito, boa parte do desenvolvimento da responsabilidade civil subjetiva seguiu tendências bastante semelhantes.[49] No direito francês, o codificador cogitou da *faute*, figura cuja dificuldade de tradução em estudos comparatistas tornou-se quase lendária,[50] já que congrega não apenas o aspecto culposo (que já se depreende da semântica coloquial do termo) como também a própria conduta de descumprimento de um dever jurídico pré-existente.[51] Não é difícil notar, porém, que dificuldade muito semelhante se verifica na figura do ato ilícito:[52] *ilícito*, na acepção original da palavra, é qualquer comportamento contrário ao Direito (o que inclui o descumprimento de qualquer dever jurídico ou vedação normativa), ao mesmo tempo em que o legislador brasileiro insiste historicamente em definir a ilicitude congregando-a aos elementos da responsabilidade civil (a culpa, o nexo causal e o próprio dano).[53]

---

[47] "Considerando a inutilidade prática da diferenciação entre delito e quase delito, o direito brasileiro abandonou-a, fixando na ideia de transgressão de um dever o conceito genérico do ato ilícito, pois que tais filigranas nenhuma solução na verdade trouxeram" (PEREIRA, Caio Mário da Silva. *Instituições de direito civil*, vol. I. Rio de Janeiro: GEN, 2018, p. 551).

[48] A reforma do direito das obrigações francês promovida pela *Ordonnance* n. 2016-131, embora tenha suprimido a expressão *quasi-délits* do *Code*, não modificou em nada a redação do art. 1.383 que a eles se referia, simplesmente o transpondo para o atual art. 1.241.

[49] Cf. MONATERI, Pier Giuseppe. *Le strutture della RC*, cit., pp. 2-3.

[50] "Em 1948, Rabut distinguiu 23 definições de *faute* na literatura jurídica. Nesse sentido, a *liberté* oferecida pelo legislador não contribuiu para muita *égalité* ou *fraternité* seja nos tribunais, seja na doutrina" (DAM, Cees van. *European Tort Law*. Oxford: Oxford University Press, 2013, p. 58. Tradução livre). A confusão conceitual é bem ilustrada por Pier Giuseppe MONATERI, que esclarece que, para a doutrina francesa, haveria *faute* "quando se causa um dano ilicitamente, ou seja, de modo contrário ao direito, isto é, violando os direitos da vítima ou as normas postas à sua proteção" (*Le strutture della RC*, cit., p. 5. Tradução livre).

[51] Reconhecendo que "a definição da *faute* é difícil", MALAURIE e AYNÈS afirmam que "um critério geral da *faute* costuma ser proposto partindo-se, seja de uma obrigação preexistente, seja sobretudo da ilicitude do ato. A ideia seria que a *faute* deixou de ter um significado moral, caracterizando-se tecnicamente" (*Droit des obligations*, cit., p. 42. Tradução livre).

[52] A doutrina francesa, aliás, reconhece majoritariamente que "o ilícito é entendido aqui no direito francês como um elemento constitutivo da *faute* civil que pode resultar da lesão a um direito ou da falta a um dever ou uma obrigação" (VINEY, Geneviève; JOURDAIN, Patrice; CARVAL, Suzanne. *Les conditions de la responsabilité*, cit., p. 443. Tradução livre).

[53] Crítica desenvolvida em SOUZA, Eduardo Nunes de. Abuso do direito: novas perspectivas entre a licitude e o merecimento de tutela. *Revista Trimestral de Direito Civil*, vol. 50. Rio de Janeiro: Padma, abr.-jun./2012, pp. 66-68. No mesmo sentido, cf. CAVALIERI FILHO, Sérgio. *Programa de responsabilidade civil*. Rio de Janeiro: Atlas, 2015, p. 25.

Portanto, quando o *Code* prevê que todo fato humano que causa dano a outrem obriga aquele *par la faute duquel il est arrivé* a indenizar a vítima (antigo art. 1.382, atual art. 1.240), designa como *faute* não apenas a própria culpa do agente como, mais do que isso, o comportamento ilícito em si considerado.[54] Por outro lado, o codificador francês também atribui ao agente a responsabilidade por danos causados *non seulement par son fait, mais encore par sa négligence ou par son imprudence* (antigo art. 1.383, atual art. 1.241). Como se percebe, a negligência e a imprudência (que, no direito brasileiro e em outros ordenamentos, passaram a ser associados, com o tempo, à culpa) na letra da lei francesa são inseridos no mesmo rol que o fato danoso (ali indicado para representar o comportamento doloso que caracteriza os chamados delitos), muito embora o fato danoso represente, a rigor, a própria causa do dano. Nesse cenário, o que se verificou foi uma grande confusão conceitual dos requisitos ensejadores da responsabilidade civil subjetiva, os quais, embora tratados como figuras autônomas pela doutrina, não raro se fundiam, na prática, em uma análise única da *faute* como fonte de responsabilidade civil.[55]

Essa flexibilidade da *faute* foi, em grande parte, responsável pela expansão das hipóteses concretas de danos indenizáveis na França,[56] a corroborar o enquadramento do sistema francês como um modelo de atipicidade das

---

[54] Conforme analisa Menezes CORDEIRO, se bem analisada a aplicação original do art. 1.382 do *Code*, a *faute* "acabava por surgir como pressuposto único da imputação delitual. A doutrina e a jurisprudência posteriores, marcadas, aliás, por um positivismo de tipo exegético, ver-se-iam na contingência de reconduzir, à *faute*, todo o sistema de imputação delitual e, mais tarde, obrigacional" (*Tratado de direito civil português*, vol. II, t. III. Coimbra: Almedina, 2010, p. 322). No mesmo sentido, na própria doutrina francesa, Geneviève VINEY, Patrice JOURDAIN e Suzanne CARVAL relatam que, nos países que atribuem efeitos específicos à ilicitude, essa noção introduz o próprio método da relatividade aquiliana, mas isso não obsta que se leve em consideração a ilicitude na doutrina francesa, onde ela é pouco controvertida, por se encontrar contida no conceito de *faute* (*Les conditions de la responsabilité*, cit., pp. 443-444. Tradução livre). A superação, no direito francês, da chamada relatividade aquiliana (que pressupunha que apenas os titulares do interesse protegido pela regra pudessem reclamar a reparação), propiciada pela elasticidade da *faute*, também é relatada por MALAURIE e AYNÈS (*Droit des obligations*, cit., p. 43).

[55] "Procurando, com toda a reserva que tal procedimento implica – exprimir o conteúdo de *faute*, podemos considerar que ela abrange, no seu funcionamento, a ilicitude, a culpa e o nexo causal" (CORDEIRO, António Menezes. *Tratado de direito civil português*, vol. II, t. III, cit., p. 324).

[56] Pondera Menezes CORDEIRO: "Os cem primeiros anos de vigência do Código Napoleão mostraram que o sistema de responsabilidade civil, simplesmente baseado na *faute*, era funcional. Além disso, ficou claro que se tratava de um sistema responsivo, claramente capaz de acompanhar uma realidade em permanente mutação, sem sobressaltos nem necessidade de alterações formais. A simplicidade e a indefinição da *faute* traduziram a chave do êxito" (*Tratado de direito civil português*, vol. II, t. III, cit., p. 324).

fontes do dever de indenizar[57] – mesmo papel desempenhado pelo ato ilícito no sistema brasileiro (particularmente sob a égide do Código Civil de 1916, em que a responsabilidade subjetiva representou, por muito tempo, o regime amplamente predominante de reparação civil). As duas figuras, aliás, têm outro ponto em comum: também o ilícito brasileiro, tendo sido, por décadas, a principal fonte de responsabilidade civil, acabou sendo tratado, na prática, como uma unidade conceitual, sem que se desse a devida atenção aos seus requisitos autorizadores.

Nesse sentido, embora a doutrina sempre tenha tratado da culpa, do dano e do nexo como figuras autônomas e imprescindíveis à configuração do ilícito, tornaram-se frequentes definições tautológicas dessas figuras: a culpa como a violação de um dever (a rigor, o ilícito);[58] o ilícito como a produção culposa do dano;[59] o dano como a violação culposa do dever;[60] e assim por diante. Além do problema dogmático oriundo de tais definições, que em nada contribuíam para a aplicação dos elementos da responsabilidade civil, esse contexto acarretou, ainda, a redução da noção de ilicitude ao comportamento culposo produtor de danos,[61] entendimento bastante criticável que acabou sendo albergado também pelo Código Civil de 2002. A rigor, ilícita é a conduta contrária à legalidade no direito privado, isto é, a conduta antijurídica; a produção de dano e a existência de culpa são relevantes para o surgimento do dever de indenizar, mas não para a configuração da ilicitude em sentido amplo.[62] Uma

---

[57] O antigo art. 1.382 do *Code*, aliás, é considerado "uma das provisões sobre responsabilidade civil mais gerais já projetadas" (DAM, Cees van. *European Tort Law*, cit., p. 56. Tradução livre).
[58] "O conceito de culpa é unitário, embora sua ocorrência possa dar-se de maneiras diversas. São todas elas, entretanto, meras modalidades pelas quais pode caracterizar-se a violação do dever preexistente. Em toda culpa há uma violação do ordenamento jurídico, caracterizando ontologicamente o comportamento ilícito" (PEREIRA, Caio Mário da Silva. *Responsabilidade civil*, cit., p. 95).
[59] "Ato ilícito é, assim, a ação ou omissão culposa com a qual se infringe, direta e imediatamente, um preceito jurídico do Direito Privado, causando-se dano a outrem" (GOMES, Orlando. *Introdução ao direito civil*. Rio de Janeiro: Forense, 2008, p. 438).
[60] Segundo SAN TIAGO DANTAS, "e o evento do ato ilícito é o dano causado a alguém, dano moral ou dano material" (*Programa de direito civil*, vol. I. Rio de Janeiro: Renovar, 2001, p. 305).
[61] Nesse sentido, cf. GOMES, Orlando. *Introdução ao direito civil*, cit., p. 437.
[62] Assim sustenta Judith MARTINS-COSTA: "a estrutura hoje codificada mostra que a obrigação de indenizar ganhando autonomia e estando agora situada em título próprio liberou a reconstrução do conceito de ilicitude por forma a abranger também a ilicitude derivada do exercício jurídico de que não resulte consequência indenizatória, mas outras formas de tutela, inclusive processuais" (Os avatares do abuso do direito e o rumo indicado pela boa-fé. In: TEPEDINO, Gustavo (Org.). *Direito civil contemporâneo*: novos problemas à luz da legalidade constitucional. São Paulo: Atlas, 2008, p. 74). Assim também se sustentou anteriormente em SOUZA, Eduardo Nunes de. Abuso do direito, cit., pp. 66-68.

cláusula contratual nula, por exemplo, por violar norma de ordem pública, é, na acepção ora apresentada, ilícita, ainda que não enseje reparação civil.[63] A escolha legislativa brasileira, porém, foi a de restringir o termo a uma *fattispecie* muito mais específica (a do atual art. 186 do Código Civil).

A confusão conceitual que se vem de apresentar não foi especialmente prejudicial à interpretação e aplicação do sistema normativo da responsabilidade civil na vigência do Código Civil de 1916 por diversas ordens de razão. Em primeiro lugar, as dificuldades que poderiam advir do fato de o ato ilícito ser analisado como um conceito unitário (isto é, sem grande diferenciação entre seus elementos) foram amplamente compensadas pelo recurso às excludentes de ilicitude e das excludentes de responsabilidade civil. Com efeito, por se tratar de conceitos aparentemente claros (como a legítima defesa, o exercício regular de direito, o caso fortuito ou o fato exclusivo de terceiro), o intérprete passou a identificar com frequência a ilicitude e o próprio nexo causal a partir da verificação, na prática, da ausência dessas excludentes na produção do dano.[64] As dificuldades de identificação e de prova da culpa, por sua vez, foram progressivamente mitigadas pela ampla criação de hipóteses de presunção desse requisito.[65]

Em segundo lugar, a quase onipresença do regime de responsabilidade civil subjetiva, com raras hipóteses legisladas de responsabilidade independente de culpa, permitiu que, por muito tempo, os requisitos do dever de indenizar permanecessem imbricados sob o manto do ato ilícito, pois esta era a única

---

[63] Permita-se a remissão a SOUZA, Eduardo Nunes de. *Teoria geral das invalidades do negócio jurídico*: nulidade e anulabilidade no direito civil contemporâneo. São Paulo: Almedina, 2017, item 1.1.2.

[64] No que diz respeito às excludentes de responsabilidade civil e ao nexo causal, Gisela Sampaio da CRUZ analisa criticamente a tendência de se confundirem "ausência de causalidade" e "causalidade interrompida", formulando diversos exemplos para demonstrar como, na prática, pode ser difícil diferenciar estes conceitos (*O problema do nexo causal na responsabilidade civil*, cit., p. 159). A mesma dificuldade parece aplicável às excludentes de ilicitude ou causas de justificação – as quais, aliás, são frequentemente confundidas, mesmo por autorizada doutrina, com as causas interruptivas do nexo causal (cf., ilustrativamente, PEREIRA, Caio Mário da Silva. *Responsabilidade civil*, cit., p. 385). A confusão agravou-se com o advento do Código de Defesa do Consumidor, cujo art. 14, §3º, segundo alguns autores, presumiria a existência do nexo causal e exigiria a prova, pelo réu, das excludentes de responsabilidade civil (ilustrativamente, confundido excludentes de ilicitude e de responsabilidade e presumindo a existência de nexo causal a partir da ausência de provas de excludentes, cf. STJ, AgInt no AREsp 1024923, 3ª T., Rel. Min. Marco Aurélio Bellizze, julg. 27.6.2017).

[65] O processo na doutrina romano-germânica é relatado por SILVA, Wilson Melo da. *Responsabilidade sem culpa*. São Paulo: Saraiva, 1974, pp. 84-85; para um comentário sobre essa mesma evolução na experiência brasileira, cf. BODIN DE MORAES, Maria Celina. Risco, solidariedade e responsabilidade objetiva, cit., item 1.

fattispecie relevante na prática. Apenas, portanto, com o significativo crescimento da responsabilidade civil objetiva ao final do século passado, seja com o crescimento da responsabilidade estatal, seja com o advento do Código de Defesa do Consumidor, é que a dificuldade de se diferenciarem culpa, nexo causal, dano e o próprio ilícito ganhou particular relevo. A entrada em vigor do atual Código Civil, que consagrou uma cláusula geral fundada no risco e paralela às previsões legais específicas (art. 927, parágrafo único) representou o impulso final nesse processo, que pôs em destaque as incongruências conceituais que já imperavam no regime anterior.

Isso se deu porque, de um lado, o abandono legislativo da culpa como requisito do dever de indenizar forçou o intérprete a buscar, na medida do possível, apartar seu raciocínio de qualquer consideração que remetesse aos múltiplos conceitos já conferidos a esse termo na doutrina. Como se verá mais adiante, essa tentativa foi particularmente malsucedida em matéria de se perquirir o nexo de causalidade. De outra parte, floresceu o entendimento de que a responsabilidade civil objetiva representava a atribuição do dever de indenizar a agentes que desempenhavam atividades lícitas.[66] Nesse passo, tornou-se necessário indagar: não há que se falar em antijuridicidade no campo da responsabilidade civil objetiva?

A rigor, a questão depende de uma discussão muito mais ampla, a saber, a da antijuridicidade da categoria do dano injusto. Com efeito, tendo o dano injusto substituído o ato ilícito como núcleo do sistema brasileiro de responsabilidade civil,[67] torna-se necessário definir se a injustiça do dano continua a significar também a antijuridicidade da conduta do agente (como acontecia na concepção clássica de ilícito danoso, em que todos esses requisitos se encontravam, como se viu, fundidos)[68] ou se, diversamente, a adoção contemporânea do paradigma do

---

[66] Segundo Maria Celina BODIN DE MORAES, "inteiras searas do direito de danos, antes vinculadas à culpa, hoje cumprem o objetivo constitucional de realização da solidariedade social, através da ampla proteção aos lesados, cujos danos sofridos, para sua reparação, independem completamente de negligência, imprudência, imperícia ou mesmo da violação de qualquer dever jurídico por parte do agente. São danos (injustos) causados por atos lícitos, mas que, segundo o legislador, devem ser indenizados" (Risco, solidariedade e responsabilidade objetiva, cit., p. 25).

[67] A respeito, cf. GOMES, Orlando. Tendências modernas na teoria da responsabilidade civil, cit., *passim*.

[68] Segundo Caio Mário da Silva PEREIRA, a noção de dano estava necessariamente associada à antijuridicidade: "partindo do princípio contido no art. 186 do Código Civil, inscreve-se o dano como circunstância elementar da responsabilidade civil. Por esse preceito fica estabelecido que a conduta antijurídica, imputável a uma pessoa, tem como consequência a obrigação de sujeitar o ofensor a reparar o mal causado" (*Responsabilidade civil*, cit., p. 52). De fato, no paradigma da noção

dano injusto permitiu dissociar dano e antijuridicidade, de modo que o dever de indenizar possa decorrer tanto de condutas contrárias ao direito quanto de condutas danosas plenamente lícitas.[69] A discussão talvez atenda mais ao impulso classificatório da doutrina do que a aplicações práticas relevantes. Nela, porém, residem explicações prováveis para diversos entendimentos reproduzidos pela dogmática. Assim, por exemplo, o fato de as atividades danosas sujeitas a regimes objetivos de responsabilidade civil serem enquadradas por autorizada doutrina como atos-fatos jurídicos[70] decorre, ao que parece, da crença de que esses atos sempre são conformes ao ordenamento e nunca antijurídicos.[71]

De outra parte, o já mencionado fato de a tradição do direito brasileiro confundir a forma mais tradicional de antijuridicidade (o ato ilícito visto como desconformidade estrutural ao direito) com a conduta culposa e produtora de danos prevista pelo art. 186 do Código Civil prejudica sobremodo o entendimento da questão. De fato, diante da necessidade de se qualificarem atos danosos (criadores do dever de indenizar) nos quais a culpa deve ser irrelevante, muitos autores sentem a necessidade de se afastarem da figura do ato ilícito – como se a culpa, além de fundamento de imputação do dever de reparar, respondesse também pela antijuridicidade do ato.[72] A rigor, a qualificação "ilícito", em qualquer de suas acepções, mostra-se estranha ao

---

tradicional de ato ilícito, "o dano era considerado o elemento objetivo do ato ilícito e identificado com a lesão do direito subjetivo" (GOMES, Orlando. Tendências modernas na teoria da responsabilidade civil, cit., p. 297).

[69] Nesse sentido, afirma Maria Celina BODIN DE MORAES que "a assunção de um risco lícito torna-se, com a previsão do parágrafo único do art. 927, critério de imputação de responsabilidade civil" (Risco, solidariedade e responsabilidade objetiva, cit., p. 27).

[70] Afirma, por exemplo, Paulo LÔBO: "Exemplo relevante de ato-fato jurídico é a responsabilidade objetiva ou sem culpa, que realiza o ideal de justiça de incolumidade das pessoas, de todo dano e lesão serem reparados, sem indagar sobre a culpa ou a natureza da ação de quem seja responsável" (*Direito civil*: Parte Geral. São Paulo: Saraiva, 2009, p. 232). Trata-se de entendimento liderado, na doutrina brasileira, por PONTES DE MIRANDA (*Tratado de direito privado*, t. II. São Paulo: Revista dos Tribunais, 2012, p. 457) e também defendido por Marcos Bernardes de MELLO (*Teoria do fato jurídico*: plano da existência. São Paulo: Saraiva, 1999, p. 137).

[71] Para uma análise crítica dessa concepção, permita-se a remissão a SOUZA, Eduardo Nunes de Souza. *Teoria geral das invalidades do negócio jurídico*, cit., p. 86.

[72] Emblemática, neste ponto, a passagem de Caio Mário da Silva PEREIRA: "A teoria da responsabilidade civil assenta, em nosso direito codificado, em torno de que o dever de reparar é uma decorrência daqueles três elementos: antijuridicidade da conduta do agente; dano à pessoa ou coisa da vítima; relação de causalidade entre uma e outro" (*Responsabilidade civil*, cit., p. 119). A questão é sistematizada de forma mais adequada por Orlando GOMES, ao explicar que da definição legal de ato ilícito "se deduzem os seus elementos: subjetivo, a culpabilidade, e objetivo, a antijuridicidade" (Tendências modernas na teoria da responsabilidade civil, cit., p. 294).

quadro geral classificatório dos fatos jurídicos, que toma por base o papel da vontade individual e não a juridicidade do próprio fato. O ato ilícito do art. 186 do Código Civil, portanto, consiste, em verdade, em um fato humano juridicamente relevante (em geral ato-fato, mas até mesmo ato jurídico em sentido estrito ou negócio jurídico) sujeito a um regime especial em decorrência da produção de um dano injusto. Idêntica definição se aplica aos atos danosos sujeitos ao regime de responsabilidade objetiva. Se todos esses atos podem ser tidos como antijurídicos, trata-se de discussão relevante para outros fins, mas não para essa classificação, que verifica apenas a fonte (legal ou convencional) dos efeitos do ato.

Em outros termos, tanto os "atos ilícitos" previstos pelo art. 186 (fonte de responsabilidade civil subjetiva) quanto os atos-fatos jurídicos que produzem danos e ensejam responsabilidade objetiva (do próprio agente ou de quem responda indiretamente por seus atos) provocam um efeito não estipulado pela vontade do agente: o surgimento do dever de indenizar. A associação da responsabilidade objetiva a atos-fatos jurídicos, portanto, não é descabida, embora deixe de reconhecer que até mesmo atos negociais, instrumento máximo da vontade negocial, podem gerar efeitos impostos por lei,[73] inclusive o dever de indenizar (tanto sob o regime subjetivo quanto objetivo de responsabilidade civil). Frise-se, ainda, que a inexigibilidade de vontade juridicamente qualificada (característica ínsita aos atos-fatos jurídicos) não é sinônimo de ausência de culpa[74] (portanto, não há aí uma relação direta com a responsabilidade objetiva) e que, de outra parte, também se exige culpa, em alguns casos, por parte do causador direto do dano para que surja o dever de indenizar objetivo para o responsável indireto.[75]

---

[73] Permita-se a remissão a SOUZA, Eduardo Nunes de. *Teoria geral das invalidades do negócio jurídico*, cit., item 1.4.

[74] Tal entendimento é expresso, por exemplo, por Caio Mário da Silva PEREIRA: "A imputabilidade do agente significa, desta sorte, a capacidade de entender e de querer, no momento em que for cometido o ato danoso. A voluntariedade do ato não se confunde com a intenção de causar dano ou a consciência dele, que é elementar no dolo [...]. Nem implica a imputabilidade do ato à consciência do agente isenção de reparar o dano, quando o fato é atribuível a um incapaz. O Código Civil desloca a reparação, nesses casos, para o plano da responsabilidade indireta, dos pais, tutores, curadores pelos atos dos filhos, pupilos, curatelados (art. 932) que respondem independentemente de culpa (art. 933)" (*Responsabilidade civil*, cit., p. 46).

[75] Por exemplo, no caso de responsabilidade do empregador pelos atos do preposto. A respeito, v. BARBOZA, Heloisa Helena; MORAES, Maria Celina Bodin de; TEPEDINO, Gustavo *et alii*. *Código Civil interpretado conforme a Constituição da República*, vol. II. Rio de Janeiro: Renovar, 2006, p. 832.

Constata-se, portanto, que qualquer ato humano voluntário pode ser considerado lícito ou ilícito (e, para os fins de aplicação da responsabilidade subjetiva, haverá dever de indenizar conforme desse ato advenha ou não dano injusto). No que tange à responsabilidade objetiva, parece razoável compreender que nela também continua a existir a antijuridicidade, que permanece residindo no elemento objetivo (o dano causado a outrem).[76] Considerar que, em qualquer dos dois regimes, o caráter antijurídico está na produção do dano e não na conduta contribui para a superação da indesejável crença em um papel proeminentemente punitivo desempenhado pela responsabilidade civil, ao mesmo tempo em que soluciona algumas controvérsias particulares. Essa perspectiva permite, por exemplo, estender a aplicabilidade das chamadas excludentes de ilicitude (legítima defesa, estado de necessidade, consentimento do ofendido, estrito cumprimento do dever legal e assim por diante) ao regime da responsabilidade objetiva, interpretação que se afigura duvidosa para os autores que entendem ser a culpa o índice da ilicitude e não haver antijuridicidade no regime objetivo.[77]

A própria fonte de que se serviu o direito privado para o reconhecimento das excludentes de ilicitude, a saber, o direito penal, parece indicar esse caminho. Na teoria do delito, tais hipóteses afastam a antijuridicidade do ato delituoso,[78] o que implica dizer que, em um juízo valorativo feito já *a priori* pelo legislador, concluiu-se que elas descaracterizam a contrariedade da conduta do agente ao ordenamento; tal concepção faz sentido na seara criminal, justamente porque ali o objeto de valoração é a própria conduta. Ora, na esfera civil, em que a mera conduta não enseja responsabilização e o foco reside na proteção da vítima, mostra-se muito mais razoável entender

---

[76] Nesse sentido, Guido ALPA situa a aferição da antijuridicidade na injustiça do dano (*Manuale di diritto privato*. Padova: CEDAM, 2017, p. 655), e esclarece que, mesmo na chamada responsabilidade civil objetiva por atos lícitos, trata-se de hipóteses em que a lei, diante de uma lesão a um interesse juridicamente protegido, consente com essa lesão por razão de prevalência do interesse do agente, mas não deixa de estipular o dever de indenizar (Ibid., p. 659). No ponto, leciona, ainda, Pietro PERLINGIERI que, por um longo tempo, a doutrina entendeu a injustiça do dano como "antijuridicidade da conduta", "reconduzindo-a, assim, ao plano do elemento subjetivo", quando na verdade "o requisito da injustiça do dano exprime a exigência de limitar a ressarcibilidade ao dano consequência de uma lesão a uma situação alheia juridicamente tutelada". Por isso, em uma perspectiva teleológica, superando-se a concepção tradicional, "o inteiro sistema da responsabilidade civil se funda sobre a injustiça do dano, seja na hipótese da atividade ilícita, seja na hipótese da atividade lícita danosa" (*Manuale di diritto civile*. Padova: CEDAM, 2014, p. 899. Tradução livre).
[77] Nesse sentido parece postar-se MARTINS-COSTA, Judith. Os avatares do abuso do direito e o rumo indicado pela boa-fé, cit., p. 70.
[78] BITTENCOURT, Cezar Roberto. *Tratado de direito penal*: Parte Geral. São Paulo: Saraiva, 2012.

que a contrariedade ao direito reside no dano e não em nenhum atributo da conduta do agente.

Isso explica, inclusive, por qual motivo, diversamente do direito criminal, na esfera cível as chamadas excludentes de ilicitude podem vir a ensejar responsabilidade (nos termos dos arts. 929 e 930 do Código Civil): essas hipóteses, ao contrário do que a alcunha importada do direito penal sugere, não excluem, de fato, a antijuridicidade, que está sempre presente no elemento do dano. Em outros termos, o dano permanece sendo um problema a ser tratado pelo ordenamento em todas as hipóteses. No entanto, sempre que o prejuízo tenha sido causado a uma pessoa que não ocasionou o perigo, a ponderação valorativa do legislador prepondera em prol da reparação; diversamente, quando a vítima for o próprio criador do perigo (problema que normalmente se associa à legítima defesa), entende a ordem jurídica que poderá restar irressarcida, mesmo porque foi sua conduta que iniciou, remotamente, a cadeia causal de produção do dano.[79] O próprio fato de as excludentes de ilicitude serem ditas também causas de justificação (e a conduta do agente em tais hipóteses, "atos justificados")[80] parece confirmar essas assunções, pois reforça a impressão de que o problema que se tem em causa nada mais é do que um juízo de merecimento de tutela, feito pelo legislador, com vistas a determinar se é mais conforme ao ordenamento que vítima seja ou não ressarcida nesses casos.[81]

---

[79] Bastante representativa desse juízo valorativo é a lição de Aguiar DIAS, que, ao criticar a disposição do art. 65 do Código de Processo Penal (que, segundo alguns autores, isentava do dever de indenizar no âmbito cível o réu que houvesse sido absolvido no âmbito criminal sob alegação de estado de necessidade), sustentava: "Não há argumento capaz de convencer-nos de que o direito que temos de lesar a outrem em estado de necessidade seja mais forte e mais merecedor de proteção do que o que assiste ao prejudicado de se ver reposto na situação anterior ao dano" (*Da responsabilidade civil*. Rio de Janeiro: Lumen Juris, 2011, pp. 777-778). Afirmava, ainda, o autor em relação à legítima defesa: "Se o ato é lícito, por se ter como legitimo a defesa da sua vida, não é lícito fazê-lo em detrimento da vida de terceiro, que não criou o perigo. Não pode ser objeto da discussão a isenção do agente que pratica o fato danoso em legítima defesa. Mas essa isenção só vale, para ele, em relação à vítima que provocou a repulsa. O terceiro, não participante da provocação, tem pleno direito à reparação" (Ibid., p. 781).
[80] Segundo Fernando NORONHA, dizem-se justificados os "atos danosos da pessoa ou de bens alheios praticados em circunstâncias em que seria inexigível outro comportamento" (*Direito das obrigações*. São Paulo: Saraiva, 2010, p. 545).
[81] No direito italiano, Giovana VISINTINI, embora refute que a análise das causas de justificação e da injustiça do dano correspondam a um raciocínio único (como ora se sustenta), reconhece que "com frequência os juízes, na valoração relativa à ocorrência de uma causa de justificação, são chamados a efetuar uma ponderação equitativa dos interesses contrapostos" (*Trattato breve della responsabilità civile*, cit., p. 590). Por sua vez, Guido ALPA, ao tratar do conceito de dano injusto,

Cria-se, ainda, um sistema de regresso para que o causador do dano que tenha ressarcido a vítima possa ser reembolsado pelo criador do perigo – o que evidencia, afinal, que a hipótese é de responsabilidade indireta imputada ao autor do dano (que agiu em estado de necessidade ou legítima defesa) pelos atos da pessoa que criou o perigo. Como nos demais casos de responsabilidade indireta, o dever de indenizar não é imposto ao causador do dano com fundamento em eventual conduta culposa sua, mas consiste em hipótese de responsabilidade objetiva,[82] decorrendo tão somente de um imperativo do princípio da solidariedade.[83] Justamente por isso, autoriza-se o regresso posterior contra o criador do perigo, como mecanismo para se evitar o enriquecimento injusto[84] deste último que, tendo atuado como causa necessária do dano, deveria ser o verdadeiro responsável. Autoriza-se, ainda, em caso de legítima defesa de terceiro, o regresso em face do terceiro favorecido – que, sendo diretamente interessado na produção do dano que o beneficiou, deve ser também, sempre que possível, o responsável final.[85]

---

esclarece que este "não significa *apenas* o dano justificado", isto é, a presença de causas de justificação, pois o sentido da injustiça seria mais amplo (*Manuale di diritto privato*, cit., p. 655. Grifou-se). No direito brasileiro, Gisela Sampaio da CRUZ corrobora a noção ora sustentada de que, presente a causa de justificação, pode haver, mesmo assim, dever de indenizar, pois, "embora o ato seja lícito, ao mesmo tempo provoca um dano injusto" (As excludentes de ilicitude no Novo Código Civil. In: TEPEDINO, Gustavo. *O Código Civil na perspectiva civil-constitucional*: Parte Geral. Rio de Janeiro: Renovar, 2013, p. 432). Sobre a noção de dano injusto como resultado de um juízo de merecimento de tutela, cf. ALPA, Guido. Ibid., p. 657; e, no direito brasileiro, SOUZA, Eduardo Nunes de. Merecimento de tutela, cit., item 5.

[82] Como relata Gisela Sampaio da CRUZ, inicialmente se afirmou em doutrina que havia "culpa indireta" na conduta do causador do dano, pois ele poderia, teoricamente, ter suportado a lesão sem causar danos a terceiro. Esse entendimento evoluiria para a presunção de culpa e, finalmente, para o regime objetivo (As excludentes de ilicitude no Novo Código Civil, cit., pp. 435-437).

[83] Nesse sentido, Aguiar DIAS, apoiando-se na lição de Giorgi, afirma que a reparação nos casos dos atos justificados funda-se "na equidade, na solidariedade ou na assistência social. Esse nos parece o critério mais acertado e coincide, aliás, com o nosso ponto de vista sobre a responsabilidade civil em geral: a obrigação de reparar surge da simples violação injusta do *statu quo*. Ora, não é justo que o terceiro, em quem recai o resultado do ato necessário, sofra o prejuízo, para permitir que dele se livre aquele a quem o dano foi dirigido" (*Da responsabilidade civil*, cit., p. 780).

[84] O adjetivo "injusto" se refere à recondução do enriquecimento sem causa a um juízo de merecimento de tutela, conforme desenvolvido por SILVA, Rodrigo da Guia. Enriquecimento sem causa, cit., *passim*.

[85] Como ressalta Gisela Sampaio da CRUZ, "melhor seria se o Código Civil de 2002 possibilitasse a ação regressiva também contra o favorecido pelo ato praticado em estado de perigo, e não apenas contra aquele que o provocou, exatamente como o fez na legítima defesa, em que a ação regressiva é cabível contra o beneficiado. É que o beneficiado, seja na legítima defesa, seja no estado de perigo, é mais facilmente identificável que o provocador do perigo. Além disso, ninguém melhor do que

Tais considerações permitem estender o sistema das "excludentes de ilicitude" ou "causas justificativas" aos casos de responsabilidade civil independente de culpa,[86] pois, diversamente do que se costuma afirmar, a antijuridicidade não parece estar no requisito culposo da conduta, e sim no próprio dano. Essa conclusão apresenta enormes repercussões práticas – pense-se, por exemplo, na contradição que ocorreria caso uma instituição hospitalar não pudesse alegar o consentimento do ofendido, causa supralegal de exclusão da ilicitude, nos casos em que for realizada cirurgia eletiva que implique a diminuição permanente da integridade física do paciente: seria necessário reconhecer a ele o direito à indenização pelo tratamento por ele próprio querido, apenas porque a instituição se sujeita ao regime objetivo de responsabilidade.[87] Por outro lado, o fato de um ato ser dito justificado apenas significa que ele não se enquadra nos moldes da ilicitude prevista pelo art. 186 do Código Civil, mas não que não seja, em alguma medida, contrário ao ordenamento. Portanto, pode ser necessária uma resposta do sistema ao ato justificado, consistente na reparação civil prevista pelos arts. 929 e 930 do Código Civil: quando aplicável, essa reparação será imposta objetivamente, independentemente de se indagar se o responsável, caso não pudesse invocar uma das "excludentes de ilicitude", estaria sujeito a um regime subjetivo ou objetivo de responsabilidade civil.

Não é difícil notar que o árduo trajeto teórico acima esboçado não era particularmente necessário em um cenário onde apenas vigorava a responsabilidade civil subjetiva: nesta, a culpa figurava como requisito e, portanto, pouco importava saber se a antijuridicidade decorria dela, ou se era ela que era afastada pelas chamadas excludentes de ilicitude. Foi o regime objetivo de responsabilidade que trouxe a lume o problema. E o mesmo é possível afirmar acerca de um sem-número de outras controvérsias. Bastaria lembrar, por exemplo, o hábil ajuste a que precisou recorrer a doutrina, com o crescimento da responsabilidade objetiva, para substituir os termos *culpa da vítima* e *culpa de terceiro* por *fato da vítima* e *fato de terceiro*, de modo a adaptá-los a um sistema independente de culpa: em se tratando de causas interruptivas do

---

ele para aceitar ressarcir os prejuízos provocados em seu favor" (As excludentes de ilicitude no Novo Código Civil, cit., p. 439).

[86] Nesse sentido, Judith MARTINS-COSTA cogita da plena possibilidade de uma ilicitude objetiva, isto é, não culposa (Os avatares do abuso do direito e o rumo indicado pela boa-fé, cit., p. 75).

[87] Caso estudado em maior detalhe em SOUZA, Eduardo Nunes de. *Do erro à culpa na responsabilidade civil do médico:* estudo de direito civil-constitucional. Rio de Janeiro: Renovar, 2015, pp. 156-157.

nexo causal, concluiu-se, eventualmente, que não havia sentido em confundi-las com o atributo culposo.[88]

Cogite-se, ainda, dos casos de responsabilidade civil por conduta omissiva. É tradicional o entendimento segundo o qual apenas responde por danos oriundos de sua própria inação a pessoa que, quedando-se inerte, descumpriu um dever específico de conduta; em outros termos, deve ser responsabilizado pela própria omissão aquele que tinha um dever específico de agir.[89] O entendimento parece bastante influenciado pelo direito penal, em que a omissão costuma ser considerada relevante quando a pessoa que se omitiu se encontrasse na posição de garante do bem jurídico lesado – portanto, tivesse um dever particular de agir e não uma oportunidade genérica de fazê-lo (crimes omissivos impróprios).[90] A noção de descumprimento de um dever, contudo, é tradicionalmente atrelada à culpa, que, em sua conceituação mais objetiva (dita *culpa normativa*), costuma ser associada à inobservância de parâmetros de conduta.[91] Gera-se, então, o paradoxo: nos casos em que o responsável se submete ao regime de responsabilidade civil objetiva, como responsabilizá-lo

---

[88] Pondera Gisela Sampaio da CRUZ: "A 'culpa exclusiva da vítima' é uma excludente de responsabilidade civil que interfere no liame que vincula a conduta do agente ao dano. Dessa forma, até mesmo na responsabilidade civil objetiva, com esta excludente, o agente fica isento do dever de indenizar. Isto é assim porque a, embora a responsabilidade objetiva independa de culpa, a ação exclusiva da vítima afeta, frise-se, o nexo causal" (*O problema do nexo causal na responsabilidade civil*, cit., p. 169).

[89] Leciona Guido ALPA que, em matéria de responsabilidade civil por omissão, não basta a cláusula geral do dever de indenizar, que fica "subordinada à existência de uma norma que obrigava o sujeito a agir. No setor das omissões, então, segue-se o princípio geral que assegura a cada indivíduo a liberdade de não agir [...]. Em matéria de omissões se procede a uma tipificação dos comportamentos requeridos e, assim, dos comportamentos ilícitos, que se tornam ilícitos pela inobservância de uma norma de lei" (*Manuale di diritto privato*, cit., p. 650. Tradução livre).

[90] A respeito, dispõe o Código Penal: "Art. 13. [...] 2º – A omissão é penalmente relevante quando o emitente devia e podia agir para evitar o resultado. O dever de agir incumbe a quem: a) tenha por lei obrigação de cuidado, proteção ou vigilância; b) de outra forma, assumiu a responsabilidade de impedir o resultado; c) com seu comportamento anterior, criou o risco da ocorrência do resultado". A analogia com os crimes omissivos impróprios parece oportuna porque, ao contrário dos crimes omissivos próprios (que são crimes formais), os impróprios exigem o resultado material (BITTENCOURT, Cezar Roberto. *Tratado de direito penal*, cit.), à semelhança do dano na responsabilidade civil.

[91] Afirma Maria Celina BODIN DE MORAES: "Originalmente, culpa era apenas a situação contrária ao direito, porque negligente, imprudente, imperita ou dolosa, que acarretava danos aos direitos de outrem. Modernamente, todavia, diversos autores abandonaram esta conceituação, preferindo considerar a culpa o descumprimento de um *standard* de diligência razoável, diferenciando esta noção, dita 'normativa' ou 'objetiva', da outra, dita 'psicológica'" (Risco, solidariedade e responsabilidade objetiva, cit., p. 21).

pela omissão, se a culpa não deveria desempenhar qualquer papel para o surgimento do *an debeatur* nesses casos?

A perplexidade surge, sobretudo, no campo da responsabilidade estatal. Tamanha é a extensão do problema que autorizada doutrina chega a sustentar que apenas haveria responsabilidade civil por conduta omissiva em regimes de responsabilidade subjetiva, de tal modo que o Estado passaria a responder apenas mediante demonstração de culpa nesses casos.[92] De outra parte, uma segunda corrente, aplicando a literalidade do art. 37, §6º, da Constituição, entende que a responsabilidade permanece sendo objetiva, não se atendo ao problema da compatibilidade da perquirição de deveres de conduta com esse regime.[93] De fato, compreendendo-se o conceito normativo de culpa como o descumprimento de *standards* de conduta, como empreender semelhante juízo em um regime onde a prova da culpa deveria ser de todo irrelevante?

Em verdade, ao que parece, o que se pretende aferir quando se alude ao descumprimento de um dever específico pelo agente (em geral, o ente estatal) nos casos de responsabilidade civil por omissão consiste em um problema de causalidade – particularmente, de causalidade necessária. De fato, para que uma omissão possa ser considerada *causa necessária* do dano, não se pode tratar de *qualquer* omissão, sob pena de se retornar à crítica tantas vezes desferida contra a teoria da equivalência dos antecedentes: todas as omissões de todos os agentes da sociedade teriam, nesse caso, de ser imputáveis pelo dano.[94]

---

[92] Veja-se, por todos, a lição de Celso Antônio Bandeira de MELLO: "Quando o dano foi possível em decorrência de uma omissão do Estado (o serviço não funcionou, funcionou tardia ou ineficientemente) é de aplicar-se a teoria da responsabilidade subjetiva. Com efeito, se o Estado não agiu, não pode, logicamente, ser ele o autor do dano. E, se não foi o autor, só cabe responsabilizá-lo caso esteja obrigado a impedir o dano" (*Curso de direito administrativo*. São Paulo: Malheiros, 2009, pp. 1002-1003).

[93] Segundo pondera Gustavo TEPEDINO: "A Constituição Federal, ao introduzir a responsabilidade objetiva para os atos da administração pública, altera inteiramente a dogmática da responsabilidade neste campo, com base em outros princípios axiológicos e normativos (dentre os quais se destacam o da isonomia e o da justiça distributiva), perdendo imediatamente base de validade qualquer construção ou dispositivo subjetivista, que se torna, assim, revogado ou, mais tecnicamente, não recepcionado pelo sistema constitucional" (A evolução da responsabilidade civil no direito brasileiro e suas controvérsias na atividade estatal. *Temas de direito civil*. Rio de Janeiro: Renovar, 2008, p. 221).

[94] Nesse sentido, é a possibilidade de se invocarem causas interruptivas do nexo causal que permite refutar o argumento de uma suposta panresponsabilização do Estado (TEPEDINO, Gustavo. A evolução da responsabilidade civil no direito brasileiro e suas controvérsias na atividade estatal, cit., p. 222).

Ao contrário, a omissão que enseja responsabilidade do omitente deve ser qualificada, no sentido de ter sido necessária e ter causado diretamente o prejuízo sofrido; se a essa omissão se somou um imponderável conjunto de fatores, não há fundamento legítimo para considerá-la causa necessária do dano.[95] A prova dessa causalidade não se torna mais simples com essa constatação, mas parece preferível, ainda assim, excluir da equação um juízo de culpabilidade totalmente alheio à *fattispecie*.

Também nas relações privadas essa concepção da responsabilidade por omissão se mostra útil à atividade hermenêutica. Basta cogitar, por exemplo, da figura, desenvolvida pela doutrina, do *dever de mitigar o próprio dano (duty to mitigate the loss)*. Trata-se de uma categoria usualmente associada, no direito brasileiro, à violação do princípio da boa-fé objetiva ou a uma hipótese de abuso do direito por comportamento omissivo.[96] Embora não se verifique qualquer equívoco em tais fundamentações, parece mais simples lançar mão do próprio instrumental técnico da responsabilidade civil para explicar as situações em que a vítima do dano, deixando de tomar certas providências, permite, com sua omissão, o agravamento do prejuízo. Se a omissão da vítima em mitigar o prejuízo foi uma causa determinante (diga-se, necessária) para que o dano tenha atingido sua efetiva extensão, então o ofensor não poderá responder pela integralidade da indenização, pois houve concorrência de causas para que o dano atingisse tamanha gravidade.[97] A hipótese é, portanto, de fato concorrente da vítima e, em consequência, deve ser resolvida no plano da causalidade (não na perquirição, tipicamente de culpabilidade, a respeito de um suposto descumprimento de dever).[98]

---

[95] Nesse sentido, cf. TEPEDINO, Gustavo. A evolução da responsabilidade civil no direito brasileiro e suas controvérsias na atividade estatal, cit., p. 222.

[96] Segundo Judith MARTINS-COSTA, "pode o credor ofender a boa-fé pela violação do dever de não agravar os danos acaso existentes, na medida em que lhe cabe o dever de mitigação dos danos" (Responsabilidade civil contratual. Lucros cessantes. Resolução. Interesse positivo e interesse negativo. Distinção entre lucros cessantes e lucros hipotéticos. Dever de mitigar o próprio dano. Dano moral e pessoa jurídica. In: LOTUFO, Renan et al. *Temas relevantes de direito civil contemporâneo*. São Paulo, Atlas, 2012, p. 585). Em sentido semelhante, mas conferindo maior ênfase ao aspecto abusivo: "pretender reparação por prejuízos evitáveis configura exercício abusivo do direito subjetivo à reparação" (RAMOS, André Luiz Arnt; NATIVIDADE, João Pedro Kostin Felipe de. A mitigação de prejuízos no direito brasileiro: *quid est et quo vadat?*. Civilistica.com. Rio de Janeiro, a. 6, n. 1, 2017, p. 15).

[97] Cf. CAVALIERI FILHO, Sérgio. *Programa de responsabilidade civil*, cit., p. 58.

[98] O raciocínio pode ser assim descrito: "O ofensor, na hipótese considerada, somente responderia pelos danos a que deu causa – isto é, pelo resultado lesivo que é consequência direta de seu comportamento –, enquanto o agravamento do dano, em função do desatendimento da regra da

As considerações precedentes parecem bastantes para demonstrar a confusão generalizada entre os requisitos da responsabilidade civil no direito brasileiro. Herdada do período de hegemonia da responsabilidade pelo ato ilícito culposo, essa confusão ganha contornos mais drásticos em um regime de responsabilidade civil objetiva, onde, desfeita a unidade conceitual da figura prevista pelo art. 186 do Código Civil, faz-se necessário trabalhar com os requisitos do dever de indenizar em uma permanente dissociação com o elemento culposo. Longe de se arvorar à tarefa (talvez insolúvel neste momento da responsabilidade civil brasileira) de esclarecer os conceitos contemporâneos desses requisitos, o presente estudo busca tão somente evidenciar a referida dificuldade hermenêutica, de modo a tornar o intérprete mais atento às armadilhas frequentes em que pode incorrer ao tentar transpor as categorias tradicionais para o modelo atual, fundado na injustiça do dano e em um regime dúplice (subjetivo e objetivo) de responsabilidade. Nesse cenário, é o nexo de causalidade a figura que mais resiste à distinção em face da culpa e sofre, portanto, com a falta de autonomia conceitual, como se verá a seguir.

3. A longeva dificuldade de dissociação entre nexo de causalidade e culpa

Conforme relata a doutrina comparatista, a excessiva elasticidade do conceito de *faute* no direito francês manteve relação direta com o desenvolvimento doutrinário e jurisprudencial da figura do nexo causal.[99] Tornaram-se frequentes, assim, as alusões à causalidade como um *filtro* que ora amplia, ora restringe o surgimento de um dever de indenizar que, de outro modo, cresceria exponencialmente.[100] Na Itália, em que, como no Brasil, predominou, sobretudo a partir

---

mitigação, por seu turno, seria atribuído à própria vítima. Haveria, destarte, dois liames causais: um entre a conduta do agente e o evento danoso inicial; outro entre o agravamento do dano e a conduta omissiva da vítima" (RAMOS, André Luiz Arnt; NATIVIDADE, João Pedro Kostin Felipe de. A mitigação de prejuízos no direito brasileiro, cit., p. 9). Os autores, porém, preferem filiar o dever de mitigar o próprio dano a uma aplicação da boa-fé objetiva.

[99] Cf. ALPA, Guido; BESSONE, Mario. *La responsabilità civile*. Atual. Pietro Maria Putti (a cura di). Milano: Giuffrè, 2001, p. 39.

[100] "A causalidade se torna a variável de ajustes à responsabilidade civil, permitindo ampliar ou comprimir os prejuízos reparáveis à luz de casos específicos. Uma casuística impressionista" (MALAURIE, Philippe; AYNÈS, Laurent. *Droit des obligations*, cit., p. 62).

do Código de 1942, o termo *illecito*,[101] o cenário não foi substancialmente distinto: o nexo causal desempenha o mesmo papel de contenção.[102] Talvez a diferença mais substancial do contexto italiano para o brasileiro sejam os motivos para a expansão da noção de dano injusto, embora a expressão tenha recebido ampla acolhida nos dois sistemas. De fato, como o direito pátrio não apresentava as mesmas limitações legais previstas pelo *Codice* para o dano extrapatrimonial,[103] a mudança paradigmática proporcionada pela transição do ato ilícito para o dano injusto foi ainda mais impactante no caso brasileiro. No que diz respeito ao nexo causal, contudo, isso apenas significou que, no direito nacional, o seu papel de contenção das demandas indenizatórias apenas se provou ainda mais necessário.

Tais considerações se mostram relevantes, sobretudo no momento atual, por diversas razões. Primeiramente, para se sublinhar que, ampliados o conceito de dano e o campo de aplicação da responsabilidade objetiva, o nexo causal se converteu em uma espécie de "fronteira final", não tardando a melhor doutrina a ressaltar a importância na preservação desse requisito do dever de indenizar para que não se perca o controle da expansão da reparação civil.[104] Em que medida essa expansão é ou não desejável corresponde a uma questão aberta à argumentação do intérprete e, sobretudo, à política legislativa. Considerando, porém, ser contrária à lógica jusprivatista e ao princípio da legalidade no direito privado a configuração de uma fonte de obrigações sem qualquer limitação, o nexo causal assume um protagonismo inaudito em muitas hipóteses fáticas.

Em segundo lugar, parece salutar rememorar uma advertência evidente, por vezes esquecida na matéria ora em estudo: não consistindo em um fenômeno da natureza, como qualquer outra categoria jurídica, a responsabilidade civil não se caracteriza por uma estrutura ontológica, nem seus requisitos decorrem de uma verdade universal.[105] Em outros termos, o dano, o nexo

---

[101] Sobre o desenvolvimento do conceito de "ilícito" no direito italiano, cf. FRANZONI, Massimo. *L'illecito*. Milano: Giuffrè, 2010, pp. 45 e ss.

[102] Cf. VISINTINI, Giovana. *Trattato breve della responsabilità civile*, cit., p. 681.

[103] Como se sabe, a noção de dano injusto, mencionada pelo art. 2.043 do *Codice civile*, serviu como forma de superação tanto do princípio de que não havia responsabilidade sem culpa quanto da excessiva limitação prevista pelo art. 2.059, que, em sua redação literal (posteriormente modificada pela interpretação que lhe conferiu a jurisprudência) restringe o ressarcimento do dano não patrimonial a hipóteses tipificadas pelo legislador. A respeito, cf. FRANZONI, Massimo. *L'illecito*, cit., pp. 867 e ss.

[104] SCHREIBER, Anderson. *Novos paradigmas da responsabilidade civil*, cit., pp. 76-77.

[105] Na expressão clássica da doutrina italiana, "a causalidade não é um *quid in rerum natura*, mas uma função do nosso intelecto" (GORLA, Gino. Sulla cosidetta causalità giuridica, fatto dannoso e conseguenze. *Rivista di Diritto Commerciale*, 1951, p. 436. Tradução livre).

causal e o elemento de imputação (em geral, a culpa ou o risco) apenas são necessários para a configuração do dever de indenizar *por escolha legislativa* (ainda que se trate de escolhas decorrentes de longeva tradição no sistema romano-germânico).[106] Não fosse esse o caso, não faria sentido afirmar, como tantos autores no Brasil e alhures, a valorização do nexo causal como um instrumento de contenção da reparação civil. Como se verá mais adiante, o tratamento do nexo causal e dos demais requisitos da responsabilidade civil como uma *escolha* político-jurídica, e não como um fato natural, é absolutamente essencial para que se possa perquirir a validade, na legalidade constitucional, das propostas que buscam dispensar esse requisito.

Uma certa naturalização do nexo de causalidade, no entanto, parece corresponder a um impulso quase irresistível ao intérprete. A noção de causa, objeto de investigação e fascínio pelas mais variadas ciências ao longo dos séculos, não parece ter adquirido um conceito exclusivamente jurídico. Sua elaboração mais antiga que ingressou no campo do Direito parece ter ocorrido em matéria penal, seara onde predomina até hoje a chamada teoria da equivalência dos antecedentes (ou da *conditio sine qua non*), normalmente atribuída ao criminalista alemão Maximilian von Buri.[107] Conforme crítica notória, a teoria se coloca tão próxima de uma noção, por assim dizer, "natural" de causalidade que sua aplicação prática, desprovida de certas limitações, seria impossível:[108] a depender da investigação, todo fato pode se revelar a resultante de um emaranhado quase imponderável de causas, de modo que a equivalência dos antecedentes não resolve, isoladamente, o problema da imputação da sanção penal ou da reparação civil.[109] Na esfera criminal, os diversos outros requisitos exigidos para a imposição da pena deram conta de mitigar a amplitude

---

[106] Ao explicitarem por que a noção filosófico-científica de causalidade é insuficiente para o jurista, aduzem Geneviève VINEY, Patrice JOURDAIN e Suzanne CARVAL: "Ao buscar as causas de um dado fenômeno, o cientista tenta antes de tudo aperfeiçoar o conhecimento que ele tem sobre esse fenômeno. Ao passo que o jurista efetua essa pesquisa a fim de dizer qual é a pessoa que deverá, em direito, responder pelo dano causado. Sendo seu procedimento guiado por considerações de política jurídica, ele pode, segundo o caso, valorizar relações de causa e efeito bastante frágeis ou, ao contrário, exigir que elas apresentem certa qualidade ou consistência" (*Les conditions de la responsabilité*, cit., p. 237. Tradução livre).

[107] Atribui-se, em geral, a criação da teoria à obra de BURI, Maximilian von. Über Kausalität und deren Verantwortung. Leipzig: J.M. Gebhardt, 1873.

[108] Cf. TRIMARCHI, Pietro. *La responsabilità civile*: atti illeciti, rischio, danno, cit., pp. 449-450.

[109] Na doutrina brasileira, cf., por todos, CRUZ, Gisela Sampaio da. *O problema da causalidade na responsabilidade civil*, cit., pp. 48-49; e, ainda, RODRIGUES JÚNIOR, Otávio Luiz. Nexo causal probabilístico: elementos para a crítica de um conceito. *Revista de Direito Civil Contemporâneo*, vol. 8. São Paulo: Revista dos Tribunais, jul.-set./2016, p. 129.

de um tal conceito de causalidade;[110] no campo civil, porém, foi necessário o desenvolvimento das muitas outras teorias hoje conhecidas, em busca de uma aplicação mais restrita.

Ironicamente, as duas teorias da causalidade mais difundidas na doutrina brasileira não oferecem, à primeira vista, conceitos de "causa" distintos da semântica coloquial do termo. A teoria da causalidade adequada – cujo principal expoente costuma ser identificado como o alemão Johannes von Kries[111] (um fisiologista, registre-se, e não um jurista) – coloca o relevo sobre as causas que normalmente, em um juízo abstrato, conduzem ao resultado concretamente produzido.[112] Seu desenvolvimento doutrinário acabou resultando em duas formulações distintas, por vezes denominadas positiva e negativa: na formulação positiva, a causa adequada de um fato é aquela que normalmente conduz a este último como uma consequência previsível; na vertente negativa, afirma-se que não é causa adequada aquela que se mostra indiferente ou estranha ao resultado produzido.[113] Como se percebe, embora menos ampla que a teoria da equivalência dos antecedentes, semelhante formulação não

---

[110] Para o direito penal, disciplina jurídica que mais se dedicou ao estudo da causalidade, "é a posição do autor do delito que se leva em consideração, em um contexto normativo ancorado no respeito aos princípios de legalidade, taxatividade e tipicidade da *fattispecie* criminosa", ao passo que, na responsabilidade civil, são as finalidades desta última e a "exigência de tutela da vítima que orientam a busca do nexo causal, em um quadro caracterizado por lesões a interesses não previamente tipificados e que pode prescindir da culpa do autor" (POLETTI, Dianora. Le regole di (de)limitazione del danno risarcibile. In: LIPARI, Nicolò; RESCIGNO, Pietro (diretto da). *Diritto civile*, vol. IV, t. III: *La responsabilità e il danno*. Milano: Giuffrè, 2009, p. 295).

[111] Como destaca Gisela Sampaio da CRUZ (*O problema do nexo causal na responsabilidade civil*, cit., p. 64), a autoria da teoria é atribuída a Ludwig von Bar, tendo sido, porém, grandemente desenvolvida por von Kries e, ainda, pelo civilista alemão Zitelmann. No mesmo sentido, SILVA, Wilson Melo da. *Responsabilidade sem culpa*, cit., p. 119.

[112] A respeito da teoria de von Kries, explica Otávio Luiz RODRIGUES JÚNIOR: "Sua contribuição para o Direito foi acidental e está na diferenciação entre causa adequada e causa aleatória, terminologia que foi também apropriada por Max Weber para explicar fenômenos históricos. Haveria um método na aplicação dessa teoria. O agente causador do dano é responsabilizável pelo modo como agiu, mas dentro do que conhecia ou podia conhecer na situação sob investigação. Essa primeira etapa é metajurídica seguida de uma fase jurídica, baseada na máxima latina *id quod plerumque accidit*, aquilo que geralmente acontece. [...] Essa segunda etapa é ultimada sob o signo da prognose retrospectiva de caráter objetivo (*objektiven nachträglichen Prognose*), termo que não é de von Kries, mas de Franz Eduard Ritter [cavaleiro] von Liszt" (Nexo causal probabilístico, cit., p. 130).

[113] As duas vertentes são explicadas em detalhe por CRUZ, Gisela Sampaio da. *O problema da causalidade na responsabilidade civil*, cit., pp. 70 e ss., que esclarece ter predominado a vertente negativa, por ser mais abrangente e próxima da teoria da equivalência dos antecedentes.

contribui para a construção de um conceito menos naturalístico e mais jurídico de nexo causal.

De outra parte, o direito francês desenvolveu outra teoria (ainda que com diversas nuances entre os autores) designada como dano direto e imediato.[114] Embora reputada uma teoria da causalidade, a tese central é, muitas vezes, enunciada como um atributo do dano indenizável.[115] De fato, afirma-se ainda hoje na doutrina brasileira que o dano deve ser, em regra, direto e imediato, sendo excepcional a admissão de danos indiretos ressarcíveis.[116] Trata-se de noção mais compatível com a previsão legislativa de excludentes de responsabilidade civil, motivo pelo qual também se denomina teoria da interrupção do nexo causal: nesse sentido, as excludentes interromperiam a cadeia causal original, atraindo para si o *status* de causas necessárias.[117] Realmente, o ulterior desenvolvimento da causalidade direta e imediata desdobrou-se em uma série de "subteorias", sendo a mais conhecida a da necessariedade: passou-se a considerar como causa direta e imediata do dano aquela que necessariamente a ele conduziu.[118] Conquanto já se tenha criticado a noção de causa necessária, por parecer ignorar a possibilidade do concurso de causas,[119] o argumento parece superável, bastando para tanto conceber que mais de uma causa pode se revelar concretamente necessária à produção do dano.[120]

---

[114] Segundo Wilson Melo da SILVA (*Responsabilidade sem culpa*, cit., p. 128), a teoria foi desenvolvida por Pothier, tendo a designação "interrupção do nexo causal" sido atribuída a ela posteriormente por Enneccerus e Lehmann. Agostinho ALVIM afirma que Pothier reproduziu a teoria de Dumoulin, tendo como fonte remota um texto de Paulo, segundo o qual o devedor deve responder pelo dano que diz respeito à coisa – fórmula que permitiu aos comentadores, mais tarde, excluir da indenização o dano *extra rem* (*Da inexecução das obrigações e suas consequências*. São Paulo: Saraiva, 1949, p. 305).

[115] Segundo MALAURIE e AYNÈS, a rigor a análise da causalidade no direito francês "se desdobra. De uma parte, o fato reprovável deve ser a causa da lesão sofrida pela vítima, quer dizer, do dano; o raciocínio causal aqui serve para identificar o fato danoso, a fim de imputar o acidente a alguém. De outra parte, a vítima apenas pode obter reparação da consequência direta do dano; o raciocínio aqui visa a identificar os prejuízos que o responsável deverá ressarcir, pois ele não poderia responder pela sequência infinita de males que daí resultem" (*Droit des obligations*, cit., p. 55. Tradução livre).

[116] Por todos, cf. PEREIRA, Caio Mário da Silva. *Responsabilidade civil*, cit., pp. 60 e ss.

[117] Cf. CRUZ, Gisela Sampaio da. *O problema da causalidade na responsabilidade civil*, cit., p. 107.

[118] A teoria tem raízes na doutrina de POTHIER, segundo o qual "não se deve compreender entre as perdas e danos a que um devedor está vinculado por força de seu dolo aquelas que não apenas são uma consequência distante, mas que não são uma consequência necessária sua, que podem ter outras causas" (*Traité des obligations*, cit., p. 190. Tradução livre). Suas repercussões chegam à doutrina italiana, como explica detalhadamente VISINTINI, Giovana. *Trattato breve della responsabilità civile*, cit., pp. 682 e ss.

[119] Crítica formulada por NORONHA, Fernando. *Direito das obrigações*, cit., p. 624.

[120] Cf. CRUZ, Gisela Sampaio da. *O problema da causalidade na responsabilidade civil*, cit., p. 109.

Expressamente adotada por Agostinho Alvim,[121] responsável pelo Livro das Obrigações do Anteprojeto do atual Código Civil brasileiro, a teoria do dano direto e imediato restou registrada no art. 403 do Código (aos moldes do direito italiano, onde também se inseriu a causalidade na disciplina da responsabilidade contratual e não como uma regra geral).[122] A teoria, no entanto, não encontra acolhida unânime no direito brasileiro; de fato, boa parte da doutrina sustenta ainda hoje a aplicabilidade da teoria da causalidade adequada no direito civil pátrio.[123] De qualquer modo, nenhuma das duas teorias busca oferecer um conceito exclusivamente jurídico de causa – o que talvez revele que, na verdade, a noção dita "naturalística" do nexo causal (isto é, a adoção de um conceito de causalidade mais ou menos próximo àquele adotado em outras ciências) não é verdadeiramente um problema.[124] Nesse sentido, chega a ser curioso que a controvérsia sobre a causalidade no Brasil seja travada entre os defensores da causalidade direta e imediata francesa e os adeptos da causalidade adequada alemã, sem que tenha auferido grande repercussão qualquer teoria que efetivamente busque tornar exclusivamente jurídico o conceito de causa, a exemplo da teoria do escopo de proteção da norma.[125]

---

[121] "Mais importante, para nós, por ser a adotada pelo Código [Civil de 1916], é o estudo da teoria que requer haja, entre a inexecução da obrigação e o dano, uma relação de causa e efeito, direta e imediata" (ALVIM, Agostinho. *Da inexecução das obrigações e suas consequências*, cit., p. 304).

[122] Dispõe o *Codice civile*, no art. 1.223: "*Il risarcimento del danno per l'inadempimento o per il ritardo deve comprendere così la perdita subita dal creditore come il mancato guadagno, in quanto ne siano conseguenza immediata e diretta*". Como explica Giovana VISINTINI, a regra do art 1.223 se destinava exclusivamente a delimitar quais danos decorrentes de um mesmo evento (no caso, o inadimplemento) poderiam ser ressarcidos, não se preocupando em selecionar os agentes a que seria imputado o dever de indenizar (diante, por exemplo, da ocorrência de concausas), problema que a norma pressupõe estar resolvido por outras disposições legais e que não ocorre, em geral, na responsabilidade contratual. Foi a extensão da regra à responsabilidade aquiliana que começou a ensejar, sobretudo na jurisprudência italiana, interpretações diversas desse escopo original (*Trattato breve della responsabilità civile*, cit., pp. 624 e ss.).

[123] Cf., por todos, NORONHA, Fernando. *Direito das obrigações*, cit., p. 635; CAVALIERI FILHO, Sérgio. *Programa de responsabilidade civil*, cit., p. 70.

[124] A respeito, leciona Otávio Luiz RODRIGUES JÚNIOR: "A noção de nexo causal, considerando-se seus fundamentos matemáticos e físicos, é ainda adequada sob a perspectiva da causalidade axiomática e da Física Newtoniana. Não há equívoco em dela se fazer uso, o que ocorre até aos dias de hoje nas escolas de todo o mundo. [...] Como um conceito naturalizado e adaptado ao Direito, assim como tantos outros já assinalados, o nexo de causalidade pode ainda ser útil [...]" (Nexo causal probabilístico, cit., pp. 126-127).

[125] A teoria é assim relatada por Dianora POLETTI: "as finalidades reintegrativas [da responsabilidade] excluem que a responsabilidade do causador do dano possa garantir a vítima contra riscos aos

Na doutrina estrangeira, aliás, é relativamente comum a referência a dois conceitos de nexo causal, um dito natural ou material e outro reputado jurídico, sem que a duplicidade conceitual implique maior perplexidade ao intérprete.[126] Curiosamente, o conceito dito "jurídico" do nexo causal não se apresenta, em geral, como uma definição alternativa ao conceito naturalístico, mas sim como a imposição de limites gerais às consequências danosas indenizáveis.[127] Em certo sentido, parece predominar na concepção do intérprete que jurídica não é a própria noção de causalidade (ao menos não no sentido, predominante no Brasil, de liame entre conduta ou atividade e dano, matéria resolvida pelo nexo dito naturalístico em ordenamentos estrangeiros), e sim a posterior criação de balizas ao surgimento do dever de indenizar.[128]

Nesse cenário, admite-se em outros ordenamentos (e é o que também parece ocorrer no direito brasileiro, ainda de que modo informal) que a investigação do nexo será sempre inicialmente a do nexo material (uma análise inicial que não dista daquela proposta pela equivalência dos antecedentes), embora essa constatação inicial deva ser seguida, necessariamente, por um controle valorativo, pelo juiz, da imputação do dever de indenizar ao agente indicado pelo liame causal, juridicizando-se progressivamente para determinar a "eficiência causal", isto é, quais causas serão levadas em conta.[129] Abre-se, assim, ao julgador um segundo momento hermenêutico, em que lhe incumbe

---

quais este teria ficado substancialmente exposto mesmo se o ato ilícito não tivesse sido cometido; dos intuitos sancionatórios [do instituto] deriva a consequência de que a responsabilidade deve ser adequada ao escopo da norma violada, enquanto os escopos preventivos impedem de estender tal responsabilidade às consequências muito desproporcionais à gravidade do ilícito" (*Diritto civile*, cit., p. 296. Tradução livre).

[126] A noção é particularmente disseminada na doutrina italiana: "a indagação voltada a determinar um nexo de 'causalidade natural' entre o dano ressarcível e o fato que é fonte da responsabilidade é preliminar à investigação relativa à delimitação das consequências danosas ressarcíveis, a assim chamada causalidade jurídica" (VISINTINI, Giovana. *Trattato breve della responsabilità civile*, cit., p. 711. Tradução livre).

[127] Cf. POLETTI, Dianora. *Diritto civile*, cit., p. 297, que ressalta, por outro lado, que isso não significa que não haja incremento ou diminuição das hipóteses de surgimento do dever de indenizar conforme a teoria do nexo "natural" utilizada, ou seja, conforme os critérios de identificação do agente responsável.

[128] "Há muito se reconhece que o nexo de causalidade natural ou lógico diferencia-se do jurídico, no sentido de que nem tudo que, no mundo dos fatos ou da razão, é considerado como causa de um evento pode assim ser considerado para o direito. Exige-se uma certa limitação do conceito jurídico de causa" (SCHREIBER, Anderson. Flexibilização do nexo causal em relações de consumo. In: MARTINS, Guilherme Magalhães (Coord.). *Temas de direito do consumidor*. Rio de Janeiro: Lumen Juris, 2010, p. 32).

[129] Cf. VISINTINI, Giovana. *Trattato breve della responsabilità civile*, cit., pp. 711-712.

determinar se duas causas podem, legitimamente, ser consideradas excludentes umas das outras. Aplicará, para isso, essencialmente as causas excludentes de responsabilidade civil, bem como poderá identificar a existência de causas concorrentes.[130] Parece ser porque essas figuras gozam de acolhida relativamente pacífica no direito brasileiro, como se afirmou anteriormente, que a duradoura controvérsia entre causalidade adequada e causalidade direta e imediata não tem acarretado maiores dificuldades práticas.

Dessa constatação decorre o contexto, há alguns anos denunciado em doutrina, do uso absolutamente atécnico das teorias da causalidade pela jurisprudência brasileira.[131] De fato, embora a garantia da investigação das excludentes de responsabilidade civil e da existência de causas concorrentes mitigue os efeitos nocivos de tal atecnia, não parece de todo indiferente a opção, pelo julgador, entre uma ou outra teoria. Nesse sentido, a teoria do dano direto e imediato não apenas presta a devida deferência à escolha legislativa e se coaduna melhor com a noção de interrupção do nexo causal como, antes de tudo, obriga o intérprete a fundamentar sua decisão no caso concreto, e não com base em um juízo abstrato. Em perspectiva civil-constitucional, esta parece ser a postura hermenêutica mais adequada: a normativa aplicável deve ser buscada em concreto,[132] e não a partir de um teórico juízo sobre *o que normalmente acontece*, como propõe a causalidade adequada.

A definição, contudo, de causalidade na responsabilidade civil esbarra, ainda, na já referida confusão que reina, de longa data, entre os requisitos clássicos do ato ilícito. Como, no modelo tradicional de responsabilidade subjetiva, entendia-se que o nexo estabelece uma ligação "entre a culpa e o dano",[133] tornou-se frequente a investigação da culpa em lugar da investigação causal.[134] Oculto sob o modelo fechado do ato ilícito, esse procedimento foi

---

[130] Segundo Fernando NORONHA, é frequente que o julgador se utilize de regras de experiência comum para inferir a causalidade: "O nexo causal deve ficar provado, mesmo que muitas vezes tal prova seja inferida pelo juiz"; nesse caso, o responsável "para se eximir, terá que demonstrar que, apesar da adequação geral entre o fato que lhe é imputado e o dano, este, no caso concreto, aconteceu devido à ocorrência de um outro fato, a ele estranho e inevitável" (*Direito das obrigações*, cit., p. 648).

[131] A crítica, acompanhada de ampla análise jurisprudencial, é formulada por CRUZ, Gisela Sampaio da. *O problema da causalidade na responsabilidade civil*, cit., pp. 122-153.

[132] Cf. PERLINGIERI, Pietro. Il principio di legalità nel diritto civile, cit., p. 198.

[133] Cf. NORONHA, Fernando. *Direito das obrigações*, cit., p. 666.

[134] O problema também é identificado na doutrina italiana: "E, para demonstrar a eficiência causal, com frequência influencia a verificação da relação de causalidade a valoração da conduta ilícita realizada em relação ao escopo perseguido pela norma violada, de tal modo que o juízo sobre a culpa

reproduzido por décadas, sem que a ele se conferisse maior atenção, ressalvadas raras advertências da doutrina.[135] Com a construção de um sistema dualista, porém, surgiu o problema de compreender quais elementos são efetivamente conectados pelo nexo nos casos de responsabilidade objetiva. Aqui, é preciso substituir a conexão entre uma conduta humana pontual e o dano por um liame muito mais largo, entre a inteira atividade desenvolvida por certo agente e o prejuízo.[136] Essa necessidade passa a realçar a difícil autonomia conceitual e operacional do nexo de causalidade em relação à culpa.

Cogita-se, aqui, de uma autonomia operacional, para além do simples conceito, pois é na investigação concreta empreendida pelo intérprete, ainda quando pareçam claros os conceitos em abstrato, que nexo causal e culpa se mostram particularmente difíceis de distinguir. No campo probatório, é quase sempre pela demonstração da existência de culpa que se evidencia a presença ou ausência de causalidade[137] – em certo sentido, a tarefa de perquirir se há causalidade acaba traduzida pela indagação *de quem é a culpa pelo dano?* A essa pergunta pode-se responder que a "culpa" é, de fato, do agente a quem se pretende imputar o dever de indenizar, ou de um terceiro, ou da vítima; e, não à toa, as excludentes de responsabilidade foram tradicionalmente designadas como culpa exclusiva da vítima e culpa exclusiva de terceiro. Caso nenhuma conduta humana pudesse ser vinculada ao dano, apenas então seria o caso de abandonar a noção de culpa e concluir que a causa foi fortuita, isto é, não imputável a ninguém.[138]

---

e sobre a previsibilidade das consequências danosas se sobrepõe àquele sobre a subsistência da causalidade" (VISINTINI, Giovana. *Trattato breve della responsabilità civile*, cit., p. 718. Tradução livre).

[135] Cf., dentre outros, NORONHA, Fernando. *Direito das obrigações*, cit., pp. 663-664.

[136] "O velho vínculo linear entre dois elementos pontuais (um dano e uma conduta individual) converte-se, na abordagem solidarista da responsabilidade civil, em uma larga faixa de conexão entre atividades econômicas e danos que delas decorrem para uma variedade de pessoas" (SCHREIBER, Anderson. Flexibilização do nexo causal em relações de consumo, cit., p. 36). Nesse sentido, o nexo causal naturalístico, associável à causalidade no direito penal, torna-se "especificamente civilístico" em matéria de responsabilidade objetiva, mas os julgadores, não adaptados à mudança de perspectiva, acabam recorrendo a presunções para verificar a causalidade (VISINTINI, Giovana. *Trattato breve della responsabilità civile*, cit., p. 715).

[137] Expediente já criticado pela doutrina. A respeito, constata Fernando NORONHA: "Se não houve culpa, em regra isso significa que a pessoa não praticou o fato causador do dano, apenas isso. Mas é daí que vem a confusão entre ausência de culpa e caso fortuito ou de força maior" (*Direito das obrigações*, cit., p. 666).

[138] Em perspectiva crítica, pondera Fernando NORONHA sobre esse raciocínio: "Dizer que o caso fortuito ou de força maior eliminaria a culpabilidade, por ser imprevisível e inevitável, significaria o mesmo que afirmar que ninguém é culpado por evento que não causou. Se o evento não foi causado

Não é difícil perceber que tal concepção reduz a *tabula rasa* as distinções traçadas em doutrina entre culpa e nexo causal. De fato, seja em sua concepção mais tradicional, dita psicológica ou subjetiva, na qual era caracterizada como a vontade ou a consciência do cometimento do ilícito, seja na vertente, dita normativa, em que é associada ao descumprimento de um padrão de conduta, a culpa prescinde conceitualmente da produção de dano. Sendo assim, é logicamente impossível que a culpa se preste à identificação do liame causal, já que a sua configuração se verifica de modo plenamente autônomo ao outro extremo do nexo de causalidade, isto é, ao prejuízo sofrido pela vítima. A rigor, é plenamente possível que certo agente incorra em conduta culposa sem que um dano seja produzido (hipótese que pode deter relevância penal, mas não ensejará responsabilidade civil).

No entanto, como, em regra, o problema de verificar os requisitos autorizadores da reparação civil se coloca para o intérprete *a posteriori* do dano, as regras de experiência comum demonstraram, com o tempo, que frequentemente coincidiam as hipóteses em que o réu agiu com culpa e aquelas em que sua conduta deu causa ao dano. Parece vir dessa coincidência (frequente, mas não necessária), e da dificuldade de prova do nexo causal, o expediente de se comprovar a causalidade a partir da culpa. Ainda que posta de lado a evidente atecnia nesse raciocínio, como transpô-lo para o campo da responsabilidade civil objetiva, em que, por definição, o requisito da culpa deve ser absolutamente irrelevante?

Mesmo no campo da responsabilidade subjetiva, caberia ainda perquirir o acerto em se cogitar de *culpa* de terceiro ou da própria vítima como requisito para que a conduta dessas pessoas importe na interrupção do nexo causal. Com efeito, para que uma excludente de responsabilidade civil acarrete a referida interrupção, basta que figure, como se viu, como causa necessária do dano produzido. Ora, se até mesmo o caso fortuito, não imputável a qualquer agente, pode operar como causa bastante para a interrupção do nexo de causalidade, não é razoável exigir-se que, em caso de fato de terceiro ou da vítima, seja necessário demonstrar uma conduta culposa por parte desses agentes. Portanto, ao contrário do que a equivocada prática da investigação do nexo causal a partir da culpa parece sugerir, nem a verificação da culpa do réu na ação indenizatória permite presumir a existência de causalidade, nem

---

por atuação da pessoa (nem por sua ação, nem por omissão de cuidados exigíveis), não pode ser de responsabilidade dela, mas não pela inexistência de culpa, e sim pela falta de causalidade" (*Direito das obrigações*, cit., p. 665).

é necessário que a vítima ou o terceiro tenham descumprido qualquer parâmetro de conduta para que um fato a eles atribuído seja hábil à interrupção do nexo causal. Particularmente em relação às excludentes de responsabilidade civil, é preciso que se atente para o fato de que a chamada "culpa" concorrente da vítima ou de terceiro funcionam estritamente como o caso fortuito (interrompendo uma cadeia causal ou, por vezes, revelando-se a única cadeia causal que de fato existiu)[139] e, justamente por isso, não correspondem, de fato, a hipóteses de culpa.

Aliás, até mesmo em matéria de caso fortuito é preciso reafirmar a distinção entre culpa e nexo causal. Como se sabe, no âmbito da responsabilidade civil objetiva fundada no risco, desenvolveu-se a distinção entre os chamados fortuito interno e externo, construção que remonta, na doutrina francesa, à obra de renomados autores, a começar por Louis Josserand, um dos primeiros comentaristas das decisões judiciais que, no começo do século passado, começaram a reconhecer a responsabilidade independente de culpa, com fundamento na teoria da guarda.[140] Em sua formulação muito difundida, a distinção entre fortuito interno e externo reside na natureza da atividade desenvolvida pelo agente a quem se pretende imputar o dever de indenizar: nesse sentido, danos que se inserem no risco implícito da atividade, isto é, que rotineiramente ocorrem no exercício da mesma, não são considerados causas hábeis à interrupção do nexo causal.[141]

O fundamento para tal entendimento decorre da própria natureza da responsabilidade civil pelo risco: danos frequentemente produzidos no âmbito de certa atividade são equiparados, em alguma medida, ao próprio conteúdo da atividade. Portanto, considerando que, na responsabilidade objetiva, o nexo causal se estabelece entre a inteira atividade e o dano, prejuízos decorrentes do risco ínsito à atividade são considerados causalmente ligados a ela. A expressão "fortuito interno", nesse sentido, mostra-se enganosa, na medida em que, ao qualificar certo dano como ínsito ao risco da atividade, o intérprete admite, por imperativo lógico, não se tratar efetivamente de caso fortuito (o qual depende, nessa perspectiva, da externalidade para se verificar).[142]

---

[139] Cf. CRUZ, Gisela Sampaio da. *O problema da causalidade na responsabilidade civil*, cit., p. 161.
[140] Este era o significado da diferença entre os termos "caso fortuito" e "força maior" na doutrina de JOSSERAND, que os diferenciava justamente conforme o fato fosse ou não "estranho à pessoa do réu" (*Cours de droit civil positif français*, t. II. Paris: Sirey, 1938, p. 268).
[141] Cf. BODIN DE MORAES, Maria Celina. Risco, solidariedade e responsabilidade objetiva, cit., p. 30.
[142] Cf. NORONHA, Fernando. *Direito das obrigações*, cit., p. 662.

É bem verdade, por outro lado, que o trabalho jurisprudencial e até mesmo legislativo operou para que fossem considerados fortuitos internos casos claros de fatos de terceiro. São exemplos dessas hipóteses a clássica previsão da Lei das Estradas de Ferro de responsabilidade solidária entre a transportadora e o terceiro que causasse lesão a passageiro, sem que perante este se pudesse invocar a exclusão da responsabilidade;[143] e, contemporaneamente, o entendimento, sumulado pelo Superior Tribunal de Justiça, de que fraudes em operações bancárias representam fortuito interno da atividade da instituição financeira.[144] Talvez fosse melhor, nesse sentido, considerar tais casos como representativos da chamada responsabilidade civil agravada,[145] de que são exemplos o regime geral de responsabilidade do transportador por danos aos passageiros (art. 735 do Código Civil), em que é inoponível ao passageiro a alegação de fato de terceiro pela transportadora, ou a responsabilidade por danos oriundos de atividades nucleares (arts. 4º e ss. da Lei n. 6.453/1977), que admite apenas um rol restrito de excludentes específicas. Sobre essa responsabilidade agravada, novos comentários serão formulados mais adiante.

No que releva para esta etapa do estudo, importa observar que até mesmo a diferenciação, hoje consolidada na jurisprudência brasileira, entre fortuito interno e externo oferece dificuldades no que tange à distinção prática entre a análise do nexo causal e da culpa. Como se sabe, não se cogita das mesmas duas categorias de fortuito em matéria de responsabilidade subjetiva,[146] tendo em vista que, quando se trata de investigar o nexo causal entre certo dano e uma conduta culposa pontual do agente, não haveria sentido em se perquirir o risco ínsito ou alheio a uma atividade por ele desenvolvida. Ironicamente, porém, em sede de responsabilidade objetiva, quando qualquer investigação sobre culpa deveria ser afastada, são frequentes em nossa jurisprudência julgamentos acerca da observância de deveres de cuidado por parte do agente, bem como sobre a previsibilidade ou evitabilidade do dano, para se determinar

---

[143] Decreto n. 2.681/1912, *verbis*: "Art. 18. Serão solidários entre si e com as estradas de ferro os agentes por cuja culpa se der o acidente. Em relação a estes, terão as estradas direito reversivo".
[144] Veja-se o teor do enunciado n. 479 da Súmula do STJ: "As instituições financeiras respondem objetivamente pelos danos gerados por fortuito interno relativo a fraudes e delitos praticados por terceiros no âmbito de operações bancárias".
[145] A respeito, explica Fernando NORONHA: "Nesta responsabilidade, que diz respeito unicamente a determinadas atividades e a certos riscos que são específicos delas, não é a demonstração de ocorrência de qualquer caso fortuito ou de força maior, nem de qualquer fato de terceiro, que liberará o indigitado responsável" (*Direito das obrigações*, cit., p. 667).
[146] Na doutrina brasileira, tornou-se célebre a lição de ALVIM, Agostinho. *Da inexecução das obrigações e suas consequências*, cit., pp. 290-291, fundamentando-se na obra de Josserand.

se este decorreu de fortuito interno ou externo à atividade desenvolvida.[147] Trata-se, claramente, de juízos de culpabilidade, a evidenciar, mais uma vez, a dificuldade enfrentada pelo intérprete ao perquirir a causalidade sem ingressar no campo da culpa.

Parece contribuir decisivamente para essa tendência a histórica associação do caso fortuito à previsibilidade ou evitabilidade do dano.[148] Tais critérios, com efeito, já serviram à distinção (inútil no direito brasileiro) entre caso fortuito e força maior,[149] e permeiam até hoje a análise das causas fortuitas na responsabilidade civil. Ao que tudo indica, tal associação se deu por um motivo pragmático: se o agente podia prever ou evitar o dano e não o fez, muitas vezes é possível afirmar que agiu com culpa[150] e, ainda, que, interrompendo uma cadeia causal originalmente fortuita, atraiu para sua própria inação o liame de causalidade, funcionando como causa necessária para a lesão. Por se tratar aqui de uma inação qualificada (do indivíduo que, podendo, não previu ou não evitou o prejuízo), aplicar-se-ia, então, a lógica já apresentada

---

[147] Ilustrativamente: "A responsabilidade da instituição financeira é interpretada de forma objetiva, até porque ficou configurado que ela não se cercou das cautelas necessárias para diminuir o risco do seu negócio pois emitiu crédito financeiro a terceiros que se utilizaram dos dados pessoais do autor" (STJ, AgRg no AREsp 484041, 3ª T., Rel. Min. Moura Ribeiro, julg. 18.9.2014).

[148] Segundo Agostinho ALVIM, no regime de responsabilidade subjetiva, "as duas noções se confundem, de sorte que a prova da ausência de culpa resulta na existência de um caso fortuito, e vice-versa. A esta corrente nos filiamos" (*Da inexecução das obrigações e suas consequências*, cit., p. 292). Em posição um pouco mais restritiva, mas com idêntica consequência para os fins do presente estudo, veja-se a lição clássica de Arnoldo Medeiros da FONSECA: "ausência de culpa é uma noção mais ampla; caso fortuito, um conceito bem mais restrito. E embora sempre que se verifique um caso fortuito deva haver ausência de culpa, porque esta é um dos elementos daquele, todavia não basta que o devedor não seja culpado, para que se caracterize o fortuito. Aqui, a inevitabilidade do evento deve também coexistir como um requisito essencial" (*Caso fortuito e teoria da imprevisão*. Rio de Janeiro: Forense, 1958, p. 163).

[149] "Estes e outros critérios diferenciais [...] procuram extremar o caso fortuito da força maior. Preferível será, todavia, não obstante aceitar que abstratamente se diferenciem, admitir que na prática os dois termos correspondem a um só efeito [...]. Tendo então em vista o significado negativo da responsabilidade, para o legislador brasileiro força maior e caso fortuito (*vis maior* e *damnum fatale*) são conceitos sinônimos. [...] A meu ver, a imprevisibilidade não é requisito necessário, porque muitas vezes o evento, ainda que previsível, dispara como força indomável e irresistível. A imprevisibilidade é de se considerar quando determina a inevitabilidade" (PEREIRA, Caio Mário da Silva. *Responsabilidade civil*, cit., pp. 394-395).

[150] Veja-se, ilustrativamente, a íntima associação entre previsibilidade e culpa: "De fato, a culpa, que constitui o fundamento da responsabilidade subjetiva, consiste em uma imprudência e negligência e, assim, no ter descuidado de prever as possíveis consequências danosas da própria ação" (VISINTINI, Giovana. *Trattato breve della responsabilità civile*, cit., p. 712. Tradução livre).

da responsabilidade por omissão: exige-se o descumprimento de um dever de cuidado (por conseguinte, a culpa).[151]

Como já se explicitou anteriormente, porém, se a investigação diz respeito única e exclusivamente à causalidade, é necessário, seja em sede de responsabilidade subjetiva, seja, por maioria de razão, em matéria de responsabilidade objetiva, afastar considerações sobre culpa ou descumprimento de deveres de cuidado. O problema, a rigor, parece ser o de se determinar se a conduta ou atividade podem ser consideradas como causa necessária.[152] Se o agente *deveria* ter previsto o dano, ou se este *deveria* ter sido evitado, trata-se de questão relativa à culpa e, portanto, apenas relevante em matéria de responsabilidade subjetiva. A constatação, que não pretende, absolutamente, simplificar a prova ou a verificação do nexo causal, aparenta, isso não obstante, contribuir para uma aplicação mais técnica e transparente das categorias da responsabilidade civil.

A investigação da causa necessária, porém, acaba obscurecida pela crença de muitos intérpretes na aplicabilidade da teoria da causalidade adequada, que, como visto, parte de um juízo abstrato de normalidade – e, portanto, muito se aproxima da noção de previsibilidade.[153] São frequentes, nesse sentido, as aproximações traçadas em doutrina entre a causa adequada e o chamado *forseeability*

---

[151] "Pesquisar se a consequência danosa do ato poderia ou deveria ter sido prevista por seu autor é, já se disse, voltar à busca das culpas, indagando-se o que ele deveria ter feito [...]. A análise da causalidade em função da 'previsibilidade' é necessariamente tendenciosa, na medida em que ela reconduz indiretamente a causalidade à culpa" (VINEY, Geneviève; JOURDAIN, Patrice; CARVAL, Suzanne. *Les conditions de la responsabilité*, cit., pp. 246-247. Tradução livre).

[152] Para isso, propõe-se o critério da normalidade do dano em substituição à previsibilidade ou evitabilidade do mesmo (VINEY, Geneviève; JOURDAIN, Patrice. *Les conditions de la responsabilité*, cit., p. 248).

[153] A esse propósito, já se argumentou que "O juízo de causalidade adequada se diferencia daquele sobre a culpabilidade, porque o que releva para fins de causalidade é que o evento seja 'previsível', não da parte do agente (a assim chamada previsibilidade subjetiva), mas (por assim dizer) sobre a base dos melhores conhecimentos estatísticos e/ou científicos disponíveis (a assim chamada previsibilidade objetiva" (TORRENTE, Andrea; SCHLESINGER, Piero. *Manuale di diritto privato*. Milano: Giuffrè, 2017, p. 944. Tradução livre). Coerente com o procedimento da "prognose póstuma" que se associa a certa vertente da causalidade adequada, contudo, tal afirmação ignora não apenas a objetivação do próprio conceito de culpa, como, ainda, o significado original da causalidade adequada, em que se propunha indagar, preliminarmente, quais condições, "em tese e segundo o sentir do agente, poderiam ser consideradas aptas a causar o dano" (SILVA, Wilson Melo da. *Responsabilidade sem culpa*, cit., p. 119). Constata-se, assim, que, "na prática, a distinção é bem difícil de fazer" (VINEY, Geneviève; JOURDAIN, Patrice. *Les conditions de la responsabilité*, cit., p. 247. Tradução livre).

test, oriundo da *common law*.[154] De outra parte, a causalidade adequada parece ter se difundido com maior facilidade no direito alemão, dentre outros fatores, porque lá a verificação do descumprimento do dever jurídico como requisito da responsabilidade civil desenvolveu-se historicamente como requisito externo ao da culpa.[155] No sistema francês, onde a culpabilidade jamais foi dissociada adequadamente da antijuridicidade na figura da *faute*, não por acaso a teoria que se difundiu foi outra, justamente a da necessariedade.[156] Por outro lado, também no sistema francês, progressivamente se abandonou a noção psicológica de culpa (que a associava à previsibilidade ou evitabilidade do dano) em prol do conceito de culpa normativa, muito mais objetivo.[157]

Em outros termos, no sistema que mais diretamente forneceu o modelo brasileiro de responsabilidade civil, critérios como previsibilidade ou evitabilidade foram dissociados da culpa e não foram incluídos na causalidade. A tendência acima destacada, por outro lado, ao investigar a existência de fortuito interno a partir da investigação da culpa (isto é, do descumprimento de deveres de conduta por parte do agente), mesmo em casos nos quais o regime é de responsabilidade objetiva, parece confundir todas essas noções em um juízo unitário. Influenciada pela histórica associação entre casos fortuitos e forças maiores à previsibilidade e à evitabilidade, e impulsionada, muitas vezes, pela abertura a juízos de previsibilidade proposta pelos adeptos da teoria da causalidade adequada, a jurisprudência nacional tem acabado por perquirir, para analisar se ocorreu fortuito interno ou externo, critérios que nem mesmo para fins de análise da culpa na responsabilidade subjetiva deveriam ser considerados.[158]

---

[154] MONATERI, Pier Giuseppe; GIANTI, Davide. *Nesso causale [dir. civile]*. Disponível em: <http://www.treccani.it/enciclopedia>.

[155] Como leciona Menezes CORDEIRO, o modelo do BGB, decisivamente influenciado pela doutrina de Jhering, adotou duas instâncias distintas de controle do surgimento do dever de indenizar: "a ilicitude, primordialmente virada para a inobservância de normas jurídicas e a culpa, que lida com a censura merecida, pelo agente, com a atuação perpetrada" (*Tratado de direito civil português*, cit., p. 331).

[156] Sobre a exigência da necessariedade como requisito da causalidade, cf. MALAURIE, Philippe; AYNÈS, Laurent. *Droit des obligations*, cit., p. 255.

[157] Este conceito de culpa teve dentre seus defensores mais célebres os irmãos MAZEAUD: "O juiz civil não tem, nesse domínio, que sondar as consciências. Ele deve examinar o ato culposo em si mesmo, destacado do agente, proceder por comparação, perguntar-se o que teria feito um outro indivíduo, um tipo abstrato" (*Traité théorique et pratique de la responsabilité civile*, t. I. Paris: Recueil Sirey, 1947, p. 414. Tradução livre).

[158] Ilustrativamente: "Ação indenizatória de danos materiais. Alteração de código de barras em boletos bancários. Fraude. Responsabilidade objetiva do fornecedor de serviços. Teoria do risco

A confusão conceitual, porém, não se revela uma exclusividade da jurisprudência. O próprio codificador parece confundir, por vezes, culpa e nexo de causalidade. Assim, por exemplo, exige, no art. 945 do Código Civil, a concorrência culposa da vítima para que se atenue o montante da indenização, reproduzindo a lógica da "culpa da vítima" como excludente ou atenuante de responsabilidade civil, já mencionada anteriormente. Alude, nesse sentido, até mesmo à gravidade da "culpa" da vítima. Mais ainda, a norma contida no parágrafo único do art. 944 do Código Civil faz referência expressa ao grau de culpa do ofensor como critério de redução equitativa da indenização pelo juiz. Conforme já tem sustentado a doutrina mais atenta à técnica da responsabilidade civil, ambas as disposições legais, a rigor, pretendiam aludir a problemas de causalidade,[159] muito embora sua textualidade faça remissão à culpa e, o que surpreende ainda mais, aos graus de culpa do ofensor – gradação que, em linhas gerais, é há muito considerada de todo irrelevante para fins de responsabilização civil no direito brasileiro.[160]

Assim, em interpretação sistemática, e partindo-se do pressuposto de que o legislador atua com razoabilidade e de forma coerente,[161] tem-se sustentado, com acerto, que não há necessidade de atuação culposa concorrente da vítima para que se reduza o montante indenizatório; segue-se, apenas, a regra geral, segundo a qual um fato associado à vítima e não ao ofensor, caso tenha operado como concausa para a produção do dano, conduz à repartição do dever de indenizar (repartição que, no que tange à vítima,

---

do empreendimento. [...] Fato que não constitui causa capaz de excluir responsabilidade objetiva das instituições financeiras rés, pois se trata de fortuito interno, previsível e inerente à atividade empresarial. Dever de a instituição financeira adotar cautelas e mecanismos de segurança aptos a conter tais fraudes [...]" (TJRJ, Ap. Civ. 0029755-34.2014.8.19.0209, 21ª C.C., Rel. Des. Denise Levy Tredler, julg. 10.7.2018); "Apelação cível. Direito do consumidor. Ação indenizatória por danos morais e materiais. Perda dos HDs que continham a filmagem da cerimônia de casamento dos autores. [...] Se a apelante sabia que estava sofrendo com tais problemas, deveria ter se cercado de maiores cuidados ao trabalhar, como, por exemplo, realizar back-up das mídias e colocar estabilizadores nos computadores para evitar a perda dos HDs. Ainda que não soubesse, tais providências são necessárias no ramo em que atua a recorrente. Caso de fortuito interno e não externo. Dever de indenizar caracterizado [...]" (TJRJ, Ap. Civ. 0054354-19.2014.8.19.0021, 23ª C.C., Rel. Des. Murilo André Kieling Cardona Pereira, julg. 29.6.2016).
[159] Cf. PEREIRA, Caio Mário da Silva. *Responsabilidade civil*, cit., pp. 98 e 115.
[160] "É certo que a maior ou menor gravidade da culpa não influi sobre a indenização, a qual só se medirá pela extensão do dano causado" (ALVIM, Agostinho. *Da inexecução das obrigações e suas consequências*, cit., p. 199).
[161] Princípio enunciado, dentre muitos, por BOBBIO, Norberto. *O positivismo jurídico*: lições de filosofia do direito. São Paulo: Ícone, 2006, p. 214.

significa suportar parte do dano, independentemente de atuação culposa sua).[162] Do mesmo modo, o fato concorrente de terceiro há de reduzir a extensão da indenização imposta ao réu na ação indenizatória, mas a *culpa* desse terceiro apenas será relevante para determinar se ele deverá ou não arcar com o restante da indenização, caso esteja submetido a um regime subjetivo de responsabilidade. Tal interpretação, além de sistematicamente adequada, tem a vantagem de reconhecer os fatos concorrentes também em sede de responsabilidade objetiva, superando-se a já mencionada controvérsia fomentada pelos autores que interpretam literalmente a equivocada expressão "culpa concorrente".[163]

Idêntica controvérsia se coloca quanto à aplicabilidade da redução equitativa da indenização em matéria de responsabilidade civil objetiva, já que, quanto a este ponto, deveria ser irrelevante não apenas a gradação de culpa do ofensor, como a própria culpa. A mesma solução, porém, parece resolver o problema. A rigor, jamais ocorrerá "excessiva desproporção" entre o grau de culpa e o dano, porque a culpa não passa de um juízo objetivo de descumprimento de um dever jurídico, independentemente do dano que venha a ser produzido. A desproporção a que pretendia aludir o legislador, ao que parece, era de natureza causal; simplesmente a conduta do agente a que se pretende imputar o dano foi "desproporcional" à lesão porque, embora tenha sido a causa necessária para o prejuízo, não pode ser considerada a única causa necessária para a extensão integral desse prejuízo, agravado por outros fatores (causas concorrentes). Normalmente, há um componente fortuito que se fez necessário para que o dano atingisse aquela proporção; sua aferição, porém, é tão difícil que a doutrina tem se contentado em considerar este um juízo (apenas) valorativo, e não técnico, do julgador – ou, na linguagem legislativa, um juízo de "equidade", que, em perspectiva civil-constitucional, apenas se admite se corresponder a uma remissão aos valores do ordenamento.[164] Parcialmente nessa direção, chega-se a afirmar que a redução equitativa não passa de um juízo de "causalidade legítima".[165]

---

[162] PEREIRA, Caio Mário da Silva. *Responsabilidade civil*, cit., p. 115; CRUZ, Gisela Sampaio da. *O problema do nexo causal na responsabilidade civil*, cit., p. 334.
[163] CRUZ, Gisela Sampaio da. *O problema do nexo causal na responsabilidade civil*, cit., pp. 337-338.
[164] Assim entende PERLINGIERI, Pietro. *O direito civil na legalidade constitucional*, cit., p. 227.
[165] Nesse sentido, afirma-se que "o dispositivo contempla determinadas hipóteses em que as consequências danosas do ato culposo extrapolam os efeitos razoavelmente imputáveis à conduta do agente. Revela-se, então, a preocupação do legislador com a reparação justa, sobrepondo à disciplina do dano uma espécie de limite de causalidade legítima, de modo a autorizar o magistrado a, excepcionalmente,

Trata-se de interpretação mais razoável do que a confusa associação à culpa ou à sua suposta gradação, embora, a rigor, não pareça ser preciso sequer cogitar de uma explicação particular para a hipótese. Os critérios que determinam a causalidade nesses casos não destoam daqueles que orientaram as regras gerais da responsabilidade civil: ninguém responde pelo fortuito, de modo que, se um componente fortuito qualquer deu causa a um dano em maior extensão do que decorreria apenas da conduta do agente, este não poderá arcar com a indenização integral. É preciso, aqui, congregar a análise do caso concreto com um juízo abstrato, de modo a determinar qual parcela do dano decorreu necessariamente da conduta do agente e qual parcela representa esse incremento fortuito. O raciocínio, aqui, lembra um pouco aquele proposto pela teoria da causalidade adequada, embora, desta vez, a abstração seja utilizada apenas para fins de cômputo do *quantum debeatur*, e não para fins de identificação do nexo (requisito para o *an debeatur*).

4. Responsabilidade civil indireta e o suposto dever de indenizar sem nexo causal

Das considerações precedentes extrai-se que a evolução da responsabilidade civil contribuiu, pouco a pouco, para o enfraquecimento dogmático do nexo causal.[166] A amplitude da noção material de causalidade, a impossibilidade de se formular um conceito estritamente jurídico e a dificuldade de autonomia probatória em relação a outros elementos do ato ilícito, particularmente da culpa, apenas se agravaram em sede de responsabilidade objetiva, regime em que é preciso identificar a causalidade que liga o dano a uma noção muito mais etérea do que a conduta culposa, muitas vezes uma inteira atividade econômica. Como se não bastasse, a evolução jurisprudencial da responsabilidade civil sob a égide do Código Civil de 1916, que culminou com as escolhas legislativas da codificação atual, inseriu nesse cenário novas hipóteses em que indivíduos pas-

---

mediante juízo de equidade, extirpar da indenização o *quantum* que transcenda os efeitos razoavelmente atribuídos, na percepção social, à conta de determinado comportamento" (TEPEDINO, Gustavo, em atualização a PEREIRA, Caio Mário da Silva. *Responsabilidade civil*, cit., p. 98).

[166] Por exemplo, Anderson SCHREIBER menciona o risco de uma "anarquização sentimental" do nexo causal, e identifica que, "em uma silenciosa revolução jurisprudencial, a análise do nexo causal abandona a esfera do tecnicismo estrito para vir sofrer a influência de elementos valorativos atinentes à própria distribuição dos custos da vida social" (Flexibilização do nexo causal em relações de consumo, cit., p. 34).

saram a ser responsáveis pelo dever de indenizar independentemente de culpa, por fatos de coisas ou de terceiros, sem poderem invocar, do mesmo modo, o caso fortuito ou o fato de terceiro para se eximirem de responsabilidade.

Com efeito, embora os casos de responsabilidade indireta ou por fato das coisas possam ser ditos, em certo sentido, hipóteses de responsabilidade objetiva (já que independem da demonstração de culpa por parte daquele que deve arcar com a indenização), é preciso reconhecer, ao fim e ao cabo, que o regime jurídico da responsabilidade independente de culpa não conta com a mesma unidade estrutural da responsabilidade subjetiva, cujas *fattispecie* se sujeitam, em linhas gerais, a um conjunto uniforme de normas. Muito ao contrário, pondo-se de lado o fato de não exigirem a culpa do responsável para que se impute a ele o dever de indenizar, poucos são os pontos em comum entre os vários possíveis regimes jurídicos de responsabilidade objetiva – e talvez seja tempo de se abandonar a concepção segundo a qual esta representa um regime jurídico único, para se admitir que a designação "objetiva" corresponde simplesmente a um conjunto de casos em que não se aplica a responsabilidade pela culpa.[167] Algumas das principais diferenças entre esses regimes parecem residir em questões de causalidade. Inicia-se, porém, este momento da investigação a partir dos pontos em comum.

A principal semelhança entre os diversos regimes de responsabilidade civil objetiva é de natureza funcional. Como se sabe, sob o paradigma do ilícito, a culpa assumia o papel de fundamento ético-jurídico para a imputação do dever de indenizar a determinado agente.[168] Se a transição para o paradigma do dano injusto possibilitou uma libertação do dever de indenizar em relação à antiga necessidade de que tivesse havido violação a um direito subjetivo específico, o que permitiu a tutela ampla de interesses juridicamente relevantes revestidos das mais variadas estruturas, por outro lado determinou o afastamento da culpa como fundamento valorativo único do dever de indenizar, pois passou a ser plenamente possível que tais interesses não encontrassem correspectivo em deveres jurídicos atribuíveis a qualquer agente em particular, nem ao sujeito passivo universal, mas surgidos apenas no caso concreto, após uma violação perpetrada no âmbito de atividade, em princípio, lícita.[169]

---

[167] Nesse sentido, como leciona Guido ALPA sobre o sistema italiano, a expressão "responsabilidade objetiva" se revela uma "fórmula agregante de diversas *fattispecie* de responsabilidade sem culpa" (*Manuale di diritto privato*, cit., p. 663).

[168] Cf. BODIN DE MORAES, Maria Celina. Risco, solidariedade e responsabilidade objetiva, cit., p. 12.

[169] Cf., por todos, ALPA, Guido. *Manuale di diritto privato*, cit., p. 656.

Tamanha era a dificuldade de desvinculação em face do paradigma da culpa que o direito francês, ao construir a teoria da guarda e do fato de outrem, recorreu aos conceitos de culpa *in custodiando, in vigilando, in eligendo* e assim por diante para justificar a atribuição de responsabilidade sem culpa.[170] Coube à doutrina o desenvolvimento inicial da teoria do risco como justificativa para a responsabilidade independente de culpa, capitaneada, na França, pelos comentários jurisprudenciais de Josserand e Saleilles.[171] Embora viesse a prevalecer e tenha se tornado, hoje, o contraponto da culpa como fundamento de imputação do dever de indenizar, o risco se revela, em verdade, um fundamento bastante deficitário para a enorme variedade de hipóteses de responsabilidade objetiva (algumas de todo irredutíveis à ideia de atividade arriscada, a começar pela responsabilidade indireta dos pais pelos atos danosos dos filhos).[172] Como a doutrina civil-constitucional não tardou a reconhecer, o fundamento valorativo verdadeiramente hábil a justificar os diversos casos de responsabilidade objetiva reside no princípio da solidariedade social.[173]

Datam de muitas décadas os estudos que vinculam o crescimento do regime objetivo de responsabilidade civil ao incremento da urbanização, da industrialização e do desenvolvimento tecnológico.[174] De fato, o progresso social e técnico-científico criou uma série de riscos à sociedade antes impensáveis, trouxe à tona a noção de interesses difusos e coletivos e ensejou a

---

[170] Nesse sentido, afirmam MALAURIE e AYNÈS que "quando o dano resulte da intervenção de um elemento intermediário que obedece mais ou menos àquele que o dirige (uma criança, um automóvel), a responsabilidade se torna complexa e se destaca, mais ou menos, da culpa. O intermediário pode ser, seja uma outra pessoa, seja uma coisa animada ou inanimada" (*Droit des obligations*, cit., p. 79. Tradução livre).

[171] Após o julgamento do célebre *affaire Téffaine* pela Corte de Cassação francesa em 1896, foram publicadas as obras seminais dos dois autores: SALEILLES, Raymond. *Les accidents du travail et la responsabilité civile*. Paris: A. Rousseau, 1897; JOSSERAND, Louis. *De la responsabilité du fait des choses inanimées*. Paris: A. Rousseau, 1897. Como analisa Wilson Melo da SILVA, "todos, ou quase todos, vinham sentindo a insuficiência do velho critério da culpa, dominante. [...] E foi rompendo contra essa timidez que Saleilles e Josserand acabaram por fazer luz na matéria, erigindo, de maneira clara, nítida, objetiva, o critério da responsabilidade sem culpa como sendo exatamente aquilo que tantos buscavam" (*Responsabilidade sem culpa*, cit., p. 52). Relata o autor que, nesse processo, Josserand encontrou na redação então vigente do §1º do art. 1.384 do *Code* o fundamento normativo para a responsabilidade sem culpa pelo fato das coisas.

[172] Cf. BODIN DE MORAES, Maria Celina. Risco, solidariedade e responsabilidade objetiva, cit., p. 26.

[173] Cf. RODOTÀ, Stefano. *Il problema della responsabilità civile*, cit., p. 173.

[174] No direito brasileiro, um dos estudos mais célebres foi o de Wilson Melo da SILVA, que, na sociedade industrial, o acidente "socializou-se, passando a se constituir num fator novo de organização econômica" (*Responsabilidade sem culpa*, cit., p. 166).

produção massificada de danos às pessoas. Na esfera jurídica, o crescimento da preocupação com a tutela da pessoa humana, iniciado no período pós-guerra e impulsionado pelo processo de redemocratização de diversos países da família romano-germânica, conduziu ao desenvolvimento de propostas de ampliação do dano indenizável e efetivação da reparação integral acompanhadas da repartição social do custo das indenizações.[175] Os danos produzidos em larga escala por atividades estatisticamente arriscadas passaram a ser associados ao recurso à securitização e à tentativa de pulverização dos prejuízos, de modo que toda a sociedade passou a responder, indiretamente, pelo peso econômico da reparação integral das vítimas, particularmente a partir do custo dos produtos e serviços.[176]

Todo esse processo de objetivação da responsabilidade em atividades de risco e repartição social dos prejuízos foi creditado justamente ao princípio da solidariedade social. Trata-se, com efeito, do princípio que tem sido responsável, nas últimas décadas, por inserir a tutela de outros interesses relevantes nas relações jurídicas (absolutas ou relativas), para além dos interesses individuais das partes, em todas as searas do direito civil.[177] Em matéria de responsabilidade civil, já na década de 1960, Stefano Rodotà identificava, pioneiramente no direito italiano, residir na solidariedade social a chave interpretativa para se compreender o processo de objetivação da responsabilidade civil.[178] Também no direito brasileiro a doutrina civil-constitucional identificou esse fun-

---

[175] Cf., dentre outros, ROCHFELD, Judith. *Les grandes notions du droit privé*. Paris: PUF, 2011, p. 490.

[176] Conforme registra Maria Celina BODIN DE MORAES, muitos autores adeptos da teoria do risco consideram "a responsabilidade objetiva como uma técnica transitória que será, mais dia, menos dia, substituída pela ampla difusão dos seguros obrigatórios" (Risco, solidariedade e responsabilidade objetiva, cit., p. 23). O compromisso com a solidariedade social acarreta que "quem suportará o dano causado no contato social não será mais a vítima, mas aquele que gera, com a sua atividade, a mera 'ocasião' ou a 'oportunidade' de dano, à qual sucede, de fato, um dano: para este (agora) responsável se deslocará o custo do dano, que poderá ser repartido entre os membros da coletividade através de diversos mecanismos, inclusive o do aumento do preço dos serviços e das atividades em geral" (Ibid., p. 25).

[177] Afirma Maria Celina BODIN DE MORAES: "o princípio da solidariedade [...] é a expressão mais profunda da sociabilidade que caracteriza a pessoa humana" (O princípio da dignidade da pessoa humana. *Na medida da pessoa humana*. Rio de Janeiro: Renovar, 2010, pp. 250-251).

[178] Na clássica página de Stefano RODOTÀ: "A violação do limite da solidariedade, implícita no verificar-se um dano injusto, exige [...] uma qualificação em direção subjetiva, para que se possa dar lugar à imputação da responsabilidade a título de culpa (com base no critério da culpa). [...] Essa afirmação é possível enquanto o limite da solidariedade se apresenta também como medida do agir, *standard* operante sempre que um contato social especifica em concreto a exigência de apreciar o componente objetivo do comportamento" (*Il problema della responsabilità civile*, cit., pp. 173-174). Tradução livre).

damento valorativo.[179] E, de fato, com o tempo, a solidariedade se revelou o substrato mais adequado para explicar a responsabilidade objetiva, não apenas porque oferecia uma interface apropriada para explicar por qual razão o risco da atividade podia servir como critério de imputação da responsabilidade (questão que jamais se pôs em relação à culpa, que, herdada da vetusta tradição canonista, parecia um critério auto-evidente),[180] como também porque explicou, de forma coerente, os muitos casos de responsabilidade objetiva que não mantinham, a rigor, qualquer relação com a noção de risco.

Assim, passou-se a compreender que a responsabilidade dos pais pelos atos dos filhos, dos comitentes pelos atos dos prepostos, dos donos por danos causados por animais e assim por diante – cuja objetivação foi promovida, no direito brasileiro, inicialmente pela jurisprudência, que passou a presumir a existência de culpa nesses casos,[181] e posteriormente pelo codificador de 2002 – têm em comum o fundamento na solidariedade social. Porque as vítimas não poderiam permanecer irressarcidas, e porque seria mais difícil ou mesmo impossível obter dos reais causadores do dano a indenização, optou-se por atribuir a certos indivíduos a responsabilidade, independentemente de culpa.[182] Do mesmo modo, certos agentes que desenvolvem atividades arriscadas, particularmente aquelas capazes de produzir danos em larga escala, devem responder objetivamente pelos prejuízos relacionados a essas atividades, seja porque criaram esse risco, seja porque extraem proveito econômico dele, seja, enfim, porque seu porte operacional permite que repartam o custo das indenizações com a coletividade.[183]

---

[179] Cf. BODIN DE MORAES, Maria Celina. Risco, solidariedade e responsabilidade objetiva, cit., p. 26.
[180] Segundo Maria Celina BODIN DE MORAES, o princípio da culpa "era tido então como axiomático, isto é, moralmente universal" (Risco, solidariedade e responsabilidade objetiva, cit., p. 26).
[181] "Com base na elaboração pretoriana e no desenvolvimento da doutrina, a tendência que predominou, enquanto em vigor o Código Civil de 1916, assentava a responsabilidade por fato de outrem no princípio da presunção de culpa. Era de se prever, contudo, que num futuro mais ou menos curto, procuraria abrigo na teoria do risco" (PEREIRA, Caio Mário da Silva. *Responsabilidade civil*, cit., p. 122).
[182] Assim, por exemplo, na lição de Alvino LIMA: "A razão predominante na responsabilidade do comitente é dar à vítima uma garantia da responsabilidade do preposto, quase sempre insolvável. É um movimento mais vasto no Direito – o de alargar os pontos de vista sociais sobre os puramente jurídicos" (*Culpa e risco*. São Paulo: Revista dos Tribunais, 1963, p. 148).
[183] Trata-se das diversas acepções já conferidas em doutrina ao risco (risco proveito, risco criado etc.). Cf., a respeito, dentre outros, ROCHFELD, Judith. *Les grandes notions du droit privé*, cit., pp. 492 e ss.

As semelhanças entre as *fattispecie* legais de responsabilidade civil objetiva, no entanto, parecem se esgotar no propósito solidarista. Tome-se como exemplo o aspecto causal em cada uma delas. Por definição, o regime objetivo nada diz a respeito da causalidade – que, em princípio, deveria ser apurada nos mesmos moldes da responsabilidade subjetiva.[184] No entanto, boa parte das hipóteses de responsabilidade independente de culpa apresenta peculiaridades quanto à causalidade. Nos termos do art. 936 do Código Civil, por exemplo, o dono ou detentor do animal responderá pelo dano por este causado, se não provar "culpa" da vítima (*sic*) ou força maior. Além da equivocada omissão legislativa quanto à possibilidade de ter ocorrido fato de terceiro – suprível pela via interpretativa, diante das regras gerais sobre causalidade[185] –, é preciso destacar que, nessa hipótese, o próprio fato do animal não pode ser qualificado como caso fortuito pelo dono, muito embora esta devesse ser a sua qualificação na teoria geral da causalidade.[186] Por sua vez, nas hipóteses de responsabilidade por fato de terceiro previstas pelo art. 932 do Código Civil, os responsáveis indiretos não podem invocar a conduta de certas pessoas específicas (filhos, tutelados, curatelados, prepostos e assim por diante) para se eximirem do dever de indenizar, embora ainda possam invocar fatos de terceiros em geral como excludentes. Do mesmo modo, nas relações de consumo, os fornecedores elencados pelo art. 12 do CDC não podem invocar fato de terceiro que faça parte da mesma cadeia de fornecimento, dada a opção legislativa por estipular um regime de responsabilidade solidária entre eles.

Essas, dentre tantas outras hipóteses de responsabilidade objetiva tipificadas em lei, parecem suscitar a seguinte questão: tratar-se-ia da admissão legal de responsabilidade sem nexo causal? A doutrina, particularmente em matéria de responsabilidade por fato de outrem, sustenta veementemente a existência de causalidade nessas hipóteses. Afirma-se, nesse sentido, que a

---

[184] Nesse sentido, cf., por exemplo, CRUZ, Gisela Sampaio da. *O problema do nexo causal na responsabilidade civil*, cit., p. 169.

[185] Assim propõe, por exemplo, o enunciado n. 452 da V Jornada de Direito Civil, organizada pelo Conselho de Justiça Federal: "A responsabilidade civil do dono ou detentor de animal é objetiva, admitindo-se a excludente do fato exclusivo de terceiro".

[186] Na doutrina francesa, a teoria da guarda pressupõe, do ponto de vista da causalidade, que "o fato da coisa é uma intervenção causal desta na realização do dano" (VINEY, Geneviève; JOURDAIN, Patrice; CARVAL, Suzanne. *Les conditions de la responsabilité*, cit., p. 817). Sendo a causa do dano, portanto, não humana, a conclusão deveria ser pelo fortuito, como acontece, aliás, nos casos de danos causados por animais selvagens (PEREIRA, Caio Mário da Silva. *Responsabilidade civil*, cit., p. 146). No entanto, os autores que desenvolveram a teoria da guarda parecem sempre ter pressuposto, subjacente ao fato da coisa, uma ação humana (Ibid., p. 139).

causalidade é mantida entre o dano produzido e a conduta do responsável direto (filho, tutelado, curatelado, preposto, fornecedor na mesma cadeia de consumo), ao passo que entre esta e o responsável direto existe, necessariamente, também um vínculo juridicamente relevante (parentalidade, tutela, curatela, preposição, a própria cadeia de fornecimento).[187] É bem verdade que este vínculo jurídico entre o responsável direto (pelo dano) e o responsável indireto (pela indenização) não aparenta corresponder, em sentido estrito, a um vínculo de *causalidade*.[188] Por isso mesmo, muitos autores consideram haver causalidade presumida nas hipóteses de responsabilidade não decorrente de fato próprio.[189] No entanto, a melhor resposta à indagação sobre a existência ou não de causalidade na responsabilidade objetiva por fato das coisas ou de terceiros parece ser: não importa.

Com efeito, como se sustentou anteriormente, é preciso abandonar a perspectiva de que os requisitos da responsabilidade civil seriam parte de uma natureza ontológica do dever de indenizar e reconhecer que se trata, na verdade, de escolhas político-jurídicas, mais ou menos permissivas. Ao legislador (e apenas a ele), portanto, assiste dispensar o nexo de causalidade quando, mediante juízo valorativo, concluir pela necessidade de imposição da reparação civil a determinados agentes, em nome de se protegerem as vítimas e de se garantir a reparação integral dos danos. O motivo pelo qual a causalidade é indispensável nos casos de responsabilidade objetiva fundada na noção de risco do art. 927, parágrafo único, do Código Civil é justamente o seu fundamento normativo: a cláusula geral contida no referido dispositivo prevê a causalidade e, portanto, não assiste ao intérprete dispensá-la.[190] Nos casos de responsabilidade objetiva especificamente cogitados pelo legislador,

---

[187] Segundo Caio Mário da Silva PEREIRA, "a vítima ficará injustiçada, se se ativer à comprovação do proclamado nexo causal entre o dano e a pessoa indigitada como o causador do dano. Para que justiça se faça, é necessário levar mais longe a indagação, a saber, se é possível desbordar da pessoa causadora do prejuízo e alcançar outra pessoa, à qual o agente esteja ligado por uma relação jurídica, e, em consequência, possa ela ser convocada a responder" (*Responsabilidade civil*, cit., p. 119).
[188] Ressalvados os autores que consideram, filiados ao paradigma da culpa, que visualizam a conduta dos responsáveis indiretos como "causa eficiente" do prejuízo produzido (DIAS, José de Aguiar. *Da responsabilidade civil*, cit., p. 629).
[189] Assim afirmam, por exemplo, PEREIRA, Caio Mário da Silva. *Responsabilidade civil*, cit., p. 145 (sobre a responsabilidade pelo fato das coisas) e DIAS, José de Aguiar. *Da responsabilidade civil*, cit., p. 500.
[190] Que o nexo causal constitui um elemento da cláusula geral de responsabilidade civil objetiva consiste em entendimento praticamente unânime na doutrina brasileira. Cf., por todos, BODIN DE MORAES, Maria Celina. Risco, solidariedade e responsabilidade objetiva, cit., p. 29.

porém, é plenamente possível a criação de *fattispecie* positivadas em lei que dispensem a prova do nexo causal – modelo esse que, por outro lado, deverá, sem dúvida, justificar-se e provar sua compatibilidade com a axiologia do sistema. Portanto, por instigantes que sejam as construções doutrinárias na matéria, a existência ou não de causalidade nos casos de responsabilidade por fato das coisas ou de terceiros especificamente previstos em lei não passa de um falso problema.

Nesse particular, aliás, a estipulação de solidariedade passiva, acompanhada da previsão do direito de regresso em favor do responsável indireto em face do responsável direto, parece demonstrar que o próprio legislador admite a inexistência de um liame causal efetivo a vincular o responsável indireto ao dano. Note-se, comparativamente, que, no caso de coautoria do dano (quando há causalidade efetiva vinculando todos os coautores e corresponsáveis), também prevê o art. 942, parágrafo único do Código Civil (e, na sua esteira, o art. 7º, parágrafo único do CDC) a solidariedade passiva, mas não o regresso integral: o agente que vier a responder pela totalidade da indenização tem regresso apenas parcial em face do coautor, pois ambos foram efetivos causadores do dano. A solidariedade passiva estipulada pelos arts. 932 e 933 do Código Civil, por sua vez, opera de forma diversa, pois o art. 934 admite o regresso integral em face do real causador do dano. O mesmo entendimento deve ser aplicado às relações de consumo, quando o fornecedor que arcou com a indenização não tiver sido coautor do dano.

Isso ocorre porque, coerentemente com o sistema geral da responsabilidade civil, idealmente deveria assistir ao causador direto do dano o ressarcimento do mesmo. Em nome da solidariedade social, o legislador amplia o rol de responsáveis, em benefício da vítima, mas admite o regresso, reconhecendo que, do contrário, o responsável direto auferiria enriquecimento injusto, frontalmente contrário aos valores do ordenamento.[191] As exceções são os casos de fatos das coisas (eis que, aqui, não há, evidentemente, outro indivíduo em face do qual se poderia exercer o regresso), ou o caso da responsabilidade indireta por danos causados por descendentes incapazes (parte final do art. 934 do Código Civil), pois aqui o imperativo de solidariedade familiar prevalece no juízo de injustiça do enriquecimento, autorizando que

---

[191] Cf., VINEY, Geneviève; JOURDAIN, Patrice ; CARVAL, Suzanne. *Les conditions de la responsabilité*, cit., p. 1085.

eventual patrimônio do incapaz (causador direto do dano) deixe de responder pelo custo da indenização.[192]

Questão curiosa consiste na exigência, encontradiça na doutrina estrangeira e também presente no direito brasileiro, de que a conduta do causador direto do dano tenha sido culposa (ou assemelhada a conduta culposa, no caso em que o causador direto seja pessoa inimputável) para que o responsável indireto venha a responder pelo dano.[193] A esse sistema já se denominou responsabilidade subjetiva-objetiva.[194] Sem fundamento normativo, o entendimento se difundiu no direito brasileiro particularmente com a evolução da jurisprudência a respeito da responsabilidade do comitente pelos atos do preposto; embora o Código Civil de 1916 exigisse textualmente a prova da culpa *in eligendo* do comitente, o Supremo Tribunal Federal passou a sustentar o entendimento *contra legem*, presumindo essa culpa, como restou consignado no verbete n. 341 da sua Súmula.[195] O enunciado registra, porém, que a responsabilidade se daria em relação ao *ato culposo* do preposto, exigência que reverbera ainda hoje na jurisprudência pátria.[196]

---

[192] Trata-se, segundo a doutrina, de preceito que se justifica por "considerações de ordem moral", "pela organização econômica da família" e pela "solidariedade moral e, até certo ponto, econômica do ascendente para com o descendente" (BEVILÁQUA, Clóvis. *Código Civil dos Estados Unidos do Brasil*, vol. I. Rio de Janeiro: Livraria Francisco Alves, 1931, p. 305).

[193] Assim, "a culpa daquele que possuía o dever de guarda era presumida a partir da culpa (ou da conduta socialmente reprovável) de quem se encontrava sob a sua autoridade" (BARBOZA, Heloisa Helena; BODIN DE MORAES, Maria Celina; TEPEDINO, Gustavo *et alii*, cit., p. 828). No mesmo sentido, cf. DIAS, Aguiar. *Da responsabilidade civil*, cit., p. 631; LIMA, Alvino. *Culpa e risco*, cit., p. 145. Também na doutrina estrangeira se exige o caráter ilícito/culposo da conduta do preposto (cf., ilustrativamente, VINEY, Geneviève; JOURDAIN, Patrice; CARVAL, Suzanne. *Les conditions de la responsabilité*, cit., p. 1075).

[194] Veja-se, ilustrativamente, o seguinte julgado: "Em outras palavras, somente se verificada a culpa dos prepostos responderá o preponente (hospital) de forma objetiva, não lhe sendo permitido provar que agiu de forma diligente, dada a presunção de sua culpa. Trata-se de verdadeira responsabilidade objetiva-subjetiva" (TJMG, Ap. Civ. 100249915229470011, 9ª C.C., Rel. Des. José Antônio Braga, julg. 2.6.2009).

[195] *Verbis*: "É presumida a culpa do patrão ou comitente pelo ato culposo do empregado ou preposto". A respeito do enunciado, afirma Caio Mário da Silva PEREIRA: "Deste contexto, resultaram os requisitos da responsabilidade do patrão, amo ou comitente: a) a existência de um prejuízo; b) a relação de emprego; c) a culpa do empregado, serviçal ou preposto, nesta condição, isto é, que no momento do dano encontrava-se no exercício de sua atividade ou por motivo dela" (*Responsabilidade civil*, cit., p. 130).

[196] Ilustrativamente: "Malgrado a responsabilização objetiva do empregador, esta só exsurgirá se, antes, for demonstrada a culpa do empregado ou preposto, à exceção, por evidência, da relação de consumo" (STJ, AgInt no AREsp 1079508, 4ª T., Rel. Min. Marco Buzzi, julg. 27.2.2018).

Conquanto se poste na contramão dos propósitos valorativos que orientaram a objetivação da responsabilidade indireta (a saber, facilitar o acesso da vítima à reparação), na medida em que dispensa a prova da culpa do comitente, mas passa a exigir a do preposto, esse entendimento parece estar radicado na mesma compreensão, acima destacada, de que não há causalidade efetiva na responsabilidade indireta e de que o pagamento da indenização pelo responsável indireto corresponde ao enriquecimento injusto do responsável direto. Assim, ao mesmo tempo em que autorizou a responsabilidade indireta, a jurisprudência passou a exigir a certeza da culpa do responsável direto como requisito para que a vítima fosse indenizada, de modo que sempre fosse possível o exercício do regresso.[197] A rigor, a culpa do preposto apenas deveria importar no momento da ação de regresso – quando, então, caberia indagar se o efetivo causador do dano deveria ou não reembolsar o comitente que arcou com a indenização. A exigência prévia da prova da culpa do preposto, nesse sentido, põe em destaque uma garantia em favor do comitente (o regresso) e o reconhecimento de que este figura como mero garante do credor da indenização[198] (função que já se atribui, em geral, à solidariedade passiva),[199] mas não está vinculado causalmente ao dano.

Desprovido de previsão legal – mas, em princípio, valorativamente legítimo –, esse entendimento deve ser aplicado com cautela e afastado nos casos em que a disciplina positiva da reponsabilidade indireta se mostrar incompatível. Em matéria de responsabilidade estatal, o constituinte expressamente afastou a exigência de culpa ou dolo do agente público como requisito da indenização, relegando essa análise apenas para o momento posterior do regresso (art. 37, §6º da Constituição).[200] Na responsabilidade dos pais pelos atos dos filhos, o legislador previu sistema particular, cogitando de hipóteses em que os genitores não são obrigados a responder (art. 928 do Código Civil), seja porque seu patrimônio é inferior ao do filho, seja porque este cometeu ato infracional, caso em que o art. 116 do ECA o responsabiliza pessoalmente.[201] Portanto,

---

[197] Direito assegurado ao responsável indireto pelo art. 934 do Código Civil.
[198] Afirma-se, por exemplo, que, "sob o impacto de forças diversas, o que se sente é a transformação do conceito de responsabilidade pelo fato de outrem, no sentido de conceder à vítima garantia maior" (PEREIRA, Caio Mário da Silva. *Responsabilidade civil*, cit., p. 122).
[199] Cf., por todos, PEREIRA, Caio Mário da Silva. *Instituições de direito civil*, vol. II. Rio de Janeiro: Forense, 2012, p. 93.
[200] Nesse sentido: CAVALIERI FILHO, Sérgio. *Programa de responsabilidade civil*, cit., p. 283.
[201] Entendimento sustentado por BARBOZA, Heloisa Helena; BODIN DE MORAES, Maria Celina; TEPEDINO, Gustavo *et alii*. *Código Civil interpretado conforme a Constituição da República*, vol. II, cit., pp. 830-831.

excetuadas essas hipóteses, parece razoável compreender que o genitor terá de indenizar a vítima, independentemente de prova de conduta culposa ou assemelhada por parte do menor.

Nas relações de consumo, considerando que todos os fornecedores da cadeia respondem objetivamente (art. 12 do CDC), o fornecedor que figurar como responsável indireto não poderá alegar ausência de culpa nem, tampouco, exigir prova da culpa do outro.[202] Questão particularmente difícil é aquela em que se questiona a responsabilidade do fornecedor de produtos e serviços por atos de seus prepostos: embora a responsabilidade no CDC, ressalvado o caso dos profissionais liberais, seja objetiva, não se pode ignorar que o fornecedor pode ser desde uma pessoa natural que presta serviços diretamente aos consumidores até uma grande estrutura empresarial, que o presta por meio de seus prepostos. Nada tendo o legislador consumerista disposto a respeito, a regra aplicável é a do Código Civil, de tal modo que, existindo vínculo de preposição, deverá ter havido culpa do preposto para que o fornecedor-comitente venha a responder.[203]

Não é necessário dizer que, dados os excessos típicos do direito consumerista brasileiro, que constantemente lançam esse setor do direito privado em um âmbito de preocupante assistematicidade,[204] quase nenhuma atenção se tem destinado ao problema, simplesmente se presumindo que a responsabilidade

---

[202] "Note-se que não se trata de simples aplicação de uma ideia de concorrência na produção do resultado danoso, pelo que também pode ser chamado a responder o agente que participa da cadeia antes do fato que vem a originar a lesão ao consumidor" (SCHREIBER, Anderson. Flexibilização do nexo causal em relações de consumo, cit., p. 35).

[203] O entendimento encontra acolhida, ainda que não majoritária, em sede jurisprudencial. Ilustrativamente: "Apelação cível. Responsabilidade civil objetiva. Transportadora. Atropelamento. Vítima fatal. Ato culposo do preposto. Dano moral caracterizado. 1 – A responsabilidade da transportadora é objetiva, à luz dos artigos 927, *caput*; 932, inciso III e 942, parágrafo único, do Código Civil/02, ante a teoria do risco da atividade, sendo, contudo, subjetiva a do preposto.[...] 3 – À luz das provas e evidências dos autos, conclui-se que a falta de atenção do preposto da ré, na condução do veículo, deu causa ao acidente fatal. Circunstância do evento que, por si só, exigiria do condutor cuidado e atenção redobrados" (TJRJ, Ap. Civ. 0022888-07.2015.8.19.0042, 22ª C.C., Rel. Des. Carlos Santos de Oliveira, julg. 6.3.2018). Em doutrina, predomina o entendimento contrário; assim, por exemplo, Sérgio CAVALIERI FILHO afirma que o CDC teria responsabilizado o fornecedor sempre *diretamente* pelo fato do serviço, não se aplicando mais a ele a responsabilidade indireta do Código Civil (*Programa de responsabilidade civil*, cit., p. 284).

[204] A respeito, Gustavo TEPEDINO critica o pensamento microssistemático como "grave fragmentação do sistema, permitindo a convivência de guetos legislativos isolados" (A aplicabilidade do Código Civil nas relações de consumo: diálogos entre o Código Civil e o Código de Defesa do Consumidor. In: LOTUFO, Renan; MARTINS, Fernando Rodrigues (Coord.). *20 anos do Código de Defesa do Consumidor*: conquistas, desafios e perspectivas. São Paulo: Saraiva, 2011, p. 69).

objetiva prevista pelo art. 12 do CDC (destinado a reger a responsabilidade solidária apenas entre fornecedores) seria suficiente para dispensar a culpa do preposto.[205] Tal entendimento tem o mérito de facilitar a reparação das vítimas de acidentes de consumo; contudo, enquanto nas relações paritárias predominar a tese de que a culpa do causador direto do dano é exigível, não parece haver fundamento legal para a adoção de um critério diferente nas relações consumeristas.[206] Mais compatível com o sistema seria, portanto, a exigência de culpa do preposto também nas demandas consumeristas (bastante facilitada, note-se, pela possibilidade de inversão do ônus da prova em favor da vítima), o que se aplica até mesmo em demandas contra fornecedor diverso daquele cujo preposto causou o dano. Essa análise da conduta do preposto não deixa de ser salutar, tendo em vista ser bastante comum que, na prática, seja neste momento que o intérprete verifica se o preposto agiu ou não nos limites de sua função – consideração crucial para que se determine se ele deve mesmo ser tratado como representante do comitente ou como simples terceiro que deu causa exclusiva ao dano.

Outra conexão pouco lembrada com o problema da responsabilidade indireta consiste na clássica hipótese do *effusum et deiectum*, disciplinada pelo art. 938 do Código Civil. Nos casos de prédios de apartamentos, a responsabilidade objetiva por coisas deles caídas ou lançadas passou a ser atribuída ao condomínio edilício, por interpretação doutrinária e jurisprudencial[207] conferida à expressão "aquele que habitar prédio, ou parte dele", já constante do art. 1.529 do Código Civil de 1916. Onerar o condomínio em prol do pagamento da reparação de um dano que, provavelmente, foi provocado pelo morador de apenas uma das unidades corresponde à mesma lógica da

---

[205] Nesse sentido: "Note-se, por fim, que, em se tratando de relação de consumo, o fornecedor de serviços responde independentemente de culpa sua ou de seu empregado, nos termos do art. 14 do CDC. Aqui, não é de se cogitar se o dano foi provocado pelo empregado do fornecedor ou pelo próprio, com ou sem culpa de quem quer que seja" (BARBOZA, Heloisa Helena; BODIN DE MORAES, Maria Celina; TEPEDINO, Gustavo *et alii*. *Código Civil interpretado conforme a Constituição da República*, vol. II, cit., p. 832).

[206] Outro caminho possível seria afirmar que basta a configuração do "fato" do produto ou serviço para que o fornecedor responda independentemente de sua própria culpa ou da culpa de qualquer um de seus prepostos – nesse caso, porém, o conceito de "fato", algo impreciso, parece encapsular em si mesmo todos os requisitos necessários e suficientes para a deflagração do dever de indenizar, como em um indesejável retorno à confusão conceitual entre esses requisitos, semelhante ao que ocorria sob a noção de ato ilícito.

[207] Cf., a respeito, o enunciado n. 557 da VI Jornada de Direito Civil do Centro da Justiça Federal: "Nos termos do art. 938 do CC, se a coisa cair ou for lançada de condomínio edilício, não sendo possível identificar de qual unidade, responderá o condomínio, assegurado o direito de regresso".

responsabilidade indireta: responde-se pelo dano provocado por terceiro, como forma de se assegurar a indenização à vítima.[208] Como, porém, todos os condôminos responsabilizados, menos um, não deram causa efetivamente ao dano, admite-se o regresso em face do real causador, caso este possa ser identificado.[209] Pelo mesmo motivo, já se admitiu que fossem excluídos do rateio da indenização condôminos de cujas unidades, por sua própria posição no edifício, não possa absolutamente ter partido a coisa caída ou lançada.[210]

A solução conferida à responsabilidade por *effusum et deiectum* costuma ser atribuída à teoria da causalidade alternativa, que, a seu turno, é por vezes considerada uma hipótese de presunção de causalidade.[211] A noção de presunção de causalidade, nesses casos, é tão adequada e tão inadequada quanto na responsabilidade por fato de terceiro. De um lado, constata-se que há causalidade efetiva entre o dano e o fato de um dos condôminos do prédio; de outro, constata-se que não há causalidade em face dos demais condôminos, que estão, porém, ligados ao efetivo causador por um vínculo jurídico (a própria copropriedade). Como mencionado, mais importante do que se afirmar a existência ou não da causalidade presumida nesses casos (entendimento que parece se filiar à noção, já criticada, de que o nexo seria um elemento indissociável do dever de indenizar, devendo, portanto, ser provado ou presumido) parece ser reafirmar que apenas ao legislador assiste, ao valorar as hipóteses por ele disciplinadas, dispensar ou exigir o nexo causal para fins de atribuição do dever de indenizar.[212]

Vale tecer uma consideração final, ainda, no que diz respeito às já mencionadas hipóteses de responsabilidade civil dita agravada, de que são exemplos a responsabilidade do transportador de pessoas e da operadora de instalações nucleares. Afirma-se, em geral, que essas hipóteses representariam um caso

---

[208] Cf. CRUZ, Gisela Sampaio da. *O problema do nexo causal na responsabilidade civil*, cit., p. 292.

[209] Como assevera Caio Mário da Silva PEREIRA, "eventual discussão ou investigação entre os moradores constitui tarefa *interna corporis* da assembleia condominial, a despeito do ressarcimento da vítima" (*Responsabilidade civil*, cit., p. 155).

[210] Cf. DIAS, Aguiar. *Da responsabilidade civil*, cit., p. 539.

[211] Cf. CRUZ, Gisela Sampaio da. *O problema do nexo causal na responsabilidade civil*, cit., p. 305.

[212] Entendimento já expressado, por exemplo, por Aguiar DIAS ao tratar da responsabilidade indireta: "a enumeração do art. 932 do Código Civil de 2002 não admite interpretação ampliativa – senão nos termos em que recusá-la seria desconhecer o critério que o informa" (*Da responsabilidade civil*, cit., pp. 630-631). Assim também Caio Mário da Silva PEREIRA: "A responsabilidade civil por fato alheio não é arbitrária. A vítima não pode escolher a seu exclusivo alvedrio uma pessoa que venha ressarcir seu prejuízo. E é neste aspecto que os autores franceses afirmam que as disposições legais são de interpretação restrita" (*Responsabilidade civil*, cit., p. 121).

particular de responsabilidade civil objetiva, mais gravoso para o agente.[213] Como se viu a respeito da responsabilidade por fatos de coisas ou de terceiros, no entanto, não parece haver nada de extraordinário na previsão legislativa de contenções às excludentes de responsabilidade civil. Assim, a situação dos danos produzidos no transporte ou nas atividades nucleares não parece ser substancialmente distinta daquela que ocorre na responsabilidade por fato das coisas ou de outrem; aliás, o legislador não deixa de prever, em uma situação e em outra, o direito do regresso (ainda que com limitações) em face do efetivo causador do dano (art. 735, *in fine* do Código Civil e art. 7º da Lei n. 6.453/1977).

A responsabilidade dita agravada, portanto, não deixa de ser, na perspectiva apresentada pelo presente estudo, uma hipótese de responsabilidade objetiva, com as típicas modulações impostas legislativamente às excludentes passíveis de alegação pelo responsável. Como, porém, esses limites legais às excludentes não se relacionam com pessoas ou coisas juridicamente vinculadas ao agente responsável, a questão se assemelha mais à identificação do fortuito interno ou externo no regime de responsabilidade objetiva das atividades de risco[214] do que ao modelo de responsabilidade por fato de terceiros ou por fato das coisas, acima delineado. Reitere-se: diversamente do intérprete, o legislador dispõe de legitimidade para prescindir dos requisitos usuais das cláusulas gerais de responsabilidade civil quando, em juízo valorativo, assim entender necessário;[215] nesses casos, não importa, de fato, perquirir se a responsabilidade ocorre sem nexo causal, ou se foi ampliado o próprio conceito de causalidade – que, aqui em sentido puramente jurídico, torna-se verdadeiro instrumento de política legislativa. O problema, como se comentará mais detidamente a seguir, está no abandono do nexo pelo intérprete, sem

---

[213] "Não seria errado afirmar que nestas hipóteses estamos perante uma nova categoria de responsabilidade, a par da responsabilidade subjetiva (fundada na culpa) e da objetiva (fundada no risco, mas exigindo nexo de causalidade entre a atividade do responsável e o dano)" (NORONHA, Fernando. *Direito das obrigações*, cit., p. 667).

[214] Não por acaso, a responsabilidade agravada é definida, de modo muito semelhante à distinção entre fortuito interno e externo, como aquela em que os "fatos de terceiro e casos fortuitos ou de força maior que puderem ser considerados riscos típicos da atividade não excluirão a obrigação de indenizar" (NORONHA, Fernando. *Direito das obrigações*, cit., p. 667).

[215] A possibilidade da criação de uma responsabilidade *ex lege* parece ser admitida, no sentido ora proposto, por LIMA, Alvino. *Culpa e risco*, cit., p. 307. No sistema normativo brasileiro atual, basta pensar nas tradicionais hipóteses de responsabilização do devedor em mora e do possuidor de má-fé por danos oriundos de causas fortuitas (art. 399 e 1.218 do Código Civil).

autorização legal – é nessas hipóteses que se justifica a defesa ora proposta do requisito causal.

5. O chamado nexo de imputação e a equivocada superação do nexo de causalidade como requisito da responsabilidade civil

No jargão jurídico, *imputar* significa *atribuir* ou *destinar*. Dá-se, por exemplo, a imputação do pagamento (arts. 352 e ss. do Código Civil) quando, diante do pagamento parcial de um conjunto de débitos existentes entre as mesmas partes, é preciso decidir quais deles devem ser considerados pagos e extintos, e quais ainda permanecem devidos. Uma pessoa é dita inimputável quando a ela não se possa atribuir certo regime de responsabilidade (civil ou criminal, por exemplo).[216] O credor pignoratício é obrigado a imputar o valor dos frutos de que se apropriar nas despesas de guarda e conservação, nos juros e no capital da dívida garantida (art. 1.435, III, do Código Civil), ou seja, destiná-lo para saldar tais débitos. Presume-se imputada na parte disponível do patrimônio do *de cujus* a liberalidade feita a descendente que, ao tempo do ato, não seria chamado à sucessão na qualidade de herdeiro necessário (art. 2.005, parágrafo único, do Código Civil). Os exemplos são muitos e confirmam a relativa clareza de sentido do termo.

Em matéria de responsabilidade civil, *imputar* também significa atribuir ou destinar – nomeadamente, atribuir ou destinar o dever de indenizar a alguém.[217] São encontradiças, ainda, expressões como dano imputável a alguém, ou imputar certo fato danoso a alguém, que nada mais significam do que identificar o liame causal entre certo dano e a conduta de uma pessoa, ou identificar a autoria do fato que deu causa ao dano. Como se percebe, todos os usos tradicionais do verbo *imputar* em matéria de responsabilidade civil dizem respeito a uma das preocupações centrais do intérprete nessa matéria, a saber, *quem* deve responder pelo dever de indenizar. Dado o sentido

---

[216] Como lecionam VINEY, JOURDAIN e CARVAL, "a imputabilidade é uma noção de predominância psicológica ou psíquica que aparece como uma condição subjetiva da responsabilidade fundada sobre a liberdade do agente na realização do ato danoso. Trata-se praticamente de impedir a imputação de uma responsabilidade àqueles que não teriam agido com uma liberdade de espírito suficiente, como é o caso para as pessoas com problemas mentais ou para as crianças de pouca idade, ainda desprovidas de uma razão suficiente para compreender o alcance de seus atos" (*Les conditions de la responsabilité*, cit., p. 239. Tradução livre).
[217] Cf. CRUZ, Gisela Sampaio da. *O problema do nexo causal na responsabilidade civil*, cit., p. 113.

amplo do termo, é possível utilizá-lo para tratar diretamente da atribuição da obrigação reparatória a certo agente, ou, ainda, para vincular esse agente aos requisitos autorizadores da responsabilidade civil, seja à luz da cláusula geral de responsabilidade subjetiva, seja nos termos da cláusula geral ou das previsões legais específicas de responsabilidade objetiva.

Nesse cenário, causa certa surpresa a popularização do termo "nexo de imputação" na responsabilidade civil brasileira dos últimos anos. A expressão já era utilizada por autorizada doutrina há algum tempo, com o intuito de indicar que, para fins de aplicação das duas cláusulas gerais de responsabilidade civil previstas pelo *caput* e pelo parágrafo único do art. 927 do Código Civil, faz-se necessária a presença de um fundamento subjetivo de imputação do dever de indenizar, a saber, a culpa ou o risco.[218] Nesse sentido, esses dois requisitos são reunidos por parte da doutrina sob a designação "nexo de imputação", que passa a ser elencado ao lado do dano e do nexo causal como requisitos da responsabilidade civil.[219] A sistematização mostra-se interessante do ponto de vista didático, pois destaca o papel semelhante desempenhado pela culpa e pelo risco nos dois sistemas de responsabilidade, embora o vocábulo "nexo" apresente o inconveniente de também ser utilizado, com muito mais frequência, em matéria de causalidade. Compreendida, porém, essa ressalva, não haveria qualquer óbice em sua utilização.

O que surpreende na difusão da noção de "nexo de imputação" é o sentido *adicional* que se tem a ela atribuído, a saber, o de um suposto requisito autônomo autorizador do dever de indenizar. De fato, certa parcela da doutrina passou a defender a possibilidade de se atribuir o dever de indenizar a determinado indivíduo mesmo se ausente o requisito do nexo causal, desde que verificado o chamado "nexo de imputação", que passaria a substituir o

---

[218] "Nexo de imputação é o fundamento, ou a razão de ser da atribuição da responsabilidade a uma determinada pessoa, pelos danos ocasionados ao patrimônio ou à pessoa de outra, em consequência de um determinado fato antijurídico. É o elemento que aponta o responsável, estabelecendo a ligação do fato danoso com este. Em regra o fundamento de tal imputação é uma atuação culposa. Excepcionalmente poderá haver imputação pelo risco" (NORONHA, Fernando. *Direito das obrigações*, cit., p. 496).

[219] Ao fundamento ético da imputação do dever de indenizar (culpa ou risco) acrescenta-se, por vezes, a noção de imputabilidade do agente: "O nexo de imputação é o vínculo que se estabelece entre determinado fato e sua atribuição a certa pessoa, podendo a imputação ser delitual (culpa *lato sensu*) ou objetiva (risco). [...] No nexo de imputação, inclui-se também o conceito de imputabilidade, exigindo-se que o agente tenha capacidade (maturidade e higidez mental), tendo um regime jurídico especial a responsabilidade dos incapazes (art. 928)" (SANSEVERINO, Paulo de Tarso Vieira. *Princípio da reparação integral*: indenização no Código Civil. São Paulo: Saraiva, 2010, p. 152).

anterior.[220] Como se buscou esclarecer neste estudo, a imputação do dever de indenizar a agentes que não deram causa direta e imediatamente ao dano não causa grande perplexidade, sendo este um expediente legítimo a que pode recorrer o legislador tendo em vista, via de regra, a ponderação do princípio da solidariedade social com outros valores juridicamente relevantes. Preocupa, porém, na construção mencionada a criação de um requisito "novo" para a responsabilidade civil, sem fundamento legal, e, acima de tudo, a proposta de se dispensar o requisito do nexo de causalidade, *a despeito da ausência de qualquer autorização legislativa nesse sentido*, para substituí-lo pelo suposto "nexo de imputação".[221]

A noção de imputação, nessa perspectiva, tem sido utilizada por este setor da doutrina como *fundamento* da atribuição do dever de indenizar a alguém – raciocínio, como se percebe, tautológico, vez que equivalente a dizer que basta haver (nexo de) imputação para que haja imputação. Considerando que a culpa há muito não é exigida como requisito de diversas hipóteses de responsabilidade civil e que até mesmo o dano, como se viu, já se propõe superado ou, ao menos, ressignificado pelos adeptos da responsabilidade

---

[220] Nesta acepção *sui generis* de imputação, dita objetiva, a investigação da causalidade é substituída por um juízo de equidade: "Situação que também emerge como exemplar é a imputação sem nexo de causalidade na responsabilidade por danos. Não raro se vê a reafirmação tradicional do nexo para imputar responsabilidade, o que, de todo correta, pode não ser, em determinados casos, o mais justo concretamente para a vítima. Quando assim, a direção pode indicar a renovação do conteúdo da causa, e especialmente do nexo causal. A imputabilidade tem no centro a preocupação com a vítima; a imputação é operação jurídica aplicada à reconstrução do nexo. [...] É de alteridade e de justiça social que se deve inebriar o nexo de causalidade, atento à formação das circunstâncias danosas" (FACHIN, Luiz Edson. *Direito civil*, cit., pp. 113-114).

[221] Por entender que o sistema tradicional da responsabilidade civil não responde satisfatoriamente à tutela da vítima, parte da doutrina indaga se não seria possível "imputar a alguém a responsabilidade por danos na ambiência civil e consumerista, sem que estivesse presente o nexo causal, previsível ou altamente provável, entre o fato danoso e o dano", e responde afirmativamente, sustentando "a ideia da formação da circunstância danosa como um critério com melhor aptidão para imputar a responsabilidade ao causador direto do dano ou outro responsável, independentemente de haver nexo de causalidade ou presunção de causalidade de determinado fato, nos moldes construídos até o momento" (FROTA, Pablo Malheiros da Cunha. *Responsabilidade por danos*, cit., p. 289). Assim, por exemplo, na doutrina portuguesa: "O que dissemos sobre o nexo de causalidade, ao transformá-lo, justificadamente, em nexo de imputação ou nexo de ilicitude, leva ínsita a resposta à questão sobre quem recai o ônus de provar a causalidade. [...] o antes condicional a que acresce o depois causalista são substituídos por uma também dialética conformação do nexo de imputação à luz das exigências de sentido comunicadas pela concretude dos acontecimentos, aos quais, por sua vez, só poderemos aceder na inteleção da intencionalidade do sistema já constituído e a constituir" (BARBOSA, Ana Mafalda Castanheira Neves de Miranda. *Responsabilidade civil extracontratual*: novas perspectivas em matéria de nexo de causalidade. Cascais: Principia, 2014, pp. 195-196).

civil preventiva, o advento desse sentido *sui generis* de "nexo de imputação" representa uma espécie de golpe de misericórdia sobre o nexo de causalidade como filtro da reparação. Ainda de acordo com essa concepção, estaria nas mãos do intérprete realizar um juízo valorativo (que, na verdade, apenas cabe ao legislador), a saber: se a causalidade deve ou não ser exigida como critério de contenção do surgimento do dever de indenizar em determinada hipótese.[222] Essa noção *sui generis* de imputação não parece ter encontrado eco na jurisprudência, que, nas poucas ocasiões em que alude ao termo "nexo de imputação", tem-no feito em caráter de sinonímia – e não de alternativa ou exclusão – ao nexo de causalidade.[223]

Parece estar na raiz dessa concepção uma incompreensão quanto à atuação do princípio da solidariedade social sobre a autonomia privada. Como se sabe, no direito privado, o princípio da legalidade determina que ninguém será obrigado a fazer ou deixar de fazer alguma coisa senão por força de lei (art. 5º, II, da Constituição Federal). Essa liberdade ampla que se atribui aos privados para autodeterminarem suas relações corresponde ao conteúdo da autonomia privada, uma noção que se costuma definir justamente pelos limites a ela impostos pelo ordenamento.[224] Com a progressiva funcionalização do direito privado aos valores do sistema, essa concepção foi drasticamente alterada, passando-se a reputar a axiologia constitucional como um limite interno, integrado ao próprio conteúdo da autonomia privada, e não apenas um limite externo a uma suposta liberdade natural do indivíduo. Cada vez mais se compreendeu que,

---

[222] Embora os defensores das diversas teorias que buscam dispensar ou presumir o elemento causal sustentem a desnecessidade de previsão legislativa para tal intuito (ilustrativamente, cf. FROTA, Pablo Malheiros da Cunha. *Responsabilidade por danos*, cit., p. 229), tais propostas despertam a justificada crítica de outro setor da doutrina. Particularmente sobre propostas de presunção de causalidade, afirma-se ser "necessário identificar para ela [para a presunção de causalidade] um fundamento jurídico apropriado, que não seja tão genérico e omnicompreensivo como a dignidade humana ou o solidarismo jurídico. É ainda mais do que conveniente recorrer ao legislador democrático, se for a intenção de se criar uma nova e mais radical forma de responsabilidade de determinados agentes econômicos" (RODRIGUES JUNIOR, Otavio Luiz. Nexo causal probabilístico: elementos para a crítica de um conceito, cit., p. 124).

[223] Nesse sentido, cf., ilustrativamente, STJ, REsp. 1.451.312, 3ª T., Rel. Min. Nancy Andrighi, julg. 5.12.2017; STJ, REsp. 1.426.598, 3ª T., Rel. Min. Nancy Andrighi, julg. 19.10.2017; TJRJ, Ap. Civ. 0076813-90.2005.8.19.0001, 13ª C.C., Rel. Des. Antonio José Azevedo Pinto, julg. 30.4.2009. Em doutrina, já se observou que a proposta da superação do nexo causal "é chocante e tende a custar para ser bem assimilada pela comunidade jurídica em geral e, pelos aplicadores do direito em particular" (RAMOS, André Arnt. A responsabilidade civil para além dos esquemas tradicionais: prospecções do dano reparável na contemporaneidade, cit., p. 16).

[224] Permita-se a remissão a SOUZA, Eduardo Nunes de. Merecimento de tutela, cit., p. 89.

em perspectiva civil-constitucional, a liberdade individual é uma liberdade juridicamente reconhecida e, portanto, que o exercício dessa liberdade deve se mostrar merecedor de tutela à luz dos valores do ordenamento.[225]

Se essa mudança paradigmática, por um lado, implicou a criação de novos deveres aos particulares a partir da incidência de princípios (tais como o dever de observar a boa-fé objetiva ao se exercer a liberdade negocial, ou o dever de atender à função social no exercício do direito de propriedade), em nenhum momento, de outra parte, alterou a essência do direito civil, que é a da autonomia privada. Em outros termos, a regra geral no direito privado é a autonomia, ainda que uma autonomia perenemente sujeita ao teste valorativo do ordenamento. Portanto, para que se crie para certo particular qualquer dever jurídico, em sentido amplo, ou, especificamente, qualquer obrigação, é preciso encontrar fundamento para tanto na vontade convencional validamente declarada ou na própria norma jurídica (entendida, em sentido amplo, como a legalidade constitucional). Sem fundamento voluntário ou normativo, não se admite a imposição de uma obrigação ao particular pela simples vontade do intérprete.

É nesse contexto que sobressai a atual relevância do estudo das fontes das obrigações, tema dos mais tradicionais no direito civil e que assume uma renovada importância no momento contemporâneo.[226] Dentre as muitas divisões propostas em doutrina para as fontes obrigacionais, a mais apropriada parece ser aquela que classifica essas fontes a partir do perfil funcional da obrigação delas oriunda, a resultar em três grandes categorias: a vontade negocial (função negocial), a responsabilidade civil (função reparatória) e a vedação ao enriquecimento sem causa (função restitutória).[227] Fonte última de todas

---

[225] Segundo Pietro PERLINGIERI, a autonomia apenas merece tutela se exercida de forma a promover os princípios do ordenamento: "É a partir de tais princípios que se extrai a valoração de merecimento de tutela para a autonomia negocial: a autonomia, portanto, não é um valor em si" (*O direito civil na legalidade constitucional*, cit., p. 342). Em sentido parcialmente diverso, mas não incompatível com tal entendimento, o presente estudo parte do pressuposto de que o ato de autonomia privada, desde que não viole a axiologia do ordenamento jurídico (portanto, desde que lícito e não abusivo) será, em princípio, tutelado, ainda que não promova especificamente nenhum interesse supraindividual, de modo que a autonomia pode, sim, ser considerada um valor juridicamente relevante em si mesmo.

[226] Uma proposta inovadora de abordagem das fontes das obrigações, que desloca o enfoque para o regime jurídico aplicável a elas, em perspectiva funcional, é apresentada por SILVA, Rodrigo da Guia. *Enriquecimento sem causa*, cit., pp. 84 e ss.

[227] Assim conclui Fernando NORONHA: "Falar na diversidade de funções que desempenham as obrigações que acabamos de caracterizar como autônomas, é o mesmo que nos reportarmos à diversidade de interesses que são prosseguidos em cada uma delas. Assim, a tripartição entre

as obrigações, a lei (entendida, mais uma vez, em sentido amplo) funciona também como fonte residual, eventualmente prevendo obrigações específicas com perfis funcionais autônomos.[228] As três categorias antes mencionadas, porém, respondem pela grande maioria das obrigações civis, sendo o dever de indenizar aquela que de fato importa ao presente estudo.

Prevê o legislador ordinário um sistema completo para o surgimento de obrigações com perfil indenizatório – sistema dotado de duas cláusulas gerais (de responsabilidade civil pela culpa e pelo risco), acompanhadas de diversas previsões específicas de responsabilidade objetiva com características próprias. Ordinariamente, a imputação do dever de indenizar se faz a partir dos requisitos gerais da responsabilidade civil, inclusive o nexo causal – em outros termos, na generalidade dos casos, os mesmos requisitos exigidos para que haja dever de indenizar são utilizados pelo legislador para indicar quem deverá arcar com esse dever. Não parece adequado, porém, considerar, como fazem alguns autores, que a imputação seria uma "segunda função" do nexo causal, ou um "segundo momento" da aferição da causalidade. Com efeito, como sustentado acima, não é incomum, por política legislativa, a imputação do dever de indenizar a agentes que não tenham participado propriamente da cadeia causal – o que leva a crer que a causalidade figura mais como requisito geral para a configuração do dever de indenizar do que para a sua imputação[229] (conclusão corroborada pela usual previsão de direito de regresso na responsabilidade indireta).

A análise da imputação como um problema diverso do surgimento do dever de indenizar e como uma questão exclusiva de política legislativa, embora possa suscitar alguma perplexidade (e não sem razão, já que, na prática, os dois problemas se confundem em um momento único,[230] por ocasião da análise da *fattispecie* danosa pelo intérprete), parece oportuna para que se desfaçam algumas concepções. Com efeito, esse enfoque permite destacar que, ainda

---

obrigações negociais, de responsabilidade civil e de enriquecimento sem causa constitui a divisão fundamental das obrigações, do ponto de vista dos interesses tutelados" (*Direito das obrigações*, cit., p. 439). Essas três categorias são desenvolvidas por SILVA, Rodrigo da Guia. *Enriquecimento sem causa*, cit., item 1.2.2.

[228] Atribui-se a POTHIER a inserção da lei como fonte das obrigações, ao lado das quatro fontes classicamente colhidas das fontes romanas (*Traité des obligations*, t. 1er, cit., pp. 126 e ss.).

[229] Na doutrina italiana, por exemplo, afirma-se que "as regras da causalidade não se sobrepõem aos critérios de imputação" (FRANZONI, Massimo. *L'illecito*, cit., p. 70. Tradução livre).

[230] Sobre a noção da interpretação e aplicação do Direito como um "momento único", propugnada por Pietro Perlingieri, permita-se a remissão às considerações feitas em SOUZA, Eduardo Nunes de. *Merecimento de tutela*, cit., pp. 79 e ss.

que se compreenda que certo dano *deveria* ser indenizado, à luz do princípio da reparação integral, problema totalmente diverso é o de se determinar quem *poderá* ser responsabilizado.[231] Nessa perspectiva, mostra-se conveniente que o intérprete considere que o dever de indenizar, como a generalidade das situações jurídicas subjetivas, independe do seu titular para sua configuração. A ulterior identificação desse titular consiste em uma questão à parte, que o legislador resolve, em regra, por economia de linguagem, remetendo ao mesmo requisito de causalidade por meio de cláusulas gerais e, apenas excepcionalmente, por meio de previsões específicas expressas.

Esse amplo sistema legislado de imputação, como se teve oportunidade de afirmar anteriormente, tem-se revelado até hoje plenamente compatível com a axiologia constitucional, não havendo que se falar, ao que tudo indica, em sua inconstitucionalidade ou na necessidade de sua interpretação conforme à Constituição.[232] Nesse contexto, não parece haver fundamento valorativo no ordenamento para justificar que o intérprete amplie as hipóteses expressamente legisladas que mitigam a exigência de causalidade, muito menos para que suprima das cláusulas gerais de responsabilidade civil a exigência da causalidade como requisito. Tal procedimento mostra-se antissistemático e, estando desamparado por um fundamento valorativo específico do próprio ordenamento, não se faz possível inseri-lo na unidade lógica e axiológica da ordem jurídica.

Não é demais destacar que a imputação de responsabilidade sem causalidade direta pelo legislador não apenas consiste em expediente extraordinário como nem mesmo pode ser considerada uma tendência atual no direito brasileiro. O exemplo mais eloquente parece residir na recente edição do Marco Civil da Internet e de seu muito criticado art. 19:[233] ao dispor sobre a

---

[231] Assim, por exemplo, ao explicar o procedimento de identificação do *an debeatur*, Giovanna VISINTINI destaca que essa operação "pressupõe obviamente que já se tenha resolvido a questão da imputação da obrigação de indenizar a um responsável e a valoração em termos de injustiça da lesão sofrida pela vítima, e está sujeita a diretivas legislativas e jurisprudenciais voltadas a circunscrever a área dos prejuízos ressarcíveis" (*Trattato breve della responsabilità civile*, cit., p. 629. Tradução livre). Como se percebe, segundo concepção predominante na doutrina italiana, embora se trate de uma operação unitária, a imputação da responsabilidade não deixa de consistir em uma questão diversa da valoração da lesão sofrida pela vítima.

[232] Como se comentou na Introdução deste estudo, aliás, a preocupação central da doutrina civilista contemporânea tem sido a de evitar a excessiva expansão do dano ressarcível no Brasil.

[233] Dispõe a Lei n. 12.965/2014: "Art. 19. Com o intuito de assegurar a liberdade de expressão e impedir a censura, o provedor de aplicações de internet somente poderá ser responsabilizado civilmente por danos decorrentes de conteúdo gerado por terceiros se, após ordem judicial específica,

responsabilidade dos provedores de aplicações sobre conteúdos criados por terceiros (hipótese que, pela sua própria enunciação, parecia ser, com excelência, um caso de responsabilidade objetiva e indireta), optou o legislador por instaurar um regime de responsabilidade subjetiva e direta para o provedor, que apenas responde pelos danos causados pelo conteúdo depois de descumprir ordem judicial de retirada de conteúdo e, assim, ingressar com ato próprio (o descumprimento da ordem) na cadeia de produção do dano.[234]

Nessas condições, a superação da escolha legislativa e a criação de uma hipótese de responsabilidade sem causalidade direta apenas pode ocorrer pela via hermenêutica caso se demonstre, fundamentadamente, por que a previsão normativa contraria a axiologia do sistema. No caso específico do art. 19 do Marco Civil, tem-se sustentado, com razão, a inconstitucionalidade do dispositivo, ao argumento de que viola os princípios da reparação integral, do acesso à justiça e da vedação ao retrocesso.[235] O último fundamento é particularmente eloquente: ao que parece, a tendência do legislador brasileiro, na direção diametralmente oposta à expansão do dever de indenizar e à superação da causalidade, tem sido a de *retroceder* à técnica mais tradicional e restritiva (ainda que consideradas as fortes pressões setoriais que influenciaram as escolhas do Marco Civil).

Como se advertiu anteriormente, é comum que se invoquem, de modo vazio, princípios como a dignidade humana ou a reparação integral como os supostos fundamentos valorativos que permitiram superar, interpretativamente, a exigência legal de causalidade. Nesse contexto, o chamado "nexo de imputação" parece traduzir, na concepção de seus defensores, um juízo equitativo fundado nesses valores. Cumpre esclarecer, porém, por que se reputa vazia a invocação dos referidos princípios. A imprecisão parece residir na crença de que a proteção da pessoa humana e a garantia da reparação

---

não tomar as providências para, no âmbito e nos limites técnicos do seu serviço e dentro do prazo assinalado, tornar indisponível o conteúdo apontado como infringente, ressalvadas as disposições legais em contrário. [...]".

[234] Para uma necessária crítica ao dispositivo, cf. SCHREIBER, Anderson. Marco Civil da Internet: avanço ou retrocesso? A responsabilidade civil por dano derivado do conteúdo geral por terceiro. In: LUCCA, Newton De; SIMÃO FILHO, Adalberto; LIMA, Cíntia Rosa Pereira de. (Org.). *Direito e Internet III*, t. II: Marco Civil da Internet. São Paulo: Quartier Latin, 2015.

[235] "Em suma, para os usuários da internet e pessoas humanas que possam ser afetadas por conteúdo lesivo dos seus direitos fundamentais, o art. 19 não traz qualquer benefício. Muito ao contrário, representa um flagrante retrocesso se comparado aos caminhos que vinham sendo trilhados pela jurisprudência brasileira na matéria" (SCHREIBER, Anderson. Marco Civil da Internet, cit., p. 292).

integral significariam que qualquer dano sofrido por qualquer pessoa pudesse ser imputado a qualquer outro indivíduo com capacidade de arcar com a indenização. Desconsidera-se, assim, que a identificação da injustiça do dano (e, portanto, de sua indenizabilidade) decorre de um juízo complexo de merecimento de tutela,[236] que leva em conta também os interesses, juridicamente relevantes, do agente a quem se pretende, em um outro nível de análise, imputar o dever de indenizar.

Reitere-se, por oportuno: para além da abertura hermenêutica decorrente da própria análise funcional do direito e do imperativo de implementação dos valores constitucionais nas relações privadas, o campo da responsabilidade civil foi deliberadamente aberto à atividade hermenêutica em muitos aspectos pelo legislador, a começar pelo recurso a conceitos indeterminados como o risco e o próprio dano. A superação do requisito da causalidade e a imputação do dever de indenizar, no entanto, consistem em matérias de política legislativa, que nem foram delegadas ao intérprete pela técnica normativa, nem encontram fundamento valorativo suficiente para que se possa ultrapassar a sistemática legal.[237] Ao contrário, o sistema legislado implementa corretamente o projeto constitucional, aliando amplas possibilidades de reparação com filtros razoáveis voltados a permitir o desenvolvimento da atividade econômica e da livre-iniciativa. O "nexo de imputação", portanto, se compreendido como um juízo equitativo de superação do nexo de causalidade por obra hermenêutica, não merece prevalecer.

A rigor, a noção de "nexo de imputação", no sentido particular ora criticado, insere-se na esteira de uma tendência doutrinária, já não tão recente, de tentativa de superação do nexo causal. Nesse sentido, cogita-se, muitas vezes, de hipóteses de *presunção de causalidade*, demasiado variadas para serem

---

[236] Como ressaltado anteriormente, na doutrina italiana é amplamente difundido o entendimento do dano injusto como uma cláusula geral que se abre para a realização de um juízo valorativo por parte do intérprete no caso concreto. Cf., a respeito, dentre outros, ALPA, Guido. *Manuale di diritto privato*, cit., pp. 655 e ss.; FRANZONI, Massimo. *L'illecito*, cit., pp. 878 e ss. No direito brasileiro, permita-se a remissão a SOUZA, Eduardo Nunes de. Merecimento de tutela, cit., pp. 100-101.

[237] Relembre-se, aqui, a lição de Stefano RODOTÀ sobre as cláusulas gerais no ordenamento e, particularmente, sobre a boa-fé objetiva, de todo aplicável às cláusulas gerais de responsabilidade civil. Segundo o autor, ao mesmo tempo que representa uma abertura de conteúdo da norma, a cláusula geral delimita o espaço de atuação do intérprete e "confirma, assim, o caráter residual da equidade no nosso ordenamento", de modo a excluir "intervenções puramente discricionárias do juiz" e contestando-se "o uso que historicamente se tem feito da equidade em nosso sistema, considerando-a como puro trâmite dos valores do mercado" (RODOTÀ, Stefano. Il tempo delle clausole generali. *Rivista Critica di Diritto Privato*. Napoli: Jovene, 1987, p. 733. Tradução livre).

tratadas em uma análise unitária. A noção de presunção de causalidade, como visto, já foi utilizada, no passado, para explicar situações hoje consideradas pacificadas, como a responsabilidade pelo fato da coisa. De todo modo, em linhas gerais, constata-se que não parece ter sido identificado, até o presente momento, um fundamento valorativo que justifique o enfraquecimento do requisito da causalidade na responsabilidade civil, diversamente do que ocorreu com os processos, anteriormente descritos, de ressignificação do conceito de dano e de presunção e posterior superação da culpa como requisito em certas hipóteses de reparação.

6. Síntese conclusiva

O fenômeno da responsabilidade civil, como todas as demais figuras jurídicas, reflete uma série de escolhas políticas do sistema normativo. Os elementos configuradores do dever de indenizar, nesse sentido, têm servido historicamente a balizar, de modo mais ou menos permissivo em cada época e em cada sistema, o surgimento desse dever. Não existe, assim, uma inerência ontológica que impeça ao legislador autorizar a configuração desse dever mesmo na ausência de tais elementos – desde que o faça, evidentemente, de modo sistematicamente adequado e coerente com a axiologia do ordenamento. Quando, por outro lado, não houver autorização específica em lei para que tais elementos sejam dispensados, incumbe ao intérprete aplicar as cláusulas gerais autorizadoras da reparação civil, que exigem, de modo inequívoco, dentre outros requisitos, o da causalidade.

Nesse sentido, uma defesa da causalidade como requisito do dever de indenizar corresponde, na verdade, a uma defesa do sistema normativo – ressalte-se, na medida em que não se tenha localizado fundamento valorativo plausível a indicar eventual contrariedade desse sistema aos valores constitucionais. Enquanto assim for, cabe ao julgador respeitar os requisitos normativamente previstos, inclusive o da causalidade, evitando sua confusão conceitual (particularmente com a culpa) e refutando sua substituição por outros elementos (como o chamado nexo de imputação). Como se buscou demonstrar, a fuga dogmática dessas diretrizes tem-se prestado, em larga medida, apenas a viabilizar juízos de suposta equidade por parte do julgador – que, munido de presunções ou propondo o simples abandono dos critérios legais em troca de outros requisitos ou mesmo de nenhum outro critério, acaba encontrando na invocação vazia de princípios um indesejável caminho para poder decidir a partir de suas próprias convicções e de modo dissociado aos valores e à lógica do sistema.

7. Referências

ALPA, Guido. *I principi generali*. In IUDICA, Giovanni; ZATTI, Paolo (a cura di). *Trattato di diritto privato*. Milano: Giuffrè, 2006.

____. *Manuale di diritto privato*. Padova: CEDAM, 2017.

ALPA, Guido; BESSONE, Mario. *La responsabilità civile*. Atual. Pietro Maria Putti (a cura di). Milano: Giuffrè, 2001.

ALVIM, Agostinho. *Da inexecução das obrigações e suas consequências*. São Paulo: Saraiva, 1949.

BARBOSA, Ana Mafalda Castanheira Neves de Miranda. *Responsabilidade civil extracontratual*: novas perspectivas em matéria de nexo de causalidade. Cascais: Principia, 2014.

BARBOZA, Heloisa Helena; BODIN DE MORAES, Maria Celina; TEPEDINO, Gustavo et alii. *Código Civil interpretado conforme a Constituição da República*, vol. II. Rio de Janeiro: Renovar, 2006.

BARCELLOS, Ana Paula de. *Ponderação, racionalidade e atividade jurisdicional*. Rio de Janeiro: Renovar, 2005.

BECK, Ulrich. *La sociedad del riesgo global*. Madrid: Siglo XXI, 1999.

BEVILÁQUA, Clóvis. *Código Civil dos Estados Unidos do Brasil*, vol. I. Rio de Janeiro: Livraria Francisco Alves, 1931.

BITTENCOURT, Cezar Roberto. *Tratado de direito penal*: Parte Geral. São Paulo: Saraiva, 2012.

BOBBIO, Norberto. *O positivismo jurídico*: lições de filosofia do direito. São Paulo: Ícone, 2006.

BODIN DE MORAES, Maria Celina. A constitucionalização do direito civil e seus efeitos sobre a responsabilidade civil. *Direito, Estado e Sociedade*, vol. 9, n. 29. Rio de Janeiro: PUC-Rio, jul.-dez./2006.

____. *Danos à pessoa humana*: uma leitura civil-constitucional dos danos morais. Rio de Janeiro: Renovar, 2003.

____. Do juiz boca-da-lei à lei segundo a boca-do-juiz: notas sobre a interpretação-aplicação do direito no início do século XXI. *Revista de Direito Privado*, vol. 56. São Paulo: Revista dos Tribunais, out-dez/2013.

____. O princípio da dignidade da pessoa humana. *Na medida da pessoa humana*. Rio de Janeiro: Renovar, 2010.

____. Risco, solidariedade e responsabilidade objetiva. *Revista dos Tribunais*, vol. 854, dez./2006.

BURI, Maximilian von. *Über Kausalität und deren Verantwortung*. Leipzig: J.M. Gebhardt, 1873.

BUSNELLI, Francesco. *La lesione del credito da parte di terzi*. Milano: Giuffrè, 1964.

CARPES, Artur Thompsen. *A prova do nexo de causalidade na responsabilidade civil*. São Paulo: Revista dos Tribunais, 2016.

CAVALIERI FILHO, Sérgio. *Programa de responsabilidade civil*. Rio de Janeiro: Atlas, 2015.

CORDEIRO, António Menezes. *Tratado de direito civil português*, vol. II, t. III. Coimbra: Almedina, 2010.

CRUZ, Gisela Sampaio da. As excludentes de ilicitude no Novo Código Civil. In: TEPEDINO, Gustavo. *O Código Civil na perspectiva civil-constitucional*: Parte Geral. Rio de Janeiro: Renovar, 2013.

_____. *O problema do nexo causal na responsabilidade civil*. Rio de Janeiro: Renovar, 2005.

DAM, Cees van. *European Tort Law*. Oxford: Oxford University Press, 2013.

DANTAS, Francisco Clementino de San Tiago. *Programa de direito civil*, vol. I. Rio de Janeiro: Renovar, 2001.

DIAS, José de Aguiar. *Da responsabilidade civil*. Rio de Janeiro: Lumen Juris, 2011.

DIEZ-PICAZO, Luís. *Derecho de daños*. Madrid: Civitas, 1999.

FACHIN, Luiz Edson. *Direito civil*: sentidos, transformações e fim. Rio de Janeiro: Renovar, 2015.

FONSECA, Arnoldo Medeiros da. *Caso fortuito e teoria da imprevisão*. Rio de Janeiro: Forense, 1958.

FRANZONI, Massimo. *L'illecito*. Milano: Giuffrè, 2010.

FROTA, Pablo Malheiros da Cunha. *Responsabilidade por danos:* imputação e nexo de causalidade. Curitiba: Juruá, 2014.

GOMES, Orlando. *Introdução ao direito civil*. Rio de Janeiro: Forense, 2008.

_____. Tendências modernas na teoria da responsabilidade civil. In FRANCESCO, José Roberto Pacheco di (Org.). *Estudos em homenagem ao professor Silvio Rodrigues*. São Paulo: Saraiva, 1989.

GORLA, Gino. Sulla cosidetta causalità giuridica, fatto dannoso e conseguenze. *Rivista di Diritto Commerciale*, 1951.

HESPANHA, António Manuel. *Panorama histórico da cultura jurídica europeia*. Mem Martins: Publicações Europa-América, 1997.

JOSSERAND, Louis. *Cours de droit civil positif français*, t. II. Paris: Sirey, 1938.

_____. *De la responsabilité du fait des choses inanimées*. Paris: A. Rousseau, 1897.

LIMA, Alvino. *Culpa e risco*. São Paulo: Revista dos Tribunais, 1963.

LÔBO, Paulo. *Direito civil*, vol. II. São Paulo: Saraiva Educação, 2018.

_____. *Direito civil*: Parte Geral. São Paulo: Saraiva, 2009.

LOPES, Miguel Maria de Serpa. *Curso de direito civil*, vol. II. Rio de Janeiro: Freitas Bastos, 1966.

MALAURIE, Philippe; AYNÈS, Laurent. *Droit des obligations*. Paris: LGDJ, 2016.

MARTINS-COSTA, Judith. Os avatares do abuso do direito e o rumo indicado pela boa-fé. In: TEPEDINO, Gustavo (Org.). *Direito civil contemporâneo*: novos problemas à luz da legalidade constitucional. São Paulo: Atlas, 2008.

_____. Responsabilidade civil contratual. Lucros cessantes. Resolução. Interesse positivo e interesse negativo. Distinção entre lucros cessantes e lucros hipotéticos. Dever de mitigar o próprio dano. Dano moral e pessoa jurídica. In: LOTUFO, Renan et al. *Temas relevantes de direito civil contemporâneo*. São Paulo, Atlas, 2012.

MAZEAUD, Henri; MAZEAUD, Léon. *Traité théorique et pratique de la responsabilité civile*, t. I. Paris: Recueil Sirey, 1947.

MELLO, Celso Antônio Bandeira de. *Curso de direito administrativo.* São Paulo: Malheiros, 2009.
MELLO, Marcos Bernardes. *Teoria do fato jurídico:* plano da existência. São Paulo: Saraiva, 1999.
MIRANDA, Francisco Cavalcanti Pontes de. *Tratado de direito privado,* t. II. São Paulo: Revista dos Tribunais, 2012.
MONATERI, Pier Giuseppe. Le strutture della RC. Disponível em: <academia.edu>.
MONATERI, Pier Giuseppe; GIANTI, Davide. *Nesso causale [dir. civile].* Disponível em: <http://www.treccani.it/enciclopedia>.
NORONHA, Fernando. *Direito das obrigações.* São Paulo: Saraiva, 2010.
PEREIRA, Caio Mário da Silva. *Instituições de direito civil,* vol. I. Rio de Janeiro: GEN, 2018.
____. *Instituições de direito civil,* vol. II. Rio de Janeiro: Forense, 2012.
____. *Responsabilidade civil.* Atual. Gustavo Tepedino. Rio de Janeiro: GEN, 2016.
PERLINGIERI, Pietro. Il principio di legalità nel diritto civile. *Rassegna di diritto civile,* a. 31, n. 1, 2010.
____. *Manuale di diritto civile.* Padova: CEDAM, 2014.
____. *O direito civil na legalidade constitucional.* Trad. Maria Cristina De Cicco. Rio de Janeiro: Renovar, 2008.
PINO, Giorgio. *Diritti fondamentali e ragionamento giuridico.* Torino: G. Giappichelli, 2008.
POLETTI, Dianora. Le regole di (de)limitazione del danno risarcibile. In: LIPARI, Nicolò; RESCIGNO, Pietro (diretto da). *Diritto civile,* vol. IV, t. III: *La responsabilità e il danno.* Milano: Giuffrè, 2009.
POTHIER, Robert Joseph. *Traité des obligations,* tome 1er. Paris: Debure, 1761.
RAMOS, André Arnt. A responsabilidade civil para além dos esquemas tradicionais: prospecções do dano reparável na contemporaneidade. *Revista Fórum de Direito Civil,* a. 4, n. 10. Belo Horizonte: Fórum, set.-dez./2015.
RAMOS, André Luiz Arnt; NATIVIDADE, João Pedro Kostin Felipe de. A mitigação de prejuízos no direito brasileiro: *quid est et quo vadat?.* Civilistica.com. Rio de Janeiro, a. 6, n. 1, 2017.
ROCHFELD, Judith. *Les grandes notions du droit privé.* Paris: PUF, 2011.
RODOTÀ, Stefano. *Il problema della responsabilità civile.* Milano: Giuffrè, 1967.
____. Il tempo delle clausole generali. *Rivista Critica di Diritto Privato.* Napoli: Jovene, 1987.
____. Modelli e funzioni della responsabilità civile. *Rivista Critica di Diritto Privato,* vol. 3. Napoli: Jovene, 1984.
RODRIGUES JÚNIOR, Otávio Luiz. Nexo causal probabilístico: elementos para a crítica de um conceito. *Revista de Direito Civil Contemporâneo,* vol. 8. São Paulo: Revista dos Tribunais, jul.-set./2016.
SACCO, Rodolfo. *Introdução ao direito comparado.* Trad. Véra Jacob de Fradera. São Paulo: Revista dos Tribunais, 2001.
SALEILLES, Raymond. *Les accidents du travail et la responsabilité civile.* Paris: A. Rousseau, 1897.
SANSEVERINO, Paulo de Tarso Vieira. *Princípio da reparação integral:* indenização no Código Civil. São Paulo: Saraiva, 2010.

SCHREIBER, Anderson. Flexibilização do nexo causal em relações de consumo. In: MARTINS, Guilherme Magalhães (Coord.). *Temas de direito do consumidor*. Rio de Janeiro: Lumen Juris, 2010.

____. Marco Civil da Internet: avanço ou retrocesso? A responsabilidade civil por dano derivado do conteúdo geral por terceiro. In: LUCCA, Newton De; SIMÃO FILHO, Adalberto; LIMA, Cíntia Rosa Pereira de. (Org.). *Direito e Internet III*, t. II: Marco Civil da Internet. São Paulo: Quartier Latin, 2015.

____. *Novos paradigmas da responsabilidade civil*. São Paulo: Atlas, 2009.

SILVA, Rodrigo da Guia. *Enriquecimento sem causa:* as obrigações restitutórias no direito civil. São Paulo: Thomson Reuters, 2018.

____. Um olhar civil-constitucional sobre a 'inconstitucionalidade no caso concreto'. *Revista de Direito Privado*, vol. 73, ano 18. São Paulo: Revista dos Tribunais, jan./2017.

SILVA, Wilson Melo da. *Responsabilidade sem culpa*. São Paulo: Saraiva, 1974.

SOUZA, Eduardo Nunes de. Abuso do direito: novas perspectivas entre a licitude e o merecimento de tutela. *Revista Trimestral de Direito Civil*, vol. 50. Rio de Janeiro: Padma, abr.-jun./2012.

____. Considerações sobre a aplicação da teoria da perda de uma chance na responsabilidade civil do médico. *Pensar*, vol. 20, n. 3. Fortaleza: set.-dez./2015.

____. *Do erro à culpa na responsabilidade civil do médico:* estudo de direito civil-constitucional. Rio de Janeiro: Renovar, 2015.

____. Merecimento de tutela: a nova fronteira do direito privado no direito civil. *Revista de Direito Privado*, vol. 58. São Paulo: Revista dos Tribunais, abr.-jun./2014.

____. *Teoria geral das invalidades do negócio jurídico:* nulidade e anulabilidade no direito civil contemporâneo. São Paulo: Almedina, 2017.

TEPEDINO, Gustavo. A aplicabilidade do Código Civil nas relações de consumo: diálogos entre o Código Civil e o Código de Defesa do Consumidor. In: LOTUFO, Renan; MARTINS, Fernando Rodrigues (Coord.). *20 anos do Código de Defesa do Consumidor:* conquistas, desafios e perspectivas. São Paulo: Saraiva, 2011.

____. A evolução da responsabilidade civil no direito brasileiro e suas controvérsias na atividade estatal. *Temas de direito civil*. Rio de Janeiro: Renovar, 2008.

____. Crise de fontes normativas e técnica legislativa na Parte Geral do Código Civil de 2002. *O Código Civil na perspectiva civil-constitucional:* Parte Geral. Rio de Janeiro: Renovar, 2013.

____. Evolução da autonomia privada e o papel da vontade na atividade contratual. In: FRANÇA, Erasmo; ADAMEK, Marcus Vieira von (Coord.). *Temas de direito empresarial*. São Paulo: Malheiros, 2014.

TORRENTE, Andrea; SCHLESINGER, Piero. *Manuale di diritto privato*. Milano: Giuffrè, 2017.

TRIMARCHI, Pietro. *Istituzioni di diritto privato*. Milano: Giuffrè, 2016.

____. *La responsabilità civile:* atti illeciti, rischio, danno. Milano: Giuffrè, 2017.

VINEY, Geneviève; JOURDAIN, Patrice; CARVAL, Suzanne. *Les conditions de la responsabilité*. In: GHESTIN, Jacques. Traité de droit civil. Paris: LGDJ, 2013.

VISINTINI, Giovanna. *Trattato breve della responsabilità civile*. Padova: CEDAM, 2005.

2. A Questão do Nexo Causal Probabilístico no Direito Brasileiro

Marcos de Souza Paula
Mestrando em Direito Civil pela UERJ. Advogado.

1. Introdução

Dos elementos da responsabilidade civil, o nexo causal é o que oferece maior dificuldade. Primeiro, por ser um elemento que transita entre o jurídico e o não jurídico, recaindo em aspectos da lógica e da filosofia. Segundo, porque as discussões em torno do nexo se limitaram, durante muito tempo, ao estudo das teorias da causalidade e estas, mais cedo ou mais tarde, revelaram alguma insuficiência.

Tais limitações teóricas não impediram que a jurisprudência construísse soluções casuísticas que só mais tarde receberiam expressão dogmática, como o fortuito interno e as presunções de causalidade. Estas últimas advêm da dificuldade de demonstração do nexo, que é, em muitos casos, tão grande quanto a da culpa. Ao lado desta dificuldade estão os chamados novos danos, cada vez mais difusos e de autoria incerta, exigindo um instrumento hábil a tutelar o direito das vítimas.

Como tentativa de dar substrato teórico ao processo de relativização do nexo, surgem em doutrina as teorias probabilísticas, que permitiriam aferir a causalidade por meio de dados estatísticos. Na leitura de alguns, a utilização destas teorias seria o próximo passo na concretização do princípio da reparação integral, fundando-se a responsabilidade não mais na certeza, mas na *regularidade* do nexo.[1] Para outros, o nexo causal probabilístico é apenas

---
[1] MULHOLLAND, Caitlin Sampaio. *A responsabilidade civil por presunção de causalidade*. Rio de Janeiro: GZ, 2010, p. 300.

uma deturpação do fenômeno da presunção de causalidade, que continua desprovido de critérios apropriados de controle.[2]

O presente artigo tem por objetivo avaliar a doutrina do nexo causal probabilístico, ainda incipiente no Brasil, confrontando-a com a experiência dos tribunais. Abordar-se-ão, também, algumas experiências do direito estrangeiro que fomentaram a discussão do nexo probabilístico no direito pátrio.

2. A dificuldade epistemológica em torno da causalidade

Como elemento naturalístico da responsabilidade, o nexo exige compreensões que desbordam o saber jurídico. Porém, ao buscar em outras ciências as respostas para a causalidade, o jurista se depara com um quadro desolador, eis que, nas mais diversas áreas do conhecimento, o nexo causal apresenta obstáculos intransponíveis. Com isso, afirma-se que o nexo é um problema de nível epistemológico.

Já a filosofia clássica investigava a causalidade por meio das causas aristotélicas, cada uma com um significado diverso, sendo o de *causa eficiente* o mais familiar para a investigação jurídica. Por meio da causa eficiente procurava-se determinar o fato de transformação dos objetos, aquilo que provocava variações nos corpos.[3] Séculos depois, a tradição racionalista se apropriou dessa noção para determinar as bases do método científico. Pensadores como Descartes utilizaram a causa eficiente para estabelecer relações de causa e efeito aprioristicas, isto é, sem a necessidade da experimentação.[4]

---

[2] RODRIGUES JÚNIOR, Otávio Luiz. Nexo causal probabilístico: elementos para a crítica de um conceito. *Revista de Direito Civil Contemporâneo*, vol. 8. São Paulo: Revista dos Tribunais, jul.-set./2016, pp. 115-137.

[3] "Ora, as causas são entendidas em quatro diferentes sentidos. (1) Num primeiro sentido, dizemos que causa é a substância e a essência. De fato, o porquê das coisas se reduz, em última análise, à forma e o primeiro porquê é, justamente, uma causa e um princípio; (2) num segundo sentido, dizemos que causa é a matéria e o substrato; (3) num terceiro sentido, dizemos que causa é o princípio do movimento; (4) num quarto sentido, dizemos que causa é o oposto do último sentido, ou seja, é o fim e o bem: de fato, este é o fim da geração e de todo movimento" (ARISTÓTELES. *Metafísica*: Ensaio introdutório, texto grego com tradução e comentário de Giovanni Reale, vol. II. Trad. Marcelo Perine. São Paulo: Loyola, 2002, p. 15). Conferir também CAPELOTTI, João Paulo. *O nexo de causal na responsabilidade civil*: entre a certeza e a probabilidade. Dissertação de Mestrado. Universidade Federal do Paraná, Curitiba, 2012, p. 19.

[4] "Agora, é coisa manifesta pela luz natural que deve haver ao menos tanta realidade na causa eficiente e total quanto no seu efeito: pois de onde é que o efeito pode tirar sua realidade senão de sua causa? E como poderia esta causa lha comunicar se não a tivesse em si mesma?" (DESCARTES,

Esse paradigma de causalidade rompeu-se com a filosofia de David Hume, no século XVIII. Até então, o racionalismo apregoava a *razão* como limite do conhecimento, bastando ao sujeito valer-se do método correto para alcançar a verdade.[5] Já para Hume, o limite do conhecimento era a *experiência*. O acúmulo de experiências e memórias permitia indicar uma relação de causa e efeito como provável ou esperada,[6] mas só a verificação empírica poderia confirmar ou refutar uma suspeita anterior. Com isso, a noção de causalidade saiu da zona da certeza para entrar no campo da probabilidade.[7]

René. Meditações. In: *Discurso do método; Meditações; Objeções e respostas; As paixões da alma; Cartas.* 2. ed. Trad. J. Guinsburg e Bento Prado Júnior. São Paulo: Abril Cultural, 1979 (Os pensadores), pp. 103-104). Conferir também, do mesmo autor, DESCARTES, René. *Princípios da filosofia.* 2. ed. Trad. Ana Cotrim e Heloisa da Graça Burati. São Paulo: Rideel, 2007, p. 76-77. Sobre o tema, v., ainda, ESPINOSA, Baruch de. Ética. Trad. Joaquim de Carvalho. 4. ed. São Paulo: Nova Cultural, 1989 (Os pensadores), pp.17-18.

[5] Segundo José Ferrater MORA, "[a] tendência mais destacada entre os racionalistas foi a equiparação de 'causa' com 'razão' segundo a fórmula *causa sive ratio*, 'causa ou razão'. Isto fazia com que a relação *causa-efeito* fosse muito parecida, se não idêntica, á relação *princípio-consequência*: se A é causa de B, A é princípio de B, e vice-versa" (*Dicionário de Filosofia*, tomo I (A-D). Trad. Maria Stela Gonçalves *et alii*. São Paulo: Loyola, 2000, p. 426).

[6] "Apresente-se um objeto a um homem dotado das mais poderosas capacidades naturais de raciocínio e percepção – se esse objeto for algo de inteiramente novo para ele, mesmo o exame mais minucioso de suas qualidades sensíveis não lhe permitirá descobrir quaisquer de suas causas ou efeitos. Adão, ainda que supuséssemos que suas faculdades racionais fossem inteiramente perfeitas desde o início, não poderia ter inferido da fluidez e transparência da água que ela o sufocaria, nem da luminosidade e calor do fogo que este poderia consumi-lo. Nenhum objeto jamais revela, pelas qualidades que aparecem aos sentidos, nem as causas que o produziram, nem os efeitos que dele provirão; e também nossa razão é capaz de extrair, sem auxílio da experiência, qualquer conclusão referente à existência efetiva de coisas ou questões de fato" (HUME, David. *Investigação sobre o entendimento humano e sobre os princípios da moral.* Trad. José Oscar de Almeida Marques. São Paulo: Editora UNESP, 2004, pp. 55-56).

[7] "Procuramos em vão pela ideia de poder ou de conexão necessária em todas as fontes das quais podíamos supô-la derivar-se. Parece que, em casos isolados de operação de corpos, jamais podemos descobrir, mesmo pelo exame mais minucioso, algo além de um simples acontecimento seguindo-se a outro, e não somos capazes de apreender qualquer força ou poder pelo qual a causa operasse, ou qualquer conexão entre ela e seu suposto efeito. [...] Todos os acontecimentos parecem inteiramente soltos e separados. Um acontecimento segue outro, mas jamais nos é dado observar qualquer liame entre eles. Eles parecem *conjugados*, mas nunca *conectados*" (HUME, David. *Investigação sobre o entendimento humano e sobre os princípios da moral*, cit., pp. 111-112). Como observa José Ferrater Mora: "Hume considerou não haver razão nenhuma para supor que, dado o que se chama um 'efeito', deva haver uma causa invariavelmente unida a ele. Observamos sucessões de fenômenos: à noite sucede o dia, ao dia, a noite, etc.; sempre se solta um objeto, ele cai no chão etc. Diante da regularidade observada, concluímos que certos fenômenos são causas e outros, efeitos. Entretanto, podemos afirmar somente que um acontecimento sucede o outro – não podemos compreender que haja alguma força ou poder pelo qual opera a chamada 'causa', e não podemos compreender que haja

Dentre as inúmeras teorias de explicação causal nas ciências, ganhou notoriedade a teoria nomológico-dedutiva, desenvolvida por Carl Hempel e Paul Oppenheim. Segundo essa teoria, o processo causal constitui-se de duas premissas, chamadas de *explanans*, e uma conclusão, o *explanandum*. Como *explanans*, tem-se, de outro lado, a causa ou conjunto de causas, que servem como suporte fático da explicação; do outro, uma ou mais leis de cobertura, que são os elementos lógicos. Como *explanandum*, tem-se a conclusão como sentença descritiva do processo causal.[8] Nesse esquema, uma lei de cobertura é uma lei universal, isto é, não comporta exceções, a exemplo da lei da gravidade, ou de uma lei matemática.

Posteriormente, Hempel desenvolveu a teoria estatístico-indutiva, na qual reconhecia que nem todos os fenômenos se explicavam dedutivamente. Para a compreensão desses fenômenos, poderia se utilizar a explicação probabilística, muito semelhante à explicação dedutiva, com a ressalva de funcionar a partir de uma lei estatística e não de uma lei de cobertura.[9] Assim, na ausência de leis universais, poder-se-ia recorrer a leis estatísticas, contanto que conferissem alta probabilidade à ocorrência do dado fenômeno.[10]

---

alguma conexão necessária entre semelhante 'causa' e seu suposto 'efeito'." (MORA, José Ferrater. *Dicionário de Filosofia*, cit., p. 427). No mesmo sentido, Luigi Ferrajoli: "Leis empíricas, com efeito, não são verdadeiras logicamente, mas apenas provavelmente, conforme a experiência passada, a qual não assegura, de modo algum, que o nexo entre acontecimentos se repetirá no futuro com regularidade necessária" (FERRAJOLI, Luigi. *Direito e razão*: teoria do garantismo penal. Trad. Juarez Tavares *et alii*. 2. ed. São Paulo: Revista dos Tribunais, 2006, p. 136).

[8] *"By the explanandum, we understand the sentence describing the phenomenon to be explained (not that phenomenon itself); by the explanans, the class of those sentences which are adduced to account for the phenomenon. As was noted before, the explanans falls into two subclasses; one of those contains certain sentences $C_1, C_2,..., C_k$, which state specific antecedent conditions; the other is a set of sentences $L_1, L_2, ... L_r$ which represent general laws"* (HEMPEL, Carl; OPPENHEIM, Paul. Studies in the logic of explanation. *Philosophy of Science*, vol. 15. University of Chicago Press, 1948, pp. 136-137).

[9] *"Because of the statistical character of the laws it invokes, a probabilistic explanation shows only that, in view of the specified laws and particular circumstances, the phenomenon to be explained was to be expected with more or less high probability; whereas a deductive explanation shows that, given the truth of the explanatory information, the occurrence of the phenomenon in question follows with deductive certainty"* (HEMPEL, Carl. Scientific Explanation. In: MORGEMBESSER, Sydney (Org.) *Philosophy of Science Today*. New York: Basic Books, 1967, pp. 83-84). Na explicação de Hélvio Simões VIDAL, "são estatísticas as leis causais que afirmam que um evento é regularmente seguido por outro: quando se lançam repetidas vezes um dado simétrico a probabilidade que este mostre uma determinada face é de 1 a 6. Igualmente, submetem-se a controle crítico; são gerais, possuindo, também, um alto grau de credibilidade. Portanto, é causal a conduta, quando, sem ela, o resultado não se teria verificado, com grande probabilidade [...]" (Ainda e sempre o nexo causal. *Revista dos Tribunais*, vol. 860, jun./2007, p. 489).

[10] *"Nella prospettiva hempeliana, dunque, la spiegazione statistica non costituisce mai una spiegazione causale: tuttavia, poiché la spiegazione statistiche con probabilità vicina ad 1 rendono così probabile il verificarsi*

A discussão em torno da causalidade prossegue nos mais variados ramos da ciência e novas descobertas tendem a transformar a própria percepção dessa causalidade.[11] Nesse contexto, tanto a ciência como a filosofia abandonaram a ideia de certeza absoluta, adotando uma abordagem probabilística dos fenômeno e que seria mais coerente com o reconhecimento da limitação humana.[12]

3. Causalidade na responsabilidade civil

O nexo causal é um elemento abstrato, já que não há lentes causais para aferir processos de causa e efeito,[13] sejam complexos (desenvolvimento de uma enfermidade) ou simples (batida de carro). O nexo emana de leis científicas (ou mesmo estatísticas) resultantes da observação que se efetua em outros

---

dell'evento da costituire la certezza che quest'ultimo si è verificato, esse ci permettono di ragionare come se la probabilità fosse pari ad 1 e perciò di rendere plausibile l'equivalenza tra spiegazione causale e spiegazione statistica nei casi di probabilità vicina ad 1 considerati da Hempel. È proprio in ragione della plausibilità di questa equivalenza che nel 1975 avevo considerato causali anche le spiegazione con probabilità vicina ad 1" (STELLA, Federico. Causalità e probabilità: il giudice corpuscolariano. *Rivista Italiana di Diritto e Procedura Penale*, vol. 1, gen.-mar/2005, pp. 61-62).

[11] "[...] numa perspectiva das ciências naturais, o próprio conceito de causa de um determinado fenômeno, embora relativamente constante, é passível de mutação, conforme o surgimento de novos dados que componham a descrição do fenômeno" (CAPELOTTI, João Paulo. *O nexo de causal na responsabilidade civil*: entre a certeza e a probabilidade. Dissertação de Mestrado. Universidade Federal do Paraná, Curitiba, 2012, p. 31).

[12] "Percebe-se, enfim, que a limitação do conhecimento humano não permite uma certeza absoluta e projetada para o futuro com relação à causa – algo semelhante ao que propunha Hume no século XVIII. Por essa razão, pensadores contemporâneos afirma que a abordagem probabilística que dá a tônica da relação de causalidade nas ciências e na filosofia, no sentido de que 'a causa aumenta a probabilidade de seu efeito', ou, em outras palavras, que 'C aumenta chance de E, se, e apenas se, não ocorrendo C, a chance de E (logo após C ter efetivamente ocorrido) tenha sido menor do que realmente foi" (Idem, p. 32).

[13] A expressão é atribuída à professora e psicóloga Patricia CHENG, da UCLA, que formula a hipótese de um medicamento que provoca dor de cabeça como efeito colateral: *"If one could wear lenses that allow one to see the causes of an outcome, one would 'see', out of the patients in the experimental group (when medicine B is present), how many had headache caused by the medicine and arrive at the probability in question. Given the unavailability of causation lenses, some convoluted detective work is required: one first estimates the proportion of patients in the experimental group (the bottom panel) who would not have had a headache if they had not taken the medicine; then one observes the proportion out of this subgroup of patients who indeed have a headache, yielding the desired estimate. These patients' headaches must have come about as a result of medicine B and no other causes"* (Explaining four psychological asymmetries in causal reasoning: implications of causal assumption for coherence, p. 26. Disponível em: <www.semanticscholar.org>. Acesso em: 2.8.2016).

campos do conhecimento.[14] A causalidade jurídica, por sua vez, é o produto de uma dupla abstração, já que resulta da incidência do direito (de *per se* um fenômeno abstrato) sobre o nexo causal.

Uma questão que se coloca a partir daí é se existe diferença entre a causalidade empírica e a causalidade jurídica. Boa parte da doutrina defende a distinção, aduzindo que haveria situações absurdas caso se tomasse por jurídica toda causa empírica.[15] Problema este que remete à mais rudimentar das teorias da causalidade, a da equivalência das condições, que considera como causa todo evento sem o qual o dano não sobreviria. Nesse cenário, o evento que condicionasse o dano seria também sua causa, razão porque se poderia responsabilizar qualquer agente cuja conduta fosse condição para o resultado.[16]

A teoria possui o inconveniente de não oferecer limites à responsabilização, dependendo do elemento de imputação (sobretudo a culpa) para evitar uma regressão infinita na cadeia causal.[17] Por outro lado, nota-se que a teoria equipara causa material e causa jurídica, quando se sabe que a maior parte das causas de um evento são irrelevantes para o direito.[18]

---

[14] "O problema do nexo causal apresenta-se como um problema de conhecimento e descoberta científica, tratando-se de uma questão sempre em aberto, sujeita ao progresso da ciência. O juiz, assim, é um consumidor e não produtor de leis causais" (VIDAL, Hélvio Vidal. Ainda e sempre o nexo causal, cit., p. 489).

[15] MULHOLLAND, Caitlin Sampaio. *A responsabilidade civil por presunção de causalidade*, cit., pp. 97-105; CAVALIERI, Sérgio. *Programa de responsabilidade civil*. 11. ed. São Paulo: Atlas, 2014, pp. 62-63; SILVA, Jorge Cesa Ferreira da. *Inadimplemento das obrigações*. São Paulo: Revista dos Tribunais, 2007, p. 179. Contrariamente Karl LARENZ, para quem *"es equivocado el intento de crear un 'concepto jurídico' especial de la causa. La 'causalidad' es un categoría fundamental de nuestro pensamiento (junto a otras); y no puede ser empleada sin hacer distinciones en todos los ámbitos de la vida, pero allí donde la apliquemos su significación será siempre la misma"* (*Derecho de obligaciones*, tomo I. Madrid: Editorial Revista de Derecho Privado, 1959, p. 1999); FROTA, Pablo Malheiros da Cunha. *Imputação sem nexo causal e a responsabilidade por danos*. Tese de Doutorado. Universidade Federal do Paraná, Curitiba, 2013, p. 30.

[16] MAZEAUD, Henri; MAZEAUD, Léon; TUNC, André. *Traité théorique et pratique de la responsabilité civil délictuelle et contractuelle*, tomo II. 5. ed. Paris: Montchrestein, 1958, p. 422; CARBONNIER, Jean. *Droit civil*, vol. II. Paris : PUF, 2004, p. 2287.

[17] CARPES, Arthur Thompsen. *A prova do nexo de causalidade na responsabilidade civil*. São Paulo: Revista dos Tribunais, 2016, p. 40; SILVA, Jorge Cesa Ferreira da. *Inadimplemento das obrigações*, cit., p. 189.

[18] Como observa Massimo PUNZO, "[..] *al diritto, piuttosto che stabilire quando la condotta umana sia causa di un determinato avvenimento, interessa precisare quando che essa debba considerarsi causa di esso. Ciò perché all'accertamento della esistenza di un rapporto di causalità fra condotta ed evento è correlativa un'affermazione di responsabilità giuridica di guisa che, quando la condotta umana ha concorso alla produzione di un evento in maniera che su tale rapporto di causalità non possa assidersi una responsabilità giuridica, il rapporto stesso è irrilevante per il diritto*" (PUNZO, Massimo. *Il problema della causalità materiale*. Padova: CEDAM, 1951, p. 7).

Portanto, embora não dispense a observação da realidade fática, o nexo é objeto de valoração pelo ordenamento.[19] De um lado, nem toda causa natural é relevante para o direito; do outro, a própria causalidade é insuficiente para a determinação de quem deve indenizar, como demonstram as situações de responsabilidade por fato de outrem.[20]

Da mesma forma, o problema da omissão só se coloca quando se reconhece a causalidade como objeto de valoração pelo Direito. Sabe-se que, do nada, nada surge; a omissão não pode ser causa do dano, mas *equivale* à causa quando se estabelece, para um sujeito, um dever de agir.[21] Se, em termos empíricos, não se pode erigir o não fazer à condição de causa, em termos jurídicos, a omissão pode gerar o dever de indenizar.

Outra controvérsia acerca do nexo causal concerne à teoria em vigor no direito brasileiro. Como já dito, a dificuldade com o nexo causal se deve, em parte, ao tempo despendido em torno das suas teorias.[22] Por conta de seus fundamentos abstratos, as correntes parecem não ter contribuído muito para

---

[19] "Entra a multiplicidade de causas e condições que podem integrar o processo causal, que culmina com o surgimento de determinado evento danoso, deve-se estabelecer a relevância jurídica de cada uma delas, e os critérios dessa escolha são essencialmente normativos" (SANSEVERINO, Paulo de Tarso. *Princípio da reparação integral*: indenização no Código Civil. São Paulo: Saraiva, 2010, p. 153).

[20] Na lição de Caio Mário da Silva PEREIRA, "muitas vezes ocorre a existência de um dano, sem que o demandado seja diretamente apontado como o causador do prejuízo, embora a análise acurada da situação conduza a concluir que a vítima ficará injustiçada, se se ativer à comprovação do proclamado nexo causal entre o *dano* e a pessoa indigitada como *o causador do dano*. Para que justiça se faça, é necessário levar mais longe a indagação, a saber, se é possível desbordar da pessoa causadora do prejuízo e alcançar outra pessoa, à qual o agente esteja ligado por uma relação jurídica e, em consequência, possa ela ser convocada a responder" (*Responsabilidade civil*. 10. ed. Rio de Janeiro: GZ, 2012, p. 120). Também Fernando NORONHA explica que "[t]emos responsabilidade *por fato de outrem, indireta*, ou *por fato de terceiro*, quando alguém responde por danos causados por pessoas a ela ligadas por determinados vínculos de dependência profissional, como é o caso de auxiliares, substitutos ou representantes, ou por outras pessoas de cuja vigilância aquela esteja incumbida, como filhos, alunos, pacientes e hóspedes" (*Direito das obrigações*. 4. ed. São Paulo: Saraiva, 2013, p. 515).

[21] MULHOLLAND, Caitlin Sampaio. *A responsabilidade civil por presunção de causalidade*, cit., pp. 115-120; CODERCH, Pablo Salvador. Causalidad y responsabilidad. *InDret*, n. 94, jun./2002, pp. 13-14; PUNZO, Massimo. *Il problema della causalità materiale*, cit., pp. 71-74.

[22] Veja-se a crítica Jorge Cesa Ferreira da SILVA: "Essas teorias, aliás, antigas que são, acabam muitas vezes repetidas pela doutrina e pela jurisprudência de modo acrítico e mecânico, tal como um disco que, por ser único, é posto a tocar indefinidamente, sem que, depois da insistente repetição, se possa melhor conhecer a música. Em razão disso, não é incomum que os tribunais acabem decidindo muito mais baseados no sentimento de justiça dos julgadores do que em uma doutrina sólida, o que faz com que afirmem, quando entendem que o dano merece ser reparado, que a teoria 'x' se aplica e, caso contrário, que os pressupostos dessa mesma teoria não se encontram demonstrados [...]" (*Inadimplemento das obrigações*, cit., p. 182).

a solução do nexo, já que toda teoria deixa a descoberto algum aspecto da causalidade.[23]

No direito brasileiro, é já antigo o debate entre a teoria da causalidade adequada e a teoria do dano direto e imediato. A primeira sugere como causa do dano o evento que melhor se adequa à sua produção. Por meio de uma *prognose póstuma* (ou *retrospectiva*), seria possível avaliar se certa conduta é apta, em abstrato, a produzir o dano, depois que este já se verificou.[24] Exemplo doutrinário clássico é o do atraso do taxista, que força o passageiro a pegar o voo seguinte ao que havia agendado, vindo a falecer em virtude da queda do avião. A morte do passageiro (dano) é resultado de uma sucessão de eventos, dentre os quais dois envolvem comportamentos humanos (o atraso do táxi e a queda do avião). A prognose póstuma indicaria se o atraso de um táxi é apto a provocar a morte de uma pessoa. Mesmo estando logicamente encadeada com a decisão do sujeito de embarcar no avião seguinte, o atraso do motorista não é, em abstrato, uma causa adequada à produção do resultado morte e, por isso, nenhuma responsabilidade recairia sobre o motorista.[25]

A teoria da causalidade adequada recebeu várias críticas, dentre as quais a de não admitir o rompimento do nexo causal por outro fato que, por si só, ocasionasse o resultado danoso. O exemplo é o do sujeito baleado que vem a falecer, descobrindo-se, mais tarde, que morrera não por conta do projétil, mas de um susto. Nesse caso, a prognose póstuma apontaria, com causa adequada, o tiro, quando a causa verdadeira foi outra.[26] Contra esse argumento, aduziu--se que a causa deveria ser tomada não apenas em abstrato, mas também de

---

[23] Como asseverou Caio Mário da Silva PEREIRA: "a determinação do nexo causal, em última análise, envolve uma *quaestio facti*. Leonardo A. Colombo, em pesquisa comparatista no direito argentina, francês, inglês e alemão, considera não ser proveitoso enunciar uma regra absoluta. Cabe ao julgador examinar cada caso. [...] O que em verdade importa [...] é estabelecer, em face do direito positivo, que houve uma violação de direito alheio e um dano, e que existe um nexo causal, ainda que presumido, ente um e outro. Ao juiz cumpre decidir com base nas provas que ao demandante incumbe produzir" (*Responsabilidade civil*, cit., pp. 114-115). Acerca do art. 403 do CC brasileiro – "Ainda que a inexecução resulte de dolo do devedor, as perdas e danos só incluem os prejuízos efetivos e os lucros cessantes por efeito dela direto e imediato, sem prejuízo do disposto na lei processual" – Fernando NORONHA observa que "ninguém até hoje, nem entre nos sistemas jurídicos com idêntico preceito, conseguiu explicar em termos satisfatórios, juridicamente razoáveis, quais serão esses danos que devem ser considerados 'efeito direto e imediato'" (*Direito das obrigações*, cit., pp. 619-620).

[24] NORONHA, Fernando. *Direito das obrigações*, cit., pp. 627-628.

[25] MULHOLLAND, Caitlin Sampaio. *A responsabilidade civil por presunção de causalidade*, cit., p. 151.

[26] MULHOLLAND, Caitlin Sampaio. *A responsabilidade civil por presunção de causalidade*, cit., pp. 164--165.

acordo com as circunstâncias do caso.[27] Assim, porque a vítima era suscetível de morrer por conta de um susto, o causador deste é que seria responsável. A formulação contemporânea da teoria da causalidade adequada tende a admitir a interrupção do nexo de causalidade.[28]

Do outro lado, a teoria que disputa a preferência de juristas e tribunais é a teoria do dano direto e imediato. Surgindo para dar conta do problema da interrupção da cadeia causal, a teoria determina que, das possíveis causas de um dano, só é causa verdadeira a que o produz diretamente.[29] Assim, mesmo que já houvesse um processo causal, inaugurado por uma causa adequada à produção do dano, caso outra surgisse com a propriedade de fazer emergir aquele mesmo dano, esta é que seria a causa direta e imediata.

Apesar de prevenir a causalidade abstrata, atendo-se à causação em concreto, a teoria do dano direto e imediato deixava a descoberto os danos indiretos, a exemplo daqueles que uma pessoa sofre pela morte do cônjuge. Com isso, surgiu a subteoria da *necessariedade*,[30] segundo a qual a expressão *dano direto e imediato* significa dano *necessário*, ainda que não diretamente vinculado ao fato.[31] A teoria do dano direto e imediato tem a seu favor previsão, ainda que lacônica, do art. 403 do Código Civil de 2002, além de precedente do Supremo Tribunal Federal que admitiu a teoria de forma expressa, mas ainda é minoritária entre os doutrinadores.

A doutrina atual propõe uma nova abordagem que supere as supostas diferenças entre as teorias.[32] De um lado, advoga-se que "necessidade e "adequação" seriam termos distintos para descrever o mesmo fenômeno.[33] A partir disso, poderia se construir uma relação de *complementaridade* e *síntese*, pela qual

---

[27] JORGE, Fernando Pessoa *apud* CRUZ, Gisela Sampaio. *O problema do nexo causal na responsabilidade civil*. Rio de Janeiro: Renovar, 2005, p. 79.

[28] MULHOLLAND, Caitlin Sampaio. *A responsabilidade civil por presunção de causalidade*, cit., p. 193.

[29] CRUZ, Gisela Sampaio. *O problema do nexo causal na responsabilidade civil*, cit., p. 97.

[30] ALVIM, Agostinho. *Da inexecução das obrigações e suas consequências*. 3. ed. Rio de Janeiro: Editora Jurídica e Universitária, 1965, p. 338.

[31] MARTINS-COSTA, Judith. *Comentários ao novo Código Civil*, vol. 5, tomo II. Rio de Janeiro: Forense, 2003, pp. 214-215.

[32] Como observa Rafael Peteffi da SILVA, "Grande parte da doutrina nacional já se deu conta do pouco valor da distinção entre a teoria da causalidade adequada e do dano direto e imediato. [...] É de se afirmar que as duas teorias analisadas propõem enfoques distintos sobre o mesmo conceito de nexo de causalidade. Com efeito, acreditamos que a teoria da causa direta e imediata se ocupa, com maior profundidade, em estabelecer as hipóteses de incidência das 'causas estranhas' à ação ou omissão do agente, constituídas pelos fatos de terceiro, fatos da vítima e pelas categorias de caso fortuito e força maior" (*Responsabilidade civil pela perda de uma chance*. 3. ed. São Paulo: Atlas, 2013, p. 43).

[33] CARPES, Arthur Thompsen. *A prova do nexo de causalidade na responsabilidade civil*, cit., p. 43-44.

a teoria do dano direto e imediato serviria como expediente hermenêutico de determinação da causa adequada.[34] Por outra vertente, propõe-se a atualização da causalidade adequada no seu elemento mais problemático, a abstração, de modo a admitir a interrupção do nexo causal.[35]

4. Da certeza à probabilidade

A harmonização entre as teorias da causalidade não dá conta de todos os problemas. O surgimento dos novos danos e a diversificação de fatores de imputação desafiam a construção de um nexo causal rígido. Como se observou em doutrina, o alargamento dos demais elementos da responsabilidade acarreta também a modificação no seu elo de ligação.[36]

Em muitos casos, existe a dificuldade de determinação da autoria do dano. É o caso da responsabilidade dos grupos (ou responsabilidade alternativa), quando um agente indeterminado de um grupo determinado de pessoas provoca um dano. Nesse caso, em que não se consegue demonstrar quem for o autor do dano, a doutrina defende que os membros respondam de forma solidária. Outra forma de solução, bastante discutida em doutrina estrangeira, é a responsabilidade por cota de mercado, que se aplica quando ao um grupo de fornecedores, dentre os quais um (indeterminável) insere no marcado um produto defeituoso.

Outros casos envolvem danos difusos, que se manifestam apenas com o passar do tempo, dependendo não de uma conduta estanque, mas de eventos cumulativos. É o caso dos danos ambientais, para os quais existe um entrave não só na verificação da autoria, mas também na compreensão do próprio processo causal, inerentemente complexo.[37]

---

[34] SILVA, Jorge Cesa Ferreira da. *Inadimplemento das obrigações*, cit., pp. 197-198; MARTINS-COSTA, Judith. *Comentários ao novo Código Civil*, cit, p. 215.
[35] MULHOLLAND, Caitlin. *A responsabilidade civil por presunção de causalidade*, cit., p. 193.
[36] "Impossível conter a noção de nexo causal em suas estreitas bases individualistas. Alargadas as duas pontas da relação de causalidade, sua própria extensão, naturalmente, se amplia. O velho vínculo linear entre dois elementos pontuais (um dano e uma conduta individual) converte-se, na abordagem solidarista da Responsabilidade Civil, em uma larga faixa de conexão entre atividades econômicas e danos que delas decorrem para uma variedade ampla de pessoas" (SCHREIBER, Anderson. Flexibilização do nexo causal em relações de consumo. In: MARTINS, Guilherme Magalhães (Coord.) *Temas de Direito do Consumidor*. Rio de Janeiro: Lumen Juris, 2010, p. 36).
[37] "Os danos difusos – em especial, os danos ambientais – possuem três características marcantes: 1. são geralmente causados por uma variedade de atores, isto é, existe sempre uma multiplicidade

Fala-se então, em linhas gerais, em casos de dificuldade da vítima na demonstração do nexo, ao mesmo tempo em que existe uma atividade com a qual o dano guarda algum tipo de conexão. Nessa situação, o operador do direito deve optar pela tutela da vítima ou pela tutela do ofensor. Na atual conjuntura, é comum que os tribunais favoreçam a vítima, não só porque o dano tem primazia no modelo contemporâneo de responsabilidade,[38] mas também pela falta de limitações claras à figura do nexo.[39] Torna-se um desafio para a doutrina acompanhar essa transformação e eleger critérios que amparem a dispensa da prova cabal do nexo.

Em primeiro lugar, constrói-se a ideia de prova flexível do nexo causal, que se relaciona com a presunção judicial do nexo. Desse modo, o lesado não teria o ônus de provar que o dano é consequência inevitável do ato, mas apenas a relação de condicionalidade e de adequação entre os dois eventos. Isso bastaria para convencer o julgador de que dano se insere no risco da atividade, cabendo ao seu titular demonstrar o âmbito de proteção da norma ou a interrupção do nexo causal.[40]

---

causal (concausalidade), geralmente indefinida; 2. são danos que têm como consequência o atingimento de uma variedade de vítimas, também indefinidas ou indetermináveis; e 3. o dano resultado da lesão a um interesse difuso é sempre fluido, isto é, dissemina-se no tempo e no espaço, e, em geral, grave, atingindo a integridade psicofísica das pessoas" (MULHOLLAND, Caitlin. *A responsabilidade civil por presunção de causalidade*, cit., pp. 328-329).

[38] "O aumento do número de *danos ressarcíveis* em virtude desse giro conceito do ato ilícito para o dano injusto, segundo o qual, como visto, a ressarcibilidade estende-se à lesão de todo *bem jurídico* protegido, dilata a esfera da responsabilidade civil e espicha o manto da sua incidência" GOMES, Orlando. Tendências modernas na teoria da responsabilidade civil. In: DI FRANCESCO, José Roberto Pacheco (Org.). *Estudos em homenagem ao professor Silvio Rodrigues*. São Paulo: Saraiva, 1989, p. 296.

[39] Como observa Anderson SCHREIBER, "[a] indefinição quanto às teorias da causalidade tem servido, muito mais do que a qualquer das soluções teóricas propostas, a garantir, na prática, reparação às vítimas dos danos. Os tribunais têm, por toda parte, se valido da miríade de teorias do nexo causal para justificar um juízo antecedente de responsabilização, cuja finalidade consiste, quase sempre, em assegurar à vítima alguma compensação" (*Novos paradigmas da responsabilidade civil*: da erosão dos filtros de reparação à diluição dos danos. 5. ed. São Paulo: Atlas, 2013, pp. 65-66).

[40] NORONHA, Fernando. *Direito das obrigações*, cit., pp. 638-639. Sobre a teoria do âmbito de proteção da norma violada (ou do escopo da norma violada), confira-se a lição de Gisela Sampaio da CRUZ "[...] quando o ilícito consiste na violação de regra imposta com o escopo de evitar a criação de um risco irrazoável, a responsabilidade estende-se somente aos eventos danos que sejam resultado do risco em consideração do qual a conduta é vedada" (*O problema do nexo causal na responsabilidade civil*, cit., p. 87).

A presunção é, como cediço, uma ilação retirada de um fato conhecido para provar a existência de outro fato, desconhecido.[41] Os doutrinadores tentam indicar algumas hipóteses em que o próprio legislador teria construído uma presunção legal do nexo de causalidade, tais como os crimes de perigo abstrato, as condutas omissivas, a destruição da coisa durante a mora do devedor ou durante a posse de má-fé.[42] Seja como for, a presunção de causalidade de que aqui se cogita é *ad hominis*, isto é, feita pelo juiz a partir do permissivo legal (art. 375 do CPC).[43]

Como cediço, a presunção do julgador envolve a consideração daquilo que normalmente acontece e representa a probabilidade de um fato a partir de outro. Supondo-se a validade da distinção entre a teoria do dano direto e imediato e a teoria da causalidade adequada, percebe-se que esta última é mais compatível com a ideia de presunção do nexo, pois que vincula à uma noção abstrata de regularidade do dano a partir de certa conduta.

Em trabalho monográfico sobre o tema, Caitlin Sampaio MULHOLLAND sugere a presunção do nexo causal a partir das condições da vítima, das características da atividade e do dano. Em relação à vítima, deve-se verificar a impossibilidade ou considerável dificuldade da prova do nexo, embora essa dificuldade possa se estender também ao pretenso autor do dano.[44]

---

[41] BEVILAQUA, Clovis. *Código Civil dos Estados Unidos do Brasil*. Edição Histórica. Rio de Janeiro, 1940, pp. 399-400.

[42] Para uma análise de cada uma dessas hipóteses, veja-se NOVAES, Domingos Riomar. *Nexo causal como realidade normativa e presunção de causalidade na responsabilidade civil*. Dissertação de Mestrado em Direito. Centro Universitário de Brasília, Brasília, 2016, pp. 100-128. No direito do consumidor, entende-se que existe a inversão do ônus da prova no tocante ao nexo causal. Nesse sentido, veja-se MARQUES, Claudia Lima *et alii*. *Comentários ao Código de Defesa do Consumidor*. São Paulo: Revista dos Tribunais, 2003, p. 225; BARROS, Raimundo Gomes de. Relação de causalidade e o dever de indenizar. *Revista de Direito do Consumidor*, vol. 34. São Paulo: Revista dos Tribunais, abr.-jun./2000, p. 137.

[43] *Verbis*. "O juiz aplicará as regras de experiência comum subministradas pela observação do que ordinariamente acontece e, ainda, as regras de experiência técnica, ressalvado, quanto a estas, o exame pericial". Segundo Caitlin Sampaio MULHOLLAND: "O magistrado, estando informado pelos fatos narrados pelas partes da ação indenizatória – vítima e ofensor – estabelece, de acordo com seus conhecimentos e com o que ordinariamente acontece, a existência provável de um responsável por indenizar o dano causado. Presume-se, por exemplo, que os fatos alegados pela vítima deram-se da forma como foram narrados – por conta da probabilidade de ter acontecido daquela forma – e que, portanto, o réu, imputado ofensor é, presumidamente, o causador do resultado danoso. Neste momento, o magistrado, em juízo de convencimento e presumindo a existência do nexo de causalidade, impõe a obrigação de indenizar à pessoa possível e provavelmente causadora do dano" (*A responsabilidade civil por presunção de causalidade*, cit., p. 298).

[44] "Em todas as hipóteses, existe uma impossibilidade por parte da vítima – e, porque não, por parte do presumido autor do dano – em fazer a prova de que o resultado danoso que a acometeu

Quanto à atividade, haverá presunção nas atividades de grupo que se conformem à responsabilidade alternativa,[45] envolvendo uma indeterminação do autor específico do dano. Também haverá presunção quando houver atividade perigosa, que é aquela adequada à produção do dano, sendo que tal adequação se revela por uma característica típica do dano que permite associá-lo à atividade.[46] A atividade será perigosa também quando aumentar a probabilidade do dano de forma significativa.[47]

Por fim, quanto ao dano, este deverá ser quantitativamente numeroso e qualitativamente grave, como geralmente são os danos a interesses coletivos, difusos ou individuais homogêneos.[48] Os danos difusos se caracterizam

---

é ligado de forma concreta a uma determinada conduta ou atividade desenvolvida. O nexo causal, elemento *sine qua non* da imputação de responsabilidade, ao diluir-se pelas circunstâncias destes casos reais, pode gerar duas formulações contrapostas: a primeira, é a da exclusão da responsabilidade, por incapacidade da vítima de realização do ônus de provar um dos elementos formadores da responsabilidade; a segunda, mais consentânea com o princípio da solidariedade social, é a imposição da obrigação de reparar o dano sofrido, presumindo-se, com base em indícios e no *id quod plerumque accidit*, a existência do liame de causalidade entre dano e atividade" (MULHOLLAND, Caitlin Sampaio. *A responsabilidade civil por presunção de causalidade*, cit., p. 278).

[45] Idem, p. 279.

[46] Idem, p. 312. Confira-se, também, a lição de Maria Celina Bodin de MORAES: "O acidente, como emerge da sociedade industrial, tem características que impedem de interpretá-lo nos significados anteriores de acaso ou providência. O conceito obedece a um tipo de objetividade específica e decorre do curso natural das atividades coletivas, e não de acontecimentos excepcionais ou extraordinários. O evento danoso deixa, pois, de ser considerado uma fatalidade e passa a ser tido como um fenômeno 'normal', estatisticamente calculável" (Risco, solidariedade e responsabilidade objetiva. *Revista dos Tribunais*, vol. 854, ano 95. São Paulo: Revista dos Tribunais, dez./2006, p. 17).

[47] Segundo Giselda HIRONAKA, a atividade especificamente perigosa se subdivide em "a) *probabilidade elevada*: corresponde ao caráter inevitável do risco (não da ocorrência danosa em si, mas do risco da ocorrência). A impossibilidade de evitar a ocorrência nefasta acentua a periculosidade, fazendo-a superior a qualquer hipótese que pudesse ter sido evitada pela diligência razoável; b) *intensidade elevada*: corresponde ao elevado índice de ocorrências danosas advindas de uma certa atividade (as subespécies deste segundo elementos podem, ou não, aparecer juntas; não obrigatoriamente)" (HIRONAKA, Giselda Maria Fernandes Novaes. Responsabilidade pressuposta: evolução de fundamentos e de paradigmas da responsabilidade civil na contemporaneidade. *Revista Jurídica*: órgão nacional de doutrina, legislação e crítica judiciária, fev./2008, pp. 61-62).

[48] *Verbis*. CDC, art. 81. "A defesa dos interesses e direitos dos consumidores e das vítimas poderá ser exercida em juízo individualmente, ou a título coletivo. Parágrafo único. A defesa coletiva será exercida quando se tratar de: I – interesses ou direitos difusos, assim entendidos, para efeitos deste código, os transindividuais, de natureza indivisível, de que sejam titulares pessoas indeterminadas e ligadas por circunstâncias de fato; II – interesses ou direitos coletivos, assim entendidos, para efeitos deste código, os transindividuais, de natureza indivisível de que seja titular grupo, categoria ou classe de pessoas ligadas entre si ou com a parte contrária por uma relação jurídica base; III – interesses ou direitos individuais homogêneos, assim entendidos os decorrentes de origem comum".

pela variedade de atores, ensejando uma multiplicidade causal que é no geral indefinida quer pela variedade de vítimas, quer pela fluidez da lesão, que, a exemplo do dano ambiental, se dissemina no tempo e no espaço.[49]

A presunção judicial de causalidade, mesmo dentro de balizas como as sugeridas acima, encontra resistência na doutrina, sob o argumento de que carece de amparo legal. Argumenta-se que o artigo 375 do CPC/2015, que trata da utilização das regras da experiência pelo julgador,[50] não serve de amparo à presunção judicial do nexo. O contrário resultaria em afronta à segurança jurídica, pois o agente não poderia mais prever o âmbito de sua responsabilidade.[51] Em que pese tal divergência, o fenômeno da presunção parece inevitável na realidade dos tribunais, tendo em vista a complexidade do nexo causal e a importância que ganharam os princípios da reparação integral e da solidariedade social, havendo a necessidade de determinar critérios para o seu embasamento.[52] É com esse intuito que se apresentaram, na experiência brasileira, as teorias da probabilidade do nexo causal, como se passa a examinar.

---

[49] MULHOLLAND, Caitlin. *A responsabilidade civil por presunção de causalidade*, cit., pp. 328-329.

[50] *Verbis*. "O juiz aplicará as regras de experiência comum subministradas pela observação do que ordinariamente acontece e, ainda, as regras de experiência técnica, ressalvado, quanto a estas, o exame pericial".

[51] Ver, nesse sentido, BEDONE, Igor Volpato. Elementos de responsabilidade civil e presunção de causalidade. *Revista Brasileira de Direito Civil Constitucional e Relações de Consumo*, vol. 9, jan.-mar./2011, pp. 119-120; CARPES, Arthur Thompsen. *A prova do nexo de causalidade na responsabilidade civil*, cit., pp. 158-160.

[52] Como observa Anderson SCHREIBER, "o que se chama de presunção do nexo causal não passa de uma etapa lógica de sua verificação, em que o juiz recorre a regras comuns de experiência ou a uma suposta normalidade dos fatos para aferir se há relação de causalidade entre a atividade lesiva e o dano. Verifica-se, contudo, em diversas ocasiões, o recurso a expedientes drásticos, como a desconsideração de uma excludente de causalidade ou a aplicação de teorias que, sem se propor a explicar o significado da causalidade jurídica, logram expandir a margem de discricionariedade do juiz na imposição da responsabilidade civil" (SCHREIBER, Anderson. *Novos paradigmas da responsabilidade civil*, cit., p. 67). Também nesse sentido: "[...] os tribunais pátrios já têm alguma aceitação à teoria da presunção da causalidade, seja quando aceitam a excepcional inversão do ônus da prova, tal como orienta o CDC; seja quando admitem o juízo probabilístico, orientando-se pela verossimilhança" (COELHO, José Martônio Alves. *A sociedade de riscos e a rediscussão da causa na responsabilidade civil: o necessário alargamento do nexo causal*. Tese de Doutorado em Direito Constitucional. Universidade da Fortaleza, Fortaleza, 2013, p. 138).

5. Nexo causal como objeto de prova

Como fato constitutivo do direito ao ressarcimento, o nexo causal se sujeita a prova, que é o procedimento pelo qual o juiz se convence dos fatos pertinentes a uma dada situação jurídica.[53] O modelo contemporâneo de apreciação da prova sugere uma equidistância entre o modelo da livre convicção, em que o julgador pode avaliar as provas segundo a sua consciência, e o modelo da prova legal, em que o juiz apenas calcula o valor de cada prova pré-fixado legalmente. Com efeito, o art. 371 do CPC/2015 consagra o modelo da persuasão racional (ou do livre convencimento motivado), em que o julgador forma o seu convencimento com liberdade, tendo, porém, o dever de fundamentar a sua conclusão acerca da ocorrência ou não de um dado fato.[54]

A convicção do juiz acerca dos fatos não envolve apenas a apreciação das provas, mas também seu conhecimento geral acerca da realidade. Nesse sentido, o juiz conta com as regras de experiência, que refletem a sua observação, enquanto homem médio, do modo como os fenômenos se dão no cotidiano.[55] Assim como as leis de cobertura (referidas no item 2), essas regras de experiência são juízos gerais. Sua base, contudo, é a experiência comum, aquilo

---

[53] WAMBIER, Luiz Rodrigues; TALAMINI, Eduardo. *Curso avançado de processo civil*, vol. 2. 5. ed. São Paulo: Revista dos Tribunais, 2016, p. 102; DINAMARCO, Cândido Rangel; LOPES, Bruno Vasconcelos Carrilho. *Teoria geral do novo processo civil*. São Paulo: Malheiros, 2016, p. 181.

[54] "Ao apreciar a prova, o magistrado deve considerar todo o acervo probatório, os debates e as condutas das partes, em obediência ao princípio da cooperação. Deve, sempre, fundamentar sua decisão, analisando as razões do acolhimento de uma versão dos fatos e não da outra. Frise-se que jamais deve o magistrado apoiar-se apenas na versão escolhida, mas sim, ter o cuidado de demonstrar porque não acolheu a versão fática apresentada pelo sucumbente" (MACÊDO, Lucas Buril de; PEIXOTO, Ravi Medeiros. Ônus da prova e sua dinamização. 2. ed. Salvador: Juspodivm, 2016, p. 57).

[55] Segundo José Carlos Barbosa MOREIRA, as regras da experiência "refletem o reiterado perpassar de uma série de acontecimentos semelhantes, autorizando, mediante raciocínio indutivo, a convicção de que, se assim se costumam apresentar-se as coisas, também assim devem elas, em igualdade de circunstâncias, apresentar-se no futuro" (MOREIRA, José Carlos Barbosa. *Temas de direito processual*: segunda série. 2. ed. São Paulo: Saraiva, 1988, p. 62). Adverte, Luiz Buril de MACÊDO que "as máximas da experiência não pertencem apenas ao conhecimento privado do julgador, mas são elementos de conhecimento comum. Por esse motivo, por exemplo, não pode o julgador com formação em medicina utilizar-se de tais conhecimentos para a decisão, prescindindo da devida prova pericial [...]" (MACÊDO, Lucas Buril de; PEIXOTO, Ravi Medeiros. Ônus da prova e sua dinamização, cit., p. 72). Junto com os fatos notórios, as regras de experiência constituem um conhecimento privado do juiz – isto é, não precisam estar nos autos – que não interfere na sua imparcialidade, e, portanto, na validade da decisão. Nesse sentido DIDIER JÚNIOR, Fredie *et alii*. *Curso de direito processual civil*, vol. 2. 9. ed. Salvador: Juspodivm, 2014, p. 52).

que acontece regularmente (*id quod plerumque accidit*) e não uma lei científica. Por isso, alguns autores chamam a atenção para os cuidados que se deve ter na utilização dessas máximas, sobretudo em tema de nexo causal.

Quando há uma lei científica de validade universal descrevendo absoluta frequência na associação entre o evento e o dano, ocorre *dedução* do nexo causal. Já diante de uma regra de experiência, há dois caminhos: se a máxima for uma vulgarização da lei científica, ocorrerá uma *quase dedução*; quando a máxima sequer vulgariza uma lei científica, o que pode decorrer da própria ausência de lei científica o nexo é apenas *induzido*.[56] Nesse último caso, como se percebe, existe uma perda de confiabilidade no resultado da operação, pois se utiliza uma máxima de experiência não embasada cientificamente.[57]

6. Teorias da probabilidade: a probabilidade quantitativa e a probabilidade lógica

Como visto no item acima, o juiz precisa formar sua convicção acerca dos fatos para que possa aplicar o direito. A convicção não se confunde com a *verdade absoluta dos fatos*, pois já se reconhece que o processo judicial persegue uma verdade provável, ou seja, uma correspondência aproximada entre o enunciado fático objeto da prova e a realidade.[58]

Segundo a doutrina, a probabilidade é mais que verossimilhança (situação em que os motivos a favor e contra o reconhecimento de um fato estão em equilíbrio), mas é menos que a certeza (situação em que se suplantam os motivos contrários ao reconhecimento do fato).[59] A probabilidade é objeto

---

[56] CARPES, Arthur Thompsen. *A prova do nexo de causalidade na responsabilidade civil*, cit., pp. 50-51.
[57] Com relação aos casos em que a máxima da experiência carece de suporte científico ou estatístico, fundando-se apenas na experiência, Michele TARUFFO tece a seguinte crítica: "[A] experiência de quem é relevante para a elaboração de uma máxima? A do juiz? [...] Se trata da experiência de um ambiente social ou cultural? [...] Quanto tempo é necessário para que a experiência social seja consolidada como uma regra geral? [...] Quem é legitimado para formular a máxima?" (TARUFFO, Michele *apud* CARPES, Arthur Thompsen. *A prova do nexo de causalidade na responsabilidade civil*, cit., p. 49).
[58] Idem, p. 77. Para uma discussão sobre se a verdade pode ou *deve* ser alcançada no processo, v. TARUFFO, Michele. Verità e probabilità nella prova dei fatti. *Revista de Processo*, vol. 154, dez./2007, pp. 207-222.
[59] Segundo Cândido Rangel DINAMARCO, a probabilidade é "situação decorrente da preponderância dos motivos convergentes à aceitação de determinada proposição, sobre motivos divergentes. A probabilidade é *menos que a certeza*, porque, lá, os motivos divergentes não ficam afastados mas somente suplantados, e é mais que a *credibilidade*, ou verossimilhança, em que na mente do

de diversas teorias e uma referência genérica à "probabilidade" diz muito pouco.[60] Mas as concepções mais antigas (e, talvez, mais influentes) são a probabilidade *pascaliana* e a *probabilidade baconiana*.

A probabilidade pascaliana, também chamada de quantitativa, se predispõe a estabelecer um percentual como resultado da avaliação das chances de ocorrência do fato, apresentando duas vertentes, objetiva e subjetiva. Na concepção *objetiva*, a probabilidade indica uma característica dos fenômenos do mundo real, sobretudo a frequência com que um certo fato ocorre em uma classe ou série de fenômenos. Através de cálculos matemáticos seria possível medir a possibilidade de que um determinado evento ocorra.[61]

Já a probabilidade quantitativa *subjetiva* se propõe a racionalizar o convencimento sobre a probabilidade objetiva e se vale do teorema de Bayes.[62] O teorema toma como ponto de partida a distribuição preexistente de um fenômeno (chamada de *prior probability* ou *base rate information*). O cálculo, aqui, envolve tanto o grau subjetivo de adesão a uma hipótese de fato, como também o grau de aceitabilidade que essa hipótese adquire, colocados sobre a base da frequência relativa dos eventos da classe em que se inclui o evento.

Como se pode notar, o elemento mais atraente dessa doutrina está na objetivação de dados, pois transforma a possibilidade de ocorrência do fato em um valor exato, tendo sido prestigiada no direito processual americano por longo tempo.[63] No entanto, a teoria pascaliana recebeu diversas críticas. Primeiro, por associar causalidade geral e causalidade específica, criando uma correspondência entre a frequência estatística de um fenômeno e a sua ocorrência efetiva.[64] Como leciona Michele TARUFFO, o teorema bayesiano

---

observador os motivos convergentes e os divergentes compareçam em situação de equivalência e, se o espírito não se anima a afirmar, também não ousa negar" (*A instrumentalidade do processo*, 15. ed. São Paulo: Malheiros, São Paulo, 2013, pp. 281-282).

[60] "*No existe, en efecto, una teoría de la probabilidad que se pueda asumir como una posible y eventual solución para los problemas de la prueba del hecho en juicio: mientras que en el origen de la concepción moderna de la probabilidad en el siglo XVII las concepciones fundamentales eran, al menos, dos, la pascaliana y la baconiana, un estudio reciente identifica siete concepciones y nada garantiza que el elenco sea completo. Una remisión genérica a la probabilidad, aunque sea en versión científica u no en la propia del sentido común, no tiene ningún sentido*" (TARUFFO, Michele. *La prueba de los hechos*. Trad. Jordi Ferrer Beltrán. 2. ed. Madrid: Trotta, 2005, p. 192)

[61] CARPES, Arthur Thompsen. *A prova do nexo de causalidade na responsabilidade civil*, cit., p. 92.

[62] TARUFFO, Michele. *La prueba de los hechos*, cit., p. 195.

[63] Ibidem.

[64] "A equação visa [...] calcular a probabilidade estatística de que determinado fato venha a ocorrer à luz de dado contexto fenomenológico. Nada resolve, todavia, a respeito do caso concreto, pois não leva em conta a base probatória específica do fato particular alegado, ou seja, não toma em

combina ingredientes para chegar a uma densidade ou frequência de evento em uma mostra de dados, mas nada diz acerca do caso concreto, no qual uma base probatória específica pode contrariar os dados estatísticos.[65]

Outro limite da teoria é que, em muitas situações, sequer existem dados estatísticos para compor o ponto de partida do cálculo,[66] enquanto em outras, o que parecem ser *dados* são, na verdade, subjetivismos e generalizações. Como afirma TARUFFO:

> [...] A inexistência de informações precisas está muitas vezes 'encoberta' por proporções ou porcentagens não verificadas, utilizadas como forma de expressar tendências não quantificadas nem quantificáveis ou meras generalizações de sentido comum, o para expressar a intensidade de crenças subjetivas (por exemplo: 90% das testemunhas que ruborizam, mentem; acho que há 80% de probabilidade de que amanhã chova). Está claro que proporções e porcentagens deste tipo não são as *prior probabilities* de que necessita o teorema de Bayes, dado que estão – ao menos em sua determinação quantitativa – absolutamente infundadas e obviamente não tem sentido fundar um cálculo sobre premissas não fundadas. [tradução livre][67]

consideração a possibilidade de existirem provas que contrariem a *prior probability* (lei estatística ou, na falta desta, determinado valor atribuído pelo intérprete) no caso concreto" (CARPES, Arthur Thompsen. *A prova do nexo de causalidade na responsabilidade civil*, cit., pp. 93-94). Segundo leciona Michael GREEN, a causalidade geral é "a capacidade de um agente de causar um certa doença na população humana. Em contrapartida, a causalidade é específica se um agente causou uma doença de um indivíduo específico, como é o caso da vítima de câncer de pulmão que alega que fumar causou o câncer. A causação geral é antecedente da causação específica – se um agente não causa a doença na espécie humana, não que se falar em causação específica. Ademais, a evidência acerca da causação geral prove ao menos um ponto de partida para julgar se existe causação específica" [tradução livre] (GREEN, Michael. The future of proportional liability. *Legal studies research paper*, vols. 4-14, University of Wake Forest, 2004).

[65] TARUFFO. Michelle. *La prueba de los hechos*, cit., p. 199.

[66] "A principal crítica que se faz à aplicação da técnica estatística a casos de responsabilidade civil é justamente que a ciência estatística só pode ser utilizada de forma correta se houver um número significativo (*rectius*, grande) de casos semelhantes para que seja eficaz o cálculo de probabilidade. Em casos em que não há semelhantes para comparação, o critério objetivo da estatística probabilística cai por terra" (MULHOLLAND, Caitlin Sampaio. *A responsabilidade civil por presunção de causalidade*, cit., p. 305). No direito penal, observa Hélvio Simões VIDAL que "a probabilidade *ex ante* (nua estatística), se é útil para prever que coisa é verossímil, no futuro, não o é para explicar o que realmente aconteceu, sendo inútil para reconstruir o fato concreto. Portanto, sem uma demonstração *ex post* de que, no caso concreto, se adéqua um a generalização causal (lei de cobertura), não se obtém o grau de certeza necessário para o veredicto condenatório" (Ainda e sempre o nexo causal, cit., p. 507).

[67] TARUFFO, Michele. *La prueba de los hechos*, cit., p. 200.

Ainda quanto aos dados que compõem a *prior probability*, alega-se que estes podem ser precisos, porém irrelevantes. Um caso clássico é o dos ônibus azuis, proposto por Laurence TRIBE, a partir de uma demanda julgada pela Suprema Corte Americana (Smith v. Rapid Transit – 1945). No caso, a Sra. Smith teve seu carro abalroado por um ônibus, que fugiu sem prestar socorro; tudo o que sabia era que o ônibus tinha cor azul. Durante a instrução do processo, provou-se que 80 dos 100 ônibus azuis que operavam na cidade pertenciam a uma empresa *X* e 20, a uma empresa *Y*. Ocorre que esses números não demonstram que o ônibus que provocou o acidente pertencia à empresa *X*.[68] Problema similar foi proposto por L. Jonathan COHEN e ficou conhecido como o paradoxo do expectador sem bilhete: para estabelecer se Tício pagou ou não a entrada de um espetáculo é irrelevante saber a proporção de pessoas que não pagaram em relação ao total dos presentes.[69]

Outra crítica à teoria quantitativa é que a falta de elementos de prova significa apenas que não existe confirmação sobre a veracidade da hipótese, não que a mesma é falsa. Em uma escala de valores de 0 (zero) a 1 (um), não se pode sustentar que 0 (zero) equivale à falsidade da hipótese. A teoria também não resolve o problema da conjugação de várias circunstâncias, para as quais seja necessário estabelecer uma probabilidade. Isso significa que, quanto mais complexo o cálculo, maior a necessidade de assunções, convenções e regras que podem levar a um valor puramente formal.[70]

Outras teorias quantitativas tentaram dar conta dos inconvenientes da doutrina bayesiana, tais como o *evidentiary value model*, dos suecos EKELÖF, HALLDÉN e EDMAN, o método dos valores probatórios, de Rupert SCHREIBER, e a teoria do grau de crença, de Glen SCHAFER. Todas apresentam o mesmo problema, que é o de estabelecer aprioristicamente um valor que só se obtém a partir da construção da prova. Como observa TARUFFO:

---

[68] CARPES, Arthur Thompsen. *A prova do nexo de causalidade na responsabilidade civil*, cit., p. 139.
[69] "[...] *ningún cálculo fundado sobre uma prior probability de este tipo lleva a nada significativo respecto del problema de si Ticio ha pagado o no la entrada. Esto nos lleva a decir que, mientras el cálculo bayesiano es siempre posible y produce siempre resultados cualquiera que sea la prior* probability *que se adopte, nada garantiza em realidad que el resultado producido "signifique" efectivamente el grado de probabilidad de la hipótesis sobre el hecho. Si la prior* probability *existe pero no es diretamente relevante para la reconstrucción del hecho, el resultado numérico producido por el cálculo bayesiano simplemente no tiene sentido*" (TARUFFO, Michele. *La prueba de los hechos*, cit., pp. 201-202).
[70] Idem, p. 197.

[...] quando se conjectura ou se estabelece *a priori* ou se escolhe de partida o valor probabilístico a atribuir a um determinado evento ou a uma hipótese específica, se acaba evitando o problema que, na verdade, deveria ser resolvido. Este se refere precisamente à determinação do grau de aceitabilidade que se atribui a um elemento de prova específico relativo a uma certa hipótese de fato. Este problema é irrelevante para o matemático, que se ocupa das modalidades de um cálculo abstrato; em contrapartida, o mesmo problema é decisivo no processo, onde nenhum cálculo e nenhuma racionalização são lícitos se não a partir das modalidades de determinação do valor que se atribui ao elemento de prova concreto.[71]

A probabilidade lógica (ou baconiana), por sua vez, não busca quantificar as frequências correspondentes a classes de eventos, mas racionalizar a incerteza acerca de um fato reconduzindo o seu grau de fundamentação aos elementos de confirmação disponíveis no processo, que são as provas.[72] Nessa perspectiva, o grau de probabilidade depende dos elementos ligados à efetiva ocorrência da hipótese concreta, e não de sua frequência abstrata. Assim é que se costuma definir probabilidade como *provabilidade* no âmbito da teoria baconiana, uma vez que envolve um raciocínio indutivo através do exame das provas,[73] ou, como define TARUFFO, uma *"gradação da possibilidade de fundar inferências relativas a uma hipótese fática sobre a base das provas disponíveis".*[74]

O modelo baconiano leva em conta não apenas os elementos probatórios concretos, mas também aqueles abstratos, que são as máximas da experiência, as noções de senso comum e as leis científicas. Esses elementos concretos e abstratos devem ser equalizados através do contraditório, isto é, do diálogo com as partes no método da investigação.[75] A crítica que se faz à probabilidade baconiana é de ser pouco científica e subjetiva, pois depende da interpretação do magistrado.[76]

---

[71] Idem, p. 217.
[72] Idem, p. 224.
[73] "A eloquente expressão de L. Jonathan Cohen, de que a probabilidade é a generalização da noção de *'provabilidade'* (*provability*), fala por si: na concepção, o grau de probabilidade das hipóteses de fato equivale, portanto, ao grau de confirmação obtido através dos elementos probatórios" (CARPES, Arthur Thompsen. *A prova do nexo de causalidade na responsabilidade civil*, cit., p. 96).
[74] TARUFFO, Michele. *La prueba de los hechos*, cit., pp. 225-226.
[75] CARPES, Arthur. *A prova do nexo de causalidade na responsabilidade civil*, cit., p. 97.
[76] "[...] enquanto a probabilidade estatística é demonstrada de forma científica, objetiva e empírica, através de cálculos matemáticos e atuariais, a probabilidade lógica depende sobremaneira da capacidade de interpretação lógica do magistrado sobre a ocorrência dos resultados danosos que se visa indenizar[...]. Percebe-se que esta técnica probabilística é demasiadamente subjetiva

Em sede de responsabilidade civil, parece difundir-se a ideia de probabilidade estatística (ideia que se aproxima da probabilidade quantitativa) para a solução dos problemas concretos. Assim é que, no caso do tabagismo, como se verá mais à frente, os autores defendem a possibilidade de o juiz convencer-se da relação de causalidade a partir de dados estatísticos que demonstrem a relação entre a doença e o hábito do fumo. Ressalte-se, desde já, que o ponto de maior relevância não parece ser a utilização desta ou daquela teoria da probabilidade, e sim o valor que se há de atribuir à causalidade geral na aferição do nexo em concreto.

A adoção de uma probabilidade quantitativa sugere um outro questionamento, que é o de saber qual percentual justifica induzir o nexo causal. Em linha de princípio, apenas uma probabilidade significativa justifica o dever de indenizar. Neste sentido, Caitlin Sampaio MULHOLLAND adota o parâmetro da doutrina italiana na indenização pela perda de uma chance: se a probabilidade de um evento ter provocado o dano for maior que 50% (por cento), haverá presunção de causalidade.[77]

Quanto à extensão do dever de indenizar, existem dois modelos: o da *preponderância da probabilidade*, que determina a responsabilidade integral do ofensor, desde que a probabilidade de causação do dano seja superior a 50%, e o da *probabilidade proporcional*, pelo qual a probabilidade do dano, seja ela qual for (acima ou abaixo de 50%) determina a extensão do ressarcimento.[78] Segundo Omri BEM-SHAHAR, o direito americano adota tradicionalmente a abordagem da proporcionalidade preponderante. Assim, ultrapassado o percentual de 50% (*threshold level*), o agente responderia pela integralidade dos danos. Contudo, a partir dos anos 1980, como uma resposta aos danos de massa (*mass exposure torts*), as cortes americanas passaram a adotar a proporcionalidade proporcional.[79] Uma das formas de responsabilidade proporcional é pela cota de mercado, o que será visto no tópico seguinte. Para alguns, a vantagem de uma regra proporcional sobre a regra de preponderância está em estimular também os agentes que tem um potencial menor de contribuir

e importaria numa discricionariedade ilimitada por parte dos juízes" (MULHOLLAND, Caitlin Sampaio. *A responsabilidade civil por presunção de causalidade*, cit., pp. 307-308.

[77] MULHOLLAND, Caitlin Sampaio. *A responsabilidade civil por presunção de causalidade*, cit., pp. 302--303.

[78] SHAVELL, Steven. *Foundations of Economic Analysis of Law*. Massachusetts: Harvard University Press, 2004, p. 255-256.

[79] BEN-SHAHAR, Omri. Causation and Forseeability. *Encyclopedia of Law and Economics*, p. 653. Disponível em: <http://reference.findlaw.com/lawandeconomics/>. Acesso em 15.6.2017.

para o dano a tomarem as precauções necessárias. Como explica Pablo Salvador CODERCH:

> Suponha-se, com Steven Shavell [...]: um caso de concorrência de causas, em que haja i) uma infinidade de pequenos produtores cujas cotas de mercado e probabilidade individual de causar danos são muito baixas; e ii) um grande produtor com uma cota de mercado de mais de 50%. Dado um dano imputável a alguma empresa da indústria e na ausência de prova de qual empresa o causou, a regra tradicional levará a que os pequenos produtores sejam desestimulados a adotar as precauções justas, porque facilmente se evadirão de toda a responsabilidade, dadas as reduzidas probabilidade de tê-los causado efetivamente. Ao revés, o produtor principal será superestimulado, pois, como autor de mais de 50% dos danos prováveis, não poderá evitar a condenação pela totalidade.[80]

Já Caitlin Sampaio MULHOLLAND, embora adote a premissa da *threshold rule* (probabilidade superior a 50%), entende que a responsabilização proporcional é mais equitativa, uma vez que não se está diante de um nexo de causalidade inequívoco:

> Enquanto a primeira solução representa a concretização da integral reparação dos danos causados, ao mesmo tempo pode ser considerada inequitativa na medida que não se encontra comprovada a existência inequívoca do nexo de causalidade entre a ingestão daquele produto e o dano efetivamente gerado, o que, por si só teria a força de afastar a obrigação ressarcitória, já que ninguém é obrigado a responder por aquilo a que não deu causa, e cabe ao autor da ação a prova desta relação de causa e efeito, frustrada em concreto. A segunda solução é mais consentânea com os valores hodiernos do Direito de Danos, pois permite a reparação dos danos injustamente sofridos, ainda que somente em parte, sem que seja tão chocante à sociedade esta solução em relação à primeira.[81]

Como se verá em relação ao caso do tabagismo, mesmo os autores que admitem uma responsabilização com base na probabilidade do nexo entendem

---

[80] CODERCH, Pablo Salvador. Causalidad y responsabilidade, cit., p. 4. Tradução livre. Em sentido similar, observa de Rafael Peteffi da SILVA que "[...] o padrão 'tudo ou nada' de causalidade estaria, em muitos casos, patrocinadno subcompensações ou ultracompensações (*overcompensation and undercompensation*). Com a utilização da causalidade parcial, o réu será condenado a pagar apenas pelo dano que, segundo as estatísticas, se espera que ele tenha causado" (*Responsabilidade civil pela perda de uma chance*, cit., p. 62).

[81] MULHOLLAND, Caitlin Sampaio. *A responsabilidade civil por presunção de causalidade*, cit., pp. 304-305.

que seria mais razoável que o agente respondesse na proporção de sua contribuição causal, já que as doenças relacionadas ao fumo possuem mais de uma causa.[82]

7. Casos paradigmáticos para a discussão do nexo causal probabilístico

7.1. Dano pelo uso de estrogênio sintético (DES)

Nesse tópico se discutirão alguns casos que desafiaram a prova do nexo causal, suscitando discussões a favor de sua flexibilização. São problemas que envolvem a dificuldade probatória da vítima e, no mais das vezes, uma pluralidade de possíveis ofensores. O primeiro caso é o do dano por consumo do estrogênio sintético dietilstilbestrol (DES), cujos principais casos ocorreram nos EUA.

No final de década de 40, entrou no mercado farmacêutico americano um medicamento para combater o aborto espontâneo e o parto prematuro. À época, não havia possibilidade científica de assegurar por completo a saúde do feto, mas o sucesso da utilização da droga em outros tratamentos (como câncer de próstata e sintomas da menopausa) fez com que a FDA (*Food and Drugs Administration*), agência reguladora de medicamentos e alimentos, fosse menos rigorosa na autorização de seu uso.[83] Em 1971, o Dr. Arthur HERBST publicou um artigo indicando uma relação estatística entre a exposição do feto ao DES e formas específicas de câncer em algumas das filhas das mulheres que haviam ingerido o remédio durante a gravidez.[84] Entre o período de aprovação da droga e a publicação do artigo, mais de 3 (três) milhões de mulheres

---

[82] V. exemplificativamente, PASQUALOTTO, Adalberto. O direito dos fumantes à indenização. *Revista da AJURIS*, vol. 41, mar./2014, pp. 38-39.

[83] "*Although the NDA's [New Drug Application] did not refer to the master file of clinical data that had been submitted with the 1941 NDA's, it was the FDA's policy to consider all of the material that it had in support of the original NDA's. By 1952, the FDA had decided that DES was no longer a 'new drug'. This meant that companies wishing to market DES did not have to file NDA's*" (SCHWARTZ, Victor E.; MAHSHINGIAN, Liberty. Failure to identify the defendant in Tort Law: Toward a Legislative Solution. *California Law Review*, vol. 73. Chicago, 1985, p. 5).

[84] HERBST, Arthur; ULFELDER, Howard; POSKANZER, David C. Adenocarcinoma of the vagina: association of maternal stilbestrol therapy with tumor appearance in young woman. Disponível em: < www.nejm.org >. Acesso em: 25.2.2018.

já haviam consumido o remédio, que contava com cerca de 300 (trezentos) fornecedores só nos EUA.

Com o surgimento dos efeitos colaterais (em geral, tumores no aparelho reprodutivo), as vítimas começaram a buscar o ressarcimento junto aos fabricantes do remédio. Havia, no entanto, um obstáculo probatório: como as moléstias se manifestavam durante a puberdade, ou seja, entre 15 (quinze) e 20 (vinte) anos depois do nascimento, as vítimas já não tinham o comprovante de aquisição do produto. Além disso, o remédio era vendido como genérico, sem a especificação do fabricante.[85]

Portanto, se por um lado era possível delimitar o grupo do qual o dano partira, era impossível especificar quem havia vendido o remédio em cada caso. Por conta dessa dificuldade, as vítimas demandavam perante vários fornecedores, tendo o seu pedido indeferido pelas Cortes, ante a ausência de especificação do ofensor.

O primeiro precedente favorável às vítimas do DES ocorreu no caso *Sindell v. Abbot Laboratories* (1980). A partir de um artigo acadêmico,[86] a Suprema Corte da Califórnia desenvolveu a teoria do *market share liability*, segundo a qual os fabricantes responderiam pelos danos na proporção de sua participação no mercado à época de circulação do DES. À vítima cabia indicar os fabricantes que tivessem produzido uma percentagem substancial da droga (*substancial share*). A cada réu cabia o ônus de demonstrar que não havia fabricado o remédio utilizado pela gestante, provando, por exemplo, que não comercializava o DES nas dosagens prescritas para o tratamento de problemas de gravidez, ou que a droga que fabricava tinha tamanho, forma ou cor diferente da droga que a gestante consumira.

A doutrina desenvolveu uma série de requisitos para a responsabilidade por cota de mercado. Primeiro, o produto deveria ser fungível: todas as unidades do produto deveriam gerar o mesmo risco, de maneira que, quanto mais unidades circulassem no mercado, maior seria o risco de que alguém consumisse o produto.[87]

---

[85] Idem, p. 6.
[86] SHEINER, Naomi. DES and a proposed theory of enterprise liability. *Fordham Law Review*. Disponível em: <ir.lawnet.fordham.edu>. Acesso em: 25.2.2018.
[87] "O conceito de fungibilidade se revela fundamental para a *market share liability*, servindo como premissa para o raciocínio que aplica a doutrina. Para que haja responsabilidade dos fabricantes, é essencial que uma das seguintes situações se caracterize: ou bem (i) todos os produtos são fabricados são defeituosos da mesma maneira; ou bem (ii) todos os réus incorrem em prática de conduta ilícita uniforme" (MORAES, Renato Duarte Franco de. *A causalidade alternativa e a responsabilidade*

Segundo, deveria ser objetivamente impossível identificar o causador do dano, como no caso *Sindell*, em que, por força conta da passagem do tempo e da forma de distribuição do medicamento não se podia indicar o autor (ou vários autores) do dano. O propósito é de evitar que a vítima, tendo como provar que o remédio veio de um fabricante insolvente, acione um grupo de fabricantes como forma de garantia.[88]

Terceiro, a vítima deveria demonstrar a participação considerável dos réus no mercado (*substantial share*).[89] No caso *Sindell*, os fabricantes representavam 90% (noventa por cento) do mercado, percentual que refletiria a alta probabilidade de que o dano tenha sido provocado por um dos fabricantes. Nesse caso, a indenização da vítima não é integral, mas proporcional à cota de participação dos réus.[90]

Quarto, deveria existir um sintoma típico (*signature disease*) que pudesse associar dano e produto, o que, no caso do DES, foi demonstrado graças a estudos médicos. Mas há outras situações em que a *market share* não logrou aplicação pela ausência desse requisito, como foi o caso da tinta com chumbo, uma vez que a intoxicação produz efeitos variados conforme a pessoa que se expõe, não havendo, portanto, como delimitar um sintoma típico.[91]

---

civil dos múltiplos ofensores. Dissertação de Mestrado em Direito. Universidade de São Paulo, São Paulo, 2014, p. 146). Conforme noticia Alberto Ruda GONZÁLEZ, "*Este carácter se daba claramente en el DES, ya que era indiferente si una persona consumía el de este o aquel fabricante, o si las tabletas tenían tal o cual forma o color. La fórmula y la composición química de las unidades era siempre la misma –por lo cual todas contenían la misma cantidad del principio activo nocivo–, y el producto se distribuía en las farmacias, sin información sobre el mismo, generalmente en recipientes suministrados por estas mismas*" (La responsabilidad por cuota de mercado a juicio. *InDret*, n. 47. Barcelona: jun./2003, p. 6).

[88] GONZÁLEZ, Alberto Ruda. La responsabilidad por cuota de mercado a juicio, cit., p. 7.

[89] "[...] *allowing a reduction in necessary parties by permitting joinder of less than all of the possible tortfeasors obviously reduces the possibility of the actual actor being found. This is, however, a necessary compromise when complicating factors preclude joinder of all manufacturers. The apportionment by market share seeks to temper this by allocating damages to each defendant in a proportion which '[w]ould approximate its responsibility for the injuries caused by its own products...' over time*" (GREENBERG, Rebecca. The indeterminate defendant in products liability litigation and a suggested approach of Ohio. *Cleveland State Law Review*, vol. 207. Cleveland: 1991, p. 221).

[90] "[...] a responsabilidade por cota de mercado, ainda que possa ser considerada como uma espécie de responsabilidade por causalidade presumida, afasta-se da responsabilidade por causalidade alternativa exposta no item anterior, na medida em que não estabelece o princípio da solidariedade entre os fornecedores ou 'membros do grupo'. Na responsabilidade por cota de mercado, cada presumido causador do dano responderá de acordo com sua participação no mercado e, consequentemente, de acordo com a probabilidade de ter causado o dano" (MULHOLLAND, Caitlin Sampaio. *A responsabilidade civil por presunção de causalidade*, cit., p. 239).

[91] GONZÁLEZ, Alberto Ruda. La responsabilidad por cuota de mercado a juicio, cit., p. 5.

Quinto, era necessária a exposição ao produto. Como a substância havia afetado o patrimônio genético da gestante, as suas netas também desenvolveram câncer. Os tribunais, no entanto, entenderam que uma responsabilização que alcançasse a terceira geração das consumidoras do medicamento seria gravosa demais para a indústria farmacêutica, elencando, como requisito para a indenização, a prova da exposição ao DES.[92]

A doutrina do *market share liability* recebeu algumas críticas. A primeira é que, se não exige da vítima a indicação precisa do autor do dano, exige que demonstre a participação do fabricante no mercado, o que também é difícil e pode mesmo variar ao longo de uma ação judicial.[93] A segunda é que, por responsabilizar os fabricantes de acordo com a sua participação no mercado, a doutrina desestimularia a competição entre agentes, pois todo fabricante buscaria ter uma participação pequena no mercado.[94]

O âmbito da teoria é bastante limitado por conta de seus próprios requisitos, vinculados por demais às circunstâncias do caso originário.[95] Com efeito, as Cortes Americanas negaram aplicação à teoria, sobretudo pela ausência de fungibilidade entre os produtos comercializados pelos diferentes fabricantes, da necessidade de inclusão dos fornecedores no polo passivo da ação e da própria impossibilidade de delimitar a parcela de mercado de cada um.[96] Por

---

[92] Idem, p. 10.
[93] MULHOLLAND, Caitlin Sampaio. *A responsabilidade civil por presunção de causalidade*, cit., p. 240.
[94] Conforme observa Caitlin Sampaio MULHOLLAND, ao abordar as críticas à doutrina do *market share liability* "[...]a simples assunção do risco de se estar inserido num mercado é suficiente para aumentar sobremaneira a litigiosidade de uma determinada comunidade. Em exemplo, se uma determinada empresa possui uma participação mínima no mercado, existirá uma tendência ao desleixo e à negligência desta em relação ao produto que comercializa, já que a sua responsabilidade, se um dia vier, será também mínima" (*A responsabilidade civil por presunção de causalidade*, cit., p. 242).
[95] GONZÁLEZ, Alberto Ruda. La responsabilidad por cuota de mercado a juicio, cit., p. 28.
[96] "A fungibilidade, como noção de que certos bens são intercambiáveis, se tornou um talismã requerido para a responsabilização por cota de Mercado, mas nunca foi realmente definida, descrita, nem compreendida pelas cortes. Nem mesmo os acadêmicos destrincharam os significados da fungibilidade até que a publicação do artigo inovador de Allen Rostron em 2004, o qual também advogou uma variante mais abrangente para o *market share liability*, chamada de '*proportional share liability*'" (GIFFORD, Donald; PASICOLAN, Paolo. Market Share Liability beyond DES Cases: the Solution to the Causation Dilemma in Lead Paint Litigation? *Legal Studies Research Paper*, vol. 10. University of Maryland: 2006, pp. 7-8. Tradução livre). Segundo Renato Franco de MORAES: "A principal razão adotada pelos tribunais para afastar a *market share liability* foi a ausência de fungibilidade entre os produtos comercializados pelos diversos fabricantes. Também se revelaram importantes, para o afastamento da teoria em diversos casos, (i) a impossibilidade de inclusão de todos os fornecedores – ou, ao menos, de parcela relevante

conta de tais limitações, outras teorias se desenvolveram, como a *proportional liability*[97] e a *polution liability*,[98] mas nenhuma delas, nem a própria teoria original, teve acolhida nos tribunais brasileiros.[99]

7.2. Danos oriundos do fumo

Quando a ciência comprovou os males que o cigarro oferece à saúde, o ordenamento jurídico brasileiro, na esteira de muitos outros, passou a desestimular o fumo, por meio de uma série de medidas, jamais indo ao ponto de proibir sua comercialização.[100] Com o surgimento, no Brasil, de decisões judiciais responsabilizando as indústrias de cigarro pelos danos decorrentes do hábito de fumar, a doutrina passou a discutir a possibilidade de se reconhecer um nexo causal probabilístico nesses casos.

De um lado, os autores alegam que as indústrias tabagistas têm conhecimento não só do mal que o cigarro faz à saúde, mas também da dependência química que provoca (a partir da nicotina). Do outro, as indústrias argumentam que os males do fumo são de saber notório, que as vítimas assumem

---

deles – no polo passivo da ação; e (ii) a dificuldade, em muitos casos, de se definir a parcela de mercado de cada um dos potenciais ofensores" (*A causalidade alternativa e a responsabilidade civil dos múltiplos ofensores*, cit., p. 148).

[97] GIFFORD, Donald; PASICOLAN, Paolo. Market Share Liability Beyond DES Cases, cit., pp. 26-30.

[98] DÍAZ, Rodrigo Barría. *El daño causado por el miembro indeterminado de un grupo*. Tese de Doutorado. Universidad de Salamanca. Salamanca, 2008, pp. 320-322.

[99] "No Brasil ainda não existem casos relatados em que se utilizou o critério da cota de mercado como forma de estabelecer a responsabilidade individual de cada um dos demandados de determinada ação indenizatória. De todo modo, a aplicação da teoria da responsabilidade civil por cota de mercado não parece ser a mais adequada quando se está diante de situações em que se presume a solidariedade. Em hipóteses tais, a solidariedade passiva dos obrigados a indenizar é forma mais ampla de garantia da indenização, na medida em que a vítima do dano pode razoavelmente ver-se indenizada integralmente pelo dano ocorrido, independentemente da participação de cada presumido obrigado na origem do dano" (cit., p. 240).

[100] Mencione-se, a esse título, o art. 220, §4º, da Constituição da República: "§4º. A propaganda comercial de tabaco, bebidas alcoólicas, agrotóxicos, medicamentos e terapias estará sujeita a restrições legais, nos termos do inciso II do parágrafo anterior, e conterá, sempre que necessário, advertência sobre os malefícios decorrentes de seu uso", a Lei nº 9.294/1996, dispõe sobre as restrições ao uso e à propaganda de produtos fumígeros, bebidas alcoólicas, medicamentos, terapias e defensivos agrícolas e o Decreto nº 5.658/2006, que promulga a convenção-quadro sobre controle do uso do tabaco, adotado pelos países membros da Organização Mundial de Saúde em 21 de maio de 2003 e assinada pelo Brasil em 16 de junho de 2003. Para um panorama completo do histórico do fumo no Brasil, cf. LOPEZ, Teresa Ancona. *Nexo causal e produtos potencialmente nocivos*: a experiência brasileira do tabaco. São Paulo: Quartier Latin, 2008, p. 61-65.

voluntariamente os riscos relativos a esse hábito e que não existe uma relação de causalidade específica entre os danos e sua atividade.

Também no caso do cigarro, a experiência americana tem servido de referência, já que as primeiras demandas ocorreram no EUA, em torno dos anos 1950.[101] A primeira onda de litigância – entre 1954 e 1982 – consistiu em ações individuais de responsabilidade subjetiva, com esteio na ideia de negligência e de violação ao dever de segurança por parte das indústrias. O principal argumento de defesa destas últimas era de inexistência de prova do nexo causal.[102]

O não acolhimento das teses autorais neste primeiro momento ensejou uma segunda onda de ações individuais – 1983 a 1991 – que passaram a se basear na responsabilidade objetiva (*strict product liability*) e na falta de informação a respeito dos riscos do tabaco (*failure to warn*). Novamente as indústrias conseguiram se eximir da responsabilidade, argumentando que as pessoas fumavam por livre arbítrio.[103]

Foi após a divulgação de um estudo revelando que as indústrias de cigarros sabiam de seus malefícios desde a década de 1950 que uma terceira onda de ações se iniciou, estendendo-se de 1994 até os dias de hoje.[104] Essa terceira onda contou com ações dos Estados americanos, exigindo o ressarcimento pelos custos de tratamento de pacientes com câncer e outras doenças relativas ao tabaco, o que suscitou a celebração de um acordo bilionário, o *Master*

---

[101] FACCHINI NETO, Eugênio. A relativização do nexo de causalidade e a responsabilização da indústria do fumo – a aceitação da lógica da probabilidade. *Civilistica.com*, a.5, n.1, 2016, pp. 5-6. Sobre a litigância em torno do tabaco nos países europeus, confira-se MIGLIORA, Luiz *et alii*. As ações indenizatórias movidas por fumantes contra empresas que produzem cigarros no direito comparado e brasileiro. *Revista dos Tribunais*, vol. 95. São Paulo: Revista dos Tribunais, abr./2006, pp. 31-65.

[102] AUSNESS, Richard. Compensation for Smoking-Related Injuries: an Alternative to Strict Liability in Tort. *The Wayne Law Review*, Kentucky, vol. 36, 1990, pp. 1088-1090.

[103] "*During the first and second waves of the litigation, the industry steadfastly maintained that its products were not harmful and paradoxically argued with great success that smokers had freely chosen to smoke and had assumed the risks of smoking, negligently contributing to their own harm*" (KELDER JR., Graham E. The Many Virtues of Tobacco Litigation. *Trial*, nov./1998. Disponível em: < www.thefreelibrary.com>. Acesso em 25.2.2018) Ver também GRANT, Alex J. New Theories of Cigarette Liability: the Restatement (Third) of Torts and the Viability of a Design Defect Cause of Action. *Cornell Journal of Law and Public Policy*, vol. 3, 1994. Disponível em: <www.scholarship.law.cornell.edu>. Acesso em 25.2.2018; BIANCHINI, Maria Gabriela. The Tobacco Agreement That Went Up in Smoke: Defining the Limits of Congressional Intervention into Ongoing Mass Tort Litigation. *California Law Review*, vol. 87, 1999, p. 710. Disponível em: <www.scholarship.law.berkeley.edu>. Acesso em 25.2.2018.

[104] RABIN, Robert. The third wave of tobacco tort litigation. In: RABIN, Robert; SUGARMAN, Stephen (Ed). *Regulation tobacco*. Oxford: Oxford University Press, 2001.

Settlement Agreement, em 1998.[105] Recentemente, também ações individuais obtiveram êxito, com a condenação das indústrias tabagistas por danos materiais e morais (*Horowitz v. Lorillard Tobacco Co.* e *Browns & Williamson Tobacco Corp. V. Carter*).[106]

No Brasil, o primeiro tribunal a reconhecer a responsabilidade das empresas de cigarro foi o Tribunal de Justiça do Rio Grande do Sul. Os autores requeriam indenização por danos morais e materiais pela morte de seu familiar, decorrentes do consumo do tabaco por cerca de 40 (quarenta) anos. Alegavam, sobretudo, que as indústrias de cigarros se valiam de propaganda enganosa, ao estabelecer uma ligação entre atividades esportivas e o tabaco, além de omitirem o fato de que o cigarro causa dependência química. A empresa ré (Phillip Morris), suscitou, entre outros argumentos, que o fornecimento do tabaco configura exercício regular do direito (art. 188, inciso I, do CC[107]), que a propaganda é objeto de regulação pelo Poder Público e que não haveria nexo de causalidade entre a atividade da empresa e o dano sofrido pelo demandante.

A Nona Câmara Cível, reconhecendo o nexo de causalidade a partir dos laudos médicos constantes dos autos, condenou a empresa a indenizar os danos materiais concernentes às perdas e aos lucros cessantes, bem como danos morais no valor de 3.200 (três mil e duzentos) salários mínimos à esposa, aos quatro filhos e aos genros.[108] Ao analisar o acórdão, Caitlin Sampaio MULHOLLAND

---

[105] ROCHA, Matheus Pereira. *Além da fumaça*: reflexões sobre o risco na responsabilidade civil objetiva das fabricantes de cigarro. Universidade de Coimbra, 2014.

[106] Disponível em <www.supreme.justia.com>. Acesso em 20.7.2017.

[107] *Verbis*: "Art. 188. Não constituem atos ilícitos: I – os praticados em legítima defesa ou no exercício regular de um direito reconhecido [...]".

[108] TJRS, 9ª C.C., Ap. Civ. 70000144626, Rel. Des. Ana Lúcia de Carvalho Porto Vieira, julg. 29.10.2003. Extrai-se do acórdão: "O nexo de causalidade restou comprovado nos autos, inclusive pelo julgamento dos embargos infringentes anteriormente manejados, em que se entendeu pela desnecessidade de outras provas, porquanto fato notório que a nicotina causa dependência química e psicológica e que o hábito de fumar provoca diversos danos à saúde, entre os quais o câncer e o enfisema pulmonar, males de que foi acometido o falecido, não comprovando a ré, qualquer fato impeditivo, modificativo ou extintivo do direito dos autores (art. 333, II, do CPC)". Do voto do Des. Adão Sérgio Cassiano do Nascimento, cabe destacar: "Na verdade, como anteriormente visto, os autores provaram o que lhes competia, nos termos do art. 333, inciso I, do CPC, isto é, demonstraram o hábito de consumo de cigarros e provaram a doença, que teve como consequência a morte da vítima, e demonstraram documentalmente a relação de causalidade entre estes dois últimos eventos mencionados e o hábito de fumar do falecido Eduardo, o que foi feito especialmente, como aludido, pelo mencionado atestado médico de fl. 39 dos autos. Portanto, se esse é o irretorquível contexto probatório dos autos, resta inarredável que era ônus da ré provar fato impeditivo, modificativo ou extintivo do direito dos autores (CPC, art. 333, II), o que não fez exatamente porque renunciou expressamente a qualquer produção probatória com a interposição dos embargos infringentes aqui tantas vezes já referidos. Ainda que não bastasse tudo

observou que houve uma verdadeira presunção de que o câncer havia sido consequência do hábito de fumar.[109]

Depois de 2003, outras decisões condenatórias surgiram, embora a maioria dos julgados ainda seja pela ausência do dever de indenizar.[110] O STJ posiciona-se de forma contrária à condenação, afastando a responsabilidade da empresa com base na ausência de provas suficientes quanto à relação de causalidade.[111]

---

o que até aqui já foi exposto, o fato é que também não há como afastar a racionalidade e a lógica do razoável no sentido de que, diante dos fundamentos antes expostos, resta evidente a demonstração de que o consumo de cigarro está inafastavelmente na linha da causa eficiente e adequada da morte da vítima, não havendo qualquer outro elemento nos autos que aponte noutro sentido".

[109] "[...] os fundamentos utilizados pelos desembargadores neste acórdão nada mais fazem do que advogar a presunção de fato da causalidade. Evidentemente, os males do fumo são notoriamente conhecidos, mas a questão debatida em relação à possibilidade de uma indenização baseada nos danos causados pelo tabaco é justamente se o dano que adveio ao fumante pode ser ligado causalmente – através de um nexo de necessariedade ou de adequação, dependendo de qual teoria causal se adote – ao uso contínuo do cigarro. E isto não foi sequer ventilado pelo decisório, pois se presumiu que o câncer desenvolvido pelo falecido era consequência de seu hábito – expressão preferida pelas indústrias de tabaco – ou dependência – como pretendem os que advogam contra o tabaco" (MULHOLLAND, Caitlin Sampaio. *A responsabilidade civil por presunção de causalidade*, cit., p. 253).

[110] No TJRJ, destacam-se as decisões desfavoráveis ao ressarcimento: 13ª C.C., Ap. Civ. 0080254-16.2004.8.19.0001, Rel. Des. Ademir Paulo Pimentel, julg. 9.8.2012; 26ª C.C., E.Infr. 0080254--16.2004.8.19.0001, Des. Juarez Fernandes Folhes, julg. 10.4.2014; 11ª C.C., Ap. Civ. 0000088--41.2007.8.19.0211, Rel. Des. Marilene Melo Alves, julg. 7.4.2010. No TJSP, veja-se: 2ª C.D.Priv., Ap. Civ. 9178350-23.2001.8.26.0000, Rel. Des. José Roberto Bedran, julg. 28.8.2007. No TJRS: 5ª C.C., Ap. Civ. 70006270508, Rel. Des. Léo Lima, julg. 18.9.2003. Favoravelmente à indenização, ver, no TJRJ: 8ª C.C., Ap. Civ. 000051-90.2002.8.19.0210, Rel. Des. Mônica Maria Costa Di Piero, julg. 22.3.2011; no TJSP: 8ª C.D.Priv., Ap. Civ. 3792614/5, Rel. Des. Joaquim Garcia, julg. 8.10.2008 e, por fim, no TJRS: 5ª C.C., Ap. Civ. 70019379551, Rel. Des. Paulo Sergio Scarparo Lima, julg. 26.9.2007; 9ª C.C., Ap. Civ. 70007090798. Conforme observa Natalia Yazbek ORSOVAY: "[...] no caso das indústrias tabagistas, os maiores obstáculos à imputação da obrigação de indenizar relacionadas ao nexo de causalidade são: (i) o fato de o fumo ser um produto fornecido de forma genérica do mercado; (ii) o fato de o hábito de fumar ser apenas um fator de risco no desenvolvimento de diversas doenças e não necessariamente um fator determinante; e, (iii) a possível ruptura do nexo causal por fato da própria vítima" (*O problema do nexo causal na responsabilização das empresas tabagistas*. Trabalho de conclusão de curso [bacharelado]. Fundação Getúlio Vargas. São Paulo, 2013, p. 14).

[111] Matheus Pereira ROCHA observa que, entre os anos de 2007 e 2010, "o Superior Tribunal de Justiça, instância máxima do país em matéria infraconstitucional, proferiu seis decisões em ações de indenização por danos sofridos por vítimas do tabaco, sendo que em nenhuma delas houve condenação da indústria tabagista. Nos julgados que enfrentaram o mérito da questão, o pedido foi negado, por unanimidade, sob a argumentação de (1) falta de nexo causal, (2) ausência de violação a dever legal e (3) culpa exclusiva da vítima" (*Além da fumaça*, cit., p. 10). São exemplos desse posicionamento os seguintes julgados da 4ª T.: REsp. 886.347/RS, Rel. Min. Honildo Amaral de Mello Castro, julg. 25.5.2010; REsp. 1.113.804/RS, Rel. Min. Luis Felipe Salomão, julg. 27.4.2010; REsp. 823.256/RN, Rel. Min. João Otávio de Noronha, julg. 19.2.2008.

Esse aumento no número de ações instigou a doutrina acerca do tema, havendo diversos argumentos a favor e contra a responsabilização dos fabricantes.[112] Aqui, interessa destacar que tal responsabilização só é possível através da causalidade geral, isto é, da associação estatística entre o cigarro e a doença. Estes dados, porquanto expressivos, por vezes podem convencer o julgador, ao menos, da alta probabilidade de que a doença seja resultado do fumo.[113]

---

[112] Como exemplo de posicionamentos doutrinários favoráveis à responsabilização: PASQUALOTTO, Adalberto. O direito dos fumantes à indenização, cit., *passim*; FACCHINI NETO, Eugênio. A relativização do nexo de causalidade e a responsabilização da indústria do fumo – a aceitação da lógica da probabilidade, cit., *passim*; GUIMARÃES JÚNIOR, João Lopes. Livre-arbítrio do viciado: quando os juízes ignoram a ciência. In: MARQUES, Cláudia Lima; HOMSI, Clarissa Menezes (Coord.). *Controle do tabaco e o ordenamento jurídico brasileiro*. Rio de Janeiro: Lumen Juris, 2011, pp. 135-145; TARTUCE, Flávio. *Responsabilidade civil objetiva e risco*: a teoria do risco concorrente. São Paulo: GEN/Método, 2011, pp. 337-369. Contrariamente, AGUIAR JÚNIOR, Ruy Rosado. Os pressupostos da responsabilidade civil no CDC e as ações de indenização por danos associados ao consumo de cigarros. *Civilistica.com*. Rio de Janeiro, a. 1, n. 1, 2016; TEPEDINO, Gustavo. A causalidade nas ações de responsabilidade atribuídas ao hábito de fumar. *Revista Forense*, vol. 384. Rio de Janeiro: Forense, mar./2006, pp. 209-228; MORAES, Maria Celina Bodin de. Uma aplicação do princípio da liberdade. In: *Na medida da pessoa humana*: estudos de direito civil-constitucional. Rio de Janeiro: Renovar, 2010, pp. 183-206; AZEVEDO, Álvaro Villaça. A dependência do tabaco e sua influência na capacidade jurídica do indivíduo. In: LOPEZ, Teresa Ancona (Org.). *Estudos e pareceres sobre livre-arbítrio, responsabilidade e produto de risco inerente*: o paradigma do tabaco: aspectos civis e processuais. Rio de Janeiro: Renovar, 2009, pp. 67-82.

[113] Segundo a OMS, 12% de todas as mortes causadas em adultos a partir dos trinta anos são atribuídos ao tabaco. Em 2004, entre 5 milhões de adultos com 30 anos ou mais morreram diretamente por conta do tabaco (como fumantes ativos ou passivos), o que equivale a uma morte a cada seis segundos, aproximadamente. As regiões com maior proporção de mortes atribuídas ao tabaco são as Américas e a Europa, onde o tabaco tem sido utilizado a mais tempo. A taxa de mortalidade atribuída ao tabaco é maior entre homens do que entre mulheres. Entre as doenças transmissíveis, o tabaco é responsável por cerca de 7% de todas as mortes oriundas de tuberculose e 12% das mortes devidas às infecções respiratórias menores. Dentre as doenças não-transmissíveis, o tabaco é responsável por 10% de todas as mortes oriundas de doenças cardiovasculares, 22% de todas as mortes por câncer e 36% de todas as mortes por doenças no aparelho respiratório. A propensão à morte por doenças do sistema cardiovascular associadas ao cigarro é maior entre os adultos jovens. Dos adultos entre 30 e 44 anos que morreram de isquemia cardíaca, 38% das mortas estão relacionadas ao tabaco. 71% das mortes por câncer de pulmão são atribuíveis ao tabaco. 42% de todas as doenças crônicas de obstrução pulmonar são atribuíveis ao cigarro. No Brasil, 200 mil óbitos ao ano são relacionados ao tabagismo, sendo 3.000 de fumantes passivos. A previsão para o ano 2030 é de ocorrerem, no mundo, 8 milhões de óbitos, sendo 80% em países em desenvolvimento. Persistindo a tendência, no século XX, 100 milhões de mortes teriam ocorrido e, no século XXI, eventualmente, poderá chegar a 1 bilhão de óbitos. Disponível em: <http://www2.inca.gov.br/>. Acesso em 14.6.2017.

Ocorre que a maioria dos problemas de saúde que o fumante geralmente apresenta são multifatoriais, porque dependem de vários *fatores de risco*, isto é, circunstâncias ambientais ou pessoais que conferem a alguém uma propensão maior a certa doença. Esses fatores de risco não são o mesmo que *causas* da doença, pois se averiguam a partir de dados populacionais, não individuais.[114] Daí se dizer que a associação epidemiológica não faz prova de uma relação causal específica, isto é, de um nexo causal entre o fumo e a patologia.[115]

Com exceção da Tromboangeíte Obliterante (ou Doença de Buerger), que, segundo a literatura médica, se manifesta apenas em fumantes,[116] as demais enfermidades podem ser consequência não do hábito de fumar, mas de algum outro fator de risco. É por isso que muitos fumantes não desenvolvem qualquer das doenças estatisticamente ligadas ao tabaco.[117]

---

[114] Na observação de Eliane LEVE, "Epidemiologicamente [...] deve-se esclarecer que o termo 'causal' é utilizado para referir a uma associação existente entre um fator de risco e uma doença em uma população. Fala-se em 'associação causal', entre álcool e câncer de laringe, por exemplo, diferenciando-se do que seria uma 'associação não causal', como por exemplo, entre o consumo de bananas e o câncer. É que, por uma irônica coincidência, pode ocorrer de a incidência de câncer ser maior em uma população que consome bananas, sem que o consumo de bananas esteja associado, de qualquer forma, ao desenvolvimento dessa doença [...]. O que deve ser esclarecido é que uma associação dita causal em Epidemiologia não quer significar que o fator cause a doença em um indivíduo isolado (a Epidemiologia não estuda o mecanismo etiológico das enfermidades), mas apenas que existe associação entre fato e doença na população sob estudo. A referência à causa é feita para a população" (Nexo de causalidade e epidemiologia: impossibilidade de extrapolação dos dados epidemiológicos para o estabelecimento do nexo causal no caso concreto. *Revista Trimestral de Direito Civil*, vol. 26. Rio de Janeiro: Padma, abr.-jun./2006, p. 183).

[115] "A Epidemiologia não pode ser usada para o estabelecimento do nexo de causalidade em casos individuais (e vale frisar que não é mesmo essa sua finalidade), particularmente em demandas judiciais, em que se exige o nexo de causalidade *direto e imediato* (ou seja, necessário) entre o fato e o dano" (*Idem*, p. 187). Veja-se também, a lição de Gustavo TEPEDINO: "Aqui está a diferença fundamental entre as noções de causalidade adotadas pela epidemiologia e pela ordem jurídica. Para a epidemiologia, o nexo de causalidade se estabelece entre causas prováveis de certa enfermidade, de tal modo que todos os fatores de risco, por serem, do ponto de vista estatístico, potenciais causadores de determinado quadro patológico, configuram causas de enfermidades. Para a técnica do direito, bem ao contrário, como robustamente demonstrado, cuidando-se de se atribuir consequências patrimoniais e morais danosas a alguém, impondo-se-lhe sanções, suprimindo bens de seu patrimônio e restringindo sua esfera de atuação privada, somente pode-se considerar como *causa jurídica de um evento danoso* o comportamento ou atividade ligada ao dano pelo nexo de causalidade necessário" (A causalidade nas ações de responsabilidade atribuídas ao hábito de fumar, cit., p. 222).

[116] DELFINO, Lúcio Responsabilidade civil da indústria do tabaco. In: MARQUES, Cláudia Lima e HOMSI, Clarissa Menezes (Coord.). *Controle do tabaco e o ordenamento jurídico brasileiro*. Rio de Janeiro: Lumen Juris, 2011, p. 93.

[117] No caso do câncer, colhe-se a observação do Ministro Carlos Alberto Menezes Direito: "É sabido que o problema da patologia neoplásica é dependente da própria formação genética: há pessoas que

É por conta da ausência de uma causalidade específica entre o fumo e as diversas doenças que com ele guardam uma associação estatística que boa parte da doutrina entende ser incabível a responsabilização das indústrias tabagistas. Nessa perspectiva, os dados estatísticos acerca do fumo serviriam apenas como indícios na avaliação do nexo causal.[118] Para o entendimento contrário, esse seria um exemplo de nexo causal probabilístico, uma vez que os dados estatísticos constituiriam prova de que o tabagismo é causa do dano, ainda que em concurso com outras.[119]

---

têm tendências genéticas do ponto de vista da aquisição de determinada patologia, e outras não, e isso é específico no caso das doenças malignas, *ad exemplum* dos fumantes – existem pessoas que fumam a vida inteira, em intensidade redobrada, todavia não adquirem a patologia neoplásica e, outras a adquirem, mesmo que fumem apenas eventualmente, alcançando, quanto ao fumante, não apenas a laringe, o esôfago, mas o pulmão. E não se explicaria que pessoas fumantes inveteradas, por exemplo, não adquiram o câncer de pulmão, enquanto outras, que jamais fumaram, mas por possuírem alterações genéticas da patologia neoplásica, o adquirem" (STJ, 3ª T., REsp. 304.724/RJ, Rel. Humberto Gomes de Barros, julg. 24.5.2005).

[118] LEVE, Eliane. Nexo de causalidade e epidemiologia, cit., p. 190. É de se reconhecer que a discussão sobre a responsabilização das empresas de cigarro extrapola o aspecto da causalidade estatística, atraindo questões como livre-arbítrio do fumante enquanto excludente do nexo de causalidade (TEPEDINO, Gustavo. A causalidade nas ações de responsabilidade atribuídas ao hábito de fumar, cit., p. 226), a acepção do cigarro como produto perigoso, o qual só se torna defeituoso pelo descumprimento do dever de informar (LOPEZ, Teresa Ancona. *Nexo causal e produtos potencialmente nocivos*, cit., pp. 70-79; 84-110) e a relevância jurídica do comportamento de quem busca indenização, mas mantém o hábito do fumo (*Idem*, pp. 151-156; TEPEDINO, Gustavo. Liberdade de escolha, dever de informar, defeito do produto e boa-fé objetiva nas ações de indenização contra os fabricantes de cigarro. In: LOPEZ, Teresa Ancona (Org.). *Estudos e pareceres sobre livre-arbítrio, responsabilidade e produto de risco inerente*: o paradigma do tabaco: aspectos civis e processuais. Rio de Janeiro: Renovar, 2009, pp. 231-232).

[119] "Nada haverá, pois, que impeça o juiz de proferir um julgamento de procedência, se concluir que, além do tabagismo, outras causas concorreram para o dano. Essencial, realmente, é que a causa seja *necessária* à produção do dano, independentemente das demais condições que o cercam, de sorte que duas ou mais causas podem efetivamente contribuir para o desencadeamento do resultado danoso, de maneira complementar ou concorrente" (DELFINO, Lúcio, cit., p. 94). Confira-se, também, a conclusão de Eugênio FACCHINI NETO: "De fato, mais razoável do que simplesmente julgar-se improcedente a demanda, em razão do resíduo de dúvida remanescente acerca do nexo de causalidade entre o tabagismo e a doença desenvolvida, pode-se acolher a pretensão, mas condenando-se a indústria de fumo apenas no percentual de probabilidade estatística de que aquela doença derive do tabagismo. Assim, por exemplo, se as estatísticas científicas mais abalizadas e atualizadas apontarem no sentido de que 85% dos casos de câncer de pulmão estão diretamente relacionados ao tabagismo, julgar-se-ia parcialmente procedente a ação para se condenar a indústria do fumo ao pagamento de 85% da pretendida e hipotética indenização" (A relativização do nexo de causalidade e a responsabilização da indústria do fumo, cit., pp. 36-37).

7.3. Outros casos: responsabilidade pelo uso do amianto, acidentes de trabalho e danos ambientais

Outras hipóteses que provocam a discussão acerca do nexo causal probabilístico são a responsabilidade pelo uso do amianto, os acidentes de trabalho e os danos ecológicos, aos quais se faz uma breve menção.

O amianto serviu durante muito tempo na fabricação de diversos produtos industriais e domésticos devido às suas propriedades práticas (retardamento de chamas, isolamento elétrico e térmico, estabilidade química e térmica, além de alta resistência à tração) que lhe deram a fama de "mineral milagroso".[120] Mas hoje se reconhece que o amianto é causa de várias doenças, constituindo fator de risco à saúde pela simples inalação. A OIT (Organização Internacional do Trabalho) estima que, nas últimas décadas, 100.000 (cem mil) mortes em todo o mundo decorreram da exposição ao amianto, enquanto a OMS (Organização Mundial da Saúde) afirma que 90.000 pessoas morrem por ano devido ao contato com a substância no local de trabalho.[121]

O ordenamento brasileiro conta com as disposições do Decreto nº 126/1991, que promulgou a Convenção OIT nº 162 e com a Lei nº 9.055/1995, que disciplina a extração, industrialização, utilização, comercialização e transporte do amianto e dos produtos que o contenham. Além, disso, tramitam perante o Supremo Tribunal Federal ações que tratam da proibição do amianto no âmbito de alguns estados e municípios, justamente pelos males que causa.[122]

Nos EUA, a crise do amianto caracterizou-se por uma onda de ações indenizatórias e a falência de fornecedores.[123] Na maioria das decisões que responsabilizaram as indústrias, não houve apego à prova do nexo entre o fornecimento do produto e o dano, em virtude de uma presunção quase absoluta calcada em estudos científicos. Essa também pode ser uma tendência nas cortes trabalhistas nacionais, destacando-se a decisão do TRT da 9ª Região, que considerou haver relação de causa e efeito entre a exposição do empregado à poeira de amianto e uma lesão pleural. Para o relator do caso, apesar

---

[120] WHITE, Michelle. Asbestos and the Future of Mass Torts. *NBER*, n. 10308. San Diego: fev./2004, p. 1. Disponível em: <http://www.nber.org/papers/w10308>. Acesso em 19.6.2017.

[121] Informação disponível no portal do Ministério do Meio Ambiente: <http://www.mma.gov.br/>. Acesso em 19.6.2017.

[122] Ver, no STF, as seguintes ações: ADPF 109/SP, ADI 3.937/SP, ADI 3.356/PE e ADI 3.357/RS, que tratam da constitucionalidade de leis estaduais e municipais que proíbem a produção, comércio e uso de produtos com amianto nos respectivos territórios.

[123] WHITE, Michelle. Asbestos and the Future of Mass Torts, cit., p. 16.

de o laudo pericial não ter confirmado asbestose, não ficou comprovada a interferência de qualquer outra causa que pudesse contribuir para o quadro, pelo que condenou a empresa a arcar com os danos.[124]

Ainda na esfera trabalhista, outra questão que se coloca é a do acidente de trabalho, decorrente do exercício da atividade laboral. A Lei nº 8.213/91 (Lei da Previdência Social) sofreu recente modificação, passando a prever, em seu artigo 21-A, o chamado nexo técnico epidemiológico – NTEP. De acordo com o dispositivo legal, presume-se a natureza ocupacional do dano sempre que houver correlação entre a doença e a atividade econômica da empresa.[125] Assim, inverte-se o ônus da prova, cabendo ao empregado demonstrar que a doença não guarda relação com o trabalho.

Pela inovação legislativa, o perito do INSS, verificando (através de dados estatísticos) que o agravo é de ocorrência comum em trabalhadores do mesmo segmento econômico, pode presumir o nexo entre o dano e a atividade laboral, resultando na concessão do benefício previdenciário-acidentário.[126] Essa seria, portanto, mais uma hipótese em que se faz suficiente a comprovação de uma probabilidade estatística para o reconhecimento do vínculo de causalidade.

Por fim, fala-se em nexo probabilístico nos casos de dano ambiental.[127] Sabe-se que a formulação tradicional da responsabilidade civil é incapaz de atender aos interesses de proteção do meio ambiente, em grande parte por conta da complexidade do processo ecológico.[128] Em matéria de nexo, a dou-

[124] TRT-9, 2ª T., Recurso Ordinário 05219-2006-892-09-00-3 (RO), Rel. Des. Márcio Dionísio Gapski, julg. 28.9.2010.
[125] *Verbis.* "Art. 21-A. A perícia médica do Instituto Nacional do Seguro Social (INSS) considerará caracterizada a natureza acidentária da incapacidade quando constatar ocorrência de nexo técnico epidemiológico entre o trabalho e o agravo, decorrente da relação entre a atividade da empresa ou do empregado doméstico e a entidade mórbida motivadora da incapacidade elencada na Classificação Internacional de Doenças (CID), em conformidade com o que dispuser o regulamento".
[126] "Com espeque em tal dispositivo legal, poderia o médico perito do INSS, diante de um segurado, por exemplo, acometido de LER – lesão por esforço repetitivo – definir como ocupacional a origem da patologia, na hipótese de o obreiro laborar na atividade bancária, haja vista o risco potencial dessa atividade, exaustivamente comprovado por dados estatísticos da própria autarquia previdenciária" (AGUIAR, Maria Rita Manzarra Garcia de. Nexo técnico epidemiológico. *Revista Eletrônica do TRT-4*, vol. 62, 2ª quinzena de set./2008, p. 70).
[127] RODRIGUES JÚNIOR, Otávio Luiz. Nexo causal probabilístico, cit., p. 3.
[128] Conforme leciona Antonio Herman BENJAMIN, "A responsabilidade civil, na sua formulação tradicional, não poderia agregar muito à proteção do meio ambiente; seria mais um caso de *law in the books*, o Direito sem aplicação prática. Projetada para funcionar num cenário com uma ou poucas vítimas, regulando o relacionamento indivíduo-indivíduo, salvaguardando as relações homem--homem, de caráter essencialmente patrimonial, e não as relações homem-natureza, não teria mesmo essa responsabilidade civil grande utilidade na tutela do meio ambiente" (Responsabilidade

trina aponta pelo menos dois obstáculos cruciais: a) a identificação, entre os vários agentes possíveis, daquele cuja ação ou omissão provocou o dano;[129] ii) a identificação do *modus operandi* da causação do dano, já que certas consequências só se manifestam no transcurso de um longo período de tempo e com a colaboração de condutas indeterminadas e acumuladas.[130]

Assim é que se defendem mecanismos de flexibilização da prova do nexo, como a prova indiciária e a presunção de causalidade, ou mesmo o uso de teorias da probabilidade.[131] Entretanto, a probabilidade agrega-se, no mais das vezes, às noções de verossimilhança e de potencialidade danosa, carecendo de

civil pelo dano ambiental. *Revista de Direito Ambiental*, vol. 9. São Paulo: Revista dos Tribunais, jan.-mar./1988, p. 9). José Rubens Morato LEITE e Délton Winter de CARVALHO observam que "[...] a própria complexidade inerente ao ambiente ecológico e às interações entre os bens ambientais e seus elementos fazem da incerteza científica um dos maiores obstáculos à prova do nexo causal para a imputação da responsabilidade objetiva" (Nexo de causalidade na responsabilidade por danos ambientais. *Revista de Direito Ambiental*, vol. 47. São Paulo: Revista dos Tribunais, jul./2007, p. 78).

[129] Observa Branca Martins da CRUZ que a dificuldade muitas vezes recai não sobre a causa do dano, mas sobre a sua autoria: "Pense-se, por exemplo, na poluição acidental de um curso d'água, revelando as análises feitas (à própria água e aos peixes mortos) que essa poluição foi provocada por determinado produto químico utilizado por várias empresas industriais da região ribeirinha, nos respectivos processos produtivos. Pretende-se saber qual ou quais dessas fábricas procederam ao despejo de efluentes que originou o dano. Também aqui a questão não será de causalidade, pois a causa da poluição está diagnosticada, encontrando-se igualmente estabelecido o nexo necessário com a atividade industrial na zona afetada. A questão será antes de provar que a empresa *A* ou a empresa *B*, ou ambas, tiveram efetivamente aquele comportamento lesivo! É um problema de prova, indispensável à necessária imputação objetiva do dano a um agente lesante" (Responsabilidade civil pelo dano ecológico: alguns problemas. *Revista de Direito Ambiental*, vol. 5. São Paulo: Revista dos Tribunais, jan.-mar./1997, p. 31).

[130] BENJAMIN, Antonio Herman. Responsabilidade civil pelo dano ambiental, cit., p. 45.

[131] No sentido de utilização da prova indiciária, v. LEITE, José Rubens Morato; NETO, Pery Saraiva. A prova judicial do nexo de causalidade do dano ambiental: prova indiciária e sua valoração em um contexto de incertezas. In: MILARÉ, Édis (Coord.). *A ação civil pública após 25 anos*. São Paulo: Revista dos Tribunais, 2010, p. 479. Quanto à utilização da probabilidade, veja-se a análise do direito comparado em LEITE, José Rubens Morato; CARVALHO, Délton Winter de. O nexo de causalidade na responsabilidade civil por danos ambientais, cit., p. 89. Herman Benjamin se manifesta pela possibilidade de adoção da presunção da causalidade, fazendo referência ao direito francês em matéria nuclear e ao direito ambiental alemão, além da possibilidade de utilização da causalidade alternativa ou do *market share liability*. BENJAMIN, Antônio Herman. Responsabilidade civil pelo dano ambiental, cit., pp. 45- 46. Vale lembrar também a controvérsia sobre a teoria do risco a se adotar na responsabilidade ambiental, o que influi na admissibilidade das excludentes do nexo. Acerca da controvérsia, v. SILVA, Bruno Campos. O nexo de causalidade no âmbito da responsabilidade civil ambiental e da responsabilidade civil ambiental pós-consumo. In: ROSSI, Fernando F. *et alii* (Coord.). *Aspectos controvertidos do direito ambiental: tutela material e processual*. Belo Horizonte: Fórum, 2013, pp. 44-45.

maior apuro técnico. Afinal, o dever de indenizar, na seara ambiental, emana do princípio da precaução, que fixa uma presunção de causalidade entre a atividade e o dano.[132]

8. Considerações finais

As incertezas em torno da causalidade fazem do nexo um elemento inapto a conter as demandas indenizatórias, o que se percebe pela flexibilização da sua prova nos tribunais. Em doutrina, ganha destaque a ideia de presunção de causalidade, que ocorreria a partir de uma associação estatística entre atividade de risco e dano.

A ideia de probabilidade tem maior desenvolvimento no âmbito da teoria da prova, pois diz respeito à demonstração dos fatos em juízo, sendo objeto de duas teorias principais, a probabilidade quantitativa e a probabilidade lógica. A probabilidade quantitativa visa a obter, a partir de dados estatísticos, um valor correspondente ao grau de convencimento do magistrado acerca da relação de causalidade. Já a probabilidade lógica não determina um valor que represente a probabilidade de ocorrência do evento, apenas leva em conta os elementos de prova para fundamentar a admissão deste mesmo evento.

Em tema de responsabilidade civil, a abordagem probabilística traduz uma causalidade genérica que se constata por meio de estatísticas, aferindo-se o nexo em um caso específico através da causalidade em outros casos semelhantes.[133] Ao que parece, o que mais importa é facilitar o convencimento do juiz

---

[132] "[...] pode-se dizer que o princípio da precaução inaugura uma nova fase para o próprio Direito Ambiental. Nela já não cabe aos titulares de direitos ambientais provar efeitos negativos (= ofensividade) de empreendimentos levados à apreciação do Poder Público ou do Poder Judiciário [...], impõe-se aos degradadores potenciais o ônus de corroborar a inofensividade de sua atividade proposta, principalmente naqueles casos onde eventual dano possa ser irreversível, de difícil reversibilidade ou de larga escala" (BENJAMIN, Antonio Herman. Responsabilidade civil pelo dano ambiental, cit., p. 18). Nesse sentido, também, Teresa Ancona LOPEZ: "Hoje, o referido princípio tem incidência de forma ampla em questões que envolvem riscos de danos ao meio ambiente como um dever de cautela que se impõe na incerteza científica de danos, em função do bem juridicamente tutelado, qual seja, o meio ambiente ecologicamente equilibrado, fundamental para a garantia do direito à vida das presentes e futuras gerações" (*Princípio da precaução e evolução da responsabilidade civil*. São Paulo: Quartier Latin, 2010, p. 235).
[133] Como observa Anderson SCHREIBER: "[...] diante de obstáculos científicos ou econômicos à prova do nexo, as cortes se permitem empregar métodos inovadores, concluindo pela causalidade em concreto a partir de uma relação causal mais coletiva ou abstrata, existente entre o dano do consumidor e o grupo de agentes que integra a cadeia de fornecimento (responsabilidade solidária

acerca da existência do nexo, independentemente do critério objetivo pelo qual se chegará a esse convencimento (prova indireta, máxima da experiência, inversão do ônus probatório ou probabilidade estatística).

Assim, a probabilidade causal se apresentaria nos casos em que uma pluralidade de agentes ocasiona um dano, sendo difícil determinar o seu autor. É o que se verifica nos casos de responsabilidade alternativa e de responsabilidade por danos difusos (sobretudo ambientais). Também se invoca a ideia de nexo probabilístico na responsabilização pelo uso de produtos perigosos, como o cigarro, em relação aos quais, por vezes, não existe um meio de comprovação do nexo causal, mas apenas dados científicos que demonstram uma relação entre o produto e o dano.

Não há dúvida de que esta probabilidade estatística influencia na percepção do nexo, a ponto de se admitir que uma frequência próxima de 100% (cem por cento) seria equivalente à demonstração do nexo em concreto.[134] Por outro lado, deve-se reconhecer que a estatística também é uma ciência, com suas próprias limitações e contradições, devendo ser objeto de discussão e argumentação no processo.[135]

---

do fornecedor), ou entre o dano da vítima e o grupo formado por possíveis causadores (causalidade alternativa), ou ainda entre o produto do agente e outros consumidores vitimados pelo mesmo dano (causalidade estatística)" (SCHREIBER, Anderson. Flexibilização do nexo causal em relações de consumo, cit., p. 40).

[134] "Na hipótese de se demonstrar, p. ex., mediante lei estatística, que determinada doença de pulmão desenvolve-se em 98% das pessoas que possuem o hábito de fumar, é possível estabelecer a presunção de causalidade entre o hábito de fumar e a doença que atinja o grau de suficiência de prova necessário para o modelo da *preponderância da probabilidade*. Embora não se esteja a tratar da causalidade particular, o alto grau de frequência em termos universais autoriza a utilização da lei estatística como prova do nexo de causalidade específico. Ora, se de cada 100 vezes que a doença surge, em 98 dos casos isso decorre do hábito de fumar, é possível dizer que provavelmente existiu o nexo de causalidade no caso concreto" (CARPES, Arthur Thompsen. *A prova do nexo de causalidade na responsabilidade civil*, cit., p. 162).

[135] Como exemplifica Eliane LEVE, acerca do tabagismo "No caso individual, estaria errado dizer que o câncer de pulmão foi causado pelo fumo com 90% de certeza; no caso individual, não se podem nem mesmo concluir que é *mais provável* que a causa do câncer tenha sido o fumo. Mesmo porque apenas de 10 a 15% dos fumantes desenvolvem essa doença. Se apenas a minoria dos fumantes desenvolve câncer de pulmão, como sustentar que é 'mais provável' que o câncer de certo indivíduo foi causado pelo fumo? Parece não ser possível considerar um dado (90% dos casos de câncer de pulmão ocorrem em fumantes) e desprezar o outro (10 a 15% dos fumantes desenvolvem câncer de pulmão), especialmente porque esse segundo dado demonstra que outros fatores são importantes para o desenvolvimento da doença" (Nexo de causalidade e epidemiologia, cit., pp. 188--189). Veja-se também a observação do especialista Charles WHEELAN: "A probabilidade nos dá ferramentas para lidar com as incertezas da vida. Você não deve jogar na loteria. Você deve investir no mercado de ações se tiver um longo horizonte de investimentos (porque as ações tipicamente

A ausência de critérios para construir uma presunção de causalidade pode levar à própria superação do nexo, de modo que o julgador se satisfaça com a demonstração do risco da atividade.[136] Assim, analisando uma hipótese de dano ambiental, ou os efeitos colaterais de um produto farmacêutico, o magistrado passaria a avaliar não a existência de um nexo, mas a existência do risco, à revelia de um dos elementos da responsabilidade civil.

9. Referências

AGUIAR, Maria Rita Manzarra Garcia de. Nexo técnico epidemiológico. *Revista eletrônica do TRT- 4*, n. 63, ano IV. Porto Alegre: 2ª quinzena de set./2008.

AGUIAR JÚNIOR, Ruy Rosado. Os pressupostos da responsabilidade civil no CDC e as ações de indenização por danos associados ao consumo de cigarros. *Civilistica.com*. Rio de Janeiro, a. 1, n. 1, 2016.

ALVIM, Agostinho. *Da inexecução das obrigações e suas consequências*. 3. ed. São Paulo: Editora Jurídica e Universitária, 1965.

ARISTÓTELES. *Metafísica*: Ensaio introdutório, texto grego com tradução e comentário de Giovanni Reale, vol. II. Trad. Marcelo Perine. São Paulo: Loyola, 2002.

AUSNESS, Richard C. Compensation for Smoking-Related Injuries: an Alternative to Strict Liability in Tort. *The Wayne Law Review*, vol. 36. Kentucky: 1990.

BARROS, Raimundo Gomes de. Relação de causalidade e o dever de indenizar. *Revista de Direito do Consumidor*, vol. 34, ano 9. São Paulo: Revista dos Tribunais, abr.-jun./ 2000.

BATTAGLINI, Giulio. *L'interruzione del nesso causale*. Milano: Giuffrè, 1954.

BEDONE, Igor Volpato. Elementos de responsabilidade civil e presunção de causalidade. *Revista Brasileira de Direito Civil Constitucional e Relações de Consumo*, vol. 9, ano 3. São Paulo: jan.-mar./2011.

BENJAMIN, Antônio Herman V. Responsabilidade civil pelo meio ambiente. *Revista de Direito Ambiental*, vol. 9, ano 1. São Paulo: Revista dos Tribunais, jan.-mar./1988.

---

têm os melhores retornos no longo prazo). Você deve adquirir um seguro para algumas coisas, mas não para outras. A probabilidade pode mesmo ajudar a maximizar seus ganhos em programas de jogos [...]. Dito (ou escrito) isso, a probabilidade não é determinista. Não, você não deve comprar um bilhete de loteria – mas ainda assim pode ganhar dinheiro se o fizer. E sim, a probabilidade pode nos auxiliar a pegar trapaceiros e criminosos – mas quando usada inadequadamente também pode mandar gente inocente para a cadeia" (*Estatística*: o que é, para que serve, como funciona. Trad. George Schlesinger. Rio de Janeiro: Zahar, 2016, p. 116).

[136] "[...] não há confundir o risco, ou seja, a probabilidade estatística de que determinado evento venha futuramente a ocorrer, com o nexo de causalidade, isto é, a peculiar relação que se estabeleceu, no passado, entre um evento (causa) e o seu efeito (dano)" (CARPES, Arthur Thompsen. *A prova do nexo de causalidade na responsabilidade civil*, cit., p. 161).

BEN-SHAHAR, Omri. Causation and Forseeability. *Encyclopedia of Law and Economics*. Disponível em: <http://reference.findlaw.com/lawandeconomics/3300-causation--and-foreseeability.pdf>. Acesso em: 15.6.2017.

BEVILAQUA, Clovis. *Código Civil dos Estados Unidos do Brasil*. Edição Histórica. Rio de Janeiro, 1940.

BIANCHINI, Maria Gabriela. The Tobacco Agreement That Went Up in Smoke: Defining the Limits of Congressional Intervention into Ongoing Mass Tort Litigation. *California Law Review*, vol. 87, 1999. Disponível em: <www.scholarship.law.berkeley.edu>. Acesso em 25.2.2018.

BODIN DE MORAES, Maria Celina. Risco, solidariedade e responsabilidade objetiva. *Revista dos Tribunais*, vol. 854, ano 95. São Paulo: Revista dos Tribunais, dez./2006.

_____. Uma aplicação do princípio da liberdade. In: *Na medida da pessoa humana*: estudos de direito civil-constitucional. Rio de Janeiro: Renovar, 2010.

CAPELOTTI, João Paulo. *O nexo causal na responsabilidade civil*: entre a certeza e probabilidade. Dissertação de Mestrado. Universidade Federal do Paraná. Curitiba, 2012.

CARBONNIER, Jean. *Droit civil*, vol. II. Paris: PUF, 2004.

CARPES, Arthur Thompsen. *A prova do nexo de causalidade na responsabilidade civil*. São Paulo: Revista dos Tribunais, 2016.

CAVALIERI, Sérgio. *Programa de responsabilidade civil*. 11. ed. São Paulo: Atlas, 2014.

CHENG, Patricia *et alii*. Explaining Four Psychological Asymmetries in Causal Reasoning: Implications of Causal Assumption for Coherence. Disponível em: <www.semanticscholar.org>. Acesso em: 2.8.2016.

CODERCH, Pablo Salvador. Causalidad y responsabilidad. *InDret*, n. 94. Barcelona: jun./2002.

COELHO, José Martônio Alves. *A sociedade de riscos e a rediscussão da causa na responsabilidade civil*: o necessário alargamento do nexo causal. Tese de Doutorado em Direito Constitucional. Universidade de Fortaleza, Fortaleza, 2013.

CRUZ, Branca Martins. Responsabilidade civil pelo dano ecológico: alguns problemas. *Revista de Direito Ambiental*, vol. 5. São Paulo: Revista dos Tribunais, jan.-mar./1997, pp. 5-41.

CRUZ, Gisela Sampaio da. *O problema do nexo causal na responsabilidade civil*. Rio de Janeiro: Renovar, 2005.

DELFINO, Lúcio Responsabilidade civil da indústria do tabaco. In: MARQUES, Cláudia Lima e HOMSI, Clarissa Menezes (Coord.). *Controle do tabaco e o ordenamento jurídico brasileiro*. Rio de Janeiro: Lumen Juris, 2011.

DESCARTES, René. Meditações. In: *Discurso do método; Meditações; Objeções e respostas; As paixões da alma; Cartas*. 2. ed. Trad. J. Guinsburg e Bento Prado Júnior. São Paulo: Abril Cultural, 1979 (Os pensadores).

_____. *Princípios da filosofia*. 2. ed. Trad. Ana Cotrim e Heloisa da Graça Burati. São Paulo: Rideel, 2007.DÍAZ, Rodrigo Barría. *El daño causado por el miembro indeterminado de un grupo*. Tese de Doutorado. Universidad de Salamanca. Salamanca, 2008.

DIDIER JÚNIOR. Fredie *et alii*. *Curso de direito processual civil*, vol. 2. 9. ed. Salvador: JusPodium, 2014.

DINAMARCO, Cândido Rangel. *A instrumentalidade do processo*. 15. ed. São Paulo: Malheiros, 2013.

ESPINOSA, Baruch de. Ética. Trad. Joaquim de Carvalho. 4. ed. São Paulo: Nova Cultural, 1989 (Os pensadores).

FERRAJOLI, Luigi. *Direito e razão*: teoria do garantismo penal. Trad. Juarez Tavares *et alii*. 2. ed. São Paulo: Revista dos Tribunais, 2006.

FERREIRA, Jorge Cesa. *Inadimplemento das obrigações*. São Paulo: Revista dos Tribunais, 2007.

FROTA, Pablo Malheiros da Cunha. *Imputação sem nexo causal e a responsabilidade por danos*. Tese de Doutorado. Universidade Federal do Paraná. Curitiba, 2013.

GIFFORD, Donald; PASICOLAN, Paolo. Market Share Liability beyond DES Cases: the Solution to the Causation Dilemma in Lead Paint Litigation? *Legal Studies Research Paper*, vol. 10. University of Maryland: 2006.

GOMES, Orlando. Tendências modernas na teoria da responsabilidade civil. In: DI FRANCESCO, José Roberto Pacheco (Org.). *Estudos em homenagem ao professor Silvio Rodrigues*. São Paulo: Saraiva, 1989.

GONZÁLEZ, Alberto Ruda. La responsabilidad por cuota de mercado a juicio. *InDret*, n. 47. Barcelona: jun./2003.

GRANT, Alex J. New Theories of Cigarette Liability: the Restatement (Third) of Torts and the Viability of a Design Defect Cause of Action. *Cornell Journal of Law and Public Policy*, vol.3, 1994. Disponível em: <www.scholarship.law.cornell.edu>. Acesso em 25.1.2018.

GREENBERG, Rebecca. The Indeterminate Defendant in Products Liability Litigation and a Suggested Approach of Ohio. *Cleveland State Law Review*, vol. 207. Cleveland: 1991.

GUIMARÃES JÚNIOR, João Lopes. Livre-arbítrio do viciado – quando os juízes ignoram a ciência. In: MARQUES, Cláudia Lima e HOMSI, Clarissa Menezes (Coord.). *Controle do tabaco e o ordenamento jurídico brasileiro*. Rio de Janeiro: Lumen Juris, 2011.

HEMPEL, Carl. Scientific Explanation. In: MORGEMBESSER, Sydney (Org.) *Philosophy of Science Today*. New York: Basic Books, 1967.

____; OPPENHEIM, Paul. Studies in the Logic of Explanation. *Philosophy of Science*, vol. 15. Chicago: University of Chicago Press, 1948.

HERBST, Arthur; ULFELDER, Howard; POSKANZER, David C. Adenocarcinoma of the vagina: association of maternal stilbestrol therapy with tumor appearance in young woman. Disponível em: < www.nejm.org >. Acesso em: 25.2.2018.

HUME, David. *Investigação sobre o entendimento humano e sobre os princípios da moral*. Trad. José Oscar de Almeida Marques. São Paulo: Editora UNESP, 2004.

HIRONAKA, Giselda Maria Fernandes Novaes. Responsabilidade pressuposta – evolução de fundamentos e de paradigmas da responsabilidade civil na contemporaneidade. *Revista Jurídica*: órgão nacional de doutrina, legislação e crítica judiciária, vol. 364, ano 56. Porto Alegre: fev./2008.

KELDER JR., Graham E. The Many Virtues of Tobacco Litigation. *Trial*, nov./1998. Disponível em: < www.thefreelibrary.com>. Acesso em 25.2.2018

LEITE, José Rubens Morato; CARVALHO, Délton Winter de. Nexo de causalidade na responsabilidade por danos ambientais. *Revista de Direito Ambiental*, vol. 47, ano 12. São Paulo: Revista dos Tribunais, jul./2007.

_____; NETO, Pery Saraiva. A prova judicial do nexo de causalidade do dano ambiental: prova indiciária e sua valoração em um contexto de incertezas. In: MILARÉ, Édis (Coord). *A ação civil pública após 25 anos*. São Paulo: Revista dos Tribunais, 2010.

LOPEZ, Teresa Ancona. *Nexo causal e produtos potencialmente nocivos*: a experiência brasileira do tabaco. São Paulo: Quartier Latin, 2008.

_____. *Princípio da precaução e evolução da responsabilidade civil*. São Paulo: Quartier Latin, 2010.

MARINONI, Luiz Guilherme. *Formação da convicção e inversão do ônus da prova segundo as peculiaridades do caso concreto*. Disponível em: <http://seer.uenp.edu.br/>. Acesso em 15.6.2017.

MARQUES, Claudia Lima *et alii*. *Comentários ao Código de Defesa do Consumidor*. São Paulo: Revista dos Tribunais, 2003.

MARTINS-COSTA, Judith. *Comentários ao novo Código Civil*, vol. 5, tomo II. Rio de Janeiro: Forense, 2003.

MAZEAUD, Henri; MAZEAUD, Léon; TUNC, André. *Traité théorique et pratique de la responsabilité civil délictuelle et contractuelle*, tomo II. 5. ed. Paris: Montchrestein, 1958.

MIGLIORA, Luiz *et alii*. As ações indenizatórias movidas por fumantes contra empresas que produzem cigarros no direito comparado e brasileiro. *Revista dos Tribunais*, vol. 95, ano 95. São Paulo: Revista dos Tribunais, abr./2006.

MORA, José Ferrater. *Dicionário de Filosofia*, tomo I (A-D). Trad. Maria Stela Gonçalves *et alii*. São Paulo: Loyola, 2000. MORAES, Maria Celina Bodin de. Risco, solidariedade e responsabilidade objetiva. *Revista dos Tribunais*, vol. 854, ano 95. São Paulo: Revista dos Tribunais, dez./2006.

_____. Uma aplicação do princípio da liberdade. In: *Na medida da pessoa humana*: estudos de direito civil-constitucional. Rio de Janeiro: Renovar, 2010

MORAES, Renato Duarte Franco de. *A causalidade alternativa e a responsabilidade civil dos múltiplos ofensores*. Dissertação de Mestrado em Direito. Universidade de São Paulo. São Paulo, 2014.

MOREIRA, José Carlos Barbosa. *Temas de direito processual*: segunda série. 2. ed. São Paulo: Saraiva, 1988.

MULHOLLAND, Caitlin Sampaio. *A responsabilidade civil por presunção de causalidade*. Rio de Janeiro: GZ, 2010.

NASCIMENTO JÚNIOR, Antônio Fernandes. Fragmentos da construção histórica do pensamento neo-empirista. *Revista Ciência & Educação*, vol. 5, ano 1, 1998.

NORONHA, Fernando. *Direito das obrigações*. 4. ed. São Paulo: Saraiva, 2013.

NOVAES, Domingos Riomar. *Nexo causal como realidade normativa e presunção de causalidade na responsabilidade civil*. Dissertação de Mestrado em Direito. Centro Universitário de Brasília. Brasília, 2016.

NUNES, Rizzato. *Comentários ao Código de Defesa do Consumidor*. 4. ed. São Paulo: Saraiva, 2009.

OLIPHANT, Ken. Causation in Cases of Evidential Uncertainty: Juridical Techniques and Fundamental Issues. *Chicago-Kent Law Review*, vol. 587. Chicago: 2016.

ORSOVAY, Natalia Yazbek. *O problema do nexo causal na responsabilização das empresas tabagistas*. Trabalho de conclusão de curso (bacharelado). Fundação Getúlio Vargas. São Paulo, 2013.

PASQUALOTTO, Adalberto. O direito dos fumantes à indenização. *Revista da AJURIS*, vol. 41, n. 133. Rio Grande do Sul: mar./2014.

PEREIRA, Caio Mário da Silva. *Responsabilidade civil*. 10. ed. Rio de Janeiro: GZ, 2012.

PUNZO, Massimo. *Il problema della causalità materiale*. Padova: CEDAM, 1951.

RABIN, Robert. The Third Wave of Tobacco Tort Litigation. RABIN, Robert; SUGARMAN, Stephen (Ed). *Regulation Tobacco*. Oxford: Oxford University Press, 2001.

RODRIGUES JÚNIOR, Otávio Luiz. Nexo causal probabilístico: elementos para a crítica de um conceito. *Revista de Direito Civil Contemporâneo*, vol. 8. São Paulo: Revista dos Tribunais, jul.-set./2016.

SANSEVERINO, Paulo de Tarso. *Princípio da reparação integral*: indenização no Código Civil. São Paulo: Saraiva, 2010.

SCHREIBER, Anderson. *Novos paradigmas da responsabilidade civil*: da erosão dos filtros da reparação à diluição dos danos. 5. ed. São Paulo: Atlas, 2013.

____. Flexibilização do nexo causal em relações de consumo. In: MARTINS, Guilherme Magalhães (Coord.) *Temas de Direito do Consumidor*. Rio de Janeiro: Lumen Juris, 2010.

SHAVELL, Steven. *Foundations of Economic Analysis of Law*. Massachusetts: Harvard University Press, 2004.

SHEINER, Naomi. DES and a proposed theory of enterprise liability. *Fordham Law Review*. Disponível em: <ir.lawnet.fordham.edu>. Acesso em: 25.2.2018.

STELLA, Federico. Causalità e probabilità: il giudice corpuscolariano. *Rivista Italiana di Diritto e Procedura Penale*, vol. 1, ano 48. Milano: gen.-mar./2005.

SILVA, Bruno Campos. O nexo de causalidade no âmbito da responsabilidade civil ambiental e da responsabilidade civil ambiental pós-consumo. In: ROSSI, Fernando F. *et alii* (Coord.). *Aspectos controvertidos do direito ambiental*: tutela material e processual. Belo Horizonte: Fórum, 2013.

SILVA, Rafael Peteffi. *Responsabilidade civil pela perda de uma chance*. 3. ed. São Paulo: Atlas, 2013.

TARUFFO, Michele. *La prueba de los hechos*. Trad. Jordi Ferrer Beltrán. 2. ed. Madrid: Trotta, 2005.

____. Verità e probabilità nella prova dei fatti. *Revista de Processo*, vol. 154, ano 32. São Paulo: dez./2007.

TEPEDINO, Gustavo. A causalidade nas ações de responsabilidade atribuídas ao hábito de fumar. *Revista Forense*, vol. 384. Rio de Janeiro: Forense, mar./2006.

____. Liberdade de escolha, dever de informar, defeito do produto e boa-fé objetiva nas ações de indenização contra os fabricantes de cigarro. In: LOPEZ, Teresa Ancona (Org.). *Estudos e pareceres sobre livre-arbítrio, responsabilidade e produto de risco inerente*: o paradigma do tabaco: aspectos civis e processuais. Rio de Janeiro: Renovar, 2009.

VIDAL, Hélvio Simões. Ainda e sempre o nexo causal. *Revista dos Tribunais*, vol. 860, ano 96. São Paulo: Revista dos Tribunais, jun./2007.

WHEELAN, Charles. *Estatística*: o que é, para que serve, como funciona. Trad. George Schlesinger. Rio de Janeiro: Zahar, 2016.

WHITE, Michelle J. Asbestos and the Future of Mass Torts. *NBER*, n. 10308. San Diego: fev./2004.

ZAPATER, Tiago Cardoso. Responsabilidade civil do poluidor indireto e do cocausador do dano ambiental. In: ROSSI, Fernando F. *et alii* (Coord.). *Aspectos controvertidos do direito ambiental*: tutela material e processual. Belo Horizonte: Fórum, 2013.

3. Breves Apontamentos Acerca do Enfraquecimento Dogmático do Nexo Causal

Guilherme de Mello Franco Faoro
Mestrando em Direito Civil pela UERJ. Advogado.

1. Introdução

Dentre os tradicionais elementos da responsabilidade civil – ou, adotando-se outra perspectiva, seus filtros[1] –, costuma ser o do nexo de causalidade aquele que mais causa perplexidade ao operador do direito.

Isso porque o intérprete, muitas vezes habituado à ilusão de completude pretendida pelo paradigma positivista da subsunção,[2] não raro encontra dificuldades técnicas em suas tentativas de subsumir à norma legal este fenômeno, fático e fluido por excelência, que é o nexo causal.[3]

---

[1] Cf. expressão de SCHREIBER, Anderson. *Novos paradigmas da responsabilidade civil*. 6. ed. São Paulo: Atlas, 2015.

[2] Para uma crítica aprofundada à subsunção como paradigma interpretativo do direito, v. TEPEDINO, Gustavo. O papel atual da doutrina do direito civil entre o sujeito e a pessoa. In: TEPEDINO, Gustavo; TEIXEIRA, Ana Carolina Brochado; ALMEIDA, Vitor (Coord.). *O direito civil entre o sujeito e a pessoa*: estudos em homenagem ao professor Stefano Rodotà. Belo Horizonte: Fórum, 2016. Já no âmbito do Supremo Tribunal Federal, condenação contundente à subsunção pode ser vista em STF, ADIn 3.689/PA, Tribunal Pleno, Rel. Min. Eros Grau, julg. 10.5.2007.

[3] Apesar de fugir ao escopo do presente trabalho, excelente investigação acerca da evolução do conceito científico e jurídico do nexo de causalidade pode ser encontrada em RODRIGUES JUNIOR, Otavio Luiz. Nexo causal probabilístico: elementos para a crítica de um conceito. *Revista de Direito Civil Contemporâneo*, vol. 8. São Paulo: RT, jul.-set./2016, pp. 1-7.

Em acréscimo a essa dificuldade histórica, a evolução expansiva da responsabilidade civil ao longo do século XX – das quais são hoje exemplos escolares a flexibilização da culpa e o alargamento dos danos ressarcíveis[4] – acabaram por caracterizar o requisito do nexo causal como última "trincheira" à responsabilização,[5] já que este filtro, ao contrário dos outros, manteve-se, em geral,[6] dogmaticamente incólume.

No entanto, hodiernamente se apresentam na doutrina e na jurisprudência diversas hipóteses de flexibilização do nexo de causalidade, em sua maioria voltadas à garantia da reparação integral da vítima. É sobre algumas dessas hipóteses – que podem ser expansivas, através do alargamento do liame causal, ou restritivas, através da relativização das excludentes de causalidade – que versa o presente estudo.

Não se pretende, portanto, neste breve trabalho, investigar as origens e significações filosóficas que gravitam em torno do próprio conceito naturalístico de "causa" – tema este que, de resto, já foi recente e diligentemente abordado em outros estudos.[7]

O que se busca, ao contrário, é inicialmente o traçado de um panorama geral da matéria, através do qual se possa compreender a evolução e o estágio atual da figura do nexo de causalidade em nosso direito, para, em seguida, proceder-se à análise e à necessária sistematização de algumas hipóteses de sua flexibilização.

2. As diversas teorias da causalidade

Quiçá uma consequência direta da complexidade e da subjetividade inerentes ao tema em comento, múltiplas e distintas teorias da causalidade foram

---

[4] SCHREIBER, Anderson. Novas tendências da responsabilidade civil brasileira. *Direito civil e constituição*. São Paulo: Atlas, 2013, pp. 9-51 e 81-120, respectivamente.
[5] SCHREIBER, Anderson. *Novos paradigmas da responsabilidade civil*, cit., p. 56.
[6] Síntese das críticas provenientes da doutrina europeia à noção de causalidade pode ser encontrada em FRAZÃO, Ana. Risco da empresa e caso fortuito externo. *Civilistica.com*. Rio de Janeiro, a. 5, n. 1, 2016, pp. 4-7.
[7] V., por exemplo, FROTA, Pablo Malheiros da Cunha. Possíveis sentidos para a causalidade jurídica na responsabilidade por danos. In: TEPEDINO, Gustavo; FACHIN, Luiz Edson; LÔBO, Paulo. *Direito civil constitucional*: a ressignificação da função dos institutos fundamentais do direito civil contemporâneo e suas consequências. Florianópolis: Conceito, 2014; bem como, RODRIGUES JUNIOR, Otavio Luiz. Nexo causal probabilístico: elementos para a crítica de um conceito. cit., pp. 4-6.

adotadas pelos distintos ordenamentos jurídicos, ao longo do tempo, na tentativa de delimitar e conceituar dogmaticamente o liame causal necessário à responsabilização civil.[8]

Dessa verdadeira miríade[9] de teorias da causalidade, sobrelevam-se três como principais, por seu alcance e influência nos tribunais e na doutrina, quais sejam, (*i*) a chamada teoria da equivalência dos antecedentes causais; (*ii*) a teoria da causalidade adequada; e, por fim, a (*iii*) teoria do dano direto e imediato.

A primeira delas, a teoria da equivalência das condições, ou *conditio sine qua non*. Concebida originariamente pela doutrina penalista a teoria da equivalência das condições abarcaria então como "causa" qualquer ato sem o qual o evento danoso não ocorreria[10] – bastante, portanto, à responsabilização do agente dele causador.

Contudo, a abrangência excessiva da teoria da equivalência dos antecedentes causais fê-la ser duramente criticada pela doutrina civilista. Afinal, seguindo-a acriticamente, qualquer ato, por mais logicamente distante que esteja do resultado final (dano), poderia ser enquadrado como causa dele.[11] Enquanto na seara penal tal abrangência seria mitigada pelo requisito ulterior de configuração do dolo, na esfera cível, que não prescinde sempre da voluntariedade consciente e intencional do agente, a teoria da *conditio sine qua non* daria margem a inevitáveis excessos.

Já a teoria da causalidade adequada, a despeito de não ser a adotada pelo Código Civil brasileiro, encontra relativa aceitação na jurisprudência pátria. A teoria baseia-se em juízo abstrato, prognóstico, acerca da capacidade ideal de certa conduta gerar o resultado danoso.[12] Em outras palavras, o intérprete,

---

[8] Para uma análise mais aprofundada sobre o desenvolvimento histórico do conceito de nexo de causalidade, v. CRUZ, Gisela Sampaio da. *O problema do nexo causal na responsabilidade civil*. Rio de Janeiro: Renovar, 2005, pp. 33-110.

[9] Para valer-se de outra expressão cunhada por SCHREIBER, Anderson. *Novos paradigmas da responsabilidade civil*, cit., p. 56.

[10] Na lição de Agostinho Alvim, "a teoria da equivalência das condições aceita qualquer das causas como eficiente. A sua equivalência resulta de que, suprimida uma delas, o dano não se verifica" (ALVIM, Agostinho. *Da inexecução das obrigações e suas consequências*. 4. ed. São Paulo: Saraiva, 1972, p. 345).

[11] Cf. TEPEDINO, Gustavo. Notas sobre o nexo de causalidade. *Temas de direito civil*, t. 2. Rio de Janeiro: Renovar, 2006, pp. 67-68; NORONHA, Fernando. O nexo de causalidade na responsabilidade civil. *Revista dos Tribunais*, a. 92. vol. 816. São Paulo: Revista dos Tribunais, out./2003, pp. 733-752.

[12] Em sua obra clássica, Agostinho Alvim sintetiza brilhantemente a teoria: "Apreciado certo dano, temos que concluir que o fato que o originou era capaz de lhe dar causa. Mas – pergunta-se –, tal relação de causa e efeito existe sempre, em casos dessa natureza, ou existiu nesse caso, por força de

diante de determinado fato danoso, deve se perguntar se a conduta atrelada a tal fato – ou qual delas, caso sejam múltiplas – seria capaz, em juízo abstrato e baseado em padrões (*standards*) de normalidade e razoabilidade, de causar o famigerado dano. Ou, adotando-se a construção de Eneccerus, se a conduta não seria capaz, pelos mesmos critérios apriorísticos (teoria negativa da causalidade adequada),[13] de causar o resultado danoso.

Apesar de sua relativa aceitação,[14] tanto a teoria da causalidade adequada (que, cabe apenas apontar, já foi amplamente sofisticada pela doutrina), como a da equivalência das condições "gerariam resultados exagerados e imprecisos, estabelecendo nexo de causalidade entre todas as possíveis causas de um evento danoso e os resultados efetivamente produzidos – por se equivalerem ou por serem abstratamente adequadas a produzi-los – ainda que todo e qualquer resultado danoso seja sempre, e necessariamente, produzido por uma causa imediata, engendrada e condicionada pelas circunstâncias específicas do caso concreto".[15] Nesse cenário, portanto, muitas vezes o raciocínio prognóstico simples poderia concluir pela adequação abstrata de determinada conduta, sem, contudo, levar em conta concausas que, na situação *in concreto*, influenciaram definitivamente o resultado danoso.[16]

Por derradeiro, a teoria do dano direto e imediato é, segundo a melhor doutrina e a jurisprudência,[17] aquela adotada pelo legislador do Código Civil

---

circunstâncias especiais? Se existe sempre, diz-se que a causa era adequada a produzir o efeito; se somente uma circunstância acidental explica essa causalidade, diz-se que a causa não era adequada" (ALVIM, Agostinho. *Da inexecução das obrigações e suas consequências*, cit., p. 345).

[13] RODRIGUES JUNIOR, Otavio Luiz. Nexo causal probabilístico: elementos para a crítica de um conceito, cit., p. 11.

[14] Cabe notar que parcela considerável da doutrina considera não haver distinções significativas entre a aplicação da teoria da causalidade adequada e a do dano direto e imediato complementado pela necessariedade da causa, motivo pelo qual sustentam haver o Código Civil adotado a primeira. Nesse sentido, v., por exemplo, MARTINS-COSTA, Judith. Ação Indenizatória. Dever de informar do fabricante sobre os riscos do tabagismo. *Revista dos Tribunais*, n. 812. São Paulo: Revista dos Tribunais, jun./2003, pp. 75-99; CAVALIERI FILHO, Sergio. *Programa de responsabilidade civil*. 10. ed. São Paulo: Atlas, 2012, pp. 50-55

[15] TEPEDINO, Gustavo. Notas sobre o nexo de causalidade. *Temas de direito civil*, cit., p. 68.

[16] Um exemplo comumente utilizado pela doutrina para descrever a imprecisão causada por tais teorias é aquele do sujeito que, após tomar um golpe leve na cabeça, falece devido à uma fragilidade congênita de seu crânio, que o torna menos resistente que o padrão dos homens. Nesse caso, pela teoria da causalidade adequada, o golpe leve desferido pelo autor não seria causa adequada da morte do lesado; já pela da *conditio sine qua non*, seria.

[17] Nesse sentido, v. Supremo Tribunal Federal, RE 130.764-1/PR, 1ª T., Rel. Min. Moreira Alves, julg. 12.5.1992, ainda sob a égide do Código Civil de 1916 (cujo art. 1.060 antecedeu o atual 403, cujo teor é praticamente idêntico).

de 2002, que a prevê em seu art. 403, ao dispor que "as perdas e danos só incluem os prejuízos efetivos e os lucros cessantes por efeito dela direto e imediato".[18]

Segundo esta concepção, de cuja aparente singeleza deriva sua vantagem prática, configurar-se-á o nexo causal quando o dano for decorrência direta e imediata – ou seja, necessária – de determinada causa. É que, como ensina Agostinho Alvim, idealizador desta parte do Código, "a expressão direto e imediato significa o nexo causal necessário", já que "o dano deve ser consequência necessária da inexecução da obrigação".[19] Confere-se, desse modo, maior flexibilidade ao intérprete na análise dos fatos, para identificar a causa da qual efetivamente decorreu o resultado danoso.

Apesar da literalidade da expressão "direto e imediato" afastar, à primeira vista, a possibilidade de configuração do dano indireto ou por "ricochete"[20] – hipótese esta que, de resto, é amplamente aceita pela jurisprudência –, é ponto pacífico, tanto aqui como alhures,[21] que o vínculo de necessariedade inerente à teoria da relação causal imediata permite a configuração de um dano dito indireto, desde que este seja uma consequência necessária e direta daquela. Afinal, pela mencionada teoria, a relevância da causa "não é a distância, e, sim, a possibilidade de existirem outras causas".[22] Fala-se, portanto, numa construção evolutiva da teoria da relação causal imediata, denominada de subteoria da necessariedade da causa.[23]

---

[18] *Verbis*: "Art. 403. Ainda que a inexecução resulte de dolo do devedor, as perdas e danos só incluem os prejuízos efetivos e os lucros cessantes por efeito dela direto e imediato, sem prejuízo do disposto na lei processual". Disposição idêntica constava do art. 1.060 do Código Civil de 1916.

[19] ALVIM, Agostinho. *Da inexecução das obrigações e suas consequências*, cit., pp. 359-360.

[20] Caio Mário, analisando o dano *"par ricochet"*, fortemente lastreado na doutrina francesa, ensina que "a situação aqui examinada é a de uma pessoa que sofre o 'reflexo' de um dano causado a outra pessoa. Pode ocorrer, por exemplo, quando uma pessoa, que presta alimentos a outra pessoa, vem a perecer em consequência de um fato que atingiu o alimentante, privando o alimentado do benefício [...] A tese do dano reflexo, embora se caracterize como a repercussão do dano direto ou imediato, é reparável" (PEREIRA, Caio Mário da Silva. *Responsabilidade civil*. 3. ed. Forense: Rio de Janeiro, 1992, p. 43). V. também, sobre o tema, AGUIAR DIAS, José de. *Da responsabilidade civil*. 12 ed. Rio de Janeiro: Lumen Juris, 2012, p. 809.

[21] Ao tratar da noção de necessariedade, Agostinho Alvim aduz que foi tal a interpretação dos próprios construtores da teoria do dano direto e imediato, como Dumoulin e Pothier, refletindo-se até na inclusão do vocábulo "necessário" ou "necessariamente" em alguns códigos (*Da inexecução das obrigações e suas consequências*, cit., p. 360).

[22] ALVIM, Agostinho. *Da inexecução das obrigações e suas consequências*, cit., p. 361.

[23] TEPEDINO, Gustavo. Notas sobre o nexo de causalidade, cit., p. 69.

Muito embora a distinção teórica entre as figuras acima mencionadas possa parecer simples, fato é que as cortes brasileiras lidam atecnicamente com o nexo de causalidade, protagonizando não raro uma confusão[24] – que inclusive pode ser vista, até certo ponto, como intencional[25] – entre as teorias, sempre no intuito de subsumir juridicamente uma relação de causa e efeito entre o resultado danoso e o fato lesivo. Nesse sentido, a arguta observação de Gustavo Tepedino:

> para se entender, portanto, o panorama da causalidade na jurisprudência brasileira, torna-se indispensável ter em linha de conta não as designações das teorias, não raro tratadas de modo eclético ou atécnico pelas Cortes, senão a motivação que inspira as decisões, permeadas predominantemente pela teoria da causalidade necessária.[26]

Assim, pode-se concluir, com as devidas ressalvas oriundas da *práxis*, pela adoção, em nosso ordenamento jurídico, da teoria do dano direto e imediato, complementada pela subteoria da necessariedade.

Passemos, portanto, à análise de algumas hipóteses de sua flexibilização, inicialmente através do fenômeno de relativização das excludentes de causalidade.

3. A relativização das excludentes de causalidade

Qualquer que seja a teoria da causalidade adotada, todas elas comportam, tradicionalmente, uma série de excludentes, ou seja, "situações de impossibilidade superveniente do cumprimento da obrigação não imputáveis ou agente".[27] São elas: (*i*) o caso fortuito; (*ii*) a força maior; (*iii*) o fato exclusivo da vítima; e (*iv*) o fato de terceiro.

---

[24] Cf. demonstrado, em rica pesquisa jurisprudencial, por CRUZ, Gisela Sampaio da. *O problema do nexo causal na responsabilidade civil*, cit., pp. 122-153.
[25] Como nota Anderson Schreiber, a busca pela promoção da reparação da vítima faz com que, muitas vezes, o julgador valha-se de uma aplicação pouco rigorosa das teorias da causalidade (*Novos paradigmas da responsabilidade civil*, cit., p. 65).
[26] Cf. TEPEDINO, Gustavo. Notas sobre o nexo de causalidade, cit., p. 71. No mesmo sentido, afirma Fernando Noronha que "ninguém até hoje, nem entre nós, nem nos sistemas jurídicos com idêntico preceito, conseguiu explicar em termos satisfatórios, juridicamente razoáveis, quais serão esses danos que devem ser considerados 'efeito direto e imediato'" (NORONHA, Fernando. *Direito das obrigações*, vol. 1. São Paulo: Saraiva, 2003, p. 593).
[27] Confira-se, por todos, CAVALIERI FILHO, Sérgio. *Programa de responsabilidade civil*, cit., pp. 68-73.

Em brevíssimo resumo, o fato exclusivo da vítima se dá quando da conduta ou omissão desta – e não do agente – decorre o dano, direta e imediatamente, ou sejam dela consequência necessária.[28] O fato de terceiro, por sua vez, ocorre quando o ato de um terceiro figura como causa exclusiva do evento danoso, de modo a afastar qualquer relação de causalidade entre a conduta do pretenso responsável e a vítima.[29] Por fim, tanto o caso fortuito como a força maior, cuja árdua tarefa de distinção[30] (se é que esta existe[31]) escapa aos estreitos objetivos do presente trabalho, são aqueles fatos necessários, imprevisíveis, "cujos efeitos não era possível evitar, ou impedir" (cf. art. 393 do Código Civil).[32]

Como já referido, a objetivação da culpa fez com que o nexo causal fosse alçado a principal meio de defesa à responsabilização civil – o que se dá, usualmente, através da invocação das excludentes de causalidade. Afinal, "as referidas excludente são fatores que modulam a rigidez da responsabilidade objetiva, compatibilizando a equidade e a necessidade de ressarcimento da vítima com o aspecto da intenção e do valor moral das ações humanas de assunção de risco"[33]. A título de exemplo do que ora se afirma, uma leve incursão jurisprudencial no campo consumerista deixa claro que, nesse microssistema de responsabilidade objetiva, a responsabilidade por fatos do produto

---

[28] Na lição de José de Aguiar Dias – que critica, com razão, a terminologia de culpa da vítima –, "admite-se como causa de isenção de responsabilidade o que se chama de culpa exclusiva da vítima. Com isso, na realidade, se alude a ato ou fato exclusivo da vítima, pela qual fica eliminada a causalidade em relação ao terceiro interveniente no ato danoso. [...] De qualquer forma, entende-se que a culpa da vítima exclui ou atenua a responsabilidade do agente, conforme seja exclusiva ou concorrente" (AGUIAR DIAS, José de. *Da responsabilidade civil*. cit., pp. 797-798). V. também PEREIRA, Caio Mário da Silva. *Responsabilidade civil*. cit., pp. 296-298.

[29] Na lição de Caio Mário, "a participação da pessoa estranha na causação do dano pode ocorrer de maneira total ou parcial, isto é, o dano será devido exclusivamente ao terceiro; ou reversamente este foi apenas co-partícipe, ou elemento concorrente no desfecho prejudicial. Apenas no primeiro caso é que se pode caracterizar a responsabilidade do terceiro, porque somente então estará eliminado o vínculo de casualidade entre o dano e a conduta do indigitado autor do dano" (PEREIRA, Caio Mário da Silva. *Responsabilidade civil*. cit., p. 299). Rica análise acerca do fato de terceiro como causa de irresponsabilidade, inclusive distinguindo-a de outras hipóteses próximas como a força maior, pode ser encontrada em AGUIAR DIAS, José de. *Da responsabilidade civil*. cit., p. 781-789.

[30] Para uma análise mais aprofundada acerca do debate, v. PEREIRA, Caio Mário da Silva. *Responsabilidade civil*, cit., pp. 300-303.

[31] No sentido da ausência de distinção entre as duas figuras no direito pátrio, v. FRAZÃO, Ana. Risco da empresa e caso fortuito externo, cit., p. 4.

[32] *Verbis*: "Art. 393. O devedor não responde pelos prejuízos resultantes de caso fortuito ou força maior, se expressamente não se houver por eles responsabilizado. Parágrafo único. O caso fortuito ou de força maior verifica-se no fato necessário, cujos efeitos não era possível evitar ou impedir".

[33] FRAZÃO, Ana. Risco da empresa e caso fortuito externo, cit., p. 4.

tende a ser elidida, majoritariamente, pelas excludentes de causalidade, tais como a culpa exclusiva da vítima ou o fato de terceiro.[34]

Contudo, a jurisprudência, em seu afã de garantir a reparação às vítimas de danos, passou também a resistir às tentativas de elisão da responsabilidade civil através do nexo causal e, dentre outras maneiras, fê-lo através da relativização de suas excludentes.

A primeira situação ilustrativa dessa tendência é a aplicação jurisprudencial da teoria do fortuito interno – figura recorrente nas demandas consumeristas, mas aplicável à responsabilidade objetiva em geral, fundada no risco da atividade. De acordo com a teoria, proveniente da noção de *cause étrangère* da doutrina francesa,[35] não se exclui a responsabilidade do agente quando o fato imprevisível e inevitável, efetivo causador do dano, se liga aos riscos da atividade por ele exercida, integrando a atividade empresarial.[36]

Nesse ponto, como ensina Ana Frazão, faz-se importante observar que a própria noção de causalidade, ao menos sua acepção naturalística, é, no mínimo,[37] enfraquecida ao se tratar do fortuito interno decorrente do risco empresarial. Afinal, "o raciocínio a ser utilizado no diagnóstico [...] não é se existe relação causal entre a conduta do empresário e o dano, mas sim se há pertinência entre o dano e o risco daquela atividade".[38] Para a configuração desta relação de pertinência devem ser levados em conta o grau de previsibilidade e controle do dano pelo agente econômico, de modo que, "quanto mais difícil e custoso for evitar ou ao menos gerenciar determinado dano, por maior que seja o dever de cuidado adotado, mais razões existirão para se cogitar da existência de um fortuito externo".[39]

---

[34] Nesse sentido, v. recentes julgados do TJRJ, como a Ap. Civ. 0092502-91.2016.8.19.0001, Rel. Des. Andrea Fortuna Teixeira, 24ª C.C., julg. 4.10.2017, na qual afastou-se, pela culpa exclusiva da vítima, a responsabilidade da concessionária por atropelamento em via férrea; ou, ainda, a Ap. Civ. 0032338-29.2013.8.19.0208, Rel. Des. Luiz Roberto Ayoub, 26ª C.C., julg. 2.2.2017, no qual elidiu-se a responsabilidade do banco por cadastro do autor no SPC, devido à culpa exclusiva deste.

[35] FRAZÃO, Ana. Risco da empresa e caso fortuito externo, cit., p. 4.

[36] CAVALIERI FILHO, Sérgio. *Programa de responsabilidade civil*, cit., p. 73.

[37] "O que há de significativo nas discussões sobre o risco é que, além de afastarem a culpa como pressuposto da responsabilidade, elas subvertem a noção de causalidade, na medida em que se apoiam em noções de equidade e justiça, bem como no papel da responsabilidade civil como técnica de socialização de danos, especialmente no que diz respeito à proteção dos membros mais fracos da sociedade" (Frazão, Ana. Risco da empresa e caso fortuito externo, cit., pp. 8-9).

[38] FRAZÃO, Ana. Risco da empresa e caso fortuito externo, cit., p. 6.

[39] Ibid., p. 16.

Acontece que a teoria do fortuito interno é aplicada, em certas situações, de modo francamente extensivo pela jurisprudência. São casos nos quais, a despeito de ser altamente duvidosa a "internalidade" do fato lesivo – ou seja, sua efetiva pertinência com a atividade de risco exercida pelo agente – não se admite a elisão da responsabilidade pela interrupção do nexo causal, sob pena de deixar desamparado o sofredor do dano.

Um exemplo dessa tendência, trazido por Anderson Schreiber,[40] é o caso dos aluguéis de cofre,[41] no qual determinado banco, após um assalto ocorrido em seu estabelecimento, foi condenado a ressarcir ao locador de um cofre em suas dependências pelos bens que lhe haviam sido subtraídos. Ora, inobstante uma eventual conformidade ética da decisão judicial diante da atual situação de insegurança vivenciada no país, é no mínimo questionável que um assalto seja considerado como evitável – e, portanto, controlável, pela instituição financeira. Nesse sentido, inclusive, já decidiu o Superior Tribunal de Justiça que o assalto à mão armada em ônibus seria um fortuito externo à atividade de risco da transportadora, devido à sua inevitabilidade.[42] Afinal, não se pode olvidar que "impor responsabilidades ao empresário por danos que não fazem parte do risco voluntariamente assumido e ainda são insuscetíveis de previsão, cálculo ou gerenciamento tem um efeito econômico devastador para a atividade empresarial".[43]

Outro caso ilustrativo desta tendência, segundo o autor, seria a responsabilização dos bancos pela inscrição indevida do lesado nos órgãos restritivos de crédito, decorrente da abertura de conta por um terceiro estelionatário, munido de documentos falsos.[44] Tal entendimento foi, inclusive, posteriormente pacificado pelo Superior Tribunal de Justiça no âmbito do REsp. 1199782/PR,[45] que deu origem à Súmula nº 479 da Corte: "[a]s insti-

---

[40] SCHREIBER, Anderson *Novos paradigmas da responsabilidade civil*, cit., pp. 69-71.
[41] TJRJ, Ap. Civ. 2005.001.03378, 15ª CC, Des. Rel. Carlos Eduardo Passos, julg. 20.04.05, publ. 27.04.05.
[42] Confira-se a ementa: "[...] 1. A segunda seção desta corte superior firmou entendimento de que, não obstante a habitualidade da ocorrência de assaltos em determinadas linhas, é de ser afastada a responsabilidade da empresa transportadora por se tratar de fato inteiramente estranho à atividade de transporte (fortuito externo), acobertado pelo caráter da inevitabilidade. [...]" (STJ, AgRg no REsp 823.101/RJ, 3ª T., Rel. Min. Ricardo Villas Bôas Cueva, julg. 20.6.13, publ. 28.06.13).
[43] FRAZÃO, Ana. Risco da empresa e caso fortuito externo. *Civilística.com*. cit., p. 15.
[44] TJRJ, Ap. Civ. 2004.001.31220, 4ª CC, Des. Rel. Fernando Cabral, julg. 1.03.05, publ. 11.03.05.
[45] Confira-se a ementa do repetitivo: "Para efeitos do art. 543-C do CPC: as instituições bancárias respondem objetivamente pelos danos causados por fraudes ou delitos praticados por terceiros – como, por exemplo, abertura de conta-corrente ou recebimento de empréstimos mediante

tuições financeiras respondem objetivamente pelos danos gerados por fortuito interno relativo a fraudes e delitos praticados por terceiros no âmbito de operações bancárias".

Afora o fortuito interno e suas ampliações, existem situações nas quais também o fato da vítima é relativizado em prol da reparação. Assim como mencionado em relação ao fortuito, nesta seara deve o intérprete se perguntar, a fim de configurar a excludente, se o fato da vítima está compreendido ou não no risco assumido pelo agente econômico: caso esteja, haverá responsabilidade.[46]

Caso ilustrativo da tendência restritiva em relação às excludentes é o julgado do Superior Tribunal de Justiça afastando a culpa exclusiva da vítima que, ao projetar deliberadamente seu corpo para fora do vagão de um trem – o chamado passageiro "pingente", que assim foge à cobrança da tarifa – durante a viagem, veio a falecer. Entendeu a Corte que a empresa transportadora possuiria um "dever contratual" de "impedir que as pessoas viajem com parte do corpo projetado para o lado de fora do veículo",[47] afastando assim a possibilidade de culpa exclusiva da vítima. Por outro lado, segundo o mesmo Superior Tribunal de Justiça, o "surfista ferroviário" não teria direito a qualquer indenização: neste caso, seria "inexigível e até mesmo impraticável [...] a fiscalização por parte da empresa".[48]

Outros julgados interessantes no que diz respeito ao fato da vítima são a recorrente responsabilização dos estados pelo suicídio de detentos em estabelecimentos prisionais,[49] ou, ainda, o famoso processo do escorrega, julgado

---

fraude ou utilização de documentos falsos –, porquanto tal responsabilidade decorre do risco do empreendimento, caracterizando-se como fortuito interno. [...]" (STJ, REsp 1199782/PR, 2ª S., Rel. Min. Luis Felipe Salomão, julg. 24.08.11, publ. 12.09.11).

[46] FRAZÃO, Ana. Risco da empresa e caso fortuito externo, cit., p. 20.

[47] Confira-se a ementa: "[...] Falecendo passageiro, em razão de queda ocorrida quando em movimento o comboio, há culpa presumida da empresa ferroviária, somente elidida pela demonstração de caso fortuito, força maior ou culpa exclusiva da vítima (art. 17 do Decreto 2.681/12). II – Nos casos de 'pingente', e não de 'surfista ferroviário', porque dever contratual da companhia transportadora impedir que as pessoas viajem com parte do corpo projetado para o lado de fora do veículo, afastada resta a possibilidade de culpa exclusiva da vítima" (STJ, REsp 259.261/SP, rel. Min. Sálvio De Figueiredo Teixeira, 4ª Turma, julg. 13.9.00, publ. 16.10.00).

[48] "Responsabilidade civil. 'Surfista ferroviário'. Culpa exclusiva da vítima. Risco assumido inteiramente pelo 'surfista ferroviário', sendo inexigível e até mesmo impraticável nessa hipótese a fiscalização por parte da empresa. Recurso especial não conhecido" (STJ, REsp 261.027/RJ, 4ª T., Rel. Min. Barros Monteiro, julg. 19.4.01, publ. 13.08.01).

[49] Cf. já notado por BEDONE, Igor Volpato. Elementos da responsabilidade civil e presunção de causalidade. *Revista Brasileira de Direito Civil Constitucional e Relações de Consumo*, v. 3, n. 9. São Paulo:

pelo Superior Tribunal de Justiça na década passada,[50] no qual estabelecimento hoteleiro foi responsabilizado pelo dano causado a um cliente que, alcoolizado, decidiu lançar-se de cabeça, durante a madrugada, no trampolim da piscina.

Hipótese um pouco distinta, e, todavia, representativa da tendência restritiva ora analisada, é a da responsabilidade dita agravada. É que, nestas situações, prescinde-se, *a priori*, do exame do nexo de causalidade, "o que significa dizer que a pessoa é obrigada a reparar danos causados por outrem (fatos de terceiro), por casos fortuitos ou de força maior e até por fatos do próprio lesado".[51] Exemplos paradigmáticos destes casos, segundo Fernando Noronha, seriam a obrigação de indenizar do transportador, ainda que os danos sejam resultantes de acidente de trânsito causado por outro veículo (fato de terceiro), e, também, no âmbito jurisprudencial, a responsabilização do Estado à reparação do dano causado por criminosos evadidos da prisão.[52]

4. A causalidade alternativa (ou disjuntiva) e a responsabilidade coletiva

Outro interessante exemplo de mitigação do nexo de causalidade é o da causalidade alternativa, também chamada causalidade suposta, ou disjuntiva. A figura se dá quando dois ou mais eventos/fatos incidem sobre uma mesma situação de dano, sem que, todavia, se possa demonstrar com absoluta certeza qual deles a provocou.[53]

---

jan-mar/2011, pp. 124-126. Conforme ressaltado pelo saudoso Ministro Teori Zavascki em seu voto proferido no recurso especial nº 847.687/GO, "o Estado tem o dever de proteger os detentos, inclusive contra si mesmos. Não se justifica que tenha tido acesso a meios aptos a praticar um atentado contra sua própria vida. Os estabelecimentos carcerários são, de modo geral, feitos para impedir esse tipo de evento. Se o Estado não consegue impedir o evento, ele é o responsável" (STJ, REsp. 847.687/GO, Rel. Min. José Delgado, julg. 17.10.2006).

[50] STJ, REsp. 287.849/SP, Rel. Min. Ruy Rosado de Aguiar Jr., julg. 17.04.2001, também citado por SCHREIBER, Anderson. *Novos paradigmas da responsabilidade civil*. cit., p. 72.
[51] NORONHA, Fernando. Desenvolvimentos contemporâneos da responsabilidade civil. *Sequência*, vol. 19. Florianópolis: UFSC, 1998, pp. 28-29.
[52] NORONHA, Fernando. Desenvolvimentos contemporâneos da responsabilidade civil, cit., p. 29.
[53] Cf. definição de FROTA, Pablo Malheiros da Cunha. Eficácia causal virtual e a causalidade disjuntiva como fatores de erosão das teorias de nexo causal nas relações civis e de consumo. *Revista de Direito do Consumidor*, vol. 93. São Paulo: RT, mai.-jun./2014, p. 11. O autor chega a criticar, com razão, a nomenclatura "causalidade alternativa", já que, bem vistas as coisas, só há uma causa, ainda que não identificável.

Em algumas dessas situações, nas quais há incerteza quanto ao verdadeiro autor do dano, opta o julgador por responsabilizar conjuntamente os potenciais agentes dele causadores, considerando tal solução preferível à não reparação do ofendido pela (de outro modo, indubitável) ausência de comprovação do nexo de causalidade.

Bem se vê, portanto, que a causalidade alternativa não deixa de refletir uma postura ideológico-política do ordenamento jurídico, já que, ao prevê-la ou aplicá-la, se está afirmando ser preferível a solidariedade à estrita segurança jurídica, a efetiva reparação ao império da culpa,[54] valores estes que, de resto, coadunam-se perfeitamente com a tábua axiológica constitucional (cf. art. 3º, inciso I, da Constituição).

Muito se discutiu se a chamada responsabilidade coletiva – a *faute collective* da doutrina francesa,[55] ou seja, a responsabilidade dos grupos – enquadrar-se-ia como uma hipótese de aplicação da teoria da causalidade alternativa.

Isso porque, na visão de alguns, enquanto na causalidade alternativa haveria dúvidas, dentre uma multiplicidade de eventos, quanto àquele que verdadeiramente causou o dano, na responsabilidade coletiva a causa seria certa e adviria da ação (ou omissão) do grupo, apenas não se logrando individuar-se o autor específico dentro dele.[56]

Apesar da indiscutível lógica de tal opinião, a doutrina majoritária costuma considerar a responsabilidade dos grupos como uma hipótese de causalidade alternativa. A todo ver, trata-se de uma questão de perspectiva acerca da própria teoria, já que a "concepção da causalidade alternativa, contudo, não simboliza a substituição de responsabilidade, isto é, não se identificam causalidades individuais e alternadas. Existe um único nexo causal que não pode ser identificado de forma direta. Daí a sua presunção em relação ao grupo como um todo"[57].

---

[54] CRUZ, Gisela Sampaio da. *O problema do nexo causal na responsabilidade civil*, cit., pp. 270-271.

[55] Concepção proclamada por Planiol e Ripert, e que foi a base da construção da responsabilidade coletiva na jurisprudência francesa, conforme ensina MULHOLLAND, Caitlin Sampaio. *A responsabilidade civil por presunção de causalidade*. Rio de Janeiro: GZ, 2010, p. 226.

[56] Nesse sentido, a opinião de Fernando Noronha, segundo o qual "enquanto a causalidade alternativa diz respeito à causa do dano (como a própria designação revela), na responsabilidade grupal não existe dúvida quanto a essa causa; a dúvida é relativa às pessoas a quem tal causa (e causa única) pode ser atribuída" (NORONHA, Fernando. *Direito das obrigações*, cit., p. 653).

[57] MULHOLLAND, Caitlin Sampaio. *A responsabilidade civil por presunção de causalidade*. cit., p. 217. Em sentido ligeiramente contrário, v. a opinião de Otávio Luiz Rodrigues Junior, segundo o qual "[a] causalidade alternativa não se confunde com a causalidade probabilística", já que aquela não buscaria definir probabilisticamente uma única causalidade, mas, ao contrário, "se vale da noção

Inobstante a problemática, fato é que a responsabilidade do grupo, também chamada coletiva, é o maior expoente prático da teoria da responsabilidade alternativa e, por isso, merece ser abordado.

Como fundamentos da responsabilidade coletiva, portanto, elenca Caitlin Mulholland, apoiando-se na doutrina francesa, a (*i*) culpa na atividade coletiva e a (*ii*) guarda coletiva, pelo grupo, da coisa geradora do dano.[58]

É importante notar que, inobstante a raridade forense, a teoria da causalidade alternativa e a responsabilidade coletiva que dela decorre não são despidas de importância, principalmente diante da crescente massificação de eventos sociais (ex.: jogos de futebol, shows, festivais, etc.). Assim, não faltam potenciais hipóteses para a aplicação da figura, tais como "rachas" de automóveis, rixas entre grupos rivais, manifestações e protestos públicos, responsabilidade médica em cirurgias, compartilhamento virtual de fotos e vídeos, etc.[59]

Na legislação comparada, sobram exemplos de dispositivos legais tratando da matéria. A figura da causalidade alternativa consta, por exemplo, dos Princípios do Direito de Danos da União Europeia.[60] Já o §830 do BGB permite expressamente a responsabilização conjunta de dois ou mais agentes, quando não seja possível distinguir, dentre suas condutas, qual foi a efetivamente responsável pelo dano.[61] Ainda no plano europeu, o art. 1.240 do anteprojeto francês de responsabilidade civil também trata da responsabilidade alternativa, sendo expresso no sentido da responsabilização solidária do grupo pelo dano causado por membro indeterminado dele.[62]

---

de responsabilidade solidária de agressores alternativos" para firmar "uma presunção de que cada uma delas [das condutas alternativas] concorreu para sua causação" (RODRIGUES JUNIOR, Otavio Luiz. Nexo causal probabilístico, cit., p. 13).

[58] MULHOLLAND, Caitlin Sampaio. *A responsabilidade civil por presunção de causalidade*, cit., pp. 226-227.
[59] MULHOLLAND, Caitlin Sampaio. *A responsabilidade civil por presunção de causalidade*, cit., pp. 218-219.
[60] Para uma análise mais aprofundada sobre o PETL, v. MARTÍN-CASALS, Miquel. The 'Principles of "European Tort Law' (PETL) at the beginning of a second decade. *Revista de Direito Civil Contemporâneo*, vol. 10, ano 4. São Paulo: RT, jan.-mar./2017.
[61] *Verbis*: BGB, §830: "*Joint tortfeasors and persons involved. (1) If more than one person has caused damage by a jointly committed tort, then each of them is responsible for the damage. The same applies if it cannot be established which of several persons involved caused the damage by his act. (2) Instigators and accessories are equivalent to joint tortfeasors*". Em tradução livre: "Se várias pessoas causaram um prejuízo por uma ação ilícita realizada em conjunto, cada uma delas é responsável pelo dano. O mesmo ocorre quando não se pode descobrir qual a pessoa que causou o prejuízo por seus atos particulares".
[62] *Verbis*: anteprojeto francês de responsabilidade civil, art. 1240. "*Lorsqu'un dommage corporel est causé par une personne indéterminée parmi des personnes identifiées agissant de concert ou exerçant une activité similaire, chacune en répond pour le tout, sauf à démontrer qu'elle ne*

A despeito dos exemplos alienígenas, o Código Civil brasileiro não disciplinou expressamente a matéria. Existem, contudo, nítidos reflexos da aplicação da causalidade alternativa – sempre através da figura da responsabilidade coletiva, é de se recordar – na jurisprudência brasileira, bem como na própria lei. Vamos a eles.

Exemplo muito citado de previsão da responsabilidade disjuntiva pelo legislador brasileiro,[63] o art. 938 do Código Civil[64] prevê a tradicional regra do *effusum et deiectum*, já constante do art. 1.529 do Código de 1916.

Segundo a intepretação jurisprudencial hoje dominante,[65] a indigitada norma permite a responsabilidade do condomínio edilício pelos danos provenientes de coisas dele lançadas ou caídas, quando não for possível identificar a unidade autônoma efetivamente causadora do dano, assegurando-se o direito de regresso.

Já no plano estritamente jurisprudencial, alguns casos emblemáticos marcam a evolução da responsabilidade alternativa em nosso direito.[66]

O mais pujante deles, originário do Tribunal de Justiça do Rio Grande do Sul e confirmado pelo Superior Tribunal de Justiça em 2002, tratou de uma briga entre membros de torcidas rivais de futebol, que resultou na morte de um deles.[67]

---

peut l'avoir causé". Em tradução para o vernáculo: "Quando um dano é causado por um membro indeterminado de um grupo, todos os membros identificados respondem por ele solidariamente sem prejuízo de cada um deles demonstrar que não é o autor" (tradução de MONTEIRO, Jorge Ferreira Sinde. Sobre uma eventual definição da causalidade nos projetos nacionais europeus de reforma da responsabilidade civil. *Revista de Direito do Consumidor*, vol. 78. São Paulo: Revista dos Tribunais, abr.-jun./2011, p. 173). Para mais exemplos de legislação comparada, v. CRUZ, Gisela Sampaio da. *O problema do nexo causal na responsabilidade* civil, cit., pp. 272-279.

[63] É de se notar, contudo, que a causalidade alternativa não se depreende da mera interpretação literal do artigo, sendo a norma fruto de entendimento jurisprudencial.

[64] *Verbis*: "Art. 938. Aquele que habitar prédio, ou parte dele, responde pelo dano proveniente das coisas que dele caírem ou forem lançadas em lugar indevido".

[65] Cf. STJ, REsp. 64.682, 4ª T., Rel. Min. Bueno de Souza, DJ. 29.3.1999; TJRJ, Ap. Civ. 200300109759, 11ª C.C., julg. 25.6.2003, Des. Rel. Claudio de Mello Tavares; e ainda, no mesmo sentido, o Enunciado 557 da VI Jornada de Direito Civil do CJF: "Nos termos do art. 938 do CC, se a coisa cair ou for lançada de condomínio edilício, não sendo possível identificar qual unidade, responderá o condomínio, assegurado o direito de regresso".

[66] Para uma análise mais aprofundada da jurisprudência pátria envolvendo a causalidade alternativa, v. MULHOLLAND, Caitlin. *A responsabilidade civil por presunção de causalidade*, cit., pp. 231-235. Os exemplos ora citados baseiam-se na referida obra – a qual, por sua vez, remete expressamente ao excelente trabalho de Vasco Della Giustina (*Responsabilidade civil dos grupos:* inclusive no Código do Consumidor. Rio de Janeiro: Aide, 1991).

[67] Tribunal de TJRS, 6ª C.C., Ap. Civ. 591047451, Rel. Des. Adroaldo Furtado Fabrício, julg. 10.12.1991, posteriormente confirmada pelo Superior Tribunal de Justiça, por ocasião do julgamento do REsp. 26.975, 4ª T., Rel. Min. Aldir Passarinho Junior, julg. 18.12.2001.

Diante da impossibilidade de se definir, dentre os vários torcedores-combatentes envolvidos na peleja, o efetivo causador do dano, optou o Superior Tribunal de Justiça pela responsabilização conjunta do grupo, já que, "independentemente de qualquer deles [os membros do grupo] ter, efetivamente, causado o dano, todos, sem dúvida nenhuma, concorreram para que o dano se produzisse, pelo simples frito da participação na briga".[68] Neste caso, tanto o tribunal *a quo* como o STJ invocaram, expressamente, a teoria da causalidade alternativa, como sustentáculo da condenação do exaltado grupo.

Outro caso, mais antigo e quiçá mais caricatural, foi o do carro alegórico dos caçadores gaúchos, julgado ainda em idos de 1970 pelo já progressista Tribunal de Justiça do Rio Grande do Sul.[69]

Durante um desfile em cidade interiorana do estado sulista, havia um carro alegórico, composto por grupo de pessoas representativas dos caçadores da região, todas munidas de espingardas com balas de festim e de chumbinho. A contribuição do grupo à festa seria então atingir, em determinado momento, pombas lançadas ao ar pela organização do evento. Ocorre que, na hora da *performance*, um projétil de chumbinho acertou um dos observadores da parada, causando-lhe severos danos.

Por conta da dificuldade, compreensível à época, de determinar-se a arma específica da qual havia sido disparado o projétil, o tribunal houve por bem condenar solidariamente todos os integrantes do referido carro alegórico, em nítida aplicação da teoria da causalidade alternativa (ainda que se tenha usado como fundamento da condenação da teoria da guarda).[70]

Um último caso que merece ser citado é o do racha de automóveis, no qual o extinto Tribunal de Alçada do Rio Grande do Sul também condenou solidariamente, com base na causalidade alternativa, todos os condutores de veículos envolvidos no "pega", por não ser possível aferir, dentre eles, o efetivo causador do dano sofrido pela vítima.[71]

---

[68] Cf. inteiro teor do voto do Min. Relator Aldir Passarinho Junior, no âmbito do referido julgamento.

[69] TJRS, 1ª C.C., Ap. Civ. 11.195, Rel. Des. Oscar Gomes Nunes, julg. 25.11.1970. Disponível em *Revista de Jurisprudência do Tribunal de Justiça do Rio Grande do Sul*, vol. 28, pp. 206-208.

[70] CRUZ, Gisela Sampaio da. *O problema do nexo de causalidade na responsabilidade civil*, cit., p. 299.

[71] TARS, Ap. Civ. 195116827, Rel. Rui Portanova, julg. 23.11.1995. Confira-se a ementa: "Causalidade alternativa. Mesmo que não se saiba quem foi o autor do dano, se há vários indivíduos que poderiam ser, todos estão obrigados a condenar solidariamente. Culpa. A vítima, a quem não se pode atribuir qualquer culpa pelo acidente, não se pode exigir que descreva e prove minuciosamente a culpa de cada um dos motoristas. Teoria da causalidade alternativa [...]".

Analisando esses e outros casos, a doutrina pátria acabou por elencar certos requisitos e características essenciais à configuração da responsabilidade coletiva, os quais, na definição proposta por Judith Martins-Costa,[72] seriam, em síntese: (*i*) o anonimato do dano; (*ii*) a certeza do mesmo ter sido provocado por integrante do grupo; (*iii*) a determinação do grupo; (*iv*) a não-obrigatoriedade de organização jurídica do grupo; (*v*) a autoria singular do dano, e não grupal; (*vi*) a situação igualitária dos integrantes do grupo, ou seja, a ausência de uma figura de liderança à qual poder-se-ia conduzir a responsabilidade; (*vii*) o desempenho de atividades de risco, ou perigosas, pelo grupo; e, por fim, (*viii*) o ocultamento, a impossibilidade de identificação do verdadeiro autor do dano.

O rol desenhado pela civilista gaúcha não é, contudo, pacífico na doutrina. Baseando-se no moderno paradigma de reparação integral da vítima, Pablo Malheiros critica alguns destes requisitos, tais como o da ocultação do autor do dano (*"i"*) e do exercício de atividade de risco (*"vii"*), chegando a defender, inclusive, a impossibilidade de que determinado membro do grupo exima-se da responsabilidade alternativa, mesmo provando que não poderia ter sido ele o autor do dano.[73]

Contudo, e a despeito das manifestações episódicas de aplicação da causalidade alternativa (ou da responsabilidade coletiva) em nosso direito, fortes controvérsias ainda rondam e põem em xeque a sua plena aplicabilidade.

A mais importante delas, sem dúvidas, é a ausência de uma base legal que sustente a responsabilização – ainda mais sendo solidária – dos membros do grupo, a despeito da não comprovação do nexo de causalidade direto e imediato exigido pelo art. 403 do Código Civil.

Atenta a esse problema, Judith Martins-Costa considera não haver base legal, no Código Civil, a sustentar a teoria da responsabilidade coletiva,[74] ressalvando a hipótese de uma aplicação *a contrario sensu* do art. 12, § 3º, inciso I,

---

[72] MARTINS-COSTA, Judith. *Do inadimplemento das obrigações*. In: TEIXEIRA, Sálvio de Figueiredo (Coord.). *Comentários ao Novo Código Civil*, vol. 5, t. II. Rio de Janeiro: Forense, pp. 142-147.

[73] Isso porque, nas palavras do autor, respectivamente, quanto ao item "i", "o grupo e o indivíduo influenciam-se mutuamente, e isso deve ser levado em conta na imputação de responsabilidade ao grupo, ainda que o lesante seja identificado, a priorizar a tutela da vítima", e, quanto ao item "vii", "a vítima não pode[ria] ser punida pela irreparação por um dano que sofre somente pelo fato de o grupo que causou tal lesão não exercer atividade de risco ou perigosa" (FROTA, Pablo Malheiros da Cunha. *Eficácia causal virtual e a causalidade disjuntiva como fatores de erosão das teorias de nexo causal nas relações civis e de consumo*, cit., pp. 16-19).

[74] MARTINS-COSTA, Judith. *Do inadimplemento das obrigações*, cit., pp. 522-523.

do Código de Defesa do Consumidor.[75] Em posição contrária e mais arrojada, Pablo Malheiros[76] defende a legalidade da plena responsabilização, inclusive solidária, do grupo, invocando para tal fim a aplicação analógica dos arts. 942, segunda parte e § único, do Código Civil,[77] e 7º, § único, do Código de Defesa do Consumidor.[78]

A interpretação extensiva do art. 942 do Código Civil, contudo, não parece apta a fundamentar a responsabilidade alternativa, já que, nestes casos, "coautoria, a rigor, não se verifica, ao menos em relação ao dano, sendo possível, no máximo, falar em uma coautoria ou comparticipação da situação de risco que resultou na lesão à vítima".[79]

Outra posição favorável à causalidade alternativa, menos apegada à subsunção – e que nos parece preferível à anterior –, é aquela que se fundamenta no risco, na potencial lesividade criada pelo grupo (art. 927, parágrafo único do Código Civil), aliada ao fundamento valorativo constitucional da solidariedade social (art. 3º, inciso I, da Constituição Federal). Nessa linha, e desde que cumpridos os requisitos acima elencados, poder-se-ia responsabilizar o grupo, inobstante a ausência de comprovação do nexo de causalidade direto entre a conduta do membro individual e o dano causado.[80]

5. O problema da causalidade virtual ou hipotética

Outra hipótese de incomparável interesse acadêmico no estudo do nexo de causalidade, a causalidade virtual (ou hipotética) consiste, na lição de Gisela Sampaio da Cruz, naquela "causa que não chegou a provocar o dano, porque

---

[75] *Verbis*: Código de Defesa do Consumidor. Art. 12, § 3° e inciso I: "§ 3° O fabricante, o construtor, o produtor ou importador só não será responsabilizado quando provar: I – que não colocou o produto no mercado [...]".

[76] FROTA, Pablo Malheiros da Cunha. *Eficácia causal virtual e a causalidade disjuntiva como fatores de erosão das teorias de nexo causal nas relações civis e de consumo*, cit., p. 18.

[77] *Verbis*: Art. 942. "Os bens do responsável pela ofensa ou violação do direito de outrem ficam sujeitos à reparação do dano causado; e, se a ofensa tiver mais de um autor, todos responderão solidariamente pela reparação". Parágrafo único. "São solidariamente responsáveis com os autores os co-autores e as pessoas designadas no art. 932".

[78] *Verbis*: Código de Defesa do Consumidor. Art. 7°, parágrafo único. "Tendo mais de um autor a ofensa, todos responderão solidariamente pela reparação dos danos previstos nas normas de consumo".

[79] SCHREIBER, Anderson. *Novos paradigmas da responsabilidade civil*, cit., p. 77.

[80] Nesse sentido, CRUZ, Gisela Sampaio da. *O problema do nexo de causalidade na responsabilidade civil*, cit., pp. 308-311; e MULHOLLAND, *A responsabilidade civil por presunção de causalidade*, cit., p. 235.

este foi, em outras circunstâncias, produzido pela causa real ou operante".[81] Em outras palavras, a causa virtual seria aquela que haveria causado o dano, não fosse o advento de uma outra, que acabou por causá-lo em definitivo – sendo esta a causa dita real, ou operante.[82]

Exemplo ilustrativo desta peculiar situação é fornecido por Karl Larenz:[83] imagine-se o sujeito que, retornando à casa, acidentalmente quebra o vidro da janela de seu vizinho com sua bengala, prontificando-se a mandar colocar outro no dia seguinte, às próprias custas; contudo, antes que o faça (digamos, naquela mesma noite), ocorre nas proximidades do prédio em que vivem uma forte explosão, destruindo todos os vidros dos arredores. O primeiro sustenta então que seu vizinho não foi efetivamente prejudicado por si, já que, mesmo que não houvesse quebrado o vidro de sua janela, este haveria se despedaçado de qualquer modo, por conta da explosão. Assistir-lhe ia razão?

Contudo, antes de passar-se à análise dos problemas ensejados pela causalidade hipotética, faz-se necessário delimitar dogmaticamente seu conteúdo, a fim de distingui-la de figuras próximas, como a da concorrência de causas.

Pode-se dizer, então, que a doutrina estabelece certos pressupostos à eventual relevância da causalidade hipotética, assim sintetizados:[84] (*i*) em primeiro lugar, a causa real (ou operante) deve ter fundado, efetivamente, uma obrigação de indenizar para o autor do dano; (*ii*) o problema não deve se colocar quanto ao dano que o lesado já havia sofrido em consequência de outros fatores (ex.: o atropelado que, todavia, falece por conta de um câncer anteriormente contraído); (*iii*) a causa virtual deve ser puramente hipotética, pois, se efetiva,

---

[81] CRUZ, Gisela Sampaio da. *O problema do nexo de causalidade na responsabilidade civil*, cit., p. 208.

[82] Critica-se, com razão, a nomenclatura utilizada, devido ao paradoxo de denominar-se causa aquela que, na realidade dos fatos, não o foi. Em outras palavras, o binômio causa-virtual parece uma contradição em termos: afinal, toda causa deve ser, necessariamente, causa de algo, ou não é causa. É por isso que, na opinião de alguns, melhor seria classificar como virtual ou hipotética a eficácia causal, e não a causa em si (Ibid., p. 208).

[83] LARENZ, Karl. *Derecho de obligaciones*. Tomo I. Madrid: Revista de Derecho Privado, 1958, p. 211. Tradução livre. Confira-se também outro exemplo típico, este fornecido por Antunes Varela: "imagine-se o lavrador que demanda por perdas e danos seu vizinho, após este lhe inutilizar culposamente a plantação de tomates. Em sua defesa, o vizinho alega que uma tromba d'água atingiu a região poucos dias após o fato, e que este fenômeno natural haveria destruído, de qualquer modo, a plantação do demandante. Assistir-lhe ia a razão?" (VARELA, Antunes. *Das obrigações em geral*, vol. 1. 10. ed. Coimbra: Almedina, 2000, p. 921).

[84] A classificação é encontrada em PEREIRA COELHO, Francisco Manuel. *O problema da causa virtual na responsabilidade civil*. Coimbra: Almedina, 1998, pp. 54 e segs. Transpondo a lição ao direito brasileiro, v. CRUZ, Gisela Sampaio da. *O problema do nexo de causalidade na responsabilidade civil*, cit., pp. 216-220.

será o caso de concorrência de causas; e, por fim, (*iv*) será sempre necessário verificar em qual medida o dano hipotético corresponderia ao dano real.

Estabelecidos estes pressupostos, importa ressaltar que dois problemas distintos, que se traduzem em dois potenciais efeitos jurídicos distintos, podem aflorar a partir da configuração de uma causa hipotética: um é o de sua relevância positiva, e o outro, de sua relevância negativa.

A relevância positiva da causa virtual diz respeito à possibilidade, ou não, de responsabilização de seu agente,[85] a despeito do fato de que, no caso concreto, não tenha sido ele o causador do dano, devido à ingerência da causa real. Já a relevância negativa da causa virtual refere-se à possibilidade de que a configuração da causa hipotética exima, ou ao menos atenue, a responsabilidade do agente causador do dano (ou seja, o agente da causa real), já que o resultado danoso de qualquer modo adviria.

A relevância positiva da causa virtual é frequentemente rechaçada pelos que se dedicam ao estudo da matéria.[86] Isso porque, seguida à risca, dita concepção levaria à responsabilização de um agente que, factualmente, em nada contribuiu à causação do dano, contrariando assim a causalidade necessária prevista pelo art. 403 do Código Civil.[87] Nesse sentido, o clássico exemplo da poção venenosa:[88] ministrada em dois copos distintos, por dois distintos agentes, responderia civilmente perante a vítima (ou, no caso, seus herdeiros) apenas o responsável pelo copo efetivamente ingerido? A resposta é afirmativa, por força da já vista causalidade necessária.

É, portanto, principalmente em relação ao segundo de seus efeitos potenciais, a relevância negativa, que o debate doutrinário em torno da causalidade virtual se torna mais profícuo.

Afinal, o raciocínio é aqui mais razoável do que o da relevância positiva: se é certo que o dano sofrido pelo lesado adviria de qualquer forma, por conta da

---

[85] Por dizer respeito à eventual responsabilização do agente, o problema da relevância positiva da causa virtual só existirá quando ela (a causa virtual) originar-se de um fato de terceiro, e não de um caso fortuito ou de força maior.

[86] V., por todos, VARELA, Antunes. *Das obrigações em geral*, cit., p. 926.

[87] Opinião minoritária e favorável à relevância positiva é a do professor Pablo Malheiros, que, sempre prezando pela reparação integral da vítima, aduz ser tal responsabilização abarcável pelo ordenamento jurídico pátrio, notadamente o consumerista, por derivar da "efetivação da equidade (justiça de cada caso analisado), em cada situação concreta, de expressa previsão no art. 7º, caput, do CDC" (cf. FROTA, Pablo Malheiros da Cunha. *Eficácia causal virtual e a causalidade disjuntiva como fatores de erosão das teorias de nexo causal nas relações civis e de consumo*, cit., p. 7).

[88] VARELA, Antunes. *Das obrigações em geral*, cit., p. 924.

causa hipotética, seria justo que o agente da causa real arcasse integralmente com o valor da reparação?

Diversos argumentos existem favoráveis e contrários a tal possibilidade.[89]

A consolidação da teoria da diferença como método paradigmático de aferição do dano indenizável acabou por fornecer um importante argumento aos defensores da relevância negativa da causa virtual.[90] Afinal, nestas situações, caso o julgador se atenha à situação patrimonial na qual o lesado se encontraria não fosse o fato danoso, verificará que a mesma diminuição patrimonial ter-lhe-ia assomado, por obra da causa virtual. Para manter o exemplo inicial: ainda que seu vizinho não lhe houvesse danificado a plantação de tomates, o lavrador ainda assim sofreria prejuízo idêntico, por conta da tromba d'água.

O argumento ganharia ainda mais força se levada em conta a função eminentemente reparatória da responsabilidade civil: ora, se o objetivo principal é a reparação, e não a punição/prevenção, perde sentido a condenação a indenizar por um dano que, de qualquer modo, haveria ocorrido.[91]

Inobstante a lógica destes fundamentos, o fato é que a melhor doutrina, tanto brasileira como de alhures,[92] acabou concluindo pela impossibilidade de se atribuir relevância jurídica negativa à causa virtual, a não ser naquelas situações em que o legislador expressamente as prevê. Isso porque, além da relevância negativa não ser uma consequência necessária da teoria da diferença – como explica Fernando Noronha[93] –, "o escopo da responsabilidade civil é a reparação do dano, finalidade que só se atende por meio da tese da

---

[89] Para uma análise detalhada sobre o assunto, remete-se à CRUZ, Gisela Sampaio da. *O problema do nexo de causalidade na responsabilidade civil*, cit., pp. 220-228.

[90] LARENZ, Karl. *Derecho de obligaciones*. cit., p. 212. A esse respeito, assinala Antunes Varela que "à medida que se radica a teoria da diferença como medida do dano que ao responsável cumpre indenizar, foi ganhando consecutivamente terreno a tese oposta [a da relevância negativa]" (*Das obrigações em geral*, cit., pp. 926-927).

[91] Isso porque, como explica Karl Larenz, "Em outro caso se concederia ao lesionado não uma compensação pelo dano efetivamente sofrido, mas uma espécie de expiação. E tal não constitui o objetivo das normas sobre indenização de danos" (LARENZ, Karl. *Derecho de obligaciones*. cit., p. 212, tradução livre).

[92] Nesse sentido manifesta-se Gisela Sampaio da Cruz, invocando também a doutrina e jurisprudência portuguesas, que mais se debruçaram sobre o problema (*O problema do nexo de causalidade na responsabilidade civil*, cit., p. 250).

[93] "Parece, todavia, que a teoria da diferença não tem esse alcance. Ela só pode considerar eventos que sejam consequência adequada do fato gerador; não será possível considerar causas virtuais, ou hipotéticas" (NORONHA, Fernando. *Direito das obrigações*, cit., p. 664).

irrelevância negativa da causa virtual, já que a ser outra a solução, os danos proliferariam sem qualquer ressarcimento"[94].

Existem, todavia, em nosso ordenamento jurídico, hipóteses legais nas quais o legislador acabou, de certa forma, por reconhecer expressamente a relevância negativa de causas hipotéticas, ou virtuais.

Exemplo claro é o fornecido pelo artigo 399 do Código Civil,[95] que, tratando do devedor moroso, impõe-lhe a responsabilidade pela impossibilidade da prestação após o atraso, ainda que decorrente de caso fortuito ou força maior, eximindo-o deste pesado encargo apenas mediante prova de que "o dano sobreviria ainda quando a obrigação fosse oportunamente desempenhada".

Previsões semelhantes podem ser encontradas no artigo 667, ao tratar do mandatário que se substitui, inobstante proibição do mandante;[96] no artigo 862, que dispõe sobre a gestão iniciada contra a vontade do interessado;[97] e no artigo 1.218, que trata dos riscos impostos ao possuidor de má-fé.[98]

Em todas essas situações, portanto, há o reconhecimento, pelo legislador, da relevância negativa de uma causa virtual, apesar de boa parte da doutrina brasileira apenas antever ali a exigência de comprovação da ausência de nexo causal entre a mora do devedor e o dano.[99] Como bem notou Gisela Sampaio da Cruz, "tal explicação [a da doutrina tradicional] seria suficiente se o devedor em mora só pudesse eximir-se da obrigação de indenizar, provando que o mesmo fortuito causaria o dano, se ele não estivesse em mora. Pode acontecer, entretanto, de o devedor em mora conseguir comprovar que, ainda que ele tivesse cumprido a obrigação a tempo, o dano teria sobrevindo em razão de

---

[94] CRUZ, Gisela Sampaio da. *O problema do nexo de causalidade na responsabilidade civil*, cit., p. 248.
[95] *Verbis*: "Art. 399. O devedor em mora responde pela impossibilidade da prestação, embora essa impossibilidade resulte de caso fortuito ou de força maior, se estes ocorrem durante o atraso; salvo se provar isenção de culpa, ou que o dano sobreviria ainda quando a obrigação fosse oportunamente desempenhada".
[96] *Verbis*: Código Civil. Art. 667, §1º: "Se, não obstante proibição do mandante, o mandatário se fizer substituir na execução do mandato, responderá ao seu constituinte pelos prejuízos ocorridos sob a gerência do substituto, embora provenientes de caso fortuito, salvo provando que o caso teria sobrevindo, ainda que não tivesse havido substabelecimento".
[97] *Verbis*: "Art. 862. Se a gestão foi iniciada contra a vontade manifesta ou presumível do interessado, responderá o gestor até pelos casos fortuitos, não provando que teriam sobrevindo, ainda quando se houvesse abatido".
[98] *Verbis*: "Art. 1.218. O possuidor de má-fé responde pela perda, ou deterioração da coisa, ainda que acidentais, salvo se provar que de igual modo se teriam dado, estando ela na posse do reivindicante".
[99] V., por exemplo, MARTINS-COSTA, Judith. *Do inadimplemento das obrigações*, cit., pp. 299-300.

outra causa, distinta da que produziu o dano em concreto"[100] – e neste último caso se teria, sem sombra de dúvidas, uma causa virtual.

Em resumo, temos que a causalidade virtual, em sua acepção negativa, é prevista em certas situações específicas pelo legislador pátrio, as quais, contudo, não comportam interpretação extensiva. Contudo, a eventual ocorrência de uma causa hipotética possa adquirir certa eficácia negativa, em matéria de extensão do dano a reparar.[101]

6. Conclusão

O caminho trilhado por este trabalho visou expor algumas formas pelas quais o nexo de causalidade, tradicional pressuposto da responsabilização civil, vem sendo flexibilizado, mitigado em sua rigidez dogmática, pela doutrina e jurisprudência, normalmente com vistas à integral reparação da vítima.

Isso porque, como visto, os desenvolvimentos contemporâneos da responsabilidade civil (notadamente, o alargamento dos danos ressarcíveis e a objetivação da culpa) transformaram o nexo de causalidade no último filtro, na última trincheira dogmaticamente incólume à configuração da responsabilidade, motivo pelo qual incumbiram-se de tal tarefa – a flexibilização – os intérpretes do direito.

A despeito da nobreza das intenções subjacentes a tal afã reparatório, algumas situações sobre as quais se debruçou o presente estudo acabaram por demonstrar que a excessiva flexibilização do nexo causal (ou a mitigação de suas excludentes) pode gerar resultados injustos, imputando a responsabilidade indenizatória a outros indivíduos ou agentes econômicos que, à luz do direito constituído, não a merecem.[102]

Buscou-se, portanto, fornecer alguma sistematização acerca destas hipóteses, a fim de facilitar sua compreensão e, quiçá, fomentar o necessário movimento em prol de uma ressistematização do instituto do nexo de causalidade, a fim de adequá-lo às necessidades oriundas do contemporâneo desenvolvimento da responsabilidade civil.

---

[100] CRUZ, Gisela Sampaio da. *O problema do nexo de causalidade na responsabilidade civil*, cit., p. 253.
[101] CRUZ, Gisela Sampaio da. *O problema do nexo de causalidade na responsabilidade civil*, cit., pp. 258--259.
[102] SCHREIBER, Anderson. *Novos paradigmas da responsabilidade civil*, cit., pp. 78-79.

7. Referências

AGUIAR DIAS, José de. *Da responsabilidade civil*. 12ª ed. Rio de Janeiro: Lumen Juris, 2012.
ALVIM, Agostinho. *Da inexecução das obrigações e suas consequências*. 4. ed. São Paulo: Saraiva, 1972.
BEDONE, Igor Volpato. Elementos da responsabilidade civil e presunção de causalidade. *Revista Brasileira de Direito Civil Constitucional e Relações de Consumo*, v. 3, n. 9. São Paulo: jan.-mar./2011.
CAVALIERI FILHO, Sergio. *Programa de responsabilidade civil*. 10. ed. São Paulo: Atlas, 2012.
CRUZ, Gisela Sampaio da. *O problema do nexo causal na responsabilidade civil*. 1. ed. Rio de Janeiro: Renovar, 2005.
FRAZÃO, Ana. Risco da empresa e caso fortuito externo. *Civilistica.com*. Rio de Janeiro, a. 5, n. 1, 2016.
FROTA, Pablo Malheiros da Cunha. Eficácia causal virtual e a causalidade disjuntiva como fatores de erosão das teorias de nexo causal nas relações civis e de consumo. *Revista de Direito do Consumidor*, vol. 93. São Paulo: Revista dos Tribunais, mai.-jun./2014.
_____. Possíveis sentidos para a causalidade jurídica na responsabilidade por danos. In: TEPEDINO, Gustavo; FACHIN, Luiz Edson; LÔBO, Paulo. *Direito civil constitucional*: a ressignificação da função dos institutos fundamentais do direito civil contemporâneo e suas consequências. Florianópolis: Conceito, 2014.
GIUSTINA, Vasco Della. *Responsabilidade civil dos grupos*: inclusive no Código do Consumidor. Rio de Janeiro: Aide, 1991.
LARENZ, Karl. *Derecho de obligaciones*. Tomo I. Madrid: Revista de Derecho Privado, 1958.
MARTÍN-CASALS, Miquel. The 'Principles of European Tort Law' (PETL) at the beginning of a second decade. *Revista de Direito Civil Contemporâneo*, vol. 10, ano 4. São Paulo: Revista dos Tribunais, jan.-mar./2017.
MARTINS-COSTA, Judith. Do inadimplemento das obrigações. In: TEIXEIRA, Sálvio de Figueiredo (Coord.). *Comentários ao Novo Código Civil*, vol. 5, t. II. Rio de Janeiro: Forense, 2009.
_____. Ação Indenizatória. Dever de informar do fabricante sobre os riscos do tabagismo. *Revista dos Tribunais*, n. 812. São Paulo: Revista dos Tribunais, jun./2003.
MONTEIRO, Jorge Ferreira Sinde. Sobre uma eventual definição da causalidade nos projetos nacionais europeus de reforma da responsabilidade civil. *Revista de Direito do Consumidor*, vol. 78. São Paulo: Revista dos Tribunais, abr.-jun./2011.
MULHOLLAND, Caitlin Sampaio. *A responsabilidade civil por presunção de causalidade*. 1. ed. Rio de Janeiro: GZ, 2010.
NORONHA, Fernando. *Direito das obrigações*. 1. ed. São Paulo: Saraiva, 2003.
_____. O nexo de causalidade na responsabilidade civil. *Revista dos Tribunais*, ano 92, vol. 816. São Paulo: Revista dos Tribunais, out./2003.
_____. Desenvolvimentos contemporâneos da responsabilidade civil. *Sequência*, vol. 19. Florianópolis: UFSC, 1998.
PASQUALOTTO, Adalberto. Causalidade e imputação na responsabilidade civil objetiva: uma reflexão sobre os assaltos em estacionamentos. *Revista de Direito Civil Contemporâneo*, vol. 7. São Paulo: Revista dos Tribunais, abr.-jun./2016.

PEREIRA COELHO, Francisco Manuel. *O problema da causa virtual na responsabilidade civil.* Coimbra: Almedina, 1998.

PEREIRA, Caio Mário da Silva. *Responsabilidade civil.* 3. ed. Forense: Rio de Janeiro, 1992.

RODRIGUES JUNIOR, Otavio Luiz. Nexo causal probabilístico: elementos para a crítica de um conceito. *Revista de Direito Civil Contemporâneo,* vol. 8. São Paulo: RT, jul.-set./2016.

SCHREIBER, Anderson. *Novos paradigmas da responsabilidade civil.* 6. ed. São Paulo: Atlas, 2015.

____. Novas tendências da responsabilidade civil brasileira. In: *Direito civil e constituição.* São Paulo: Atlas, 2013.

SINDE MONTEIRO, Jorge Ferreira. Sobre uma eventual definição da causalidade nos projetos nacionais europeus de reforma da responsabilidade civil. *Revista de Direito do Consumidor,* vol. 78. São Paulo: Revista dos Tribunais, abr.-jun./2011.

TEPEDINO, Gustavo. Notas sobre o nexo de causalidade. *Revista Trimestral de Direito Civil,* vol. 6. Rio de Janeiro: Padma, abr.-jun./2001.

____. O papel atual da doutrina do direito civil entre o sujeito e a pessoa. In: TEPEDINO, Gustavo; TEIXEIRA, Ana Carolina Brochado; ALMEIDA, Vitor (Coord.). *O direito civil entre o sujeito e a pessoa*: estudos em homenagem ao professor Stefano Rodotà. Belo Horizonte: Fórum, 2016.

VARELA, Antunes. *Das obrigações em geral,* vol. 1. 10. ed. Coimbra: Almedina, 2000.

4. A Responsabilidade Civil dos Pais Pelos Danos Causados por Filhos Menores: Análise dos Requisitos de Autoridade e Companhia

Marina Duque Moura Leite
Mestranda em Direito Civil pela UERJ. Advogada.

1. Introdução

A responsabilidade civil dos pais pelos danos causados por seus filhos menores tinha previsão expressa no Código Civil de 1916 e foi transplantada para o Código de 2002 com profunda modificação no que tange ao elemento da culpa. No regime anterior, enquadrava-se no espectro da responsabilidade subjetiva. Atualmente, trata-se de hipótese de responsabilidade objetiva por escolha deliberada do legislador.

A passagem do modelo de culpa presumida ao espectro da responsabilidade objetiva somou-se à alteração na redação de um dos requisitos para sua configuração. Se antes se falava em responsabilidade dos pais pelos filhos menores que estivessem *sob seu poder e em sua companhia*, hoje incide sobre aqueles que estiverem *sob sua autoridade e em sua companhia*. Tal modificação de *poder* para *autoridade* na redação do artigo suscita dissonâncias consideráveis na doutrina e na jurisprudência, o que acarreta grave insegurança jurídica.

O presente artigo busca propor sugestão interpretativa dos requisitos mencionados na tentativa de traçar com maior precisão os parâmetros atualmente aplicáveis à responsabilidade civil dos pais por danos causados por filhos menores.

2. Responsabilidade civil dos pais por danos causados pelos menores: responsabilidade direta ou indireta?

Na responsabilidade civil, ao lado da responsabilidade por fato próprio figuram a responsabilidade por fato da coisa e por fato de outrem.[1] Em linhas gerais, a responsabilidade civil por fato de outrem verifica-se quando pessoa estranha à realização do dano responde pelos efeitos de ato material lesivo a interesses alheios. Nesse caso, o civilmente responsável pelo dano causado pode encontrar-se ou não em relação jurídica com o agente da lesão por meio de uma situação de subordinação ou submissão na qual exerce sua autoridade ou impõe sua direção.[2]

No caso específico da responsabilidade civil dos pais pelos danos causados por seus filhos menores, a relação jurídica existente entre os agentes materiais do ato lesivo (filhos) e os civilmente responsáveis (pais) é pressuposto lógico para sua configuração. Há, porém, significativa divergência doutrinária acerca da sua classificação como responsabilidade direta ou indireta, o que traz o questionamento sobre a própria plausibilidade da locução *por fato de outrem*.[3]

---

[1] Caio Mário da Silva Pereira esclarece que a responsabilidade por fato próprio "não satisfaz ao anseio de justiça, pois muitas vezes ocorre a existência de um dano, sem que o demandado seja diretamente apontado como o causador do prejuízo [...] Aí situa-se a responsabilidade por fato de outrem ou pelo fato das coisas, ou responsabilidade indireta, ou responsabilidade complexa, que Trabucchi explica, quando a lei chama alguém a responder pelas consequências de fato alheio, ou fato danoso provocado por terceiro" (PEREIRA, Caio Mário da Silva. *Responsabilidade civil*. 10. ed. Rio de Janeiro: GZ, 2012, p. 120).

[2] Segundo Alvino Lima, existem hipóteses disciplinadas em dispositivos legais excepcionais em que surge um responsável pela prática de um ato de outrem sem que exerça qualquer autoridade sobre o agente ou haja qualquer relação de subordinação ou de outra natureza entre eles: a) casos dos danos sofridos pelos hóspedes quanto aos objetos colocados nos cômodos que ocupam, em virtude de atos ilícitos praticados por terceiros; e b) coisas lançadas à rua ou em lugares de trânsito público, provindas de apartamentos ou casas, por pessoas estranhas ao locatário ou morador, ocasionando danos a terceiros, pelos quais responde o inquilino ou o proprietário que ali resida (LIMA, Alvino. *A responsabilidade civil pelo fato de outrem*. Rio de Janeiro: Forense, 1973, pp. 24-27).

[3] Wilson Melo da Silva teceu crítica contundente à manutenção da responsabilidade civil por fato de outrem dentro do espectro da responsabilidade subjetiva, o que tornava necessária a presunção de culpa a fim de se tornar responsável aquele que não tivesse sido causa do evento. De acordo com ele, "se a doutrina da responsabilidade clássica, da culpa subjetiva, não se comporta de maneira lógica no setor do Direito Público, explicações mais convincentes não logram oferecer no que diga respeito à responsabilidade complexa, ou por fato de outrem" (SILVA, Wilson de Melo. *Responsabilidade sem culpa e socialização do risco*. Belo Horizonte: Bernardo Álvares, 1962, p. 257). Na França, Planiol defendeu que, apesar de a responsabilidade a cargo dos guardiões dos menores e a dos guardiões da coisa de outrem serem incluídas no âmbito da responsabilidade por fato de outrem, a expressão traduzia mal a natureza das regras jurídicas a elas aplicáveis. Em verdade, no

Considera-se a responsabilidade como direta quando se compreende que ela decorre da violação, pelo próprio genitor, dos deveres de vigilância, educação e direção de conduta a ele impostos.[4] O filho menor é visto como instrumento material do ato danoso, e a causalidade culposa, ainda que presumida, alcança aquele que tinha o dever jurídico de impedir o evento, mas não o fez.[5]

Entende-se que o fato lesivo do menor é imputado ao titular do poder familiar em razão da sua qualidade de pai, a quem se atribui a obrigação de, por meio do desencargo dos deveres de assistência e fiscalização atenta de sua conduta, impedir que o filho cause danos a outrem.[6] Dessa forma, a relação de causalidade estabelece-se entre a violação culposa, mesmo que presumida, dos deveres de vigilância e educação por parte dos genitores e o dano causado a terceiro.[7]

Não se poderia, então, falar propriamente em responsabilidade por fato de outrem. Haveria, em verdade, responsabilidade por fato próprio – violação pelo pai dos deveres de educação e vigilância de seus filhos menores.[8]

Em sentido diverso, classifica-se a responsabilidade como indireta quando se entende que a lei chama a responder pelas consequências do ilícito o pai,

primeiro caso haveria responsabilidade por fato próprio, enquanto no segundo a aplicação de um princípio jurídico normal conduziria naturalmente às soluções admitidas, ressalvadas controvérsias referentes a certos detalhes (PLANIOL, M. Marcel. Études sur la responsabilité civile – troisième et dernière étude: responsabilité du fait d'autrui. *Revue critique de législation et de jurisp*rudence. Paris: Cotillon, 1909, pp. 283-284).

[4] LIMA, Alvino. *A responsabilidade civil pelo fato de outrem*, cit., pp. 33-34; AGUIAR DIAS, José de. *Da responsabilidade civil*. 11. ed. Rio de Janeiro, 2006, p. 742. Na França, Henri Lalou também defendeu que a responsabilidade dos pais pelos danos causados pelos menores não é propriamente por fato de outrem, mas sim dos próprios pais.
Na sua visão, trata-se de consectário lógico da presunção relativa de culpa. Ou seja, se os pais podem afastar a presunção, significa que a responsabilidade decorre de fato próprio: a violação ao dever de vigilância (LALOU, Henri. La responsabilité civile: principes élémentaires et applications pratiques. Paris: Librairie Dalloz, 1911, pp. 231-232). Ver também: PLANIOL, M. Marcel. *Études sur la responsabilité civile*, cit., p. 284.

[5] BONVICINI, Eugenio. *La responsabilità civile*, t. I. Milão: Giuffrè, 1971, p. 540.

[6] AGUIAR DIAS, José de. *Da responsabilidade civil*, cit., pp. 748-749.

[7] Para Adriano de Cupis há causalidade mediata ou indireta, baseada na derivação de uma causa direta (o ato do menor) a partir de uma causa indireta (a omissão na vigilância pelo genitor). Dessa forma, o genitor responde pelo dano causado indiretamente por fato próprio. A responsabilidade, portanto, é direta, pois fundada em fato próprio, ainda que a causalidade seja mediata (DE CUPIS, Adriano. *Il danno*: teoria generale della responsabilità civile, vol. II. 2. ed. Milão: Giuffrè, 1970, pp. 125-126).

[8] Segundo Alvino Lima, na "responsabilidade pelo fato de outrem, o responsável civilmente o é pelas consequências deste fato, mas em virtude de fato próprio, de culpa própria" (LIMA, Alvino. *Culpa e risco*. 2. ed. São Paulo: Revista dos Tribunais, 1999, p. 287).

que exerce a autoridade de direito ou de fato sobre o efetivo causador do dano, embora não haja ligação direta entre o dano causado e o titular do poder familiar. O civilmente responsável é terceiro que age como intermediário entre a vítima e o causador do prejuízo, pois há relação jurídica unindo o agente ao convocado a responder.[9]

À luz do Código Civil de 2002, não parece se sustentar a classificação como direta da responsabilidade dos pais pelos danos causados por menores.[10] Uma vez alçada à categoria de responsabilidade objetiva, a atribuição da obrigação de indenizar aos genitores não decorre diretamente de violação de deveres de vigilância vinculados ao poder familiar. Ela se funda na opção legislativa por assegurar o ressarcimento da vítima, mesmo que isso dependa da fixação de responsabilidade a quem não foi causador direto do dano.[11]

Não há necessidade de prova do nexo de causalidade entre a omissão culposa dos deveres decorrentes do poder familiar e o dano causado pelo menor. Está, portanto, mais clara do que nunca a relação indireta entre o dano e o responsável pelo ressarcimento à vítima.

Antes, porém, de se analisar mais detidamente a configuração atual do instituto, faz-se necessário um exame da evolução histórica pela qual passou desde o Código Civil de 1916. A compreensão das mudanças legislativas e do reflexo de cada uma delas na responsabilidade dos pais pelos danos causados pelos filhos menores é imprescindível para a correta interpretação dos elementos e requisitos aplicáveis ao instituto no cenário atual.

---

[9] De acordo com Caio Mário da Silva Pereira, na responsabilidade indireta ou complexa há um intermediário entre o ofendido e o causador do dano, que é dirigido por outrem ou é uma coisa confiada a alguém (PEREIRA, Caio Mário da Silva. *Responsabilidade civil*. 6. ed. Rio de Janeiro: Forense, 1995, p. 85). No mesmo sentido, v. BARBOZA, Heloisa Helena; BODIN DE MORAES, Maria Celina; TEPEDINO, Gustavo. *Código Civil interpretado conforme a Constituição da República*, vol. II. 2. ed. Rio de Janeiro: Renovar, 2012, p. 830.

[10] Em sentido contrário, mesmo à luz do CC/2002, Sérgio Cavalieri Filho e Carlos Alberto Menezes de Direito defendem que a chamada responsabilidade por fato de outrem é responsabilidade por fato próprio omissivo. De acordo com os autores, as pessoas que respondem a esse título terão sempre concorrido para o dano por falta de cuidado e vigilância. Haveria, então, responsabilidade decorrente da infração dos deveres de vigilância (DIREITO, Carlos Alberto Menezes; CAVALIERI FILHO, Sérgio. *Comentários ao novo Código Civil*, vol. XIII: da responsabilidade civil, das preferências e privilégios creditórios. Rio de Janeiro: Forense, 2004, p. 197).

[11] BARBOZA, Heloisa Helena; BODIN DE MORAES, Maria Celina; TEPEDINO, Gustavo. *Código Civil interpretado conforme a Constituição da República*, vol. II, cit., p. 832.

3. Análise histórica da responsabilidade civil dos pais pelos danos causados por filhos menores

a) O Código Civil de 1916

O Código Civil de 1916 previa, em seu artigo 1.521, I, que "São também responsáveis pela reparação civil: I. Os pais, pelos filhos menores que estiverem sob seu poder e em sua companhia". Percebe-se que o dispositivo empregava os termos *poder* e *companhia*.

Em razão do emprego expresso do termo *poder* pelo art. 1.521, I, do Código Civil de 1916, não pairava dúvida acerca da íntima relação entre a responsabilidade e o exercício do pátrio poder. A responsabilidade decorria – direta ou indiretamente, como se viu acima – do dever dos pais de educar os filhos e manter a vigilância sobre eles.[12] O art. 384, I e II[13] do CC/1916 instituía o dever dos pais quanto à pessoa dos filhos menores de dirigir-lhes a criação e a companhia, além de tê-los em sua companhia e guarda. Tais deveres justificavam a responsabilidade dos pais pelos danos causados pelos filhos.[14]

Apesar da clara ligação entre o pátrio poder e a atribuição do dever de indenizar aos progenitores, não necessariamente a responsabilidade dos pais seria confirmada no caso concreto. A efetiva violação do dever de vigilância deveria ser verificada à luz das circunstâncias.[15]

---

[12] De acordo com Albertino Daniel de Melo, "para a responsabilidade dos pais, não basta que estes se encontrem no exercício do seu direito de guarda, que traduz a autoridade paterna, pois que uma obrigação de vigilância e de educação constitui o fundamento direto desta responsabilidade" (MELO, Alberto Daniel. *A responsabilidade civil pelo fato de outrem nos direitos francês e brasileiro*. Rio de Janeiro: Forense, 1972, p. 44).

[13] CC/1916, *verbis*: "Art. 384. Compete aos pais, quanto à pessoa dos filhos menores: I. Dirigir-lhes a criação e educação. II. Tê-los em sua companhia e guarda [...]".

[14] AGUIAR DIAS, José de. *Da responsabilidade civil*, cit., p. 748.

[15] De acordo com Pontes de Miranda, afirmar que os pais que têm pátrio poder são responsáveis é posição simplista. As questões a esse respeito deveriam ser resolvidas segundo as circunstâncias de cada caso, conforme fazia a jurisprudência alemã à época (PONTES DE MIRANDA, Francisco Cavalcanti. *Manual do Código Civil Brasileiro*: Do direito das obrigações; Terceira Parte: Das obrigações por atos ilícitos, vol. XVI. Rio de Janeiro: Jacintho Ribeiro dos Santos Editor, 1927, pp. 270-271). Ver também PEREIRA, Caio Mário da Silva. *Responsabilidade civil*. 6. ed., cit., p. 89.

Questionava-se, porém, a necessidade de prova da culpa dos pais em razão do disposto no art. 1.523[16] do CC/1916.[17] Ele previa que a responsabilidade das pessoas enumeradas no art. 1.521, excluindo as que participaram gratuitamente do produto do crime, dependia de prova de culpa ou negligência de sua parte, a ser produzida pela vítima.[18]

Impunha-se ao ofendido, então, o pesado ônus de provar a culpa *in vigilando* dos progenitores.[19] Tal previsão conflitava com o art. 1.521, I, que atribuía aos pais a responsabilidade pelos danos causados pelos filhos menores.[20] Enten-

---

[16] CC/1916, *verbis*: "Art. 1.523. Excetuadas as do art. 1.521, nº V, só serão responsáveis as pessoas enumeradas nesse e no artigo 1.522, provando-se que elas concorreram para o dano por culpa, ou negligência de sua parte".

[17] Ao tratar do art. 1.523 especificamente no tocante à responsabilidade do patrão pelos danos cometidos pelo empregado, Washington de Barros Monteiro esclareceu que os juristas e a jurisprudência reagiram à injustiça da interpretação literal daquele dispositivo: "em primeiro lugar, considerando como não escrito o disposto no art. 1.523, que vinha a anular a responsabilidade estabelecida no art. 1.521, nº III [...] Em segundo lugar, consagrando-se a culpa presumida do patrão, no caso de ato danoso cometido pelo empregado" (MONTEIRO, Washington de Barros. *Curso de direito civil*: direito das obrigações, 2. parte. 30. ed. São Paulo: Saraiva, 1998, pp. 404-405).

[18] Alvino Lima defendia a necessidade de prova da culpa dos pais. De acordo com ele, o "art. 1523 veio completar o art. 1521 para que o mesmo não pudesse ser interpretado como derrogativo do princípio genérico da necessidade da culpa, consagrado no art. 159 do Código Civil. Só no caso de culpa provada das pessoas referidas no art. 1521, ns. I a IV, surgirá a responsabilidade pelos atos dos terceiros ali enumerados. [...] Ora, se o art. 1521 não fosse completado pelo dispositivo do art. 1523, onde expressamente se exige a culpa das pessoas enumeradas no primeiro artigo, ou seja, a responsabilidade pelo fato de outrem, mas decorrendo da culpa própria, teríamos uma responsabilidade surgida de simples representação, mas sem ato próprio, ou seja, sem ação ou omissão, sem negligência ou importância do próprio responsável. Desta forma, violado seria o princípio geral do art. 159 do Código Civil, criando-se um princípio de responsabilidade, ou baseado numa presunção juris et de jure da culpa, ou na teoria do risco" (LIMA, Alvino. *A responsabilidade civil pelo fato de outrem*, cit., pp. 263-264).

[19] Silvio Rodrigues considerava tal solução retrógrada, pois desatendia aos anseios de segurança e justiça no sentido de evitar, dentro do possível, que a vítima ficasse irressarcida. Quando se determinava que o pai só seria compelido a reparar o dano quando provada sua culpa, na maioria dos casos a vítima não conseguiria demonstrar a *culpa in vigilando*. (RODRIGUES, Silvio. *Direito civil*: responsabilidade civil. São Paulo: Saraiva, 1999, pp. 56-58). Na mesma linha, Caio Mário da Silva Pereira defendia que o legislador de 1916 foi reacionário ao fundar todo o princípio da responsabilidade civil indireta no conceito subjetivo de culpa. Contudo, segundo o autor, o desenvolvimento econômico e material do país, a maior ocorrência de danos atrelados à responsabilidade indireta, a influência do direito comparado, a evolução doutrinária e jurisprudencial marcharam no sentido de imprimir novo sentido ao princípio da reparação de danos. Nesse contexto, passou a predominar a tendência de assentar a responsabilidade por fato de outrem no princípio da presunção de culpa (PEREIRA, Caio Mário da Silva. *Responsabilidade civil*. 6. ed., cit., p. 88).

[20] Orlando Gomes sintetizou de forma clara a antinomia entre os dispositivos caso interpretados literalmente: "Se ao se interpretar o art. 1523 se concluísse que a vítima deveria provar

der pela necessidade de comprovação da concorrência de culpas do pai e do filho a partir da leitura do art. 1.523 anularia a utilidade do art. 1.521, I, pois não seria preciso dizer que um respondia pelo outro caso se a culpa de ambos deveria ser provada.[21]

Na tentativa de conciliar a interpretação dos dispositivos, a doutrina e a jurisprudência adotaram majoritariamente o entendimento de que haveria uma presunção relativa de culpa dos pais, que poderia ser elidida pela prova em contrário.[22]

Dessa maneira, uma vez imposto o dever aos pais, o ato danoso do menor acarretaria, por conseguinte, a presunção de culpa daquele encarregado de sua vigilância.[23] Ou seja, cometido o ato ilícito pelo menor, dele emergiria automaticamente a culpa *in vigilando* do pai, que só lograria subtrair-se à responsabilidade caso comprovasse alguma das escusas legais.[24]

A presunção de culpa, que se estendia para presunção de causalidade, fazia com que o pai não se eximisse meramente pela alegação de que não faltara com esse dever e com a educação.[25] Considerar a presunção como *iuris tantum* significava admitir a possibilidade de os pais demonstrarem terem feito o possível para que o dano não se desse, envidando todos os esforços exigíveis no exercício do dever de vigilância e de educação de seus filhos.[26]

Tal raciocínio de presunção *iuris tantum* da culpa foi encampado posteriormente pelo Código de Menores (Decreto n. 17.943-A/1927).

---

a concorrência de culpas, isto é, a culpa do filho e do pai e assim por diante, o art. 1521 seria ocioso. Não era preciso dizer que um respondia pelo outro. A presunção firmada nesse artigo, estabelecendo a responsabilidade indireta das pessoas que nomeia, estaria supressa pelo art. 1523" (GOMES, Orlando. *Obrigações*. 6. ed. Rio de Janeiro: Forense, 1981, p. 351).

[21] SANTOS, João Manuel de Carvalho. *Código Civil Brasileiro interpretado*, principalmente do ponto de vista prático, vol. XX. 10. ed. Rio de Janeiro, Freitas Bastos, 1982, p. 265.

[22] GOMES, Orlando. *Obrigações*, cit., p. 351. No tocante à responsabilidade indireta do patrão pelos danos cometidos pelo empregado, o STF editou o enunciado de Súmula 341: "É presumida a culpa do patrão ou comitente pelo ato culposo do empregado ou preposto".

[23] PONTES DE MIRANDA, Francisco Cavalcanti. *Manual do Código Civil Brasileiro*, cit., p. 286.

[24] MONTEIRO, Washington de Barros. *Curso de direito civil*: direito das obrigações, 2. parte, cit., p. 403.

[25] PEREIRA, Caio Mário da Silva, *Responsabilidade civil*. 6. ed., cit., p. 89.

[26] PONTES DE MIRANDA, Francisco Cavalcanti. *Manual do Código Civil Brasileiro*, cit., p. 286. No mesmo sentido, v. RUGGIERO, Roberto de. *Instituições de direito civil*, vol. III. Campinas: Bookseller Editora e Distribuidora, 1999, pp. 599-602.

b) *O Código de Menores de 1927 (Decreto n. 17.943-A/1927)*

Em 1927, o Código de Menores estabeleceu de forma expressa a presunção de culpa dos progenitores pelos atos ilícitos praticados por seus filhos, o que reforçava a intepretação sistemática majoritariamente atribuída aos art. 1.521, I e 1.523, CC/1916. O art. 68, §4º, Código de Menores previa que: "São responsáveis, pela reparação civil do dano causado pelo menor os pais ou a pessoa a quem incumba legalmente a sua vigilância, salvo se provarem que não houve de sua parte culpa ou negligência".

Enquanto no Código Civil os pais só eram responsáveis pelos filhos menores que estivessem em seu poder e companhia, e o art. 1.523 exigia a prova de culpa, o Código de Menores suprimiu os requisitos de poder e companhia e reverteu o ônus da prova de culpa.[27]

Houve quem defendesse que o Código de Menores teria revogado o art. 1.523 do Código Civil de 1916,[28] enquanto outros buscaram compatibilizar as disposições da forma como já se interpretavam os artigos do Código Civil.[29] Fato é que as consequências práticas de ambas as posições não destoavam entre si.

De toda forma, haveria presunção relativa da culpa dos pais em razão da infração do dever de vigilância sobre os filhos.[30] Facultava-se-lhes, porém, provar que não poderiam ter impedido o dano, embora agido com diligência na supervisão atenta aos atos dos filhos.[31]

---

[27] RODRIGUES, Silvio. *Direito civil*: responsabilidade civil, cit., p. 59.

[28] V. RODRIGUES, Silvio. *Direito civil*: responsabilidade civil, cit., pp. 66-67; PEREIRA, Caio Mário da Silva. *Responsabilidade civil*. 6. ed., cit., pp. 89-90. No mesmo sentido, Alvino Lima afirmou que o dispositivo do Código de Menores derrogou o art. 1521, I, combinado com o art. 1.523, CC/1916, criando a favor da vítima uma presunção *iuris tantum* da culpa. Dessa forma, não haveria responsabilidade do pai caso se provasse que o ato do menor não resultou de deficiência, de ausência de educação ou de qualquer outro fato imputável ao responsável (LIMA, Alvino. *A responsabilidade civil pelo fato de outrem*, cit., p. 265).

[29] GOMES, Orlando. *Obrigações*, cit., pp. 351-352.

[30] A adoção da culpa presumida a partir da promulgação do Código de Menores aproximou o modelo de responsabilidade indireta brasileira ao modelo francês. No Código Civil Francês de 1804, o art. 1384 previa que a responsabilidade dos pais pelos danos causados pelos filhos menores teria lugar a menos que o pai e mãe provassem que não poderiam ter impedido o fato danoso. Diante dessa disposição, Henri Lalou ressalvou que a responsabilidade dos pais não seria afastada caso o fato danoso decorresse de conduta imprudente ou negligente por parte deles (LALOU, Henri. *La responsabilité civile*, cit., p. 231).

[31] Orlando Gomes ressaltou que a culpa do agente não acarretaria, necessariamente, a da pessoa sob cuja vigilância se encontrava, pois isso significaria aceitar a teoria da responsabilidade objetiva (GOMES, Orlando. *Obrigações*, cit., p. 352).

A força da presunção tornava insuficiente a prova genérica de que os pais agiam com zelo.[32] A presunção da culpa seria justificada pela violação de deveres inerentes ao exercício do pátrio poder. Ou seja, a responsabilidade parental decorreria do inadimplemento real ou presumido dos deveres dos pais perante o menor, consistentes basicamente em duas ordens: (i) assistência material – traduzida na prestação de alimentos e satisfação de necessidades econômicas – e moral, a qual abarcaria a instrução e a educação em sentido amplo; e (ii) vigilância.[33]

Já a exoneração da responsabilidade dependia da demonstração *in concreto* do afastamento da culpa presumida.[34] Por se considerar que tal vigilância deveria ser geral e permanente, a responsabilidade do pai pelos atos do filho seria aplicável a todos os atos que o menor praticasse, mas não subordinada a critério absoluto e abstrato.[35]

Então, embora o Código de Menores contivesse norma sobre responsabilidade restrita aos responsáveis legais pelos menores, declarava inequivocamente que a responsabilidade indireta não se concretizava quando provada a ausência de culpa de sua parte.[36]

Em 1979, a Lei n. 6.679/1979[37] revogou o Decreto n. 17.943-A/1927 e aprovou novo Código de Menores, sem dispor acerca da responsabilidade dos pais por danos causados por menores.[38] Também não tratou de tal instituto o Estado da Criança e do Adolescente publicado em 1990.

---

[32] De acordo com Guilherme Couto de Castro, era "insuficiente aos pais demonstrar de que bem educaram o filho, seguindo os padrões normais exigidos, pois só isso não lhes exime a responsabilidade" (CASTRO, Guilherme Couto de. *A responsabilidade civil objetiva no direito brasileiro*. 3. ed. Rio de Janeiro: Forense, 2000, p. 37).

[33] Segundo José de Aguiar Dias, na primeira categoria entende-se incluída a obrigação de propiciar ao menor, ao lado da prestação de conhecimentos compatíveis com as suas aptidões e situação socioeconômica, o ambiente necessário ao seu sadio desenvolvimento moral. Já a vigilância seria o complemento da obra educativa, fazendo-se necessária em maior ou menor medida conforme o pai desempenhasse a primeira ordem de deveres (AGUIAR DIAS, José de. *Da responsabilidade civil*. 7. ed. Rio de Janeiro: Forense, 1983, pp. 559-560).

[34] V. PEREIRA, Caio Mário da Silva, *Responsabilidade civil*. 6. ed., cit., pp. 90-91.

[35] De acordo com José de Aguiar Dias, a vigilância está sujeita às possibilidades humanas e não pode exigir o desamparo das atividades e deveres do chefe de família, como não pode deixar de atender às circunstâncias sociais e econômicas da família (AGUIAR DIAS, José de. *Da responsabilidade civil*, cit., p. 560). V. também DE CUPIS, Adriano. *Il danno*, cit., p. 12.

[36] GOMES, Orlando. *Obrigações*, cit., p. 351.

[37] Tal lei foi revogada pelo Estatuto da Criança e do Adolescente (Lei n. 8.069/1990).

[38] Diante da questão de direito intertemporal instaurada, Caio Mário da Silva Pereira defendeu que a revogação expressa do Código de Menores de 1927 não repristinou o art. 1.521, I do CC/16. Os pais, portanto, seriam considerados responsáveis pelos atos dos filhos menores, salvo se provada a ausência de culpa ou negligencia (PEREIRA, Caio Mário da Silva. *Responsabilidade civil*, cit., p. 126).

c) Os projetos de lei anteriores ao Código Civil de 2002

Em 1975, a Comissão presidida por Miguel Reale e composta ainda pelos professores José Carlos Moreira Alves, Agostinho Alvim, Sylvio Marcondes, Ebert Chamoun, Clóvis do Couto e Silva e Torquato Castro apresentou o Anteprojeto do Código Civil. Esse trabalho começou a tramitar no Congresso Nacional em 1975, na forma do Projeto de Lei nº 634.

O art. 968, I[39] de tal projeto tinha redação idêntica ao do art. 1.521, I, CC/1916, mas o art. 969 determinava que os pais responderiam *independente de culpa*. Surgia o embrião da responsabilidade objetiva dos pais por danos causados pelos seus filhos menores.[40]

No 1º turno de votações na Câmara dos Deputados, o Deputado Celverson Teixeira propôs a Emenda n. 534, a fim de dar ao art. 968, I redação que excluía o requisito da autoridade e fazia expressa menção ao não afastamento da responsabilidade pela emancipação do menor.[41]

O Deputado Raymundo Diniz, por sua vez, emitiu parecer pela rejeição da Emenda n. 534, por entender que ela desvirtuava o artigo ao excluir o trecho *"sob seu poder e em sua companhia"*. Para ele, o artigo original do PL 634/1975 referia-se expressamente ao *pátrio poder*. Após o parecer final do Deputado Ernani Satyro, a referida emenda foi rejeitada.

Em 1984, submeteu-se o projeto à votação no Senado Federal, sob a forma de Projeto de Lei da Câmara 118/1984.

O Senador José Fragelli, em sua Emenda n. 278, propôs a alteração da designação do capítulo anteriormente intitulado *"Do Pátrio Poder"* para *"Da Autoridade Parental"*. Pela leitura das razões que motivavam a proposta, nota-se a evolução da compreensão do papel desempenhado pelos pais perante seus filhos. Em lugar de um *poder*, haveria um dever de criação em sentido amplo, que colocaria os pais a serviço do objetivo de buscar o melhor interesse dos seus filhos. Esse papel seria, então, melhor denominado de *autoridade*.[42] Além

---

[39] Art. 968, I, do PL 634/75, *verbis*: "São também responsáveis pela reparação civil: I – Os pais, pelos filhos menores que estiverem sob seu poder e em sua companhia".

[40] Silvio Rodrigues considerava a solução do Projeto de Código Civil de 1975 audaz e merecedora de aplauso, pois atendia ao anseio de justiça ao instituir a responsabilidade objetiva. (RODRIGUES, Silvio. *Direito civil*: responsabilidade civil, cit., p. 60).

[41] Art. 968, I segundo Emenda n. 534: "São também responsáveis pela reparação civil: I – Os pais, pelos filhos menores que estiverem em sua companhia, ainda que emancipados em virtude de concessão (art. 5o, § único, alínea a)".

[42] Ana Carolina Brochado Teixeira esclarece que: "Na autoridade parental, tanto o poder quanto o dever são dirigidos às mesmas pessoas: os pais, que devem usá-los para a concreção do Princípio do

disso, a substituição de *pátrio* por *parental* refletia a noção de que o papel deveria ser desempenhado em pé de igualdade pelo pai e pela mãe, não apenas pelo pai, a quem remetia exclusivamente o termo anteriormente adotado.[43]

Contudo, não havia consenso entre os senadores acerca da adoção de *autoridade parental*.[44] Tanto que o Senador Josaphat Marinho defendeu, em seu parecer final, o emprego de *poder familiar*, pois entendia que a locução tinha maior amplitude e identificação com a entidade formada por pais e filhos, além de ser de mais fácil compreensão pelas pessoas em geral.[45]

Melhor Interesse da Criança e do Adolescente [...] a autoridade parental é uma situação subjetiva complexa, pois há atribuição de poderes e deveres a serem exercidos pelo titular do poder, em favor dos filhos menores" (TEIXEIRA, Ana Carolina Brochado. *Família, guarda e autoridade parental*. 2. ed. Rio de Janeiro: Renovar, 2009, p. 97).

[43] A justificativa apresentada pelo Senador José Fragelli foi: "A designação do projeto para o conjunto orgânico das funções que se atribuem aos pais relativamente aos filhos menores é a tradicional de *pátrio poder*, geralmente criticada pela sua impropriedade. De um lado, não se cuida aqui principalmente de *poder*, mas, ao contrário, sobretudo do *dever*. Depois, se se trata de prerrogativas conferidas tanto ao pai quanto à mãe, a expressão *pátrio* é pelo menos ambígua. A emenda acompanha a Lei francesa no 70-459, de 4 de junho de 1970, que operou a mudança da expressão *puissance paternelle* em *autorité parentale*. O termo autoridade é aqui tanto mais indicado por suscitar a ideia de serviço, presente na sua semântica evangélica; e parental expressa, com mais propriedade que *pátrio* o ser comum a pai e mãe. cf. Vilela, João Baptista, *Liberdade e Família*. Belo Horizonte, Fac. Direito UFMG, 1980. p. 29; Vilela, João Baptista, Propósitos na Educação & Sentido da Autoridade. *Revista do Conselho Estadual de Educação*, Belo Horizonte, no 14 jun. 1977. p. 420-1" (PASSOS, Edilenice. *Memória Legislativa do Código Civil*, vol. 3. Brasília: Senado Federal, 2012, p. 186).

[44] Gustavo Tepedino destaca a crítica da doutrina à "utilização da expressão poder inserida na dicção do Código Civil de 2002, tanto na noção de pátrio poder como na de poder familiar, adotando-se ao revés a perspectiva da autoridade parental como 'um múnus, significado que transcende o interesse pessoal', numa visão dinâmica e dialética de seu exercício, de modo que 'os filhos não são (nem poderiam ser) objeto da autoridade parental' alvitrando-se a contrário 'uma dupla realização de interesses do filho e dos pais'" (TEPEDINO, Gustavo. *Temas de direito civil*, t. II. Rio de Janeiro: Renovar, 2006, p. 183).

[45] Em seu parecer final à Emenda 278 do PLC 118/1984, votado em 1º turno no Senado Federal, o Senador Josaphat Marinho defendeu que: "A Constituição de 1988 estabelece que 'homens e mulheres são iguais em direitos e obrigações', nos termos por ele delineados (art. 5º, I). E acrescenta no § 4o do art. 226, ao tratar da família: 'Os direitos e deveres referentes à sociedade conjugal são exercidos igualmente pelo homem e pela mulher'. Assim disposto, a Constituição amplia a procedência da crítica formulada na justificação da emenda ao emprego da expressão pátrio poder. Se antes já era condenável, agora é insustentável. Diante da posição legal de igualdade entre o homem e a mulher, na sociedade conjugal, não deve manter-se designação que, tradicionalmente, indica superioridade do pai. Mais do que a denominação autoridade parental, porém, parece preferível, por sua amplitude e identificação com a entidade formada por pais e filhos, a locução poder familiar, constante das ponderações do professor Miguel Reale. É, também, de mais fácil compreensão pelas pessoas em geral" (PASSOS, Edilenice. *Memória Legislativa do Código Civil*, cit., p. 186).

Na mesma linha, seguiu o Deputado Ricardo Fiúza, de acordo com quem o emprego da expressão *poder familiar* traduzia com exatidão a ideia de igualdade dos cônjuges, entre si e como pais perante os filhos.[46]

Dessa forma, em todos os dispositivos do projeto nos quais havia menção a *pátrio poder* houve a substituição da locução por *poder familiar*. Diante de tal opção legislativa, a consequência lógica a se esperar era a manutenção do termo *poder* sempre que ele fosse referido sem o complemento *pátrio*, uma vez que não se aceitara sua alteração para *autoridade parental*.

Entretanto, em contradição à coerência lógico-sistemática do projeto, o Relator-Geral propôs a Emenda n. 408-R, com o intuito de alterar o termo *poder* para *autoridade* no art. 934, I, que continha a mesma redação do art. 1521, I, CC/1916, ou seja: "São também responsáveis pela reparação civil: I. Os pais, pelos filhos menores que estiverem sob seu poder e em sua companhia".[47] De acordo com o Senador Josaphat Marinho, o termo *autoridade* era dotado de *"melhor conteúdo e estilo"*.

Desse modo, em todos os dispositivos que se referiam meramente a *poder* como alusão ao antigo pátrio poder e ao atual poder familiar, passou-se a ler *autoridade*. Por outro lado, sempre que se mencionava anteriormente *pátrio poder*, passou-se a adotar *poder familiar*.

Nota-se, assim, a falta de sistematicidade adotada pelo próprio legislador ao não manter um padrão coerente na escolha dos termos empregados para se referir ao mesmo conceito de poder familiar. Ora empregou poder familiar, ora simplesmente autoridade.

Tal descompasso acarreta a dificuldade na interpretação do art. 932, I, do Código Civil de 2002, como se verá a seguir.

---

[46] PASSOS, Edilenice. *Memória Legislativa do Código Civil*, cit., p. 305.

[47] O Senador Josaphat Marinho propôs ainda a substituição de *"poder"* por *"autoridade"* em outros três dispositivos: Artigos 1627, 1665 e 1760, III, *verbis*: "Art. 1.627. O filho reconhecido, enquanto menor, ficará sob a autoridade do genitor que o reconheceu, e, se ambos o reconheceram e não houver acordo, sob a de quem melhor atender aos interesses do menor"; "Art. 1.665. Se o pai, ou a mãe, abusar de sua autoridade, faltando aos deveres a eles inerentes ou arruinando os bens dos filhos, cabe ao juiz, requerendo algum parente, ou o Ministério Público, adotar a medida que lhe pareça reclamada pela segurança do menor e familiar, quando convenha"; "Art. 1.760. [...] III – os que tiverem sob sua autoridade mais de três filhos".

4. A problemática interpretação do art. 932, I, do Código Civil de 2002

O art. 932, I, CC/2002 prevê que "São também responsáveis pela reparação civil: I – os pais, pelos filhos menores que estiverem sob sua autoridade e em sua companhia". A simples leitura do artigo possibilita a enumeração de três requisitos para configuração da responsabilidade civil dos pais: (i) a menoridade;[48] (ii) a circunstância jurídica da submissão à autoridade paterna; e (iii) a circunstância fática de estar em companhia do pai ou da mãe.[49]

Ocorre que os termos *autoridade* e *companhia* não são interpretados de maneira uniforme pela doutrina e pela jurisprudência. Coloca-se, então, a dúvida acerca da natureza desses dois requisitos deduzidos a partir da literalidade do art. 932, I, CC/2002.

Na jurisprudência, o tema é tratado de forma inconstante, sem que se possa depreender um padrão interpretativo aplicável a todas as situações nas quais se questiona a imputação do dever de indenizar aos pais.

A título exemplificativo, em dezembro de 2016, a Terceira Turma do STJ apreciou caso no qual os genitores de vítima menor pleiteavam indenização por danos decorrentes de atropelamento seguido de morte causado por motorista que à época do acidente tinha 17 anos.[50] Entendeu-se que a responsabilidade civil dos pais por danos causados pelo filho menor é objetiva, mas aqueles que não exercem autoridade de fato sobre o filho, embora ainda detenham o poder familiar, não respondem por ele, nos termos do inciso I do art. 932 do

---

[48] A respeito do requisito da menoridade, cabe mencionar o posicionamento no sentido de que a emancipação voluntária não exime, por si só, os pais da responsabilidade pelos danos causados pelos filhos: AGUIAR DIAS, José de. *Da responsabilidade civil*, cit., p. 750; CAVALIERI FILHO, Sérgio. *Programa de responsabilidade civil*. 10. ed. São Paulo: Atlas, 2012, p. 210. Aliás, o Enunciado n. 41 da I Jornada de Direito Civil aponta no mesmo sentido: "A única hipótese em que poderá haver responsabilidade solidária do menor de 18 anos com seus pais é ter sido emancipado nos termos do art. 5º, parágrafo único, inc. I, do novo Código Civil".

[49] Delimitação dos requisitos realizada por Caio Mário da Silva Pereira (PEREIRA, Caio Mário da Silva. *Instituições de direito civil*, vol. III. 15. ed. Rio de Janeiro: Forense, 2011, p. 521).

[50] STJ, REsp 1232011/SC, Rel. Ministro João Otávio de Noronha, Terceira Turma, julgado em 17/12/2015, DJe 04/02/2016. Em seu voto, o Rel. Min. João Otávio Noronha afirmou que: "'Autoridade' não é sinônimo de 'poder familiar'. Esse poder é um instrumento para que se desenvolva, no seio familiar, a educação dos filhos, podendo os pais, titulares desse poder, tomar decisões às quais se submetem os filhos nesse desiderato. 'Autoridade' é expressão mais restrita que "poder familiar" e pressupõe uma ordenação. Assim, pressupondo que aquele que é titular do poder familiar tem autoridade, do inverso não se cogita, visto que a autoridade também pode ser exercida por terceiros, tal como a escola. No momento em que o menor está na escola, os danos que vier a causar a outrem serão de responsabilidade dela, e não dos pais".

Código Civil. Com base em tal fundamento, afastou-se do polo passivo a mãe do condutor do veículo, que residia em outro estado e não exerceria *autoridade* sobre o menor causador do acidente.

Em sentido diverso, em fevereiro de 2017, a Quarta Turma do STJ assentou o entendimento de que o art. 932, I, CC refere-se ao poder familiar e que a autoridade parental não se esgota na guarda, compreendendo um conjunto de deveres como proteção, cuidado, educação, informação, afeto, dentre outros, independentemente da vigilância investigativa e diária, sendo irrelevante a proximidade física no momento em que os menores venham a causar danos.[51]

A partir da análise dos dois julgados recentes do STJ, nota-se a dissonância de entendimento do mesmo tribunal quanto ao significado a ser atribuído aos requisitos da submissão à autoridade paterna e da companhia do pai ou da mãe.

a) O requisito jurídico da "autoridade"

Conforme se demonstrou pelo exame das mudanças legislativas que acarretaram a atual redação do art. 932, I, do Código Civil, percebe-se que o termo *autoridade* adotado refere-se ao antigo *pátrio poder*, atualmente designado como *poder familiar*.

Sob o ponto de vista da interpretação histórica, então, a compreensão que parece mais acertada do requisito da *autoridade* expresso no art. 932, I, do Código Civil é a que o considera como sinônimo de poder familiar, assim como ocorria sob a égide do Código Civil de 1916. Entende-se que a responsabilidade civil dos pais pelos danos causados pelos filhos menores se insere no âmbito dos deveres atribuídos aos genitores dentro do amplo papel que desempenham.

Em sentido diverso, há quem defenda que a responsabilidade dos pais deriva, em princípio, da guarda do menor, não do poder familiar.[52] Ocorre que a leitura restritiva do termo como se dissesse respeito à guarda ou a uma autoridade em sentido mais genérico não se coaduna com intepretação histórica acima mencionada.

---

[51] STJ, REsp. 1.436.401/MG, Rel. Min. Luis Felipe Salomão, 4ª T., julg. 2.2.2017, DJe 16.3.2017.
[52] Sobre a guarda como requisito da responsabilidade dos pais, v. GONÇALVES, Carlos Roberto. *Responsabilidade civil*. São Paulo: Saraiva, 2011, p. 173. V. também: VENOSA, Sílvio de Salvo. *Direito civil*: responsabilidade civil, vol. 4. 12. ed. São Paulo: Atlas, 2012, p. 88.

Ademais, a responsabilidade dos pais pelos danos causados por menores passou do espectro da responsabilidade subjetiva, ainda que a culpa fosse presumida, ao âmbito das hipóteses expressas de responsabilidade objetiva. O art. 933, CC/2002[53] assenta o caráter objetivo ao prever que os pais respondem *ainda que não haja culpa de sua parte*.

Trata-se de exemplo da "passagem do modelo individualista-liberal de responsabilidade, compatível com a ideologia do Código Civil de 1916, para o chamado modelo solidarista".[54] Nesse contexto, iluminado pela Constituição da República de 1988, a responsabilidade civil volta-se à reparação da vítima injustamente lesada, não mais ao foco anterior de sanção do ofensor.

Embora haja quem sustente que o fundamento da responsabilidade objetiva dos pais passou a ser o risco,[55] não parece adequado defender a existência do "risco de ter filhos".[56] Mais acertada parece ser a associação entre o instituto e o princípio da solidariedade social. Tal princípio resulta da superação do individualismo jurídico e volta-se à concretização da dignidade social do cidadão, dentro de uma lógica de pleno reconhecimento da igualdade material e da necessidade de ampla proteção à pessoa vulnerável.[57]

---

[53] CC/2002, *verbis*: "Art. 933. As pessoas indicadas nos incisos I a V do artigo antecedente, ainda que não haja culpa de sua parte, responderão pelos atos praticados pelos terceiros ali referidos".
[54] BODIN DE MORAES, Maria Celina. Risco, solidariedade e responsabilidade objetiva. *Revista dos Tribunais*, a. 85, vol. 854. São Paulo: Revista dos Tribunais, dez./2006, pp. 18-19.
[55] VENOSA, Sílvio de Salvo. *Direito civil*, cit., p. 86.
[56] Para Eugenio Facchini Neto, "a obrigação de indenizar os danos decorrentes de atos praticados pelos filhos resulta da existência do pátrio poder, vinculado a uma ideia de risco e não a uma ideia de culpa. Cabe aos pais planejarem sua família, optando pela existência ou não de filhos. Se os desejarem, deverão eles saber que os filhos são mananciais inexauríveis de satisfação e regozijo, mas também são fontes de preocupação e despesa. Ao optarem, assim, pela existência de filhos, assumem os pais, implicitamente, o dever de reparar os danos que aqueles porventura vierem a causar" (FACCHINI NETO, Eugenio. *Da responsabilidade civil pelo fato de outrem*. 1986. Dissertação (Mestrado em Direito Civil) – Faculdade de Direito, Universidade de São Paulo, São Paulo). Contra o fundamento da responsabilidade no "risco de ter um filho" ou no "risco de ser pai", v. LEITE, Eduardo. *Estudos de direito de família e pareceres de direito civil*. Rio de Janeiro: Forense, 2011, p. 87; CAVALIERI FILHO, Sérgio. *Programa de responsabilidade civil*, cit., p. 206. Cabe destacar também a crítica de Anderson Schreiber ao discurso do risco como fundamento exclusivo da responsabilidade objetiva: "Se é certo que o legislador atribui à criação do risco um papel relevante no mecanismo da responsabilidade objetiva – como se vê da cláusula geral de responsabilidade objetiva por atividade de risco excessivo ou anormal –, não se pode dizer que consiste em sua única fonte. Hipóteses legais há em que a criação de um risco pelo sujeito responsável mostra-se de difícil ou artificial identificação" (SCHREIBER, Anderson. *Novos paradigmas da responsabilidade civil*: da erosão dos filtros da reparação à diluição dos danos. 2. ed. São Paulo: Atlas, 2009, p. 29).
[57] V. BODIN DE MORAES, Maria Celina. Risco, solidariedade e responsabilidade objetiva, cit., pp. 11-37. Ainda de acordo com Maria Celina Bodin de Moraes, "O princípio constitucional da

A responsabilidade objetiva é fundada na introjeção pela ordem jurídica da noção de que, efetivamente, a "pessoa é inseparável da solidariedade: ter cuidado com o outro faz parte do conceito de pessoa".[58]

Dentro dessa lógica, o fato de um genitor não ter a guarda do filho causador do dano não é suficiente para eximi-lo do dever de reparação do dano.[59] Por força do princípio da solidariedade social, que inspira o modelo objetivo de responsabilidade objetiva, impõe-se a busca pela interpretação que garanta a máxima efetividade do direito da vítima à reparação do dano sofrido.

A leitura que se coaduna com o arcabouço normativo atual aponta no sentido de que ambos os pais, enquanto no exercício do poder familiar, podem ser responsabilizados pelos atos lesivos praticados por seus filhos menores. O fato de a guarda ser unilateral não exclui, *a priori*, a responsabilidade do outro.[60]

Nessa linha, decidiu recentemente a Quarta Turma do STJ no julgamento do REsp. 1.436.401/MG, de relatoria do Min. Luís Felipe Salomão, conforme trecho de ementa abaixo colacionado:

> O art. 932, I do CC ao se referir a autoridade e companhia dos pais em relação aos filhos, quis explicitar o poder familiar (a autoridade parental não se esgota na guarda), compreendendo um plexo de deveres como, proteção, cuidado, educação, informação, afeto, dentre outros, independentemente da vigilância investigativa e diária, sendo irrelevante a proximidade física no momento em que os menores venham a causar danos.[61]

solidariedade identifica-se [...] com o conjunto de instrumentos voltados para garantir uma existência digna, comum a todos, numa sociedade que se desenvolva como livre e justa, sem excluídos ou marginalizados" (BODIN DE MORAES, Maria Celina. *Na medida da pessoa humana*. Rio de Janeiro: 2010, p. 111).

[58] PERLINGIERI, Pietro. *O direito civil na legalidade constitucional*. Rio de Janeiro: Renovar, 2008, p. 461.

[59] Cabe destacar o Enunciado CJF n. 450: "Considerando que a responsabilidade dos pais pelos atos danosos praticados pelos filhos menores é objetiva, e não por culpa presumida, ambos os genitores, no exercício do poder familiar, são, em regra, solidariamente responsáveis por tais atos, ainda que estejam separados, ressalvado o direito de regresso em caso de culpa exclusiva de um dos genitores".

[60] Heloisa Helena Barboza, Maria Celina Bodin de Moraes e Gustavo Tepedino esclarecem que: "O CC, ao empregar a expressão *sob sua autoridade*, parece ter procurado preservar a abrangência da responsabilidade, atingindo também os pais que, embora não detentores da guarda, têm os filhos sob sua autoridade parental" (BARBOZA, Heloisa Helena; BODIN DE MORAES, Maria Celina; TEPEDINO, Gustavo. *Código Civil Interpretado conforme a Constituição da República*, cit., p. 832). Em sentido contrário, Arnaldo Rizzardo sustenta que: "Encontrando-se o filho na guarda de apenas um dos progenitores, não são chamados os dois para responder pelos seus atos. Acontece que repousa a responsabilidade na pessoa daquele que exerce a guarda e vigilância" (RIZZARDO, Arnaldo. *Responsabilidade civil*. 7. ed. Rio de Janeiro: Forense, 2015, p. 107).

[61] STJ, REsp. 1.436.401/MG, Rel. Ministro Luis Felipe Salomão, 4ª T., julg. 2.2.2017, DJe 16.3.2017.

No mesmo sentido, já decidira a Terceira Turma no julgamento do Ag.Rg. no AREsp. 220.930/MG, no qual destacou a necessidade de se investigar a existência do poder familiar com todas os deveres/poderes de orientação e vigilância que lhe são inerentes.[62]

Compreende-se que a responsabilidade dos pais não está condicionada à guarda do menor, mas ao exercício do poder familiar. Dotado de natureza mais ampla, o poder familiar é uma gama de direitos e deveres dos quais são os filhos destinatários.[63] Afasta-se da tradicional visão de subordinação do *pátrio poder* em direção à consagração jurídica de um relacionamento recíproco que abrange responsabilidade e cuidado.[64]

A guarda, por sua vez, é apenas um dos deveres consectários do poder familiar, conforme se depreende da leitura dos art. 1634[65] e 1566, IV, CC/2002[66],

---

Em seu voto, o Rel. Min. Luis Felipe Salomão destacou que: "No entanto, deve-se ter em mente que, com o advento da responsabilização objetiva, tornou-se indiferente eventual arguição de ausência de omissão com relação ao dever de guarda, inclusive porque, como dito, o viés atual é o de garantir ressarcimento à vítima. Na verdade, ao se referir a autoridade e companhia, quis a norma, a meu juízo, explicitar o poder familiar, até porque a autoridade parental não se esgota na guarda, além de que o poder familiar compreende um plexo de deveres como, proteção, cuidado, educação, informação, afeto, dentre outros, independentemente da vigilância investigativa e diária. Notadamente com relação à expressão legal "em sua companhia", como se vê, a norma não foi muito precisa".

[62] STJ, Ag.Rg. no AREsp. 220.930/MG, Rel. Min. Sidnei Beneti, 3ª T., julg. 9.10.2012, DJe 29.10.2012. V. também: REsp. 777.327/RS, Rel. Min. Massami Uyeda, 3ª T., julg. 17.11.2009, DJe 1.12.2009; STJ, REsp. 1.074.937/MA, Rel. Min. Luis Felipe Salomão, 4ª T., julg. 1.10.2009, DJe 19.10.2009.

[63] Segundo Maria Berenice Dias, o "poder familiar é sempre trazido como exemplo da noção de poder-função ou direito-dever, consagradora da teoria funcionalista das normas de direito das famílias: poder que é exercido pelos genitores, mas que serve ao interesse do filho" (DIAS, Maria Berenice. *Manual de Direito das Famílias*. 9. ed. São Paulo: Revista dos Tribunais, 2013, p. 435).

[64] FACHIN, Luiz Edson. Do *pater familias* à autoridade parental. *Revista do Advogado*, ano XXXI, n. 112, jun./2011, pp. 100-101.

[65] CC/2002, *verbis*: "Art. 1.634. Compete a ambos os pais, qualquer que seja a sua situação conjugal, o pleno exercício do poder familiar, que consiste em, quanto aos filhos: I – dirigir-lhes a criação e a educação; II – exercer a guarda unilateral ou compartilhada nos termos do art. 1.584; III – conceder-lhes ou negar-lhes consentimento para casarem; IV – conceder-lhes ou negar-lhes consentimento para viajarem ao exterior; V – conceder-lhes ou negar-lhes consentimento para mudarem sua residência permanente para outro Município; VI – nomear-lhes tutor por testamento ou documento autêntico, se o outro dos pais não lhe sobreviver, ou o sobrevivo não puder exercer o poder familiar; VII – representá-los judicial e extrajudicialmente até os 16 (dezesseis) anos, nos atos da vida civil, e assisti-los, após essa idade, nos atos em que forem partes, suprindo-lhes o consentimento; VIII – reclamá-los de quem ilegalmente os detenha; IX – exigir que lhes prestem obediência, respeito e os serviços próprios de sua idade e condição".

[66] CC/2002, *verbis*: "Art. 1566. São deveres de ambos os cônjuges: [...] IV – sustento, guarda e educação dos filhos".

os quais erigem a guarda como competência comum dos pais em face de seus filhos.[67]

Pela análise acima feita da trajetória histórico-legislativa do instituto da responsabilidade dos pais pelos danos causados pelos filhos menores e pelo exame da sua inserção no âmbito da responsabilidade objetiva, não parece cabível sua restrição unicamente à guarda. À luz do princípio da solidariedade social, a responsabilidade estende-se, a princípio, a ambos os pais, independentemente de a guarda ser exercida de modo unilateral. Ou seja, a responsabilidade tem como pressuposto o poder familiar, não a guarda, que é apenas uma de suas facetas.

Há que se ressaltar, porém, que, se a responsabilidade dos pais pelos atos dos seus filhos menores está atrelada ao requisito do exercício do poder familiar, não se pode estendê-la a outra pessoa que não exerça aquele poder, qualquer que seja a situação de fato ou de direito existente entre ela e o menor.[68] Nos casos de outros parentes, (tios e avós, por exemplo), a eventual responsabilidade deverá seguir a regra geral de responsabilidade subjetiva do art. 186, CC/2002,[69] apurando-se a sua culpa na circunstância concretamente observada.[70]

b) O requisito fático da companhia

No que tange ao requisito da *companhia*, também contido no art. 932, I, CC, não houve alteração em relação ao Código de 1916. Sob a égide do antigo Código, havia quem defendesse que a mera ausência dos pais no momento exato da ocorrência do dano não serviria a afastar, *a priori*, a sua

---

[67] FACHIN, Luiz Edson. Do *pater familias* à autoridade parental, cit., p. 101.
[68] LIMA, Alvino. *A responsabilidade civil pelo fato de outrem*, cit., pp. 34-35. V também: PEREIRA, Caio Mário da Silva. *Instituições de Direito Civil*, vol. III, cit., p. 521. A favor da responsabilização de avós, educadores, estabelecimentos de ensino ou empregadores, v. CAVALIERI FILHO, Sérgio. *Programa de responsabilidade civil*, cit., p. 209; AGUIAR DIAS, José de. *Da responsabilidade civil*. 11.ed., cit., pp. 747-748. Na jurisprudência: STJ, REsp. 1.074.937/MA, Rel. Min. Luis Felipe Salomão, 4ª T., julg. 1.10.2009, DJe 19.10.2009.
[69] CC/2002, *verbis*: "Art. 186. Aquele que, por ação ou omissão voluntária, negligência ou imprudência, violar direito e causar dano a outrem, ainda que exclusivamente moral, comete ato ilícito".
[70] Posição semelhante foi defendida por Henri Lalou à luz do Código Civil Francês. Ao analisar a possibilidade de responsabilização de tutores ou avós que tivessem a guarda do menor, afirmou que o art. 1384, que tratava exclusivamente dos pais, não seria aplicável. Por outro lado, eles poderiam ser responsabilizados com base no art. 1382, que trazia a regra geral de responsabilidade subjetiva, caso se provasse sua culpa (LALOU, Henri. *La responsabilité civile*, cit., pp. 235-236).

responsabilidade.[71] Se o pai se ausentasse sem tomar as devidas providências quanto aos filhos ou permitisse que saíssem de sua esfera de vigilância sem tomar o devido cuidado, responderia de acordo com o art. 1.521.

Nessa linha, há quem sustente que a ausência de coabitação, por si só, não tem o condão de elidir a responsabilidade parental, seja ou não culposo o desligamento de pais e filhos. Defende-se a desnecessidade de proximidade física e do contato diário para que se configure a situação de *companhia* prevista na lei.[72] Basta que os pais possam pôr em prática a gama de direitos e deveres inerentes ao exercício do poder familiar.[73]

À luz de tal raciocínio, percebe-se o caráter excepcional da exoneração de responsabilidade dos pais e possibilita-se a melhor compreensão do art. 928, *caput*, CC/2002.[74] O dispositivo prevê a execução dos bens do incapaz quando as pessoas por ele responsáveis não dispuserem de meios suficientes ou *não tiverem obrigação de fazê-lo*. A respeito desta última parte, discutem-se as circunstâncias em que o patrimônio do incapaz responderá diretamente pelo dano causado.[75] A partir de uma leitura mais imediata, poder-se-ia aventar a

---

[71] PONTES DE MIRANDA, Francisco Cavalcanti. *Manual do Código Civil Brasileiro*, cit., p. 277. O autor defendia, ainda, que "não há de estender, sem outro fito que alargar a aplicação, a casos diferentes, o art. 1521, porém é de mister colher todo o conteúdo do artigo" (p. 280).

[72] Sílvio Venosa defende que: "Não se trata de aquilatar se os filhos estavam sob a guarda ou poder material e direto dos pais, mas sob sua autoridade, o que nem sempre implica proximidade física. Entretanto, se sob a guarda exclusiva de um dos cônjuges se encontra o menor por força de separação, divórcio ou regulamentação de guarda, responderá apenas o pai ou a mãe que tem o filho em sua companhia. A regra, porém, não é inexorável e admite o detido exame do caso concreto: o menor pode ter cometido o ato ilícito, por exemplo, quando na companhia do genitor, em dia regulamentado de visita" (VENOSA, Sílvio de Salvo. A responsabilidade dos pais pelos filhos menores. *Revista Consultor Jurídico*, mai./2008).

[73] V. SIMÕES FILHO, Celso Luiz. A reparação civil dos danos causados por menores. *Revista de Direito Privado*, vol. 71. São Paulo: Revista dos Tribunais, nov./2016. Na Itália, Alfredo Ferrante defende que a maior autonomia do menor na sociedade atual não deve afetar a tutela do terceiro prejudicado, mas deve influir no ônus probatório para configuração da responsabilidade dos genitores. De acordo com ele, os adolescentes possuem uma vida praticamente independente do ponto de vista substancial, apesar de dependente do ponto de vista patrimonial. Por essa razão, dada a considerável liberdade concedida aos menores na atualidade, aliada ao enorme rigor da jurisprudência na análise da prova liberatória da responsabilidade dos pais, a manutenção no sistema italiano da presunção de culpa contra os genitores é analisada de forma crítica (V. FERRANTE, Alfredo. *La responsabilità civile dell'insegnante, del genitore e del tutore*. Milão: Giuffrè, 2008, pp. 685-686).

[74] CC/2002, *verbis*: "Art. 928. O incapaz responde pelos prejuízos que causar, se as pessoas por ele responsáveis não tiverem obrigação de fazê-lo ou não dispuserem de meios suficientes".

[75] BARBOZA, Heloisa Helena; BODIN DE MORAES, Maria Celina; TEPEDINO, Gustavo. *Código Civil Interpretado conforme a Constituição da República*, cit., p. 822.

hipótese de exclusão da obrigação dos responsáveis por ausência dos requisitos de autoridade e companhia.[76]

Entretanto, a ausência dos requisitos dispostos no art. 932, CC/2002 afasta de plano a responsabilidade dos pais, o que os impede de serem considerados como os *responsáveis* referidos no art. 928.[77] Por conseguinte, a interpretação passível de aferir coerência lógica ao artigo aponta para a circunstância de ressarcimento do dano resultante de ato infracional praticado pelo menor, na forma do art. 116, Lei n. 8.069/1990.[78] Dessa forma, quando o adolescente praticar ato infracional, seu patrimônio responderá direta e solidariamente pelos prejuízos causados, e não apenas subsidiariamente.[79]

Contudo, ainda predomina a estreita associação do requisito da companhia à coabitação, de modo a restringir em certa medida a responsabilidade dos pais.[80] O filho precisaria residir com o pai para que ele pudesse exercer seu

---

[76] Pablo Stolze Gagliano e Rodolfo Pamplona Filho parecem posicionar-se nesse sentido, pois sugerem como exemplo de ausência de obrigação de indenizar atribuível ao pai a seguinte situação: "imagine que o pai esteja em coma, e o seu filho, órfão de mãe, haja ficado em companhia da avó idosa, ocasião em que cometeu o dano" (GAGLIANO, Pablo Stolze; PAMPLONA FILHO, Rodolfo. *Novo curso de direito civil*, vol. III. 6. ed. São Paulo: Saraiva, 2008, p. 154). Também parecem posicionar-se nesse sentido Eugenio Facchini Neto e Fábio Siebeneichler de Andrade, que apontam como exemplo o menor púbere empregado que, em razão de seu trabalho, vier a causar um dano a terceiros. Segundo os autores, "em caso como esse, os genitores do menor não terão qualquer responsabilidade, pois ela é transferida ao empregador pelos atos danosos relacionados ao emprego" (FACCHINI NETO, Eugenio; ANDRADE, Fábio Siebeneichler. Notas sobre a indenização equitativa por danos causados por incapazes: tendência ou excepcionalidade no sistema da responsabilidade civil no direito brasileiro? *Revista Brasileira de Direito Civil*, vol. 13. Belo Horizonte, jul./set. 2017, p. 103).

[77] BARBOZA, Heloisa Helena; BODIN DE MORAES, Maria Celina; TEPEDINO, Gustavo. *Código Civil Interpretado conforme a Constituição da República*, cit., p. 822.

[78] Lei n. 8.069/1990, *verbis*: "Art. 116. Em se tratando de ato infracional com reflexos patrimoniais, a autoridade poderá determinar, se for o caso, que o adolescente restitua a coisa, promova o ressarcimento do dano, ou, por outra forma, compense o prejuízo da vítima. Parágrafo único. Havendo manifesta impossibilidade, a medida poderá ser substituída por outra adequada".

[79] Tal orientação foi adotada no Enunciado n. 40 da I Jornada de Direito Civil: "O incapaz responde pelos prejuízos que causar de maneira subsidiária ou excepcionalmente como devedor principal, na hipótese do ressarcimento devido pelos adolescentes que praticarem atos infracionais nos termos do art. 116 do Estatuto da Criança e do Adolescente, no âmbito das medidas socioeducativas ali previstas".

[80] Segundo José de Aguiar Dias, se "condição da responsabilidade é que o filho viva em companhia do pai, coabitem na mesma casa, é claro que o dever de vigiar, que deriva dessa circunstância, que se não consegue exercer sem ela, não pode ser cumprido, quando ela falte" (AGUIAR DIAS, José de. *Da responsabilidade civil*. 11. ed., cit., p. 755). Ainda segundo ele, o pai se exonerará de responsabilidade, por exemplo, "a) quando, de maneira contínua, e fora do domicílio paterno, é o menor submetido à guarda de preceptor, educador, mestre de ofício, desaparecendo a responsabilidade

dever de vigilância e, por conseguinte, ser responsabilizado em caso de dano provocado direta ou indiretamente pela infração de tal dever.[81] Tal aproximação do conceito de companhia ao de coabitação favorece, ainda, a correlação de ambos ao instituto da guarda.[82]

Ocorre que o requisito da companhia não parece se compatibilizar com o caráter objetivo da responsabilidade civil dos pais previsto no art. 933. Na sistemática anterior, como se viu acima, a responsabilidade fundava-se no dever de vigilância dos pais, e a obrigação de reparar o dano decorria da culpa presumida do pai violador de tal dever.

No arcabouço normativo atual, a responsabilidade do pai desligou-se da culpa e tornou-se objetiva. Nessa lógica, não cabe a manutenção do fundamento da responsabilidade na infração do dever de vigilância.[83] O fun-

---

paterna durante o período em que exerce qualquer dessas pessoas o poder de direção sobre ele; b) quando o menor é colocado a soldo de outro particular; c) quando o pai está ausente, interdito, ou é condenado, porque perde o poder familiar, em favor da mãe. Deve notar-se, a respeito da ausência, que não basta a simples demonstração, mas é preciso que seja prolongada e justificada. O critério aí exigido é puramente subjetivo. Cumpre investigar o caráter da ausência. Em todos esses casos, o que se tem é uma substituição da responsabilidade paterna pela da pessoa a quem incumbe, no seu lugar, a vigilância do menor" (AGUIAR DIAS, José de Aguiar. *Da responsabilidade civil*. 11. ed., cit., p. 753). De acordo com Orlando Gomes, não basta que o menor esteja sob o poder do pai, é mister, ainda, que viva em sua companhia. Se o filho se encontra sob a guarda e em companhia da mãe, ela responde (GOMES, Orlando. *Obrigações*, cit., p. 355).

No Código Civil Francês de 1804, o requisito da coabitação era expresso no art. 1384: "O pai, e a mãe após a morte do marido, são responsáveis pelos danos causados pelos seus filhos menores que com eles habitam" (tradução livre). Diante da previsão expressa da lei, Henri Lalou afirmou que o simples fato de o filho não habitar com seu pai era suficiente para eximi-lo da responsabilidade, mesmo que ele não fosse efetivamente substituído por mestre ou professor na vigilância e na direção do menor. Além disso, a responsabilidade seria afastada quando o pai não mais estivesse investido no direito de guarda, pois nessa circunstância o requisito de coabitação não estaria preenchido (LALOU, Henri. *La responsabilité civile*, cit., pp. 233-235).

Na Itália, Cesare Baldi também vinculou a responsabilidade dos pais à coabitação (BALDI, Cesare. *Responsabilità civile: risarcimento di danni*. Torino, Fratteli Bocca, 1923, p. 461).

[81] Para Pablo Stolze Gagliano e Rodolfo Pamplona Filho, o Código de 2002 foi mais técnico do que o de 1916 "ao chamar a atenção de que somente aquele dos pais que exerce, de fato, a autoridade sobre o menor, *fruto da convivência com ele*, poderia ser responsabilizado pelo dano causado" (GAGLIANO, Pablo Stolze; PAMPLONA FILHO, Rodolfo. *Novo curso de direito civil*, cit., p. 154).

[82] Segundo Caio Mário, se o filho, "por qualquer motivo, achar-se em companhia de outrem (e.g., internado em um colégio ou confiado à guarda do outro cônjuge), desloca-se o princípio da responsabilidade para aquele a quem incumbe o dever de vigilância" (PEREIRA, Caio Mário da Silva. *Instituições de Direito Civil*, vol. III, cit., p. 521).

[83] Heloisa Helena Barboza, Maria Celina Bodin de Moraes e Gustavo Tepedino defendem que: "Como no CC1916, fala-se em companhia, mas o termo deve der entendido mais no sentido de influência sobre a criança do que de uma vigilância concreta e um contato físico permanente com

damento passou a ser a solidariedade social, com o objetivo de assegurar a reparação do dano sofrido pela vítima. Assim, não parece haver justificativa plausível para a manutenção, pelo legislador, do requisito da companhia na redação do art. 932, I, CC.

Tal contrassenso parece justificar a dificuldade encontrada pela jurisprudência para delimitar o que se entende por companhia. Afinal, como sustentar que a companhia significa estar na esfera de vigilância do pai se a responsabilidade não mais se funda na violação desse dever?

Apesar dessa aparente incoerência, fato é que o art. 932, I, CC/2002 manteve o requisito da *companhia* para configuração da responsabilidade dos pais. Diante da norma, sugere-se a sua interpretação também à luz do princípio constitucional da solidariedade social, fundamento último da responsabilidade objetiva.

Isso significa interpretar o pressuposto da companhia de forma a não inviabilizar a reparação dos danos causados pelos menores a terceiros. Caso a responsabilidade se verifique apenas se os pais estiverem presentes no momento do ato danoso, restringe-se enormemente o âmbito de incidência do instituto. Também não se pode associá-lo necessariamente à coabitação.

A intepretação do requisito dentro da legalidade constitucional parece apontar no seguinte sentido: (i) a companhia não significa a presença física no momento do ato danoso; (ii) mesmo que o menor não tenha sido expressamente autorizado a ausentar-se de casa no momento do ato danoso, os pais podem responder; (iii) em caso de ausência dos pais no momento da ocorrência do ato danoso, caberá aos pais comprovar razão jurídica legitimadora de tal distanciamento.

5. Conclusão

O presente trabalho buscou analisar dois requisitos da responsabilidade dos pais pelos danos causados pelos filhos menores, a *autoridade* e a *companhia*. Para sua compreensão, foi necessária a análise da evolução legislativa do instituto desde o Código Civil de 1916. A partir daí, compreendeu-se que, em termos

o menor. De qualquer forma, e coerente com a finalidade legislativa que é a proteção integral da vítima, caberá aos pais a prova de uma razão jurídica justificadora de por que não tinham os filhos menores sob sua companhia, para eximir-se da responsabilidade" (BARBOZA, Heloisa Helena; BODIN DE MORAES, Maria Celina; TEPEDINO, Gustavo. *Código Civil Interpretado conforme a Constituição da República*, cit., p. 832).

legislativos, a grande alteração sofrida pelo instituto foi a sua passagem do espectro da responsabilidade subjetiva para objetiva.

Tal transformação remodela profundamente não apenas o elemento da culpa, agora prescindível, mas também os dois mencionados requisitos. Como se viu, a solução para compatibilizá-los à lógica constitucional inspiradora da responsabilidade objetiva exige a sua interpretação em conformidade com o princípio da solidariedade social.

Após a análise da trajetória histórico-legislativa do instituto da responsabilidade dos pais pelos danos causados pelos filhos menores e o exame da sua inserção no âmbito da responsabilidade objetiva, defendeu-se a não adequação da interpretação do requisito da *autoridade* como se dissesse respeito à guarda. À luz do princípio da solidariedade social, a responsabilidade estende-se, a princípio, a ambos os pais, independentemente de a guarda ser exercida de modo unilateral. Ou seja, ela tem como pressuposto o poder familiar, não a guarda, que é apenas uma de suas facetas.

Quanto ao requisito da companhia, foram sugeridos *standards* para a intepretação do requisito: (i) a companhia não significa a presença física no momento do ato danoso; (ii) mesmo que o menor não tenha sido expressamente autorizado a ausentar-se de casa no momento do ato danoso, os pais podem responder; (iii) em caso de ausência dos pais no momento da ocorrência do ato danoso, caberá aos pais comprovar razão jurídica legitimadora de tal distanciamento.

O objetivo primordial a orientar a aplicação do instituto deve ser resguardar a força do princípio constitucional da solidariedade social como fundamento da responsabilidade objetiva dos pais pelos danos causados pelos filhos menores.

6. Referências

AGUIAR DIAS, José de. *Da responsabilidade civil*. 7. ed. Rio de Janeiro: Forense, 1983.
____. *Da responsabilidade civil*. 11. ed. Rio de Janeiro: Renovar, 2006.
BALDI, Cesare. *Responsabilità civile*: risarcimento di damni. Torino, Frattelli Bocca, 1923.
BARBOZA, Heloisa Helena; BODIN DE MORAES, Maria Celina; TEPEDINO, Gustavo. *Código Civil Interpretado conforme a Constituição da República*, vol. II. 2. ed. Rio de Janeiro: Renovar, 2012.
BODIN DE MORAES, Maria Celina. *Danos à pessoa humana*: uma leitura civil-constitucional dos danos morais. Rio de Janeiro: Renovar, 2003.
____. *Na medida da pessoa humana*. Rio de Janeiro: Forense, 2010.

BONVICINI, Eugenio. *La responsabilità civile*, t. I. Milão: Giuffrè, 1971.

CASTRO, Guilherme Couto de. *A responsabilidade civil objetiva no direito brasileiro*. 3. ed. Rio de Janeiro: Forense, 2000.

CAVALIERI FILHO, Sérgio. *Programa de responsabilidade civil*. 10. ed. São Paulo: Atlas, 2012.

DE CUPIS, Adriano. *Il danno*: teoria generale della responsabilità civile, vol. II. 2 ed. Milão: Giuffrè, 1970.

DIAS, Maria Berenice. *Manual de direito das famílias*. 9. ed. São Paulo: Revista dos Tribunais, 2013.

DIREITO, Carlos Alberto Menezes; CAVALIERI FILHO, Sérgio. *Comentários ao novo Código Civil*, vol. XIII: da responsabilidade civil, das preferências e privilégios creditórios. Rio de Janeiro: Forense, 2004.

FACCHINI NETO, Eugenio. *Da responsabilidade civil pelo fato de outrem*. 1986. Dissertação (Mestrado em Direito Civil) – Faculdade de Direito, Universidade de São Paulo, São Paulo.

FACCHINI NETO, Eugenio; ANDRADE, Fábio Siebeneichler. Notas sobre a indenização equitativa por danos causados por incapazes: tendência ou excepcionalidade no sistema da responsabilidade civil no direito brasileiro? *Revista Brasileira de Direito Civil*, vol. 13. Belo Horizonte, pp. 93-115, jul./set. 2017.

FACHIN, Luiz Edson. Do *pater familias* à autoridade parental. *Revista do Advogado*, ano XXXI, n. 112, jun./2011.

FERRANTE, Alfredo. *La responsabilità civile dell'insegnante, del genitore e del tutore*. Milão: Giuffrè, 2008.

GAGLIANO, Pablo Stolze; PAMPLONA FILHO, Rodolfo. *Novo curso de direito civil*, vol. III. 6. ed. São Paulo: Saraiva, 2008.

GOMES, Orlando. *Obrigações*. 6. ed. Rio de Janeiro: Forense, 1981.

GONÇALVES, Carlos Roberto. *Responsabilidade civil*. São Paulo: Saraiva, 2011.

LALOU, Henri. *La responsabilité civile*: principes élémentaires et applications pratiques. Paris: Librairie Dalloz, 1911.

LEITE, Eduardo. *Estudos de direito de família e pareceres de direito civil*. Rio de Janeiro: Forense, 2011.

LIMA, Alvino. *A responsabilidade civil pelo fato de outrem*. Rio de Janeiro: Forense, 1973.

_____. *Culpa e risco*. 2. ed. São Paulo: Revista dos Tribunais, 1999.

MELO, Alberto Daniel. *A responsabilidade civil pelo fato de outrem nos direitos francês e brasileiro*. Rio de Janeiro: Forense, 1972.

MONTEIRO, Washington de Barros. *Curso de direito civil*: direito das obrigações, 2. parte. 30. ed. São Paulo: Saraiva, 1998

PASSOS, Edilenice. *Memória Legislativa do Código Civil*, vol. 3. Brasília: Senado Federal, 2012.

PEREIRA, Caio Mário da Silva. *Responsabilidade civil*. 6. ed. Rio de Janeiro: Forense, 1995.

_____. *Responsabilidade civil*. 10. ed. Rio de Janeiro: GZ, 2012.

_____. *Instituições de direito civil*, vol. III. 15. ed. Rio de Janeiro: Forense, 2011.

PERLINGIERI, Pietro. *O direito civil na legalidade constitucional*. Rio de Janeiro: Renovar, 2008.

PLANIOL, M. Marcel. Études sur la responsabilité civile – troisième et dernière étude: responsabilité du fait d'autrui. *Revue critique de législation et de jurisprudence*. Paris: Cotillon, 1909.

PONTES DE MIRANDA, Francisco Cavalcanti. *Manual do Código Civil Brasileiro*: Do direito das obrigações; Terceira Parte: Das obrigações por atos ilícitos, vol. XVI. Rio de Janeiro: Jacintho Ribeiro dos Santos Editor, 1927.

RIZZARDO, Arnaldo. *Responsabilidade civil*. 7. ed. Rio de Janeiro: Forense, 2015.

RODRIGUES, Silvio. *Direito civil*: responsabilidade civil. São Paulo: Saraiva, 1999.

RUGGIERO, Roberto de. *Instituições de direito civil*, vol. III. Campinas: Bookseller Editora e Ditribuidora, 1999.

SANTOS, João Manuel de Carvalho. *Código Civil Brasileiro interpretado*, principalmente do ponto de vista prático, vol. XX. 10. ed. Rio de Janeiro, Freitas Bastos, 1982.

SCHREIBER, Anderson. *Novos paradigmas da responsabilidade civil*: da erosão dos filtros da reparação à diluição dos danos. 2. ed. São Paulo: Atlas, 2009

SILVA, Wilson de Melo. *Responsabilidade sem culpa e socialização do risco*. Belo Horizonte: Bernardo Álvares S.A., 1962.

SIMÕES FILHO, Celso Luiz. A reparação civil dos danos causados por menores. *Revista de Direito Privado*, vol. 71. São Paulo: Revista dos Tribunais, nov./2016.

TEIXEIRA, Ana Carolina Brochado. *Família, guarda e autoridade parental*. 2. ed. Rio de Janeiro: Renovar, 2009.

TEPEDINO, Gustavo. *Temas de direito civil*, t. II. Rio de Janeiro: Renovar, 2006.

VENOSA, Sílvio de Salvo. A responsabilidade dos pais pelos filhos menores. *Revista Consultor Jurídico*, maio 2008.

____. *Direito civil*: responsabilidade civil, vol. 4. 12. ed. São Paulo: Atlas, 2012.

5. O Fortuito Interno e Externo e Sua Relação Com a Culpa do Agente

Tayná Bastos de Souza
Mestranda em Direito Civil pela UERJ. Advogada.

1. Introdução

Já se disse que os problemas atinentes à responsabilidade civil são, antes de tudo, questões provenientes das diferentes concepções acerca do princípio de responsabilidade, que decorre do conceito de justiça presente na consciência coletiva.[1] Parece, de fato, ter sido este o fenômeno que levou à superação do paradigma da culpa como principal barreira do dever de indenizar.

A responsabilidade civil subjetiva permaneceu intocada até o início do século XX e não sem razão, pois "numa época em que reinava só a pequena indústria, quando o operário manejava individualmente utensílios inofensivos, quando as viagens, mesmo consideráveis, eram feitas a pé ou em veículos a tração animal, os fatos suscetíveis de importar em responsabilidade delitual, puramente civil, eram pouco frequentes, e o homem se sentia em segurança, na rua como na oficina ou na loja".[2]

No entanto, tal conjuntura não demorou a se modificar drasticamente. Não por mera coincidência, o período em que se iniciou a superação da culpa como fundamento inafastável da responsabilidade civil foi o mesmo em que eclodiu a Segunda Guerra Mundial e em que a humanidade experimentou o desenvolvimento de uma segunda revolução industrial: com o advento de novas tecnologias e, consequentemente, de novos riscos inevitáveis, a ideia

---

[1] BODIN DE MORAES, Maria Celina. *Danos à pessoa humana*. Rio de Janeiro: Renovar, 2003, p. 147.
[2] JOSSERAND, Louis. Evolução da Responsabilidade Civil. Trad. Raul Lima. *Revista Forense*, vol. 86, 1941, p. 549.

de que seria necessária a demonstração da culpa para a responsabilização do agente tornou-se incompatível com uma sociedade que cada vez mais se preocupava com a tutela do indivíduo e a dignidade humana, em reação as barbáries ocorridas durante a guerra.

A magna carta, em atenção a estas mudanças, definiu novos contornos a todo o sistema, à luz dos princípios da solidariedade social e justiça distributiva, positivados no art. 3º, I e III da Constituição, associados à seguridade social, ampliando os confins do dever de reparar e da repartição social dos danos.[3]

Ademais, o legislador, no Código Civil de 2002, teve o mérito de positivar uma cláusula geral de responsabilidade fundada no risco da atividade, exposta em seu art. 927, parágrafo único.[4] Em decorrência desses fatores, passou-se a se alardear o verdadeiro "giro conceitual" experimentado pela responsabilidade civil,[5] ou seja, sua mudança de perspectiva, que antes centralizada na figura do causador do ato ilícito, tornou-se voltada para a efetiva tutela daquele que sofreu um dano injusto.

Tal mudança de perspectiva, longe de se limitar à exigência da culpa como fundamento instransponível da responsabilidade, infiltrou-se por todo o sistema, efetuando a progressiva erosão dos filtros tradicionais de reparação.[6]

Com o caso fortuito e força maior não foi diferente. Não demorou para doutrina e jurisprudência se atentarem à insuficiência dos seus critérios tradicionais de aferição das hipóteses de responsabilidade baseada no risco.

Neste sentido, passou-se a alardear que, em hipóteses de responsabilidade objetiva fundada no risco, o mero caso fortuito não seria apto a afastar a responsabilidade do agente, sendo a ele necessário o incremento de mais um requisito, qual seja, a comprovação de que o evento danoso não se encontrava inserido no espectro de riscos previsíveis de determinada atividade, declarando, assim, a distinção entre caso fortuito interno e externo.

---

[3] TEPEDINO, Gustavo José Mendes. O futuro da responsabilidade civil. *Revista Trimestral de Direito Civil*, vol. 6, n. 24. Rio de Janeiro: Padma, out./2005.
[4] "Art. 927. Aquele que, por ato ilícito (arts. 186 e 187), causar dano a outrem, fica obrigado a repará-lo. Parágrafo único. Haverá obrigação de reparar o dano, independentemente de culpa, nos casos especificados em lei, ou quando a atividade normalmente desenvolvida pelo autor do dano implicar, por sua natureza, risco para os direitos de outrem".
[5] GOMES, Orlando. Tendências modernas na teoria da responsabilidade civil. *Estudos em homenagem ao professor Silvio Rodrigues*. São Paulo: Saraiva, 1989.
[6] A respeito da erosão dos filtros tradicionais de reparação: SCHREIBER, Anderson. *Novos paradigmas da responsabilidade civil*. São Paulo: Atlas, 2009.

Se, por um lado, o esforço da doutrina na efetivação do fortuito interno e externo foi louvável, por tornar o tradicional caso fortuito e força maior mais adequados à clausula geral de responsabilidade objetiva baseada no risco, por outro, no entanto, em função da abertura à discricionariedade em sua aplicação, passaram surgir os mais variados fundamentos para justificar sua aplicação.

Com isso, a análise do fortuito interno, longe de se manter adstrita ao nexo de causalidade, tornou-se verdadeiro pretexto para a frequente reinserção de critérios subjetivos a situações de responsabilidade objetiva.

Esta verdadeira mixórdia na análise do fortuito interno e externo, longe de assegurar a adequada proteção da vítima do evento danoso, tornou-se um dos elementos que contribuem para a formação do cenário atual de grande arbitrariedade em relação a aplicação dos temas atinentes à responsabilidade civil e da falta de proporcionalidade das decisões,[7] a estimular, por um lado, a propositura de demandas frívolas e, por outro, a negativa desarrazoada de indenizações às vítimas.

Nesta linha, o presente artigo busca averiguar a crescente aplicação de critérios atinentes à responsabilidade subjetiva na aplicação do fortuito interno e externo pelos tribunais, e propor soluções objetivas para a sua averiguação, em busca de tornar o instituto, por um lado, mais adequado ao sistema de responsabilidade objetiva e, por outro, conferir maior segurança jurídica à sua utilização.

Para isto, necessário efetuar uma breve análise do caso fortuito e força maior, com o estudo das teorias atinentes ao tema, com o objetivo de averiguar a origem do fortuito interno e externo e sua ligação histórica com a culpa.

2. O caso fortuito e força maior no ordenamento jurídico brasileiro

É usual na literatura sobre o caso fortuito e força maior o desenvolvimento de um breve histórico sobre a diferenciação entre os conceitos, com o posterior adendo sobre sua total inutilidade.[8]

---

[7] BODIN DE MORAES, Maria Celina. Professores ou juízes? Editorial. *Civilistica.com*. Rio de Janeiro, a. 3, n. 2, jul.-dez./2014. Disponível em: <http://civilistica.com/professores-ou-juizes/>. Acesso em: 1.4.2018.

[8] À guisa de curiosidade, reportando-se às fontes romanas, diz-se que caso fortuito seria o fato imprevisível, enquanto força maior seria o fato imprevisível, ainda que evitável. Destarte, conforme expõe Fernando Noronha "[...] o caso fortuito seria o acontecimento (força da natureza ou fato

De fato, conforme esclarece Fernando Noronha, "a distinção entre força maior e caso fortuito só teria de ser feita, só seria importante, se as regras jurídicas a respeito daquela e desse fossem diferentes".[9] E este, por certo, não é o caso.

O art. 393[10] do Código Civil de 2002, seguindo as linhas do diploma que o antecedeu,[11] equiparou as figuras do caso fortuito e força maior quanto aos seus efeitos, demonstrando-se, em regra, irrelevante e até mesmo desaconselhável, dada a frequente confusão conceitual,[12] a insistência em distinções.

Diz-se que, para que ocorra o afastamento da responsabilidade em decorrência do caso fortuito e força maior, o fato deve reunir as seguintes características: i) necessariedade;[13] ii) atualidade;[14] iii) impossibilidade;[15] iv) imprevisibilidade;[16] v) inevitabilidade.[17]

---

humano) normalmente imprevisível, ainda que pudesse ser evitável, em si ou em suas consequências, se houvesse sido previsto e força maior seria algo natural ou humano a que não fosse possível resistir, mesmo que se pudesse prever a ocorrência. Enquanto o caso fortuito seria um fato acidental, uma fatalidade que acontece a força maior seria, portanto, a "compulsão irresistível" (NORONHA, Fernando. *Direito das obrigações*. 4. ed. São Paulo: Saraiva, 2013, p. 660).

[9] Idem.

[10] Art. 393. O devedor não responde pelos prejuízos resultantes de caso fortuito ou força maior, se expressamente não se houver por eles responsabilizado. Parágrafo único. O caso fortuito ou de força maior verifica-se no fato necessário, cujos efeitos não era possível evitar ou impedir.

[11] Conforme disposição contida no Código Civil de 1916: "Art. 1.058. O devedor não responde pelos prejuízos resultantes de caso fortuito, ou força maior, se expressamente não se houver por eles responsabilizado, exceto nos casos dos artigos 955, 956 e 957".

[12] NORONHA, Fernando. *Direito das obrigações*, cit., p. 660.

[13] Esta trata-se de exigência que determina que deve existir relação de causa e efeito entre o evento fortuito ou de força maior e a produção do dano. Ou seja, o caso fortuito ou força maior deverá ser o fato do qual a inexecução seja resultado obrigatório (CRUZ, Gisela Sampaio da. *O problema do nexo causal na responsabilidade civil*, cit., p. 198).

[14] Segundo Gisela Sampaio da Cruz: "o agente não se pode escusar com o evento futuro, que ainda não ocorreu" (Ibid.).

[15] Agostinho Alvim estabelece diferenças entre a impossibilidade absoluta e a relativa. Em suas palavras: "Outra questão importante, nesta matéria, reside em saber se a escusa supõe impossibilidade absoluta de cumprir a obrigação, ou se basta uma dificuldade fora do comum. Geralmente se diz, e com razão, que a dificuldade de cumprir a obrigação, não exonera o devedor. Ainda que seja com sacrifício e aumento do ônus, terá ele que cumpri-la, e só se exonerará se lhe não for isto possível. Todavia, há certas dificuldades que quase podem ser consideradas como impossibilidade, tal o aumento do ônus que o cumprimento da obrigação acarretaria ao devedor. E neste caso elas não podem deixar de escusa legítima" (ALVIM, Agostinho. *Da inexecução das obrigações e suas consequências*. 3. ed. Rio de Janeiro/São Paulo: Editora Jurídica e Universitária, 1965, p. 351).

[16] Quanto à imprevisibilidade, esclarece Caio Mario da Silva Pereira que não se trata, aqui, de uma imprevisibilidade absoluta: "mesmo previsível o evento, se surgiu como força indomável e inarredável, e obstou ao cumprimento da obrigação, o devedor não responde pelo prejuízo. Às vezes a

No passado, durante a vigência de um sistema em que predominava a responsabilidade subjetiva, tais requisitos mostravam-se, na maioria dos casos, satisfatórios. No entanto, com o crescente afastamento da exigência da culpa como fundamento intransponível da responsabilidade civil, através da ascensão da teoria do risco,[18] doutrina e jurisprudência passaram a atentar para a insuficiência destes pressupostos para o afastamento da responsabilidade daqueles que desenvolviam atividades que sujeitavam os usuários a risco. Neste sentido, conforme elucida Alvino Lima:

> O crescente número de vítimas sofrendo as consequências das atividades do homem, dia a dia mais intensas, no afã de conquistar proventos; o desequilíbrio flagrante entre "criadores de risco" poderosos e as suas vítimas; os princípios de equidade que se revoltavam contra esta fatalidade jurídica de se impor à vítima inocente, não criadora do fato, o peso excessivo do dano muitas vezes decorrente da atividade exclusiva do agente, vieram-se unir aos demais fatores, fazendo explodir intenso, demolidor, o movimento de novas ideias, que fundamentam a

---

imprevisibilidade determina a inevitabilidade, e, então, compõe a etiologia desta. O que não há é mister de ser destacado como elemento de sua constituição" (PEREIRA, Caio Mário da Silva. *Instituições de direito civil*, vol. III. 21. ed. Atual. Caitlin Mulholland. Rio de Janeiro: Forense, 2017, p. 339).

[17] Segundo Sergio Cavalieri: "à medida que se tomam disponíveis novos meios técnicos preventivos, menor se toma o campo de incidência da inevitabilidade. Assim, por exemplo, tratando-se de roubo de cofres mantidos por um banco, é de presumir-se sejam tomadas especiais providências visando à segurança, pois a garanti-la se destinam seus serviços. O mesmo não sucede se o assalto foi praticado em um simples estacionamento (RSTJ 132/313, Min. Eduardo Ribeiro). É preciso, destarte, apreciar caso por caso as condições em que o evento ocorreu, verificando se nessas condições o fato era imprevisível ou inevitável em função do que seria razoável exigir-se" (CAVALIERI FILHO, Sergio. *Programa de responsabilidade civil*. 10. ed. São Paulo: Atlas, 2012, p. 72).

[18] De acordo com Maria Celina Bodin de Moraes: "Segundo a aludida teoria alguém incorre na obrigação de indenizar, independentemente de culpa, sempre que sejam produzidos danos no decurso de atividades determinadas, realizadas no seu interesse ou no seu controle" (BODIN DE MORAES, Maria Celina. *Risco, solidariedade e responsabilidade objetiva*, cit., p. 15). É de se dizer que a teoria do risco possui diversos desdobramentos, dentre eles, conforme exemplifica Sérgio Cavalieri Filho, a teoria do risco-proveito, que entende que o responsável pelo evento danoso é aquele que tira proveito da atividade danosa, com base no princípio de que onde está o ganho reside o encargo, a teoria do risco-profissional, que sustenta que o dever de indenizar tem lugar sempre que o fato prejudicial é uma decorrência da atividade ou profissão do lesado, a teoria do risco excepcional, que revela que a reparação é devida sempre que o dano for consequência de um risco excepcional, que escapa à atividade comum da vítima, ainda que estranho ao trabalho que normalmente exerça, a teoria do risco criado, que entende que aquele que, em razão de sua atividade ou profissão, cria um perigo, está sujeito à reparação do dano que causar, salvo prova de haver adotado todas as medidas idôneas a evita-lo, dentre outras (CAVALIERI FILHO, Sergio. *Programa de responsabilidade civil*, cit., pp. 153-155).

responsabilidade extracontratual tão-somente na relação de causalidade entre o dano e o fato gerador.[19]

Nesta linha, parecia contrário à lógica do sistema que certos acontecimentos que se inseriam dentro dos riscos prováveis de determinadas atividades, mesmo que inevitáveis, pudessem eximir os agentes econômicos da responsabilidade pelos danos previsíveis a que seus negócios estavam envolvidos.

Neste contexto, resgatou-se classificação desenvolvida no início do século XX por nomes como Josserand,[20] e importada no Brasil por Agostinho Alvim, que buscava distinguir a aplicação do caso fortuito e força maior – este último apelidado por Alvim de fortuito externo – de acordo com a existência ou não de responsabilidade objetiva fundada no risco.[21]

Contudo, afastado do contexto originalmente concebido, o fortuito externo tomou vida própria, tornando-se, na ausência de padrões objetivos, um verdadeiro pretexto para a reinserção de critérios subjetivos a um sistema que, ao menos em teoria, deveria prescindir da análise da culpa.

Esta miscelânea entre os requisitos ensejadores do caso fortuito e força maior e a culpa, longe de ser acontecimento recente, é reflexo de acirradas discussões entre duas grandes correntes que se desenvolveram ao longo dos séculos XIX e XX: a doutrina objetiva e subjetiva do caso fortuito e força maior.

3. As teorias atinentes ao caso fortuito e força maior

A concepção do caso fortuito e força maior como ensejadores do rompimento do vínculo causal já foi objeto de acirrado debate entre a doutrina.

Isto porque, no passado, não faltaram vozes a defender que o caso fortuito e força maior não culminariam no rompimento do nexo causal, mas, sim, no afastamento da culpa, sendo esta posição chamada de teoria subjetiva.[22]

---

[19] LIMA, Alvino. *Culpa e risco*. 2. ed. São Paulo: Revista do Tribunais, 1998, p. 116.
[20] A classificação é exposta por JOSSERAND, Louis. *Da responsabilidade pelo fato das coisas inanimadas*, (extratos) (1897). Disponível em: <http://direitosp.fgv.br/sites/direitogv.fgv.br/>. Acesso em: 31.3.2018.
[21] ALVIM, Agostinho. *Da inexecução das obrigações e suas consequências*, cit., p. 365.
[22] Dentre os nomes que, no passado, defendera esta teoria, Arnoldo Medeiros da Fonseca destaca: Eduardo Espínola, Eduardo Girão e Carvalho Santos (FONSECA, Arnoldo Medeiros da. *Caso fortuito e teoria da imprevisão*. 2. ed. Rio de Janeiro: Imprensa Nacional, 1949, pp. 133-135).

A doutrina subjetiva, portanto, entendia o caso fortuito como sinônimo de ausência de culpa. Para seus adeptos, ocorreria o fortuito sempre que a inexecução não fosse imputável ao devedor.[23]

Se, no primeiro momento, tal afirmação pode causar estranheza, um olhar mais atento revela que esta doutrina não se encontra totalmente desprovida de sentido. Uma breve análise do requisito inevitabilidade já revela que a separação entre a culpa e o caso fortuito jamais se revelou absolutamente estanque.

Isto porque, a inevitabilidade, um dos principais requisitos do caso fortuito e força maior, comprova-se pelo fato de que a diligência humana não é capaz de evitar a ocorrência de determinados danos ou impedi-los de certos efeitos. Nesta linha, a análise da diligência do causador do dano, figura oposta à negligência, parece exprimir, em última instância, uma análise culpa.[24]

Dentre os adeptos desta acepção, Agostinho Alvim[25] argumentava que os únicos casos previstos no ordenamento em que a ausência de culpa não se confundiria com o caso fortuito seriam aqueles em que a legislação previa a responsabilidade objetiva, uma vez que nestas hipóteses não haveria a análise da culpa e, consequentemente, não seria possível aplicar o fortuito.[26]

Neste sentido, com o objetivo de adequar o fortuito a um sistema de responsabilidade objetiva, propôs o autor a criação de uma distinção entre caso fortuito e força maior baseada no sistema de responsabilidade aplicável. Logo, em situações em que a responsabilidade fosse fundada na culpa, bastaria o caso fortuito para exonerar o agente de responsabilidade, enquanto nas hipóteses em que houvesse responsabilidade objetiva, seria necessária a comprovação de força maior, também chamada por Alvim de fortuito externo, para afastar a responsabilidade. Segundo Alvim, portanto:

---

[23] TEPEDINO, Gustavo José Mendes; BARBOZA, Heloisa Helena; BODIN DE MORAES, Maria Celina. *Código civil interpretado conforme a Constituição da República*. Rio de Janeiro: Renovar, 2007, p. 710.
[24] CALIXTO, Marcelo Junqueira. *A culpa na responsabilidade civil*: estrutura e função. Rio de Janeiro: Renovar, 2008, p. 250.
[25] Segundo Agostinho Alvim: "Estudemos, agora, a questão da distinção entre ausência de culpa e caso fortuito. Para alguns as duas noções se confundem, de sorte que a prova da ausência de culpa resulta na existência de um caso fortuito, e vice-versa. A esta corrente nos filiamos" (ALVIM, Agostinho. *Da inexecução das obrigações e suas consequências*, cit., p. 356).
[26] No entendimento de Agostinho Alvim: "Negada, portanto, a existência de casos em que seja necessária a prova do caso fortuito, por não bastar a simples exclusão da culpa, segue-se que bastará a exclusão desta, para exonerar o devedor. [...]" (ALVIM, Agostinho. *Da inexecução das obrigações e suas consequências*, cit., p. 357).

A distinção que modernamente a doutrina vem estabelecendo, aquela que tem efeitos práticos em que já vai se introduzindo em algumas leis, é a que vê no caso fortuito um impedimento relacionado com a pessoa do devedor ou com a sua empresa enquanto a força maior é um acontecimento externo. Tal distinção permite estabelecer uma diversidade de tratamento para o devedor, consoante o fundamento da sua responsabilidade. Se esta fundar-se na culpa, bastará o caso fortuito para exonerá-lo. Com maioria de razão o absolverá a força maior. Se a sua responsabilidade fundar-se no risco, então o simples caso fortuito não o exonerará. Será mister haja força maior, ou como alguns dizem, caso fortuito externo.[27]

Portanto, observa-se que, em suas origens, a distinção entre fortuito interno e externo foi proposta como solução aos problemas criados pela teoria subjetiva do caso fortuito e força maior, que não se adequava às hipóteses que prescindiam da análise da culpa. No entanto, esta corrente foi, ao longo dos anos, superada.

Nesta linha, passou-se a argumentar que comparar a culpa ao caso fortuito culminaria, na realidade, na inevitável inutilidade do conceito. Isto porque, não há sentido na criação de categorias diversas para hipóteses idênticas. Ademais, a análise da culpa na aferição do caso fortuito, no tocante às obrigações, tornaria possível que se promovesse a exoneração do devedor pela impossibilidade meramente relativa, se não-culposa.[28]

De fato, a alegação de que o caso fortuito e força maior eliminariam a culpabilidade, em razão da inevitabilidade e imprevisibilidade, parece expressar a óbvia afirmação de que ninguém é culpado por evento que não causou.[29]

Destarte, conforme esclarece Fernando Noronha, a análise da causalidade é momento que antecede a da culpa e, não havendo tal nexo não há, por óbvio, como existir culpa.[30]

---

[27] ALVIM, Agostinho. *Da inexecução das obrigações e suas consequências*, cit., p. 353.
[28] TEPEDINO, Gustavo José Mendes; BARBOZA, Heloisa Helena; BODIN DE MORAES, Maria Celina. *Código civil interpretado conforme a Constituição da Republica*. Rio de Janeiro: Renovar, 2007. p. 710.
[29] Segundo Fernando Noronha: "Verificado um determinado dano, primeiro é preciso apurar qual foi a sua causa. Só depois de determinar o fato causador, levanta-se a questão de saber se este pode ser imputado a alguém" (NORONHA, Fernando. *Direito das obrigações*, cit., p. 636). No mesmo sentido Gisela Sampaio da Cruz Guedes: "A nosso ver, no caso fortuito ou de força maior o agente exime-se da responsabilidade não por falta de culpabilidade, mas porque não é possível lhe atribuir as consequências do evento danoso, já que ele não causou o dano direta e imediatamente — o curso causal fora antes interrompido" (CRUZ, Gisela Sampaio da. *O problema do nexo causal na responsabilidade civil*. Rio de Janeiro: Renovar, 2005, p. 192).
[30] NORONHA, Fernando. *Direito das obrigações*, cit., p. 636.

Neste sentido, a orientação lógica é que só depois de se determinar o fato causador do dano, levante-se a questão de saber se este pode ser imputado a alguém. Nas palavras de Noronha, "se não houve culpa, isso significa que a pessoa não praticou o fato causador do dano, apenas isso".[31]

Paulatinamente, a teoria objetiva foi conquistando a aceitação majoritária. Tal acepção entende, portanto, que o caso fortuito seria uma excludente de responsabilidade que incide sobre o nexo causal entre determinada conduta ou atividade e o dano que se verificou.[32] Desta forma, uma vez que o agente, na hipótese de caso fortuito e força maior, não teria causado o dano direta e imediatamente, teria o curso causal sido interrompido, não sendo possível atribuir a ele as consequências do evento danoso.[33]

Importante salientar que a aplicação da teoria objetiva tornou possível a adequação do caso fortuito e força maior tanto às hipóteses de responsabilidade subjetiva, quanto às de responsabilidade objetiva. Isto porque, em ambas as formas de responsabilidade, a exigência de comprovação da causalidade subsiste.[34] Assim, hipoteticamente, o fortuito externo teria se tornado inútil para os fins a que foi originalmente criado.

No entanto, a mudança de enfoque ocorrida no âmbito da responsabilidade civil, em busca de um modelo pautado no princípio da solidariedade e fundado na busca proteção da vítima do evento danoso, levou a um verdadeiro enfraquecimento dos filtros de reparação, em busca da adequação destes a nova dogmática encabeçada pela Constituição Federal e seguida pelas demais legislações.

Nesta linha, os antigos conceitos de caso fortuito e força maior passaram a não se adequar mais às exigências da sociedade, uma vez que não parecia acertado que as vítimas do evento danoso fossem obrigadas a suportar os riscos atinentes à execução de certas atividades econômicas, ainda que estranhas à cadeia causal. Nas palavras de Maria Celina Bodin de Moraes:

> [...] questiona-se hoje se à vítima deve ser negado o direito ao ressarcimento e não mais, como outrora, se há razões para que o autor do dano seja responsabilizado. Desta forma, a responsabilidade civil desvincula-se da ideia de punição-sanção em favor da reparação da vítima injustamente lesada, optando o ordenamento por dar prioridade aos princípios do equilíbrio, da igualdade e da

---

[31] NORONHA, Fernando. *Direito das obrigações*, cit., p. 637.
[32] CALIXTO, Marcelo Junqueira. *A culpa na responsabilidade civil*, cit., p. 252.
[33] CRUZ, Gisela Sampaio da. *O problema do nexo causal na responsabilidade civil*, cit., p. 192.
[34] CALIXTO, Marcelo Junqueira. *A culpa na responsabilidade civil*, cit., p. 252.

solidariedade em detrimento do objetivo anterior de sancionar culpados. Afasta-se, por igual, da ideologia liberal, comprometida essencialmente com a garantia da liberdade de iniciativa e com o desenvolvimento das atividades empresariais.[35]

Foi em função destas necessidades que doutrina e jurisprudência resgataram, ainda que fora de seu contexto originário, distinção que até então se fazia desnecessária, diante da aceitação do caso fortuito e força maior como excludentes do nexo de causalidade, cindindo o fortuito nas modalidades interna e externa.

4. O desenvolvimento da doutrina do fortuito interno e externo

Atualmente, o conceito de fortuito interno e externo mantém-se praticamente idêntico àquele desenvolvido no passado. Neste sentido, na lição de Josserand, trata-se o fortuito externo de hipótese de acontecimento exterior a determinada atividade, sobre a qual o empresário não possui poder de exercer sua influência. Já o fortuito interno encontra-se atrelado à ideia de risco profissional, devendo ser suportado pelo agente que executa determinada atividade econômica geradora de riscos aos seus usuários.[36] Nesta linha, conforme expõe o autor:

> o acidente fortuito ligando-se intimamente à empresa, contribuindo para a formação do risco profissional, deve ser suportado pelo industrial, assim como todo dano inerente à direção que ele deu à sua atividade. Mas não pode ser assim em relação aos acidentes determinados por uma força maior, ou seja, por uma força exterior à empresa, sobre a qual o proprietário não pode exercer qualquer influência [...].[37]

É de se dizer que, assim como sustentado por Alvim,[38] a atual doutrina do fortuito interno e externo demonstra-se incompatível com as hipóteses de responsabilidade subjetiva, eis que, nestes casos, bastará a demonstração da existência dos requisitos tradicionais do caso fortuito para que seja afastada responsabilidade. É o que esclarece Anderson Schreiber:

---

[35] BODIN DE MORAES, Maria Celina. *Risco, solidariedade e responsabilidade objetiva*, cit., p. 19.
[36] JOSSERAND, Louis. *Da responsabilidade pelo fato das coisas inanimadas*, cit.
[37] Idem.
[38] ALVIM, Agostinho. *Da inexecução das obrigações e suas consequências*, cit., p. 315.

O juízo acerca da incidência ou não da figura do fortuito interno parece, antes, vinculado à lógica do risco de sua imputação a certo sujeito que desenvolve uma atividade potencialmente lesiva. Daí ser o fortuito interno noção recorrente em relações regidas pela responsabilidade objetiva, mas elemento tecnicamente estranho à seara da responsabilidade subjetiva, onde a simples imprevisibilidade é considerada suficiente para desconfigurar o ilícito.[39]

De fato, a doutrina do caso fortuito e força maior tornou-se insuficiente a abarcar a evolução dos ordenamentos no sentido de tutelar o indivíduo exposto a atividades de risco, o que levou a necessária criação de alternativas a sua aplicação pelos tribunais.

No entanto, o que se verifica é que, em muitas das vezes, a efetivação do conceito acabou por se tornar, na prática, longe de uma garantia à proteção das vítimas de danos ocorridos no âmbito de atividades de risco, uma desculpa para o retorno a aspectos subjetivos em um sistema de responsabilidade que, supostamente, prescindiria da análise da culpa.

A esta conclusão chega-se a partir de uma breve análise das decisões dos tribunais superiores. É o exemplo de acórdão proferido pela Quarta Turma do Superior Tribunal de Justiça, no âmbito do julgamento do REsp. 976.564, em que se discutia a responsabilidade da Empresa Brasileira de Correios e Telégrafos pelo roubo de cargas em transporte.

No caso, em consonância com a jurisprudência dominante do tribunal superior,[40] foi reiterado o entendimento de que o roubo de mercadorias transportadas configuraria hipótese de força maior, inapta a ensejar o dever de indenizar.

Na hipótese, em sua fundamentação, o Ministro Luis Felipe Salomão, relator do caso, esclareceu que em casos de roubo de cargas de transportadoras, a força maior era passível de ser afastada caso ficasse demonstrado que a transportadora não teria adotado, no caso concreto, as cautelas que dela razoavelmente se poderia esperar.[41]

Em julgamento a respeito de roubo de carro ocorrido no estacionamento de lanchonete, a terceira turma do Tribunal Superior declarou ter ocorrido, no

---

[39] SCHREIBER, Anderson. *Novos paradigmas da responsabilidade civil:* da erosão dos filtros da reparação à diluição dos danos. São Paulo: Atlas, 2007, p. 68.
[40] Neste sentido, as decisões expressas nos seguintes julgados: STJ, REsp 435.865/RJ, publ. 12.5.2003; STJ, REsp 927.148/SP, publ. 4.11.2011; STJ, REsp 721.439/RJ, publ. 31.8.2007, e STJ, REsp 135.259/SP, publ. 2.3.1998.
[41] STJ, REsp 976.564/SP, Rel. Ministro Luis Felipe Salomão, publ. 23.10.2012.

caso, fortuito externo, eis que o padrão de segurança exigível das instituições de menor porte seria diverso daquele esperado de agências bancárias e *shopping centers*, não se tratando o caso de hipótese de aplicação do entendimento expresso através da súmula 130 do tribunal superior.[42]

Em outra hipótese, novamente excepcionando seu entendimento majoritário,[43] o tribunal superior entendeu pela existência de dever de indenizar por parte da empresa de ônibus por assalto ocorrido durante o transporte. Conforme exposto pelo Relator Ministro José Otávio de Noronha:

> [...] afastou-se a ocorrência de caso fortuito ou força ante a negligência da recorrente em adotar medidas de segurança que estavam ao seu alcance, pois era notória a possibilidade de assalto ao ônibus da empresa no curso da viagem intermunicipal.[44]

Neste sentido, é notória a análise da culpa na aferição da existência ou não de fortuito externo.[45] Neste diapasão, não é demais afirmar que, na prática, a

---

[42] Súmula nº 130: "A empresa responde, perante o cliente, pela reparação de dano ou furto de veículo ocorridos em seu estacionamento".

[43] Neste sentido, a Reclamação 4518/RJ: "RECLAMAÇÃO. RESOLUÇÃO STJ Nº 12/2009. DIVERGÊNCIA ENTRE ACÓRDÃO DE TURMA RECURSAL ESTADUAL E A JURISPRUDÊNCIA DO STJ. RESPONSABILIDADE CIVIL. ASSALTO NO INTERIOR DE ÔNIBUS COLETIVO. CASO FORTUITO EXTERNO. EXCLUSÃO DA RESPONSABILIDADE DA EMPRESA TRANSPORTADORA. MATÉRIA PACIFICADA NA SEGUNDA SEÇÃO. 1. A egrégia Segunda Seção desta Corte, no julgamento das Reclamações nº 6.721/MT e nº 3.812/ES, no dia 9 de novembro de 2011, em deliberação quanto à admissibilidade da reclamação disciplinada pela Resolução nº 12, firmou posicionamento no sentido de que a expressão "jurisprudência consolidada" deve compreender: (i) precedentes exarados no julgamento de recursos especiais em controvérsias repetitivas (art. 543-C do CPC) ou (ii) enunciados de Súmula da jurisprudência desta Corte. 2. No caso dos autos, contudo, não obstante a matéria não estar disciplinada em enunciado de Súmula deste Tribunal, tampouco submetida ao regime dos recursos repetitivos, evidencia-se hipótese de teratologia a justificar a relativização desses critérios. 3. A jurisprudência consolidada neste Tribunal Superior, há tempos, é no sentido de que o assalto à mão armada dentro de coletivo constitui fortuito a afastar a responsabilidade da empresa transportadora pelo evento danoso daí decorrente para o passageiro. 4. Reclamação procedente" (STJ, Reclamação 4.518/RJ, Rel. Min. Ricardo Villas Boas Cuêva, publ. 7.3.2012).

[44] STJ, AResp 319.298/BA, Rel. Min. João Otávio Noronha, publ. 20.4.2015.

[45] Neste ponto, importante realizar breves apontamentos a respeito da atual noção de culpa em nosso ordenamento. Neste diapasão, conforme lição de Marcelo Junqueira Calixto trata-se a culpa de "erro de conduta, imputável ao agente, consistente em não adotar o cuidado que teria sido adotado pelo ser humano prudente nas circunstâncias do caso concreto." De fato, a corrente dominante nos tempos atuais é a que analisa a culpa a partir de um padrão de conduta adaptado a certas peculiaridades objetivas do agente. Nesta linha, age com culpa aquele que, em razão de negligência, imprudência

doutrina subjetiva do caso fortuito e força maior permanece com expressiva aplicação no ordenamento brasileiro.

Tal aplicação, no entanto, longe de expressar incompreensão pelos tribunais, reflete a ausência de parâmetros objetivos na aferição da existência do fortuito externo, a ensejar as mais variadas interpretações de seu conceito.

5. Os critérios de aferição do fortuito interno

Apesar da ampla aplicação do fortuito interno e externo nos dias de hoje, são raros os autores que enfrentaram o problema da aferição de critérios objetivos à sua apreciação.

De fato, pela doutrina do fortuito externo ter se desenvolvido, majoritariamente, em virtude das exigências das situações concretas, rapidamente irromperam as mais variadas soluções para hipóteses semelhantes.

Nesta linha, o que distingue os delitos e fraudes bancárias dos roubos a transportes públicos e de cargas?[46] Nestas hipóteses, é forçoso admitir que os riscos relativos à violência das cidades, além de previsíveis e altamente prováveis, encontram-se inseridos no espectro de previsibilidade das atividades econômicas desenvolvidas pelos agentes.

Situação diversa, no entanto, seria a do passageiro que, ao ingressar em transporte público portando fogos de artifício, acarreta acidente que provoca a lesão e morte dos demais usuários. Certamente, é incontroverso que desastres envolvendo explosivos não se encontram no espectro de previsibilidade da atividade de deslocamento urbano.

No entanto, inesperadamente, o tribunal superior já decidiu pela existência de dever da empresa transportadora de indenizar as vítimas de acidente causado por explosivo portado por passageiro. Na hipótese, restou acordado que a responsabilidade pelos riscos não deveria ser limitada aos eventos comumente verificados, e sim a todos os casos possíveis e passíveis de ocorrerem no âmbito de determinada atividade econômica.[47]

---

ou imperícia, não adota determinado padrão de conduta esperado de indivíduos médios na mesma situação (CALIXTO, Marcelo Junqueira. *A culpa na responsabilidade civil*, cit., p. 31).

[46] Quando aos delitos e fraudes bancárias, importante destacar a Súmula nº 479 do STJ: "As instituições financeiras respondem objetivamente pelos danos gerados por fortuito interno relativo a fraudes e delitos praticados por terceiros no âmbito de operações bancárias".

[47] "Civil e processual. Ação indenizatória. Acidente em coletivo provocado por combustão de material explosivo (fogos de artifício) portados por passageira. Lesões causadas em outros passageiros.

Nesta linha, diante da celeuma de critérios motivadores das mais variadas decisões, questiona-se: quais parâmetros demonstram-se compatíveis com o sistema de responsabilidade objetiva baseado no risco, que motivou a ressurreição da distinção entre fortuito externo e interno?

Para Ana Frazão, a questão deve ser solucionada a partir da análise econômica do direito. Neste sentido, a autora propõe como parâmetro para aferição do fortuito externo a previsibilidade e controlabilidade do dano, bem como a análise do dever de cuidado exigível na situação concreta.[48] Segundo sua concepção:

> A própria noção de risco insere-se em uma análise de previsibilidade e controlabilidade. Logo, quanto mais fácil e barato evitar um dano, mais este estará inserido na ideia de fortuito interno, do contrário, quanto mais difícil e custoso for gerenciar determinado dano, mais razões existirão para se cogitar fortuito externo.[49]

Em suas ilações, sugere a autora a vinculação da ideia de responsabilidade por risco à noção de dever de cuidado, em uma verdadeira aproximação entre os sistemas de responsabilidade objetiva e subjetiva. Nesta linha, defende que tal situação não deve ser apta a causar o estranhamento do leitor, uma vez que

---

Responsabilidade da empresa permissionária do transporte público. Negligência do preposto. Ato ilícito. Configuração. Risco da atividade econômica. Caso fortuito não caracterizado. CC, Art. 1.521. CDC, Art. 22. I. As empresas permissionárias de transporte público são obrigadas a conduzir, com segurança, os passageiros aos locais de destino da linha que explora, o que resulta na sua responsabilidade pela ocorrência de incêndio ocorrido no interior do coletivo derivado da combustão de material explosivo carregado por passageira que adentrou o ônibus conduzindo pacote de volume expressivo, cujo ingresso se deu, excepcionalmente, pela porta da frente, mediante prévia autorização do motorista. II. Fato previsível e inerente à atividade empresarial, que deve ser avaliado caso a caso, não se limitando a responsabilidade do transportador exclusivamente àqueles eventos comumente verificados, mas a todos aqueles que se possa esperar como possíveis ou previsíveis de acontecer, dentro do amplo leque de variáveis inerentes ao meio, interno ou externo, em que trafega o coletivo, resultando no afastamento da hipótese de caso fortuito. III. Recurso especial conhecido e parcialmente provido, para restabelecer a condenação imposta pelo Tribunal a quo no grau de apelação, reformando-se a decisão tomada pela Corte nos embargos infringentes. Preclusão da pretensão das autoras de revigoramento da sentença, eis que não interpuseram, na época própria, recurso especial especificamente impugnando a redução das verbas condenatórias" (STJ, REsp 168.985/RJ, Rel. Min. Aldir Passarinho Júnior, publ. 21.08.2000).

[48] FRAZÃO, Ana. Risco da empresa e caso fortuito externo. *Civilistica.com*. Rio de Janeiro, a. 5, n. 1, 2016, p. 2. Disponível em: <http://civilistica.com/risco-da-empresa-e-caso-fortuito-externo/>. Acesso em: 15.11.2017.

[49] FRAZÃO, Ana. *Risco da empresa e caso fortuito externo*, cit., p. 16.

a doutrina, de fato, vem admitindo que as diferenças entre as duas searas não se configuram tão estanques quanto pretendiam ser no passado.[50]

Não obstante, apesar dos méritos da tentativa de aferição de parâmetros objetivos e econômicos na averiguação do fortuito externo, tal construção não é livre de críticas. Isto porque, ao inserir o critério da evitabilidade do dano, bem como da análise do dever de cuidado como métodos de distinção entre o fortuito interno e externo, esquece-se que, na realidade, estes fatores são estranhos à lógica da responsabilidade baseada no risco.

De fato, a responsabilidade por risco tem como uma de suas principais premissas a ideia de que existem certos danos incontroláveis e inevitáveis que, no entanto, devem ser assumidos por quem decidiu suportar os ônus da atividade econômica, independentemente dos padrões de segurança adotados. Nesta linha, conforme leciona Maria Celina Bodin de Moraes, segundo a lógica da responsabilidade objetiva baseada na teoria do risco:

> O evento danoso deixa, pois, de ser considerado uma fatalidade e passa a ser tido como um fenômeno "normal", estatisticamente calculável. De fato, é na organização coletiva – e devido mesmo a esta organização – que, com regularidade, como demonstram as estatísticas, danos decorrem para os indivíduos: nenhuma causa, nem transcedente nem pessoal, pode disso dar conta. Trata-se, simplesmente, de danos que "devem acontecer".

Neste sentido, também leciona Caitlin Sampaio Mulholland, para quem "a configuração de uma sociedade do risco, em que os acidentes não são mais fortuitos, mas previsíveis e certos, é o alicerce justificador da responsabilidade objetiva".[51]

Na mesma direção, também discorre Alvino Lima, ao expor sobre as ideias que fundamentaram o desenvolvimento da teoria do risco:

---

[50] Na construção de Ana Frazão: "Por outro lado, a análise da responsabilidade pelo risco a partir da violação ao dever de cuidado exigível do empresário acaba aproximando a da responsabilidade subjetiva, o que causa uma estranheza inicial. Entretanto, no atual estágio da reflexão sobre a responsabilidade civil, observa-se facilmente que esse suposto impasse – que corromperia, em última análise, os critérios distintivos tradicionais entre a responsabilidade objetiva e a responsabilidade subjetiva – não causa preocupação. Na verdade, já é até visto com certa naturalidade, diante do reconhecimento de que as diferenças entre duas searas não são tão marcantes como se pensava outrora" (Ibid.).
[51] MULHOLLAND, Caitlin Sampaio. *A responsabilidade civil por presunção de causalidade*. Rio de Janeiro: GZ, 2010, p. 319.

a reparação não deve decorrer da culpa, da pesquisa de qualquer elemento moral, verificando-se se o agente agiu bem ou mal, consciente ou inconscientemente, com ou sem diligência; acima dos interesses de ordem individual devem ser colocados os sociais e só consultando estes interesses, e neles se baseando, é que se determinará ou não a necessidade de reparação.[52]

Portanto, apesar de a análise da evitabilidade dos danos e a adoção de deveres de cuidado serem, na prática, frequentemente invocadas por nossos tribunais, a bem da verdade eximir o agente econômico de responsabilidade por este ter adotado os padrões de cuidado adequados parece exprimir um injustificável retorno do caso fortuito à teoria subjetiva,[53] em inversão à lógica que culminou na positivação da teoria do risco na legislação pátria.

Neste ponto, é importante asseverar que, no cotejo entre o fortuito externo e o caso fortuito tradicional, de fato, certas características clássicas parecem não se compatibilizar com um sistema baseado na ideia de responsabilidade objetiva baseada no risco.

Isto porque, conforme já demonstrado, a despeito do requisito evitabilidade ser considerado inafastável para a verificação do caso fortuito e força maior, nos termos do art. 393 do código civil, tal pressuposto demonstra-se aparentemente antagônico à ideia de responsabilidade baseada no risco,[54] uma

---

[52] LIMA, Alvino. *Culpa e risco*, cit., p. 117.
[53] Conforme Daniel Carnaúba, caso nosso sistema fosse baseado na responsabilidade subjetiva e não na teoria do risco: "Na responsabilidade subjetiva, a existência ou não do dever de um dever de reparar dependerá de uma análise valorativa da conduta do produtor que, segundo essa perspectiva, será considerado responsável caso não tenha obedecido aos parâmetros de conduta juridicamente exigíveis. [...] . Se o produtor investir em segurança em um patamar juridicamente adequado, ou seja, igual ou acima de um padrão mínimo estabelecido como correto, ele não será responsável pelos danos provocados aos não consumidores. Por consequência, o produtor prudente arca apenas com os custos com segurança do produto (além do custo-base). Contudo, se o gasto com segurança for considerado inadequado, o produtor responderá por estes acidentes. Ou seja, o produtor negligente terá de arcar tanto com os custos de segurança, quanto com os custos do acidente" (CARNAÚBA, Daniel Amaral. Distribuição de riscos nas relações de consumo: uma análise econômica. In: LOPES, Teresa Ancona; LEMOS, Patrícia Faga Iglecias; RODRIGUES JUNIOR, Otavio Luiz (Coord.). *Sociedade de risco e direito privado*: desafios normativos, consumeristas e ambientais. São Paulo: Atlas, 2013). De fato, parece ser esta a proposta de Ana Frazão, extinguindo, portanto, o sistema baseado na responsabilidade objetiva.
[54] Conforme Marcelo Calixto: "A inevitabilidade por sua vez, comprova-se pelo fato de que a diligência humana não é capaz de evitar a ocorrência dos danos ou não é capaz de impedir a produção de certos efeitos. Justamente aqui pode inserir-se a problemática da culpa, pois que diligência seria o oposto da negligência, sendo esta uma das modalidades da culpa. Esta parece ser a razão pela qual alguns autores afirmam que o reconhecimento do caso fortuito confunde-se

vez que, nestas hipóteses, os danos, mesmo que inevitáveis, devem ser suportados por aqueles que, no âmbito de sua atividade econômica, os assumiram.

Portanto, no que toca à aplicação do fortuito interno e externo, parece mais adequado à *ratio* motivadora da criação da teoria do risco a substituição do critério da inevitabilidade pelo da probabilidade.[55]

Nesta acepção, Caitlin Sampaio Mulholland, ao efetuar a análise dos requisitos para configuração da responsabilidade pelo risco, expõe os parâmetros que considera razoáveis à sua aplicação.

Nesta linha, expressa a autora que, para que se verifique a responsabilidade baseada no risco, é necessário que a atividade seja inerentemente perigosa, nos termos do art. 927, parágrafo único do Código Civil mas, também, que este perigo ou risco se concretize em danos que sejam característicos – porque estatisticamente prováveis – da exploração daquela atividade.[56]

Assim, todos os danos que puderem ser remetidos à atividade econômica através de uma ligação causal entre a atividade e a consequência típica de sua exploração deverão ser indenizados através da prática de imputação objetiva.[57] Conforme esclarece Caitlin Sampaio Mulholland:

> [...] o empreendedor de uma determinada atividade somente poderá ser objetivamente imputado como o responsável pela obrigação indenizatória, se for possível determinar-se através de uma investigação de adequação que os danos

---

com a comprovação da ausência de culpa do devedor, adotando, portanto, uma concepção que se pode dizer subjetiva de tal instituto" (CALIXTO, Marcelo Junqueira. *A culpa na responsabilidade civil*, cit., p. 250).

[55] Conforme José Tadeu Neves Xavier: "Tradicionalmente as hipóteses de caso fortuito e força maior são colocadas pela doutrina como principais causas de exclusão de nexo de causalidade e, portanto, capazes de afastar a ocorrência da responsabilidade civil. Esta é a compreensão que acompanha inevitavelmente a abordagem da sistemática da responsabilidade fundada na culpa, pois, neste aspecto a característica da inevitabilidade torna-se compatível com a ideia de imputação culposa. Claudio Luiz Bueno Godoy, analisando o assunto, frisou: "tudo isso sempre é mais claro quando se cuida de responsabilidade subjetiva". Entretanto, quando a questão se coloca no âmbito da responsabilidade civil fundada no risco da atividade a questão passa a exigir uma ação cuidadosa, pois a noção de risco e de inevitabilidade se posicionam de forma muito próxima, a ponto de não raras vezes vierem a se confundir. Neste sentido, a doutrina brasileira, seguindo os passos do direito comparado, tem produzido a diferenciação do caso fortuito externo e interno" (XAVIER, José Tadeu Neves. A teoria do fortuito interno e a responsabilidade bancária pelos danos ocorridos no estacionamento da agência: anotações ao AgRg no Ag em REsp 137.354/PR, Rel. Min. Paulo de Tarso Sanseverino. *Revista de Direito do Consumidor*, vol. 24, n. 97. São Paulo: Revista dos Tribunais, jan.-fev./2015, p. 16).

[56] MULHOLLAND, Caitlin Sampaio. *A responsabilidade civil por presunção de causalidade*, cit., p. 312.

[57] Ibid.

gerados pela exploração desta atividade são típicos e prováveis – isto é, adequados – daquela atividade. A apreciação do risco da atividade se faz a partir da investigação de quais danos se podem esperar da exploração da atividade, isto é, quais danos que são resultados prováveis do risco inerente à atividade.[58]

Estes critérios, aplicados na prática, permitiriam, portanto, a aferição objetiva da inserção de determinados danos à lógica dos riscos assumidos.

Neste diapasão, para que fosse possível aferir a existência ou não de fortuito interno, seria necessária a realização das seguintes indagações: 1. A atividade desenvolvida é habitual e reiterada? 2. A atividade desenvolvida envolve, por sua própria natureza, riscos? 3. Os danos transcorridos no âmbito de sua exploração são prováveis e previsíveis?[59]

No caso de roubos de carga, por exemplo, parecem estar presentes todos os requisitos que ligam o evento danoso à atividade normalmente exercida pelo agente econômico. Isto porque, o transporte de mercadorias encontra-se inserto na atividade tipicamente desenvolvida pelas empresas, envolvendo os riscos inerentes ao transporte, como a violência das grandes cidades e a ocorrência de eventuais acidentes de percurso.

É importante sublinhar, inclusive, que o risco de roubo intrínseco ao transporte de cargas, em virtude de sua elevada probabilidade, integra o cálculo dos custos da prevenção efetuado pelas transportadoras, gerando incremento dos valores dos produtos e serviços ao consumidor final. De fato, de 2011 a 2016 foram registradas 97.786 ocorrências de roubo de cargas no país, o que, conforme estudo da Federação das Indústrias do Estado do Rio de Janeiro – Firjan, culminou em um acréscimo de até 35% no valor dos produtos adquiridos pelo consumidor.[60]

Portanto, parece inadmissível o argumento no sentido de que os riscos, nestas hipóteses, não deveriam ser suportados pelas empresas que, comprovadamente, repassam o valor de seus prejuízos aos usuários finais.

Analisa-se, por outro lado, a hipótese de danos físicos ocasionados à vítima em virtude de empurrão perpetrado por passageiro em estação de trem. Neste caso, apesar de o dano sofrido guardar, em última instância, alguma relação

---

[58] Ibid.
[59] Ibid.
[60] A Firjan – Federação das Industrias do Estado do Rio de Janeiro, em estudo elaborado em 2017, estimou que o impacto econômico do roubo de cargas gerou uma elevação de até 35% dos preços dos produtos ao consumidor. Disponível em: <http://www.firjan.com.br/publicacoes/publicacoes-de-economia/o-impacto-economico-do-roubo-de-cargas-no-brasil.html>. Acesso em: 31.3.2018.

com a atividade de transporte, não parece razoável afirmar, ao menos em um primeiro momento, que tais danos estariam inseridos no âmbito dos riscos prováveis da atividade. Em outras palavras, não é comum na relação entre os passageiros a realização de agressões ensejadoras de graves danos físicos.

Portanto, de acordo com os critérios aqui defendidos, esta hipótese se enquadraria na noção de fortuito externo, apta a eximir a empresa de transportes ferroviários de responsabilidade. No entanto, não foi o que entendeu o STJ, ao afirmar a existência de fortuito interno em hipótese semelhante à narrada.[61]

A análise efetuada de acordo com a perspectiva aqui proposta parece aproximar o a aferição do fortuito interno à análise que se realiza do nexo causal através da teoria da causalidade adequada.[62]

Desta forma, tal construção atribui elementos mais adequados com a ideia de risco assumido, que envolve, em última análise, o aspecto da probabilidade, bem como demonstra-se apta a afastar o alto grau de subjetividade na aplicação do fortuito interno e externo pelos tribunais.

6. Conclusão

O giro conceitual sofrido pela responsabilidade civil moderna, que significou a passagem do enfoque da existência do ato ilícito para a tutela da vítima de um dano injusto teve como uma de suas principais consequências não só o afastamento do requisito da culpa como fundamento intransponível da

---

[61] "Processual civil. Agravo regimental em agravo em recurso especial. Responsabilidade civil. Acidente em estação de trem. Violação ao art. 535 do CPC. Inexistência. Empurrão perpetrado por outros passageiros. Fato que não exclui o nexo causal. Dever de indenizar. Agravo não provido. 1. Inexiste contradição em afastar a violação do art. 535 do CPC e, ao mesmo tempo, não conhecer do mérito do recurso por ausência de prequestionamento, desde que o acórdão recorrido esteja adequadamente motivado. 2. O fato de terceiro que exclui a responsabilidade do transportador é aquele imprevisto e inevitável, que nenhuma relação guarda com a atividade de transporte, o que não é o caso dos autos, em que a vítima foi empurrada por outros passageiros, clientes da concessionária. 3. Agravo regimental não provido" (STJ, AgRg no AREsp 621.486/RJ, Rel. Min. Luis Felipe Salomão, publ. 11.2.2015).

[62] Neste sentido: "A Teoria da Causalidade Adequada examina a adequação da causa em função da possibilidade e probabilidade de determinado resultado vir a ocorrer, à luz da experiência comum. Significa dizer que a ação tem que ser idônea para produzir o resultado. E, para que se verifique a adequação da causa, realiza-se um juízo retrospectivo de probabilidade que, no âmbito doutrinário, é denominado 'prognose póstuma'" (CRUZ, Gisela Sampaio da. *O problema do nexo causal na responsabilidade civil*, cit., p. 64).

responsabilidade civil, mas também a exigência de transformação do conceito de caso fortuito e força maior.[63] Nesta linha, o caso fortuito e força maior, baseados nos critérios de necessariedade, atualidade, impossibilidade, imprevisibilidade e inevitabilidade, parece ter se tornado insuficiente a abarcar a necessidade de proteção das vítimas nas hipóteses em que o agente teria expressamente assumido o risco de determinada atividade econômica.

Nesta linha, resgatou-se distinção efetuada no âmbito da doutrina subjetiva do caso fortuito, no sentido de cindir o caso fortuito e a força maior, nomeado por Alvim de fortuito externo, de acordo com a existência ou não de responsabilidade objetiva e risco assumido pela atividade.

No entanto, retirada do contexto originalmente concebido, o desenvolvimento das noções de fortuito interno e externo ocasionou uma verdadeira confusão de critérios na doutrina e jurisprudência, trazendo, muitas vezes, a análise de elementos relativos à culpa a casos de responsabilidade subjetiva.

A despeito de existirem vozes a defender não haver problema em tal aproximação, justificando a pertinência da análise do dever de cuidado na aferição do fortuito interno, tal aproximação parece significar um verdadeiro contrassenso à lógica que motivou o desenvolvimento da teoria do risco.

Isto porque, na responsabilidade objetiva baseada no risco, não se nega a inevitabilidade de certos eventos danosos, no entanto, uma vez que estes eventos se encontram no espectro da atividade de determinados agentes econômicos, entende-se que estes devem suportar os ônus dos riscos que atraíram para a sociedade.

Por esta ótica, o requisito da inevitabilidade, elemento clássico do caso fortuito e força maior, parece não se compatibilizar com a ideia de responsabilidade por risco, motivo pelo qual, nestas hipóteses, deve ser substituído pela análise da probabilidade dos danos.

Nesta linha, parece mais acertado, na busca da definição de critérios objetivos à aferição do caso fortuito, efetuar os seguintes questionamentos: 1. A atividade desenvolvida é habitual e reiterada? 2. A atividade desenvolvida envolve, por sua própria natureza, riscos? 3. Os danos transcorridos no âmbito de sua exploração são prováveis e previsíveis? Se as respostas a estes questionamentos forem positivas, estaremos diante de um caso de fortuito interno, com a consequente responsabilização do agente.

É necessário observar, por fim, que a abertura à discricionariedade na aferição da causalidade jurídica, principalmente atrelada às hipóteses de

---

[63] GOMES, Orlando. *Tendências modernas na teoria da responsabilidade civil*, cit.

responsabilidade objetiva, gera o risco não só da produção de decisões incoerentes, mas da criação situações de insegurança jurídica quanto aos fatos ensejadores ou não de responsabilidade, o que estimula pedidos de reparação mais baseados nas desgraças das vítimas do que na possibilidade de imputação jurídica de fato,[64] agravando um dos principais problemas da responsabilidade civil moderna: a arbitrariedade judicial.[65]

7. Referências

ALVIM, Agostinho. *Da inexecução das obrigações e suas consequências*. 3. ed. atual. Rio de Janeiro – São Paulo: Editora Jurídica e Universitária Ltda, 1965.
BODIN DE MORAES, Maria Celina. *Danos à pessoa humana*. Rio de Janeiro: Renovar, 2003.
____. Professores ou juízes? Editorial. *Civilistica.com*. Rio de Janeiro, a. 3, n. 2, jul.-dez./2014. Disponível em: http://civilistica.com/professores-ou-juizes/. Acesso em: 1.4.2018.
____. Risco, solidariedade e responsabilidade objetiva. *Revista dos Tribunais*, a. 85, vol. 854. São Paulo: RT, dez./2006, pp. 11-37.
CALIXTO, Marcelo Junqueira. *A culpa na responsabilidade civil*: estrutura e função. Rio de Janeiro: Renovar, 2008.
____. Responsabilidade civil e a tentativa de roubo em cancela de estacionamento de shopping center. *Revista de Direito do Consumidor*, vol. 23, n. 95. São Paulo: Revista dos Tribunais, set.-out./2014.
CARNAÚBA, Daniel Amaral. Distribuição de riscos nas relações de consumo: uma análise econômica. In: LOPES, Teresa Ancona; LEMOS, Patrícia Faga Oglecias; RODRIGUES JUNIOR, Otavio Luiz (Coord.). *Sociedade de risco e direito privado*: desafios normativos, consumeristas e ambientais. São Paulo: Atlas, 2013.
CAVALIERI FILHO, Sergio. *Programa de responsabilidade civil*. 10. ed. São Paulo: Atlas, 2012.
CRUZ, Gisela Sampaio da. *O problema do nexo causal na responsabilidade civil*. Rio de Janeiro: Renovar, 2005.
DIAS, José de Aguiar. *Da responsabilidade civil*. 11. ed. Rio de Janeiro: Renovar, 2006.
FONSECA. Arnoldo Medeiros da. *Caso fortuito e teoria da imprevisão*. 2. ed. Rio de Janeiro: Imprensa Nacional, 1949.
FRAZÃO, Ana. Risco da empresa e caso fortuito externo. *Civilistica.com*. Rio de Janeiro, a. 5, n. 1, 2016. Disponível em: <http://civilistica.com/risco-da-empresa-e-caso-fortuito-externo/>. Acesso em: 15.11.2017.
GOMES, Orlando. Tendências modernas na teoria da responsabilidade civil. *Estudos em homenagem ao professor Silvio Rodrigues*. São Paulo: Saraiva, 1989.

---

[64] SCHREIBER, Anderson. *Novos paradigmas da responsabilidade civil*. cit., p. 76.
[65] BODIN DE MORAES, Maria Celina. *Professores ou juízes?* cit. Disponível em: <http://civilistica.com/professores-ou-juizes/>. Acesso em: 1.4.2018.

GONÇALVES, Tiago Moraes. O caso fortuito e a força maior frente à responsabilização objetiva pelo risco da atividade na sociedade contemporânea. *Revista de Direito Privado*, São Paulo, vol. 12, n. 47, pp. 63-81., jul./2011.

GONÇALVES, Carlos Roberto. *Direito civil brasileiro*, vol. IV: responsabilidade civil. 4. ed. rev. São Paulo: Saraiva, 2009.

JOSSERAND, Louis. Da responsabilidade pelo fato das coisas inanimadas, (extratos) (1897). Acesso em: <http://direitosp.fgv.br/sites/direitogv.fgv.br/>. Acesso em: 16.11.2017.

____. *Evolução da responsabilidade civil*. Trad. Raul Lima. *Revista Forense*, vol. 86, 1941.

LIMA, Alvino. *Culpa e risco*. 2. ed. São Paulo: Revista do Tribunais, 1998.

LUCCO, Alexandre Luiz. Caso fortuito e força maior. *Revista Brasileira de Direito Civil Constitucional e Relações de Consumo*, vol. 3, n. 11, jul.-set./2011.

____. Caso fortuito e força maior como excludentes de responsabilidade?. *Revista Brasileira de Direito Civil Constitucional e Relações de Consumo*, vol. 3, n. 10, abr.-jun./2011.

MIRAGEM, Bruno Nunens Barbosa. Reponsabilidade objetiva dos bancos por danos aos consumidores causados por fraude ou crime de terceiros: risco do empreendimento, conexão da atividade do fornecedor e fortuito interno: comentários ao REsp 1. 197.929/PR. *Revista de Direito do Consumidor*, vol. 21, n. 81. São Paulo: Revista dos Tribunais, jan.-mar.2012.

MULHOLLAND, Caitlin Sampaio. *A responsabilidade civil por presunção de causalidade*. Rio de Janeiro: GZ, 2010.

NORONHA, Fernando. *Direito das obrigações*. 4. ed. São Paulo: Saraiva, 2013.

PEREIRA, Caio Mário da Silva. *Instituições de direito civil*, vol. III. 21. ed. Atual. Caitlin Mulholland. Rio de Janeiro: Forense, 2017.

SANSEVERINO, Paulo de Tarso Vieira. *Princípio da reparação integral*: indenização no Código Civil. 2. ed. São Paulo: Saraiva, 2010.

SCHREIBER, Anderson. *Novos paradigmas da responsabilidade civil*: da erosão dos filtros de reparação à diluição dos danos. 2. ed. São Paulo: Atlas, 2009.

TEPEDINO, Gustavo. A responsabilidade civil por acidentes de consumo na ótica civil-constitucional. *Temas de direito civil*. Rio de Janeiro: Renovar, 1999.

____. O futuro da responsabilidade civil. *Revista Trimestral de Direito Civil*, vol. 6, n. 24. Rio de Janeiro: Padma, out./2005.

TEPEDINO, Gustavo; BARBOZA, Heloisa Helena; BODIN DE MORAES, Maria Celina. *Código Civil interpretado conforme a Constituição da República*. Rio de Janeiro: Renovar, 2007.

XAVIER, José Tadeu Neves. A teoria do fortuito interno e a responsabilidade bancária pelos danos ocorridos no estacionamento da agência: anotações ao AgRg no Ag em Resp 137.354/PR, Rel. Min. Paulo de Tarso Sanseverino. *Revista de Direito do Consumidor*, vol. 24, n. 97. São Paulo: Revista dos Tribunais, jan.-fev./2015.

Controvérsias Sobre a Configuração do Dano Injusto

6. Privação do Uso e Dever de Indenizar: Perspectivas de Configuração do Dano Indenizável à Luz do Paradigma do Dano Injusto

Rodrigo da Guia Silva
Doutorando e mestre em Direito Civil pela Universidade do Estado do Rio de Janeiro (UERJ). Professor dos cursos de pós-graduação *lato sensu* da Pontifícia Universidade Católica do Rio de Janeiro (PUC-Rio), da Escola da Magistratura do Estado do Rio de Janeiro (EMERJ) e do Centro de Estudos e Pesquisas no Ensino do Direito da UERJ. Membro do Instituto Brasileiro de Direito Civil (IBDCivil) e do Comitê Brasileiro da *Association Henri Capitant des Amis de la Culture Juridique Française* (AHC-Brasil). Advogado.

1. Introdução

Imagine-se a seguinte hipótese: o proprietário de um automóvel, ao dirigi-lo, sofre abalroamento por culpa exclusiva do outro motorista e, em decorrência desse evento lesivo, pleiteia indenização não somente pelos danos referentes às despesas para conserto do veículo e por possíveis danos morais, mas ainda por um alegado dano consistente na supressão temporária da prerrogativa de usar o bem por diversos meses (período no qual o veículo ficou parado na oficina mecânica à espera de peças de reparo). Tal situação hipotética serve a revelar o escopo fundamental do presente trabalho, qual seja, o de perquirir a indenizabilidade, no direito brasileiro, do que em outros ordenamentos jurídicos se convencionou denominar *dano da privação do uso*.[1]

---

[1] Desde logo, cumpre esclarecer que a nomenclatura *dano da privação do uso* refere-se, em realidade, a tão somente uma das hipóteses de danos decorrentes do evento lesivo da privação do uso. Por essa razão, dá-se preferência à utilização da expressão *danos por privação do uso* para se referir ao gênero do qual o *dano da privação do uso* (dano emergente autônomo em decorrência da privação do uso) é espécie.

A questão não é das mais simples, encontrando-se em doutrina proposições teóricas as mais variadas, desde aquelas que reconhecem a possibilidade de dano emergente autônomo em decorrência da privação do uso (i.e., um dano emergente verificável independentemente da prova de outros prejuízos de ordem patrimonial), até as que negam peremptoriamente tal hipótese de dano – ao qual supostamente faltaria a certeza necessária à deflagração do dever de indenizar.

Nesse cenário, a adequada compreensão da matéria não prescinde da análise preliminar das razões aventadas pelas referidas correntes. Nessa empreitada, inicialmente lançar-se-á mão de esforço teórico tendente a associar a indenizabilidade dos danos em geral – e dos danos por privação do uso, em particular – ao atributo da injustiça do dano, como corolário lógico da ponderação de valores que deve nortear o processo de qualificação a que se lança o intérprete. Na sequência, a partir do reconhecimento de que o ordenamento brasileiro confere tutela jurídica autônoma à prerrogativa de usar, passar-se-á especificamente à perquirição da indenizabilidade do dano emergente autônomo em decorrência da privação do uso, sem necessidade da prova de outros prejuízos de ordem patrimonial.

A problemática dos danos decorrentes da figura denominada *privação do uso*, porém, vai muito além do reconhecimento da possibilidade teórica de configuração de dano indenizável em razão da supressão temporária da prerrogativa de usar. Isso porque os casos concretos apresentam peculiaridades as mais diversas, com aptidão para influenciar a justa decisão a ser tomada. Com efeito, em matéria de responsabilidade civil, não basta investigar *se* pode ser deflagrado o dever de indenizar, afigurando-se igualmente relevante a definição de aspectos ora sintetizáveis pelas indagações sobre *quando, quanto* e *a quem* indenizar.[2]

O presente artigo abordará, então, na sequência da indenizabilidade abstrata dos danos por privação do uso, aspectos particularmente controvertidos que influenciam a imputação e a mensuração do dever de indenizar. De início, analisar-se-á a problemática do não uso, a fim de delimitar as hipóteses em que a opção do titular pelo não exercício da prerrogativa de usar impede

---

[2] Cumpre registrar, por oportuno, que o presente estudo busca reunir e aprofundar algumas das principais ideias previamente desenvolvidas em sedes apartadas, destacadamente: SILVA, Rodrigo da Guia. Danos por privação do uso: estudo de responsabilidade civil à luz do paradigma do dano injusto. *Revista de Direito do Consumidor*, vol. 107. São Paulo: Revista dos Tribunais, set.-out./2016; e SILVA, Rodrigo da Guia. Aspectos controvertidos dos danos por privação do uso. *Revista de Direito do Consumidor*, vol. 115. São Paulo: Revista dos Tribunais, jan.-fev./2018.

a configuração de dano indenizável. Na sequência, tecer-se-ão considerações iniciais acerca da quantificação dos danos por privação do uso, tarefa de dificuldade particularmente acentuada na hipótese do dano emergente autônomo.[3]

Em síntese, para além da análise crítica do estado atual de doutrina e jurisprudência acerca do enquadramento dos *danos por privação do uso* no direito brasileiro, procura-se fornecer subsídios para o estudo sistemático da matéria. Espera-se reconhecer, assim, a possibilidade de configuração de *novos danos* em decorrência do advento da noção de *dano injusto* em superação ao paradigma do ato ilícito.

2. A indenizabilidade dos danos por privação do uso no contexto do giro conceitual do ato ilícito para o dano injusto

A responsabilidade civil passou por relevante processo nas últimas décadas no direito brasileiro, definido por Orlando Gomes como *giro conceitual do ato ilícito para o dano injusto*.[4] Em breves palavras, pode-se dizer que o foco da discussão deslocou-se do descumprimento estrutural da lei (ou, em outra formulação, do direito subjetivo) e passou a incidir sobre a violação dos valores fundamentais tutelados pelo ordenamento, verificando-se, no caso concreto, se o bem jurídico lesionado será considerado merecedor de tutela e permitirá o surgimento do dever de indenizar.[5]

Como se sabe, a responsabilidade civil tradicional se ocupava do ato ilícito, assim entendido como "a manifestação de vontade, dolosa ou culposa, que

---

[3] Outra questão relevante diz respeito à investigação do impacto do desdobramento da relação possessória sobre a pretensão indenizatória dos danos por privação do uso. Para uma análise da referida problemática, seja consentido remeter a SILVA, Rodrigo da Guia. Aspectos controvertidos dos danos por privação do uso, cit., item 4.

[4] GOMES, Orlando. Tendências modernas na teoria da responsabilidade civil. FRANCESCO, José Roberto Pacheco Di (Org.). *Estudos em homenagem ao Professor Silvio Rodrigues*. Rio de Janeiro: Forense, 1980, p. 293.

[5] "Modernamente, pois, desvincula-se o conceito de dano da noção de antijuridicidade, adotando-se critérios mais amplos, que englobam não apenas direitos (absolutos ou relativos), mas também interesses que, porque considerados dignos de tutela jurídica, quando lesionados, obrigam à sua reparação" (BODIN DE MORAES, Maria Celina. A constitucionalização do direito civil e seus efeitos sobre a responsabilidade civil. *Na medida da pessoa humana*: estudos de direito civil-constitucional. Rio de Janeiro: Renovar, 2010, p. 326).

viola direito e causa dano à vítima".[6] Esta era a definição trazida pelo Código Civil de 1916 em seu artigo 159 e que, com algumas alterações, foi reproduzida pelo artigo 186 do Código Civil em vigor. Afirma-se, a esse propósito, que a configuração do ato ilícito depende do preenchimento de certos requisitos: conduta humana culposa ou dolosa; violação da ordem jurídica, mediante a contraposição da conduta humana a uma norma específica; imputabilidade do agente; e, por fim, interferência na esfera jurídica alheia.[7]

O requisito de contraposição do comportamento humano ao comando de uma norma foi objeto de acentuada crítica pela doutrina. De fato, com o desenvolvimento da sociedade e do direito civil, passou-se a sustentar a inadequação em se restringir a tutela reparatória às hipóteses de violação de modelos legais pré-determinados, cujo exemplo maior era o direito subjetivo.[8] Nesse renovado panorama metodológico, sustenta-se que a deflagração do dever de indenizar depende inexoravelmente da injustiça do dano.[9] Nesse sentido, avalia-se contemporaneamente que a noção de dano injusto, "após se desprender, em um primeiro momento, da violação a uma norma ou direito subjetivo, passou a significar a lesão a qualquer interesse tutelado".[10] Trata-se de figura desenvolvida notadamente pela doutrina italiana a partir da interpretação do artigo 2.043 do *Codice civile*,[11] que passou a ser vista, com o tempo, como autêntica cláusula geral na disciplina d responsabilidade civil.[12] A inde-

---

[6] AZEVEDO, Álvaro Villaça. Conceito de ato ilícito e o abuso de direito. In: RODRIGUES JUNIOR, Otavio Luiz; MAMEDE, Gladston; ROCHA, Maria Vital da (Coord.). *Responsabilidade civil contemporânea*: estudos em homenagem a Sílvio de Salvo Venosa. São Paulo: Atlas, 2011, p. 61.

[7] V. PEREIRA, Caio Mário da Silva. *Instituições de direito civil*, vol. I. Atual. Maria Celina Bodin de Moraes. Rio de Janeiro: Forense, 2011, p. 548.

[8] Acerca da inadequação em se restringir a responsabilidade civil a modelos legais pré-determinados, v. SCHREIBER, Anderson. *Novos paradigmas da responsabilidade civil*: da erosão dos filtros da reparação à diluição dos danos. São Paulo: Atlas, 2015, p. 124.

[9] "O dano será injusto quando, ainda que decorrente de conduta lícita, afetando aspecto fundamental da dignidade humana, não for razoável, ponderados os interesses contrapostos, que a vítima dele permaneça irressarcida" (BODIN DE MORAES, Maria Celina. *Danos à pessoa humana*: uma leitura civil-constitucional dos danos morais. Rio de Janeiro: Renovar, 2009, p. 179.).

[10] SOUZA, Eduardo Nunes de. Merecimento de tutela: a nova fronteira da legalidade no direito civil. *Revista de Direito Privado*, a. 15, n. 58. São Paulo: Revista dos Tribunais, abr.-jun./2014, p. 101.

[11] *Verbis*: "Art. 2.043. Todo fato doloso ou culposo, que causa a outrem um dano injusto, obriga aquele que praticou o fato a ressarcir o dano" (Tradução livre). Para uma análise da influência exercida pela experiência italiana sobre o direito brasileiro no tocante à enunciação da injustiça do dano, v., nesta obra, SOUZA, Eduardo Nunes de. Em defesa do nexo causal: culpa, imputação e causalidade na responsabilidade civil brasileira, *passim*.

[12] Leciona Guido Alpa que a expressão *ingiustizia* apresenta as funções e problemas de uma cláusula geral: "[...] é tendencialmente indefinível, tem conotações historicamente relativas, constitui uma

nizabilidade do dano injusto torna-se dependente, assim, da concretização de seu conteúdo, a ser promovida pelo esforço argumentativo do intérprete ao ponderar os interesses contrapostos no caso concreto.[13]

Pode-se concluir que a noção de dano injusto acaba por expandir as fronteiras da responsabilidade civil,[14] propiciando o surgimento do que se tem denominado, na doutrina contemporânea, *novos danos*, tais como o dano à vida sexual, o dano de *mobbing* (ou assédio moral), o dano de nascimento indesejado, o dano à identidade pessoal e assim por diante.[15] O reconhecimento de *novos danos* decorre da mencionada ampliação do próprio conceito jurídico de dano, vez que o dano injusto – e, portanto, aquele que se considera ressarcível – não será somente aquele que decorrer da conduta ilícita, mas sim todo e qualquer dano que violar bens jurídicos e contrariar os valores tutelados pelo ordenamento jurídico.[16]

Superada doutrinariamente a noção restrita à ilicitude, hodiernamente conclui-se, em matéria de situações jurídicas subjetivas patrimoniais, que toda lesão ao patrimônio sofrida pelo credor pode oferecer matéria de ressarcimento,[17] desde que se esteja diante de dano reputado *injusto* à luz da tábua axiológica

---

válvula que tempera a rigidez do ordenamento, consente ao intérprete elasticidade de apreciação" (ALPA, Guido. *I principi generali*. In: IUDICA, Giovanni; ZATTI, Paolo (*a cura di*). *Trattato di diritto privato*. Milano: Giuffrè, 2006, p. 486. Tradução livre).

[13] Acerca da necessidade de recurso à ponderação, v. TRIMARCHI, Pietro. *Istituzioni di diritto privato*. Milano: Giuffrè, 2011, p. 110.

[14] "Mediante o requisito da injustiça do dano, a jurisprudência amplia a área de operatividade da responsabilidade civil às lesões dos direitos de crédito, dos interesses legítimos, das expectativas legítimas, das chances, da posse" (PERLINGIERI, Pietro. *Manuale di diritto civile*. Napoli: Edizione Scientifiche Italiane, 2014, p. 901. Tradução livre).

[15] V. SCHREIBER, Anderson. O futuro da responsabilidade civil: um ensaio sobre as tendências da responsabilidade civil contemporânea. In: RODRIGUES JUNIOR, Otavio Luiz; MAMEDE, Gladston; ROCHA, Maria Vital da (Coord.). *Responsabilidade civil contemporânea*: em homenagem a Sílvio de Salvo Venosa. São Paulo: Atlas, 2011, pp. 719 e ss.

[16] "A lesão causadora do dano injusto refere-se, diretamente, ao bem jurídico tutelado, ao interesse ou direito da pessoa humana, merecedor de tutela jurídica" (BODIN DE MORAES, Maria Celina. *Danos à pessoa humana*, cit., p. 181). Em sentido semelhante no que tange à violação de bens jurídicos, cf. Justus Wilhelm Hedemann, que, apesar de escrever no contexto de um sistema jurídico de responsabilidade civil extracontratual típica, i.e., desprovida de cláusula geral – caso do ordenamento jurídico alemão –, propõe definição de *dano* que também supera a concepção estrita de ato ilícito: "Pode-se dizer, portanto, em sentido muito geral, que todo 'bem jurídico' é suscetível de sofrer um dano e com ele pode constituir a base para uma pretensão jurídica de indenização dos danos sofridos" (HEDEMANN, Justus Wilhelm. *Derecho de obligaciones*, vol. III. Trad. Jaime Santos Briz. Madrid: Revista de Derecho Privado, 1958, p. 118. Tradução livre).

[17] Entendimento atual que já era há muito sustentado por alguns autores, como GIORGI, Giorgio. *Teoria delle obbligazioni nel diritto moderno italiano*, vol. II. Firenze: Fratelli Cammelli, 1903, p. 137.

constitucional, em interpretação assumidamente ampliativa das cláusulas gerais de responsabilidade civil contidas no artigo 927, *caput* e parágrafo único, do Código Civil.[18] No que tange às coisas corpóreas, tal compreensão afigura-se de especial importância, por revelar que o dano injusto não se refere apenas e necessariamente à integridade da sua substância, mas igualmente às utilidades proporcionadas pela coisa e que sejam reputadas merecedoras de tutela.[19]

Considera-se, com efeito, que a tutela reparatória não pode se restringir à mera existência da coisa, devendo ter em vista as possibilidades nela incorporadas, que são conferidas ao seu titular independentemente de finalidade lucrativa. Sustenta-se, assim, a necessidade de "proteger os bens mesmo quando aplicados ao consumo [...] e não só quando destinados a produzir mais riqueza".[20] Nessa perspectiva, a partir do entendimento de que o simples uso de determinado bem poder ser tido como vantagem suscetível de avaliação pecuniária, sua privação temporária será suficiente, em linha de princípio, a deflagrar o dever de indenizar.[21] Vale destacar, com efeito, que o ordenamento jurídico brasileiro confere tutela jurídica autônoma ao uso, razão pela qual se tem afirmado que tal faculdade integra efetivamente o patrimônio do seu titular.[22]

---

[18] V. SCHREIBER, Anderson. *Novos paradigmas da responsabilidade civil*, cit., pp. 153-156.

[19] A propósito, v. a definição de dano proposta por Luís Manuel Teles de Menezes Leitão: "Em termos naturalísticos, entende-se por dano a supressão de uma vantagem de que o sujeito beneficiava. Essa noção não será, porém, suficiente para definir o dano em termos jurídicos, já que as vantagens que não sejam juridicamente tuteladas não são suscetíveis de indenização. O conceito de dano terá por isso que ser definido num sentido simultaneamente fático e normativo, ou seja, como a frustração de uma utilidade que era objeto de tutela jurídica" (LEITÃO, Luís Manuel Teles de Menezes. *Direito das obrigações*, vol. I. Coimbra: Almedina, 2002, p. 313).

[20] GOMES, Júlio Manuel Vieira. O dano da privação do uso. *Revista de Direito e Economia*. Coimbra: Universidade de Coimbra, 1986, p. 234.

[21] Essa é a conclusão de Luís Manuel Teles de Menezes Leitão no âmbito do direito português: "Efetivamente, o simples uso constitui uma vantagem susceptível de avaliação pecuniária, pelo que a sua privação constitui naturalmente um dano" (LEITÃO, Luís Manuel Teles de Menezes. *Direito das obrigações*, cit., p. 316-317). Nesse sentido, v., ainda, na doutrina italiana, TRIMARCHI, Pietro. *La responsabilità civile*: atti illeciti, rischio, danno. Milano: Giuffrè, 2017, p. 564. Verifica-se semelhante linha de raciocínio na jurisprudência espanhola para as hipóteses de acidente automobilístico, como se depreende do seguinte julgado da *Audiencia Provincial* de Córdoba: "Se a mera titularidade de um veículo automotor particular implica uma faculdade indiscriminada de gozo do mesmo por parte do titular ou de quem este designe, sua privação ilegítima constitui por si mesma um prejuízo ressarcível (...)" (*Sección Primera*, Decisão n. 236/2012, julg. 23.5.2012. Tradução livre).

[22] Essa é a conclusão de Luís Manuel Teles de Menezes Leitão no direito português: "Efetivamente, o simples uso constitui uma vantagem susceptível de avaliação pecuniária, pelo que a sua privação constitui naturalmente um dano" (LEITÃO, Luís Manuel Teles de Menezes. *Direito das obrigações*, vol. I, cit., pp. 316-317).

A partir, então, do reconhecimento da tutela conferida pelo ordenamento jurídico brasileiro à prerrogativa de usar, torna-se possível enunciar, a um só tempo, duas conclusões coexistentes: por um lado, o evento lesivo de privação do uso pode acarretar um dano emergente autônomo – sem necessidade de demonstração de outros prejuízos patrimoniais –,[23] já que, em regra, toda lesão a situações jurídicas subjetivas pode ter como remédio a via ressarcitória;[24] por outro lado, impõe-se ressalvar que o caso concreto pode apresentar certas peculiaridades que levem à não configuração do dever de indenizar.[25] À luz dessas considerações, torna-se possível analisar a questão referente ao reconhecimento de um dano emergente autônomo em decorrência da privação do uso.

3. Notas sobre o reconhecimento do dano emergente autônomo pela privação do uso no direito brasileiro

De um ponto de vista sistemático, tem-se conferido à presente matéria escassa atenção no ordenamento pátrio, particularmente em sede doutrinária – ressalvadas, naturalmente, substanciosas contribuições, algumas das quais se

---

[23] A conclusão coincide com aquela alcançada, no direito português, por GOMES, Júlio Manuel Vieira. *O conceito de enriquecimento, o enriquecimento forçado e os vários paradigmas do enriquecimento sem causa*. Porto: UCP, 1998, pp. 274 e ss.; PINTO, Paulo Mota. *Interesse contratual negativo e interesse contratual positivo*, vol. I. Coimbra: Coimbra Editora, 2008, p. 578; GERALDES, António Santos Abrantes. *Temas da responsabilidade civil*: indemnização do dano da privação do uso, vol. I. Coimbra: Almedina, 2007, p. 80; LEITÃO, Luís Manuel Teles de Menezes. *Direito das obrigações*, vol. I, cit., p. 316. Tal linha de entendimento é similar àquela pacificada pela *Corte di Cassazione* italiana. V., ilustrativamente, *III Sezione, Cass. Civ.* n. 13.215, julg. 14.4.2015; *VI Sezione, Cass. Civ.* n. 22.687, julg. 4.10.2013; *III Sezione, Cass. Civ.* n. 9.626, julg. 19.4.2013; *III Sezione, Cass. Civ.* n. 6.907, julg. 8.5.2012.

[24] "O requisito da injustiça do dano exprime a exigência de limitar a ressarcibilidade do dano decorrente de uma lesão da alheia situação juridicamente tutelada. [...] O inteiro sistema da responsabilidade civil se funda sobre a injustiça do dano, seja nas hipóteses de atividade ilícita, seja nas hipóteses de atividade lícita danosa. [...] Todavia, uma leitura teleológico-funcional do sistema traz à tona que ambos os remédios encontram fundamento em um dano injusto, originário da lesão a uma situação subjetiva tutelada pelo ordenamento" (PERLINGIERI, Pietro. *Manuale di diritto civile*, cit., pp. 899-900. Tradução livre).

[25] Assim, por exemplo, parece razoável concluir que não restará configurado o dever de indenizar nas hipóteses em que se constatar que o titular apresentava comportamento de *não uso* reputado ilegítimo pelo ordenamento jurídico, pois constituiria efetivo contrassenso lançar mão da responsabilidade civil para amparar uma pretensão que já se sabe não merecedora de tutela. Tampouco se configurará o dever de indenizar quando o titular supostamente privado do uso houver previamente optado por não exercer tal faculdade, por um imperativo lógico de que não se pode falar em *privação* quando o titular voluntariamente decidira não usar a coisa.

buscará expor na sequência. Ainda assim, podem-se delinear, tal como na experiência estrangeira, duas principais linhas de entendimento acerca da viabilidade de um dano emergente autônomo pela privação do uso. Observam-se, com efeito, desde propostas que condicionam a indenizibilidade dos danos decorrentes da privação do uso à comprovação dos chamados "prejuízos patrimoniais concretos" até construções teóricas que acenam para a possibilidade de se considerar a hipótese em comento como fonte de um dano patrimonial ressarcível independentemente da prova de outros prejuízos.

A primeira corrente argumenta que a privação do uso traduziria suporte fático apto a ensejar dano patrimonial (dano emergente ou lucro cessante) ou até mesmo extrapatrimonial, em qualquer caso dependente de prova de prejuízo dito *concreto*.[26] A mera privação da prerrogativa de usar não bastaria, assim, à deflagração do dever de indenizar, para o que seria imprescindível a demonstração de algum prejuízo relacionado ao evento lesivo.[27] Nesse sentido, afirma-se que não haveria dano "na simples privação da possibilidade abstrata de utilização contida no direito de uso e gozo do bem por seu titular",[28] sustentando-se que seria sempre preciso analisar as vantagens afetas ao exercício concreto da prerrogativa por parte de seu titular.

A segunda corrente, a seu turno, sustenta que a privação do uso em si considerada já é suficiente a ensejar dano material ressarcível, uma vez que a supressão temporária da faculdade de usar traduz, em si e por si, afronta a uma parcela do feixe de poderes atribuídos ao proprietário e juridicamente tutelados.[29] No clássico exemplo do abalroamento de veículo, seria especialmente sensível a injustiça do dano por privação do uso em decorrência da desvalorização extraordinária acometida ao bem.[30]

---

[26] Nesse sentido, v. TERRA, Aline de Miranda Valverde. Privação do uso: dano ou enriquecimento por intervenção? *Revista Eletrônica Direito e Política, Programa de Pós-Graduação Stricto Sensu em Ciência Jurídica da UNIVALI*, v. 9, n. 3. Itajaí: set.-dez/2014, p. 1.625.

[27] Conforme já se pôde relatar, esse também é o entendimento adotado por Paulo Mota Pinto à luz do direito português (PINTO, Paulo Mota. *Interesse contratual negativo e interesse contratual positivo*, vol. I, cit., pp. 594-596).

[28] TERRA, Aline de Miranda Valverde. Privação do uso, cit., p. 1.625.

[29] Ao se referir ao proprietário lesado, não se está a restringir a essa hipótese a possibilidade de privação do uso como dano injusto. Com efeito, todo legítimo titular da prerrogativa de usar pode, via de regra, reclamar indenização pela supressão temporária da referida utilidade.

[30] Vale transcrever, a propósito, a lição de Gisela Sampaio da Cruz Guedes ao analisar especificamente a hipótese da privação do uso de veículo automotor: "Nessa ordem de ideias, é preciso reconhecer que, quer como instrumento de trabalho, quer como simples bem de consumo destinado ao lazer, o fato é que todo veículo tem um determinado período de vida útil cujo decurso se repercute na redução de seu valor comercial, pelo que é possível encontrar para determinado

Ao reconhecer tal supressão de parte dos poderes inerentes ao domínio, nomeadamente da faculdade de usar, sustenta essa corrente a indenizabilidade do dano da privação do uso sempre que, consideradas as peculiaridades e os interesses envolvidos no caso concreto,[31] esse dano se reputar injusto, independentemente da prova de qualquer outro prejuízo material– ou, em outras palavras, de qualquer redução patrimonial permanente.

Diante das soluções e entendimentos expostos, parece mais consentânea com a lógica do sistema a conclusão alcançada por esta última corrente. De fato, o dano por privação do uso pode ser material ou moral, consoante se considere que o interesse lesado pela não fruição da específica vantagem seja patrimonial ou não. Em qualquer caso, porém, referido dano (particularmente, em se concluindo por sua natureza material), não pode ter sua configuração e indenizabilidade atreladas à verificação de uma redução permanente do patrimônio da vítima, uma vez que esse critério não parece capaz de apreender todas as possíveis lesões ao interesse juridicamente tutelado do uso.

Conforme se buscou demonstrar mais acima, parece imperiosa a constatação de uma larga tendência à tutela autônoma da prerrogativa de usar no direito brasileiro. Hipóteses as mais variadas (e.g. aluguel-pena, taxa de ocupação, indenização em ações possessórias, juros compensatórios na desapropriação) apresentam uma característica comum: a consequência jurídica da privação do uso é deflagrada independentemente da prova de outro prejuízo por parte do titular.[32] Tal característica parece decorrer do fato de a prerrogativa de uso (como parte do conteúdo de uma situação jurídica subjetiva ou situação jurídica autônoma) integrar o patrimônio do seu titular. De fato, quem realiza aporte financeiro para adquirir o domínio (ou outro direito real ou obrigacional) sobre uma coisa passa a titularizar a prerrogativa de usá-la sem interferências alheias. Não é diverso o raciocínio na aquisição gratuita da

---

período de tempo a quota-parte da desvalorização. Quando se trata de veículo pertencente a uma empresa ou profissional liberal, esta desvalorização se torna mais evidente, já que, em tais situações, para efeitos contábeis ou fiscais, os bens ficam sujeitos à amortização. Nesse sentido, não se pode negar que a privação do uso de um veículo, desacompanhada de sua substituição por outro ou do pagamento de quantia bastante para alcançar o mesmo efeito, reflete o corte definitivo e irrecuperável de uma fatia dos poderes inerentes ao proprietário" (GUEDES, Gisela Sampaio da Cruz. *Lucros cessantes*: do bom senso ao postulado normativo da razoabilidade. São Paulo: Revista dos Tribunais, 2011, p. 156).

[31] Inclusive aquelas capazes de afastar o dever de indenizar, tais como a substituição da coisa avariada ou garantia de resultado equivalente.

[32] Para um maior desenvolvimento da referida conclusão, seja consentido remeter a SILVA, Rodrigo da Guia. Danos por privação do uso, cit., pp. 95-100.

prerrogativa de usar, que não se confunde com aquisição sem título e, assim, merece a mesma tutela jurídica.

Trazida tal conclusão para a responsabilidade civil, parece não haver maior lógica em se condicionar a tutela reparatória do uso à prova dos ditos "prejuízos concretos".[33] Se é verdade que o ordenamento confere tutela autônoma à faculdade de usar, seria contraditório supor que a sua supressão temporária somente traduziria dano ressarcível se provados *outros* prejuízos. Tal raciocínio, além de violar a lógica do sistema da responsabilidade civil, ainda comprometeria o princípio constitucional da isonomia, particularmente em hipóteses que envolvam o aluguel de coisa semelhante. Pense-se no caso em que a vítima de abalroamento de automóveis celebre locação de veículo semelhante durante o período de reparo e pleiteie em juízo o ressarcimento por tal despesa (a título de dano emergente). Sua pretensão não encontrará maior resistência, sem que se lhe exija qualquer prova do uso efetivo do bem alugado. Por que não se reconheceria, então, o direito à reparação pelo dano emergente autônomo em decorrência da privação do uso à vítima que não dispunha de meios suficientes para a locação de coisa semelhante? O caráter retórico do questionamento não pretende mais do que alertar para a necessidade de tratamento isonômico das vítimas de privação do uso que venham a se encontrar em situação substancialmente semelhante.[34]

Por certo, o que se exige para a deflagração do dever de indenizar, para além do nexo causal e da culpa ou regime de responsabilidade objetiva, é a configuração de dano ressarcível.[35] Desse modo, sempre que na hipótese de privação do uso se verificar, na ponderação dos valores em rota potencial de colisão, que restaram violados os interesses merecedores de tutela no caso concreto, estar-se-á diante de dano injusto e, portanto, ressarcível, apto a deflagrar o dever de indenizar.[36] Condicionar a reparação do dano emergente autônomo pela privação do uso à prova de outros prejuízos equivaleria, em última instância, a instituir uma malfadada tarifação dos danos ressarcíveis, como se ao intérprete-aplicador do direito se conferisse uma discricionária

---

[33] Nesse sentido, v. TRIMARCHI, Pietro. *La responsabilità civile*, cit., p. 564.

[34] Em sentido semelhante, v. GERALDES, José dos Santos Abrantes. *Temas da responsabilidade civil*, vol. I, cit., p. 65.

[35] "O interesse em restabelecer o equilíbrio econômico-jurídico alterado pelo dano é causa geradora da responsabilidade civil" (DIAS, José de Aguiar. *Da responsabilidade civil*. Atual. Rui Berford Dias. Rio de Janeiro: Lumen Juris, 2012, p. 43).

[36] V. GOMES, Orlando. Tendências modernas na teoria da responsabilidade civil, cit., pp. 294 e ss.

possibilidade de gradação da importância dos danos em razão do seu vulto ou da sua importância.[37]

Ilustrativamente, ainda no clássico exemplo do abalroamento de veículos, pode-se inferir que o condutor que sofre a colisão certamente não perde a titularidade da coisa danificada, mas, ainda assim, tem direito a ser ressarcido, em princípio, pela paralisação do carro na oficina. De fato, o interesse da vítima não restaria plenamente satisfeito pelo mero conserto, devendo-se ter em conta o prejuízo sofrido pelo titular injustamente privado da faculdade de usar a coisa por certo lapso temporal.[38] Está-se diante de mais um caso de evento danoso dentre os que se convencionaram designar *novos danos*, já que sua verificação parte mais de um juízo de injustiça do dano do que propriamente da constatação de uma lesão permanente à titularidade ou à integridade da coisa atingida.

Vale frisar, porém, que, nos chamados *novos* danos, a *novidade* reside apenas no reconhecimento da possibilidade de lesão injusta a um bem jurídico que não se reputava tradicionalmente passível de tutela ressarcitória. Para além disso, não há inovação quanto à natureza do dano a ser reparado:[39] a técnica da reparação continua atrelada aos mecanismos tradicionais do dano patrimonial ou moral. Por tal razão, parece preferível designar como "privação do uso" o próprio evento danoso, que pode fazer surgir para a vítima o direito a reclamar uma série de parcelas indenizatórias, a depender da natureza dos prejuízos constatados no caso concreto, os quais podem assumir a forma de dano moral ou patrimonial (na forma de dano emergente ou lucros cessantes).

Tomando por base a distinção proposta por Antonio Junqueira de Azevedo entre dano-evento e dano-prejuízo,[40] poder-se-ia dizer que a privação do uso

---

[37] A propósito da formulação tradicional acerca da configuração do dano ressarcível, v. PEREIRA, Caio Mário da Silva. *Responsabilidade civil*. Atual. Gustavo Tepedino. Rio de Janeiro: GZ, 2011, p. 56.

[38] "A reparação mediante a entrega de novo carro ou conserto integral, que Santos Briz 'repetidamente' alude como 'restituição *in natura*', não representa o ressarcimento integral. Há que levar em consideração os gastos que o prejudicado suportou, ficando privado dele: perda das vantagens de seu uso, necessidade de alugar outro, privação dos rendimentos se se trata de profissional (taxista, por exemplo)" (PEREIRA, Caio Mário da Silva. *Responsabilidade civil*, cit., pp. 300-301).

[39] Segue-se, assim, caminho diverso daquele percorrido, por exemplo, na história recente da responsabilidade civil brasileira pelo dano estético – que, no entendimento do STJ, corresponderia a uma espécie de prejuízo de natureza diversa do dano material e do dano moral (Enunciado n. 387 da Súmula do STJ: "É lícita a cumulação das indenizações de dano estético e dano moral").

[40] Conforme leciona Antonio Junqueira de Azevedo sobre a referida distinção: "É que, na língua portuguesa, à semelhança de outras línguas latinas, os vocábulos 'lesão', 'dano' e, até mesmo, 'prejuízo' vêm muitas vezes com dois significados; ora são usados para o ato que viola o bem juridicamente protegido, ora para significar o prejuízo resultante dessa violação. O mesmo ocorre,

(entendida como a supressão temporária da prerrogativa de usar) constitui um dano-evento, incapaz de deflagrar, por si só, o dever de indenizar. Para que se caracterize um dano ressarcível (dano-prejuízo), será necessário que o intérprete investigue se a prerrogativa de usar violada pode ser reputada merecedora de tutela à luz da axiologia constitucional.[41] Em se concluindo que tal faculdade deve preponderar sobre os outros interesses contrapostos no caso concreto, verificar-se-á dano injusto e, portanto, ressarcível. Por outro lado, caso o juízo valorativo revele que não houve dano injusto em decorrência da alegada violação da prerrogativa de usar, não surgirá o dever de indenizar.

Por evidente, todo o exposto acerca do dano emergente autônomo decorrente da supressão temporária da prerrogativa de usar (usualmente denominado *dano da privação do uso*) não exclui – mas antes corrobora – a cumulabilidade com outras parcelas indenizatórias tradicionalmente reconhecidas.[42] Assim, é plenamente possível, inclusive, a cumulação do dano autônomo em comento com danos emergentes de natureza permanente (o valor despendido com o conserto do carro, por exemplo). Reconhecida, enfim, a possibilidade teórica de configuração de um dano patrimonial autônomo pela privação do uso, passa-se à análise da potencial repercussão do não uso sobre a configuração do dever de indenizar.

4. Repercussão do não uso sobre a configuração do dever de indenizar

No intuito de investigar possíveis circunstâncias fáticas justificadoras do afastamento do dever de indenizar certos prejuízos decorrentes da privação

---

em francês, com as palavras 'dommage' (originada de 'damnum') e 'prejudice' [...]. O ideal seria sempre se referir a dano-evento (1º momento) e a dano-prejuízo (2º momento); o dano-evento pode ser ou na pessoa ou no patrimônio ou na figura social da pessoa ou, até mesmo, em terceiro, enquanto o dano-prejuízo, como consequência daquele, somente pode ser patrimonial ou não patrimonial (dano moral)" (AZEVEDO, Antonio Junqueira de. O direito como sistema complexo e de 2ª ordem; sua autonomia. Ato nulo e ato ilícito. Diferença de espírito entre responsabilidade civil e penal. Necessidade de prejuízo para haver direito de indenização na responsabilidade civil. *Civilistica.com*. Rio de Janeiro: a. 2, n. 3, jul.-set./2015, p. 11).

[41] Sobre o controle de merecimento de tutela, v., no direito italiano, PERLINGIERI, Pietro. Il principio di legalità nel diritto civile. *Rassegna di diritto civile*. Anno 31, n. 1. Milano: ESI, 2010. No direito brasileiro, cf. SOUZA, Eduardo Nunes de. Merecimento de tutela: a nova fronteira da legalidade no direito civil, cit., *passim*.

[42] A propósito, seja consentido remeter a SILVA, Rodrigo da Guia. Danos por privação do uso, cit., pp. 112-118.

do uso, cumpre compreender o tratamento contemporaneamente dispensado ao *não uso* enquanto manifestação de uma situação jurídica subjetiva consagradora da prerrogativa de usar.uma vez expostos os contornos gerais da problemática, será possível buscar respostas à seguinte questão: o titular que previamente optou por não exercer a faculdade em questão pode, na eventualidade da ocorrência de privação do uso, reclamar indenização pela supressão temporária de aludida prerrogativa?

Como se sabe, no estudo dos direitos reais e, em especial, do direito de propriedade, tradicionalmente se coloca a questão atinente à legitimidade do *não uso* da coisa. Em termos gerais, a controvérsia consiste em saber se o indivíduo titular da prerrogativa de usar pode legitimamente optar por não a exercer em certo período de tempo ou se, ao revés, a sua pretensão se sujeitaria à prescrição extintiva em decorrência do prolongado não uso.

Parece predominar em doutrina o entendimento segundo o qual o *não uso* é uma forma legítima de exercício da propriedade e dos demais direitos reais, de modo que apenas excepcionalmente acarretaria a perda da situação jurídica subjetiva real.[43] Já se afirmou, a esse propósito, que "[...] a propriedade não se pode perder por 'não uso', mas somente pela usucapião que outrem logre perfazer".[44] Assim, apenas a combinação do não uso pelo titular com a posse qualificada de terceiro daria ensejo à perda da propriedade e sua simultânea aquisição por meio da usucapião.[45]

---

[43] A propósito da excepcionalidade, identifica-se tradicional posicionamento doutrinário no sentido de que a propriedade só se perderia se houvesse a constituição de pretensão contrária, através da usucapião (v. MESSINEO, Francesco. *Manuale di diritto civile e commerciale*. Milano: Giuffrè, 1965, p. 450). No sentido da excepcionalidade da perda da situação jurídica subjetiva, António Menezes Cordeiro afirma, ao comentar o artigo 298 do Código Civil português: "Infere-se, desde logo, que o não-uso: tem uma aplicação taxativa aos direitos enumerados no artigo 298/3: todos eles direitos reais de gozo; ainda então exigindo uma nova e "especial" previsão. A taxatividade apontada resulta da imprescritibilidade dos direitos sujeitos ao não-uso: ora a regra geral, como vimos, é a da sujeição à prescrição. A exigência de uma segunda norma emerge das características próprias dos direitos reais: a extinção de um dir eito faz, em regra, surgir direitos noutra esfera; ora dado o princípio da tipicidade (1.306/1), tudo isso deve ser explicitado na lei" (CORDEIRO, António Menezes. *Tratado de direito civil*, vol. V. 2. ed. Coimbra: Almedina, 2015, p. 264).

[44] TORRENTE, Andrea; SCHLESINGER, Piero. *Manuale di diritto privato*. Milano: Giuffrè, 1985, p. 325. Tradução livre.

[45] Nesse sentido, v. BIANCA, Cesare Massimo. *Diritto civile:* la proprietà, vol. VI. Milano: Giuffrè, 1999, p. 154; e TORRENTE, Andrea; SCHLESINGER, Piero. *Manuale di diritto privato*, cit., p. 150. Eloquente, no ponto, a conclusão de Francisco Amaral: "A falta de exercício das faculdades jurídicas não prejudica a existência do respectivo direito (*facultativis non datur praescriptio*), a não ser nas hipóteses previstas em lei, como a de usucapião, em que o proprietário perde a propriedade de uma

Gradativamente, a civilística e o próprio direito positivo passaram a reconhecer a possibilidade de extinção da situação jurídica subjetiva real, não apenas em razão da usucapião promovida por terceiro, mas também como simples decorrência do *não uso* prolongado no tempo. Assim, desde que houvesse previsão legal em relação ao específico direito real, seria possível a extinção pelo não uso.[46] Podem-se destacar dois reflexos dessa concepção no vigente Código Civil brasileiro: o inciso III do artigo 1.389 preceitua a extinção da servidão pelo não uso durante dez anos contínuos;[47] e o inciso VIII do artigo 1.410 prevê a extinção do usufruto pelo mesmo motivo, porém sem delimitação temporal.[48]

No cenário contemporâneo, o reconhecimento do princípio da função social e de sua incidência sobre a propriedade e as demais situações jurídicas subjetivas reais tem levado parcela da doutrina a relativizar a legitimidade apriorística do *não uso*. Para a adequada compreensão desse processo, portanto, cumpre analisar os contornos contemporâneos desse princípio e sua repercussão sobre a matéria em apreço.

Em um estágio inicial, ainda marcado pelo individualismo característico das codificações oitocentistas, a função social era vista como limite externo, de caráter restritivo dos poderes atribuídos ao proprietário. Nas últimas décadas, porém, tem-se reconhecido que o caráter unitário e complexo do ordenamento jurídico impõe a leitura de todos os institutos à luz da axiologia constitucional.[49] Assim, no cenário contemporâneo, diante da inequívoca

---

coisa em favor de outro sujeito que dela tem posse mansa e pacífica no prazo que a lei estabelece (CC, art. 1.238)" (AMARAL, Francisco. *Direito civil:* introdução. Rio de Janeiro: Renovar, 2008, p. 238).

[46] "Para além do princípio geral é ainda necessário que disposição legal especialmente determine a extinção pelo não uso" (CORDEIRO, António Menezes. *Direitos reais*. Lisboa: Lex, 1993, p. 553). A necessidade de previsão legal é especialmente clara no direito lusitano, em razão de o Código Civil português expressamente prever a possibilidade de extinção de direitos reais pelo não uso, mas somente "nos casos especialmente previstos na lei". A propósito, vale conferir a redação do artigo 298, n. 3, do Código Civil português: "Os direitos de propriedade, usufruto, uso e habitação, enfiteuse, superfície e servidão não prescrevem, mas podem extinguir-se pelo não uso nos casos especialmente previstos na lei, sendo aplicáveis nesses casos, na falta de disposição em contrário, as regras da caducidade".

[47] *Verbis:* "Art. 1.389 – Também se extingue a servidão, ficando ao dono do prédio serviente a faculdade de fazê-la cancelar, mediante a prova da extinção: [...] III – pelo não uso, durante dez anos contínuos".

[48] *Verbis:* "Art. 1.410 – "O usufruto extingue-se, cancelando-se o registro no Cartório de Registro de Imóveis: [...] VIII – Pelo não uso, ou não fruição, da coisa em que o usufruto recai (arts. 1.390 e 1.399)".

[49] Esta a lição de Gustavo Tepedino: "[...] a aplicação direta dos princípios constitucionais constitui resposta hermenêutica a duas características essenciais da própria noção de ordenamento: unidade

opção solidarista do constituinte, tem-se identificado, sobretudo no âmbito da metodologia civil-constitucional, a função social como a própria razão interna de justificação da situação jurídica proprietária.[50]

De fato, entende-se que a função social se presta a justificar e delimitar o conteúdo interno do direito de propriedade e dos demais direitos reais,[51] sempre no sentido de superar os interesses estritamente individuais do titular e impor o atendimento a finalidades socialmente relevantes.[52] Em atenção a tal propósito, a análise dos direitos reais – destacadamente o direito de propriedade – necessariamente deverá levar em consideração a relação concretamente estabelecida, vez que somente assim será possível aferir se o exercício da situação jurídica real revela-se compatível ou não com a axiologia constitucional.[53]

---

e complexidade. O conceito de ordenamento pressupõe um conjunto de normas destinadas a ordenar a sociedade segundo um determinado modo de vida historicamente determinado. Daqui decorrem duas consequências fundamentais: (i) o ordenamento não se resume ao direito positivo; e (ii) para que possa ser designado como tal, o ordenamento há de ser sistemático, orgânico, lógico, axiológico, prescritivo, uno, monolítico, centralizado" (TEPEDINO, Gustavo. Normas constitucionais e direito civil na construção unitária do ordenamento. *Temas de direito civil*, t. 3. Rio de Janeiro: Renovar, 2009, p. 9).

[50] "Em um sistema inspirado pela solidariedade política, econômica e social e pelo pleno desenvolvimento da pessoa (art. 2 Const.), o conteúdo da função social assume papel promocional, de maneira que a disciplina das formas proprietárias e a sua interpretação deverão ocorrer de forma a garantir e promover os valores sobre os quais se funda o ordenamento. E isto não se realiza somente funcionalizando a disciplina dos limites à função social. Esta deve ser entendida não como uma intervenção 'in odio' à propriedade privada, mas torna-se 'a própria razão pela qual o direito de propriedade foi atribuído a um certo sujeito', um critério de ação para o legislador e um critério de individuação da normativa a ser aplicada para o intérprete" (PERLINGIERI, Pietro. *O direito civil na legalidade constitucional*. Trad. Maria Cristina De Cicco. Rio de Janeiro: Renovar, 2008, pp. 674-675).

[51] "A função, por conseguinte, não pode ser ulteriormente identificada com a faceta externa da propriedade, reservada à coletividade: ela se apresenta como expressão elíptica, unificadora dos pressupostos da qualificação jurídica, tal a identificar o conteúdo mesmo da situação de pertinência" (RODOTÀ, Stefano. *Il terribile diritto:* studi sulla proprietà privata. Bologna: Il Mulino, 1987, p. 241. Tradução livre). No mesmo sentido, v. PUGLIATTI, Salvatore. *La proprietà nel nuovo diritto*. Milano: Giuffrè, 1964, p. 281.

[52] Afirma Salvatore Pugliatti: "De modo que de função social da propriedade ora se pode falar, seja em relação às normas especiais que a realizam sob aspectos particulares, que estão coordenadas em um quadro geral; seja em relação à tendência, não mais nos fatos, mas no direito, do nosso ordenamento jurídico, de polarizar a propriedade à realização de finalidades sociais" (PUGLIATTI, Salvatore. *La proprietà nel nuovo diritto*, cit., p. 278. Tradução livre).

[53] Sobre a importância de se considerar a propriedade como relação concreta, leciona Gustavo Tepedino: "De fato, a variedade e a relatividade da noção de propriedade, conquistas inderrogáveis de processo evolutivo secular, corroboram a rejeição, intuitivamente proclamada, da propriedade como noção abstrata. Chega-se, por esse caminho, à configuração da noção pluralista do instituto,

Do quanto exposto parece decorrer, como corolário lógico, a superação do modelo abstrato de propriedade, o que levou Salvatore Pugliatti a formular sua célebre tese sobre "a propriedade e as propriedades" (no original, *la proprietà e le proprietà*), assim sintetizável: "não se pode falar em um só tipo, mas se deve falar em tipos diversos de propriedade, cada um dos quais assume um aspecto característico".[54] Com efeito, pode haver tantas situações proprietárias – e, de modo geral, situações reais – quantos forem os seus exercícios concretos, identificáveis de acordo com múltiplos critérios, tais como a destinação do bem, sua potencialidade econômica ou sua titularidade.[55]

Na verdade, muito embora tenha prevalecido em doutrina e mesmo no direito positivo a expressão "função social da propriedade", se a posse corresponde à exteriorização do domínio por meio do exercício de uma ou algumas de suas faculdades,[56] talvez seja possível entender a questão como um simples conflito entre as funções sociais de duas posses. Isso porque uma tal valoração deve necessariamente levar em conta o *exercício* concretamente realizado pelas partes e, no caso *sui generis* do direito de propriedade, esse exercício recebeu historicamente designação e disciplina específicas (a posse).[57] Tal perspectiva permitiria também superar a clássica controvérsia sobre a natureza da posse (se fato ou direito):

---

de acordo com a disciplina jurídica que regula, no ordenamento positivo, cada estatuto proprietário" (TEPEDINO, Gustavo. In: AZEVEDO, Antônio Junqueira de (Coord.). *Comentários ao Código Civil*, vol. 14. São Paulo: Saraiva, 2011, pp. 241-242). V., ainda, PUGLIATTI, Salvatore. *La proprietà nel nuovo diritto*, cit., pp. 246-247.

[54] PUGLIATTI, Salvatore. *La proprietà nel nuovo diritto*, cit., p. 149. Tradução livre.

[55] Assim esclarece Gustavo Tepedino, para quem "[...] é possível identificar, portanto, a existência de diversas 'situações proprietárias' na Constituição da República, cada qual com sua disciplina específica, identificadas de acordo com a destinação do bem (rural ou urbano), sua potencialidade econômica (produtiva ou improdutiva) ou sua titularidade (adquirente estrangeiro ou brasileiro)" (TEPEDINO, Gustavo. *Comentários ao Código Civil*, vol. 14, cit., p. 238). Arremata o autor: "A propriedade assume, assim, formas variadas, não redutíveis a um único estatuto jurídico" (Ibid., p. 238).

[56] Segundo Rudolf von Jhering, ao formular sua teoria objetiva da posse (que se considera, majoritariamente, adotada pelo direito brasileiro), "o que se protege na posse não é o estado de fato como tal, mas um estado de fato que pode ter por base um direito e que, por conseguinte, pode ser considerado como o exercício ou a exterioridade de um direito" (JHERING, Rudolf von. *Teoria simplificada da posse*. Trad. Fernando Bragança. Belo Horizonte: Líder, 2004, pp. 53-54).

[57] Essa é a conclusão de Eduardo Nunes de Souza: "No conflito, porém, entre possuidor direto e titular da propriedade, admite-se contemporaneamente a tutela da posse inclusive contra o título dominial, sobretudo em consideração ao cumprimento da função social do bem. A questão apenas pode ser resolvida com atenção ao momento dinâmico da relação de direito real, vale dizer, valorando-se os exercícios em concreto do proprietário e do possuidor quanto ao seu potencial de promoção da função social" (SOUZA, Eduardo Nunes de. Merecimento de tutela, cit., p. 99).

tratar-se-ia do exercício de um direito, analisado autonomamente porque apenas sobre ele se poderia realizar uma análise funcional do próprio domínio.[58]

Assentados, em linhas gerais, os contornos contemporâneos do princípio da função social, parece possível concluir pela relativização da legitimidade apriorística do *não uso*, vez que a opção do titular por não exercer a respectiva prerrogativa pode ir de encontro aos valores fundamentais consagrados pela tábua axiológica constitucional. Não se está a afirmar, todavia, que resta definitivamente vedado o *não uso*. O que se tem é tão somente que, conforme esclarece Gustavo Tepedino, "[...] a função social em concreto poderá fazer com que o não uso da propriedade implique a perda da proteção possessória por parte do seu titular ou torne a propriedade suscetível à desapropriação para fins de reforma agrária".[59]

Assim, sem embargo dos impactos decorrentes da função social, parece permanecer como regra geral a possibilidade de o titular da situação jurídica real exercê-la legitimamente através do *não uso*. De fato, constata-se que o legislador, quando desejou sancionar negativamente o *não uso*, fê-lo expressamente, como sucede com a servidão e o usufruto nos termos dos supratranscritos artigos 1.389, inciso III, e 1.410, inciso VIII do Código Civil. A partir de interpretação *a contrario sensu* desses dispositivos, razoável concluir que a regra geral no direito brasileiro é a legitimidade do *não uso*.

Seria improvável, ademais, pensar que a ordem jurídica impõe ao titular da prerrogativa de usar o dever de exercê-la sempre e ininterruptamente. Pense-se no caso do proprietário que deixa o carro estacionado em sua garagem durante o final de semana ou no período em que se ausenta para viagem de férias: a simplicidade de tais exemplos serve a ressaltar que o *não uso* constitui, no mais das vezes, exercício legítimo das prerrogativas inerentes ao domínio. De fato, assim como a autonomia privada molda a liberdade contratual permitindo o exercício de liberdades de escolha (do outro contratante, do tipo

---

[58] A propósito, tem-se o ensinamento de Ebert Chamoun: "É a posse um estado de fato, um poder de fato que alguém exerce sobre uma coisa, e cujo conteúdo é exclusivamente econômico, porque se relaciona com o aproveitamento econômico da coisa, considerada um objeto de satisfação das necessidades humanas. Mas é um estado de fato apenas no sentido de prescindir da existência de um título jurídico: há um direito à proteção da posse sem que a posse esteja fundada em direito. A lei protege, assim, a posse como estado de fato, sem embargo de reconhecer que há um direito a esse estado de fato, e tão ampla é a proteção, que o possuidor, turbado ou esbulhado, conserva a posse, embora às vezes provisoriamente, ainda que contra o titular do direito, ou em detrimento deste" (CHAMOUN, Ebert. Exposição de motivos do esboço do anteprojeto do Código Civil – Direito das Coisas. *Revista Trimestral de Direito Civil*, vol. 46. Rio de Janeiro: Padma, abr.-jun./2011, p. 217).
[59] TEPEDINO, Gustavo. *Comentários ao Código Civil*, vol. 14, cit., p. 246.

contratual, do conteúdo do contrato etc.),[60] a mesma autonomia privada permite que o titular da prerrogativa de usar determine *quando* e *como* usar, desde que essas escolhas se revelem compatíveis com a axiologia do ordenamento.[61]

Em suma, parece razoável concluir, em linha de princípio, que o mero *não uso* pode se afigurar legítimo, não sendo suficiente para a extinção do direito de propriedade[62] ou, de modo geral, para a valoração negativa da situação jurídica subjetiva real.[63] Por outro lado, tal opção por parte do titular pode vir a ser reputada não merecedora de tutela na normativa do caso concreto,[64] alcançada após a qualificação do fato à luz da inteira tábua axiológica constitucional.[65] A partir de tais premissas, incumbe cogitar de duas grandes ordens de hipóteses fáticas afetas ao *não uso*.

---

[60] Sobre a noção de autonomia privada no direito contemporâneo, v., por todos, TEPEDINO, Gustavo. Evolução da autonomia privada e o papel da vontade na atividade contratual. In FRANÇA, Erasmo Valladão Azevedo; ADAMEK, Marcus Vieira von (Coord.). *Temas de direito empresarial*: homenagem ao Professor Luiz Gastão Paes de Barros Leães. São Paulo: Malheiros, 2014.

[61] A propósito da impossibilidade de se afastar aprioristicamente a faculdade de não usar, afirma António Santos Abrantes Geraldes: "A opção pelo não uso ainda constitui uma manifestação dos poderes do proprietário, também afetada pela privação do bem" (GERALDES, António Santos Abrantes. *Temas da responsabilidade civil*: indemnização do dano da privação do uso, vol. I, cit., p. 73).

[62] Nesse sentido, v. TEPEDINO, Gustavo. *Comentários ao Código Civil*, vol. 14, cit., p. 285.

[63] Pertinente, no ponto, a lição de Biagio Grasso à luz do direito italiano: "[...] o fato de o art. 42 da Constituição [italiana] ter funcionalizado o direito de propriedade não exclui que se possa ainda hoje negar a possibilidade de falar em 'não uso' do mesmo. Recentemente se esclareceu que a função social conforma internamente o estatuto proprietário, o fato de o feixe de poderes atribuídos ao proprietário ser menos consistente do que aquele atribuído em outras épocas históricas não exclui que se trate sempre de um direito subjetivo caracterizado pelo poder de agir" (GRASSO, Biagio. *Prescrizione*. In *Enciclopedia del diritto*, vol. XXXV. Milano: Giuffrè, 1993, p. 62. Tradução livre).

[64] Sobre o controle de merecimento de tutela no âmbito da situação jurídica subjetiva proprietária, leciona Gustavo Tepedino: "[...] um estatuto proprietário somente será merecedor de tutela se atender à função social preestabelecida na Constituição, sistematicamente interpretada. [...] Consequentemente, os poderes concedidos ao proprietário só adquirem legitimidade na medida em que seu exercício concreto desempenhe função merecedora de tutela" (TEPEDINO, Gustavo. *Comentários ao Código Civil*, vol. 14, cit., pp. 240-244). Em sentido semelhante, Pietro Perlingieri afirma que o ordenamento jurídico "[...] só reconhece a fruição de um bem (crédito, coisa, etc.) se essa fruição realizar escopos sociais e for útil, ainda que indiretamente, à sociedade" (PERLINGIERI, Pietro. *O direito civil na legalidade constitucional*, cit., pp. 671-672).

[65] Leciona Pietro Perlingieri: "Do confronto fato-norma se individua o significado jurídico a ser atribuído àquele fato e o ordenamento assume um significado real, sem perder sua intrínseca função de 'ordenar' [...]" (PERLINGIERI, Pietro. *O direito civil na legalidade constitucional*, cit., p. 657). E arremata o autor: "Trata-se de valorar o fato – analisando-o também naquelas condições ou modalidades que poderiam parecer marginais ou acessórias –, determinar a normativa do caso concreto à luz das normas e dos princípios, procurando no âmbito do ordenamento a disciplina mais adequada àquela determinada composição dos interesses" (Ibid., p. 658).

A primeira delas diz respeito às situações em que o *não uso* é reputado ilegítimo à luz da principiologia constitucional no caso concreto. Cogite-se, por exemplo, do fazendeiro proprietário de vasto latifúndio que, em vez de atribuir-lhe destinação socialmente relevante (a concretizar o princípio da função social da propriedade rural, nos termos do artigo 186 da CRFB/1988),[66] opta por manter a terra absolutamente improdutiva ao longo de uma série de anos, com finalidade exclusivamente especulativa. Caso esse fazendeiro venha a sofrer esbulho em razão da ocupação de um movimento de trabalhadores sem-terra, colocar-se-á a seguinte questão:[67] a vítima do esbulho poderá reclamar a indenização por danos patrimoniais (por exemplo, lucros cessantes presumidos, comumente reconhecidos pela jurisprudência pátria) decorrentes da privação do uso em referência ao período de recusa dos trabalhadores a abandonar a terra?

Parece exsurgir como mais adequada à lógica do sistema a resposta negativa. Isso porque, conforme premissa assumida neste estudo, a ressarcibilidade do dano pressupõe a sua injustiça, a qual somente se configura quando a análise valorativa dos interesses em rota potencial de colisão (*in casu*, a prerrogativa de não usar *versus* a função social da propriedade), através de recurso à técnica da ponderação, revelar proeminência, no caso concreto, ao interesse do titular privado do uso.[68] Assim, na hipótese relatada no parágrafo antecedente, parece razoável concluir que o interesse do titular não poderia ser reputado merecedor de tutela, por ausência de atendimento à função social da propriedade rural (cujos parâmetros interpretativos constam do supratranscrito artigo 186 da CRFB/1988).[69] Desse modo, tendo o *não uso* sido reputado ilegítimo,

---

[66] *Verbis*: "Art. 186 – A função social é cumprida quando a propriedade rural atende, simultaneamente, segundo critérios e graus de exigência estabelecidos em lei, aos seguintes requisitos: I – aproveitamento racional e adequado; II – utilização adequada dos recursos naturais disponíveis e preservação do meio ambiente; III – observância das disposições que regulam as relações de trabalho; IV – exploração que favoreça o bem-estar dos proprietários e dos trabalhadores".

[67] Aqui não se está a discutir eventuais efeitos possessórios do esbulho, mas tão somente aspectos atinentes à indenização eventualmente devida em decorrência da privação do uso.

[68] O legislador consagrou o presente raciocínio na seara dos juros compensatórios devidos pelo Poder Público expropriante ao proprietário desapropriado, prevendo que os referidos juros compensatórios (cujo objetivo é compensar os prejuízos decorrentes da privação do uso) não serão devidos "[...] quando o imóvel possuir graus de utilização da terra e de eficiência na exploração iguais a zero" (art. 15-A, §2º, do Decreto-Lei n. 3.365/1941, com a redação dada pela Medida Provisória n. 2.183-56/2001). Cumpre mencionar que referido dispositivo legal encontra-se com eficácia suspensa em razão de medida cautelar deferida pelo Tribunal Pleno do STF nos autos da ADI 2.332/DF.

[69] Este é, aliás, um dos mais frequentes exemplos de não merecimento de tutela em matéria de direito de propriedade. Ilustrativamente: "A ausência de concretização da função social, portanto,

não se concebe, em linha de princípio, que o titular reclame indenização por danos patrimoniais decorrentes da privação do uso.

Outra relevante ordem de hipóteses fáticas de que se passa a cogitar diz respeito às situações em que o *não uso* é reputado legítimo, não se podendo afirmar que essa concreta opção do titular afronta a axiologia constitucional. A título de ilustração, imagine-se que um proprietário deixe seu automóvel no estacionamento de certo aeroporto, de lá partindo rumo a um período de dois meses de viagem no exterior. Suponha-se, então, que o veículo seja atingido por um motorista imprudente dentro do estacionamento, do que resulta seu deslocamento para reparos na oficina mecânica (com autorização do proprietário lesado) por período de vinte dias. Uma vez de volta ao país, o viajante constata que o reparo, a cargo do causador do abalroamento, foi bem realizado; ainda assim, ele pretende reclamar indenização por outros danos patrimoniais decorrentes da privação do uso (como o supra-analisado dano emergente autônomo). Em tal cenário, põe-se a seguinte questão: o proprietário do carro abalroado pode reclamar indenização pelo aludido dano emergente simplesmente em decorrência da privação do uso, ainda que reste demonstrada sua intenção de não usar o veículo durante o período da privação?

Alguns autores consideram, a propósito da hipótese de privação do uso de um veículo, que, "[...] se o titular não o usava e sequer pretendia usá-lo, não há vantagem a ser suprimida pela privação do uso, razão por que não há dano indenizável".[70] A despeito de se reputar legítima a opção do titular por não usar o veículo por breve período de tempo, sustenta-se a impossibilidade de se falar em dano ressarcível em decorrência da privação do uso,[71] sob pena de se

---

faz com que cesse a razão pela qual se garante e se reconhece o direito de propriedade" (PERLINGIERI, Pietro. *O direito civil na legalidade constitucional*, cit., p. 948).

[70] TERRA, Aline de Miranda Valverde. Privação do uso, cit., p. 1.630. A autora parte de outros exemplos para alcançar a conclusão exposta: "Pense-se na hipótese em que o proprietário do veículo, ao sair de férias com a família, deixa seu automóvel por 30 dias no aeroporto, onde permanecerá até o seu retorno. Considere-se ainda que nesse interregno o veículo sofra abalroamento, mas seja reparado durante o gozo das férias do proprietário. Ou então, imagine-se que uma construtora atrase em 6 meses a entrega das unidades autônomas, e que um dos adquirentes seja investidor, que adquiriu o imóvel para aproveitar o bom momento do mercado, pelo que não pretendia ocupá-lo, alugá-lo ou vendê-lo neste interregno; ou seja, pretendia mantê-lo fechado, e esperar o momento ideal para realizar o lucro. Em ambos os exemplos formulados, como nenhum dos dois titulares auferiria qualquer vantagem caso não houvesse a privação do uso, não há dano patrimonial ressarcível" (Ibid., p. 1.630).

[71] Entendimento diverso correria o risco de se revelar inadequado até mesmo do ponto de vista semântico, vez que o vocábulo "privar" pressupõe conduta externa de que resulte a impossibilidade de algo: "[Do lat. *privare*.] 1. Despojar, desapossar alguém de alguma coisa; destituir; tolher,

consagrar efetivo enriquecimento injustificado em benefício do titular.[72] Com efeito, afigurar-se-ia inadequado reconhecer danos patrimoniais decorrentes da privação do uso em hipótese fática na qual o titular previamente houver optado por não exercer a prerrogativa de usar.[73]

Parece aplicável à hipótese raciocínio análogo ao da corrente doutrinária favorável à chamada *relevância negativa da causa virtual* (positivada expressamente nos artigos 399 e 1.218 do CC):[74] o agente não deve ser condenado à indenização de supostos danos por privação do uso se essa mesma privação do uso fosse ocorrer de qualquer forma, por livre escolha do titular da prerrogativa de usar ou por qualquer outro fator independente. A dificuldade, no caso, será eminentemente probatória. O reconhecimento da relevância negativa da causa virtual é importante para garantir que a responsabilidade civil se afaste de um inadequado viés sancionatório e se restrinja, ao revés, ao escopo de efetiva reparação integral dos danos.[75]

Importante ressalva faz-se necessária neste ponto: uma vez reconhecidas a presumível legitimidade do não uso e a possibilidade de configuração de

---

fraudar. 2. Impedir de ter a posse de (alguma coisa); motivar a (alguém) a perda, falta ou cessação de (algum gozo)" (FERREIRA, Aurélio Buarque de Holanda. *Novo dicionário da língua portuguesa*. Coord. Marina Baird Ferreira; Margarida dos Anjos. Curitiba: Positivo, 2009, p. 1.632).

[72] Assim conclui Paulo Mota Pinto: "Se, por exemplo, se provar que, durante a semana de reparação, o automóvel lesado estaria estacionado, por seu proprietário estar ausente em férias, ou por estar internado, caso não fosse de atender a esta vontade e possibilidade de utilização hipotética (por si mesmo ou por outra pessoa, e devendo presumir-se para bens de uso corrente), é claro que o titular que vê ressarcida a perda de uma mera possibilidade que nunca utilizaria ficaria indevidamente beneficiado, em relação à situação que existiria se não se tivesse verificado o evento lesivo" (PINTO, Paulo Mota. *Interesse contratual negativo e interesse contratual positivo*, vol. I, cit., p. 592).

[73] Essa ressalva consta dos comentários ao dispositivo VI.-2:206 (sobre a indenização de danos decorrentes da privação do uso normal do bem) do Projeto Europeu de Quadro Comum de Referência: "[...] constitui, por evidente, um pressuposto que o requerente quisesse fazer uso do direito de propriedade ou ao menos estivesse hábil a fazê-lo" (Disponível em: <http://ec.europa.eu/>, p. 3.200. Acesso em 21.10.2015. Tradução livre). Em sentido semelhante, v. GERALDES, António Santos Abrantes. *Temas da responsabilidade civil*, vol. I, cit., pp. 83-84. Em sentido contrário, a pugnar pela indenizabilidade do dano pela privação do uso independentemente da vontade do titular no sentido de usar ou não usar a coisa, v. TRIMARCHI, Pietro. *La responsabilità civile*, cit., p. 565.

[74] Para um panorama nacional e estrangeiro na discussão acerca da relevância ou irrelevância da causa virtual em matéria de responsabilidade civil, v. GUEDES, Gisela Sampaio da Cruz. *O problema do nexo causal na responsabilidade civil*. Rio de Janeiro: Renovar, 2005, pp. 207 e ss.

[75] Assim concluiu Massimo Franzoni: "Se não se levasse em conta essa causa superveniente, o ressarcimento não teria a função de repristinar a situação patrimonial da vítima ao estado existente antes do sinistro. Ela seria beneficiada com o ressarcimento que, em última instância, terminaria por assumir uma função meramente sancionatória e não compensatória" (FRANZONI, Massimo. *Trattato della responsabilità civile*: il danno risarcibile, vol. II. Milano: Giuffrè, 2010, p. 51. Tradução livre).

dano emergente autônomo em decorrência da privação do uso, incumbirá, em regra, ao suposto causador do dano o ônus de provar que da privação do uso não decorreu dano injusto e, portanto, ressarcível,[76] em aplicação da teoria da distribuição dinâmica do ônus da prova.[77]

Ainda no intuito de analisar dificuldades particulares atinentes à configuração do dever de indenizar, cumpre cogitar brevemente da problemática da frota de reserva nos casos em que se alega dano por privação do uso de um veículo:[78] a pessoa (natural ou jurídica) vítima do evento lesivo de privação do uso pode reclamar indenização pelo dano emergente autônomo (em geral denominado simplesmente como *dano da privação do uso*), ainda que disponha de outro automóvel ou mesmo de verdadeira frota de reserva capaz de suprir a ausência do veículo paralisado? De uma parte, sustenta-se a inadequação do recurso à responsabilidade civil em tal hipótese, alegando-se que a substituição do bem paralisado por outro funcionalmente idêntico impediria a configuração do dever de indenizar.[79] De outra parte, pugna-se pelo reconhecimento do dano emergente autônomo ainda que existente frota de reserva, seja porque a frustração da legítima expectativa de ter o bem à

---

[76] Em sentido semelhante, sustenta António Santos Abrantes Geraldes: "[...] em vez da assunção generalizada de uma resposta negativa, postula-se a atribuição ao agente responsável pela paralisação do ônus de contraprova dos fatos alegados pelo lesado ou do ônus de prova dos fatos impeditivos, o que corresponderá a uma distribuição razoável dos encargos em matéria de direito probatório" (GERALDES, António Santos Abrantes. *Temas de responsabilidade civil*, vol. I, cit., p. 83).

[77] Acerca da importância da distribuição dinâmica do ônus da prova para fins de promoção do maior equilíbrio processual entre as partes, v. THEODORO JÚNIOR, Humberto. *Curso de direito processual civil*, vol. I. Rio de Janeiro: Forense, 2008, pp. 430-431. A teoria da distribuição dinâmica do ônus da prova restou consagrada no artigo 373, §1º, do Código de Processo Civil de 2015.

[78] Segundo António dos Santos Abrantes Geraldes, trata-se de questão central para a adequada compreensão da autonomia do *dano da privação do uso*: "A premência quanto à autonomização da privação do uso faz-se sentir fundamentalmente nas situações em que o veículo paralisado se integra numa frota destinada a assegurar o transporte público de passageiros ou de mercadorias ou assegurar uma actividade que exija tal meio de locomoção. É aqui que a discrepância dos resultados determinados pela adesão a uma e outra das teses em confronto mais apela a um esforço hermenêutico com vista a recortar o verdadeiro sentido das normas" (GERALDES, António Santos Abrantes. *Temas da responsabilidade civil*, vol. I, cit., p. 74).

[79] "Não há, aqui, dano ressarcível, uma vez que a transportadora se vale de veículo da sua frota de reserva para substituir aquele da frota convencional de cujo uso foi privada. O veículo avariado é imediatamente substituído por outro da frota de reserva, que equivale funcionalmente àquele, de modo que a concessionária mantém inalterado o número de veículos em atividade e não há qualquer alteração na prestação do serviço público" (TERRA, Aline de Miranda Valverde. Privação do uso, cit., p. 1.638).

sua disposição geraria prejuízo de *per se* ao titular, seja porque a indenização bem funcionaria como instrumento de reparação de despesas antecipadas.[80]

Em proposta conciliatória das teses anteriores, eminentemente apriorísticas, resulta mais razoável entender que, nas hipóteses ordinárias em que a vítima (pessoa natural ou jurídica) dispuser de uma frota de reserva, o evento lesivo de privação do uso suscitará, em regra, o dever de indenizar, ainda que o bem paralisado venha a ser substituído, vez que a mencionada privação faz com que a vítima deixe de poder exercer poderes inerentes à sua prerrogativa e mereça reparação pelas despesas antecipadas. Revela-se igualmente adequado, contudo, sustentar que tal regra geral deverá ser afastada em concreto, caso a manutenção da frota de reserva decorra, por exemplo, de obrigação imposta no bojo de uma concessão de transporte público de passageiros.

Isso porque, nessa hipótese, trata-se de serviço público ditado por regras específicas e submetido a um regime especial, no qual a tarifa a ser cobrada do utente (e já prevista no contrato de concessão) visa, em linha de princípio, a remunerar todos os investimentos que obrigatoriamente devem ser feitos pela concessionária (entre eles, manutenção de frota de reserva).[81] Desse modo, tende a não haver prejuízo novo decorrente da privação do uso, justamente porque o próprio contrato administrativo visa a evitá-lo – ressalvada a hipótese de despesas contratualmente não reguladas, como o conserto do carro ou o custo com aluguel de veículo para além daqueles obrigatoriamente integrantes da frota de reserva. Em síntese, o equilíbrio econômico-financeiro do contrato de concessão de serviço público[82] de transporte coletivo já engloba o custo

---

[80] "Nesta perspectiva, sendo previsível que, mais cedo ou mais tarde, veículos da empresa acabem por sofrer acidentes que impliquem a sua inatividade (basta atentar nos dados conferidos pelas regras da experiência ligados à taxa de sinistralidade rodoviária), o investimento na frota de reserva pode ser encarado, também, como despesa antecipada cuja necessidade de reembolso (parcial) será ativada pela ocorrência de sinistros imputáveis a terceiros" (GERALDES, António dos Santos Abrantes. *Temas da responsabilidade civil*, vol. I., cit., p. 81).

[81] A propósito, v. a lição de José dos Santos Carvalho Filho: "A Constituição em vigor, diversamente da anterior, limitou-se a dizer que a lei reguladora das concessões deverá disciplinar a política tarifária (art. 175, parágrafo único, III). A despeito da simplicidade da expressão, não se pode deixar de reconhecer que o concessionário tem o direito subjetivo à fixação das tarifas em montante suficiente para ser devidamente prestado o serviço. Esse entendimento emana da própria Constituição. Com efeito, se do concessionário é exigida a obrigação de manter serviço adequado (art. 175, parágrafo único, IV, CF), não pode ser relegada a contrapartida da obrigação, ou seja, o direito de receber montante tarifário compatível com essa obrigação" (CARVALHO FILHO, José dos Santos. *Manual de direito administrativo*. São Paulo: Atlas, 2013, pp. 385-386).

[82] Celso Antônio Bandeira de Mello assim leciona acerca do equilíbrio econômico-financeiro na concessão de serviço público: "Há uma necessária relação entre os encargos fixados no ato

para manutenção da frota de reserva, razão pela qual não sofre dano ressarcível a concessionária que necessita substituir temporariamente um veículo paralisado por outro integrante da sua frota de reserva.[83]

Analisadas hipóteses ensejadoras de dúvidas particulares no tocante à configuração do dever de indenizar, incumbe passar em revista as principais proposições referentes à liquidação do *quantum debeatur* em matéria de danos por privação do uso.

5. Perspectivas iniciais sobre a definição do *quantum debeatur*

A quantificação da indenização dos danos decorrentes da privação do uso enseja dificuldades as mais sensíveis. Isso talvez se explique pelo fato de os danos por privação do uso comumente não se amoldarem com perfeição à teoria da diferença,[84] que tradicionalmente é utilizada no intuito de liquidar o *quantum debeatur* dos danos patrimoniais.[85] Diante dessa e de outras dificuldades (como aquela que já foi representada, no passado, pelos lucros cessantes, hoje incontestadamente aceitos), se tem sustentado a necessidade de relativização da teoria da diferença, ou mesmo o recurso a outras técnicas capazes de auxiliar na mensuração dos danos patrimoniais.[86]

---

concessivo e o lucro então ensejado ao concessionário. Uns e outro, segundo os termos compostos na época, como pesos distribuídos entre dois pratos da balança, fixam uma igualdade de equilíbrio" (MELLO, Celso Antônio Bandeira de. *Curso de direito administrativo*. São Paulo: Malheiros, 2013, p. 754).

[83] Parece tratar-se, com efeito, de riscos inseridos na álea normal ordinária do contrato administrativo. A propósito, v. MELLO, Celso Antônio Bandeira de. *Curso de direito administrativo*, cit., pp. 755 e ss.

[84] "Um problema em que a 'fórmula da diferença' encontrou manifestas dificuldades foi o da explicação da indenização pela privação do uso" (PINTO, Paulo Mota. *Interesse contratual negativo e interesse contratual positivo*, vol. I, cit., p. 568).

[85] Sobre a teoria da diferença, leciona José de Aguiar Dias: "O dano se estabelece mediante o confronto entre o patrimônio realmente existente após o dano e o que possivelmente existiria se o dano não se tivesse produzido: o dano é expresso pela diferença negativa encontrada nessa operação" (*Da responsabilidade civil*, cit., p. 824).

[86] A propósito, Paulo Mota Pinto afirma: "[...] quem se preocupe em resolver coerentemente os problemas da avaliação do dano é forçado a admitir, quer para uma indenização 'abstrata' (independente da concreta possibilidade e vontade de uso), quer para a reparação pela perda das concretas vantagens de utilização da coisa, alargamento da noção de dano além da 'hipótese da diferença' entre situações patrimoniais (e incluindo, pelo menos, o dano real)" (PINTO, Paulo Mota. *Interesse contratual negativo e interesse contratual positivo*, vol. I, cit., p. 577). Sobre as principais críticas formuladas à teoria da diferença, v. GOMES, Júlio Manuel Vieira. *O dano da privação do uso*, cit., pp. 199-202.

De qualquer modo, diante da concreta situação objeto de análise pelo intérprete-aplicador do direito, caso reste assentada a injustiça do dano (patrimonial ou extrapatrimonial) por privação do uso e, por consequência, a sua ressarcibilidade, será necessário investigar a extensão do mesmo, com observância ao comando de reparação integral dos danos contido no artigo 944 do Código Civil.[87] Em atenção a essa necessidade, portanto, proceder-se-á à análise dos critérios de quantificação dos danos por privação do uso mais comumente utilizados no direito brasileiro, com o que se pretende esboçar uma sistematização útil do tratamento que tem sido dado à matéria.

Em virtude das similitudes verificadas em certas situações, investigar-se-ão os critérios de quantificação de acordo com as principais hipóteses fáticas de privação do uso. De início, cumpre cogitar dos casos em que o adquirente de produto durável (vale dizer, cuja utilidade não se esgota no primeiro uso) se vê impossibilitado de utilizá-lo, por certo período de tempo, em razão da superveniência de vícios que comprometem sua qualidade ou segurança. Diante dessas hipóteses, os Tribunais de Justiça reiteradamente reconhecem a configuração de danos morais causados ao consumidor em razão do imperfeito fornecimento do produto.[88]

---

[87] *Verbis*: "Art. 944. A indenização mede-se pela extensão do dano. Parágrafo único. Se houver excessiva desproporção entre a gravidade da culpa e o dano, poderá o juiz reduzir, equitativamente, a indenização". Bruno Miragem sustenta ser mais acentuada a eficácia do princípio da reparação integral no âmbito das relações de consumo do que na seara das relações paritárias regidas pelo Código Civil: "A diferença do regime da responsabilidade civil comum, com relação aos danos, determina que algumas questões importantes devem ser consideradas. Primeiro, é sobre a reparabilidade dos danos. Não vige no CDC o mesmo regime do Código Civil, que permite a redução equitativa da indenização em vista do grau de culpa do ofensor (artigo 944, parágrafo único, do CC). Ao estabelecer como regra o regime da responsabilidade objetiva (afastando-o somente em relação aos profissionais liberais), e o direito básico à efetiva reparação, parece não admitir o CDC uma avaliação da intensidade ou graduação de culpas. Ao contrário, orienta-se pelo princípio da reparação integral" (MIRAGEM, Bruno. *Curso de direito do consumidor*. 6. ed. São Paulo: Revista dos Tribunais, 2016, p. 597). Na mesma linha de sentido, v. MARQUES, Claudia Lima; BENJAMIN, Antonio Herman V.; MIRAGEM, Bruno. *Comentários ao Código de Defesa do Consumidor*. 4. ed. São Paulo: Revista dos Tribunais, 2013, pp. 477 e ss. e pp. 547 e ss.

[88] No ponto, seja consentido rememorar a seguinte advertência: "Em que pese a existência de algumas características comuns entre o dano patrimonial decorrente da privação do uso e o eventual dano moral (como a possível identificação *in re ipsa* e a dificuldade ínsita à quantificação, que talvez tenham muito contribuído para a aproximação entre as duas categorias), a associação imediata entre a privação do uso e o dano moral reclama cautela. Não parece adequado, assim, concluir que do evento lesivo de privação do uso se possa extrair, sempre e necessariamente, um dano moral, advertência que segue lógica muito semelhante àquela que levou à difusão do já tradicional entendimento

No que concerne ao objeto precípuo de atenção neste momento, verifica-se que as Cortes recorrem a critérios variados para fins de quantificação dos danos morais decorrentes da privação do uso. Levam-se em consideração, para tanto, parâmetros como a extensão do tempo em que o consumidor se viu impossibilitado de usar o bem[89] e a referência, muitas vezes sem maior fundamentação, aos princípios da razoabilidade e da proporcionalidade.[90] Nota-se, ainda, expressiva tendência jurisprudencial à invocação de uma função punitivo-pedagógica da responsabilidade civil,[91] ainda que com a ressalva de que a indenização não pode constituir fonte de riqueza despropositada da vítima.[92]

Semelhante linha de entendimento é verificada naquele que ora se denomina *caso do veículo zero quilômetro*. Trata-se das hipóteses fáticas, muito usuais, em que o proprietário de um automóvel zero quilômetro é surpreendido pela existência de diversos vícios que comprometem significativamente a qualidade e a segurança do veículo recém-adquirido – o qual precisa, por isso, passar longo período em oficina mecânica para reparo. Em relação a esses casos, a jurisprudência consolidada do Superior Tribunal de Justiça – seguida sem grandes percalços pelos tribunais estaduais[93] – afirma que o adquirente de veículo faz jus à compensação por dano moral quando necessita paralisar o

---

segundo o qual do mero inadimplemento contratual não se pode presumir a ocorrência de dano moral" (SILVA, Rodrigo da Guia. Danos por privação do uso, cit., pp. 117-118).

[89] A ilustrar a utilização de tal critério, v. TJRJ, 15ª C.C., Ap. Civ. 0367133-03.2008.8.19.0001, Rel. Des. Horacio dos Santos Ribeiro Neto, julg. 17.12.2013, publ. 19.12.2013. Extrai-se do voto do Desembargador Relator a seguinte passagem: "Levo em conta o estrondoso tempo decorrido sem que até agora tenha sido o aparelho consertado, ou outro entregue, ou ainda o apelado indenizado pelo valor do bem".

[90] Ilustrativamente, v. TJMG, 8ª C.C., Ap. Civ. 10434130008262001, Rel. Des. Rogério Coutinho, julg. 28.5.2015, publ. 9.6.2015.

[91] "Circunstância dos autos em que o consumidor foi submetido a reiteradas privações de uso do bem. Dano moral. Quantificação. Manutenção. O valor da condenação por dano moral deve observar como balizadores o caráter reparatório e punitivo da condenação. Não há de que incorrer em excesso que leve ao enriquecimento sem causa, tampouco em valor que descure do caráter pedagógico-punitivo da medida" (TJRS, 18ª C.C., Ap. Civ. 70058044983, Rel. Des. João Moreno Pomar, julg. 5.6.2014, publ. 9.6.2014).

[92] Afirma-se, a propósito, que o *quantum* indenizatório deve ser arbitrado "[...] em valor compatível com as peculiaridades do caso concreto, tais como a gravidade da conduta geradora do dano e a capacidade econômica de quem a pratica, sendo vedado que resulte em fonte de lucro para a vítima" (TJRJ, 26ª C.C., Ap. Civ. 0028131-90.2008.8.19.0004, Rel. Des. Myriam Medeiros da Fonseca Costa, julg. 10.6.2014, publ. 13.6.2014).

[93] Ilustrativamente, v. TJRJ, 25ª C.C., Ap. Civ. 0029347-74.2008.8.19.0202, Rel. Des. Leila Albuquerque, julg. 24.11.2014, publ. 25.11.2015.

carro por diversas vezes para reparo de vícios, não constituindo tal hipótese uma situação de mero aborrecimento (não indenizável) da vida cotidiana.[94]

Após constatara ocorrência de danos morais, o STJ recorre a fundamentos os mais variados no intuito de liquidar o *quantum debeatur*. Invocam-se, a propósito, em semelhança com as supramencionadas hipóteses genéricas de bens duráveis, o tempo decorrido entre a constatação do vício e reparo do veículo[95] e a incapacidade do fornecedor em apresentar solução para o problema,[96] sempre em atenção aos princípios da proporcionalidade e da razoabilidade.[97] Especificamente na jurisprudência do TJRJ, para além de tais critérios, nota-se uma recorrente invocação da dita dupla função da responsabilidade civil (reparatória e punitivo-pedagógica),[98] com o que se pretende justificar a consideração de características pessoais do causador do dano para fins de quantificação do dever de indenizar.[99] Como se pode perceber, as dificuldades

---

[94] A Corte parece ter pacificado a tese favorável ao cabimento da "indenização por dano moral quando o consumidor de veículo zero quilômetro necessita retornar à concessionária por diversas vezes para reparo de defeitos apresentados no veículo adquirido" (STJ, 4ª T., Ag.Rg. no AREsp. 60.866/RS, Rel. Min. Maria Isabel Gallotti, julg. 15.12.2011, publ. 1.2.2012. No mesmo sentido, v., por todos, STJ, 4.ª T., Ag.Rg. no AREsp. 453.644/PR, Rel. Min. Raul Araújo, julg. 21.5.2015, publ. 22.6.2015), não constituindo tal hipótese mero dissabor não indenizável. Nesse sentido, v. STJ, 4ª T., REsp. 1.232.661/MA, Rel. Min. Maria Isabel Gallotti, julg. 3.5.2012, publ. 15.5.2012: "[...] A jurisprudência do STJ, em hipóteses de aquisição de veículo novo com defeito, orienta-se no sentido de que não cabe indenização por dano moral quando os fatos narrados estão no contexto de meros dissabores, sem humilhação, perigo ou abalo à honra e à dignidade do autor [...]".
[95] STJ, 4ª T., Ag.Rg. no AREsp. 453.644/PR, Rel. Min. Raul Araújo, julg. 21.5.2015, publ. 22.6.2015.
[96] STJ, 3ª T., Ag.Rg. no AREsp. 533.916/RJ, Rel. Min. João Otávio de Noronha, julg. 5.5.2015, publ. 11.5.2015.
[97] Ilustrativamente, v. STJ, 4ª T., Ag.Rg. no AREsp. 60.866/RS, Rel. Min. Maria Isabel Gallotti, julg. 15.12.2011, publ. 1.2.2012.
[98] A questão referente à existência de caráter sancionatório da responsabilidade civil está longe de ser incontroversa. Na doutrina italiana, por exemplo, Francesco Gazzoni sustenta o caráter sancionatório da compensação por danos morais: "O ressarcimento do dano não patrimonial ocorre segundo a equidade, com pagamento de uma soma de dinheiro, que não é capaz de anular o sofrimento [...]. Portanto, não se pode falar em uma função satisfativa, nem mesmo compensatória, porque o ressarcimento tem função sancionatória, de pena privada" (GAZZONI, Francesco. *Manuale di diritto privato*. Napoli: Edizione Scientifiche Italiane, 2015, p. 743. Tradução livre). Em que pese tal linha de entendimento, parece mais consentâneo com a lógica do ordenamento jurídico pátrio a conclusão pelo afastamento de um suposto caráter sancionatório da responsabilidade civil, cujo objetivo precípuo deve consistir na reparação de danos injustos, sem prejuízo do eventual reconhecimento de função promocional ao instituto. Para uma crítica detida à atribuição genérica de uma função punitiva à compensação por danos morais, v. BODIN DE MORAES, Maria Celina. *Danos à pessoa humana*, cit., pp. 258 e ss.
[99] Faz-se menção, assim, à capacidade econômica do ofensor como critério de liquidação do dano moral: "A fixação da indenização deve corresponder à equação da reprovabilidade da conduta e da

atinentes à quantificação dos danos morais eventualmente decorrentes da privação do uso são aquelas referentes à quantificação dos danos morais em geral, sem inovações significativas, visto que a privação do uso consiste tão somente em mais um possível pressuposto fático de configuração do dano injusto.

Adentrando a seara dos danos patrimoniais decorrentes da privação do uso, observam-se alguns critérios especialmente interessantes na jurisprudência pátria. Destaque-se, a propósito, o julgamento da Apelação Cível n. AC 0012891-86.2007.8.19.0007, em que a 2ª Câmara Cível do Tribunal de Justiça do Estado do Rio de Janeiro se viu diante de situação em que um consumidor adquirira dois veículos, mas não pôde exercer as faculdades inerentes ao domínio (uso, fruição e disposição) em decorrência do prolongado atraso do alienante na entrega da documentação dos automóveis. Na hipótese, sem prejuízo da verificação de danos morais, atestou-se a ocorrência de danos patrimoniais consistentes na frustração de despesas (como o recolhimento do imposto sobre a propriedade de veículo automotor – IPVA – e o pagamento do seguro obrigatório) e na desvalorização do veículo sem a correspectiva possibilidade de exercício da faculdade de usar a coisa, danos esses a serem liquidados na forma propugnada pela Desembargadora Relatora na conclusão do seu voto, seguido por unanimidade:

> Diante do exposto, voto pelo parcial provimento ao apelo para: [...] ii) condenar as rés ao ressarcimento por danos materiais consistentes nos IPVA's e nos seguros obrigatórios pagos. Sobre estes devem incidir juros desde a citação e correção monetária desde o desembolso; iii) condenar as rés ao ressarcimento pela desvalorização dos veículos desde a aquisição até a entrega de documentos suficientes às transferências de propriedade. A mensuração deve ser realizada com base na tabela Fipe. Juros desde a citação e correção monetária desde a quitação dos valores dos automóveis.[100]

---

duração do sofrimento, em conjunto, com a capacidade econômica do causador do evento lesivo, as condições pessoais do ofendido e a vedação ao locupletamento ilícito, observando-se os princípios da proporcionalidade e razoabilidade" (TJRJ, 26ª C.C., Ap. Civ. 0149487-22.2012.8.19.0001, Rel. Des. Sandra Cardinali, julg. 24.3.2015, publ. 26.3.2015).

[100] TJRJ, 2ª C.C., Ap. Civ. 0012891-86.2007.8.19.0007, Rel. Des. Claudia Telles, julg. 4.2.2015, publ. 6.2.2015. Acerca da quantificação dos danos patrimoniais, vale destacar, ainda, o seguinte trecho do inteiro teor: "Da data da aquisição dos bens até a efetiva entrega dos documentos necessários, o autor sofrerá flagrantes prejuízos materiais. Terá pago sucessivamente pelo IPVA e pelo seguro obrigatório de veículos jamais utilizados. Além disso, arcará com a notória desvalorização dos bens. Não houve possibilidade de uso ou disposição dos veículos desde 2007. O autor integralizou

A menção à desvalorização do bem como critério de quantificação do dano patrimonial decorrente da privação do uso de veículo também se fez presente na Apelação Cível n. 10674110014109003, julgada pela 11ª Câmara Cível do Tribunal de Justiça do Estado de Minas Gerais. Na oportunidade, certo proprietário viu-se privado do uso de um caminhão em razão de avarias imputadas ao alienante, tendo postulado a condenação do mesmo à indenização pelo dano consistente na desvalorização do veículo.[101] Tal linha de argumentação foi acolhida pela Corte, tendo sido afirmado que, sem embargo da ausência de configuração de lucros cessantes, restou verificado efetivo prejuízo patrimonial, para cuja liquidação seria "possível a fixação de percentual a título de depreciação do veículo".[102]

No âmbito de bens suscetíveis à contínua desvalorização segundo as regras ordinárias de experiência (caso clássico do automóvel), parece razoável perquirir qual seria o valor correspondente ao custo de disponibilidade do bem

---

pagamento pelos automóveis ao tempo do negócio jurídico. Quando os bens estiverem aptos a uso, o apelante disporá de carros pelo menos 7 anos mais antigos do que pelos quais pagou. Nessa ordem de ideias, deve o autor ser ressarcido pela depreciação dos automóveis desde a aquisição até a entrega de documentos suficientes às transferências de propriedade. Para fins de mensuração de danos materiais originários da desvalorização dos veículos, deve ser utilizada a tabela Fipe, por ser a ferramenta que melhor avalia preços relativos no mercado automotivo".

[101] No âmbito do direito italiano, Massimo Franzoni (*Trattato della responsabilità civile*, vol. II, cit., pp. 198-200) relata que a jurisprudência leva em consideração a depreciação da coisa, de modo a majorar o *quantum* indenizatório, reconhecendo duas espécies de depreciação: depreciação técnica (quando a funcionalidade do veículo é afetada, especialmente quando ocorrer substituição de peças por itens não originais) e depreciação comercial (perda de valor comercial do veículo após o acidente, ainda que sua restauração técnica seja perfeita).

[102] TJMG, 11ª C.C., Ap. Civ. 10674110014109003, Rel. Des. Wanderley Paiva, julg. 9.10.2014, publ. 20.10.2014. O julgado restou assim ementado: "Apelação cível – Ação de indenização por danos morais, materiais e lucros cessantes – Veículo zero quilômetro – Vício do produto – Art. 18, caput, do CDC – Responsabilidade do fabricante e da concessionária autorizada – Percentual fixado a título de depreciação – Possibilidade – Lucros cessantes – Ausência de comprovação – Danos morais – Caracterização – *Quantum* indenizatório – Proporcionalidade e razoabilidade. – Sentença reformada em parte. – É cediço que toda a cadeia de fornecedores, incluindo o comerciante, responde solidariamente pelos vícios de qualidade em produtos, consoante dicção do art. 18 do Código de Defesa do Consumidor. – Os lucros cessantes somente são devidos diante da comprovação de sua existência, por não serem danos hipotéticos. – Diante da natureza dos vícios, é possível a fixação de percentual a título de depreciação do veículo. – A aquisição de veículo zero-quilômetro que apresenta avarias incompatíveis com veículo novo, não pode ser relegada ao plano do mero aborrecimento, caracterizando ilícito civil e dano moral passível de reparação. -A indenização por danos extrapatrimoniais deve ser suficiente para atenuar as consequências das ofensas aos bens jurídicos tutelados, não significando, por outro lado, um enriquecimento sem causa, bem como deve ter o efeito de punir o responsável de forma a dissuadi-lo da prática de nova conduta".

por cada dia dentro da sua vida útil.[103] Tomando-se por exemplo a hipótese em que tal prerrogativa constitui faculdade do domínio, percebe-se que o proprietário realiza vultoso aporte financeiro no momento em que adquire o veículo, esperando que tenha o mesmo à sua disposição em todos os dias durante a sua vida útil.[104] Enquanto as ciências especializadas não fornecem critérios mais precisos que auxiliem a árdua tarefa de liquidação do *quantum debeatur*, parece razoável cogitar de fórmula matemática que leve em consideração alguns elementos mínimos, tais como o valor inicial do bem ("Vi"), o período de vida útil representado em dias ("t"),[105] o valor final do bem após o referido período de vida útil ("Vf")[106] e, por fim, o número de dias de privação do uso ("P"). Se tais elementos forem considerados aqueles necessários e suficientes para a aferição do prejuízo sofrido na hipótese de bens suscetíveis à contínua desvalorização, o teorema para cálculo da indenização devida em razão da privação do uso ("I") poderia ser retratado, então, pela seguinte fórmula: $I = [(Vi - Vf) / t] \times P$.

Um modelo como o presente permitiria inserir no cálculo a natural depreciação do bem ao longo do tempo e, com isso, evitaria que o lesado se locupletasse indevidamente ao cobrar a indenização por privação do uso a partir do valor inicial da coisa sem considerar seu valor final. A proposta, portanto, consiste em calcular quanto cada dia representa do aporte financeiro feito pela vítima ao adquirir a prerrogativa (permanente ou temporária) de utilizar a coisa.[107] Pode-se destacar como vantagem desse modelo o fato de que, independentemente da vida útil estimada para o bem, tende-se a manter o equilíbrio da fórmula, na medida em que, aumentando-se o tempo de vida útil, aumenta também o valor correspondente à diferença entre o valor inicial

---

[103] Esse é um dos critérios para liquidação do *quantum debeatur* mencionados por António dos Santos Abrantes Geraldes, que cogita, ainda, do critério da equidade e do preço para aluguel de veículo semelhante (*Temas da responsabilidade civil*, cit., pp. 50 e ss.).

[104] GERALDES, António dos Santos Abrantes. *Temas da responsabilidade civil*, cit., p. 69.

[105] Critério esse já amplamente adotado pelo STJ em demandas envolvendo bens duráveis (v., ilustrativamente, STJ, REsp. 984.106/SC, 4ª T., Rel. Min. Luís Felipe Salomão, julg. 4.10.2012, publ. 20.11.2012).

[106] Certos bens atingirão sua vida útil com valor de mercado tendencialmente nulo, porém pode-se imaginar determinados bens (como os automóveis) que alcançam o término da sua vida útil com considerável valor econômico em razão das variadas peças e componentes. Para cálculo da desvalorização de automóveis, faz-se de grande valia a consulta à Tabela de Preço Médio de Veículos organizada pela Fundação Instituto de Pesquisas Econômicas – FIPE.

[107] António dos Santos Abrantes Geraldes menciona que seria possível encontrar, para um determinado período de tempo, a cota-parte da desvalorização do veículo (*Temas da responsabilidade civil*, cit., p. 70).

("Vi") e o valor final ("Vf").Trata-se, evidentemente, de tentativa meramente inicial de aproximação dos (atualmente inexistentes) métodos de liquidação do *quantum debeatur* pela privação do uso, sem a pretensão de afastar outros critérios cuja utilização se torne recomendável pela praticidade – como o valor médio de aluguel de bem semelhante ou mesmo o recurso à redução equitativa pelo julgador (prevista, em caráter especial, no artigo 944, parágrafo único, do CC).[108]

Outra significativa tendência jurisprudencial consiste na presunção de lucros cessantes em situações variadas nas quais o titular é temporariamente privado do uso de um imóvel. Tanto nas hipóteses de atraso do alienante na entrega efetiva do bem ao adquirente, quanto nas hipóteses de esbulho ou turbação em prejuízo do justo possuidor, a jurisprudência pátria tem invocado como critério para liquidação dos lucros cessantes o valor médio de aluguel do imóvel envolvido (ou de imóvel semelhante). A representar tal entendimento – especificamente na hipótese de esbulho –, veja-se o seguinte julgado do Superior Tribunal de Justiça, assim ementado:

> CIVIL. AÇÃO REIVINDICATÓRIA. PROCEDÊNCIA. IMÓVEL. LUCROS CESSANTES.OCORRÊNCIA. I – Demonstrada a ilegalidade da privação da posse de imóvel, presume-se a ocorrência de lucros cessantes em favor do seu proprietário, correspondentes aos aluguéis que deixou de auferir no período. II – Sendo fato extintivo do direito do autor, caberia ao réu provar existência de circunstância que impediria a locação do bem por seu proprietário. III – Na hipótese,

---

[108] No âmbito do direito italiano, Massimo Franzoni relata a possibilidade de o juiz recorrer à liquidação equitativa da indenização quando se vir diante de dano cuja existência (*an debeatur*) esteja provada, mas não sua extensão (*quantum debeatur*): "[...] enquanto a faltosa ou insuficiente prova sobre a existência do dano dá lugar à rejeição da demanda ressarcitória, o mesmo não sucede quando a falta ou insuficiência da prova diga respeito ao *quantum* do prejuízo. À impossibilidade de provar o dano no seu preciso montante, 'mas ainda quando, em relação à peculiaridade do caso concreto, a precisa determinação do mesmo seja dificultosa', dado o reenvio do art. 2056 do *Codice Civile* ao art. 1226 *Codice Civile*, o juiz pode superar com recurso à liquidação equitativa, sempre que o dano se revele certo" (FRANZONI, Massimo. *Trattato della responsabilità civile*, vol. II, cit., p. 176. Tradução livre). Em sentido semelhante, no que tange especificamente ao *danno da fermo técnico* ("dano pela parada técnica", hipótese recorrente de dano por privação do uso no direito italiano), Pier Giuseppe Monateri, Davide Gianti e Luca Siliquini Cinelli afirmam: "Em outros termos, o critério de liquidação equitativa do art. 1.226 do *Codice Civile* pode incidir no máximo sobre a quantificação do dano (sem sempre ágil), mas não certamente sobre a sua existência, que deve ser provada e constitui pressuposto lógico e causal da liquidação do relativo dano" (MONATERI, Pier Giuseppe; GIANTI; Davide; CINELLI, Luca Siliquini. *Trattato sulla responsabilità civile*: danno e risarcimento. Torino: G. Giappichelli, 2013, p. 83. Tradução livre).

a contestação silenciou-se acerca do pedido de lucros cessantes, caracterizando-se a presunção de veracidade dos fatos alegados na exordial. Recurso provido.[109]

No tocante à hipótese de atraso da construtora (ou incorporadora) na disponibilização de imóvel ao seu adquirente, fugindo ao entendimento predominante de consideração do valor médio de aluguel para liquidação dos lucros cessantes,[110] vale destacar o seguinte julgado, em que o Tribunal de Justiça do Estado de São Paulo, além de afirmar a ressarcibilidade do dano decorrente da privação do uso, explicita um critério para sua quantificação que leva em consideração o valor do bem:

A indenização por lucros cessantes corresponde à privação injusta do uso do bem e encontra fundamento na percepção dos frutos que lhe foi subtraída pela demora no cumprimento da obrigação. O uso pode ser calculado economicamente pela medida de um aluguel, que é o valor correspondente ao que deixou de receber ou teve que pagar para fazer uso de imóvel semelhante. A base de cálculo da reparação por lucros cessantes ou percepção dos frutos deve ser fixada em percentual equivalente a 0,5% sobre o valor atualizado do imóvel.[111]

Em qualquer das hipóteses de danos por privação do uso, e independentemente do critério de quantificação adotado, parece certo que deverá ser observada a regra de compensação de vantagens (*compensatio lucri cum damno*),[112] para que no cálculo da indenização sejam descontadas todas as

---

[109] STJ, 3ª T., REsp. 214.668/SP, Rel. Min. Castro Filho, julg. 19.9.2006, publ. 23.10.2006. Em sentido semelhante, v., entre outros, STJ, 3ª T., REsp. 214.668/SP, Rel. Min. Castro Filho, julg. 19.9.2006, publ. 23.10.2006; STJ, 4ª T., Ag.Rg. no REsp. 826.745/RJ, Rel. Min. João Otávio de Noronha, julg. 9.3.2010, publ. 22.3.2010.

[110] A utilizar o valor médio de aluguel como critério para liquidação dos lucros cessantes, v., entre outros, STJ, 3ª T., Ag.Rg. no AREsp. 748.501/RJ, Rel. Min. Marco Aurélio Bellizze, julg. 13.10.2015, publ. 23.10.2015; TJMG, 10ª C.C., Ap. Civ. 10024121585459001, Rel. Des. Cabral da Silva, julg. 27.8.2013, publ. 6.9.2013; TJSP, 3ª C.D.Priv., Ap. Civ. 40137431520138260564, Rel. Des. Carlos Alberto de Salles, julg. 27.1.2015, publ. 27.1.2015; TJRJ, 8ª C.C., Ap. Civ. 0269897-46.2011.8.19.0001, Rel. Des. Monica Costa di Piero, julg. 15.9.2015, publ. 18.9.2015.

[111] TJSP, 10ª C.D.Priv., Ap. Civ. 10833240820138260100, Rel. Des. Carlos Alberto Garbi, julg. 4.8.2015, publ. 6.8.2015.

[112] A noção básica da *compensatio lucri cum damno* é exposta por Massimo Franzoni: "Sempre que a partir de um sinistro a vítima sofra uma perda e receba uma vanatagem, entre essas opostas consequências econômicas se deveria operar uma compensação: o seu resultado constitui o dano ressarcível, segundo a regra da *compensatio lucri cum damno*. Em efeito, caso tal compensação não operasse, ocorreria menos a função reequilibradora do ressarcimento, porque o lesado se encontraria em uma situação mais favorável em relação àquela anterior ao ilícito" (FRANZONI, Massimo. *Trattato della responsabilità civile*, vol. II, cit., p. 38. Tradução livre). Após analisar a casuística

despesas evitadas em razão do evento lesivo.[113] Até mesmo em decorrência do princípio da boa-fé objetiva, o lesado não pode fazer exigências irrazoáveis, o que traduziria comportamento abusivo, devendo-se, assim, ser abatidos da indenização os benefícios que ele tiver tido em decorrência daquela situação.[114] Desse modo, sempre que o prejuízo e o lucro decorrerem ambos direta e imediatamente do mesmo fato,[115] as despesas evitadas deverão ser abatidas do *quantum* indenizatório.

Da análise dos entendimentos trazidos à tona, pode-se depreender que as dificuldades atinentes à liquidação dos danos decorrentes da privação do uso não diferem substancialmente daquelas usualmente relacionadas aos danos ressarcíveis no direito brasileiro – sejam eles de caráter patrimonial (na faceta de danos emergentes ou lucros cessantes) ou extrapatrimonial.[116] O que não

---

da *compensatio* no direito italiano, o autor conclui pela necessidade de vinculação da regra de compensação devantagens à investigação do nexo de causalidade: "Para concluir, parece-me que a *compensatio lucri cum damno* seja um princípio privado de qualquer autonomia operativa. Apenas abstratamente ele vale a indicar a função compensatória própria do ressarcimento, em concreto todos os problemas postos à apreciação da jurisprudência são resolvidos aplicando-se as regras da causalidade jurídica" (Ibid., p. 48. Tradução livre). A propósito das perspectivas de aplicação da *compensatio lucri cum damno* no direito brasileiro, seja consentido remeter a SILVA, Rodrigo da Guia. *Compensatio lucri cum damno*: problemas de quantificação à luz da unidade e complexidade do dano patrimonial. *Revista de Direito Privado*, vol. 90. São Paulo: Revista dos Tribunais, jun./2018, *passim*; e, ainda, SILVA, Rodrigo da Guia. *Enriquecimento sem causa*: as obrigações restitutórias no direito civil. São Paulo: Thomson Reuters, 2018, item 1.3.2.

[113] Leciona Justus Wilhelm Hedemann: "Até agora não se encontrou uma fórmula teórica segura para resolver os casos duvidosos. Para isso pode ser um ponto de apoio natural e muito recomendável a flexível doutrina da causa adequada [...], o que significaria que a pessoa com direito à reparação deveria admitir a avaliação dos benefícios obtidos que guardem conexão 'natural', 'usual', 'correspondente à natureza das coisas', com o fato que impele o obrigado a indenizar" (HEDEMANN, Justus Wilhelm. *Derecho de obligaciones*, vol. III, cit., p. 129. Tradução livre). Para uma análise mais detida da *compensatio lucri cum damno*, v., ainda, VISINTINI, Giovanna. *Trattato breve della responsabilità civile*. 3. ed. Padova: CEDAM, 2005, pp. 636 e ss.; e MONATERI, Pier Giuseppe; GIANTI, Davide; CINELLI, Luca Siliquini. *Trattato sulla responsabilità civile*: danno e risarcimento, cit., pp. 249 e ss.

[114] V. GERALDES, António dos Santos Abrantes. *Temas da responsabilidade civil*, cit., pp. 62 e 63.

[115] A ressalva referente à similitude de origens remete à lição de FRANZONI, Massimo. *Trattato della responsabilità civile*, vol. II, cit., p. 38

[116] Não é exclusiva ao estudo da privação do uso a resistência ao reconhecimento da indenizabilidade pertinente em razão da dificuldade de quantificação. Outro exemplo emblemático cuja discussão encontra-se na ordem do dia diz respeito à controvérsia sobre a indenizabilidade da *perda do tempo*, valendo destacar que mesmo os seus defensores divergem a respeito da natureza desse suposto dano – se de caráter autônomo ou se integrante da noção de dano moral. Para uma análise detida, incabível nesta sede, v. MARQUES, Cláudia Lima; BERGSTEIN, Laís. Menosprezo planejado de deveres legais pelas empresas leva à indenização. *Revista Consultor Jurídico*, 21.12.2016.

parece adequado, contudo, é fazer com que a problemática da quantificação macule a análise da questão – logicamente precedente – pertinente ao reconhecimento da injustiça do dano e, por conseguinte, da sua ressarcibilidade.[117]

6. Síntese conclusiva

As antecedentes considerações permitem tecer breves proposições conclusivas. Em primeiro lugar, destaque-se que o estudo dos danos decorrentes da privação do uso se insere, do ponto de vista teórico, no contexto da superação do paradigma do ato ilícito pelo paradigma do dano injusto. Tem-se, assim, o alargamento da noção de dano ressarcível para além das hipóteses de descumprimento estrutural da lei ou do direito subjetivo, deflagrando-se o dever de indenizar quando a ponderação dos interesses em rota potencial de colisão no caso concreto apontar para a preponderância dos interesses da vítima. Em uma palavra, a ressarcibilidade do dano depende inexoravelmente da demonstração da sua *injustiça* com base em juízo de merecimento de tutela.

Conjugada essa concepção renovada de dano ressarcível com a constatação de que o ordenamento brasileiro confere tutela autônoma à prerrogativa de usar, infere-se que o evento lesivo de privação do uso pode ensejar um dano emergente autônomo – isto é, sem necessidade de demonstração de outros prejuízos patrimoniais –, uma vez que, em regra, toda lesão a situações jurídicas subjetivas pode ter como remédio a via ressarcitória. Por outro lado, certas peculiaridades em concreto podem levar à não configuração do dever de indenizar, ou mesmo à verificação de outra modalidade de dano.

De fato, assentada a premissa de que a prerrogativa de uso integra o patrimônio do seu titular, não parece haver razão lógica em se condicionar a concessão da tutela reparatória à prova de outros *prejuízos concretos*. A privação do uso é apta, em linha de princípio, a gerar prejuízo patrimonial *per se* – a conclusão final sobre a ressarcibilidade dependerá, como visto, da verificação da injustiça do dano. Neste ponto, vale notar que o reconhecimento do dano emergente autônomo decorrente da supressão temporária da prerrogativa de usar (usualmente denominado *dano da privação do uso*) não exclui a possibilidade de cumulação com parcelas indenizatórias tradicionalmente

---

[117] Pertinente, no ponto, a lição de José de Aguiar Dias: "O que o prejudicado deve provar, na ação, é o dano, sem consideração ao seu *quantum*, que é matéria da liquidação" (*Da responsabilidade civil*, cit., p. 83).

reconhecidas no direito brasileiro (como lucros cessantes, dano moral ou outros danos emergentes, de caráter permanente).

A pacífica indenizabilidade de lucros cessantes em casos de privação do uso serviu a demonstrar que o direito pátrio reconhece de longa data certos danos decorrentes desse evento lesivo, ainda que a eles não dispense tratamento de todo unitário. Impõe-se ao intérprete-aplicador do direito, então, a tarefa de promover uma análise sistemática da matéria, capaz de auxiliar os tribunais no esforço contínuo de contenção de pretensões indenizatórias infundadas, por um lado, e de fundamentação do dever de indenizar sempre que a vítima houver sofrido dano injusto.

No que tange especificamente às questões controvertidas referentes à relevância do não uso e à dificuldade de quantificação dos danos por privação do uso, o percurso teórico trilhado permite delinear algumas proposições conclusivas. Em primeiro lugar, pode-se destacar que não restará configurado o dever de indenizar por danos supostamente decorrentes da privação do uso nas hipóteses em que se constatar que o titular apresentava comportamento de *não uso* reputado ilegítimo pelo ordenamento jurídico, pois constituiria efetivo contrassenso lançar mão da responsabilidade civil para amparar uma pretensão que já se sabe não merecedora de tutela. Tampouco se configurará o dever de indenizar quando o titular supostamente privado do uso houver previamente optado por não exercer tal faculdade, por um imperativo lógico de que não se pode falar em *privação* quando o titular voluntariamente decidira não usar a coisa.

No que tange à problemática da quantificação dos danos decorrentes da privação do uso, viu-se que a tarefa de liquidação do *quantum debeatur* envolve dificuldades que, em verdade, são comuns às variadas espécies de danos reconhecidas pela civilística pátria (danos extrapatrimoniais e danos patrimoniais – estes na faceta de dano emergente ou lucro cessante). Especificamente em relação a bens suscetíveis à contínua desvalorização segundo as regras ordinárias de experiência (caso clássico do automóvel), parece razoável perquirir, na falta de critérios fornecidos pelas ciências especializadas, qual seria o valor correspondente ao custo de disponibilidade do bem por cada dia dentro da sua vida útil. De modo geral, cumpre destacar a seguinte a ressalva: não se pode fazer com que a problemática da quantificação macule a análise da questão – logicamente precedente – pertinente ao reconhecimento da injustiça do dano e, por conseguinte, da sua ressarcibilidade.

As questões analisadas constituem apenas alguns dos aspectos controvertidos dos danos por privação do uso. De fato, seria de todo inviável uma análise pretensamente exaustiva da matéria, restando ao intérprete o conforto de poder encontrar na sistematicidade do ordenamento a chave para a justa resolução das demandas. Espera-se, então, que o presente estudo contribua para a análise tanto das questões já conhecidas quanto daquelas diante das quais se deparará a civilística, de modo que o exemplo específico da privação do uso possa servir como motivação para a constante releitura da inteira responsabilidade civil.

7. Referências

ALPA, Guido. *I principi generali*. In: IUDICA, Giovanni; ZATTI, Paolo (*a cura di*). *Trattato di diritto privato*. Milano: Giuffrè, 2006.

AMARAL, Francisco. *Direito civil:* introdução. Rio de Janeiro: Renovar, 2008.

AZEVEDO, Álvaro Villaça. Conceito de ato ilícito e o abuso de direito. In: RODRIGUES JUNIOR, Otavio Luiz; MAMEDE, Gladston; ROCHA, Maria Vital da (Coord.). *Responsabilidade civil contemporânea*: estudos em homenagem a Sílvio de Salvo Venosa. São Paulo: Atlas, 2011.

____. O direito como sistema complexo e de 2ª ordem; sua autonomia. Ato nulo e ato ilícito. Diferença de espírito entre responsabilidade civil e penal. Necessidade de prejuízo para haver direito de indenização na responsabilidade civil. *Civilistica.com.* Rio de Janeiro: a. 2, n. 3, jul.-set./2015.

BIANCA, Cesare Massimo. *Diritto civile:* la proprietà, vol. VI. Milano: Giuffrè, 1999.

BODIN DE MORAES, Maria Celina. A constitucionalização do direito civil e seus efeitos sobre a responsabilidade civil. *Na medida da pessoa humana*: estudos de direito civil-constitucional. Rio de Janeiro: Renovar, 2010.

____. *Danos à pessoa humana*: uma leitura civil-constitucional dos danos morais. Rio de Janeiro: Renovar, 2009.

CARVALHO FILHO, José dos Santos. *Manual de direito administrativo*. São Paulo: Atlas, 2013.

CHAMOUN, Ebert. Exposição de motivos do esboço do anteprojeto do Código Civil – Direito das Coisas. *Revista Trimestral de Direito Civil*, vol. 46. Rio de Janeiro: Padma, abr.-jun./2011.

CORDEIRO, António Menezes. *Direitos reais*. Lisboa: Lex, 1993.

____. *Tratado de direito civil*, vol. V. 2. ed. Coimbra: Almedina, 2015.

DIAS, José de Aguiar. *Da responsabilidade civil*. Atual. Rui Berford Dias. Rio de Janeiro: Lumen Juris, 2012.

FERREIRA, Aurélio Buarque de Holanda. *Novo dicionário da língua portuguesa*. Coord. Marina Baird Ferreira; Margarida dos Anjos. Curitiba: Positivo, 2009.

FRANZONI, Massimo. *Trattato della responsabilità civile*: il danno risarcibile, vol. II. Milano: Giuffrè, 2010.

GAZZONI, Francesco. *Manuale di diritto privato*. Napoli: Edizione Scientifiche Italiane, 2015.

GERALDES, António Santos Abrantes. *Temas da responsabilidade civil*: indemnização do dano da privação do uso, vol. I. Coimbra: Almedina, 2007.
GIORGI, Giorgio. *Teoria delle obbligazioni nel diritto moderno italiano*, vol. II. Firenze: Fratelli Cammelli, 1903.
GOMES, Júlio Manuel Vieira. *O conceito de enriquecimento, o enriquecimento forçado e os vários paradigmas do enriquecimento sem causa*. Porto: UCP, 1998.
____. O dano da privação do uso. *Revista de Direito e Economia*. Coimbra: Universidade de Coimbra, 1986.
GOMES, Orlando. Tendências modernas na teoria da responsabilidade civil. FRANCESCO, José Roberto Pacheco Di (Org.). *Estudos em homenagem ao Professor Silvio Rodrigues*. Rio de Janeiro: Forense, 1980.
GRASSO, Biagio. *Prescrizione*. In *Enciclopedia del diritto*, vol. XXXV. Milano: Giuffrè, 1993.
GUEDES, Gisela Sampaio da Cruz. *Lucros cessantes*: do bom senso ao postulado normativo da razoabilidade. São Paulo: Revista dos Tribunais, 2011.
____. *O problema do nexo causal na responsabilidade civil*. Rio de Janeiro: Renovar, 2005.
HEDEMANN, Justus Wilhelm. *Derecho de obligaciones*, vol. III. Trad. Jaime Santos Briz. Madrid: Revista de Derecho Privado, 1958.
JHERING, Rudolf von. *Teoria simplificada da posse*. Trad. Fernando Bragança. Belo Horizonte: Líder, 2004.
LEITÃO, Luís Manuel Teles de Menezes. *Direito das obrigações*, vol. I. Coimbra: Almedina, 2002.
MARQUES, Claudia Lima; BENJAMIN, Antonio Herman V.; MIRAGEM, Bruno. *Comentários ao Código de Defesa do Consumidor*. 4. ed. São Paulo: Revista dos Tribunais, 2013.
MARQUES, Cláudia Lima; BERGSTEIN, Laís. Menosprezo planejado de deveres legais pelas empresas leva à indenização. *Revista Consultor Jurídico*, 21.12.2016.
MELLO, Celso Antônio Bandeira de. *Curso de direito administrativo*. São Paulo: Malheiros, 2013.
MESSINEO, Francesco. *Manuale di diritto civile e commerciale*. Milano: Giuffrè, 1965.
MIRAGEM, Bruno. *Curso de direito do consumidor*. 6. ed. São Paulo: Revista dos Tribunais, 2016.
MONATERI, Pier Giuseppe; GIANTI; Davide; CINELLI, Luca Siliquini. *Trattato sulla responsabilità civile*: danno e risarcimento. Torino: G. Giappichelli, 2013.
PEREIRA, Caio Mário da Silva. *Instituições de direito civil*, vol. I. Atual. Maria Celina Bodin de Moraes. Rio de Janeiro: Forense, 2011.
____. *Responsabilidade civil*. Atual. Gustavo Tepedino. Rio de Janeiro: GZ, 2011.
PERLINGIERI, Pietro. Il principio di legalità nel diritto civile. *Rassegna di diritto civile*. Anno 31, n. 1. Milano: ESI, 2010.
____. *Manuale di diritto civile*. Napoli: Edizione Scientifiche Italiane, 2014.
____. *O direito civil na legalidade constitucional*. Trad. Maria Cristina De Cicco. Rio de Janeiro: Renovar, 2008.
PINTO, Paulo Mota. *Interesse contratual negativo e interesse contratual positivo*, vol. I. Coimbra: Coimbra Editora, 2008.
PUGLIATTI, Salvatore. *La proprietà nel nuovo diritto*. Milano: Giuffrè, 1964.
RODOTÀ, Stefano. *Il terribile diritto*: studi sulla proprietà privata. Bologna: Il Mulino, 1987.

SCHREIBER, Anderson. *Novos paradigmas da responsabilidade civil*: da erosão dos filtros da reparação à diluição dos danos. São Paulo: Atlas, 2015.

_____. O futuro da responsabilidade civil: um ensaio sobre as tendências da responsabilidade civil contemporânea. In: RODRIGUES JUNIOR, Otavio Luiz; MAMEDE, Gladston; ROCHA, Maria Vital da (Coord.). *Responsabilidade civil contemporânea*: em homenagem a Sílvio de Salvo Venosa. São Paulo: Atlas, 2011.

SILVA, Rodrigo da Guia. Aspectos controvertidos dos danos por privação do uso. *Revista de Direito do Consumidor*, vol. 115. São Paulo: Revista dos Tribunais, jan.-fev./2018.

_____. *Compensatio lucri cum damno*: problemas de quantificação à luz da unidade e complexidade do dano patrimonial. *Revista de Direito Privado*, vol. 90. São Paulo: Revista dos Tribunais, jun./2018.

_____. Danos por privação do uso: estudo de responsabilidade civil à luz do paradigma do dano injusto. *Revista de Direito do Consumidor*, vol. 107. São Paulo: Revista dos Tribunais, set.-out./2016.

_____. *Enriquecimento sem causa*: as obrigações restitutórias no direito civil. São Paulo: Thomson Reuters, 2018.

SOUZA, Eduardo Nunes de. Em defesa do nexo causal: culpa, imputação e causalidade na responsabilidade civil brasileira. In: SOUZA, Eduardo Nunes de; SILVA, Rodrigo da Guia (Coord.). *Controvérsias atuais em responsabilidade civil*: estudos de direito civil-constitucional. São Paulo: Almedina. No prelo.

_____. Merecimento de tutela: a nova fronteira da legalidade no direito civil. *Revista de Direito Privado*, a. 15, n. 58. São Paulo: Revista dos Tribunais, abr.-jun./2014.

TEPEDINO, Gustavo. Evolução da autonomia privada e o papel da vontade na atividade contratual. In FRANÇA, Erasmo Valladão Azevedo; ADAMEK, Marcus Vieira von (Coord.). *Temas de direito empresarial*: homenagem ao Professor Luiz Gastão Paes de Barros Leães. São Paulo: Malheiros, 2014.

_____. Normas constitucionais e direito civil na construção unitária do ordenamento. *Temas de direito civil*, t. 3. Rio de Janeiro: Renovar, 2009.

_____. In: AZEVEDO, Antônio Junqueira de (Coord.). *Comentários ao Código Civil*, vol. 14. São Paulo: Saraiva, 2011.

TERRA, Aline de Miranda Valverde. Privação do uso: dano ou enriquecimento por intervenção? *Revista Eletrônica Direito e Política, Programa de Pós-Graduação Stricto Sensu em Ciência Jurídica da UNIVALI*, v. 9, n. 3. Itajaí: set.-dez/2014.

THEODORO JÚNIOR, Humberto. *Curso de direito processual civil*, vol. I. Rio de Janeiro: Forense, 2008.

TORRENTE, Andrea; SCHLESINGER, Piero. *Manuale di diritto privato*. Milano: Giuffrè, 1985.

TRIMARCHI, Pietro. *La responsabilità civile*: atti illeciti, rischio, danno. Milano: Giuffrè, 2017.

_____. *Istituzioni di diritto privato*. Milano: Giuffrè, 2011.

VISINTINI, Giovanna. *Trattato breve della responsabilità civile*. 3. ed. Padova: CEDAM, 2005.

7. A Reparação Pela Perda de Uma Chance

Marcella Campinho Vaz
Mestranda em Direito Civil pela UERJ. Advogada.

1. Introdução

A teoria da perda de uma chance passou por um processo de estruturação e evolução na esfera jurídica nacional muito interessante e a influência estrangeira foi essencial para o desenvolvimento expressivo do tema. A importância da experiência estrangeira revela-se notadamente na aplicação da teoria realizada tanto pela jurisprudência quanto pela doutrina brasileiras. A análise desse processo de influência e desenvolvimento faz-se essencial para compreender a atual aplicação e interpretação da teoria no Brasil e, a partir dessa compreensão, buscar-se o emprego da teoria de acordo com a sistemática do ordenamento jurídico nacional.

Ainda que hoje o material existente sobre o assunto seja abundante,[1] pode-se dizer que é um tema de desenvolvimento relativamente recente, que sofreu um *boom* na produção doutrinária, o que, por conseguinte, gerou um expressivo aumento de demandas por reparações baseadas na perda de uma chance. Esse histórico de produções e demandas também deve ser levado em consideração e mostra-se fundamental para fins de análise de como o processo de desenvolvimento da teoria ocorreu e ainda ocorre no sistema brasileiro.

---

[1] Atualmente, a teoria é amplamente comentada pela doutrina e, além de diversos artigos publicados, já existem livros específicos acerca do tema: CARNAÚBA, Daniel Amaral. *Responsabilidade civil pela perda de uma chance*: a álea e a técnica. São Paulo: Método, 2013; SAVI, Sérgio. *Responsabilidade civil por perda de uma chance*. 3. ed. São Paulo: Atlas, 2012; SILVA, Rafael Peteffi da. *Responsabilidade civil pela perda de uma chance*. 3. ed. São Paulo: Atlas, 2013.

No presente artigo, além de se empreender um estudo acerca das principais características da teoria da perda de uma chance, buscar-se-á entender a sua atual aplicação no âmbito nacional, com o objetivo de verificar se ela está indo ao encontro de ou de encontro à sistemática jurídica brasileira, isto é, se ela está em harmonia com os institutos consolidados em nosso sistema.

2. Modalidades e objeto de reparação: distinções necessárias

A teoria da perda de uma chance refere-se ao estudo de uma reparação voltada para as hipóteses em que a conduta de determinado agente faz desaparecer uma oportunidade existente na esfera jurídica da vítima, impedindo que ela obtenha um benefício futuro ou evite um prejuízo ocorrido, o que justificaria uma indenização correspondente.

Para que se compreenda o desenvolvimento e, principalmente, as divergências existentes sobre o tema, é necessário atentar-se, inicialmente, para a existência de duas diferentes modalidades de aplicação da teoria da perda de uma chance, já que esta poderá ser verificada em duas situações distintas.

A primeira modalidade, denominada pela doutrina de teoria clássica,[2] configura-se quando há um processo aleatório em curso que é interrompido de maneira indevida pela ocorrência de um ato de terceiro, o qual provoca diretamente a perda da chance da vítima obter uma certa vantagem legitimamente esperada. Essa modalidade institui o dever de reparar a extinção de uma chance real e séria de se atingir determinado benefício, ainda que não seja possível afirmar, com certeza, que o indivíduo o alcançaria caso não houvesse a interrupção do curso natural dos fatos pelo terceiro.[3]

Já a segunda modalidade, cuja análise causa expressiva divergência,[4] verifica-se quando há a constatação de um prejuízo que não foi evitado pelo fato de determinado processo aleatório ter chegado ao seu fim justamente por não ter

---

[2] Fernando Noronha esclarece ter sido a doutrina francesa a responsável por designar essa modalidade como a perda de chance clássica (NORONHA, Fernando. *Direito das obrigações*. 3. ed. São Paulo: Saraiva, 2010, p. 699).

[3] A doutrina, ao realizar a diferenciação entre as modalidades, assevera que "nesta modalidade de perda de chances houve, em razão de determinado fato antijurídico, interrupção de um processo que estava em curso e que poderia conduzir a um evento vantajoso; perdeu-se a oportunidade de obter uma vantagem futura, que podia consistir tanto em realizar um benefício em expectativa como em evitar um prejuízo futuro" (NORONHA, Fernando. *Direito das obrigações*, cit., p. 701-702).

[4] Tal divergência será objeto de análise no item 4, *infra*, do presente artigo.

sido interrompido quando e por quem poderia e deveria tê-lo feito.[5] Tem-se, assim, a perda da oportunidade de se evitar o prejuízo verificado.[6] Fernando Noronha argumenta que, nesses casos em que o dano é presente, "é imprescindível que já estivesse em curso o processo que levou ao dano e que houvesse possibilidades de ele ser interrompido por uma certa atuação, que fosse exigível do indigitado responsável, mesmo que não seja possível garantir que com tal atuação o dano teria sido evitado".[7]

Assim, constatada a ocorrência de um dano final por força de determinada cadeia causal que não foi interrompida quando deveria ter sido, questiona-se se o dano poderia não ter ocorrido caso as providências que interromperiam o processo em curso tivessem sido tomadas por quem tinha poderes para tal. Nota-se que, ao contrário da teoria clássica, as chances aqui não estão relacionadas a um fato que poderia vir a ocorrer no futuro, mas, sim, a algo que poderia ter sido feito no passado capaz de evitar um dano concreto verificado no presente.

Apesar de compreenderem situações diferentes, vale ressaltar que ambas as modalidades devem ser analisadas sob a perspectiva de que a teoria tem como objeto de reparação a perda da chance em si considerada, e não a

---

[5] Acerca dessa capacidade e obrigação, Orlando Gomes explique que só se justifica o estabelecimento do nexo causal entre uma abstenção (de não evitar um fato danoso) e um dano "quando aquele que se abstém, além de poder impedir o dano, estiver obrigado a evitá-lo" (GOMES, Orlando. *Responsabilidade civil*. Rio de Janeiro: Forense, 2011, p. 79).

[6] Esta segunda modalidade será importante especialmente na análise da perda da chance de sobrevivência ou de cura, cujo estudo será detidamente realizado no item 5, *infra*. Ressalta-se apenas que, caso seja possível, com segurança, afirmar que o dano não ocorreria se o processo tivesse sido interrompido, haveria uma situação de certeza de que a não interrupção causou o dano. Sendo assim, existiria um efetivo nexo de causalidade entre o dano final ocorrido e a ausência de interrupção do processo aleatório em curso, devendo a reparação ser pelo prejuízo final, não fazendo sentido falar-se em perda de uma chance.

[7] NORONHA, Fernando. *Direito das obrigações*, cit., p. 706. Para o autor, essa modalidade compreende ainda os casos de perda de uma chance por falta de informação. Seriam as hipóteses em que alguém sofre determinado dano por não ter tomado a melhor decisão, a qual estaria ao seu alcance se outra pessoa tivesse cumprido seu dever de informar. Nessas situações, o que se discutiria é se a decisão mais esclarecida teria eliminado (ou reduzido) o dano que o lesado veio a sofrer. De acordo com Noronha, a diferença desta submodalidade em relação à da perda da chance de evitar um prejuízo prender-se-ia ao fato de que a chance aqui estaria ligada a um ato do próprio lesado, isto é, dependeria exclusivamente de sua atuação (NORONHA, Fernando. *Direito das obrigações*, cit., p. 715-718). O professor Eduardo Nunes ressalta, no entanto, que tal distinção não seria obrigatória (SOUZA, Eduardo Nunes de. Considerações sobre a aplicação da teoria da perda de uma chance na responsabilidade civil do médico. *Revista Pensar*, vol. 20, n. 3. Fortaleza, set.-dez./2015, p. 785, nota de rodapé nº 36).

vantagem perdida ou o prejuízo não evitado. É essa sólida concepção, inclusive, que permite fundamentar-se a aplicação da teoria em âmbito nacional.[8] Isto porque, a possibilidade de reparação pela perda de uma chance encontra-se amparada justamente pelo processo de desvinculação do dano da noção de antijuridicidade, em que se verifica a adoção de "critérios mais amplos, que englobam não apenas direitos (absolutos ou relativos), mas também interesses que, porque considerados dignos de tutela jurídica, quando lesionados, obrigam à sua reparação".[9]

Por meio da tutela dos interesses jurídicos, a própria chance[10] surge como um interesse autônomo e merecedor de tutela.[11] Atribui-se um valor próprio à chance, que receberá proteção do sistema jurídico a partir da possibilidade de sua indevida extinção ser reparada.[12]

Seja na modalidade da perda da chance clássica, seja na modalidade da perda da chance de evitar um prejuízo, o que a doutrina enfatiza é que "o que é indenizado é justamente a chance de não alcançar determinado resultado,

---

[8] Todos os fundamentos serão mais detidamente analisados no item 3, *infra*.

[9] BODIN DE MORAES, Maria Celina. A constitucionalização do direito civil e seus efeitos sobre a responsabilidade civil. *Na medida da pessoa humana*: estudos de direito civil-constitucional. Rio de Janeiro: Renovar, 2010, p. 326.

[10] A palavra chance traduz a ideia de possibilidade, oportunidade de se alcançar uma determinada vantagem ou de se evitar um prejuízo. Observa-se que, ao mesmo tempo em que abrange uma incerteza, contém uma expectativa de que um evento venha a ocorrer ou seja evitado. De acordo com Paulo de Tarso Vieira Sanseverino, "a chance é a possibilidade de um benefício futuro provável, consubstanciada em uma esperança para o sujeito, cuja privação caracteriza um dano pela frustração da probabilidade de alcançar esse benefício possível" (SANSEVERINO, Paulo de Tarso Vieira. *Princípio da reparação integral*. São Paulo: Saraiva, 2010, pp. 167-172). Sérgio Savi assevera que "o termo chance utilizado pelos franceses significa, em sentido jurídico, probabilidade de obter lucro ou de evitar uma perda. No vernáculo, a melhor tradução para o termo chance seria, em nosso sentir, oportunidade. Contudo, por estar consagrada tanto na doutrina, como na jurisprudência, utilizaremos a expressão perda de uma chance, não obstante entendemos mais técnico e condizente com o nosso idioma a expressão perda de uma oportunidade" (SAVI, Sérgio. *Responsabilidade civil por perda de uma chance*, cit., p. 3).

[11] Sobre o conceito de merecimento de tutela, v. SOUZA, Eduardo Nunes de. Merecimento de tutela: a nova fronteira da legalidade no direito civil. *Revista de Direito Privado*, vol. 58. São Paulo: Revista dos Tribunais, abr.-jun./2014, pp. 75-107.

[12] Nesse sentido, aponta-se que "a doutrina brasileira, da mesma forma, não obstante por vezes conceituar de forma equivocada o dano da perda da chance, admite o valor patrimonial da chance por si só considerada e, com isso, contribui para o acolhimento da teoria em nosso país" (SAVI, Sérgio. *Responsabilidade civil por perda de uma chance*, cit., p. 4).

ou de auferir certo benefício, chance que foi perdida pela vítima em razão de ato culposo do lesante",[13] e não a vantagem perdida ou o prejuízo não evitado.[14]

Dessa forma, considerada como figura jurídica merecedora de tutela, a chance perdida será passível de reparação e, para isto, será imprescindível que todos os pressupostos da responsabilidade civil sejam verificados. Ou seja, para que haja dever de reparar a chance perdida será exigida a constatação de (i) prejuízo – no caso, a chance perdida; (ii) nexo de causalidade entre a conduta do agente e o fato que gerou a perda da chance pela vítima; e (iii) culpa – no caso de a responsabilidade ser subjetiva.

Em contrapartida a essa tutela mais ampla aos interesses da vítima, tem-se, por consequência, o desenvolvimento de um regime de responsabilidade agravada. Isto é, "ao privilegiar a tutela ao interesse da vítima, restringiu-se a tutela ao interesse do ofensor de não responder por dano em que não houvesse certeza quanto à causalidade – e de que, portanto, sua responsabilidade foi agravada".[15] Essa constatação é digna de nota e carece de ser considerada principalmente para que haja uma devida reflexão acerca da teoria, que, justamente por se encontrar inserida nesse regime de responsabilidade agravada, deverá sempre ser utilizada de forma ponderada e criteriosa, a fim de não contribuir ou amparar um sistema punitivo de reparação.

Antes, porém, de uma reflexão ponderada acerca da aplicabilidade da reparação pela perda de uma chance e de seus diversos reflexos ser desenvolvida, revela-se primordial um prévio estudo acerca de seus aspectos históricos – desenvolvidos inicialmente em âmbito internacional –, cuja apreciação será fundamental para, em primeiro lugar, compreender a influência estrangeira na concretização da teoria no Brasil, bem como para, em um segundo momento, poder-se aferir a forma pela qual vem sendo aplicada pela doutrina e jurisprudência nacionais.

---

[13] MARTINS-COSTA, Judith. In: TEIXEIRA, Sálvio de Figueiredo (Coord.). *Comentários ao novo Código Civil*, vol. 5, t. 3. Rio de Janeiro: Forense, 2003, p. 360.

[14] A jurisprudência, na análise dos casos sobre perda de uma chance, costuma corroborar esse entendimento, assentando, por exemplo, que "a chance, em si, pode ser considerada um bem autônomo, cuja violação pode dar lugar à indenização de seu equivalente econômico" e, a partir dessa percepção, "o nexo causal entre a perda desse bem e a conduta do agente torna-se direto" (STJ, 3ª T., REsp 1.254.141/PR, Rel. Min. Nancy Andrighi, julg. 4.12.2012, v.u., DJe 20.2.2013).

[15] SOUZA, Eduardo Nunes de. Considerações sobre a aplicação da teoria da perda de uma chance na responsabilidade civil do médico, cit., p. 787, nota de rodapé nº 40.

3. Histórico

Ainda que atualmente já exista uma ampla aceitação da teoria da perda de uma chance, estando ela inserida no contexto jurisprudencial e doutrinário nacional, nem sempre foi assim. Por um longo período, o prejuízo decorrente da perda de uma chance não era efetivamente reconhecido pelo Direito, já que se entendia necessário demonstrar, com absoluta certeza, que o ato ou omissão do ofensor teria contribuído para a vantagem não obtida ou para o prejuízo não evitado, o que de fato não era possível. Ignorava-se "a existência de um dano diverso da perda da vantagem esperada, qual seja, o dano da perda da oportunidade de obter aquela vantagem",[16] o que impedia que se enxergasse a existência de nexo causal entre o ato do ofensor e a chance perdida para fins de reparação.

Como já ressaltado, foi a partir, essencialmente, da experiência estrangeira, que a reparação pela perda de uma chance se desenvolveu no Brasil. A teoria teve sua origem na jurisprudência francesa, a qual, aos poucos, começou a reconhecer que diversas demandas ficavam sem qualquer reparação, justamente por não se conseguir comprovar a ligação de determinada conduta com uma vantagem perdida ou com um prejuízo não evitado, isto é, pela impossibilidade de demonstração do nexo de causalidade, ainda que se verificasse a existência de um ato reprovável e um dano em potencial. O pioneirismo na aplicação da teoria para fins de responsabilização pela perda da chance, então, coube à Corte de Cassação Francesa.

Relativamente à modalidade de perda de uma chance clássica – obter uma vantagem –, costuma-se fazer referência a um julgado da Corte de 1889, em que o demandante foi reparado pela perda da chance de obter decisão jurisdicional favorável, em razão da atuação culposa do auxiliar da justiça, que, por mau procedimento, teria suprimido todas as possibilidades de obtenção de êxito na demanda.[17]

Já em relação à modalidade da perda de uma chance de evitar um prejuízo, faz-se referência a um julgado da década de 1960, que teria consolidado a possibilidade de reparação da controversa perda da chance de sobrevivência ou de

---

[16] SAVI, Sérgio, *Responsabilidade civil por perda de uma chance*, cit., p. 2. Ainda de acordo com o autor, o óbice à indenização nestes casos se dava, também, pela indevida qualificação do dano pela vítima, já que esta, "ao invés de buscar a indenização da perda da oportunidade de obter uma vantagem, requeria indenização em razão da perda da própria vantagem" (SAVI, Sérgio. *Responsabilidade civil por perda de uma chance*, cit., p. 3).

[17] SILVA, Rafael Peteffi da. *Responsabilidade civil pela perda de uma chance*, cit., p. 11.

cura (*perte d'une chance de guérison ou de survie*), em que a Corte julgou um erro de diagnóstico médico, o qual teve como consequência a inadequação do tratamento de determinada doença.[18] Especificamente nesses casos, costumava-se questionar se o erro médico poderia ou não ser considerado causa necessária da morte, já que a própria perícia demonstrava que, mesmo com o diagnóstico correto, o falecimento poderia ter acontecido. A jurisprudência francesa passou a reconhecer, nessas hipóteses, que o erro médico, ainda que não tenha causado o dano final morte, acabava diminuindo as chances de cura ou de sobrevivência, o que seria passível de reparação.

No âmbito doutrinário houve uma divisão de renomados autores franceses no que diz respeito à reparação da perda da chance de sobrevivência ou cura. Contra a aplicação da teoria na esfera médica, René Savatier chegou a afirmar que essa aplicação seria o "paraíso do juiz indeciso", pois os juízes acabavam determinando reparações mesmo sem a certeza de que foi o erro médico que gerou o dano, depreciando-se, com isso, a verificação do nexo causal.[19] Para essa corrente, a concepção da teoria da perda de uma chance aplicada na esfera médica não seria admissível no direito francês.[20]

A corrente oposta, baseada principalmente na doutrina de François Chabas, ao acolher a aplicação dessa modalidade da teoria na esfera médica, defendia que a perda da chance de cura ou de sobrevivência deveria ficar restrita ao conceito de dano, pois, se utilizada erroneamente, poderia prejudicar a aplicação do nexo causal. Assim, para François Chabas, a perda de uma chance sempre teria sido tratada como um problema de certeza.[21]

Apesar da divergência existente em relação à aplicação da teoria na esfera médica, foi a partir dessas primeiras decisões gerais sobre o tema que a doutrina francesa começou a se aprofundar e desenvolver o assunto, passando a,

---

[18] FURLAN, Alessandra Cristina. Responsabilidade civil pela perda de uma chance. *Revista de Direito Civil Contemporâneo*, vol. 10. São Paulo: Revista dos Tribunais, jan.-mar./2017, p. 4. No caso, a Corte de Cassação determinou que presunções suficientemente graves, precisas e harmônicas poderiam conduzir à responsabilidade e, pelo fato de o médico haver perdido uma chance de agir de modo diverso, a Corte o condenou a uma indenização de 65.000 francos (KFOURI NETO, Miguel. *Responsabilidade civil do médico*, 4. ed. São Paulo: Revista dos Tribunais, 2001, p. 46).
[19] SAVATIER, René. *Une faute peut-elle engendrer la responsabilité d'un dommage sans l'avoir causé?*, Paris: Recueill Dalloz, 1970, p. 123, apud GUEDES, Gisela Sampaio da Cruz. *Lucros cessantes*: do bom senso ao postulado normativo da razoabilidade. São Paulo: Revista dos Tribunais, 2011, p. 106.
[20] Além de Savatier, esse entendimento também foi reforçado por Yvonne Lambert-Faivre e Jean Penneau e será aprofundado no item 5, *infra*.
[21] CHABAS, François. *Leçons de droit civil*, vol. 1, t. II. 9. ed. Paris: Montchrestien, 1998, p. 428, apud GUEDES, Gisela Sampaio da Cruz. *Lucros cessantes*, cit., p. 106.

juntamente com a jurisprudência, influenciar e fomentar o questionamento do instituto em outros países.[22]

Além de se reconhecer que a origem do instituto sucede do desenvolvimento pioneiro da jurisprudência francesa, importa refletir sobre o motivo jurídico que originou seu surgimento, isto é, o que no mundo jurídico provocou a necessidade de aplicação da teoria, antes sequer aceita.

Basicamente, o que ocorreu foi a constatação da existência de uma enorme dificuldade em se provar o nexo de causalidade nos casos em que não havia certeza de sua existência entre o dano final – vantagem perdida ou prejuízo não evitado – e o ato do ofensor. Tendo em vista as limitações impostas pela prova do nexo causal, que estabeleciam um obstáculo entre a vítima e a sua reparação, passou-se, então, a explorar a aplicação da teoria para que a vítima pudesse ser reparada quando se averiguasse a perda de uma chance real e séria. Dessa forma, a origem da teoria está diretamente "ligada ao estudo do nexo causal, embora atualmente grande parte da doutrina trate-a como um problema específico de qualificação de dano".[23]

Observa-se, com isso, que o desenvolvimento da teoria, também no Brasil, foi o caminho utilizado para a superação da problemática do nexo causal, de modo a tornar possível a proteção da vítima, cuja reparação passou a ser o

---

[22] Sérgio Savi destaca, principalmente, o reconhecimento da teoria na Itália por Adriano De Cupis, que teria sido "o responsável pelo início da correta compreensão da teoria da responsabilidade civil por perda de uma chance no Direito Italiano" e que teria o grande mérito não apenas por reconhecer "o valor patrimonial da chance de vitória por si só considerada, mas, principalmente, de enquadrá-la como uma espécie de dano emergente" (SAVI, Sérgio. *Responsabilidade civil por perda de uma chance*, cit., pp. 10-11). Vale destacar que a aplicação da teoria também se difundiu nos países do sistema da *common law*, tendo sua origem na Inglaterra, em um precedente de 1911 – Hicks v. Chaplin –, que tratou de caso em que uma das finalistas de um concurso de beleza foi impedida de participar da fase final deste devido à uma conduta culposa da ré (SILVA, Rafael Peteffi da. *Responsabilidade civil pela perda de uma chance*, cit., p. 179).

[23] GUEDES, Gisela Sampaio da Cruz. *Lucros cessantes*, cit., p. 107. Sobre esse aspecto da origem da teoria, a autora assim expõe: "Esta teoria nasceu em face da dificuldade de a vítima proceder à prova do nexo causal – e, por consequência, da própria extensão do dano indenizável –, especialmente quando o evento danoso se encontrava cercado de condições múltiplas, como nos casos de responsabilidade médica. Neste campo, proliferem-se os chamados 'danos passivos', que ocorrem não pela ação direta e ativa dos profissionais que atuam nesta área, mas, sim, pelos erros de diagnóstico ou omissões no tratamento do paciente que fica privado dos cuidados adequados. A teoria da perda de uma chance surgiu, então, para que se pudesse contornar, nos casos mais tormentosos, os obstáculos impostos pela prova do nexo de causalidade que constituía, no mais das vezes, uma barreira quase intransponível, a afastar a vítima da indenização. A origem desta teoria está, portanto, ligada ao estudo do nexo causal, embora atualmente grande parte da doutrina trate-a como um problema específico de qualificação de dano" (GUEDES, Gisela Sampaio da Cruz. *Lucros cessantes*, cit., pp. 106-107).

foco da nova perspectiva adotada pela responsabilidade civil, essencialmente a partir do marco da constitucionalização do Direito Civil[24] e do que se denominou de "giro conceitual do ato ilícito ao dano injusto".[25]

Inicialmente voltada para a punição do ofensor, a responsabilidade civil passa, após referidos marcos, a ter por foco a vítima e sua devida reparação em caso de danos que venha a sofrer.[26] Isto porque, em razão da instituição expressa dos princípios da proteção à dignidade da pessoa humana e da solidariedade social pela Constituição Federal de 1988, os quais passam a fundamentar todo o ordenamento jurídico, atribuiu-se uma ampla proteção ao ofendido.

A responsabilidade civil, nessa nova vertente, principalmente tendo por base o estabelecimento de cláusulas gerais e a primazia dos valores axiológicos de índole constitucional, começa a reconhecer a existência de novos interesses merecedores de tutela jurídica. Naturalmente, aumenta-se, com isso, as hipóteses de dano ressarcível,[27] podendo-se aí incluir a reparação pela perda

---

[24] Maria Celina Bodin de Moraes, nesse sentido, explica que: "A constitucionalização do direito dos danos impôs, como se viu, a releitura da própria função primordial da responsabilidade civil. O foco que tradicionalmente recaía sobre a pessoa do causador do dano, que por seu ato reprovável deveria ser punido, deslocou-se no sentido da tutela especial garantida à vítima do dano injusto, que merece ser reparada. A punição do agente pelo dano causado, preocupação pertinente ao direito penal, perde a importância no âmbito cível para a reparação da vítima pelos danos sofridos" (BODIN DE MORAES, Maria Celina. A constitucionalização do direito civil e seus efeitos sobre a responsabilidade civil, cit., p. 331). Para uma análise do processo de constitucionalização do direito civil, v. TEPEDINO, Gustavo. Premissas metodológicas para a constitucionalização do direito civil. *Temas de Direito Civil*. 3. ed. Rio de Janeiro: Renovar, 2004, pp. 1-22.

[25] De acordo com Orlando Gomes: "Uma reconstrução da teoria da responsabilidade civil e a revisão das normas que a institucionalizam começaram com a mudança de perspectiva que permite detectar outros danos ressarcíveis que não apenas aqueles que resultam da prática de um ato ilícito. Substitui-se, em síntese, a noção de ato ilícito pela de dano injusto, mais ampla e mais social" (GOMES, Orlando. Tendências modernas na teoria da responsabilidade civil. In: FRANCESCO, José Roberto Pacheco Di. *Estudos em homenagem ao Professor Silvio Rodrigues*. São Paulo: Saraiva, 1980, p. 295).

[26] Nas palavras de Maria Celina Bodin de Moraes: "A responsabilidade civil desvincula-se da ideia de punição-sanção em favor da reparação da vítima injustamente lesada, optando o ordenamento por dar prioridade aos princípios do equilíbrio, da igualdade e da solidariedade em detrimento do objetivo anterior de sancionar culpados" (BODIN DE MORAES, Maria Celina. Risco, solidariedade e responsabilidade objetiva. *Revista dos Tribunais*, vol. 854. São Paulo: Revista dos Tribunais, dez./2006, p. 19).

[27] Sobre o assunto, a doutrina ensina que: "O princípio da proteção da pessoa humana, determinado constitucionalmente, gerou no sistema particular da responsabilidade civil, a sistemática extensão da tutela da pessoa da vítima, em detrimento do objetivo anterior de punição do responsável. Tal extensão, neste âmbito, desdobrou-se em dois efeitos principais: de um lado, no expressivo aumento das hipóteses de dano ressarcível; de outro, na perda de importância da função moralizadora, outrora

de uma chance. Sendo assim, com a mudança do foco da responsabilidade civil, observa-se o estabelecimento de um forte e essencial fundamento para a tutela do interesse constituído na manutenção das chances de se alcançar determinada vantagem ou de se evitar um prejuízo.

Não obstante a ausência de disposição legal específica no ordenamento jurídico brasileiro que regulamente a reparação pela perda de uma chance,[28] a teoria é geralmente acolhida pela doutrina, bem como aplicada pela jurisprudência nacional, por meio de uma interpretação teleológica e funcional das previsões e princípios já materializados na legislação civil brasileira acerca da obrigação de indenizar, em conformidade com os valores axiológicos estabelecidos pela Constituição Federal.

Nessa perspectiva, importa mencionar, em primeiro lugar, a influência do já consolidado princípio da reparação integral do dano, que pode ser extraído do disposto no artigo 402 do Código Civil, cuja redação estipula que "as perdas e danos devidas ao credor abrangem, além do que ele efetivamente perdeu, o que razoavelmente deixou de lucrar". Infere-se dessa previsão a instituição de uma verdadeira garantia de que todo dano deverá ser reparado em sua integralidade, com amparo nos valores determinados pela Constituição Federal de 88.[29] Sendo assim, estabelecido que a reparação deve ser integral e, portanto, plena e justa, negar a viabilidade de reparação da chance perdida seria como negar a evolução da responsabilidade civil. Nas palavras de Sérgio Savi, "equivaleria à infringência dos postulados do pós-positivismo, como a hermenêutica principiológica, a força

---

tida como um dos aspectos nucleares do instituto. Quanto ao aumento das hipóteses de ressarcimento, sabe-se que a responsabilidade civil é um dos instrumentos jurídicos mais flexíveis, dotado de extrema simplicidade, estando apto a oferecer a primeira forma de tutela a interesses novos, considerados merecedores de tutela tão logo sua presença seja identificada pela consciência social, e que de outra maneira ficariam desprotegidos, por que ainda não suficientemente amadurecidos para receberem atenção e, portanto, regulamentação própria por parte do legislador ordinário" (BODIN DE MORAES, Maria Celina. A constitucionalização do direito civil e seus efeitos sobre a responsabilidade civil. In: SOUZA NETO, Cláudio Pereira de; SARMENTO, Daniel (Coord.). *A constitucionalização do direito*: fundamentos teóricos e aplicações específicas. Rio de Janeiro: Lumen Juris, 2007, p. 439).

[28] Diferente, por exemplo, da Argentina, que tem em seu Código Civil artigo expresso sobre o tema: *"Art. 1739 Requisitos. Para la procedencia de la indemnización debe existir un perjuicio directo o indirecto, actual o futuro, cierto y subsistente. La pérdida de chance es indemnizable en la medida en que su contingencia sea razonable y guarde una adecuada relación de causalidad con el hecho generador".*

[29] Maria Celina Bodin de Moraes estabelece que uma das consequências do fortalecimento da pessoa humana e de sua dignidade pela Constituição de 88 consistiu exatamente na determinação da "cabal reparação de todos os prejuízos causados injustamente à pessoa humana" (BODIN DE MORAES, Maria Celina. *Danos à pessoa humana*: uma leitura civil-constitucional dos danos morais. Rio de Janeiro: Renovar, 2009, p. 286).

normativa da Constituição Federal e a necessidade de releitura dos institutos tradicionais de Direito Civil à luz da tábua axiológica constitucional".[30]

Além do princípio da reparação integral, o Código Civil estabelece, no artigo 186[31] c/c o artigo 927,[32] uma cláusula geral de responsabilidade civil, que determina a reparação de qualquer espécie de dano sofrido pela vítima, instituindo-se, com isso, um conceito de dano cuja amplitude influencia diretamente no acolhimento da teoria, pois permite abranger a reparação, inclusive, do prejuízo proveniente da perda de uma oportunidade.[33]

Verificada, portanto, a viabilidade de adoção da teoria com base na interpretação dos preceitos acima referidos, vale anotar que sua efetiva aceitação no Brasil passou por um processo de evolução tanto doutrinário quanto jurisprudencial. Inicialmente, a doutrina era reticente em aplicá-la. Carvalho Santos, ao analisar a responsabilidade do advogado por deixar de recorrer de decisão, sustentou que "parece duvidoso o direito do constituinte, de poder exigir qualquer indenização, precisamente porque não lhe será possível provar que a sentença seria efetivamente reformada".[34]

Em contrapartida, Agostinho Alvim desenvolveu posicionamento de forma a viabilizar a aplicação da teoria. Também tratando da responsabilidade de advogado, o autor assim aludiu:

> O advogado, por negligência, deixa de apelar. Impossibilitado o recurso e não sendo caso de ação rescisória, não poderá o autor obter o restabelecimento do seu direito. Pensará, então, em voltar-se contra o seu advogado, a fim de conseguir que este o indenize. Mas a prova do prejuízo é absolutamente impossível. [...] Com efeito, se ele está inibido de provar a existência direta do dano, tal como o supusemos, outro dano há, resultante da mesma origem, o qual se pode provar e é, portanto, indenizável. A possibilidade e talvez a probabilidade de ganhar a causa em segunda instância constituíam uma chance, uma oportunidade, um

---

[30] SAVI, Sérgio. *Responsabilidade civil por perda de uma chance*, cit., p. 108-109.

[31] "Art. 186. Aquele que, por ação ou omissão voluntária, negligência ou imprudência, violar direito e causar dano a outrem, ainda que exclusivamente moral, comete ato ilícito".

[32] "Art. 927. Aquele que, por ato ilícito (arts. 186 e 187), causar dano a outrem, fica obrigado a repará-lo".

[33] Nesse sentido, Sérgio Savi anota que "o Código Civil brasileiro estabeleceu uma cláusula geral de responsabilidade civil, em que prevê a indenização de qualquer espécie de dano sofrido pela vítima, inclusive o decorrente da perda de uma chance" (SAVI, Sérgio. *Responsabilidade civil por perda de uma chance*, cit., p. 106).

[34] CARVALHO SANTOS, J. M. *Código Civil brasileiro interpretado*, vol. 21. Rio de Janeiro: Freitas Bastos, 1956, pp. 321-322. Percebe-se que o autor trata a situação sob a perspectiva dos lucros cessantes.

elemento ativo a repercutir favoravelmente no seu patrimônio, podendo o grau de probabilidade ser apreciado por peritos técnicos.[35]

A jurisprudência, da mesma forma que a postura originalmente adotada pela doutrina, inicialmente não concedia a reparação pelo prejuízo advindo da perda da chance, pois exigia, por parte daquele que a requeria, prova inequívoca de que, não fosse o ato do ofensor, teria êxito na oportunidade que alegava perdida.[36] As primeiras decisões que efetivamente admitiram a aplicabilidade da teoria da perda de uma chance partiram do Tribunal de Justiça do Rio Grande do Sul, que, sempre inovador, julgou, em 1990, ação de indenização de danos decorrentes de erro médico em que, ainda que não tenha havido responsabilização pela perda da chance, o Desembargador Ruy Rosado de Aguiar Júnior reconheceu expressamente a existência da teoria.[37] Já no ano de 1991 há a primeira decisão que efetivamente aplica a reparação pela perda da chance em caso que se apurou a responsabilidade de advogado.[38]

O *leading case* sobre o assunto é o famoso caso do "Show do Milhão", julgado pelo Superior Tribunal de Justiça, que, apesar de não ter sido a primeira vez que este Tribunal aplicou a reparação por perda de uma chance,[39] ficou

---

[35] ALVIM, Agostinho. *Da inexecução das obrigações e suas consequências*. 3. ed. Rio de Janeiro: Jurídica e Universitária, 1965, pp. 190-191.

[36] Ressalta-se que o próprio pedido da parte acabava ocasionando esse requerimento, já que, muitas vezes, se requeria a reparação por outros motivos e não pela perda da chance em si.

[37] TJRS, 5ª C.C., Ap. Civ. 589.069.996, Rel. Des. Ruy Rosado de Aguiar Júnior, julg. 12.6.1990. O relator sustentou, com base em uma palestra sobre a perda de uma chance ministrada por François Chabas na Universidade Federal do Rio Grande do Sul, que, no caso, "não se trata de perda de uma chance [...]. Na perda da chance, não há laço de causalidade entre o resultado e a culpa do agente". Como, no caso concreto, constatou-se a existência de nexo de causalidade entre o comportamento do réu e o dano sofrido pelo paciente, afastou-se a reparação por perda da chance e aplicou-se a reparação pelo dano final verificado.

[38] TJRS, 5ª CC., Ap. Civ. 591.064.837, Rel. Des. Ruy Rosado de Aguiar Júnior, julg. 28.8.1991. O relator, ainda com base nos ensinamentos de François Chabas, destacou que o advogado, ao não adotar certas diligências esperadas de sua função (comunicação do extravio dos autos do processo judicial à sua cliente e tentativa de restaurá-los), teria cerceado o direito de a mandante ver apreciado em juízo o seu pedido de pensionamento pelo INSS. Ao qualificar o dano, o desembargador explicou que: "Não lhe imputo o fato do extravio, nem asseguro que a autora venceria a demanda, mas tenho por irrecusável que a omissão da informação do extravio e a não restauração dos autos causaram à autora a perda de uma chance e nisso reside o seu prejuízo".

[39] Conforme apontado por Anderson Schreiber, a imensa maioria dos casos anteriores limitava-se à hipótese de extinção de demandas judiciais por erro advocatício (SCHREIBER, Anderson. A perda da chance na jurisprudência do Superior Tribunal de Justiça. *Direito Civil e Constituição*. São Paulo: Atlas, 2013, p. 193).

caracterizado como um precedente emblemático. Isto porque a teoria "caiu como uma luva" na resolução da disputa, sendo possível visualizar todos os pressupostos de sua aplicação,[40] inclusive no aspecto da quantificação do dano, normalmente tão complexo, em que foi possível a utilização de um simples critério de probabilidade matemática.

No entanto, apesar de haver uma expressiva evolução no sentido de aceitação e aplicação da teoria,[41] há orientações divergentes quanto a diversos aspectos da matéria, as quais serão objeto de análise a seguir.

4. Natureza jurídica do dano decorrente da perda de uma chance

Dentre as controvérsias existentes sobre a teoria, a mais expressiva diz respeito à tentativa de categorizar juridicamente o dano pela perda de uma chance, isto é, determinar qual seria a sua natureza jurídica. A doutrina nacional divide-se em dois principais entendimentos antagônicos. O primeiro fundamenta a teoria apenas na ampliação do conceito de dano, em que as chances perdidas representariam um dano autônomo à esfera do ofendido, enquanto o segundo entendimento sugere que a categorização seja estabelecida a partir da distinção entre as duas modalidades da perda de uma chance – clássica e de evitar um prejuízo –, cuja caracterização ensejaria, respectivamente, ou um problema de dano ou um problema de causalidade.

Dentre aqueles que sustentam a sistematização voltada apenas para o alargamento do conceito de dano, há, ainda, uma outra divisão referente à definição de em qual tipo de dano a perda de uma chance se encaixaria, se exclusivamente no extrapatrimonial ou, também, no patrimonial.

Há autores que defendem que o dano da perda de uma chance configuraria um dano exclusivamente extrapatrimonial, caracterizando-o como um

---

[40] Sobre a importância do precedente do Show do Milhão, v. FAJNGOLD, Leonardo. Premissas para a apuração da responsabilidade por perda de uma chance. *Revista de Direito Privado*, vol. 69. São Paulo: Revista dos Tribunais, set./2016, pp. 89-92.

[41] Ressalta-se, entretanto, que ainda é possível encontrar julgados recentes que não a admitem: "PERDA DE UMA CHANCE - Pretensão do autor de ser indenizado pelos danos materiais suportados diante da impossibilidade de participar da competição, onde concorreria a uma bolsa atleta. INADMISSIBILIDADE: Não existe em nosso ordenamento jurídico pátrio previsão legal que autorize a incidência de indenização pela perda de uma chance. Há a necessidade de existência do dano concreto e não da probabilidade" (TJSP, 37ª C.D.Priv., Ap. Civ. 1016675-85.2015.8.26.0037, Rel. Des. Israel Góes dos Anjos, julg. 25.4.2017, DJ 27.4.2017).

"agregador do dano moral".[42] Na jurisprudência também é possível encontrar precedentes nesse sentido,[43] aplicando, assim, indenização a título de dano moral, mesmo que, no pedido, tenha-se pleiteado, cumulativamente, danos materiais decorrentes da perda da chance.

No entanto, deve-se reconhecer que esse entendimento não parece o mais acertado, pois a perda de uma chance, dependendo da natureza da vantagem perdida, também poderá dar origem a um dano material.[44] A V Jornada de Direito Civil do Conselho de Justiça Federal, no Enunciado nº 444, teve a oportunidade de reforçar esse entendimento ao determinar que a "responsabilidade civil pela perda de chance não se limita à categoria de danos extrapatrimoniais, pois, conforme as circunstâncias do caso concreto, a chance perdida pode apresentar também a natureza jurídica de dano patrimonial".

Ressalta-se, assim, que o dano pela perda da chance poderá sim figurar como dano extrapatrimonial, mas não pertencerá apenas a essa categoria. Daniel Carnaúba explica, nesse sentido, que:

> A chance perdida não pertence necessariamente a esta ou àquela categoria. A perda de chance representará um dano patrimonial ou moral à vítima, a depender do caráter patrimonial ou extrapatrimonial do resultado que poderia ser obtido por meio dela. É a natureza do interesse em jogo que determinará a natureza da chance.[45]

Logo, poderá a perda da chance figurar tanto como dano extrapatrimonial quanto como dano patrimonial, a depender da natureza dos interesses concretamente perdidos[46].

---

[42] Antonio Jeová Santos, em obra sobre dano moral, afirma nesse sentido ao caracterizar a perda da chance como um dano moral futuro (SANTOS, Antonio Jeová. *Dano moral indenizável*. 3. ed. São Paulo: Método, 2001, pp. 113-114). Também nesse sentido: "A perda de uma chance reclama uma classificação como uma espécie de dano extrapatrimonial autônomo, o que implica na utilização de critérios específicos e adequados à sua avaliação, o que resulta em maior efetividade às decisões judiciais e, consequentemente, à segurança jurídica almejada na solução das lides enfrentadas" (SANTOS PEREIRA, Agnoclébia; TORRES, Felipe Soares. O dano decorrente da perda de uma chance: questões problemáticas. *Revista dos Tribunais*, vol. 958. São Paulo: Revista dos Tribunais, ago./2015, p. 42).
[43] Nessa linha, exemplificativamente: TJSP, 25ª C. Extr. Dir. Priv., Ap. Civ. 1006668-29.2015.8.26.0071, Rel. Des. Melo Bueno, julg. 29.6.2017, v.u., DJ 3.7.2017; TJSP, 34ª C.D.Priv., Ap. Civ. 1004802-49.2016.8.26.0071, Rel. Des. Soares Levada, julg. 7.6.2017, v.u., DJ 9.6.2017.
[44] Nesse sentido: SAVI, Sérgio. *Responsabilidade civil por perda de uma chance*, cit., p. 60; GUEDES, Gisela Sampaio da Cruz. *Lucros cessantes*, cit., p. 108, nota de rodapé nº 14.
[45] CARNAÚBA, Daniel, *Responsabilidade civil pela perda de uma chance*, cit., p. 170.
[46] Nessa linha, Ana Cláudia Côrrea do Amaral explica que: "Quando a vítima se encontra em um processo aleatório na defesa ou na busca de um objetivo que se apresenta como um interesse de caráter

Dentro da perspectiva da reparação da chance perdida vinculada à categoria patrimonial do dano, há quem a interprete como uma espécie de lucros cessantes.[47] José de Aguiar Dias, por exemplo, ainda que reconheça a responsabilidade pela perda de uma chance, entende que esta dificilmente seria objeto de reparação, já que não se conseguiria fazer prova do prejuízo final em si. Com esse raciocínio, o autor acaba abordando a perda de uma chance como lucros cessantes.[48] Entendimentos nesse sentido também são correntes na jurisprudência.[49]

---

extrapatrimonial, o dano pela perda da chance será dano de natureza extrapatrimonial. Ao contrário, quando o lesado se insere em um processo aleatório e visa, ao final dele, obter uma vantagem que lhe trará acréscimo evidentemente patrimonial ou, então, que evitará sofrer uma diminuição significativa em seu patrimônio, o dano causado pela interrupção da sequência de acontecimentos, que prive o indivíduo da chance da qual ele já desfrutava, terá natureza de dano patrimonial e como tal deverá ser ressarcido" (AMARAL, Ana Cláudia Corrêa Zuin Mattos do. *Responsabilidade civil pela perda de uma chance*: natureza jurídica e quantificação do dano. Curitiba: Juruá, 2015, p. 127).

[47] Nas palavras de Caio Mário da Silva Pereira, o lucro cessante "corresponde a tudo aquilo que a vítima deixou 'razoavelmente' de ganhar em virtude da inexecução da obrigação, consoante a própria locução do art. 402 do texto. Este dispositivo adota, na quantificação do lucro cessante, o princípio da razoabilidade, repetindo a regra do art. 1.059 do vetusto Código de 1916, conferindo ao julgador a tarefa de precisar essa parcela indenizatória de acordo com o bom-senso. Essa orientação exclui a possibilidade de se confundir o lucro cessante com o lucro imaginário ou simplesmente hipotético, exigindo-se um juízo de probabilidade objetiva, e não de mera possibilidade" (PEREIRA, Caio Mário da Silva. *Instituições de direito civil*, vol. 2. 25. ed. Rio de Janeiro: Forense, 2013, pp. 328-330). Adotando a classificação da perda de uma chance como lucros cessantes, Paulo Nader, por exemplo, afirma que: "A perda de chance, quando concreta, real, enquadra-se na categoria de lucros cessantes, ou seja, danos sofridos pelo que se deixou de ganhar ou pelo que não se evitou perder" (NADER, Paulo. *Curso de direito civil*, vol. 7. 3. ed. Rio de Janeiro: Forense, 2010, p. 75). Já Sérgio Cavalieri, sustenta que a "perda de uma chance guarda relação com o lucro cessante, uma vez que a doutrina francesa, onde a teoria teve origem na década de 60 do século passado, dela se utiliza nos casos em que o ato ilícito tira da vítima a oportunidade de obter uma situação futura melhor" (CAVALIERI FILHO, Sérgio. *Programa de responsabilidade civil*. 8. ed. São Paulo: Atlas, 2008, pp. 74-75).

[48] "Esse aresto [...] deixou de decretar uma responsabilidade que, de sua própria leitura, nos parece irrecusável, porque não há advogado digno desse título que não avalie a gravidade da fala de não preparar o recurso. Contudo – e é o que sucederá na maioria dos casos – o autor não fizera prova do prejuízo e, nessas condições, não obstante reconhecida a responsabilidade, não seria, realmente, possível uma condenação" (AGUIAR DIAS, José de. *Da responsabilidade civil*. 10. ed. Rio de Janeiro: Forense, 1995, p. 296).

[49] Exemplificativamente, veja decisão em que o STJ nega reparação pela perda de uma chance e, ao final, afirma estar afastada, por conta disso, a incidência de lucros cessantes: "A simples inscrição do autor em concurso público ou o fato de estar, no momento do acidente, bem posicionado em lista classificatória parcial do certame, não indicam existir situação de real possibilidade de êxito capaz de autorizar a aplicação, no caso, da teoria da perda uma chance, não havendo falar, portanto, na existência de lucros cessantes a serem indenizados" (STJ, 3ª T., REsp. 1.591.178/RJ, Rel. Min.

No entanto, é necessário reconhecer que entre a reparação das chances perdidas e a dos lucros cessantes há importantes diferenças que devem ser levadas em consideração, principalmente para que não se torne impraticável a própria reparação pela perda da chance.[50] Ainda que em relação a ambas não seja possível afirmar, com certeza, qual será o resultado final de determinado evento danoso, o fato é que, em se tratando de lucros cessantes, o indivíduo perde algo que representava uma certeza de atribuição futura e deverá demonstrar os pressupostos e requisitos necessários à configuração do lucro que deixou razoavelmente de auferir, devendo-se focar, aqui, no exame do benefício não alcançado.[51] Já a reparação pela perda de uma chance ocorre nas hipóteses em que não há como conferir certeza de alcance do benefício final, mas se pode garantir a existência da chance, isto é, do direito de utilização desta para se alcançar a vantagem desejada que, uma vez perdido, demanda tutela jurídica.[52]

Assim, na perda da chance, como não se pretende indenizar o benefício perdido, mas, sim, a perda da oportunidade de o alcançar, não há necessidade de se provar se a vítima não auferiu ou em que medida ela não auferiu o resultado final almejado. A prova será apenas da existência do nexo causal entre o

---

Ricardo Villas Bôas Cueva, julg. 25.4.2017, v.u., DJe 2.5.2017). Na mesma linha, o TJSP ao afirmar que: "o lucro cessante, ou indenização por perda de uma chance, como espécie dos lucros e perdas, de natureza material, não se presume" (TJSP, 26ª C.D.Priv., Ap. Civ. 0004865-35.2014.8.26.0274, Rel. Des. Felipe Ferreira, julg. 24.11.2016, v.u., DJ 25.11.2016).

[50] Nesse sentido, Gisela Sampaio da Cruz explica que: "No mais das vezes, para o provimento do pedido indenizatório, exigia-se que o cliente provasse que se o recurso tivesse sido tempestivamente interposto teria sido, com absoluta certeza, provido. Por outras palavras: impunha-se à vítima o pesado ônus de provar que a sentença desfavorável se reverteria a seu favor em segunda instância. Ora, mas se esta prova pudesse ser realizada, então não se estaria apenas diante de uma hipótese de perda de uma chance, mas, sim, de lucro cessante, ou de dano emergente, caso o cliente prejudicado fosse, em realidade, réu da ação em se pleiteava a indenização. É justamente a impossibilidade de se definir se o resultado final seria obtido que caracteriza a chamada perda de uma chance" (GUEDES, Gisela Sampaio da Cruz. *Lucros cessantes*, cit., p. 104).

[51] Conforme disciplina Pontes de Miranda, "tem-se de considerar lucro cessante todo ganho ou lucro frustrado pela ocorrência do fato ilícito. Frustrado é o ganho ou lucro que seria de esperar-se, tomando-se por base o curso normal das coisas e as circunstâncias especiais, determináveis, do caso concreto, inclusive a organização, as medidas e previsões que se observavam" (PONTES DE MIRANDA, Francisco Cavalcanti. *Tratado de Direito Privado*, t. 26. São Paulo: Revista dos Tribunais, 2012, p. 129).

[52] Para uma completa avaliação das diferenças entre perda de uma chance e lucros cessantes, v. GUEDES, Gisela Sampaio da Cruz. *Lucros cessantes*, cit., pp. 122-123.

ato do ofensor e a perda da oportunidade de a vítima receber uma vantagem, sendo esta oportunidade o objeto de análise, e não a vantagem final.[53]

A grande dificuldade na diferenciação entre lucros cessantes e perda de uma chance é a errada concepção de que, mesmo neste último caso, a análise do liame causal dever levar em consideração a conduta do ofensor e a vantagem não alcançada. A necessidade de certeza que tal análise requer nunca existirá nas expectativas frustradas. Por isso, a averiguação da responsabilidade por chances perdidas deve-se ater à existência de nexo entre a conduta e a perda da oportunidade de se atingir a vantagem, que, como já referido, é o real objeto de reparação nessas hipóteses. Só assim será possível quantificar a reparação pela perda da chance. Caso contrário, tendo em vista a incerteza existente, nunca seria possível a estipulação de tal reparação.

Corroborando a interpretação acima desenvolvida, alguns autores defendem a ideia de que o dano da perda de uma chance tratar-se-ia, na esfera patrimonial, de uma subespécie de dano emergente,[54] justamente pelo fato de que a chance caracterizaria um interesse jurídico merecedor de tutela com valor próprio que comporia a esfera patrimonial atual do indivíduo. Dessa forma, para essa corrente doutrinária, a perda da chance configuraria um dano atual e certo, que produziria uma diminuição imediata no patrimônio da vítima.[55] Ou seja, ofende-se algo a que a vítima fazia jus, pois já fazia parte

---

[53] "Com a expressão 'perda de uma chance' não se indica, portanto, o dano eventual, consistente na vantagem esperada, mas o dano certo que é configurado a partir da perda de uma possibilidade ou de uma probabilidade de se conseguir o resultado favorável" (GUEDES, Gisela Sampaio da Cruz. *Lucros cessantes*, cit., pp. 122-123).

[54] Nas palavras de Caio Mário da Silva Pereira: "O dano emergente ou positivo se refere à efetiva e imediata redução patrimonial sofrida em razão do evento lesivo, podendo consistir na diminuição do ativo ou no aumento do passivo, o que torna sua avaliação mais simples, em regra" (PEREIRA, Caio Mário da Silva. *Instituições de direito civil*, vol. 2, cit., pp. 328-330).

[55] SAVI, Sérgio. *Responsabilidade civil por perda de uma chance*, cit., p. 122. Ressalta-se que o autor apenas analisa em sua obra a perda de uma chance clássica – abordando-a como uma subespécie de dano emergente –, mas concorda com a posição de Rafael Peteffi, que ainda será objeto de análise, em relação à problemática referente ao nexo causal existente na modalidade de perda de uma chance de evitar um prejuízo. Daniel Carnaúba concorda com a classificação em dano emergente, mas considera que "a causalidade nunca está presente nos casos de perda de chance, quer trate-se de um caso de perda de chance médica, quer não. [...]". Na sua opinião, sempre "os conflitos envolvendo perdas de chances são solucionados pela via do deslocamento da reparação. Esse método resolve o problema através da mudança de perspectiva quanto ao nexo causal: a causalidade será constatada a partir do liame existente entre o ato imputável ao réu e a perda da chance – e não mais entre aquele ato e a vantagem frustrada" (CARNAÚBA, Daniel Amaral, *Responsabilidade civil pela perda de uma chance*, cit., p. 141).

de seu patrimônio à época do evento danoso. Sérgio Savi, ao assim se posicionar, esclarece que:

> Ao se inserir a perda de chance no conceito de dano emergente, elimina-se o problema da certeza do dano, tendo em vista que, ao contrário de se pretender indenizar o prejuízo decorrente da perda do resultado útil esperado, indeniza-se a perda da chance de obter o resultado útil esperado.
> [...]
> Assim, não se concede a indenização pela vantagem perdida, mas sim pela perda da possibilidade de conseguir esta vantagem. Isto é, faz-se uma distinção entre resultado perdido e a chance de consegui-lo.[56]

Ainda no âmbito patrimonial, é possível encontrar uma terceira concepção, além daquelas que remetem ao lucro cessante e ao dano emergente, que trata o prejuízo pela perda de uma chance como uma espécie intermediária de dano (terceiro gênero de dano), situada entre o dano emergente e o lucro cessante. Dentre os autores que assim defendem, Sílvio de Salvo Venosa determina que "a denominada perda de uma chance pode ser considerada uma terceira modalidade nesse patamar, a meio caminho entre o dano emergente e o lucro cessante".[57] Nesse mesmo sentido, o Superior Tribunal de Justiça, no REsp. 1190180, deliberou que:

> A teoria da perda de uma chance (*perte d'une chance*) visa à responsabilização do agente causador não de um dano emergente, tampouco de lucros cessantes, mas de algo intermediário entre um e outro, precisamente a perda da possibilidade

---

[56] SAVI, Sérgio. *Responsabilidade civil por perda de uma chance*, cit., p. 122. Também nesse sentido: "Se a chance de fato existia, foi considerada séria e a conduta culposa do agente impediu que ela se verificasse, é certo que a vantagem esperada está perdida e disso resulta, segundo a doutrina mais recente, um dano emergente, passível de indenização. Certo não é o bom êxito que a chance descortina, ainda que extremamente provável. Certa é a chance em obtê-lo, o que só por si constituía um ativo, às vezes importante, no patrimônio de quem a perdeu" (TEPEDINO, Gustavo; BARBOZA, Heloísa Helena Barboza; BODIN DE MORAES, Maria Celina. *Código Civil Interpretado conforme a Constituição da República*, vol. 1. Rio de Janeiro: Renovar, 2004, p.727).

[57] VENOSA, Sílvio de Salvo. *Direito civil*, vol. 4. 8. ed. São Paulo: Atlas, 2008, p. 288. No mesmo sentido: "Em a relação à sua natureza jurídica, entende este trabalho que se trata de novo dano, uma vez que não há possibilidade entendê-lo como dano emergente, lucro cessante ou dano moral, já que depende da situação fática" (BRASILINO, Fábio Ricardo Rodrigues; CORREIA, Alexandre Adriano; GONÇALVES, Fábio Henrique. A (in)aplicabilidade da teoria da perda de uma chance no direito brasileiro e comparado. *Revista de direito privado*, vol. 65. São Paulo: Revista dos Tribunais, jan.-mar./2017, p. 224).

de se buscar posição mais vantajosa que muito provavelmente se alcançaria, não fosse o ato ilícito praticado.[58]

No entanto, vale recordar que o dano decorrente da perda de uma chance, como visto, além de interesses patrimoniais, poderá envolver interesses extrapatrimoniais. Dessa forma, parece difícil conceber a perda de uma chance apenas como uma subespécie de dano emergente ou, até mesmo, como uma terceira modalidade de dano patrimonial, pois qualquer hipótese o vincularia apenas à esfera patrimonial. Nesse sentido, Gisela Sampaio da Cruz ressalta que, na verdade, a perda de uma chance configuraria "uma nova situação lesiva da qual pode originar um dano patrimonial ou extrapatrimonial, a depender do interesse em jogo".[59]

Esses são, portanto, os posicionamentos existentes na doutrina e jurisprudência que buscam definir a natureza jurídica da perda de uma chance por meio de uma sistematização voltada para o alargamento do conceito do dano. Como se vê, não é nada pacífica ou simples a definição de tal natureza.

A essa indefinição soma-se o entendimento que busca caracterizar a natureza da perda de uma chance a partir de uma sistematização que a divide em duas situações distintas – quando a perda da chance traduz um problema de dano e quando traduz um problema de causalidade –, levando em consideração as duas diferentes modalidades analisadas no item 2, *supra*. Vale adiantar que, no que tange às hipóteses que traduzem um problema de causalidade, não há uniformidade no entendimento pelos autores que seguem essa sistematização.[60]

No que se refere à perda de uma chance como um problema de dano, Rafael Peteffi, importante expositor do tema, certifica que "todas as vezes que o processo aleatório em que se encontrava a vítima é interrompido, com a perda definitiva da vantagem esperada e a total aniquilação das chances da

---

[58] STJ, 4ª T., REsp. 1.190.180/RS, Rel. Min. Luis Felipe Salomão, julg. 16.11.2010, DJe 22.11.2010. Seguindo essa mesma linha, o Tribunal de Justiça do Rio Grande do Sul vem reiteradamente aplicando esse entendimento, como, por exemplo, na seguinte decisão: "A teoria da perda de uma chance busca responsabilizar o causador por um dano diferente daqueles previstos no art. 403 do CC, emergente e lucro cessante, construindo modalidade *sui generis* pela frustração de uma posição pessoal mais vantajosa que poderia ser alcançada não fosse o ato ilícito do terceiro" (TJRS, 18º C.C., Ap. Civ. 70073529695, Rel. Des. João Moreno Pomar, julg. 25.5.2017).

[59] GUEDES, Gisela Sampaio da Cruz. *Lucros cessantes*, cit., p. 125.

[60] Os principais autores que analisam a natureza da teoria a partir dessa divisão sistemática são Fernando Noronha (NORONHA, Fernando. *Direito das obrigações*, cit., pp. 701-714) e Rafael Peteffi (SILVA, Rafael Peteffi da. *Responsabilidade civil pela perda de uma chance*, cit., p. 110).

vítima, está-se diante de chances perdidas como dano específico e autônomo".[61] Fernando Noronha, ao abordar o assunto, posiciona-se no sentido de que "a perda de chance, qualquer que seja a modalidade em que se apresente, traduz-se sempre num dano específico, o dano da perda da própria chance, o qual é distinto dos eventuais benefícios que eram esperados".[62] Ainda que o autor aborde o dano pela perda de uma chance como um dano autônomo, independentemente de sua modalidade, ele empreende uma análise profunda acerca da causalidade nos casos de perda de uma chance de evitar um prejuízo, mostrando-se pertinente sua inclusão na corrente em estudo.

Sendo assim, em relação à perda de uma chance de evitar um prejuízo que já aconteceu – dano presente, nas palavras de Fernando Noronha[63] – haveria, de acordo com referida corrente, a necessidade de se empreender uma análise mais profunda da causalidade para fins de se determinar a responsabilidade pelo dano, bem como sua quantificação. Tal análise é realizada, principalmente, no âmbito de responsabilidade médica, ao se aferir a perda da chance de sobrevivência ou de cura.

Inicialmente, Rafael Peteffi defende que, "quando o processo aleatório chegou até o final, como costuma acontecer na seara médica, a noção de causalidade parcial é chamada a depor. Neste último caso, a conduta do agente apenas retira algumas chances de a vítima auferir a vantagem esperada, fazendo com que esta ainda possa ser alcançada".[64] O autor aloca a perda da chance de evitar um prejuízo não como um dano autônomo,[65] mas, sim, como uma questão de causalidade parcial, determinando uma aplicação não ortodoxa do nexo causal.

Para o referido autor, mesmo havendo riscos na aplicação da teoria da perda de uma chance aos casos em que o processo chegou ao fim, em algumas

---

[61] SILVA, Rafael Peteffi da. *Responsabilidade civil pela perda de uma chance*, cit., p. 106.
[62] NORONHA, Fernando. *Direito das obrigações*, cit., p. 701.
[63] NORONHA, Fernando. *Direito das obrigações*, cit., p. 706.
[64] SILVA, Rafael Peteffi da. *Responsabilidade civil pela perda de uma chance*, cit., p. 106.
[65] Peteffi, ao comentar acerca da corrente encabeçada por Joseph Kin Jr., que vislumbra a perda de uma chance unicamente como categoria de dano específico, sendo despicienda qualquer utilização alternativa do nexo de causalidade, explica que as chances perdidas não subsistem de forma isolada. Nas palavras do autor: "Qual seria o dano sofrido pela vítima se o advogado, de forma negligente, esquecesse de comparecer ao julgamento marcado, mas, ainda assim, o seu cliente lograsse a procedência no recurso?" (SILVA, Rafael Peteffi da. *Responsabilidade civil pela perda de uma chance*, cit., p. 51-52). O autor argumenta que a doutrina que considera que a teoria da perda de uma chance está alicerçada em uma noção de dano autônomo deveria admitir a ação de reparação, independentemente da perda definitiva da vantagem esperada.

hipóteses a negação da teoria geraria graves injustiças, pois poderia acontecer de ser impossível que "o magistrado, levando em conta as provas produzidas, se decida, com segurança, pela condenação do médico, mesmo que a conduta do profissional tenha certamente agravado a situação do paciente". Assim, em sua opinião, numa situação como esta, a aplicação da perda de uma chance, a partir do exame da causalidade parcial que a conduta do réu apresentasse em relação ao dano final existente, estaria legitimada se presente "uma estatística segura, bem como uma grave culpa médica", sendo que, "aqui, a simples 'média teórica' será o subsídio probatório mais sólido ao qual o juiz poderá se socorrer".[66]

Já Fernando Noronha traz a análise da causalidade para o dano específico da perda de uma chance de evitar um prejuízo ao estudar a doutrina francesa que critica e afasta a aplicação da teoria aos casos de responsabilidade médica. O autor, apesar de concordar que seriam parcialmente procedentes as críticas à extensão da teoria clássica aos casos de perda da chance de evitar que outrem sofra um prejuízo, assevera que "o problema fundamental está em saber se o médico deve reparar o dano, no todo ou em parte, quando tiver prescrito uma terapêutica inadequada, se houver um agravamento da doença e não se souber a causa respectiva".[67]

Assim, para Noronha, a análise da responsabilidade pela perda de uma chance de evitar um prejuízo só seria justificável e necessária em algumas situações.[68] No que se refere à responsabilidade médica, o autor assevera que essas situações ocorreriam quando a causa do agravamento do estado do paciente não for conhecida e, além disso, for verificada a aplicação de uma terapêutica inadequada (ou se a terapêutica é adequada, mas oferece riscos não informados ao paciente). Nestes casos, mesmo não se conhecendo a causa do dano, ele ocorreria, de acordo com o autor, apenas em uma de duas hipóteses: (i) ou foi devido simultaneamente ao ato terapêutico inadequado e à evolução endógena da doença, devendo-se aplicar a causalidade concorrente;[69] (ii) ou

---

[66] SILVA, Rafael Peteffi da. *Responsabilidade civil pela perda de uma chance*, cit., p. 252.
[67] O autor faz uma análise a partir da responsabilidade médica, mas ressalta que "a explanação é extensível a outros domínios" (NORONHA, Fernando. *Direito das obrigações*, cit., p. 711).
[68] NORONHA, Fernando. *Direito das obrigações*, cit., p. 710.
[69] "Nesta situação temos dois fatos independentes, um do responsável (deficiência no tratamento), outro um caso fortuito ou de força maior (evolução da própria doença); nenhum deles teria potencialidade para causar o dano verificado, ou todo este, mas somados acabam causando-o. [...] Perante este circunstancialismo, o fato de não existir prova suficiente que permita selecionar um dos dois fatores que são possível causa do dano verificado não parece ser justificativa para aplicar aqui a regra do 'ou tudo, ou nada' e concluir que o lesado não poderá receber reparação nenhuma. [...]".

resultou somente de um destes fatores, sem se saber qual, situação que seria típica de causalidade alternativa.[70]

Verifica-se, assim, que existe uma grande dificuldade em relação à interpretação da perda da chance de evitar um prejuízo. Isto porque, nessa hipótese, o processo já chegou ao seu fim e o dano é presente, o que parece tornar difícil, ou mesmo inviável, que a análise da responsabilidade se atenha à chance perdida em si, ainda mais quando se trata de responsabilidade médica, cuja subjetividade requer a prova da culpa em caso de eventual dano verificado por conduta do profissional.

A situação fica ainda mais complicada pelo fato de a jurisprudência nacional aplicar a teoria da perda de uma chance na seara médica sem fazer qualquer distinção em relação aos casos em que se utiliza o conceito de dano específico.[71] Ou seja, no campo jurisprudencial, a perda da chance é, via de regra, considerada como dano autônomo.

Nesse ponto, diante da conjuntura analisada, faz-se necessário examinar a real necessidade e adequação da aplicação da teoria no âmbito da responsabilidade médica, levando-se em consideração, principalmente, o fato de esta

---

Se a dúvida que fica subsistindo é apenas porque existe uma outra causa possível, terá de ficar a cargo do indigitado responsável o ônus da prova capaz de destruir a presunção de causação que milita contra ele: provado que o evento atribuído ao indigitado responsável foi uma condição do dano, fica presumido o nexo de causalidade adequado; se ele praticou um fato suscetível de causar o dano, sobre ele deve recair o ônus de provar que, apesar da condicionalidade, não houve adequação entre tal fato e o dano" (NORONHA, Fernando. *Direito das obrigações*, cit., pp. 713-714).

[70] "[A] circunstância de, em vez de um, termos dois fatos que igualmente poderiam ter causado esse dano, não é suficiente para que o nexo de causalidade fique excluído. E também aqui haverá que fazer um cálculo das probabilidades que cada um dos fatos postos em alternativa teria, na causação do dano. A reparação deve corresponder à percentagem das chances com que o fato do responsável contribuiu para o dano final: esse será o valor da chance subtraída ao lesado. Em suma, o valor do dano deverá ser repartido na proporção em que cada um dos fatos em alternativa concorreu para o dano final" (NORONHA, Fernando. *Direito das obrigações*, cit., p. 714). Orlando Gomes, ao dispor acerca da causalidade alternativa, assevera que "nesse caso, sendo impossível provar a autoria do dano, que tanto poderia ter sido produzido por um ou por outro, não se concretiza a responsabilidade" (GOMES, Orlando. *Responsabilidade civil*, cit., p. 81).

[71] Nesse sentido: "[...] 16. Com efeito, a visão tradicional da responsabilidade civil subjetiva; na qual é imprescindível a demonstração do dano, do ato ilícito e do nexo de causalidade entre o dano sofrido pela vítima e o ato praticado pelo sujeito; não é mitigada na teoria da perda de uma chance. Presentes a conduta do médico, omissiva ou comissiva, e o comprometimento real da possibilidade de cura do paciente, presente o nexo causal. 17. Insisto que é forçoso distinguir que o dano não se refere ao agravamento da doença ou o óbito, mas sim à chance perdida de uma possibilidade de cura ou sobrevida mais digna" (STJ, 3ª T., REsp. 1.622.538/MS, Rel. Min. Nancy Andrighi, julg. 21.3.2017, v.u., DJe 24.3.2017).

responsabilidade ser subjetiva e, portanto, requerer a demonstração da culpa do profissional para sua configuração.

5. Aplicação da teoria da perda de uma chance na responsabilidade médica

Conforme apontado no item 3, *supra*, a doutrina francesa divide-se no tratamento da perda de uma chance em caso de responsabilidade médica[72] (perda de uma chance de sobrevivência ou de cura).

A corrente que a admite, o faz levando em consideração a impossibilidade de se afirmar que determinado dano se deve a um ato ou omissão do médico, sendo inviável demonstrar o nexo de causalidade entre a conduta supostamente lesiva e o dano final ao paciente. Em razão dessa dificuldade, essa parte da doutrina acaba por concordar com o entendimento da Corte de Cassação francesa, que, ao aplicar a teoria na seara médica, "supõe que o prejuízo consiste na perda de uma possibilidade de cura – e, em consequência, condena à indenização por esta perda".[73]

Já aqueles que a rejeitam, o fazem justamente por essa concepção da teoria influenciar diretamente a apreciação do nexo causal, levando o magistrado a conferir indenizações ainda que sem a certeza de que foi a conduta do médico que efetivamente gerou o dano, apoiando-se numa verdadeira presunção para estipular a responsabilidade do profissional pela chance perdida. Os autores que assim entendem, ao não admitirem a aplicação da teoria na seara médica,

---

[72] Ressalta-se que a figura da perda de uma chance de evitar um prejuízo se aplica, com os mesmos problemas e restrições que serão analisadas ao longo desse tópico, em relação a quase todas as profissões liberais (como, por exemplo, a advocacia). No entanto, os casos envolvendo a medicina são os paradigmas estudados pela doutrina por serem objeto de controversa interpretação pelos tribunais, tendo em vista a dificuldade na ponderação das chances perdidas. A doutrina explica que "o erro médico, o erro do advogado, ou de qualquer outro profissional implica responsabilização patrimonial e extrapatrimonial. No entanto, na área médica, a prova da chance concreta nem sempre é clara e induvidosa, pois a cura ou a morte podem ocorrer no campo do imponderável. Essa nebulosidade se acirra no processo judicial, porque a produção probatória, no caso concreto, é sempre muito controvertida nos laudos periciais, isso porque cada qual, com sua equação científica e estatísticas, demonstra a veracidade de suas teses que, na maioria das vezes, são contraditórias" (ANDRIGHI, Vera. Reparação moral e material pela perda de uma chance. In: ANDRIGHI, Fátima Nancy (Coord.). *Responsabilidade civil e inadimplemento no direito brasileiro*. São Paulo: Atlas, 2014, p. 259).

[73] KFOURI NETO, Miguel. Graus da culpa e redução equitativa da indenização. *Revista dos Tribunais*, vol. 839. São Paulo: Revista dos Tribunais, set./2005, p. 62.

asseveram que seria arbitrário isolar um denominado prejuízo intermediário (a chance perdida), tendo em vista que o processo foi até seu fim e o que se deveria regular, na verdade, seria o prejuízo final.[74]

Para essa corrente, capitaneada por René Savatier e seguida por Jean Penneau e Yvonne Lambert-Faivre,[75] a análise do nexo causal não poderia ser realizada entre a conduta do médico e a chance de sobrevivência ou de cura perdida – dano intermediário –, mas, sim, entre a conduta do médico e o dano final, sendo impossível a reparação pela perda da chance.

Salienta-se que, para todos esses autores, valeria, nesta matéria, a regra do "ou tudo, ou nada", isto é, "ou se prova que a falha terapêutica contribuiu efetivamente para o dano, e o médico será responsável, e pela integralidade dele, ou não se faz prova cabal dessa relação de causa e efeito, e ele não responderá por nada".[76] Todavia, tendo em vista que, em determinados casos, a conduta do médico pode comprometer em alguma medida o tratamento do paciente, a regra do "ou tudo ou nada" não parece ser de todo adequada. Isto porque, tal regra excluiria até mesmo a possibilidade de uma parcial reparação, caso ficasse comprovado que a conduta do médico figurou, de alguma forma, como causa que concorreu para a verificação do dano final, e não como a sua causa exclusiva.

Eduardo Nunes de Souza, em artigo sobre o tema, faz uma análise da aplicabilidade da teoria da perda da chance aos casos de responsabilidade médica, ressaltando que essa aplicação se aproxima muito da lógica do erro médico e acaba por desconsiderar o necessário exame da culpa para a responsabilização do profissional,[77] o que significaria promover uma objetivação velada da responsabilidade médica. A análise do autor leva em consideração

---

[74] Resumindo o entendimento doutrinário francês, Fernando Noronha explica que a doutrina ficou dividida em duas posições antagônicas, uma admitindo e outra negando a teoria na seara médica. Daqueles que se pronunciaram, a maioria "nega que nestes casos seja possível invocar a perda de chances e afirma que todo o problema se resume a uma questão de prova do nexo de causalidade: ou este fica provado e há que conceder a indenização, ou não fica e o réu tem de ser absolvido, por ser o dano incerto" (NORONHA, Fernando. *Direito das obrigações*, cit., pp. 708-709).

[75] Para uma análise das opiniões dos autores franceses, v. NORONHA, Fernando. *Direito das obrigações*, cit., pp. 708-710.

[76] NORONHA, Fernando. *Direito das obrigações*, cit., p. 709.

[77] "Faz-se aqui a aproximação entre ambas as expressões ('erro' e 'perda de uma chance') apesar da evidente desvinculação entre elas, apenas para salientar que nenhuma das duas faz qualquer consideração quanto à culpa do profissional, constituindo, em vez disso, um drástico reforço semântico para a responsabilização do médico" (SOUZA, Eduardo Nunes de. Considerações sobre a aplicação da teoria da perda de uma chance na responsabilidade civil do médico, cit., p. 777).

a complexidade existente nos tratamentos médicos, em que as escolhas não são fechadas e podem, eventualmente, contribuir para a ocorrência de um dano ao paciente, ainda que o médico tome todas as cautelas necessárias. Em suas palavras:

> Parte das decisões que sustentam a perda da chance de cura o faz durante o exame da culpa do médico, como se a existência de outro tratamento que, em abstrato, permitisse a cura (fator levado em conta para a perda da chance e, como já se viu, para o erro médico) estivesse intrinsecamente ligada à análise do cumprimento do procedimento adequado pelo médico (ponderação necessária para a identificação de sua culpa). Ocorre, porém, que, não raro, há mais de um procedimento adequado a seguir, nem sempre com probabilidades drasticamente distintas de eficácia. O tratamento médico é um ato complexo composto por muitas escolhas, e a simples existência de uma alternativa que poderia ter permitido a cura não autoriza, per se, concluir que houve descumprimento da diligência profissional devida (vale dizer, agir culposo por parte do médico). [...] Não se pode responsabilizar o médico pelas escolhas que necessariamente terá que deixar de fazer em seu exercício profissional, mas sim pelas escolhas que efetivamente faz, quando estas destoarem do procedimento que a própria medicina considera adequado.[78]

Além disso, deve-se levar em consideração que a aplicação da teoria da perda de uma chance para responsabilização do médico parece relacionar-se com a necessidade de se imputar ao profissional não apenas o dever de reparar, mas, também, uma indenização com caráter punitivo/preventivo. Rafael Peteffi, nesse sentido, afirma que "em defesa da adoção da teoria da perda de uma chance na seara médica, tem-se como principal argumento o caráter pedagógico (*deterrence*) que deve desempenhar a responsabilidade civil, isto é, o dever de indenizar o dano causado deve desmotivar o agente, bem como toda a sociedade, de cometer novamente o mesmo ato ofensivo".[79]

No entanto, tal caráter punitivo/preventivo da responsabilidade civil[80], bastante criticado em sede doutrinária,[81] ainda que amparado pela jurisprudência

---

[78] SOUZA, Eduardo Nunes de. Considerações sobre a aplicação da teoria da perda de uma chance na responsabilidade civil do médico, cit., pp. 778-779.
[79] SILVA, Rafael Peteffi. *Responsabilidade civil pela perda de uma chance*, cit., p. 248.
[80] Sobre o assunto, remete-se ao CAPÍTULO XVIII desta obra.
[81] Maria Celina Bodin de Moraes, por exemplo, ao reconhecer os danos punitivos como uma figura anômala, intermediária entre o direito civil e o direito penal, defende que, aplicado indiscriminadamente, "coloca em perigo princípios fundamentais de sistemas jurídicos que têm na lei a sua

nacional,[82] não deveria prevalecer, muito menos para justificar a adoção da teoria da perda de uma chance no campo da responsabilidade médica. Com a aplicação de uma reparação com caráter punitivo/preventivo na seara médica, reforça-se a ideia de que o que se busca aqui é responsabilizar o profissional a qualquer custo, mesmo se não houver efetiva falha em sua atuação, "sob a alegação de que isso preveniria o paciente contra uma possível tendência dos profissionais da medicina a tratá-los com descaso ou pouco cuidado",[83] o que, de nenhum modo, condiz com a imprescindibilidade da prova da culpa para sua responsabilização.

Diante de todo o exposto, Eduardo Nunes de Souza entende não ser necessária a aplicação da teoria da perda de uma chance para que seja possível a reparação da vítima em casos de tratamento médico inadequado que possa ter colaborado para determinado dano, sendo suficiente recorrer-se à ideia

---

fonte normativa, na medida em que se passa a aceitar a ideia, extravagante à nossa tradição, de que a reparação já não se constitui como o fim último da responsabilidade civil, mas a ela se atribuem também, como intrínsecas, as funções de punição e dissuasão, de castigo e prevenção" (BODIN DE MORAES, Maria Celina. *Danos à pessoa humana*, cit., p. 258).

[82] O Superior Tribunal de Justiça costuma referir-se, quando da quantificação do dano, que o valor estipulado é razoável, pois desestimularia a conduta do ofensor, cumprindo o caráter indenizatório, pedagógico e punitivo da indenização. Nesse sentido: STJ, 3ª T., REsp. 1.645.744/SP, Rel. Min. Ricardo Villas Bôas Cueva, julg. 6.6.2017, DJe 13.6.2017; STJ, 4ª T., Ag.Rg. no A.REsp. 633.251/SP, Rel. Min. Raul Araújo, julg. 5.5.2015, DJe 26.5.2015; STJ, 3ª T., E.Dcl. no Ag.Rg. no A.REsp. 540.533/PR, Rel. Min. Moura Ribeiro, julg. 3.3.2015, DJe 16.3.2015. O que demonstra que, para o Tribunal, o caráter punitivo/pedagógico é fator relevante para a estipulação da reparação. Há mesmo casos em que o STJ reforça que "a indenização tem efeito pedagógico e visa desencorajar o comportamento reprovável de quem se apropria indevidamente da obra alheia" (STJ, 3ª T., REsp. 885.137/RJ, Rel. Min. Humberto Gomes de Barros, julg. 9.8.2007, DJ 27.8.2007). Tal entendimento da jurisprudência, no entanto, vai de encontro ao princípio da legalidade, que determina que "não há crime sem lei anterior que o defina, nem pena sem prévia cominação legal" (art. 5º, XXXIX da CF). Na esfera cível, tal princípio determina justamente que nenhuma punição poderá ser estabelecida pelo juiz sem prévia e estrita imposição legal. Além disso, em sede civil, a atribuição de penas na responsabilidade civil resulta na não conferência de garantias substanciais e processuais ao ofensor, "como, por exemplo, a maior acuidade quanto ao ônus da prova – tradicionalmente prescritas ao imputado no juízo criminal" (BODIN DE MORAES, Maria Celina. Punitive damages em sistemas civilistas: problemas e perspectivas. *Na medida da pessoa humana*: estudos de direito civil-constitucional. Rio de Janeiro: Renovar, 2010, p. 375).

[83] SOUZA, Eduardo Nunes de. Considerações sobre a aplicação da teoria da perda de uma chance na responsabilidade civil do médico, cit., p. 785. O autor ressalta, ainda, que: "Constrói-se, assim, um cenário que só pode levar o médico a adotar a chamada *medicina defensiva*, buscando a viabilidade da manutenção de sua prática profissional em detrimento da oferta das melhores opções possíveis de tratamento para o paciente" (SOUZA, Eduardo Nunes de. Considerações sobre a aplicação da teoria da perda de uma chance na responsabilidade civil do médico, cit., p. 785).

de concorrência de causas, a qual influenciará na quantificação de eventual reparação imputada ao médico.[84] Sintetizando a aplicação que compreende correta, o autor aduz que:

> Ora, que o tratamento oferecido pelo médico ao paciente ingressou, nesses casos, na cadeia causal que produziu o dano já se sabe (pois, do contrário, o paciente teria sido curado pela intervenção médica, ou esta última se provaria absolutamente inócua, não agravando nem melhorando seu estado de saúde – e então não se colocaria a questão da responsabilidade do profissional). A dúvida resta na imputabilidade do dano ao profissional – imputabilidade esta que, como se propôs ao longo deste estudo, necessariamente depende do elemento culposo.
> Das duas, uma: ou bem o médico agiu com culpa – e, então, o dano pelo qual responderá será o próprio óbito ou agravamento da enfermidade do paciente, na proporção de sua participação, como concausa para esses danos, sem a necessidade de se invocar a figura de um dano novo decorrente da perda da chance –, ou não agiu com culpa – e, nesse caso, não responderá pelo óbito (ou agravamento da doença) nem por um hipotético dano autônomo consubstanciado na perda da chance.[85]

A jurisprudência nacional, como comentado acima, acaba por tratar a perda de uma chance na seara médica como um dano autônomo, desconsiderando qualquer avaliação da influência da conduta do médico em relação ao dano final. No Recurso Especial nº 1.254.141, a Ministra Nancy Andrighi, ao determinar que, no caso em julgamento, a oportunidade perdida poderia ter interrompido um processo danoso que levou a paciente à morte, ressaltou que:

> Na hipótese dos autos, contudo, a oportunidade perdida é de um tratamento de saúde que poderia interromper um processo danoso em curso, que levou a paciente à morte. Aqui, a extensão do dano já está definida, e o que resta saber é se esse dano teve como concausa a conduta do réu. A incerteza, portanto, não

---

[84] SOUZA, Eduardo Nunes de. Considerações sobre a aplicação da teoria da perda de uma chance na responsabilidade civil do médico, cit., p. 781. Na opinião do autor, "o problema da aplicação dessa teoria ao caso da medicina está no fato de que nem o juízo de causalidade nem a identificação de um suposto dano autônomo permitem, isoladamente, fazer qualquer consideração quanto à culpa do médico, elemento fundamental para a sua responsabilização" (SOUZA, Eduardo Nunes de. Considerações sobre a aplicação da teoria da perda de uma chance na responsabilidade civil do médico, cit., p. 776).

[85] SOUZA, Eduardo Nunes de. Considerações sobre a aplicação da teoria da perda de uma chance na responsabilidade civil do médico, cit., pp. 777-778.

está na consequência. Por isso ganha relevo a alegação da ausência de nexo causal. A conduta do médico não provocou a doença que levou ao óbito mas, mantidas as conclusões do acórdão quanto às provas dos autos, apenas frustrou a oportunidade de uma cura incerta.[86]

Ainda que, inicialmente, a Ministra fale em concausas, ela repele a análise do nexo causal entre a conduta do médico e o dano final morte, reforçando a autonomia do dano pela perda de uma chance nessas situações.

Como já ressaltado, a teoria da perda de uma chance, por se encontrar inserida num regime de responsabilidade agravada, requer uma utilização criteriosa e refletida, devendo funcionar como uma opção subsidiária.[87]

Sendo assim, já existindo em nosso ordenamento alternativa concreta e adequada para avaliar a responsabilidade subjetiva do médico em caso de tratamento imputado à determinado paciente que possa ter influenciado em resultado danoso – a reparação proporcional à concorrência de causas[88] fundada no art. 945 do CC –, não parece realmente necessária a utilização da teoria da perda de uma chance nesses casos. Até porque, com o fim de, a qualquer custo, afastar a dificuldade em se estabelecer o nexo causal entre a conduta médica e o dano sofrido pelo paciente, a aplicação da teoria na nesta seara admitiria, com base em presunções, que a conduta do médico comprometeu as chances de vida e a integridade do paciente, não importando que o juiz não esteja realmente certo de que houve culpa, sendo suficiente uma dúvida, o que parece inadmissível.

Nessas hipóteses, por já existir um prejuízo efetivo e presente, e sendo a averiguação da culpa elemento imprescindível para responsabilizar o profissional, o exame do nexo causal deve ser realizado entre o procedimento adotado pelo médico e o próprio dano final verificado no paciente. Referido

---

[86] STJ, 3ª T., REsp. 1.254.141/PR, Rel. Min. Nancy Andrighi, julg. 4.12.2012, DJe 20.2.2013.
[87] Como ressaltado por Rafael Peteffi, "a perda de uma chance, nos casos em que o processo aleatório foi até o seu final, sempre deveria se constituir em uma opção subsidiária, utilizada somente após esgotarem as possibilidades da utilização ortodoxa do nexo causal" (SILVA, Rafael Peteffi. *Responsabilidade civil pela perda de uma chance*, cit., pp. 252-253).
[88] Apesar de o art. 945 referir-se à concorrência de culpas, baseando-se nos graus de culpa para a quantificação da reparação, a doutrina busca afastar o critério da gravidade da culpa, visto que este não coincidiria, necessariamente, com a relevância da conduta para a verificação do dano. Determina-se que, na verdade, a análise deve ser centrada na eficácia causal das condutas que concorreram para a produção do prejuízo, alterando-se a atenção do grau de culpa para o nexo de causalidade. Para mais detalhes acerca da concorrência de causas, v. CRUZ, Gisela Sampaio da. *O problema do nexo causal na responsabilidade civil*. Rio de Janeiro: Renovar, 2005, p. 334.

exame, se feito de acordo com os preceitos da responsabilidade civil e compreendendo a aferição da culpa na atuação do profissional, dará respaldo suficiente para a determinação da existência ou não do dever de reparar, sem que se apele para indevidas presunções.

Se for apurada uma efetiva falta de diligência do médico – e, portanto, sua culpa –, que, junto com o avanço natural da doença, tenha, por exemplo, gerado um dano ao paciente, é possível reconhecer-se sua responsabilidade pelo dano final, ainda que esta seja parcial, devendo-se levar em consideração as concausas para uma justa determinação da indenização devida.

Verifica-se, assim, um campo mais restrito de aplicação da teoria, precisamente por ser imprescindível que ela esteja em harmonia com o ordenamento jurídico brasileiro e suas particularidades, que irão constituir concretos limites à sua utilização. Finalizada, então, a análise dessa limitação do campo de aplicação da reparação pela perda de uma chance, faz-se necessário examinar outros eventuais limites que a teoria deverá obedecer para estar de acordo com a sistemática do ordenamento pátrio e, assim, ser merecedora de tutela.

6. Limites na aplicação da teoria

Independentemente dos diversos entendimentos acerca da natureza jurídica do dano da perda de uma chance, é imprescindível que haja uma aplicação ponderada da teoria no sistema jurídico nacional. Pelo fato de instituir um real regime de responsabilidade agravada e ser fruto da impossibilidade de, em algumas situações, se comprovar a causalidade entre uma conduta antijurídica e o prejuízo final, dificuldade que gerou a necessidade de tutelar um novo interesse jurídico – a chance –, a aferição da existência do dano pela perda de uma chance deve levar em consideração diversos fatores, principalmente para que haja uma correta quantificação do prejuízo a ser reparado.

Inicialmente, atenta-se para o fato de a chance perdida a ser reparada ter que ser séria e real, e aqui não há divergências.[89] No sistema de responsabilidade civil brasileiro, o dano ou interesse, para ser indenizado, será

---

[89] Doutrina e jurisprudência são muito claras em relação a esse ponto. Exemplificativamente, Fernando Noronha assim explica: "Não se admitem as expectativas incertas ou pouco prováveis, que são repudiadas pelo nosso direito. Com efeito, a chance a ser indenizada deve ser algo que certamente viria a ocorrer, mas cuja concretização restou frustrada em virtude do fato danoso" (NORONHA, Fernando. Responsabilidade por perda de chances. *Revista de Direito Privado*, vol. 23. São Paulo: Revista dos Tribunais, jul.-set./2005, pp. 28-29).

necessariamente atual e certo, não se admitindo danos hipotéticos, já que estes representam uma total indeterminabilidade do objeto de reparação.[90] Nesse sentido, o art. 403 do Código Civil[91] afasta expressamente a possibilidade de reparação por danos hipotéticos, admitindo apenas a indenização quando houver certeza do dano.

Assim, para que seja digna de reparação, deve haver certeza da oportunidade perdida, isto é, ela deve representar uma real e séria chance de se alcançar determinado resultado, ainda que este seja incerto. Como visto, a chance em si considerada será passível de reparação caso ofendida, pois, embora sua realização não seja certa, sua perda pode ser, caso se comprove a adequação do nexo causal entre a conduta ilícita e o dano da perda da oportunidade séria e real.[92] Essa reparação só será possível se, após um exame preciso das oportunidades existentes, chegue-se à conclusão de que elas seriam reais e sérias, de outro modo a indenização a título de perda de uma chance não será devida.

Realizando um detida análise dos elementos de configuração da chance séria e real, o Tribunal de Justiça de São Paulo, ao apreciar ação acerca da responsabilidade de certa franqueadora por ter supostamente impedido a inauguração de determinado estabelecimento empresarial – em que o franqueado requereu indenização por perda da chance de obter sucesso contratando outra franquia –, ponderou que para que houvesse certeza de que a chance perdida era real e séria necessitar-se-ia da presença tanto de elementos objetivos, quanto de subjetivos, os quais, no caso, não foram verificados. Nos termos do acordão:

> Embora não tenha tido êxito na franquia eleita, inexiste indício de que Edson [franqueado] teria provável ganho com a escolha de outra franquia, especialmente porque o sucesso empresarial depende não só do aspecto objetivo, como

---

[90] "Normalmente, a apuração da certeza vem ligada à atualidade. O que se exclui de reparação é o dano meramente hipotético, eventual ou conjuntural, isto é, aquele que pode não vir a concretizar-se" (PEREIRA, Caio Mário da Silva. *Responsabilidade civil*. 11. ed. Rio de Janeiro: Forense, 2016, p. 57).

[91] "Art. 403. Ainda que a inexecução resulte de dolo do devedor, as perdas e danos só incluem os prejuízos efetivos e os lucros cessantes por efeito dela direto e imediato, sem prejuízo do disposto na lei processual".

[92] MARTINS-COSTA, Judith, In: TEIXEIRA, Sálvio de Figueiredo (Coord.). *Comentários ao novo Código Civil*, cit., p. 358. Nesse sentido, Caio Mário da Silva Pereira, ao trazer os dizeres de Yves Chartier, ressalta que "a reparação da perda de uma chance repousa em uma probabilidade e uma certeza; que a chance seria realizada, e que a vantagem perdida resultaria em prejuízo" (PEREIRA, Caio Mário da Silva, *Responsabilidade civil*, cit., p. 59).

da capacidade subjetiva do franqueado. O aviamento qualidade de gerar lucros é capacidade que advém não somente do estabelecimento ou do local onde situado, mas igualmente do exercício da própria empresa. Destarte, a assistência técnica e operacional do franqueador, bem como a marca da franquia e o ponto comercial, são insuficientes, por si, para atingir o objetivo social. Também elementos subjetivos, tais como atendimento e comprometimento dos funcionários, e capacidade administrativa e envolvimento do franqueado, são fatores determinantes na aptidão para geração de riqueza. Assim, não há chance séria e real de que escolhendo outra franquia teria o êxito esperado. Etimologicamente, o vocábulo chance, de origem francesa significa 'ter sorte', 'oportunidade' ou 'possibilidade'. Qual teria sido a oportunidade real que os recorrentes deixaram de obter? Não há descrição efetiva de que situação dessa natureza tenha realmente escapado de suas mãos.[93]

Além dessa limitação referente aos aspectos de seriedade e realidade da chance, ressalta-se que a indenização a ser atribuída por sua perda deverá representar um valor sempre inferior ao resultado incerto da oportunidade perdida, justamente pelo fato de o objeto efetivo de reparação ser a chance perdida em si. Isto é, a reparação pelo dano da perda da chance nunca poderá ser igual ao valor do dano final, devendo-se realizar cálculo percentual relacionado à probabilidade de não ocorrência do dano,[94] para que a reparação seja proporcional às chances de aferição do resultado final pretendido.

Nesse ponto, é imprescindível que os tribunais realizem a quantificação do prejuízo a ser reparado atentos a essa conjuntura. No entanto, observa-se que os dois maiores problemas existentes no que diz respeito à quantificação do dano são: (i) a dificuldade da aferição dos exatos contornos da oportunidade no caso concreto[95] e (ii) a aplicação da sistemática de outros institutos para a perda de uma chance.[96]

---

[93] TJSP, 2ª C.Res.D.Empr., Ap. Civ. 1034021-81.2015.8.26.0576, Rel. Des. Ricardo Negrão, julg. 13.6.2016, v.u., DJ 22.6.2016.
[94] TEPEDINO, Gustavo; SCHREIBER, Anderson. In: AZEVEDO, Álvaro Villaça (Coord.). *Código Civil comentado*, vol. 4. São Paulo: Atlas, 2008, p. 374.
[95] Há casos em que a oportunidade perdida demanda um cálculo simples, enquanto em outros o cálculo é mais complexo, podendo ser até mesmo impossível afirmar qual seria a exata extensão da oportunidade no momento em que foi perdida.
[96] Há julgados que, ao tratar a perda de uma chance como lucros cessante, quantificam a reparação de acordo com o dano final, enquanto outros realizam a quantificação da perda da chance tratando-a como um caso de dano moral, ignorando-se, assim, os critérios próprios de mensuração da chance e os cálculos das probabilidades em jogo e da vantagem esperada pela vítima.

Embora a questão da quantificação seja realmente a pergunta do milhão,[97] alguns parâmetros e critérios podem ser adotados para tornar menos complexo o tratamento do assunto pelo magistrado.

A premissa para a quantificação da perda de uma chance, conforme já abordado, é a de que o montante da reparação será sempre menor que a vantagem esperada. Partindo-se dessa premissa, deve-se, primeiramente, provar que a oportunidade realmente existia e que poderia ter sido alcançada, não fosse a interrupção do processo em curso pelo ato do ofensor. Nesse momento, já se pode determinar qual seria o valor do resultado esperado.

Configurada a existência de uma oportunidade séria e real que foi retirada da vítima, se o caso tratar de hipótese em que há um indicativo de qual a proporção ou o percentual que a chance em análise representaria para o alcance do resultado esperado – como ocorreu no contexto do precedente do "Show do Milhão" –, o julgador deverá partir do valor do resultado esperado e sobre ele projetar o percentual de probabilidades da vítima obter aquele resultado.[98] Daniel Carnaúba, ao explicar essa conjuntura, assim leciona:

> A chance deve ser medida a partir da efetiva extensão do interesse que ela representa. E isso se faz através do cálculo das expectativas matemáticas decorrentes dessa chance.
>
> Trata-se de uma média ponderada, em que os possíveis resultados da chance são ponderados pela probabilidade de obtê-los. O produto dessa conta equivale ao valor médio que seria obtido por meio do evento aleatório, se ele fosse repetido muitas vezes. Representa o valor que a vítima poderia racionalmente esperar da chance, ou seja, a expectativa racional decorrente dessa oportunidade.
>
> Esse cálculo há de ser feito em duas etapas. Num primeiro momento, determina-se qual seria o ganho auferido ou a perda evitada, se a vítima tivesse obtido o resultado aleatório esperado. Depois, esse valor será multiplicado pela porcentagem de chances que a vítima perdeu em função do ato imputável ao réu. O resultado dessa conta será o montante a ser indenizado em razão da perda da chance.[99]

---

[97] Sobre o assunto, Anderson Schreiber dispõe que: "E quanto vale a perda de uma oportunidade? A pergunta não tem uma resposta rigorosa e definitiva. Há atualmente certo consenso de que 'a reparação da chance perdida sempre deverá ser inferior ao valor da vantagem esperada e definitivamente perdida pela vítima'. Assim, a perda da chance de ganhar um prêmio de um milhão de reais deve valer menos que um milhão de reais. Quanto menos? Eis a pergunta que ainda se fazem professores, juízes e advogados que se veem às voltas com a perda de uma chance" (SCHREIBER, Anderson. A perda da chance na jurisprudência do Superior Tribunal de Justiça, cit., p. 201).
[98] SAVI, Sérgio. *Responsabilidade civil por perda de uma chance*, cit., p. 68.
[99] CARNAÚBA, Daniel Amaral. *Responsabilidade civil pela perda de uma chance*, cit., pp. 180-181.

No entanto, se o caso tratar de hipótese em que não seja possível mensurar a proporção da influência da chance na ocorrência do prejuízo final, o cálculo já será bem mais difícil e impreciso.

Sérgio Savi estabelece uma solução alternativa para se aferir a quantificação, afirmando que a liquidação do dano "será feita por arbitramento, nos termos do revogado [art.] 1.553, do Código Civil de 1916" já que "na hipótese de não existir regra própria para avaliação do dano ou para sua liquidação, 'aplicar-se-á outra cláusula geral, prevista no art. 1.553, que a remete ao arbitramento'".[100] Ressalta-se, apenas, que a liquidação por arbitramento, prevista atualmente nos arts. 509, inciso I[101] e 510[102] do Código de Processo Civil de 2015, é uma das liquidações mais complexas de serem realizadas, e ocorre quando há necessidade de auxílio de peritos, que elaboram laudos, valendo-se, principalmente, de informações, dados, conhecimentos ou elementos de aferição material, já conhecidos ou de obtenção direta.[103] Assim, por vezes, mesmo essa alternativa não facilitará ou tornará precisa a aferição da reparação nos casos mais complexos.

Vale destacar que, quando a chance perdida tiver natureza de dano extrapatrimonial, os mesmos preceitos elencados acima deverão ser observados. Dessa forma, o juiz deverá primeiramente mensurar o valor do dano moral a que a vítima faria jus se não fosse o ato do ofensor e, ato contínuo, reduzir esse valor, com base nas porcentagens envolvidas.[104] No entanto, é possível encontrar precedentes que não realizam tal procedimento quando se trata de

---

[100] SAVI, Sérgio. *Responsabilidade civil por perda de uma chance*, cit., p. 68. De acordo com o art. 510, "o juiz intimará as partes para a apresentação de pareceres ou documentos elucidativos, no prazo que fixar, e, caso não possa decidir de plano, nomeará perito, observando-se, no que couber, o procedimento da prova pericial".

[101] "Art. 509. Quando a sentença condenar ao pagamento de quantia ilíquida, proceder-se-á à sua liquidação, a requerimento do credor ou do devedor:
I – por arbitramento, quando determinado pela sentença, convencionado pelas partes ou exigido pela natureza do objeto da liquidação".

[102] "Art. 510. Na liquidação por arbitramento, o juiz intimará as partes para a apresentação de pareceres ou documentos elucidativos, no prazo que fixar, e, caso não possa decidir de plano, nomeará perito, observando-se, no que couber, o procedimento da prova pericial".

[103] PEREIRA, Caio Mário da Silva. *Responsabilidade civil*, cit., p. 408.

[104] Nesse sentido: "O método em questão deve ser empregado, mesmo nos casos em que a vantagem aleatória não tenha valor econômico; em outras palavras, ainda que a chance em questão tenha natureza de dano moral. Nesse caso, o juiz deverá aplicar os critérios ordinários de mensuração do dano moral quando da realização da primeira etapa da mencionada equação e, ato contínuo, reduzir esse valor inicial, com base nas porcentagens envolvidas" (CARNAÚBA, Daniel Amaral. *Responsabilidade civil pela perda de uma chance*, cit., p. 181).

chance com natureza extrapatrimonial, justamente por aplicarem a sistemática de outros institutos para a perda de uma chance – aqui, o do dano moral – sem observarem a especificidade que o cálculo da chance perdida requer.[105]

Um último elemento de limitação comentado pela doutrina[106] e por vezes adotado pelos tribunais brasileiros,[107] determina que a chance perdida só seria indenizável quando a probabilidade de ocorrer a vantagem esperada fosse maior que 50%. O precursor desse entendimento no Brasil foi Sérgio Savi, inspirado na doutrina italiana, ao determinar que:

> Somente será possível admitir a indenização da chance perdida quando a vítima demonstrar que a probabilidade de conseguir a vantagem esperada era superior a 50% (cinquenta por cento). Caso contrário, deve-se considerar não produzida a prova da existência do dano, e o juiz será obrigado a julgar improcedente o pedido de indenização. Assim, feita a prova de que a vítima tinha mais de 50% de chances de conseguir a vantagem esperada, demonstrado está o *an debeatur*, faltando, somente, quantificar esse dano (*quantum debeatur*).[108]

Entretanto, parte da doutrina não sustenta um limite pré-fixado, tendo em vista que, com a adoção desse raciocínio, "chega-se a soluções nada equânimes, como, por exemplo, a de se admitir a indenização quando o lesado tem a seu favor 51% de chance de atingir o resultado final, negando-a, em caso idêntico, quando a vítima tem apenas 2% a menos, quer dizer, diante de 49% de chance de o lesado obter a vantagem esperada. Daí se vê que este critério é, no mínimo, bastante questionável",[109] com o que se concorda[110]. Esse limite

---

[105] Nesse sentido, por exemplo: TJSP, 28ª C.D.Priv., Ap. Civ. 0933402-67.2012.8.26.0506, Rel. Des. Gilson Delgado Miranda, julg. 14.9.2017, v.u., DJ 14.9.2017.
[106] SAVI, Sérgio. *Responsabilidade civil por perda de uma chance*, cit., pp. 101-102; CAVALIERI FILHO, Sérgio. *Programa de responsabilidade civil*, cit., p. 75.
[107] Exemplificativamente: "Ação de indenização por danos morais, pela perda de uma chance em concurso público – [...] Não há certeza de que o autor obteria aprovação no certame – A perda de uma chance, de acordo com a melhor doutrina, só será indenizável se houver probabilidade de sucesso superior a cinquenta por cento, de onde se conclui que nem todos os casos de perda de uma chance são indenizáveis" (TJSP, 11ª C.D.Pub., Ap. Civ. 1001705-79.2016.8.26.0220, Rel. Des. Marcelo L Theodósio, julg. 9.5.2017, v.u., DJ 15.5.2017).
[108] SAVI, Sérgio. *Responsabilidade civil por perda de uma chance*, cit., pp. 122-123.
[109] GUEDES, Gisela Sampaio da Cruz. *Lucros cessantes*, cit., p. 120.
[110] Além de esse limite normalmente não ser reconhecido, há referência expressa no Enunciado nº 444 da V Jornada de Direito Civil de que "a chance deve ser séria e real, não ficando adstrita a percentuais apriorísticos".

percentual, portanto, diferente dos outros acima expostos, não seria tão plausível, por importar em situações desproporcionais.

7. Conclusão

De todo o exposto, percebe-se que ainda existe muita dissintonia no tocante à teoria da perda de uma chance, seja em termos de classificação teórica, seja em sua aplicação concreta. Apesar de envolver um histórico que, aos poucos, demonstrou a viabilidade em se aplicar tanto a modalidade clássica quanto a da perda da chance de evitar um prejuízo para fins de uma reparação mais efetiva da vítima, as divergências permanecem.

Além de ser uma matéria que envolve diversas dissensões, verifica-se que todo seu desenvolvimento, desde suas origens – aí abarcada a origem causal da teoria –, até os fundamentos de sua aplicação, evidencia que a reparação da chance perdida, ancorada em um contexto de responsabilidade agravada, surge como um verdadeiro descomplicador do acesso à reparação. Afastando-se a necessidade de uma complexa ou impossível comprovação do nexo de causalidade em determinados casos, a reparação pela chance perdida suscita uma maior facilidade na tutela do indivíduo prejudicado pela perda de uma oportunidade, num contexto em que a responsabilidade civil dirige seu foco para a reparação da vítima.

No entanto, justamente por ser um meio de facilitar que a indenização seja concedida, gerando, assim, uma responsabilização agravada, a teoria deve ser utilizada com grande prudência, para que não determine uma facilitação e responsabilização a qualquer custo, sem respeito aos diversos outros preceitos do ordenamento jurídico, cuja importância não pode ser desprezada.

Na verdade, a reparação pela perda da chance deve mesmo funcionar como uma opção apenas subsidiária, sem que sua aplicação se estenda por esferas em que já exista suficiente amparo jurídico, evitando-se, assim, a concessão de indenizações com viés punitivo, que vão totalmente de encontro à função meramente reparatória do sistema de responsabilidade civil nacional.[111]

Conforme analisado, essa advertência é determinante para a situação que envolve a reparação da chance de sobrevivência ou de cura. Precisamente no âmbito da responsabilização do médico, em que a culpa do profissional, na medida em que concorrer para o prejuízo, irá determinar sua responsabilidade,

---

[111] Sobre as funções da responsabilidade civil, cf. CAPÍTULOS XVI, XVII E XIX desta obra.

não há necessidade de se recorrer à teoria da perda de uma chance. Eventual aplicação acabaria por ir de encontro à subjetividade da responsabilidade médica, desprezando o exame da culpa, o qual é essencial. Já existindo, portanto, no ordenamento jurídico, tutela para as situações em que a conduta do profissional cause danos a determinado paciente, não há razão para se valer de uma teoria tão sensível.

Sendo assim, o destaque dado à apreciação da teoria não deve ficar limitado ao âmbito da busca de uma correta caracterização, apesar de esta também ser importante. Deve-se ir além e, juntamente com sua devida caracterização, seus limites de aplicação devem ser sopesados.

Mais que a doutrina, o papel da jurisprudência aqui é essencial, devendo ambas prezar pela cautela e ponderação quando da análise da reparação pela perda de uma chance. E, ressalta-se, assim deve ser não só na seara médica, mas em todas as esferas de aplicação, de modo que sua utilização não constitua uma perigosa e forçada caridade em detrimento dos preceitos consolidados no ordenamento jurídico brasileiro.

8. Referências

AGUIAR DIAS, José de. *Da responsabilidade civil.* 10. ed. Rio de Janeiro: Forense, 1995.
ALVIM, Agostinho. *Da inexecução das obrigações e suas consequências.* 3. ed. Rio de Janeiro: Jurídica e Universitária, 1965.
AMARAL, Ana Cláudia Corrêa Zuin Mattos do. *Responsabilidade civil pela perda de uma chance:* natureza jurídica e quantificação do dano. Curitiba: Juruá, 2015.
ANDRIGHI, Vera. Reparação moral e material pela perda de uma chance. In: ANDRIGHI, Fátima Nancy (Coord.). *Responsabilidade civil e inadimplemento no direito brasileiro.* São Paulo: Atlas, 2014, p. 259.
BODIN DE MORAES, Maria Celina. A constitucionalização do direito civil e seus efeitos sobre a responsabilidade civil. *Na medida da pessoa humana*: estudos de direito civil-constitucional. Rio de Janeiro: Renovar, 2010.
____. A constitucionalização do direito civil e seus efeitos sobre a responsabilidade civil. In: SOUZA NETO, Cláudio Pereira de; SARMENTO, Daniel (Coord.). *A constitucionalização do direito*: fundamentos teóricos e aplicações específicas. Rio de Janeiro: Lumen Juris, 2007.
____. Punitive damages em sistemas civilistas: problemas e perspectivas. *Na medida da pessoa humana:* estudos de direito civil-constitucional. Rio de Janeiro: Renovar, 2010.
____. Risco, solidariedade e responsabilidade objetiva. *Revista dos Tribunais*, vol. 854. São Paulo: Revista dos Tribunais, dez./2006.
____. *Danos à pessoa humana:* uma leitura civil-constitucional dos danos morais. Rio de Janeiro: Renovar, 2009.

BRASILINO, Fábio Ricardo Rodrigues; CORREIA, Alexandre Adriano; GONÇALVES, Fábio Henrique. A (in)aplicabilidade da teoria da perda de uma chance no direito brasileiro e comparado. *Revista de Direito Privado*, vol. 65. São Paulo: Revista dos Tribunais, jan.-mar./2017.

CARNAÚBA, Daniel Amaral. *Responsabilidade civil pela perda de uma chance*: a álea e a técnica. São Paulo: Método, 2013.

CARVALHO SANTOS, J. M. *Código Civil brasileiro interpretado*, vol. 21. Rio de Janeiro: Freitas Bastos, 1956.

CAVALIERI FILHO, Sérgio. *Programa de responsabilidade civil*. 8. ed. São Paulo: Atlas, 2008.

CRUZ, Gisela Sampaio da. *O problema do nexo causal na responsabilidade civil*. Rio de Janeiro: Renovar, 2005.

FAJNGOLD, Leonardo. Premissas para a apuração da responsabilidade por perda de uma chance. *Revista de Direito Privado*, vol. 69. São Paulo: Revista dos Tribunais, set./2016.

FURLAN, Alessandra Cristina. Responsabilidade civil pela perda de uma chance. *Revista de Direito Civil Contemporâneo*, vol. 10. São Paulo: Revista dos Tribunais, jan.-mar./ 2017.

GOMES, Orlando. Tendências modernas na teoria da responsabilidade civil. In: FRANCESCO, José Roberto Pacheco Di. *Estudos em homenagem ao Professor Silvio Rodrigues*. São Paulo: Saraiva, 1980.

____. *Responsabilidade civil*. Rio de Janeiro: Forense, 2011.

GUEDES, Gisela Sampaio da Cruz, *Lucros cessantes*: do bom senso ao postulado normativo da razoabilidade. São Paulo: Revista dos Tribunais, 2011.

KFOURI NETO, Miguel, Graus da culpa e redução equitativa da indenização. *Revista dos Tribunais*, vol. 839. São Paulo: Revista dos Tribunais, set. 2005.

____. *Responsabilidade civil do médico*. 4. ed. São Paulo: Revista dos Tribunais, 2001.

MARTINS-COSTA, Judith. In: TEIXEIRA, Sálvio de Figueiredo (Coord.). *Comentários ao novo Código Civil*, vol. 5, t. 3. Rio de Janeiro: Forense, 2003.

NADER, Paulo. *Curso de direito civil*, vol. 7. 3. ed. Rio de Janeiro: Forense, 2010.

NORONHA, Fernando. Responsabilidade por perda de chances. *Revista de Direito Privado*, vol. 23. São Paulo: Revista dos Tribunais, jul.-set./2005.

____. *Direito das obrigações*. 3. ed. São Paulo: Saraiva, 2010.

PEREIRA, Caio Mário da Silva. *Instituições de direito civil*, vol. 2. 25. ed. Rio de Janeiro: Forense, 2013.

____. *Responsabilidade civil*. 11. ed. Rio de Janeiro: Forense, 2016.

PONTES DE MIRANDA, Francisco Cavalcanti. *Tratado de direito privado*, t. 26. São Paulo: Revista dos Tribunais, 2012.

SANSEVERINO, Paulo de Tarso Vieira. *Princípio da reparação integral*. São Paulo: Saraiva, 2010.

SANTOS PEREIRA, Agnoclébia; TORRES, Felipe Soares. O dano decorrente da perda de uma chance: questões problemáticas. *Revista dos Tribunais*, vol. 958. São Paulo: Revista dos Tribunais, ago./2015.

SANTOS, Antonio Jeová. *Dano moral indenizável*. 3. ed. São Paulo: Método, 2001.

SAVI Sérgio. *Responsabilidade civil por perda de uma chance*. 3. ed. São Paulo: Atlas, 2012.

SCHREIBER, Anderson. A perda da chance na jurisprudência do Superior Tribunal de Justiça. *Direito Civil e Constituição*. São Paulo: Atlas, 2013.

SILVA, Rafael Peteffi da. *Responsabilidade civil pela perda de uma chance*. 3. ed. São Paulo: Atlas, 2013.

SOUZA, Eduardo Nunes de. Considerações sobre a aplicação da teoria da perda de uma chance na responsabilidade civil do médico. *Revista Pensar*, vol. 20, n. 3. Fortaleza, set.-dez./2015.

____. Merecimento de tutela: a nova fronteira da legalidade no direito civil. *Revista de Direito Privado*, vol. 58. São Paulo: Revista dos Tribunais, abr.-jun./2014.

TEPEDINO, Gustavo. Premissas metodológicas para a constitucionalização do direito civil. *Temas de direito civil*. 3. ed. Rio de Janeiro: Renovar, 2004.

____; BARBOZA, Heloísa Helena Barboza; BODIN DE MORAES, Maria Celina. *Código Civil Interpretado conforme a Constituição da República*, vol. 1. Rio de Janeiro: Renovar, 2004.

____; SCHREIBER, Anderson. In: AZEVEDO, Álvaro Villaça (Coord.). *Código Civil comentado*, vol. 4. São Paulo: Atlas, 2008.

VENOSA, Sílvio de Salvo. *Direito civil*, vol. 4. 8. ed. São Paulo: Atlas, 2008.

8. O Papel da Responsabilidade Civil na Regulação dos Riscos: Uma Análise do Chamado Risco do Desenvolvimento

Diego Brainer de Souza André
Mestrando em Direito Civil pela Universidade do Estado do Rio de Janeiro – UERJ. Graduado em Direito pela Universidade Federal do Rio de Janeiro – UFRJ. Assessor de Desembargador no Tribunal de Justiça do Rio de Janeiro – TJRJ.

1. Introdução

Muito se discute atualmente sobre os rumos da responsabilidade civil no Brasil e no mundo. A sociedade de risco[1] impõe novas formas de pensá-la em uma perspectiva funcionalizada à proteção das vítimas, voltada, dentro de seus limites, à regulação dos perigos. Há uma corrente realidade produtora de danos – principalmente a direitos da personalidade e metaindividuais – diante do desenvolvimento tecnológico. Ressalta-se que os modelos de ajustes das ameaças por intermédio do Direito Privado representam, há algum tempo, temática relevante no bojo da disciplina.[2]

---

[1] O termo em questão foi cunhado na Alemanha, pelo sociólogo Ulrich Beck, que publicou, em 1986, a *Sociedade de Riscos* (*Risikogesellschaft*), um dos livros mais influentes da última parte do séc. XX e referência do problema do risco global. Trata-se, em linhas gerais, da sociedade da era industrial, acrescida das inovações científicas e tecnológicas, cujos efeitos são imprevisíveis.

[2] Como exemplo, menciona-se o projeto *"Regulating Risk through Private* Law", promovido pelo Trinity College da Universidade de Cambridge, por meio do professor Mattew Dyson. No mesmo sentido, remete-se ao tema central, da jornada de 2016, do Congresso Europeu de Responsabilidade Civil, em Viena, sobre a responsabilidade civil por riscos desconhecidos – *liability for unknown risks*, ou causa ignota –, debatida nos contextos da Europa Continental, *common law* e *law and economics*. Entende-se, aqui, com o devido respeito aos que se posicionam em outro sentido, que a artificiosa classificação entre direito privado e direito público atende tão somente a fins didáticos, dentro

O sentido da expressão sociedade de risco merece ser visto como a organização social para conter os incrementos das hipóteses de perigos, introduzidas principalmente pelos avanços científicos e pela intensa interferência humana no meio ambiente. Com efeito, trata-se de sociedades preocupadas de forma intergeracional com seu futuro, necessitando desenvolver instrumentos aptos a garanti-lo, a despeito da consciência sobre a impossibilidade de interromper o progresso tecnológico. Tudo isso contribui para o cenário de insegurança, inclusive jurídica.

As incontáveis crises pelas quais de maneira cíclica costuma passar a responsabilidade civil são fundamentais para a contínua evolução da matéria, permitindo sua adaptação aos novos costumes e valores sociais.[3] O atual passo dos acontecimentos nos põe novamente em crise. Muitas são, pois, as qualificações atribuídas às sociedades ocidentais – e a que a responsabilidade civil deve fazer frente com seu arquétipo estrutural –, a exemplo da sociedade globalizada, midiática, de consumo, da informação, do espetáculo. Há que se ter o cuidado, porém, para não a descaracterizar, atribuindo-lhe desideratos que não são característicos.

Nessa perspectiva, almeja-se discutir no presente trabalho, como um ponto de partida a elucubrações mais detidas, a par da independência da disciplina, o papel da responsabilidade civil dentro do sistema global de gestão de perigos, refletindo sobre a temática sem descurar de funções próprias de outras searas do Direito, como o Direito Administrativo e o Direito Penal (principalmente o primeiro, em razão das limitações intrínsecas ao último). Assim, partindo da evolução da noção de risco, cumpre o destaque do funcionamento sistêmico para a contenção de tais hipóteses no âmbito da inteireza do ordenamento.

---

do que se concebe na linha metodológica do direito civil-constitucional. Sobre os confins das disciplinas, ver GIORGIANNI, Michele. O direito privado e as suas atuais fronteiras. *Revista dos Tribunais*, n. 747, 1998, p. 38.

[3] Os institutos jurídicos são contingenciais, construídos para lidar com situações fáticas de determinados contextos – o que, por certo, não impede sua evolução. Por isso, parte da doutrina aduz que a finalidade do instituto é estabelecida pela sociedade na qual inserido, não se cogitando daquela sem a devida contextualização no tempo e no espaço. Daí se falar em historicidade e relatividade dos institutos (PERLINGIERI, Pietro. *O direito civil na legalidade constitucional*. Trad. Maria Cristina De Cicco. Rio de Janeiro: Renovar, 2008, p. 142). Ver, ainda, quanto ao tema, KONDER, Carlos. Nelson. Apontamentos iniciais sobre a contingencialidade dos institutos de direito civil. In: MONTEIRO FILHO, Carlos Edison do Rêgo; GUEDES, Gisela Sampaio da Cruz Costa; MEIRELES, Rose Melo Vencelau (Org.). *Direito Civil*. Rio de Janeiro: Freitas Bastos, 2015, pp. 31-48; e HESPANHA, António Manuel. *Panorama histórico da cultura jurídica europeia*. 2. ed. Lisboa: Publicações Europa-América, 1998.

Em um segundo momento, pretende-se situar o atual *status* doutrinário e jurisprudencial a respeito da chamada teoria do risco do desenvolvimento – adiantando-se que no ponto apenas há precedentes esparsos –, assunto amplamente controvertido entre especialistas, mas que impõe solução para a adequada resposta às situações jurídicas que se apresentem. Desse modo, partindo-se de uma perquirição expositiva, concluir-se-á sobre a indenizabilidade por ameaças desconhecidas oriundas de progressos técnico-científicos e possíveis regulações em âmbitos que refogem aos limites da responsabilidade civil.

2. O risco na sociedade contemporânea e a função da responsabilidade civil

De acordo com Teresa Ancona Lopez, o medo e a incerteza hodierna advêm "principalmente dos riscos de danos morais e materiais que surgem das novas invenções".[4] A partir da segunda metade do século XX, muitos conflitos gerados pelo desenvolvimento social foram potencializados, a ensejar verdadeiros dilemas sociais, em conjunto com ameaças, todavia, sequer totalmente conhecidas. Inúmeros são os casos modernos de possíveis lesões oriundas de inovações científicas. Abaixo, vejamos alguns deles, sem qualquer pretensão exclusivista de encerrá-los.

Dentre eles, em particular, a biotecnologia, que passou a interferir de modo profundo na vida humana, no âmbito individual e coletivo. Situações não imaginadas surgiram e repercutem até o presente no mundo jurídico sem que seus efeitos tenham encontrado tratamento apropriado. Os avanços da medicina se destacam nesse cenário, ao colocarem em discussão os limites da licitude e da eticidade de ações médicas que alteram processos até então considerados naturais, particularmente como o nascer e o morrer.[5]

---

[4] LOPEZ, Teresa Ancona. Responsabilidade civil na sociedade de risco. *Revista da Faculdade de Direito da Universidade de São Paulo*, vol. 105. São Paulo: USP, 2010, p. 1223.

[5] Segundo Heloisa Helena Barbosa, são vários os pontos que podem ensejar danos diversos: a) proteção do material biológico utilizado (sêmen e óvulo), no que respeita a sua guarda e à preservação de sua qualidade; b) destino do material genético (uso adequado do material na execução da técnica, evitando erros, como a troca de gametas ou embriões, ou mesmo sua perda); c) proteção de dados (informações genéticas dos envolvidos e do embrião que for gerado); d) proteção de terceiros que participem das técnicas (doadores de gametas, mães substitutas), quanto a sua privacidade e eventuais lesões físicas das mulheres que levam a cabo a gestação; e) proteção da legítima expectativa dos pais quanto à existência do vínculo genético (no caso de técnicas homólogas, isto

Também questões envolvendo gênero e sexualidade estão na ordem do dia das discussões, ainda geradas pelo processo de medicalização e pelos avanços biotecnológicos.[6]

Igualmente, os meios e instrumentos de comunicação restaram fortemente transformados nos últimos tempos. A sucessão de avanços ligados à Internet, à telefonia celular e à cultura digital não tem apenas ampliado o alcance dos meios tradicionais de comunicação, mas similarmente resultado na abertura de espaços inteiramente originais para o intercâmbio de informações e ideias. Por certo, a Internet é o meio que mais traz desafios,[7] muita vez sem a imprescindível atualização dos institutos jurídicos. Dentro desse contexto, também o escopo do conceito de privacidade e corpo foram ressignificados.[8]

Deveras, um dos bens jurídicos mais valiosos da atualidade é a informação. Significativamente denominada sociedade de informação, a comunidade se calca na virtualização dos bens sob a forma de dados processados e organizados para serem utilizados e transferidos.[9] Técnicas de mineração de dados (*data mining*) ganham proeminência nas redes, viabilizando-se a construção

---

é, que utilizam gametas dos integrantes do casal), à ausência de doenças e mesmo à semelhança física (no caso de técnicas heterólogas, ou seja, das que utilizam gametas doadores por terceiro) (BARBOSA, Heloisa Helena. Responsabilidade civil e bioética. *Temas de responsabilidade civil*. Rio de Janeiro: Lumen Juris, 2012, p. 493).

[6] Como exemplo, mencionam-se as seguintes discussões: a) a responsabilidade dos pais pelo não tratamento a doenças fatais, ou mesmo pelas consequências de procedimentos precoces para redesignação sexual do filho ou da troca de sexo realizada; b) a responsabilidade pelo sigilo e guarda de informações em casos de trocas de sexo, inclusive de todos os dados constantes de prontuários médicos, dentre outros (BARBOSA, Heloisa Helena. Responsabilidade civil e bioética, cit., p. 493).

[7] Há, a título exemplificativo, possível superexposição de indivíduos, violações à privacidade, uso indevido de imagens, venda de dados pessoais, "furto de identidade" (SCHREIBER, Anderson. *Direito e mídia*. São Paulo: Atlas, 2013, p. 12). A celeridade na difusão de imagens e notícias, a frequente impossibilidade de identificação do autor da ofensa (muitas vezes, um usuário anônimo, que se vale de um computador de acesso público não rastreável) e o imenso esforço necessário para se retirar da rede uma notícia falsa (*fake news*) ou de conteúdo ofensivo são alguns dos obstáculos que vem sendo enfrentados pelos tribunais neste campo. Esclarece-se que o Marco Civil da Internet tentou apresentar respostas a tais demandas, que ainda se encontram pendentes de maior densificação por parte da doutrina e dos tribunais pátrios. Para uma análise do impacto destes riscos sobre a proteção de alguns direitos fundamentais, seja permitido remeter a SCHREIBER, Anderson. *Direitos da personalidade*. São Paulo: Atlas, 2011.

[8] Sobre o tema, remete-se ao artigo de Carlos Nelson Konder, referência no Brasil quanto à temática (Privacidade e corpo: convergências possíveis. *Pensar*, vol. 18. Fortaleza: UNIFOR, 2013).

[9] Não é à toa, portanto, que uma das marcas mais valiosas do mundo seja um buscador de informações, qual seja o Google, que foi considerado a quarta marca mais valiosa do mundo nos anos de 2011 e 2012 (INTERBRAND, 2012). Disponível em: <http://interbrand.com/best-brands/best--global-brands/2012/ ranking/>. Acesso em 16.10.2017.

de perfis (*profiling*) destinados a identificar pessoas, grupos, famílias ou territórios, com base em seu comportamento e preferências.[10] Desse modo, sendo a maior parte das informações de cunho pessoal, tem-se que representam dados sensíveis, a influir no conceito de privacidade.[11]

Outrossim, no mesmo sentido, a substância humana encontra-se transformada. Segundo Rodotà, o corpo foi dissociado, distribuído, virtualizado e colocado em rede (*networked*).[12] A distribuição, a partir de sua dissociação, opera-se espacialmente. Antes concentrado em um único local, hoje está espalhado.[13] É na virtualização, ainda assim, o traço mais sensível. "O corpo, por suas partes, é transformado em dados biométricos: impressão digital, formato da face, da íris e da palma da mão, até o timbre da voz servem para individualizar o sujeito frente ao resto da coletividade e podem ser traduzidos em uma informação, como um dado, um código de barras ou uma cifra alfanumérica".[14]

O desenvolvimento da genética é uma das principais contribuições ao reconhecimento do corpo como conhecimento e, em paralelo, espaço profícuo para atuação da privacidade como autodeterminação.[15] A informação genética

---

[10] Sobre o tema da mineração de dados, ver DONEDA, Danilo. *Da privacidade à proteção de dados pessoais*. Rio de Janeiro: Renovar, 2006. Aduz, em síntese, que o procedimento de coleta de dados passa a ser orientado por diversos princípios, como o da transparência (ou publicidade), que precisa o conhecimento público e a autorização prévia quanto à existência de banco de dados; a exatidão das informações; a indicação da finalidade do cadastro, que restringirá seu uso; o livre acesso dos dados pelos titulares; e a segurança, no sentido da proteção contra extravio, destruição, transmissão ou acesso não autorizado.

[11] Expande-se seu significado, incluindo em seu bojo o poder real de controle sobre os dados, enunciado como o direito à autodeterminação informativa. A prerrogativa do titular deixa a exclusividade da esfera íntima, ou da máxima do direito a ser deixado só, para se dirigir à proteção dos dados. Indubitavelmente, a modificação em questão ocorre no sentido de reduzir a potencialidade lesiva da novel fenomenologia.

[12] RODOTÀ, Stefano. *A vida na sociedade de vigilância*. Rio de Janeiro: Renovar, 2008, p. 248.

[13] Os bancos de gametas (tanto de sêmen quanto de óvulos), a criopreservação de tecidos e os transplantes de órgãos colocam dificuldades nas quais as partes do corpo não mais se encontram integradas sob o domínio físico do seu titular. A transformação converge, portanto, como enfatizado, com a transformação do direito à privacidade. E dentro dessa convergência, inúmeras são as questões abrangidas no debate mais amplo sobre o direito à privacidade e seu impacto sobre a robusteza física, como a recusa de transfusão de sangue por Testemunhas de Jeová, a alimentação forçada de pessoas em greve de fome, o pleito pela amputação voluntária dos *wannabes*, mas, principalmente, o tópico dos dados genéticos como sensíveis.

[14] RODOTÀ, Stefano. *A vida na sociedade de vigilância*, cit., p. 91.

[15] Para Stefano Rodotà, "a privacidade pode ser definida mais precisamente, em uma primeira aproximação, como o direito de manter o controle sobre as próprias informações" (RODOTÀ, Stefano. *A vida na sociedade de vigilância*, cit., p. 92).

do ser humano e as novas tecnologias no âmbito suscitam receios em diversas searas. As terapias gênicas e os mecanismos de manipulação embrionária pré-implantatória recordam os fantasmas das práticas de eugenia. A possibilidade de clonagem humana – vedada pela Lei de Biossegurança –,[16] levanta o medo de um sujeito humano cujas características não sejam determinadas pelo acaso.

No plano das relações privadas, as técnicas de modificação genética também produzem impacto na propriedade intelectual, ante a patenteabilidade de sequências dos genes. Fala-se, por isso, em direito à identidade genética.[17] No plano existencial, a informação genética revela-se como patentemente sensível, pois permite identificar o sujeito, oferecer informações desconhecidas, relevar enfermidades futuras e incertas, dar informações sobre a sua descendência e sobre outros parentes. Daí a grande ressalva acerca de coleta de informações e sua utilização discriminatória.[18]

As situações acima, como explicitado, não exaurem os grandes riscos e perigos para a civilização. Existem diversos outros, como os oriundos da sociedade de vigilância, os danos da economia globalizada com crises econômicas que se espalham pelo mundo, as ameaças do terrorismo internacional, guerras nucleares ou ainda as repercussões da Internet das coisas (ou *Internet of Things, IoT*),[19] conectando objetos de uso cotidiano, tais como eletrodomésticos, brinquedos, automóveis. Com isso, obtempera-se, não se quer dizer que

---

[16] A Lei nº 11.105/2005 estabelece normas de segurança e mecanismos de fiscalização de atividades que envolvam organismos geneticamente modificados, proibindo, em seu art. 6º, inciso III, a *clonagem humana*. O art. 26 da mesma lei criminaliza a conduta de *realizar clonagem humana*, com pena de reclusão de 2 (dois) a 5 (cinco) anos, e multa.

[17] ASCENSÃO, José de Oliveira. Intervenções no genoma humano: validade ético-jurídica. In: LEITE, E. O. (Coord). *Grandes temas da atualidade:* bioética e biodireito. Rio de Janeiro: Forense, 2004, pp. 227-249.

[18] Tal como pode ocorrer nas relações trabalhistas (seleção negativa de candidatos mais propensos a doenças, por exemplo) e nos contratos de seguro (*in casu*, sem risco, ante a identificação de doenças probabilísticas, por exemplo), possuindo grande potencial para causar danos existenciais ao indivíduo.

[19] Muitas questões exsurgem do tema. A Google poderá ser responsabilizada por acidentes envolvendo carros sem motoristas? Ou mesmo por intermédio de microchips aplicados em seres vivos, permitindo a troca de dados e a utilização de sensores para monitoramento ou controle remoto. V.g.: eletrodomésticos que arquivam preferências ou decisões pessoais de utilização do proprietário, como é o caso da geladeira que controla o prazo de vencimento dos produtos armazenados, ou na medida em que os produtos que armazena são consumidos, emite ordem de compra para algum supermercado próximo; monitoramento em tempo real, e à distância, da saúde de pacientes de um certo plano assistencial, por intermédio de microchips, ou brinquedos que permitem a comunicação entre pais e filhos independentemente da presença física.

não existiam antes, mas apenas elucidar que alguns dos desafios mencionados podem levar a prejuízos graves e irreversíveis.

Os que nos interessam precipuamente, aos fins da terceira parte deste ensaio, referem-se aos perigos potenciais ou hipotéticos, que igualmente podem ensejar danos graves, mas que ainda não são totalmente conhecidos no atual passo das pesquisas científicas. Citem-se como exemplos toda a controvérsia existente sobre os alimentos transgênicos[20] (ou com alimentos contaminados por venenos ou praguicidas) e, mais recentemente, as pesquisas, ainda não conclusivas, sobre o uso excessivo do telefone celular em decorrência da propagação de ondas eletromagnéticas, principalmente em crianças que ainda não possuem o cérebro integralmente formado.

Há uma gama enorme de ameaças ignoradas que emergem da nanotecnologia, de *softwares* e aplicativos; do *e-commerce* (comércio eletrônico); do *home banking*; da informática e da telemática (*cyberpirataria*); das alterações decorrentes das impressoras 4D; e também dos perigos tradicionais relacionados ao desenvolvimento, como medicamentos (incluindo vacinas e técnicas médicas modernas) e cosméticos. Isso tudo, por certo, enseja a discussão sobre a aplicação do princípio da precaução na responsabilidade civil,[21] bem como sobre eventuais novos contornos que a responsabilidade civil deve assumir.

Inovação e risco, como se pode perceber, são fatores intimamente conectados.[22] E o ser humano, por natureza, é essencialmente vulnerável, porquanto passível de ser atingido em seu complexo psicofísico. Imperiosa a atenção, porém, de que nem todos serão atingidos do mesmo modo, ainda que posicionados em situações idênticas, em razão de circunstâncias pessoais que agravam o estado de suscetibilidade que lhes é inerente.[23] Embora em princípio iguais, os indivíduos se revelam diferentes no que respeita à vulnerabilidade,

---

[20] Organismos que possuem em seu genoma um ou mais genes provenientes de outra espécie, inseridos ou por processo natural ou por métodos de engenharia genética.

[21] Ver, nesse sentido, LOPEZ, Teresa Ancona. Responsabilidade civil na sociedade de risco, cit., pp. 1228-1229. A respeitável autora em referência lista e explica 8 (oito) fundamentos jurídicos para a aplicabilidade do princípio da precaução na responsabilidade civil brasileira.

[22] A afirmação é de Anthony Giddens: "*Science and technology are inevitably involved in our attempts to counter such risks, but they also contributed to creating them in the first place [...] Risk is closely connected to innovation*" (*Runaway World*: How Globalization is Reshaping our Lives. Nova Iorque: Routledge, 2000, p. 21).

[23] BARBOZA, Heloisa Helena. Vulnerabilidade e cuidado: aspectos jurídicos. In: PEREIRA, T.S.; OLIVEIRA, G. (Coord.). *Cuidado e vulnerabilidade*. São Paulo: Atlas, 2009, p. 114.

havendo, por isso, níveis de vulnerabilidades, chamadas de vulnerabilidades secundárias ou hipervulnerabilidades.[24]

Consideradas tais diferenças individuais, assevera-se atualmente que o risco é a única certeza, sendo algo intrínseco à própria vivência. O sentimento de angústia, no entanto, aprofunda-se diante da perda de compasso com a realidade. Os fatos parecem andar sempre à frente do direito positivado, havendo patente diferença entre a velocidade do progresso tecnológico e a lentidão com a qual amadurece a capacidade de organização social e suas soluções jurídicas. Por isso, desafiam-se, com frequência, a doutrina e os tribunais – que devem estar preparados – para inusitadas questões, com recentes dados técnicos ou uma insólita situação jurídica conflituosa.[25]

Imperioso, nesse contexto, que sejam pensadas as hodiernas funções que a responsabilidade civil deve assumir no esboço do ordenamento jurídico pátrio – sem descurar, obviamente, da perspectiva estrutural. Diversos estudos têm se preocupado com o tema. Alguns sustentam a necessidade de uma remodelação das funções da disciplina, de modo a adequá-la aos contemporâneos anseios da sociedade de contenção dos perigos. Outros, por sua vez, reafirmam a necessidade de remissão aos elementos essenciais da responsabilidade civil, de modo a não a descaracterizar, confundindo-a com outras searas do Direito.

Em obra clássica, Salvatore Pugliatti afirma que, para encontrar a função de um instituto, é necessária a identificação dos interesses que o legislador pretendeu tutelar. Dessa forma, a função é "a razão genética do instrumento, e a razão permanente de seu emprego, isto é a sua razão de ser. Por via de consequência, é a função que irá especificar a estrutura, pois o interesse tutelado é o centro de unificação em respeito do qual se compõem os elementos estruturais do instituto".[26] Léon Duguit, por sua vez, no limiar do século XX,

---

[24] A difusão do termo tem origem na decisão: STJ, REsp 1.064.009/SC, 2ª T., Rel. Min. Herman Benjamin, julg. 4.8.2009, DJe 27.4.2011. Sobre o assunto, imperiosa a remissão para a seguinte obra: KONDER, Carlos Nelson. Vulnerabilidade patrimonial e vulnerabilidade existencial: por um sistema diferenciador. *Revista de Direito do Consumidor*, Brasília: Revista dos Tribunais, a. 24, vol. 99, mai.-jun./ 2015, p. 111-112.

[25] A respeito do tópico da liberdade e das novas tecnológicas, ver, por todos, TEPEDINO, Gustavo. TEPEDINO. Libertà, tecnologia e teoria dell'interpretazione nell'esperienza brasiliana. In: DONNO, Barbara de; PERNAZZA, Federico; TORINO, Raffaele; SCARCHILLO, Gianluca; BENINCASA, Domenico (Org.). *Persona e attività economica tra libertà e regola: studi dedicati a Diego Corapi*, vol. I. Napoli: Editoriale Scientifica, 2016, p. 263-284.

[26] PUGLIATTI, Salvatore. *La proprietà nel nuovo diritto*. Milano: Giuffrè, 1954, p. 300.

já afirmava que o direito objetivo é regra de conduta que se legitima pela busca de um fim.[27]

Ademais, pensando em uma disciplina como a responsabilidade civil, além da função[28] que o vigente ordenamento jurídico atribui a ela, é necessário cotejá-la com a finalidade de disciplinas pares, dentro de um objetivo maior de contenção das ameaças sociais, notadamente em cotejo com o direito administrativo e o direito penal, na tentativa de fazer frente às hipóteses suscitadas. Considerando tal conjuntura, vejamos, preliminarmente, e em linhas gerais, as principais funções da responsabilidade civil no direito brasileiro.

A doutrina pátria discute, então, a respeito de três basilares – porém controversas – funções da responsabilidade civil,[29] a saber: (i) função compensatória: seu mister principal, fundamentada no princípio da reparação integral de todos os danos sofridos; (ii) função dissuasória: aparece através de indenizações punitivas ao autor do dano (teoria dos *punitive damages*), com caráter de pena privada;[30] e (iii) função preventiva em sentido lato: engloba

---

[27] DUGUIT, Léon. *L'État, le droit objectif et la loi positive*. Paris: Dalloz, 2003, pp. 18 e ss. Cf. FARIAS, José Fernando de Castro. *A origem da solidariedade*. Rio de Janeiro: Renovar, 1998, pp. 227-230.

[28] Na qualificação das mais diversas situações jurídicas subjetivas, o perfil funcional possui relevante papel para a determinação da finalidade prático-social dos institutos jurídicos. Enquanto pela estrutura verificam-se os elementos essenciais (como é o instituto), pela função busca-se encontrar a síntese dos efeitos essenciais de cada fato jurídico (para que serve o instituto). Sobre o assunto, ver mais em: BOBBIO, Norberto. *Da estrutura à função*: novos estudos da teoria do direito. Trad. Daniela Beccaccia Versiani. Barueri: Manole, 2007, p. 53.

[29] As três funções explicitadas não excluem outras. Cite-se, como exemplo, a chamada função promocional da responsabilidade civil, ainda em seus primeiros passos de elaboração doutrinária (a respeito, cf. Capítulo XVI desta obra). Por certo, ademais, difusas são as funções atribuídas à responsabilidade civil, conforme pode ser verificado no percurso histórico da disciplina. Ressalta-se, no entanto, que já sob o atual marco normativo, na década passada, Gustavo Tepedino apontava algumas possíveis deformações da disciplina, tal como o superdimensionamento do dever de reparar para a promoção de justiça retributiva entre particulares (Editorial. *Revista Trimestral de Direito Civil*, vol. 24. Rio de Janeiro: Padma, out.-dez./2004), *in verbis*: "E nem mesmo a caótica intervenção do Estado em áreas sociais críticas – como saúde, transporte e segurança pública – autoriza o superdimensionamento do dever de reparar para a promoção de justiça retributiva entre particulares".

[30] A função punitiva da responsabilidade civil é, há algum tempo, ponto de grande debate doutrinário, notadamente a respeito de seu fundamento jurídico (se existente ou não), com críticas bastante contundentes sobre a falta de cautela na tentativa de internalização do modelo norte-americano (teoria dos *punitive damages*) ao Brasil, cujos sistemas jurídicos destoam sobremaneira. Sem aqui adentrar na controvérsia, parece incontestável que os tribunais pátrios aplicam explicitamente a função punitiva (mesmo sob a remodelada nomeação de estímulos e desestímulos de conduta oriundos da análise econômica do direito), desprendendo-se do mero ressarcimento dos danos, para propriamente punir a conduta do ofensor, repugnada socialmente. Isso ocorre primordialmente nas problemáticas envolvendo a quantificação do dano moral, que, a despeito da adoção do modelo

os princípios da prevenção e da precaução, pelos quais haverá a antecipação dos riscos e dos danos.

A primeira delas, consagrada após longo percurso temporal, é a única pacífica doutrinariamente. Do desenvolvimento por que passou a disciplina nos últimos dois séculos, resultou a construção de um sistema de responsabilidade civil que se lança ao objetivo de reparar, na maior medida possível, as lesões suportadas pelas vítimas. Quanto às outras duas funções, todavia, ainda são fontes de grandes debates acadêmicos, que se refletem no tortuoso posicionamento dos tribunais superiores.[31] As mencionadas funções dialogam no tempo com o avanço da responsabilidade civil no tocante aos seus elementos essenciais.

Vistos os principais riscos hodiernos, para os quais, obviamente, a estrutura da responsabilidade civil não foi pensada, e tendo em vista a fundamental função ressarcitória da disciplina em questão, dentro do escopo de construção de uma teoria geral para a gestão de perigos sociais, convém-nos, preliminarmente à análise da reparabilidade dos riscos do desenvolvimento (notadamente em matéria de direito do consumidor), traçar evolutivamente o percurso da disciplina da responsabilidade civil no tocante à maior proteção da vítima. Supervenientemente, tentará se cogitar da responsabilidade civil em seu papel dentro do sistema jurídico, em consonância com o Direito Administrativo e Penal.

3. Do ato ilícito ao dano injusto: o papel da responsabilidade civil em cotejo com o direito administrativo e o direito penal

O sistema de responsabilidade civil consagrado pelas grandes codificações ancora-se sobre três pilares: conduta culposa, dano e nexo causal. O CC/1916, inspirado na codificação oitocentista, possuía pressupostos claros:

---

bifásico pelo Superior Tribunal de Justiça, ainda carece de maior complementação doutrinária e aplicação sistemática pelos tribunais locais e de sobreposição.

[31] A questão já foi objeto de enfrentamento apenas no tocante à função punitiva nos danos morais em matéria ambiental. Ver, nesse sentido, o REsp 1.354.536/SE, de relatoria do Min. Luis Felipe Salomão, julgado em 26.3.2014, pela 2ª Seção do STJ, na sistemática de recurso repetitivo (Info 538). Nesse julgado, restou consignada a inadequação de pretender conferir à reparação civil dos prejuízos ambientais caráter punitivo imediato, pois a punição é função que incumbe ao direito penal e administrativo. Assim, não há que se falar em aspectos punitivos no caso de danos ambientais, haja vista que a responsabilidade civil por prejuízo ambiental prescinde da culpa e revestir a compensação de caráter punitivo propiciaria o *bis in idem* (pois, como firmado, a punição imediata é tarefa específica do direito administrativo e penal).

a responsabilidade, naquele estatuto, indicava precipuamente a punição do ofensor. O prejuízo se ressarcia ao repor o patrimônio lesado, antevendo fundamentalmente a noção de culpa.[32] Décadas de debates nos tribunais e na literatura jurídica fizeram emergir um viés progressivo de solidarismo social e a socialização dos riscos,[33] chancelando a responsabilidade civil independente de culpa, já no começo do século XX.

Fortemente influenciado pela constitucionalização do Direito,[34] a própria culpa, como fundamento da responsabilização, foi colocada em xeque. A partir de então, difundiu-se a teoria do risco, frequentemente indicada como fundamento da responsabilidade objetiva, consagrada com a positivação do art. 927, parágrafo único, do CC pátrio, uma cláusula geral de responsabilidade objetiva para atividades de risco.[35] Ao exigir a participação – discricionária por natureza – judicial na tarefa de definir as atividades sujeitas à sua incidência, a aludida norma retirou a proeminência da condição excepcional e do caráter *ex lege*, ainda então atribuídos à responsabilidade objetiva na cultura jurídica brasileira.

É preciso atentar que a responsabilidade objetiva não afastou a subjetiva. Esta subsiste, sem prejuízo da adoção da responsabilidade objetiva nos casos e limites previstos em leis especiais.[36] Ademais, mesmo no campo reservado à responsabilidade subjetiva – hoje bem restrito –, houve alterações sensíveis em sua noção essencial:[37] passou-se de uma diretriz psicológica, subjetiva,

---

[32] Assistiu-se, embora não necessariamente em uma evolução linear, (i) à multiplicação das presunções de culpa; (ii) ao avanço da responsabilidade fundada no risco; e (iii) à alteração da noção de culpa e do modo de sua aferição (SCHREIBER, Anderson. Novas tendências da responsabilidade civil brasileira. *Direito civil e Constituição*. São Paulo: Atlas, 2013, pp. 153-154).

[33] Quanto à socialização dos riscos, ver, por todos, BODIN DE MORAES, Maria Celina. *Danos à pessoa humana*. Uma leitura civil constitucional dos danos morais. Rio de Janeiro: Renovar, 2003. Em suma, consubstancia a possibilidade de formular mecanismos de ressarcimento pela responsabilidade coletiva, temperando os instrumentos clássicos e alimentando a confiança social de que o Direito oferecerá alguma resposta eficaz.

[34] Ver, dentre outros, TEPEDINO, Gustavo. Premissas metodológicas para a constitucionalização do direito civil. *Temas de Direito Civil*. 3. ed. Rio de Janeiro: Renovar, 2004, pp. 1-22; BODIN DE MORAES, Maria Celina. A caminho de um direito civil-constitucional. *Na medida da pessoa humana*: estudos de direito civil. Rio de Janeiro: Renovar, 2010. pp. 3-20.

[35] "Art. 927 [...] Parágrafo único. Haverá obrigação de reparar o dano, independente de culpa, nos casos especificados em lei, ou quando a atividade normalmente desenvolvida pelo autor do dano implicar, por sua natureza, riscos para os direitos de outrem".

[36] Entre outros, v. CAVALIERI FILHO, Sergio. *Programa de Responsabilidade Civil*. São Paulo: Malheiros, 2013.

[37] Com isso, não se quer dizer que a gradação do desvio, ou grau de culpa, é desimportante ao Direito. Pelo contrário, ele ganhou primazia na aferição da proporcionalidade entre a gravidade

para outra objetivizada e distanciada do campo da moral, referente à desconformidade em relação a um modelo de conduta.[38] Desse modo, facilitou-se a constatação da culpa para fazer frente às demandas sociais da época, oriundas primordialmente da sociedade industrial.

O nexo causal, igualmente, também de há muito vem sofrendo flexibilizações. Trata-se, como sabido, do liame entre determinado comportamento e o evento danoso. A despeito das discussões sobre as teorias da causalidade – teoria da causalidade direta e imediata, teoria da equivalência e tantas outras –, é possível afirmar que não há um tratamento tecnicamente rigoroso no tema por parte dos tribunais.[39] Pelo contrário, para assegurar a reparação às vítimas, recorrem a inúmeras teorias para justificar suas escolhas casuísticas. Traz-se como exemplos a chamada causalidade flexível, virtual, probabilística, moral, alternativa e outras.

Não por razão diversa, Anderson Schreiber trata da chamada *erosão dos filtros tradicionais da responsabilidade civil*, significando a expressão a perda da primazia da prova da culpa e do nexo causal na dinâmica contemporânea das ações de responsabilização. Os chamados filtros da responsabilidade civil serviam como meio de seleção das demandas de indenização que deveriam merecer acolhimento jurisdicional. Apresentavam um escopo menos voltado a assegurar a reparação da vítima, e sim mais um propósito implícito de limitar esta reparação aos casos que superassem os pressupostos dogmáticos.[40]

É evidente que, com isso, não se cancela a importância da culpa e do nexo causal no arquétipo elementar da responsabilidade civil, mas se observa, no âmbito dessa mesma estrutura, um gradual deslocamento de foco, que deixa a culpa e o nexo causal em direção ao elemento dano. Por certo, a consequência inevitável do afrouxamento de barreiras ao ressarcimento do dano é um aumento significativo de pretensões reparatórias acolhidas pelo Poder Judiciário. Ademais, à parte da expansão quantitativa, pode-se identificar,

---

da conduta e a sanção, tal como consta do art. 944, parágrafo único, do Código Civil, segundo o qual: "Se houver excessiva desproporção entre a gravidade da conduta e o dano, poderá o juiz reduzir, equitativamente, a indenização".

[38] O modelo abstrato de conduta refere-se a parâmetros específicos e diferenciados para as diversas situações fáticas, como, por exemplo, os procedimentos médicos habituais, a especialidade do profissional, o Código de Ética Médica e as condições do paciente no momento do tratamento quando se discute eventual conduta culposa de médico acusado de erro profissional.

[39] Convém aludir às críticas levadas a efeito por TEPEDINO, Gustavo. Notas sobre o nexo de causalidade. In: *Temas de direito civil*, t. II. Rio de Janeiro: Renovar, 2006.

[40] Seja permitido remeter a SCHREIBER, Anderson, *Novos paradigmas da responsabilidade civil*: Da erosão dos filtros da reparação à diluição dos danos. São Paulo: Atlas, 2009, pp. 9-75.

também, uma expansão qualitativa, na medida em que novos interesses passam a ser considerados.[41]

Como se pode perceber, o elemento dano passa ao centro dos debates da responsabilidade civil, com a chamada *expansão dos danos ressarcíveis*. Diante de todo o exposto, se, de um lado, facilitou-se enormemente a dedução de pretensões reparatórias (o que se fez por meio da denominada *objetivação da responsabilidade*) e a satisfação dos interesses da vítima (levada a cabo por meio da socialização dos riscos), abriram-se as portas da reparação civil a uma vasta gama de lesões que anteriormente eram tidas como irreparáveis, como, conforme já ressaltado, os prejuízos a interesses existenciais e metaindividuais.

Nesse contexto, observa-se o *giro conceitual do ato ilícito ao dano injusto*,[42] como forma de facilitação da tutela do lesado, à luz do solidarismo social. Contudo, não obstante os avanços trazidos pelo desenvolvimento da responsabilidade civil, surgem vozes no sentido de que a conjugação dessas modificações com a manutenção do paradigma ressarcitório trouxeram consequências negativas. Ocorre que, segundo se sustenta, os fins de prevenção de novos danos e de punição de condutas especialmente reprováveis passaram a ser tutelados quase que com exclusividade pelo direito penal e pelo direito administrativo, o que, conquanto sempre tenha sido a vocação de tais ramos, pode materializar-se insuficiente.

Visualiza-se, assim, que os mencionados ramos possuem patentes deficiências para desempenhar adequadamente essas funções,[43] o que não quer dizer que não devam assumi-las como precípuas metas. E isso deve ser conjugado com a própria imprescindibilidade hodierna da diretriz precaucional/preventiva, tanto porque, efetivamente, quando em discussão primordialmente lesões de cunho existencial, os lesados não retornam perfeitamente ao estado anterior.[44] Haveria, sim, uma impossibilidade fática nesse sentido, sendo a

---

[41] A lista de possíveis danos é extensa e fica sempre maior. Fala-se em dano ao projeto de vida, dano por nascimento indesejado, dano hedonístico, dano de *mobbing*, dano de férias arruinadas, dano de morte em agonia, dano de brincadeiras cruéis, dano de descumprimento dos deveres conjugais, dano por abandono afetivo e assim por diante.

[42] V. BODIN DE MORAES, Maria Celina. Risco, solidariedade e responsabilidade objetiva. *Na medida da pessoa humana*. Rio de Janeiro: Renovar, 2010, p. 392. V. tb. GOMES, Orlando. Tendências modernas na teria da responsabilidade civil. In: MAMEDE, Gladston; RODRIGUES JR., Otavio Luiz; ROCHA, Maria Vital da (Coord.). *Estudos em homenagem ao professor Silvio Rodrigues*. São Paulo: Saraiva, 1980, pp. 293-295.

[43] UILAN, Eduardo. *Responsabilidade civil punitiva*. Tese (Doutorado). Faculdade de Direito da USP, São Paulo, 2003, p. 47.

[44] Há, ainda, interesses metaindividuais (patrimoniais ou extrapatrimoniais) que, acaso violados, igualmente mostram-se impassíveis de efetivo retorno ao estado anterior. Diz-se, ademais, que nem mesmo nos interesses individuais patrimoniais isso ocorreria de modo absoluto.

razão de se falar tecnicamente, na hipótese, em "compensação". Urge, nesse contexto, que a potencialidade de lesão também seja evitada.

Quanto ao direito administrativo e penal,[45] o primeiro ponto – e principal – a ser levado em consideração no tocante às limitações para o controle dos riscos adviria da lógica de tipicidade fechada em que atuam, no sentido da vinculação ao princípio da legalidade (atuação apenas na medida permitida por lei, lógica contrária ao direito civil),[46] o que se revelaria incompleto para fazer frente ao amplo mosaico de situações de perigos que a experiência social anuncia. Não obstante nada impedir a aplicação concomitante das responsabilidades civil e penal, ambas possuem campos específicos. A última, em teoria, ficou reservada aos bens jurídicos de maior gravidade, considerados essenciais à luz da sistemática constitucional.

Outrossim, cabe o destaque de que existe a tendência de despenalização de condutas, em pertinência a certas ações a que o sistema punitivo clássico atribuía eficácia, mas que, por não serem consideradas, à luz da consciência social atual, como lesivas a bens ou interesses merecedores de proteção pelo direito penal, vem sendo revogadas, consideradas inconstitucionais ou inconvencionais, ante a intervenção drástica da pena privativa de liberdade. De há muito a doutrina especializada, nesse sentido, pugna pela implementação do chamado *direito penal mínimo*, de modo a levarem-se a efeito os anseios de fragmentariedade e da subsidiariedade, bem como do caráter de última *ratio* no direito penal,[47] fazendo-se aumentar o escopo dos demais âmbitos do direito.

---

[45] A primeira ideia que se tem quando se fala de punição de condutas é que cumprem a esses âmbitos do Direito. Todavia, sequer há certeza, hoje, a respeito dos reais efeitos da punição no aspecto preventivo das condutas (prevenção especial e geral). Trata-se de um ponto bastante discutido notadamente pela criminologia crítica em matéria de Direito Penal.

[46] Nas célebres palavras de Hely Lopes Meirelles, "[a] legalidade, como princípio da administração, significa que o administrador público está, em toda a sua atividade funcional, sujeitos aos mandamentos da lei e às exigências do bem comum, e deles não se pode afastar ou desviar, sob pena de praticar ato inválido e expor-se a responsabilidade disciplinar, civil, criminal, conforme o caso" (MEIRELLES, Hely Lopes. Direito Administrativo Brasileiro. 35. ed. São Paulo: Malheiros, 2009, p. 89).

[47] O direito penal entendido como última *ratio* possui em seu âmago tanto a subsidiariedade quanto a fragmentariedade. O primeiro indica que, se o conflito pode ser resolvido por outro ramo do direito, não se deve usar o direito penal, em virtude da gravidade de suas penas (em regra, restritivas de liberdade). Assim, ele seria subsidiário em relação a todos os demais e fragmentário no que toca à proteção dos bens jurídicos, encontrando-se em seu escopo apenas os mais significativos dentro de um período histórico em um dado local, conforme conformação do legislador.

Frise-se, ademais, o aspecto reativo da disciplina, a incidir apenas e tão somente após a violação tentada (perigo concreto) ou efetiva aos bens jurídicos protegidos, de forma a evidenciar sua pouca efetividade na prevenção de lesões (senão sob o aspecto genérico do temor à sanção jurídica), já que, como dito, muitas vezes sequer se retornará ao *status quo ante*. Por outro lado, muito se discute doutrinariamente – inclusive sobre a constitucionalidade, por supostamente ofender o princípio da lesividade[48] – de crimes de perigo abstrato, em que o legislador deixa de indicar qualquer resultado naturalístico, descrevendo apenas o comportamento penalmente relevante.[49]

Tudo leva a crer, assim, sobre a pouca efetividade da matéria quanto ao controle dos novos riscos tecnológicos, embora sua aplicação pareça ser amplamente necessária para a salvaguarda de bens metaindividuais, como, por exemplo, o meio ambiente ecologicamente equilibrado (interesse amplo na dissuasão do ofensor e da intensidade do dano). Nesse viés, embora a aplicação possa ser conjunta, as inovações científicas parecem ficar mais a cargo, mesmo, do direito administrativo, que se situa em liame de escopo entre o direito penal (bens jurídicos essenciais) e o direito civil (tutela reparatória complementar e proteção exclusiva a bens jurídicos previstos como digno de resguardo, mas sem gravidade da pena privativa da liberdade).

Muitos são os entraves também impostos à seara administrativista, a exemplo, além da já mencionada aderência estrita ao princípio da *nulla poena sine lege*, similarmente questões atinentes à burocracia estatal (inflexibilidade de legitimidade para iniciativa e distribuições estritas de atribuições); ao

---

[48] Sintomático do direito penal mínimo, corrente que se pode considerar academicamente predominante, aduz Cezar Roberto Bitencourt que, "somente se justifica a intervenção estatal em termos de repressão penal se houver efetivo e concreto ataque a um interesse socialmente relevante, que represente no mínimo, perigo concreto ao bem jurídico tutelado" (BITENCOURT, Cezar Roberto. *Manual de Direito Penal*, vol. 1. 10. ed. São Paulo: Saraiva, 2008, p. 22).

[49] Existe, por parte de autores do assunto, manifestação no sentido de que, em muitos casos, a reparação dos danos seja a solução para delitos penais. Nota-se, nesse viés, um caminho em que o escopo da responsabilidade civil cresce em detrimento da aplicação da pena privativa de liberdade. Isso, muitas vezes, até corroborado por questões pragmáticas, como o suposto alto encarceramento brasileiro e as cifras necessárias ao suporte das prisões. Há que se ter cuidado nesse caminhar, notadamente para que bens essenciais – como os tipos penais de combate à corrupção (e do colarinho branco como um todo) – não se revelem desprotegidos. Há várias influências entre reparação de danos e direito penal. A título exemplificativo, podem ser mencionadas a circunstância atenuante, nos termos do art. 65, inciso III, alínea b, do CP; a condição para o livramento condicional (art. 83, IV, do CP); o requisito para a reabilitação (art. 94, III, do CP); exigência para a concessão do *sursis* (art. 81, II, do CP); a extinção de punibilidade do crime de peculato culposo (art. 312, § 2º, do CP).

processo administrativo moroso (para aplicação de penalidades, em que há imprescindibilidade de contraditório e ampla defesa, e, muitas vezes, são impugnados em via judicial); aos investimentos hábeis aos procedimentos investigatórios e às fiscalizações; sem descurar da necessidade de atuação, nem sempre eficiente, do corpo de servidores que atuam na prevenção e na repressão das condutas danosas.

De todo modo, parece-nos que o direito administrativo é a seara que possui maior aptidão para a regulação de situações economicamente positivas, mas potencialmente lesivas. É exatamente tal âmbito que possui como desiderato os aspectos de prevenção e punição. De fato, além de ser passível a criminalização condutas para o resguardo da sociedade quanto aos riscos do desenvolvimento – o que se desaconselha, salvo hipóteses excepcionais, para que não se freie em demasia o progresso –, mostra-se relevante, ao contrário, a regulação casuística de condutas mínimas para a garantia da segurança pública (em sentido amplo). Desse modo, em algumas esferas, as agências reguladoras realizariam a análise setorial de cada atividade de risco desenvolvida, com a previsão de penalidades cabíveis às condutas desviantes.

Nos planos não regulados, mas que incidissem em hipóteses de riscos sociais indesejáveis, por sua vez, impõe-se a atuação do legislativo, quando houver reserva legal, bem como do chefe do Poder Executivo, via decreto regulamentar, para as demais. Por conseguinte, cumpre a criação – sem o esgotamento, obviamente, da atividade econômica – de marcos normativos para tratamento de hipóteses com ampla propensão a lesões, tais como a que recentemente restou praticada com o Marco Civil da Internet (Lei nº 12.965, de 23 de abril de 2014),[50] ou com o debate atual sobre o Projeto de Lei de Proteção de Dados Pessoais nas redes. Até mesmo a punição de condutas individuais que possam ocasionar prejuízos sociais (como, v.g., jogar lixo no chão).

A regulação, à evidência, serve para propiciar segurança jurídica às atividades e, em sentido amplo, à população, mas de modo algum pode ser visualizada isoladamente, e sim dentro do ordenamento jurídico considerado em sua unidade sistêmica (funcionalizado à promoção da dignidade humana). Em muitos casos, o direito penal, o direito administrativo e o direito civil são aplicados em conjunto, dentro de uma organização global (do direito positivado) de gestão e controle dos riscos sociais. Logo, haverá hipóteses

---

[50] Não se quer dizer com isso que o Marco Civil da Internet não possui elementos de Direito Civil em seu bojo, e sim que a regulação do tema deixou de se remeter diretamente aos dispositivos (subsidiários, por excelência) da parte de responsabilidade civil.

em que, em razão de apenas uma conduta (que é de tal maneira condenável socialmente), ensejará crime, responsabilização administrativa (como multa, ou suspensão de licença para atividade) e, ao mesmo tempo, propiciará o dever de indenizar no âmbito cível.

Conquanto haja independência, isso não exclui o fato de que determinadas situações jurídicas são pertinentes diretamente à atuação de um ramo. Há riscos que são típicos da incidência do direito penal (lesões a bens fundamentais), do direito administrativo (bens considerados em escala intermediária) e outros exclusivamente do direito civil (em que, por sua natureza, há primazia de interesses particulares nas relações jurídicas subjacentes). A atuação conjunta e simultânea serve basilarmente para as situações de cunho mais drástico, que clamam por resposta integral do direito (assuntos de índole criminal são tão graves que automaticamente geram o dever de indenizar, à luz do art. 91 do Código Penal[51]).

Considerados, todavia, os mencionados entraves do âmbito criminal e administrativo, bem como do alargamento das hipóteses de situações lesivas (que, relembre-se, caminham quase sempre à frente do Direito), iniciou-se uma verdadeira defesa da utilização da responsabilidade civil como meio de promoção de outras finalidades que não apenas a de reparar os prejuízos causados em decorrência de ilícitos perpetrados (ou atividades de risco lícitas). Afirma-se, assim, haver na sociedade contemporânea ineficiência do instituto da responsabilidade civil, pugnando por uma ampliação de suas funções para a inclusão de aspectos preventivos e punitivo-pedagógicos, com a alteração radical dos pressupostos da disciplina.[52]

Sob esse viés, a função dissuasória da responsabilidade civil deveria se fazer presente como forma de contenção de condutas lesivas e, por consequência, novos danos,[53] ainda não regulados pelo direito administrativo, mas que pudessem não só reparar o ofendido, como atuar preventivamente ou

---

[51] "Art. 91. São efeitos da condenação: I – tornar certa a obrigação de indenizar o dano causado pelo crime [...]".

[52] Ver, sobre o tema, opinião publicada por Nelson Rosenvald em seu site eletrônico, no dia 27/11/2017, chamado "Uma reviravolta na responsabilidade civil: <"https://www.nelsonrosenvald.info/single-post/2017/11/27/Uma-reviravolta-na-responsabilidade-civil> Acesso em 15/03/2018. Remete-se, ainda, a RODOTÀ, Stefano. Modelli e funzioni della responsabilità civile. *Rivista Critica del Diritto Privato*. Napoli: Jovene, vol. 3, 1984, pp. 595-607.

[53] V., a propósito, por todos, a dissertação de mestrado de SERPA, Pedro Ricardo. *Indenização punitiva*. Dissertação (mestrado). Faculdade de Direito da Universidade de São Paulo, sob orientação do Professor Doutor Titular Antonio Junqueira e Azevedo e do Professor Doutor Alcides Tomasetti Jr., 2011.

punir o ofensor.[54] Nada disso, porém, encontra guarida pacífica doutrinária, mormente pelo risco de se desnaturar a responsabilização civil. Fato é que, no atual passo do assunto, deve haver uma comunicação entre os ramos do Direito (privado e público), em favor de sua unicidade, de modo que a partir dessa aproximação na gestão dos riscos, haverá um panorama mais claro à responsabilidade civil na tutela social.

Com isso, não se quer dizer que um ramo dependa do outro para ser operacionalizado, possuindo, cada qual, requisitos específicos. Todos possuem independência, embora umbilicalmente ligados por força da Constituição. Assim é que, a título exemplificativo, um sujeito absolvido criminalmente por falta de provas (o que não se aplica quando há certeza quanto à ausência de autoria ou do próprio fato alegado[55]) pode perfeitamente ser punido pelo direito administrativo e condenado civilmente, com fulcro na responsabilidade civil. Ou, ainda, resta possível que alguma pessoa, física ou jurídica, a despeito de não resvalar em punição administrativa ou criminal, seja condenada exclusivamente no âmbito do direito civil.

Sem embargo, nas hipóteses de riscos, constata-se que o intérprete deverá perquirir, de forma integrada e sequencialmente, o seguinte: (i) se há proibição/punição pelo direito penal; (ii) se há proibição ou regulamentação com punição por condutas desviantes pelo direito administrativo, âmbito por excelência que deve resguardar riscos sociais oriundos do desenvolvimento tecnológico, cujas consequências podem ser extremamente gravosas (lembrando que ambas podem atuar em conjunto, conjugadas com o direito civil); e, se não houver qualquer disposição dos demais ramos, (iii), por fim, cumpre aplicar a responsabilidade civil, por meio de sua tessitura normativa aberta na tutela das vulnerabilidades. Nessa condição específica, assim, poderia cogitar-se mesmo do alargamento conceitual de seus pressupostos, para a adequada tutela social e da vítima.[56]

---

[54] A uma, pois em razão da objetivação da responsabilidade, com a desconsideração da culpa para a definição das regras de imputação e para a quantificação da indenização, salvo a hipótese do já mencionado art. 944, parágrafo único, do CC/02, tornou-se quase irrelevante se o causador do dano agiu com dolo, culpa grave ou culpa leve. A duas, pois a manutenção do paradigma ressarcitório possibilita que o agente causador do dano consiga quantificar seus eventuais prejuízos econômicos ao agir ilicitamente. Trata-se de aplicação de um dos postulados da análise econômica do direito, temática que vem ganhando força na discussão dos mais variados institutos jurídicos.

[55] Essa é a inteligência do art. 935 do CC, segundo o qual "[a] responsabilidade civil é independente da criminal, não se podendo questionar mais sobre a existência do fato, ou sobre quem seja o seu autor, quando estas questões se acharem decididas no juízo criminal".

[56] Seria o caso de, excepcionalmente, cogitar-se do alargamento conceitual do dano, para inserir o chamado dano de ameaça, ou dano de conduta a situações que se mostrem extremamente gravosas

Isso porque há uma flexibilidade intrínseca à responsabilidade civil, fruto de seu desenvolvimento estrutural em cotejo com as necessidades da sociedade (bem como da utilização de conceitos indeterminados e cláusulas gerais),[57] que permite a tutela de situações jurídicas apartadamente da lógica da tipicidade fechada (longe dos ditames da taxatividade, da intervenção mínima e da legalidade estrita). Tudo direcionado a que, dentro do sistema, haja prevenção/punição de condutas (pacificamente falando-se das searas penal e administrativa) e, após o evento danoso, atuação, ao menos, da função propriamente reparatória para tutela dos interesses da vítima, formando-se um sistema de gestão de riscos integrado.[58]

Embora esse seja o quadro que se tem hodiernamente, cumpre o destaque final de que se nota uma amplificação da utilização da responsabilidade civil (muito em razão da morosidade do legislador para regulação de temas sensíveis e da imperiosidade da despenalização de alguns temas). Cada vez mais, assim, é possível se deparar com condutas que ficam à mercê de uma

---

e não possuam disciplina própria, como ocorre, por exemplo, no nexo causal por probabilidade e outras construções que possibilitam o paradigma. Conquanto se discuta se seria caso de responsabilidade civil, pode-se conjecturar de incidência mesmo que exclusivamente a formas de danos coletivos (dano social, dano moral coletivo) para hipóteses prévias à lesão individual. Relembre-se, pois, que no cálculo dos meios eficientes para a obtenção dos fins, o risco de dano à pessoa somente será elemento relevante se o dano implicar prejuízo (econômico) à variável da equação que impõe a minimização das perdas. Por isso, sustenta-se que: "No curso de atividades econômicas, de danos que afetem a dignidade da pessoa humana, a responsabilidade civil pode ter um papel relevante. A operacionalização desse instituto pode produzir uma intervenção na relação meios-fins da atividade econômica, tornando ineficiente aquilo que pode violar o princípio da dignidade" (RUZYK, Carlos Eduardo Pianovski. A responsabilidade civil por danos produzidos no curso de atividade econômica e a tutela da dignidade da pessoa humana: o critério do dano ineficiente. In: BODIN DE MORAES, Maria Celina Bodin (Org.). *Diálogos sobre direito civil*: construindo uma racionalidade contemporânea. Rio de Janeiro: Renovar, 2002. p. 144).

[57] Obtempera-se que o direito administrativo também pode se utilizar de conceitos indeterminados e cláusulas gerais, o que, como já enfatizado, coloca-o em posição de primazia para aspectos punitivo-preventivos dos riscos sociais. Ocorre que, a despeito disso, essa seara apenas funciona dentro da lógica de tipicidade, como previsão em algum ato normativo (e isso, em última medida, sempre o põe atrás da dinâmica dos fatos).

[58] Obtempera-se que a tutela da vítima não pode ser materializada a qualquer custo, desconsiderando-se os elementos clássicos da responsabilidade civil. O alargamento conceitual proposto é apenas sintomático de uma excepcionalidade que almeja proteção social a hipóteses de riscos extremados que não possuem regramento em outras searas do direito. Seria, assim, à luz da unidade, uma ideia de influências recíprocas, de tal forma que a devida tutela por um âmbito ensejaria menor necessidade de elasticidade de outro. Isso, contudo, não é algo absoluto. Flexibilizar elementos não significa deixá-los de lado, ignorando-os, mas sim permitir que novas construções sejam incorporadas com mais facilidade quando observados tais resquícios no plano fático.

sanção puramente civil, com viés apenas reparatório. Desse modo, sem vacilar, constrói a doutrina alguns possíveis novos contornos temáticos, com base na utilização dos princípios da prevenção e precaução (topicamente concebidos no direito ambiental).[59]

No próximo tópico, à luz do considerado, a partir da exposição teórica de algumas repercussões da função preventiva, será explicitada a problemática da teoria do risco do desenvolvimento, tema debatido há décadas, que, de acordo com o exposto, deveria ser regulado administrativamente (e serão enfatizadas algumas propostas de soluções), mas que até então possui tutela apenas da responsabilidade civil e que, consideradas as dificuldades inerentes do tópico, podem, mesmo nesse âmbito, deixar a vítima sem ressarcimento de danos pessoais graves. Trata-se, em síntese, de problema sintomático do narrado no tópico e que se coaduna com a excepcionalidade que exige soluções criativas na tutela humana.

4. A teoria do risco do desenvolvimento: da necessidade de regulação pelo direito administrativo à possível não indenizabilidade pela responsabilidade civil

Como visto, a responsabilidade civil liga-se umbilicalmente ao desenvolvimento social e suas novas demandas, em um desenvolver constante com contenções e alargamentos em seu espectro. Da responsabilidade civil subjetiva para a responsabilidade objetiva, além da consagração do princípio da reparação integral no Brasil com o ressarcimento de outros danos que não apenas materiais, há que se avançar para propor originais formas de evolução da disciplina para fazer resistência ao superdimensionamento dos riscos na era tecnológica. O atual passo nos põe em um momento de incerteza: afinal, a responsabilidade civil deve evoluir para fazer frente a esses desideratos ou isso a desfiguraria?

Nosso campo para buscar a resposta é a chamada teoria do risco do desenvolvimento, tema cuja discussão sobre a indenizabilidade ultrapassa o século vigente.[60] Ocorre que, à luz do exposto, o tema deveria ser objeto

---

[59] Ver, por todos, LOPEZ, Teresa Ancona. Responsabilidade civil na sociedade de risco, cit.

[60] Em que pese a nomenclatura utilizada, o desenvolvimento não pode ser considerado um risco, já que o seu principal objetivo é eliminá-lo. O desenvolvimento, em sua essência, jamais terá o condão de criar riscos (CASSIS, Eduardo Bichir. Risco do desenvolvimento e danos provocados pelas novas tecnologias: ondas eletromagnéticas e organismos geneticamente modificáveis. *Revista Brasileira*

de resguardo pelo direito administrativo; porém, tendo em vista a inércia do legislador, culmina por resvalar na incidência para fins de gestão dos riscos apenas por parte da responsabilidade civil. Antes de explicitar a problemática, cumpre-nos situá-la à luz dos ditames do Código de Defesa do Consumidor (CDC), *locus* em que consta expressa exigência sobre a prevenção de condutas danosas.

Nesse sentido, quanto à função preventiva em sentido lato da responsabilidade civil, para a antecipação dos riscos e dos danos, tem-se que o princípio da prevenção serve para os riscos concretos e reais, já conhecidos. Tal princípio encontra guarida expressa no CDC, que, em seu art. 6º, I, consagra a obrigação de segurança, determinando que é direito básico do consumidor a "proteção da vida, saúde e segurança contra riscos provocados por práticas de fornecimento de produtos e serviços considerados perigosos ou nocivos". Já o princípio da precaução se aplica para riscos potenciais e abstratos.[61]

Os princípios da prevenção e precaução inspiram algumas propostas doutrinárias que consubstanciam instrumentos para a contenção dos riscos.[62] Assim, alguns defendem que a responsabilidade civil por ameaças e riscos de danos graves e irreversíveis pode ser executada por meio de medidas preventivas e acautelatórias no âmbito privado, sem prejuízo da potencialização de aspectos punitivos.[63] Há, ainda, com esses fundamentos, os que cogitam

de Direito Civil, Constitucional e Relações de Consumo, vol. 4, n. 13, jan.-mar./2012).
[61] Teresa Ancona Lopez aduz que a noção de precaução foi introduzida pelo Direito Ambiental e sua consagração se deu em 1992, na Declaração do Rio, a ECO 92: "Com o fim de proteger o meio ambiente, o princípio da precaução deverá ser amplamente observado pelos Estados, de acordo com suas capacidades. Quando houver ameaça de danos graves ou irreversíveis, a ausência de certeza científica absoluta não será utilizada como razão para o adiamento de medidas economicamente viáveis para prevenir a degradação ambiental". Sustenta, ainda, que do Direito Ambiental, o princípio da precaução passou para o Direito Sanitário, vide casos de HIV e doença da *"vaca louca"*, assim como para o âmbito médico-hospitalar, vindo desembocar na Responsabilidade Civil. Diz, por fim, que a identificação dos riscos deve ser realizada com base em estatísticas, perícias, probabilidades e pesquisas (LOPEZ, Teresa Ancona. Responsabilidade civil na sociedade de risco, cit., p. 1226).
[62] A responsabilidade civil por danos (ou ameaça de dano) decorrentes do descarte inadequado de resíduos sólidos especiais pós-consumo é uma materialização da função preventiva? O CDC – à semelhança da legislação ambiental, quando em cotejo com a responsabilidade civil pós-consumo – prima pela prevenção de danos. Com efeito, além de o dever geral de boa-fé objetiva (art. 4º, III, do CDC) ser um dos princípios informadores da Política Nacional das Relações de Consumo, são reconhecidas como direitos básicos do consumidor, além do explicitado, *"a efetiva prevenção e reparação de danos patrimoniais e morais, individuais, coletivos e difusos"* (art. 6º, I e IV, do CDC).
[63] Propõe, aqui, a necessidade de que a indenização extrapole os estritos limites do prejuízo (para além do art. 944, caput, CC/2002), materializando a função dissuasória da responsabilidade civil.

da chamada *responsabilidade civil pressuposta*.[64] Outra proposta para conter a hipertrofia dos danos na atualidade, que sugere efetivamente refundar as bases teóricas da responsabilidade civil, consiste na chamada responsabilidade civil sem dano.[65]

Quanto à última proposta, classicamente se dispõe que, para haver indenização, além da prova da conduta culposa ou dolosa, é necessário comprovar a lesão suportada por alguém – *pas de préjudice, pas de responsabilité civile*.[66] Sustenta-se na doutrina, assim, que o dano, mesmo sendo um fenômeno unitário, tem dois momentos de sua ocorrência: dano-evento e dano-prejuízo. O primeiro consiste na lesão a um direito subjetivo ou a uma norma protetora de interesses. O segundo, por sua vez, é a consequência, existencial ou patrimonial. Ambos são essenciais para ativar o mecanismo do ressarcimento.[67] Porém, na responsabilidade sem dano, basta o dano-evento, com a conse-

---

Ver, sobre o tema, por todos, COSTA, Judith Martins; PARGENDLER, Mariana Souza. Usos e abusos da função punitiva (*'punitive damages'* e o direito brasileiro). *Revista da Ajuris*, ano XXXII, n. 100, dez/2005, p. 253.

[64] Giselda Maria Fernandes Novaes Hironaka, em sua tese de livre-docência, defendida na Faculdade de Direito da USP, propõe uma nova forma de evolução da responsabilidade civil, de modo que o sistema tenha por objetivo precípuo não só deixar um número cada vez menor de vítimas irressarcidas, mas que internalize a preocupação de prevenir a ocorrência de danos, atendendo a novas situações existenciais. Aqui, em primeiro plano, em síntese, deve-se buscar reparar a vítima, para depois verificar de quem foi a culpa, ou quem assumiu o risco. Como isso, como já destacado, o dano assume papel principal no estudo da responsabilidade civil. Ademais, pela tese, aberta do ponto de vista de sua regulamentação, pressupõe-se a responsabilidade do agente pela exposição de outras pessoas a situações de risco ou de perigo, diante de sua atividade (*mise en danger*). Trata-se, então, de uma otimização da regra constante do art. 927, parágrafo único, CC. (HIRONAKA, Giselda Maria Fernandes Novaes. *Responsabilidade pressuposta*. Belo Horizonte: Del Rey, 2005).

[65] As primeiras ideias sobre o tema foram feitas na França pelas professoras Mathilde Boutonnet e Catherine Thibierge (como exemplo, menciona-se a obra da última: THIBIERGE, Catherine. Libre propos sur l'évolution du droit de la responsabilité vers élargissement de la fonction de la responsabilité. *Revue Trimestrielle de Droit Civil*. Paris, n. 3, jul.-set./1999). A corrente doutrinária em questão, conhecida como "direito dos danos", ganhou força e avançou teórica e doutrinariamente em vários rincões da Europa. Como não poderia deixar de ser, chegou ao Brasil com a chancela de notáveis juristas, não sem resistência, obviamente.

[66] Por todos, remete-se a PEREIRA, Caio Mário da Silva. *Instituições de direito civil*. 11. ed. Atual. Gustavo Tepedino. Rio de Janeiro: Forense, 2016.

[67] V., nesse sentido, AZEVEDO, Antonio Junqueira de. O direito como sistema complexo e de segunda ordem; sua autonomia. Ato nulo e ato ilícito. Diferença de espírito entre responsabilidade civil e penal. Necessidade de prejuízo para haver direito de indenização na responsabilidade civil. *Civilistica.com*. Rio de Janeiro, a. 2, n. 3, jul.-set./2013; e FLUMIGNAN, Silvano José Gomes, *Dano evento e dano prejuízo*. Dissertação (mestrado). Faculdade de Direito da Universidade de São Paulo. São Paulo, 2009.

quente violação potencial a direitos.[68] Haveria a divisão em dois subgrupos: o direito das condutas e o direito dos danos.

Fora dessas elucubrações, mas considerando a expressa alusão à prevenção e efetiva reparação nos ditames consumeristas, a chamada teoria do risco do desenvolvimento materializa controvérsia antiga. Trata-se, em síntese, do "risco que não pode ser cientificamente conhecido no momento do lançamento do produto no mercado, vindo a ser descoberto somente após certo período de uso do produto e do serviço. É defeito que, em face do estado da ciência e da técnica à época da colocação do produto ou serviço em circulação, era desconhecido ou imprevisível".[69] Sobre o tema, muito se discute a respeito de sua reparabilidade.[70]

A corrente doutrinária contrária[71] sustenta, em resumo, que o risco do desenvolvimento configura excludente de responsabilidade civil, nada obstante a ausência de previsão legal. Relembram, no ponto, que o caso fortuito e a força maior, hipóteses amplamente reconhecidas, também não constam no rol dos arts. 12, §3º e 14, §3º.[72] Dizem, também, que o risco do desenvolvi-

---

[68] De acordo com essa proposta, sem prejuízo de suas funções tradicionais, seria imperioso que a responsabilidade passasse a disciplinar *ex ante* os próprios eventos danosos, de forma a preveni-los e não apenas ressarci-los. Aqui, a mera ameaça de um dano desenfreada pela conduta do sujeito permitiria a aplicação de sanções jurídicas. Paralelamente, muitos autores começaram a afirmar que isso acabaria por desfigurar a responsabilidade civil, deixando-a irreconhecível, eis que incluiria na disciplina elementos que histórica e epistemologicamente sempre lhe foram excluídos de maneira reiterada. Seria possível, por meio dela, sancionar qualquer conduta, e não apenas as condutas danosas, colocando em evidência a função normativa.

[69] BENJAMIN, Antonio Herman. *Comentários ao Código de Proteção do Consumidor.* São Paulo: Saraiva, 1991, p. 67.

[70] Ressalta-se que a substituição de um produto ou serviço de melhor qualidade não torna o anterior defeituoso, sob pena embaraçar o desenvolvimento tecnológico, uma vez que não se confunde com vício ou defeito do produto (a ensejar dano). Cumpre o destaque, ainda, de que para avaliar a hipótese de risco de desenvolvimento, não se pode levar em consideração um fornecedor específico e nem os padrões que são aplicados especificamente em um lugar. Essa avaliação, na verdade, possuiria um caráter inserido no tempo e no espaço, perquirida através de critérios objetivos do estado da arte do desenvolvimento científico. Discute-se, todavia, qual seria o momento adequado para avaliação do caráter defeituoso do produto, se *ex ante* ou *ex post*.

[71] Ver, dentre outros, (i) Danilo Borges dos Santos Araújo, (ii) Fabio Ulhoa Coelho, Fernando Bucher von Teschenhausen Eberlin, (iii) Gustavo Tepedino, (iv) James Marins, (v) João Calvão da Silva, (vi) Nehemias Domingos de Melo, (vii) Rui Stoco, (viii) Ugo Carnevali, (ix) Whitmore Gray e (x) Zelmo Denari.

[72] "Art. 12. [...] §3º. O fabricante, o construtor, o produtor ou importador só não será responsabilizado quando provar: I – que não colocou o produto no mercado; II – que, embora haja colocado o produto no mercado, o defeito inexiste; III – a culpa exclusiva do consumidor ou de terceiro. [...]"; "Art. 14. [...] §3º. O fornecedor de serviços só não será responsabilizado quando provar: I – que,

mento configura hipótese extrema, cuja assunção pode se tornar insuportável para o setor produtivo da sociedade, o que culminaria por desencorajar a comercialização de certos produtos, bem como o investimento em pesquisas, inibindo o progresso tecnológico; que a responsabilização representaria o encarecimento dos produtos.

No mesmo sentido, aduzem que uma interpretação a *contrario sensu* dos artigos 6º, I, 10 e 12, §1º, III do CDC[73] permitiria concluir que inexiste defeito do produto ou serviço em circulação no mercado, uma vez que haveria impossibilidade absoluta e objetiva de descobrir o defeito por falta de meios para detectá-lo. Nesse sentido, pugnam pelo reconhecimento de imprevisibilidade do evento danoso, porquanto não se pode responsabilizar o fornecedor que observou todos os deveres de pesquisar e informar o consumidor. Por fim, muito se diz sobre a dificuldade de o fornecedor quantificar a alocação de tais riscos, inclusive enfatizando a probabilidade de inexistir mercado de seguros para risco do desenvolvimento.[74]

A corrente doutrinária a favor da responsabilização,[75] *in casu*, colaciona como principais teses, em suma, que não causaria a retração em pesquisas científicas, pois há mecanismos que garantem a reparação das vítimas sem onerar em demasia o fabricante; que não há fatos concretos que corroborariam com o argumento de que haveria um desestímulo à atividade econômica; que isso evitaria com que o fornecedor deixasse de se preocupar com as consequências

---

tendo prestado o serviço, o defeito inexiste; II – a culpa exclusiva do consumidor ou de terceiro".
[73] "Art. 10. O fornecedor não poderá colocar no mercado de consumo produto ou serviço que sabe ou deveria saber apresentar alto grau de nocividade ou periculosidade à saúde ou segurança. §1º. O fornecedor de produtos e serviços que, posteriormente à sua introdução no mercado de consumo, tiver conhecimento da periculosidade que apresentem, deverá comunicar o fato imediatamente às autoridades competentes e aos consumidores, mediante anúncios publicitários. [...]"; "Art. 12. [...] §1º O produto é defeituoso quando não oferece a segurança que dele legitimamente se espera, levando-se em consideração as circunstâncias relevantes, entre as quais: I – sua apresentação; II – o uso e os riscos que razoavelmente dele se esperam; III – a época em que foi colocado em circulação".
[74] Isso, sobretudo, porque implicam, geralmente, riscos de grandes proporções, sem nenhuma limitação prevista. O seguro é delimitado pela análise de cálculos atuariais, pautado em probabilidades estatísticas, de modo que a inexistência de previsão ou limitação do valor tornam o cálculo de difícil acerto.
[75] Ver, dentre outros: (i) Agostinho Oli Koppe Pereira; (ii) Alexander Porto Marinho Wolkoff; (iii) Antônio Herman Benjamin, (iv) Bruno Miragem, (v) Claudia Lima Marques, (vi) Diana Montenegro da Silveira, (vii) Eduardo Bichir Cassir, (viii) Gladston Mamede, (ix) Jean Sébastien Borghetti., (x) Joyceane Bezerra de Menezes, (xi) Leonardo Roscoe Bessa, (xii) Luiz Augusto da Silva, (xiii) Marcelo Junqueira Calixto, (xiv) Maria Cândida Pires Vieira do Amaral Kroetz, (xv) Maria Parra Lucan, (xvi) Maria Vital da Rocha, (xvii) Otávio Luiz Rodrigues Junior, (xviii) Sergio Cavalieri Filho.

do produto ou serviço fornecido no mercado; que há, sim, defeito do produto ou serviço nas hipóteses de risco do desenvolvimento; que exonerar o fornecedor de sua responsabilidade seria o mesmo que atribuir ao consumidor, vítima de acidente de consumo, a responsabilidade do próprio dano sofrido.

Diz-se, ainda, que existiria na matéria uma ditadura da maioria, bem como que os ônus decorrentes do desenvolvimento tecnológico não podem instrumentalizar o sacrifício de poucos (no caso, as vítimas), sob pena de violação à igualdade; que os riscos devem ser arcados por quem o produz; que haveria, na espécie, em caso de não responsabilização, uma subversão axiológica, na medida em que a vida, saúde e segurança das pessoas sucumbiriam em prol do suposto avanço material; que o progresso é instrumento para a emancipação da dignidade da pessoa humana, e não o contrário.

Nessa linha, igualmente, narram que o consumidor seria tratado como verdadeira cobaia para o desenvolvimento de produtos; que se trataria de fortuito interno da atividade; que pretender vincular a responsabilização ao eventual cumprimento de deveres de cuidado significaria reintroduzir as desvantagens do exame da culpa na ambiência da responsabilidade civil (objetiva); que o rol de excludentes de responsabilidade civil do art. 12, §3º, CDC seria taxativo, não abarcando a hipótese de risco de desenvolvimento; violação ao princípio da equidade; e que, por fim, a previsão do artigo 12, §1º, III, constitui critério de valoração para a identificação e definição do defeito e não critério de exclusão da responsabilidade.

Vê-se, assim, que, conjugando argumentos jurídicos e consequencialistas, há significativas correntes doutrinárias quanto ao tema.[76] A despeito de, respeitosamente, não poder se concordar com as assertivas pela não reparabilidade das lesões sofridas em decorrência dos chamados riscos do desenvolvimento, tendo em vista o solidarismo social e a primazia de tutela da vítima, não se pode esquecer que, na hipótese, como não há consenso ou posição definitiva adotada pelos tribunais, sobeja manifesto o perigo de que o risco negocial, aqui, seja passado ao consumidor, e não inserido nos custos intrínsecos à atividade.

Em uma perspectiva de *análise econômica do direito*[77] – critério extrajurídico que traz importante elemento ao Direito e serve para contribuir na gestão dos

---

[76] Ressalta-se que, como o debate perpassa décadas, as alegações são repetidas à exaustão pelos autores que comentam o tema. Por isso, preferiu-se não individualizar cada argumento, sob pena de se correr o risco de atribuir a construção de determinada ideia a apenas quem a replicou de texto passado, sem maiores especificações autorais por se tratar de tema comum.

[77] Há obras emblemáticas sobre o assunto, tais como: Gary Becker, que estudou os problemas econômicos das minorias (The Economics of Discrimination – 1957); Ronald Coase, que se dedicou

riscos –, ao centrar a análise nos incentivos que a responsabilidade civil pode prover para conduzir os atores sociais envolvidos à adoção de melhores práticas e decisões sobre o nível de cuidados e de atividade, almeja-se alcançar uma desejável distribuição de riscos. E isso sempre partindo do pressuposto de que o risco zero não só é impossível, como também indesejável, pois representaria o entrave dos avanços científicos, que muitas vezes são relevantíssimos para a sociedade.

A responsabilidade civil como ferramenta para controlar os custos dos acidentes serve como instrumento para a internalização dos custos resultantes de eventos danosos (externalidades negativas). Frise-se que essa diretriz acentua a função preventiva, pois representa meio de alocação dos riscos, para reduzir – em termos ótimos – as situações danosas e os custos decorrentes.[78] A regra de responsabilidade objetiva do fornecedor nas relações de consumo funciona exatamente no sentido de atribuir a quem ocupa a melhor posição para evitar o evento danoso (quem pode evitar o acidente de forma mais econômica (*cheapest cost avoider*) ou da melhor forma possível (*best cost avoider*)).

Dentro desse contexto, à luz da natureza dos problemas pertinentes ao risco do desenvolvimento, não é tarefa simplória encontrar a medida certa em que se aceita assumir riscos (riscos excessivos podem desestimular investimentos e retrair o desenvolvimento tecnológico). O mais seguro, quase sempre, custa caro. Esse tormento no tema perpassa a apreciação de casos clássicos envolvendo a problemática. A situação representativa é o chamado caso Cotergan-Talidomina, medicamento desenvolvimento na Alemanha e

---

ao custo social, visto por critérios jurídicos e econômicos (The Problem of Social Cost – 1960); e Guido Calabresi, verdadeiro precursor da análise econômica normativa (Some Thoughts on Risk Distribution and the Law of Torts – 1961).

[78] Adota-se uma lógica de incentivos e desestímulos de conduta por meio da responsabilidade civil, incutindo no atuar do fornecedor um padrão semelhante ao do sistema de preços e da teoria dos jogos, por meio de uma análise de custo e benefício se materializa mais vantajoso incluir um produto no mercado de consumo sem a cautela devida ou não. Ademais, em uma situação de risco perfeito acerca dos riscos envolvidos, haveria um patamar ótimo de cuidado, não obstante a regra de responsabilidade civil. Porém, no caso do risco do desenvolvimento, os conhecimentos a respeito dos perigos são considerados imperfeitos, de modo que o fornecedor não terá incentivo a investir em sua segurança, a não ser que se estabeleça alguma regra de responsabilidade. Sobre o tema, ver, por todos, CARNAÚBA, Daniel Amaral. Distribuição dos riscos nas relações de consumo: uma análise econômica. In: LOPEZ, Teresa Ancona; LEMOS, Patrícia Faga Iglecias; RODRIGUES JUNIOR, Otavio Luiz (Org.). *Sociedade de risco e direito privado*: desafios normativos, consumeristas e ambientais. São Paulo: Atlas, 2013 e MENDONÇA, Diogo Naves. Breve estudo sobre a análise econômica da responsabilidade civil no direito do consumidor. In: LOPEZ, Teresa Ancona; LEMOS, Patrícia Faga Iglecias; RODRIGUES JUNIOR, Otavio Luiz (Org.). *Sociedade de risco e direito privado*: desafios normativos, consumeristas e ambientais. São Paulo: Atlas, 2013.

comercializado em vários países, a partir de 1957, inclusive no Brasil, para combater enjoos matinais (medicamento sedativo).

Na hipótese *sub oculis*, mulheres grávidas que ingeriram a substância sofreram efeitos colaterais, com a deformação de fetos e nascimento de crianças com deficiência (encurtamento de braços, pernas, cegueira e surdez). Graças a esses danos, foi constituída pensão pela Lei nº 7.070/1982, havendo em vista a subsistência digna das vítimas. Esse diploma normativo (com finalidade previdenciária), posteriormente, restou alterado pela Lei nº 12.190/2010, regulamentada pelo Decreto nº 7.235/2010, garantindo indenizações por danos morais e materiais, incluindo pensão mensal.

Observe-se que as consequências gravosas foram tamanhas que o legislador pátrio resolveu regular o tema – de dificílima compreensão pela responsabilidade civil, considerados os problemas atinentes à comprovação do nexo de causalidade. Quer-se ir além, todavia, no presente trabalho, pugnando-se pela construção de regulações prévias – pelo direito administrativo, enquanto seara mais hábil a regular essas situações – aos resultados danosos para determinados setores que envolvem o desenvolvimento tecnológico e são potencialmente nocivos.[79]

Outro caso sintomático foi o da contaminação pelo vírus HIV em razão de transfusões de sangue (1980), quando, apesar da ciência da doença, os exames para identificá-la não eram possíveis (surgiram apenas na segunda metade da década). A título de informação, o vírus contaminou 89% dos hemofílicos nos EUA. No ponto, o REsp. 1.299.900/RJ afirmou a responsabilidade civil do Estado e da União, ante a omissão estatal no controle de sangue. Ademais, não houve a constituição de um fundo específico, mas permitiram alguns benefícios previdenciários aos ofendidos, tais como o levantamento do FGTS e do PIS-PASEP, auxílio doença facilitada e pensão vitalícia.

Outra situação perpassou o uso do Anticolesterol MER-29 (1988). Esse medicamento, distribuído nos EUA entre 1959 e 1962, trouxe graves efeitos

---

[79] O assunto restou apreciado pelos tribunais em três situações representativas: (i) STJ, REsp 60.129/SP (restou decidido, nesse julgado, que haveria responsabilidade exclusiva da indústria farmacêutica, de modo que inexistente a solidariedade entre o laboratório demandado e a União (isso foi discutido porque o ente promulgou a Lei nº 7.070 (caráter previdenciário) e em virtude de ter concedido licença para comercialização do produto); (ii) TRF-3, Ap. Civ., 2002.61.00.028796-7, 3ª T., Rel. Des. Marcio Moraes, julg. 16. 7.2009 (consignou-se que a indenização não se confunde com a pensão especial prevista na Lei). (iii) TJRJ, Ap. Civ. 0040604-44.2009.8.19.0014, 3ª C.C., Rel. Des, Luiz Fernando Ribeiro de Carvalho, julg. 10. 4.2013 (quanto ao ônus da prova, decidiu que o fato constitutivo do direito da Autora é notório, sendo por isso dispensado de prova nos termos do art. 334, I, CPC/1973).

colaterais a mais de cinco mil pessoas, que ficaram cegas ou tiveram graves problemas de catarata.[80] Outro caso foi o chamado Morhange: em 1972, mais de duzentas crianças foram intoxicadas na França, em virtude do uso do talco Morhange (muitas faleceram). O produto continha alto teor de bactericida (hexaclorofeno, na proporção de mais de 6% e isso o tornava tóxico). Também nos EUA, o caso *Brown v. Abbot Laboratories* (DES), que, com o fim de evitar abortos, teria causado tumores nos órgãos sexuais das vítimas.[81]

Na primeira metade do século passado, mais de duzentas mil mulheres grávidas foram tratadas com o medicamento DES (ditilstilbestrol), que era composto de estrógeno para evitar aborto ou parto prematuro. Depois que as crianças nasceram, começou a se investigar uma ligação entre o uso do medicamento e o aparecimento de câncer de mama nas mulheres que ingeriram o medicamento e danos na segunda e terceira geração delas (novamente, a dificuldade de perquirir o nexo causal). O caso chama a atenção tendo em vista a repercussão dos danos nefastos provocados pelo uso do medicamento e o período de demora para que os danos pudessem ser verificados.[82]

O antidepressivo Survector também foi fonte de problemas, uma vez que considerado um produto com alto potencial de dependência e baixa eficácia terapêutica em diversas partes do mundo. Discutiu-se no REsp. 971.845, 3ª T., Rel. Min. Humberto Gomes de Barros, julg. 21.8.2008, a atuação omissiva do Laboratório, que colocara em circulação um medicamento com tão poucas advertências na bula, considerando-a publicidade enganosa (a bula apresentava o resultado de melhora de memória sem efeitos colaterais, violando o princípio básico do consumidor estabelecido no art. 6º, IV, do CDC).[83]

---

[80] SILVA, João Calvão da. *Responsabilidade civil do produtor*. Coimbra: Almedina, 1999, p. 124.

[81] O caso foi julgado em março de 1988, pelo Supremo Tribunal da Califórnia, que entendeu não ser viável a responsabilidade da empresa PR Medicamentos. A justificativa da decisão foi no sentido de que, em virtude do interesse público, o desenvolvimento de novos medicamentos, ainda que apresentem riscos à saúde, tem o objetivo maior de salvar vidas, e tornar o fornecedor responsável por um perigo impossível de ser conhecido pelo estado atual de conhecimento seria torná-lo espécie de segurador universal do produto.

[82] Na segunda geração foi possível identificar, nas filhas, câncer vaginal e malformação no útero, enquanto que nos filhos, perceberam-se malformações genitais, câncer do testículo, infertilidade, menor quantidade de esperma e danos cromossômicos no esperma. Na terceira geração, foram detectados danos cerebrais nos netos das mulheres que haviam tomado o medicamento. Além disso, é possível ponderar que ainda existe a possibilidade de que as próximas gerações venham a sofrer com os danos.

[83] O voto vencido ficou por conta do Min. Rel. Humberto Gomes de Barros, para quem a automedicação interromperia o nexo causal necessário, nada obstante se tratar de responsabilidade objetiva (configurando-se fato exclusivo da vítima). Disse o Ministro em referência que "[a]o desconsiderar

Frise-se que, em recente precedente, no REsp. 1.599.405, Rel. Min. Marco Aurélio Bellezze, 3ª T., julg. 4.4.2017, o aviso das possíveis adversidades constante em bula de medicamento restou suficiente para afastar a responsabilidade civil. Sequencialmente, sobre a responsabilidade civil da indústria de cigarro, no REsp. 1.197.660, Rel. Min. Raul Araújo, 4ª T., julg. 15.12.2011, considerou-se que o cigarro é um produto de periculosidade inerente e não um produto defeituoso. No REsp. 886.347, Rel. Min. Honildo Amaral de Mello Castro, 4ª T., julg. 25.5.2010, afirmou-se que a vítima não desconhecia os malefícios provocados pelo fumo, optando por adquirir, espontaneamente, o hábito de fumar, valendo-se de seu livre-arbítrio.[84]

Vistas todas essas situações, tipicamente concebidas como espécies de risco do desenvolvimento, é possível concluir sobre a imprevisibilidade de muitas repercussões danosas, quer-se dizer, sobre a expectativa de quantificação de lesões. Nesse viés, a despeito do pressuposto de que a conduta será diligente se os custos de prevenção forem menores que os do dano esperado (o que faria imprescindível a responsabilização), no caso, tanto se desconhecem as dimensões do dano (que podem ser incalculáveis), como se mostra difícil projetar um grau de desenvolvimento além do estado da arte vigente ao tempo sobre o avanço científico.

Logo, se existe a necessidade de apreciação de modo global dos possíveis custos do evento lesivo (para pautar a conduta do fabricante), sempre com a preocupação de reduzi-los de modo eficiente, ou seja, com fincas a buscar parâmetro de diligência justificável em termos de custos, aqui, nada disso será integralmente executável (senão na lógica do máximo possível). Portanto, embora concordemos com a responsabilização, sempre, do fornecedor, nas hipóteses de risco do desenvolvimento, desde que vislumbrados os requisitos da responsabilidade civil, com base no exposto, preferimos a solução advinda de outra seara do direito, qual seja o direito administrativo, que possui maior aptidão para evitar e ressarcir eventual prejuízo.

---

a necessidade de orientação médica expressa nos produtos adquiridos, o consumidor, por conta e risco, sujeita-se às consequências desse ato de negligência com a própria saúde".

[84] O TJSC, na Ap. Cív. 2005.038435-8, Rel. Min. Jaime Luiz Vicari, 2ª C.D.Priv., julg. 5.10.2009, julgando caso sobre o tema, concluiu que inexistiria infringência de dever legal da indústria farmacêutica, defeito do produto, bem como que não haveria se falar em exagero publicitário. Sobre o risco do desenvolvimento, disse o seguinte "no que tange à época em que foi colocado em circulação, prevalece a teoria dos riscos de desenvolvimento, com base na qual se conclui que a apelada não pode responder pela reparação dos danos eventualmente sofridos pelos consumidores de seus produtos há aproximadamente setenta anos (quando o de cujus iniciou o consumo de cigarros), se a comunidade científica naquela ocasião desconhecia com precisão a extensão dos riscos inerentes ao hábito de fumar".

De outra ponta, dentro do escopo de gestão dos riscos sociais, falhando todos os outros ramos do Direito, como sói ocorrer com o risco do desenvolvimento, a responsabilidade civil deve assumir a posição de soldado de reserva – mesmo que seja necessário flexibilizar seus elementos, relembrando que isso nada se confunde com sua autonomia frente às demais disciplinas –, para, pelo menos (sem desconsiderar todas as inovações sobre a perspectiva preventiva/punitiva, ainda apenas discutida em sede doutrinária), reparar a vítima por todas as lesões sofridas. O ponto nevrálgico, porém, a depender do caso concreto, é que mesmo a noção que aceita a responsabilização do fornecedor nesses casos, pode, ao final, restar insatisfatória.

A uma, porque se constata que os prejuízos em tais casos são, de fato, irreparáveis. Jamais a vítima retornará ao *status quo ante*. A duas, porque os valores a título indenizatório podem se materializar tão extravagantes que mesmo indo à falência, o fornecedor poderia não suportar. Não por razão diversa, há que se promover, tão logo possível, a regulação administrativa do tema, com (i) a estipulação clara do legislador sobre a responsabilização pelo risco do desenvolvimento (acabando com a controvérsia);[85] (ii) a criação de fundos especiais de indenização ou compensação (gerais ou específicos);[86] e (iii) contratação de seguros específicos, com limites de quantificação.[87]

---

[85] Na União Europeia, vige a Diretiva nº 374, de 25 de julho de 1985, regulando o tema da seguinte maneira: (a) funda-se na responsabilidade civil objetiva; (b) consagra o risco do desenvolvimento como causa excludente da responsabilidade civil; (c) para ser admitida essa excludente, o produtor tem o ônus de provar que, no momento da colocação do produto no mercado, não era possível detectar a existência do defeito; (d) a legislação interna de cada Estado-membro pode ou não incorporar a excludente do risco do desenvolvimento (*Development Risks Defence – DRD*); (e) o critério temporal para aferição do estado da ciência e da técnica ou estado da arte é o da colocação do produto no mercado e não o da verificação do dano; (f) outros pontos de livre disciplina: produtos agrícolas e previsão de limites ao ressarcimento dos danos.

[86] Um dos exemplos é o caso da Irlanda, que, em 15.12.1995, criou um fundo para compensar pessoas que tinham contraído Hepatite C e HIV a partir da utilização de derivados de sangue. No caso, o fundo é exclusivamente financiado pelo governo, que pode cobrar de todos os fornecedores os valores pagos a título de indenização (Fondazione Rosselli, p. 93). Outro exemplo é a hipótese da Áustria e Alemanha que possuem fundos patrocinados pelo governo de compensação especial para danos decorrentes de vacinação defeituosa. Pela lei do país, o governo é responsável por vacinas definidas como obrigatórias pelo próprio governo (Fondazione Rosselli, pp. 95/96). Um último caso pertine à criação, no ano de 2000, pelo governo da Inglaterra, de um fundo de compensação para pessoas vítimas da Doença de Creutzfeldt-Jakob, que ocasiona uma rápida neurodegeneração e movimentos involuntários no paciente (Fondazione Rosselli, p. 97).

[87] Há o modelo da Alemanha para danos com medicamentos: segundo a lei, a responsabilidade do fornecedor não será excluída, ao mesmo tempo em que será preestabelecido um limite indenizatório máximo de 600 mil euros por danos individuais e 120 milhões de euros para danos coletivos, além

A título de informação final, em direito comparado (longe de ser a pretensão do presente ensaio), há a divisão em três grupos, formados por ordenamentos jurídicos que 1) admitem os riscos do desenvolvimento como causa de exclusão da responsabilidade (Itália, Reino Unido, Holanda); 2) consagram a exclusão da responsabilidade mas a limitam a certos produtos ou acontecimentos (Alemanha (medicamentos)[88] e Espanha (produtos alimentares)[89]); e 3) não reconhecem os riscos do desenvolvimento como uma causa de exclusão da responsabilidade (Luxemburgo, Finlândia, Bélgica, Dinamarca, Grécia, Irlanda).[90]

5. Conclusão

À luz do exposto, como se pode perceber, muitas são as hipóteses de ameaças na sociedade contemporânea e para as quais o ordenamento jurídico deve oferecer resposta. Inovação e risco são fatores intimamente conectados e construir um sistema de gestão dos perigos é fundamental nos tempos hodiernos. Diferentemente de outras épocas, que lidaram com outras estruturas sociais, as questões atuais podem colocar em xeque toda a sociedade. Dentro desse

---

da obrigação de os produtores contratarem um seguro que cubra esse risco. (*Medicinal Products Act in the version published on 12 December 2005 (Federal Law Gazette [BGB]) – Section 88 (maximum amounts) and Section 94 (coverage provision)*). Na Suécia, os fabricantes ou importadores criaram uma associação, a Pharmaceutical Association Insurance, para se responsabilizar por danos causados por qualquer medicamento. Na Finlândia, existe um seguro de adesão voluntária patrocinado pela indústria farmacêutica, inclusive para ensaios testes.

[88] §15º. Responsabilidade na lei sobre comercialização de remédios e em outras legislações (*Arzneimittelhaftung, Haftung nach anderen Rechtsvorschriften*) (1) A *Produkthaftungsgesetz* não se aplica se a pessoa morrer ou sofrer lesão à sua saúde. (2) Além disso, outras formas de responsabilidade em outros regulamentos não são excluídos. A Lei sobre comercialização de remédios (*Arzneimittelgesetz- -AMG*) de 1976 continua em vigor (WESENDONK, Tula. A responsabilidade civil pelos riscos do desenvolvimento: evolução histórica e disciplina no direito comparado. *Direito e justiça*, vol. 38, n. 2, jul.-dez./2012, p. 221).

[89] "*Artículo 6 da Lei n. 22/1994. Causas de exoneración de la responsabilidad: 1. El fabricante o el importador no serán responsables si prueban: e) Que el estado de los conocimientos científicos y técnicos existentes en el momento de la puesta en circulación no permitía apreciar la existencia de defecto. [...] 3. En el caso de medicamentos, alimentos o productos alimentarios destinados al consumo humano, los sujetos responsables, de acuerdo con esta Ley, no podrán invocar la causa de exoneración de la letra e) del apartado 1 de este artículo*".

[90] Para uma análise completa e detalhada, ver FONDAZIONE ROSSELLI. Analysis of the Economic Impact of the Development Risk Clause as Provided by Directive 85/374/EEC on Liability for Defective Products. 2004.

contexto, cumpriu-nos cogitar do papel da responsabilidade civil em cotejo com o direito penal e com o direito administrativo nesse panorama.

Como se disse, o risco é a única certeza, sendo algo intrínseco à própria vivência. E o sentimento de angústia sobreleva-se, dia após dia, diante da perda de compasso com a realidade. Tanto a seara administrativa quanto a criminal funcionam numa lógica de tipicidade fechada (atuação apenas na medida permitida por lei, lógica contrária ao direito civil) e o legislador tem sido extremamente moroso para tratar dos temas. Por isso, os fatos parecem andar sempre à frente do direito positivado, havendo patente diferença entre a velocidade do progresso tecnológico e a lentidão com a qual amadurece a capacidade de organização social e suas soluções jurídicas.

Com isso em vista, a responsabilidade civil sofre ampla pressão para aumentar seu escopo em direção à prevenção e punição de condutas socialmente reprováveis ou que ensejem perigos à sociedade, muito em virtude de tessitura normativa aberta – com cláusulas gerais e conceitos jurídicos indeterminados – da responsabilidade civil, que funciona, sem descurar de sua independência e de seus pressupostos característicos, quase como um *soldado de reserva* quando os demais âmbitos falham na sua dinâmica preventiva.[91] O grande passo do momento é perquirir quais funções que a responsabilidade civil deve assumir no esboço do ordenamento jurídico pátrio, bem como materializar hipóteses – estruturalmente possíveis – do aspecto preventivo e punitivo.

Diversos são os estudos que tem se preocupado com o tema. Alguns sustentam a necessidade de uma remodelação da disciplina, de modo a adequá-la aos novos anseios da sociedade de contenção dos atuais perigos. Outros, por sua vez, reafirmam a necessidade de remissão aos elementos essenciais da responsabilidade civil, de modo a não a descaracterizar, confundindo-a com outras searas do Direito. Não obstante os avanços trazidos pelo desenvolvimento da responsabilidade civil (tutela ampla da vítima, com a erosão dos filtros tradicionais), há fortes vozes no sentido de que a conjugação de tais modificações com a manutenção do paradigma ressarcitório trouxeram consequências negativas.

No presente ensaio, então, buscou-se pesquisar, dentro do que é aceito pela doutrina e pelos tribunais (sem esquecer de expor possíveis inovações) os atuais anseios e limitações das disciplinas jurídicas pares na gestão dos

---

[91] Não se sustenta, com isso, que a responsabilidade civil seja subsidiária. Pelo contrário, na ausência de atuação dos demais ramos, ante a falta de regulamentação, quer-se enfatizar que seria a única resposta do ordenamento jurídico a demarcada situação lesiva.

riscos, uma vez que ainda incipientes as materializações desses desideratos da responsabilidade civil. E dentro desse bojo de sistematização, buscou--se aperfeiçoar um sistema integrado, de modo a direcionar que, dentro do sistema, haja prevenção/punição de condutas (pacificamente falando-se das searas penal e administrativa) e, após o evento danoso, atuação da função propriamente reparatória, mesmo que alargando seus requisitos, excepcionalmente, para a adequada tutela dos interesses da vítima.

Ao se defrontar com os chamados riscos do desenvolvimento, tema historicamente controvertido doutrinariamente, sem regulação pública capaz de lidar com as externalidades negativas, conclusão outra não há senão afastar as assertivas pela não reparabilidade das lesões sofridas por parte do fornecedor, porquanto o solidarismo social e a primazia de resguardo do ofendido impõem solução nesse sentido. Contudo, não se pode esquecer que, na hipótese, como não há consenso ou posição definitiva adotada pelos tribunais, sobeja manifesto o perigo de que o risco negocial, aqui, seja passado ao consumidor, e não inserido nos custos intrínsecos à atividade.

Isso pode ocorrer tanto pelo predomínio da respeitável posição (de modo que a ofensa não teria resposta dentro do sistema de gestão de riscos – nem mesmo do paradigma ressarcitório da responsabilidade civil) como pelo fato de que, diante de prejuízos incalculáveis, os valores a título indenizatório podem se perfectibilizar tão extravagantes que mesmo indo à falência, o fornecedor poderia não suportá-los. Embora, então, concordemos com a responsabilização do fornecedor, nas hipóteses de risco do desenvolvimento, desde que vislumbrados os requisitos da responsabilidade civil, com base no exposto, preferimos a solução advinda de outra seara do direito, qual seja o Direito Administrativo, que possui maior aptidão para evitar e ressarcir eventual prejuízo.

Portanto, considerando a insuficiência do direito civil no aspecto (à luz do que se tem atualmente como função da matéria) – e que, a nosso ver, tal como exposto, na visão integrada, mereceria resolução da disciplina, mesmo que, a título excepcional, seja necessário flexibilizar seus elementos essenciais –, impõe-se que a regulação administrativa seja levada a efeito o mais rápido possível, com a criação de fundos especiais de indenização ou compensação, gerais e específicos,[92] ou seja, a contemplar determinados temas mais usuais de

---

[92] No Brasil, há apenas fundos patrocinados ou organizados pelo Estado, para fazer frente a danos coletivos de consumo e outros interesses difusos ou coletivos, como o Fundo de Defesa dos Direitos Difusos, criado pela Lei nº 7.347/85. Existem também os Fundos Estaduais e Municipais, nenhum

perigos (como indústria farmacêutica, indústria química, agricultura, comida e derivados do sangue) e outros mais abrangentes para relações de consumo como um todo, por exemplo.

Assim, na temática do risco do desenvolvimento, seria melhor que houvesse uma regulação pública capaz de lidar com as externalidades negativas, tal como já ocorre com os seguros obrigatórios para acidentes de trabalho e doenças ocupacionais, havendo amplo espaço para debate sobre o modo como isso se daria (se o custeio seria público, privado ou híbrido). Outra possível solução perfaria a formulação de securitização para efeito de garantia e responsabilização para os casos de risco do desenvolvimento, talvez até com limitações de reparações, para fins de estímulo do setor. E dentro desse bojo, na falta de qualquer outra solução, até ainda mais flexibilizar as hipóteses de reparação, havendo em vista a dificuldade de demonstração, por exemplo, do nexo causal nos danos por risco do desenvolvimento.[93]

Mesmo com tudo isso, o tema é tão sensível que há dúvidas se as soluções tradicionais, a partir do Direito legislado nacional, atendem à emergência desses hodiernos modelos. Nesse viés, parece aconselhável a ideia de um legislador global mediante instrumentos de Direito Internacional, por meio da celebração específica de tratados com múltiplos países, em especial para assegurar a efetividade das soluções jurídicas que venham a ser adotadas, em uma perspectiva globalizada de livre concorrência, tanto porque, com a maior integração com nações do exterior, os riscos também passam a ser globais.

---

deles jamais utilizado para indenizar consumidores considerados individualmente, a despeito de aparentemente não haver lei vedando (Decreto nº 1.306/94 c/c Decreto nº 1.306/95 – distribuição *prioritária* na reparação específica aos bens de natureza difusa).

[93] As dificuldades de responsabilização são enormes no tema, daí também a imprescindibilidade da regulação pública. Como exemplo, menciona-se o caso de poluição ambiental e danos à Serra do Mar, provocados ao longo das décadas de 1970 e 1980 por atividades exercidas sem cuidado com o ambiente, cuja ação judicial, em primeiro grau, demorou 31 (trinta e um anos) para ser julgada. Ver mais em: <http://sustentabilidade.estadao.com.br/noticias/geral,24-empresas-sao-condenadas--por-poluir-cubatao,70002021769.amp>. Acesso em: 16.10.2017.

6. Referências

AGUIAR JÚNIOR, Ruy Rosado de. Os pressupostos da responsabilidade civil no Código de Defesa do Consumidor e as ações de indenização por danos associados ao consumo de cigarros (parecer). *Civilistica.com*. Rio de Janeiro, a. 1, n. 1, jul.-set./2012.
ARAUJO, Danilo Borges dos Santos Gomes. Conhecimento técnico e científico, estado das artes e a teoria dos riscos do desenvolvimento. In: RODRIGUEZ, José Rodrigo (Org.). Pensar o Brasil: *Problemas nacionais à luz do direito*. Rio de Janeiro: Saraiva, 2007.
ASCENSÃO, José de Oliveira. Intervenções no genoma humano: validade ético-jurídica. In: LEITE, E. O. (Coord). *Grandes temas da atualidade*: bioética e biodireito. Rio de Janeiro: Forense, 2004.
BARBOSA, Heloisa Helena. Responsabilidade civil e bioética. *Temas de responsabilidade civil*. Rio de Janeiro: Lumen Juris, 2012.
BECK, Ulrich. *Sociedade de risco*: rumo a uma outra modernidade. São Paulo: Editora 34, 2011.
BENJAMIN, Antônio Herman de Vasconcellos e. *Comentários ao Código de Proteção do Consumidor*. São Paulo: Saraiva, 2000.
BITENCOURT, Cezar Roberto. *Manual de Direito Penal*, vol. 1. 10 ed. São Paulo: Saraiva, 2008.
BOBBIO, Norberto. *Da estrutura à função*: novos estudos da teoria do direito. Trad. Daniela Beccaccia Versiani. Barueri: Manole, 2007.
BODIN DE MORAES, Maria Celina. A caminho de um direito civil-constitucional. *Na medida da pessoa humana*: estudos de direito civil. Rio de Janeiro: Renovar, 2010.
____. Risco, solidariedade e responsabilidade objetiva. *Na medida da pessoa humana*. Rio de janeiro: Renovar, 2010.
CALIXTO, Marcelo Junqueira. *A responsabilidade civil do fornecedor de produtos pelo risco do desenvolvimento*. Rio de Janeiro: Renovar, 2004.
____. O art. 931 do código civil de 2002 e os riscos do desenvolvimento. *Revista trimestral de direito civil – RTDC*, vol. 21. Rio de Janeiro: Padma, abr.-jun./2005.
CARNAÚBA, Daniel Amaral. Distribuição dos Riscos nas Relações de Consumo: uma Análise Econômica. In: LOPEZ, Teresa Ancona; LEMOS, Patrícia Faga Iglecias.
RODRIGUES JUNIOR, Otavio Luiz (Org.). *Sociedade de risco e direito privado*: desafios normativos, consumeristas e ambientais. São Paulo: Atlas, 2013.
CARNEVALI, Ugo. *La responsabilità del produttore*. Milano: Dott. A. Giuffrè, 1974.
CASSIS, Eduardo Bichir. Risco do desenvolvimento e danos provocados pelas novas tecnologias: ondas eletromagnéticas e organismos geneticamente modificáveis. *Revista Brasileira de Direito Civil, Constitucional e Relações de Consumo*, vol. 4, n. 13, jan.-mar./2012.
CATALAN, Marcos. Notas acerca do desenvolvimento tecnológico e do dever de reparar danos ignorados no desvelar do processo produtivo. In: STAUT JÚNIOR, Sérgio Said (Org.). *Estudos em direito privado*: uma homenagem ao prof. Luiz Carlos Souza de Oliveira. Curitiba: Luiz Carlos Centro de Estudos Jurídicos, 2014.
CAVALIERI FILHO, Sergio. *Programa de responsabilidade civil*. São Paulo: Malheiros, 2004.
____. Responsabilidade civil por danos causados por remédios. *Revista de Direito do Consumidor*, vol. 29. São Paulo: Revista dos Tribunais, 2000.

COELHO, Fábio Ulhoa. O empresário e os direitos do consumidor. *O cálculo empresarial na interpretação do Código de Defesa do Consumidor*. São Paulo: Saraiva, 1994.

COSTA, Judith Martins e PARGENDLER, Mariana Souza. Usos e Abusos da Função Punitiva ('Punitive Damages' e o Direito Brasileiro). *Revista da Ajuris*, ano XXXII, n. 100, dez/2005.

DENARI, Zelmo. *Comentários ao Código Brasileiro de Defesa do Consumidor*. São Paulo: Forense Universitária, 2001.

____. *Comentários ao Código Brasileiro de Defesa do Consumidor*. Rio de Janeiro: Forense, 2001.

DIAS, José de Aguiar. *Da responsabilidade civil*. 11. ed. Rio de Janeiro: Renovar, 2006.

DONEDA, Danilo. *Da privacidade à proteção de dados pessoais*. Rio de Janeiro: Renovar, 2006.

DUGUIT, Léon. *L'État, le droit objectif et la loi positive*. Paris: Dalloz, 2003.

EBERLIN, Fernando Buscher von Teschenhausen. Responsabilidade dos fornecedores pelos danos decorrentes do desenvolvimento. *Revista de Direito do Consumidor*, vol. 64. São Paulo: Revista dos Tribunais, 2007.

FARIAS, José Fernando de Castro. A origem da solidariedade. Rio de Janeiro: Renovar, 1998.

FONDAZIONE ROSSELLI. *Analysis of the Economic Impact of the Development Risk Clause as Provided by Directive 85/374/EEC on Liability for Defective Products*. 2004.

FLUMIGNAN, Silvano José Gomes. Dano-evento e dano-prejuízo. Dissertação (mestrado). Faculdade de Direito da Universidade de São Paulo, sob orientação do Professor Doutor Titular Antonio Junqueira de Azevedo, 2009.

GIORGIANNI, Michele. O direito privado e as suas atuais fronteiras. *Revista dos Tribunais*, n. 747, 1998.

GIDDENS, Antonhy. *As consequências da modernidade*. São Paulo: UNESP, 1991.

____. *Runaway World:* How Globalization is Reshaping our Lives. Nova Iorque: Routledge, 2000.

GOMES, Orlando. Tendências modernas na teoria da responsabilidade civil. MAMEDE, Gladston; RODRIGUES JR., Otavio Luiz; ROCHA, Maria Vital da (Coord.). *Estudos em homenagem ao professor Silvio Rodrigues*. São Paulo: Saraiva, 1980.

HESPANHA, António Manuel. *Panorama histórico da cultura jurídica europeia*. 2. ed. Lisboa: Publicações Europa-América, 1998.

HIRONAKA, Giselda Maria Fernandes Novaes. *Responsabilidade pressuposta*. Belo Horizonte: Del Rey, 2005.

KONDER, Carlos Nelson. Privacidade e corpo: convergências possíveis. *Pensar*, vol. 18. Fortaleza: UNIFOR, 2013.

____. Apontamentos iniciais sobre a contingencialidade dos institutos de direito civil. In: MONTEIRO FILHO, Carlos Edison do Rêgo; GUEDES, Gisela Sampaio da Cruz Costa; MEIRELES, Rose Melo Vencelau (Org.). *Direito Civil*. Rio de Janeiro: Freitas Bastos, 2015.

____. Vulnerabilidade patrimonial e vulnerabilidade existencial: por um sistema diferenciador. *Revista de Direito do Consumidor*. Brasília: Revista dis Tribunais, a. 24, vol. 99, mai.-jun./2015.

KROETZ. Maria Cândida Pires Vieira do Amaral; SILVA, Luiz Augusto da. Um prometeu "pós-moderno? Sobre o desenvolvimento, riscos e a responsabilidade civil nas relações de consumo. *Revista Brasileira de Direito Civil*, vol. 9. Rio de Janeiro: jul.-set., 2016.

LEME, Luciano Gonçalves Paes. Os riscos do desenvolvimento à luz da responsabilidade do fornecedor pelo fato do produto. In: LOPEZ, Teresa Ancona; LEMOS, Patrícia Faga Iglecias; RODRIGUES JUNIOR, Otavio Luiz (Org.). *Sociedade de risco e direito privado*: desafios normativos, consumeristas e ambientais. São Paulo: Atlas, 2013.

LOPEZ, Teresa Ancona. Responsabilidade Civil na Sociedade de Risco. In: LOPEZ, Teresa Ancona; LEMOS, Patrícia Faga Iglecias; RODRIGUES JUNIOR, Otavio Luiz (Org.). *Sociedade de risco e direito privado*: desafios normativos, consumeristas e ambientais. São Paulo: Atlas, 2013.

____. Responsabilidade civil na sociedade de risco. *Revista da Faculdade de Direito da Universidade de São Paulo*, vol. 105. São Paulo: USP, 2010.

MARINS, James. *Responsabilidade da empresa pelo fato do produto*. São Paulo: Revista dos Tribunais, 1993.

MENDONÇA, Diogo Naves. Breve estudo sobre a análise econômica da responsabilidade civil no direito do consumidor. In: LOPEZ, Teresa Ancona; LEMOS, Patrícia Faga Iglecias; RODRIGUES JUNIOR, Otavio Luiz (Org.). *Sociedade de risco e direito privado*: desafios normativos, consumeristas e ambientais. São Paulo: Atlas, 2013.

MENEZES, Joyceane Bezerra de. O direito dos danos na sociedade das incertezas: a problemática do risco de desenvolvimento no Brasil. *Civilistica.com*. Rio de Janeiro, a. 1, n. 1, jul.-set./2012.

MILANI, Juliane Teixeira; GLITZ, Frederico Eduardo Zenedin. Anotações sobre o risco de desenvolvimento: análise do caso da talidomida. *Revista do Instituto de Direito Brasileiro*, vol. 3, n. 10, 2014.

MIRAGEM, Bruno. *Direito civil*: responsabilidade civil. São Paulo: Saraiva, 2015.

PEREIRA, Agostinho Oli Koppe. A teoria do risco de desenvolvimento. *Revista Estudos Jurídicos*, vol. 38. Porto Alegre: set.-dez./2005.

PERLINGIERI, Pietro. *O direito civil na legalidade constitucional*. Trad. Maria Cristina De Cicco. Rio de Janeiro: Renovar, 2008.

PERLINGIERI, Pietro. *Perfis de direito civil*: introdução ao direito civil-constitucional. Trad. Maria Cristina De Cicco. Rio de Janeiro: Renovar, 2007.

PUGLIATTI, Salvatore. *La proprietà nel nuovo diritto*. Milano: Giuffrè, 1954.

RODOTÁ, Stefano. *A vida na sociedade de vigilância*. Rio de Janeiro: Renovar, 2008.

____. Modelli e funzioni della responsabilità civile. *Rivista Critica del Diritto Privato*. Napoli: Jovene, vol. 3,1984.

ROSENVALD, Nelson. *Uma reviravolta na responsabilidade civil*, dia 27/11/2017. <"https://www.nelsonrosenvald.info/single-post/2017/11/27/Uma-reviravolta-na--responsabilidade-civil> Acesso em 15/03/2018.

RUZYK, Carlos Eduardo Pianovski. A responsabilidade civil por danos produzidos no curso de atividade econômica e a tutela da dignidade da pessoa humana: o critério do dano ineficiente. In: BODIN DE MORAES, Maria Celina Bodin (Org.). *Diálogos sobre direito civil*: construindo uma racionalidade contemporânea. Rio de Janeiro: Renovar, 2002.

SCHREIBER, Anderson. *Direitos da personalidade*. São Paulo: Atlas, 2011.

____. *Novos paradigmas da responsabilidade civil*: da erosão dos filtros da reparação à diluição dos danos. São Paulo: Atlas, 2009.

____. Direito civil e Constituição. *Direito civil e Constituição*. São Paulo: Atlas, 2013.

_____. Novas tendências da responsabilidade civil brasileira. *Direito civil e Constituição*. São Paulo: Atlas, 2013.

SERPA, Pedro Ricardo, Indenização Punitiva. Dissertação (mestrado). Faculdade de Direito da Universidade de São Paulo, sob orientação do Professor Doutor Titular Antonio Junqueira e Azevedo e do Professor Doutor Alcides Tomasetti Jr., 2011.

SILVA, João Calvão da. *A responsabilidade civil do produtor*. Coimbra: Almedina, 1990.

SILVEIRA, Diana Montenegro da. *Responsabilidade civil por danos causados por medicamentos defeituosos*. Coimbra: Editora Coimbra, 2010.

STOCO, Rui. Defesa do consumidor e responsabilidade pelo risco do desenvolvimento. *Revista dos Tribunais*, vol. 96, n. 855. São Paulo: Revista dos Tribunais, jan. 2007.

TEPEDINO, Gustavo. Editorial. *Revista Trimestral de Direito Civil*, vol. 24. Rio de Janeiro: Padma, out.-dez./2004.

_____. Premissas metodológicas para a constitucionalização do direito civil. *Temas de direito civil*. 3. ed. Rio de Janeiro: Renovar, 2004.

_____. Temas de direito civil, t. 1. Rio de Janeiro: Renovar, 2001.

_____. Libertà, tecnologia e teoria dell'interpretazione nell'esperienza brasiliana. In: DONNO, Barbara de; PERNAZZA, Federico; TORINO, Raffaele; SCARCHILLO, Gianluca; BENINCASA, Domenico (Org.). *Persona e attività economica tra libertà e regola: studi dedicati a Diego Corapi*, vol. I. Napoli: Editoriale Scientifica, 2016.

THIBIERGE, Catherine. Libre propos sur l'évolution du droit de la responsabilité vers élargissement de la fonction de la responsabilité. *Revue Trimestrielle de Droit Civil*. Paris: n. 3, jul.-set./1999.

UILAN, Eduardo. *Responsabilidade civil punitiva*. Tese (Doutorado). Faculdade de Direito da USP, São Paulo, 2003.

WESENDONK, Tula. A responsabilidade civil pelos riscos do desenvolvimento: evolução histórica e disciplina no direito comparado. *Direito e Justiça*, vol. 38, n. 2, jul.-dez./2012.

9. Dano Moral Coletivo e o Discurso de Ódio: a Responsabilização Civil pelo *Hate Speech* é Solução ou Excesso?

Júlia Costa de Oliveira
Mestranda em Direito Civil pela UERJ. Advogada.

1. Introdução

Na sábia lição de Guimarães Rosa, o correr da vida embrulha tudo; a vida esquenta e esfria, aperta e daí afrouxa, sossega e depois desinquieta.[1] A ciência jurídica imita a vida e o direito, da mesma forma, vive em constante transformação, num eterno dilatar e comprimir de conceitos, características e funções. Na responsabilidade civil não poderia ser diferente e o que ela exige daqueles que a estudam é, também, coragem, especialmente para enfrentar os constantes dilemas e controvérsias que permeiam a matéria desde o seu surgimento.

Originalmente concebido para a tutela de danos ao patrimônio, o instituto da responsabilidade civil não ficou imune às transformações políticas e sociais ocorridas no país nos últimos 30 anos. A nova ótica sob a qual o Direito Civil passou a ser interpretado a partir da Constituição Federal de 1988 ("CF") levou à ressignificação de todos os institutos, os quais se voltam à proteção e promoção da dignidade da pessoa humana. Essa virada conceitual, aliada às alterações das concepções e expectativas sociais, contribuiu para o alargamento da proteção e da própria noção de interesses merecedores de tutela, reconhecendo-se a existência de danos extrapatrimoniais indenizáveis e lesões para além da esfera individual. Houve, por assim dizer, uma despatrimonialização e coletivização da responsabilidade civil que, fundada em cláusulas

---

[1] ROSA. João Guimarães. *Grande sertão*: veredas. Rio de Janeiro: Nova Fronteira, 1986.

gerais, tornou-se um instrumento cada vez mais comum para responder e regular as mais diferentes situações.

Somam-se a essas mudanças os avanços industriais, característicos da sociedade de risco, e os tecnológicos, como o advento da internet, que acarretaram a transposição de barreiras físicas e um maior fluxo e troca de informações – mas, ao mesmo tempo, levaram à anonimização dos usuários e ao alastramento quase que desenfreado e instantâneo de todo tipo de conteúdo, inclusive aqueles ofensivos e discriminatórios. Apesar das *inundações*[2] decorrentes da ampliação, por vezes desordenada, da responsabilidade civil em certas situações, ainda há zonas áridas que precisam ser reconhecidas e enfrentadas pelos juristas rumo à concretização do princípio da reparação integral.

É o caso, por exemplo, da reparação dos danos extrapatrimoniais decorrentes do discurso de ódio, tema que esbarra em diversas controvérsias, como a figura dos danos punitivos ou *punitive damages* no ordenamento brasileiro, a interação com a liberdade de expressão e a própria concepção da reparação dos danos morais, tradicionalmente concebida sob uma perspectiva meramente individual e subjetiva. Pretende-se, por meio deste artigo, refletir sobre o tema e os diferentes aspectos por ele compreendidos – sem a pretensão, claro, de esgotá-lo – em um esforço de contribuir, de alguma forma, para melhor compreensão desse terreno ainda pouco explorado.

2. Breves considerações sobre dano moral no Brasil

Como observa Anderson Schreiber, o campo da responsabilidade civil é um terreno movediço, caracterizado pela incerteza e mutabilidade.[3] Originalmente fundado sob o prisma patrimonialista, o instituto foi ressignificado, assim como o ordenamento como um todo, a partir dos princípios e valores constitucionais, abrindo-se, pois, ao reconhecimento de lesões

---

[2] É interessante observar a parábola da responsabilidade civil, de Francesco Donato Busnelli, que trata justamente da transição do instituto que, originalmente restritivo e insuficiente, torna-se abundante em excesso, exigindo, assim, novos esforços – agora de contenção – para evitar perigosas inundações (BUSNELLI, Francesco Donato. La parabola della responsabilità civile. *Rivista Critica di Diritto Privato*, 1988, VI-4, pp. 643 e ss., *apud* BODIN DE MORAES, Maria Celina. A constitucionalização do direito civil e seus efeitos sobre a responsabilidade civil. *Direito, Estado e Sociedade*, vol. 9, n. 29. Rio de Janeiro: PUC-Rio, jul.-dez./2006, p. 255).

[3] SCHREIBER, Anderson. *Novos paradigmas da responsabilidade civil:* da erosão dos filtros da reparação à diluição dos danos. São Paulo: Atlas, 2009, p. 3.

extrapatrimoniais. Na sua concepção, a reparação do dano moral – ou extrapatrimonial, como prefere parte da doutrina – vinculava-se à ocorrência de um ato ilícito, identificando-se, assim, com os elementos da antijuricidade da conduta (elemento objetivo) e da culpabilidade (elemento subjetivo).[4] Profundas transformações sociais, políticas e econômicas e a própria constitucionalização do direito civil reclamaram a extensão da tutela ao dano moral para muito além daquelas situações tradicionais. Hipóteses de ressarcimento até então impensáveis – até mesmo "imorais" – como a indenização por morte de ente familiar – tornam-se não apenas aceitáveis como necessárias para compensar a vítima, que não pode ou deve ficar irressarcida diante de um dano injusto.[5]

Assim, em um verdadeiro giro conceitual,[6] a possibilidade de responsabilização transbordou a perspectiva do ato ilícito e se voltou à injustiça do dano. Nessa perspectiva renovada, a vítima ocupa papel central e, por via de consequência, a reparação do dano por ela sofrido torna-se a principal função da responsabilidade civil. Seguindo a tendência flexibilizadora, descartam-se os pressupostos até então característicos do instituto: nota-se, por assim dizer, a "erosão dos filtros",[7] o que abre espaço para um terreno compensatório bastante – talvez até demasiadamente – fértil.

É possível observar um aumento considerável de pleitos indenizatórios na medida em que alguns dos critérios basilares tradicionais da responsabilização civil, como culpa e nexo causal, são afastados sem que, ao mesmo tempo, surjam mecanismos objetivos para verificação, *in concretu*, da existência e da extensão do dano ressarcível (ou compensável). Eis uma das principais críticas na seara da responsabilidade civil, qual seja, a banalização ou, no assertivo trocadilho de Maria Celina Bodin de Moraes, a "desmoralização"[8] do dano moral, marcada pela proliferação de decisões que, supostamente em nome da reparação integral, desconsideram os critérios para aferição do dano e merecimento de tutela.

---

[4] GOMES, Orlando. Tendências modernas na teoria da responsabilidade civil. In: DI FRANCESCO, José Roberto Pacheco (Org.). *Estudos em homenagem ao professor Silvio Rodrigues*. São Paulo: Saraiva, 1989, p. 294.
[5] Para uma análise mais profunda sobre as transformações sociais e seus reflexos na responsabilidade civil, vide BODIN DE MORAES, Maria Celina. *Danos à pessoa humana:* uma leitura constitucional dos danos morais. 2. ed. Rio de Janeiro: Processo, 2017, pp. 147 e ss.
[6] Expressão de GOMES, Orlando. Tendências modernas na teoria da responsabilidade civil, cit., p. 295.
[7] Expressão de SCHREIBER, Anderson. *Novos paradigmas da responsabilidade civil*, cit.
[8] BODIN DE MORAES, Maria Celina. *Danos à pessoa humana*, cit., p. 52.

Fato é que a temática do dano moral, *rectius*, da responsabilidade civil, seja por basear-se em cláusulas gerais, seja pela "inquietude conceitual"[9] da doutrina sobre o tema, comporta-se como uma filha desgarrada da tradição romano-germânica: nasce da lei, mas acaba sendo criada, na prática, pela jurisprudência.[10] Como em todo desenvolvimento desordenado, a responsabilidade civil contemporânea acaba por padecer dos males paradoxais de excessos e insuficiências. É possível encontrar, por exemplo, decisões completamente discrepantes para casos similares – seja pelo reconhecimento ou não de dano ressarcível, seja pela indenização arbitrada pelo magistrado para cada caso. Ademais, ao desenvolver-se quase que de forma independente e autônoma, a prática jurisprudencial tende a atribuir ao instituto funções diversas, tal como a controversa função punitiva.

Outra costumeira inconsistência jurisprudencial – que também rende discussões doutrinárias – diz respeito à caracterização do dano moral. Em sua acepção tradicional, ele é enxergado meramente sob a vertente subjetiva, ou seja, por muito tempo – e, para alguns, até os dias de hoje – o dano extrapatrimonial é concebido apenas do ponto de vista das sensações provocadas pelo ato lesivo, na clássica máxima de que se caracteriza pela "dor, humilhação, constrangimento e vexame".

Muito embora essa concepção subjetivista ainda seja facilmente encontrada na fundamentação de inúmeros julgados recentes,[11] nota-se uma tendência de "objetivar" o dano moral, afastando-o, por assim dizer, do campo dos sentimentos. A realidade é que faltam ao Direito elementos suficientes para verificar se houve ou não abalo psicológico fruto de determinada violação: eventual sentimento ruim, se experimentado, deve ser considerado um efeito possível, e não causa ou característica essencial do dano moral. Esse esforço

---

[9] Expressão de BODIN DE MORAES, Maria Celina. *Danos à pessoa humana*, cit., p. 42.
[10] Sobre o tema, v. BODIN DE MORAES, Maria Celina. *Danos à pessoa humana*, cit., p. 49.
[11] Dentre as diversas decisões proferidas pelo STJ que identificam o dano moral com a concepção subjetiva: Ag.Int. no Ag.Rg. no AREsp. 742.861/BA, 4ª T., Rel. Min. Maria Isabel Gallotti, julg. 8.11.2016; Ag.Int. no Ag.Int. no AREsp. 869.188/RS, 3ª T., Rel. Min. Marco Aurélio Bellizze, julg. 9.3.2017; REsp. 1.653.865/RS, 3ª T., Rel. Min. Nancy Andrighi, julg. 23.5.2017. No TJRJ: Ap. Civ. 0112862-47.2016.8.19.0001, 26ª C.C., Rel. Des. Arthur Narciso de Oliveira Neto, julg. 29.6.2017; Ap. Civ. 0045994-61.2015.8.19.0021, 26ª C.C., Rel. Des. Arthur Narciso de Oliveira Neto, julg. 14.9.2017; Apelação 0397757-93.2012.8.19.0001, 26ª C.C., Rel. Des. Wilson do Nascimento Reis, julg. 31.8.2017. No TJSP: Ap. Civ. 1024715-90.2017.8.26.0100, 14ª C.D.Priv., Re. Des. Thiago de Siqueira, julg. 22.9.2017; Ap. Civ. 1014266-21.2016.8.26.0161, 1ª C.D.Públ., Rel. Des. Marcos Pimentel Tamassia, julg. 19.9.2017; Ap. Civ. 1020065-89.2016.8.26.0405, 12ª C.D.Priv., Rel. Des. Sandra Galhardo Esteves, julg. 22.9.2017.

é imperioso para justificar, por exemplo, a reparação dos chamados "novos danos", bem como de danos infligidos à entes despersonificados, como pessoas jurídicas[12] e a coletividade. Fosse o dano moral restrito ao campo subjetivo, não se poderia pensar na reparação a uma sociedade empresária por supostos danos à sua honra e, da mesma forma, na compensação pela violação de interesses difusos ou coletivos.

3. Dano moral coletivo

Graças às transformações já mencionadas, observa-se uma tendência de "socialização" do Direito. Superada a despatrimonialização do dano, as mudanças na perspectiva social desencadearam um debate sobre a reparabilidade das lesões extrapatrimoniais que ultrapassam a esfera meramente individual, sendo o fenômeno da *coletivização* mais um dos movimentos transformadores da responsabilidade civil.[13] Nesse contexto, ganha maior relevo a tutela de interesses transindividuais, os quais decorrem da lesão aos bens do interesse da generalidade das pessoas que integram uma comunidade, como, por exemplo, os direitos da coletividade.[14]

Vale notar que os direitos coletivos são constitucionalmente reconhecidos, tendo o legislador constituinte confiado ao Ministério Público e à Defensoria Pública a sua proteção e defesa.[15] A matéria também foi objeto da Lei n. 7.347/1985 ("Lei da Ação Civil Pública"), a qual, em seu artigo 1º, introduziu

---

[12] Muito embora não seja o intuito do presente artigo debater o dano moral à pessoa jurídica, registra-se a inquietante dúvida se, nessa hipótese específica, há de fato um dano que não se traduz em impactos essencialmente patrimoniais.

[13] NORONHA, Fernando. Desenvolvimentos contemporâneos da responsabilidade civil. *Sequência*, vol. 19. Florianópolis: UFSC, 1998; BECK, Ulrich. *La sociedad del riesgo global*. Madrid: Siglo XXI, 1999, pp. 26 e 30.

[14] NORONHA, Fernando. *Direito das obrigações*. São Paulo: Saraiva, 2003, p. 542. Em linha similar, v. BITTAR FILHO, Carlos Alberto. *Do dano moral coletivo no atual contexto jurídico brasileiro*. Disponível em: <http://egov.ufsc.br/portal/sites/default/files/anexos/30881-33349-1-PB.pdf>. Acesso em 4.5.2017.

[15] "Art. 129. São funções institucionais do Ministério Público: [...] III – promover o inquérito civil e a ação civil pública, para a proteção do patrimônio público e social, do meio ambiente *e de outros interesses difusos e coletivos*"; "Art. 134. A Defensoria Pública é instituição permanente, essencial à função jurisdicional do Estado, incumbindo-lhe, como expressão e instrumento do regime democrático, fundamentalmente, a orientação jurídica, a promoção dos direitos humanos *e a defesa, em todos os graus, judicial e extrajudicial, dos direitos individuais e coletivos, de forma integral* e gratuita, aos necessitados, na forma do inciso LXXIV do art. 5º desta Constituição Federal".

a cláusula geral de tutela dos interesses metaindividuais.[16] Nos termos desse artigo, a Lei da Ação Civil Pública se aplica às ações de responsabilidade por danos morais e patrimoniais causados, dentre outros, a qualquer interesse difuso ou coletivo, bem como à honra e à dignidade de grupos raciais, étnicos ou religiosos.

Finalmente, o tema também obteve respaldo no CDC, que equiparou a coletividade de pessoas ao consumidor,[17] previu como direitos básicos do consumidor, dentre outros, a prevenção e reparação de danos patrimoniais e morais, individuais, coletivos e difusos[18] e, ademais, definiu os interesses difusos e coletivos.[19] Segundo o CDC, entende-se por interesses ou direitos difusos "os transindividuais, de natureza indivisível, de que sejam titulares pessoas indeterminadas e ligadas por circunstâncias de fato", sendo os interesses ou direitos coletivos "os transindividuais, de natureza indivisível de que seja titular grupo, categoria ou classe de pessoas ligadas entre si ou com a parte contrária por uma relação jurídica base". Além de ter definido legalmente tais interesses, o CDC assegurou o direito à reparação das lesões causadas a eles, dispondo, inclusive, sobre os mecanismos de proteção e defesa aplicáveis em tais hipóteses – afinal, se a ordem jurídica se dispôs a tutelar tais direitos, é necessário que existam meios para garanti-los e resguardá-los, não sendo possível, portanto, tolerar sua violação.[20]

Apesar disso, há quem não conceba que a coletividade possa sofrer danos extrapatrimoniais. Os defensores dessa posição argumentam que a coletividade não possui honra e, assim, não pode ser afetada em um âmbito subjetivo. Nota-se, nesse argumento, um apego à noção puramente subjetivista do dano moral, já mencionada anteriormente. Sem prejuízo da reflexão anterior, vale pensar também sobre o próprio conceito da dignidade humana e sua interação com os chamados danos coletivos.

Na concepção de Maria Celina Bodin de Moraes, o dano moral se configura quando ocorrida a violação de um dos substratos da dignidade humana.[21] A expressão "dignidade humana" parece comportar dois sentidos, sendo o

---

[16] Nesse sentido, v. BARBOSA-FOHRMANN, Ana Paula e SILVA JR., Antonio dos Reis. O discurso do ódio na internet. In: MARTINS, Guilherme Magalhães (Coord.). *Direito privado e internet*. Atlas: São Paulo, 2014, p. 55.
[17] Art. 2º do CDC.
[18] Inciso VI do Art. 6º do CDC.
[19] Parágrafo único do Art. 81 do CDC.
[20] SCHREIBER, Anderson. *Direitos da personalidade*. 3. ed. São Paulo: Atlas, 2014, p. 103.
[21] BODIN DE MORAES, Maria Celina. *Danos à pessoa* humana, cit., p. 132.

primeiro o da dignidade restrita ao homem ou ser humano, considerado isoladamente, e o segundo relativo à humanidade como um todo. Nessa segunda concepção, tanto os indivíduos particularmente considerados como os grupos de pessoas, sejam eles maioria ou minoria, unidos por condições iguais ou pelo consenso da diferença, devem ter sua dignidade protegida. Por ser um conceito universal, que demanda a transcendência do indivíduo particularmente considerado e que promove a superação, *rectius*, a superioridade da parte pelo todo, a dignidade humana não pode ser confinada a cada um separadamente. Se assim fosse, criar-se-ia um espaço de subjetividade imune ao raio de incidência do ordenamento,[22] em que os danos decorrentes de violações à igualdade e à liberdade de determinados grupos permaneceriam insuscetíveis de reparação.

Além disso, muitos se questionam sobre a correta acepção do termo "dano moral" e se essa seria a referência mais adequada para a espécie em questão, qual seja, dos danos à coletividade.[23] Fato é que, a despeito das discussões terminológicas e pensando sob o aspecto semântico, se entendida a moral como o conjunto de valores, individuais ou coletivos, considerados universalmente como norteadores das relações sociais e da conduta dos homens,[24] não parece de todo inadequada a identificação das lesões à coletividade como um dano moral. Esse não é, contudo, o objetivo do presente artigo. Não se pretende aqui advogar pelo termo "A" ou "B" ou concluir qual é a referência mais correta e precisa. Isso não significa, de modo algum, desmerecer a importância de definir adequadamente cada instituto – o que permite, em última instância, definir o próprio tratamento a ele dispensado – mas apenas abrir espaço para a reflexão de que talvez haja, em certas ocasiões, uma maior utilidade em debruçar-se sobre o conteúdo do que sobre o título, evitando-se uma mera "guerra de etiquetas".[25]

---

[22] TEPEDINO, Gustavo. A função social nas relações patrimoniais. In: MORAES, Carlos Eduardo Guerra de; RIBEIRO, Ricardo Lodi (Coord.). *Direito civil*. Rio de Janeiro: Freitas Bastos, 2015, p. 260.
[23] Essa discussão terminológica é travada por Ana Paula BARBOSA-FOHRMANN e Antonio dos Reis SILVA JR., os quais defendem que a expressão "dano moral coletivo" é usada de maneira atécnica pelo legislador, tratando-se, em verdade, de dano extrapatrimonial a interesse não individual, difuso ou coletivo (BARBOSA-FOHRMANN, Ana Paula e SILVA JR., Antonio dos Reis. O discurso do ódio na internet, cit., p. 53).
[24] Definição do termo "moral" segundo o Dicionário Houaiss.
[25] Nas palavras do Min. Ruy Rosado de Aguiar, em voto proferido no REsp 65.393/RJ, "Independente da nomenclatura aceita quanto ao dano extra patrimonial, e sua classificação em dano moral, dano à pessoa, dano psíquico, dano estético, dano sexual, dano biológico, dano à saúde, dano à vida de relação [...], a verdade é que para o juiz essa disputa que se põe no âmbito da doutrina,

Nas palavras da Min. Eliana Calmon, considera-se dano (moral ou extrapatrimonial) coletivo aquele que:

atinge uma classe específica ou não de pessoas, é passível de comprovação pela presença de prejuízo à imagem e à moral coletiva dos indivíduos enquanto síntese das individualidades percebidas como segmento, derivado de uma mesma relação jurídica-base.[26]

Há quem defenda, no entanto, que o dano moral coletivo é aferível *in re ipsa*.[27] É o entendimento, por exemplo, do Min. Luis Felipe Salomão, segundo o qual a configuração do dano moral coletivo "decorre da mera constatação da prática de conduta ilícita que, de maneira injusta e intolerável, viole direitos de conteúdo extrapatrimonial da coletividade".[28] Muito embora a configuração *in re ipsa* do dano moral coletivo possa ensejar questionamentos – e até mesmo reforçar a preocupação com a responsabilização civil desenfreada –, a comprovação de prejuízo nesses casos parece impor uma prova diabólica. Afinal, como se poderia atestar que determinada conduta causou, de fato, um abalo ou prejuízo à honra coletiva (se é que existe uma "honra coletiva")? Mais do que isso, há que se questionar a própria concepção do dano moral sob o aspecto meramente subjetivo. Se o dano moral individual pode e deve ser pensado fora do âmbito subjetivista, desvinculando-se, assim, da noção de dor, humilhação e constrangimento, não seria possível transpor o mesmo raciocínio para o dano moral transindividual? A proposta não é, em absoluto, usar a mesma lógica para os planos individual e coletivo,[29] mas, no tocante à configuração, parece que ambos se beneficiam de uma abordagem mais objetiva.

---

essa verdadeira "guerra de etiquetas" [...] somente interessa para evidenciar a multiplicidade de aspectos que a realidade lhe apresenta, a fim de melhor perceber como cada uma delas pode e deve ser adequadamente valorizada do ponto de vista jurídico".

[26] STJ, REsp. 1.057.274/RS, 3ª T., Rel. Min. Eliana Calmon, julg. 1.12.2009.

[27] Nesse sentido, v. BITTAR FILHO, Carlos Alberto. *Do dano moral coletivo no atual contexto jurídico brasileiro*, cit.; MEDEIROS NETO, Xisto Tiago. *Dano moral coletivo*. 3. ed. São Paulo: LTr, 2012, p. 178. Assim, ainda, CAHALI, Yussef Said. *Dano moral*. 4. ed. São Paulo: Revista dos Tribunais, 2011, p. 309.

[28] STJ, REsp. 1.487.046/MT, Rel. Min. Luis Felipe Salomão, 4ª T., julg. 28.3.2017.

[29] Sobre o tema, vide lição de Arangio-Ruiz, citada por Sergio NEGRI, segundo o qual "nenhuma situação jurídica pertinente ao grupo pode ser pensada como se fosse idêntica a uma situação individual". (ARANGIO-RUIZ, V. *La società in Diritto Romano*. Napoli: Casa Editrice Dott, 1950, *apud* NEGRI, Sérgio Marcos Carvalho de Ávila. As razões da pessoa jurídica e a expropriação da subjetividade. *Civilistica.com*. Rio de Janeiro, a. 5, n. 2, 2016, pp. 9-10).

Sobre o tema, costumam-se diferenciar os danos extrapatrimoniais individuais e coletivos, especialmente sob o aspecto funcional. Para parte da doutrina, enquanto os primeiros se identificam com a clássica – ou, segundo alguns, a única – função da responsabilidade civil, qual seja, a reparatória, os últimos instrumentalizariam a sua função punitiva.[30] Gera-se, com isso, mais uma controvérsia sobre o dano coletivo, haja vista a polêmica envolvendo o caráter sancionatório da responsabilidade civil.

A corrente contrária à adoção dos chamados *punitive damages* argumenta que, embora muito comuns em países de sistema de *common law*, os danos punitivos não fazem parte da tradição brasileira, orientada pelo sistema da *civil law*,[31] tendo sido transpostos de forma atécnica. Um dos argumentos centrais dos adeptos dessa corrente é justamente a inexistência de previsão legal da função punitiva, sendo inconstitucional a aplicação de pena sem o correspondente dispositivo legal (*nullum crimen, nulla poena sine lege*).[32] É interessante lembrar que houve, em algumas ocasiões, a oportunidade de reconhecimento expresso do caráter punitivo no texto legal, o que não se concretizou na prática.[33]

Ainda de acordo com essa corrente, a função punitiva conduz à identificação da compensação por dano moral com a ideia primitiva de vingança privada,[34] representando, em verdade, uma afronta ao princípio do enriquecimento sem causa.[35] Em se tratando de dano coletivo, é importante notar que, nos termos do artigo 13 da Lei da Ação Civil Pública, eventual compensação financeira não será direcionada a indivíduos determinados, mas a fundos geridos por um Conselho Federal ou por Conselhos Estaduais de que participarão necessariamente o Ministério Público e representantes da sociedade. Uma

---

[30] Assim, BARBOSA-FOHRMANN, Ana Paula e SILVA JR., Antonio dos Reis. O discurso do ódio na internet, cit., p. 54.

[31] Sobre as distinções entre os sistemas jurídicos de *common law* e *civil law*, v. BODIN DE MORAES, Maria Celina. *Punitive damages* em sistemas civilistas: problemas e perspectivas. *Revista Trimestral de Direito Civil*, vol. 18. Rio de Janeiro: Padma, abr.-jun./2004, p. 46.

[32] Nesse sentido, v. MARTINS-COSTA, Judith. Dano moral à brasileira. *RIDB – Revista do Instituto do Direito Brasileiro*, Ano 3 (2014), nº 9, p. 7100. Ainda, BODIN DE MORAES, Maria Celina. *Danos à pessoa humana*, cit., p. 260.

[33] Trata-se do veto presidencial aos artigos 16, 45 e § 3º do artigo 52 do Projeto de Lei que deu origem ao CDC, os quais tratam da aplicação de multa civil, bem como à tentativa de emenda à redação do parágrafo único do artigo 944 do CC, a qual passaria a prever a possibilidade de majoração da indenização. Sobre o tema, v. MARTINS-COSTA, Judith. Dano moral à brasileira, cit., p. 7100.

[34] Expressão de Carlos Roberto Gonçalves (GONÇALVES, Carlos Roberto. *Responsabilidade civil*. São Paulo: Saraiva, 2014, p. 47).

[35] Nesse sentido, PONTES DE MIRANDA, Francisco. *Tratado de direito civil*, t. 22. São Paulo: Borsoi, 1968, p. 183. Ainda, SCHREIBER, Anderson. *Novos paradigmas da responsabilidade civil*, cit., p. 205.

vez que esses valores não serão destinados a pessoas específicas, não haverá enriquecimento – justificado ou injustificado – das vítimas, sejam eles pagos a título punitivo ou não.

Argumenta-se também que o direito civil não possui viés sancionatório, *ratio* reservada ao direito penal e administrativo, bem como o risco de *bis in idem*.[36] Nota-se, porém, que não são poucas as hipóteses na legislação ordinária, inclusive no âmbito individual, de condutas ilícitas sujeitas à repercussão tanto criminal quanto civil. Se A dirige alcoolizado e causa um acidente envolvendo B, o primeiro responderá na esfera penal, mas também poderá ser chamado a reparar danos patrimoniais e/ou extrapatrimoniais causados ao último. Nesse caso, a punição seria imposta pela via criminal, sendo a reparação dos danos decorrentes da conduta lesiva obtida na esfera civil. A transposição dessa lógica ao dano moral coletivo pode esbarrar na ideia defendida por parte da doutrina de que a responsabilização, nessa hipótese, tem um caráter punitivo, e não reparatório. Haveria, assim, uma dupla punição pela mesma conduta, o que poderia ser interpretado como uma violação ao princípio do *non bis in idem*. Muito embora o presente artigo adote postura crítica à ideia de função punitiva, é importante refletir se essa problemática se limita ao dano moral coletivo ou, em verdade, resvala para a responsabilidade civil como um todo. De acordo com diversos julgados[37] sobre temas variados, o dano moral, seja ele individual ou coletivo, exerce as funções preventiva e sancionatória, além da compensatória. Sob essa lógica, ou seja, assumindo que a responsabilidade civil pode desempenhar função punitiva, qualquer hipótese de indenização por dano extrapatrimonial, quando cominada com punição criminal, significaria a imposição de dupla pena.

Em posição intermediária, é interessante observar o entendimento de Maria Celina Bodin de Moraes. Muito embora se mostre, em regra, contrária à adoção de figura semelhante ao dano punitivo no ordenamento brasileiro, a autora argumenta que a função punitiva é aceitável quando caracterizadas

---

[36] BODIN DE MORAES, Maria Celina. *Danos à pessoa humana*, cit., p. 260.

[37] Dentre as decisões proferidas pelo STJ, destaca-se: REsp. 1.645.744/SP, 4ª T., Rel. Min. Ricardo Villas Bôas Cuevas, julg. 6.6.2017; REsp. 1.455.472/SC, 2ª T., Rel. Min. Assusete Magalhães, julg. 4.4.2017; Ag.Rg. no REsp. 1.348.883/RJ, 1ª T., Rel. Min. Regina Helena Costa, julg. 3.3.2016. No TJRJ: Ap. Civ. 0071275-45.2016.8.19.0001, 26ª C.C., Rel. Des. Sandra Santarém Cardinali, julg. 21.9.2017; Ap. Civ. 0013647-03.2013.8.19.0002, 27ª C.C., Re. Des. João Batista Damasceno, julg. 21.9.2017; Ap. Civ. 0021751-46.2016.8.19.0206, 24ª C.C., Rel. Des. Cintia Santarém Cardinali, julg. 20.9.2017. No TJSP: Ap. Civ. 1052332-86.2016.8.26.0576, 22ª C.D.Priv., Rel. Des. Campos Mello, julg. 14.9.2017; Ap. Civ. 1021835-62.2016.8.26.0003, 22ª C.D.Priv., Rel. Des. Hélio Nogueira, julg. 21.9.2017; Ap. Civ. 1031688-12.2014.8.26.0506, 2ª C.D.Priv., Rel. Des. José Carlos Ferreira Alves, julg. 22.9.2017.

situações cujo potencial lesivo se estenda a um grande número de pessoas, como no caso de direitos difusos e coletivos *stricto sensu*, e quando da ocorrência de condutas ultrajantes em relação à consciência coletiva, ocasiões em que os interesses protegidos – a saber, o bem-estar da coletividade – justificam o remédio. Inobstante o exposto, ela destaca que a função punitiva do dano moral carece de manifestação do legislador.[38]

Há quem defenda, por outro lado, que a responsabilidade civil possui, além da função reparatória, funções preventiva e (ou?[39]) punitiva. É o entendimento manifestado no Enunciado n. 379 da IV Jornada de Direito Civil, segundo o qual o *caput* do art. 944 do CC[40] "não afasta a possibilidade de se reconhecer a função punitiva ou pedagógica da responsabilidade civil". Em seus estudos, Caio Mário da Silva Pereira e Fernando Noronha[41] fazem alusão a um duplo caráter na reparação de danos extrapatrimoniais, admitindo, assim, o viés punitivo do dano moral. Nessa mesma linha, autores que se dedicaram a estudar o tema dos danos coletivos se mostram favoráveis à ideia de que a imposição de indenização por lesão a interesses transindividuais tem por finalidade punir o ofensor e prevenir a repetição da conduta reprovável.[42]

Sobre a incompatibilidade da função punitiva e o direito civil, Antonio Junqueira de Azevedo refuta a ideia de que este ramo do direito não pune,[43]

---

[38] BODIN DE MORAES, Maria Celina. *Danos à pessoa humana*, cit., pp. XXVI-XXVIII.

[39] Provocação feita em razão de debates sobre a efetiva distinção entre funções preventiva e punitiva. Sobre o tema, Maria Celina Bodin de Moraes defende que o caráter punitivo detém, em si, a função preventivo-precautória (BODIN DE MORAES, Maria Celina. Op. cit., 263). Em linha similar, v. ALMEIDA FILHO, Carlos Alberto Souza de. Breves linhas sobre parametrização do cômputo da reparação por dano social. *Revista de Direito Privado*, vol. 70. São Paulo: Revista dos Tribunais, out/2016, p. 11. Já Antonio Junqueira de Azevedo as diferencia, sob o argumento de que "a pena tem em vista um fato passado enquanto que o valor do desestímulo tem em vista um comportamento futuro; há punição versus prevenção" (JUNQUEIRA DE AZEVEDO, Antonio. Por uma nova categoria de dano na responsabilidade civil: o dano social. *Novos estudos e pareceres de direito privado*. São Paulo: Saraiva, 2009, pp. 380 e 382).

[40] "Art. 944. A indenização mede-se pela extensão do dano".

[41] Segundo Caio Mário da Silva Pereira, "quando se cuida do dano moral, o fulcro do conceito ressarcitório acha-se deslocado para a convergência de duas forças: caráter punitivo [...] e o caráter compensatório [...]". (SILVA PEREIRA, Caio Mário da. *Responsabilidade civil*. Rio de Janeiro: Forense, 1999, p. 55). Nas palavras de Fernando Noronha, "na reparação por danos extrapatrimoniais (ou morais) é patente, mesmo que com relevo secundário, a finalidade de punição do lesante" (NORONHA, Fernando. Desenvolvimentos contemporâneos da responsabilidade civil, cit., p. 31).

[42] Assim, BITTAR FILHO, Carlos Alberto. *Do dano moral coletivo no atual contexto jurídico* brasileiro, cit. Ainda, MEDEIROS NETO, Xisto Tiago. *Dano moral coletivo*, cit., p. 250.

[43] JUNQUEIRA DE AZEVEDO, Antonio. Por uma nova categoria de dano na responsabilidade civil: o dano social, cit., p. 379.

lembrando que, em diversas ocasiões, o próprio CC utiliza a palavra "pena", como, por exemplo, nos artigos 941 e 1.993.[44] Embora não se discorde da observação do autor, é importante ponderar que, diferentemente dos dispositivos acima, não há previsão legal expressa que trate a responsabilidade civil como instrumento de penalização do ofensor.

Afastando-se um pouco do debate sobre o cabimento dos *punitive damages* na realidade brasileira, é válido ponderar se o dano coletivo possui, de fato, caráter punitivo. Nos termos do já mencionado artigo 13 da Lei da Ação Civil Pública, eventual condenação em dinheiro será revertida a um fundo, sendo esses recursos destinados à reconstituição dos bens lesados. Ora, se o próprio legislador determinou que a indenização se propõe a "reconstituir", a compensação por lesão ao interesse coletivo ou difuso não desempenharia justamente a função elementar da responsabilidade civil? Aqui, assim como nos demais casos de dano moral, é virtualmente impossível promover uma recomposição propriamente dita, pois não há como retornar ao estado anterior ao dano. A quantia recebida por determinada pessoa em razão da morte de um ente familiar, por exemplo, não promove o retorno à situação precedente ao ato lesivo e tampouco elimina os resultados causados à esfera extrapatrimonial do lesado, mas visa compensar, de alguma forma, o dano sofrido.

Ainda sobre o aspecto funcional, pode-se refletir se o dano coletivo desempenha, em certa medida, a chamada função promocional da responsabilidade civil. Na perspectiva de Norberto Bobbio, que se dedicou ao estudo das funções do direito, essa função se identifica com a categoria de mudança.[45] Por esse ângulo, pode-se argumentar que a responsabilização por dano coletivo contribuiria, ainda que indiretamente, para a transformação social, especialmente considerando que a compensação financeira se destina, nesses casos, a fundos dedicados à proteção dos interesses violados.[46] Por outro

---

[44] "Art. 941. As penas previstas nos arts. 939 e 940 não se aplicarão quando o autor desistir da ação antes de contestada a lide, salvo ao réu o direito de haver indenização por algum prejuízo que prove ter sofrido";
"Art. 1.993. Além da pena cominada no artigo antecedente, se o sonegador for o próprio inventariante, remover-se-á, em se provando a sonegação, ou negando ele a existência dos bens, quando indicados".

[45] BOBBIO, Norberto. *Da estrutura à função*: novos estudos de teoria do direito. Trad. Daniela Beccaccia Versiani. Barueri, São Paulo: Manole, 2007, pp. 19-20.

[46] Em decisão proferida em primeira instância no contexto da Ação Civil Pública nº 0115411-06.2011.8.19.0001, movida em face de Jair Messias Bolsonaro, determinou-se o pagamento de indenização a título de dano moral coletivo, sendo o montante destinado ao Fundo de Defesa dos Direitos Difusos (FDDD), criado pelo Ministério da Justiça.

lado, Bobbio identifica a função promocional com medidas de encorajamento e a função protetivo-repressiva, por sua vez, com técnicas de desestímulo.[47] Nesse sentido, ainda que a responsabilização por discurso de ódio, por exemplo, possa promover o combate ao preconceito – e, assim, encorajar mudanças – aquele que o profere age de modo não conforme, apresentando comportamento que é desencorajado pelo ordenamento e que leva, assim, à imposição de consequências desagradáveis ao agressor (i.e., via de regra, o pagamento de compensação pecuniária).

Sem prejuízo da distinção proposta pelo autor italiano, há que se questionar se uma mesma medida pode ser desencorajadora de comportamentos indesejados e, ao mesmo tempo, estimular – ainda que por contraste – a conformidade de comportamentos futuros, promovendo paulatinamente a transformação de determinada conduta social. Se isso for possível, ela exerceria uma função preventiva, punitiva ou promocional? Em que pese a grande curiosidade sobre a presente questão, este artigo não pretende esgotar a discussão sobre o tema – que exige um estudo funcional muito mais detalhado – mas registrar uma provocação sobre a real distinção entre as diferentes funções da responsabilidade civil e o enquadramento das diversas hipóteses de danos em categorias funcionais distintas.[48]

Assumindo que, por força da redação do dispositivo legal competente, a função desempenhada pelo dano coletivo é de fato a reparatória e que, observada a conduta lesiva, estará configurado o dano extrapatrimonial coletivo, terá o juiz que enfrentar um novo desafio: como quantificar esse dano? A questão, diga-se de passagem, não é exclusiva da reparação ao dano transindividual, sendo a avaliação e quantificação do dano moral um dos problemas mais complexos, na atualidade, em matéria de responsabilidade civil.[49] Sobre o tema, é válido citar novamente a posição do Min. Luis Felipe Salomão no REsp. 1.487.046, segundo a qual a quantificação do dano coletivo deve levar em conta as peculiaridades do caso concreto, observando-se a relevância do interesse transindividual lesado, a gravidade e a repercussão da lesão, a situação econômica do ofensor, o proveito obtido com a conduta ilícita, o grau de culpa ou do dolo (se presentes), a verificação da reincidência e o grau de reprovabilidade social, sem que o valor da indenização resultante destoe, por sua vez, dos postulados da equidade e da razoabilidade.

---

[47] BOBBIO, Norberto. *Da estrutura à função*, cit., p. 14.
[48] Para uma análise funcional mais detalhada, cf. Capítulo XVIII desta obra.
[49] Sobre o tema, v. BODIN DE MORAES, Maria Celina. *Danos à pessoa humana*, cit., p. 50.

4. Discurso de ódio ou *hate speech*

4.1. Conceito

Abordado o dano coletivo – e para que se possa refletir sobre o tema central deste artigo – faz-se necessário definir o que se entende por discurso de ódio ou, na correspondente expressão em inglês, *hate speech*. Conceituar nunca é uma tarefa fácil e tampouco exaustiva, mas definir, ao menos em linhas gerais, no que consiste certo instituto é o primeiro passo para trabalhá-lo concretamente.

Partindo inicialmente de um conceito negativo, é possível dizer que o discurso de ódio não se confunde com a disseminação de ideias consideradas erradas. O conceito de "certo e errado" costuma ser um produto histórico, variável de acordo com os valores de cada sociedade em um determinado momento.[50] Por isso, não se pode conceber uma ideia como absolutamente equivocada.[51] Ainda que venha a ser considerado errado, certo pensamento não só não deve ser suprimido por esse motivo como desempenha papel essencial para confrontação de ideias. Para Daniel Sarmento, mais relevante que o erro é a constatação de que as expressões de ódio, intolerância e preconceito comprometem a própria continuidade da discussão,[52] criando, assim, um ambiente contrário ao diálogo livre e racional.

É importante pontuar também que, para configuração do *hate speech*, não basta que uma manifestação contenha o verbo "odiar":[53] afinal, a liberdade de expressão protege tanto opiniões positivas quanto negativas, elogios e críticas. Nas palavras de Ana Paula Barbosa-Fohrmann e Antonio dos Reis Silva Jr., será considerado discurso de ódio aquele que compreender, dentre outros:

---

[50] Sobre a historicidade dos conceitos e a importância de se adotar uma perspectiva histórico--relativa, vide PERLINGIERI, Pietro. *O direito civil na legalidade constitucional*. Rio de Janeiro: Renovar, 2008, pp. 141 e 142. Ainda, HESPANHA, António Manuel. *Panorama histórico da cultura jurídica europeia*. 2ª ed. Lisboa: Publicações Europa-América, 1998, p. 43.

[51] MILL, John Stuart. On liberty. In: *American State Papers, Federalist, J. S. Mill:* Great Books of the Western World. Chicago: Encyclopaedia Britannica Inc., 1978, pp. 275-276, *apud* SARMENTO, Daniel. A liberdade de expressão e o problema do *hate speech*. *Revista de Direito do Estado*, vol. 1, n. 4. Rio de Janeiro: out.-dez./2006.

[52] SARMENTO, Daniel. A liberdade de expressão e o problema do *hate speech*, cit.

[53] Nesse sentido, v. BARBOSA-FOHRMANN, Ana Paula e SILVA JR., Antonio dos Reis. Por uma nova categoria de dano na responsabilidade civil: o dano social, cit., p. 51.

[...] referências difamatórias e degradantes à raça, à etnicidade, à religião, ao gênero ou à aparência física de uma pessoa ou, ainda, incitações ao ódio ou ao uso do próprio discurso fundado no ódio como instrumento ou recurso para provocar discórdia e produzir ataques violentos entre grupos sociais ou a símbolos nacionais.[54]

Segundo tais autores, é desimportante o instrumento pelo qual se disseminam as manifestações intolerantes, as quais podem ser reveladas por meios de comunicação diversos. Muito embora o meio não seja, de fato, o elemento essencial para verificação do discurso de ódio, há que se reconhecer que as novas tecnologias amplificam essa problemática. Diz-se "amplificar" porque o *hate speech* não é exatamente uma novidade, mas, no passado, costumava se restringir aos círculos de conversa de determinado grupo, sendo ainda limitado pelo alcance, circulação e até mesmo conservação dos materiais escritos, como jornais e revistas de conteúdo específico.[55]

Isso não significa, por óbvio, que o *hate speech* não era prejudicial ou era mais aceitável por ser menos difundido – afinal, toda e qualquer manifestação que incita ou dissemina o ódio é nociva. Inclusive, há décadas o ordenamento brasileiro condena, de forma clara e veemente, as manifestações discriminatórias. Esse posicionamento possui respaldo constitucional, conforme disposto no inciso IV do art. 3º,[56] bem como no *caput* e incisos XLI e XLII do art. 5º,[57] além de encontrar correspondência na legislação penal, que criminaliza a prática, indução ou incitação de discriminação ou preconceito de raça, cor, etnia, religião ou procedência nacional.[58]

Não obstante, com as novas mídias, essas mensagens chegam rapidamente a um maior número de pessoas, reforçando preconceitos e criando

---

[54] Idem, p. 35.
[55] Idem. p. 30. Em linha similar, Anderson SCHREIBER sustenta que "[a] internet não esquece. Ao contrário dos jornais e revistas de outrora, cujas edições antigas se perdiam no tempo, sujeitas ao desgaste do seu suporte físico, as informações que circulam na rede ali permanecem indefinidamente" (SCHREIBER, Anderson. *Direitos da personalidade*, cit., p.172).
[56] "Art. 3º. Constituem objetivos fundamentais da República Federativa do Brasil: [...] IV – promover o bem de todos, sem preconceitos de origem, raça, sexo, cor, idade e quaisquer outras formas de discriminação".
[57] "Art. 5º. Todos são iguais perante a lei, sem distinção de qualquer natureza, garantindo-se aos brasileiros e aos estrangeiros residentes no País a inviolabilidade do direito à vida, à liberdade, à igualdade, à segurança e à propriedade, nos termos seguintes: [...] XLI – a lei punirá qualquer discriminação atentatória dos direitos e liberdades fundamentais; XLII – a prática do racismo constitui crime inafiançável e imprescritível, sujeito à pena de reclusão, nos termos da lei".
[58] Art. 20 da Lei 7.716/1989.

um ambiente, tanto virtual quanto físico, ainda mais polarizado.[59] Especificamente no tocante à internet, há que se observar, ainda, o aspecto dúplice do ambiente digital. De um lado, em alguns casos, a "invisibilização" dos usuários sob o manto do anonimato facilita ou até estimula a exposição de pensamentos preconceituosos, que talvez não seriam manifestados pessoalmente; de outro, a magnitude do discurso nas redes, que rapidamente alcança milhares ou milhões de pessoas, proporciona o alastramento extremamente veloz e incontrolável do *hate speech*.[60] Sendo o discurso de ódio justamente um discurso segregador, sua maior disseminação contribui diretamente para uma atmosfera opressiva às minorias, o que potencializa o caráter danoso da conduta: a cada compartilhamento, mais gravosos se tornam os danos provocados por esse tipo de violação. Assim, o *locus* digital, tradicionalmente concebido como um espaço de liberdade, acaba se tonando uma ferramenta de fomento ao ódio.[61]

Em suma, o discurso de ódio pode ser entendido como aquele que expressa ideias discriminatórias ou intolerantes, manifestando desrespeito, rejeição, intimidação ou desprezo por características particulares de determinados grupos – em regra, minorias estigmatizadas – tais como, mas não se limitando a, raça, sexo e/ou orientação sexual, gênero, idade, crença religiosa, posição política ou socioeconômica, dentre outros.[62] Deve ser notado que a expressão "minorias", nesse caso, não se orienta por critérios quantitativos, e sim qualitativos, tomando-se a vulnerabilidade como seu fundamento.[63]

---

[59] Sobre o radicalismo e extremismo no ambiente virtual, vide SCHREIBER, Anderson. Marco civil da internet: avanço ou retrocesso? A responsabilidade civil por dano derivado do conteúdo gerado por terceiro. In: DE LUCCA, Newton; SIMÃO FILHO, Adalberto; LIMA, Cintia Rosa Pereira de (Coord.). *Direito & Internet III – Tomo II: Marco Civil da Internet (Lei n. 12.965/2014)*. São Paulo: Quartier Latin, 2015, p. 280.

[60] Sobre a rapidez e o alcance do conteúdo disponibilizado na internet, vide SCHREIBER, Anderson. Marco civil da internet: avanço ou retrocesso? A responsabilidade civil por dano derivado do conteúdo gerado por terceiro, cit., pp. 300-301.

[61] Sobre o tema, v. matéria recentemente publicada no site do *The New York Times*, disponível em <https://mobile.nytimes.com/2017/10/12/technology/techgiantsthreats.html?action=click&module=Top%20Stories&pgtype=Homepage>. Acesso em 15.10.2017.

[62] Em linha similar, vide definição proposta por Winfried Brugger (BRUGGER, Winfried. Proibição ou proteção do discurso de ódio? Algumas observações sobre o direito alemão e o americano. *Direito Público*, ano 4, n. 15. Porto Alegre: jan.-mar./2007).

[63] Conforme lição de Gustavo TEPEDINO e Anderson SCHREIBER: "O termo minoria deve ser reservado àqueles grupos sociais que, independentemente de sua amplitude quantitativa, encontram-se qualitativamente em uma situação de inferioridade, seja por fatores sociais,

4.2. Discurso de ódio e liberdade de expressão

Um dos pontos mais controvertidos no estudo do discurso de ódio é o impacto de eventual proteção dessa prática reprovável sob o manto da liberdade de expressão. No Brasil, elementos como o fantasma da ditadura e, por conseguinte, a "história acidentada"[64] da liberdade de expressão, corroboram a ideia de que, para alguns, ela deve ser tratada como "liberdade preferencial",[65] com dimensão e peso *prima facie* maiores.[66] Seguindo essa linha, defende-se que as "liberdades comunicativas"[67] são peças essenciais para o conhecimento e preservação[68] da história, assim como prevenção de atos reprováveis[69], sendo

---

técnicos ou econômicos. [...] Em síntese: a vulnerabilidade é o critério central para definição e identificação das minorias" (TEPEDINO, Gustavo; SCHREIBER, Anderson. Minorias no direito civil brasileiro. *Revista Trimestral de Direito Civil – RTDC*, a. 3, vol. 10. Rio de Janeiro: Padma, abr.-jun./2002, p. 136).

[64] Expressão usada pelo Min. Luís Roberto Barroso em voto proferido no contexto da Ação Direta de Inconstitucionalidade nº 4.815.

[65] Tese defendida pelo Min. Luís Roberto Barroso no voto acima mencionado.

[66] Em defesa da primazia da liberdade de expressão, v. voto proferido pelo Min. Carlos Ayres Britto no contexto da Arguição de Descumprimento de Preceito Fundamental nº 130.

[67] Termo usado por Daniel SARMENTO para referir-se, conjuntamente, às liberdades de expressão, de informação e de imprensa (SARMENTO, Daniel. *Liberdades Comunicativas e "Direito ao Esquecimento" na ordem constitucional brasileira*. Parecer, 2015. Disponível em: <http://www.migalhas.com.br/>. Acesso em: 3.4.2017).

[68] Nesse sentido, Stefano Rodotà sustenta que: "fala-se de direito à verdade ou direito de saber como direito coletivo e como modalidade de ressarcimento [...]; como prevenção; como memória [...]; como compreensivo do direito à justiça; e, enfim, como direito ao luto" (RODOTÀ, Stefano. O direito à verdade. Trad. Maria Celina Bodin de Moraes e Fernanda Nunes Barbosa. *Civilistica.com*. Rio de Janeiro, a. 2, n. 3, jul.-set./2013, p. 7). Em linha similar, o Min. Luís Roberto BARROSO argumenta, no voto proferido no contexto da ADI 4.815 que "a liberdade de expressão é essencial para o conhecimento da história, para o aprendizado com a história, para o avanço social e para a conservação da memória nacional". No entendimento de J. J. Gomes CANOTILHO e Jónatas E.M. MACHADO, "a liberdade de expressão permite assegurar a continuidade do debate intelectual e do confronto de opiniões, num compromisso crítico permanente. [...] A liberdade de expressão em sentido amplo é um direito multifuncional [...]" (CANOTILHO, J. J. Gomes, MACHADO, Jónatas E.M. Constituição e Código Civil brasileiro: âmbito de proteção de biografias não autorizadas. In: JÚNIOR, Antônio Pereira Gaio; SANTOS, Márcio Gil Tostes (Coord.). *Constituição Brasileira de 1988. Reflexões em comemoração ao seu 25º aniversário*. Curitiba: Juruá, 2014, p. 132).

[69] "A urgência em reagir às tragédias é que induz a pensar que o olhar sobre o passado deva produzir anticorpos capazes de impedir sua repetição no futuro" (RODOTÀ, Stefano. O direito à verdade, cit., p. 2).

instrumentos de exercício dos demais direitos[70] e, ainda, pressuposto democrático.[71]

Muito embora a liberdade de expressão seja, indiscutivelmente, um dos elementos fundamentais da democracia, certamente não é o único. Além dela, deve-se reconhecer a igualdade, solidariedade, assim como o direito ao livre desenvolvimento da personalidade de cada indivíduo, valores esses que são ameaçados pelo discurso de ódio. Não se pode deixar de notar, inclusive, a ausência de hierarquia constitucional entre os direitos fundamentais, que não são, portanto, absolutos.[72] Não se pode ignorar, ainda, a existência de contenção constitucional às liberdades comunicativas fundada em outros direitos fundamentais; uma vez confrontados, os demais valores reconhecidos constitucionalmente operam como verdadeiros limites à liberdade de expressão.[73]

Além dos contornos trazidos pela Constituição, a Convenção Americana sobre Direitos Humanos, da qual o Brasil é signatário, impõe a proibição à apologia ao ódio nacional, racial ou religioso que incite a discriminação, a hostilidade, o crime ou a violência.[74] Há que se observar, ainda, a Convenção Interamericana contra Todas as Formas de Discriminação e Intolerância, que estabelece o compromisso[75] dos Estados no sentido de prevenir, eliminar,

---

[70] Sobre o tema, Daniel SARMENTO defende o "caráter instrumental da liberdade de expressão para a garantia de todos os demais direitos. [...] Por isso, a Comissão Interamericana de Direito Humanos [sic] afirmou que a carência de liberdade de expressão é uma causa que contribui ao desrespeito de todos os outros direitos" (SARMENTO, Daniel. Liberdades Comunicativas e "Direito ao Esquecimento" na ordem constitucional brasileira, cit.).

[71] Sobre o tema, vide entendimento de Stefano RODOTÀ: "Na democracia, a verdade é filha da transparência; como já foi recordado, Louis Brandeis escreveu que a luz do sol é o melhor desinfetante" (RODOTÁ, Stefano. O direito à verdade, cit., p. 17). Nas palavras de Daniel SARMENTO: "A liberdade de expressão é peça essencial em qualquer regime constitucional que se pretenda democrático. Ela permite que a vontade coletiva seja formada através do confronto livre de ideias, em que todos os grupos e cidadãos devem poder participar" (SARMENTO, Daniel. A liberdade de expressão e o problema do *hate speech*, cit.).

[72] Nas palavras de Celso RIBEIRO BASTOS: "[...] importante ressaltar que no Brasil, assim como noutros países, a limitação do direito de se expressar e do direito de comunicação jornalística guarda perfeita consonância com a clássica definição de que os direitos fundamentais não são absolutos" (RIBEIRO BASTOS, Celso. Os limites à liberdade de expressão na Constituição da República. *Revista Forense*, vol. 96, n. 349. Rio de Janeiro: Forense, jan.-mar./2000).

[73] RIBEIRO BASTOS, Celso. Os limites à liberdade de expressão na Constituição da República, cit. Em linha similar, v. MENDES, Gilmar. *A jurisdição constitucional no Brasil e seu significado para a liberdade e igualdade*. Disponível em: <http://www.stf.jus.br/>. Acesso em 3.8.2017.

[74] Art. 13º, §5º da Convenção Americana sobre Direitos Humanos, assinada na Conferência Especializada Interamericana sobre Direitos Humanos, São José, Costa Rica, em 22 de novembro de 1969.

[75] Art. 4º da Convenção Interamericana contra Todas as Formas de Discriminação e Intolerância.

proibir e punir, de acordo com suas normas constitucionais e com as disposições daquela convenção, todos os atos e manifestações de discriminação[76] e intolerância,[77] inclusive, dentre outros, a publicação, circulação ou difusão, por qualquer forma e/ou meio de comunicação, de material que defenda, promova ou incite o ódio, a discriminação e a intolerância.

Esses dispositivos são compatíveis com os fundamentos do Estado Democrático de Direito, segundo os quais os indivíduos são livres para pensar, agir e expressar ideias, sem que esses pensamentos, ações e manifestações, contudo, possam interferir ou ferir a liberdade alheia: afinal, a democracia também importa na assunção de responsabilidade, que consiste tanto na vocação de responder ante os outros quanto ser responsável pelos outros.[78] A ordem pública constitucional valoriza a liberdade na solidariedade[79] e, sob a ótica solidarista, a liberdade não pode ser encarada apenas como um direito, mas também como um dever: se assim não fosse, a liberdade irrestrita de uns poderia ameaçar ou inviabilizar a livre manifestação de outros, em um exercício flagrantemente antidemocrático desse direito-dever.

A ideia de democracia está ligada à construção de um ambiente de debate livre e racional, em que os diferentes membros da sociedade possam argumentar e contrapor suas visões sobre temas variados. A liberdade de expressão, nesse contexto, é um meio para um fim: instrumentaliza as discussões rumo ao atingimento da verdade.[80] Isso é, contudo, inviabilizado pelo discurso de

---

[76] Nos termos do Art. 1º da Convenção Interamericana contra Todas as Formas de Discriminação e Intolerância, entende-se por discriminação qualquer distinção, exclusão, restrição ou preferência, em qualquer área da vida pública ou privada, cujo propósito ou efeito seja anular ou restringir o reconhecimento, gozo ou exercício, em condições de igualdade, de um ou mais direitos humanos e liberdades fundamentais consagrados nos instrumentos internacionais aplicáveis aos Estados Partes. A discriminação pode basear-se em nacionalidade, idade, sexo, orientação sexual, identidade e expressão de gênero, idioma, religião, identidade cultural, opinião política ou de outra natureza, origem social, posição socioeconômica, nível educacional, condição de migrante, refugiado, repatriado, apátrida ou deslocado interno, deficiência, característica genética, estado de saúde física ou mental, inclusive infectocontagioso, e condição psíquica incapacitante, ou qualquer outra condição.

[77] O Art. 1º da Convenção Interamericana contra Todas as Formas de Discriminação e Intolerância traz, ainda, a definição de intolerância, sendo ela conceituada como um ato ou conjunto de atos ou manifestações que denotam desrespeito, rejeição ou desprezo à dignidade, características, convicções ou opiniões de pessoas por serem diferentes ou contrárias. Pode manifestar-se como a marginalização e a exclusão de grupos em condições de vulnerabilidade da participação em qualquer esfera da vida pública ou privada, ou como violência contra esses grupos.

[78] BODIN DE MORAES, Maria Celina. *Danos à pessoa humana*, cit., p. 20.

[79] Idem, p. 107.

[80] MILL, John Stuart. On liberty, cit., pp. 267-323.

ódio, que se aproxima mais da ideia de um ataque do que de diálogo.[81] Em razão do seu conteúdo, há que se analisar, pois, se o *hate speech* se identifica, realmente, com a ideia de discurso – protegido, ao menos em princípio, pela liberdade de expressão – ou se seria, na verdade, uma conduta, protegido pelo direito genérico de liberdade.[82]

De qualquer forma, é notório que as manifestações de ódio acabam por comprometer a continuidade da discussão ao invés de fomentá-la: uma vez atacada, a vítima tende a revidar a agressão – o que transforma a interação em uma troca violenta de ofensas, incapaz de resultar em conclusões ponderadas sobre qualquer assunto – ou, alternativamente, ao isolamento, transformando o potencial debate em um verdadeiro monólogo do ofensor, igualmente inapto a alcançar o objetivo central de uma discussão. O discurso de ódio gera, assim, mais ruídos – ou um silêncio humilhado[83] – do que diálogo. Esses resultados, além de nocivos às vítimas, prejudicam a sociedade como um todo, seja por propagarem uma cultura de intolerância e desrespeito, que compromete o convívio harmônico e a própria evolução social, seja pela subtração de vozes que precisam ser ouvidas para a criação de um ambiente efetivamente plural e democrático.

A proteção ao discurso de ódio não significa proteger a liberdade de expressão, e sim aceitar a violação de valores constitucionais como a igualdade, a solidariedade e a integridade psicofísica – e, portanto, em última instância, da dignidade humana.[84] Há que reconhecer, sem dúvida, a importância da liberdade de expressão, mas um ambiente realmente democrático pressupõe que os indivíduos, além de livres para manifestar opiniões diversas, encontrem-se em posição de igualdade material[85] para fazê-lo. Não se pode presumir que os membros de uma sociedade são efetivamente iguais e livres em um cenário opressivo às minorias estigmatizadas.[86]

---

[81] SARMENTO, Daniel. A liberdade de expressão e o problema do *hate speech*, cit.
[82] Reflexão proposta por BRUGGER, Winfried. Proibição ou proteção do discurso de ódio?, cit., p. 118).
[83] Expressão de Daniel SARMENTO (SARMENTO, Daniel. A liberdade de expressão e o problema do *hate speech*, cit.)
[84] Em linha similar, v. BARBOSA-FOHRMANN, Ana Paula e SILVA JR., Antonio dos Reis. Por uma nova categoria de dano na responsabilidade civil: o dano social, cit., p. 49.
[85] Nessa linha, v. SARMENTO, Daniel. A liberdade de expressão e o problema do *hate speech*, cit.
[86] Como bem observa Anderson Schreiber, "a liberdade de expressão é *autofágica*, no sentido de que, em qualquer ambiente em que haja desigualdade de forças, a liberdade de expressão do mais forte tende a subjugar a liberdade de expressão do mais fraco" (SCHREIBER, Anderson. Marco Civil da Internet: avanço ou retrocesso? A responsabilidade civil por dano derivado do conteúdo gerado por terceiro, cit., p. 282).

Sem prejuízo das considerações acima, cumpre esclarecer que o objetivo deste artigo não é se debruçar sobre o embate da liberdade de expressão e do discurso de ódio, tema que exige diversas considerações e ponderação de princípios e valores hierarquicamente equivalentes. Para não correr o risco de simplificar uma questão de grande complexidade ou deixar de lado aspectos cruciais do embate, adotou-se a premissa de que o discurso de ódio, quando assim caracterizado, constitui exercício abusivo da liberdade de expressão.[87] Em síntese apertada, extrapola-se, por assim dizer, o direito de livre manifestação quando comprometida a ideia de igualdade,[88] aqui entendida como igualdade material, orientada pelo reconhecimento das diferentes identidades.[89] Foi nessa linha, inclusive, que se posicionou o Min. Celso de Mello no contexto da ADPF 130, defendendo que a cláusula constitucional que assegura a liberdade de expressão não protege a incitação ao ódio público contra qualquer pessoa, povo ou grupo social, uma vez que o direito à livre expressão não pode compreender, em seu âmbito de tutela, exteriorizações revestidas de ilicitude penal ou de ilicitude civil.

Ainda nesse sentido, a despeito da flagrante tendência preferencial da liberdade de expressão no ordenamento norte-americano – e apesar de o presente artigo não pretender explorar o tema sob o ponto de vista do direito comparado – é interessante observar um trecho elucidativo da decisão proferida no caso *Beauharnais vs. Illinois*, no qual se afirmou que:

> [e]xistem determinadas classes específicas de discursos cuja prevenção e repressão não geram qualquer problema constitucional. São aqueles que [...], por sua mera expressão, infligem injúria ou tendem a incitar uma imediata quebra da paz. Já foi observado que essas manifestações não são parte essencial de quaisquer exposições de ideias, e que elas possuem um valor social tão ínfimo rumo ao atingimento da verdade que qualquer potencial benefício é claramente superado pelo interesse social na ordem e na moralidade.[90]

---

[87] Assim, SARMENTO, Daniel. A liberdade de expressão e o problema do *hate speech*, cit. Ainda, BARBOSA-FOHRMANN, Ana Paula e SILVA JR., Antonio dos Reis. Por uma nova categoria de dano na responsabilidade civil: o dano social, cit., pp. 49-50.
[88] MENDES, Gilmar. *A jurisdição constitucional no Brasil e seu significado para a liberdade e igualdade*, cit., p. 4.
[89] BARBOSA, Heloísa Helena. Proteção dos vulneráveis na Constituição de 1988: uma questão de igualdade. In: NEVES, Thiago Ferreira Cardoso (Coord.). *Direito & Justiça Social*: por uma sociedade mais justa, livre e solidária. São Paulo: Atlas, 2013, p. 104.
[90] 343 U.S. 250 (1952), disponível em <https://supreme.justia.com/>. Acesso em 10.10.2017 (tradução livre).

Em entendimento similar, a Alemanha recentemente editou uma lei determinando às empresas de mídia social que removam manifestações de ódio flagrantemente ilegais dentro de 24 horas contadas da respectiva denúncia, sob pena de imposição de multa de até cinquenta milhões de euros. De acordo com o responsável pela edição da lei, Heiko Maas, o diploma legal tem por objetivo garantir que as normas aplicáveis no ambiente *offline* sejam igualmente empregadas no universo digital. A legislação alemã não representa, nas palavras de Maas, uma restrição, mas um pré-requisito ao exercício da liberdade de expressão.[91] Percebe-se que, na experiência alemã, optou-se por responsabilizar os servidores das redes, e não os usuários que se manifestaram de maneira discriminatória pelas mídias sociais.[92]

Em suma, é necessário refletir sobre a verdadeira questão imposta pelo discurso de ódio, qual seja, se é legítimo coibi-lo vis-à-vis o ônus gerado à liberdade de expressão. Sobre o tema, Daniel Sarmento observa que a repressão do *hate speech* não ameaça a democracia, e sim a fortalece.[93] É inegável que restringir as manifestações de ódio, preconceito e intolerância representa, em certa medida, o comprometimento da liberdade de expressão de quem fala, mas se trata de limite necessário à preservação da dignidade dos sujeitos atacados pelo discurso de ódio e à proteção do ambiente democrático. Essa

---

[91] V. informações disponíveis nas matérias veiculadas na versão eletrônica do *The New York Times*, disponível em <https://www.nytimes.com/2017/06/30/business/germany-facebook-google-twitter.html> e *BBC*, disponível em <http://www.bbc.com/news/blogs-trending-41042266>. Acesso em 15.10.2017.

[92] Diferentemente da experiência alemã, que se utilizou da técnica do *notice and take down*, o legislador brasileiro optou por restringir as hipóteses de responsabilização dos provedores e condicionar, no caso do provedor de aplicações de internet, a possível responsabilização ao descumprimento de ordem judicial. De acordo com o art. 19 da Lei n. 12.965/2014 ("Marco Civil da Internet"), "o provedor de aplicações de internet somente poderá ser responsabilizado civilmente por danos decorrentes de conteúdo gerado por terceiros se, após ordem judicial específica, não tomar as providências para, no âmbito e nos limites técnicos do seu serviço e dentro do prazo assinalado, tornar indisponível o conteúdo apontado como infringente, ressalvadas as disposições legais em contrário". É importante destacar que o referido dispositivo é alvo de severas objeções, como, por exemplo, a falta de inovação legislativa – na medida em que o recurso ao judiciário sempre existiu – e a subversão da finalidade da propositura da ação judicial, uma vez que ela deixa de ser o último recurso para se tornar requisito da responsabilização. Sobre as críticas e a possível inconstitucionalidade do art. 19 do Marco Civil da Internet, vide SCHREIBER, Anderson. Marco civil da internet: avanço ou retrocesso? A responsabilidade civil por dano derivado do conteúdo gerado por terceiro, cit., pp. 289-295.

[93] SARMENTO, Daniel. A liberdade de expressão e o problema do *hate speech*, cit.

restrição acaba por justamente garantir e promover a autonomia individual e a capacidade de auto-realização, tanto de falantes quanto de ouvintes.[94]

4.3. Discurso de ódio e dano coletivo

Em vista do exposto, considera-se defensável conter o discurso de ódio em razão dos impactos negativos por ele causados aos grupos ofendidos e à sociedade como um todo. Há, inclusive, um projeto de lei[95] em tramitação[96] cujo intuito é definir os crimes de ódio e intolerância e criar mecanismos para coibi-los. Além de tipificar as condutas de crime de ódio[97] e crime de intolerância[98] e fixar as respectivas penas aplicáveis na seara penal, o projeto prevê

---

[94] Idem.

[95] PL n. 7.582/2014.

[96] O PL foi aprovado integralmente pela Comissão de Direitos Humanos e Minorias em março de 2017 e aguardava, até o final de 2017, votação na Câmara dos Deputados.

[97] "Art. 3º. Constitui crime de ódio a ofensa a vida, a integridade corporal, ou a saúde de outrem motivada por preconceito ou discriminação em razão de classe e origem social, condição de migrante, refugiado ou deslocado interno, orientação sexual, identidade e expressão de gênero, idade, religião, situação de rua e deficiência. Pena – A prática de crime de ódio constitui agravante para o crime principal, aumentando-se a pena deste de um sexto até a metade".

[98] "Art. 4º Constituem crimes de intolerância, quando não configuram crime mais grave, aqueles praticados por preconceito ou discriminação em razão de classe e origem social, condição de migrante, refugiado ou deslocado interno, orientação sexual, identidade e expressão de gênero, idade, religião, situação de rua e deficiência, quando a pratica incidir em: I – violência psicológica contra a pessoa, sendo esta entendida como condutas que causem dano emocional e diminuição da autoestima ou que prejudiquem e perturbem o pleno desenvolvimento ou que vise degradar ou controlar as ações, comportamentos, crenças e autonomia, mediante ameaça, constrangimento, humilhação, manipulação, isolamento, vigilância constante, perseguição contumaz, insulto, chantagem, ridicularização, exploração e limitação do direito de ir e vir ou qualquer outro meio que lhe cause prejuízo à saúde psicológica e à autodeterminação; II – impedimento de acesso de pessoa, devidamente habilitada, a cargo ou emprego público, ou sua promoção funcional sem justificativa nos parâmetros legalmente estabelecidos, constituindo discriminação; III – negar ou obstar emprego em empresa privada de pessoa, devidamente habilitada, ou demitir, ou impedir ascensão funcional ou dispensar ao empregado tratamento diferenciado no ambiente de trabalho sem justificativa nos parâmetros legalmente estabelecidos, constituindo discriminação; IV – recusa ou impedimento de acesso a qualquer meio de transporte público; V – recusa, negação, cobrança indevida, ou impedimento de inscrição, ingresso ou permanência de aluno em estabelecimento de ensino público ou privado; VI – proibição ou restrição a expressão e a manifestação de expressões culturais, raciais ou étnicas, afetividade, identidade de gênero, expressão de gênero, orientação sexual, uso pessoal de símbolos religiosos, em espaços públicos ou privados de uso coletivo, quando estas expressões e manifestações sejam permitidas às demais pessoas, ressalvadas as regras estabelecidas privadamente nos locais de culto religioso; VII – impedimento ou limitação do acesso, cobrança indevida ou recusa: a) hospedagem em hotel, pensão, estalagem, ou estabelecimento

a criação de política pública destinada a coibir os crimes de ódio e intolerância por meio de um conjunto articulado de ações da União, dos Estados, do Distrito Federal e dos Municípios e de organizações não governamentais,[99] cabendo aos mesmos, assim como ao Poder Judiciário, Ministério Público e Defensoria Pública, empenhar-se na criação de uma cultura de valorização e respeito da diversidade, buscando o respeito aos direitos humanos e a dignidade da pessoa humana.[100]

Muito embora o Estado e a sociedade devam empregar esforços para evitar a propagação de expressões intolerantes e, por via de consequência, as lesões delas decorrentes, é inviável conceber que a via preventiva tenha a capacidade de resolver a questão como um todo. Como bem observa Bobbio, não há preconceito pior do que acreditar não ter preconceitos.[101] Fato é que vivemos em um país marcado por desigualdades gritantes, de tradição extremamente religiosa, com uma trajetória histórica permeada de preconceitos diversos e, nos anos mais recentes, de crescentes formas de violência e intolerância, que, certamente, ainda terá que trilhar um longo caminho para superação de estigmas e estereótipos enraizados na cultura popular. Junte-se a isso a capacidade de anonimização, a facilidade, velocidade e o alcance propiciados pelo ambiente virtual: está criado um ambiente fértil para a manifestação de preconceitos.

Além da via preventiva, há que se pensar, pois, na forma adequada de tutelar os direitos e interesses afetados pelo discurso de ódio uma vez que ele se manifeste. Muito embora a conduta discriminatória esteja penalmente tipificada, uma eventual condenação criminal será resposta suficientemente satisfatória ao *hate speech*? Chega-se ao ponto central deste artigo: afinal, o discurso de ódio pode causar dano extrapatrimonial coletivo reparável?

Primeiramente, é válido recordar que a proteção aos interesses coletivos e difusos possui assento constitucional, estando, ainda, regulada pela legislação infraconstitucional. O já citado artigo 1º da Lei da Ação Civil Pública prevê a

---

similar; b) atendimento em estabelecimento comercial de qualquer natureza, negando-se a servir, atender ou receber cliente; c) atendimento em estabelecimentos esportivos, casas de diversões, clubes sociais abertos ao público e similares; d) entrada em espaços públicos ou privados de uso coletivo; e e) serviços públicos ou privados. VIII – impedimento do direito de ir vir no território nacional; IX – impedimento de alguém fazer o que a lei não proíbe ou aquilo que se permite que outras pessoas façam. Pena – Prisão de um a seis anos e multa".

[99] Art. 6º do PL 7.582/2014.
[100] Art. 7º do PL 7.582/2014.
[101] BOBBIO, Norberto. *Elogios da serenidade e outros escritos morais*. São Paulo: Unesp, 2002, p. 122.

reparação do dano moral causado pela violação de qualquer interesse difuso ou coletivo, bem como à honra e à dignidade de grupos raciais, étnicos ou religiosos.

Conforme já mencionado, o discurso de ódio pode ser entendido como um exercício abusivo da liberdade de expressão, na medida em que ameaça a igualdade (considerada, inclusive, o pilar jurídico da dignidade humana[102]), liberdade e integridade psicofísica das vítimas dessas manifestações, sendo, ainda, uma afronta ao ideal solidário sobre o qual se funda o ordenamento.

Ao falar de igualdade, não se pretende mais – ou apenas – o reconhecimento de direitos iguais a todos: os indivíduos que integram uma sociedade pluralista reivindicam um verdadeiro direito à diferença,[103] diferença essa que não se destina a aniquilar, mas a promover os demais direitos.[104] Quando se nega o tratamento igualitário de um ou mais indivíduos por questões particulares que, muitas vezes, são justamente os traços que os distinguem dos demais – ou seja, quando há o desrespeito e discriminação de identidades diversificadas – viola-se o princípio da igualdade[105] e, configurada a violação na esfera individual ou coletiva, será cabível a compensação dos respectivos danos.

Além de comprometer a igualdade, as expressões intolerantes cerceiam a liberdade dos ofendidos. Como se sabe, a constitucionalização do Direito Civil exigiu uma verdadeira ressignificação dos institutos, os quais deixam de ser enxergados pela ótica meramente individualista. Sob essa perspectiva, a liberdade não mais se orienta pelos desígnios da autonomia privada, a qual, por sua vez, não é mais vista como um valor em si. Compreende-se a liberdade, assim, como o direito de realização das escolhas individuais de cada um, sem nenhum tipo de interferência.[106] Essa tendência de expansão conceitual, por assim dizer, também é sentida no tocante à privacidade que, com a evolução social, não é mais entendida como o "direito de ser deixado só",[107] mas como a

---

[102] Posição sustentada por Maria Celina Bodin de Moraes (BODIN DE MORAES, Maria Celina. *Danos à pessoa humana*, cit., p. 86).
[103] Idem, ibidem.
[104] PIOVESAN, Flávia. Ações afirmativas no Brasil: desafios e perspectivas. In: MATOS, Ana Carla Harmatiuk (Org.). *A construção dos novos direitos*. Porto Alegre: Núria Fabris, 2008, p. 138.
[105] BODIN DE MORAES, Maria Celina. *Danos à pessoa humana*, cit., p. 90.
[106] Idem, p. 107.
[107] Noção de privacidade originalmente concebida como *"right to be left alone"*, conforme estudo de Samuel D. Warren e Louis D. Brandeis em The Right to Privacy, artigo publicado na revista *Harvard Law Review*, n. 4, 193, 1890.

capacidade de autodeterminação informativa.[108] Nesse sentido, não é tolerável conceber intervenções alheias injustificadas na livre escolha, desenvolvimento e autodeterminação dos indivíduos, seja por ações, omissões ou expressões discriminatórias.

Ao violar os princípios da igualdade e liberdade, o discurso de ódio acaba por impactar, também, a integridade psicofísica das vítimas. Isso porque o livre desenvolvimento e a autodeterminação não são fenômenos meramente internos: é importante que o reconhecimento social seja compatível com a maneira como as próprias pessoas se reconhecem.[109] Um descompasso entre ambos pode gerar verdadeiras angústias, ora impedindo que os indivíduos se desenvolvam livremente, ora marginalizando aqueles que o fazem, mas não enxergam, na comunidade em que vivem, o reflexo de quem são verdadeiramente. É necessário, assim, promover e proteger o valor constitucional da integridade psicofísica, que é um dos substratos da dignidade humana,[110] de modo que ele instrumentalize os demais direitos da personalidade.[111]

A resposta afirmativa ao questionamento acima também pode ser consubstanciada pelos fundamentos constitucionais da responsabilidade civil elencados por Paulo Lôbo, na medida em que o dano moral coletivo, assim como o individual, se orienta pela primazia do interesse do lesado (correspondendo ele, no caso, às minorias estigmatizadas e, em última instância, à própria coletividade), da máxima reparação do dano e da solidariedade social.[112] Na realidade, a afronta à igualdade, liberdade e integridade psicofísica de outrem representa, como não poderia deixar de ser, a violação ao direito-dever da solidariedade social, elemento essencial para a instrumentalização de uma convivência justa e equilibrada entre os diferentes membros das sociedades multiculturais. Observada a ocorrência de discurso de ódio, estar-se-á diante de uma conduta que viola os substratos da dignidade humana, lesão essa que pode ensejar danos morais ressarcíveis.[113]

Conforme já mencionado, isso não significa que se deve usar a mesma lógica que orienta a tutela de danos causados à pessoa no caso de lesão a interesses transindividuais, especialmente porque, no discurso de ódio, não

---

[108] Conceito desenvolvido por Stefano Rodotà (RODOTÀ, Stefano. *A vida na sociedade de vigilância*: a privacidade hoje. Rio de Janeiro: Renovar, 2008).
[109] SARMENTO, Daniel. A liberdade de expressão e o problema do *hate speech*, cit.
[110] BODIN DE MORAES, Maria Celina. *Danos à pessoa humana*, cit., p. 132.
[111] Idem, p. 96.
[112] LÔBO, Paulo Luiz Netto. *Direito civil*: obrigações. São Paulo: Saraiva, 2011, p. 23.
[113] BODIN DE MORAES, Maria Celina. *Danos à pessoa humana*, cit., p. 132

há lesão à esfera individual do membro de determinado grupo ofendido pelas expressões discriminatórias.[114] Caso o discurso tenha por objeto e/ou destinatário uma pessoa determinada, poderá ela buscar a reparação dos interesses violados que, nesse cenário, não serão coletivos, e sim individuais. Da mesma forma, se a manifestação for genérica e não se dirigir a indivíduos específicos, tem-se a lesão de um direito metaindividual, hipótese em que não se configuraria o dano moral individual.

Esse entendimento já é encontrado em algumas decisões judiciais[115] dedicadas à análise de pleitos de reparação de danos morais coletivos decorrentes de discurso de ódio. É o caso, por exemplo, de decisões recentemente proferidas pela 26ª Vara Federal da Seção Judiciária do Rio de Janeiro[116] e 1ª Vara Federal da Seção Judiciária do Amazonas:[117] na primeira, determinou-se ao Deputado Federal Jair Messias Bolsonaro que pague compensação no valor de R$ 50.000,00 pelos danos morais coletivos causados por discurso ofensivo às comunidades quilombolas, devendo o valor ser revertido ao Fundo Federal de Defesa dos Interesses Difusos; já na segunda, condenou-se determinado indivíduo a pagar R$ 100.000,00 por danos morais coletivos causados por publicações de cunho discriminatório em redes sociais.

Muito embora grande parte das compensações de danos morais, tanto individuais quanto coletivos, sejam fixadas em dinheiro, é importante ponderar sobre a pertinência do recurso quase que exclusivo a soluções exclusivamente patrimoniais para reparar danos extrapatrimoniais. Isso não significa que a via financeira não seja uma alternativa, apenas que não é a única. Não se propõe, pois, um retorno à ideia de *pretium doloris* ou imoralidade da reparação pecuniária por lesão extrapatrimonial, mas justamente uma ampliação dos possíveis remédios para que se possa, verdadeiramente, realizar o princípio da reparação integral. É chegada a hora de um novo esforço de despatrimonialização, não do dano, mas da sua reparação.[118] Além de ser impossível conceber que uma

---

[114] Nessa linha, v. BARBOSA-FOHRMANN, Ana Paula e SILVA JR., Antonio dos Reis. Por uma nova categoria de dano na responsabilidade civil: o dano social, cit., pp. 55-56.
[115] TJRJ, Ação Civil Pública, Processo n. 0115411-06.2011.8.19.0001, 6ª Vara Cível, Juiz de Direito: Luciana Santos Teixeira. julg. 13.4.2015. TJSP, Ação Civil Pública, Processo n. 1098711-29.2014.8.26.0100, que, em primeiro grau, condenou o requerido ao pagamento de indenização a título de danos morais coletivos, contudo, foi posteriormente reformada em sede recursal.
[116] Processo n. 0101298-70.2017.4.02.5101, 26ª Vara Federal da Seção Judiciária do Rio de Janeiro, Juíza Frana Elizabeth Mendes, julg. 3.10.2017.
[117] Ação Civil Pública nº 00163.2017.00013200.1.00155/00128, 1ª Vara Federal da Seção Judiciária do Amazonas, 28.06.2017
[118] SCHREIBER, Anderson. *Novos paradigmas da responsabilidade civil*, cit., p. 192.

mesma resposta resolva plenamente uma infinidade heterogênea de questões, a reparação *in natura* ajuda, sobretudo, na difícil tarefa da quantificação do dano moral, tão ou ainda mais complexa no caso dos danos coletivos.[119] Há que se pensar, pois, sobre diferentes formas de reparação que podem, inclusive, ser mais eficazes do que o recebimento de uma quantia em dinheiro.

Isso é especialmente relevante para fins de reparação de dano coletivo por discurso de ódio, uma vez que as vítimas das manifestações discriminatórias não recebem, diretamente, nenhuma reparação financeira pela conduta lesiva, a qual, se houver, será destinada a um fundo nos termos da lei. Deve-se fazer uso, assim, de uma tutela elástica, buscando medidas que, de fato, reconstituam os bens lesados e, portanto, sejam capazes de proteger e realizar os interesses da pessoa humana, individual e coletivamente considerada. Pode ser mais útil para a finalidade pretendida a retratação pública do ofensor, por exemplo. Nesse caso, sempre se poderá argumentar que o infrator não está manifestando o que realmente pensa e que, em certa medida, isso não seria uma verdadeira punição pelo ato praticado. No entanto, se o foco da responsabilidade civil é, atualmente, a reparação da vítima – e não a penalização do ofensor – não se deve buscar o remédio mais gravoso, e sim o que melhor repara os interesses lesados,[120] sob pena de retrocesso da lógica reparatória à seara da retribuição.[121]

5. Síntese conclusiva

Para encerrar o presente trabalho, encontram-se brevemente resumidos abaixo os pontos cruciais por ele abordados:

- Observou-se que a responsabilidade civil passou por diversas transformações, sendo a sua concepção atual marcada pela despatrimonialização e coletivização dos danos. Hodiernamente, são amplamente aceitas as lesões patrimoniais e extrapatrimoniais, as quais podem ser infligidas à esfera individual ou coletiva.

---

[119] Para uma análise mais detalhada sobre reparação *in natura*, cf. Capítulo XIV desta obra.

[120] Nesse sentido, vide PERLINGIERI, Pietro. Riflessioni finali sul danno risarcibile. In: Giovannu du Giandomenico (Coord.), *Il danno risarcibile per lesione di interessi legittimi*. Nápoles: Edizioni Sicentifiche Italiane. Coleção da Università degli Studi del Molise, n. 20. p. 288, *apud* SCHREIBER, Anderson. *Novos paradigmas da responsabilidade civil*, cit., p. 195.

[121] BODIN DE MORAES, Maria Celina. *Danos à pessoa humana*, cit., p. 55.

- Sobre o aspecto funcional, muito embora se reconheça a complexidade das diversas classificações – as quais não se pretendeu esgotar neste estudo – e o possível desempenho de outras funções secundárias, parece razoável concluir que o dano moral coletivo tem função primordialmente reparatória conforme a inteligência do artigo 13 da Lei de Ação Civil Pública, o qual determina expressamente que eventual indenização se destina a reconstituir os bens lesados.
- Considerando os efeitos nocivos do discurso de ódio, é imperioso que se busquem instrumentos concretos, seja pela prevenção, seja mediante uma tutela *post factum*, para concretizar o objetivo constitucional de uma sociedade pluralista, justa e solidária. Na via preventiva, entende-se que a restrição à liberdade de expressão por coibição do discurso de ódio é justificável para que justamente se viabilize o diálogo, elemento essencial de qualquer sociedade que se pretenda democrática.
- Uma vez observada a manifestação de expressões discriminatórias que se caracterizem como condutas antidemocráticas, em exercício abusivo da liberdade de expressão, entende-se que elas poderão ensejar danos extrapatrimoniais coletivos, os quais serão ressarcíveis quando violados os princípios fundamentais da igualdade, liberdade, integridade psicofísica ou solidariedade social. Não se cogitará da reparação a indivíduos específicos, devendo eventuais recursos financeiros pagos a título de danos morais coletivos serem depositados em fundos destinados à reconstituição dos bens lesados.
- É necessário fomentar o debate sobre formas alternativas de compensação, não somente no âmbito da reparação dos danos causados aos interesses transindividuais, com o objetivo de, em última instância, encontrar medidas que promovam a máxima e mais efetiva reparação da lesão dano, seja ela individual ou coletiva.

6. Referências

ALMEIDA FILHO, Carlos Alberto Souza de. Breves linhas sobre parametrização do cômputo da reparação por dano social. *Revista de Direito Privado*, vol. 70. São Paulo: Revista dos Tribunais, out./2016.

BARBOSA, Heloisa Helena. Proteção dos vulneráveis na constituição de 1988: Uma questão de igualdade. In: NEVES, Thiago Ferreira Cardoso (Coord.). *Direito & Justiça Social*: por uma sociedade mais justa, livre e solidária. São Paulo: Atlas, 2013.

BARBOSA-FOHRMANN, Ana Paula e SILVA JR., Antonio dos Reis. O discurso do ódio na internet. In: MARTINS, Guilherme Magalhães (Coord.). *Direito privado e internet*. Atlas: São Paulo, 2014.

BECK, Ulrich. *La sociedad del riesgo global*. Madrid: Siglo XXI, 1999.

BITTAR FILHO, Carlos Alberto. *Do dano moral coletivo no atual contexto jurídico brasileiro*. Disponível em: <http://egov.ufsc.br/portal/sites/default/files/anexos/30881-33349--1-PB.pdf >. Acesso em: 4.5.2017.

BOBBIO, Norberto. *Da estrutura à função:* novos estudos de teoria do direito. Trad. Daniela Beccaccia Versiani. Barueri, São Paulo: Manole, 2007.

_____. *Elogios da serenidade e outros escritos morais*. São Paulo: Unesp, 2002.

BODIN DE MORAES, Maria Celina. A constitucionalização do direito civil e seus efeitos sobre a responsabilidade civil. *Direito, Estado e Sociedade*, vol. 9, n. 29. Rio de Janeiro: PUC-Rio, jul.-dez./2006.

_____. *Danos à pessoa humana:* uma leitura constitucional dos danos morais. 2. ed. Rio de Janeiro: Processo, 2017.

_____. *Punitive damages* em sistemas civilistas: problemas e perspectivas. *Revista Trimestral de Direito Civil*, vol. 18. Rio de Janeiro: Padma, abr.-jun./2004.

BRUGGER, Winfried. Proibição ou proteção do discurso de ódio? Algumas observações sobre o direito alemão e o americano. *Direito Público*, ano 4, n. 15. Porto Alegre: jan.-mar./2007.

CAHALI, Yussef Said. *Dano moral*. 4. ed. São Paulo: Revista dos Tribunais, 2011.

CANOTILHO, J. J. Gomes, MACHADO, Jónatas E.M. Constituição e Código Civil brasileiro: âmbito de proteção de biografias não autorizadas. In: JÚNIOR, Antônio Pereira Gaio; SANTOS, Márcio Gil Tostes (Coord.). *Constituição Brasileira de 1988:* reflexões em comemoração ao seu 25º aniversário. Curitiba: Juruá, 2014.

GOMES, Orlando. Tendências modernas na teoria da responsabilidade civil. In DI FRANCESCO, José Roberto Pacheco (Org.). *Estudos em homenagem ao professor Silvio Rodrigues*. São Paulo: Saraiva, 1989.

GONÇALVES, Carlos Roberto. *Responsabilidade civil*. São Paulo: Saraiva, 2014.

HESPANHA, António Manuel. *Panorama histórico da cultura jurídica europeia*. 2ª ed. Lisboa: Publicações Europa-América, 1998.

JUNQUEIRA DE AZEVEDO, Antonio. Por uma nova categoria de dano na responsabilidade civil: o dano social. *Novos estudos e pareceres de direito privado*. São Paulo: Saraiva, 2009.

LÔBO, Paulo Luiz Netto. *Direito civil:* obrigações. São Paulo: Saraiva, 2011.

MARTINS-COSTA, Judith. Dano moral à brasileira. *RIDB – Revista do Instituto do Direito Brasileiro*, ano 3, n. 9, 2014.

MEDEIROS NETO, Xisto Tiago. *Dano moral coletivo*. 3. ed. São Paulo: LTr, 2012.

MENDES, Gilmar. *A jurisdição constitucional no Brasil e seu significado para a liberdade e igualdade*. Disponível em: <http://www.stf.jus.br/>. Acesso em 3.8.2017.

NEGRI, Sérgio Marcos Carvalho de Ávila. As razões da pessoa jurídica e a expropriação da subjetividade. *Civilistica.com*. Rio de Janeiro, a. 5, n. 2, 2016.

NORONHA, Fernando. Desenvolvimentos contemporâneos da responsabilidade civil. *Sequência*, vol. 19. Florianópolis: UFSC, 1998.

_____. *Direito das obrigações*. São Paulo: Saraiva, 2003.

PEREIRA, Caio Mário da Silva. *Responsabilidade civil*. Rio de Janeiro: Forense, 1999.
PERLINGIERI, Pietro. *O direito civil na legalidade constitucional*. Rio de Janeiro: Renovar, 2008. PIOVESAN, Flávia. Ações afirmativas no Brasil: desafios e perspectivas. In: MATOS, Ana Carla Harmatiuk (Org.). *A construção dos novos direitos*. Porto Alegre: Núria Fabris, 2008.
PONTES DE MIRANDA, Francisco. *Tratado de direito civil*, t. 22. São Paulo: Borsoi, 1968.
RODOTÀ, Stefano. *A vida na sociedade de vigilância:* a privacidade hoje. Rio de Janeiro: Renovar, 2008.
____. O direito à verdade. Trad. Maria Celina Bodin de Moraes e Fernanda Nunes Barbosa. *Civilistica.com*. Rio de Janeiro, a. 2, n. 3, jul.-set./2013.
RIBEIRO BASTOS, Celso. Os limites à liberdade de expressão na Constituição da República. *Revista Forense*, vol. 96, n. 349. Rio de Janeiro: Forense, jan.-mar./2000.
SARMENTO, Daniel. A liberdade de expressão e o problema do *hate speech*. *Revista de Direito do Estado*. Rio de Janeiro, vol. 1, n. 04. Rio de Janeiro: out.-dez./2006.
____. *Liberdades comunicativas e "direito ao esquecimento" na ordem constitucional brasileira*. Parecer, 2015. Disponível em: <http://www.migalhas.com.br/>. Acesso em: 3. 4.2017.
SCHREIBER, Anderson. *Novos paradigmas da responsabilidade civil:* da erosão dos filtros da reparação à diluição dos danos. São Paulo: Atlas, 2009.
____. *Direitos da personalidade*. 3. ed. São Paulo: Atlas, 2014.
____. Marco civil da internet: avanço ou retrocesso? A responsabilidade civil por dano derivado do conteúdo gerado por terceiro. In: DE LUCCA, Newton; SIMÃO FILHO, Adalberto; LIMA, Cintia Rosa Pereira de (Coord.). *Direito & Internet III – Tomo II: Marco Civil da Internet (Lei n. 12.965/2014)*. São Paulo: Quartier Latin, 2015.
TEPEDINO, Gustavo. A função social nas relações patrimoniais. In: MORAES, Carlos Eduardo Guerra de; RIBEIRO, Ricardo Lodi (Coord.). *Direito civil*. Rio de Janeiro: Freitas Bastos, 2015.
____; SCHREIBER, Anderson. Minorias no direito civil brasileiro. *Revista Trimestral de Direito Civil – RTDC*, ano 3, vol. 10. Rio de Janeiro: Padma, abr.-jun./2002.

10. Pós-Eficácia das Obrigações

Marcella Campinho Vaz
Mestranda em Direito Civil pela UERJ. Advogada.

1. Introdução

Ainda muito pouco explorada pela doutrina, a pós-eficácia das obrigações contratuais, também conhecida como *culpa post factum finitum* ou responsabilidade pós-contratual, compreende a análise de diversas situações complexas que influenciam e geram efeitos significativos na relação das partes de determinado contrato já extinto pelo decurso desta relação. Isto porque, mesmo após todas as tratativas, formação do contrato e sua execução, que culmina com sua extinção, a aplicação do instituto da *culpa post factum finitum* pode determinar a extensão de eventual responsabilização mesmo após o fim da relação contratual.

Dentre as principais complexidades que a análise da pós-eficácia das obrigações apresenta, pode-se citar (i) a sua distinção em relação a outras situações jurídicas análogas (cuja real relevância deve ser objeto de questionamento); (ii) a sua natureza jurídica; (iii) a sua fundamentação, (iv) os seus pressupostos; e, por fim, (v) os seus critérios de aplicação.

O presente artigo terá por escopo principal examinar e compreender os pressupostos e critérios razoáveis de aplicação da *culpa post factum finitum*, na tentativa de se estabelecer uma maior segurança em seu emprego nas mais diversas hipóteses em que o instituto influencie na responsabilização de um ex-contratante pela violação de determinadas obrigações na fase pós--contratual.

Para tal análise, faz-se necessário realizar, inicialmente, um apanhado geral acerca das outras diversas complexidades que a pós-eficácia das obrigações apresenta, cujo exame a doutrina – tanto nacional quanto estrangeira – de alguma forma já desenvolve. Após essa compreensão inicial será possível aprofundar a análise dos pressupostos e eventuais critérios que poderão ajudar em sua aplicação, questões ainda pouco exploradas, mas de extrema importância para fins de compreensão do instituto e de sua interpretação pelos tribunais brasileiros.

2. Compreensão geral da pós-eficácia das obrigações

2.1. Fundamentação e natureza jurídica

A figura da pós-eficácia das obrigações é fruto de desenvolvimento empreendido pela jurisprudência alemã na década de 20, a qual, mesmo antes da doutrina abordar a questão, consagrou a sua aplicação.[1] Os precedentes normalmente citados como consagradores da matéria pela jurisprudência alemã são os casos (i) da cessão de crédito;[2] (ii) do contrato de edição;[3] e (iii) dos casacos.[4]

---

[1] A doutrina assevera que tal fenômeno foi consequência do surgimento de questões cujas soluções só poderiam ser obtidas pelas decisões jurisprudenciais, permitindo-se, assim, sua consagração na prática, já que "no direito alemão não existe uma cláusula geral, como a presente no art. 186 do CC brasileiro, que abrigue uma categoria 'aberta' de práticas ilícitas passíveis de sanção (indenização). Para o Código Civil alemão (BGB) a responsabilidade aquilina ou extracontratual só se configura quando: a) é lesado direito personalíssimo, real ou semelhante (absoluto) com dolo ou negligência; b) por dolo ou negligência é violada norma específica destinada à proteção de outrem; ou quando c) por dolo é causado dano no atentado aos bons costumes. Com efeito, para contornar a resposta negativa do ordenamento jurídico à indenização de danos causados por situações surgidas depois de extinto o contrato e que não encontrassem previsão nos tipos abrigados nos parágrafos do BGB antes citados, construiu-se a teoria da culpa *post pactum finitum*, da qual, portanto, emerge a responsabilidade pós-contratual" (TREVISAN, Marco Antônio, Responsabilidade civil pós-contratual. *Revista de Direito Privado*, vol. 16. São Paulo: Revista dos Tribunais, 2003, p. 206).

[2] Julgado em 1925, o caso tratou de um contrato de cessão de crédito em que se afirmou que o cedente, para além do cumprimento imediato – por meio da cessão efetuada – ainda permaneceria "contratualmente responsável, no âmbito do prosseguimento de uma pretensão de cedência'" (MOTA, Maurício. A pós-eficácia das obrigações revisitada. Revista Quaestio Iuris, vol. 4, 2011, p. 375, n. 41. Disponível em: <http://www.e-publicacoes.uerj.br/index.php/quaestioiuris/>. Acesso em 19.11.2017).

[3] Julgado em 1926, o caso versou sobre um contrato de edição já extinto, em que se considerou, com base no dever de lealdade entre as partes, que o titular do direito de publicação permaneceria obrigado a não fazer concorrência com o editor (MOTA, Maurício. A pós-eficácia das obrigações revisitada, cit., p. 374, nr. 42).

[4] Julgado em 1955, o caso cuidou de situação ocorrida com uma fábrica de casacos que contratou um indivíduo para fazer um modelo de casaco segundo um desenho e, posteriormente, para fabricar

Já no Brasil, o primeiro caso em que se aplicou o conceito de *culpa post factum finitum* foi julgado pelo Tribunal de Justiça do Rio Grande do Sul em 1988[5] e tratou de situação envolvendo um contrato de compra e venda de imóvel em que, após a sua realização, o vendedor ameaçou a compradora de morte e a escorraçou do referido imóvel para vendê-lo a outrem. De acordo com Ruy Rosado, relator do caso, houve a configuração da *culpa post factum finitum*, pois o vendedor teria descumprido uma obrigação secundária do contrato ao tornar inviável a disposição do bem pela compradora, dando ensejo à sua resolução.

A pós-eficácia das obrigações é, portanto, compreendida como a existência, mesmo após a extinção do contrato, de certos deveres a serem respeitados pelas partes que o constituíram, sendo tais deveres susceptíveis de violação, com a responsabilidade subsequente.[6]

Apesar de sua aplicação haver sido reconhecida no âmbito jurisprudencial, a doutrina passou a questionar seus fundamentos perante o ordenamento jurídico. Ao versar sobre o assunto, a doutrina – internacional e nacional – desenvolveu os mais diversos fundamentos.[7] Porém, aquele que mais se mostrou efetivamente apto, de acordo com a sistemática jurídica brasileira,

---

uma série de casacos com base no referido desenho. No contrato celebrado não havia cláusula de exclusividade, seja para o desenho dos modelos, seja para os casacos prontos. Após cumprido o contrato, o referido indivíduo ofereceu a um concorrente daquela fábrica o mesmo modelo de casaco por ele preparado segundo o desenho. O Tribunal considerou que a venda do modelo, logo a seguir, para empresa concorrente, violava o dever de lealdade contratual, já que o princípio da boa-fé impediria a contraparte de auferir o resultado legítimo e esperado do contrato (MOTA, Maurício. A pós-eficácia das obrigações revisitada, cit., p. 376).

[5] Ementa: "Compra e venda. Resolução. Culpa *post pactum finitum*. O vendedor que imediatamente após a venda torna inviável à compradora dispor do bem, ameaçando-a de morte e a escorraçando do lugar, para aproveitar-se disso e vender a casa para outrem, descumpre uma obrigação secundária do contrato e dá motivo à resolução. Princípio da boa-fé. Preliminar de nulidade rejeitada. Apelo provido em parte, apenas para suspender exigibilidade dos ônus da sucumbência" (TJRS, Ap. Civ. 588042580, 5ª C.C. Rel. Des. Ruy Rosado de Aguiar Júnior, v.u., julg. 16.08.1988).

[6] CORDEIRO, Antônio Manuel da Rocha e Menezes. Da pós-eficácia das obrigações. *Estudos de direito civil*, vol. 1. Coimbra: Almedina, 1994, p. 146.

[7] Cite-se: (i) fundamento na consagração da pós-eficácia por determinadas disposições legais, que acaba pecando por tornar restrito demais o âmbito do instituto, limitado aos casos legalmente consagrados; (ii) fundamento na analogia com a responsabilidade pré-contratual, que também não faria sentido, visto que é essencialmente diferente a situação de pessoas que se encontram para contratar da de pessoas que já são ex-contratantes e seguiram seus rumos; (iii) fundamento na natureza específica de relações jurídicas comunitárias e pessoais intrinsecamente imersas em lealdade mútua (relações familiares e empregatícias), o qual também limita a aplicação do instituto. Para mais informações sobre os diferentes fundamentos levantados pela doutrina, v. CORDEIRO, Antônio Manuel da Rocha e Menezes. Da pós-eficácia das obrigações, cit., pp. 155-166.

a fundamentar a existência de deveres mesmo após o fim do contrato foi o baseado na boa-fé objetiva, cuja previsão se encontra expressa no art. 422 do Código Civil brasileiro.[8]

Há quem ressalte a existência de uma insuficiência da abrangência de referido artigo para fins de aplicação da boa-fé na fase pós-contratual.[9] Ainda que a redação do artigo realmente não aborde expressamente a fase pós-contratual, deve-se ter em vista que a boa-fé objetiva é reconhecida como uma cláusula geral que, naturalmente, aplica-se a qualquer relação jurídica,[10] devendo ser observada, igualmente, após a extinção do contrato, visto que "na fase posterior à execução do contrato, a boa-fé dá fundamento à chamada *culpa post factum finitum*, alongando a relação obrigacional mediante a imposição de deveres que interessam à realização do fim do contrato globalmente considerado".[11]

Vale mencionar que a principal base para a fundamentação do instituto pela boa-fé objetiva cinge-se a compreensão da obrigação como um processo, que passa a identificar a relação obrigacional como uma série de atos relacionados e condicionados entre si, que se dirige a uma finalidade.[12] O processo

---

[8] "Art. 422. Os contratantes são obrigados a guardar, assim na conclusão do contrato, como em sua execução, os princípios de probidade e boa-fé".

[9] Acerca da insuficiência do artigo, Antônio Junqueira aponta que "se está dito boa-fé na 'conclusão' e na 'execução', nada está dito sobre aquilo que se passa depois do contrato. Isso também é assunto que a doutrina tem tratado – a chamada 'responsabilidade pós-contratual' ou *post pactum finitum*. [...]. Portanto, o art. 422 está insuficiente, pois só dispõe sobre dois momentos: conclusão do contrato – isto é, o momento em que o contrato se faz – e execução. Nada preceitua sobre o que está depois, nem sobre o que está antes" (AZEVEDO, Antônio Junqueira de. Insuficiências, deficiências e desatualização do projeto de código civil na questão da boa-fé objetiva nos contratos. *Revista dos Tribunais*, vol. 775. São Paulo: Revista dos Tribunais, mai./2000, pp. 11-17).

[10] Nesse sentido: "O princípio da boa-fé, apesar de consagrado em nome infraconstitucional, incide sobre todas as relações jurídicas na sociedade. Configura uma cláusula geral de observância obrigatória, que contém um conceito jurídico indeterminado, carente de concretização segundo as peculiaridades de cada caso" (PEREIRA, Caio Mario da Silva. *Instituições de direito civil brasileiro*, vol. 3. 13. ed. Rio de Janeiro: Forense, 2009, p. 18).

[11] TEPEDINO, Gustavo; BARBOZA, Heloisa Helena; BODIN DE MORAES, Maria Celina. *Código civil interpretador conforme a Constituição da República*, vol. 2. Rio de Janeiro: Renovar, 2006, pp. 15-16. Em relação à aplicação do art. 422 na fase pós-contratual o Enunciado CJF nº 25, aprovado na I Jornada de Direito Civil, dispõe que: "O artigo 422 do Código Civil não inviabiliza a aplicação, pelo julgador, do princípio da boa-fé nas fases pré e pós-contratual". Já o Enunciado CJF nº 170, aprovado na III Jornada de Direito Civil, prevê que "A boa-fé objetiva deve ser observada pelas partes na fase de negociações preliminares e após a execução do contrato, quando tal exigência decorrer da natureza do contrato".

[12] De acordo com Clóvis do Couto e Silva, "os atos praticados pelo devedor, assim como os realizados pelo credor, repercutem no mundo jurídico, nele ingressam e são dispostos e classificados

obrigacional, dessa forma, é vislumbrado como um conjunto de atividades necessário para a satisfação dos interesses vinculados ao contrato, ou seja, para seu efetivo adimplemento, finalidade maior da própria existência do vínculo. Nas palavras de Judith Martins-Costa, "sendo o escopo da relação obrigacional a satisfação da totalidade dos interesses envolvidos, esta não concretiza, tão-somente, o 'direito a pretender uma prestação', mas engloba outros interesses, além dos interesses de prestação", estando todos "orientados finalisticamente ao adimplemento que, para ser satisfatoriamente atingido, carece de uma conduta de cooperação".[13]

Em conjunto com a concepção da obrigação como processo, as funções da boa-fé objetiva de criar deveres acessórios e de restringir o exercício de direitos[14] configuram o marco da fundamentação dos deveres pós-eficazes, que, de acordo com a doutrina mais especializada, são os denominados deveres acessórios ou anexos à obrigação.[15] Tais deveres, na perspectiva da fase pós-

---

segundo uma ordem, atendendo-se aos conceitos elaborados pela teoria do direito. Esses atos, evidentemente, tendem a um fim. E é precisamente a finalidade que determina a concepção da obrigação como processo" (COUTO E SILVA, Clóvis do. *A obrigação como processo*. Rio de Janeiro: FGV Editora, 2006, pp. 20-21).

[13] MARTINS-COSTA, Judith. *A boa-fé no direito privado*. São Paulo: Marcial Pons, 2015, pp. 214-215. Para um amplo estudo sobre a obrigação como processo, v. COUTO E SILVA, Clóvis do. *A obrigação como processo*, cit., 2006.

[14] Atribui-se tradicionalmente à boa-fé objetiva uma tríplice função. Teresa Negreiras, acerca das funções da boa-fé, explica que: "as diversas funções atribuídas ao aludido princípio – doutrinariamente definidas como as de cânone interpretativo-integrativo e de normas de criação de deveres jurídicos e de limitação ao exercício de direitos subjetivo – podem então ser analisadas conjuntamente segundo uma perspectiva constitucional. A perspectiva civil-constitucional configura o dever de boa-fé como uma especificação do princípio da dignidade da pessoa humana, em conformidade com os fundamentos e os objetivos constitucionalmente previstos no campo da ordem econômica" (NEGREIROS, Teresa. *Fundamentos para uma interpretação constitucional do princípio da boa-fé*. Rio de Janeiro: Renovar, 1998, p. 282). Para um estudo profundo sobre as funções da boa-fé, v. MARTINS-COSTA, Judith. *A boa-fé no direito privado*. São Paulo: Marcial Pons, 2015.

[15] Em relação aos deveres anexos, Judith Martins-Costa ensina que: "Uma outra espécie de deveres correspondentes aos interesses de prestação inconfundíveis com os principais e com os secundários é a dos (ii) deveres anexos, ou instrumentais. Diz-se anexos porque sua ligação é de anexidade e/ou instrumentalidade ao dever principal de prestação. Estes são aqueles inseridos também nos interesses de prestação, mas de forma anexa ao dever principal. Como sua denominação indica, atuam para otimizar o adimplemento satisfatório, fim da relação obrigacional. São deveres que não atinem ao «que» prestar, mas ao «como» prestar. Podem estar previstos em lei (como o dever de prestar contas, que incumbe aos gestores e mandatários, em sentido amplo) ou não, mas o seu fundamento último estará sempre na boa-fé — seja por integração contratual diretamente apoiada no texto legal, seja pela integração por via da concreção do princípio da boa-fé. Por isso se diz serem gerados pela boa-fé, estando numa relação de anexidade e instrumentalidade relativamente ao

-contratual, se apresentam efetivamente como (i) positivos, quando tiverem por fim o estabelecimento de deveres anexos a serem respeitados mesmo após a extinção do contrato, que assegurem a manutenção do escopo contratual,[16] ou (ii) negativos, os quais terão o papel de impedir o exercício de direitos, mesmo nessa fase pós-contratual, que contrariem a recíproca lealdade e os fins contratuais que devem ser preservados.[17]

Traço interessante acerca da determinação dos deveres anexos com eficácia pós-contratual[18] vislumbra-se na aplicabilidade das regras da base objetiva do negócio jurídico.[19] Em conjunto com os deveres anexos baseados na boa-fé objetiva e com a função social e econômica do negócio avençado,[20] referida regra pode determinar uma análise mais concreta e objetiva do instituto da *culpa post factum finitum* a fim de que sua aplicação compreenda aquilo que

---

escopo da relação. [...]. É que os deveres anexos são insertos no interesse de prestação com grau de vinculação imediata aos deveres principal e secundário. São necessários para possibilitar o adimplemento satisfatório, o que ocorre por via das funções hermenêutica e integrativa da boa-fé" (MARTINS-COSTA, Judith. *A boa-fé no direito privado*, cit., pp. 222-223).

[16] Menezes Cordeiro explica que: "Se, depois da extinção das obrigações, mas mercê das circunstâncias por ela criadas, surgirem ou se mantiverem condições que, na sua vigência, podem motivar a constituição de deveres acessórios, eles mantêm-se. As razões de busca de saídas jurídicas materiais que levam, independentemente da vontade das partes, a admitir deveres acessórios durante a vigência da obrigação são sobejamente fortes para os impor, depois da extinção" (CORDEIRO, Antônio Manuel da Rocha e Menezes. Da pós-eficácia das obrigações, cit., p. 181).

[17] Essa hipótese "trata-se de uma aplicação da boa-fé em seu sentido negativo ou proibitivo: vedando comportamentos que, embora legal ou contratualmente assegurados, não se conforme aos standards impostos pela cláusula geral" (SCHREIBER, Anderson. *A proibição de comportamento contraditório*. 3. ed. Rio de Janeiro: Renovar, 2012, p. 89).

[18] MOTA, Maurício. A pós-eficácia das obrigações revisitada, cit., pp. 401-402.

[19] Entende-se por base objetiva do negócio jurídico as circunstâncias e o estado geral das coisas cuja existência ou subsistência é objetivamente necessária para que o contrato subsista, segundo o significado das intenções de ambos os contratantes, como regulação dotada de sentido (LARENZ, Karl. *Base del negocio jurídico y cumplimiento de los contratos*. Madri: Revista de Derecho Privado, 1956, p. 170).

[20] "De fato, o conteúdo dos deveres anexos impostos pela boa-fé objetiva 'está indissociavelmente vinculado e limitado pela função socioeconômica do negócio celebrado'. O que o ordenamento jurídico visa com o princípio da boa-fé objetiva é assegurar que as partes colaborarão mutuamente para a consecução dos fins comuns perseguidos com o contrato, não se exigindo que o contratante colabore com o interesse privado e individual da contraparte, no mais das vezes antagônico ao seu próprio (Gustavo Tepedino e Anderson Schreiber, "A Boa-fé Objetiva no CDC e no NCC", pp. 147-148)" (TEPEDINO, Gustavo; BARBOZA, Heloísa Helena; BODIN DE MORAES, Maria Celina. *Código Civil interpretado conforme a Constituição da República*, vol. 2, cit., p. 20).

busca especialmente garantir: a manutenção do escopo concreto da relação contratual.[21]

Exemplo de situação em que se levou em consideração essa função na aplicação do instituto pode ser observado em interessante precedente do Tribunal de Justiça do Rio de Janeiro, que, ao analisar uma compra e venda de um lote de terra, situado em localidade que foi, posteriormente, objeto de escavações levadas a efeito pela própria vendedora, as quais causaram danos estruturais irreversíveis ao bem alienado, aplicou a pós-eficácia das obrigações para garantir a manutenção do escopo contratual ao decidir que a vendedora teria violado deveres pós-contratuais, causando danos patrimoniais à autora "em virtude do esvaziamento de utilidade do imóvel" que esta adquiriu. O Tribunal condenou a vendedora à restituição dos valores pagos pela compradora.[22]

Nessas situações, nota-se que por meio da utilização das regras da base objetiva do negócio é possível ponderar, no caso concreto, se realmente existe um dever pós-eficaz em relação ao contrato já extinto analisando-se a atitude de uma das partes que contrarie, em infringência à boa-fé objetiva, essa base objetiva.[23] Segundo Menezes Cordeiro, a aplicação da base objetiva do negócio tem a seguinte proposta:

> [I]nteressa antes apurar se, à luz de critérios de moralidade e colaboração, na consideração da situação das partes, o dever se impõe ou não, depois da extinção do dever principal e tendo em conta o tipo de contrato em causa. Ou, se se preferir a manutenção da referência às partes, deve indagar-se qual a actuação do *bonus pater* famílias – noção normativa – se este, sendo sujeito da obrigação, conhecesse, a partida, o problema. Segue-se, pois, o rumo da concretização da boa-fé que leva aos próprios deveres acessórios, com as adaptações exigidas pela extinção de princípio da obrigação.[24]

---

[21] Nesse sentido, Menezes Cordeiro pondera que "o escopo contratual não pode ser frustrado a pretexto de que a obrigação se extinguiu" (CORDEIRO, António Manuel da Rocha e Menezes. *Da boa-fé no direito civil*, vol. 1. Coimbra: Almedina, 1984, p. 630).

[22] TJRJ, Ap. 0011412-10.2007.8.19.0023, 3ª C.C., Rel. Des. Fernando Foch, decisão monocrática, julg. 3.7.2012.

[23] A relevância das regras da base objetiva do negócio jurídico será também explorada no item 3, *infra*, a fim de se desenvolver uma análise de pressupostos mais objetivos para uma aplicação mais concreta do instituto.

[24] CORDEIRO, Antônio Manuel da Rocha e Menezes. Da pós-eficácia das obrigações, cit., p. 185.

No que diz respeito à função da pós-eficácia das obrigações aqui em análise, que compreenderia especialmente a garantia da manutenção do escopo concreto da relação contratual, é necessário que se reflita acerca da existência de deveres pós-eficazes vinculados à proteção da confiança e não estritamente à manutenção do fim específico do contrato. Exemplificativamente, pode-se pensar na hipótese, referida por Anderson Schreiber,[25] de um proprietário de dois terrenos vizinhos que vende um deles afirmando ser uma região tranquila e sem barulhos. Um tempo após a venda, o próprio vendedor instala sobre o terreno vizinho ao alienado um viveiro de araras, que acaba com o silêncio e a tranquilidade esperados pelo comprador.

Quando o próprio vendedor afasta referida tranquilidade fica claro que, ao gerar na outra parte uma expectativa legítima de que a localidade era sossegada, eventual responsabilização deverá levar em consideração, principalmente, os fundamentos e pressupostos da teoria da proibição do comportamento contraditório.[26] Isto porque, nessa situação, a responsabilidade que venha a recair sobre o vendedor dirá respeito à violação de um dever vinculado à confiança despertada no comprador pelo próprio vendedor de que a região permaneceria tranquila, e não a um dever vinculado à manutenção do escopo específico do contrato, pois não parece apropriado considerar o silêncio um elemento próprio do escopo de um contrato de compra e venda de imóvel em que o fator silêncio não tenha figurado como condição específica para a realização da compra.

Na opinião de Anderson Schreiber, esse caso não se trataria nem de inadimplemento contratual, nem de hipótese de dolo ou erro, mas, sim, "seria inserido pela maior parte da doutrina em responsabilidade pós-contratual por violação à boa-fé objetiva. A espécie de violação, todavia, é justamente o *venire contra factum proprium*, o comportamento contraditório do vendedor".[27] Sendo assim, a análise de casos que se insiram na proteção da confiança legítima após

---

[25] SCHREIBER, Anderson. *A proibição de comportamento contraditório*, cit., pp. 168-169

[26] Acerca dessa teoria, Judith Martins-Costa ensina que: "A Teoria dos Atos Próprios [em que se enquadra o *venire*] tem como escopo tutelar 'situações de confiança' e vedar o comportamento contraditório quando, pela própria conduta, despertou-se no *alter* ou em terceiros, a legítima confiança de que a palavra seria mantida ou o comportamento seguido seria observado", tendo em vista que "a ninguém é lícita fazer valer um direito em contradição com a sua anterior conduta interpretada objetivamente segundo a lei, segundo os bons costumes e a boa-fé, ou quando o exercício posterior se choque com a lei, os bons costumes e a boa-fé" (MARTINS-COSTA, Judith. A ilicitude derivada do exercício contraditório de um direito: o renascer do "venire contra factum proprium". *Revista da Associação dos Juízes do Rio Grande do Sul – Ajuris*, n. 97. Porto Alegre: Ajuris, mar./2005, p. 145).

[27] SCHREIBER, Anderson. *A proibição de comportamento contraditório*, cit., pp. 168-169.

a extinção do contrato deve ser realizada levando em consideração não só o fato de o contrato estar extinto, mas, principalmente, os preceitos do *venire contra factum proprium*, instituto já profundamente analisado pela doutrina e jurisprudência nacionais.

Nessa linha, episódio muito comum nos tribunais brasileiros são os casos acerca da comunicação de não renovação de seguro de vida em detrimento da confiança gerada no consumidor pelas diversas e sucessivas renovações automáticas realizadas pela seguradora. O Superior Tribunal de Justiça, já teve a oportunidade de analisar essa situação no Recurso Especial n.º 1073595, e o fez pela perspectiva dos contratos relacionais, sustentado que:

> Nesses contratos, para além das cláusulas e disposições expressamente convencionadas pelas partes e introduzidas no instrumento contratual, também é fundamental reconhecer a existência de deveres anexos, que não se encontram expressamente previstos mas que igualmente vinculam as partes e devem ser observados. Trata-se da necessidade de observância dos postulados da cooperação, solidariedade, boa-fé objetiva e proteção da confiança, que deve estar presente, não apenas durante período de desenvolvimento da relação contratual, mas também na fase pré-contratual e após a rescisão da avença.[28]

Para a Ministra Nancy Andrighi, relatora do caso, não seria suficiente comunicar com antecedência o consumidor acerca das novas regras para o contrato de seguro de vida, devendo ser os aumentos no prêmio do seguro, ou as reduções de cobertura, "promovidos num processo escalonado e lento, ano a ano, seguindo um extenso cronograma prévio, a respeito do qual o consumidor tem de estar plenamente ciente", justamente em razão dos deveres de cooperação e lealdade que incidiriam sobre a relação de confiança estabelecida entre as partes mesmo após a rescisão da avença. Reconhece-se a existência de deveres, mas que não têm por fim direto manter o escopo do contrato já extinto, mas, sim, proteger a confiança ou as legítimas expectativas existentes, fruto das circunstâncias estabelecidas ao longo da relação entre as partes.

Nesses termos, a constituição e aplicação desses deveres pós-eficazes relacionados com a proteção da confiança deve levar em consideração, para que um mínimo de segurança jurídica seja garantido, os requisitos específicos do instituto do *venire contra factum proprium*, cuja configuração carece "a) da atuação de um fato gerador de confiança, nos termos em que esta é tutelada

---

[28] STJ, 2ª S., REsp 1073595/MG, Rel. Min. Nancy Andrighi, julg. 23.3.2011, v.m., DJe 29.4.2011.

pela Ordem jurídica; b) da adesão da contraparte – porque confiou – neste fato; c) do fato de a contraparte exercer alguma atividade posterior em razão da confiança que nela foi gerada; d) do fato de ocorrer, em razão de conduta contraditória do autor do fato gerador da confiança, a supressão do fato no qual fora assentada a confiança, gerando prejuízo ou iniquidade insuportável para quem confiara".[29]

Reconhecida, então, a existência de deveres pós-contratuais a serem respeitados para fins específicos de manutenção do escopo contratual, sob pena de responsabilização da parte que os violar, questiona-se a natureza jurídica dessa responsabilidade.[30]

A doutrina não é unânime acerca do tema, sendo normalmente apontado que se trataria de responsabilidade contratual,[31] ainda que se encontre quem defenda a natureza extracontratual ou,[32] até mesmo, o emprego de uma terceira via da responsabilidade civil.[33]

---

[29] MARTINS-COSTA, Judith. *A boa-fé no direito privado*, cit., p. 621.

[30] A distinção entre responsabilidade contratual e extracontratual é objeto de críticas. Anderson Schreiber ressalta que "as fronteiras entre as duas categorias de responsabilidade são cada vez menos nítidas e a dicotomia tende a desaparecer" (SCHREIBER, Anderson. *Manual de Direito Civil contemporâneo*. São Paulo: Saraiva, 2018, p. 648). No entanto, as diferenças entre as diversas naturezas ainda se mostram relevantes no sistema jurídico nacional, principalmente no que diz respeito aos prazos prescricionais. Sobre o assunto, v. CRUZ, Gisela Sampaio da; LGOW, Carla Wainer Chalréo. Prescrição extintiva: questões controversas. In: TEPEDINO, Gustavo (Coord.). *O Código Civil na perspectiva civil-constitucional*. Rio de Janeiro: Renovar, 2013, pp. 566-572.

[31] Defendendo a natureza contratual: DONNINI, Rogério Ferraz. *Responsabilidade pós-contratual*. São Paulo: Saraiva, 2004, p. 148; MELO, Diogo Leonardo Machado de. Notas sobre a responsabilidade pós-contratual. In: NANNI, Giovani Ettore (Coord.). *Temas relevantes do direito civil contemporâneo*: reflexões sobre os cinco anos do Código Civil. São Paulo: Atlas, 2008, p. 435; TREVISAN, Marco Antônio, Responsabilidade civil pós-contratual, cit., p. 212; MOTA, Maurício. A pós-eficácia das obrigações revisitada, cit., pp. 406-417. A jurisprudência parece também admitir o descumprimento dos deveres anexos enquanto inadimplemento: "A violação a qualquer dos deveres anexos implica em inadimplemento contratual de quem lhe tenha dado causa" (STJ, 3ª T., REsp 595.631/SC, Rel. Min. Nancy Andrighi, julg. 8.6.2004, DJ 2.8.2004).

[32] Defendem essa posição: GARCIA, Enéas Costa. *Responsabilidade pré e pós-contratual à luz da boa-fé*. São Paulo: Juarez de Oliveira, 2003, p. 275 e LOPES, Miguel Maria de Serpa. *Curso de Direito Civil*, vol. 5. 4. ed. Rio de Janeiro: Freitas Bastos, 1996, p. 191. De acordo com Enéas Costa, a responsabilidade seria extracontratual tendo em vista que os deveres de conduta pós-contratuais decorreriam diretamente da boa-fé e não do regulamento contratual, já que "o comportamento incorreto é sancionado não com base no contrato extinto, mas em razão da violação direta da boa-fé" (GARCIA, Enéas Costa. *Responsabilidade pré e pós-contratual à luz da boa-fé*, cit., p. 275).

[33] Luis Manuel Teles de Menezes Leitão reconhece a existência de uma terceira via de responsabilização, na qual a *culpa post pactum finitum* se encontraria abrangida (LEITÃO, Luís Manuel

A corrente que sustenta a responsabilidade contratual assevera que o suporte para a compreensão da responsabilidade por violação de deveres anexos com eficácia pós-contratual é o próprio contrato já concluído, do qual, por meio da análise de sua função e de sua natureza, se irá extrair quais são os deveres positivos ou negativos de conduta que deverão ser observados mesmo na fase pós-contratual para que o fim do contratual não seja descaracterizado.[34] Tendo em vista a função específica do instituto consubstanciada na manutenção da finalidade estabelecida pela relação contratual parece mesmo fazer sentido a caracterização da responsabilidade como contratual.

2.2. Distinções de outras figuras jurídicas

Ressaltando a existência de situações jurídicas análogas no âmbito da pós-eficácia das obrigações, Antônio Menezes Cordeiro assevera que "num certo amorfismo acrítico, têm sido consideradas de cppf [*culpa post factum finintum*] todas as manifestações de juridicidade que se manifestem depois de extinta uma obrigação".[35] Em sua opinião, há de se distinguir 4 tipos de situações:

Teles de Menezes. *Direito das obrigações*, vol. 1. 4. ed. Coimbra: Almedina, 2005, p. 339). De acordo com o autor "as hipóteses de vinculações específicas distintas do dever de prestar suscitam problemas jurídicos próprios, que não podem ser cabalmente resolvidos pela aplicação em bloco do regime da responsabilidade obrigacional ou da responsabilidade delitual. [...] Haverá, portanto, que atribuir a esta zona cinzenta uma qualificação intermédia, sujeita a um regime específico, a descobrir caso a caso através das regras de integração de lacunas, admitindo-se assim o que tem sido designado como a 'terceira via' da responsabilidade civil" (LEITÃO, Luís Manuel Teles de Menezes. *Direito das obrigações*, cit., p. 333). Esse entendimento, porém, além estabelecer uma grande insegurança no campo da responsabilidade civil, não encontra respaldo no ordenamento brasileiro.

[34] Maurício Mota, ao defender a natureza contratual, explica que "os deveres laterais de conduta, pós-eficazes e inerentes ao negócio se configuram como decorrentes de uma vinculação contratual e se dirigem à realização do fim do contrato, à sua causa sinalagmática, entendida essa como a higidez de toda a relação jurídica realizada, de modo que não se frustre a vantagem outorgada no contrato" (MOTA, Maurício. A pós-eficácia das obrigações revisitada, cit., pp. 415- 417). Também no sentido de a natureza ser contratual, o Enunciado n° 24 da I Jornada de Direito Civil do CJF dispõe que: "Em virtude do princípio da boa-fé, positivado no art. 422 do novo Código Civil, a violação dos deveres anexos constitui espécie de inadimplemento, independentemente de culpa".

[35] CORDEIRO, António Manuel da Rocha e Menezes. *Da boa-fé no direito civil*, cit., p. 627.

(i) a pós-eficácia aparente;[36] (ii) a pós-eficácia virtual;[37] (iii) a pós-eficácia continuada;[38] e, finalmente, (iv) a pós-eficácia *stricto sensu*.[39] O autor impõe essa diferenciação com o principal objetivo de estabelecer a pós-eficácia que realmente configuraria a *culpa post factum finitum* derivada da aplicação da boa-fé objetiva, qual seja, a pós-eficácia *stricto senso*.[40]

[36] Para Menezes Cordeiro, "à eficácia que a lei, expressa e especificamente, associe à extinção de certas obrigações passa a chamar-se pós-eficácia aparente, numa expressão que indica já a irrelevância do seu regime para a doutrina da c.p.p.f." (CORDEIRO, Antônio Manuel da Rocha e Menezes. Da pós-eficácia das obrigações, cit., p. 178). Seriam exemplos de pós-eficácia aparente o previsto: (i) no art. 1.147, que determina que "o alienante do estabelecimento não pode fazer concorrência ao adquirente, nos cinco anos subsequentes à transferência"; (ii) no art. 10, § 1º do CDC, que estabelece o dever de realizar aviso público a todo fornecedor de produtos e serviços que, após a introdução destes no mercado de consumo, tiver conhecimento de periculosidade que apresentem; (iii) no art. 32 do CDC, que estabelece a obrigação de fabricantes e importadores de produtos de assegurar a oferta de componentes e peças de reposição enquanto não cessar a fabricação ou importação do produto. Ademais, de acordo com o §1º do art. 32, cessadas a produção ou importação, a oferta deverá ser mantida por período razoável de tempo, na forma da lei.

[37] Seria a situação de "obrigações complexas em cujo conteúdo se inscreva, desde o início, a existência de determinados deveres que, por natureza, só possam ser executados no momento imediatamente posterior ao da extinção" (CORDEIRO, Antônio Manuel da Rocha e Menezes. Da pós-eficácia das obrigações, cit., p. 178). Exemplificativamente, aqui se encaixaria a situação do advogado que fica obrigado a devolver os documentos que houver recebido do cliente ao longo do processo uma vez extinta a relação advocatícia.

[38] Para Menezes Cordeiro, neste caso, "acontece apenas que, numa obrigação de conteúdo complexo, se extingue o dever de prestar principal, continuando todos os demais elementos, que já se manifestavam até ao seu cumprimento integral" (CORDEIRO, Antônio Manuel da Rocha e Menezes. Da pós-eficácia das obrigações, cit., pp. 178-179). Seriam os casos de, por exemplo, deveres pós-contratuais previstos no contrato. Segundo o autor, seria correto integrar a eficácia continuada na pós-eficácia em sentido amplo, já que "executada a prestação principal – e sem prejuízo da unidade da obrigação – algo muda; realizada a prestação principal genérica, opera-se a concentração, com a inversão de risco conexa. Subsistem, porém, com a prestação secundária, os deveres acessórios a ela inerentes. E os elementos que continuam são, de alguma forma, posteriores à parte já realizada" (CORDEIRO, Antônio Manuel da Rocha e Menezes. Da pós-eficácia das obrigações, cit., p. 180).

[39] A doutrina explica que a pós-eficácia *stricto sensu* "distinguem-se da eficácia aparente ou atual de obrigações extintas por não serem prescritos por disposição legal expressa específica e diferenciam-se das prestações secundárias porque não constam diretamente da fonte da obrigação-mãe, para vigorarem depois da extinção da obrigação principal" (MOTA, Maurício. A pós-eficácia das obrigações revisitada, cit., p. 398).

[40] De acordo com o autor, à noção de pós-eficácia em sentido amplo, "puramente descritiva, obrigam-se realidades diversas que, a não serem deslindadas, retiram interesse e utilidade à doutrina da c.p.p.f" (CORDEIRO, Antônio Manuel da Rocha e Menezes. Da pós-eficácia das obrigações, cit., p. 175). Maurício Mota, resumindo o conceito de pós-eficácia baseada na boa-fé objetiva, ensina que: "A pós-eficácia das obrigações constitui um dever acessório de conduta, no sentido de que a boa-fé exige, segundo as circunstâncias, que os contratantes, depois do término da relação contratual, omitam toda conduta mediante a qual a outra parte se veria despojada

No entanto, tal distinção, que acaba por afastar no sistema as situações jurídicas abrangidas por cada hipótese específica de pós-eficácia, revela-se muito estanque, o que impede que uma interpretação sistemática das obrigações existentes após o fim da relação contratual possa ser realizada. Carlos Maximiliano já ensinava que cada preceito "é membro de um grande todo; por isso do exame em conjunto resulta bastante luz para o caso em apreço".[41]

Por isso, é preciso que se questione até que ponto as distinções estabelecidas no âmbito da pós-eficácia são realmente necessárias. Reforçando a necessidade de uma interpretação sistemática, a lição de Pietro Perlingieri é imprescindível:

> Se o critério de fundação do sistema privilegia de modo decisivo o conteúdo sobre a forma (contenuístico), sendo, portanto, fruto de elaboração, das correlações entre um e outro instituto, o sentido do sistema se deduz não no esplêndido isolamento da relação do intérprete 'como conteúdo de cada norma', mas sempre confrontando cada norma com todas as outras, verificando a sua coerência constitucional.
>
> [...]
>
> Nem mesmo no tempo presente podem-se recusar os nexos existentes e que obrigatoriamente se encontram entre relação social, regras jurídicas e sistema, ao mesmo tempo que não é produtivo propor o sistema como um mero resultado da exegese literal do enunciado linguístico, não importando a qual corpo legislativo ele pertença. Um enunciado linguístico torna-se norma quando é lido e confrontado com o inteiro ordenamento, em dialética com os fatos históricos concretos, com as relações individuais e sociais. A função do sistema é, portanto, necessária — irão como resultado estático, mas — como o instrumento e o fim dinamicamente conhecíveis, como uma experiência cultural global, idônea a transformar a lei em direito, o enunciado linguístico em norma. O sistema jurídico não é puramente eventual porque as relações conteudísticas (*contenutistiche*), do qual é expressão, representam um componente, essencial mesmo na interpretação do enunciado legislativo individualmente considerado. A unidade interna não é um dado contingente, mas, ao contrário, é essencial ao ordenamento, sendo

---

ou essencialmente reduzidas as vantagens oferecidas pelo contrato. Esses deveres acessórios se consubstanciam primordialmente em deveres de reserva quanto ao contrato concluído, dever de segredo dos fatos conhecidos em função da participação na relação contratual e deveres de garantia da fruição pela contraparte do resultado do contrato concluído" (MOTA, Maurício. A pós-eficácia das obrigações revisitada, cit., p. 353).

[41] MAXIMILIANO, Carlos. *Hermenêutica e aplicação do direito*. 19. ed. Rio de Janeiro: Forense, 2000, p. 128.

representado pelo complexo de relações e de ligações efetivas e potenciais entre as normas singulares e entre os institutos. O conhecimento, cientificamente apreciável, é totalidade, superação do finito, uma continuação sem fim, um momento singular e coletivo de um movimento perene.

Não existem normas, portanto, que não tenham como pressuposto o sistema e que ao mesmo tempo não concorram a formá-lo; não existem normas que sejam inteligíveis no seu efetivo alcance se não insertas como partes integrantes, em uma totalidade formal (sistema legislativo) e substancial (sistema social). Este resultado postula a superação da exegese considerada exclusivamente como investigação e individuação do significado literal do texto.[42]

Sendo assim, o estudo da *culpa post factum finitum* por meio da consideração das diversas situações jurídicas em que se verificam obrigações com eficácia pós-contratual, pode ser de grande ajuda para fins de aplicação do instituto, que, como visto, se fundamenta em uma cláusula geral – a da boa-fé objetiva –, demandando um esforço maior de sistematização. No item 4, *infra*, deste artigo será possível compreender a influência positiva dessa interpretação sistemática no que tange a aplicação dos deveres anexos pós-eficazes.

3. Pressupostos e formas de reparação

No que se refere aos pressupostos a serem considerados para fins de configuração da responsabilidade pela violação de deveres pós-contratuais, deve-se proceder a uma inicial identificação do período pós-contratual, ou seja, do momento em que ocorre a extinção da relação contratual.[43] Posteriormente, é necessário que os pressupostos que naturalmente integram a caracterização da responsabilidade civil sejam verificados.[44]

---

[42] PERLINGIERI, Pietro. *Perfis do direito civil:* uma introdução ao direito civil-constitucional. 3. ed. Rio de Janeiro: Renovar, 2007, pp. 77-78.

[43] Deve-se levar em consideração que, conforme a doutrina explica, os contratos normalmente se extinguem "por fato superveniente que concretiza a sua eficácia, de acordo com o programado no contrato, mediante a prestação satisfativa do devedor (cumprimento)", sendo que, "também dão eficácia à relação obrigacional, com ou sem satisfação do credor, outros modos de pagamento, tais como: a dação em pagamento, a consignação em pagamento, a compensação, a novação, a remissão e a confusão" (AGUIAR JÚNIOR, Ruy Rosado de. *Extinção dos contratos por incumprimento do devedor.* 2. ed. Rio de Janeiro: Aide, 2003, p. 22).

[44] A doutrina explica, no que se refere aos pressupostos da responsabilidade civil subjetiva, que, nos termos do art. 186 do Código Civil, há "um elemento formal, que é a violação de um dever jurídico mediante conduta voluntária; um elemento subjetivo, que pode ser o dolo ou a culpa; e, ainda, um

Sendo assim, é preciso que se identifique – na já constatada fase pós-contratual –, a ocorrência de uma ação ou omissão[45] que viole efetivamente um dever anexo pós-eficaz – a ser identificado no caso concreto –, gerando, com isso, um dano vinculado ao desvirtuamento do escopo do contrato em causa. Além disso, dependendo de qual for a relação estabelecida no contrato, deve-se verificar o fator de atribuição da responsabilidade – culpa ou risco da atividade.

Pondera-se que o dano, nesses casos, irá caracterizar-se, principalmente, pelo prejuízo causado com a redução das vantagens oferecidas pelo negócio entabulado entre as partes, tendo em vista que a violação do dever pós-contratual pelo ex-contratante irá, como visto, comprometer o escopo traduzido no contrato, estabelecendo um cenário de quebra da base objetiva do negócio em violação à boa-fé objetiva.

Conforme Larenz explica, a base objetiva do negócio é "o conjunto de circunstâncias e o estado geral das coisas, cuja existência ou subsistência é objetivamente necessária para que o contrato, segundo o significado das intenções de ambos os contratantes, possa subsistir como regulação dotada de sentido".[46] Ao se empreender a análise da base objetiva do negócio no âmbito da fase pós-contratual será possível extrair o real escopo do contrato

---

elemento causal-material, que é o dano e a respectiva relação de causalidade" (CAVALIERI, Sergio. *Programa de responsabilidade civil*. 8. ed. São Paulo: Atlas, 2008, pp. 17-18). A responsabilidade civil objetiva, no entanto, prescinde do referido elemento subjetivo – culpa – para a sua configuração, não sendo este um pressuposto geral da responsabilidade civil. São requisitos da responsabilidade objetiva "i) o exercício de certa atividade; ii) o dano; e iii) o nexo de causalidade entre o dano e atividade" (TEPEDINO, Gustavo; BARBOSA, Heloisa Helena; BODIN DE MORAES, Maria Celina. *Código Civil interpretado conforme a Constituição da República*, vol. 2, cit., p. 805).

[45] Na doutrina, Marco Trevisan defende que "a caracterização da responsabilidade pós-contratual requer a prática de uma ação em si lícita", que, examinada isoladamente, vai de encontro a dever que se manteve eficaz mesmo depois de extinto o contrato, tornando-se, com isso, ilícita. Em sua opinião, se a ação já for ilícita em face do disposto no art. 186 do Código Civil, não haveria razão para o recurso à *culpa post pactum finitum*, pois o apelo ao art. 186 seria suficiente para configurar a responsabilidade, bem como o dever de indenizar (TREVISAN, Marco Antônio. Responsabilidade civil pós-contratual, cit., p. 213). Há decisões, no entanto, que se utilizam do instituto da pós-eficácia das obrigações para defender a responsabilidade por condutas ilícitas perpetradas após o fim do contrato. Nesse sentido se estabeleceu, inclusive, na primeira decisão sobre o tema no Brasil, comentada no item 2.1, *supra* (TJRS, Ap. Civ. 588042580, 5ª C.C., Rel. Des. Ruy Rosado de Aguiar Júnior, v.u., julg. 16.8.1988). Para Trevisan, nesse caso julgado pelo TJRS, "a ação do vendedor, se examinada isoladamente já é ilícita, já perfaz o suporte fático da incidência do art. 186 do CC, uma vez que viola, às escâncaras, o direito de propriedade da compradora" (TREVISAN, Marco Antônio. Responsabilidade civil pós-contratual, cit., p. 213).

[46] LARENZ, Karl. *Base del negocio jurídico y cumplimiento de los contratos*, cit., p. 224.

extinto, que pode vir a ser, de alguma forma, afetado mesmo nessa fase. Uma vez que isso aconteça, restará configurado o desaparecimento da base objetiva.[47] Dessa forma, eventual comprometimento do fim do contrato, após a sua extinção, poderá ensejar, inclusive, pedido de resolução contratual, a ser apreciado levando-se em consideração as cláusulas gerais de boa-fé (art. 422 do Código Civil) e da função social do contrato (art. 421 do Código Civil). Vale mencionar que tal possibilidade será vislumbrada apenas se houver modificação da base do negócio que signifique uma frustação efetiva da finalidade contratual objetiva.

No que se refere à reparação, verificando-se, após a extinção do contrato, a ocorrência de um dano relacionado ao comprometimento do escopo contratual fruto de uma conduta contrária a dever anexo pós-eficaz, caberá ao ex-contratante reparar o prejuízo configurado,[48] sendo admissível a estipulação de qualquer forma de reparação[49] – indenização, desfazimento do ato (se possível) ou resolução do contrato[50] –, desde que em consonância com os princípios da função social e da preservação dos negócios jurídicos.[51]

4. Critérios de aplicação da *culpa post factum finitum*

Verificados os pressupostos, resta ponderar acerca dos eventuais critérios que poderão ser utilizados na aplicação do instituto da pós-eficácia das obrigações,

---

[47] De acordo com Ruy Rosado, "essa base objetiva desaparece quando há destruição da relação de equivalência ou frustração da finalidade do contrato. A parte prejudicada pode pedir a modificação ou a resolução da relação" (AGUIAR JÚNIOR, Ruy Rosado de. *Extinção dos contratos por incumprimento do devedor*, cit., p. 146).

[48] Ressalta-se que, em caso de dano que potencialmente possa ser verificado em determinada situação concreta, a principal medida repressiva é a inadmissão ou impedimento – se possível – do exercício da situação jurídica violadora da boa-fé objetiva e de seus deveres anexos. Assim, caso se tenha conhecimento de que um dever pós-eficaz possa vir a ser violado, o sujeito interessado poderá adotar medidas a fim de impedir a continuação de conduta com potencial de causar dano.

[49] Na opinião de Marco Trevisan, a única reparação possível seria a indenizatória. Em suas palavras: "enquanto o dever principal e alguns dos deveres secundários admitem cumprimento específico, se violados, o dever anexo só dá ensejo à pretensão indenizatória" (TREVISAN, Marco Antônio. *Responsabilidade civil pós-contratual*, cit., pp. 213-214).

[50] Aqui vale reiterar a importância no estudo da pós-eficácia das obrigações das regras da base objetiva do negócio jurídico, que, quando violadas, poderão ter por consequência a resolução do contrato.

[51] Pode acontecer de o desfazimento, por exemplo, não ser a melhor opção, por haver um interesse social maior na manutenção do ato, restando ao prejudicado a reparação indenizatória.

de modo que uma abordagem mais concreta das questões que envolvem essa aplicação seja realizada em conformidade com o sistema jurídico nacional.

Um primeiro critério exposto pela doutrina é fruto do entendimento de que haveria uma "autonomização da *culpa post factum finitum*", a qual estabeleceria que os deveres pós-contratuais possuiriam características particulares que os distinguiriam dos deveres compreendidos no período contratual.[52] Por meio desse entendimento, Maurício Mota defende que, pelo fato de o contrato já estar extinto, suas estipulações seriam inaplicáveis aos deveres laterais de conduta pós-contratuais, não havendo como se aplicar os remédios eventualmente previstos contra a inexecução contratual, pois não se poderia cogitar de uma ultratividade do conteúdo do contrato.[53]

Vale notar que referido critério acaba dificultando a aplicação do instituto da pós-eficácia. Na hipótese de haver no contrato, por exemplo, uma cláusula penal compensatória, sua aplicabilidade poderia tornar mais objetivo o processo de reparação configurado por eventual violação de dever pós-contratual.[54] No entanto, tal aplicação deve ser cuidadosa.

Critério mais complexo diz respeito ao tempo de duração dos deveres pós-contratuais. A conjuntura abrangida pela pós-eficácia das obrigações é complexa principalmente pelo fato de, com a extinção do contrato, não existir mais qualquer tipo de regulamentação da situação dos ex-contratantes. Assim, o vínculo destes aos deveres anexos pós-eficazes, num primeiro momento, pode parecer infinito. Por isso, deve-se questionar até que ponto o comprometimento das partes no período pós-contratual permanece. Ou seja, é necessário que se verifique até que momento se conserva a relevância desses deveres pós-contratuais para fins de manutenção do escopo contratual, a fim de que não se estabeleça uma verdadeira obrigação eterna que vá de encontro a outros interesses merecedores de tutela.[55]

---

[52] De acordo com Menezes Cordeiro, tal autonomização se justificaria "porque, por um lado, a base jurídica não é já, em rigor, a mesma e, por outro, porque o desaparecimento da obrigação em si, ou a inexistência, como possível, de um contrato futuro altera, de modo profundo, o condicionalismo da sua concretização" (CORDEIRO, António Manuel da Rocha e Menezes. *Da boa-fé no direito civil*, cit., p. 630).

[53] MOTA, Maurício. A pós-eficácia das obrigações revisitada, cit., p. 416.

[54] Nessa linha, em caso julgado pelo Tribunal de Justiça do Rio de Janeiro, ao se aplicar o instituto da *culpa post factum finitum*, estabeleceu-se que, no caso, houve um inadimplemento pós-contratual, fixando-se a indenização com base em cláusula penal existente no contrato (TJRJ, Ap. 0010705-71.2004.8.19.0209, 2ª C.C. Rel. Des. Cristina Tereza Gaulia, julg. 26.9.2007).

[55] O que, ressalta-se, parece poder acontecer, dependendo do dever e dos interesses em questão. Exemplificativamente, o Tribunal de Ética de São Paulo já decidiu no sentido de que o sigilo

Um critério que, em alguns casos, pode ajudar na solução da questão temporal, contempla a possibilidade de aplicação analógica do art. 1.147 do Código Civil a situações semelhantes a que ele trata.[56]

Tal artigo estabelece que "não havendo autorização expressa, o alienante do estabelecimento não pode fazer concorrência ao adquirente, nos cinco anos subsequentes à transferência". Ao expressamente estipular um prazo de cinco anos para a vigência do dever de não concorrência para após a conclusão de contrato de trespasse, a regra determina um critério temporal levando em consideração a lógica própria dos contratos de trespasse, que tem por objeto a alienação de estabelecimento comercial.[57] Em situações que tenham objeto análogo ou equivalente ao do trespasse, seria possível cogitar-se da submissão destas ao mesmo elemento temporal.[58]

Sendo assim, eventual dever anexo pós-eficaz de não concorrência (não estabelecido expressamente) relacionado a negócios análogos ao trespasse vincularia o devedor pelos mesmos cinco anos determinados no art. 1.147 do Código Civil. Tal possibilidade demonstra que, conforme mencionado no item 2.2, *supra*, a análise em separado das distintas pós-eficácias não parece ser a

---

profissional do advogado "deve ser resguardado eternamente, de modo que, se for necessária a utilização de qualquer dado sigiloso para a defesa dos interesses de novo constituinte contra o antigo cliente, ou se desse fato resultar qualquer vantagem ilegítima, a advocacia, neste caso, é proibida, independentemente do lapso temporal decorrido" (Proc. E- 4.084/2011 – v.u., em 15/12/2011, do parecer e ementa do Rel. Dr. Fábio de Souza Ramacciotti – Rev. Dr. Pedro Paulo Wendel Gasparini, Presidente Dr. Carlos José Santos da Silva).

[56] "Art. 1.147. Não havendo autorização expressa, o alienante do estabelecimento não pode fazer concorrência ao adquirente, nos cinco anos subsequentes à transferência.
Parágrafo único. No caso de arrendamento ou usufruto do estabelecimento, a proibição prevista neste artigo persistirá durante o prazo do contrato".

[57] Acerca do contrato de trespasse, Fábio Ulhoa explica que: "No trespasse, o estabelecimento empresarial deixa de integrar o patrimônio de um empresário (o alienante) e passa para o de outro (o adquirente). O objeto da venda é o complexo de bens corpóreos e incorpóreos, envolvidos com a exploração de uma atividade empresarial" (COELHO, Fabio Ulhoa. *Curso de Direito Comercial*, vol. 1. 18. ed. São Paulo: Saraiva, 2014, pp. 165; 184-185).

[58] Para Frederico Price Grechi, "a proibição de concorrência acessória no contrato de trespasse, positivada no artigo 1.147 do Código Civil, contém um imperativo hipotético, de tal sorte que os seus elementos (material, territorial, temporal, acessoriedade) também valerão sempre que verificadas as situações de fato nela prevista ou poderão ser aplicados às situações valoráveis como equivalentes, isto é, que contém uma correspondência com o fato-tipo" (GRECHI, Frederico Price. Inexecução contratual positiva, pós-eficácia contratual dos deveres anexos (laterais) e a violação da proibição de concorrência no contrato de trespasse e em outros negócios empresariais. *Revista Quaestio Iuris*, vol. 5, nº 01, p. 201. Disponível em <http://www.e-publicacoes.uerj.br/index.php/quaestioiuris/>. Acesso em 19.11.2017).

forma mais apropriada de se examinar os deveres a serem respeitados na fase pós-contratual, pois apenas uma interpretação sistemática irá permitir que as diversas hipóteses de pós-eficácia conversem entre si, colaborando com a aplicação do instituto como um todo.

Maurício Mota, defendendo uma aplicação abrangente do artigo 1.147, ressalta a influência da análise da base objetiva do negócio para defender a aplicação do dever pós-eficaz de não concorrência previsto no art. 1.147 aos casos de alienação de quotas ou ações representativas do poder de contrato de sociedade. De acordo com o autor, "embora o contrato de trespasse não se confunda estruturalmente com o contrato de alienação de quotas ou ações, quando existir a mesma base do negócio jurídico, ou seja, no caso da alienação de quotas ou de ações representativas do poder de controle da sociedade empresária, em que o objeto é a própria sociedade empresária que se realiza por intermédio da transferência da titularidade das quotas, tendo em vista certas circunstâncias (ex. conhecimento das características organizativas da empresa, relações pessoais com fornecedores, financiadores e clientes, etc.), há do mesmo modo, dever pós- eficaz de lealdade do alienante de não fazer concorrência ao adquirente, isto é, de não lhe desviar, dificultar ou retirar a clientela".[59]

Situação intrigante no que toca ao critério temporal – e que não necessariamente será resolvida especificamente por meio do instituto da *culpa post factum finitum* –, relaciona-se aos casos das "vistas eternas". São os casos de imóveis de determinado condomínio alienados por valor superior aos outros do mesmo edifício pelo fato de ter vista privilegiada garantida. Normalmente, o imóvel é comprado com a perspectiva de que a vista será permanente, pelo fato de, na época, o negócio ter sido ofertado com a característica da "vista eterna".[60] No entanto, caso uma futura construção seja almejada e tenha o condão de impedir tal vista, questiona-se acerca de eventual responsabilidade pós-contratual do vendedor, uma vez que este teria afirmado que a vista seria eterna.

Nesses casos, vale mencionar que, no diz respeito à oferta de imóveis vinculadas ao pressuposto da "vista eterna", assim como qualquer oferta de produtos e serviços, esta deverá, de acordo com o art. 31 do Código de Defesa

---

[59] MOTA, Maurício. A pós-eficácia das obrigações revisitada, cit., pp. 404-405.
[60] Nesses casos, não há propriamente uma servidão de vista, pois existe apenas a oferta vinculando o imóvel ao direito de vista eterna e não um registro desse direito. Abaixo a questão da servidão de vista será melhor referida.

do Consumidor, "assegurar informações corretas, claras, precisas, ostensivas e em língua portuguesa sobre suas características, qualidades, quantidade, composição, preço, garantia, prazos de validade e origem, entre outros dados, bem como sobre os riscos que apresentam à saúde e segurança dos consumidores". Além disso, tendo em vista a proibição de publicidade enganosa e abusiva estabelecida pelo art. 37 do CDC, será considerada enganosa, de acordo com seu parágrafo primeiro, "qualquer modalidade de informação ou comunicação de caráter publicitário, inteira ou parcialmente falsa, ou, por qualquer outro modo, mesmo por omissão, capaz de induzir em erro o consumidor a respeito da natureza, características, qualidade, quantidade, propriedades, origem, preço e quaisquer outros dados sobre produtos e serviços".

Sendo assim, a oferta ou propaganda de imóvel que estabeleça como diferencial a vista eterna apenas será considerada legítima se contiver informações corretas e verdadeiras sobre as características e qualidades do imóvel, o que requer a existência de uma mínima garantia prévia de que nenhuma construção vá ser realizada a ponto de configurar a perda da vista. Tal garantia poderá ser caracterizada (i) pela existência, no momento da oferta, de real impedimento de construção no terreno em frente à propriedade vendida ou (ii) pelo fato de o terreno pertencer ao vendedor (empreendedor imobiliário) e este ter a capacidade de comprometer sua disponibilidade.

Nessa linha, caso o terreno não seja do vendedor nem haja qualquer impossibilidade que inviabilize eventual construção por terceiro, a oferta ou propaganda, de pronto, já poderá ser considerada ilegítima pela ausência de veracidade, podendo gerar dever de reparação com a responsabilização do fornecedor.[61] Nesse caso, no entanto, o fato de o vendedor não ter qualquer controle sobre uma futura construção parece obstar sua responsabilização

---

[61] Sobre a responsabilização por propaganda enganosa, Fábio Ulhoa Coelho explica que: "A ilicitude da enganosidade dá ensejo à responsabilização do anunciante em três níveis: civil, administrativo e penal. A sanção civil consiste na indenização dos danos, materiais e morais, decorrentes da veiculação ilícita; a consequência administrativa é a imposição de contrapropaganda; e a responsabilidade penal decorre da tipificação como crime da conduta de promover publicidade enganosa" (COELHO, Fábio Ulhoa. A publicidade enganosa no código de defesa do consumidor. *Revista de direito do consumidor*, vol. 8. São Paulo: Revista dos Tribunais, out.-dez. 1993, p. 77). Ressalta-se que o Código do Consumidor adotou a teoria do risco da atividade para responsabilizar o fornecedor que divulga publicidade ou oferta enganosa, somente podendo eximir-se das consequências legais desse ato mediante a demonstração da ocorrência de alguma das excludentes de responsabilidade. Sobre a aplicação dessas excludentes no âmbito consumerista, v. CRUZ, Gisela Sampaio da. *O problema do nexo causal na responsabilidade civil*. Rio de Janeiro: Renovar, 2005, pp. 165-206.

por eventual edificação que venha a comprometer a vista,[62] permanecendo, no entanto, a possibilidade de responsabilização pela propaganda enganosa.

Por outro lado, partindo do pressuposto de que a oferta é legítima, deve-se ponderar se a ela o vendedor ficará vinculado para sempre, podendo responder a qualquer momento por eventual construção que venha a bloquear a vista. Três situações poderão ocorrer: (i) a proibição de construir deixa de existir e realiza-se construção que gera a perda da vista (ex: terreno antes protegido por normas públicas que são revogadas, passando a não haver mais qualquer impedimento de construção); (ii) o vendedor, depois de um tempo, implementa construção no terreno vizinho de sua propriedade que bloqueia a vista; (iii) o vendedor, proprietário do terreno vizinho, o aliena para terceiros que realizam construção bloqueando a vista.

A primeira hipótese, a princípio, não parece ter o condão de gerar a responsabilização do vendedor, caso ele não tenha qualquer influência na extinção da proibição ou na construção eventualmente realizada. O fim do impedimento pode, inclusive, ser fruto de interesse público na edificação de propriedade, ou a construção pode ter por fim preservar determinada função social da propriedade, situações que, de fato, afastariam o interesse particular do comprador na manutenção da vista.[63]

A segunda hipótese, por constituir ato do próprio vendedor, poderá vir a ser compreendida como violação de obrigação constituída pela oferta anteriormente realizada. Isto porque, de acordo com o art. 30 do CDC, "toda informação ou publicidade, suficientemente precisa, veiculada por qualquer forma ou meio de comunicação com relação a produtos e serviços oferecidos ou apresentados, obriga o fornecedor que a fizer veicular ou dela se utilizar e integra o contrato que vier a ser celebrado".

Note-se que a oferta, além de obrigar o fornecedor, integra o contrato celebrado, o que ensejaria a responsabilidade obrigacional.[64] Aqui, portanto,

---

[62] Isto porque, a promessa de vista eterna por quem não a pode garantir não parece ter a capacidade de gerar no comprador uma verdadeira confiança a ser tutelada de que a obrigação de manutenção da vista seria cumprida.

[63] Ressalta-se que, nesse caso, é prudente que o vendedor informe, ao ofertar a vista eterna, que esta fica condicionada à permanência do impedimento existente, já que o vendedor não terá qualquer controle sobre a continuidade deste.

[64] Sobre a obrigatoriedade da oferta, a doutrina ensina que "na publicidade para difusão de consumo, a produção de efeitos jurídicos decorrentes da mensagem, para fins de convencimento do destinatário, estabelece condições que, sendo específicas e precisas, obrigam o veiculador do anúncio, enquanto proposta ou oferta, nos mesmos moldes que a lei civil trata a proposta. [...]. Com o CDC, a oferta passou a ter eficácia própria, autônoma, mesmo que o fornecedor não a queira

parece não haver necessidade de se utilizar o instituto da pós-eficácia das obrigações baseado nos deveres anexos vinculados à boa-fé objetiva. Tratar-se-ia, na verdade, de uma situação a ser analisada mais sob a ótima das obrigações continuadas.[65]

O art. 35 do CDC, prevendo a situação em que o fornecedor de produtos ou serviços recuse cumprimento à oferta, apresentação ou publicidade, traz as alternativas que o consumidor poderá adotar, alternativamente e à sua livre escolha, quais sejam: (i) exigir o cumprimento forçado da obrigação, nos termos da oferta, apresentação ou publicidade; (ii) aceitar outro produto ou prestação de serviço equivalente; (iii) rescindir o contrato, com direito à restituição de quantia eventualmente antecipada, monetariamente atualizada, e a perdas e danos.

No entanto, é válido ressaltar que para a vista ser assegurada de forma efetiva, é extremamente recomendável que tal direito seja objeto de registro no Cartório de Registro de Imóveis, mediante o qual se constituirá a servidão,[66] que, neste caso, será baseada na vedação de obras ou plantações que impeçam a manutenção do direito de vista.[67] Só assim haverá uma real segurança jurídica

---

integrar no contrato. Quando o contrato explicita a relação de consumo, a propaganda, mesmo que não prevista naquele, passa a concausa de efeitos oponíveis pelo consumidor, (ainda que indeterminável) ao fornecedor. [...] É importante acrescentar que uma vez oferecida a informação ou vinculada a oferta, elas fazem parte automaticamente do contrato que vier a ser celebrado, mesmo que não constem das cláusulas" (CASTRO, Martha Rodrigues de. A oferta no código brasileiro de defesa do consumidor. *Revista de Direito do Consumidor*, vol. 11. São Paulo: Revista dos Tribunais, jul.-set./1994, p. 61).

[65] Diferentemente dos deveres pós-eficazes baseadas na boa-fé objetiva, Menezes Cordeiro pondera que "os deveres continuados não suscitam problemas específicos, havendo apenas que averiguá-los através da interpretação contratual; pelo contrário, os deveres pós-eficazes, por terem apenas uma tênue ligação ao vínculo pactício, suscitam questões delicadas que, essas sim, requerem instrumentação própria" (CORDEIRO, Antônio Manuel da Rocha e Menezes. Da pós-eficácia das obrigações, cit., p. 172).

[66] A servidão é um direito real que se constitui sobre um imóvel (serviente), em favor de outro imóvel (dominante), pertencentes a proprietários diversos. De acordo com o art. 1.378 do Código Civil, "a servidão proporciona utilidade para o prédio dominante, e grava o prédio serviente, que pertence a diverso dono, e constitui-se mediante declaração expressa dos proprietários, ou por testamento, e subsequente registro no Cartório de Registro de Imóveis". Além disso, o art. 167, I, 6 da Lei nº 6.015/73 determina que no Registro de Imóveis, além da matrícula, será feito o registro das servidões em geral, o qual é obrigatório, nos termos do art. 169 da mesma lei, devendo ser efetuado no Cartório da situação do imóvel.

[67] Nesses casos, um dos proprietários já possui a vista e contrata com o proprietário vizinho a vedação de edificação ou plantação que venham a prejudicar ou impedir a manutenção da vista, instituindo-se, por meio do registro, a servidão, que, em última análise, obriga o proprietário do imóvel serviente a respeitar o direito de vista e garante seu aproveitamento pelo proprietário do

para o comprador, pois a ausência de registro poderá gerar questionamentos acerca da própria eficácia da oferta. Nessa linha, tal registro se mostra imprescindível para fins de constituição da servidão e, consequentemente, para operar efeitos perante terceiros.[68] E aqui se encaixa a terceira situação, em que o vendedor aliena o terreno vizinho para terceiros que tenham a pretensão ou venham a realizar construção que bloqueie a vista.

Em regra, o terceiro, na ausência de registro acerca do direito de vista, não poderá ser responsabilizado por eventual violação deste direito. No entanto, de acordo com a teoria do terceiro cúmplice desenvolvida pela doutrina e aplicada pela jurisprudência, o terceiro poderá vir a ser responsabilizado se for comprovado que este tinha ciência da restrição existente sobre o terreno. A doutrina, nesse sentido, explica que "à luz da nova principiologia contratual, a função social e o abuso de direito constituem fundamento para a responsabilização do terceiro que, ciente da existência de relação contratual anterior, não obstante contrata com o devedor obrigação incompatível com o cumprimento da primeira obrigação assumida por este".[69]

---

imóvel dominante. Sobre o tema, Arnaldo Rizzardo explica que a servidão de não impedir, com obras ou plantações, o direito de vista "se manifesta no direito que tem um proprietário de impor ao vizinho que a deve a obrigação de não impedir, por meio de obras ou plantações o exercício do direito do prospecto, ou da servidão de vista" (RIZZARDO, Arnaldo. *Das servidões*. Rio de Janeiro: AIDE, 1984, p. 242).

[68] A doutrina é expressa no que se refere ao registro. Orlando Gomes, nesse sentido, afirma que: "A servidão é um direito real imobiliário. Ora, entre nós, os direitos reais sobre imóveis não se constituem senão pelo competente registro" (GOMES, Orlando. *Direitos reais*. 20. ed. Rio de Janeiro: Forense, 2010, p. 300).

[69] NEGREIROS, Teresa. *Teoria do contrato*: novos paradigmas. Rio de Janeiro: Renovar, 2002, p. 248. A doutrina discute se o terceiro deve agir com dolo ou com culpa para que seja responsabilizado. A corrente doutrinária que sustenta a necessidade da presença do elemento intencional o faz com lastro no entendimento de que o terceiro deve, para tornar-se cúmplice, conhecer os termos do contrato. Com isso, o terceiro cúmplice revelaria um inequívoco especial fim de agir, voltado para a violação do contrato de cujos termos tem conhecimento. Outra parte da doutrina defende que a necessidade de comprovação do elemento volitivo colocaria a vítima em situação de sobrecarga do ônus probatório, além de se afastar do movimento contemporâneo de objetivação da culpa, cujo fundamento é a violação a parâmetros gerais de conduta aferíveis com critérios objetivos, boa-fé objetiva. De acordo com Judith Martins-Costa: "Do ponto de vista subjetivo, é necessária a intenção de interferir, ou a consciência de estar interferindo. Não é preciso dolo, mas sim a 'interferência intencional não justificada' [...] A interferência (*negligence*) não é acionável. E, como e, toda responsabilidade por dano, é necessária a prova do nexo causal a interferência indevida e o dano" (MARTINS-COSTA, Judith. Reflexões sobre o princípio da função social dos contratos. *Revista Direito GV*, vol. 1. São Paulo: FGV Direito SP, mai./2005, p. 55. Disponível em <http://bibliotecadigital.fgv.br/ojs/index.php/revdireitogv/ >. Acesso em 19.11.2017).

Ainda que a teoria encontre fundamento, sua aplicação pode gerar conflitos que devem ser objeto de ponderação: por um lado haverá o direito de livremente se negociar um bem e nele se poder realizar aquilo que for desejado, e, por outro, haverá a expectativa de manutenção da vista permanente para certa região. Ao mesmo tempo em que um indivíduo que celebra um negócio com a expectativa de lhe ser assegurada, de modo permanente, uma vista para determinado lugar e tem essa expectativa obstada pelo adquirente do terreno que esvazia aquilo que fora antes ofertado, "impedir a construção de um edifício, por exemplo, pelo novo proprietário, de alguma forma, seria uma grande restrição à liberdade contratual, de tal modo que aquele local ficaria intocável".[70]

De todo modo, apesar de ser comum referir-se aos casos de vista eterna como um problema de responsabilidade pós-contratual,[71] a análise de tais situações parece, na verdade, dizer respeito ao estudo do comprometimento do vendedor com a oferta que o vincula concretamente, sem que seja necessário ponderar-se acerca dos deveres anexos pós-eficazes baseados na boa-fé objetiva.

Voltando, então, para a análise dos critérios da *culpa post factum finitum*, vale mencionar a função social do contrato como critério de aplicação do instituto. Em relação aos deveres pós-eficazes contratualmente estabelecidos, a doutrina bem explica que a função social "definirá a estrutura dos poderes dos contratantes no caso concreto, e será relevante para se verificar a legitimidade de certas cláusulas contratuais que, embora lícitas, atinjam diretamente interesses externos à estrutura contratual – cláusulas de sigilo, de exclusividade e de não concorrência, dentre outras".[72]

Numa interpretação sistemática, esse mesmo raciocínio vale para os casos em que os deveres anexos pós-eficazes não estejam expressos no contrato, mas que existam para fins de manutenção do escopo contratual estabelecido na relação. Desse modo, a função social do contrato deverá ser levada em

---

[70] COSTA, Alexander Seixas da. A incidência da pós-eficácia das obrigações no direito contratual, p. 17. Disponível em <http://www.publicadireito.com.br/artigos/?cod=671f0311e2754fcd>. Acesso em 28.01.2018.

[71] Vide exemplo desenvolvido em CORDEIRO, Antônio Manuel da Rocha e Menezes. Da pós-eficácia das obrigações, cit., p. 143. No mesmo sentido: SCHREIBER, Anderson. *Manual de Direito Civil contemporâneo*, cit., pp. 504-505.

[72] TEPEDINO, Gustavo. Notas sobre a função social dos contratos. In: TEPEDINO, Gustavo; FACHIN, Luiz Edison (Coord.). *O direito e tempo*: embates jurídicos e utopias contemporâneas. Rio de Janeiro: Renovar, 2008, p. 403.

consideração, por exemplo, na hipótese de dever pós-eficaz não estabelecido expressamente consubstanciado na não concorrência após a extinção de determinado contrato que se contraponha ao direito da coletividade a que os contratos realizados pelos particulares não limitem de maneira abusiva a concorrência.[73]

Outro critério que deve ser levado em consideração é a aplicação da boa-fé objetiva nas duas vias – credor e devedor. Isto é, quando da análise da *culpa post factum finitum*, a boa-fé objetiva deverá atuar não somente em face do devedor, mas também em relação ao credor. Vale dizer, a incidência dos deveres pós-contratuais é direcionada não apenas ao devedor da prestação, mas também ao credor, o que irá garantir que eventual comportamento deste último seja considerado na aplicação do instituto.[74]

Por último, a análise do nexo causal entre a situação lesiva do dever anexo e o prejuízo causado ao escopo contratual, além de configurar pressuposto da incidência da *culpa post factum finitum*, também é importante em termos de critérios objetivos para aplicação do instituto no tempo. Isto porque, o dever pós-contratual, uma vez reconhecido, apenas permanecerá existente enquanto subsistir a sua relevância para a efetiva manutenção do escopo do contrato – função primordial do instituto em estudo. Sendo assim, caso um dever pós-eficaz perca essa função, passando a ser irrelevante ou incapaz de assegurar o fim contratual, não há razão para que continue vinculando o devedor, que ficará livre de obrigações.

5. Conclusão

Em uma perspectiva tradicional, uma vez extinto o contrato, o vínculo existente entre as partes contratantes, bem como as responsabilidades e obrigações dele derivadas, seriam igualmente extintas, não mais havendo qualquer exigibilidade.

---

[73] Nesse sentido: MOTA, Maurício. A pós-eficácia das obrigações revisitada, cit., pp. 387-388.
[74] Nesse sentido, Alexandre Seixas da Costa, ao comentar acerca da responsabilidade pela descaracterização da vista que se prometeu eterna, assevera que "a aplicabilidade da pós-eficácia das obrigações é direcionada para ambas as partes, pois do contrário haveria uma ofensa a um dever anexo pós-negocial de lealdade, pois se efetivamente não reclamou seu direito no momento em que se começa a constituir as bases para a edificação que retira a vista, não deve fazê-lo depois que a obra já está em andamento" (COSTA, Alexander Seixas da. A incidência da pós-eficácia das obrigações no direito contratual, cit., p. 17).

No entanto, sob a ótica contemporânea do direito das obrigações, a qual admite a compreensão da obrigação como um processo, a satisfação de uma determinada relação contratual não se encontra limitada ao lapso temporal de vigência concreta do contrato, contemplando também a fase pós-contratual, devendo os efeitos e a utilidade do contrato ser preservados mesmo após o fim da relação.

Nesse cenário, passa-se afirmar a existência de uma pós-eficácia das obrigações, fruto da aplicação da boa-fé objetiva, bem como das regras da base do negócio jurídico, para que a finalidade estabelecida pelo contrato e sua utilidade para as partes sejam preservadas. Vislumbra-se, assim, a possibilidade de se estabelecer uma responsabilidade fundada no que a doutrina denomina de *culpa post pactum finitum*, cuja aplicação acarreta a subsistência de deveres para os ex-contratantes mesmo após a extinção objetiva do contrato.

Compreendendo, portanto, situações complexas que envolvem uma relação já extinta, a eficácia pós-contratual das obrigações, como visto, deverá levar em consideração na análise de eventual responsabilização, o momento em que efetivamente ocorre a extinção da relação contratual para então se analisar os pressupostos que naturalmente integram a caracterização da responsabilidade civil.

Sendo assim, nesses casos, deverá ser verificada a ocorrência de uma ação ou omissão violadora de um dever identificado como pós-eficaz que tenha produzido um dano, o qual estará naturalmente relacionado com o desvirtuamento do escopo contratual que reduzirá as vantagens oferecidas pelo negócio entabulado entre as partes. Uma vez que esses pressupostos tenham sido reconhecidos, ao ex-contratante caberá reparar o prejuízo.

Já no que diz respeito aos critérios de aplicação da *culpa post factum finitum*, atenta-se a sua importância para uma aplicação mais concreta e objetiva do instituto. Além da possibilidade de utilização de soluções já expressas no contrato ou na lei, ressalta-se a função social do contrato, a aplicação da boa-fé objetiva nas duas vias – credor e devedor – e a análise do nexo causal entre a situação lesiva do dever anexo e o prejuízo causado ao escopo contratual como importantes critérios a serem levados em consideração pelos tribunais.

Dentro deste quadro, o presente artigo buscou abordar a aplicação da responsabilidade civil fundada na pós-eficácia das obrigações, com ênfase em um inicial estudo de seus pressupostos e possíveis critérios de aplicação, tendo em vista ainda ser um tema pouco abordado pelos autores brasileiros, mas já reconhecido pelos tribunais nacionais, que devem, com a ajuda da doutrina, realizar uma interpretação mais refletida do instituto levando em consideração, principalmente, as especificidades que o envolvem e a sistemática do ordenamento nacional como um todo.

6. Referências

AGUIAR JÚNIOR, Ruy Rosado de. *Extinção dos contratos por incumprimento do devedor*. 2. ed. Rio de Janeiro: Aide, 2003.

AZEVEDO, Antônio Junqueira de. Insuficiências, deficiências e desatualização do projeto de código civil na questão da boa-fé objetiva nos contratos. *Revista dos Tribunais*, vol. 775. São Paulo: Revista dos Tribunais, mai./2000.

CASTRO, Martha Rodrigues de. A oferta no código brasileiro de defesa do consumidor. *Revista de Direito do Consumidor*, vol. 11. São Paulo: Revista dos Tribunais, jul.-set./1994.

CAVALIERI, Sergio. *Programa de responsabilidade civil*. 8. ed. São Paulo: Atlas, 2008.

COELHO, Fábio Ulhoa. A publicidade enganosa no código de defesa do consumidor. *Revista de direito do consumidor*, vol. 8. São Paulo: Revista dos Tribunais, out.-dez. 1993.

_____. *Curso de Direito Comercial*, vol. 1. 18. ed. São Paulo: Saraiva, 2014.

CORDEIRO, António Manuel da Rocha e Menezes. *Da boa-fé no direito civil*, vol. 1. Coimbra: Almedina, 1984.

_____. Da pós-eficácia das obrigações. *Estudos de direito civil*, vol. 1. Coimbra: Almedina, 1994.

COSTA, Alexander Seixas da. A incidência da pós-eficácia das obrigações no direito contratual. Disponível em <http://www.publicadireito.com.br/artigos/?cod=671f0311e2754fcd>. Acesso em 28.01.2018.

COUTO E SILVA, Clóvis do. *A obrigação como processo*. Rio de Janeiro: FGV Editora, 2006.

CRUZ, Gisela Sampaio da. *O problema do nexo causal na responsabilidade civil*. Rio de Janeiro: Renovar, 2005.

_____; LGOW, Carla Wainer Chalréo. Prescrição extintiva: questões controversas. In: TEPEDINO, Gustavo (Coord.). *O Código Civil na perspectiva civil-constitucional*. Rio de Janeiro: Renovar, 2013.

DONNINI, Rogério Ferraz. *Responsabilidade pós-contratual*. São Paulo: Saraiva, 2004.

GARCIA, Enéas Costa. *Responsabilidade pré e pós-contratual à luz da boa-fé*. São Paulo: Juarez de Oliveira, 2003.

GOMES, Orlando. *Direitos reais*. 20. ed. Rio de Janeiro: Forense, 2010.

GRECHI, Frederico Price. Inexecução contratual positiva, pós-eficácia contratual dos deveres anexos (laterais) e a violação da proibição de concorrência no contrato de trespasse e em outros negócios empresariais. *Revista Quaestio Iuris*, vol. 5, n. 01. Disponível em <http://www.e-publicacoes.uerj.br/index.php/quaestioiuris/>. Acesso em 19.11.2017.

LARENZ, Karl. *Base del negocio juridico y cumplimiento de los contratos*. Madri: Revista de Derecho Privado, 1956.

LEITÃO, Luís Manuel Teles de Menezes. *Direito das obrigações*, vol. 1. 4. ed. Coimbra: Almedina, 2005.

LOPES, Miguel Maria de Serpa. *Curso de Direito Civil*, vol. 5. 4. ed. Rio de Janeiro: Freitas Bastos, 1996.

MARTINS-COSTA, Judith. *A boa-fé no direito privado*. São Paulo: Marcial Pons, 2015.

____. A ilicitude derivada do exercício contraditório de um direito: o renascer do "venire contra factum proprium". *Revista da Associação dos Juízes do Rio Grande do Sul – Ajuris*, n. 97. Porto Alegre: Ajuris, mar./2005.

____. Reflexões sobre o princípio da função social dos contratos. *Revista Direito GV*, vol. 1. São Paulo: FGV Direito SP, mai./2005. Disponível em <http://bibliotecadigital.fgv.br/ojs/index.php/revdireitogv/>. Acesso em 19.11.2017.

MAXIMILIANO, Carlos. *Hermenêutica e aplicação do direito*. 19. ed. Rio de Janeiro: Forense, 2000.

MELO, Diogo Leonardo Machado de. Notas sobre a responsabilidade pós-contratual. In: NANNI, Giovani Ettore (Coord.). *Temas relevantes do direito civil contemporâneo*: reflexões sobre os cinco anos do Código Civil. São Paulo: Atlas, 2008.

MOTA, Maurício. A pós-eficácia das obrigações revisitada. *Revista Quaestio Iuris*, vol. 4, 2011. Disponível em: <http://www.e-publicacoes.uerj.br/index.php/quaestioiuris/>. Acesso em 19.11.2017.

NEGREIROS, Teresa. *Fundamentos para uma interpretação constitucional do princípio da boa-fé*. Rio de Janeiro: Renovar, 1998.

____. *Teoria do contrato*: novos paradigmas. Rio de Janeiro: Renovar, 2002.

PEREIRA, Caio Mario da Silva. *Instituições de direito civil brasileiro*, vol. 3. 13. ed. Rio de Janeiro: Forense, 2009.

PERLINGIERI, Pietro. *Perfis do direito civil:* uma introdução ao direito civil-constitucional. 3. ed. Rio de Janeiro: Renovar, 2007.

RIZZARDO, Arnaldo. *Das servidões*. Rio de Janeiro: AIDE, 1984.

SCHREIBER, Anderson. *A proibição de comportamento contraditório*. 3. ed. Rio de Janeiro: Renovar, 2012.

____. *Manual de Direito Civil contemporâneo*. São Paulo: Saraiva, 2018.

TEPEDINO, Gustavo. Notas sobre a função social dos contratos. In: TEPEDINO, Gustavo; FACHIN, Luiz Edison (Coord.). *O direito e tempo*: embates jurídicos e utopias contemporâneas. Rio de Janeiro: Renovar, 2008.

____; BARBOZA, Heloisa Helena; BODIN DE MORAES, Maria Celina. *Código civil interpretador conforme a Constituição da República*, vol. 2. Rio de Janeiro: Renovar, 2006.

TREVISAN, Marco Antônio. Responsabilidade civil pós-contratual. *Revista de Direito Privado*, vol. 16. São Paulo: Revista dos Tribunais, 2003.

11. Responsabilidade Civil nas Relações de Vizinhança: Reflexões Sobre um Velho Dilema

Marcos de Souza Paula
Mestrando em Direito Civil pela Universidade do Rio de Janeiro – UERJ. Advogado.

1. Introdução

Fala-se na expansão da responsabilidade civil como uma das principais transformações do direito civil do último século. Com o surgimento de novos danos passíveis de ressarcimento e a ineficiência dos tradicionais filtros dogmáticos da culpa e do nexo diante das demandas reparatórias,[1] a responsabilidade civil passou a enfrentar uma crise de superabundância.[2] Nesse contexto de incertezas quanto ao futuro, parece um exercício de mera curiosidade olhar para as estruturas tradicionais dos direitos reais e procurar nelas os elementos da responsabilidade civil, sendo a própria renovação metodológica do direito das coisas um desafio à parte para a doutrina contemporânea.[3]

---

[1] A noção de filtragem dogmática é elucidada por Anderson SCHREIBER: "A essas duas barreiras – a prova da culpa e a prova do nexo causal – já se chamou filtros da responsabilidade civil, por funcionarem como meio de seleção das demandas de indenização que deveriam merecer acolhimento jurisdicional" (Novas tendências da responsabilidade civil brasileira. *Direito Civil e Constituição*. São Paulo: Atlas, 2013, p. 153)

[2] "Hoje, quando se fala de crise, se alude a uma situação de todo superada. A responsabilidade civil é estendida a áreas nas quais era impensável que pudesse alcançar: a crise é de superabundância; determinada por um excesso de *inputs*, se diz, que teria feito esmaecer a fisionomia unitária do instituto, dobrando- a funções incompatíveis com sua natureza com a normativas que o disciplina" (RODOTÀ, Stefano. Modelli e funzioni della responsabilità civile. *Rivista Critica del Diritto Privato*, a. II, n.3, set./1984, p. 596. Tradução livre).

[3] Destaca-se o rompimento com a tradicional separação entre direitos reais e direitos obrigacionais em direção à construção de um direito comum das relações patrimoniais. A respeito, conferir, dentre outros trabalhos: SOUZA, Eduardo Nunes de. Autonomia privada e boa-fé objetiva em

Mas basta um pequeno exercício reflexivo para perceber que os direitos reais, justamente por sua existência milenar, formam um primeiro *locus* de verificação de danos passíveis de ressarcimento. Da sociedade rural à industrial, as relações reais funcionaram como contexto primitivo e quase óbvio de produção de danos, do que é exemplo a vetusta responsabilidade pelo fato da coisa.[4] A relação entre responsabilidade e direitos reais, apesar de antiga, não desapareceu no tempo, uma vez que os avanços tecnológicos só fizeram multiplicar as situações danosas.[5]

No campo das relações de vizinhança, reconhecido como fonte perene de responsabilidade extracontratual,[6] até hoje não existe consenso sobre o fundamento do dever de indenizar. Questiona-se se o uso anormal, consagrado pelo Código Civil, seria uma hipótese de culpa ou um elemento de imputação autônomo previsto pela lei. Dessa primeira indagação decorre outra, acerca do regime de responsabilidade (subjetiva ou objetiva) a que se submeteria o

---

direitos reais. *Revista Brasileira de Direito Civil*, vol. 4, ano 2. Rio de Janeiro, abr.-jun./2015, pp. 54-80; CASTRO, Diana Paiva de; VIÉGAS, Francisco de Assis. A boa-fé objetiva nas relações reais. In: TEPEDINO, Gustavo; TEIXEIRA; BROCHADO, Ana Carolina; ALMEIDA, Vitor (Coord.). *Da dogmática à efetividade do Direito Civil*: Anais do Congresso Internacional de Direito Civil Constitucional – IV Congresso do IBDCivil. Belo Horizonte: Fórum, 2017, pp. 307-326; OLIVA, Milena Donato; RENTERÍA, Pablo. Autonomia privada e direitos reais: redimensionamento dos princípios da taxatividade e da tipicidade no direito brasileiro. *Civilistica.com*. Rio de Janeiro: a. 5, n. 2, 2016. Disponível em: <http://civilistica.com/autonomia-privada-e-direitos-reais/>. Acesso em 24.3.2017; SILVA, Rodrigo da Guia. Notas sobre o cabimento do direito de retenção: desafios da autotutela no direito privado. *Civilistica.com*. Rio de Janeiro: a. 6, n. 2, 2017. Disponível em: <http://civilistica.com/notas-sobre-o-cabimento-do-direito-de-retencao/>; SILVA, Roberta Mauro e. Relações reais e relações obrigacionais: propostas para uma nova delimitação de suas fronteiras. In: TEPEDINO, Gustavo. *Obrigações*: estudos na perspectiva civil-constitucional. Rio de Janeiro: Renovar, 2005, pp. 69-98.

[4] Como observou Caio Mário da Silva PEREIRA, "uma parte da doutrina já vislumbrava na teoria da responsabilidade pelo fato das coisas uma *consagração parcial da teoria do risco* no Código Civil de 1916, o que percutiu mais diretamente no conceito de guardião da coisa, desenvolvido em seguida" (*Responsabilidade civil*. 10. ed. Rio de Janeiro: GZ, 2012, p. 141).

[5] Nas palavras de José de Aguiar DIAS: "Se bem que no direito romano já estivesse fixada a chamada responsabilidade pelo fato da coisa, a locomotiva, o automóvel, o avião, ou outros veículos que marcam a trepidação da vida moderna e os inventos da era industrial multiplicaram ao infinito os casos de responsabilidade civil, exigindo mais atenção dos estudiosos" (*Da responsabilidade civil*, vol. II. 10. ed. Rio de Janeiro: Forense, 1997, p. 389).

[6] LIMA, Alvino. *Culpa e risco*. 2. ed. São Paulo: Revista dos Tribunais, 1998, p. 16. René SAVATIER considerava a vizinhança uma hipótese particular de promiscuidade, ou seja, como uma necessidade da vida e da atividade humana suscetível de prejudicar outros. Cf. SAVATIER, René. *Du droit civil au droit public a travers les personnes, les biens et la responsabilité civile*. Paris: Librairie Générale de Droit et de Jurisprudence, 1945, p. 97.

causador da interferência. No mais, é também notória a quantidade de vezes que o Código Civil menciona o termo "indenização" ao se referir aos direitos de vizinhança em espécie, sendo de se aferir o rigor metodológico desse uso do termo.

O propósito do presente artigo é verificar a articulação entre a sistemática dos direitos de vizinhança e os elementos da responsabilidade civil. O tema, longe de ultrapassado, cresce em importância quando se percebe a relação entre os direitos de vizinhança e temáticas como a proteção ambiental, o direito urbanístico e as novas tecnologias.

2. Dogmática dos direitos de vizinhança: o uso anormal da propriedade e a composição de interesses conflitantes

A noção de vizinhança recebeu diversas construções ao longo do tempo, indo da simples *contiguidade* (uma propriedade ao lado da outra) entre imóveis à ideia mais ampla de *proximidade* (uma propriedade perto da outra).[7] Em termos precisos, a vizinhança traduz uma ideia de continuidade e de dependência entre os bens imóveis, surgindo não a partir da distância física entre eles, mas da repercussão do exercício das faculdades dominiais sobre a propriedade alheia.[8]

O direito de vizinhança, por conseguinte, é o conjunto das normas que regulam os conflitos de interesse provocados, em geral, pela interferência entre propriedades imóveis. Do ponto de vista dogmático, a noção de

---

[7] Sobre a multiplicidade semântica do termo "vizinhança", cf. ALVES, Vilson Rodrigues. *Uso nocivo da propriedade*. São Paulo: Revista dos Tribunais, 1992, pp. 121-128.
[8] Na lição de Rudolf Von IHERING, "[p]ara as coisas móveis, a propriedade se confunde com a coisa mesma; ela se estende até os limites da coisa; seu objeto é toda a *substância* compreendida entre seus limites. É evidente que essa noção da propriedade não pode ser estendida às coisas imobiliárias. Em *profundidade*, a propriedade da terra não possui limites; uma parcela de terra se junta sem intervalo à todas as outras. Em altura, existe uma delimita definida pela superfície da terra, mas se a propriedade fosse restrita a esta superfície, que é seu objeto propriamente dito, não alcançando o espaço *acima* do terreno, perderia toda utilidade prática, pois cada um será livre para construir no espaço atmosférico do vizinho, de deixar pendurados ramos de árvores etc. desde que não tocassem o solo abaixo" (Des restrictions imposées aux propriétaires fonciers dans l'intérêt des voisins. In: Œvres Choisies, vol. II. Trad. de O. e Meulenaere. Paris: Librairie A. Marescq, 1893, p. 105. Tradução livre). Segundo San Tiago DANTAS, "o fato social da vizinhança, isto é, a relação de dependência natural entre prédios de diferentes donos, não é suscetível de alterar-se ao longo do tempo; mas o conflito que desse fato se origina, o choque dos interesses em conflito, muda de época para época, ao menos quanto ao seu *caso* ou *aspecto* dominante" (*O conflito de vizinhança e sua composição*. 2. ed. Rio de Janeiro: Forense, 1972, p. 30).

interferência veio substituir a de imissão, que, na esteira da *imissio* do direito romano, dizia respeito apenas à ingerência material na propriedade alheia. Já por interferência se entende qualquer penetração, de ordem material ou imaterial, mediata ou imediata, na propriedade vizinha.[9]

Diz-se que a interferência é necessariamente indireta, diferindo da causação direta do dano, que recai no ato ilícito.[10] Por outro lado, a relação de vizinhança não se confunde com outras, oriundas da manifestação de vontade dos sujeitos, como a relação entre locador e locatário, ou oriundas da comunhão, como é o caso das partes comuns de um condomínio edilício.[11]

A normativa da vizinhança exsurge, desse modo, como técnica conciliatória de situações jurídicas a princípio legítimas e, por vezes, sequer antagônicas, mas que se contrapõem por conta do prejuízo que uma ocasiona ou pode ocasionar à outra. Pelas regras da vizinhança, busca-se conservar minimamente a esfera jurídica de cada um dos titulares envolvidos. Daí se definir o direito de vizinhança como limitação legal ao direito de propriedade, estabelecida no interesse social de harmonizar interesses particulares.[12]

Nota-se nos direitos de vizinhança uma prematura relativização do caráter absoluto da propriedade,[13] sendo cediço que, mesmo entre os romanos, a proteção da vizinhança consistia num primeiro limite às faculdades dominiais.[14]

---

[9] MONTEIRO FILHO, Carlos Edison do Rêgo. O direito de vizinhança no Código Civil. *Rumos contemporâneos do direito civil*: estudos em perspectiva civil-constitucional. Belo Horizonte: Fórum, 2017, p. 270. Como observa Everaldo CAMBLER: "A interferência, ao mesmo tempo que é essência, também é limite físico da vizinhança. Vale dizer, traz a noção de vizinhança ao mundo dos fatos, pois é a capacidade de propagação da *interferência*, em determinada relação vicinal, que delimitará fisicamente a abrangência do termo *vizinhança* para aquele caso" (O ilícito e a interferência prejudicial: possibilidade de sobreposição e não necessidade de coexistência para configuração do uso anormal da propriedade. *Civilistica.com*. Rio de Janeiro: a.6, n. 1, 2017, p. 5. Disponível em <www.civilistica.com/o-ilicito-e-a-interferencia-prejudicial>. Acesso em 16.02.2017).

[10] "Uma coisa é interferir diretamente no prédio vizinho, despejando nele águas artificialmente conduzidas ou praticando ato equivalente; outra coisa é realizar no seu próprio prédio, com a cautela comum, ato tão legítimo como o cozinhar ou o regar as plantações, e ver depois a fumaça ou a umidade que resultou desses atos introduzir-se no prédio alheio pela ação da natureza" (DANTAS, San Tiago. *O conflito de vizinhança e a sua composição*, cit., p. 22).

[11] DANTAS, San Tiago. *O conflito de vizinhança e a sua composição*, cit., p. 21.

[12] GOMES, Orlando. *Direitos reais*. 12. ed. Rio de Janeiro: Forense, 1997, p. 187.

[13] Hely Lopes MEIRELLES, ao comentar o art. 554 do Código de 1916 afirmava: "Este dispositivo acolhe e consagra no nosso Direito Positivo o princípio da *relatividade do direito de propriedade*, ou, mais adequadamente, o da *normalidade de seu exercício*" (*Direito de construir*. 6. ed. São Paulo: Malheiros, 1990, p. 28).

[14] "Os mais antigos limites de que se recorda têm função protetiva do domínio nas relações de vizinhança: porque o exercício ilimitado importaria lesões à propriedade de outrem, a lei limita

Essa relativização da propriedade associa-se, em primeiro lugar, à imposição de regras heterônomas no seio de uma relação entre particulares. Sempre se reconheceu autonomia aos sujeitos para determinarem a extensão dos seus direitos, comumente pela celebração de negócios jurídicos, destacando-se, na seara dos direitos reais, a própria servidão.[15] Percebeu-se, no entanto, que a autonomia privada não bastava para reger os conflitos entre vizinhos, tão graves quanto frequentes, havendo que se estabelecer regras mínimas de natureza impositiva nesse contexto.[16]

Por outro lado, a relativização da propriedade no contexto da vizinhança se relaciona com o surgimento dos atos emulativos, que constituíram importante capítulo no desenvolvimento da doutrina do abuso do direito,[17] sendo emblemático o caso do proprietário que ergueu em seu terreno lanças pontiagudas com o propósito de destruir os dirigíveis do proprietário vizinho.[18] Essas e outras atitudes encontradiças na dinâmica vicinal não chegavam a ferir a letra da lei, mas afrontavam o seu espírito, sendo reputadas como abusivas.[19]

---

reciprocamente a faculdade dos proprietários vizinhos com o escopo de defesa recíproca" (BIONDI, Biondo. *Istituzioni di Diritto Romano*. 4. ed. Milano: A. Giuffrè, 1965, p. 269. Tradução livre). Também a observação de Ebert CHAMOUN: "Conhecemos o verdadeiro alcance do princípio de que não se causa dano exercendo o próprio direito, *nem dammun facit, nisi qui id facit, quod facere ius non habet* e sabemos que, do domínio das relações de vizinhança, ele era derrogado pelo princípio de que tudo se pode fazer no próprio imóvel, desde eu não se intervenha no imóvel alheio: *in suo hactenus facere licit, quatenus nihil in alienum immitat*" (*Instituições de Direito Romano*. 5. ed. Rio de Janeiro: Forense, 1968, p. 235).

[15] "A todas elas [espécies de relação de vizinhança] podem dar as partes um estatuto voluntário, constituindo as necessárias servidões; se o fazem, daí por diante os conflitos de interesses, que a propósito surjam, têm a sua norma convencional" (DANTAS, San Tiago. *O conflito de vizinhança e sua composição*, cit., p. 60).

[16] Como leciona Paulo LÔBO, "[a]s normas de regência dos direitos de vizinhança são preferentemente cogentes, porque os conflitos nessa matéria tendem ao litígio e aguçamento de ânimos" (Direitos e conflitos de vizinhança. *Revista Brasileira de Direito Civil*, vol. 1, ano 1. Rio de Janeiro: jul.-set./2014, p. 62).

[17] Na lição de Francisco AMARAL, os atos de emulação constituem precedente imediato da teoria do abuso do direito: "Verificando-se com frequência tal comportamento, principalmente nas relações de vizinhança, desenvolveu-se a tese da necessidade de limitação do exercício de direitos subjetivos no âmbito dos limites estabelecidos por sua própria finalidade social e econômica. Superava-se, desse modo, a concepção absolutista do direito subjetivo e aceitava-se a ideia de sua relatividade e de sua função social" (*Direito Civil*: introdução. 6. ed. Rio de Janeiro: Renovar, 2006, p. 208).

[18] O caso *Clément-Bayard* tornou-se célebre na doutrina francesa e é considerado exemplo de situação em que o ato não tem outro propósito senão o de prejudicar o vizinho. Cf. WEILL, Alex. *Droit civil*, t. II, vol. I. 2. ed. Paris: Dalloz, 1974, 120.

[19] Como afirma Heloísa CARPENA: "A teoria do abuso do direito viria então assegurar que o

Com o tempo, o ordenamento viria a tratar tais situações de modo expresso, direcionando muitas delas para o campo da estrita ilicitude.[20]

No Código Civil de 2002, as normas de vizinhança vão do artigo 1277 ao 1313. Os artigos 1277 a 1281 estabelecem normas gerais, enquanto os artigos posteriores se ocupam de hipóteses específicas de conflitos (atuais ou potenciais) entre os proprietários vizinhos, como é o caso das árvores limítrofes, da passagem de cabos e tubulações e do direito de construir.

Apesar de tantas regras específicas, é óbvio que os conflitos de vizinhança vão além das situações previamente tipificadas. O Código estabelece então uma cláusula geral de resolução desses conflitos,[21] sob o título de "uso anormal da propriedade". Ainda sob a égide do Código Civil de 1916, a doutrina indicava a prevalência, no direito pátrio, da teoria do uso normal da propriedade de Rudolf Von IHERING, apontando como seu grande atrativo a liberdade que conferia ao juiz para compor os interesses por meio de um juízo de equidade. Na lição de San Tiago DANTAS:

> A equidade inculca desse modo ao juiz o critério da *normalidade*, através do qual se exprime esse princípio do equilíbrio de interesses, em que muitos veem um dos fundamentos da ordem jurídica, e que é sem dúvida uma projeção remota, mas direta, da igualdade de todos perante a lei.[22]

---

exercício de cada direito respeitasse seu espírito próprio, buscando-se assim a realização do ideal de justiça além da letra da lei" (*Abuso do direito nos contratos de consumo*. Rio de Janeiro: Renovar, 2001, p. 53). A noção de *espírito do direito* remete à doutrina de Louis JOSSERAND. Cf. *De l'esprit des droits et de leur relativité*. 2. ed. Paris: Librairie Dalloz, 1939.

[20] "Assinalam diversos autores que só se deve falar em abuso do direito na hipótese da teoria não ter ainda sido recepcionada pelo direito positivo. Uma vez ocorrendo sua positivação, não de abuso do direito, senão de ato ilícito o que se está a referir" (MIRAGEM, Bruno. *Abuso do direito*: ilicitude objetiva e limite exercício de prerrogativas jurídicas no Direito Privado. 2. ed. São Paulo: Revista dos Tribunais, 2013, p. 104).

[21] Cf. TEPEDINO, Gustavo. *Código Civil interpretado conforme a Constituição da República. Código civil interpretado conforme a Constituição da República*, vol. III. 2. ed. Rio de Janeiro: Renovar, 2014, p. 593. Sobre a noção de cláusulas gerais, confira-se MARTINS-COSTA, Judith. *A boa-fé no direito privado*: sistema e tópica no processo obrigacional. São Paulo: Revista dos Tribunais, 2000, p. 286; CANARIS, Claus-Wilhelm. *Pensamento sistemático e conceito de sistema na ciência do Direito*. 2. ed. Lisboa: Calouste Gulbenkian, 1996, p. 142; TEPEDINO, Gustavo. Crise de fontes normativas e técnica legislativa na parte geral do Código Civil de 2002. In: TEPEDINO, Gustavo (Coord.). *A parte geral do Código Civil*: estudos na perspectiva civil-constitucional. 3. ed. Rio de Janeiro: Renovar, 2007, p. 19).

[22] *O conflito de vizinhança e sua composição*, cit., p. 270. No mesmo sentido, Fábio de Maria MATTIA: "Um dos grandes méritos do critério do uso normal é a sua elasticidade, esse poder de adequação representado por uma diretiva, um '*standard* jurídico', que, por sua própria natureza, é um critério básico de avaliação de certos conceitos jurídicos indefinidos, variáveis no tempo e no espaço"

É de ver, no entanto, que a redação do Código atual refletiu a incorporação da doutrina mista do mestre supracitado, que propunha a combinação da teoria do uso normal com a teoria do uso necessário, do italiano Pietro BONFANTE. Surgida em reação à doutrina de IHERING, que se afigurava assaz resistente à propriedade industrial,[23] a teoria de BONFANTE diminuía o alcance da pretensão do proprietário incomodado, na medida em que fazia uma distinção entre esfera interna e esfera externa da propriedade. As influências na chamada esfera "interna" lesionavam o próprio direito do vizinho, devendo, por isso, ser reprimidas. Já as influências na esfera "externa" sugeriam apenas uma perda econômica do titular, devendo ser toleradas. Com isso, colocava-se a diferença entre o dano "jurídico", correspondente a uma lesão na esfera interna da propriedade e o dano "puramente econômico", relativo à esfera externa, insuscetível de reparação.[24]

A combinação entre os dois critérios, sugerida por San Tiago DANTAS, levava em conta a complexificação social e a aceitação da realidade industrial como algo incontornável.[25] Propunha, no entanto, que o reconhecimento de uma necessária interferência na propriedade viesse em conjunto com a tutela do vizinho incomodado. É o que evidencia o art. 1278 do atual Código, ao estatuir que, em se tratando de interferência justificada pelo interesse público, o vizinho prejudicado deve suportá-la, com direito, no entanto, a uma indenização cabal.[26]

(Direito de vizinhança e a utilização da propriedade imobiliária urbana: limites e consequências. In: CAHALI, Yussef Said (Coord.). *Posse e propriedade*: doutrina e jurisprudência. São Paulo: Saraiva, 1987, p. 346).

[23] DANTAS, San Tiago. *O conflito de vizinhança e sua composição*, cit., p. 146.

[24] "A esfera do meu direito é [...], por assim dizer, aquela *esfera interna*, determinada dos confins do meu terreno: para além deste é a *esfera externa*, sobre a qual não seu estende o meu direito de propriedade. [...] uma lesão à minha esfera interna é lesão ao meu direito, uma lesão à minha esfera externa é lesão a um mero interesse, é dano não jurídico" (BONFANTE, Pietro. *Criterio fondamentale dei rapporti di vicinanza*. In: *Scritti giuridici varii*, t. II. Torino: Unione Tipografico-Editrice Torinese, 1926, p. 801. Tradução livre).

[25] "A indústria se reveste de uma aparelhagem mecânica que torna o seu exercício, mesmo em condições normais, frequentemente incompatível com a utilização domiciliar da propriedade. E sendo a exploração industrial um dos modos mais legítimos e mais úteis à coletividade de se utilizar um imóvel, importa descobrir o meio jurídico de evitar ou compor o conflito que assim diariamente se origina" (*O conflito de vizinhança e sua composição*, cit., p. 32).

[26] Art. 1.278 do Código Civil: "O direito a que se refere o artigo antecedente não prevalece quando as interferências forem justificadas por interesse público, caso em que o proprietário ou o possuidor, causador delas, pagará ao vizinho indenização cabal". San Tiago DANTAS assim sintetizou sua proposta: "[..] pode o juiz compor de três modos o conflito de vizinhança: 1º – verificando que o incômodos são normais, e que não o seria privar o interferente da livre prática dos atos reclamados,

Entretanto, o prejudicado não possui apenas uma pretensão indenizatória em face daquela interferência, pois o art. 1279 permite exigir a redução ou eliminação da interferência sempre que isso se torne possível.[27] Consoante o estado da técnica, por assim dizer, o lesionado pode exigir que o causador da interferência a mitigue. A regra remete, por exemplo, às técnicas de isolamento acústico ou à construção de elementos arquitetônicos vazados, dentre outros recursos que permitem diminuir a incursão indesejada na propriedade alheia.[28]

Constata-se, portanto, que a composição de conflitos entre vizinhos é, por natureza, dinâmica e mutável. Além disso, deve-se atentar aos parâmetros elencados pelo legislador para tutelar as situações de conflito. A par dos tradicionais conceitos de segurança, sossego e saúde dos habitantes do prédio, as interferências proibidas, por expressa disposição legal, são aquelas contrárias à natureza da utilização e à localização do prédio, critérios de aferição da prejudicialidade que ganham contorno, segundo o Código, nas normas que distribuem as edificações em zonas. Como terceiro parâmetro, a lei elege os limites ordinários de tolerância dos moradores da vizinhança.[29]

O intérprete dispõe, portanto, de elementos objetivos de aferição da anormalidade do uso, que dizem respeito, sobretudo, à normativa de ordenação da propriedade imobiliária. É dizer: o uso anormal da propriedade é, em grande

---

o juiz mandará tolerar os incômodos, atuando o direito de vizinhança, gratuitamente concedido a todos os proprietários, de terem as imissões toleradas pelos proprietários dos prédios vizinhos; 2º – verificando, porém, que os incômodos são excessivos por ser anormal o uso da propriedade que lhe dá origem, o juiz indagará se a supremacia do interesse público legitima este uso excepcional; se legitima, e se a ofensa à saúde, segurança ou sossego não é de molde a inutilizar o imóvel prejudicado, o juiz manterá os incômodos inevitáveis e, pela expropriação que assim inflige ao proprietário incomodado, ordenará que se lhe faça cabal indenização (direito oneroso de vizinhança); 3º – se, porém, o interesse público não legitima o uso excepcional, é de 'mau uso' que se trata, e o juiz mandará cessar" (*O conflito de vizinhança e sua composição*, cit., pp. 280-281).

[27] Art. 1.279 do Código Civil: "Ainda que por decisão judicial devam ser toleradas as interferências, poderá o vizinho exigir a sua redução, ou eliminação, quando estas se tornarem possíveis".

[28] "Assim, o incômodo sofrido por certo vizinho pode ser reduzido com medidas de prevenção como a filtragem de gases e vapores, a vedação de frestas para impedir a propagação de ruído ou luminosidade, o revestimento de paredes com proteção acústica, a utilização de telas protetoras em obras e pedreiras e assim por diante. Essas técnicas de prevenção ou eliminação de interferências muitas vezes são o suficiente para que se restaure a convivência pacífica entre os titulares das propriedades vizinhas" (SCHREIBER, Anderson. *Manual de Direito Civil contemporâneo*. São Paulo: Saraiva, 2018, p. 752).

[29] Art. 1277, parágrafo único do Código Civil: "Proíbem-se as interferências considerando-se a natureza da utilização, a localização do prédio, atendidas as normas que distribuem as edificações em zonas, e os limites ordinários de tolerância dos moradores da vizinhança".

parte, um uso desconforme às normas de direito público que determinam o uso da propriedade. Sem descurar da aplicação do artigo às propriedades rurais, é seguro dizer que, no tocante aos imóveis urbanos, o ordenamento só reconhece a realização da função social da propriedade dentro do contexto do direito à cidade.[30] Assim, ao avaliar a normalidade ou anormalidade do uso da propriedade urbana, deve o operador debruçar-se sobre as regras urbanísticas que delimitam o uso do imóvel.[31]

Ademais, somos da opinião de que a expressão "limites ordinários de tolerância" não deve ser lida fora desse contexto. Embora tradicionalmente associada à ideia de receptividade normal de IHERING,[32] a noção deve ser integrada às já citadas normas de urbanização, que são um dado não apenas fático, mas também jurídico acerca do uso normal. Ou seja, os limites ordinários de tolerância não são um elemento independente dos anteriores (normas de utilização e localização), devendo ser considerados também a partir das normas que regem a propriedade urbana. Sem embargo, dentro da expressão cabem também aquelas normas erigidas pelos próprios particulares, através das regras de parcelamento do solo, das convenções de condomínio ou das próprias associações de moradores.[33]

---

[30] Art. 2º da Lei nº 10.257/2001 (Estatuto da Cidade): "A política urbana tem por objetivo ordenar o pleno desenvolvimento das funções sociais da cidade e da propriedade urbana, mediante as seguintes diretrizes gerais: I – garantia do direito a cidades sustentáveis, entendido como direito à terra urbana, à moradia, ao saneamento ambiental, à infraestrutura urbana, ao transporte a aos serviços públicos, ao trabalho e ao lazer, para as presentes e futuras gerações". A expressão direito à cidade foi cunhada por Henri LEFEBVRE (cf. *O direito à cidade*. Trad. de Rubens Eduardo Frias. São Paulo: Centauro, 2001).
[31] "Os direitos de vizinhança atêm-se às relações jurídicas intersubjetivas que emergem da convivência em determinado espaço territorial. Paralelamente, incidem as normas de direito administrativo, notadamente as de caráter urbanístico, emanadas do legislador federal (Estatuto das Cidades, Lei nº 10.257, de 2001) e do legislador municipal, relativamente às edificações e aos limites de tolerância entre vizinhos. São igualmente incidentes as normas de direito ambiental. Os limites ao uso dos imóveis, entre vizinhos, são tanto de direito privado, onde recebem a denominação de direitos de vizinhança, quanto de direito público" (LÔBO, Paulo. *Direitos e conflitos de vizinhança*, cit., p. 63).
[32] "O conceito de limites ordinários de tolerância, por sua vez, refere-se à receptividade normal ou ordinária de Ihering, a qual diferencia as interferências legítimas das intoleráveis" (TEPEDINO, Gustavo *et alii*. *Código Civil interpretado conforme a Constituição da República*, cit., p. 603).
[33] Retoma-se aqui o ensinamento de Hely Lopes MEIRELLES, que admite a possibilidade de restrições convencionais da vizinhança, dividindo-as em *individuais* e *gerais*. A respeito das restrições convencionais gerais, aduzia que: "Com essas restrições de caráter negocial, mas de finalidade nitidamente coletiva, os particulares suprem a deficiência de nossa legislação urbanística e asseguram ao bairro a privatividade residencial e as condições de conforto e harmonia estética

Com isso, repise-se, a noção de uso normal da propriedade compreende-se dentro da noção mais ampla dos direitos sociais, em particular, do direito à cidade. Se antes a normatização da propriedade era relegada aos próprios particulares, hoje é o direito público que define a propriedade urbana,[34] não havendo como se falar em propriedade fora do contexto da cidade.

Portanto, o art. 1277 deve ser lido sistematicamente, em conjunto com as normas de zoneamento urbano, com o plano diretor, com a normas ambientais, enfim, com todo o arcabouço de normas que direta ou indiretamente delimitam a propriedade imobiliária. A interpretação sistemática do dispositivo constitui, de um lado, mais uma frente de superação da *summa divisio* entre direito público e direito privado, que perde cada vez mais sua razão de ser.[35] Por outro lado, reforça a concepção de ordenamento unitário, a ser como tal aplicado pelo intérprete.[36] Significa que não existem mais vizinhos

previstas no plano de urbanização do loteamento" (*Direito de construir*, cit., p. 68). Como lembra Marco Aurelio S. VIANA, "não será difícil que nos defrontemos com cidades que não disponham de lei sobre zoneamento urbano. Se isso ocorrer, o juiz deverá levar em consideração os demais requisitos, examinando as características do bairro onde ocorreu o conflito" (*Comentários ao novo Código Civil*, vol. XVI. 4. ed. Rio de Janeiro: Forense, 2013, p. 308).

[34] Como observa Ricardo LIRA, a partir da lição de Eduardo Garcia de ENTERRÍA, "desde as origens históricas, surgiram técnicas urbanísticas implicando necessariamente certas decisões do poder público, originariamente dos municípios: a técnica dos alinhamentos, a técnica das limitações da propriedade, a técnica das relações de vizinhança e das servidões urbanas. Mas a atuação pública se apresentava como um simples encaminhamento final das faculdades privadas, que eram substantivas no processo urbanizador. Essas faculdades privadas [...] partiam do direito de propriedade exercido sobre o solo pelos proprietários particulares. Sempre que o proprietário particular respeitasse essas mínimas determinações públicas de alinhamentos, servidões ou relações de vizinhança, ele estava absolutamente livre para edificar ou não, parcelar a sua gleba, inicialmente afetada a uma vocação rural, em lotes urbanos, aproveitar a sua propriedade da forma que quisesse ou lhe conviesse. Os proprietários eram, assim, os verdadeiros protagonistas do processo urbanístico. Hoje [...] esse sistema está radicalmente superado" (*Elementos de Direito Urbanístico*. Rio de Janeiro: Renovar, 1997, pp. 158-159). No mesmo sentido, José Afonso da SILVA: "A *determinação do direito de propriedade urbana* é fruto dos planos urbanísticos (gerais e especiais) e de outros procedimentos e normas legais, que definem a qualificação urbanística para cada parcela de terreno, determinando-se, assim, o objetivo da propriedade. A *fixação do conteúdo do direito de propriedade urbana*, isto é, das *faculdades do proprietário* em relação à edificação de seus terrenos, pode produzir 'ope legis' ou pelos planos, e normas edilícias" (*Direito urbanístico brasileiro*. 2. ed. São Paulo: Malheiros, 1997, p. 68).

[35] KONDER, Carlos Nelson. Qualificação e coligação contratual. *Revista Forense*, vol. 406, ano 105. Rio de Janeiro: nov.-dez./2009, p. 63.

[36] Na lição de Eduardo Nunes de SOUZA, "[c]ompreendido como um todo unitário (embora composto por fontes legislativas potencialmente conflituosas), entende-se que o ordenamento exige um tratamento uno também no que tange à sua interpretação e aplicação. A cada momento em que o intérprete se põe diante de um caso concreto, cumpre-lhe aplicar, não esta regra ou tal

isolados de um contexto histórico e social, mas vizinhos em área urbana ou rural, pertencentes a um bairro residencial ou industrial e assim por diante. As relações vicinais estão hoje de tal modo imersas no contexto social (tanto da cidade como no do campo) que não faz sentido relegar ao juiz intuir o que é o uso normal, quando tem diante de si uma miríade de normas destinadas a ordenar a propriedade.

Indo mais longe, é duvidosa a própria utilidade do termo uso normal, tida por vantajosa pela sua elasticidade, frente às tantas normas que hoje delimitam a propriedade. Não se trata de afastar ou reprimir a atuação ponderativa do juiz, que não é, afinal, mero reprodutor da lei, mas sim de reconhecer que, nessa ponderação entre o interesse do vizinho interveniente e o do prejudicado, deve o julgador lançar mão dos dados normativos presentes no sistema e não de um puro e simples juízo equitativo.

Desse modo, cremos que a ideia de uso normal, embora correntemente mencionada na jurisprudência,[37] tende a se tornar (se já não é) um termo de estilo, quase retórico, já que o julgador irá aplica, na verdade, as regras delimitativas da propriedade, em termos urbanísticos, ambientais e administrativos. E mesmo que se defenda o uso normal como um espaço de livre apreciação do juiz, tendo em vista que o legislador não tem mesmo como prever todas as hipóteses de conflito, esse espaço parece, de qualquer modo, residual.

3. Estrutura e função dos direitos de vizinhança: entre obrigação e responsabilidade

A compreensão de qualquer fenômeno jurídico envolve o exame de dois aspectos, o estrutural e o funcional. O aspecto estrutural diz com os elementos constitutivos de um determinado instituto (o que ele é), enquanto o aspecto

---

princípio, mas a ordem jurídica como um todo (o que equivale a afirmar que nenhuma norma pode ter seu sentido apreendido isoladamente sem a consideração global do sistema)" (Merecimento de tutela: a nova fronteira da legalidade no direito civil. In: MORAES, Carlos Eduardo Guerra de; RIBEIRO, Ricardo Lodi (Org.). *Direito UERJ 80 anos:* Direito Civil, vol. 2. Rio de Janeiro. Freitas Bastos, 2015, p. 77).

[37] Cf. STJ, REsp 1381211/TO, 4ª T., Rel. Ministro Marco Buzzi, julg. 15.5.2014, DJ 19.9.2014; TJRJ, Apelação 0018228-57.2011.8.19.0026, 20ª C.C., Rel. Des(a). Mônica de Faria Sardas, julg. 5.7.2017, DJ 10.7.2017; TJSP, Apelação 0014277-87.2003.8.26.0625, 30ª C.D.Priv., Rel. Maria Lúcia Pizzotti, julg. em 11.05.2016, DJ 20.05.2016; TJRS, 17ª Câmara Cível, Apelação 70063547814, Rel. Des. Gelson Rolim Stocker, julg. em 28.5.2015, DJ 2.6.2015.

funcional corresponde à sua finalidade (para que ele serve).[38] Parte da confusão em torno da responsabilidade civil entre vizinhos pode ser atribuída à falta de clareza em torno desses dois aspectos. A tentativa de considerar os direitos de vizinhança de maneira totalmente unitária é fadada ao insucesso, justamente por haver diferenças entre tais direitos, tanto do ponto de vista estrutural como funcional. É fácil perceber, por exemplo, que o direito do vizinho de cortar parte da árvore pertencente ao terreno alheio, quando esta invade o seu próprio, difere do direito de exigir um valor pela passagem forçada em sua propriedade. São direitos que se distinguem tanto do ponto de vista estrutural, porquanto um envolve *fazer* algo (cortar a árvore) enquanto o outro envolve *exigir* algo, quanto funcional, já que o primeiro visa preservar os limites entre as propriedades, enquanto o segundo visa disciplinar o uso do bem alheio.

Do ponto de vista estrutural, uma classificação bastante útil em matéria de vizinhança é aquela que distingue os direitos de vizinhança *gratuitos* dos direitos de vizinhança *onerosos*. Direitos de vizinhança gratuitos são aqueles que o ordenamento reconhece em favor de alguém sem nenhuma contrapartida. Existe uma interferência, às vezes até a incursão física na propriedade alheia, mas nada é devido ao proprietário que a suporta. Já os direitos de vizinhança onerosos implicam uma contrapartida pela interferência imposta ao vizinho.[39]

Em sede de direitos *onerosos* de vizinhança, o Código às vezes utiliza o termo indenização, a exemplo do direito de passagem forçada, situação em que, para chegar às vias de circulação, um proprietário precisa passar pelo imóvel vizinho. À vista de tal necessidade, o ordenamento confere ao proprietário a possibilidade de constranger o outro a admitir sua passagem; ao mesmo tempo, ele deve dispender uma soma a esse título, que a lei chama de indenização cabal.[40] Não se trata, contudo de uma indenização associada à responsabilidade civil, mas do preço pelo exercício de uma prerrogativa conferida pela lei.[41] Basta observar que essa indenização é prévia, isto é, antecede

---

[38] PERLINGIERI, Pietro. *O direito civil na legalidade constitucional*. Trad. Maria Cristina de Cicco. Rio de Janeiro: Renovar, 2008, p. 642-644; BOBBIO, Norberto. Em direção a uma teoria funcionalista do direito. In: *Da estrutura à função*: novos estudos de teoria do Direito. Barueri: Manole, 2007, p. 53.

[39] DANTAS, San Tiago. *O conflito de vizinhança e sua composição*, cit., pp. 264-265.

[40] Art. 1285 do Código Civil: "O dono do prédio que não tiver acesso a via pública, nascente ou porto, pode, mediante o pagamento de indenização cabal, constranger o vizinho a lhe dar passagem, cujo rumo será judicialmente fixado, se necessário".

[41] "Institui-se compulsoriamente uma *servidão*. A indenização é o preço dessa servidão" (GOMES, Orlando. *Direitos reais*, cit., p. 206). Para José de Oliveira ASCENSÃO, trata-se do preço da oneração ou sacrifício do direito alheio: "Esta 'indenização' tem a natureza de um preço. O direito foi atingido

o próprio exercício do direito,[42] e correspectiva do direito de vizinhança, deixando de ser devida se o dono do prédio impede a passagem.[43] O termo indenização, portanto, mais engana do que esclarece.[44] Da mesma maneira, os vizinhos precisam arcar conjuntamente com as despesas de demarcação de seus terrenos. Para isso, a lei confere a um vizinho o poder de constranger o outro a arcar com metade do valor.[45] Na impossibilidade de delimitar com exatidão as propriedades confinantes, pode eventualmente um deles adjudicar a área controversa, mediante indenização, nos termos da lei.[46] Mais uma

---

na sua estrutura jurídica e, como tal, desvalorizado. A indenização representa o preço, cobrindo o valor venal do elemento sacrificado" (Responsabilidade civil e relações de vizinhança. *Revista dos Tribunais*, vol. 595, ano 74. São Paulo: Revista dos Tribunais, mai./1985, p. 27).

[42] DANTAS, San Tiago. *O conflito de vizinhança e sua composição*, cit., p. 261; ASCENSÃO, José de Oliveira. Responsabilidade civil e relações de vizinhança, cit., p. 26-27; VIANA, Marco Aurelio S. *Comentários ao Novo Código Civil*, cit., p. 327.

[43] No sentido de que a indenização precede o exercício "Há, por conseguinte, de um lado, uma *extensão* do domínio de um, e, de outro, uma *limitação* ao seu direito de propriedade. Assim sendo, se se impedir o direito do primeiro, tem ele ação para exigir essa passagem, como um corolário de sua própria situação de dono da coisa; uma pretensão negatória e imprescritível dirigida contra o obrigado, no sentido de ser tolerado o uso da passagem. A indenização é um correspectivo desse dever imposto ao proprietário vizinho" (SERPA LOPES, Miguel Maria de. *Curso de Direito Civil*, vol. VI. 4. ed. Rio de Janeiro: Freitas Bastos, 1996, p. 535).

[44] Prova disso está nem um certo impasse da doutrina quanto à necessidade de que o proprietário do terreno demonstre prejuízo. Para alguns autores, se é de indenização que se trata, o valor só é devido se demonstrado o prejuízo. Nessa linha, cf. Darcy BESSONE: "[...] embora haja controvérsia a respeito, predomina a opinião de que, faltando prejuízo, nada haverá a indenizar. A hipótese será rara, porque, na grande maioria dos casos, haverá prejuízo a reparar, por mais medíocre que seja" (*Direitos reais*. 2. ed. São Paulo: Saraiva, 1996, p. 248). No sentido de que sempre haverá prejuízo a reparar, cf. VENOSA, Silvio de Salvo. *Direito civil*, vol. V. 5. ed. São Paulo: Atlas, 2005, p. 313. No direito espanhol, é esclarecedora a observação de Luis DIÉZ-PICAZO, ao comentar o *paso forzoso*. Segundo o autor, o termo "previa indemnización" apresentaria "*indudable equivocidad, pues puede referirse al daño o perjuicio que al prédio serviente ocasione el gravamen, como disse el inciso final del antes citado art. 564, pero puede referirse también a la disminución del valor económico que al dueño del predio serviente le puede ocasione el hecho de haber facilitado al dueño de predio dominante la utilización de su finca*" (*Fundamentos del Derecho Civil patrimonial*, vol. VI. Navarra: Thomson Reuters, 2012, p. 285).

[45] Art. 1.297 do Código Civil: "O proprietário tem o direito a cerca, murar, valar ou tapar de qualquer modo o seu prédio, urbano ou rural, e pode constranger o seu confinante a proceder com ele à demarcação entre os dois prédios, a aviventar rumos apagados e a renovar marcos destruídos ou arruinados, repartindo-se proporcionalmente entre os interessados as respectivas despesas".

[46] Art. 1.298 do Código Civil: "Sendo confusos, os limites, em falta de outro meio, se determinarão de conformidade com a posse justa; e, não se achando ela provada, o terreno contestado se dividirá por partes iguais entre os prédios, ou não sendo possível a divisão cômoda, se adjudicará a um deles, mediante indenização ao outro".

vez, o termo aqui não diz respeito à responsabilidade civil, mas ao preço pela porção litigiosa do terreno.

Se nessas situações não há que se falar em responsabilidade civil, há situações em que, de fato, um vizinho pode causar dano ao outro. O Código prevê que a pessoa tem o direito de entrar no terreno vizinho para buscar algo que lhe pertence ou efetuar uma obra[47] – um direito de vizinhança *gratuito*, vale frisar. Se nessa situação ocorrer algum dano na propriedade vizinha, o "visitante" deverá indenizá-lo.[48] Mas não existe aqui, a nosso juízo, nenhuma peculiaridade na relação de vizinhança; trata-se de uma hipótese ordinária de ato ilícito, em que será preciso aferir a culpa na conduta do vizinho.[49] Mesmo em se tratando de direito de vizinhança oneroso, como o da passagem forçada, é perfeitamente possível que se configure um dano a partir do momento em que o vizinho começa a destruir a propriedade do outro ou a invadir sua privacidade;[50] novamente, não há nada de peculiar em tal situação, exigindo-se do vizinho que passa pela propriedade do outro o mesmo dever de cuidado que se exigiria de quem, por qualquer motivo, precisasse entrar no imóvel alheio (um fiscal da saúde, por exemplo). São situações em que a indenização é apenas eventual, não já necessária, pois o exercício do direito, por si só, não acarreta o pagamento de qualquer valor pelo interveniente.[51]

Como se vê, a chamada indenização que um vizinho paga a outro constitui, por vezes, apenas o dever primário de uma relação obrigacional,[52] sem

---

[47] Art. 1313: "O proprietário ou ocupante do imóvel é obrigado a tolerar que o vizinho entre no prédio, mediante prévio aviso, para: I – dele temporariamente usar, quando indispensável à reparação, construção, reconstrução ou limpeza de sua casa ou do muro divisório; II – apoderar-se de coisas suas, inclusive animais que aí se encontrem casualmente".

[48] Art. 1313, §3º do Código Civil: "Se do exercício do direito assegurado neste artigo provier dano, terá o prejudicado direito a ressarcimento".

[49] No sentido de que a responsabilidade é objetiva, cf. TEPEDINO, Gustavo *et alii*. *Código civil interpretado conforme a Constituição da República*, cit., p. 663.

[50] A hipótese pode, inclusive, ser inversa, sobrevindo danos a quem exerce o direito de passagem.

[51] Orlando GOMES considera *eventual* a indenização em hipótese de entrada no prédio alheio, em contraste com a indenização *necessária* do direito de madeirar: "Quem entra e usa temporariamente o prédio vizinho, só estará adstrito ao pagamento de indenização, se causar dano" (*Direitos reais*, cit., p. 205). Diferentemente, seria *necessária* a indenização na hipótese do direito de madeirar, atual art. 1.305: "O confinante, que primeiro construir, pode assentar a parede divisória até meia espessura no terreno contíguo, sem perder por isso o direito a haver meio dela se o vizinho a travejar, caso em que o primeiro fixará a largura e a profundidade do alicerce".

[52] Se utilizarmos a noção dualista do vínculo obrigacional, veremos que a indenização estaria, apesar do nome, situada no débito, não já na garantia da relação obrigacional. Sobre a noção dualista da obrigação, confira-se a lição de SERPA LOPES: "Nessa concepção, as obrigações se desdobram em dois elementos complementares distintos: o primeiro, de caráter pessoal – *a dívida (SCHULD)*; o

guardar qualquer relação com a responsabilidade civil.[53] Em tais situações, obviamente, sequer se coloca a indagação acerca do fator de atribuição de responsabilidade, isto é, culpa ou risco. A conduta do vizinho corresponde ao exercício regular de um direito que, a depender das circunstâncias, será exercido com um preço, um ônus em sentido amplo, pela repercussão na propriedade alheia.

Sob a perspectiva funcional, é evidente que as normas de vizinhança têm por fim equilibrar propriedades vizinhas, o que nem sempre implicará no reconhecimento de um dever de indenizar. Como visto, a lei certas vezes contrabalança uma vantagem material reconhecida em favor de um vizinho com

segundo, de caráter patrimonial – *a responsabilidade (HAFTUNG)*. Enquanto na concepção monista nenhuma diferença há entre o cumprimento voluntário da prestação pelo devedor e a sua execução forçada no caso de inadimplemento, na concepção dualista, essas duas fases são absolutamente distintas, em razão de que a obrigação funciona não como um objeto do direito, senão como um *instrumento*, um meio de que a ordem jurídica se utiliza para assegurar ao credor o benefício ou a utilidade pretendidos com a realização da prestação" (*Curso de Direito Civil*, vol. II. 6. ed. Rio de Janeiro: Freitas Bastos, 1995, p. 11). No mesmo sentido, PEREIRA, Caio Mário da Silva. *Instituições de Direito Civil*, vol. II. 22. ed. Rio de Janeiro: Forense, 2009, p. 25-26. A indenização como dever primário em casos de direito de vizinhança oneroso recebeu a atenção de San Tiago DANTAS, que adotou, na esteira da doutrina italiana, uma diferença entre indenização e ressarcimento: "Estes [ressarcimentos] têm um caráter de obrigação secundária, isto é, surgem no lugar de outra que se deixou de cumprir (fosse obrigação contratual, fosse um *neminem laedere*); aquelas [indenizações] têm caráter de obrigação primária, isto é, surgem imediatamente, como consectário do exercício de um direito" (*O conflito de vizinhança e sua composição*, cit., p. 255).

[53] É bom ressaltar que o termo indenização no Código Civil nem sempre se associa com a responsabilidade civil: "Indenização, nomeadamente, é usada em muitos sentidos. Um deles é, simplesmente, o de preço" (ASCENSÃO, José de Oliveira. *Responsabilidade civil e relações de vizinhança*, cit., p. 21). Tome-se como exemplo, a aquisição da propriedade imóvel: na hipótese de avulsão, o dono do prédio que recebe porção de terra do outro tem a opção entre consentir que se remova aquela porção ou agregá-la de vez ao seu patrimônio, pagando o valor correspondente – Art. 1251: "Quando, por força natural violenta, uma porção de terra se destacar de um prédio e se juntar a outro, o dono deste adquirirá a propriedade do acréscimo, se indenizar o dono do primeiro ou, sem indenização, se, em um ano, ninguém houver reclamado". Em tal situação, o verbo "indenizará", utilizado pela lei, não deve levar à conclusão de que existe algum dano a reparar, ocorrendo, na verdade, uma aquisição *onerosa* da propriedade. Como lecionava Orlando GOMES: "A *avulsão* só é forma de *acessão* quando o proprietário do terreno acrescido não consente que a porção de terra seja removida. Atribui-lhe a lei o *direito de opção* entre aquiescer que se remova a parte acrescida ou indenizar o dono do terreno do qual se destacara a porção de terra. Se prefere indenizar, torna-se proprietário da parte acrescida, verificando-se, então a *acessão* por *avulsão*." (GOMES, Orlando. *Direitos Reais*. 12. ed. Rio de Janeiro: Forense, 1997, p. 155). É justamente pela inexistência de dano que o prazo para que o antigo proprietário da porção de terra a reclame é decadencial. Cf. GOMES, Orlando. *Direitos reais.*, cit., p. 156; RODRIGUES, Silvio. *Direito civil*, vol. V. 28. ed. São Paulo: Saraiva, 2003, p. 102.

uma vantagem pecuniária em favor do outro, de sorte a preservar a situação de cada qual (direito oneroso). Em outras situações, o ônus de uma atividade fica inteiramente a cargo do incomodado (direito gratuito). Em outras situações, diametralmente opostas, o vizinho poderá tolher a atividade mesmo sem demonstrar um prejuízo, como acontece nas ações de dano infecto,[54] bastando a iminência de um dano para que o ordenamento proíba a interferência, não havendo que se falar em qualquer direito, gratuito ou oneroso, do interveniente.

Portanto, sob o aspecto funcional, o que orienta a normativa da vizinhança não é necessariamente a reparação dos danos ocasionados entre os vizinhos, mas a conservação das respectivas esferas jurídicas. Para isso, o ordenamento pode coibir certa atividade, permiti-la de forma gratuita ou permiti-la de forma onerosa, mediante uma prestação pecuniária em favor do vizinho.[55]

4. Responsabilidade objetiva e direito de vizinhança: traços de uma trajetória comum e a busca por um elemento de imputabilidade do dano entre vizinhos

Antes do surgimento da responsabilidade civil objetiva, o dever de indenizar se fundava no ato ilícito, cujo principal elemento era (e ainda é) a culpa. A noção de agir culposo remetia, no mais das vezes, a uma avaliação moral da conduta do indivíduo, oferecendo grandes dificuldades interpretativas e probatórias.[56] A construção de uma ideia de responsabilidade sem culpa não se deu sem as dificuldades do apego ao paradigma então reinante, de sorte que, por muito tempo, a culpa foi elasticada ao limite, ao invés de simplesmente abandonada.[57]

---

[54] Art. 1280 do Código Civil: "O proprietário ou o possuidor de um prédio, em que alguém tenha direito de fazer obras, pode, no caso de dano iminente, exigir do autor delas as necessárias garantias contra o prejuízo eventual". Como lecionava PONTES DE MIRANDA: "A ação de dano infecto tem como pressuposto a futuridade do dano" (*Tratado de Direito Privado*, t. XIII. Rio de Janeiro: Borsoi, 1955, p. 309).

[55] Na lição de San Tiago DANTAS, "há prejuízos que devem ficar com quem os sofre, e portanto impõe-se uma distinção clara entre os atos que entram na legítima esfera de ação do proprietário e que o vizinho deve tolerar, e os atos que transcendem aquela esfera, justificando não só a defesa dos seu domínio ameaçado, como também o pedido de perdas e danos" (*O conflito de vizinhança e sua composição*, cit., p. 75).

[56] Por todos, v. SCHREIBER, Anderson. *Novos paradigmas da responsabilidade civil*: da erosão dos filtros de reparação à diluição de danos. 5. ed. São Paulo: Atlas, 2013, p. 17).

[57] Na lição de Alvino LIMA: "O progresso trouxe-nos um sem-número de novas causas produtoras

Nesse particular, a relação entre vizinhos sempre suscitou dificuldades, na medida em que uma aferição psicológica da conduta do vizinho era tão difícil que tornava necessário alargar a ideia de culpa até o ponto de, num verdadeiro paradoxo, esvazia-la.[58] Exemplo dessa dificuldade encontra-se na teoria dos irmãos MAZEAUD, para quem a culpa na relação de vizinhança existiria na medida em que o dano vivenciado por um proprietário fosse excessivo.[59] Nessa acepção, sempre que o dano fosse de determinada monta, haveria culpa, encerrando uma espécie de relação algébrica e circular entre esses elementos.[60]

Também controversa foi a ideia de Maurice PICARD, para quem a culpa não existiria na causação do incômodo excepcional, mas na recusa de reparação que acompanhasse o ato nocivo.[61] Houve quem sustentasse a ideia de

---

de danos, para cuja solução jurídica satisfatória e justa o conceito individualista da culpa, fundada sobre a imputabilidade moral, com prova da negligência ou da imprudência, não era suficiente. Mas os doutrinadores, como a jurisprudência, lançaram mão de processos técnicos de alargamento, a mais e mais, daquele conceito, sem abandonarem, entretanto, o fundamento jurídico da responsabilidade extracontratual" (*Culpa e risco*, cit., p. 70).

[58] Nesse contexto, "[...] a extensão do conceito de culpa se alonga de tal forma que chegamos apenas a um emprego de palavras, com as quais os defensores da teoria da culpa se apegam aos princípios, apenas nominalmente; na realidade, o fundamento jurídico de tais construções doutrinárias é bem diverso" (LIMA, Alvino. *Culpa e risco*, cit., pp. 91-92).

[59] MAZEAUD, Henri e Leon. *Traité théorique et pratique de la responsabilité civile délictuele et contractuelle*, t. 1. 4. ed. Paris: Librairie du Recueil Sirey, 1947, p. 587. Na doutrina brasileira, veja-se a crítica de Wilson Melo da SILVA: "Mas não haveria um verdadeiro paradoxo nessa concepção de culpa, na qual seu elemento espiritual, a intenção, fosse substituído por uma questão de número ou de quantidade? Não haveria em tal fato materialização da culpa, objetivação dela? Se assim efetivamente aqui sucede, outra alternativa não haveria senão admitir-se que a culpa ou não-culpa se afere, para os irmãos Mazeaud, nos *jura vicinitatis*, não em correspondência com estalões subjetivos, mas... objetivos" (*Responsabilidade sem culpa*. 2. ed. São Paulo: Saraiva, 1974, p. 90).

[60] "Comentando a teoria dos irmãos Mazeaud, mostra Paul Leyat, em excelente monografia sobre a matéria, que na referida teoria a culpa e o dano se confundem, reduzindo-se a uma expressão algébrica: se o prejuízo não é inferior à quantidade 'a', a atividade não é culposa; e o prejuízo é superior à quantidade 'a', de uma quantidade 'x' ou seja, o mesmo que o próprio dano. Não há, consequentemente, análise do ato, mas de suas consequências; ora, ter em apreço somente o valor excessivo do dano é fazer abstração da intenção, da consciência, em uma palavra – da culpa" (LIMA, Alvino. *Culpa e risco*, cit., p. 92).

[61] "*La faute ne consiste pas ici dans l'acte nocif, puisqu'il est l'exercice régulier d'un droit, mais dans le refus d'une réparation qui doit accompagner l'acte. A ce point de vue, il y a quelque chose d'exact dans la conception de l'obligation de voisinage. S'il est vrai que toute faute constitue la violation d'une obligation légale préexistante, il faut déduire de la consécration de la responsabilité du propriétaire cette règle que, dans certains cas, le droit de propriété ne peut être exercé que moyennant la réparation du dommage causé*" (PICARD, Maurice. Les biens. In: PLANIOL, Marcel; RIPERT, Georges. *Traité pratique de droit civil français*, t. III. 2. ed. Paris: Librairie Général de Droit et de Jurisprudence, 1952, p. 465). Como explica Alvino LIMA, esse sistema "é a negação completa da culpa clássica, porque nele tudo se reduz à recusa

culpa a partir da guarda da coisa,[62] enquanto outros simplesmente afastaram o direito de vizinhança dos esquemas da responsabilidade, defendendo a ideia de obrigação *propter rem*,[63] ou mesmo de obrigação costumeira da vizinhança.[64] Na linha de um sistema misto entre regras de propriedade e regras de responsabilidade civil, Paul LEYAT defendia uma culpa própria da vizinhança, a *imissio*, que seria a transposição dos limites da propriedade que provoca um dano não tolerável.[65]

Um dos primeiros autores a afastar a ideia de culpa nessa seara foi Louis JOSSERAND, apregoando que o dever de indenizar entre vizinhos adviria do risco da exploração da propriedade, na linha do chamado risco-proveito.[66] Georges RIPERT, que teria primeiramente defendido a responsabilidade a partir do risco, mais tarde passou a defender a noção de ato anormal, entendido como aquele que excede os inconvenientes da vizinhança, sem que houvesse, de qualquer forma, que se perquirir um elemento volitivo.[67]

---

do proprietário de não pagar o dano sofrido pelo vizinho. Todas as vezes, pois, que haja recusa de pagamento de um dano, muito embora esta obrigação de ressarci-lo repouse em um dispositivo legal, que consagre a teoria do risco, haverá culpa. Deste modo, este original conceito de culpa, ao invés de se caracterizar como um fundamento jurídico do risco, passou a ter um *sentido genérico de simples violação de qualquer obrigação*" (Culpa e risco, cit., pp. 95-96)

[62] BESSON, Andre *apud* Alvino Lima. *Culpa e risco*, cit., pp. 96-97.

[63] CAPITANT, Henry. Des obligations de voisinage et spécialmente de l'obligation qui pése sur le propriétaire de ne causer alcun dommage au voisin. *Revue critique de législation et de jurisprudence*, t. 29, ano 49. Paris: F. Pichon, 1900, pp. 156-187.

[64] BLAISE, Jean-Bernard. Responsabilité et obligations coutumières dans les rapports de voisinage. *Revue Trimestrielle de Droit Civil*, vol. 63. Paris: Dalloz, 1965, p. 284.

[65] LIMA, Alvino. *Culpa e risco*, cit., p. 170.

[66] "Na realidade, esta responsabilidade é de ordem objetiva; ela se explica não por uma falsa direção impressa ao direito, mas pela intensidade mesma do dano causado; ela deriva, não de um delito, mas do risco particular, exorbitante do direito comum, que o proprietário ou o chefe do estabelecimento haja criado, no seu próprio interesse e sem reciprocidade possível; esse risco deve recair, em última análise, não sobre um terceiro, estranho a sua criação como a sua utilidade, mas sobre quem por si mesmo o tenha causado e que, ao receber seus proveitos, está perfeitamente designado para assumir suas incidências perigosas: *ubi emulumentum ibi et onus esse debet*" (De l'esprit des droits et de leur relativité, cit., p. 21. Tradução livre).

[67] "[...] quando um proprietário pratica nas suas propriedades um ato prejudicial ao interesse dos seus vizinhos e que excede a medida normal dos inconvenientes da vizinhança, este proprietário deve ser declarado responsável pelo prejuízo causado às propriedades vizinhas. Pode ser que ele tenha agido com intenção de prejudicar; o caráter doloso do ato encontra-se absorvido de qualquer maneira no seu caráter excepcional. A única consequência que poderia trazer consigo a intenção dolosa seria a sanção duma reparação *in natura*" (RIPERT, Georges. *A regra moral nas obrigações civis*. 2. ed. Trad. de Osório de Oliveira. Campinas: Bookseller, 2002, pp. 177-178). Em comentário à teoria, José Procópio de CARVALHO asseverava que "a intenção, para o grande tratadista, entra

Dessa miríade de teorias se depreende uma preocupação não com a conduta do agente, mas com o dano que o vizinho sofre em virtude dela.[68] Por conta disso, a teoria de Boris STARCK, pretensamente equidistante das ideias de culpa e risco, enxergava no dever de indenizar uma garantia em favor da vítima, nada havendo, em termos de vizinhança, que justificasse a proteção da atividade prejudicial, se o que está em jogo é a segurança da pessoa e de seus bens.[69] O grande mérito da teoria foi o de conciliar, até certo ponto, boa parte das teorias aviventadas na doutrina francesa, reconduzindo-as à ideia geral do *neminem laedere*.[70]

Portanto, a centralidade da discussão na dogmática da vizinhança está no dano sofrido, não no dano causado. Como cediço, a centralização do dano

---

apenas como elemento quantitativo. Não é um pressuposto indispensável da responsabilidade" (A responsabilidade do proprietário em face do direito de construir e das obrigações oriundas da vizinhança. *Revista Forense*, vol. 144, ano 49. Rio de Janeiro: nov./1952, p. 541). Quanto à suposta modificação no entendimento de RIPERT, veja-se MATTIA, Fábio de Maria. Direito de vizinhança e a utilização da propriedade imobiliária urbana: limites e consequências, cit., pp. 368-369.

[68] "Como observou San Tiago DANTAS, ao comentar a teoria do uso normal de IHERING: "[...] em teoria, e mesmo em alguns casos concretos, podemos supor que o uso anormal de um imóvel produza incômodos normalmente suportáveis; ninguém pensaria, num caso desses, em proibir o uso, de modo que o momento da recepção do incômodo, e não o da sua produção, é que se mostra tecnicamente decisivo para o qualificar como intolerável ou tolerável" (*O conflito de vizinhança e sua composição*, cit., p. 277). Como asseverou José Procópio de CARVALHO, em análise às teorias de RIPERT, JOSSERAND e BONFANTE: "O ponto culminante, para todos eles, é o resultado, em sua extensão. Impondo-se o dever de reparar um prejuízo, não se está visando a punição de uma atividade. O que se pretende, em suma, é distribuir sacrifícios, em ordem à igualdade" (A responsabilidade do proprietário em face do direito de construir e das obrigações oriundas da vizinhança, cit., p. 541).

[69] "Se compartilhamos da ideia de que a lei garante a integridade de nossos bens e de nossa pessoa contra a atividade prejudicial de outros homens, não percebemos por que o fato de o perpetrador exercer sua atividade nociva dentro do quadro jurídico da propriedade lhe concederia espaço especial para causar prejuízo. A propriedade é reconhecida aos homens a fim de que possam mais facilmente prejudicar os outros homens?" (STARCK, Boris. *Essai d'une théorie générale de la responsabilité civile considérée en sa double fonction de garantie et de peine privée*. Paris: L. Rodstein, 1947, p. 189. Tradução livre).

[70] DANTAS, San Tiago. *O conflito de vizinhança e sua composição*, cit., p. 158. Destaque-se a observação de Arnoldo WALD, acerca da teoria de STARCK, reproduzida por San Tiago DANTAS: "A revolução feita por STARCK consiste em abandonar o ponto de vista do autor do dano da justiça de seu comportamento, para atender à vítima ao agente passivo. Em vez do direito de não reparar os danos causados involuntariamente sem culpa, voltamos o nosso pensamento para o direito inerente a cada ser humano, direito à segurança. O que o direito moderno reconhece sob os disfarces da técnica que são a guarda da coisa, o encarregado dos riscos, a obrigação contratual de segurança, é na realidade o direito intangível que cada um tem à saúde, à integridade física corpórea, à conservação de seus bens" (*Idem*, p. 158).

permitiu, em termos teóricos, a expansão das hipóteses de responsabilidade objetiva, em paralelo ao surgimento de novos danos.[71] Se há algo de comum entre os problemas de vizinhança e a responsabilidade objetiva é a ideia de que não é preciso um juízo de reprovação da conduta do indivíduo para que se lhe imponha o dever de indenizar.

Na própria doutrina francesa, o afastamento do ato ilícito na relação vicinal foi tão chocante que gerou a dificuldade de se identificar o prejuízo sofrido pelo vizinho como um dano. É o que se depreende da doutrina de René CHAPUS, para quem a compensação dos problemas de vizinhança remete ao preço pelo exercício regular de um direito e não à compensação de um dano.[72] Vem daí, também, a ideia de que os direitos de vizinhança onerosos seriam uma espécie de expropriação no interesse privado, porque há indenização, embora não caiba falar em ilicitude.[73]

---

[71] A respeito do chamado "giro conceitual" do ato ilícito para o dano injusto, cf. GOMES, Orlando. Tendências modernas na teoria da responsabilidade civil. In: DI FRANCESCO, José Roberto Pacheco. *Estudos em homenagem ao Professor Silvio Rodrigues*. São Paulo: Saraiva, 1989, pp. 291-302.

[72] "A soma devida em matéria de expropriação, de requisição, de fato do príncipe, como a matéria de problemas de vizinhança, não é juridicamente, qualquer que seja o nome corrente, outra coisa que não um preço determinado segundo modalidades variáveis. Em definitivo, da mesma forma que um comprador regular e conscientemente priva o vendedor de sua propriedade e que a administração impõe regular e voluntariamente um sacrifício a um particular, expropriando ou requisitando seus bens, ou ao contratante, impondo-lhe novas obrigações, da mesma forma a pessoa, pública ou privada, a quem um problema de vizinhança pode ser imputado impõe esse transtorno regular e conscientemente à vizinhança e, nesse caso, como nas hipóteses precedentes, o que ele deve juridicamente é o preço de uma atividade lícita; portanto, esta matéria está fora do quadro geral da responsabilidade civil" (CHAPUS, René. *Responsabilitè publique et responsabilitè privée*: les influences reciproques des jurisprudences administrative et judiciaire. Paris: Libr. Générale de Droit et de Jurisprudence, 1957, p. 341. Tradução livre). Cf., também, YOCAS, M. Costas P. *Les troubles de voisinage*. Paris: Pichon et R. Durand-Auzias, 1966, p. 129.

[73] Por todos, v. BEVILAQUA, Clovis. *Direitos das coisas*. Rio de Janeiro: Freitas Bastos, 1941, vol. 1, p. 195. A ideia de desapropriação no interesse privado é encontradiça nas lições do jurisconsulto lusitano CORRÊA TELLES, ao abordar o aqueduto e a passagem forçada como hipóteses de venda coacta (CORRÊA TELLES, J. H. *Digesto Português*, tomo III. Coimbra: Imprensa da Universidade, 1836, pp. 67-69). Como observa San Tiago DANTAS: "Pode-se censurar a CORRÊA TELLES a ousadia do sistema, ou a sua inclinação exagerada para submeter o domínio a *vendas coactas*. Mas deve-se reconhecer a sua aguda compreensão dos institutos jurídicos, quando irmana numa classe única desapropriações públicas e particulares, mostrando-nos o fundo comum entre umas e outras, e autorizando à interpretação analógica o largo escambo de suas peculiaridades" (*O conflito de vizinhança e sua composição*, cit., pp. 260-261). José de Oliveira ASCENSÃO, comentando a ideia de desapropriação no interesse particular, afirma que "[c]om esta segunda categoria, aparentemente paradoxal, designam-se aquelas situações em que a lei resolve um conflito entre sujeitos particulares através do sacrifício de um dos direitos reais em presença, em benefício do outro titular. A unificação tem valia científica. Um dos aspectos relevantes está justamente na caracterização

Para todos os efeitos, parece que a responsabilidade objetiva e os problemas de vizinhança têm algo de comum em sua origem, como seja, a supressão da avaliação da culpa na conduta do sujeito, em atenção ao prejuízo que o vizinho sofre. Aliás, toda a discussão em torno do que seria o uso normal ou necessário da propriedade veio por ocasião da atividade industrial. Assim como os danos causados pela indústria nas relações de trabalho e consumo exigiram o abandono do paradigma da culpa, também os impactos sobre os proprietários vizinhos não podiam depender da intenção ou da previsibilidade do agente. Daí a caracterização da responsabilidade do vizinho como objetiva.[74]

Mas, se essa responsabilidade independe de culpa, resta encontrar um critério de imputação pelo qual a lei determine o dever de indenizar.[75] A ideia de risco na vizinhança é inapropriada, porque o vizinho pode não exercer qualquer atividade arriscada. A ideia de guarda da coisa é, por sua vez, incompleta, porque não explica as situações em que o dano provém do simples uso da coisa (produção de gases, calores, odores, etc.).[76]

Também se sustentou que a responsabilidade entre os vizinhos adviria de um abuso do direito.[77] Mais uma vez, a solução é apenas parcial: se é certo

---

unitária do preço, a pagar em contrapartida da desapropriação. Este é um elemento indispensável em qualquer das formas de desapropriação" (*Responsabilidade civil e relações de vizinhança*, cit., p. 22).

[74] MIRANDA, Francisco Cavalcanti Pontes de. *Tratado de Direito Privado*, cit., p. 301.

[75] Fator de atribuição é o fundamento da reparação civil e pode ser, de acordo com a doutrina, subjetivo ou objetivo. Os fatores subjetivos de atribuição seriam o dolo e a culpa, vinculados a uma análise valorativa da conduta do sujeito, enquanto os objetivos constituem uma séria aberta (e em constante expansão) de critérios legais de imputação, para os quais é irrelevante a voluntariedade e a culpabilidade. Cf. FONTES, André. Os fatores de atribuição na responsabilidade por danos. *Revista da EMERJ*, vol. 5, ano 2. Rio de Janeiro: EMERJ, 1999, pp. 213-124. Alguns autores, como Fernando NORONHA, adotam a nomenclatura "nexo de imputação", mas que parece ter o mesmo significado. V. NORONHA, Fernando. *Direito das obrigações*. 4. ed. São Paulo: Saraiva, 2013, pp. 495-497.

[76] Como bem sintetizou Caio Mário da Silva PEREIRA, "a ideia de dano causado pelo 'fato das coisas' dirige-se para aquelas situações em que a ocorrência do prejuízo origina-se de circunstância em que não há ação direta do sujeito que predomina no desfecho prejudicial, porém o acontecimento ou o fato desenvolve-se de modo material" (*Responsabilidade civil*, cit., p. 144). Também Sérgio CAVALIERI: "[s]ó se deve falar em *responsabilidade pelo fato da coisa* quando ela dá causa ao evento sem a conduta direta do dono ou de seu preposto [...]" (CAVALIERI, Sérgio. *Programa de responsabilidade civil*. 11. ed. São Paulo: Atlas, 2014, p. 257).

[77] BARRETO, Cunha. O problema da responsabilidade nas relações de vizinhança. *Revista dos Tribunais*, vol. 126, ano 29. São Paulo: Revista dos Tribunais, jul./1940, p. 453; DIAS, José de Aguiar. *Da responsabilidade civil*, cit., pp. 479-480; FULGÊNCIO, Tito. *Direitos de vizinhança*: limites de prédios. 2. ed. Rio de Janeiro: Forense, 1959, p. 13; LALOU, Henri. *Traité pratique de responsabilité civile*. 4. ed. Paris: Dalloz, 1949, pp. 542 e 544.

que, havendo abuso do direito e dano ao vizinho, haverá responsabilidade, a solução não alberga inúmeras situações em que o dano é produzido sem que haja o exercício disfuncional da situação jurídica (ponto que se irá retomar no próximo tópico). Por outro lado, a invocação do abuso é apenas uma troca de perspectiva, pois é o mesmo que dizer que a responsabilidade é fundada no ato ilícito sem indicar o elemento de imputabilidade por força do qual aquele agente responderá, o que remete ao não superado problema da objetivação do abuso do direito.[78]

Alguns autores advertem que o dever de indenizar previsto nas situações de vizinhança não remete nem ao ato ilícito nem ao abuso do direito, mas adviria da simples titularidade da relação jurídica real. Assim como a situação proprietária ou possessória atrai a incidência de certos ônus, direitos reais de garantia e outros gravames, traria também o dever de indenizar sempre que, na composição de um conflito de interesses, o ordenamento considerasse haver uma interferência desmedida na esfera alheia.

O entendimento radica na doutrina de Henry CAPITANT, que propunha a existência de um vínculo obrigacional entre vizinhos, oriundo da titularidade do direito real; seriam, portanto, obrigações *propter rem*, que vinculariam todo aquele que ocupasse a posição de proprietário ou possuidor do prédio.[79] Desse

---

[78] Com efeito, muitos autores entendem que o abuso do direito é objetivo, prescindindo da prova da culpa, bastando que haja uma desconformidade entre o exercício da situação jurídica e os valores do ordenamento (MIRAGEM, Bruno. *Abuso do direito*, cit., p. 178; TEPEDINO, Gustavo *et alii*. *Código civil interpretado conforme a Constituição da República*, vol. I. 2. ed. Rio de Janeiro: Renovar, 2007, p. 346; CARPENA, Heloisa. O abuso de direito no Código Civil de 2002 (art. 187): relativização dos direitos na ótica civil-constitucional. In: TEPEDINO, Gustavo (Coord.). *A parte geral do novo Código Civil*: estudos na perspectiva civil-constitucional. 3. ed. Rio de Janeiro: Renovar, 2007, p. 416). Entretanto, é de se questionar se essa desconformidade já não denota um desvio de conduta, isto é, uma culpa objetivada, tratando-se, portanto, de responsabilidade subjetiva: "[...] se boa parte da doutrina afirma que a responsabilidade pelos danos em ato abusivo objetivou-se, forçoso compreender que se trata de responsabilidade subjetiva por culpa normativa, não já de responsabilidade objetiva, no que o abuso do direito não difere, afinal, fundamentalmente do próprio ato ilícito. As duas categorias [...] distinguem-se em sua configuração, mas não no mecanismo de reparação dos danos que delas possam advir" (SOUZA, Eduardo Nunes de. Abuso do direito: novas perspectivas entre a licitude e o merecimento de tutela. *Revista Trimestral de Direito Civil*, ano 13, vol. 50. Rio de Janeiro: Padma, abr.-jun./2012, pp. 77-78); "Mesmo na figura do abuso do direito, entendida hoje, em sua acepção mais objetiva, como o exercício de uma situação jurídica subjetiva em divergência com a sua finalidade axiológico-normativa, muitos autores sustentam ser imprescindível a possibilidade de o causador do dano agir de modo diverso" (SCHREIBER, Anderson. *Novos paradigmas da responsabilidade civil*, cit., p. 161).

[79] CAPITANT, Henry. Des obligations de voisinage et spécialement de l'obligation qui pèse sur le propriétair de ne causer alcun dommage au voisin, cit., p. 162.

modo, os deveres que um vizinho tem perante o outro não emanam de uma manifestação de vontade, mas pura e simplesmente da situação proprietária (ou, de qualquer modo, possessória), vinculando-o a tais deveres enquanto for sujeito daquela relação real.

A questão delicada nessa sede é que a doutrina de CAPITANT, assim como aquelas que nela se apoiam, retiram o direito de vizinhança da esfera da responsabilidade civil e o coloca na da propriedade. Nessa linha, ao tratar dos direitos de vizinhança no direito português, José de Oliveira ASCENSÃO explica que:[80]

> o que caracteriza o direito de vizinhança como tal é o dever reciprocamente estabelecido de *respeitar o estado dos lugares*. E este tanto releva quando a alteração for devida a culpa, como quando o não for. A propriedade imóvel defende-se objetivamente, e não por qualquer posição subjetiva de um eventual infrator [...].
> O facto de o proprietário não ter tido culpa é nesse domínio irrelevante; o direito de vizinhança funda-se numa modificação objetiva do estado dos lugares que o vizinho não é obrigado a suportar, e não numa reação a um ato ilícito.

Também Everaldo CAMBLER e Andrea LUPO afastam a ideia de uma responsabilidade civil de vizinhança:[81]

> Ao afirmarmos que é prescindível a culpa para caracterização do conflito de vizinhança, não estamos dizendo que se trata de responsabilidade objetiva ou que possa ser explicada pela teoria da responsabilidade sem culpa. Essa confusão deve ser desde já repelida. A doutrina que procura, sob essas teorias, explicar a desnecessidade da culpa no conflito de vizinhança esquece-se da premissa por nós já posta: o dever do proprietário ou possuidor no regime jurídico do direito de vizinhança se dá em decorrência da titularidade da coisa (*ex re*), e sob princípios específicos sujeitos a uma construção que lhe é inteiramente própria e não sob aqueles do direito comum da responsabilidade civil.

Já Luciano de Camargo PENTEADO, que parte da mesma ideia de titularidade do bem, entende que haveria sim uma responsabilidade, mas ela seria *ex re*, fundada em um risco específico:[82]

---

[80] ASCENSÃO, José de Oliveira. *Direito civil*: reais. 5. ed. Coimbra: Coimbra, 2012, pp. 251-252.
[81] O ilícito e a interferência prejudicial: possibilidade de sobreposição e não necessidade de coexistência para configuração do uso anormal da propriedade, cit., p. 7.
[82] PENTEADO, Luciano de Camargo. *Direito das coisas*. 3. ed. São Paulo: Revista dos Tribunais, 2014, 443.

[...] a responsabilidade do titular da situação de direito das coisas, em matéria de vizinhança, independe de culpa no seu comportamento, tendo por critério de imputação justamente a coisa objeto da situação jurídica. Donde ser possível falar, com clareza, de um *gênero* de responsabilidade que não é a responsabilidade subjetiva, nem a objetiva, relacionada ao risco da atividade que justifica a imputação à vista do proveito, mas de uma responsabilidade que decorre da coisa (responsabilidade *ex re*). Trata-se de um risco social decorrente da exposição daquele que a passa a possuir ou dominar juridicamente um imóvel. Daí a desnecessidade de prova de culpa no comportamento interferente, mas a fixação da responsabilidade demanda o elemento geográfico imobiliário e o elemento humano de um comportamento interferente, o qual, se inexiste, impede a concreção do liame de responsabilidade.

Permanece, portanto, uma indefinição: se é certo que a responsabilidade não advém da intenção do agente, resta saber se é de responsabilidade objetiva que se está a cuidar ou de uma outra fonte obrigacional.[83] A jurisprudência passa ao largo dessa discussão, valendo-se tão somente da noção de uso nocivo da propriedade, o que significa, em termos práticos, a dispensa da prova da culpa.[84] Mas o uso nocivo, por si só, é um elemento a ser melhor delimitado,

---

[83] Para Robert Joseph POTHIER, a vizinhança seria um quase-contrato, constituindo-se como fonte autônoma de obrigações: "*Le voisinage est un quasi-contrat qui forme des obligations réciproques entre les voisins, c'est-à-dire, entre les propriétaires ou possesseurs d'héritages contigus les uns aux autres*" (Traité du contract de société. In: DUPIN, M. (Org.). *Oeuvres de Pothier, contenant les traités du droit français*, vol. III. 9. ed. Paris: Bechet Aîné, 1825, p. 549). A definição de quase-contrato é do mesmo POTHIER: "*On appelle quasi-contrat, le fait d'une personne permis par la loi, qui l'oblige envers une autre, ou aglige une autre personne envers elle, sans qu'il intervienne aucune convention entre elles.* [...] *Dans les contrats, c'est le consentement des partis contractantes qui produit l'obligation ; dans les quasi-contrats, il n'intervient aucun consentement, et c'est la loi seule ou l'équité naturelle qui produit l'obligation, en rendant obligatorie le fait d'où elle résulte. C'est pour cela que ces faits sont appelés* quasi-contrats [...]" (*Traité des obligations*. Paris: Dalloz, 2011, pp. 52-53). Até hoje não consenso na doutrina brasileira quanto às fontes da obrigação, como observa Marcelo Junqueira CALIXTO: "Também a doutrina contemporânea não se entende quanto às fontes, apresentando-as em maior ou menor número e ressaltando o papel desempenhado pela lei neste contexto" (Reflexões em torno do conceito de obrigação, seus elementos e suas fontes. In: TEPEDINO, Gustavo. *Obrigações*: estudos na perspectiva civil-constitucional. Rio de Janeiro: Renovar, 2005, p. 26). Também Fernando NORONHA observa essa dificuldade, sugerindo o agrupamento das obrigações de acordo com a função que desempenham (*Direito das obrigações*, cit., pp. 432 e 435 e ss.)

[84] Cf., exemplificativamente, STJ, REsp 1381211/TO, 4ª T., Rel. Ministro Marco Buzzi, j. em 15.05.2014, DJ 19.09.2014; TJRJ, Apelação 0005764-41.2014.8.19.0205, 13ª C.C., Rel. Des. Mauro Pereira Martins, j. e 18.10.2017, DJ 20.10.2017; TJRS, Apelação 70069917821, 20ª C.C., Rel. Des. Glênio José Wasserstein Hekman, julg. em 31.5.2017, DJ 13.6.2017.

não obstante a consideração quase sempre intuitiva que dele se faça.[85] O que se pode afirmar é que não existe uma definição apriorística do que é uso nocivo, que só se revela pela causação ou iminência de um ato não tolerável.[86] Ao fim e ao cabo, todas as noções construídas pela doutrina – guarda, culpa, risco – são problemáticas ao tentarem definir aprioristicamente do elemento de imputação, quando, na realidade, só no caso concreto, pelo confronto entre os interesses do interveniente com os do prejudicado, é que se verifica se um determinado uso excede ou não a normalidade e portanto, torna responsável o seu agente.[87]

Está fora de dúvida, por outro lado, que o ato de que se cogita é lícito, não havendo coibição sem que outro interesse esteja em jogo, o que é de todo coerente com a ideia de equilíbrio na relação de vizinhança.[88] Nada impede a ocorrência de ato ilícito ou mesmo de abuso do direito, hipóteses em que não será necessário demonstrar um prejuízo incomum.[89] Se existe uma pecu-

---

[85] Segundo Vilson Rodrigues ALVES, o uso nocivo é um ato-fato contrário ao direito, sendo ilícito em sentido amplo, obrigando a indenizar independentemente da intenção do sujeito (*Uso nocivo da propriedade*, cit. 344-345). Para Marco Aurelio S. VIANA seria um ato lesivo, isto é, regular, mas que repercute na esfera de interesse do vizinho (*Comentários ao Novo Código Civil*, cit., p. 300).

[86] "Se inexiste efeitos do uso da propriedade do vizinho, nocivos ao legitimado ativo, *tollitur quaestio*: não se produzindo dano, improcedem a pretensão e a ação de direito material, porquanto o direito de vizinhança que o acionante pensou ter não tem, como, a propósito, regra expressamente o Direito positivo alemão (§ 906 do Código Civil alemão)" (ALVES, Vilson Rodrigues. *Uso nocivo da propriedade*, cit., pp. 611-612).

[87] Esse problema da determinação apriorística do elemento de imputação está presente, de certa forma, no próprio elemento do risco: "É evidente que, em última análise, a própria opção legislativa pela responsabilidade com culpa ou sem culpa implica uma redistribuição de riscos no contexto social, mas tal opção tanto pode ser guiada pelo fato de o sujeito responsável ter efetivamente contribuído com sua atividade para a criação ou majoração do risco, quanto por algum outro fator qualquer, como a acentuada dificuldade de prova da culpa em casos daquela espécie ou a atribuição ao responsável de um encargo social específico que justifica a responsabilização. O que se vê, portanto, é que o risco aparece não como causa (*rectius*: fundamento), mas como efeito da opção legislativa, exatamente da mesma maneira que se poderia dizer que, na responsabilidade subjetiva, se atribui ao agente o risco derivado de sua conduta culposa" (SCHREIBER, Anderson. *Novos paradigmas da responsabilidade civil*, cit., p. 30).

[88] Segundo José de Oliveira ASCENSÃO, o que existe entre vizinhos é um princípio de preservação do equilíbrio imobiliário, não uma relação de responsabilidade civil. Cf. ASCENSÃO, José de Oliveira. A propriedade de bens imóveis na dialética do abuso e da função. In: DELGADO, Mário Luiz; ALVES, Jonas Figueirêdo (Coord.). *Novo Código Civil*: questões controvertidas: direito das coisas. São Paulo: Método, 2008, p. 37.

[89] "*Evidemment, en cas d'intention de nuire, le voisin répond de tout le préjudice, sans qu'on ait à examiner s'il 'excède ou non les obligations ordinaires de voisinage', expression par laquelle la jurisprudence caractérise normalement sa faute*" (SAVATIER, René. *Traité de la responsabilité civile en droit français*, t. I. 2. ed. Paris: Librairie Générale de Droit et de Jurisprudence, 1951, p. 91).

liaridade no direito de vizinhança, está em que mesmo o ato conforme ao ordenamento pode ser coibido, segundo um juízo de proporcionalidade, na medida em que atinge a esfera alheia, causando um prejuízo excessivo. É dessa peculiaridade que se passa a cuidar.

5. A vizinhança no plano da legalidade constitucional: uma aplicação do merecimento de tutela

Qualquer forma de tutela jurídica pressupõe a seleção de um interesse a ser protegido.[90] O próprio dano injusto, que atrai a técnica da responsabilidade civil, decorre de uma ponderação de interesses: o intérprete, ao se deparar com um prejuízo sofrido pela vítima, e resultante da ação de um indivíduo, precisa escolher qual das duas posições jurídicas prevalece.[91] Se prevalece a posição do agente, é porque não se reconhece efetivamente a ocorrência de um dano (ou, mais tecnicamente, de um dano injusto);[92] se prevalece a posição da vítima, o dano é passível de ressarcimento, desde que presentes os demais elementos da responsabilidade civil.[93] O surgimento de novos danos advém dessa necessária ponderação, que leva em conta os valores e princípios do ordenamento, a fim de distinguir os danos ressarcíveis (porque incompatíveis

---

[90] Sobre a noção de interesse nas situações subjetivas, v. PERLINGIERI, Pietro. *O direito civil na legalidade constitucional*, cit., pp. 676-680.

[91] "Sob a ótica da responsabilidade civil, a ponderação permite determinar, em casos concretos, se a interferência de um certo interesse sobre outro deve ser considerada legítima ou se, ao contrário, não deve ser admitida, consubstanciando-se em uma lesão a um interesse concretamente merecedor de tutela, isto é, em um dano ressarcível" (SCHREIBER, Anderson. *Novos paradigmas da responsabilidade civil*, cit., p. 158).

[92] Conforme os ensinamentos tradicionais nessa matéria, o dano em sentido material não corresponde ao dano em sentido jurídico. Na observação de Adriano DE CUPIS, "[d]eterminare sotto quali condizioni il danno sia produttivo di effetto giuridico, è indubbiamente uno dei più gravi compiti del legislatore. Quel che è certo, è che in nessun tempo e in nessun paese il diritto ha inteso l'opportunità di reagire a qualsiasi danno; si è costantemente avvertita l'esingenza di stabilire un criterio di discriminazione, atto a distinguere dell'ordine fisico: quello si è sempre configurato come una specie di questo" (DE CUPIS, Adriano. *Il danno*: teoria generale della responsabilitá civile, vol. I. 2. ed. Milano: A. Giuffrè, 1988, pp. 9-10).

[93] Como afirma Anderson SCHREIBER, "não são poucos os civilistas a sustentarem que a seleção dos interesses merecedores de tutela, para fins de aferição do dano, demanda a ponderação entre os interesses da vítima e o interesse do agente cuja conduta se afigura lesiva. Exige-se a avaliação 'simultânea e sintética, e não independente e estática' do comportamento lesivo e do interesse lesado" (*Novos paradigmas da responsabilidade civil*, cit., p. 156).

com a principiologia do sistema) dos danos não ressarcíveis (a serem suportados pela vítima).[94]

Os conflitos de vizinhança são um caso próprio, embora bastante antigo, de ponderação de interesses. São situações em que há dois interesses igualmente protegidos pelo ordenamento, mas que precisam ser ponderados no caso concreto. Como já afirmado em doutrina, as regras da vizinhança radicam na necessidade de equilibrar as situações proprietárias, que poderiam suprimir-se mutuamente se reivindicadas no seu perfil absoluto.[95] A relação de dependência entre imóveis faz com que seja impossível a um proprietário realizar em seu terreno tudo quanto deseje sem que isso repercuta sobre os titulares vizinhos. Com a densificação dos núcleos urbanos, isso é ainda mais constatável, existindo, na verdade, uma propriedade sempre limitada.[96]

A delimitação do direito de cada um não se confunde com os limites físicos do bem imóvel, pois, se assim fosse, proibir-se-ia ao proprietário realizar

---

[94] "O dano será injusto quando, ainda que decorrente de conduta lícita, afetando aspecto fundamental da dignidade humana, não for razoável, ponderados os interesses contrapostos, que a vítima dele permaneça irressarcida" (MORAES, Maria Celina Bodin de. *Danos à pessoa humana*: uma leitura civil-constitucional dos danos morais. Rio de Janeiro: Renovar, 2003, p. 179). Com relação aos novos danos, acompanha-se a reflexão de Caitlin Sampaio MULHOLLAND: "[...] a perda do prazer de viver deve ser indenizada? O dano de vida de relação é passível de compensação? A falta de afeto em uma relação paterno-filial é causa de reparação? O estresse causado por um empregador autoritário que submete seus empregados a situações emocionalmente desconfortáveis é passível de ser compensado ou é mero aborrecimento comum ocasionado ao subordinado? Estes e inúmeros outros casos são exemplos de novos tipos de situações danosas que fazem brotar novas interpretações a respeito dos limites para a qualificação dos danos ressarcíveis" (MULHOLLAND, Caitlin Sampaio. *A responsabilidade civil por presunção de causalidade*. Rio de Janeiro: GZ, 2010, pp. 28-29). Cf. também outros exemplos em SCHREIBER, Anderson. *Novos paradigmas da responsabilidade*, pp. 92-102.
[95] IHERING, Rudolf Von. *Des restriction imposées aux propriétaires fonciers dans l'intérêt des voisins*, cit., pp. 112-113; MONTEIRO, Washington de Barros. *Curso de Direito Civil*. 36. ed. São Paulo: Saraiva, 2000, p. 130.
[96] "*Già da molto tempo è ben noto ai giuristi come sia impossibile evitare che gli effeti di una qualunque attività si propaghino su fondi vicini e che ciò, in taluni casi, sia fonte di fastidi o danni ai proprietari di questi ultimi. L'ovvità di questo dato dell'esperienza non deve peraltro fare velo alla complessità del problema, la quale si è di molto accresciuta sia come conseguenza della maggior densità della popolazione, sia, e sopratutto, in conseguenza della crescita esponenziale delle possibilità di manipolazione dell'ambiente fisico*" (GAMBARO, Antonio. Il diritto di proprietà. In: CICU, Antonio; MESSINEO, Francesco. *Trattato di Diritto Civile e Commerciale*, vol. VIII, tomo II. Milano: A. Giuffrè, 1995, p. 496). Também a lição de Jean-Bernard BLAISE: "À la faveur des grandes concentrations urbaines, les inconvénients 'classiques' qu'entraîne le voisinage se sont multipliés. La civilisation industrielle a également aggravé ces inconvénients, par l'utilisation qu'ell implique de moyens techniques puissants" (Responsabilité et obligations coutumières dans les rapports de voisinage, cit., p. 265).

qualquer atividade que alcançasse a esfera alheia.[97] Em alguma medida, a situação dominial sempre vai além dos seus limites espaciais, na medida em que o vizinho deve suportar, dentro de certos limites, aquilo que o outro faz em seu próprio bem.[98] Essa ideia de concessões recíprocas, quase intuitiva, indica que a vizinhança é uma relação jurídica complexa, em que se encontram direitos, deveres, ônus e faculdades. Um proprietário é por vezes tolhido em certa atividade antes mesmo de qualquer prejuízo concreto ao vizinho. Em outras hipóteses, ainda que prejudicial, a atividade recebe a chancela do ordenamento, perpetuando-se onerosa ou gratuitamente. Em ambos os casos, o proprietário prejudicado poderá solicitar a diminuição ou a cessação da interferência assim que houver medidas disponíveis para tanto.

Sabe-se que a responsabilidade civil é o expediente mais simples e flexível de que o ordenamento dispõe para a tutela das situações jurídicas,[99] estando,

---

[97] "[...] ogni proprietà ha necessariamente dei confini spaziai al di là dei quali iniziano situazioni di appartenenza altrui, e che quindi le sfere proprietarie debbono essere coordinate le une con le altre. Sarebbe erroneo pensare che il problema del coordinamento possa essere risolto mediante la separazione espressa nell'idea di confine. Il confine infatti è un concetto geometrico-geografico che, per su natura, definisce solo la dimensione spaziale della proprietà, e quindi non può essere assunto come regola nei rapporti tra due proprietà finitime o semplicemente vicine. [...] mentre il confine in quanto limitice geometrico può essere tracciato ed individuato con l'altissimo grado di precisione che la geometria e le scienze da essa derivate consentono, non è possibile rinserrare le facoltà di godimento che competono al proprietario entro la sfera del suo fondo di modo che egli con la sua attività non invada né con immissioni, né con il propagarsi delle sue influenze, la sfera proprietaria contigua" (GAMBARO, Antonio. Il diritto di proprietà. In: CICU, Antonio; MESSINEO, Francesco. Trattato di Diritto Civile e Commerciale, vol. VIII, tomo II. Milano: A. Giuffrè, 1995, pp. 466-467).

[98] Para Manuel Henrique MESQUITA, as regras de vizinhança não criam relações jurídicas [propter rem] entre os proprietários, tratando-se apenas de delimitação do direitos de cada qual: "Quando a lei, por exemplo, permite que o proprietário entre no prédio vizinho para faze a apanha dos frutos das suas árvores [...], não está a constituir uma relação jurídica entre os dois proprietários: ela está, pura e simplesmente, a ampliar e a limitar, em termos correspondentes, o conteúdo do direito de propriedade sobre prédios vizinhos, estabelecendo que, para aquele efeito, os poderes do proprietário, ou, mais rigorosamente, os limites objetivos do domínio não coincidem com os limites matérias da coisa sobre que o direito real incide; situam-se além ou aquém destes limites, conforme se considere o direito que a lei atribui ao proprietário das árvores ou a restrição que correlativamente impõe ao proprietário vizinho. Do mesmo modo, quando a lei proíbe o proprietário de praticar determinados atos a menos de certa distância da linha divisória, o que tal proibição significa, no plano da construção jurídica, é que, para este efeito, os limites objetivos do direito de propriedade não coincidem com os limites materiais da coisa" (Obrigações reais e ônus reais. Coimbra: Almedina, 2000, pp. 96-98).

[99] "[...] se o desenvolvimento da responsabilidade civil moderna ocorreu a partir da proteção à pessoa, foi a consubstanciação da ideia de promoção da pessoa humana que deu foros de disciplina à responsabilidade civil, a qual acabou por se revelar a formas mais fácil e justa, até hoje, de tutelar a dignidade, isto é, a integridade psicofísica, a igualdade, a solidariedade e a liberdade humana" (MORAES, Maria Celina Bodin de. Danos à pessoa humana, cit., p. 185).

por conta disso, vocacionada a atender aos novos danos, isto é, às situações que passaram à categoria de dano ressarcível. O dever de indenizar é, portanto, a primeira resposta que o ordenamento dispensa a essas novas situações até que possa adaptar ou criar estruturas para uma tutela definitiva daqueles interesses. Os direitos de vizinhança são tão antigos nos mais variados ordenamentos que seria ilógico assumir que a responsabilidade civil ainda exerce um papel central nesse sistema. Se no início o ordenamento apenas reconhecia a possibilidade de ressarcimento pelo prejuízo de um aqueduto ou da ruína de um edifício, conta hoje com regras específicas que dizem o que um vizinho pode fazer, o que ele não deve fazer e o que ele pode fazer mediante um preço. Se os prejuízos da convivência entre vizinhos são inevitáveis, o ordenamento estabelece regras para que as situações proprietárias sejam equacionadas, não havendo propriamente que se falar em vítima ou causador do dano, mas em sujeitos de uma relação jurídica complexa.[100]

Como visto no tópico anterior, o surgimento da indústria trouxe a necessidade de adaptar as normas da vizinhança, de modo que o progresso tecnológico não suprimisse os interesses dos que viviam nas proximidades. Os reflexos nefastos da vizinhança industrial expandiram o próprio conceito de vizinhança e provocaram a rediscussão do que seria o uso aceitável da propriedade. O tema, com isso, naturalmente se deslocou do campo dos direitos reais para a responsabilidade civil,[101] de forma a tutelar os interesses subjacentes aos impactos da indústria, permanecendo, até hoje, entravado entre esses dois campos.[102]

Veja-se, porém, que o ordenamento brasileiro, à luz da conciliação entre os pensamentos de IHERING e BONFANTE, dispõe de cláusula geral para compor os conflitos de vizinhança, sendo o dever de indenizar apenas um dos possíveis resultados de tal composição.[103] Ainda assim, na hipótese em que

---

[100] A simples via indenizatória não deixa de ser uma solução unilateral que pouco afeta à ideia de equilíbrio que preside a vizinhança. Como lembra José de Oliveira ASCENSÃO: "A ordem jurídica não pode aceitar estas posições extremas. Com uma prudência de séculos, estabelece um equilíbrio entre o exercício dos direitos. Determina relações, que no desenho legal são sempre recíprocas, entre os titulares, de maneira a salvaguardar o interesse de cada um e a maior utilidade social" (Responsabilidade civil e relações de vizinhança, p. 24).
[101] WALD, Arnoldo *apud* Fabio Maria de Mattia. Direito de vizinhança e a utilização da propriedade imobiliária urbana: limites e consequências, cit., p. 366.
[102] BARRETO, Cunha. O problema da responsabilidade nas relações de vizinhança, cit., p. 423; ASCENSÃO, José de Oliveira. Responsabilidade civil e relações de vizinhança, cit., p. 21.
[103] Na elucidação de Orlando GOMES: "O problema da *responsabilidade* é secundário, visto como a determinação das interferências intoleráveis pela aceitação de uma regra geral importa reconhecer a responsabilidade dos que as cometem" (*Direitos Reais*, cit., p. 192).

a atividade é mantida por ordem judicial (art. 1278), esse dever de indenizar não constitui mais um dever unilateral próprio da responsabilidade civil, mas o preço do direito de continuar aquela atividade, surgindo, assim, um direito oneroso de vizinhança.

A cláusula geral não elimina, por óbvio, a ocorrência de danos provenientes de ato ilícito ou abusivo. Nessa situação, aplicar-se-ão as regras concernentes à responsabilidade (artigos 186 e 187), não havendo nada de peculiar em matéria de vizinhança. Já a aplicação autônoma dos preceitos gerais (artigos 1277, 1278 e 1279) não corresponde a uma hipótese diferenciada de responsabilidade civil, mas uma relação obrigacional complexa: de um lado, o dever de suportar eventuais incômodos, do outro, o dever de compensar financeiramente o incomodado. Por expressa disposição legal, essa situação é provisória, sujeita a alterações fáticas que poderão levar a uma recomposição daqueles interesses.

Também é de se perceber que, por sua já citada longevidade, as relações de vizinhança atravessam todos os planos da chamada legalidade constitucional.[104] As regras contidas na lei estabelecem aquilo que o vizinho pode ou não fazer, delineando as fronteiras da licitude. É ilícito, desse modo, abrir janela a menos de um metro e meio do terreno vizinho, encostar um fogão à parede divisória, fazer escavação que tire ao poço ou à nascente de outrem a água indispensável às necessidades, entre outros exemplos. De modo geral, essas regras expressam o amadurecimento de situações antigas e comuns, fixando o campo da ilicitude formal na vizinhança.

Em outro nível, é possível que uma situação jurídica lícita seja exercida de forma abusiva pelo titular do direito, a exemplo de quem lança objetos constantemente no imóvel vizinho para entrar em sua propriedade. Apesar de lícita, a entrada forçada está, como qualquer situação jurídica, sujeita a um exercício disfuncional, que deve ser como tal reprimido pela ordem jurídica.[105] Parece, portanto, que as categorias da antijuridicidade atendem bem aos direitos de vizinhança em espécie.

---

[104] Com a expressão, alude-se à superação da dicotomia entre direito público e privado, pela recondução de ambos os campos à axiologia constitucional. Sobre o assunto, entre diversos estudos, cf. PERLINGIERI, Pietro. *O direito civil na legalidade constitucional*, cit., pp. 205-208; SOUZA, Eduardo Nunes de. Merecimento de tutela: a nova fronteira da legalidade no direito civil, cit., pp. 87-92.

[105] Sobre a possibilidade de exercício abusivo das mais diversas situações jurídicas, v., entre outros CARVALHO NETO, Inácio. *Abuso do direito*, cit., p. 219. No tocante à aplicação do abuso às situações existenciais, cf. SOUZA, Eduardo Nunes de. Abuso do direito: novas perspectivas entre a licitude e o merecimento de tutela, cit., pp. 84-91.

Já os conflitos atípicos de vizinhança, sujeitos às normas gerais do Código Civil (art. 1277, 1278 e 1279), envolvem situações quase sempre lícitas, insuscetíveis de recondução quer ao ato lícito, quer ao abuso do direito. De um lado, a atividade que causa incômodo pode não infringir qualquer regra do ordenamento, o que afasta seu enquadramento como ato ilícito. De outra parte, embora o instituto do abuso do direito seja mais elástico, por consistir em uma avaliação funcional da situação jurídica, a verdade é que, afora situações extremas e quase caricaturais, próximas do ato emulativo, a interferência raramente se encontra fora do que é funcionalmente adequado à propriedade.[106] Pense-se na pessoa que fuma na varanda do apartamento: não há como dizer que esta abusa do seu direito de propriedade, embora possa o vizinho do apartamento ao lado ser prejudicado com aquele hábito. Essas e outras situações não podem ser enquadradas como abusivas, porque não há qualquer desvio funcional no exercício do direito.

Portanto, para a composição dos conflitos de vizinhança, é necessário considerar o plano do merecimento de tutela em sentido estrito, no qual ambas as situações são lícitas e demandam um juízo positivo do ordenamento. Ao decidir em favor do interveniente ou do prejudicado, o juiz não está reconhecendo ilicitude ou abusividade em qualquer das situações subjetivas, mas promovendo uma delas com base na axiologia do ordenamento.[107]

Se as hipóteses típicas da vizinhança dizem respeito a conflitos que a lei já resolveu, para as novas situações configuram conflitos em aberto, não solvidos, cabendo ao julgador a tarefa de compor os interesses conflitantes. Em tais situações não há como suprimir nem a posição do interveniente, nem a do incomodado, tratando-se, portanto, de merecimento de tutela em sentido estrito. Os interesses em jogo, porquanto lícitos, precisam ser sopesados, favorecendo-se um deles com base no perfil promocional do direito.

Esse juízo de merecimento de tutela, resultante de uma ponderação de interesses, se destaca sobretudo em situações existenciais, muito frequentes

---

[106] Cf., ASCENSÃO, José de Oliveira. A propriedade de bens imóveis na dialética do abuso e da função, cit., pp. 28-30.

[107] "É justamente quando já se verificou que não há ilicitude nem abuso de nenhuma das partes, e ainda assim um novo juízo valorativo precisa ser feito sobre tais atos (de modo a decidir qual deles irá prevalecer), que se revela útil a noção estrita de merecimento de tutela. Trata-se de casos nos quais a decisão buscará proteger primordialmente o ato que se reputar mais promovedor dos valores do ordenamento, e apenas por um imperativo prático negará tutela jurídica ao outro ato, na medida em que a convivência entre ambos se mostre impossível" (SOUZA, Eduardo Nunes de. *Teoria geral das invalidades do negócio jurídico*: nulidade e anulabilidade no direito civil contemporâneo. São Paulo: Almedina, 2017, p. 48).

nas relações de vizinhança. Além da situação do fumante na varanda, pense-se no exemplo em que alguém utiliza um instrumento musical cujo som repercute sobre a propriedade do vizinho. Conforme o exercício imaginativo, pode-se vislumbrar uma série de possibilidades que o Código não prevê, mas que o juiz deverá avaliar em concreto: 1) se o instrumento produz um ruído acima do permitido pelas normas da ABNT;[108] 2) se o instrumento é executado sem violação a essas normas, mas fora do horário estabelecido pela lei municipal (lei do silêncio); 3) se o instrumento é executado dentro dos padrões referidos em 1 e 2, mas no horário em que o vizinho está dormindo, porque trabalha à noite, ou justamente no horário destinado aos seus estudos.

Se as hipóteses 1 e 2 poderiam ser solucionadas na via da licitude formal, o mesmo já não pode ser dito da hipótese 3, em que as situações conflitantes são ambas compatíveis com a ordem jurídica, mas é necessário decidir qual deve prevalecer. Dessa ponderação dos interesses surgirá um direito e um dever de vizinhança atípicos, voltados para aquela situação específica. Os resultados dessa ponderação são antevistos: ou o vizinho incomodado terá o direito de fazer cessar a atividade ou terá de suportá-la. Na primeira hipótese, ao instrumentista caberia uma obrigação de não fazer, isto é, de não tocar; na segunda, quem tem o deve se abster é o vizinho incomodado.

Essa situação, a princípio não admite a solução intermediária do art. 1278, uma vez que esse dispositivo se destina a situações em que há um interesse público na atividade interveniente.[109] Assim, no que respeita aos conflitos predominantemente privados, há potencialidades a serem exploradas em torno das normas gerais de vizinhança. Uma solução intermediária para o conflito acima seria simplesmente, determinar que não se exerça a atividade em determinados períodos.[110] Por outro lado, é de se questionar se seria mesmo inviável aplicar o artigo 1278, reconhecendo um direito à indenização como contrapartida pela atividade tolerada.

Mais interessante, talvez, fosse a utilização de uma via de equilíbrio não indenizatória e através prévia à judicialização, a exemplo de um acordo de

---

[108] Associação Brasileira de Normas Técnicas.
[109] TEPEDINO, Gustavo et alii. *Código Civil interpretado conforme a Constituição da República*, vol. III, cit., pp. 604-605.
[110] Versando sobre o critério de normalidade, aduzia San Tiago DANTAS que "[e]mpregando-o, não só pode o juiz optar por uma das soluções extremas, como poder *trazer ao nível normal* ambos os interesses em choque, ordenando, por exemplo, que o imitente reduza as imissões excessivas, e que o imitido suporte os incômodos uma vez minorados" (*O conflito de vizinhança e sua composição*, cit., pp. 277-278).

vontades que estabelecesse o modo como a atividade poderá ser realizada. O teor negocial que se vislumbra atrai, entre outros aspectos, a discussão sobre a patrimonialidade das obrigações convencionadas entre vizinhos (seria exigível o contrato bilateral que regulasse horários em que o instrumento pode ser tocado?) e que escapam ao objetivo desse trabalho.[111]

Quanto à aplicação do art. 1279, pelo qual se pode exigir a implementação de mecanismos que diminuam a interferência, é de se perguntar as possibilidades econômicas do vizinho teriam repercussão na obrigação de reduzir ou eliminar a interferência. Em outras palavras, se o vizinho não tiver condições de arcar com os custos de um isolamento acústico ou de uma alteração arquitetônica, estaria o julgador autorizado a impor o custeio conjunto das medidas, a fim de não sacrificar em demasio a posição do interveniente?

6. Síntese conclusiva

A análise funcional das normas de vizinhança revela seu escopo de prevenir e resolver conflitos entre proprietários de imóveis vizinhos. Para tanto, o ordenamento impõe ora o dever de suportar a atividade do vizinho, mesmo que esta represente uma desvantagem para o titular, ora o dever de compensar financeiramente esta desvantagem, como o preço pelo exercício de uma atividade lícita. Ainda em outras situações, a atividade pode ser obstada pelo vizinho, independentemente de qualquer prejuízo.

A cláusula geral de composição de conflitos não traduz uma hipótese autônoma de responsabilidade civil. Primeiro, porque nas hipóteses em que o ordenamento reconhece em favor do prejudicado uma indenização, como a manutenção da atividade, tal indenização constitui o preço do direito, imposto pela lei para reequilibrar situações proprietárias, integrando, portanto, a própria fisiologia da relação jurídica. O conflito situa-se, portanto, no plano do

---

[111] A negociabilidade dos direitos de vizinhança é referida pelo próprio San Tiago DANTAS: "A todas elas [relações de vizinhança] podem dar as partes um estatuto voluntário, constituindo as necessárias servidões; se o fazem, daí por diante, os conflitos de interesses, que a propósito surjam, têm a sua norma convencional de composição. Se, porém, nenhuma servidão se cria, as normas legais de vizinhança imperam sobre as relações, e é nelas que temos de buscar, em caso de conflito, os elementos que o magistrado elaborará em sua decisão" (*O conflito de vizinhança e sua composição*, cit., p. 60). Para uma discussão sobre o conceito de patrimonialidade das obrigações, cf. KONDER, Carlos Nelson; RENTERÍA, Pablo. A funcionalização das relações obrigacionais: interesse do credor e patrimonialidade da obrigação. *Civilistica.com*. Rio de Janeiro: a.1, n. 2, 2012.

merecimento de tutela, em que o direito assume um papel promocional, em vez de repressivo. Há de se verificar, em concreto, se a atividade interveniente merece ser promovida mesmo comprometendo, em alguma medida, a saúde, a segurança e o sossego de uma outra pessoa.

7. Referências

ALVES, Vilson Rodrigues. *Uso nocivo da propriedade*. São Paulo: Revista dos Tribunais, 1992.
AMARAL, Francisco. *Direito Civil*: introdução. 6. ed. Rio de Janeiro: Renovar, 2006.
ASCENSÃO, José de Oliveira. A propriedade de bens imóveis na dialética do abuso e da função. In: DELGADO, Mário Luiz; ALVES, Jonas Figueirêdo (Coord.). *Novo Código Civil*: questões controvertidas: direito das coisas. São Paulo: Método, 2008
____. *Direito civil*: reais. 5. ed. Coimbra: Coimbra, 2012.
____. Responsabilidade civil e relações de vizinhança. *Revista dos Tribunais*, vol. 595, ano 74. São Paulo: Revista dos Tribunais, mai./1985.
BARRETO, Cunha. O problema da responsabilidade nas relações de vizinhança. *Revista dos Tribunais*, vol. 126, ano 29. São Paulo: Revista dos Tribunais, jul./1940.
BESSONE, Darcy. *Direitos reais*. 2. ed. São Paulo: Saraiva, 1996.
BIONDI, Biondo. *Istituzioni di Diritto Romano*. 4. ed. Milano: A. Giuffrè, 1965.
BLAISE, Jean-Bernard. Responsabilité et obligations coutumières dans les rapports de voisinage. *Revue Trimestrielle de Droit Civil*, vol. 63. Paris: Dalloz, 1965.
BOBBIO, Norberto. Em direção a uma teoria funcionalista do direito. In: *Da estrutura à função*: novos estudos de teoria do Direito. Barueri: Manole, 2007.
BONFANTE, Pietro. *Criterio fondamentale dei rapporti di vicinanza*. In: *Scritti giuridici varii*, t. II. Torino: Unione Tipografico-Editrice Torinese, 1926.
CALIXTO, Marcelo Junqueira. Reflexões em torno do conceito de obrigação, seus elementos e suas fontes. In: TEPEDINO, Gustavo. *Obrigações*: estudos na perspectiva civil-constitucional. Rio de Janeiro: Renovar, 2005.
CAMBLER, Everaldo. O ilícito e a interferência prejudicial: possibilidade de sobreposição e não necessidade de coexistência para configuração do uso anormal da propriedade. *Civilistica.com*. Rio de Janeiro: a.6, n. 1, 2017.
CANARIS, Claus-Wilhelm. *Pensamento sistemático e conceito de sistema na ciência do Direito*. 2. ed. Lisboa: Calouste Gulbenkian, 1996.
CAPITANT, Henry. Des obligations de voisinage et spécialement de l'obligation qui pése sur le propriétaire de ne causer alcun dommage au voisin. *Revue critique de législation et de jurisprudence*, t. 29, ano 49. Paris: F. Pichon, 1900.
CARPENA, Heloisa. *Abuso do direito nos contratos de consumo*. Rio de Janeiro: Renovar, 2001.
____. O abuso de direito no Código Civil de 2002 (art. 187): relativização dos direitos na ótica civil-constitucional. In: TEPEDINO, Gustavo (Coord.). *A parte geral do novo Código Civil*: estudos na perspectiva civil-constitucional. 3. ed. Rio de Janeiro: Renovar, 2007, p. 416

CARVALHO, José Procópio de. A responsabilidade do proprietário em face do direito de construir e das obrigações oriundas da vizinhança. *Revista Forense*, vol. 144, ano 49. Rio de Janeiro: nov./1952, p. 541.

CASTRO, Diana Paiva de; VIÉGAS, Francisco de Assis. A boa-fé objetiva nas relações reais. In: TEPEDINO, Gustavo; TEIXEIRA, Ana Carolina Brochado; ALMEIDA, Vitor (Coord.). *Da dogmática à efetividade do Direito Civil*: Anais do Congresso Internacional de Direito Civil Constitucional – IV Congresso do IBDCivil. Belo Horizonte: Fórum, 2017.

CHAMOUN, Ebert. *Instituições de Direito Romano*. 5. ed. Rio de Janeiro: Forense, 1968.

CHAPUS, René. *Responsabilité publique et responsabilité privée*: les influences reciproques des jurisprudences administrative et judiciaire. Paris : Libr. Générale de Droit et de Jurisprudence, 1957.

DANTAS, San Tiago. *O conflito de vizinhança e sua composição*, 2. ed. Rio de Janeiro: Forense, 1972.

DE CUPIS, Adriano. *Il danno*: teoria generale della responsabilitá civile, vol. I. 2. ed. Milano: A. Giuffrè, 1988.

DIAS, José de Aguiar. *Da responsabilidade civil*, vol. II, 10. ed. Rio de Janeiro: Forense, 1997.

DIÉZ-PICAZO, Luis. *Fundamentos del Derecho Civil patrimonial*, vol. VI. Navarra: Thomson Reuters, 2012.

FONTES, André. Os fatores de atribuição na responsabilidade por danos. *Revista da EMERJ*, vol. 5, ano 2. Rio de Janeiro: EMERJ, 1999.

FULGÊNCIO, Tito. *Direitos de vizinhança*: limites de prédios. 2. ed. Rio de Janeiro: Forense, 1959.

GAMBARO, Antonio. Il diritto di proprietà. In: CICU, Antonio; MESSINEO, Francesco. *Trattato di Diritto Civile e Commerciale*, vol. VIII, tomo II. Milano: A. Giuffrè, 1995.

GOMES, Orlando. *Direitos reais*. 12. ed. Rio de Janeiro: Forense, 1997.

GOMES, Orlando. Tendências modernas na teoria da responsabilidade civil. In: DI FRANCESCO, José Roberto Pacheco. *Estudos em homenagem ao Professor Silvio Rodrigues*. São Paulo: Saraiva, 1989.

IHERING, Rudolf Von. Des restrictions imposées aux propriétaires fonciers dans l'intérêt des voisins. In: Œvres Choisies, vol. II. Trad. de O. e Meulenaere. Paris: Libraire A. Marescq, 1893.

JOSSERAND, Louis. *De l'esprit des droits et de leur relativité*. 2. ed. Paris: Librairie Dalloz, 1939.

KONDER, Carlos Nelson. Qualificação e coligação contratual. *Revista Forense*, vol. 406, ano 105. Rio de Janeiro: nov.-dez./2009.

____; RENTERÍA, Pablo. A funcionalização das relações obrigacionais: interesse do credor e patrimonialidade da obrigação. *Civilistica.com*. Rio de Janeiro: a.1, n.2, 2012.

LALOU, Henri. *Traité pratique de responsabilité civile*. 4. ed. Paris: Dalloz, 1949.

LEFEBVRE, Henri. *O direito à cidade*. Trad. de Rubens Eduardo Frias. São Paulo: Centauro, 2001.

LIMA, Alvino. *Culpa e risco*. 2. ed. São Paulo: Revista dos Tribunais, 1998.

LIRA, Ricardo. *Elementos de Direito Urbanístico*. Rio de Janeiro: Renovar, 1997.

LÔBO, Paulo. Direitos e conflitos de vizinhança. *Revista Brasileira de Direito Civil*, vol. 1, ano 1. Rio de Janeiro: jul.-set./2014.

MARTINS-COSTA, Judith. *A boa-fé no direito privado*: sistema e tópica no processo obrigacional. São Paulo: Revista dos Tribunais, 2000.

MATTI, Fábio de Maria. Direito de vizinhança e a utilização da propriedade imobiliária urbana: limites e consequências. In: CAHALI, Yussef Said (Coord.). *Posse e propriedade*: doutrina e jurisprudência. São Paulo: Saraiva, 1987.

MAZEAUD, Henri e Leon. *Traité théorique et pratique de la responsabilité civile délictuele et contractuelle*, t. 1. 4. ed. Paris: Librairie du Recueil Sirey, 1947.

MEIRELLES, Hely Lopes. *Direito de construir*. 6. ed. São Paulo: Malheiros, 1990.

MESQUITA, Manuel Henrique. *Obrigações reais e ônus reais*. Coimbra: Almedina, 2000.

MIRAGEM, Bruno. *Abuso do direito*: ilicitude objetiva e limite exercício de prerrogativas jurídicas no Direito Privado. 2. ed. São Paulo: Revista dos Tribunais, 2013.

MIRANDA, Francisco Cavalcanti Pontes de. *Tratado de Direito Privado*, t. XIII. Rio de Janeiro: Borsoi, 1955.

MONTEIRO, Washington de Barros. *Curso de Direito Civil*. 36. ed. São Paulo: Saraiva, 2000.

MONTEIRO FILHO, Carlos Edison do Rêgo. O direito de vizinhança no Código Civil. *Rumos contemporâneos do direito civil*: estudos em perspectiva civil-constitucional. Belo Horizonte: Fórum, 2017.

MORAES, Maria Celina Bodin de. *Danos à pessoa humana*: uma leitura civil-constitucional dos danos morais. Rio de Janeiro: Renovar, 2003.

MULHOLLAND, Caitlin Sampaio. *A responsabilidade civil por presunção de causalidade*. Rio de Janeiro: GZ, 2010.

NORONHA, Fernando. *Direito das obrigações*. 4. ed. São Paulo: Saraiva, 2013.

OLIVA, Milena Donato; RENTERÍA, Pablo. Autonomia privada e direitos reais: redimensionamento dos princípios da taxatividade e da tipicidade no direito brasileiro. *Civilistica.com*. Rio de Janeiro: a. 5, n. 2, 2016.

PENTEADO, Luciano de Camargo. *Direito das coisas*. 3. ed. São Paulo: Revista dos Tribunais, 2014.

PEREIRA, Caio Mário da Silva. *Instituições de Direito Civil*, vol. II. 22. ed. Rio de Janeiro: Forense, 2009.

PEREIRA, Caio Mário da Silva. *Responsabilidade civil*. 10. ed. Rio de Janeiro: GZ, 2012.

PERLINGIERI, Pietro. *O direito civil na legalidade constitucional*. Trad. de Maria Cristina de Cicco. Rio de Janeiro: Renovar, 2008.

PICARD, Maurice. Les biens. In: PLANIOL, Marcel; RIPERT, Georges. *Traité pratique de droit civil français*, t. III. 2. ed. Paris: Librairie Générale de Droit et de Jurisprudence, 1952.

POTHIER, Robert Joseph. Traité du contract de société. In : DUPIN, M. (Org.). *Oeuvres de Pothier, contenant les traités du droit français*, vol. III. 9. ed. Paris: Bechet Ainé, 1825.

____. *Traité des obligations*. Paris: Dalloz, 2011.

RIPERT, Georges. *A regra moral nas obrigações civis*. 2. ed. Trad. de Osório de Oliveira. Campinas: Bookseller, 2002.

RODRIGUES, Silvio. *Direito civil*, vol. V. 28. ed. São Paulo: Saraiva, 2003.

RODOTÀ, Stefano. Modelli e funzioni della responsabilità civile. *Rivista Critica del Diritto Privato*, a. II, n. 3, set./1984.

SAVATIER, René. *Du droit civil au droit public a travers les personnes, les biens et la responsabilité civile*. Paris: Librairie Générale de Droit et de Jurisprudence, 1945.

____. *Traité de la responsabilité civile en droit français*, t. I. 2. ed. Paris: Libraire Générale de Droit et de Jurisprudence, 1951.

SCHREIBER, Anderson. *Manual de Direito Civil contemporâneo*. São Paulo: Saraiva, 2018.

____. Novas tendências da responsabilidade civil brasileira. In: *Direito Civil e Constituição*. São Paulo: Atlas, 2013.

____. *Novos paradigmas da responsabilidade civil*: da erosão dos filtros de reparação à diluição de danos. 5. ed. São Paulo: Atlas, 2013.

SERPA LOPES, Miguel Maria de. *Curso de Direito Civil*, vol. II. 6. ed. Rio de Janeiro: Freitas Bastos, 1995.

____. *Curso de Direito Civil*, vol. VI. 4. ed. Rio de Janeiro: Freitas Bastos, 1996.

SILVA, José Afonso da. *Direito urbanístico brasileiro*. 2. ed. São Paulo: Malheiros, 1997.

SILVA, Roberta Mauro e. Relações reais e relações obrigacionais: propostas para uma nova delimitação de suas fronteiras. In: TEPEDINO, Gustavo. *Obrigações*: estudos na perspectiva civil-constitucional. Rio de Janeiro: Renovar, 2005.

SILVA, Rodrigo da Guia. Notas sobre o cabimento do direito de retenção: desafios da autotutela no direito privado. *Civilistica.com*. Rio de Janeiro: a. 6, n. 2, 2017.

SILVA, Wilson Melo da. *Responsabilidade sem culpa*. 2. ed. São Paulo: Saraiva, 1974.

SOUZA, Eduardo Nunes de. Abuso do direito: novas perspectivas entre a licitude e o merecimento de tutela. *Revista Trimestral de Direito Civil*, a. 13, vol. 50. Rio de Janeiro: Padma, abr.-jun./2012

____. Autonomia privada e boa-fé objetiva em direitos reais. *Revista Brasileira de Direito Civil*, vol. 4, a. 2. Rio de Janeiro, abr.-jun./2015.

____. Merecimento de tutela: a nova fronteira da legalidade no direito civil. In: MORAES, Carlos Eduardo Guerra de; RIBEIRO, Ricardo Lodi (Org.). *Direito UERJ 80 anos*: Direito Civil, vol. 2. Rio de Janeiro. Freitas Bastos, 2015.

____. *Teoria geral das invalidades do negócio jurídico*: nulidade e anulabilidade no direito civil contemporâneo. São Paulo: Almedina, 2017.

STARCK, Boris. *Essai d'une théorie générale de la responsabilité civile considérée en sa double fonction de garantie et de peine privée*. Paris: L. Rodstein, 1947.

TEPEDINO, Gustavo; BARBOZA, Heloisa Helena; MORAES, Maria Celina Bodin de. *Código Civil interpretado conforme a Constituição da República. Código civil interpretado conforme a Constituição da República*, vol. III. 2. ed. Rio de Janeiro: Renovar, 2014.

____. *Código civil interpretado conforme a Constituição da República*, vol. I. 2. ed. Rio de Janeiro: Renovar, 2007

TEPEDINO, Gustavo. Crise de fontes normativas e técnica legislativa na parte geral do Código Civil de 2002. In: TEPEDINO, Gustavo (Coord.). *A parte geral do Código Civil*: estudos na perspectiva civil-constitucional. 3. ed. Rio de Janeiro: Renovar, 2007.

VENOSA, Silvio de Salvo. *Direito civil*, vol. V. 5. ed. São Paulo: Atlas, 2005.

VIANA, Marco Aurélio S. *Comentários ao novo Código Civil*, vol. XVI. 4. ed. Rio de Janeiro: Forense, 2013.

WEILL, Alex. *Droit civil*, t. II, vol. I. 2. ed. Paris: Dalloz, 1974.

YOCAS, M. Costas P. *Les troubles de voisinage*. Paris: Pichon et R. Durand-Auzias, 1966.

12. A Responsabilidade Civil dos Provedores de Aplicações de Internet por Danos Decorrentes de Conteúdo Gerado por Terceiros na Perspectiva Civil-Constitucional

João Quinelato de Queiroz
Professor de Direito Civil do IBMEC. Mestre em Direito Civil pela UERJ. Advogado. Secretário-geral da Comissão de Direito Civil da OAB-RJ. É associado ao Instituto Brasileiro de Direito Civil – IBDCivil e à Association Henri Capitant des Amis de la Culture Juridique Française.

Uma mentira repetida mil vezes torna-se verdade[1]

1. Introdução

Juliana, 26 anos, é vítima de boato que gravemente atinge sua honra, imagem e bom nome, que circulou por grupos de WhatsApp e páginas do Facebook. Narrava o boato que a jovem teria se envolvido em relações sexuais dentro de um veículo e, durante o ato, supostamente teriam ocorridos fatos íntimos desagradáveis à vítima. O material teria circulado por 332 contas de Facebook, com 251 curtidas, 72 comentários e inúmeros grupos de WhatsApp, todos listados nos autos.[2] Desde a data do ajuizamento da ação até seu trânsito em julgado, transcorreram-se 2 (dois) anos e 8 (oito) meses de duração do processo sem

---

[1] Paul Joseph Goebbels, ministro da Propaganda de Adolf Hitler na Alemanha Nazista (MOORE, Mike. *A World Without Walls: Freedom, Development, Free Trade and Global Governance.* Reino Unido: Cambridge University Press, 2003, p. 63.
[2] TJPR, Ag. Inst. 0033794-69.2015.8.16.0000, 11ª C.C., Rel. Des. Sigurd Roberto Bengtsson, julg. 22.2.2017, publ. 9.3.2017.

que o Judiciário tenha dado, ainda, a última palavra sobre o caso. Nesse tempo, Juliana era alvo de chacotas e gracejos em grupos de WhatsApp e Facebook.

Um segundo caso remonta ao famoso caso da escola Base de São Paulo,[3] mas, desta vez, ocorrido nas redes sociais e não na mídia impressa e televisiva. Eis o caso: Jonatas Vaz, tio de Mariana Vaz, criança negra, publica em sua *timeline* que a escola onde sua sobrinha estudava, em Bauru-SP, teria feito "vista grossa" para os comentários racistas de outras crianças da escola em relação à sua sobrinha. Em um período de apenas quatro dias, a publicação em questão foi compartilhada mais de 825 vezes, além de receber 883 curtidas e 91 comentários por usuários do Facebook. A escola ajuíza ação com pedido de liminar requerendo a retirada do conteúdo ofensivo da página do tio da aluna, sustentando que as alegações, além de inverídicas, eram difamatórias e abalavam a credibilidade da escola perante a comunidade. Indeferida a liminar, foi julgada procedente a demanda em primeira instância, condenando o tio a indenizar o estabelecimento e a retirar o conteúdo.[4] Desde a data do ajuizamento da ação até o trânsito em julgado da demanda, transcorreram-se 2 (dois) anos e 10 (dez) meses para que a demanda transitasse me julgado. Enquanto isto, a escola viu-se de mãos atadas em face do comentário danoso do Autor, cuja veracidade não foi comprovada nos autos pelo autor da ofensa.

De comum, entre esses casos, há mais que usuários da internet alegando violações graves à sua dignidade e reputação. Em comum, há o decurso de um longo prazo sem que a justiça tenha resolvido o problema que a ela foi apresentado, revelando a ineficácia de meios judiciais para resolver os dilemas do mundo digital. A lentidão judicial, portanto, contrapõe-se à rapidez da internet. Na lição de Stefano Rodotà, "a nova angústia nasce da consciência da forte defasagem entre a rapidez do progresso técnico-científico e a lentidão com que amadurecem a capacidade de controle dos progressos sociais que acompanham tal progresso".[5]

---

[3] A Escola Base era localizada na Cidade de São Paulo e em 1992 foi alvo de queixas de agressões e assédio sexual cometidos contra seus alunos, crianças, supostamente promovidas pelo casal dono do estabelecimento. As queixas foram publicadas em jornais de grande circulação e posteriormente apurou-se que os fatos eram falsos. Os donos da escola ajuizaram ação em face de veículos de mídia e receberam indenizações pelos danos sofridos (STJ, REsp 351.779/SP, 2ª T., Rel. Min. Eliana Calmon, julg. 19.11.2002, publ. 9.2.2004). Sobre o tema, vide: RIBEIRO, Alex. *Caso Escola Base*: os abusos da imprensa. São Paulo: Ática, 2003.

[4] TJSP, Ap. Civ. 1006024-23.2014.8.26.0051, 1ª C.D.Priv., Rel. Des. Christine Santini, julg. 30.8.2016, publ. 5.9.2016.

[5] RODOTÀ, Stefano. *A vida na sociedade da vigilância*. Trad. Maria Celina Bodin de Moraes. Rio de Janeiro: Renovar, 2008, p. 42.

Os diferentes casos comungam, também, o aparente confronto entre os direitos constitucionais à liberdade de expressão (art. 5º IX da Carta da República) e a intimidade, a vida privada, a honra e a imagem dos envolvidos (art. 5º X da Constituição). Não é crível que, em tempos de *big data*, armazenamento em nuvem e comunicação instantânea, um dilema da internet leve décadas para ser resolvido, ao passo que bastam alguns poucos minutos para um boato pornográfico ou uma grave ofensa se disseminarem por grupos de WhatsApp, *timelines* do Facebook ou Twitter.[6]

Há um descompasso entre a rapidez com que avançam as inovações tecnológicas e a lentidão com que o Direito reage a esses desafios. Na lição de Stefano Rodotà, "ao lado da percepção, sempre mais clara, dos riscos do progresso tecnológico, existe a consciência da impossibilidade de parar tal progresso, mesmo se este não se apresenta mais com estimativas apenas positivas".[7] Os novos meios de comunicação são uma realidade da qual não se quer retroceder. Fica a indagação inicial: há, no Brasil, mecanismos de responsabilidade civil capazes de responder, em tempo e adequadamente, às violações da intimidade e vida privada dos usuários do WhatsApp, Twitter e Facebook, sem comprometer os níveis de liberdade de expressão que se esperam da internet?[8]

Para encontrar a resposta a esses dilemas, o Estado precisa estar presente, a partir de políticas efetivas. A intervenção estatal, por vezes, é vista como uma ameaça à liberdade de expressão – concepção equivocada na visão de Owen M. Fiss.[9] Ao notar a dimensão defensiva (contra ingerências indevidas

---

[6] "O argumento do 'tem um fundo de verdade', tão corriqueiro na sociedade brasileira, não se dissipa com facilidade e a supressão do conteúdo falso ou difamatório da internet revela-se apenas o primeiro passo de um longo caminho a ser percorrido pela vítima na restauração da sua reputação" (SCHREIBER, Anderson. Marco Civil da Internet: avanço ou retrocesso? A responsabilidade civil por dano derivado do conteúdo gerado por terceiro. In: DE LUCCA, Newton; SIMÃO FILHO; Adalberto; LIMA, Cíntia Rosa Pereira de (Coord.). *Direito & Internet*, t. II: Marco Civil da Internet (Lei nº 12.965/2014). São Paulo: Quartier Latin, 2015).

[7] RODOTÀ, Stefano. *A vida na sociedade de vigilância*, cit., p. 191.

[8] "Em nossa época – é voz corrente – há muitíssimas mais ocasiões de risco, de perigo, em decorrência, não só, mas também, do acentuado desenvolvimento tecnológico; neste sentido, conclui-se ter havido um real incremento das possibilidades de causação de danos [...]" (BODIN DE MORAES, Maria Celina. *Danos à pessoa humana*. Rio de Janeiro: Renovar, 2003, p. 150).

[9] A concepção do autor é a de que a tradicional presunção do Estado como inimigo da liberdade é enganosa, de modo que o Estado poderia se tornar o amigo ao invés do inimigo da liberdade: "Nós estamos sendo convidados, ou mesmo intimados, a reexaminar a natureza do Estado moderno e verificar se ele possui algum papel na preservação das nossas liberdades mais básicas. [...] Certamente, o Estado pode ser um opressor, mas ele pode ser também uma fonte de liberdade" (FISS, Owen M. *A ironia da liberdade de expressão*: regulação e diversidade

da autoridade estatal) e a dimensão protetiva (que demanda a intervenção estatal para a efetivação do seu conteúdo participativo) da liberdade, o autor demonstra a importância desse modelo intermediário de atuação do Estado, no qual esse é chamado a regular as liberdades para a garantia da própria liberdade.[10]

A recente experiência vem demonstrando que deixar com que os próprios agentes regulem o que é (e o que não é) justo e correto no mundo da internet não vem dando bons resultados. O caso *napalm* ilustra bem esse caso. Uma foto histórica, registrada em 8 de junho de 1972, tornou-se símbolo da guerra do Vietnã e foi censurada pelo Facebook por ser considerada pornografia infantil pelo provedor. Tratava-se de uma imagem que retratava a pequena menina Kim Phúc, de 9 anos de idade, nua, descalça e correndo, ao lado de outras vítimas, durante o ataque de uma bomba de *napalm*, na Guerra do Vietnã. Um registro histórico de tempos sombrios, um fato indelével da história, que não se cogitaria de ser confundido com pornografia simplesmente por, na imagem, conter o triste retrato de uma criança nua e descalça. O Facebook havia banido o compartilhamento desta imagem através de mecanismos automáticos, mas depois voltou atrás de sua decisão, reconhecendo o caráter icônico da imagem e permitindo seu compartilhamento. Kim Phúc, a retratada, que hoje mora no Canadá com seu esposo, relatou ao The Guardian que fica "entristecida por aqueles que se concentrariam na nudez no quadro histórico em vez da mensagem poderosa que transmite". Disse, ainda, que "apoia plenamente a imagem documental tirada por Nick Ut como um momento de verdade que captura o horror da guerra e seus efeitos sobre vítimas inocentes".[11]

---

na esfera pública. Trad. Gustavo Binembojn e Caio Mário da Silva Pereira Neto. Rio de Janeiro: Renovar, 2005, p. 28).

[10] Owen M. Fiss, ao analisar as críticas de intervenção do Estado feitas nos Estados Unidos da América, considerando a existência da Primeira Emenda no país, defende, ao revés, que a intervenção é ferramenta de garantia do livre exercício do direito de liberdade de expressão. Diz o autor que a agência que ameaça o discurso não é o próprio Estado, já que o chamado à intervenção estatal é baseado não na teoria de que a atividade a ser regulada é intrinsecamente violadora da Primeira Emenda, mas apenas na teoria de que a promoção do debate aberto e integral, assegurando que o público ouça a todos que veria, é um fim permitido ao Estado. Mesmo se a dinâmica silenciadora é empreendida por mãos privadas, há ampla base para intervenção. O Estado estaria, portanto, segundo o Autor, exercendo seu poder de polícia para promover um fim público legítimo, como ele faz quando edita uma lei de controle de armas ou de controle de velocidade no trânsito (FISS, Owen M. *A ironia da liberdade de expressão*, cit., p. 48).

[11] *Facebook backs down from 'napalm girl' censorship and reinstates photo*. The Guardian. Disponível em: <https://www.theguardian.com/technology/2016/sep/09/facebook-reinstates-napalm-girl-photo>. Acesso em: 28 mar. 2018.

Os novos tempos inauguram novos desafios não só na tecnologia, mas, também, no campo do Direito. A responsabilidade civil vem sofrendo radical mudança em sua perspectiva: do ofensor à vítima. A busca da reparação dos danos causados à vítima passa a ser o mote da responsabilidade civil.[12] A responsabilidade civil tradicional cede espaço a uma dogmática mais dedicada à seleção das demandas de ressarcimento que deveriam merecer acolhida jurisdicional. A respeito dessa seleção, descreve Anderson Schreiber:

> O estágio atual da responsabilidade civil pode justamente ser descrito como um momento de erosão dos filtros tradicionais da responsabilidade civil, isto é, da relativa perda de importância da prova da culpa e da prova do nexo causal como obstáculos ao ressarcimento dos danos na dinâmica das ações de ressarcimento.[13]

É dizer que ao se deparar com os mecanismos de responsabilidade civil incidentes sobre danos ocorridos na internet, o intérprete deve estar atento aos novos contornos que este instituto vem assumindo na dogmática e orientar-se no sentido de entender que, em se tratando de novos danos no contexto de uma responsabilidade civil reformulada à luz da funcionalização dos institutos, deve priorizar a finalidade principal de indenizar adequadamente as vítimas de ofensas sofridas na internet e, sobretudo, evitar a propagação de danos à personalidade nesses ambientes.

Ora, enquanto no cenário contemporâneo[14] um maior número de pretensões passou a ser gradativamente acolhido pelo Poder Judiciário, o Marco Civil da Internet – Lei 12.965, de 23 de abril de 2014, que estabelece princípios, garantias, direitos e deveres para o uso da Internet no Brasil – caminhou

---

[12] "A radical mudança de perspectiva aqui apenas reflete, e não poderia ser diferente, a metamorfose dos papéis do lesante e do lesado no sistema de responsabilidade civil em geral. Se antes a vítima era obrigada a suportar, corriqueiramente, o dano sofrido – dano cuja causa, na maior parte das vezes, se atribuía não a seu autor, mas ao destino, à fatalidade, ou à vontade de Deus –, já em meados de século XX passaria ela, a vítima, a desempenhar a função protagonista da relação jurídica instaurada a partir do evento danoso, conseguindo garantir de forma cada vez mais eficaz o seu crédito, isto é, a reparação" (BODIN DE MORAES, Maria Celina. *Danos à pessoa humana*, cit., p. 148).
[13] SCHREIBER, Anderson. *Novos paradigmas da responsabilidade civil*: da erosão dos filtros da reparação à diluição dos danos. 6. ed. São Paulo: Atlas, 2015, pp. 11-12.
[14] "Toda essa erosão sofrida pelos pressupostos da responsabilidade civil corresponde, por um lado a uma natural ampliação da titela dos interesses jurídicos diante de uma ordem jurídica pautada pela proteção à dignidade humana e à solidariedade social, por outro lado, impõe reflexão sobre as consequências da responsabilidade civil, em especial sobre seu principal efeito, que é o deve de reparar o dano sofrido" (SCHREIBER, Anderson. *Manual de direito civil contemporâneo*. São Paulo: Saraiva, 2018, p. 640).

em sentido justamente oposto criando entraves técnicos e jurídicos para a viabilização de pleitos indenizatórios.

Ao se defender, neste trabalho, a inconstitucionalidade da responsabilidade civil subjetiva do provedor de aplicações instituída pelo art. 19 do Marco Civil da Internet, pretende-se, na verdade, atentar-se para a historicidade do conceito de dano, atualizando-o para tempos de internet e redes sociais e garantir o ressarcimento da vítima e a proteção integral da dignidade da pessoa humana, como alternativa ao modelo de (quase) irreparação vigente no Marco Civil.[15]

Na lição de Maria Celina Bodin de Moraes, se, por um lado, a noção de risco serve a explicitar a historicidade do conceito de responsabilidade civil, o dano também tem como seu elemento ineliminável a história, de modo que cada época cria o instrumental teórico e prático para repará-los, devendo-se fazer a escolha acerca de quem deverá indenizar o lesado.[16]

2. Os sistemas de responsabilidade civil aplicáveis aos provedores de aplicações

Antes de se iniciar o debate acerca da responsabilidade civil do provedor, é preciso definir quem ou o que é o provedor. As distinções conceituais no contexto brasileiro surgem a partir, basicamente, da definição jurisprudencial das espécies de provedores, posteriormente modificada com a entrada em vigor do Marco Civil.

A jurisprudência do STJ classificava os provedores de serviços de internet como um gênero, formado pelas pessoas jurídicas que oferecem serviços ligados ao funcionamento da rede mundial de computadores, do qual seriam espécies cinco modalidades de provedores, a saber: (i) provedor de *backbone*, (ii) o provedor de acesso, (iii) o provedor de hospedagem, (iv) o provedor de informação e (v) os provedores de conteúdo.[17]

Sendo menos detalhista do que a jurisprudência do STJ que lhe antecedeu, o Marco Civil definiu o que é conexão à internet (art. 5º V do Marco Civil)

---

[15] Acerca da historicidade dos conceitos jurídicos, vide, por todos, PERLINGIERI, Pietro. Normas constitucionais nas relações privadas. *Revista da Faculdade de Direito da UERJ*, n. 6-7, 1998/1999, *passim*.
[16] BODIN DE MORAES, Maria Celina. *Danos à pessoa humana*, cit., p. 150.
[17] STJ, REsp 1.308.830/RS, 3ª T., Rel. Min. Nancy Andrighi, julg. 8.5.2012, publ. 19.6.2012; STJ, REsp 1.316.921/RJ, 3ª T., Rel. Min. Nancy Andrighi, julg. 26.6.2012, publ. 29.6.2012.

e o que são aplicações da internet (art. 5º VII do Marco Civil).[18] Não existe no Marco Civil da Internet, portanto, um rol de definição das espécies de provedores tal qual fizera a jurisprudência, de modo que sua construção deve ser feita pelo intérprete. A interpretação conjunta dos arts. 5º V c/c art. 5º VII do Marco Civil da Internet revela que o provedor de aplicações da internet seria a pessoa física ou jurídica que provê o conjunto de funcionalidades que podem ser acessadas por meio de um terminal de internet.[19] Seriam exemplos dos provedores de aplicações da internet o Facebook, o Instagram, o Twitter, o Orkut e outras redes sociais semelhantes.

O conceito que será adotado nesse trabalho para provedores de aplicações de internet, a partir da interpretação *conjunta do art. 5º V c/c art. 5º VII e art. 15 do Marco Civil, é o seguinte: provedor de aplicações de internet é uma pessoa jurídica, que disponibiliza o acesso a um conjunto de aplicações que podem ser acessadas por meio de um terminal conectado à internet e que exerça essa atividade de forma organizada, profissionalmente e com fins econômicos.*

O provedor de aplicações, assim, via de regra, não produz conteúdos próprios e não põe seu pessoal a serviço da elaboração editorial de determinado conteúdo. O provedor de aplicações restringe-se a disponibilizar aplicações para que terceiros produzam o conteúdo que será ali veiculado. É a partir desta constatação prática que surge a noção de conteúdo gerado por terceiro, que terá implicações diretas na análise de causalidade da responsabilidade civil do provedor de aplicações. Considerando que o provedor de aplicações de internet não produz nenhum conteúdo, em que momento ele ingressa na cadeia de causalidade de responsabilidade civil? Qual o liame fático entre a

---

[18] Dispõe o Marco Civil da Internet: "Art. 5º Para os efeitos desta Lei, considera-se: [...] V – conexão à internet: a habilitação de um terminal para envio e recebimento de pacotes de dados pela internet, mediante a atribuição ou autenticação de um endereço IP; [...]; VII – aplicações de internet: o conjunto de funcionalidades que podem ser acessadas por meio de um terminal conectado à internet".

[19] "Em uma interpretação inicial, o provedor de aplicações de internet pode ser compreendido como a pessoa física ou jurídica que fornece um conjunto de funcionalidades que podem ser acessadas por meio de um terminal conectado à internet" (TEFFÉ, Chiara Antonia Spadaccini de. A responsabilidade civil do provedor de aplicações de internet pelos danos decorrentes do conteúdo gerado por terceiros, de acordo com o Marco Civil da Internet. *Revista Fórum de Direito Civil*, a. 4, n. 10. Belo Horizonte: Fórum, set.-dez./2015). Neste sentido, vide outra definição: "O provedor de aplicações, por outro lado, é aquele que coloca à disposição do usuário uma série de ferramentas digitais que, acessadas remotamente, permitem a realização de ações na *World Wide Web*, entre elas, no caso particular dos provedores de conteúdo, a divulgação e armazenamento de informações" (ROCHA, Francisco Ilídio Ferreira. Da responsabilidade por danos decorrentes de conteúdos gerados por terceiros. In: LEMOS, Ronaldo; LEITE, George Salomão (Coord.). *Marco Civil da Internet*, cit., pp. 829-830).

conduta do provedor e os danos causados a terceiros por conteúdos lesivos? Como se verá a seguir, o provedor de aplicações ingressa na cadeia de responsabilidade a partir de sua omissão em retirar o conteúdo ofensivo do ar, uma vez instado judicial ou extrajudicialmente a fazê-lo, a depender da corrente que se adote.[20]

Em uma síntese entre o que a jurisprudência e doutrina defendem antes e depois da entrada em vigor do Marco Civil, pode-se dizer que a responsabilidade civil dos provedores de aplicação na internet segue três entendimentos distintos: (i) a não responsabilização do provedor em razão da conduta praticada pelos seus usuários, por ser o servidor mero intermediário entre usuário e vítima; (ii) a responsabilidade civil objetiva do provedor, fundada no conceito de risco de atividade ou no defeito da prestação dos serviços e (iii) a responsabilidade civil subjetiva, subdividindo-se esta corrente entre aqueles que defendem a responsabilidade civil subjetiva decorrente da inércia após ciência do conteúdo ilegal e aqueles que defendem a responsabilização somente em caso de descumprimento de ordem judicial específica – sendo esta última a teoria adotada pelo Marco Civil.[21]

Os defensores da primeira corrente entendem que os provedores de aplicação da internet seriam meros intermediários entre o causador do dano (o usuário da aplicação a internet) e a vítima, de modo que, nesses casos, os provedores de aplicação acabam por serem excluídos do polo passivo por ilegitimidade passiva.[22]

---

[20] "O fundamento da responsabilidade civil do provedor de aplicação por conteúdo gerado por terceiro é a culpa, em seu viés omissivo e por presunção, quando, notificado o provedor, este não tomar as devidas atitudes para a retirada de material inapropriado de sua rede. Isto é, presume-se a omissão culposa (culpa *lato sensu*) do provedor que ao ser notificado judicialmente para a retirada de conteúdo impróprio deixa de fazê-lo no prazo informado, devendo responder pelos danos causados ao ofendido" (MULHOLLAND, Caitlin. Responsabilidade civil indireta dos provedores de serviço de Internet e sua regulação no Marco Civil da Internet. In: CELLA, José Renato Gaziero; NASCIMENTO, Aires Jose Rover, Valéria Ribas do (Org.). *Direito e novas tecnologias*, vol. 1. Florianópolis: CONPEDI, 2015, p. 493).

[21] O próprio Superior Tribunal de Justiça, em recente julgado, já se manifestou a respeito destas correntes doutrinárias. STJ, REsp 1.642.997/RJ, 3ª T., Rel. Min. Nancy Andrighi, julg. 12.9.2017, publ. 15.9.2017.

[22] Neste sentido, vide o julgado do TJRS: "Apelações Cíveis. Responsabilidade Civil. Ação Indenizatória. *Ilegitimidade Passiva do Facebook*. Responsabilização civil do provedor de conteúdo na internet somente nas situações em que, devidamente notificado, deixa de remover a postagem ofensiva ou ilícita. *Os provedores de conteúdo na internet respondem civilmente por publicações em seus sítios eletrônicos apenas quando, devidamente notificados, deixam de remover as postagens ofensivas aos interessados.* [...]. O usuário da rede social deve indenizar os danos causados à esfera extrapatrimonial do titular

Importante, no âmbito da aplicação desta primeira corrente, destacar a experiência dos Estados Unidos que, em decorrência do artigo 230 (c)(1) do *Telecommunication Decency Act* (CDA)[23] confere uma isenção de responsabilidade aos provedores de serviços pelas condutas de terceiros. Esta regra comporta exceções no sistema norte-americano, como é o caso da responsabilização civil do provedor em caso de inércia na retirada de materiais que infrinjam direitos autorais. O DMCA (*Digital Millenium Copyright Act*), em seu artigo 512 (d),[24] faz uma ressalva ao referido artigo 230 do CDA, responsabilizando os provedores caso não retirem do ar o conteúdo apontado extrajudicialmente como infringente de direitos autorais.

Esta primeira corrente encontra-se superada: o exame das decisões judiciais brasileiras revelava uma firme marcha rumo à superação da tese da irresponsabilidade das sociedades empresariais proprietárias de redes sociais e sites de relacionamentos, já que tais sociedades se qualificavam como meras gestoras das redes sociais no afã de buscar sua irresponsabilidade jurídica por violações.[25]

Já a segunda corrente entende pela responsabilidade civil objetiva do provedor de serviços, com dois principais fundamentos: o risco inerente à atividade de provedor e a relação de consumo estabelecida entre o usuário e o provedor. A tese do risco inerente à atividade, o qual decorreria do art. 927 § único do Código Civil,[26] foi por longo período e, marcadamente antes da entrada em vigor do Marco Civil, utilizada pelos tribunais para determinar a responsabilidade do provedor.[27] Tal entendimento era dominante na jurispru-

---

do direito personalíssimo violado. [...] Apelo do réu desprovido. Recurso da autora provido em parte" (TJRS, Ap. Civ. 70061451191, 9ª C.C., Rel. Des. Miguel Ângelo da Silva, julg. 29.10.2014, publ. 5.11.2014. Grifou-se). Vide, ainda TJPR, Ap. Civ. 130075-8, 5ª C.C., Rel. Des. Antônio Gomes da Silva, julg. 19.11.2002, publ. 12.12.2002; TJRS, Ag. Instr. 7003035078, Rel. Des. Paulo Antonio Kretzmann, julg. 22.11.2001.

[23] "*No provider or user of an interactive computer service shall be treated as the publisher or speaker of any information provided by another information content provider*". Em tradução livre: "(1) Tratamento como Divulgador ou Autor de Expressão: Nenhum provedor ou usuário de serviço interativo de computador deverá ser tratado como se divulgador ou autor fosse de qualquer informação disponibilizada por provedor de informações".

[24] Estados Unidos da América, House of Representatives, *Digital Millennium Copyright Act*, 08 de outubro de 1998.

[25] SCHREIBER, Anderson. Marco Civil da Internet: avanço ou retrocesso?, cit., p. 284.

[26] STJ, REsp 1.308.830/RS, 3ª T., Rel. Min. Nancy Andrighi, julg. 8.5.2012, publ. 19.6.2012; TJRJ, Ap. Civ. 2009.001.14165, 2ª C.C., Rel. Des. Alexandre Câmara, julg. 8.4.2009, publ. 15.4.2009.

[27] TJSP, Proc. 583.00.2006.243439-5, 39ª V.C., Juiz Ulysses de Oliveira Gonçalves Junior, julg. 6.3.2008.

dência do STJ. Com o passar do tempo, a jurisprudência do tribunal pacificou o entendimento em sentido contrário, entendendo pela inaplicabilidade do art. 927 § único do Código Civil aos provedores de aplicação da internet.[28]

Por último, a terceira corrente defende a responsabilidade civil subjetiva dos provedores, partindo-se em duas vertentes: (i) a responsabilidade pelo não atendimento de notificação extrajudicial e (ii) pelo descumprimento de ordem judicial específica, nos exatos termos do art. 19 do Marco Civil.[29]

Antes da entrada em vigor do Marco Civil, a jurisprudência pacífica do STJ era no sentido de que "sob a ótica da diligência média que se espera do provedor, deve este adotar as providências que, conforme as circunstâncias específicas em cada caso, estiverem ao seu alcance para a individualização dos usuários do site, sob pena de responsabilização subjetiva por culpa *in omittendo*".[30] Em outras palavras, uma vez notificado extrajudicialmente a retirar o conteúdo lesivo extrajudicialmente, e não o fizesse, responderia o provedor de aplicações civilmente pelos danos causados a terceiros, ainda que o conteúdo tivesse sido gerado não propriamente pelo provedor mas sim por um outro usuário, ingressando o provedor na cadeia de causalidade por meio de sua ação omissiva.

Esse regime de responsabilidade civil foi derrogado, em abril de 2014, com a entrada em vigor do Marco Civil da Internet. Observa-se, assim, uma disparidade entre a jurisprudência dominante anterior do STJ – pela responsabilidade civil subjetiva diante da inércia após notificação extrajudicial – e o novo regramento introduzido pelo Marco Civil – que admite a responsabilidade civil do provedor na hipótese de descumprimento de ordem judicial específica. Esse antagonismo foi objeto de observação pelo Ministro Luis Felipe Salomão nos autos do REsp 1.512.647-MG/STJ, que assim pontuou:

> Segundo a nova lei de regência a responsabilidade civil do provedor de internet consubstancia responsabilidade por dano decorrente de descumprimento de ordem judicial, *previsão que se distancia, em grande medida, da jurisprudência atual*

---

[28] STJ, Informativo nº 460. Precedentes citados: REsp 1.186.616/MG, publ. 31.8.2011, e REsp 1.175.675/RS, publ. 20.9.2011. REsp 1.306.066/MT, Rel. Min. Sidnei Beneti, julg. 17.4.2012.

[29] Dispõe o Marco Civil da Internet: "Art. 19. Com o intuito de assegurar a liberdade de expressão e impedir a censura, o provedor de aplicações de internet somente poderá ser responsabilizado civilmente por danos decorrentes de conteúdo gerado por terceiros se, após ordem judicial específica, não tomar as providências para, no âmbito e nos limites técnicos do seu serviço e dentro do prazo assinalado, tornar indisponível o conteúdo apontado como infringente, ressalvadas as disposições legais em contrário".

[30] STJ, REsp 1.193.764/SP, 3ª T., Rel. Min. Nancy Andrighi, julg. 14.12.2010, publ. 8.8.2011; STJ, Agr. Reg. em REsp 1.309.891/MG, 3ª T., Rel. Min. Sidnei Beneti, julg. 26.6.2012, publ. 29.6.2012.

do STJ, a qual, para extrair a conduta ilícita do provedor, se contenta com a inércia após notificação extrajudicial[31]

Os críticos desta primeira corrente, que defende a responsabilização do provedor de aplicações pela inércia após comunicação extrajudicial, alegam que (i) deixar que o provedor julgue se o conteúdo é adequado ou não criaria um empoderamento dos provedores, conforme aventado pelo próprio Superior Tribunal de Justiça,[32] (ii) haveria um alto grau de subjetividade que o provedor de aplicações poderia conferir aos critérios de retirada dos conteúdos e (iii) retira da apreciação do Poder Judiciário da justeza ou não de determinada violação. Por esses fundamentos, portanto, o legislador optou pelo regime da responsabilidade civil mediante inércia do descumprimento do provimento judicial.

Essas são, em apertada síntese, as três principais correntes doutrinárias e jurisprudenciais que regem a responsabilidade civil dos provedores de aplicações. Com se viu, para o primeiro entendimento, o provedor goza da isenção geral de responsabilidade civil por ilícitos decorrentes da conduta praticada pelos seus usuários, por ser o servidor mero intermediário entre usuário e vítima. Já para a segunda corrente, a responsabilidade civil do provedor seria objetiva, fundada no conceito de risco de atividade ou no defeito da prestação dos serviços. Por derradeiro, o terceiro entendimento orienta-se pela a responsabilidade civil subjetiva, subdividindo-se esta corrente entre aqueles que defendem a responsabilidade civil subjetiva decorrente da inércia após ciência do conteúdo ilegal e aqueles que defendem a responsabilização somente em caso de descumprimento de ordem judicial específica – sendo esta última a teoria adotada pelo Marco Civil.

Feito este panorama, parte-se para a análise detida do regime de responsabilidade civil introduzida pelo Marco Civil da Internet.

2.1. O artigo 19 do Marco Civil da Internet e seu retrocesso à luz da pessoa

Distanciando-se da jurisprudência do Superior Tribunal de Justiça em vigor até então, o Marco Civil institui o regime de responsabilidade civil subjetiva pelo descumprimento de ordem judicial específica, rechaçando a legitimidade

---

[31] STJ, REsp 1.512.647/MG, 4ª T, Rel. Min. Luiz Felipe Salomão, julg. 13.5.2015, publ. 5.8.2015. Grifou-se.
[32] STJ, REsp 1.316.921/RJ, 3ª T, Rel. Min. Nancy Andrighi, julg. 26.6.2012, publ. 29.6.2012.

da notificação extrajudicial como instrumento hábil a deflagrar a responsabilidade civil subjetiva decorrente da omissão de retirada do material ofensivo de circulação, nos exatos termos da redação do artigo 19 do Marco Civil da Internet:

> Art. 19. Com o intuito de assegurar a liberdade de expressão e impedir a censura, o provedor de aplicações de internet somente poderá ser responsabilizado civilmente por danos decorrentes de conteúdo gerado por terceiros se, após ordem judicial específica, não tomar as providências para, no âmbito e nos limites técnicos do seu serviço e dentro do prazo assinalado, tornar indisponível o conteúdo apontado como infringente, ressalvadas as disposições legais em contrário.

Acerca deste regime de responsabilidade civil subjetiva do provedor de aplicações, que o responsabiliza somente em caso de inércia a partir de uma decisão judicial específica,[33] coexistem duas correntes doutrinárias antagônicas entre si – uma tecendo duras críticas ao mecanismo e outra entendendo pelo sucesso da opção legislativa.

A primeira corrente entente que este mecanismo é louvável e representou um progresso na regulação da internet no Brasil. Ao Marco Civil da Internet assumir uma posição em defesa da liberdade de expressão, supostamente garante-se aos provedores a imunidade que neutralizaria o temor desses serem responsabilizados em caso de não remoção do conteúdo por meio de mera notificação extrajudicial.[34] Esta corrente entende, ainda, que o Poder Judiciário seria a instância adequada para dirimir eventuais divergências acerca da licitude ou ofensividade do material postado. É o que entende Caitlin Mulholland:

---

[33] O Marco Civil traz duas exceções a este regime: os casos de pornografia de vingança, previstos no artigo 21, e os casos de veiculação de materiais que potencialmente infrinjam direitos autorais – as serão abordadas a seguir. Para estes casos, bastará a omissão do provedor de aplicações ante a uma notificação extrajudicial para que se incida a responsabilidade civil subjetiva decorrente da inércia do provedor. Acerca da responsabilidade civil do provedor de aplicações por veiculação de materiais que infrinjam Direito Autoral, deve-se tomar em conta o disposto do art. 19 §2º e art. 31 do Marco Civil da Internet. Nota-se que o legislador optou por remeter a matéria para à Lei de Direitos Autorais (Lei nº 9.610/98). A aplicabilidade do Marco Civil para a tutela dos Direitos Autorais depende, portanto, da edição de regulamentação superveniente. Em 11 de maio de 2016, foi editado o Decreto nº 8.771/16 para regulamentar o Marco Civil da Internet. Tal decreto abordou a discriminação de pacotes de dados na internet, proteção de dados pessoais e cadastrais, omitindo-se acerca da regulamentação de que trata o art. 19 §2º do Marco Civil.

[34] SOUZA, Carlos Affonso; LEMOS, Ronaldo. *Marco civil da Internet*: construção e aplicação. Juiz de Fora: Editar, 2016, p. 101.

A necessidade da notificação judicial como requisito essencial para a responsabilização do provedor é uma medida, portanto, necessária e que traz segurança às partes envolvidas no caso concreto, pois permite uma avaliação judicial prévia sobre a potencial violação de direitos que necessitam de proteção jurídica. Ainda que de forma preliminar, a notificação judicial é procedimento judicializado e, portanto, requer a análise por um juiz por meio de um devido processo legal.[35]

A opção pela responsabilidade civil subjetiva também é enaltecida por Carlos Affonso da Silva Pereira. Segundo o autor, apesar deste ser o ponto de maior controvérsia do Marco Civil da Internet, o regime de responsabilidade civil adotado pela lei visa combater a indústria das notificações para remoção de conteúdo e revela a posição assumida pela lei de defesa da liberdade de expressão, de modo que como está redigido, o Marco Civil "opta pelo entendimento de que a responsabilidade dos provedores de aplicações de internet deve ser de natureza subjetiva".[36]

A jurisprudência vem prestigiando em larga medida a disposição legislativa, de modo que se pode afirmar com segurança que a vasta maioria dos tribunais prestigia o regime de notificação judicial introduzido pelo Marco Civil da Internet.[37]

Uma segunda corrente – que parece a mais acertada à luz da metodologia civil-constitucional – define o regime de responsabilidade civil do provedor introduzido pelo Marco Civil como um retrocesso, ao estabelecer um mecanismo engessado, que cria uma proteção intensa para as sociedades empresárias que exploram redes sociais e reduz o grau de proteção que já vinha sendo fixado pela jurisprudência brasileira para os usuários da internet. O art. 19, assim, conteria 4 (quatro) grandes equívocos que passa-se a analisar detidamente, a saber: (i) a assunção da liberdade como um princípio constitucional que goza de posição privilegiada no ordenamento; (ii) a necessidade de ordem judicial para a retirada de materiais ofensivos da rede; (iii)

---

[35] MULHOLLAND, Caitlin. Responsabilidade civil indireta dos provedores de serviço de Internet e sua regulação no Marco Civil da Internet, cit., p. 495.
[36] SOUZA, Carlos Affonso Pereira de. Responsabilidade civil dos provedores de acesso e de aplicações de internet: evolução jurisprudencial e os impactos da lei nº 12.965/2014 (Marco Civil da Internet). In: LEMOS, Ronaldo; LEITE, George Salomão (Org.). *Marco Civil da Internet*. São Paulo: Atlas, 2014, p. 812.
[37] STJ, AgInt no AgInt no AREsp 956.396/MG, 3ª T., Rel. Min. Ricardo Villas Bôas Cueva, julg. 17.10.2017, publ. 27.10.2017; REsp 1.642.997/RJ, 3ª T., Rel. Min. Nancy Andrighi, julg. 12.9.2017, publ. 15.9.2017; STJ, REsp 1.642.560/SP, 3 ªT., Rel. Min. Marco Aurélio Bellizze, julg. 12.9.2017, publ. 29.9.2017.

a discricionariedade técnica dos provedores para determinar a possibilidade ou não do cumprimento da decisão liminar e (iv) a exigência de indicação clara e específica do conteúdo apontado como infringente contida no §1º do art. 19 do Marco Civil.

O dispositivo, equivocadamente, privilegia o direito fundamental à liberdade de expressão em detrimento de outras garantias constitucionais. Ao privilegiar expressamente a liberdade de expressão na redação do *caput* do art. 19 do Marco Civil da Internet, olvidou-se o legislador do fato de que os direitos fundamentais da pessoa humana (honra, privacidade, imagem, entre outros) gozam de semelhante tutela constitucional em patamar não inferior à liberdade de expressão, de modo que recordar apenas "um lado da moeda" já no início do art. 19 representa má técnica legislativa.[38]

Anderson Schreiber define tal regime como um retrocesso, ao estabelecer um mecanismo engessado, que cria uma proteção intensa para as sociedades empresárias que exploram redes sociais e reduz o grau de proteção que já vinha sendo fixado pela jurisprudência brasileira para os usuários da internet. O dispositivo, equivocadamente, privilegia o direito fundamental à liberdade de expressão em detrimento de outras garantias constitucionais. Olvidou-se do fato de que os direitos fundamentais da pessoa humana (honra, privacidade, imagem, entre outros) também são tutelados pela Constituição em patamar não inferior à liberdade de expressão, de modo que recordar apenas "um lado da moeda" já no início do art. 19 representa má técnica legislativa.[39]

A necessidade de ordem judicial para a retirada de materiais ofensivos da rede e a insuficiência, para o Marco Civil da Internet, de notificações meramente extrajudiciais é alvo de duras críticas na doutrina em razão de um aspecto prático simples: a ineficiência dos tribunais brasileiros. É certo que há um flagrante descompasso entre a velocidade com que informações caluniosas circulam na rede e a lentidão corriqueira das demandas judiciais. Este descompasso, apesar de mitigado com a possibilidade de ajuizamento das demandas em juizados especiais cíveis contida no §3º do art. 19 do Marco Civil da Internet, está longe de ser eliminado com essa alternativa processual.[40]

---

[38] SCHREIBER, Anderson. Marco Civil da Internet: avanço ou retrocesso?, cit., p. 284.
[39] SCHREIBER, Anderson. Marco Civil da Internet: avanço ou retrocesso?, cit., p. 284.
[40] ROSSETTO, Guilherme Ferreira; ANDRADE, Henrique dos Santos; BENATTO, Pedro Henrique Abreu. A responsabilidade dos provedores de aplicações no Marco Civil da internet: reflexões sobre a viabilidade da medida com foco nos problemas que assolam o Poder Judiciário. *Revista de Direito Privado*, n. 69, vol. 17. São Paulo: Revista dos Tribunais, 2016, pp. 61-62.

Não se pode ignorar o fato de que "entre achar um advogado, negociar seus honorários, descobrir quem de fato é o provedor e onde está estabelecido, ter uma petição redigida, ajuizada, obter uma ordem judicial, enviar uma carta precatória [...] notificar o réu e este, dentro do período razoável, tornar o conteúdo indisponível, o conteúdo já foi reproduzido por uma centena de pessoas".[41]

A possibilidade de ajuizamento desta demanda em juizados especiais contida no §3º do art. 19, adverte Schreiber, não afasta nenhum desses inconvenientes e tampouco representa alguma inovação no ordenamento jurídico, já que as vítimas destes danos sempre puderam recorrer aos juizados desde o advento da lei 9.099/95, inexistindo, desde a promulgação desta lei, qualquer óbice processual específico à matéria de violação de direitos da personalidade na internet, à luz dos requisitos de competência em razão da matéria contido no art. 3º da lei 9.099/95.[42]

A exigência de uma notificação judicial – e a insuficiência da provocação extrajudicial – cria um caminho ardiloso para a vítima evitar a propagação de danos que correm em velocidades inimagináveis na rede.[43] Não é demais lembrar que a judicialização da vida leva à marginalização daqueles segmentos sociais que não têm fácil acesso ao sistema de justiça, mormente nos rincões do Brasil, de modo que "a primeira consequência drástica da judicialização é a elitização do debate e a exclusão dos que não dominam a linguagem nem têm acesso aos *locus* de discussão jurídica".[44] Não será diferente com qualquer

[41] THOMPSON, Marcelo. Marco civil ou demarcação de direitos? Democracia, razoabilidade e as fendas da internet no Brasil. *Revista de Direito Administrativo*, vol. 261, set.-dez./2012, p. 214.
[42] "O prêmio de consolação não afasta o inconveniente da imposição de recurso ao Poder Judiciário para deflagração da responsabilidade civil dos 'provedores de aplicações', nem representa um prêmio efetivo, na medida em que, mesmo antes da edição da Lei 12.965 as vítimas de conteúdo lesivo já contavam com essa possibilidade, bastando que não indicassem como valor pleiteado a título de danos morais montante superior ao teto dos juizados especiais. [...]. O §3º do art. 19, portanto, não traz qualquer benefício às vítimas de danos que já não estivesse à sua disposição no cenário anterior à edição do Marco Civil da Internet" (SCHREIBER, Anderson. Marco Civil da Internet: avanço ou retrocesso?, cit., p. 291).
[43] "A exigência de ordem judicial específica gerou também acalorados debates, principalmente porque, até então, a jurisprudência, capitaneada pelo STJ, vira construindo e consolidando o entendimento de que os provedores poderiam ser responsabilizados se não adotassem providências depois de notificados sobre o conteúdo objeto de discussão – isto é, vinha-se aplicando, de forma substancialmente tranquila pelos tribunais, a regra do *notice and takedown*" (GARCIA, Rebeca. Marco Civil da Internet no Brasil: repercussões e perspectivas. *Revista dos Tribunais*, vol. 964, a. 105. São Paulo: Revista dos Tribunais, fev./2016, p. 171).
[44] BARROSO, Luís Roberto. *Curso de direito constitucional contemporâneo*: os conceitos fundamentais e a construção do novo modelo. 6. ed. Rio de Janeiro: Saraiva, 2017, p. 448.

usuário de provedores de aplicações que, ao invés de simplesmente enviar um comunicado online ao provedor o notificando de um conteúdo flagrantemente ofensivo, terá de buscar acesso ao assoberbado Judiciário.

A doutrina vem criticando duramente esta opção legislativa que imputa à vítima o ônus de socorrer-se do Judiciário. Schreiber adverte que esta imposição legal da vítima de acessar o sistema de justiça para buscar sua indenização integral, além de ir na contramão dos novos métodos alternativos de solução de conflitos e além de ignorar o abarrotamento do Poder Judiciário, seria completamente inútil, já que esta possibilidade de ir a juízo buscar a reparação sempre existiu no ordenamento.[45] Pior que isso, a dicção literal do art. 19, adverte Schreiber, impõe que a propositura de ação judicial deixa de ser mero instrumento de proteção aos direitos da vítima e obtenção da reparação para se tornar uma condição *sine qua non* da responsabilidade civil:

> Pior: na dicção literal do art. 19, o descumprimento de ordem judicial passa a ser condição necessária para a responsabilização dos provedores. Nesse contexto, a propositura de ação judicial deixa de ser mero instrumento de proteção dos direitos da vítima e de obtenção da reparação para se tornar uma condição *sine qua non* da responsabilidade civil. A vítima, que antes propunha ação judicial como seu último recurso, para obter a responsabilização do réu, agora precisa propor a ação judicial e pleitear a emissão de uma ordem judicial específica, para que, só então e apenas em caso de descumprimento da referida ordem judicial, a proprietária do site ou rede social possa ser considerada responsável. Em uma realidade cada vez mais consciente do abarrotamento do Poder Judiciário, a Lei 12.965 toma a contramão de todas as tendências e transforma a judicialização do conflito em medida necessária à tutela dos direitos da vítima no ambiente virtual, ambiente no qual, pela sua própria celeridade e dinamismo, os remédios judiciais tendem a ser menos eficientes e, portanto, mais criticados. possibilidade de recorrer ao Poder Judiciário sempre existiu no direito brasileiro.[46]

---

[45] "A menção à "ordem judicial" golpeia de morte toda a inspiração do *notice and takedown*. Como já se destacou, a limitação legal à responsabilidade civil dos chamados "provedores de aplicações" somente pode se justificar como estímulo à sua atuação proativa, capaz de evitar a propagação do dano independentemente do tempo e custo necessários à propositura de uma ação judicial. Se a vítima da lesão ao seu direito fundamental precisa recorrer ao Poder Judiciário, pleiteando uma ordem judicial, a ser expedida à empresa, o art. 19 lhe é inteiramente inútil pela simples razão de que a descumprimento de ordem judicial, independentemente de qualquer consideração sobre responsabilidade civil, configura crime de desobediência (CP, art. 330)" (SCHREIBER, Anderson. Marco Civil da Internet: avanço ou retrocesso?, cit., p. 290).

[46] Ibid., pp. 290-291.

Marcelo Thompson, por seu turno, afirma que o Marco Civil, ao exigir a intervenção judicial, fomenta a conduta irrazoável e irresponsável de provedores de serviços na internet, considerando que "mesmo provedores de serviços que ajam com negligência, ou até mesmo com malícia, na manutenção de conteúdo de cuja existência têm ciência, não poderão ser de qualquer forma responsabilizados, senão pelo descumprimento de ordem judicial".[47] Em artigo na obra *Direito Privado & Internet*, coordenada por Guilherme Magalhães Martins, João Victor Longhi defende que a opção de intervenção judicial do Marco Civil deixa o usuário vulnerável ao compeli-lo de socorrer-se ao Judiciário.[48] O autor defende que ao impor-se ao usuário o dever de requerer judicialmente a remoção de conteúdo, se cria um sistema de irresponsabilidade sob o subterfúgio o suposto caráter absoluto da liberdade de expressão:

> Utilizar como subterfúgio o caráter absoluto da liberdade de expressão para acobertar modelos de negócio irresponsáveis parece ser a subversão completa dos valores constitucionais, que sempre tiveram as situações subjetivas existenciais como corolário do epicentro axiológico do ordenamento: a dignidade da pessoa humana em todos os seus aspectos. Em ouros termos, usar o direito fundamental à liberdade de expressão como base da "inimputabilidade" de todo e qualquer intermediário da rede esconde a tutela de um único direito fundamental em detrimento de todos os outros: a livre iniciativa.[49]

A necessidade de intervenção judicial para a retirada de conteúdos ofensivos teve, recentemente, repercussão geral reconhecida no Supremo Tribunal Federal, assim autuado: "Tema 533 – Dever de empresa hospedeira de sítio na internet fiscalizar o conteúdo publicado e de retirá-lo do ar quando

---

[47] "O Marco Civil, em outras palavras, transforma a defesa da vida privada e da honra dos cidadãos Brasileiros – sem mencionar os direitos da criança e do adolescente em casos que não envolvam pornografia – em meros assuntos de responsabilidade social corporativa. Em que pese a admiração mais profunda que nutro pelos autores do anteprojeto de lei, devo registrar que a dinâmica da irresponsabilidade civil por este trazida reflete uma solução desproporcional, irrazoável, e, além de tudo, simplista – sobretudo quando se considera a realidade de outros ordenamentos jurídicos" (THOMPSON, Marcelo. Marco civil ou demarcação de direitos?, p. 215).

[48] "Se o sistema visa evitar o abuso do direito de notificação por parte de alguns, não resolve o problema adequadamente, haja vista que os grandes conglomerados, detentores do poder econômico, dispõem de mais meios para velar pelos seus interesses judicialmente" (LONGHI, João Victor Rozati. Marco Civil da Internet no Brasil: breves considerações sobre seus fundamentos, princípios e análise crítica do regime de responsabilidade civil dos provedores. In: MARTINS, Guilherme Magalhães (Coord.). *Direito Privado e Internet*. São Paulo: Atlas, 2014, p. 125).

[49] Ibid., p. 133.

considerado ofensivo, sem intervenção do Judiciário". Em junho de 2017, ao analisar o RE 1057258, o Min. Luiz Fux observou que à mingua de regulamentação legal da matéria, deve a Corte ponderar se cabe à empresa hospedeira de sítio na rede mundial de computadores fiscalizar o conteúdo publicado em seus domínios eletrônicos e retirar do ar as informações consideradas ofensivas sem a necessidade de intervenção do Poder Judiciário.[50]

Diversas têm sido as críticas, portanto, acerca da opção legislativa de incluir o ajuizamento de demanda judicial como requisito da responsabilização do provedor de internet, ora qualificado como um contrassenso, ora como um retrocesso legislativo.[51] Certo é que a doutrina não é pacífica acerca desta opção judicial. O requisito da atuação judicial, entretanto, não é o único vício material contido no dispositivo.

O *caput* do art. 19 contém, ainda, uma salvaguarda aos provedores de aplicações quanto à possível limitação técnica desses para a retirada dos conteúdos. Dispõe o Marco Civil da Internet que o provedor somente será responsável pela retirada do conteúdo após a decisão judicial – como visto acima – e somente se for possível "no âmbito e nos limites técnicos do seu serviço" – frisando-se esta frase final. Trata-se de uma discricionariedade técnica conferida aos provedores para determinarem, unilateralmente, a viabilidade ou inviabilidade técnica para a exclusão do conteúdo ofensivo, mesmo com ordem judicial. Reforce-se: a lei garante ao provedor de aplicações a chance de não cumprir nem mesmo a decisão judicial que ordene a retirada de conteúdo ofensivo, sob o argumento da inviabilidade técnica.

Tal disposição faria sentido caso se verificasse a existência de uma real dificuldade técnica, vista na prática, para que os provedores excluíssem os conteúdos, de modo a evitar a expedição de determinações judiciais impossíveis de cumprir. Esta não é a realidade diante dos avanços tecnológicos contemporâneos.

---

[50] Tema 533: "Dever de empresa hospedeira de sítio na internet fiscalizar o conteúdo publicado e de retirá-lo do ar quando considerado ofensivo, sem intervenção do Judiciário" (STF, RE 1.057.258/MG, Rel. Min. Luiz Fux, publ. 28.6.2017).

[51] "O art. 19 do Marco Civil da Internet é um contrassenso, pois, inobstante a legislação prever que a responsabilidade civil extracontratual advém de um ato ilícito, previsão legal ou em razão do risco da atividade, o texto da nova lei em estudo dispõe que o provedor de aplicações de Internet somente poderá ser responsabilizado civilmente se, após ordem judicial específica, não tornar indisponível o conteúdo" (VAINZOF, Rony. Da responsabilidade por danos decorrentes de conteúdo gerado por terceiros. In: MASSO, Fabiano Del *et alii* (Coord.). *Marco Civil da Internet Lei 12.965/14*. São Paulo: Revista dos Tribunais, 2014, p. 188).

Para a identificação automática de conteúdo, diversas ferramentas atualmente em funcionamento dispensam, até mesmo, a indicação do *link* ou da URL específica da localização de determinado conteúdo. Isto é possível através, exemplificativamente, da ferramenta chamada *PhotoDNA*, desenvolvida pela Microsoft e adquirida pelo Google, Twitter e pelo Facebook Inc. Por meio de algoritmos, as imagens são convertidas em preto e branco e depois divididos em milhões de nano-pedaços e cada nano pedaço do conteúdo forma o chamado "DNA do material". Através de materiais ofensivos pré-cadastrados nos bancos de imagens dos provedores, é possível identificar um material pornográfico ou violador de direitos autorais, por exemplo.[52] O mecanismo vem sendo utilizado, também, por autoridades públicas, como é o caso da procuradoria geral de Washington – EUA, conforme relata o *The New York Times*.[53]

Não obstante a relevância das ponderações acima, pode-se dizer que a premissa de grande equívoco do Marco Civil é aquela relacionada à posição preferencial da liberdade no ordenamento, ponto sobre o qual esse estudo pretende debruçar-se a seguir.

2.2. O sistema de notice and take down à brasileira: o equívoco do locus privilegiado da liberdade

Embora se possa cogitar de certa hierarquia axiológica – posição defendida por parcela da doutrina constitucionalista e parece, à primeira vista, distante da legalidade constitucional – inexiste hierarquia entre normas constitucionais ou direitos fundamentais, de modo que nenhuma norma constitucional poderá ser inconstitucional em face de uma outra, nem mesmo em caso de

---

[52] "O *PhotoDNA* já ajudou a detectar milhões de fotos ilegais na Internet. Foi um avanço para mais de 70 empresas e organizações que já o utilizaram, como o Facebook e o Twitter, mas a versão no local exige tempo, dinheiro e experiência técnica para levá-lo a funcionar e mantê-lo atualizado. O novo *PhotoDNA* Cloud Service tira esses obstáculos potenciais para pequenas empresas e outras organizações que desejam dar aos usuários a liberdade de fazer o upload de conteúdo, garantindo a integridade de suas plataformas. "Encontrar essas imagens de abuso sexual de crianças conhecidas nesse enorme universo é como encontrar uma agulha em um palheiro", diz Courtney Gregoire, advogado sênior da Unidade de Crimes Digitais da Microsoft. "Precisamos de uma maneira mais fácil e escalável de identificar e detectar essa pior das piores imagens e assim nasceu o conceito de PhotoDNA na nuvem" (PhotoDNA da Microsoft: Protegendo crianças e empresas na nuvem. Disponível em: <https://news.microsoft.com/>. Acesso em: 1 dez. 2017. Tradução livre).
[53] *Facebook's New Way to Combat Child Pornography*. Disponível em: <https://gadgetwise.blogs.nytimes.com/>. Acesso em: 4 dez. 2017.

conflito entre elas.[54] O Superior Tribunal Federal já decidiu neste sentido, assentando-se que inexiste qualquer inconstitucionalidade de demais normas em face das próprias cláusulas pétreas.[55] A doutrina constitucionalista reconhece que não se pode determinar abstratamente a prevalência de um princípio sobre o outro – exatamente o que foi feito na redação do *caput* do art. 19, ao abstratamente se privilegiar a liberdade de expressão – de modo que o método hermenêutico da ponderação deverá ser aplicado na análise do caso concreto, inaplicando-se princípios "na modalidade do tudo ou nada, mas de acordo com a dimensão do peso que assumem na situação específica".[56]

Seja permitido fazer-se uma breve digressão para regatar-se o entendimento contemporâneo do Supremo Tribunal Federal acerca da posição preferencial do princípio jurídico da liberdade, a partir do julgamento da Ação de Descumprimento do Preceito Fundamental nº 130, julgada em 30 de abril de 2009 na Corte. A ADPF 130 questionou a constitucionalidade da Lei de Imprensa (Lei nº 5250/67), tendo a Corte, por maioria, declarado que a Lei de Imprensa é incompatível com a atual ordem constitucional. No voto do relator, Min. Carlos Ayres Britto, ratificado na ementa do julgado, foi realizada uma separação de blocos de direitos, contrapondo-se o "bloco dos direitos da liberdade de expressão e imprensa" ao "bloco dos direitos à imagem, honra, intimidade e vida privada". Decidiu a corte pela precedência do primeiro bloco e pela incidência *a posteriori* do segundo bloco de direitos, para o efeito de assegurar, entre outros mecanismos, a responsabilidade civil e outras consequências do pleno gozo da liberdade de imprensa.[57] Por meio deste julgado, portanto, o STF assentou o posicionamento pela posição de prevalência do princípio da liberdade no sistema jurídico contemporâneo.

---

[54] BARROSO, Luís Roberto. *Curso de direito constitucional contemporâneo*: os conceitos fundamentais e a construção do novo modelo. 4. ed. Rio de Janeiro: Saraiva, 2013, p. 327.

[55] STF, ADI 815/DF, Trib. Pleno, Rel. Min. Moreira Alves, julg. 28.3.1996, publ. 10.5.1996.

[56] "Ocorre que, em uma ordem jurídica pluralista, a Constituição abriga princípios que apontam em direções diversas, gerando tensões e eventuais colisões entre eles. [...] Como todos esses princípios têm o mesmo valor jurídico, o mesmo *status* hierárquico, a prevalência deum sobre o outro não pode ser determinada em abstrato; somente à luz dos elementos do caso concreto será possível atribuir maior importância a um do que a outro. Ao contrário das regras, portanto, princípios não são aplicados na modalidade tudo ou nada, mas de acordo com a dimensão de peso que assumem na situação específica" (BARROSO, Luís Roberto. *Curso de direito constitucional contemporâneo*, cit., p. 231).

[57] STF, ADPF 130/DF, Trib. Pleno, Rel. Min. Carlos Ayres Britto, julg. 30.4.2009, publ. 12.5.2009. Observe-se que a maioria dos demais ministros, nos autos da ADPF 130, utilizou a ponderação (e não a separação em blocos) como método de solução do conflito de princípios, tendo sido fixado o método da separação em blocos, entretanto, na ementa do julgado e fixada a tese pela Corte nestes termos.

Parecem substanciosos os argumentos trazidos pelos eminentes Ministros Menezes Direito e Ellen Gracie acerca da ponderação entre liberdade e demais direitos da personalidade. Para a Ministra Ellen Gracie, inexiste hierarquia entre os direitos fundamentais consagrados na Constituição Federal que pudesse permitir, em nome do resguardo de apenas um deles, a completa blindagem legislativa desse direito aos esforços de efetivação de todas as demais garantias individuais.[58] Já o Ministro Menezes Direito lembra que "a realidade constitucional está subordinada ao princípio da reserva qualificada, isto é, a preservação da dignidade da pessoa humana como eixo condutor da vida social e política".[59] Não se pode falar, portanto, que o texto constitucional dê guarida à posição de que o princípio da liberdade goze de qualquer superioridade hierárquica aos demais princípios da Carta Maior, ainda que esse seja o princípio condicionador para o exercício de outros direitos. Tal posicionamento, com a vênia dos que pensam de forma diferente, é desprovido de fundamento constitucional.

É com certa segurança que se pode afirmar que a posição preferencial do princípio da liberdade origina-se no direito constitucional norte-americano, no *leading case NY Times vs. Sullivan* julgado pela suprema corte daquele país em 1964.[60] Na hipótese, analisou a corte se haveria responsabilização civil do veículo de informação no caso de manifestação contendo erro factual, cometido sem má-fé, que atingira uma figura pública, tendo o tribunal entendido em sentido negativo e assentando que "afirmações equivocadas são inevitáveis em um debate livre", devendo ser protegidas "se se deseja que as liberdades expressivas tenham o 'espaço de respiração' de que precisam para sobreviver".[61] Ainda que o caso trate da liberdade de imprensa, é a partir de *NY Times*

---

[58] "No entanto, não enxergo, com a devida vênia, uma hierarquia entre os direitos fundamentais consagrados na Constituição Federal que pudesse permitir, em nome do resguardo de apenas um deles, a completa blindagem legislativa desse direito aos esforços de efetivação de todas as demais garantias individuais". Voto da Ministra Ellen Gracie nos autos da ADPF 130" (STF, ADPF 130/DF, Trib. Pleno, Rel. Min. Carlos Ayres Britto, julg. 30.4.2009, publ. 12.5.2009, p. 127).

[59] "Por outro lado, a sociedade democrática é valor insubstituível que exige, para sua sobrevivência institucional, proteção igual à liberdade de expressão e à dignidade da pessoa humana. Esse balanceamento é que se exige da Suprema Corte em cada momento de sua história" (Voto-vista do Ministro Menezes Direito nos autos da ADPF 130).

[60] Estados Unidos da América, Supreme Court. *New York Times vs. Sullivan*, 376, US 254 (1964), 9.3.1964.

[61] SARMENTO, Daniel. *Liberdades comunicativas e direito ao esquecimento na ordem constitucional brasileira*. Parecer proferido aos Recursos Especiais nº 1.334.097 ("caso Chacina da Candelária") e nº 1.335.153 ("caso Aída Curi"), p. 43.

vs. Sullivan que a Primeira Emenda passa a ser interpretada por aquela corte e passa a jurisprudência norte-americana a prever forte prevalência do princípio da liberdade naquele ordenamento jurídico. Esta posição, entretanto, está distante da realidade brasileira, que não prevê no texto constitucional nenhum fundamento para a prevalência de certos direitos fundamentais em detrimento de outros.

A exigência de intervenção judicial contida no art. 19 do Marco Civil da Internet mascara, sob o manto proteção da liberdade de expressão – que, para alguns, ocupa a posição da *preferred position* no sistema constitucional – situações de flagrantes ofensas à dignidade, em hipóteses em que a tutela da honra e dignidade esbarra nos empecilhos do Marco Civil.

O Marco Civil, ao proteger irrestritamente a liberdade de expressão, incorre em falha legislativa ao deixar descoberta uma hipótese de eventual violação à própria liberdade de expressão: trata-se da hipótese de o provedor de aplicações retirar, unilateralmente, quaisquer conteúdos que ele próprio julgue ofensivos, de acordo com seus termos de uso e condições. Para esses casos, inexiste qualquer previsão no Marco Civil de responsabilização ao provedor. Eventuais excessos serão submetidos à apreciação judicial pelo sistema geral de responsabilidade civil e pelos conceitos de ato ilícito tradicional dos arts. 186 e 927 do CC, garantindo-se, portanto, um cheque em branco ao provedor de aplicações para que ele próprio retire unilateralmente qualquer conteúdo e não seja repreendido por nenhuma previsão específica do Marco Civil da Internet. A lei que supostamente privilegia a liberdade de expressão perdeu a oportunidade de evitar a verdadeira censura privada. Neste sentido, critica-se na doutrina a opção de privilegiar o direito à liberdade de expressão sobre outros direitos de igual hierarquia, de modo que se aponta como uma alternativa para salvar o artigo a interpretação que preserve a unidade do ordenamento.[62]

---

[62] A respeito do art. 19, assim manifesta-se a doutrina: "Somente pode ser recebido e compreendido à luz de uma interpretação sistemática, levando-se em conta a normatização subjetivamente especial e de particular realização do comando constitucional de tutela do vulnerável e de indenidade pessoal dos indivíduos" (GODOY, Claudio Luiz Bueno de. Uma análise crítica da responsabilidade civil dos provedores na Lei n. 12.965/14 (Marco Civil da Internet). In: DE LUCCA, Newton *et alii* (Coord.). *Direito e Internet III*, t. II: Marco Civil da Internet (Lei n. 12.965/14). São Paulo: Quartier Latin, 2015, p. 319). No mesmo sentido: "o final da redação do art. 19, caput, do Marco Civil, ao excluir a necessidade de ordem judicial quando houver "disposições legais em contrário", está claro, salvo melhor juízo, que o provedor de aplicações da Internet poderá responder civilmente no caso de sua inércia, a partir da ciência de qualquer conteúdo acusado como ilegal, assim previsto em Lei, como nos casos de ofensa aos direitos de personalidade, danos à imagem de empresas,

Analisando a eventual posição privilegiada do princípio da liberdade no ordenamento, Fernanda Nunes Barbosa e Thamis Dalsenter Viveiros de Castro sustentam que não se pode afirmar *a priori* a prevalência de um direito fundamental sobre o outro, sobretudo quando se escolhe a prevalência de um direito postos em jogo como ponto de partida para o intérprete, de modo que, para as autoras, "parece mais acertado afirmar que, diante da ausência de uma norma expressa que determine qual dos direitos deve prevalecer em abstrato, a noção de prevalência não pode ser um dado *a priori*".[63]

Maria Celina Bodin de Moraes e Eduardo Nunes de Souza, ao tratarem da legalidade do ensino domiciliar no Brasil, analisam a eventual posição de preferência da liberdade no ordenamento brasileiro. Para os autores, a assunção da primazia do princípio da liberdade sobre outros direitos é um equívoco metodológico, sendo preciso ponderar a liberdade com outros princípios, tais como a solidariedade social e demais corolários da dignidade humana. Neste sentido:

> Na legalidade constitucional brasileira, e a despeito dos recentes desenvolvimentos da jurisprudência de nossas Cortes Superiores, não há fundamento efetivo para privilegiar a tutela de certas liberdades sobre todas as outras, nem se admite que o exercício de uma liberdade preponere sobre a própria dignidade humana, fundamento da República.[64]

---

crimes contra a honra, violação de propriedade intelectual, fraudes, ameaças, pornografia infantil, racismo etc." (VAINZOF, Rony. Da responsabilidade por danos decorrentes de conteúdo gerado por terceiros, cit., p. 203).

[63] "Influência da dignidade da pessoa humana como novo paradigma jurídico, a orientar também as relações no âmbito privado, reformulou a disciplina das liberdades existenciais, reforçando a preferência dos interesses extrapatrimoniais frente aos patrimoniais18 – preferência essa que deve ser considerada tanto em abstrato quanto concretamente. Mas é preciso ressaltar que, longe de autorizar uma perspectiva individualista de proteção da pessoa, a dignidade que ganha assento constitucional é coexistencial e reflete o compromisso assumido pela maioria das constituições solidaristas do pós-guerra de resguardar a pessoa concreta considerada no ambiente social no qual se insere" (BARBOSA, Fernanda Nunes; CASTRO, Thamis Dalsenter Viveiros de. Dilemas da liberdade de expressão e da solidariedade. *Civilistica.com*. Rio de Janeiro, a. 6, n. 2, 2017. Disponível em: <http://civilistica.com/dilemas-da-liberdade-de-expressao/>. Acesso em: 6.1.2018).

[64] BODIN DE MORAES, Maria Celina; SOUZA, Eduardo Nunes de. Educação e cultura no Brasil: a questão do ensino domiciliar. *Civilistica.com*. Rio de Janeiro, a. 6, n. 2, 2017. Disponível em: <http://civilistica.com/educacao-e-cultura-no-brasil/>. Acesso em: 8.1.2018.

A reflexão da equivocada posição preferencial que se atribui ao princípio da liberdade é, portanto, relevante para se repensar o principal fundamento dado ao regime da responsabilidade civil subjetiva adotada pelo Marco Civil da Internet: a suposta tutela irrestrita da liberdade de expressão. Tal fundamento mostra-se frágil, e, portanto, frágil também é o sistema que nele se ampara, ao levar-se em conta *(i)* a unidade do ordenamento; *(ii)* a inexistência de hierarquia entre normas e princípios constitucionais; *(iii)* a impossibilidade de importação para o sistema brasileiro da concepção norte-americana da liberdade, por completa incompatibilidade entre os sistemas da *civil law* e o modelo de *common law*.

A tutela da privacidade, intimidade, honra e, em última instância, da dignidade, assumem novos contornos, demonstrando os recentes fatos a necessidade de controle do indivíduo sobre suas próprias informações. Vive-se – nas palavras de Rodotà – a transição do sigilo ao controle. Rodotà defende existir uma inadequação das tradicionais definições jurídico-institucionais diante dos novos problemas impostos pela realidade dos sistemas informativos atuais, não sendo mais possível considerar os problemas da privacidade por meio de um mero pêndulo entre recolhimento e divulgação. Não são suficientes, para o autor, os enunciados generalizantes e as referências genéricas para salvaguardar a dignidade humana. A atenção passa, assim, do mero sigilo ao controle sobre os dados que circulam na rede.[65]

Ao falar-se em regulação da internet – e, consequentemente, ao falar-se da responsabilidade civil de provedores de aplicações – acentua-se a tensão entre as duas correntes antagônicas de pensamento acerca da regulação. De um lado, os liberais entendendo pela necessidade de não regulação da internet (os chamados defensivistas) e, de outro, os conservadores, clamando pela necessidade de regulação (os chamados protetivistas).[66] A análise das premissas que cada uma dessas correntes adota perpassa sobre estudar a liberdade enquanto valor jurídico do ordenamento. Qual o nível de proteção que o ordenamento brasileiro confere à liberdade?

As duas correntes aqui mencionadas nascem abordando as liberdades de expressão e imprensa no pensamento norte-americano e desdobram-se para

---

[65] RODOTÀ, Stefano. *A vida na sociedade da vigilância*, cit., pp. 36-37.
[66] "Como, portanto, solucionar tal dilema? Por certo, hodiernamente as liberdades de expressão de imprensa – como de resto as liberdades públicas em geral – combinam uma dimensão *defensivista* (contra ingerências indevidas da autoridade estatal) com uma dimensão *protetiva* (que demanda a intervenção estatal para a efetivação do seu conteúdo participativo)" (FISS, Owen M. *A ironia da liberdade de expressão*, cit., p. 8).

outas reflexões contemporâneas pautadas pelo debate do papel da liberdade no exercício de outros direitos, como a discussão que se trava nesse estudo. Para a teoria libertária, as garantias da Primeira Emenda norte-americana visam a proteger a autonomia privada e o direito à expressão do pensamento sem interferências externas. Já a segunda corrente, denominada por Fiss de teoria democrática, entende que o essencial não é garantir que todos falem, mas atentar ao que merece ser dito seja dito, de modo que a Primeira Emenda teria a finalidade de assegurar um debate público de ideias robusto, aberto e livre, com um mercado de ideias (*marketplace of ideias*) a ser regulado e protegido por meio de uma regulação estratégica do Estado.[67]

O autor, ao estudar os modelos de liberdade de expressão nos Estados Unidos à luz da Primeira Emenda e da construção jurisprudencial da Suprema Corte naquele país, assentou que a regulação do Estado nas liberdades de expressão e comunicação deixa de ser vista como um mal para se tornar uma condição necessária da fruição das liberdades de expressão e imprensa por todos os cidadãos, de modo que a regulação se justifica quando puder ser concebida como uma intervenção a favor e não contra a liberdade de expressão.

Deve-se buscar um modelo intermediário, entre a excessiva regulação, que poderia resultar em um Estado totalitário e controlado, e o Estado omisso, que poderia resultar na manipulação dos meios de comunicação pelos grandes grupos hegemônicos, segundo Owen Fiss.

A doutrina constitucionalista pátria se manifesta acerca da posição da liberdade no ordenamento. Luís Roberto Barroso entende que a liberdade, ainda que hierarquicamente igual a demais direitos fundamentais, goza de uma posição preferencial no sistema – *preferred position* – por ser ela pré-condição para exercício de outros direitos. A liberdade cria uma ligeira pressão sobre os demais direitos constitucionais, gozando, para Barroso, de posição preferencial no sistema.[68] Essa posição preferencial implica, por exemplo, em matéria de

---

[67] FISS, Owen M. *A ironia da liberdade de expressão*, cit., pp. 6-7.
[68] Neste sentido: "Entende-se que as liberdades de informação e de expressão servem de fundamento para o exercício de outras liberdades, o que justifica uma posição de preferência – *preferred position* – em relação aos direitos fundamentais individualmente considerados. Tal posição, consagrada originariamente Suprema Corte Americana, tem sido reconhecida pela jurisprudência do Tribunal Constitucional Espanhol e pela do Tribunal Constitucional Federal Alemão" (BARROSO, Luís Roberto. Colisão entre liberdade de expressão e direitos da personalidade: critérios de ponderação. interpretação constitucionalmente adequada do código civil e da lei de imprensa. *Revista de Direito Administrativo*, n. 235, jan.-mar./2004). No mesmo sentido: "Assim, a liberdade de expressão e informação, acrescida dessa perspectiva de instituição que participa de forma decisiva na orientação da opinião pública na sociedade democrática, passa a ser estimada como elemento

liberdade de expressão, na "absoluta excepcionalidade da proibição prévia de publicações, reservando-se essa medida aos raros casos em que não seja possível a composição posterior do dano que eventualmente seja causado aos direitos da personalidade".[69] Daniel Sarmento também se filia a essa corrente da posição preferencial da liberdade no confronto com os demais direitos da personalidade. Especificamente sobre o Marco Civil da Internet, defende que é também essa a orientação que se infere da Lei 12.965/2014 (Marco Civil da Internet), que positivou, como princípio da regulação da rede, "a garantia da liberdade de expressão, comunicação e manifestação do pensamento" (art. 3º, inciso I).[70]

A posição de preferência de liberdade não parece compatível, seja com a unidade do ordenamento, seja com a dignidade da pessoa humana enquanto fundamento da República. É o que defende Ingo Sarlet, ao analisar a teoria da *preferred position*. Para o autor, a atribuição de uma função preferencial à liberdade de expressão não é compatível com as peculiaridades do direito constitucional positivo brasileiro, que, nesse particular, diverge em muito do norte-americano e mesmo inglês.[71]

Parece-nos que em qualquer hipótese em que o princípio da liberdade for confrontado com a dignidade da pessoa humana, não há dúvidas de que o fiel da balança deverá ser a tutela da dignidade, em homenagem à unidade do ordenamento e à cláusula geral consubstanciada no art. 1º III da Constituição da República.[72] Em qualquer caso, não poderá pender, *a priori*, exclusivamente

---

condicionador da democracia pluralista e como premissa para o exercício de outros direitos fundamentais" (FARIAS, Edilsom Pereira de. *Colisão de direitos* – a honra, a intimidade, a vida privada e a imagem versus a liberdade de expressão e informação. Porto Alegre: Sergio Fabris, 1996, p. 167).

[69] Ibid., p. 20. A doutrina estrangeira faz eco à posição da liberdade como uma pré-condição para exercício de outros direitos: "A jurisprudência constitucional outorga à liberdade de expressão ou informação um caráter preferencial sobre os demais direitos fundamentais, como são: o direito à honra, à intimidade e à própria imagem. De maneira que se a liberdade de expressão é praticada legitimamente – por não serem usadas expressões formalmente injuriosas –, o direito à honra cede ante a ela. Ou se a liberdade de informação é exercida com a veiculação de notícias de interesse público – por seu conteúdo ou por referir-se a uma pessoa de relevância pública –, há de se protegê-la ante o direito à honra" (SERRA, Luis de Carreras. Régimen jurídico de la información. *Periodistas y Medios de Comunicación*. Barcelona: Ariel, 1996, p. 48. Tradução livre).

[70] SARMENTO, Daniel. *Liberdades comunicativas e direito ao esquecimento na ordem constitucional brasileira*, cit., p. 20.

[71] SARLET, Ingo Wolfgang. Liberdade de expressão e biografias não autorizadas –notas sobre a ADI 4.815. *Revista Eletrônica CONJUR*. Disponível em: <https://www.conjur.com.br/2015-jun-19/direitos-fundamentais-liberdade-expressao-biografias-nao-autorizadas>. Acesso em: 2.1.2018.

[72] "No Direito Brasileiro, a previsão do inciso III do art. 1º da Constituição, ao consagrar a dignidade humana o valor sobre o qual se funda a República, representa uma verdadeira cláusula geral de tutela de todos os direitos que da personalidade irradiam. Assim, em nosso ordenamento, o

em favor da liberdade, diante da ausência de fundamento constitucional para tanto. É nesse contexto que Gustavo Tepedino aborda a premente necessidade de promover a dignidade da pessoa humana no ambiente de desafios tecnológicos.[73]

Inexiste hierarquia entre direitos fundamentas ou princípios constitucionais no texto constitucional de modo a privilegiar o princípio de liberdade de expressão em detrimento dos demais direitos fundamentais. Ao oposto disto: a metodologia da constitucionalização do direito civil, ao impor a incidência direta das normas constitucionais nas relações privadas – como é a relação entre usuário das redes sociais e o provedor – impõe a leitura do sistema da responsabilidade civil a favor da pessoa humana.[74] Pelo dever de unidade no ordenamento, devem todas as normas centrarem-se sobre os valores constitucionais, ainda que se diversifiquem suas fontes e se especializem os seus setores.[75] O Marco Civil da Internet não pode, portanto, distanciar-se dessa obrigação – como o fez ao privilegiar a proteção da liberdade de expressão em detrimento da tutela da pessoa.[76] Ao se propor um modelo alternativo

---

princípio da dignidade da pessoa humana atua como uma cláusula geral de tutela e promoção da dignidade em suas mais diversas manifestações". (BODIN DE MORAES, Maria Celina. Ampliando os direitos da personalidade. *Na medida da pessoa humana*: estudos de direito civil constitucional. 1. reimpr. Rio de Janeiro: Processo, 2016, p. 128). "Consagrada como valor basilar do ordenamento jurídico, a dignidade da pessoa humana, insculpida no art. 1º III da CF, remodela as estruturas e a dogmática do direito civil brasileiro, operando a funcionalização das situações jurídicas patrimoniais às existenciais, de modo a propiciar o pleno desenvolvimento da pessoa humana" (TEPEDINO, Gustavo. Normas constitucionais e direito civil na construção unitária do ordenamento. *Temas de direito civil*, t. III. Rio de Janeiro: Renovar, 2009, p. 12).

[73] "O paradoxo de se viver em uma sociedade em que a revolução tecnológica produz, em sua esteira, a mais não poder recrudesce a necessidade de preservação e promoção da pessoa humana nas relações privadas, independentemente do tamanho ou do papel do Estado (assistencialista ou regulamentar). Anuncia-se, pois, uma árdua agenda para o Direito Civil com três preocupações centrais: (i) a compressão atual da metodologia direito civil-constitucional, que supere a mera percepção topográfica de uma mudança de técnica legislativa, (ii) a construção de uma nova dogmática do direito privado, com coerência axiológica em torno da unidade do ordenamento; e (iii) a fidelidade ao compromisso metodológico, a despeito das mudanças e políticas e econômicas que alteram o papel do Estado na sociedade e da crescente pluralidade de fontes normativas – tanto do ponto de vista nacional como supranacional" (TEPEDINO, Gustavo. O direito-civil constitucional e suas perspectivas atuais. *Temas de Direito Civil*, t. III. Rio de Janeiro: Renovar, 2009, p. 22).

[74] PERLINGIERI, Pietro. *Perfis do direito civil*. Rio de Janeiro: Renovar, 1999, p. 12.

[75] SCHREIBER, Anderson. *Direito civil e Constituição*. São Paulo: Atlas, 2013, p. 14.

[76] Trata-se, em verdade, da hipótese de conflito entre direitos fundamentais – o da liberdade o da dignidade da pessoa humana – cujo método de solução não está entre aqueles tradicionais da hermenêutica clássica, conforme defende Luis Roberto Barroso, ao tratar das novas técnicas de interpretação constitucional. "O Direito, como se sabe, é um sistema de normas harmonicamente

de responsabilidade civil solidária entre o provedor e o usuário, portanto, busca-se recentralizar o Marco Civil da Internet à unidade do ordenamento.

Na busca da proteção dos direitos fundamentais, como privacidade e intimidade, diz-se que é preciso regular o segmento da internet de forma atenta à necessidade de preservação da inovação no ambiente digital, não demorando muito o ente a regular o segmento, considerando que "postergar a intervenção regulatória, ainda que por um prazo determinado, é postergar também seus efeitos benéficos e arriscar a perpetuação de situações de injustiça ou a produção de resultados indesejados ou menos eficiente".[77] O Direito, portanto, não deve ser enxergado como o inimigo da liberdade, o que seria um equívoco metodológico profundo na visão de Schreiber, na medida em que só em um ambiente normatizado o exercício da liberdade pode ocorrer sem o receio de abusos, que representam a sua própria negação.[78]

Esse raciocínio, pois, aplica-se integralmente ao se pensar a liberdade de expressão no âmbito do Marco Civil da Internet. Ao se buscar a construção de um modelo de responsabilidade civil que assegure melhores formas de proteção à vítima de danos injustos, não se tolhe a liberdade de expressão de forma direta e imediata com a retirada de conteúdos manifestamente ilegais do ar de redes sociais de forma flagrante. O que se procura é qualificar a exploração econômica e social desse meio.

---

articuladas. Uma situação não pode ser regida simultaneamente por duas disposições legais que se contraponham. Para solucionar essas hipóteses de conflito de leis, o ordenamento jurídico se serve de três critérios tradicionais: o da hierarquia – pelo qual a lei superior prevalece sobre a inferior –, o cronológico – onde a lei posterior prevalece sobre a anterior – e o da especialização – em que a lei específica prevalece sobre a lei geral. Estes critérios, todavia, não são adequados ou plenamente satisfatórios quando a colisão se dá entre normas constitucionais, especialmente entre princípios constitucionais, categoria na qual devem ser situados os conflitos entre direitos fundamentais" (BARROSO, Luís Roberto. *Temas de direito constitucional*, t. II. Rio de Janeiro: Renovar: 2001, p. 32).

[77] "Já em relação à proteção de direitos fundamentais, o contexto atual de avanços das tecnologias digitais em rede deu nova dimensão à necessidade de proteção de algumas garantias e preceitos constitucionais, como o direito à liberdade de expressão (em suas dimensões coletiva e individual), os direitos à privacidade e intimidade e até a proteção de menores. Dada a característica de regulação privada que é inerente ao próprio funcionamento da internet, agentes de mercado hoje têm ingerência sobre a tradução desses direitos na vida cotidiana por meio de diferentes ferramentas, como os filtros de busca (no caso da liberdade de expressão), o bloqueio a conteúdos (no caso da proteção de menores) e a disponibilização de serviços que permitem o acesso e armazenamento de informações privadas dos usuários" (BAPTISTA, Patrícia; KELLER; Clara Iglesias. Por que, quando e como regular as novas tecnologias? Os desafios trazidos pelas inovações disruptivas. *Revista de Direito Administrativo*, v. 273, set.-dez./2016, p. 146).

[78] SCHREIBER, Anderson. Marco Civil da Internet: avanço ou retrocesso?, cit., p. 283.

Conclui-se, portanto, que inexistem fundamentos que justifiquem a hierarquia de direitos fundamentais prevista no ordenamento jurídico brasileiro, de modo que privilegiar o princípio da liberdade de expressão em detrimento do princípio da dignidade da pessoa humana é um equívoco legislativo.

Conclui-se, ainda, que a doutrina da *preferred positivon* tem origem no constitucionalismo norte americano, incompatível com o sistema jurídico da *civil law* brasileiro. Enquanto o sistema romano-germânico é marcado pela interpretação do ordenamento, dotados de unidade e coerência, os sistemas da *common law* baseiam-se nos casos concretos (*case law*) poucos codificados, dando-se primazia à experiência nos tribunais. A simples importação da posição preferencial do princípio da liberdade, portanto, é temerária. Como advertiu Maria Celina Bodin de Moraes, "a lógica do modelo anglo-saxão é simplesmente diferente demais da lógica do sistema romano-germânico para que uma aproximação acrítica possa sair impune".[79]

3. Síntese conclusiva

Esse trabalho perquiriu alcançar as seguintes conclusões parciais:

a) A impropriedade de importação da concepção norte-americana de liberdade ao Brasil. A concepção da liberdade como um direito fundamental que se posiciona em posição de superioridade no ordenamento decorre, historicamente, da noção de liberdade introduzida com a Primeira Emenda da Constituição dos Estados Unidos da América, editada em 1791. A discussão sobre a liberdade de imprensa, tratada na emenda, amplia-se para a liberdade como fundamento de exercício dos demais direitos fundamentais, originando a chamada teoria da *preferred position*. Para os que assim pensam, a liberdade exerce ligeira pressão sobre os demais direitos por ser ela condição para exercício dos demais direitos.

Essa concepção, entretanto, não é tutelada pelo ordenamento jurídico brasileiro e a mera importação do instituto norte-americano às cegas para o Brasil pode ser problemática, principalmente pelas diferenças estruturais entre os sistemas de *common law* e *civil law*.

---

[79] BODIN DE MORAES, Maria Celina. Professores ou juízes? Editorial. *Civilistica.com*. Rio de Janeiro, a. 3, n. 2, jul.-dez./2014. Disponível em: <http://civilistica.com/professores-ou-juizes/>. Acesso em: 15.12.2017.

Relembre-se que para o constituinte originário, não existe hierarquia entre direitos fundamentais, de modo que a teoria da *preferred position* é desprovida de qualquer fundamento jurídico e, deste modo, a legislação ordinária que partir desta concepção como premissa – como o faz o *caput* do art. 19 do Marco Civil da Internet – estará em franca violação ao comando constitucional em vigor.

b) A intervenção Estatal como um vetor da liberdade de expressão. É equivocada a concepção de que a intervenção do Estado, como regulador das liberdades de comunicação, é causa direta e imediata para a limitação dessas liberdades. Essa posição, denominada de defensivista (conta ingerências da autoridade estatal nas liberdades individuais), contrapõe-se à posição protetivista da liberdade, que demanda a intervenção estatal para a efetivação do substrato participativo das liberdades comunicativas. O Estado, ao intervir na regulação das liberdades comunicativas, atua em favor da preservação dessas liberdades e diferente do que a doutrina defensivista propõe, a atuação estatal não deve injustamente vestir o véu da censura ou da intervenção desproporcional. É nesse sentido que o legislador infraconstitucional, ao intervir nas liberdades comunicativas dos usuários de aplicações de internet, está militando em favor das liberdades comunicativas, e não ao contrário. A instituição de um regime de responsabilidade civil que obrigue a todos os usuários do sistema de internet que exerçam suas liberdades com responsabilidade sobre seus atos danosos é, em última análise, admitir que a instituição desse regime é protetivo e não destrutivo às liberdades de comunicação.

c) O retrocesso do Marco Civil na tutela da pessoa em relação à jurisprudência do STJ que lhe antecedeu. Antes da entrada em vigor do Marco Civil da Internet, a disciplina da responsabilidade civil dos provedores de aplicações seguia três entendimentos distintos. Para o primeiro e já superado entendimento, o provedor goza da isenção geral de responsabilidade civil por ilícitos decorrentes da conduta praticada por terceiros (usuários) por ser mero intermediário ou conduíte entre autor do dano e vítima. Já para a segunda corrente, também superada, a responsabilidade civil do provedor seria objetiva, fundada no conceito de risco de atividade ou no defeito da prestação dos serviços. Por último, o terceiro entendimento orienta-se pela a responsabilidade civil subjetiva, subdividindo-se esta corrente entre aqueles que defendem a responsabilidade civil subjetiva decorrente da inércia após ciência extrajudicial do conteúdo ilegal e aqueles que defendem a responsabilização somente em caso de descumprimento de ordem judicial específica – sendo esta última a teoria adotada pelo Marco Civil da Internet.

Antes da entrada em vigor do Marco Civil, a jurisprudência pacífica do STJ era no sentido de que, "sob a ótica da diligência média que se espera do provedor, deve este adotar as providências que, conforme as circunstâncias específicas em cada caso, estiverem ao seu alcance para a individualização dos usuários do site, sob pena de responsabilização subjetiva por culpa *in omittendo*".[80]

A inovação legislativa representou um retrocesso em relação ao grau de tutela da pessoa humana no ambiente digital. Isto porque impõe a tutela privilegiada da liberdade em detrimento dos demais direitos fundamentais; impõe ao usuário a obrigação (e não a faculdade) de recurso ao Poder Judiciário para deflagrar a responsabilidade do provedor; e impõe, ainda, os ônus decorrentes de limitações técnicas ao usuários, que detêm menor capacidade técnica de arcar com elas, ao invés de distribuir-se equitativamente entre provedor – aparatado tecnológica e estruturalmente – e usuário, hipossuficiente tecnicamente em relação ao provedor para utilizar-se de qualquer mecanismo tecnológico para indicação correta e inequívoca de materiais ofensivos.

4. Referências

BAPTISTA, Patrícia; KELLER; Clara Iglesias. Por que, quando e como regular as novas tecnologias? Os desafios trazidos pelas inovações disruptivas. *Revista de Direito Administrativo*, vol. 273, set.-dez./2016.

BARBOSA, Fernanda Nunes; CASTRO, Thamis Dalsenter Viveiros de. Dilemas da liberdade de expressão e da solidariedade. *Civilistica.com*. Rio de Janeiro, a. 6, n. 2, 2017. Disponível em: <http://civilistica.com/dilemas-da-liberdade-de-expressao/> Acesso em: 06 jan. 2018.

BARROSO, Luís Roberto. A razão sem voto: o Supremo Tribunal Federal e o governo da maioria. In: SARMENTO, Daniel (Coord). *Jurisdição constitucional e política*. Rio de Janeiro: Forense, 2015.

BARROSO, Luís Roberto. Colisão entre liberdade de expressão e direitos da personalidade. critérios de ponderação. interpretação constitucionalmente adequada do código civil e da lei de imprensa. *Revista de Direito Administrativo*, n. 235, jan.-mar./2004.

____. *Curso de direito constitucional contemporâneo*: os conceitos fundamentais e a construção do novo modelo. 4. ed. Rio de Janeiro: Saraiva, 2013.

---

[80] "Ao ser comunicado de que determinado texto ou imagem possui conteúdo ilícito, deve o provedor agir de forma enérgica, retirando o material do ar imediatamente, sob pena de responder solidariamente com o autor direto do dano, em virtude da omissão praticada" (STJ, REsp 1.193.764/SP, 3ª T., Rel. Min. Nancy Andrighi, julg. 14.12.2010, publ. 8.8.2011; STJ, Agr. Reg. em REsp 1.309.891/MG, 3ª T., Rel. Min. Sidnei Beneti, julg. 26.6.2012, publ. 29.6.2012.).

_____. *Curso de direito constitucional contemporâneo*: os conceitos fundamentais e a construção do novo modelo. 6. ed. Rio de Janeiro: Saraiva, 2017.

BODIN DE MORAES, Maria Celina. A caminho de um direito civil constitucional. *Revista de Direito Civil*, n. 65, jul.-set/1993.

_____. A constitucionalização do direito civil e seus efeitos sobra a responsabilidade civil. In: *Revista Direito, Estado e Sociedade*, vol. 9, n. 29, jul.-dez/2006.

_____. Biografias não autorizadas: conflito entre a liberdade de expressão e a privacidade das pessoas humanas? Editorial. In: *Civilistica.com*, a. 2, n. 2, abr.-jun./2013. Disponível em: <http://civilistica.com/biografias-nao-autorizadas/>. Acesso em: 2.1.2018.

_____. *Dano à pessoa humana*: uma leitura civil-constitucional dos danos morais. 2. ed. Rio de Janeiro: Processo, 2017.

_____. Honra, liberdade de expressão e ponderação. *Civilistica*.com, a. 2, n. 2, 2013. Disponível em: <http://civilistica.com/biografias-nao-autorizadas/>. Acesso em: 2 jan. 2018.

_____. *Na medida da pessoa humana*: estudos de direito civil constitucional. 1. reimpr. Rio de Janeiro: Processo, 2016.

_____. O conceito de dignidade humana: substrato axiológico e conteúdo normativo. In: SARLET, Ingo. (Org.). *Constituição, direitos fundamentais e direito privado*. Porto Alegre: Livraria do Advogado, 2003.

_____. Perspectivas a partir do direito civil-constitucional. In: TEPEDINO, Gustavo (Org.). *Direito civil contemporâneo*: novos problemas à luz da legalidade constitucional. São Paulo: Atlas, 2008.

_____. Professores ou juízes? Editorial. In: *Civilistica.com*. Rio de Janeiro, a. 3, n. 2, jul.-dez./2014. Disponível em: <http://civilistica.com/professores-ou-juizes/>. Acesso em: 15.12.2017.

BODIN DE MORAES, Maria Celina; SOUZA, Eduardo Nunes de. Educação e cultura no Brasil: a questão do ensino domiciliar. In: *Civilistica.com*. Rio de Janeiro, a. 6, n. 2, 2017. Disponível em: <http://civilistica.com/educacao-e-cultura-no-brasil/>. Acesso em 8.1.2018.

FISS, Owen M. *A ironia da liberdade de expressão*: regulação e diversidade na esfera pública. Trad. Gustavo Binembojn e Caio Mário da Silva Pereira Neto. Rio de Janeiro: Renovar, 2005.

GARCIA, Rebeca. Marco Civil da Internet no Brasil: repercussões e perspectivas. *Revista dos Tribunais*, vol. 964, a. 105. São Paulo: Revista dos Tribunais, fev./2016.

GONÇALVES, Victor Hugo Pereira. *Marco Civil da Internet comentado*. São Paulo: Atlas, 2017.

LEMOS, Ronaldo; LEITE, George Salomão (Org.). *Marco Civil da Internet*. Rio de Janeiro: Atlas, 2014.

LEMOS, Ronaldo; SOUZA, Carlos Affonso Pereira de; BRANCO, Sérgio. Responsabilidade Civil na internet: uma breve reflexão sobre a experiência brasileira e a norte-americana. *Revista de Direito das Comunicações*, vol. 1. Rio de Janeiro: Revista dos Tribunais, 2010, jan.-jun./2010.

LEONARDI, M. *Responsabilidade civil dos provedores de serviços de internet*. São Paulo: Juarez de Oliveira, 2005.

LONGHI, João Victor Rozati. Marco Civil da Internet no Brasil: breves considerações sobre seus fundamentos, princípios e análise crítica do regime de responsabilidade civil dos provedores. In: MARTINS, Guilherme Magalhães (Coord). *Direito Privado e Internet*. São Paulo: Atlas, 2014.

MULHOLLAND, Caitlin. O direito de não saber como decorrência do direito à intimidade? Comentário ao REsp 1.195.995. *Civilistica.com*, v. 1, p. 1, 2012.

____. Responsabilidade civil indireta dos provedores de serviço de Internet e sua regulação no Marco Civil da Internet. In: CELLA, José Renato Gaziero; NASCIMENTO, Aires Jose Rover, Valéria Ribas do (Org.). *Direito e novas tecnologias*, vol. 1. Florianópolis: CONPEDI, 2015.

PEREIRA, Caio Mário da Silva. *Responsabilidade civil*. 11. ed. Atual. Gustavo Tepedino. Rio de Janeiro: Forense, 2016.

PERLINGIERI, Pietro. *O direito civil na legalidade constitucional*. Trad. Maria Cristina de Cicco. Rio de Janeiro: Renovar, 2008.

PERLINGIERI, Pietro. *Perfis do direito civil*. Rio de Janeiro: Renovar, 1997.

RIBEIRO, Alex. *Caso Escola Base*: os abusos da imprensa. São Paulo: Ática, 2003.

ROCHA, Francisco Ilídio Ferreira. Da responsabilidade por danos decorrentes de conteúdos gerados por terceiros. In: LEMOS, Ronaldo. LEITE, George Salomão (Org.). *Marco Civil da Internet*. Rio de Janeiro: Atlas, 2014.

RODOTÀ, Stefano. *A vida na sociedade da vigilância*. Trad. Maria Celina Bodin de Moraes. Rio de Janeiro: Renovar, 2008.

ROSSETTO, Guilherme Ferreira; ANDRADE, Henrique dos Santos; BENATTO, Pedro Henrique Abreu. A responsabilidade dos provedores de aplicações no Marco Civil da internet: reflexões sobre a viabilidade da medida com foco nos problemas que assolam o Poder Judiciário. *Revista de Direito Privado*, n. 69, vol. 17. São Paulo: Revista dos Tribunais, 2016.

SARMENTO, Daniel. Liberdades comunicativas e direito ao esquecimento na ordem constitucional brasileira. Disponível em: <http://www.migalhas.com.br/arquivos/2015/2/art20150213-09.pdf>. Acesso em: 2.1.2018.

SCHREIBER, Anderson. *A proibição do comportamento contraditório*: tutela de confiança e venire contra factum proprium. 3. ed. Rio de Janeiro: Renovar, 2012.

____. *Direitos da personalidade*. 3. ed. São Paulo: Atlas, 2014.

____. *Manual de direito civil contemporâneo*. São Paulo: Saraiva, 2018.

____. Marco Civil da Internet: avanço ou retrocesso? A responsabilidade civil por dano derivado do conteúdo gerado por terceiro. In: DE LUCCA, Newton; SIMÃO FILHO; Adalberto; LIMA, Cíntia Rosa Pereira de (Coord.). *Direito & Internet*, t. II: Marco Civil da internet (Lei nº 12.965/2014). São Paulo: Quartier Latin, 2015.

____. *Novos paradigmas da responsabilidade civil*: da erosão dos filtros da reparação à diluição dos danos. 6. ed. São Paulo: Atlas, 2015.

SCHREIBER, Anderson; KONDER, Carlos Nelson (Org.). *Direito civil constitucional*. São Paulo: Atlas, 2016.

SERRA, Luis de Carreras. Régimen jurídico de la información. *Periodistas y Medios de Comunicación*. Barcelona: Ariel, 1996.

SOUZA, Carlos Affonso Pereira de. Responsabilidade civil dos provedores de acesso e de aplicações de internet: evolução jurisprudencial e os impactos da Lei nº 12.965/2014 (Marco Civil da Internet). In: LEMOS, Ronaldo; LEITE, George Salomão (Coord.). *Marco Civil da Internet*. São Paulo: Atlas, 2014.

SOUZA, Carlos Affonso Pereira de; LEMOS, Ronaldo. *Marco Civil:* construção e aplicação. Juiz de Fora: Editar Editora Associada Ltda, 2016.

TEFFÉ, Chiara Antonia Spadaccini de. A responsabilidade civil do provedor de aplicações de internet pelos danos decorrentes do conteúdo gerado por terceiros, de acordo com o Marco Civil da Internet. *Revista Fórum de Direito Civil* a. 4, n. 10. Belo Horizonte: Fórum, set.-dez./2015.

TEPEDINO, Gustavo. O direito-civil constitucional e suas perspectivas atuais. *Temas de Direito Civil*, t. III. Rio de Janeiro: Renovar, 2009.

THOMPSON, Marcelo. Marco civil ou demarcação de direitos? Democracia, razoabilidade e as fendas da internet no Brasil. *Revista de Direito Administrativo*, vol. 261, set.-dez./2012.

Controvérsias Sobre a Quantificação da Reparação Civil

13. A Regra de Compensação de Vantagens com Prejuízos (*compensatio lucri cum damno*) no Direito Brasileiro

Rodrigo da Guia Silva
Doutorando e mestre em Direito Civil pela Universidade do Estado do Rio de Janeiro (UERJ). Professor dos cursos de pós-graduação lato sensu da Pontifícia Universidade Católica do Rio de Janeiro (PUC-Rio), da Escola da Magistratura do Estado do Rio de Janeiro (EMERJ) e do Centro de Estudos e Pesquisas no Ensino do Direito da UERJ. Membro do Instituto Brasileiro de Direito Civil (IBDCivil) e do Comitê Brasileiro da Association Henri Capitant des Amis de la Culture Juridique Française (AHC-Brasil). Advogado.

1. Introdução: a quantificação do dano patrimonial à luz da sua unidade e complexidade

O[1] desenvolvimento da responsabilidade civil no Brasil e alhures levou à ampla consagração do entendimento – de aceitação quase incontestável – segundo o qual toda pessoa que causar dano a outrem deverá repará-lo. Não causam surpresa, portanto, as previsões contidas nos artigos 186 e 927 do Código Civil a propósito dos requisitos deflagradores do dever de indenizar: demonstrados nexo, dano e culpa (ressalvada a cláusula geral de responsabilidade civil objetiva prevista no parágrafo único do artigo 927), impõe-se ao agente lesivo o dever de reparar os danos causados. Se, por um lado, o caráter didático e elucidativo de tal raciocínio facilita a compreensão geral da responsabilidade

---

[1] O autor agradece ao Professor Eduardo Nunes de Souza, em geral, pelas constantes lições sobre o desenvolvimento da responsabilidade civil e, em particular, pelas imensuráveis observações realizadas durante o inteiro período de pesquisa e escrita deste e dos demais estudos integrantes da obra que ora se traz a lume.

civil, por outro lado carrega consigo o risco de embaçar o olhar do intérprete para a complexidade inerente ao fenômeno do dano patrimonial.[2]

Precisamente nesse contexto se insere a problemática da *compensatio lucri cum damno*.[3] Oriunda da tradição jurídica romana,[4] a regra da *compensatio* enuncia, em termos gerais, a necessidade de abatimento, por ocasião da liquidação do *quantum debeatur* indenizatório, das vantagens auferidas pela vítima em decorrência da conduta causadora do dano.[5] Reconhece-se, assim, a possibilidade de uma só conduta implicar, para a vítima, vantagens e desvantagens,

---

[2] Optou-se, em razão das peculiaridades reconhecidas em doutrina, por restringir a presente investigação ao dano patrimonial. Para uma análise acerca da possibilidade de aplicação da regra da *compensatio lucri cum damno* na seara do dano extrapatrimonial, v. PINTO, Paulo Mota. *Interesse contratual negativo e interesse contratual positivo*, vol. I. Coimbra: Coimbra Editora, 2008, pp. 735 e ss.; e LEITE, Ana Margarida Carvalho Pinheiro. *A equidade na indemnização dos danos não patrimoniais*. Dissertação de mestrado. Universidade Nova de Lisboa. Lisboa, 2015, pp. 48-49.

[3] "Compensação de vantagens com prejuízos", em tradução livre. Desde logo, cumpre advertir que as questões correlatas à *compensatio lucri cum damno* não guardam relação direta com a compensação como fenômeno de extinção das obrigações (artigos 368 e seguintes do Código Civil brasileiro), de que se cogitará ao final do item 2, *infra*.

[4] "Com base em diversos textos do Direito romano, a expressão *compensatio lucri cum damno* (ou *compensatio damni cum lucro*; também *communicatio lucri cum damno/damno cum lucro*) alude a uma série de situações em que o responsável não tem que ressarcir ao prejudicado aqueles prejuízos que deixam de sê-lo ou que se atenuam em virtude das vantagens obtidas (*damnum cessans; damnum absens; lucrum emergens*) como consequência direta ou indireta do fato danoso" (CRESPO, Mariano Medina. *La compensación del beneficio obtenido a partir del daño padecido*: aplicación del principio "compensatio lucri cum damno" en el Derecho de daños. Barcelona: Bosch, 2015, pp. 15-16. Tradução livre). Ao analisar a referida origem romana, Umberto Izzo associa o êxito na propagação moderna da *compensatio* ao fenômeno que identifica como "*latinismo di ritorno*": "Nessa perspectiva – que é necessariamente comparatística mesmo porque induz a refletir sobre a importância da língua na circulação das soluções jurídicas, na medida em que ditas soluções, de fato, são (necessariamente) medidas por cânones linguísticos – por *latinismo di ritorno* pode-se entender uma expressão latina (e a regra ou o princípio a ela associado) que veio a se tornar verbo corrente entre os operadores do direito italianos depois de ser importada (pela doutrina e, através dessa última, pela jurisprudência) o vocabulário jurídico da nossa casa pelo ordenamento estrangeiro onde, pela primeira vez, foi idealizada e proposta a associação entre a fórmula latina e o significado jurídico substancial em seguida estavelmente reconhecido" (IZZO, Umberto La *compensatio lucri cum damno* come latinismo di ritorno. *Responsabilità Civile e Previdenza*, a. LXXVII, n. 5, set.-out./2012, p. 1.747. Tradução livre).

[5] Luis Díez-Picazo sintetiza a questão: "Quando o mesmo fato que produz o dano determina, em favor da mesma pessoa lesada um benefício ou um lucro, surge o problema de decidir se tais lucros ou benefícios devem ser tomados em consideração para quantificar o dano indenizável" (DÍEZ-PICAZO, Luis. *Derecho de daños*. Madrid: Civitas, 1999, p. 319. Tradução livre).

sem que se possa perfazer adequadamente o escopo da responsabilidade civil ignorando-se qualquer de tais aspectos.[6]

Uma vez que se reconheça a possibilidade de a conduta lesiva igualmente acarretar vantagens (e não apenas desvantagens) para a vítima, resta imperiosa a conclusão de que a fixação do dever de indenizar com base apenas nas consequências negativas gera grave risco de violação ao princípio da reparação integral – no qual se pode encontrar o próprio fundamento da *compensatio*.[7] Medir a indenização pela extensão do dano, tal como preceitua o artigo 944 do Código Civil, implica conduzir a vítima exatamente (ou o mais próximo possível) à situação em que se encontraria caso o dano não houvesse ocorrido, desiderato esse de improvável atingimento sem uma consideração globl sobre o fenômeno do dano patrimonial. Parece ser chegada a hora de se reconhecer, em atenção à contingencialidade dos institutos de direito civil,[8] que o princípio da reparação integral, tradicionalmente voltado a impedir o menosprezo da vítima, presta-se igualmente a vedar o seu locupletamento injustificado.[9]

---

[6] "Definiremos a *compensatio lucri cum damno* como a regra que indica que no momento de realizar a avaliação do dano patrimonial, devem descontar-se das consequências prejudiciais as consequências benéficas, e assim obter uma determinação exata do montante do dano, em cumprimento do princípio da reparação integral" (ALDAX, Martín. Aplicación de la regla *"compensatio lucri cum damno"* en los supuestos de pérdida de la chance de ayuda económica futura. *Lecciones y ensayos*, n. 90, 2012, p. 24. Tradução livre).

[7] "Também o princípio da *compensatio lucri cum damno* se justifica em força das mesmas regras que orientam a causalidade jurídica. A sua *ratio* pode ser, de fato, identificada na exigência da reparação integral do dano ou, se se preferir, na efetividade do prejuízo. Por conseguinte, o limite do ressarcimento, além do qual se teria enriquecimento do lesado, restaria ultrapassado se não se levassem em consideração também as consequências positivas derivadas do mesmo evento lesivo" (POLETTI, Dianora. Le regole di (de)limitazione del danno risarcibile. In: LIPARI, Nicolò; RESCIGNO, Pietro (Coords.). *Diritto civile*, vol. IV, t. III. Milano: Giuffrè, 2009, p. 335. Tradução livre). Também a identificar no princípio da reparação integral o fundamento da *compensatio lucri cum damno*, v., na doutrina brasileira, SILVA, Rafael Peteffi da; LUIZ, Fernando Vieira. A *compensatio lucri cum damno*: contornos essenciais do instituto e a necessidade de sua revisão nos casos de benefícios previdenciários. *Revista de Direito Civil Contemporâneo*, vol. 13. São Paulo: Revista dos Tribunais, out.-dez./2017, item 3.1; na doutrina italiana, SMORTO, Guido. *Il danno da inadempimento*. Padova: CEDAM, 2005, p. 98; e, na doutrina espanhola, CRESPO, Mariano Medina. *La compensación del beneficio obtenido a partir del daño padecido*, cit., p. 34.

[8] A propósito, v. KONDER, Carlos Nelson. Apontamentos iniciais sobre a contingencialidade dos institutos de direito civil. In: MONTEIRO FILHO, Carlos Edison do Rêgo; GUEDES, Gisela Sampaio da Cruz; MEIRELES, Rose Melo Vencelau (Orgs.). *Direito civil*. Rio de Janeiro: Freitas Bastos, 2015, passim.

[9] "Sobre a base desse princípio [da reparação integral] pode ser interessante recordar que, de longa data, se fez derivar o instituto da dita *compensatio lucri cum damno*, no sentido de que, devendo a reintegração do patrimônio lesado corresponder à diferença entre o valor atual e aquele que

Diante da omissão generalizada do legislador na matéria, a tarefa de concretização da *compensatio lucri cum damno* há de incumbir essencialmente à civilística.[10]

A título de introdução à problemática da *compensatio lucri cum damno* – de cujas resoluções se cogitará no item 5, *infra* –, pense-se nas seguintes questões: a liquidação do dano patrimonial sofrido pelos pais em decorrência da morte de seu filho menor deve levar em consideração, além da perda do auxílio econômico futuro, a poupança de despesas com a criação do filho até a maioridade?[11] A quantia recebida por força do seguro obrigatório DPVAT deve

---

podia existir se não se tivesse praticado o inadimplemento ou o fato ilícito, o lesado não pode conservar um incremento patrimonial eventualmente adquirido em consequência do fato ilícito ou do inadimplemento" (VISINTINI, Giovanna. *Trattato breve della responsabilità civile*. 3. ed. Padova: CEDAM, 2005, p. 636. Tradução livre). A autora arremata: "Seja como for, na base deste instituto [a *compensatio lucri cum damno*] está o princípio da reparação integral do dano, dito também princípio da equivalência entre dano e reparação" (Ibid., p. 637. Tradução livre). No mesmo sentido, v. FERRARI, Mariangela. *La* compensatio lucri cum damno *come utile strumento di equa riparazione del danno*. Milano: Giuffrè, 2008, pp. 93 e ss.

[10] Em exceção de relevo à mencionada omissão legislativa generalizada, mencione-se a previsão intitulada *"equalisation of benefits"*, contida no artigo VI-6:103 do Draft Commom Frame of Reference: "VI. – 6:103: Equalisation of benefits. (1) Benefits arising to the person suffering legally relevant damage as a result of the damaging event are to be disregarded unless it would be fair and reasonable to take them into account. (2) In deciding whether it would be fair and reasonable to take the benefits into account, regard shall be had to the kind of damage sustained, the nature of the accountability of the person causing the damage and, where the benefits are conferred by a third person, the purpose of conferring those benefits". Em tradução livre: "VI. – 6:103: Equalização de benefícios. (1) Os benefícios advindos para a pessoa que houver sofrido de dano legalmente relevante como resultado do evento lesivo devem ser desconsiderados a menos que seja justo e razoável levá-los em consideração. (2) Ao decidir se seria justo e razoável ter em conta os benefícios, deve-se levar em consideração o tipo de dano sofrido, a natureza da responsabilidade da pessoa causadora do dano e, quando os benefícios forem conferidos por um terceiro, o propósito de conferir esses benefícios".

[11] Pertinente, no ponto, o relato de Vincenzo Carbone acerca da *Cass. civ. Sez. 111, 07 maggio 1996, n. 4242*: "Na *fattispecie* o quesito proposto aos juízes é se a quantificação do prejuízo econômico sofrido pelos genitores de uma menor, falecida na sequência de sinistro automotivo, se efetua considerando unicamente os direitos de natureza patrimonial que *ex lege*, ou por tradição, seriam reconhecidos em favor dos genitores supérstites, em ausência do fato ilícito do terceiro, ou se se deveria analisar obrigações que, considerando a jovem idade no momento do sinistro, ainda não tenham sido ou não serão mais completamente adimplidos pelos genitores em confronto com a filha, morta à idade de sete anos. Com a sentença em exame, os juízes de legitimidade reconheceram, em tema de dano patrimonial, a *compensatio lucri cum damno* entre as expectativas dos genitores e as obrigações dos mesmos em confronto com a menor vítima de um incidente automotivo, no contraste dos juízes de mérito" (CARBONE, Vincenzo. *La* compensatio lucri cum damno *tra ambito del danno risarcibile e rapporto di causalità*. Danno e responsabilità, 1996, n. 4, p. 430. Tradução livre). A situação hipotética é objeto de análise específica de ALDAX, Martín. Aplicación de la

ser considerada para a definição do *quantum* indenizatório devido à vítima de acidente automobilístico? Caso a vítima seja beneficiária de seguro de dano por ela previamente contratado, o causador do dano terá razão ao requerer o abatimento da indenização securitária em relação ao montante do dano a ser reparado? Colocam-se questões também a respeito da possibilidade de circunstâncias supervenientes ao dano influenciarem a indenização: por exemplo, a viúva beneficiária de indenização estipulada na forma de pensionamento mensal, em decorrência da morte do marido, perderá (total ou parcialmente) o direito à verba indenizatória caso venha a celebrar novo casamento?[12] A extensão do dano laboral sofrido por um trabalhador será afetada caso ele venha a auferir auxílio previdenciário em razão da incapacidade laboral (permanente ou temporária)?

A enunciação de tais questões a título ilustrativo pretende ressaltar a percepção de que uma mesma conduta lesiva pode apresentar, a um só tempo, repercussões negativas e repercussões positivas para a vítima. Conjugando-se tal percepção ao entendimento de que a responsabilidade civil contemporânea ostenta função primordialmente reparatória e repristinatória,[13] chega-se à conclusão imperiosa de que o comando de reparação integral do dano restará violado, em princípio,[14] quando houver descompasso – para mais ou para

---

regra "*compensatio lucri cum damno*" en los supuestos de pérdida de la chance de ayuda económica futura, cit., *passim*.

[12] Trata-se de controvérsia secular no direito italiano, como relata, entre outros, LEONE, Francesco. *Compensatio lucri cum damno. Il Filangieri*. Rivista Giuridica Dottrinale e Pratica, 1916, pp. 188 e ss.

[13] "A constitucionalização do direito dos danos impôs, como se viu, a releitura da própria função primordial da responsabilidade civil. O foco que tradicionalmente recaía sobre a pessoa do causador do dano, que por seu ato reprovável deveria ser punido, deslocou-se no sentido da tutela especial garantida à vítima do dano injusto, que merece ser reparada. A punição do agente pelo dano causado, preocupação pertinente ao direito penal, perde a importância no âmbito cível para a reparação da vítima pelos danos sofridos" (MORAES, Maria Celina Bodin de. A constitucionalização do direito civil e seus efeitos sobre a responsabilidade civil. *Na medida da pessoa humana*: estudos de direito civil-constitucional. Rio de Janeiro: Renovar, 2010, p. 331). Na mesma linha de sentido, Mariangela Ferrari ressalta a função repristinatória da responsabilidade civil: "Perdida a função sancionatória do ressarcimento, nasce e se difunde a opinião de que o ressarcimento do dano assume função repristinatória e reparatória do patrimônio do sujeito" (*La* compensatio lucri cum damno *come utile strumento di equa riparazione del danno*, cit., p. 53. Tradução livre).

[14] A ressalva faz-se da maior relevância, pois não se está a propugnar um caráter supostamente absoluto da reparação integral. Com efeito, o princípio comporta condicionamentos tanto de fonte convencional quanto de fonte legal, cuja legitimidade não prescinde, respectivamente, da higidez e merecimento de tutela do ajuste negocial (como sucede na previsão de cláusula penal compensatória) e da existência de fundamento constitucional para a previsão legal (como sustentam, a propósito da redução equitativa da indenização prevista no parágrafo único do artigo 944 do

menos – entre o montante da indenização e a extensão do dano.[15] Não parece possível, portanto, ignorar, por ocasião da fixação do *quantum indenizatório*, as repercussões positivas do evento lesivo sobre o patrimônio da vítima.[16]

Diante de todo esse cenário, a adequada compreensão da problemática da *compensatio lucri cum damno* no direito civil contemporâneo parece depender da assunção de um renovado paradigma do dano patrimonial como fenômeno unitário e complexo. Pode-se reconhecer, nesse sentido, a complexidade do dano em termos objetivos e temporais.[17] A complexidade objetiva residiria na necessidade de investigação das consequências do evento lesivo sobre todo o patrimônio da vítima (e não apenas sobre um dado elemento integrante do patrimônio).[18] Destaca-se, nessa análise, a concorrência de fatores os mais variados

---

Código Civil, KONDER, Carlos Nelson. A redução equitativa da indenização em virtude do grau de culpa: apontamentos acerca do parágrafo único do art. 944 do Código Civil. *Revista Trimestral de Direito Civil*, vol. 29. Rio de Janeiro: Padma, jan.-mar./2007, p. 32 e MONTEIRO FILHO, Carlos Edison do Rêgo. Artigo 944 do Código Civil: o problema da mitigação do princípio da reparação integral. In: TEPEDINO, Gustavo; FACHIN, Luiz Edson (Coords.). *O direito e o tempo*: embates jurídicos e utopias contemporâneas – estudos em homenagem ao professor Ricardo Pereira Lira. Rio de Janeiro: Renovar, 2008, p. 782).

[15] V., por todos, VARESE, Vittorio. *Compensatio lucri cum damno*, danno biologico e rivalsa dell'assicuratore: inferenze logiche e giudizi valutativi. *Diritto e pratica nell'assicurazione*, 1987, n. 4, pp. 765--766; e CARBONE, Vincenzo. La *compensatio lucri cum damno* tra ambito del danno risarcibile e rapporto di causalità, cit., p. 431.

[16] "Uma vez que é tarefa da responsabilidade civil internalizar os custos criados pelo ato ilícito, se tal ato cria também externalidades positivas, o agente deve pagar os custos induzidos pela sua ação, deve igualmente ser compensado por tais vantagens proporcionadas à vítima. Em substância, como se diz, para os benefícios deveriam valer as mesmas regras estabelecidas para as desvantagens" (MONATERI, Pier Giuseppe. Gli usi e la *ratio* della dottrina della *compensatio lucri cum damno*. È possibile trovarne un senso?. *Quadrimestre*, 1990, p. 377. Tradução livre). Vale registrar que o autor republicou o artigo ora referenciado, com acréscimos pontuais, no formato de *Capitolo Ottavo* da obra MONATERI, Pier Giuseppe; GIANTI, Davide; CINELLI, Luca Siliquini. *Danno e risarcimento*. Torino: G. Giappichelli, 2013. Dar-se-á preferência a referenciar o artigo originalmente publicado, em 1990, reservando-se a indicação da publicação mais recente para os pontos porventura acrescidos. Para uma análise mais detida acerca da potencial relevância jurídica das externalidades positivas, v., com ampla bibliografia, GALLO, Paolo. Arricchimento senza causa e quasi contratti (i rimedi restitutori). 2. ed. In: SACCO, Rodolfo (Coord.). *Trattato di diritto civile*. Torino: UTET, 2008, pp. 111-114.

[17] Embora o objeto do presente estudo restrinja-se ao dano patrimonial, talvez seja possível associar também as hipóteses de danos morais coletivos ao atributo da complexidade em caráter subjetivo, ao que se somariam a complexidade objetiva e temporal.

[18] "O dano considerado em si próprio é constituído pela perda de que o lesado sofre no elemento patrimonial afetado; considerado em relação ao patrimônio é, ao invés, constituído não apenas por essa perda, mas também por todas as outras perdas que afetam o lesado nos outros elementos patrimoniais em consequência do dano sofrido" (LEONE, Francesco. Compensatio lucri cum

para a identificação e quantificação da lesão a um interesse merecedor de tutela, parecendo mais adequado enxergar o dano não como um *prius* – supostamente delimitável de imediato pelo confronto da situação de certo bem antes e após o evento lesivo –, mas sim como um *posterius*, decorrente da análise da repercussão do evento lesivo sobre o inteiro patrimônio da vítima.[19]

A complexidade temporal, por sua vez, reside na possibilidade de conformação do dano patrimonial de acordo com circunstâncias temporais que prolonguem a sua configuração – caso do dano continuado ou permanente – ou mesmo sobrevenham ao momento do evento lesivo de modo a repercutir sobre a indenização. Dentre os possíveis corolários desse renovado paradigma em matéria de dano patrimonial, a civilística mais usualmente já reconhece a insuficiência da teoria da diferença para a identificação do dever de indenizar (*an debeatur*),[20] de modo que a tarefa a ser empreendida parece dizer respeito mais propriamente aos fatores aptos a influenciar a quantificação do dano patrimonial.[21]

Nessa empreitada, buscar-se-á, em primeiro lugar, compreender a enunciação da *compensatio lucri cum damno* entre as proposições teóricas que a buscam situar na disciplina do enriquecimento sem causa ou da responsabilidade civil

---

damno, cit., p. 214. Tradução livre). O autor prossegue, especificamente a propósito da *compensatio lucri cum damno*: "Isto pressuposto, quando se considera o dano em si mesmo, independentemente das consequências que pôde produzir nos outros elementos patrimoniais da vítima, parece evidente que quando por circunstâncias mesmo fortuitas ele diminua ou cesse, não nos encontramos diante de um lucro a compensar, mas diante de cessação ou diminuição do dano. Assim acontece no caso do operário que encontra emprego ou no caso da viúva que se casa novamente. Quando, ao invés, o consideramos relativamente ao patrimônio, e entendemos por dano a soma das perdas que uma pessoa sofreu no próprio patrimônio, é igualmente evidente que se a mesma causa produz consequências danosas e vantajosas, é verdadeira perda a diferença entre umas e outras" (Ibid., p. 215. Tradução livre). Em sentido semelhante, v. SCOGNAMIGLIO, Renato. In tema di 'compensatio lucri cum damno'. *Il Foro Italiano*, vol. LXXV, 1952, I, pp. 637-638.

[19] Ao propósito, seja consentido remeter a SILVA, Rodrigo da Guia. *Compensatio lucri cum damno*: problemas de quantificação à luz da unidade e complexidade do dano patrimonial. *Revista de Direito Privado*, vol. 90. São Paulo: Revista dos Tribunais, jun./2018, item 1.

[20] V., por todos, PINTO, Paulo Mota. *Interesse contratual negativo e interesse contratual positivo*, vol. I, cit., pp. 553-567.

[21] "A *compensatio lucri cum damno* se torna, portanto, um corretivo operante propriamente na fase do ressarcimento do dano e, devendo-se observar tanto as perdas quanto as vantagens derivadas, é evidente que se deverá fazer referência não aos singulares elementos atingidos do patrimônio, mas sim a este último na sua inteireza, onde dano ressarcível é dado propriamente e apenas pela diferença entre o valor do patrimônio antes e depois do fato ilícito (dano-interesse)" (CALVINO, Massimo. Nota in tema di *compensatio lucri cum damno*. *Diritto e pratica nell'assicurazione*, 1989, p. 632. Tradução livre).

(item 2). Na sequência, analisar-se-ão as exigências – deveras recorrentes na doutrina especializada – acerca da causalidade direta e imediata (item 3) e da identidade de natureza dos interesses (item 4). Com base no precedente percurso teórico, será possível ao fim, cogitar de perspectivas concretas de aplicação da *compensatio*, bem como da resolução de problemas que, embora não atinentes à doutrina da *compensatio lucri cum damno*, demandam uma renovada atenção do intérprete à pluralidade de estruturas potencialmente aptas a desempenhar função indenizatória e, assim, repercutir sobre o concreto dever do agente de pagar indenização à vítima (item 5).

2. Enquadramento dogmático da regra de compensação de vantagens com prejuízos (*compensatio lucri cum damno*)

Investigar a maneira mais adequada de enunciação teórica da *compensatio lucri cum damno* corresponde, em termos dogmáticos, a perquirir o seu fundamento normativo. Destacam-se, a propósito, duas principais linhas de entendimento, ora expostas em tom de oposição, ora apresentadas em caráter de complementaridade. De uma parte, vislumbra-se na vedação ao enriquecimento sem causa o fundamento para a regra de compensação de prejuízos e vantagens.[22] Uma vez que a ninguém é dado locupletar-se à custa alheia sem justa causa, seria imperioso determinar que o montante da indenização fosse reduzido pelo total de vantagens auferidas pela vítima em decorrência do evento lesivo.[23] Conclusão diversa levaria a vítima, segundo tal linha de raciocínio, a uma

---

[22] Assim conclui Gianfranco Bronzetti no âmbito do direito italiano: "A nós parece que o instituto, embora, como já dito, funde raízes naqueles princípios gerais que regem o nosso inteiro ordenamento jurídico, encontre razão e conteúdo em algumas normas de direito positivo e precisamente, de um lado no art, 1.223 do c.c. (remetido pelo art. 2.056), de outro no art. 2.041 do mesmo código, que disciplina o enriquecimento sem causa" (BRONZETTI, Gianfranco. La compensatio lucri cum damno. *Archivio della responsabilità civile e dei problemi generali del danno*, 1967, p. 741. Tradução livre).

[23] "Ao indenizar a vítima, não se deve empobrecê-la nem enriquecê-la. É por isso que, quando a partir de um fato se geram de modo simultâneo benefícios e prejuízos, e estes cumprem os requisitos de causalidade que estudaremos, devem ser compensados a fim de lograr uma reparação justa. [...] De modo que a razão de ser dessa regra, e consequentemente sua importância, é evitar que a vítima enriqueça sem causa e dar, assim, efetivo cumprimento ao comando do princípio da reparação integral" (ALDAX, Martín. Aplicación de la regla *"compensatio lucri cum damno"* en los supuestos de pérdida de la chance de ayuda económica futura, cit., pp. 25-26. Tradução livre). No mesmo sentido, v. CAMPOS, L. Fernando Reglero; LAGO, José Manuel Busto (Coords.). *Tratado de responsabilidad civil*, t. I. 5. ed. Navarra: Aranzadi, 2014, p. 405.

situação patrimonial mais vantajosa do que aquela que deveria ser promovida pela mera reparação do dano.[24]

Sem embargo do louvável esforço, subjacente a tal proposição, no sentido de concretização do enriquecimento sem causa como fonte das obrigações,[25] a análise das hipóteses fáticas mais recorrentes parece revelar a ausência dos pressupostos contidos na cláusula geral do dever de restituir (artigo 884 do Código Civil). Em primeiro lugar, é difícil cogitar de atendimento ao requisito da *obtenção do enriquecimento à custa de outrem*. Seja na noção tradicional de produção de empobrecimento correlato ao enriquecimento,[26] seja em uma noção renovada de vinculação causal entre enriquecimento e o conteúdo da destinação do patrimônio alheio,[27] as vantagens obtidas na sequência do evento lesivo costumam se vincular única e exclusivamente à conduta do próprio enriquecido mediante recursos próprios e sem qualquer vinculação direta ao patrimônio do causador do dano.

Tampouco assiste melhor sorte ao pressuposto da *ausência de justa causa* do enriquecimento. À semelhança do que se verificou a propósito da obtenção

---

[24] "Sem a pretensão de indicar uma via exaustiva e conclusiva, consideramos que a *compensatio lucri cum damno*, tal como emerge das descrições e citações de doutrina e de jurisprudência, possa ser enquadrada no ordenamento jurídico [italiano] como regra evidente e derivada do sistema ressarcitório codificado que, em termos de justiça e equidade, impõe que o lesado não possa aproveitar enriquecendo-se em sede de ressarcimento do dano sofrido" (FERRARI, Mariangela. *La compensatio lucri cum damno come utile strumento di equa riparazione del danno*, cit., p. 32. Tradução livre).

[25] Pertinente, no ponto, a proposta de Fernando Noronha acerca do que denomina "tripartição fundamental" das obrigações conforme as suas funções: "Falar na diversidade de funções que desempenham as obrigações que acabamos de caracterizar como autônomas, é o mesmo que nos reportarmos à diversidade de interesses que são prosseguidos em cada uma delas. Assim, a tripartição entre obrigações negociais, de responsabilidade civil e de enriquecimento sem causa constitui a divisão fundamental das obrigações, do ponto de vista dos interesses tutelados" (*Direito das obrigações*. 4. ed. São Paulo: Saraiva, 2013, p. 439). No mesmo sentido, v. KONDER, Carlos Nelson. Enriquecimento sem causa e pagamento indevido. In: TEPEDINO, Gustavo (Coord.). *Obrigações*: estudos na perspectiva civil-constitucional. Rio de Janeiro: Renovar, 2005, p. 378; e NANNI, Giovanni Ettore Nanni. *Enriquecimento sem causa*. 2. ed. São Paulo: Saraiva, 2010, p. 214.

[26] A propósito, v., por todos, no direito brasileiro, GOMES, Orlando. *Obrigações*. 4. ed. Rio de Janeiro: Forense, 1976, p. 306; no direito italiano, SACCO, Rodolfo. *L'arricchimento ottenuto mediante fatto ingiusto*: contributo alla teoria della responsabilità estracontrattuale. Torino: Unione Tipografico--Editrice Torinese, 1959. Ristampa inalterata: Centro Stampa Università de Camerino, 1980, p. 3; no direito português, CORDEIRO, António Menezes. *Tratado de direito civil português*, vol. II, t. III. Coimbra: Almedina, 2010, pp. 227-228; e, no direito francês, CARBONNIER, Jean. *Droit civil*. Volume II. Paris: PUF, 2004, p. 2.436.

[27] A propósito da configuração da doutrina do conteúdo da destinação (*Zuweisungsgehaltlehre*), v., por todos, GOMES, Júlio Manuel Vieira. *O conceito de enriquecimento, o enriquecimento forçado e os vários paradigmas do enriquecimento sem causa*. Porto: Universidade Católica Portuguesa, 1998, pp. 197 e ss.

à custa de outrem, também o requisito em análise passa incólume aos testes fornecidos pelas proposições diversas que buscam definir-lhe o conteúdo. De fato, se aos olhos da doutrina tradicional não faltaria título jurídico idôneo a justificar o enriquecimento, aos olhos de uma corrente mais alinhada à incidência direta da tábua axiológica constitucional igualmente não faltaria substrato para a legitimação do enriquecimento.[28]

Dos pressupostos extraídos da cláusula geral do dever de restituir, o único a se fazer presente com relativa frequência é o *enriquecimento*. Em qualquer das modalidades tradicionalmente reconhecidas – diminuição do passivo, poupança de despesa ou incremento do ativo –,[29] parece não haver maiores dúvidas sobre a possibilidade de configuração de enriquecimento em sentido técnico nas hipóteses que suscitam a discussão sobre a aplicabilidade da *compensatio lucri cum damno*. A simplicidade dessa constatação talvez tenha induzido, em momento inicial, a apressada associação entre o enriquecimento sem causa e a problemática da *compensatio*, como se bastassem *lucri* para deflagrar a via restitutória.

Tais razões levam a concluir que a aparente similitude entre as definições de enriquecimento (pressuposto da cláusula geral do dever de restituir) e de lucro (elemento mencionado na expressão latina *compensatio lucri cum damno*) não basta para justificar a vinculação da *compensatio* à vedação ao enriquecimento sem causa.[30] Se não se verificam os pressupostos justificadores da pre-

---

[28] "A noção de título jurídico idôneo, de fato, serve como valioso parâmetro interpretativo, mas não parece recomendável que o intérprete resuma a análise à presença ou não de justo título tal como tradicionalmente concebido. Em vez disso, afigura-se mais razoável entender que o enriquecimento somente poderá ser considerado sem causa quando sobre ele incorrer juízo de reprovabilidade à luz da tábua axiológica constitucional. Desse modo, ainda que careça de justo título em sentido estrito, a situação jurídica do enriquecido pode vir a ser resguardada caso se conclua, diante das circunstâncias do caso concreto, que satisfatoriamente promove os princípios e valores do ordenamento" (SILVA, Rodrigo da Guia. Contornos do enriquecimento sem causa e da responsabilidade civil: estudo a partir da diferença entre lucro da intervenção e lucros cessantes. *Civilistica.com*, a. 5, n. 2, jul.-dez./2016, p. 17).

[29] A propósito, v., por todos, VARELA, João de Matos Antunes. *Das obrigações em geral*, vol. I. 10. ed. Coimbra: Almedina, 2010, p. 481. Adriano De Cupis afirma, especificamente a propósito da *compensatio lucri cum damno*: "Pode ocorrer que o lucro compensável com o dano se concretize, em vez de em uma vantagem positiva, no afastamento de uma perda" (CUPIS, Adriano De. *Il danno*: teoria generale della responsabilità civile, vol. I. 2. ed. Milano: Giuffrè, 1966, p. 276).

[30] A ilustrar a referida confusão, veja-se o exemplo referido por Gianfranco Bronzetti: "Pense-se, para retomar exemplo escolástico, que Tício, com um tiro de fuzil mate uma ovelha de Caio, mas ao mesmo tempo consegue matar também um lobo que está na iminência de atacar uma outra ovelha de Caio. *Quid iuris*?" (BRONZETTI, Gianfranco. La compensatio lucri cum damno, cit., p. 740. Tradução livre). A associação indiscriminada entre responsabilidade civil e enriquecimento

tensão restitutória – tarefa para a qual usualmente sequer se empreende maior esforço –, não parece fazer sentido a cogitação de que haveria enriquecimento (restituível) a compensar com o dano (indenizável).[31] Soaria estranho, com efeito, imaginar que o causador do dano pudesse pleitear alguma restituição, tal como se lhe fosse dado determinar a destinação econômica do bem ou direito alheio.[32] Não se está a afastar a possibilidade teórica de compensação de obrigações fundadas na vedação ao enriquecimento sem causa, mas apenas a ressaltar que a problemática da *compensatio lucri cum damno* não parece se resolver satisfatoriamente na seara restitutória.[33]

A rejeição da associação entre a *compensatio* e a vedação ao enriquecimento permite compreender, ainda, a razão do descabimento, no direito brasileiro, daquilo que alhures se convencionou denominar *relevância das escolhas alocativas*. Afirma-se, a propósito, que o lesado, por ser a pessoa legitimada a determinar livremente a destinação dos seus bens, não pode ser prejudicado na fixação do *quantum* indenizatório em razão de vantagens decorrentes de escolhas suas acerca do melhor modo de alocação dos bens integrantes do seu patrimônio.[34] Somente seriam passíveis de compensação, segundo tal

---

sem causa é revelada de modo mais explícito pelo autor: "Trata-se, como é fácil intuir, de um grave problema de justiça, que fundamenta suas raízes tanto no princípio *neminem laedere* quanto no princípio *suum cuique tribuere* e que em termos gerais se resolve assim: sempre que de um ato ilícito sejam derivadas a terceiros consequências danosas e também consequências vantajosas, as primeiras devem ser compensadas com as segundas, reduzindo-se em proporção a medida do ressarcimento do dano" (Ibid., p. 741. Tradução livre). Como se nota no exemplo referido, a suposta vantagem de Caio consistente na salvação de uma ovelha parece guardar mais relação com a vedação geral ao enriquecimento sem causa (possivelmente na modalidade específica de gestão de negócios) do que propriamente com a delimitação do dano indenizável. Em realidade, no exemplo mencionado, caso reconhecido um direito de Tício à restituição de parcela a título de enriquecimento sem causa, talvez fosse a hipótese de se reconhecer compensação entre obrigações de fontes distintas, do que se cogitará na sequência deste estudo.

[31] Nesse sentido, v. SCOGNAMIGLIO, Renato. In tema di 'compensatio lucri cum damno', cit., p. 638.

[32] Tampouco parece ser este um cenário propício à aplicação da vedação ao enriquecimento sem causa na via de exceção – i.e., como mecanismo de defesa.

[33] Ao propósito, seja consentido remeter a SILVA, Rodrigo da Guia. *Enriquecimento sem causa*: as obrigações restitutórias no direito civil. São Paulo: Thomson Reuters, 2018, item 1.3.2.

[34] "O ponto central, de qualquer modo, me parece aquele da escolha alocativa sobre a qual incide a intervenção de um terceiro que provoca seja um dano ou um lucro, em relação a casos nos quais a intervenção do lesante provoca, ou deveria provocar, uma nova escolha alocativa, e por esta escolha da vítima derivou ou pode derivar um lucro" (MONATERI, Pier Giuseppe. Gli usi e la *ratio* della dottrina della *compensatio lucri cum damno*, cit., p. 388. Tradução livre). O autor sustenta que entender diversamente "[...] significaria propriamente deixar a vítima à mercê das decisões tomadas pelo lesante. Em substância, seria o lesante a dizer, a impor ao titular quais escolhas ele deveria adotar

raciocínio, as vantagens resultantes diretamente da interferência do agente causador do dano, para as quais não houvesse concorrido a escolha alocativa da vítima após a ocorrência do evento lesivo.[35]

A doutrina tradicional referente à relevância das escolhas alocativas é passível de críticas de ordem interna e externa. Internamente, admitindo-se a possibilidade da construção teórica sobre as escolhas alocativas, poder-se-ia opor ao entendimento tradicional a noção de que o subjetivismo excessivo, além de ilusório – em razão da impossibilidade de identificação da vontade interior do agente sobre a alocação dos seus bens –, é insuficiente – por não permitir a compreensão da complexidade do sistema econômico-social e seus influxos sobre o processo de tomada de decisão individual.[36] Externamente, a construção sobre a relevância das escolhas alocativas perde a sua razão de ser ao se considerar que a resolução da problemática da *compensatio* não se associa à verificação de um enriquecimento injusto a ser restituído. Sem se cogitar de pretensão restitutória, perde-se o interesse na discussão sobre a relevância da escolha alocativa, teoria construída justamente em torno da doutrina do locupletamento injustificado.

As considerações até aqui expostas levam, portanto, à rejeição da vedação ao enriquecimento sem causa como fundamento normativo adequado da

---

em relação à utilização dos próprios bens" (Ibid., p. 389. Tradução livre). Em sentido semelhante, v. TRIMARCHI, Pietro. *Il contrato*: inadempimento e rimedi. Milano: Giuffrè, 2010, pp. 188-191.

[35] "Estas considerações deveriam, portanto, levar à consideração final segundo a qual a doutrina pura da *compensatio* deveria aplicar-se apenas quando vantagens e benefícios para a vítima do dano derivarem 'diretamente' da ação do lesante sem demandar uma nova decisão alocativa necessitada pela ação deste último" (MONATERI, Pier Giuseppe. Gli usi e la *ratio* della dottrina della *compensatio lucri cum damno*, cit., p. 389. Tradução livre). No mesmo sentido, v. SMORTO, Guido. *Il danno da inadempimento*, cit., p. 100.

[36] "A reconstrução é intrigante, mas – para os escopos a ela assinaladas – inadequada. A premissa do autor [Monateri] é que não se pode ter 'um aumento da utilidade do sujeito, isto é, uma vantagem sua, um lucro seu, quando uma tal presumida utilidade lhe seja imposta pelo lesante': mas uma concessão meramente subjetivista de utilidade, entendida como 'série de preferências eventualmente ordenadas pelo sujeito em ordem aos possíveis estados alternativos do mundo' ou 'realização de uma preferência individual', não pode assumir o posto de critério distintivo da computabilidade ou não das vantagens adquiridas pelo lesado, vez que de difícil (se não impossível) gestão nas mãos dos juízes (que necessitam, pelo contrário, de elementos objetivos de valoração) e, além disso, porque distante de uma realidade assim articulada e complexa, que vê o mundo (o sistema econômico-social) sempre mais intervir a ditar ou condicionar as escolhas alocativas individuais, as preferências e, enfim, as decisões que dizem respeito ao privado" (COLONNA, Vincenzo. *Compensatio lucri cum damno*: commentario alla sentenza della Cassazione civile, sez. III, 19 giugno 1996. *Danno e responsabilità*: problemi di responsabilità civile e assicurazioni, 1996, n. 6, pp. 704-705. Tradução livre).

técnica de compensação de prejuízos e vantagens.[37] Tal conclusão permite afastar a recorrente confusão entre a *compensatio lucri cum damno* e a compensação como modo de extinção da obrigação diverso do pagamento.[38] Não bastasse a polissemia do termo "compensação" no direito civil,[39] a mencionada confusão se agrava particularmente em razão do entendimento teórico que vincula a *compensatio lucri cum damno* à vedação ao enriquecimento sem causa.

Precisamente por não se configurar autêntico enriquecimento sem causa, sequer faz sentido cogitar, e matéria de *compensatio*, da compensação de que tratam os artigos 368 e seguintes do Código Civil.[40] Falta, no mais das

---

[37] A destacar a não configuração dos requisitos do enriquecimento sem causa (principalmente a *obtenção à custa de outrem*) nas hipóteses de *compensatio lucri cum damno*, v. LEONE, Francesco. Compensatio lucri cum damno, cit., p. 185; e CUPIS, Adriano De. Postilla sull'influenza delle nuove nozze sul diritto a risarcimento della vedova. *Il Foro Italiano*, vol. LXXXIII, 1960, pp. 118-119. Pier Giuseppe Monateri adverte acerca dos benefícios colaterais variados que não guardem relação direta com o evento lesivo: "Com efeito, a única teoria coerente dos benefícios externos protegidos por um tipo de remédio, que é funcionalmente o exato oposto das regras de responsabilidade pelos danos, foi desenvolvida no campo do chamado enriquecimento injustificado" (Gli usi e la *ratio* della dottrina della *compensatio lucri cum damno*, cit., p. 386. Tradução livre). De fato, toda conduta humana (lesiva ou não) pode gerar vantagens econômicas as mais variadas para terceiros, então o adequado tratamento dessas hipóteses (alheias ao encadeamento causal deflagrado pela conduta lesiva) não remonta à responsabilidade civil, mas sim ao enriquecimento sem causa. Reforça-se, assim, a percepção de que *compensatio* não é um problema propriamente de enriquecimento sem causa (como o podem ser os benefícios colaterais em geral), mas sim de responsabilidade civil.

[38] "É evidente, pois, que na espécie aqui tratada, a palavra 'compensação' é usada no sentido vulgar, mas apenas se a emprega no sentido de cotejo das condições favoráveis ou desfavoráveis do ato ilícito" (MESQUITA, Euclides de. A compensação e a responsabilidade extra-contratual. *Revista da Faculdade de Direito UFPR*, vol. 13, 1970, p. 147). Em idêntico sentido, a afastar a aludida confusão conceitual, v., por todos, na doutrina brasileira, GUEDES, Gisela Sampaio da Cruz. *Lucros cessantes*: do bom-senso ao postulado normativo da razoabilidade. São Paulo: Revista dos Tribunais, 2011, p. 310; na doutrina italiana, GALLO, Paolo. Arricchimento senza causa. Artt. 2041-2042. In: SCHLESINGER, Piero (Fund.); BUSNELLI, Francesco D. (Coord.). *Il Codice civile*: commentario. Milano: Giuffrè, 2003, pp. 153-154; na doutrina espanhola, CRESPO, Mariano Medina. *La compensación del beneficio obtenido a partir del daño padecido*, cit., pp. 19 e ss.; e, na doutrina polonesa, KONERT, Anna. De la *compensatio lucri cum damno* en derecho civil polaco. *Anuario da Facultade de Dereito da Universidade da Coruña*, n. 17, 2013, p. 323.

[39] A propósito da polissemia do termo "compensação" no direito civil, destacando não haver confusão entre a "compensação" da *compensatio lucri cum damno* e a compensação como modo de extinção das obrigações diverso do pagamento, v. FERRARI, Mariangela. *La* compensatio lucri cum damno *come utile strumento di equa riparazione del danno*, cit., pp. 1-11.

[40] Martín Aldax alcança semelhante conclusão no âmbito do direito argentino: "Não devemos entender a compensação como o 'Modo de extinguir obrigações vencidas, em dinheiro ou de coisas fungíveis, entre pessoas que são reciprocamente credoras e devedoras...'. Nem tampouco como é regulada pelo artigo 818 e seguintes do Código Civil [da Argentina], dado que em nenhum dos exemplos que analisaremos veremos obrigações recíprocas entre credor e devedor. Se estas

vezes,[41] o requisito primordial do referido modo de extinção da obrigação – a existência de créditos que credor e devedor mantenham reciprocamente entre si.[42] A resolução das hipóteses submetidas à *compensatio* depende, tão somente, de perquirir os diversos elementos relevantes para a exata delimitação do dano patrimonial.[43] Não por acaso, já se sustentou a substituição da expressão *"compensatio lucri cum damno"* pela denominação "imputação de benefícios", com o que se poderia ressaltar a absoluta distinção entre as figuras em comento.[44]

---

existissem não poderíamos falar da *compensatio lucri cum damno*, senão de uma verdadeira compensação no sentido estritamente técnico obrigacional. O que chamamos *compensatio lucri cum damno* é, na realidade, a forma de obter uma avaliação exata do dano efetivamente sofrido" (ALDAX, Martín. Aplicación de la regla *"compensatio lucri cum damno"* en los supuestos de pérdida de la chance de ayuda económica futura, cit., p. 27. Tradução livre). O autor prossegue: "Levemos em conta que, embora resulte óbvio, se o credor não reclamasse a reparação dos prejuízos sofridos, o devedor tampouco poderia reclamar pelo enriquecimento obtido pelo credor como consequência dos benefícios gerados a partir do fato ilícito. Não há duas ações distintas e diferenciadas, existe apenas uma na qual se deve valorar adequadamente o dano efetivamente sofrido" (Ibid., pp. 27-28. Tradução livre).

[41] A ressalva faz-se de particular relevância, pois não há qualquer óbice, em tese, à ocorrência de compensação entre um crédito de natureza indenizatória e outro de natureza restitutória. Pertinente, neste ponto, a lição de Francesco Leone: "É óbvio que caso o causador do dano possa experimentar uma ação qualquer de enriquecimento, seja contratual ou extracontratual, não se tratará de *compensatio lucri*, mas concorrerão uma pretensão e uma contra-pretensão que, se fundadas, se eliminarão senão até a concorrência do montante da pretensão inferior, justa a compensação ordinária" (LEONE, Francesco. Compensatio lucri cum damno, cit., p. 192. Tradução livre).

[42] "Pode-se, então, definir, com base no texto legal, compensação como a extinção das obrigações quando duas pessoas forem, reciprocamente, credora e devedora. Há reciprocidade de créditos, daí a consideração de sua extinção por encontro de contas (de, na terminologia jurídica, por compensação). E, com base na mesma doutrina legal, compor os seus requisitos, que os autores alinham assim: 1º) cada um há de ser devedor e credor por obrigação principal; 2º) as obrigações devem ter por objeto coisas fungíveis, da mesma espécie e qualidade; 3º) as dívidas devem ser vencidas, exigíveis e líquidas; 4º) não pode haver direitos de terceiros sobre as prestações" (PEREIRA, Caio Mário da Silva. *Instituições de direito civil*. Volume 2. 29. ed. Rio de Janeiro: Forense, 2017, p. 252).

[43] "[...] não se trata de estabelecer uma compensação em sentido técnico do crédito indenizatório com outro crédito do obrigado a indenizar. Trata-se de uma pura imputação ou consideração dos efeitos vantajosos no momento de levar-se a cabo a valoração do dano, pelo qual se pode chamar imputação de benefícios ou computação de benefícios" (DÍEZ-PICAZO, Luis. *Derecho de daños*, cit., p. 319. Tradução livre).

[44] "Mas este nome [*compensatio damni cum lucro*] não é de todo acertado, já que não se trata de estabelecer uma compensação com outro crédito do obrigado no momento de calcular o dano. Este fenômeno, ao que se poderia dar o nome de 'imputação de benefícios', como o denominam alguns autores, se nos apresenta em uma série numerosa de casos" (TUHR, Andreas von. *Tratado de las obligaciones*. Trad. W. Roces. Granada: Comares, 2007, p. 59. Tradução livre da edição espanhola).

Compreendida a inadequação do enriquecimento sem causa para justificar a incidência da *compensatio*, cumpre analisar a segunda principal proposição teórica que busca esclarecer o fundamento da *compensatio*, que remonta ao princípio da reparação integral no âmbito da responsabilidade civil.[45] Como se sabe, mencionado princípio determina que a indenização meça-se "pela extensão do dano" (segundo a dicção do artigo 944 do Código Civil brasileiro), com o que se veda, *a priori*, a fixação da indenização em montante superior ou inferior à integralidade do dano a ser reparado.[46] Tão íntima é a correlação entre a reparação integral e a função primordial da responsabilidade civil – a função reparatória ou compensatória –[47] que se chega a reconhecer substrato constitucional ao comando normativo em comento.[48]

Trazidas tais considerações para o presente estudo, parece correto afirmar que o princípio da reparação integral tem aptidão a servir de fundamento normativo para a aplicabilidade da *compensatio lucri cum damno*, na medida em que a indenização não pode conceder à vítima montante superior ao

---

[45] Nesse sentido, v., entre outros, na doutrina italiana, COLONNA, Vincenzo. *Compensatio lucri cum damno*, cit., pp. 699-700; e CUPIS, Adriano De. *Il danno*, cit., p. 274; e, na doutrina espanhola, DÍEZ-PICAZO, Luis. *Derecho de daños*, cit., 1999, p. 319.

[46] "De tal assertiva decorre, por um lado, a rejeição de danos hipotéticos, exigindo a doutrina que os danos ressarcíveis sejam atuais (ou seja, que já tenham ocorrido no momento em que se pretende a reparação) e determináveis (ou seja, suscetíveis de mensuração econômica). Por outro lado, em contrapartida, o direito brasileiro não limita a liquidação, admitindo a indenização de todos os danos necessariamente resultantes de determinada causa.Consagra-se, desse modo, no sistema brasileiro, o princípio da reparação integral, que na responsabilidade contratual encontra apenas o limite estabelecido pela própria autonomia privada, mediante a fixação pelas partes de eventual cláusula penal como uma pré-liquidação das perdas e danos" (TEPEDINO, Gustavo. Princípio da reparação integral e quantificação das perdas e danos derivadas da violação do acordo de acionistas. *Soluções práticas*, vol. 1. São Paulo: Revista dos Tribunais, 2012, p. 316).

[47] "O princípio em torno do qual se articula o instituto da responsabilidade civil é o princípio da reparação integral, que agrega ao valor fundante dessa disciplina o valor sistemático e o valor dogmático. É fundante o valor do princípio porque serve para explicitar em uma síntese altamente expressiva a razão de ser da responsabilidade civil como instituto jurídico, apontando para o seu núcleo básico ou característica central. [...] Colocar o lesado em situação equivalente à que se encontrava antes de ocorrer o ato ilícito liga-se diretamente à própria função da responsabilidade civil, apontando à ficção expressa na palavra 'indenização' – o tornar *in-demne* (sem dano), fazendo desaparecer, na medida do possível, os efeitos desagradáveis do evento danoso" (MARTINS-COSTA, Judith. Prefácio a SANSEVERINO, Paulo de Tarso Vieira. *Princípio da reparação integral*: indenização no Código Civil. São Paulo: Saraiva, 2010, p. 5).

[48] Nesse sentido, v. KONDER, Carlos Nelson. A redução equitativa da indenização em virtude do grau de culpa, cit., pp. 3-34, jan./mar. 2007, pp. 27-33; e CALIXTO, Marcelo Junqueira. Breves considerações em torno do art. 944, parágrafo único, do Código Civil. *Revista Trimestral de Direito Civil*, a. 10, vol. 39. Rio de Janeiro: Padma, jul.-set./2009, p. 69.

estritamente necessário para a reparação do dano sofrido.[49] Em realidade, afora o conforto proporcionado pela indicação de fundamento legal expresso, talvez mais prudente do que a invocação genérica da reparação integral nesta matéria seja a efetiva investigação da extensão do dano patrimonial na complexidade que lhe é ínsita.[50] De fato, o comando de reparação integral tenderá a restar automaticamente atendido quando o intérprete considerar, além do prejuízo imediato sobre um bem, a repercussão global do evento lesivo sobre o patrimônio da vítima.[51]

Diante de tais premissas, a aplicação da regra *compensatio lucri cum damno* não consubstancia, propriamente, um limite à indenização – como se se estivesse diante de obrigações distintas a serem compensadas.[52] A *compensatio* tra-

---

[49] "Carente de uma previsão normativa explícita, a figura se funda na proscrição do enriquecimento do lesado como componente do princípio da reparação completa" (CRESPO, Mariano Medina. *La compensación del beneficio obtenido a partir del daño padecido*, cit., p. 36. Tradução livre). Em que pese a aparente associação da reparação integral a um valor de vedação ao enriquecimento sem causa, o autor conclui tratar-se de fontes obrigacionais distintas: "A figura da *compensatio lucri cum damno* é alheia à pretensão restitutória em que consiste a figura do enriquecimento sem causa (*condictio*). A ação de enriquecimento injusto é a expressão de um crédito restitutório e não indenizatório, sem que seja procedente a aplicação promíscua do Direito da Responsabilidade Civil e do Direito da restituição, porque indenização e reintegração são remédios distintos e compatíveis" (Ibid., p. 39. Tradução livre). Semelhante conclusão é encontrada na doutrina italiana: "[...] o fundamento da *compensatio lucri cum damno* é identificado no artigo 1.223 do c.c. [italiano], segundo o qual o ressarcimento deve compreender tanto a perda sofrida, quanto o lucro cessante, nada a mais" (FRANZONI, Massimo. *Trattato della responsabilità civile*, vol. II. 2. ed. Milano: Giuffrè, 2010, pp. 39-40. Tradução livre).

[50] V. LEONE, Francesco. Compensatio lucri cum damno, cit., pp. 214 e ss.

[51] "A responsabilidade, de fato, é assumida pela alteração para pior da situação de um sujeito, produzida pela ação de outro sujeito: e para valorar a inteireza da piora, consideram-se, complexivamente, as várias consequências, favoráveis e desfavoráveis, daquela ação. O resultado da consideração comparativa de todas essas consequências constitui a inteireza do efeito de piora produzido, e, portanto, a inteireza do dano a ressarcir" (CUPIS, Adriano De. *Il danno*, cit., pp. 274--275. Tradução livre). Na mesma linha de sentido, assevera Alessandra Ambanelli: "Parece, então, ser de reconhecer o fundamento da *compensatio lucri cum damno* na ideia do dano ressarcível como resultado de uma valoração global dos efeitos produzidos" (Sulla rilevanza delle nuove nozze ai fini dell'applicabilità della *compensatio lucri cum damno*. *Responsabilità civile e previdenza*: rivista mensile di dottrina, giurisprudenza e legislazione, 1994, p. 488. Tradução livre).

[52] "Não há, aqui, uma regra autônoma que induza a determinações inferiores aos danos a ressarcir; na realidade, apenas se verifica que, mercê dos 'lucros' derivados da lesão, o dano era, na realidade, inferior ao que pareceria, à primeira vista" (CORDEIRO, António Menezes. *Tratado de direito civil português*, vol. II, t. III, cit., p. 730). Patrizia Petrelli afirma, a propósito, que "[...] a *compensatio* não constitui um fator autônomo de diminuição do ressarcimento, mas é somente um elemento na determinação do dano" (PETRELLI, Patrizia. In tema di *compensatio lucri cum damno*. *Giurisprudenza Italiana*, 1989, I, 1, p. 381. Tradução livre). No mesmo sentido, v. SMORTO,

duz, com efeito, uma simples questão de exata delimitação do dano ressarcível: não se pode falar em dano na sua exata extensão sem a prévia consideração de todas as repercussões do evento lesivo sobre o patrimônio da vítima.[53] O dano patrimonial corresponde, assim, à diferença entre os prejuízos e as vantagens imediatamente decorrentes da conduta lesiva.[54]

Compreende-se, enfim, a razão pela qual a adequada resolução das questões vinculadas à *compensatio lucri cum damno* depende da assunção de um renovado paradigma teórico capaz de ressaltar a complexidade (ao menos objetiva e temporal) do dano patrimonial.[55] Não parece necessário, para tal

---

Guido. *Il danno da inadempimento*, cit., p. 99. Em sentido contrário, sustenta-se o reconhecimento da *compensatio lucri cum damno* como causa de atenuação da responsabilidade civil: "O tratamento do tema, tradicionalmente, se dá no exame do dano indenizável, em especial por sua associação com a teoria da diferença na avaliação do prejuízo ao patrimônio do devedor. Melhor caminho, talvez, esteja em examinar a questão, não por esta perspectiva, senão pelos efeitos da *compensatio lucri cum damni* sobre a responsabilidade do devedor. Isso porque não está em causa o dever de indenizar todos os danos, que é a regra no direito das obrigações. Não se reduz o dano, mas sim, atenua-se a responsabilidade do devedor em relação à indenização que deverá satisfazer" (MIRAGEM, Bruno. *Direito civil*: direito das obrigações. São Paulo: Saraiva, 2017, p. 600).

[53] Mariangela Ferrari relata dúvida sobre a significação a ser atribuída ao "dano ressarcível": "Em conclusão, o 'dano ressarcível' vale como expressão ambivalente, à qual podemos atribuir dois significados diversos: de um lado, o dano ressarcível pode ser visto como uma das duas medidas a compensar, compreendendo o dano patrimonial e não patrimonial (aquilo que não resulta ressarcível não pode ser inserido no montante a compensar com eventual vantagem), representativo do primeiro elemento a considerar para a compensação; de outro, em sentido alternativo e parcialmente desligado do presente contexto, como o resultado final da operação de compensação que, omitindo valores homogêneos, acrescenta a um resultado que inegavelmente representará aquilo que o lesante ou o inadimplente deverá reclamar ou exigir a título de ressarcimento do dano" (*La* compensatio lucri cum damno *come utile strumento di equa riparazione del danno*, cit., p. 47. Tradução livre). Massimo Franzoni filia-se à segunda linha de entendimento: "Quando por um sinistro a vítima sofra uma perda e aufira uma vantagem, entre essas opostas consequências econômicas deveria operar uma compensação: o resultado desta constitui o dano ressarcível" (FRANZONI, Massimo. *Trattato della responsabilità civile*, vol. II, cit., p. 38. Tradução livre).

[54] "Resumindo, lucro e dano não são duas entidades distintas, mas dois elementos do dano patrimonial, que é constituído pela diferença entre um e outro" (LEONE, Francesco. Compensatio lucri cum damno, cit., p. 217. Tradução livre). A doutrina controverte sobre a possibilidade de reconhecimento da *compensatio* de ofício pelo julgador: em sentido afirmativo, v. GUEDES, Gisela Sampaio da Cruz. *Lucros cessantes*, cit., p. 317; SANSEVERINO, Paulo de Tarso Vieira. *Princípio da reparação integral*: indenização no Código Civil. São Paulo: Saraiva, 2010, pp. 64-65; e TRIMARCHI, Pietro. *Il contratto*: inadempimento e rimedi, cit., p. 191; em sentido negativo, v. ALDAX, Martín. Aplicación de la regla *"compensatio lucri cum damno"* en los supuestos de pérdida de la chance de ayuda económica futura, cit., p. 25.

[55] A postura teórica ora propugnada guarda semelhança substancial com aquela crescentemente adotada no âmbito do direito das dbrigações, a permitir o reconhecimento da complexidade do próprio fenômeno obrigacional, e igualmente da complexidade dos polos prestacionais componentes

desiderato, a completa superação da teoria da diferença (*Differenztheorie*),[56] mas sim a sua releitura, de modo a destacar que as situações patrimoniais objeto de comparação – situações anterior e posterior ao evento lesivo – são mais complexas do que a simples constatação do prejuízo sofrido por um específico bem titularizado pela vítima.[57]

De posse de tais considerações, passa-se à análise dos requisitos mais comumente enunciados pela doutrina para o reconhecimento da incidência da regra de *compensatio lucri cum damno*. Analisa-se, inicialmente, a exigência de causalidade entre conduta danosa e vantagens e, na sequência, a exigência de identidade dos interesses objeto da *compensatio*. Busca-se, com isso, compreender as circunstâncias aptas a justificar a operatividade da regra de compensação de prejuízos e vantagens em matéria de liquidação do dano patrimonial. Adiante-se, a propósito, uma ressalva teórica que norteará a condução do presente raciocínio: a (correta) conclusão sobre a não incidência da *compensatio lucri cum damno* em algumas hipóteses fáticas (tais como certas situações envolvendo seguros convencionais ou obrigatórios de danos, ou benefícios previdenciários) não há de incutir no intérprete a (equivocada) percepção de que a vítima faria jus ao recebimento irrestrito das parcelas indenizatórias que, somadas, venham a ultrapassar a exata extensão do dano injusto a indenizado. Afastar a incidência da *compensatio* não assegura, em suma, a adequada compreensão da convergência de estruturas diversas para a implementação da unitária indenização devida à vítima.

---

do elemento objetivo das obrigações. A propósito do fenômeno da heterointegração dos contratos, v. RODOTÀ, Stefano. *Le fonti di integrazione del contratto*. Milano: Giuffrè, 1969, p. 9; e ROPPO, Enzo. *O contrato*. Trad. Ana Coimbra e M. Januário C. Gomes. Coimbra: Almedina, 2009, pp. 137-142. A propósito da noção de polos prestacionais e seu reflexo sobre a configuração do sinalagma contratual, seja consentido remeter a SILVA, Rodrigo da Guia. Novas perspectivas da exceção de contrato não cumprido: repercussões da boa-fé objetiva sobre o sinalagma contratual. *Revista de Direito Privado*, vol. 78. São Paulo: Revista dos Tribunais, jun./2017, pp. 63-70.

[56] Para uma análise da evolução histórica da *Differenztheorie*, v. ZIMMERMANN, Reinhard. *The Law of Obligations*: Roman Foundations of the Civilian Tradition. Oxford. Oxford University, 1996, pp. 824 e ss.

[57] "Ao fundo, mal dissimulada, resta a real natureza da questão, que é aquela da exata individuação do dano ressarcível. Em discussão – é evidente – não está a validade da *Differenztheorie*, mas, se não se pretende reduzi-la a uma mera operação aritmética, o confronto sugerido pela teoria 'não pode efetuar-se *tout court* entre a situação patrimonial em vez de duas situações reconstruídas levando em consideração alguns fatos... e não levando em consideração outros, com base em um juízo realizado segundo critérios jurídicos'. O discurso, naturalmente, vale também para os fatos vantajosos" (COLONNA, Vincenzo. Compensatio lucri cum damno, cit., p. 710. Tradução livre). Na mesma linha de sentido, v. DÍEZ-PICAZO, Luis. *Derecho de daños*, cit., p. 319.

3. Análise do requisito da causalidade entre conduta danosa e vantagens

O primeiro requisito usualmente exigido para a aplicação da *compensatio lucri cum damno* é a demonstração de nexo de causalidade entre a conduta danosa e as vantagens obtidas pelo lesado.[58] A investigação do nexo causal assume, em relação às vantagens, relevância equiparada àquela desempenhada a propósito dos prejuízos decorrentes de certa conduta lesiva. Não por acaso já se afirmou que "[O] questionamento sobre o nexo causal entre evento e consequências, sejam essas somente negativas ou também positivas, torna-se, portanto, o fio da balança que faz pender mediante a aplicação do princípio em exame".[59] O papel basilar de filtro da reparação é desempenhado pelo nexo de causalidade, enfim, tanto para evitar responsabilização a menor (em prejuízo à vítima) quanto para evitar imputação de responsabilidade a maior (em prejuízo ao causador do dano). Busca-se, desse modo, promover um justo equilíbrio dos interesses em busca da adequada delimitação do dano indenizável.

Ao consolidado reconhecimento da relevância do liame causal entre conduta danosa e vantagens para fins de incidência da *compensatio* sobrepõe-se certa controvérsia doutrinária no que tange à definição da teoria a nortear a investigação da causalidade. Não se verificam, no estudo da causalidade como requisito da *compensatio*, maiores particularidades, parecendo ter a doutrina se esforçado, sobretudo, na compatibilização das teorias tradicionais com a dificuldade de análise das vantagens decorrentes do evento lesivo.

Pugna-se, de uma parte, pela adoção da teoria da causalidade adequada, de modo a se justificar a aplicação da *compensatio* "quando houver conexão natural entre a vantagem obtida e o fato danoso".[60] Deveriam ser conside-

---

[58] V., por todos, na doutrina brasileira, MIRAGEM, Bruno. *Direito civil*: direito das obrigações, cit., p. 598; na doutrina portuguesa, VARELA, João de Matos Antunes. *Das obrigações em geral*, vol. I, cit., pp. 937-938; na doutrina italiana, GAZZONI, Francesco. *Manuale di diritto privato*. 17. ed. Napoli: Edizioni Sicentifiche Italiane, 2015, pp. 647-648; na doutrina argentina, ALDAX, Martín. Aplicación de la regla *"compensatio lucri cum damno"* en los supuestos de pérdida de la chance de ayuda económica futura, cit., pp. 28 e ss.; e, na doutrina polonesa, KONERT, Anna. De la *compensatio lucri cum damno* en derecho civil polaco, cit., p. 324.
[59] FERRARI, Mariangela. *La* compensatio lucri cum damno *come utile strumento di equa riparazione del danno*, cit., p. 219. Tradução livre.
[60] GOMES, Orlando. *Obrigações*, cit., p. 65. No mesmo sentido, v. TUHR, Andreas von. *Tratado de las obligaciones*, cit., p. 60; e MIRANDA, Francisco Cavalcanti Pontes de. *Tratado de direito privado*, t. XXVI. 3. ed. São Paulo: Revista dos Tribunais, 1984, pp. 52-54. Ainda a propósito da causalidade adequada em matéria de *compensatio lucri cum damno*, Francisco Leone relata a proposição

radas para abatimento da indenização, segundo tal linha de entendimento, as vantagens normalmente decorrentes da conduta danosa, segundo juízo abstrato de probabilidade pautado na experiência comum.[61] Sem embargo do mérito consistente na superação das imperfeições vislumbradas na principal teoria que a antecedeu – a da equivalência dos antecedentes –, a teoria da causalidade adequada não mereceu maior acolhida em razão do relativo desprezo por ela dispensado ao encadeamento concreto dos fatos na cadeia causal de produção do dano.[62]

De outra parte, sustenta-se, em oposição à teoria da causalidade adequada, a adoção da teoria da causalidade direta e imediata (ou teoria do dano direto e imediato), com base na qual haveria de ocorrer a *compensatio* sempre que a

---

de Ortmann (*Compensatio lucri cum damno. Gellera Centralblatt für die juristische Praxis*. Volume XV, 1897): "Pretendendo aduzir uma outra explicação, Ortmann acredita poder extraí-la do princípio da causação adequada. Quem causou o dano, assim como responde também pelas consequências ulteriores mais graves derivadas de uma ação do próprio lesado, quando essa ação era de se esperar segundo os costumes da vida, assim pode retirar proveito de uma ação do próprio lesado, que era de esperar pela experiência da vida" (Compensatio lucri cum damno, cit., p. 184. Tradução livre). O autor sustenta, em sentido diverso, proposição aproximada à teoria da causalidade direta e imediata: "Isto pressuposto, é intuitivo que quando o dano seja agravado por outras circunstâncias posteriores, as quais não possam ser ligadas ao evento danoso, mas sejam circunstâncias independentes, que dão lugar a uma nova cadeia causal, não se deve responder pelas consequências ulteriores" (Ibid., p. 191). O autor prossegue, especificamente a propósito das circunstâncias posteriores que diminuem ou fazem cessar o dano: "Será o mesmo no caso inverso, quando circunstâncias de todo independentes do evento danoso tenham eliminado o dano? Caso se respondesse afirmativamente, se obrigaria o lesante a indenizar uma perda que ora não mais existe, o que não pode ser admitido quando se reconhece que o dano não seja uma pena" (Ibid., pp. 191-192).

[61] "A teoria da causalidade adequada parte da observação daquilo que comumente acontece na vida (*id quod plerumque accidit*) e afirma que uma condição deve ser considerada causa de um dano quando, segundo o curso normal das coisas, poderia produzi-lo. Essa condição seria a causa adequada do dano (e daí o nome da teoria); as demais condições seriam circunstâncias não casuais" (NORONHA, Fernando. *Direito das obrigações*, cit., p. 627). O autor arremata: "Nessa prognose retrospectiva, só se consideram os efeitos abstratos que, a partir do fato em causa, possam ser tidos como previsíveis. Se os efeitos concretos, efetivamente verificados, estiverem em conformidade com tais efeitos abstratos, existirá nexo de causalidade" (Ibid., p. 628).

[62] "Não basta, então, que um fato seja condição de um evento; é preciso que se trate de uma condição tal que, normal ou regularmente, provoque o mesmo resultado. Este é o chamado 'juízo de probabilidade', realizado em abstrato – e não em concreto, considerando os fatos como efetivamente ocorreram –, cujo objetivo é responder se a ação ou omissão do sujeito era, por si só, capaz de provocar normalmente o dano" (GUEDES, Gisela Sampaio da Cruz. *O problema do nexo causal na responsabilidade civil*. Rio de Janeiro: Renovar, 2005, p. 65). A autora arremata: "Decerto, se, por um lado, a teoria da Equivalência dos Antecedentes Causais não dá margem para que o juiz aprecie bem os fatos; por outro, a teoria da Causalidade Adequada depende muito do arbítrio do julgador para ser aplicada em concreto" (Ibid., p. 83).

vantagem fosse decorrência direta e imediata da conduta danosa.[63] Tornou-se célebre, nesse sentido, o entendimento de que não se justifica a aplicação da *compensatio* quando o evento lesivo for mera condição (e não causa direta e imediata) do dano.[64] Tal preocupação é digna de elogio pela coerência: uma vez afastada da disciplina geral da responsabilidade civil a teoria da equivalência dos antecedentes, não faria sentido admitir a relevância causal de toda e qualquer conduta para a produção da vantagem auferida pela vítima.[65]

Em complemento à exigência de causalidade direta e imediata, tornou-se célebre na doutrina estrangeira – destacadamente na italiana – a enunciação do requisito de unicidade do título justificador da percepção da vantagem.[66]

---

[63] "Como veremos mais adiante, segundo a doutrina, a diretiva da limitação do ressarcimento às consequências diretas e imediatas previstas no art. 1223 cod. civ., resta aplicada também aos lucros, no sentido de que estes devem ser causalmente referíveis de modo direto a fato ilícito" (VISINTINI, Giovanna. *Trattato breve della responsabilità civile*, cit., p. 644. Tradução livre).

[64] "Em primeiro lugar, tal como antecipávamos, esclareçamos que tanto os benefícios quanto os prejuízos devem ser causados pelo mesmo fato ilícito. Logo, esse fato ilícito deve ser a causa tanto dos benefícios quanto dos prejuízos e não uma mera condição ou ocasião para que esses se produzam. [...] Isto assentado, concluímos que o benefício e o dano, a fim de serem confrontados, devem encontrar-se em idêntica relação de causalidade. No que tange às consequências que devem ser computadas, entendemos que o critério correto é dar-lhes idêntico tratamento ao que se efetua com o dano, computando somente as consequências benéficas que cumpram os requisitos estabelecidos pela lei para o dano" (ALDAX, Martín. Aplicación de la regla *"compensatio lucri cum damno"* en los supuestos de pérdida de la chance de ayuda económica futura, cit., pp. 28-29. Tradução livre). Na mesma linha de sentido, sintetiza-se: "A vantagem não deve ser simplesmente 'ocasionada pelo ilícito', mas deve ser por ele produzido" (AMBANELLI, Alessandra. Sulla rilevanza delle nuove nozze ai fini dell'applicabilità della *compensatio lucri cum damno*, cit., p. 486. Tradução livre).

[65] A sustentar a submissão da *compensatio* à demonstração de causalidade direta e imediata entre a conduta danosa e as vantagens auferidas pela vítima, v., por todos, DÍEZ-PICAZO, Luis. *Derecho de daños*, cit., pp. 320 e ss. João de Matos Antunes Varela exemplifica: "Um passageiro é injustificadamente abandonado pelo táxi que o transportava num local, em que vem inesperadamente a achar um objeto de grande valor, ou numa localidade onde compra o bilhete de loteria que vem a ser premiado com a 'taluda'. Em nenhum dos casos a vantagem obtida pelo passageiro influirá na fixação da indenização devida pelo dono ou condutor do táxi, que faltou ao cumprimento do contrato de transporte" (*Das obrigações em geral*, vol. I, cit., p.938).

[66] "Tal princípio pretende evitar que o lesante, compelido ao ressarcimento do dano, invoque, para seu alívio, a obtenção de uma vantagem por parte da vítima, vantagem que, porém, não encontra a sua fonte no mesmo fato ilícito que provocou o prejuízo, mas sim derivada de uma circunstância diversa e distinta para se tornar realidade da qual a conduta lesiva constitui uma mera condição e não, ao invés disso, a sua causa verdadeira e própria. Em tal contexto, o efeito vantajoso obtido pela parte lesada não pode ser computado em abatimento, já que as vantagens obtidas 'não encontram título, mas apenas ocasião, no fato ilícito'" (MONATERI, Pier Giuseppe; GIANTI, Davide; CINELLI, Luca Siliquini. *Danno e risarcimento*, cit., p. 253. Tradução livre). Também a sustentar o requisito da unicidade de títulos, v., na doutrina espanhola, DÍEZ-PICAZO, Luis. *Derecho de daños*, cit., p. 320.

Somente mereceriam consideração, para fins de incidência da *compensatio*, as vantagens que remontassem diretamente à conduta lesiva, sem encontrar fundamento em título autônomo e alheio à conduta do causador do dano.[67] Levada aos extremos, tal linha de entendimento findaria por restringir a aplicabilidade da *compensatio* àquilo que já se optou por denominar "vantagens gratuitas" – a indicar a absoluta desvinculação em relação ao evento danoso.[68]

Alguns exemplos fornecidos pela doutrina italiana facilitam a compreensão da relevância atribuída ao requisito da unicidade de título.[69] No que tange à controvérsia acerca da repercussão de novo casamento sobre a indenização devida à pessoa viúva por força da morte do seu primeiro cônjuge, invocou-se o requisito em comento para sustentar a incolumidade da indenização.[70] Também com base na heterogeneidade de títulos, já se relatou prevalecer na jurisprudência italiana a negativa da *compensatio* na hipótese de percepção de auxílio previdenciário pela vítima.[71]

---

[67] "Em sede de determinação do dano se deverá subtrair aquilo que o lesado tenha lucrado como consequência imediata e direta do ato ilícito e com atinência ao bem ou interesse lesado (*compensatio lucri cum damno*), onde não pode haver heterogeneidade jurídica, isto é, de títulos, entre vantagem e desvantagem, como no caso de dano biológico seguido por pensão de invalidade" (GAZZONI, Francesco. *Manuale di diritto privato*, cit., pp. 647-648. Tradução livre). No mesmo sentido, v., na doutrina italiana, POLETTI, Dianora. *Le regole di (de)limitazione del danno risarcibile*, cit., p. 335. Tradução livre; e, na doutrina brasileira, GUEDES, Gisela Sampaio da Cruz. *Lucros cessantes*, cit., p. 311.

[68] "Distingue-se, portanto, da vantagem gratuita, que deve ser descontada da indenização devida pelo ofensor, aquela oriunda de outras causas jurídicas. Para que no âmbito da responsabilidade civil ocorra a *compensatio lucri cum damno*, é necessário que com o dano produzido pelo evento danoso concorra uma autêntica vantagem, oriunda do mesmo fato. Se esta vantagem for uma atribuição patrimonial que tem sua própria justificação, não será possível operar a *compensatio lucri cum damno*" (GUEDES, Gisela Sampaio da Cruz. *Lucros cessantes*, cit., p. 316). No mesmo sentido, v. CUPIS, Adriano De. *Il danno*, cit., p. 283.

[69] Para um relato analítico da tendência jurisprudencial italiana de exigir a prova de causalidade direta e imediata e de unicidade de título, v. IZZO, Umberto. *La compensatio lucri cum damno come latinismo di ritorno*, cit., p. 1.745 e ss.; FRANZONI, Massimo. *La compensatio lucri cum damno*. *Responsabilità civile*, n. 1, vol. 48, jan./2010, pp. 49 e ss.; e BRONZETTI, Gianfranco. *La compensatio lucri cum damno*, cit., pp. 742-743.

[70] Nesse sentido, v. CUPIS, Adriano De. *Postilla sull'influenza delle nuove nozze sul diritto a risarcimento della vedova*, cit., p. 118.

[71] "Afirma-se, a propósito, que a prestação da indenização recebida pelo Inps [*Istituto Nazionale Previdenza Sociale*] encontra a sua fonte e a sua razão jurídica do contrato de seguro e, portanto, de um título diverso e independente do fato danoso, o qual constitui apenas a condição para que esse título exercite sua eficácia, sem que o correlativo efeito de incremento patrimonial eventualmente incutido ao lesado possa incidir sobre o *quantum* do ressarcimento devido pelo lesante" (CARBONE, Vincenzo. *La compensatio lucri cum damno tra ambito del danno risarcibile e rapporto*

Digno de nota, ainda, o julgamento da Cassazione civile, Sez. III, 19 giugno 1996.[72] A origem do caso remonta ao deslizamento de terra das encostas componentes da Barragem de Vajont, a cerca de 100 quilômetros ao norte de Veneza, na Itália. Constatou-se que a transposição, ocorrida em 1963, foi causada devido à negligência dos projetistas, os quais ignoraram diversos sinais da instabilidade geológica do Monte Toc, situado no lado sul da bacia do rio Vajont. A controvérsia submetida à *Corte di Cassazione* cingia-se, fundamentalmente, à discussão a respeito da possibilidade, invocada pela empresa reputada culpada pelo dano, de que o montante indenizatório fosse reduzido em razão dos valores doados por entes públicos em solidariedade às vítimas da tragédia (em número aproximado de 2.000 mortes). A *Corte di Cassazione* concluiu pela impossibilidade da *compensatio*, por entender que as contribuições "encontram a sua fonte em um ato de solidariedade nacional e não no fato ilícito; além disso, relativamente à soma devida pelo dano não patrimonial, a Enel [empresa responsável] deveria ter oposto em compensação um crédito homogêneo (outro crédito de natureza não patrimonial)" (em tradução livre).[73]

Como se pode perceber, a investigação do nexo de causalidade entre conduta e vantagens não guarda peculiaridades em relação ao exame tradicionalmente empreendido a propósito do liame entre conduta e prejuízos. Justifica-se, portanto, o tratamento homogêneo de ambas as questões de causalidade, o que se coaduna, em realidade, com a percepção de serem ambos – prejuízos e vantagens – elementos igualmente relevantes para a conformação do dano

---

di causalità, cit., p. 432. Tradução livre). Vincenzo Carbone relata, por outro lado, a tendência jurisprudencial italiana de admissão da *compensatio* na hipótese do trabalhador demitido que vem a ser readmitido pela anulação da dispensa: "A *compensatio lucri cum damno* é, ao invés, pacificamente admitida quando as repercussões patrimoniais favoráveis derivam do mesmo fato danoso que produziu aquelas negativas: é o caso do ressarcimento do dano sofrido pelo trabalhador entre demissão e anulação, cujo montante é reduzido em função da renda auferida pelo trabalhador pelo desenvolvimento de outra atividade laborativa, mesmo na hipótese de emprego público" (Ibid., p. 432. Tradução livre).

[72] Para um relato mais detido e subsequente análise crítica da decisão referida, v. COLONNA, Vincenzo. *Compensatio lucri cum damno*, cit., passim.

[73] Pertinentes, no ponto, os exemplos fornecidos por Adriano de Cupis: "Estou de acordo com Napoletano ao considerar que uma herança, uma vitória na loteria, ou uma relação de trabalho que sobrevenham à morte do primeiro marido sejam irrelevantes em relação ao ressarcimento devido pela morte. Mas não posso consentir em assemelhar a esses as novas núpcias da viúva" (CUPIS, Adriano De. *Postilla sull'influenza delle nuove nozze sul diritto a risarcimento della vedova*, cit., p. 116. Tradução livre).

patrimonial em sua unidade e complexidade.[74] Desse modo, as razões que conduzem à crescente superação das teorias da equivalência dos antecedentes[75] e da causalidade adequada em prol da teoria da causalidade direta e imediata a propósito dos prejuízos justificam, igualmente, a sua consagração no que tange às vantagens decorrentes da conduta lesiva.

A teoria da causalidade direta e imediata foi objeto de positivação expressa pelo Código Civil de 2002 em seu artigo 403 – tal como pelo antecedente Código Civil de 1916 em seu artigo 1.060.[76] Também denominada teoria da interrupção do nexo causal, tal construção aponta, em síntese essencial, que, "se há uma violação de direito por parte do credor ou de terceiro, resta interrompido o nexo causal e, por consequência, libertado da responsabilidade está o autor da primeira causa".[77] Entre as diversas subteorias que buscaram concretizar a teoria em comento, destaca-se a subteoria da necessariedade da causa.[78] Restringe-se, assim, a responsabilidade do agente aos danos que são consequência necessária do inadimplemento – excluídos aqueles não entendidos como consequência necessária, em relação aos quais a conduta do agente se apresenta como mera ocasião ou condição.[79]

---

[74] "A consolidar tais hipóteses está a circunstância compartilhada pela maioria de que a *compensatio lucri cum damno* é instrumento de medida do ressarcimento e não é uma figura autônoma de critérios de determinação da responsabilidade; portanto, buscar critérios particulares e/ou diversos com vistas à compensação das consequências vantajosas em relação às consequências danosas não teria nenhum sentido nem nenhuma justificação jurídica ou sistemática" (FERRARI, Mariangela. *La* compensatio lucri cum damno *come utile strumento di equa riparazione del danno*, cit., pp. 78-79. Tradução livre). Na mesma linha de sentido, v. CUPIS, Adriano De. *Il danno*, cit., p. 278.

[75] "A inconveniência desta teoria [da equivalência das condições], logo apontada, está na desmesurada ampliação, em infinita espiral de concausas, do dever de reparar, imputado a um sem-número de agentes" (TEPEDINO, Gustavo. Notas sobre o nexo de causalidade. *Revista Trimestral de Direito Civil*, a. 2, vol. 6. Rio de Janeiro: Padma, abr.-jun./2001, p. 6).

[76] "Plena, portanto, a adoção legislativa da teoria da causalidade direta e imediata como definidora do nexo causal no direito brasileiro, seja no âmbito contratual, seja no extracontratual" (SCHREIBER, Anderson. *Novos paradigmas da responsabilidade civil*: da erosão dos filtros da reparação à diluição dos danos. 5. ed. São Paulo: Saraiva, 2013, p. 61).

[77] CRUZ, Gisela Sampaio da. *O problema do nexo causal na responsabilidade civil*, cit., p. 97.

[78] Sobre o desenvolvimento da subteoria da necessariedade da causa, v. TEPEDINO, Gustavo. Notas sobre o nexo de causalidade, cit., pp. 7 e ss.

[79] "A escola que melhor explica a teoria do dano direto é a que se reporta à necessariedade da causa. Efetivamente, é ela que está mais de acordo com as fontes históricas da teoria do dano direto, como se verá. Para explicar a teoria do dano direto e imediato nós aceitamos a teoria ou subteoria da necessariedade da causa, que procuraremos explicar, formular e defender, de acordo com as considerações que seguem. Suposto certo dano, considera-se causa dele a que lhe é próxima ou remota, mas, com relação a esta última, é mister que ela se ligue ao dano, diretamente. Ela é causa necessária desse dano, porque ele a ela se filia necessariamente; é causa única, porque opera por

A assunção metodológica da teoria da causalidade direta e imediata – com a correlata subteoria da necessariedade da causa – parece apontar, em matéria de *compensatio lucri cum damno*, para a superação da exigência de unicidade de título.[80] Como visto, as hipóteses suscitadoras da *compensatio* não dizem respeito, propriamente, à problemática do enriquecimento sem causa – para o qual assume relevância central o pressuposto da ausência de justa causa (que usualmente se limita à ausência de justo título, como indicado criticamente no item 2, *supra*). Não deve o intérprete, portanto, centrar a análise na identificação dos títulos abstratamente legitimadores da atribuição patrimonial, afigurando-se mais adequado, ao revés, perquirir a causa necessária das vantagens e dos prejuízos.[81]

Em suma, uma vez compreendido que tanto as vantagens quanto os prejuízos compõem a noção global de dano patrimonial, resta imperiosa a conclusão de que ambos devem se submeter ao crivo do nexo causal em relação à conduta danosa.[82] Percebe-se, desse modo, que a alusão ao nexo de causalidade entre

---

si, dispensadas outras causas. Assim, é indenizável todo o dano que se filia a uma causa, ainda que remota, desde que ela lhe seja causa necessária, por não existir outra que explique o mesmo dano" (ALVIM, Agostinho *Da inexecução das obrigações e suas consequências*. 3. ed. Rio de Janeiro: Editora Jurídica e Universitária, 1965, p. 339).

[80] "[...] é evidente que extremar o debate sobre a operabilidade da *compensatio*, invocando a necessidade de escrutinar individualizadamente as partes do dano ressarcível à luz da natureza reconhecida a eles no âmbito da taxonomia do dano, para depois perquirir a homogeneidade de cada uma dessas partes em relação ao título da atribuição patrimonial adentrada ao patrimônio do lesante em dependência do fato danoso, induz inevitavelmente a perder de vista o problema prático ao qual a *doctrine* da *compensatio* se empenha em dar resposta, o qual, se em primeiro lugar é aquele de evitar que o lesado se avantaje de um locupletamento indevido, porque carente de causa, em última análise é aquele de oferecer ao intérprete a possibilidade de coordenar – valorizando de modo equilibrado a dúplice função compensatória e preventiva da responsabilidade civil – os variados mecanismos através dos quais a sociedade reage ao dano" (IZZO, Umberto. *La compensatio lucri cum damno come latinismo di ritorno*, cit., p. 1.759. Tradução livre).

[81] Vincenzo Colonna afirma, em tom crítico ao entendimento prevalente na jurisprudência italiana: "A leitura de algumas (isoladas) decisões – nas dobras das suas fundamentações, mais que no *dicta* – confirma que a atenção deve ser dirigida não ao nexo causal entre fato ilícito ou evento danoso e a vantagem, mas à causa da aquisição" (*Compensatio lucri cum damno*, cit., p. 705. Tradução livre). Em sentido semelhante, v. FERRARI, Mariangela. *La* compensatio lucri cum damno *come utile strumento di equa riparazione del danno*, cit., pp. 56-57.

[82] Pertinente, no ponto, a conclusão de Vincenzo Colonna: "A unicidade do título pode representar – é a conclusão que se pode extrair – apenas o êxito (logicamente sucessivo) de um juízo, de uma valoração não abstrata, que leva em consideração a relação teleológica entre a atribuição patrimonial e a remoção do dano; não, ao invés, um dado intrínseco e apriorístico (a coincidência factual ou formal) da qual seria suficiente – segundo a tese prevalente – verificar a existência com base no princípio do nexo causal. Mesmo nas situações de vantagem das quais – é possível

conduta e dano, embora correta, pode conduzir o intérprete desavisado a equívoco: precisamente por não se limitar o conceito de dano patrimonial aos prejuízos sofridos pela vítima, a investigação do liame causal entre conduta e dano, para fins de aplicação da *compensatio lucri cum damno*, deve necessariamente atentar para toda a complexidade do dano patrimonial – na qual se incluem, a um só tempo, prejuízos e vantagens.[83]

4. Análise do requisito da homogeneidade de natureza dos interesses

Ao lado do nexo de causalidade entre conduta danosa e vantagens, recorrentemente se enuncia o requisito da identidade de natureza dos interesses a serem cotejados para incidência da *compensatio lucri cum damno*. Afirma-se, a propósito, que a aplicação da *compensatio* pressupõe a homogeneidade de natureza entre as vantagens e os prejuízos decorrentes da conduta lesiva.[84]

---

hipotetizar abstratamente – não seja clara a causa ou função, sobretudo que aos critérios da causalidade jurídica (pelas razões expostas), seria útil – na opinião de quem escreve – o recurso ao critério da dita causalidade alternativa hipotética" (*Compensatio lucri cum damno*, cit., pp. 706-707. Tradução livre).O autor arremata, a propósito da causalidade virtual: "De fato, nos casos em que se devesse acertar, em via necessariamente hipotética, que – mesmo na ausência do fato ilícito fonte da responsabilidade, ou mesmo na presença do fato lesivo, mas carente da conotação da ilicitude – a vantagem seria igualmente produzida, se deveria excluir a aplicabilidade da *compensatio*, na medida em que aquela verificação (embora indireta e hipotética) revelaria a ausência da necessária correlação funcional entre aquela precisa situação de vantagem e a remoção do dano ressarcível" (Ibid., p. 707).

[83] Mariano Medina Crespo sustenta o reconhecimento de 3 possíveis situações de aplicabilidade da *compensatio*, em proposta assumidamente contrária à opinião prevalente em doutrina e jurisprudência espanholas: "Trata-se de uma figura polimórfica porque a compensação se realiza (deve realizar-se) diante de três situações que se verificam pelo distinto sentido (grau) da vinculação causal dessas vantagens com o fato danoso que origina o crédito ressarcitório: a) a dos benefícios diretos gerados pelo fato danoso (*damnum non datum; lucrum emergens*), que corresponde ao sentido estrito (restritivo, em meu conceito) com que a doutrina desenhou a figura originariamente e tal como se segue definindo em geral; b) a dos benefícios indiretos, conexos ou colaterais, que se obtêm em virtude de um título legal ou negocial pré-existente (constituição *ex ante* da vantagem; utilidade pré-conformada), cujo pressuposto (fator causal de ativação) está constituído pelo fato danoso (*damnum absens*); e c) a dos benefícios acidentais, ocasionais ou eventuais, que se obtêm em virtude de um título legal ou negocial conformado depois do fato danoso (constituição *ex post* da vantagem; utilidade pós-conformada), mas que não se ativaria se este não se tivesse produzido (*damnum cessans*), constituindo também seu pressuposto" (*La compensación del beneficio obtenido a partir del daño padecido*, cit., pp. 54-55. Tradução livre).

[84] "A série de hipóteses mais simples a reconhecer diz respeito à incidência da ação do lesante sobre bens homogêneos da vítima, onde se pode efetivamente fazer um cálculo suficientemente

A enunciação do requisito de homogeneidade dos interesses busca ressaltar, em síntese essencial, a impossibilidade de cotejo de prejuízo extrapatrimonial com vantagem patrimonial e vice-versa.[85] Rejeita-se, desse modo, que a vítima seja prejudicada em razão da consideração de uma consequência de natureza distinta daquela deflagradora da responsabilidade civil. Tomando-se por exemplo a problemática da celebração de novo casamento pela pessoa viúva, conclui-se: a indenização referente ao dano patrimonial pela perda de auxílio econômico não pode ser "compensada" com a suposta vantagem extrapatrimonial consistente na formação de novo vínculo familiar; do mesmo modo, a indenização referente ao dano moral pela perda do ente querido não pode ser "compensada" com a suposta vantagem patrimonial consistente no incremento do auxílio financeiro pelo novo cônjuge.[86]

Assentada a impossibilidade, para fins de aplicação da *compensatio*, do cotejo de repercussões de distintas naturezas, pode-se avançar no raciocínio ao ponto de se cogitar da completa inadequação da técnica da *compensatio lucri cum damno* para a fixação da indenização por dano extrapatrimonial.[87] Em razão da configuração própria do dano moral – vinculada à lesão a um dos substratos ou subprincípios da cláusula geral de tutela da pessoa humana –,[88]

---

elementar das vantagens e desvantagens comparáveis" (MONATERI, Pier Giuseppe. Gli usi e la *ratio* della dottrina della *compensatio lucri cum damno*, cit., p. 390. Tradução livre).

[85] V., por todos, na doutrina italiana, COLONNA, Vincenzo. *Compensatio lucri cum damno*, cit., pp. 707-709; e, na doutrina espanhola, CRESPO, Mariano Medina. *La compensación del beneficio obtenido a partir del daño padecido*, cit., pp. 128-130; e CAMPOS, L. Fernando Reglero; LAGO, José Manuel Busto (Coords.). *Tratado de responsabilidad civil*, t. I, cit., p. 405.

[86] A rejeitar a compensação entre dano moral e vantagem patrimonial em consequência da conduta danosa na hipótese específica da celebração de novo casamento pela pessoa viúva, v. AMBANELLI, Alessandra. Sulla rilevanza delle nuove nozze ai fini dell'applicabilità della *compensatio lucri cum damno*, cit., p. 489.

[87] "No que diz respeito à *compensatio* entre lucro e dano patrimonial se já falou e se indicaram as condições para a sua atuação. O discurso, ao invés, se apresenta diversamente quando se trata de dano não patrimonial, sobretudo em consideração da diversa natureza dos dois tipos de dano. De fato, enquanto o dano patrimonial é compreendido como prejuízo à esfera patrimonial de uma pessoa, o dano não patrimonial é aquele que atinge a pessoa humana na sua essência psíquica, isto é, nos seus valores, espirituais e morais. Disso decorre que, enquanto o ressarcimento do dano patrimonial tende à reintegração do patrimônio da pessoa lesada, o ressarcimento do dano não patrimonial apresenta natureza reparatória, estando dirigido a reparar a ofensa produzida pelo fato ilícito aos valores íntimos da pessoa lesada" (BRONZETTI, Gianfranco. La compensatio lucri cum damno, cit., pp. 748-749. Tradução livre). O autor arremata: "À luz dessas considerações, parece-nos, portanto, que na espécie a rigor de termos não se possa falar em *compensatio lucri*" (Ibid., p. 749).

[88] A propósito, v. MORAES, Maria Celina Bodin de. *Danos à pessoa humana*: uma leitura civil-constitucional dos danos morais. Rio de Janeiro: Renovar, 2003, pp. 182 e ss.

resta de improvável visualização uma hipótese em que a conduta causadora de dano moral haja acarretado alguma espécie de vantagem à esfera existencial da vítima.[89] A presente conclusão se fortalece à medida da rejeição das teorias subjetivas em prol do objetivismo na conceituação do dano moral.[90]

De tais percepções não deve decorrer, contudo, uma falsa conclusão no sentido da impossibilidade de consideração das variadas parcelas que ostentem idêntica função de compensação do dano moral. Quer-se com isso ressaltar que, uma vez definido o *quantum debeatur* (no caso do dano moral, sem que sequer se cogite da incidência da *compensatio*), é possível que parcelas estruturalmente diversas convirjam em relação à função indenizatória, de modo a se justificar uma eventual redução do montante a ser pago diretamente por um responsável em face da vítima – não em razão da suposta "redução" do montante do dano, mas sim em razão da necessidade de consideração dos variados mecanismos de pagamento da indenização.

As precedentes considerações permitem concluir que o requisito da homogeneidade de natureza dos interesses, embora usualmente conduza a uma conclusão adequada, não afasta a maior relevância assumida pelo reconhecimento de que a problemática discutida sob o manto da *compensatio lucri cum damno* diz respeito tão somente à consideração do dano patrimonial em toda a sua complexidade. Não se justifica, assim, qualquer confusão com a compensação de dano moral porventura decorrente do mesmo evento lesivo.

A controvérsia a propósito de exigência ou não de homogeneidade de interesses, como requisito para a aplicação da *compensatio*, parece consistir em falso problema: uma vez reconhecido que a *compensatio* diz respeito à liquidação do dano indenizável em sua unidade e complexidade, não faz sentido cogitar de "vantagens" que se afigurem absolutamente estranhas ao interesse

---

[89] Assim conclui Martín Aldax: "Esclareçamos que os danos compensáveis devem ser patrimoniais, ou seja, qualquer prejuízo, lesão ou agravo ao patrimônio, entendido como o conjunto de bens de uma pessoa" (ALDAX, Martín. Aplicación de la regla *"compensatio lucri cum damno"* en los supuestos de pérdida de la chance de ayuda económica futura, cit., p. 26. Tradução livre).

[90] Gianfranco Bronzetti sustenta, a propósito da liquidação do dano moral em si próprio considerado: "De outra parte, por certo não se pode contestar que na liquidação do dano não patrimonial o juiz deve levar em consideração todos os elementos que possam ter agido sobre a entidade do dano moral e, portanto, também as eventuais vantagens proporcionadas à pessoa ofendida pelo ilícito, examinando se no caso aquela vantagem poderia repercutir em sentido benéfico sobre o sofrimento moral, atenuando-o ou mesmo eliminando-o" (La compensatio lucri cum damno, cit., p. 749. Tradução livre). Tal advertência faria sentido à luz da teoria subjetivista do dano moral, não já no âmbito de uma teoria objetivista do dano moral – para a qual é irrelevante o sofrimento ou a dor individualmente suportada pela vítima.

especificamente tutelado pela via ressarcitória. Em outras palavras, erigir a homogeneidade de interesses a requisito da *compensatio* equivale a sustentar que para o cálculo do dano patrimonial só se devem levar em consideração aspectos relevantes sobre a conformação do patrimônio da vítima. Trata-se, em suma, de enunciação tautológica, cuja manutenção na mente do civilista não se justifica salvo por eventual propósito de destacar a própria diversidade entre o dano patrimonial e o dano extrapatrimonial.

5. Perspectivas concretas de aplicação

A riqueza das controvérsias teóricas referentes à *compensatio lucri cum damno* condiz plenamente com a vasta gama de possibilidades acrescentadas ao arsenal do intérprete para a resolução de problemas de responsabilidade civil. Parece ser chegada a ocasião, portanto, para a reversão da longa tendência, por parte da civilística pátria, de dispensar escassa atenção às perspectivas de aplicação da *compensatio*.[91] No intuito de delinear algumas dessas perspectivas concretas de aplicação – sem pretensão de esgotamento da matéria –, dividir-se-á a análise do presente item em dois grandes grupos, conforme as consequências relevantes para a delimitação do *quantum debeatur* sejam concomitantes ou posteriores à conduta lesiva, de modo a se cogitar de reflexos, respectivamente, sobre a liquidação originária ou sobre a revisão superveniente da indenização.

No primeiro grande grupo, destacam-se, inicialmente, as questões aventadas em doutrina em relação ao contrato de seguro de dano: a vítima que tenha previamente contratado cobertura securitária para a específica hipótese de sinistro, tem direito à percepção cumulativa da verba indenizatória (a cargo do agente causador do dano) e da indenização securitária (a cargo da seguradora)? Teria o causador do dano, ao revés, razão ao pugnar pela imputação da prestação securitária como vantagem no cálculo da indenização? O questionamento pode ser estendido à hipótese em que a vítima seja beneficiária

---

[91] "No Brasil esse critério não é muito abordado, seja pela jurisprudência, seja pela doutrina. Entretanto, aqueles que se referem ao instituto, manifestam-se pela sua inaplicabilidade. A explicação para tanto é que os fatos geradores são distintos" (COITINHO, Juliana Fehrenbach. *Dano moral*: do reconhecimento à problemática da quantificação. Tese de doutoramento apresentada à Universidade de Granada. Granada, 2012, p. 401). Em sentido oposto, para um relato do farto desenvolvimento da *compensatio* no âmbito do direito italiano, v. IZZO, Umberto. *La compensatio lucri cum damno come latinismo di ritorno*, cit., pp. 1.739-1.745.

de seguro obrigatório:[92] o causador de acidente automobilístico teria razão ao requerer a imputação do montante pago à vítima pelo DPVAT (Seguro de Danos Pessoais Causados por Veículos Automotores de Via Terrestre) no cálculo da indenização?[93]

Ilustre-se com maior vagar a hipótese de seguro de dano: quando A causa dano a B, naturalmente B pede que A seja condenado a pagar indenização que abranja toda a extensão do dano. Caso, porém, se constate que B previamente celebrara contrato de seguro de dano junto à seguradora C, coloca-se a questão: seria possível abater a indenização securitária paga por C do montante da indenização a ser fixada tendo por referência o dano sofrido por B? Em outras palavras: a definição do *quantum debeatur* referente ao dano sofrido por B deveria levar em consideração a indenização securitária a ser paga pela seguradora C? E, avançando-se mais um passo no raciocínio, seria ainda possível indagar: caso a indenização securitária a cargo da seguradora C cubra toda a extensão do dano, poderá A ser eximido do dever de indenizar? Em caso afirmativo, poderá B pleitear a condenação de A ao reembolso dos valores pagos em referência aos prêmios do contrato de seguro de dano?

Prevalece, na doutrina nacional, o (acertado) entendimento pela inaplicabilidade da *compensatio* na hipótese de a vítima receber quantia em virtude de seguro de dano previamente contratado.[94] Afirma-se, nessa linha de sentido, que a vantagem – consistente na percepção da indenização securitária – careceria dos requisitos de vinculação causal à conduta lesiva e, ademais, encontraria fundamento em título justificador distinto do dano.[95] A conduta

---

[92] Para um relato da expansão da sistemática de seguros obrigatórios, v., na doutrina brasileira, SCHREIBER, Anderson. *Novos paradigmas da responsabilidade civil*, cit., pp. 241-246; e, na doutrina italiana, PERLINGIERI, Pietro. *Manuale di diritto civile*. 7. ed. Napoli: Edizioni Scientifiche Italiane, 2014, p. 955.

[93] Para uma análise da problemática do chamado "acidente de trânsito" à luz da disciplina geral do nexo de causalidade, v. TEPEDINO, Gustavo. O problema da causalidade no seguro obrigatório por danos pessoais causados por veículos automotores de via terrestre (DPVAT). *DPVAT*: um seguro em evolução. O seguro DPVAT visto por seus administradores e pelos juristas. Rio de Janeiro: Renovar, 2013, passim.

[94] Assim relata GUEDES, Gisela Sampaio da Cruz. *Lucros cessantes*, cit., pp. 311-313. A ilustrar o referido entendimento, v. MIRANDA, Francisco Cavalcanti Pontes de. *Tratado de direito privado*, t. XXVI, cit., pp. 54-55.

[95] "De fato, quando se trata de indenização oriunda de contrato de seguro estipulado pelo próprio lesado, parece razoável supor que as verbas são cumulativas – e há certo consenso na doutrina nesse sentido –, vale dizer, que o montante devido pela seguradora não deverá ser descontado da indenização a cargo do ofensor, pois tem causa jurídica completamente distinta. Já não será assim se os prêmios ou quotizações tiverem sido pagos pela pessoa responsável pelo evento danoso, cuja

do agente causador do dano representaria, assim, mera ocasião ou condição, mas não causa determinante da obtenção da vantagem pela vítima.[96]

Neste ponto do raciocínio, impõe-se reiterar: o acerto da conclusão – amplamente sedimentada na civilística – sobre a inaplicabilidade da *compensatio lucri cum damno* na hipótese do seguro de dano nada diz a respeito da definição da concreta imposição do pagamento a cada um dos agentes responsáveis. Com efeito, rejeitar a incidência da *compensatio* significa tão somente dizer que a extensão do dano não se altera em razão de parcelas indenizatórias eventualmente devidas ou pagas por entidades seguradoras. Dessa conclusão não se pode, contudo, extrair uma equivocada conclusão sobre o suposto dever do agente causador do dano de efetivamente pagar a indenização referente ao dano na sua inteira extensão, mesmo se outros responsáveis (no caso, a entidade seguradora) já houverem procedido ao pagamento de uma verba com idêntica função indenizatória.

Caso assim se procedesse, correr-se-ia o risco de se atribuir à vítima uma indenização superior à verdadeira extensão do dano, em violação ao comando de reparação integral – expressão direta da função primordialmente reparatória do instituto da responsabilidade civil. Assume importância central, nesse contexto, a investigação acerca da função desempenhada pela indenização securitária paga pela seguradora à vítima beneficiária de seguro de dano. Como se depreende desde a terminologia de tal avença contratual até a previsão, no artigo 781 do Código Civil, do que se convencionou denominar

---

intenção fora manifestamente cobrir-se contra a sua obrigação eventual, 'salvo se os prêmios ou quotizações foram pagos pelo autor do dano, mas descontados nos salários do seu empregado que é a vítima dele... ou mesmo se o seu pagamento pelo patrão, tendo sido estipulado no contrato de trabalho, pode ser considerado como um elemento do salário'" (GUEDES, Gisela Sampaio da Cruz. *Lucros cessantes*, cit., p. 315). No mesmo sentido, v. DIAS, José de Aguiar. *Da responsabilidade civil*. 12. ed. Atual. Rui Berford Dias. Rio de Janeiro: Lumen Juris, 2012, p. 887. Também a negar aplicabilidade à *compensatio*, com base na ausência de unicidade de títulos, v., na doutrina brasileira, SANSEVERINO, Paulo de Tarso Vieira. *Princípio da reparação integral*, cit., p. 66; e, na doutrina italiana, CALVINO, Massimo. Nota in tema di *compensatio lucri cum damno*, cit., p. 634.

[96] Assevera Gianfranco Bronzetti, no âmbito da experiência italiana: "A resposta nos parece fácil e confirma o quanto se tem até aqui desenvolvido. E realmente, considerando que na espécie o mecanismo de seguro vem a se deflagrar apenas em se verificando aquele certo fato (por exemplo, incidente automobilístico) produtor de dano, é, todavia, indiscutível que tal evento representa somente a ocasião para o surgimento a cargo do segurador da obrigação de pagar uma certa indenização, enquanto título e causa de dita obrigação não sejam representados pelo fato ilícito, mas do contrato de seguro. Não se podendo, então, dizer que o lucro seja consequência direta e imediata do fato ilícito, não poderá encontrar aplicação a c.l.c.d. [*compensatio lucri cum damno*]" (La compensatio lucri cum damno, cit., p. 746. Tradução livre).

"princípio indenitário", a função basilar dessa avença contratual parece ser precisamente a reparação do dano sofrido pela vítima.[97] Em termos mais caros à disciplina securitária, a seguradora paga a indenização para recuperar a posição do segurado (vítima) na hipótese do sinistro (dano). Soaria excessivamente abstrato – e até mesmo ilusório – imaginar que o sinistro e a prestação securitária em nada se confundem com o dano e a respectiva indenização.[98]

Do escopo funcional (reparatório) da indenização securitária decorre, como corolário lógico, a vedação à cumulação dessa parcela com aquela imposta ao agente causador do dano caso o produto dessa cumulação resulte em percepção, pela vítima, de quantia (a título de indenização) superior à exata extensão do dano.[99] Em outras palavras, nada obstante a rejeição da incidência da *compensatio lucri cum damno*, deve-se reconhecer a consideração da quantia recebida em razão do seguro de dano no cálculo do *quantum* a ser efetivamente suportado pelo agente lesivo.[100] Precisamente nesse sentido veio

---

[97] "O princípio vigente no contrato de seguro é o indenitário, fundado na regra de que o segurado não pode lucrar com o recebimento da indenização, o que significa dizer que o segurado não pode pretender mais do que a reposição do seu patrimônio à situação anterior à ocorrência do sinistro. Se fosse dado ao segurado receber mais do que o valor do seu interesse, o seguro passaria a ter um caráter especulativo, estimulando, da parte do segurado, um comportamento desidioso em relação ao bem" (TEPEDINO, Gustavo; BARBOZA, Heloisa Helena; MORAES, Maria Celina Bodin de et alii. *Código Civil interpretado conforma a Constituição da República*, vol. II. 2. ed. Rio de Janeiro: Renovar, 2012, p. 590). No mesmo sentido, v., na doutrina italiana, GAZZONI, Francesco. *Manuale di diritto privato*, cit., pp. 1.254-1.255.

[98] "O interesse do seguro é o interesse ao ressarcimento. Ocorre um interesse direto, e não artificialmente criado, porque de outro modo o contrato se degeneraria em um jogo ou aposta, como se eu pagasse um prêmio para obter o valor da coisa na hipótese, por exemplo, em que se destrua um bem cuja conservação não me diz respeito. O seguro contra os danos é essencialmente contrato de indenização, e não se deve resolver em uma ocasião de lucro. Portanto, a obrigação do segurador é limitada ao ressarcimento do dano efetivamente sofrido pelo segurado" (TRABUCCHI, Alberto. *Istituzioni di diritto civile*. 46. ed. A cura di Giuseppe Trabucchi. Padova: CEDAM, 2014, p. 994. Tradução livre). Em idêntico sentido, v. TORRENTE, Andrea; SCHLESINGER, Piero. *Manuale di diritto privato*. 23. ed. Milano: Giuffrè, 2017, p. 840.

[99] "A explicitação da função reintegrativa do patrimônio do lesado atribuída à indenização confirma a circunstância de que, coincidindo a função de indenização e de ressarcimento na reintegração do patrimônio, bem resulta aplicável e desejável a aplicação do princípio de *compensatio lucri cum damno* às duas medidas indicadas a fim de evitar injustas duplicações de ressarcimento ou ilegítimos enriquecimentos" (FERRARI, Mariangela. *La* compensatio lucri cum damno *come utile strumento di equa riparazione del danno*, cit., p. 155. Tradução livre).

[100] Nesse sentido, v., na doutrina espanhola, DÍEZ-PICAZO, Luis. *Derecho de daños*, cit., p. 321; e CRESPO, Mariano Medina. *La compensación del beneficio obtenido a partir del daño padecido*, cit., pp. 147--148. Thatiane Cristina Pires relata a experiência jurisprudencial alemã de aplicação da *compensatio* em matéria de seguro de dano (PIRES, Thatiane Cristina. *Vorteilsausgleichung*: a compensatio lucri cum

a se consolidar a jurisprudência do Superior Tribunal de Justiça na seara do DPVAT, como se depreende do Enunciado n. 246 da respectiva Súmula, *in verbis*: "O valor do seguro obrigatório deve ser deduzido da indenização judicialmente fixada".[101] Pela mesma ordem de razão, já se sustentou a ausência de interesse do segurado na percepção da indenização securitária no caso de prévia e integral reparação do dano pelo seu efetivo causador.[102]

Ao lado da análise funcional da indenização securitária, assume relevo central para a compreensão global da matéria a disciplina normativa da sub-rogação.[103] Como se sabe, no que tange ao seguro de dano, o artigo 786 do

damno na responsabilidade civil alemã. Monografia de conclusão de curso apresentada à Universidade Federal de Santa Catarina. Florianópolis, 2016, p. 75). Assevera Pedro Alvim: "Pode acontecer que a pessoa lesada tenha seguro e os danos causados pelo terceiro culpado estejam cobertos pela apólice. É o que se verifica com frequência nas colisões de veículos, tão comuns nos grandes centros urbanos. O proprietário do veículo danificado poderá receber os prejuízos de seu segurador ou do terceiro responsável pelo ato ilícito. Não poderá, todavia, reclamar a indenização de um e de outro. Se receber do segurador a indenização, não poderá pleitear o pagamento posteriormente do terceiro culpado, porque, de acordo com as normas processuais, só poderá propor ação quem tiver interesse" (ALVIM, Pedro. *O contrato de seguro*. 3. ed. Rio de Janeiro: Forense, 1999, p. 476).

[101] Para uma análise mais detida da jurisprudência do STJ a respeito do seguro obrigatório DPVAT à luz da regra da compensação de vantagens com prejuízos, seja consentido remeter a SILVA, Rodrigo da Guia. *Compensatio lucri cum damno* no direito brasileiro: estudo a partir da jurisprudência do Superior Tribunal de Justiça sobre o pagamento do DPVAT. *Revista Brasileira de Direito Civil*, vol. 16. Belo Horizonte: Fórum, abr.-jun./2018, *passim*.

[102] "Se for indenizado antes pelo culpado, não terá direito à indenização do seguro, porque para isso deverá comprovar seus prejuízos que já foram ressarcidos. Conforme já foi esclarecido, o segurado não pode lucrar com a obrigação do segurador. Deverá receber exatamente aquilo que perdeu, segundo o princípio indenitário. Se os danos foram reparados pelo terceiro responsável, o pagamento pelo seguro novamente seria uma fonte de lucro" (ALVIM, Pedro. *O contrato de seguro*, cit., pp. 476-477).

[103] Controverte-se, em doutrina, sobre a identidade ou autonomia entre a sub-rogação especificamente reconhecida à seguradora no âmbito do contrato de seguro de dano e a sub-rogação (legal ou convencional) que opera em geral no direito das obrigações (disciplinada atualmente pelos artigos 346 e 347 do Código Civil). Para um relato do estado da doutrina espanhola na matéria, v. DÍEZ-PICAZO, Luis. *Derecho de daños*, cit., pp. 195 e ss. Para um relato do desenvolvimento da controvérsia em sede doutrinária no Brasil e alhures, v. ALVIM, Pedro. *O contrato de seguro*, cit., pp. 481 e ss. O autor conclui pela identidade de natureza jurídica: "Concluindo, é da própria natureza da cobertura do risco causado por terceiro (não do seguro em geral), a sub-rogação legal do direito comum. A seguradora paga dívida de terceiro, do responsável pelo ato ilícito. O prêmio que recebe é para cobertura apenas dos riscos eventuais que independem dos atos voluntários. A contraprestação da garantia que dá ao segurado, é a sub-rogação nos seus direitos para responsabilizar o agente do ato ilícito. Eis por que é incluída em todas as apólices de riscos de dano. O risco seria certamente excluído da cobertura, se fosse negado esse direito ao segurador pelo legislador" (ALVIM, Pedro. *O contrato de seguro*, cit., p. 488). No mesmo sentido, v. TEPEDINO, Gustavo; BARBOZA, Heloisa Helena; MORAES, Maria Celina Bodin de *et alii*. *Código Civil interpretado conforma a Constituição da República*, vol. II, cit., p. 596.

Código Civil preceitua que, "(P)aga a indenização, o segurador sub-roga-se, nos limites do valor respectivo, nos direitos e ações que competirem ao segurado contra o autor do dano". Semelhante previsão consta dos artigos 7º e 8º da Lei n. 6.194/1974, regulamentados pelo artigo 12 da Resolução SUSEP n. 332/2015, com a pontual ressalva de que em relação ao proprietário do veículo (e não terceiros possíveis responsáveis) a sub-rogação da seguradora-líder do consórcio nos direitos da vítima só ocorre se "na data da ocorrência do sinistro não estiver com o prêmio do Seguro DPVAT do próprio exercício civil pago e a ocorrência do sinistro for posterior ao vencimento do Seguro DPVAT" (art. 12 da Resolução SUSEP n. 332/2015).

Em superação da criticada omissão do Código Civil de 1916,[104] a legislação atualmente reconhece a sub-rogação do segurador nos direitos da vítima contra o efetivo causador do dano tanto na disciplina geral do seguro de dano quanto na disciplina do seguro obrigatório DPVAT – ressalvada, neste diapasão, a pontual proteção conferida ao proprietário do veículo, que se exime de reembolsar a seguradora-líder caso tenha adimplido regularmente o prêmio do seguro antes da ocorrência do sinistro. A disciplina da sub-rogação vai plenamente ao encontro do princípio indenitário e da aplicação do raciocínio ora proposto (sobre a consideração conjunta das parcelas funcionalmente convergentes para a indenização da vítima) em matéria de seguro de dano:[105] precisamente em razão do escopo funcional indenizatório do pagamento efetuado pela seguradora em razão do sinistro, impõe-se a compatibilização de todas as prestações envolvidas.[106]

---

[104] Pertinente, no ponto, a crítica de Pedro Alvim à ausência de sistematização da sub-rogação pelo Código Civil de 1916: "Embora se verifique a tendência moderna das legislações de disciplinar a sub-rogação, conferindo-lhe um embasamento legal, seja na codificação geral de suas leis, seja através de leis especiais sobre seguros, como nos exemplos citados, nosso país ainda não alcançou este objetivo. Não aparece na legislação especial sobre seguro, apesar de relativamente nova, disposição normativa da sub-rogação para os ramos terrestres e os seguros de pessoa. O Código Civil não inclui em seu capítulo sobre seguros preceito sobre a matéria" (ALVIM, Pedro. *O contrato de seguro*, cit., pp. 479-480). Vale registrar que, antes mesmo da previsão em lei, a jurisprudência pátria vinha reconhecendo o direito de regresso aos seguradores no âmbito do seguro de dano com base na disciplina geral da sub-rogação, conforme entendimento consagrado no Enunciado n.º 188 da Súmula do Supremo Tribunal Federal de 1963: "O segurador tem ação regressiva contra o causador do dano, pelo que efetivamente pagou, até o limite previsto no contrato de seguro".
[105] Em sentido diverso, a sustentar que a eventual previsão da sub-rogação não teria o condão de afastar o entendimento geral sobre a inaplicabilidade da *compensatio lucri cum damno* na seara securitária, v., na doutrina italiana, TRIMARCHI, Pietro. *Il contrato*: inadempimento e rimedi, cit., p. 189.
[106] Thatiane Cristina Pires relata a produção de semelhante solução da matéria, no âmbito do direito alemão, mediante a figura denominada *Cessio legis* ou *Verpflichtung*, de configuração assemelhada

Com efeito, se é verdade que a vítima/segurada não tem direito a receber duas parcelas indenizatórias referentes ao mesmo dano/sinistro, é igualmente verdade que a responsabilidade pelo pagamento da indenização deve recair, ao final, sobre o efetivo causador do dano.[107] A aparente simplicidade dessa conclusão não deve mascarar, contudo, um ponto sensível na matéria, passível de representação mediante dois hipotéticos cenários fáticos: em um primeiro cenário, a vítima postula a indenização em face do efetivo causador do dano após já ter recebido a indenização securitária; em um segundo cenário, diversamente, a vítima postula a indenização em face do efetivo causador do dano sem ter previamente acionado a cobertura securitária. Diante desses cenários, questiona-se: o causador do dano poderá invocar a doutrina da *compensatio lucri cum damno* em ambos os casos e, com isso, ver reduzida a sua obrigação de pagar diretamente a indenização à vítima independentemente de ela ter ou não recebido a indenização securitária?

Especificamente a propósito do DPVAT, a jurisprudência do STJ inclina-se no sentido de assegurar a referida dedução ainda que a vítima não tenha pleiteado previamente a quantia referente ao seguro obrigatório.[108] Não parece, todavia, se tratar de conclusão extensível à sistemática do seguro convencional: caso a vítima opte por postular a indenização em face do efetivo causador do dano, não se vislumbra razão para que ele se negue a pagar o valor integral.

---

ao direito de sub-rogação reconhecido pelo direito brasileiro: "É consenso na doutrina e na jurisprudência que, sempre que se tratar de um pleito por *Vorteilsausgleichung*, um importante indício contra a dedução da suposta vantagem é a existência de lei que preveja a cessão da pretensão indenizatória em favor de terceiros que já proporcionaram ao lesado a reparação do dano. Assim, em razão dessas normas, pode-se inferir que a indenização deve, ao final, ser suportada pelo causador do dano, sem, contudo, proporcionar uma dupla compensação da vítima, não por causa da *Vorteilsausgleichung*, mas da aplicação de um outro instituto, chamado pela doutrina alemã de *Cessio legis* ou *Verpflichtung zur Abtretung*, que também busca realizar a vedação ao enriquecimento da vítima e a função indenitária do princípio da reparação integral na responsabilidade civil" (*Vorteilsausgleichung*, cit., p. 76).

[107] Para uma análise da sistemática da sub-rogação em favor da seguradora contra o causador na seara do seguro de dano no âmbito do direito francês, v. MAZEAUD, Henri; MAZEAUD, Léon; TUNC, André. *Traité théorique et pratique de la responsabilité civile delictuelle et contractuelle*, t. III. 5. ed. Paris: Éditions Montchrestien, 1960, pp. 978-983; e LALOU, Henri. *Traité pratique de la responsabilité civile*. 4. ed. Paris: Dalloz, 1949, pp. 157 e ss.

[108] De fato, a Segunda Seção da Corte veio a reconhecer a incidência do raciocínio mencionado – no sentido de determinar a dedução da indenização securitária do DPVAT – independentemente da concreta comprovação do recebimento ou do requerimento administrativo: "A interpretação a ser dada à Súmula 246/STJ é no sentido de que a dedução do valor do seguro obrigatório da indenização judicialmente fixada dispensa a comprovação de seu recebimento ou mesmo de seu requerimento" (STJ, EREsp. 1.191.598/DF, 2ª S., Rel. Min. Marco Aurélio Bellizze, julg. 26.4.2017, publ. 3.5.2017).

Ainda nesse cenário, caso a vítima venha a cobrar a indenização securitária após haver demandado a responsabilização do causador do dano, provavelmente configurar-se-á postulação ilegítima, por não se reconhecer à vítima o direito de receber indenização superior à extensão do dano, conforme exposto no decorrer deste estudo.

Poder-se-ia cogitar, ademais, da responsabilidade do agente causador do dano também pelas despesas suportadas pela vítima para a contratação do seguro, pagamento do prêmio e desencadeamento da indenização securitária por ocasião do sinistro, temática que parece não prescindir da compreensão da problemática de fundo atinente à relevância das despesas preventivas para a conformação do conteúdo do dano patrimonial.[109] Sem embargo dessa possível cogitação, pode-se concluir que a responsabilidade do agente lesivo deve se limitar à extensão do dano, o que certamente não se atenderia caso se lhe impusesse, a um só tempo, a obrigação de indenizar a vítima e a obrigação de reembolsar a seguradora pela despesa referente à idêntica indenização da vítima.

A aplicação da técnica da *compensatio lucri cum damno* no âmbito securitário pauta-se, ao fim e ao cabo, na assunção metodológica da crescente inter-relação entre a responsabilidade civil e o fenômeno da securitização.[110] Semelhante linha de entendimento acerca dos novos arranjos indenizatórios há de nortear, na sequência do presente estudo, a investigação da aplicabilidade da *compensatio* nas hipóteses de percepção de prestação previdenciária por parte da vítima.

A questão cinge-se a definir se a prestação previdenciária percebida pela vítima em decorrência do dano (por exemplo, incapacidade laboral temporária ou permanente) deve ser imputada no cálculo do dano sofrido pelo trabalhador (em aplicação estrita da doutrina da *compensatio lucri cum damno*) ou se,

---

[109] Para uma análise da controvérsia referente ao reembolso das despesas suportadas pela vítima em relação ao contrato de seguro de dano, v. DIAS, José de Aguiar. Responsabilidade civil de direito especial e de direito comum. *Estudos jurídicos em homenagem ao Professor Caio Mário da Silva Pereira*. Rio de Janeiro: Forense, 1984, pp. 284-285.

[110] "Por muito tempo, securitização e responsabilidade civil foram cistos como instrumentos incompatíveis, antagônicos até. Fundando-se a responsabilidade civil na ideia de recriminação moral do ofensor, a transferência do dever de reparar a um segurador parecia mesmo contrária à própria essência da responsabilização. A grande ironia reside em que o próprio desenvolvimento da responsabilidade civil veio ampliar a interferência da técnica securitária em seus domínios" (SCHREIBER, Anderson. *Novos paradigmas da responsabilidade civil*, cit., p. 230). Também a destacar o que denomina de "impulsos de socialização do direito de danos" através da expansão dos mecanismos de seguros, v. DÍEZ-PICAZO, Luis. *Derecho de daños*, cit., pp. 187 e ss.

diversamente, a questão se resolve na já mencionada convergência funcional de parcelas destinadas à indenização do unitário dano (cuja extensão, portanto, resta fixada sem a incidência da *compensatio*). Trata-se de problemática com considerável desenvolvimento na experiência europeia, diversamente do verificado na civilística brasileira.[111] Sustenta-se, majoritariamente, que a aplicação da *compensatio* deve ser obstada em razão da diversidade de títulos justificadores e da própria circunstância de ter a vítima contribuído para o sistema de custeio que posteriormente lhe vem a garantir a prestação previdenciária.[112] À semelhança do que se afirmou a propósito dos seguros de dano, não parece adequado reconhecer que um pagamento de verba com cunho indenizatório possa repercutir sobre uma questão que lhe é logicamente precedente – a delimitação do dano indenizável. Não se justifica, portanto, em sentido técnico, a incidência da *compensatio lucri cum damno*.[113]

Ao acerto de tal percepção costuma se seguir uma equivocada conclusão sobre uma suposta possibilidade de cumulação de todas as parcelas pela

---

[111] Ressalve-se, entre outros exemplos colhidos da doutrina nacional, MESQUITA, Euclides de. A compensação e a responsabilidade extra-contratual, cit., pp. 149 e ss. Para um relato do estado da doutrina europeia em relação à aplicação da *compensatio* na seara previdenciária, v. DÍEZ-PICAZO, Luis. *Derecho de daños*, cit., pp. 172 e ss. Para um relato da jurisprudência espanhola em matéria de *compensatio* a propósito da cumulação entre prestação indenizatória e prestação previdenciária, v. CAMPOS, L. Fernado Reglero; LAGO, José Manuel Busto (Coords.). *Tratado de responsabilidad civil*. Tomo I, cit., pp. 406-411.

[112] "Finalmente, a propósito da liquidação do dano, é de ponderar que a circunstância de perceber o beneficiário uma pensão, por morte da vítima, a título de assistência social, como ocorre no caso do funcionário ou dos contribuintes das caixas beneficentes em geral, não pode ser alegada pelo responsável, no sentido de influir no *quantum* a prestar, a título reparatório, como não poderia, tampouco, pretender satisfazer indenização menor, pelo fato de haver a vítima deixado seguro de vida. A razão é simples: tais pensões, benefícios ou indenizações de seguro são correspectivos de prestações da vítima. Não é lícito ao responsável beneficiar-se da previdência da vítima, que não teve essa intenção, isto é, ressarcir o dano à custa do prejudicado ou daquele que o representa" (DIAS, José de Aguiar. *Da responsabilidade civil*, cit., p. 887). Na mesma linha de sentido, v. SAN-SEVERINO, Paulo de Tarso Vieira. *Princípio da reparação integral*, cit., pp. 66-68; BRONZETTI, Gianfranco. La compensatio lucri cum damno, cit., pp. 744-746. Para um relato da prevalência do referido entendimento na jurisprudência brasileira, v. SILVA, Rafael Peteffi da; LUIZ, Fernando Vieira. A *compensatio lucri cum damno*, cit., item 3.2.

[113] Em sentido diverso, a sustentar a possibilidade de incidência da *compensatio*, afirma-se: "A regra jurisprudencial geral, sobretudo do STJ, é a de não compensação. Em outras palavras, o recebimento do benefício previdenciário não afetaria de qualquer forma a reparação que o ofensor deve ao lesado. Este pode exigir daquele o valor integral do dano experimentado, além de perceber o benefício previdenciário.

vítima,[114] conclusão essa que não se alteraria nem mesmo diante de eventual previsão de direito de regresso em favor da entidade previdenciária em face do agente lesivo.[115] Tal linha de pensamento parece apegar-se excessivamente à tradicional correlação entre tutela da vítima e responsabilização do causador do dano, sem atentar para o fato de que o desenvolvimento contemporâneo da civilística permite enxergar como função precípua da responsabilidade civil a indenização dos danos injustos.[116] Pode faltar, assim, a imediata correlação entre dano-vítima e indenização-causador, sendo certo que reside no primeiro (e não no segundo) binômio a preocupação central do direito de danos. O intérprete deve pautar sua análise, portanto, não propriamente na definição da responsabilidade a ser imputada ao agente causador do dano, mas sim na garantia de que a indenização a ser paga à vítima a reconduza à exata (nem superior nem inferior) situação em que estaria caso não houvesse ocorrido o dano.

Como se tentou demonstrar, há a necessidade de posicionamento crítico em relação a esse entendimento, ao menos no que toca às possibilidades de ação regressiva, como na hipótese estampada no artigo 120 da Lei n. 8.213/91. Isso, porque se não houver a compensação, haverá um duplo pagamento do ofendido, que suplantará o valor do dano experimentado. Pagará ele o montante integral ao próprio lesado e, também, o valor despendido pelo INSS, em via de regresso. Para evitar tal sorte de coisas, serve a compensatio lucri cum damno como uma teoria de base adequada à fiel observância do próprio princípio da reparação integral" (SILVA, Rafael Peteffi da; LUIZ, Fernando Vieira. A *compensatio lucri cum damno*, cit., item 4).

[114] "Do mesmo modo, entende-se que a pensão criada com a ajuda de descontos no ordenado ou salário da vítima deve ser posta à parte, porque constitui, a bem da verdade, uma espécie de dívida de que os descontos são causa jurídica no mesmo grau que os prêmios para a indenização de seguro, e que é devida em qualquer hipótese, acumulando-se com a indenização que será bancada pelo ofensor" (GUEDES, Gisela Sampaio da Cruz. *Lucros cessantes*, cit., pp. 315-316). No mesmo sentido, v. MESQUITA, Euclides de. A compensação e a responsabilidade extra-contratual, cit., p. 149.

[115] Nesse sentido, v. CALVINO, Massimo. Nota in tema di *compensatio lucri cum damno*, cit., p. 633.

[116] "A essência da responsabilidade civil radica em que quem resulta injustamente prejudicado seja ressarcido e se já o foi, não é contrário a ela que o responsável deixe de pagar. Embora a dialética da responsabilidade civil se articule mediante a dúplice técnica de que o lesante ressarça o dano causado e de que o lesado seja ressarcido por seu dano, o verdadeiramente significativo é o segundo e não o primeiro, não sendo necessária essa correspectividade" (CRESPO, Mariano Medina. *La compensación del beneficio obtenido a partir del daño padecido*, cit., pp. 137-138. Tradução livre). O autor arremata: "Em princípio, o funcionamento da instituição da responsabilidade civil consiste em que o prejudicado obtenha o ressarcimento de todos os seus prejuízos e que seja o responsável quem os suporte. Porém o que é da essência da instituição é o primeiro e não o segundo, podendo faltar essa correlação. O fundamental é que o prejudicado seja completamente reparado, mas não é necessário que o malfeitor suporte os prejuízos por completo; e isso ocorre quando o lesado obtém benefícios de cunho ressarcitório procedentes de um terceiro e a este se nega o direito de reembolso" (Ibid., p. 143. Tradução livre).

À semelhança do verificado a propósito do contrato de seguro de dano, também na seara previdenciária importa perquirir se as prestações pagas em favor da vítima ostentam ou não natureza indenizatória. Sem embargo da necessidade de aprofundamento da questão pela doutrina civilista e previdenciária – incabível nesta sede –, parece possível afirmar, desde logo, que ao menos certos benefícios previdenciários ostentam função precipuamente indenizatória, de modo que para tais parcelas se justificaria a aplicação do raciocínio ora proposto (sobre a consideração conjunta das parcelas convergentes a propósito da função indenizatória) para a adequada fixação do montante a ser efetivamente suportado pelo causador do dano.[117]

Tal possível conclusão tende a se reforçar nas hipóteses em que se reconhecer o direito de regresso da entidade previdenciária em face do causador do dano.[118] Nessas hipóteses, é possível visualizar com mais nitidez a opção

---

[117] Nesse sentido, v. CALVINO, Massimo. Nota in tema di *compensatio lucri cum damno*, cit., p. 635; e FERRARI, Mariangela. *La compensatio lucri cum damno come utile strumento di equa riparazione del danno*, cit., pp. 143-155. Em sentido contrário, afirma-se: "Agora, pagando o empregador indenização ao empregado, este ainda fará jus aos benefícios previdenciários decorrentes de acidente do trabalho que forem previstos em lei. Mesmo o INSS pagando benefício previdenciário, o empregado poderá fazer jus à indenização civil, caso o empregador incorra em dolo ou culpa. A responsabilidade civil decorrente do acidente do trabalho independe da responsabilidade previdenciária. É possível a acumulação de ambas as hipóteses desde que haja dolo ou culpa do empregador. A ação acidentária tem natureza alimentar, compensatória, pois substitui o salário que o empregado deixa de receber. A ação civil terá natureza indenizatória, de reparar o dano causado pelo empregador ou por terceiro, restaurando o *status quão ante*, a situação anterior" (MARTINS, Sergio Pinto. *Direito da seguridade social*. 36. ed. São Paulo: Saraiva, 2016, pp. 621-622). O autor arremata: "Não se pode compensar a verba recebida na ação acidentária com a devida na ação civil, pois as verbas têm natureza distinta. As indenizações são autônomas e cumuláveis" (Ibid., p. 622).

[118] A destacar a tendência de crescimento da incidência da *compensatio* paralelamente à expansão do fenômeno do regresso, v. SILVA, Rafael Peteffi da; LUIZ, Fernando Vieira. *A compensatio lucri cum damno*, cit., item 3.2. Sustenta-se, em doutrina, até mesmo a irrelevância do direito de regresso na espécie, vez que a percepção de prestação previdenciária pela vítima necessariamente repercutiria sobre a configuração do dano a ser indenizado: "Por isso, reconhecida a estirpe indenizatória das prestações proporcionadas pela SS [Seguridade Social], o benefício que comportam para o trabalhador acidentado (ou para seus beneficiários, em caso de morte) se há de computar na tarefa de quantificar a obrigação ressarcitória do responsável, sem que tenha que relacionar-se o desconto a quem as satisfaça com um direito de reembolso por sub-rogação, pois o relevante é a função reparadora de tais prestações, de modo que sua falta de dedução na determinação quantitativa do ressarcimento do prejudicado implicaria que esse obtivesse duas vezes a reparação do mesmo dano, com a consecução de um enriquecimento contrário ao princípio institucional da integridade reparatória que se vulneraria por excesso." (CRESPO, Mariano Medina. *La compensación del beneficio obtenido a partir del daño padecido*, cit., pp. 137-138. Tradução livre). O autor arremata: "No caso dos benefícios indiretos ou colaterais, a sub-rogação do terceiro benfeitor não é elemento constitutivo da computação redutora em que consiste a *compensatio*. Não procede o desconto porque

legislativa pela concessão do benefício previdenciário como mero adiantamento da indenização em prol da vítima, sem prejuízo da responsabilização final, mediante a sistemática do regresso,[119] do efetivo causador do dano.[120] O que parece de difícil sustentação, com efeito, é a incondicional cumulação da verba previdenciária com a verba indenizatória, como se os benefícios previdenciários não influenciassem, ao fim e ao cabo, a indenização do dano patrimonial injustamente sofrido pela vítima.

Tais considerações vão ao encontro da contemporânea tendência de aproximação entre responsabilidade civil e seguridade social, que, somadas ao fenômeno da securitização, promovem a gradual diluição dos danos por toda a sociedade.[121] Supera-se, assim, a tradicional e apriorística associação entre indenização e agente causador do dano, em prol da constante busca por mecanismos mais eficazes de tutela da vítima de dano injusto.[122] O cenário

---

o terceiro pagador tenha um direito de reembolso, mas sim que este tem tal direito porque se produz o desconto; porém a negação do reembolso não justifica a negação do desconto" (Ibid., p. 138. Tradução livre).

[119] Veja-se, ilustrativamente, a previsão do artigo 120 da Lei n.º 8.213/1991: "Nos casos de negligência quanto às normas padrão de segurança e higiene do trabalho indicados para a proteção individual e coletiva, a Previdência Social proporá ação regressiva contra os responsáveis". A ilustrar a aplicação concreta da referida previsão legal, v. STJ, AgRg no REsp 1.559.575/SC, 2ª T., Rel. Min. Mauro Campbell Marques, julg. 3.12.2015, publ. 14.12.2015; STJ, AgRg no AREsp 294.560/PR, 2ª T., Rel. Min. Herman Benjamin, julg. 27.3.2014, publ. 22.4.2014; STJ, EDcl no AgRg nos EDcl no REsp 973.379/RS, 6ª T., Rel. Min. Alderita Ramos de Oliveira (Desembargadora convocada do TJ/PE), julg. 6.6.2013, publ. 14.6.2013.

[120] A propósito da experiência espanhola, Mariano Medina Crespo assevera, em tom crítico: "Quando um ordenamento, como o espanhol, nega às entidades gestoras da SS [Seguridade Social] o reembolso, em face do terceiro responsável, do importe das prestações extra-sanitárias satisfeitas, tal irregularidade, devida a uma errônea decisão de política jurídica, não pode dar lugar a que o prejudicado acumule as prestações sociais recebidas com o ressarcimento dos prejuízos que elas satisfazem" (CRESPO, Mariano Medina. *La compensación del beneficio obtenido a partir del daño padecido*, cit., p. 138. Tradução livre).

[121] "A emersão desses aspectos justifica a superação seja do mecanismo da responsabilidade objetiva, seja da técnica securitária (incidente sobre os segurados), e põe em luz a necessidade, ao menos para alguns danos, típicos de uma sociedade complexa e tecnologicamente avançada, de introduzir um sistema de seguridade social fundado sobre a obrigação de todos os consorciados de colaborar para a sua realização, com uma contribuição relacionado com a renda da pessoa e à frequência dos incidentes por ela causados" (PERLINGIERI, Pietro. *Manuale di diritto civile*, cit., p. 955. Tradução livre).

[122] "Os modelos mais evoluídos sancionam a prevalência do 'direito à reparação' em relação à obrigação ressarcitória do culpável. Com o *assurance directe* a garantia securitária 'absorve' o dano e tende a reparar todos os prejuízos sofridos pelos sujeitos envolvidos no evento. A securitização privada contra terceiros, que corrige apenas parcialmente as tradicionais regras de responsabilidade ressarcindo o 'torto' sob o fundamento da negligência do lesante/segurado e da ausência

contemporâneo reclama do intérprete, portanto, o reconhecimento de que a identidade funcional verificada a propósito da reparação dos danos justifica, no que disser respeito a tal função, o tratamento conjunto da responsabilidade civil e do direito da seguridade social.[123]

Ao lado do seguro de dano e dos benefícios previdenciários, questão que igualmente suscita controvérsia a propósito da aplicabilidade da *compensatio lucri cum damno* diz respeito aos destroços da coisa destruída. Indaga-se: na hipótese de destruição de coisa alheia, o causador do dano terá razão ao requerer que do montante da indenização seja abatido eventual valor dos destroços da coisa destruída? Um exemplo singelo auxilia na compreensão do questionamento: suponha-se que Antônio danifique totalmente uma coisa pertencente a Bento e que valha 500 euros. Suponha-se, ainda, que os destroços da coisa valham, ainda, 50 euros. Nessa eventualidade, "a indemnização a arbitrar deverá ter em conta o 'lucro' derivado do dano, aqui equivalente a € 50. Operada a 'compensação', verifica-se que Antônio deve dar, a Bento, € 450, a título de indemnização".[124]

Ressalvadas, naturalmente, as hipóteses em que os destroços da coisa destruída não ostentem valor econômico, justifica-se, em linha de princípio, a incidência da *compensatio* para a adequação da indenização ao verdadeiro montante do dano sofrido.[125] Interpretação diversa, que ignorasse eventual valor econômico dos destroços da coisa, findaria por atribuir à vítima indeni-

---

de culpa da vítima e do terceiro, deve deixar o campo progressivamente àqueles mecanismos de *social security* que reparam de modo direto e incondicionado os danos que lesam interesses particularmente protegidos, pelo simples fato de que eles se verificaram, sem considerar os papéis e as situações de responsabilidade" (LAURO, Antonino Procida Mirabelli di. Responsabilità civile e sicurezza sociale. In: LAURO, Antonino Procida Mirabelli di; FEOLA, Maria. *La responsabilità civile. Contratto e torto.* Torino: G. Giappichelli, 2014, pp. 673-674. Tradução livre).

[123] "O progressivo afastamento da responsabilidade civil de um escopo de imputação moral, ligado à repressão da conduta culposa, permitiu que responsabilidade e segurança se reunificassem em torno daquela que consiste na função comum de ambos os institutos: a reparação dos danos" (SCHREIBER, Anderson. *Novos paradigmas da responsabilidade civil*, cit., p. 237).

[124] CORDEIRO, António Menezes. *Tratado de direito civil português*, vol. II, t. III, cit., p. 730.

[125] "É certo, porém, que não se pode incluir no mesmo bojo aqueles restos que são, em realidade, fruto da deterioração do objeto atingido pelo evento danoso e que não têm qualquer valor, porque não se pode falar aí, propriamente, em vantagem a ser compensada – os destroços, em princípio, não constituem qualquer vantagem, salvo se tiver ocorrido a especificação do objeto. Quer dizer: caso os restos do objeto lesado formem uma nova figura, com valor patrimonial, poderá o ofensor pleitear que o julgador desconte da indenização o valor da coisa nova, desde que esta tenha entrado no patrimônio do lesado" (GUEDES, Gisela Sampaio da Cruz. *Lucros cessantes*, cit., p. 311, nota de rodapé n. 213).

zação superior à extensão do dano.[126] Não se trata de determinar a restituição de um suposto enriquecimento injustificado pela vítima, mas tão somente de liquidar o *quantum* indenizatório em atenção à exata medida do dano sofrido.[127] Poder-se-ia cogitar, na hipótese de absoluta ausência de interesse da vítima nos destroços, da percepção de indenização correspondente ao integral valor da coisa, destinando-se ao causador do dano os subsistentes destroços. O que não parece razoável é que a vítima perceba a integralidade do valor da coisa, a título de indenização, e permaneça com os destroços dotados de valor econômico.

Ainda no grupo de hipóteses fáticas em que se cogita de aplicação da *compensatio lucri cum damno* com reflexo sobre a liquidação originária do dano patrimonial, cumpre mencionar o caso da morte do filho e respectiva perda de ajuda econômica futura.[128] Registre-se, de antemão, que não se está a discutir a quantificação da compensação a ser determinada pelos danos morais sofridos pelos pais, para a qual hão de concorrer aspectos diversos daqueles atinentes à conformação do dano patrimonial.[129] Se é verdade que a indenização deve con-

---

[126] Nesse sentido, v., entre outros, DÍEZ-PICAZO, Luis. *Derecho de daños*, cit., p. 320.

[127] "Do quanto exposto se destaca que não se pode falar em lucro quando a pretensa vantagem é uma parte do objeto destruído, ainda que na sequência do evento lesivo apareça como uma nova espécie. A parte do objeto destruído já estava compreendida no patrimônio do lesado, enquanto para o conceito de lucro é essencial o aumento do patrimônio. Este ponto já foi destacado pelos escritores que se ocupam da *compensatio lucri*. No caso de morte de um animal, o proprietário não se enriquece do cadáver" (LEONE, Francesco. Compensatio lucri cum damno, cit., p. 178. Tradução livre). O autor prossegue afirmando que, a se adotar entendimento contrário, "[...] admitindo-se todas as vezes que uma coisa foi destruída, se deveria dizer que o proprietário perdeu a coisa, mas se enriqueceu das ruínas" (Ibid., p. 178. Tradução livre).

[128] A matéria está disciplina pelo artigo 948 do Código Civil: "Art. 948. No caso de homicídio, a indenização consiste, sem excluir outras reparações: I – no pagamento das despesas com o tratamento da vítima, seu funeral e o luto da família; II – na prestação de alimentos às pessoas a quem o morto os devia, levando-se em conta a duração provável da vida da vítima". Destaca-se a natureza indenizatória da hipótese, sem confusão com a obrigação alimentar disciplinada pelo direito de família: "Na realidade, a palavra alimentos serve apenas como 'medida', pois o caso é de indenização, que se calcula ou se paga sob a forma de alimentos. De fato, a expressão alimentos não foi corretamente empregada, pois trata-se de pensão, com caráter alimentar, que tem como finalidade garantir a reparação integral do dano, fazendo com que os familiares da vítima mantenham o *status* econômico que teriam se o crime não tivesse sido cometido" (WALD, Arnoldo; GIANCOLI, Brunno Pandori. *Direito civil*, vol. 7. 2. ed. São Paulo: Revista dos Tribunais, 2012, p. 160).

[129] "Cabe realizarmos um esclarecimento, já que trataremos de indenizações geradas a partir do falecimento de menores de idade, questão extremamente delicada. Quando nos referimos a enriquecimento o fazemos no sentido patrimonial, já que indubitavelmente a dor dos pais pelo óbito do seu filho é a maior que uma pessoa pode sofrer; sem embargo, para compensar essa dor existe a reparação do dano moral. Pois bem, para reparar o dano material devemos deixar de lado essa dor e estudar apenas qual foi o prejuízo econômico efetivamente sofrido. Pois não podemos agregar

duzir o patrimônio da vítima, tanto quanto possível, à situação em que estaria na hipótese de não ocorrência do dano, resta plenamente justificável a incidência da *compensatio* no caso de perda de ajuda econômica futura pela morte do filho.

Não se pode compreender o dano patrimonial em toda a sua complexidade sem que sejam levadas em consideração as repercussões positivas da conduta lesiva sobre o patrimônio da vítima.[130] No específico caso em comento, o homicídio do filho menor acarreta, a um só tempo, desvantagens e vantagens de caráter patrimonial, a serem compensadas por ocasião da liquidação da indenização: desvantagens, pela perda de ajuda econômica futura, que justifica a própria imposição do dever de indenizar; vantagens, pela poupança de diversas despesas que os pais haveriam de suportar para a criação e sustento do filho.[131] Impõe-se, em qualquer hipótese, cautela na definição das poupan-

---

ingredientes morais ou sancionatórios contra o lesante, já que estaríamos gerando indubitavelmente um enriquecimento sem causa, situação repudiada por nosso Direito" (ALDAX, Martín. Aplicación de la regla *"compensatio lucri cum damno"* en los supuestos de pérdida de la chance de ayuda económica futura, cit., p. 21. Tradução livre). No mesmo sentido da advertência, v. CRESPO, Mariano Medina. *La compensación del beneficio obtenido a partir del daño padecido*, cit., pp. 101-102.

[130] A presente proposta se assemelha à sustentada em matéria de liquidação dos lucros cessantes: "Se a finalidade de toda a reparação de danos patrimoniais é, de fato, fazer com que o lesado não fique numa situação nem melhor nem pior do que a que estaria se não fosse o evento danoso, então o julgador terá que ter um cuidado especial com a reparação dos lucros cessantes, para não deixar de computar, no cálculo da indenização, eventuais despesas operacionais, bem como outros gastos que o lesado teria em condições normais. A despeito de sua aparente dificuldade, esta assertiva é perfeitamente justificável – e decorre do próprio conceito de lucro (faturamento menos despesa)" (GUEDES, Gisela Sampaio da Cruz. *Lucros cessantes*, cit., pp. 302-303). A autora arremata, associando ao princípio da reparação integral a necessidade de abatimento de despesas evitadas em decorrência da conduta lesiva: "A necessidade de se levar em conta, na reparação dos lucros cessantes, as despesas operacionais, como qualquer outro gasto que o lesado teria em condições normais é, em realidade, uma exigência do próprio princípio da reparação integral que aqui é moldado pelo postulado da razoabilidade" (Ibid., pp. 307-308). Em realidade, a positivação do postulado normativo da razoabilidade (integrado à definição de lucros cessantes pelo artigo 402 do Código Civil) apenas reflete a percepção da unidade e complexidade do dano patrimonial. Como visto neste estudo, o dano patrimonial, embora unitário, é fenômeno complexo, para cuja configuração concorrem circunstâncias as mais variadas – algumas de caráter positivo e outras de caráter negativo à situação patrimonial da vítima. Gisela Sampaio da Cruz Guedes reconhece: "Trata-se do 'princípio jurídico' ou comando que se convencionou chamar de *compensatio lucri cum damno* ou 'compensação de vantagens' que, ao ver de Hans Fischer, derivado do próprio conceito de dano, sem necessidade de preceito positivo especial, e deve ser aplicado *ipso jure*, tão logo se comprove a existência de benefícios autônomos, desde que preenchidos certos requisitos. Decorre, pois do próprio princípio da reparação integral e, no caso dos lucros cessantes, também da ideia de razoabilidade, traduzida na noção de equivalência" (Ibid., pp. 302-303).

[131] "Claro está que, independentemente das obrigações legais, tanto os pais quanto os filhos em geral se ajudam mutuamente de maneira voluntária, a qual costuma gerar alegria e satisfação no

ças de despesas relevantes para fins de definição do *quantum* indenizatório, afigurando-se razoável, em linha de princípio, limitar a incidência da *compensatio* às despesas habituais que seriam suportadas pelos pais, sobretudo em atenção às obrigações expressamente previstas em lei no que tange à criação e educação.[132]

Vistas algumas hipóteses (e afastadas tantas outras) de aplicação prática da técnica da *compensatio lucri cum damno* em sede de liquidação originária da indenização, cumpre cogitar da possibilidade de circunstâncias supervenientes repercutirem sobre a conformação do dano patrimonial. A presente investigação parece guardar íntima relação com a temática dos danos patrimoniais continuados ou permanentes, assim entendidos como aqueles cuja configuração se protrai no tempo.[133]

A propósito da hipótese em análise, tornou-se célebre a controvérsia acerca da repercussão, sobre a indenização previamente fixada em razão do homicídio, da celebração de novo casamento pela pessoa viúva (*nuove nozze della vedova* – "novas núpcias da viúva", na encontradiça expressão italiana). Indaga-se: caso a pessoa viúva titular de direito à indenização em forma de pensionamento em razão do homicídio do seu marido venha a celebrar novo casamento, poderá o causador do dano pleitear a redução ou mesmo a exoneração do dever de indenizar? Como visto a propósito da hipótese da morte do filho menor, a perda de ajuda econômica futura traduz dano indenizável

---

seio familiar. Sem embargo, já vimos no título anterior que a frustração da ajuda material por causa da morte deve ser ressarcida a título de perda da chance. Consequentemente, resulta razoável descontar o prejuízo econômico sofrido pelas despesas que os pais prazerosamente realizavam e que por causa da morte de seu pequeno deixaram de efetuar. Porque o que se deve indenizar é o dano patrimonial efetivamente sofrido pelas pais, evitando modificar injustificadamente a situação patrimonial das vítimas" (ALDAX, Martín. Aplicación de la regla *"compensatio lucri cum damno"* en los supuestos de pérdida de la chance de ayuda económica futura, cit., p. 39. Tradução livre).

[132] "[...] não poderíamos computar gastos eventuais, por isso fincamos pé em que as despesas devem ser habituais" (ALDAX, Martín. Aplicación de la regla *"compensatio lucri cum damno"* en los supuestos de pérdida de la chance de ayuda económica futura, cit., p. 39. Tradução livre). O autor prossegue: "Com a finalidade de determinar quais gastos poderiam ser computados, propomos como regra que apenas sejam compensadas aquelas despesas provenientes da obrigação estipulada pelo artigo 267 do Código Civil [da Argentina de 1869], ou seja, a satisfação das necessidades de manutenção, educação, lazer, vestimenta, habitação, assistência e gastos por doença; e apenas pelo termo a que faz referência o artigo 265 do mesmo corpo, até a maioridade" (Ibid., p. 42. Tradução livre).

[133] "[...] não é possível isolar em um momento do tempo uma situação, como aquela de que nos ocupamos, que tem caráter continuativo. O dano da viúva se desenvolve através do tempo: dura enquanto a viúva suportar a perda da manutenção marital; cessa quando a mesma viúva, por efeito das novas núpcias, para de suportar tal perda" (CUPIS, Adriano De. Postilla sull'influenza delle nuove nozze sul diritto a risarcimento della vedova, cit., p. 116. Tradução livre).

na forma de pensionamento ao familiar sobrevivente (entendimento consagrado pelo artigo 948 do Código Civil brasileiro), não se confundindo com a obrigação alimentar regida pelo direito de família.[134]

Digno de nota, neste diapasão, o julgamento da *Cassazione civile* 4 febbraio 1993, n. 1384, III Sezione. Na origem, o viúvo, titular de direito à indenização em face do homicida de sua primeira esposa, veio a celebrar novo casamento. Na sequência, dissolvido o segundo vínculo, o viúvo original veio a celebrar terceiro casamento. O agente causador da morte da primeira esposa do viúvo pleiteou judicialmente a revisão da indenização ao argumento de que a celebração de novo casamento necessariamente mitiga a extensão do dano patrimonial sofrido pela perda do auxílio econômico do cônjuge.

A *Corte d'Appello di L'aquilla* reputou provado que o dano do viúvo pela morte da primeira esposa cessara não por ocasião do segundo casamento, mas apenas quando do terceiro casamento, por entender que somente a terceira esposa tinha rendimento efetivamente provado, o que implicaria automaticamente a diminuição do dano experimentado pelo viúvo. Interposto recurso contra o acórdão proferido pela *Corte d'Appello di L'aquilla*, a *Corte di Cassazione* italiana, julgou procedente o recurso para afirmar "não se poder acolher o princípio segundo o qual o novo casamento determina *tout court* a cessação do dano, sendo necessário avaliar caso a caso e em quais limites as novas núpcias tenham efetivamente eliminado, ou, ao menos, limitado os danos causados pelo ato ilícito".[135]

A assunção metodológica da complexidade (objetiva e temporal) do dano patrimonial acarreta, como corolário lógico, o reconhecimento da possibilidade de circunstâncias supervenientes influenciarem a definição do *quantum* indenizatório devido pelo agente lesivo a título de responsabilidade civil.[136]

---

[134] No sentido da advertência, v. CUPIS, Adriano De. Postilla sull'influenza delle nuove nozze sul diritto a risarcimento della vedova, cit., p. 115.

[135] Relato fornecido por AMBANELLI, Alessandra. Sulla rilevanza delle nuove nozze ai fini dell'applicabilità della *compensatio lucri cum damno*, cit., p. 486. Tradução livre.

[136] Ao comentar o caso da viúva que celebra novo casamento, Francesco Leone sustenta: "É errôneo dizer, como tese geral, que se deva levar em consideração o momento do reparo, para o que é decisivo o momento no qual se verifica o dano. Os fatos posteriores podem ser levados em consideração no concurso de determinadas condições. O recorrente teria que demonstrar a cessação do dano derivado da morte do primeiro marido. A jurisprudência tedesca, ao invés, é concorde em afirmar que a indenização deve ser reduzida ou eliminada, e neste sentido está também a doutrina prevalente, embora sejam discordantes as razões" (LEONE, Francesco. Compensatio lucri cum damno, cit., p. 189. Tradução livre). Em sentido semelhante, a sustentar a possibilidade de revisão da indenização em razão de fatores supervenientes, v. DIAS, José de Aguiar. *Da responsabilidade civil*, cit., p. 887.

Com efeito, a investigação do dano patrimonial não se pode restringir à análise estática das consequências pontuais da conduta lesiva sobre bens especificamente considerados,[137] cumprindo, ao revés, analisar toda a vasta gama de repercussões da conduta lesiva sobre o patrimônio da vítima.[138] Entendimento diverso, além de ignorar a complexidade do dano patrimonial, correria o risco de se escorar sobre perspectiva punitivista – incompatível com o escopo da reparação integral –, como se a aplicação da *compensatio* não promovesse a suposta função sancionatória da responsabilidade civil.[139]

No que tange especificamente às novas núpcias, evidentemente não está afirmar que a pessoa viúva tem o ônus de mitigar seu dano mediante a celebração de novo casamento.[140] Trata-se tão somente de reconhecer que, caso contraia novas núpcias – o que não seria juridicamente possível, em sistemas que consagram a monogamia, sem a prévia dissolução do primeiro vínculo conjugal –, a vítima possivelmente (mas não necessariamente) passará a expe-

---

[137] Nesse sentido, v. CUPIS, Adriano De. Postilla sull'influenza delle nuove nozze sul diritto a risarcimento della vedova, cit., p. 114.

[138] Advirta-se, de antemão, que a verificação superveniente de consequências positivas (a serem imputadas no cálculo da indenização) não deve levar imediatamente a uma pré-definida conclusão sobre o cabimento da pretensão restitutória por parte do causador do dano que já houver efetuado pagamento *a maior*, devendo-se perquirir, casuisticamente, o preenchimento dos requisitos justificadores da restituição do enriquecimento sem causa com base na cláusula geral do artigo 884 do Código Civil ou na disciplina de alguma modalidade específica de restituição (como o pagamento indevido, regido pelos artigos 876 e seguintes do Código Civil). Mariano Medina Crespo sustenta, a propósito, a intangibilidade da indenização já paga: "Naturalmente, se o cônjuge sobrevivente contrai novo casamento depois de ter sido ressarcido pelo lucro cessante que a sua viuvez lhe causa, o princípio técnico da intangibilidade da indenização estabelecida para tanto impede que opere a compensação; porém, se a indenização por tal conceito se tivesse estabelecido mediante a modalidade de renda vitalícia, esta deveria ser objeto de revisão para computar o benefício que lhe proporcionada a relação com o novo cônjuge, com diminuição de seu importe ou com supressão dela" (*La compensación del beneficio obtenido a partir del daño padecido*, cit., p. 253. Tradução livre).

[139] Adriano De Cupis assevera: "[...] é incompatível com o fim aflitivo da pena – castigo do réu – levar em consideração, como circunstâncias atenuantes, a eliminação do dano cumprida por terceiro; é perfeitamente conforme ao fim reparatório do ressarcimento, ao invés, levar em consideração influências externas aptas a eliminar ou reduzir o dano" (CUPIS, Adriano De. Postilla sull'influenza delle nuove nozze sul diritto a risarcimento della vedova, cit., p. 119. Tradução livre).

[140] "Coerentemente com esse princípio, escrevi e agora confirmo que a viúva não tem o ônus de reduzir o próprio dano, correspondente à morte do marido, celebrando novo casamento: e, portanto, se permanecer no estado de viuvez, conservará integralmente o direito ao ressarcimento pela morte do marido; mas se contrair novas núpcias, estado de fato que põe fim à própria situação de prejuízo, esse dano assim circunscrito, e não outro maior que teria podido se verificar, será objeto de ressarcimento" (CUPIS, Adriano De. Postilla sull'influenza delle nuove nozze sul diritto a risarcimento della vedova, cit., p. 114. Tradução livre).

rimentar dano patrimonial de menor monta ou mesmo deixará de sofrer repercussão patrimonial negativa em decorrência da morte do cônjuge falecido.[141] Não se pode tomar essa possibilidade como consequência necessária, mas tampouco seria correto desprezá-la ao argumento da imutabilidade da indenização previamente fixada.[142]

6. Síntese conclusiva

A escassa aplicação prática da *compensatio lucri cum damno* (ou, ao menos, a sua rara enunciação expressa), verificada tanto no Brasil quanto na experiência de outros sistemas jurídicos,[143] não condiz com a sua generalizada aceitação

---

[141] "A nosso parecer, é justificável atribuir relevância jurídica, em relação à quantificação do dano, ao segundo casamento, possível exclusivamente pela morte do primeiro cônjuge que, gerando novamente o estado livre da viúva/o, concorre a assegurar uma nova utilidade econômica (da qual é possível discutir a extensão dependente da entidade da renda)" (FERRARI, Mariangela. *La compensatio lucri cum damno come utile strumento di equa riparazione del danno*, cit., p. 191. Tradução livre). No mesmo sentido, v., na doutrina italiana, LEONE, Francesco. Compensatio lucri cum damno, cit., p. 188; CALVINO, Massimo. Nota in tema di *compensatio lucri cum damno*, cit., p. 635; e, na doutrina espanhola, CRESPO, Mariano Medina. *La compensación del beneficio obtenido a partir del daño padecido*, cit., p. 252. Pertinente, ainda nesse sentido, o relato da experiência alemã fornecido por PIRES, Thatiane Cristina. *Vorteilsausgleichung*, cit., p. 74.

[142] Sustenta-se, em tais hipóteses de aplicação da *compensatio*, a relativização da coisa julgada: "[...] não há dúvida de que a exigência de respeito à coisa julgada coincida com a tendência do direito a adequar o ressarcimento à realidade do dano, e que nesse sentido prevaleça propriamente essa, isto é, a exigência de respeito à coisa julgada. [...] Onde, porém, não seja imposto pela autoridade da coisa julgada, não se pode sacrificar aquela adequação do ressarcimento ao dano real, que é reclamada por uma exigência fundamental de justiça. Por certo, se verifica uma diferença de tratamento jurídico: é da natureza do direito adaptar-se à variedade das situações e das exigências a satisfazer" (CUPIS, Adriano De. Postilla sull'influenza delle nuove nozze sul diritto a risarcimento della vedova, cit., p. 113. Tradução livre). A propósito do fenômeno de relativização da coisa julgada, v., por todos, DIDIER JR., Fredie; BRAGA, Paula Sarno; OLIVEIRA, Rafael Alexandria de. *Curso de direito processual civil*, vol. 2. 9. ed. Salvador: Juspodivm, 2014, pp. 450 e ss. *Mutatis mutandis*, trata-se de conclusão semelhante àquela sedimentada a propósito da mutabilidade dos alimentos fixados judicialmente: "Também se proclama que a sentença de alimentos não se sujeita ao trânsito em julgado material; o efeito preclusivo máximo operaria apenas formalmente, a se deduzir daí a possibilidade de eventual modificação posterior" (CAHALI, Yussef Said. *Dos alimentos*. 8. ed. São Paulo: Revista dos Tribunais, 2013, p. 637).

[143] Pier Giuseppe Monateri relata a experiência italiana: "Tudo isso explica também por que os casos de admissão da *compensatio* sejam poucos. São, em realidade, pouco numerosas as hipóteses que satisfazem efetivamente a realização da *doctrine* que está no fundamento da própria *compensatio*" (Gli usi e la *ratio* della dottrina della *compensatio lucri cum damno*, cit., p. 390. Tradução livre).

teórica.[144] Causa alguma surpresa, portanto, a diminuta atenção dispensada ao tema pela civilística pátria à matéria, em sinal de desconsideração das múltiplas possibilidades aplicativas da *compensatio*, algumas das quais mencionadas no presente estudo.[145] Frise-se, aliás, que as hipóteses fáticas analisadas certamente não são dotadas de exclusividade no que tange às possibilidades de aplicação da *compensatio lucri cum damno*, tal como não se podem tomar por definitivas as conclusões teóricas ora esboçadas. Espera-se, fundamentalmente, que a breve análise de algumas perspectivas concretas de aplicação da *compensatio* demonstre a necessidade de reconhecimento da complexidade inerente ao dano patrimonial, em modesto ponto inicial de vasto caminho a percorrer pela civilística brasileira.

Ao lado das perspectivas de auxílio da *compensatio lucri cum damno* para o desenvolvimento da responsabilidade civil, espera-se que a adequada compreensão dos seus limites de atuação possa suscitar reflexões úteis sobre a convergência de parcelas (estruturalmente diversas, mas) funcionalmente convergentes ao propósito de indenização do dano injusto suportado pela vítima. Com efeito, ainda mais grave do que a escassa atenção dedicada ao estudo da *compensatio lucri cum damno* pode ser a confusão conceitual que leva o intérprete a crer, equivocadamente, ser esta figura o único mecanismo capaz de impedir que a vítima seja ressarcida por valor superior à efetiva extensão do dano. Como se buscou expor, não são infrequentes as construções teóricas que, pautadas na acertada rejeição da incidência da *compensatio* a certas hipóteses, findam por alcançar equivocada conclusão sobre a possibilidade de percepção, pela vítima, de múltiplas parcelas de cunho eminentemente indenizatório. Justifica-se, então, a assunção de renovada cautela pelo intérprete, para que não descure do fato de que a inaplicabilidade, do ponto de vista teórico, da técnica da *compensatio* não traduz uma carta branca para que

---

[144] "A singularidade do princípio [da *compensatio lucri cum damno*] reside no contraste entre a sua afirmação como princípio geral do ordenamento, admitida quase sem hesitações pela jurisprudência ainda que não compartilhada por toda a doutrina, e a sua escassa aplicação prática, que torna difícil individuar as *fattispecie* diante das quais o mesmo foi corretamente invocado" (POLETTI, Dianora. Le regole di (de)limitazione del danno risarcibile, cit., p. 335. Tradução livre).

[145] "Propomo-nos a analisar os singulares conceitos a fim de destacar como, a nosso parecer, subsiste uma série de contradições que complicam o quadro jurídico de referência, tornando com isso mais difícil aplicar a *compensatio*, princípio considerado universalmente natural e de bom senso. Em outros termos, é curioso pensar que de um princípio considerado geralmente intrínseco à natureza das coisas e, por isso, inegável, parece tão árdua e rara a operação de aplicação em concreto" (FERRARI, Mariangela. *La* compensatio lucri cum damno *come utile strumento di equa riparazione del danno*, cit., p. 38. Tradução livre).

a vítima receba reparação superior ao efetivo montante do dano. Em suma, a doutrina da *compensatio lucri cum damno*, se de um lado presta valioso auxílio para a definição do montante do dano a ser indenizado, por outro lado nada diz propriamente a respeito da eventual convergência funcional de diversas parcelas indenizatórias, sendo imperativo o controle, em concreto, da efetivação do princípio da reparação integral.

7. Referências

ALDAX, Martín. Aplicación de la regla *"compensatio lucri cum damno"* en los supuestos de pérdida de la chance de ayuda económica futura. *Lecciones y ensayos*, n. 90, 2012.

ALVIM, Agostinho *Da inexecução das obrigações e suas consequências*. 3. ed. Rio de Janeiro: Editora Jurídica e Universitária, 1965.

ALVIM, Pedro. *O contrato de seguro*. 3. ed. Rio de Janeiro: Forense, 1999.

AMBANELLI, Alessandra. Sulla rilevanza delle nuove nozze ai fini dell'applicabilità della *compensatio lucri cum damno*. *Responsabilità civile e previdenza*: rivista mensile di dottrina, giurisprudenza e legislazione, 1994.

BRONZETTI, Gianfranco. La compensatio lucri cum damno. *Archivio della responsabilità civile e dei problemi generali del danno*, 1967.

CAHALI, Yussef Said. *Dos alimentos*. 8. ed. São Paulo: Revista dos Tribunais, 2013.

CALIXTO, Marcelo Junqueira. Breves considerações em torno do art. 944, parágrafo único, do Código Civil. *Revista Trimestral de Direito Civil*, a. 10, vol. 39. Rio de Janeiro: Padma, jul.-set./2009.

CALVINO, Massimo. Nota in tema di *compensatio lucri cum damno*. *Diritto e pratica nell'assicurazione*, 1989.

CAMPOS, L. Fernado Reglero; LAGO, José Manuel Busto (Coords.). *Tratado de responsabilidad civil*. Tomo I. 5. ed. Navarra: Aranzadi, 2014.

CARBONE, Vincenzo. La *compensatio lucri cum damno* tra ambito del danno risarcibile e rapporto di causalità. *Danno e responsabilità*, 1996, n. 4.

CARBONNIER, Jean. *Droit civil*. Volume II. Paris: PUF, 2004.

COITINHO, Juliana Fehrenbach. *Dano moral*: do reconhecimento à problemática da quantificação. Tese de doutoramento apresentada à Universidade de Granada. Granada, 2012.

COLONNA, Vincenzo. *Compensatio lucri cum damno*: commentario alla sentenza della Cassazione civile, sez. III, 19 giugno 1996. *Danno e responsabilità*: problemi di responsabilità civile e assicurazioni, 1996.

CORDEIRO, António Menezes. *Tratado de direito civil português*, vol. II, t. III. Coimbra: Almedina, 2010.

CRESPO, Mariano Medina. *La compensación del beneficio obtenido a partir del daño padecido*: aplicación del principio *"compensatio lucri cum damno"* en el Derecho de daños. Barcelona: Bosch, 2015.

CUPIS, Adriano De. *Il danno*: teoria generale della responsabilità civile, vol. I. 2. ed. Milano: Giuffrè, 1966.

_____. Postilla sull'influenza delle nuove nozze sul diritto a risarcimento della vedova. *Il Foro Italiano*, vol. LXXXIII, 1960.

DIAS, José de Aguiar. *Da responsabilidade civil*. 12. ed. Atual. Rui Berford Dias. Rio de Janeiro: Lumen Juris, 2012.

_____. Responsabilidade civil de direito especial e de direito comum. *Estudos jurídicos em homenagem ao Professor Caio Mário da Silva Pereira*. Rio de Janeiro: Forense, 1984.

DIDIER JR., Fredie; BRAGA, Paula Sarno; OLIVEIRA, Rafael Alexandria de. *Curso de direito processual civil*, vol. 2. 9. ed. Salvador: Juspodivm, 2014

DÍEZ-PICAZO, Luis. *Derecho de daños*. Madrid: Civitas, 1999.

FERRARI, Mariangela. *La* compensatio lucri cum damno *come utile strumento di equa riparazione del danno*. Milano: Giuffrè, 2008.

FRANZONI, Massimo. *Trattato della responsabilità civile*, vol. II. 2. ed. Milano: Giuffrè, 2010.

_____. La compensatio lucri cum damno. *Responsabilità civile*, jan./2010, n. 1, vol. 48.

GALLO, Paolo. Arricchimento senza causa e quasi contratti (i rimedi restitutori). 2. ed. In: SACCO, Rodolfo (Coord.). *Tratatto di diritto civile*. Torino: UTET, 2008.

_____. Arricchimento senza causa. Artt. 2041-2042. In: SCHLESINGER, Piero (Fund.); BUSNELLI, Francesco D. (Coord.). *Il Codice civile*: commentario. Milano: Giuffrè, 2003.

GAZZONI, Francesco. *Manuale di diritto privato*. 17. ed. Napoli: Edizioni Sicentifiche Italiane, 2015.

GOMES, Júlio Manuel Vieira. *O conceito de enriquecimento, o enriquecimento forçado e os vários paradigmas do enriquecimento sem causa*. Porto: Universidade Católica Portuguesa, 1998.

GOMES, Orlando. *Obrigações*. 4. ed. Rio de Janeiro: Forense, 1976.

GUEDES, Gisela Sampaio da Cruz. *Lucros cessantes*: do bom-senso ao postulado normativo da razoabilidade. São Paulo: Revista dos Tribunais, 2011.

_____. GUEDES, Gisela Sampaio da Cruz. *O problema do nexo causal na responsabilidade civil*. Rio de Janeiro: Renovar, 2005.

IZZO, Umberto La compensatio lucri cum damno come latinismo di ritorno. *Responsabilità Civile e Previdenza*, a. LXXVII, n. 5, set.-out./2012.

KONDER, Carlos Nelson. Apontamentos iniciais sobre a contingencialidade dos institutos de direito civil. In: MONTEIRO FILHO, Carlos Edison do Rêgo; GUEDES, Gisela Sampaio da Cruz; MEIRELES, Rose Melo Vencelau (Orgs.). *Direito civil*. Rio de Janeiro: Freitas Bastos, 2015.

_____. A redução equitativa da indenização em virtude do grau de culpa: apontamentos acerca do parágrafo único do art. 944 do Código Civil. *Revista Trimestral de Direito Civil*, vol. 29. Rio de Janeiro: Padma, jan.-mar./2007.

_____. Enriquecimento sem causa e pagamento indevido. In: TEPEDINO, Gustavo (Coord.). *Obrigações*: estudos na perspectiva civil-constitucional. Rio de Janeiro: Renovar, 2005.

KONERT, Anna. De la *compensatio lucri cum damno* en derecho civil polaco. *Anuario da Facultade de Dereito da Universidade da Coruña*, n. 17, 2013.

LALOU, Henri. *Traité pratique de la responsabilité civile*. 4. ed. Paris: Dalloz, 1949.

LAURO, Antonino Procida Mirabelli di. Responsabilità civile e sicurezza sociale. In: LAURO, Antonino Procida Mirabelli di; FEOLA, Maria. *La responsabilità civile. Contratto e torto*. Torino: G. Giappichelli, 2014.

LEITE, Ana Margarida Carvalho Pinheiro. *A equidade na indemnização dos danos não patrimoniais*. Dissertação de mestrado. Universidade Nova de Lisboa. Lisboa, 2015.

LEONE, Francesco. *Compensatio lucri cum damno. Il Filangieri*. Rivista Giuridica Dottrinale e Pratica, 1916.

MARTINS, Sergio Pinto. *Direito da seguridade social*. 36. ed. São Paulo: Saraiva, 2016.

MARTINS-COSTA, Judith. Prefácio a SANSEVERINO, Paulo de Tarso Vieira. *Princípio da reparação integral*: indenização no Código Civil. São Paulo: Saraiva, 2010.

MAZEAUD, Henri; MAZEAUD, Léon; TUNC, André. *Traité théorique et pratique de la responsabilité civile delictuelle et contractuelle*, t. III. 5. ed. Paris: Éditions Montchrestien, 1960.

MESQUITA, Euclides de. A compensação e a responsabilidade extra-contratual. *Revista da Faculdade de Direito UFPR*, vol. 13, 1970.

MIRAGEM, Bruno. *Direito civil*: direito das obrigações. São Paulo: Saraiva, 2017.

MIRANDA, Francisco Cavalcanti Pontes de. *Tratado de direito privado*, t. XXVI. 3. ed. São Paulo: Revista dos Tribunais, 1984.

MONATERI, Pier Giuseppe. Gli usi e la *ratio* della dottrina della *compensatio lucri cum damno*. È possibile trovarne un senso?. *Quadrimestre*, 1990.

MONATERI, Pier Giuseppe; GIANTI, Davide; CINELLI, Luca Siliquini. *Danno e risarcimento*. Torino: G. Giappichelli, 2013.

MONTEIRO FILHO, Carlos Edison do Rêgo. Artigo 944 do Código Civil: o problema da mitigação do princípio da reparação integral. In: TEPEDINO, Gustavo; FACHIN, Luiz Edson (Coords.). *O direito e o tempo*: embates jurídicos e utopias contemporâneas – estudos em homenagem ao professor Ricardo Pereira Lira. Rio de Janeiro: Renovar, 2008.

MORAES, Maria Celina Bodin de. A constitucionalização do direito civil e seus efeitos sobre a responsabilidade civil. In: *Na medida da pessoa humana*: estudos de direito civil-constitucional. Rio de Janeiro: Renovar, 2010.

____. *Danos à pessoa humana*: uma leitura civil-constitucional dos danos morais. Rio de Janeiro: Renovar, 2003.

NANNI, Giovanni Ettore Nanni. *Enriquecimento sem causa*. 2. ed. São Paulo: Saraiva, 2010.

NORONHA, Fernando. *Direito das obrigações*. 4. ed. São Paulo: Saraiva, 2013.

PEREIRA, Caio Mário da Silva. *Instituições de direito civil*. Volume 2. 29. ed. Rio de Janeiro: Forense, 2017.

PERLINGIERI, Pietro. *Manuale di diritto civile*. 7. ed. Napoli: Edizioni Scientifiche Italiane, 2014.

PETRELLI, Patrizia. In tema di *compensatio lucri cum damno*. *Giurisprudenza Italiana*, 1989, I, 1.

PINTO, Paulo Mota. *Interesse contratual negativo e interesse contratual positivo*, vol. I. Coimbra: Coimbra Editora, 2008.

PIRES, Thatiane Cristina. *Vorteilsausgleichung*: a *compensatio lucri cum damno* na responsabilidade civil alemã. Monografia de conclusão de curso apresentada à Universidade Federal de Santa Catarina. Florianópolis, 2016.

POLETTI, Dianora. Le regole di (de)limitazione del danno risarcibile. In: LIPARI, Nicolò; RESCIGNO, Pietro (Coords.). *Diritto civile*, vol. IV, t. III. Milano: Giuffrè, 2009.

RODOTÀ, Stefano. *Le fonti di integrazione del contratto*. Milano: Giuffrè, 1969.

ROPPO, Enzo. *O contrato*. Trad. Ana Coimbra e M. Januário C. Gomes. Coimbra: Almedina, 2009.

SACCO, Rodolfo. *L'arricchimento ottenuto mediante fatto ingiusto*: contributo alla teoria della responsabilità estracontrattuale. Torino: Unione Tipografico-Editrice Torinese, 1959. Ristampa inalterata: Centro Stampa Università di Camerino, 1980.

SANSEVERINO, Paulo de Tarso Vieira. *Princípio da reparação integral*: indenização no Código Civil. São Paulo: Saraiva, 2010.

SCHREIBER, Anderson. *Novos paradigmas da responsabilidade civil*: da erosão dos filtros da reparação à diluição dos danos. 5. ed. São Paulo: Saraiva, 2013.

SCOGNAMIGLIO, Renato. In tema di 'compensatio lucri cum damno'. *Il Foro Italiano*, vol. LXXV, 1952, I.

SILVA, Rafael Peteffi da; LUIZ, Fernando Vieira. A *compensatio lucri cum damno*: contornos essenciais do instituto e a necessidade de sua revisão nos casos de benefícios previdenciários. *Revista de Direito Civil Contemporâneo*, vol. 13. São Paulo: Revista dos Tribunais, out.-dez./2017.

SILVA, Rodrigo da Guia. *Compensatio lucri cum damno* no direito brasileiro: estudo a partir da jurisprudência do Superior Tribunal de Justiça sobre o pagamento do DPVAT. *Revista Brasileira de Direito Civil*, vol. 16. Belo Horizonte: Fórum, abr.-jun./2018.

_____. *Compensatio lucri cum damno*: problemas de quantificação à luz da unidade e complexidade do dano patrimonial. *Revista de Direito Privado*, vol. 90. São Paulo: Revista dos Tribunais, jun./2018.

_____. Contornos do enriquecimento sem causa e da responsabilidade civil: estudo a partir da diferença entre lucro da intervenção e lucros cessantes. *Civilistica.com*, a. 5, n. 2, jul.-dez./2016.

_____. *Enriquecimento sem causa*: as obrigações restitutórias no direito civil. São Paulo: Thomson Reuters, 2018.

_____. Novas perspectivas da exceção de contrato não cumprido: repercussões da boa-fé objetiva sobre o sinalagma contratual. *Revista de Direito Privado*, vol. 78. São Paulo: Revista dos Tribunais, jun./2017.

SMORTO, Guido. *Il danno da inadempimento*. Padova: CEDAM, 2005.

TEPEDINO, Gustavo. Notas sobre o nexo de causalidade. *Revista Trimestral de Direito Civil*, a. 2, vol. 6. Rio de Janeiro: Padma, abr.-jun./2001.

_____. O problema da causalidade no seguro obrigatório por danos pessoais causados por veículos automotores de via terrestre (DPVAT). *DPVAT*: um seguro em evolução. O seguro DPVAT visto por seus administradores e pelos juristas. Rio de Janeiro: Renovar, 2013.

_____. Princípio da reparação integral e quantificação das perdas e danos derivadas da violação do acordo de acionistas. *Soluções práticas*, vol. 1. São Paulo: Revista dos Tribunais, 2012.

TEPEDINO, Gustavo; BARBOZA, Heloisa Helena; MORAES, Maria Celina Bodin de et alii. *Código Civil interpretado conforma a Constituição da República*, vol. II. 2. ed. Rio de Janeiro: Renovar, 2012.
TORRENTE, Andrea; SCHLESINGER, Piero. *Manuale di diritto privato*. 23. ed. Milano: Giuffrè, 2017.
TRABUCCHI, Alberto. *Istituzioni di diritto civile*. 46. ed. A cura di Giuseppe Trabucchi. Padova: CEDAM, 2014.
TRIMARCHI, Pietro. *Il contrato*: inadempimento e rimedi. Milano: Giuffrè, 2010.
TUHR, Andreas von. *Tratado de las obligaciones*. Trad. W. Roces. Granada: Comares, 2007.
VARELA, João de Matos Antunes. *Das obrigações em geral*, vol. I. 10. ed. Coimbra: Almedina, 2010.
VARESE, Vittorio. *Compensatio lucri cum damno*, danno biologico e rivalsa dell'assicuratore: inferenze logiche e giudizi valutativi. *Diritto e pratica nell'assicurazione*, 1987, n. 4.
VISINTINI, Giovanna. *Trattato breve della responsabilità civile*. 3. ed. Padova: CEDAM, 2005.
WALD, Arnoldo; GIANCOLI, Brunno Pandori. *Direito civil*, vol. 7. 2. ed. São Paulo: Revista dos Tribunais, 2012.
ZIMMERMANN, Reinhard. *The Law of Obligations*: Roman Foundations of the Civilian Tradition. Oxford. Oxford University, 1996.

14. A Reparação Não Pecuniária dos Danos: Aplicabilidade no Direito Brasileiro

Tayná Bastos de Souza
Mestranda em Direito Civil pela UERJ. Advogada.

1. Introdução

Recentemente, o Supremo Tribunal Federal definiu, no âmbito da Repercussão Geral no Recurso Extraordinário nº 580.252, a responsabilidade civil do Estado pelos danos morais causados aos presos por superlotação e condições degradantes de encarceramento.

No julgamento, mereceu destaque o voto-vista proferido pelo Ministro Luís Roberto Barroso, seguido pelos Ministros Luiz Fux e Celso de Mello, que, ao declarar a existência de responsabilidade do Estado por lesões aos direitos fundamentais dos detentos, argumentou que a reparação em dinheiro, além de tratar-se de resposta pouco efetiva, drenaria os recursos escassos que poderiam ser empregados na melhoria das condições dos presídios.

Desta forma, defendeu a adoção de um mecanismo de reparação alternativo, por meio da remição de parte do tempo de execução da pena, consistente na redução de 1 dia para cada 3 a 7 suportados em condições atentatórias à dignidade humana. Subsidiariamente, caso o detento já houvesse cumprido integralmente a sua condenação ou não fosse possível a aplicação da remição, o ressarcimento dos danos morais seria fixado em pecúnia.

Apesar de vencido,[1] o voto trouxe à tona debate que há muito vem sendo discutido pelos civilistas: a insuficiência da reparação pecuniária para a compensação dos danos, principalmente os de ordem moral.

---

[1] Os ministros, majoritariamente, optaram por restabelecer decisão que havia fixado a indenização em R$ 2 mil para cada condenado. Cinco votos foram proferidos em favor desta posição – os dos ministros

O fato é que, pela facilidade na deflagração da indenização[2] pecuniária, muitas vezes se esquece que a reparação pode ser concretizada de duas maneiras: através da satisfação monetária e pela compensação não pecuniária, também chamada de reparação *in natura* ou específica.

Esta segunda espécie indenizatória não traduz uma novidade nos sistemas jurídicos. O Código Civil alemão, já em 1900, possuía previsão que priorizava a reparação *in natura*, em seus arts. 249[3] e 253,[4] e que permanece até os dias de hoje.[5] Disposições semelhantes aparecem no código português, no art. 562,[6] e italiano, no art. 2058.[7]

Teori Zavaski, Rosa Weber, Gilmar Mender, Dias Toffoli e Carmen Lúcia. Por outro lado, os ministros Edson Fachin e Marco Aurélio adotaram a linha proposta pela Defensoria Pública de Mato Grosso do Sul, defendendo a indenização de um salário mínimo por cada mês de detenção em situação degradante.

[2] Optou-se no presente artigo por utilizar a palavra "indenização" como sinônimo de "reparação". Conforme conclusão de João Casillo: "O que ocorre é certa diversificação de vocábulos para indicar a mesma situação. Alguns autores e mesmo textos legais preferem o vocábulo reparar. Outros, ressarcir. Pode-se usar, ainda, o verbo compensar, havendo uma grande inclinação para se fixar a palavra indenizar/indenização. [...] Entretanto, é o vocábulo indenizar, que mais se amolda ao pensamento que no caso se faz mister expressar, isto porque a indenização aparece até, etimologicamente, como uma consequência do dano. É a palavra dano (*dannun*), antecedida da partícula negativa *in*" (CASILLO, João apud SOARES, Fabiana Rampazzo. *Responsabilidade civil por dano existencial*. 1. ed. Porto Alegre: Livraria do Advogado, 2009. p. 117). Esta parece ter sido a posição adotada pelo Código Civil, que utiliza a todo tempo as expressões como sinônimos. O art. 927 fala em "reparar", já o art. 928, parágrafo único, e o título do capítulo I utilizam "indenizar", entre outros exemplos ao longo do Código. Entre os adeptos da orientação de distinguir indenização de outros conceitos: CAHALI, Yussef Said. *Dano moral*. 4. ed. rev., atual. e ampl. São Paulo: Revista dos Tribunais, 2011, p. 44 e BODIN DE MORAES, Maria Celina. *Danos a pessoa humana*: uma leitura civil-constitucional dos danos morais. Rio de Janeiro: Renovar, 2003, p. 145.

[3] §249: "o devedor está obrigado a restabelecer a situação que existiria se as circunstâncias que o obrigam a indenizar não tivessem ocorrido" (Tradução livre).

[4] §253: "somente em casos estipulados na lei, o dinheiro pode ser requerido em compensação aos danos que não sejam perdas pecuniárias" (Tradução livre).

[5] Possivelmente é no ordenamento Alemão que a reparação *in natura* possui maior força. Harm Peter Westermann, inclusive, argumentava que os danos extrapatrimoniais somente poderiam ser indenizados pecuniariamente caso houvesse estipulação específica, caso contrário somente seria aplicado a eles a reparação *in natura*, em suas palavras: "Contrariamente a um mal-entendido difundido, é de ser acentuado que também danos em bens sem valor patrimonial (imateriais) são ressarcíveis, mediante o restabelecimento (restituição ao natural), que o §249 ordena. A diferença está somente nisso de que na danificação de bens imateriais, para o caso de impossibilidade de um restabelecimento, é excluída substituição do interesse por dinheiro, conforme o §253" (WESTERMANN, Harm Petter. *Código civil alemão*: direito das obrigações: parte geral. Trad. Armindo Edgar Laux. Porto Alegre: S. Fabris, 1983. p. 136).

[6] "Art. 562.º. Quem estiver obrigado a reparar um dano deve reconstituir a situação que existiria, se não se tivesse verificado o evento que obriga à reparação" (Tradução livre).

[7] "Art. 2058. *Risarcimento in forma specifica. Il danneggiato può chiedere la reintegrazione in forma specifica, qualora sia in tutto o in parte possibile. Tuttavia il giudice può disporre che il risarcimento avvenga solo per equivalente, se la reintegrazione in forma specifica risulta eccessivamente onerosa per il debitore*".

No Brasil, ainda no século passado, Pontes de Miranda sustentava a prioridade da reparação natural, ao afirmar que "se a reparação natural é praticável, a ela é que se há de condenar o lesante".[8] Orlando Gomes, por sua vez, esclareceu que "há reposição natural quando o bem é restituído ao estado em que se encontrava antes do fato danoso. Constitui a mais adequada forma de reparação, mas nem sempre é possível, e muito pelo contrário. Substitui-se por uma prestação pecuniária, de caráter compensatório".[9]

Em consonância a estes entendimentos, o art. 947 do Código Civil de 2002, reproduzindo em linhas gerais o art. 1.534[10] do Código de 1916, dispôs que "se o devedor não puder cumprir a prestação na espécie ajustada, substituir-se-á pelo seu valor, em moeda corrente", priorizando, desta forma, a reparação natural.[11]

No entanto, o que se percebe é que os tribunais dificilmente propõem medidas de reparação não pecuniária, sendo o ressarcimento efetivado quase que unicamente por meio da deflagração do dever de indenizar em valor monetário.

Faz-se necessária, portanto, a detida análise da compatibilidade desta medida ressarcitória com o sistema de responsabilidade civil vigente, e de sua eficácia na concretização da reparação integral da vítima.

2. A reparação *in natura* dos danos materiais

A reparação em espécie no âmbito dos danos materiais, em razão do disposto no art. 947 do Código Civil, afigura-se, ao menos em teoria, como prioritária. Ao discorrer sobre esta medida são comuns as afirmações de que a reparação *in natura* seria o modelo ideal ressarcitório, eis que possui o condão de colocar a vítima em situação patrimonial idêntica à que se encontrava anteriormente ao evento danoso. No âmbito dos danos materiais esta reparação consiste,

---

[8] MIRANDA, F. C. Pontes de. *Tratado de Direito Privado: parte especial*, t. 54. São Paulo: Revista dos Tribnuais, 2012, p. 325.
[9] SANTOS, Orlando Gomes dos. *Responsabilidade civil*. Rio de Janeiro: GEN/Forense, 2011, p. 53.
[10] "Art. 1.534. Se o devedor não puder cumprir a prestação na espécie ajustada, substituir-se-á pelo seu valor, em moeda corrente, no lugar onde se execute a obrigação".
[11] Conforme Paulo de Tarso Sanseverino: "o enunciado do art. 947 do CC/2002 refere-se precipuamente à execução específica de obrigações nascidas de negócio jurídico, embora possa ser aplicado também na responsabilidade extracontratual" (SANSEVERINO, Paulo de Tarso Vieira. *Princípio da reparação integral*: indenização no Código Civil. 2. ed. São Paulo: Saraiva, 2010, p. 38).

portanto, na entrega do próprio objeto ou de objeto da mesma espécie, em lugar do danificado. Nas palavras de Aguiar Dias:

> A reparação no caso pode consistir na entrega, seja do próprio objeto (exemplo do criado que permitiu o furto de uma joia, mas a recupera, entregando-a ao dono), seja de objeto da mesma espécie, em troca do deteriorado.[12]

Apesar de afigurar-se como compensação ideal, a reconstituição *in natura* ainda ocupa posição marginal como medida ressarcitória, mesmo no âmbito dos danos materiais. Tal fato se justifica pelas dificuldades em sua aplicação prática, facilmente superáveis pela conversão da reparação em perdas e danos. Basta imaginar, por exemplo, a indenização específica de um objeto usado, que já sofreu deterioração, por um novo e intacto, da mesma espécie, porém mais valioso. Neste caso, questiona-se: haverá enriquecimento sem causa da vítima?

Aguiar Dias, atento a esta problemática, declara que em casos de um desequilíbrio de valor entre indenização e a coisa a indenizar, a vantagem deve pertencer ao prejudicado, cabendo ao autor do dano sempre indenizar a mais, podendo, posteriormente, invocar a equidade para reclamar indenização da diferença a maior verificada na prestação reparatória, em ação autônoma.[13]

Por outro lado, Paulo de Tarso Sanseverino, ao analisar a solução oferecida pelo citado autor, declara que a proposta, além de inefetiva, confunde os conceitos de equidade e enriquecimento sem causa. Neste sentido, revela que o juiz deverá substituir a reparação natural pela indenização pecuniária, com fundamento no art. 947 do Código Civil:

> [...] Com isso, conferem-se poderes ao juiz para determinar, desde logo, a substituição da reparação natural pela indenização pecuniária, com fundamento nesse art. 947, dispensando a propositura de nova demanda pelo devedor para ressarcimento do valor pago a maior. A opção, portanto, pela reparação natural ou pela indenização pecuniária é um direito do credor da obrigação de indenizar na esfera de sua autonomia privada, mas sem natureza absoluta, devendo ser ponderada em face de outros princípios também consagrados pelo CC/2002, como o da boa-fé (arts. 113, 187 e 422), o da vedação ao enriquecimento sem causa (art. 876) e, especialmente, o da reparação integral do dano (art. 944).[14]

---

[12] DIAS, José de Aguiar. *Da responsabilidade civil*. 11. ed. rev., atual. e aum. Rio de Janeiro: Renovar, 2006, p. 986.
[13] Idem.
[14] SANSEVERINO, Paulo de Tarso Vieira. *Princípio da reparação integral*, cit., p. 47.

Por certo, parece correta a colocação do autor, no sentido de que o devedor não deve ser compelido à restituição *in natura* se esta só for possível mediante gasto superior ao valor do objeto danificado,[15] exatamente por tal situação esbarrar no princípio da vedação ao enriquecimento sem causa, aplicando-se, *in casu*, a previsão do art. 947, que permite a conversão da prestação específica em reparação pecuniária, em casos de impossibilidade fática da reparação natural.

Como se vê, a impossibilidade de substituição de bem antigo por bem novo é mais uma das limitações que praticamente inviabiliza a reparação não pecuniária dos danos materiais, eis que esta somente será possível nos casos em que for cabível o conserto do bem. Observa-se, ainda, que mesmo no caso de reparação do bem, a indenização não se configurará perfeita, pois em muitas situações a restauração culminará na desvalorização do objeto restaurado em relação ao original. Nestes casos, Pontes de Miranda defende a possibilidade de cumulação da reparação *in natura* com a reparação pecuniária, com o objetivo de assegurar o integral ressarcimento da vítima.[16]

A estas dificuldades somam-se os casos em que não há mais interesse do ofendido em receber o bem *in natura*, preferindo a resolução da indenização em perdas e danos[17], bem como a incompatibilidade desta modalidade ressarcitória com medidas como a restituição de bens de caráter infungível.

---

[15] SANTOS, Orlando Gomes dos. *Responsabilidade civil*, cit., p. 53.

[16] Conforme Pontes de Miranda: "Se, com a reparação em natura, não se obtém a volta ao estado econômico anterior, o legitimado ativo pode escolher entre a reparação em natura mais o elemento pecuniário que complete a reparação, ou a reparação somente pecuniária. Frise-se a combinação de pressupostos – um, necessário, e outro, optativo – para a reparação em natura: possibilidade e suficiência. O segundo mostra que os dois critérios, o da reparação em natura e o da reparação pecuniária, não são critérios incompatíveis." (MIRANDA, F. C. Pontes de, *Tratado de Direito Privado: parte especial; t. 54*. São Paulo: Revista dos Tribunais, 2012, pg. 325)

[17] Segundo Luiz Guilherme Marinoni: "[...] no caso de inadimplemento de obrigação contratual, o credor deve exigir a tutela na forma específica. [...] Contudo, há algo diverso quando se está diante do ressarcimento do dano. O lesado tem apenas faculdade de exigir ressarcimento na forma específica, ainda que esta forma de ressarcimento seja faticamente possível. Preferindo, pode pedir ressarcimento pelo equivalente ao valor da lesão. O infrator não tem direito de reparar o dano na forma específica. Assim, não há razão para o juiz, ao reconhecer o direito ao ressarcimento, dar ao infrator a oportunidade de ressarcir o dano na forma específica. O único limite para a exigência de dinheiro no lugar do ressarcimento na forma específica está na excessiva onerosidade, ou melhor, na onerosidade desproporcionada trazida pelo pagamento em dinheiro no lugar da reparação específica" (MARINONI, Luiz Guilherme. *Novo Código de Processo Civil Comentado*. 3. ed. São Paulo: Revista dos Tribunais, 2017, p. 610.)

Em síntese, apesar de teoricamente tratar-se de medida ideal para indenização dos danos materiais, são raras as hipóteses em que, sozinha, esta modalidade reparatória se demonstrará viável, diante da existência de insuperáveis dificuldades práticas que autorizam a conversão da reparação *in natura* em restituição em dinheiro. Se no tocante aos danos materiais, portanto, a reparação unicamente em espécie se revela em diversas circunstâncias incompatível, na órbita dos danos extrapatrimoniais a modalidade sofre ainda maior resistência, em grande parte pela relutância da doutrina em desvincular princípios relativos à compensação dos danos materiais da indenização dos danos morais.

3. A possibilidade de reparação não pecuniária dos danos extrapatrimoniais

Pode-se dizer, sem exagero, que o ressarcimento dos danos extrapatrimoniais é responsável por algumas das mais acirradas controvérsias no campo da responsabilidade civil. A discussão iniciou-se em torno da possibilidade de se estabelecer compensação de cunho pecuniário aos danos de ordem moral,[18] questão pacificada com a promulgação da Constituição Federal de 1988, que trouxe em seu art. 5º, V e X expressa previsão quanto à indenizabilidade dos danos morais e materiais, conforme esclarece Maria Celina Bodin de Moraes:

> Apesar do reconhecido aspecto não-patrimonial dos danos morais, a partir de determinado momento tornou-se insustentável tolerar que, ao ter um direito personalíssimo seu atingido, ficasse a vítima irressarcida, criando-se um desequilíbrio na ordem jurídica, na medida que estariam presentes o ato ilícito e a lesão a um direito (da personalidade), por um lado, e a impunidade, por outro. Veio a Constituição de 1988 consolidar tal posição, já então majoritária, acerca do pleno ressarcimento do chamado dano moral puro.[19]

O reconhecimento da viabilidade da indenização pecuniária dos danos morais representou significativo avanço na busca pela efetiva tutela da pessoa

---

[18] Sobre a longa caminhada até a plena admissão da indenizabilidade dos danos morais: MONTEIRO FILHO, Carlos Edison do Rego. *Responsabilidade contratual e extracontratual*: contrastes e convergências no direito civil contemporâneo. 1. ed. Rio de Janeiro: Processo, 2016, pp. 109-118.
[19] BODIN DE MORAES, Maria Celina. *Danos à pessoa humana*, cit., p. 147.

humana.[20] Não obstante, a admissão da atribuição de valor monetário aos danos de ordem extrapatrimonial culminou, ao longo do tempo, na degeneração do instituto, seja pela banalização de seu uso através da explosão de hipóteses de admissão de danos indenizáveis, a justificar a existência da formação de uma suposta indústria dos danos morais, seja pela sua insuficiência prática em compensar efetivamente o ofendido.[21]

Atenta a esta problemática, parte da doutrina passou a defender a admissibilidade de novas hipóteses indenizatórias que, ao lado da indenização pecuniária, poderiam servir à efetiva compensação das vítimas de danos extrapatrimoniais.[22] Este entendimento deu origem ao Enunciado 589, da VII Jornada de Direito Civil: "A compensação pecuniária não é o único modo de reparar o dano extrapatrimonial, sendo admitida a reparação *in natura*, na forma de retração pública ou outro meio".

De fato, o legislador pátrio jamais estabeleceu óbice à admissão de hipóteses não pecuniárias de reparação. A Constituição de 1988, ao reconhecer o pleno ressarcimento dos danos morais nos art. s 5º, incisos V e X, não elegeu forma específica para sua consecução e o Código Civil tampouco o fez, muito pelo contrário, estabeleceu a prioridade da reparação específica em seu art. 947.[23]

Todavia, apesar do relevo destes argumentos, esta medida reparatória ainda enfrenta grande resistência. O raciocínio predominante entre as vozes dissidentes encontra-se ancorado na impossibilidade da reparação não pecuniária em reintegrar a vítima ao estado anterior ao evento danoso, neste sentido, conforme Pablo Stolze Gagliano e Rodolfo Pamplona Filho:

---

[20] O conceito de danos morais aqui adotado será o desenvolvido por Maria Celina Bodin de Moraes: "Constitui dano moral a lesão a qualquer dos aspectos da dignidade humana – dignidade esta que se encontra fundada em quatro substratos e, portanto, corporificada no conjunto dos princípios da igualdade, da integridade psicofísica, da liberdade e da solidariedade" (BODIN DE MORAES, Maria Celina. *Danos à pessoa humana*, cit., p. 327).

[21] SCHREIBER, Anderson. Reparação não pecuniária dos danos morais. *Direito civil e Constituição*. 1. ed. São Paulo: Atlas, 2013, p. 210.

[22] Por todos, a favor de tal possibilidade: GUEDES, Gisela Sampaio da Cruz. Os desafios do dano extrapatrimonial no direito brasileiro. In: MORAES, Carlos Eduardo Guerra de; RIBEIRO, Ricardo Lodi (Coord.); MONTEIRO FILHO, Carlos Edison do Rego; GUEDES, Gisela Sampaio da Cruz; MEIRELES, Rose Melo Vencelau (Org.). *Direito civil*. Rio de Janeiro: Freitas Bastos, 2015, p. 234.

[23] Este foi o entendimento exposto por Luís Roberto Barroso em sua decisão acerca dos danos morais sofridos pelos presos em condições degradantes de encarceramento (STF, Voto-vista no RE 580.252/MS, Pleno, Rel. Min. Alexandre de Moraes, DJe 11.9.2017, p. 204).

[...] no dano patrimonial (onde restou atingido um bem físico, de valor comensurável monetariamente), a reparação pode ser feita através da reposição natural. Essa possibilidade já não ocorre no dano moral, pois a honra violada jamais pode ser restituída à sua situação anterior, porquanto, como já disse certo sábio, as palavras proferidas são como as flechas lançadas, que não voltam atrás...[24]

Esta construção, sublinha-se, denota à antiga tentativa de submeter a reparação dos danos morais à aplicação de uma lógica de equivalência, usada para delimitar a quantificação dos danos de ordem material.

Esquece-se, no entanto, que este raciocínio não se adequa ao ressarcimento de danos extrapatrimoniais. Nestes casos, a equivalência afigura-se impraticável, já que não existe medida capaz de fazer desaparecer uma lesão à dignidade do indivíduo. É certo assim que, nestas hipóteses, deve-se perseguir tanto quanto possível a satisfação da vítima admitindo-se, no entanto, que jamais se atingirá uma correspondência perfeita.

Entre nós, a própria nomenclatura comumente conferida a esta hipótese reparatória serve para reiterar a equivocada concepção de que para que seja possível é necessária a presença de perfeita equivalência entre dano e indenização, uma vez que *in natura* significa "da mesma natureza". Melhor seria, portanto, quanto à sua aplicação no âmbito dos danos extrapatrimoniais, denominá-la apenas reparação não pecuniária,[25] afastando do conceito a ideia de exatidão entre bem afetado e reparação conferida.

De modo geral, o que se verifica é que os fundamentos utilizados para rejeitar a admissão da reparação não pecuniária são os mesmos que, no passado, foram empregados em defesa da impossibilidade de atribuição de valor monetário à reparação do dano moral. Naquele tempo, a doutrina favorável à atribuição de um valor pecuniário como medida indenizatória já destacava que o princípio da equivalência seria incompatível com a natureza de tais danos, conforme dispôs Carvalho de Mendonça:

> Existe uma verdadeira logomaquia nesse argumento. Que tal equivalência não existe não há duvidar. Concluir daí para a não-reparação é o que reputamos

---

[24] GAGLIANO, Pablo Stolze. PAMPLONA FILHO, Rodolfo. *Manual de direito civil*: volume único. São Paulo: Saraiva, 2017. Adeptos a posição semelhante: ANDRADE, Ronaldo Alves de. *Dano moral e sua valoração*. 2. ed. São Paulo: Atlas, 2011, p. 25; MELO, Nehemias Domingos de. *Dano moral*: problemática: do cabimento a fixação do 'quantum'. 2. ed. São Paulo: J. de Oliveira, 2004, p. 105.

[25] Esta é a nomenclatura utilizada por Anderson Schreiber (SCHREIBER, Anderson. *Reparação não pecuniária dos danos morais*, cit., pp. 205-219).

sem lógica. Realmente, a equivalência não se verifica, nem mesmo entre os meios morais. Nada, pois, *equivale* ao mal moral; nada pode *indenizar* os sofrimentos que ele inflinge. Mas o dinheiro desempenha um papel de *satisfação* ao lado de sua função de *equivalente*. Nos casos de prejuízo material esta última prepondera; nos de prejuízo moral a função do dinheiro é meramente satisfatória e com ela *reparam-se* não completamente, mas tanto quanto possível, os danos de tal natureza.[26]

A aplicação de uma lógica de equivalência aos danos extrapatrimoniais, em evidente tentativa de adequá-los a um raciocínio patrimonialista, não é invocada somente em construções que buscam a rejeição de indenizações não pecuniárias. Estes argumentos também são suscitados em defesa da impossibilidade de cumulação da indenização em dinheiro com outros meios reparatórios, sob a alegação de que nestes casos se verificaria a ocorrência de *bis in idem* e enriquecimento ilícito da vítima. É nesta linha a argumentação de Mirna Cianci:

> Não se pode, portanto, concordar com Brebbia, para quem, ainda que encontrada a fórmula da reparação natural, restaria o direito a uma indenização pecuniária, senão à conta do ilícito enriquecimento, uma vez que saciada a vítima com a total recomposição, a ela seria agregado insustentável acréscimo, sem título. Na verdade, insta traçar paralelo com o dano material que, recomposto, representa integral satisfação, não gerando direito a qualquer adicional, pena de ser também aqui configurado o ilícito enriquecimento do credor.[27]

Como se vê, novamente invocam-se silogismos antes utilizados para limitar a indenização pecuniária dos danos morais. Assim esclarece Carlos Edison do Rêgo Monteiro Filho, ao discorrer sobre o longo caminho percorrido pela doutrina até a plena admissão da indenização dos danos morais:

> Neste passo, não se admitia, via de regra, no âmbito do Supremo Tribunal Federal, a indenização simultânea dos danos morais e patrimoniais. Quando se podiam indenizar os danos materiais, excluía-se das verbas ressarcitórias a parcela relativa aos danos extrapatrimoniais, simplesmente pelo fato de se utilizarem, como critério de reparação do dano moral, técnicas de quantificação próprias e típicas do dano material. E, sendo assim, vinha à tona o problema do *bis in idem*,

---

[26] MENDONÇA, Manuel Inácio Carvalho de. *Doutrina e prática das obrigações*, tomo II. 4. ed. Rio de Janeiro: Forense, 1956, p. 451.
[27] CIANCI, Mirna. *O valor da reparação moral*, cit., p. 145.

razão pela qual, com o fim de evitá-lo, os Ministros majoritariamente rechaçavam a ideia da cumulação de verbas.[28]

Nesta linha, é relevante esclarecer o desacerto consistente em invocar institutos como o do enriquecimento sem causa na celeuma dos danos morais. A bem verdade, estas expressões têm sido com frequência erroneamente utilizadas pela doutrina como sinônimo da falta de proporcionalidade e razoabilidade em seu arbitramento.[29]

De fato, a reiteração destes equívocos justifica-se se nos atentarmos ao contexto ao qual estão inseridos: os sistemas indenizatórios não foram originalmente pensados para a tutela dos danos extrapatrimoniais[30] e, exatamente por isto, a doutrina habituou-se à tentativa de adequar esquemas desenvolvidos para a reparação de danos materiais aos danos de ordem moral.

No entanto, uma vez que a indenização dos danos morais, diferentemente dos danos materiais, possui como sua função primordial a compensação por uma ofensa à dignidade do indivíduo, esta medida reparatória deve ser analisada por uma ótica qualitativamente diversa, conforme esclarece Pietro Perlingieri:

> é preciso predispor-se a reconstruir o Direito Civil não como uma redução ou um aumento de tutela das situações patrimoniais, mas com uma tutela qualitativamente diversa. Desse modo, evitar-se-ia comprimir o livre e digno desenvolvimento da pessoa mediante esquemas inadequados e superados;[31]

Portanto, à compensação dos danos morais não cabe a aplicação de cálculos aritméticos visando apurar diferenças patrimoniais entre o estado anterior e posterior da vítima do evento danoso. Deste modo, assumindo-se que jamais

---

[28] MONTEIRO FILHO, Carlos Edison do Rêgo. *Responsabilidade contratual e extracontratual*, cit., p. 117.
[29] Conforme Carlos Nelson Konder, "a invocação do enriquecimento sem causa nesta sede costuma ser desprovida de conteúdo característico e apenas oculta a falta de critérios de quantificação que acompanha a obscuridade na conceituação do dano moral pela jurisprudência" (KONDER, Carlos Nelson. Enriquecimento sem causa e pagamento indevido. TEPEDINO, Gustavo (Coord.). *Obrigações*: estudos na perspectiva civil-constitucional. Rio de Janeiro: Renovar, 2005, p. 372).
[30] Conforme Gisela Sampaio da Cruz Guedes: "[...] os sistemas indenizatórios, exatamente porque não foram mesmo pensados para a tutela dos danos extrapatrimoniais, não se adéquam à sua reparação: a chamada "fórmula da equivalência", própria do dano patrimonial, [...]" (GUEDES, Gisela Sampaio da Cruz. Os desafios do dano extrapatrimonial no direito brasileiro, cit., p. 234).
[31] PERLINGIERI, Pietro. *Perfis do direito civil*: introdução ao direito civil constitucional. Trad. Maria Cristina De Cicco. 3. ed. Rio de Janeiro: Renovar, 2007, p. 34.

haverá recomposição absoluta dos danos extrapatrimoniais, não faz sentido falar-se, também, em *bis in idem* na cumulação entre a reparação não pecuniária e a indenização em dinheiro.

Caberá ao magistrado, no momento da análise do caso concreto, averiguar se de fato a vítima será compensada de forma eficaz através unicamente da reparação não pecuniária, ou se esta medida será insuficiente, dadas as circunstâncias fáticas e decorrências do evento danoso, autorizando a cumulação entre ambas as espécies reparatórias.

Foi o que ocorreu no âmbito de apelação cível julgada em 2011, que teve como relator o Desembargador Federal Bruno Leonardo Câmara Carrá, envolvendo a reparação de danos causados em razão de erro médico, em que por unanimidade se decidiu que, paralelamente à condenação dos réus à indenização em valor monetário no montante de R$ 50.000,00, deveria ser estabelecida reparação não pecuniária, consistente na realização de cirurgia plástica, com o objetivo de remediar o dano estético sofrido pela vítima decorrente da cirurgia.[32]

Por certo, no âmbito dos danos estéticos[33] a reparação não pecuniária parece ter grande margem para efetivação. Neste diapasão, a possibilidade de condenação do réu ao custeio de cirurgia plástica reparadora é capaz de atender plenamente o princípio da reparação integral, ao pormenorizar os danos sofridos pela vítima, sem exclusão da possibilidade de se estabelecer concomitantemente a reparação pecuniária, até mesmo porque em grande parte dos casos a lesão à integridade física do indivíduo é apenas amenizável através da intervenção cirúrgica.[34]

---

[32] TRF-5, Ap. Civ. 428094-RN (2003.84.00.008453-3), Rel. Des. Fed. Bruno Leonardo Câmara Carrá, julg. 18.8.2011.

[33] "Entende-se por tal a lesão aos bens jurídicos integridade física e imagem que pode gerar, em princípio, efeitos patrimoniais ou extrapatrimoniais na esfera de interesses da vítima, tais como deformidades e cicatrizes deixadas no corpo de alguém. Em outros termos, são ferimentos que maculam a imagem da pessoa, agridem-na em sua plasticidade; sendo certo que somente as pessoas físicas mostram-se sucetíveis a tais acontecimentos, obviamente" (MONTEIRO FILHO, Carlos Edison do Rêgo. *Os desafios do dano extrapatrimonial no direito brasileiro*, p. 132).

[34] Pontes de Miranda, ao discorrer sobre a prioridade da reparação *in natura*, narra situação semelhante: "[...] O lesante atirou na empregada um prato, porque ela havia revelado algo da vida do patrão. O ferimento foi deformante, no rosto e na cabeça, e a deformação ficaria. Advogado em cuja casa ela servia sugeriu a operação por especialista de renome, que por seu trabalho cobrava enormes quantias. Explicou-se à lesada que, para ela, seria melhor receber um pouco menos daquilo que teria de ser pago ao cirurgião. Não admitiu, sequer, o que se lhe oferecia, nem o total das operações, nem o total mais os honorários do advogado. Jurisconsulto foi consultado, por outro advogado, que frisava não corresponder ao nível social da empregada tão alta importância em dinheiro,

O fato é que as possibilidades de reparação não pecuniária dos danos extrapatrimoniais demonstram-se praticamente infindáveis, sendo seu exemplo mais recorrente no âmbito do direito de resposta, garantido constitucionalmente e delimitado pela lei.[35]

Entre os casos mais famosos, temos o emblemático direito de resposta concedido ao ex-governador do Estado do Rio de Janeiro, Leonel Brizola. Em 15 de março de 1994, a emissora Rede Globo foi compelida a transmitir em rede nacional, através de mensagem lida pelo locutor Cid Moreira, o direito de resposta obtido por Brizola em razão de matéria ofensiva anteriormente transmitida. O episódio, frequentemente relembrado, é visto como um exemplo paradigmático de efetividade de meios não pecuniários de reparação.[36]

Observa-se que mesmo diante do desenvolvimento dos meios de comunicação, o direito de resposta não se viu esvaziado;[37] muito pelo contrário, a repercussão nas mídias sociais parece conferir maior amplitude ao seu exercício. Já em 2017, no Espírito Santo, uma jovem conseguiu, através de conciliação, a condenação de um rapaz que espalhou boatos a seu respeito a manter publicação na rede social "Facebook", visível para todos, admitindo que nunca manteve com ela relações sexuais, o que gerou maior repercussão que

---

nem se justificar que ela preferisse a cirurgia à indenização pecuniária. A resposta foi a seguinte: "Se a reparação em natura, na pessoa, é praticável, somente o lesado pode admitir o pagamento em dinheiro. [...] se, com o tratamento, algo de lesivo ficou, cabe a indenização em pecúnia [...]" (MIRANDA, F. C. Pontes de, *Tratado de Direito Privado*: parte especial, t. 53. São Paulo: Revista dos Tribunais, 2012, p. 175).

[35] O ministro Celso de Mello, ao julgar a não recepção da Lei de Imprensa pela Constituição de 1988, no âmbito da ADPF nº 130, sublinhou que o direito de resposta possui status constitucional (art. 5º, inciso V), e se qualifica como regra de suficiente densidade normativa, podendo ser aplicada diretamente, sem necessidade de regulamentação legal. A despeito disso, foi publicada a Lei Federal n.º 13.188, de 11 de novembro de 2015, que se destina à disciplina do direito de resposta ou retificação exercível pela pessoa (natural ou jurídica) ofendida em matéria divulgada, publicada ou transmitida por veículo de comunicação social.

[36] Disponível em: <https://www.conjur.com.br/2009-mai-28/imagens-historia-dia-globo-falou-mal-dono-globo>. Acesso em: 15.10.2017.

[37] Apesar de a realidade ter demonstrado o contrário, houveram previsões pessimistas no sentido de que o desenvolvimento da internet tornaria sem eficácia a retratação pública: "Ainda que nos casos de calúnia, difamação e injúria se possa exigir retratação pública a ser promovida pelo ofensor, não se pode esquecer que as notícias negativas ganham muito mais espaços e destaque no seio da opinião pública do que aquelas que procuram corrigir distorções das falas maledicentes. (...) Além do mais, com a presença da internet na vida das pessoas, notícias veiculadas nesse meio digital ficam sempre acessível a quem por ela procurar e muitas vezes sem o devido link de acesso desmentido" (MELO, Nehemias Domingos de. *Dano moral*, cit., pp. 105-106).

o próprio boato. No caso, a vítima sequer solicitou a indenização pecuniária, pois a mera retratação, em suas palavras, foi capaz de "devolver sua honra".[38]

No entanto, apesar de já possuirmos diversos exemplos bem-sucedidos de direito de resposta em nosso ordenamento, faticamente são raras as demandas que não se limitam ao mero pedido de indenização em pecúnia. Este problema levou a discussão quanto à possibilidade de decretação de medidas de reparação não pecuniária de ofício pelo juiz, na busca pela efetiva tutela da vítima.

4. Possibilidade de decretação ou afastamento da reparação não pecuniária de ofício

Por tratar-se de construção pouco usual, os requerimentos de reparação não pecuniária, principalmente no tocante aos danos morais, demonstram-se praticamente inexistentes. Atentas a isso, a doutrina e a jurisprudência passaram a argumentar pela possibilidade de o juiz adotar medidas de reparação não pecuniária independentemente de pedido do autor. Neste sentido, argumenta Anderson Schreiber:

> A partir do momento em que se compreende que a indenização é apenas um dos meios de se alcançar tal reparação, resta claro que o juiz tem ampla liberdade para combinar o remédio pecuniário com outros que, sem exprimir valor monetário, permitem o atendimento do seu direito material, qual seja, a integral reparação do dano.[39]

Nesse diapasão, em interpretação extensiva ao art. 497 do Código de Processo Civil,[40] que diz respeito à execução de ações que tenham por objeto a prestação de fazer ou não fazer, justifica-se a possibilidade de alargamento do princípio da congruência nas decisões relativas à reparação do dano.

Esta linha argumentativa, sublinha-se, foi a utilizada pelo Ministro Luís Roberto Barroso em seu já citado voto no âmbito do Recurso Extraordinário

---

[38] Disponível em: <https://g1.globo.com/espirito-santo/noticia/universitaria-vitima-de-boato-na-internet-diz-que-teve-a-honra-de-volta-apos-decisao-da-justica-no-espirito-santo.ghtml>. Acesso em: 15.10.2017.
[39] SCHREIBER, Anderson. Reparação não pecuniária dos danos morais, cit., p. 217.
[40] "Art. 497. Na ação que tenha por objeto a prestação de fazer ou de não fazer, o juiz, se procedente o pedido, concederá a tutela específica ou determinará providências que assegurem a obtenção de tutela pelo resultado prático equivalente".

nº 580.252, em que a vítima havia pleiteado a condenação do Estado de Mato Grosso do Sul ao pagamento de um salário mínimo mensal enquanto perdurasse o tratamento degradante de superlotação no presídio. Quanto à possibilidade de conferir indenização diversa da pretendida, o Ministro discorreu o seguinte:

> Do ponto de vista processual, cumpre esclarecer que não há, nesta solução, qualquer violação ao princípio da congruência. A despeito de o recorrente ter pleiteado uma indenização em dinheiro (o recebimento de um salário mínimo mensal) a título de compensação dos danos morais sofridos, o juiz não está limitado a essa solução. Nas ações de indenização por danos morais, o direito material do autor a ser tutelado não é o recebimento de dinheiro, mas a efetiva reparação das lesões suportadas. E, como já se disse, a pecúnia é apenas um dos meios ou mecanismos para se alcançar a compensação, que, ademais, assume caráter subsidiário em relação à reparação específica. Assim, fica claro que os limites impostos pelo princípio da congruência devem se relacionar com a tutela do direito material do autor, e não com o remédio efetivamente pleiteado.[41]

Situação semelhante ocorreu no âmbito da apelação cível que teve como relator o Desembargador Sérgio Roberto Baasch Luz, no Tribunal de Justiça do Estado de Santa Catarina.[42] No caso, o autor pleiteou valor monetário como indenização em decorrência de violação de túmulo de seus parentes, que tiveram seus restos mortais ilegalmente removidos.

Em primeira instância, o juízo optou por estabelecer reparação *in natura*, no sentido de condenar o réu à reconstituição do túmulo violado. Insatisfeito, o autor interpôs recurso pleiteando a reforma da decisão, eis que teria deferido tutela diversa da pretendida, tendo seu recurso sido julgado procedente, em razão de a Turma ter considerado, por unanimidade, a decisão *extra petita* e, portanto, nula.

Como vemos, construções no sentido de defender o alargamento do princípio da congruência em casos de concessão de indenização à título de danos morais, apesar de repletas de boas intenções, apresentam uma série de obstáculos práticos. O primeiro deles consiste no excesso de poder que medidas como o alargamento demasiado ao princípio da congruência podem conferir ao juiz.

---

[41] STF, Voto-vista no RE 580.252/MS, Rel. Min. Alexandre de Moraes, DJe 11.9.2017, p. 204.
[42] TJSC, Ap. Civ. 2008.080311-8, Rel. Des. Sérgio Roberto Baasch Luz, julg. 4.3.2009.

Bem se sabe que, graças à exacerbação do recurso à técnica legislativa da cláusula geral e do livre arbitramento, foi deixado ao julgador todo e qualquer juízo acerca da existência de ato contrário ao direito, bem como do cálculo de sua compensação sem, no entanto, estabelecerem-se critérios objetivos para sua aplicação, deixando estas árduas tarefas à sua própria consciência. Este cenário é um dos maiores responsáveis pela conjuntura atual, de falta de proporcionalidade das decisões e grande arbitrariedade no tocante a análise do cabimento dos danos extrapatrimoniais.[43]

Diante disso, tem-se observado intenso esforço doutrinário em estabelecer limites e critérios objetivos para a aferição e quantificação do dano moral, a fim de conferir maior segurança e efetividade ao instituto.

Neste raciocínio, advogar pelo alargamento do princípio da congruência na tutela do direito material, a deixar ao arbítrio do juiz a decisão sobre a melhor forma indenizatória, é seguir o caminho diametralmente oposto, dando ampla liberdade ao julgador para decretar o que só a vítima deveria ter aptidão para decidir: o que melhor compensaria o dano por ela sofrido.

Soma-se a isto o fato de que, em muitas hipóteses, a decretação da reparação não pecuniária é indesejada pela vítima, podendo até mesmo agravar o dano sofrido. É fácil visualizar tal situação no âmbito dos danos que envolvem a intimidade e honra do indivíduo, em que pode se revelar lesiva a publicidade dada aos fatos, a exigir grande sensibilidade dos magistrados, nem sempre presente nas decisões dos tribunais pátrios.

Observa-se que, mesmo nos casos de obrigação de fazer, em que a execução específica afigura-se como prioridade por força do já citado art. 497, caso o autor efetue requerimento de conversão em perdas e danos, deverá a ele ser dada prioridade, conforme o art. 499 do Código de Processo Civil,[44] o que somente reitera o argumento de que deve prevalecer o requerimento do autor, por caber somente a ele determinar qual medida melhor tutelará seu direito.

Portanto, na hipótese de o juiz optar por determinar a adoção de medida diversa da pretendida, deve ele, no mínimo, atentar ao princípio do contraditório, sendo seu dever, caso considere que tal medida poderá de melhor forma amparar o direito material da vítima, dar oportunidade às partes para que se manifestem sobre a tutela diversa que se pretende deferir, em consonância ao

---

[43] BODIN DE MORAES, Maria Celina. Do juiz boca-da-lei à lei boa-de-juiz: reflexões sobre a aplicação-interpretação do direito no início do século XXI. *Revista de Direito Privado*, vol. 56. São Paulo: Revista dos Tribunais, out.-dez./2013, p. 1.

[44] "Art. 499. A obrigação somente será convertida em perdas e danos se o autor o requerer ou se impossível a tutela específica ou a obtenção de tutela pelo resultado prático equivalente".

art. 10 do Código de Processo Civil[45] e ao princípio expresso no art. 5º, inciso LV da Constituição Federal.[46]

Neste sentido, conforme elucida Marcelo Pacheco Machado, existem dois requisitos necessários para a concessão pelo juiz do "resultado prático equivalente", são eles o respeito ao contraditório e a própria vontade da parte, conforme esclarece:

> quando excepcionalmente a lei permite a relativização da congruência por conduta do juiz (assim como ocorre no resultado prático equivalente), é fundamental seja renovada a oportunidade de participação das partes. Cabe ao juiz dar um passo atrás no processo e chamar as partes para exercerem o contraditório a respeito do novo bem da vida que se pretende conceder, avaliando sua admissibilidade e adequação ao caso concreto.[47]

Desta forma, somente a partir de um juízo de admissibilidade e adequação construído com respeito ao contraditório, seria possível admitir hipóteses em que o juiz pudesse conceder bem da vida diverso daquele originalmente pleiteado pela vítima do evento danoso, sob pena de nulidade da decisão proferida, em razão de ofensa aos princípios do contraditório e à proibição de sentenças que extrapolem os limites da demanda.

Questiona-se, por fim, se, em sentido oposto, poderia o juiz rejeitar o pedido de reparação não pecuniária realizado pela vítima, estabelecendo a compensação em dinheiro.

Tal caso tem relevo em hipóteses em que a medida de reparação não pecuniária demonstre-se excessivamente gravosa ao causador do dano.[48] Neste

---

[45] "Art. 10. O juiz não pode decidir, em grau algum de jurisdição, com base em fundamento a respeito do qual não se tenha dado às partes oportunidade de se manifestar, ainda que se trate de matéria sobre a qual deva decidir de ofício".
[46] MARINONI, Luiz Guilherme. *Tutela específica*. 3. ed. São Paulo: Revista dos Tribunais, 2001, p. 98. Adeptos a esta posição, também: DIDIER Jr., Fredie; BRAGA, Paulo Sarno; OLIVEIRA, Rafael Alexandria. *Curso de direito processual civil*: teoria da prova, direito probatório, ações probatórias, decisão, precedente, coisa julgada e antecipação dos efeitos da tutela, vol. 2. 10. ed. Salvador: Jus Podivm, 2015, p. 366.
[47] MACHADO, Marcelo Pacheco. *Demanda e tutela jurisdicional*: estudo sobre forma, conteúdo e congruência. 2013. Tese (Doutorado em Direito Processual). Faculdade de Direito, Universidade de São Paulo, São Paulo, 2013, p. 221.
[48] Orlando Gomes traz o exemplo em que a reparação de um pequeno forno, cujo modelo tenha ficado antiquado e quase desconhecido para os mecânicos atuais, pode ser mais custosa do que a aquisição de outro aparelho completamente novo, em suas palavras: "o devedor não pode ser compelido à restituição *in natura*, se só for possível mediante gasto desproporcional" (GOMES, Orlando. *Responsabilidade civil*, cit., p. 53).

sentido, em ordenamentos em que se estabelece expressamente a possibilidade de reparação *in natura*, como o português[49] e o italiano,[50] os dispositivos de lei vêm acompanhados com a previsão de proporcionalidade da reparação não pecuniária, de modo que esta não se torne excessivamente gravosa ao devedor.

Estas disposições se assemelham, em uma perspectiva funcional, ao princípio expresso no Código de Processo Civil da menor onerosidade da execução, positivado no art. 805 e parágrafo único.[51] Neste sentido, o dispositivo tem como principal função impedir a execução desnecessariamente onerosa ao executado; ou seja, a execução abusiva.[52]

Nesta linha, há quem correlacione o princípio da menor onerosidade da execução à cláusula geral de vedação ao abuso do direito, expressa no art. 187 do Código Civil.[53] Sobre o conteúdo do abuso do direito, esclarece Caio Mario da Silva Pereira:

> abusa de seu direito aquele que leva o seu exercício ao extremo de convertê-lo em prejuízo para outrem. O propósito de causar dano não requer apuração de intenção íntima do titular. Induz-se o abuso da circunstância de se servir dele o titular, excedendo manifestamente o seu fim econômico ou social, atentando contra a boa-fé ou os bons costumes.[54]

Nesta linha, o art. 805, parágrafo único, do Código de Processo Civil revela cláusula geral que reputa abusivo qualquer comportamento do credor que

---

[49] Artigo 566.º "A indemnização é fixada em dinheiro, sempre que a reconstituição natural não seja possível, não repare integralmente os danos ou seja excessivamente onerosa para o devedor".
[50] A previsão encontra-se no já citado art. 2.058.
[51] "Art. 805. Quando por vários meios o exequente puder promover a execução, o juiz mandará que se faça pelo modo menos gravoso para o executado. Parágrafo único. Ao executado que alegar ser a medida executiva mais gravosa incumbe indicar outros meios mais eficazes e menos onerosos, sob pena de manutenção dos atos executivos já determinados".
[52] Segundo Fredie Didier: "Trata-se, como se vê, de norma que protege a boa-fé, ao impedir o abuso do direito pelo credor que, sem qualquer vantagem, se valesse de meio executivo mais danoso ao executado. [...]" (DIDIER Jr., Fredie; BRAGA, Paulo Sarna; OLIVEIRA, Rafael Alexandria. *Curso de direito processual civil*: execução, vol. 5. 7. ed. rev., ampl. e atual. Salvador: Jus Podivm, 2017, p. 80).
[53] "Art. 187. Também comete ato ilícito o titular de um direito que, ao exercê-lo, excede manifestamente os limites impostos pelo seu fim econômico ou social, pela boa-fé ou pelos bons costumes".
[54] PEREIRA, Caio Mário da Silva. *Instituições de direito civil*, vol. I. Atual. Maria Celina Bodin de Moraes. 30. ed. rev. e atual. Rio de Janeiro: Forense, 2017, p. 537.

pretende valer-se de meio executivo mais oneroso do que outro igualmente idôneo à satisfação do seu crédito[55].

Neste sentido, é indiscutível que a indenização deve servir à efetiva compensação da vítima; no entanto, é necessário que esta compensação seja realizada em atenção ao postulado da proporcionalidade, não devendo ser deturpada como mecanismo de punição irrazoável ao causador do dano. Sobre o relevante papel da razoabilidade como medida do exame de legitimidade dos interesses em confronto no caso concreto, esclarece Gustavo Tepedino:

> Mediante a razoabilidade, o intérprete poderá aferir em que medida a disciplina individuada para certa hipótese fática, mesmo diante de regras aparentemente claras, se encontra consentânea com os princípios e valores do ordenamento, tendo-se em conta as especificidades dos interesses em questão. É papel do intérprete, portanto, em nome da razoabilidade, entrever as consequências da sua atividade interpretativa no caso concreto, em busca da solução razoável que, ao mesmo tempo, seja rigorosamente fiel aos valores do ordenamento jurídico.[56]

O cenário agrava-se em casos em que se verifique, diante das circunstâncias concretas, o abuso do direito da parte em efetuar pedido de reparação não pecuniária, hipótese em que se autoriza a recusa da tutela jurídica ao titular do requerimento[57].

Portanto, deverá o magistrado sopesar se, na hipótese concreta, os fins justificarão os meios, devendo efetuar um juízo de merecimento de tutela da situação da vítima e do causador do evento danoso, com base em critérios como o da proporcionalidade e justa medida.

Caso se verifique, portanto, que o requerimento de reparação não pecuniária demonstra-se excessivamente gravoso ao causador do dano, a ponto de tornar-se verdadeiro instrumento punitivo, é permitida a conversão da

---

[55] DIDIER Jr., Fredie; BRAGA, Paulo Sarna; OLIVEIRA, Rafael Alexandria. *Curso de direito processual civil*: execução, cit., p. 80.

[56] TEPEDINO, Gustavo José Mendes. *A razoabilidade e sua adoção à moda do jeitão*. Revista Brasileira de Direito Civil. Rio de Janeiro, Volume 8 – Abr/Jun 2016. Disponível em: https://rbdcivil.ibdcivil.org.br/rbdc/article/download/61/55. Acesso em: 06.03.2018.

[57] Neste sentido, conforme leciona Fredie Didier Jr., ao discorrer sobre o princípio da menor onerosidade da execução: "Trata-se, como se vê, de norma que protege a boa-fé, ao impedir o abuso do direito pelo credor que, sem qualquer vantagem, se valesse de meio executivo mais danoso ao executado. [...]. A aplicação do princípio pode dar-se *ex officio*: se o credor optar pelo meio mais danoso, pode o juiz determinar que a execução se faça pelo meio menos oneroso" (DIDIER Jr., Fredie; BRAGA, Paulo Sarna; OLIVEIRA, Rafael Alexandria. *Curso de direito processual civil*: execução, cit., p. 81).

reparação não pecuniária em valor monetário, a fim de se garantir a justa medida da indenização.

É importante asseverar que seria interessante, a exemplo do que foi realizado no direito alienígena, a efetiva positivação da hipótese de conversão da reparação não pecuniária em dinheiro em casos em que esta se verifique excessivamente gravosa ao causador do dano, facilitando a solução da questão pelo magistrado.

5. Conclusão

A reparação realizada através do equivalente pecuniário tornou-se o modelo amplamente utilizado para reparação dos danos tanto de ordem patrimonial quanto moral, no entanto, não se pode esquecer que esta não é a única medida reparatória possível.

Se no âmbito dos danos materiais o ressarcimento *in natura* esbarra em óbices como o da vedação ao enriquecimento sem causa e a incompatibilidade deste com medidas como a restituição de bens de caráter infungível, nos danos extrapatrimoniais esta medida reparatória possui território fecundo a ser explorado.

No entanto, é no campo dos danos extrapatrimoniais que os modos de reparação não pecuniários enfrentam maior resistência, em grande parte pela incessante tentativa de incluir os danos de ordem extrapatrimonial em uma ótica de equivalência, aplicável apenas aos danos materiais.

Neste diapasão, em um esforço pela busca de um método que atribua à indenização dos danos morais contornos aritméticos, advoga-se que a reparação não pecuniária seria impossível, pois o dano sofrido seria comparável a flechas lançadas, que não voltam atrás.

No mesmo sentido, aponta-se a impossibilidade de cumulação da indenização pecuniária com a reparação não pecuniária, sob a justificativa que tal situação geraria suposto enriquecimento ilícito e *bis in idem* em prol da vítima.

Esquece-se que os argumentos lançados para rejeição da reparação não pecuniária foram os mesmos que no passado foram arguidos para defender a impossibilidade de indenizar pecuniariamente os danos morais sofridos.

Desta forma, é necessário reconhecer que a indenização por danos morais, por dizer respeito à tutela de interesses existenciais da pessoa humana, merecem tutela qualitativamente diversa, descartando à sua aplicação esquemas inadequados à sua proteção.

No âmbito da reparação dos danos morais a compensação integral do ofendido deverá ser sempre a finalidade do julgador, admitindo-se, no entanto, que ainda não foi desenvolvida medida capaz de apagar um dano à dignidade do ofendido.

Os casos mais comuns de reparação não pecuniária ainda são àqueles atinentes ao direito de resposta do ofendido, no entanto, aos poucos, surgem novas hipóteses de aplicação desta forma indenizatória, como por exemplo no caso dos danos estéticos.

No entanto, não se pode negar que raramente nos deparamos com pedidos de reparação não pecuniária nas ações presentes nos tribunais. Esta conjuntura levou parte da doutrina e jurisprudência a defender a aplicação de medidas não pecuniárias de reparação de ofício pelo juiz.

Apesar de repleta de boas intenções, a medida parece conferir ao magistrado grande espaço para o desenvolvimento de decisões arbitrárias. Defende-se, portanto, que caso o juiz entenda que a reparação não pecuniária atenderá melhor ao objetivo compensatório da vítima deve, no mínimo, fazê-lo em respeito ao contraditório.

Por fim, quanto a possibilidade de rejeição ao pedido de reparação não pecuniária em razão da imposição de excessiva onerosidade ao causador do dano, a exemplo dos ordenamentos europeus, verifica-se que se, no caso, verificar-se que a indenização servirá mais à punição desmedida do ofensor do que à efetiva tutela do bem de vida almejado pela vítima, pode o juiz converter a reparação em perdas e danos.

Ademais, é importante averiguar a presença de abuso do direito por parte do lesado, consubstanciado em pedido que se demonstre excessivamente gravoso ao causador do dano, sem conferir à vítima nenhuma vantagem efetiva.

A questão de fundo que se coloca durante todo o desenvolvimento do presente trabalho foi quanto à possibilidade de modos diversos de reparação atenderem melhor ao princípio da reparação integral do dano.

Admite-se, portanto, que a responsabilidade civil trata-se de meio imperfeito, excessivamente lento, custoso e muitas vezes injusto de compensação, no entanto devemos continuar tentando melhorá-la. É neste sentido que se defende a possibilidade de reparação não pecuniária dos danos, como mais um instrumento em prol da efetiva reparação da vítima do evento danoso.

6. Referências

ALBALADEJO, Manuel. *Derecho civil*: derecho de obligaciones, vol. II. 14. ed. Madrid: Edisofer, 2011.

ANDRADE, Ronaldo Alves de. *Dano moral e sua valoração*. 2. ed. São Paulo: Atlas, 2011.

AZEVEDO, Álvaro Villaça. *Curso de direito civil*: teoria geral das obrigações: responsabilidade civil. 10. ed. São Paulo: Atlas, 2004.

BODIN DE MORAES, Maria Celina. *Danos à pessoa humana*: uma leitura civil-constitucional dos danos morais. Rio de Janeiro: Renovar, 2003.

____. Do juiz boca-da-lei à lei boa-de-juiz: reflexões sobre a aplicação-interpretação do direito no início do século XXI. *Revista de Direito Privado*, vol. 56. São Paulo: Revista dos Tribunais, out.-dez./2013.

CAHALI, Yussef Said. *Dano moral*. 4. ed. rev., atual. e ampl. São Paulo: Revista dos Tribunais, 2011.

CARVALHO, Elis; CARRARETTO, Glacieri. Universitária vítima de boato na internet diz que teve a honra de volta após decisão da justiça no Espírito Santo. Disponível em: <https://g1.globo.com/>. Acesso em: 15.10.2017.

CIANCI, Mirna. *O valor da reparação moral*. 2 ed. rev. e atual. São Paulo: Saraiva, 2007.

COSTA, Adriano Pessoa da; POMPEU, Gina Vidal Marcílio. Corte Interamericana de Direitos Humanos e desmonetarização da responsabilidade civil. *Civilistica.com*. Rio de Janeiro, a. 5, n. 2, 2016.

DIAS, Jose de Aguiar. *Da responsabilidade civil*. 11. ed. rev., atual. e aum. Rio de Janeiro: Renovar, 2006.

DIDIER Jr., Fredie; BRAGA, Paulo Sarno; OLIVEIRA, Rafael Alexandria de. *Curso de direito processual civil*: teoria da prova, direito probatório, ações probatórias, decisão, precedente, coisa julgada e antecipação dos efeitos da tutela, vol. 2. 10. ed. Salvador: Jus Podivm, 2015.

____. Curso de direito processual civil: execução, vol. 5. 7. ed. rev., ampl. e atual. Salvador: Jus Podivm, 2017.

DINIZ, Maria Helena. *Curso de direito civil brasileiro*. São Paulo: Saraiva, 2007.

GAGLIANO, Pablo Stolze; PAMPLONA FILHO, Rodolfo. *Manual de direito civil*; volume único. São Paulo: Saraiva, 2017.

GONÇALVES, Carlos Roberto. *Direito civil*, vol. 3. 4. ed. São Paulo: Saraiva, 2017.

GUEDES, Gisela Sampaio da Cruz. Os desafios do dano extrapatrimonial no direito brasileiro. In: MORAES, Carlos Eduardo Guerra de; RIBEIRO, Ricardo Lodi (Coord.); MONTEIRO FILHO, Carlos Edison do Rego; GUEDES, Gisela Sampaio da Cruz; MEIRELES, Rose Melo Vencelau (Org.). *Direito civil*. Rio de Janeiro: Freitas Bastos, 2015.

KONDER. Carlos Nelson. Enriquecimento sem causa e pagamento indevido. TEPEDINO, Gustavo (Coord.). *Obrigações*: estudos na perspectiva civil-constitucional. Rio de Janeiro: Renovar, 2005.

TEPEDINO, Gustavo José Mendes. A razoabilidade e sua adoção à moda do jeitão. Revista Brasileira de Direito Civil. Rio de Janeiro, Volume 8 – Abr/Jun 2016. Disponível em: https://rbdcivil.ibdcivil.org.br/rbdc/article/download/61/55. Acesso em: 06.03.2018.

MACHADO, Marcelo Pacheco. *Demanda e tutela jurisdicional*: estudo sobre forma, conteúdo e congruência. Tese (Doutorado em Direito Processual). Faculdade de Direito, Universidade de São Paulo, São Paulo, 2013.

MARCHESAN, Ana Maria Moreira. O princípio da reparação natural dos danos ao meio ambiente e sua aplicação prática. *Revista do Ministério Público do RS*, n. 69. Porto Alegre, mai.-ago./2011.

MENDONÇA, Manuel Inácio Carvalho de. *Doutrina e prática das obrigações*, tomo II. 4. ed. Rio de Janeiro: Forense, 1956.

MARINONI, Luiz Guilherme. *Tutela específica*. 3. ed. São Paulo: Revista dos Tribunais, 2001.

MARINONI, Luiz Guilherme. *Novo Código de Processo Civil Comentado*. 3. ed. São Paulo: Revista dos Tribunais, 2017

MARINONI, Luiz Guilherme, ARENHART, Sergio Cruz, MITIDIERO, Daniel. *Curso de Processo Civil*, vol. 2: Processo de conhecimento. 10. ed., 2015.

MELLO, Cleyson de Moraes. *Direito civil*: obrigações. 2. ed. Rio de Janeiro: Freitas Bastos, 2017.

MELO, Nehemias Domingos de. *Dano moral*: problemática: do cabimento à fixação do 'quantum'. 2. ed. São Paulo: J. de Oliveira, 2004.

MIRANDA, F. C. Pontes de, Tratado de Direito Privado: parte especial; t. 53. São Paulo: Revista dos Tribunais, 2012

MONTEIRO FILHO, Carlos Edison do Rêgo. *Responsabilidade contratual e extracontratual*: contrastes e convergências no direito civil contemporâneo. 1. ed. Rio de Janeiro: Processo, 2016.

NETO, Felipe Teixeira. *Dano moral coletivo*: a configuração e a reparação do dano extrapatrimonial por lesão aos interesses difusos. Curitiba: Juruá, 2014.

PEREIRA, Caio Mário da Silva. *Instituições de direito civil*. vol. I. Atual. Maria Celina Bodin de Moraes. 30. ed. rev. e atual. Rio de Janeiro: Forense, 2017.

PINHO, Débora. O dia em que a Globo falou mal do dono da Globo. Disponível em: <https://www.conjur.com.br/>. Acesso em: 15.10.2017.

REGLERO, L. Fernando Campos; LAGO, José Manuel Busto. *Tratado de responsabilidade civil*, t. II. 5. ed. Cizur Menor: Arazandi, 2014.

RODRIGUES. Andreia Marisa Anastácio. *Análise jurisprudencial da reparação do dano morte*: impacto do regime da proposta razoável de indemnização. Abril/2014. Dissertação – Universidade Católica Portuguesa.

ROSENVALD, Nelson. *As funções da responsabilidade civil*. 2. ed. São Paulo: Atlas, 2014.

SANSEVERINO, Paulo de Tarso Vieira. *Princípio da reparação integral*: indenização no Código Civil. 2. ed. São Paulo: Saraiva, 2010.

SANTOS, Orlando Gomes dos. *Responsabilidade civil*. Rio de Janeiro: GEN/Forense, 2011.

SCHREIBER, Anderson. *Direito civil e Constituição*. 1. ed. São Paulo: Atlas, 2013.

SOARES, Fabiana Rampazzo. **Responsabilidade civil por dano existencial**. 1. ed. Porto Alegre: Livraria do Advogado, 2009.

TARTUCE, Flávio. *Direito civil*, vol. 2: direito das obrigações e responsabilidade civil. 12. ed. rev., atual. e ampl. Rio de Janeiro: Forense, 2017.

VENTURI, Thais Gouvea Pascoalato. Responsabilidade civil preventiva: a proteção contra a violação dos direitos e a tutela inibitória material. São Paulo: Malheiros, 2014.

WESTERMANN, Harm Petter. Código civil alemão: direito das obrigações: parte geral. Trad. Armindo Edgar Laux. Porto Alegre: S. Fabris, 1983.

15. O Que Levar na Mala: Aspectos Controvertidos da Aplicação da Convenção de Montreal Pelos Tribunais Brasileiros

Felipe Zaltman Saldanha
Mestrando em Direito Civil pela UERJ. Advogado.

1. Introdução

Recentemente, o Supremo Tribunal Federal, ao julgar conjuntamente o Recurso Extraordinário (RE) nº 636.331 e o RE com Agravo (ARE) nº 766.618, reabriu uma discussão que já estava rumo à pacificação nos tribunais inferiores brasileiros. Naquela oportunidade, fixou-se a tese, em sede de repercussão geral, de que "nos termos do artigo 178 da Constituição Federal, as normas e tratados internacionais limitadoras da responsabilidade das transportadoras aéreas de passageiros, especialmente as Convenções de Varsóvia e Montreal, têm prevalência em relação ao Código de Defesa do Consumidor", contrariando diversas decisões, inclusive do Superior Tribunal de Justiça, pela aplicação preferencial do Código de Defesa do Consumidor em tais hipóteses.

No centro das discussões, encontra-se a antinomia aparente entre três diplomas legais: os já mencionados Convenção de Montreal e Código de Defesa do Consumidor, e o Código Civil, todos contendo regras aplicáveis aos contratos de transporte aéreo internacional de pessoas. No cotejo da legislação aplicável, confrontam-se dispositivos que trazem diferentes graus de proteção aos consumidores, sendo certo que, dentre as leis, a Convenção parece ser, ao menos à primeira vista, a que menos lhes beneficia. Por este mesmo motivo, há grande resistência, principalmente pela doutrina consumerista, à tese fixada pelo Supremo Tribunal Federal.

Apenas ilustrativamente, vez que isto será melhor abordado ao longo do presente estudo, vale mencionar que a Convenção apresenta dois aspectos polêmicos. Um, em relação a danos e mortes causados a passageiros, cenários nos quais haverá um sistema tarifado que definirá se a responsabilidade do transportador será objetiva ou subjetiva com culpa presumida. O segundo, em relação à indenização por destruição, avaria e perda de bagagens, ao fixar um valor limite, em verdadeira cláusula limitativa do montante indenizatório, que, por vezes, não compensará o consumidor na extensão do prejuízo que lhe foi causado.

O presente artigo se divide da presente forma: no primeiro capítulo, endereçamos os principais dispositivos do Código Civil, do Código de Defesa do Consumidor e da Convenção de Montreal, de modo a caracterizar o regime jurídico aplicável e melhor ilustrar os efeitos práticos derivados da escolha do intérprete pela aplicação de determinado diploma legal; no segundo capítulo, tratamos brevemente da aparente antinomia presente entre estes instrumentos legislativos, dos critérios para solução de tal impasse, e da posição adotada pelo Supremo Tribunal Federal em recente julgamento de casos que abordam o tema, quando também fixou uma tese em repercussão geral; no terceiro capítulo, tratamos de possível exceção à aplicação da tese fixada em repercussão geral, pois ainda quando aplicada a Convenção, poderá ser violado o dever de informação por parte da companhia aérea, ao, na prática, deixar de oferecer ao consumidor a possibilidade de elaboração de uma declaração especial de valor, em possível violação ao Código de Defesa do Consumidor ou mesmo ao Código Civil; por fim, apresentamos nossa conclusão.

2. Diplomas legais incidentes: Código Civil, Código de Defesa do Consumidor e a Convenção de Montreal

Como se verá ao longo do presente artigo, a dificuldade que permeia a matéria está justamente na pluralidade de fontes normativas aplicáveis ao caso concreto quando se está diante de um contrato de transporte aéreo internacional de pessoas. Trataremos abaixo de cada uma destas, de modo a indicar as possíveis perdas ou ganhos oriundos da escolha do intérprete pela aplicação de determinado diploma.

Antes de tudo, é de se notar que todos os diplomas em cotejo tratam do contrato de transporte, que, como aponta a doutrina, traz consigo uma cláusula implícita de incolumidade, ao impor o dever de que o passageiro e a carga cheguem ao seu destino sãos e salvos, sem sofrer dano de qualquer espécie e em qualquer grau.[1]

O Código Civil, de 2002, regula o contrato de transporte em capítulo específico, formado pelos artigos 730 a 756. Dentre seus dispositivos, o Código não só dá margem à aplicação de tratados e convenções internacionais quando não contrariem suas disposições (art. 732),[2] mas fixa regra de responsabilidade objetiva para a responsabilidade civil em casos de danos causados a pessoas e bagagens, salvo quando se estiver diante de situação de força maior (art. 734), isto é, de fortuito externo.[3-4] Como regra geral, impõe, ainda, a nulidade de qualquer cláusula excludente de responsabilidade.

Em sua disciplina, o Código também determina que a culpa exclusiva de terceiro não é suficiente para elidir a responsabilidade contratual do transportador (art. 735),[5] razão pela qual este deverá sempre responder pelo dano causado aos passageiros ou às suas bagagens, para que depois busque o regresso daquele que deu causa ao dano. Neste ponto, a disciplina do Código Civil é inclusive mais benéfica do que aquela do Código de Defesa do Consumidor,[6-7] como se verpá. Ainda dentre seus artigos, o Código Civil prevê a

---

[1] "Em suma, entende-se por cláusula de incolumidade a obrigação que tem o transportador de conduzir o passageiro são e salvo ao lugar de destino" (CAVALIERI FILHO, Sergio. *Programa de responsabilidade civil*. 10. ed. São Paulo: Atlas, 2012, p. 328).

[2] "Art. 732. Aos contratos de transporte, em geral, são aplicáveis, quando couber, desde que não contrariem as disposições deste Código, os preceitos constantes da legislação especial e de tratados e convenções internacionais".

[3] "O fortuito externo é também fato imprevisível e inevitável, mas estranho à organização do negócio. É o fato que não guarda nenhuma ligação com a empresa, como fenômenos da Natureza – tempestades, enchentes etc. Duas são, portanto, as características do fortuito externo: autonomia em relação aos riscos da empresa e inevitabilidade, razão pela qual alguns autores o denominam de força maior" (CAVALIERI FILHO, Sergio. *Programa de responsabilidade civil*, cit., p. 335).

[4] "O caso fortuito tem o traço da imprevisibilidade que, secundariamente, leva à inevitabilidade que, por seu turno, deve ser relativizada: inevitável é o evento em função do que seria razoável exigir-se; assim, o fato não pode ser previsto, mas se tivesse sido, teria sido evitável. Assim, o caso fortuito, diferentemente da força maior, seria um impedimento que guarda relação com o devedor da prestação. Há uma divisão doutrinária do caso fortuito em interno e externo propiciada pela doutrina: o fortuito externo seria sinônimo de força maior, ao passo que o fortuito interno é o caso fortuito em seu estado puro" (ROLAND, Beatriz da Silva. O diálogo das fontes no transporte aéreo internacional de passageiros: Ponderações sobre a aplicabilidade da Convenção de Montreal e/ou do CDC. *Revista de Direito do Consumidor*. São Paulo, v. 99, 2015, p. 11).

[5] "Art. 735. A responsabilidade contratual do transportador por acidente com o passageiro não é elidida por culpa de terceiro, contra o qual tem ação regressiva".

[6] Já era esse o entendimento do STF na Súmula 187.

[7] "Não é a vítima e seus sucessores que devem buscar, na complexa rede de relações jurídicas tangenciais ao contrato de transporte celebrado com a transportadora, um ou mais culpados a

redução equitativa do *quantum* indenizatório se houver participação da vítima na ocorrência do dano, por deixar de cumprir com as normas estabelecidas pelo transportador (art. 738, *caput*, e parágrafo único).[8]

O Código de Defesa do Consumidor também estabelece regras que são aplicáveis aos contratos de transporte. Como se sabe, tal diploma, muito celebrado, traz consigo normas de ordem pública para a proteção e defesa do consumidor (art. 1º).[9] Seu escopo de aplicabilidade é exposto em seus artigos 3º, §2º,[10] e 22, parágrafo único,[11] estando, ainda, previsto como direito

---

serem responsabilizados, em um processo judicial que pode levar décadas até o final. Essa árdua tarefa não deve ser consignada ao hipossuficiente; este deve ser ressarcido imediatamente, sob pena de agressão à Carta Magna em diversas instâncias, como, por exemplo, os arts. 1.º, III, 3.º, I, e 5.º, XXXII. Assim, é patente que, em termos de exoneração de responsabilidade, o CC se mostra mais benéfico do que o CDC em relação aos contratos de transporte e deve prevalecer sobre o *codex* consumerista – e o raciocínio é válido não somente ao transporte aéreo internacional, mas em relação ao transporte aéreo doméstico e, em última análise, a qualquer tipo de contrato de transporte oneroso" (ROLAND, Beatriz da Silva, cit., p. 14).

[8] "Art. 738. A pessoa transportada deve sujeitar-se às normas estabelecidas pelo transportador, constantes no bilhete ou afixadas à vista dos usuários, abstendo-se de quaisquer atos que causem incômodo ou prejuízo aos passageiros, danifiquem o veículo, ou dificultem ou impeçam a execução normal do serviço.
Parágrafo único. Se o prejuízo sofrido pela pessoa transportada for atribuível à transgressão de normas e instruções regulamentares, o juiz reduzirá equitativamente a indenização, na medida em que a vítima houver concorrido para a ocorrência do dano".

[9] "[...] é possível fazer atuar a reserva da ordem pública internacional, nos contratos internacionais, com vista a garantir uma proteção mínima do consumidor brasileiro, quando o resultado decorrente da aplicação da *lex causae* for, em confronto com aquela (a ordem pública internacional brasileira), manifestamente incompatível. Não é uma simples diferença de tratamento da lei brasileira de defesa do consumidor em relação à *lex causae* que autoriza o acionamento da dita reserva. Esta só será acionada, excepcionalmente, de forma a garantir uma proteção mínima ao consumidor brasileiro, quando o resultado obtido com o método conflitual clássico se mostrar intolerável no foro brasileiro, diante da reserva da ordem pública internacional. Entretanto, este controle da solução material frente ao recurso da reserva da ordem pública internacional é feito à posteriori, sem prejuízo inicial do método conflitual" (KHOURI, Paulo R. A proteção do consumidor residente no Brasil nos contratos internacionais. *Revista de Informação Legislativa*. Brasília. Ano 41. n. 164, out.-dez./2004, p. 82).

[10] "Art. 3º Fornecedor é toda pessoa física ou jurídica, pública ou privada, nacional ou estrangeira, bem como os entes despersonalizados, que desenvolvem atividade de produção, montagem, criação, construção, transformação, importação, exportação, distribuição ou comercialização de produtos ou prestação de serviços. § 1º Produto é qualquer bem, móvel ou imóvel, material ou imaterial. § 2º Serviço é qualquer atividade fornecida no mercado de consumo, mediante remuneração, inclusive as de natureza bancária, financeira, de crédito e securitária, salvo as decorrentes das relações de caráter trabalhista".

[11] "Art. 22. Os órgãos públicos, por si ou suas empresas, concessionárias, permissionárias ou sob qualquer outra forma de empreendimento, são obrigados a fornecer serviços adequados, eficientes,

básico do consumidor, a prevenção e reparação de danos patrimoniais e morais (art. 6º, VI).[12]

Como regra, o Código impõe a responsabilidade objetiva pelo fato do serviço (art. 14),[13] prescrevendo, porém, as chamadas exceções ao dever de indenizar, dentre as quais se encontram a culpa exclusiva do consumidor ou de terceiro (art. 14, §3º).[14]

Em semelhança ao que faz o Código Civil especificamente para os contratos de transporte, o Código de Defesa do Consumidor amplia para todas as relações de consumo a nulidade de cláusulas que limitam a responsabilidade do fornecedor por vícios de qualquer natureza (art. 51, I).[15]

Em terceiro lugar, o transporte aéreo internacional é também regulado pela Convenção de Montreal, firmada em 1999, e internalizada no Brasil pelo Decreto Federal nº 5.910, de 27/09/2006.

Em breve histórico, a Convenção de Montreal veio a substituir o modelo criado pela Convenção de Varsóvia de 1929. Antes dessa, porém, houve o Protocolo de Haia de 1955, o Protocolo da Guatemala de 1971, a Convenção de Guadalajara de 1961, e os Protocolos de Montreal nº 1, 2, 3 e 4 de 1975.[16]

---

seguros e, quanto aos essenciais, contínuos. Parágrafo único. Nos casos de descumprimento, total ou parcial, das obrigações referidas neste artigo, serão as pessoas jurídicas compelidas a cumpri-las e a reparar os danos causados, na forma prevista neste código".

[12] "Art. 6º São direitos básicos do consumidor: [...] VI – a efetiva prevenção e reparação de danos patrimoniais e morais, individuais, coletivos e difusos".

[13] "Esse defeito pode ser de concepção (que se instaura quando o serviço está sendo idealizado), pode ser de prestação (que ocorre quando o serviço está sendo executado), ou ainda de comercialização (por má informação sobre a utilização do serviço). Em qualquer caso, entretanto, é irrelevante que o defeito seja ou não imprevisível. O fornecedor de serviço terá de indenizar desde que demonstrada a relação de causa e efeito entre o defeito do serviço e o acidente de consumo, chamado pelo Código de fato do serviço" (CAVALIERI FILHO, Sergio. *Programa de responsabilidade civil*, cit., p. 332).

[14] "§ 3º O fornecedor de serviços só não será responsabilizado quando provar: I – que, tendo prestado o serviço, o defeito inexiste; II – a culpa exclusiva do consumidor ou de terceiro".

[15] "Art. 51. São nulas de pleno direito, entre outras, as cláusulas contratuais relativas ao fornecimento de produtos e serviços que: I – impossibilitem, exonerem ou atenuem a responsabilidade do fornecedor por vícios de qualquer natureza dos produtos e serviços ou impliquem renúncia ou disposição de direitos. Nas relações de consumo entre o fornecedor e o consumidor pessoa jurídica, a indenização poderá ser limitada, em situações justificáveis".

[16] Para um histórico mais completo sobre os instrumentos que antecederam a Convenção de Montreal, v. FITZGERALD, Gerald. The Four Montreal Protocols to Amend the Warsaw Convention Regime Governing International Carriage by Air. Disponível em: <http://scholar.smu.edu/cgi/viewcontent.cgi?article=2137&context=jalc>. Acesso em 4.3.2018.

Alguns pontos deste instrumento merecem destaque para o futuro cotejamento entre os benefícios e prejuízos de sua aplicação. Por questões de escopo metodológico, serão apenas expostas as principais regras relacionadas ao transporte de pessoas e bagagens, não se adentrando, portanto, no transporte de cargas e derivados.

Inicialmente, deve-se destacar que dentre seus dispositivos, a Convenção foi além do que previa a Convenção de Varsóvia, e excluiu a possibilidade de fixação de danos punitivos (art. 29),[17] cuja aplicabilidade no regime brasileiro é também questionada pela doutrina, principalmente à luz dos artigos 944 do Código Civil e 6º, VI, do Código de Defesa do Consumidor.[18] Isto se deu porque em determinados países, principalmente nos Estados Unidos, empresas aéreas eram frequentemente condenadas ao pagamento de quantias milionárias por danos causados a pessoas, o que poderia comprometer, na visão de alguns Estados que negociaram a Convenção, a saúde financeira de empresas aéreas sediadas em países de menor desenvolvimento econômico.

No mesmo racional dos Códigos Civil e de Defesa do Consumidor, a Convenção estabelece a nulidade das cláusulas de exclusão ou de limitação de responsabilidade quando fixarem patamares indenizatórios inferiores aos previstos em seu texto (arts. 25 e 26).[19] Além disso, estabelece um prazo prescricional de 2 (dois) anos, em seu art. 35,[20] o que diverge do prazo de 5 (cinco) anos prescrito pelo Código de Defesa do Consumidor, por exemplo.

---

[17] "Artigo 29 – Fundamento das Reclamações. No transporte de passageiros, de bagagem e de carga, toda ação de indenização de danos, seja com fundamento na presente Convenção, em um contrato ou em um ato ilícito, seja em qualquer outra causa, somente poderá iniciar-se sujeita a condições e limites de responsabilidade como os previstos na presente Convenção, sem que isso afete a questão de que pessoas podem iniciar as ações e quais são seus respectivos direitos. Em nenhuma das referidas ações se outorgará uma indenização punitiva, exemplar ou de qualquer natureza que não seja compensatória".

[18] BODIN DE MORAES, Maria Celina. Punitive damages em sistemas civilistas: problemas e perspectivas. *Revista Trimestral de Direito Civil*. Rio de Janeiro: Padma, ano 5, n. 18, abr./jun. 2004, pp. 45-78.

[19] "Artigo 25 – Estipulação Sobre os Limites. O transportador poderá estipular que o contrato de transporte estará sujeito a limites de responsabilidade mais elevados que os previstos na presente Convenção, ou que não estará sujeito a nenhum limite de responsabilidade. Artigo 26 – Nulidade das Cláusulas Contratuais. Toda cláusula que tenda a exonerar o transportador de sua responsabilidade ou a fixar um limite inferior ao estabelecido na presente Convenção será nula e de nenhum efeito, porém a nulidade de tal cláusula não implica a nulidade do contrato, que continuará sujeito às disposições da presente Convenção".

[20] No RE. 297.901-5, de relatoria da Ministra Ellen Gracie, entendeu-se por sua aplicabilidade, afastando o prazo prescricional mais benéfico, de 5 anos, do CDC.

Ao tratar de indenizações por morte ou lesões de passageiros, a Convenção fixa como elementos necessários à caracterização da responsabilidade civil das transportadoras aéreas: a morte ou lesão corporal de um passageiro,[21] e desde que o acidente[22] tenha ocorrido a bordo da aeronave ou durante quaisquer operações de embarque ou desembarque.[23] A grande maioria destes conceitos traz consigo diversos debates doutrinários quanto à sua qualificação e delimitação.

Em um de seus pontos mais polêmicos – tendo-se a legislação brasileira como objeto de comparação –, a Convenção cria em seu art. 21[24] um sistema

---

"Artigo 35 – Prazo Para as Ações. 1. O direito à indenização se extinguirá se a ação não for iniciada dentro do prazo de dois anos, contados a partir da data de chegada ao destino, ou do dia em que a aeronave deveria haver chegado, ou do da interrupção do transporte. 2. A forma de computar esse prazo será determinada pela lei nacional do tribunal que conhecer da questão".

[21] Com base em tal previsão, há discussão acerca da aplicabilidade da Convenção à tripulação ou eventuais passageiros clandestinos. "Ressalte-se que o art. 1.1 da Convenção não fala de passageiros, mas de pessoas, e exige que, para que estas sejam atingidas pelas suas disposições, o transporte seja feito em qualquer aeronave, desde que remunerado. Quando gratuito, o transporte deve obrigatoriamente ser efetuado por empresa de transporte aéreo. Essa determinação encontra-se plenamente de acordo com a letra do art. 736, parágrafo único, do CC, que distingue o transporte gratuito daquele sem remuneração e alberga somente este último, desde que o transportador aufira vantagens indiretas. Assim, para o Código Civil o transporte gratuito seria desinteressado, ao passo que o transporte sem remuneração implica benefício indireto do transportador, como nos casos de bilhetes emitidos em programas de milhagem de companhias aéreas" (ROLAND, Beatriz. O diálogo das fontes no transporte aéreo internacional de passageiros, cit., p. 8).

[22] A definição de acidente é aquela de ocorrência anômala e externa ao passageiro, definida no Anexo 13 da Convenção de Chicago de 1944, e seguida, na Europa, pelo Regulamento (UE) 996/2010 Parlamento Europeu e do Conselho em seu art. 3º.

[23] Há debate doutrinário significativo em relação às dificuldades de se estabelecer quando e onde se inicia o embarque e desembarque. Sobre tal ponto específico, dizia o Código Brasileiro de Aeronáutica em seu art. 233: "A execução do contrato de transporte aéreo de passageiro compreende as operações de embarque e desembarque, além das efetuadas a bordo da aeronave. § 1° Considera-se operação de embarque a que se realiza desde quando o passageiro, já despachado no aeroporto, transpõe o limite da área destinada ao público em geral e entra na respectiva aeronave, abrangendo o percurso feito a pé, por meios mecânicos ou com a utilização de viaturas. § 2° A operação de desembarque inicia-se com a saída de bordo da aeronave e termina no ponto de intersecção da área interna do aeroporto e da área aberta ao público em geral".

[24] "Artigo 21 – Indenização em Caso de Morte ou Lesões dos Passageiros. 1. O transportador não poderá excluir nem limitar sua responsabilidade, com relação aos danos previstos no número 1 do Artigo 17, que não exceda de 100.000 Direitos Especiais de Saque por passageiro. 2. O transportador não será responsável pelos danos previstos no número 1 do Artigo 17, na medida em que exceda de 100.000 Direitos Especiais de Saque por passageiro, se prova que: a) o dano não se deveu a negligência ou a outra ação ou omissão do transportador ou de seus prepostos; ou b) o dano se deveu unicamente a negligência ou a outra ação ou omissão indevida de um terceiro".

tarifado de indenização – *two-tier system* – que deve ser interpretado em conjunto com seus artigos 20[25], 25[26] e 26.[27-28]

Em um primeiro nível, caracterizado por indenizações inferiores a 100.000 DES,[29-30] a responsabilidade civil da transportadora se dá de forma objetiva, bastando que estejam presentes o dano e o nexo causal para que se configure o dever de indenizar. Assim como ocorre com o Código Civil, a culpa exclusiva de terceiro não configura uma excludente do dever de indenizar da empresa aérea, cabendo a esta compensar o consumidor pelo dano sofrido, e então perseguir o ressarcimento de terceiro por meio do exercício de seu direito de regresso (art. 37).[31]

É no segundo nível que os questionamentos acerca da validade e da proporcionalidade das regras previstas na Convenção ganham maior força,

---

[25] "Artigo 20 – Exoneração. Se o transportador prova que a pessoa que pede indenização, ou a pessoa da qual se origina seu direito, causou o dano ou contribuiu para ele por negligência, erro ou omissão, ficará isento, total ou parcialmente, de sua responsabilidade com respeito ao reclamante, na medida em que tal negligência, ou outra ação ou omissão indevida haja causado o dano ou contribuído para ele. Quando uma pessoa que não seja o passageiro, pedir indenização em razão da morte ou lesão deste último, o transportador ficará igualmente exonerado de sua responsabilidade, total ou parcialmente, na medida em que prove que a negligência ou outra ação ou omissão indevida do passageiro causou o dano ou contribuiu para ele. Este Artigo se aplica a todas as disposições sobre responsabilidade da presente Convenção, inclusive ao número 1 do Artigo 21".

[26] "Artigo 25 – Estipulação Sobre os Limites. O transportador poderá estipular que o contrato de transporte estará sujeito a limites de responsabilidade mais elevados que os previstos na presente Convenção, ou que não estará sujeito a nenhum limite de responsabilidade".

[27] "Artigo 26 – Nulidade das Cláusulas Contratuais – Toda cláusula que tenda a exonerar o transportador de sua responsabilidade ou a fixar um limite inferior ao estabelecido na presente Convenção será nula e de nenhum efeito, porém a nulidade de tal cláusula não implica a nulidade do contrato, que continuará sujeito às disposições da presente Convenção".

[28] "A redução do limite estabelecido pela Convenção pode ser traduzida como imposição de uma renúncia do consumidor a um patamar indenizatório que garante, minimamente, o ressarcimento dos danos sofridos, seja por ele, seja por seus herdeiros ou sucessores" (ROLAND, Beatriz. O diálogo das fontes no transporte aero internacional de passageiros, cit., p. 10).

[29] À época da elaboração do presente estudo, uma unidade do Direito Especial de Saque (DES) = R$ 4,6178.

[30] "Como nos foi dado observar, outrossim, a limitação da extensão e tipos de danos indenizáveis contemplados pela convenção revelou-se o quid pro quo indispensável à aceitação unânime do regime responsabilidade proposto, restaurando a equidade entre o usuário e o transportador, diante da ausência de limites da inversão do ônus da prova" (ANDRADE, Alessandra Arrojado Lisbôa de. Convenção de Montreal Derradeira Esperança para o Transporte Aéreo Internacional. *Revista Brasileira de Direito Aeroespacial*, 1999, n. 78, p. 7).

[31] "Artigo 37 – Direito de Ação Contra Terceiros. Nenhuma das disposições da presente Convenção afeta a existência ou não do direito de regresso da pessoa responsável pelo dano, contra qualquer outra pessoa".

especialmente à luz dos arts. 14, *caput*, do Código de Defesa do Consumidor, 734 do Código Civil, e 5º, XXXII, da Constituição. Nestes casos, embora não haja limite monetário ao dever de indenizar, a responsabilidade civil da empresa aérea se torna subjetiva, porém com culpa presumida. Ou seja, a esta caberá o ônus de comprovar sua falta de culpa, à luz do padrão do homem médio.[32-33]

Dentro deste segundo cenário, não só haverá espaço para a companhia comprovar que o dano não se deu por negligência ou omissão sua e de seus funcionários, mas também que este se deu por fato exclusivo de terceiro. Defende-se, neste sentido, que o fato de terceiro só liberaria o dever de indenizar do transportador naquilo em que superado o limite do primeiro *tier*, em que operará a responsabilidade objetiva, sob pena de se criar mecanismo benéfico às empresas justamente nas hipóteses em que os passageiros sofreram danos mais graves.[34]

Frente à hipossuficiência do consumidor, porém, há escritos no sentido de que uma interpretação lógico-sistemática dos diplomas legais em análise levaria à conclusão de que sempre haverá um dever de indenizar, sendo que o grau de culpa do criador do dano apenas interferirá no *quantum debeatur*, vez que a redução equitativa da indenização é prevista no art. 944, parágrafo único, do CC.[35]

---

[32] "A adoção da responsabilidade subjetiva, ainda que se trate de culpa presumida com inversão do ônus da prova, fere o Código de Defesa do Consumidor e, por via reflexa, a Constituição Federal de 1988, no seu art. 5º, XXXII".

[33] "Fora do âmbito do contrato de transporte, o CC, ao tratar da responsabilidade aquiliana nos arts. 186 e 927 não aborda o grau de culpa necessário para a responsabilização do agente. Na verdade, para o CC, o grau de culpa do agente só tem o condão de influenciar o montante da indenização, como se depreende da análise do art. 944, parágrafo único, que autoriza o magistrado a reduzir equitativamente a indenização se houver excessiva desproporção entre a gravidade da culpa e do dano. Aqui, se a culpa do agente for considerada levíssima, a consequência jurídica é a redução equitativa da indenização, e não a exclusão da responsabilidade. Além disso, para parte da doutrina autorizada no Brasil, a culpa levíssima, também chamada de *culpa ex re ipsa*, que exige apenas uma diligência mínima, estaria tão próxima da ausência de culpa, que a responsabilidade resultante desse tipo de comportamento seria objetiva" (ROLAND, Beatriz. O diálogo das fontes no transporte aero internacional de passageiros, cit., p. 12).

[34] CAVALIERI FILHO, Sergio, cit., p. 350.

[35] "Desse modo, ainda que a responsabilidade da transportadora acima de 100.000 DSE seja subjetiva, uma interpretação lógico-sistemática dos diplomas disponíveis que versam sobre o assunto permite concluir que até mesmo o dano oriundo de culpa levíssima conduz à obrigação de indenizar. A sua única influência seria no *quantum debeatur* e o impacto do duplo sistema de responsabilização civil não atingiria o direito material das vítimas e seus herdeiros e sucessores, mas a condução do litígio nos tribunais, na fase probatória, para determinar, se for o caso, a redução

Além das diversas questões que serão levantadas em momento oportuno, muito se questiona se o motivo originário de tal critério diferenciador da responsabilidade ainda permaneceria válido atualmente, ou se seria merecedor de revisão. Afinal, tal sistema teria sido criado em uma época em que a atividade em questão ainda era de risco e exigia montantes vultosos para que uma empresa fosse capaz de desempenhá-la. Por esse motivo, era necessário a adoção de valores minimamente padronizados ao redor do mundo, sob pena de se impedir a possibilidade de exploração econômica desta atividade em determinados países.[36] Não se sabe, porém, se no mundo atual, isto ainda seria necessário, considerando que o número de acidentes e fatalidades em tal atividade foi reduzido de forma significativa.

A Convenção também traz regras diferenciadas para hipóteses de destruição, perda, avaria ou atraso de bagagem, instituindo um teto reparatório de 1.000 DES (art. 22),[37] salvo quando houver declaração especial de valor de

---

equitativa da indenização do art. 944, parágrafo único, do CC. Na prática, independentemente das provas produzidas pela transportadora no decorrer do processo, ela será obrigada a indenizar na medida da extensão do dano provocado, nos termos do art. 944 do CC, exceto se provar que o dano ocorreu por força maior ou por fato exclusivo de terceiro, o que leva ao segundo ponto desta análise, relacionado às excludentes" (ROLAND, Beatriz. O diálogo das fontes no transporte aero internacional de passageiros, cit., p. 13).

[36] "[...] diante da necessidade de investimentos vultosos, em setor à época de alto risco, que iniciava desenvolvimento considerado estratégico, com elevadas taxas de sinistro e controle estatal das denominadas companhias de bandeira, havia necessidade de edição de normas aptas a protege-lo. Tendo em vista, ademais, a célere transposição de fronteiras internacionais, impunha-se editar diploma legal uniforme em vários países. Com base, portanto, nos fatores adrede descritos, editou-se, em 12 de outubro de 1929, a Convenção de Varsóvia, cujo âmbito de aplicação se estende aos documentos e ao regimento de responsabilidade do transportador aéreo internacional" (MORSELLO, Marco Fábio. *Responsabilidade civil no transporte aéreo*. São Paulo: Atlas, 2006, p. 53).

[37] "Artigo 22 – Limites de Responsabilidade Relativos ao Atraso da Bagagem e da Carga. 1. Em caso de dano causado por atraso no transporte de pessoas, como se especifica no Artigo 19, a responsabilidade do transportador se limita a 4.150 Direitos Especiais de Saque por passageiro. 2. No transporte de bagagem, a responsabilidade do transportador em caso de destruição, perda, avaria ou atraso se limita a 1.000 Direitos Especiais de Saque por passageiro, a menos que o passageiro haja feito ao transportador, ao entregar-lhe a bagagem registrada, uma declaração especial de valor da entrega desta no lugar de destino, e tenha pago uma quantia suplementar, se for cabível. Neste caso, o transportador estará obrigado a pagar uma soma que não excederá o valor declarado, a menos que prove que este valor é superior ao valor real da entrega no lugar de destino. 3. No transporte de carga, a responsabilidade do transportador em caso de destruição, perda, avaria ou atraso se limita a uma quantia de 17 Direitos Especiais de Saque por quilograma, a menos que o expedidor haja feito ao transportador, ao entregar-lhe o volume, uma declaração especial de valor de sua entrega no lugar de destino, e tenha pago uma quantia suplementar, se for cabível. Neste caso, o transportador estará obrigado a pagar uma quantia que não excederá o valor declarado, a

entrega,[38] ou restar demonstrado dolo ou culpa grave do transportador aéreo internacional ou de seus prepostos "com intenção de causar dano, ou de forma temerária e sabendo que provavelmente causaria dano, sempre que, no caso de uma ação ou omissão de um preposto, se prove também que este atuava no exercício de suas funções" (art. 22, 5).

Sobre tal limitação de valor, questiona-se até que ponto estaria ela em conformidade com as regras dos artigos 402 e 944 do Código Civil, que impõem um dever de reparar integralmente, *i.e.*, na extensão do dano sofrido. É bem verdade, porém, que pelo valor limite em questão, na maioria dos casos, não se estaria diante de um efetivo prejuízo dos consumidores.

Além disso, também se pergunta se tal limitação, por si só, afastaria a aplicação de artigos de outros diplomas, como o art. 6º, VIII, do CDC, que permite a inversão do ônus da prova em algumas hipóteses,[39] e se, caso tal norma fosse aplicada, não se estaria criando, em alguns casos, uma verdadeira

---

menos que prove que este valor é superior ao valor real da entrega no lugar de destino. 4. Em caso de destruição, perda, avaria ou atraso de uma parte da carga ou de qualquer objeto que ela contenha, para determinar a quantia que constitui o limite de responsabilidade do transportador, somente se levará em conta o peso total do volume ou volumes afetados. Não obstante, quando a destruição, perda, avaria ou atraso de uma parte da carga ou de um objeto que ela contenha afete o valor de outros volumes compreendidos no mesmo conhecimento aéreo, ou no mesmo recibo ou, se não houver sido expedido nenhum desses documentos, nos registros conservados por outros meios, mencionados no número 2 do Artigo 4, para determinar o limite de responsabilidade também se levará em conta o peso total de tais volumes. 5. As disposições dos números 1 e 2 deste Artigo não se aplicarão se for provado que o dano é resultado de uma ação ou omissão do transportador ou de seus prepostos, com intenção de causar dano, ou de forma temerária e sabendo que provavelmente causaria dano, sempre que, no caso de uma ação ou omissão de um preposto, se prove também que este atuava no exercício de suas funções. 6. Os limites prescritos no Artigo 21 e neste Artigo não constituem obstáculo para que o tribunal conceda, de acordo com sua lei nacional, uma quantia que corresponda a todo ou parte dos custos e outros gastos que o processo haja acarretado ao autor, inclusive juros. A disposição anterior não vigorará, quando o valor da indenização acordada, excluídos os custos e outros gastos do processo, não exceder a quantia que o transportador haja oferecido por escrito ao autor, dentro de um período de seis meses contados a partir do fato que causou o dano, ou antes de iniciar a ação, se a segunda data é posterior".

[38] "No transporte de bagagem, a responsabilidade do transportador em caso de destruição, perda, avaria ou atraso se limita a 1.000 Direitos Especiais de Saque por passageiro, a menos que o passageiro haja feito ao transportador, ao entregar-lhe a bagagem registrada, uma declaração especial de valor da entrega desta no lugar de destino, e tenha pago uma quantia suplementar, se for cabível. Neste caso, o transportador estará obrigado a pagar uma soma que não excederá o valor declarado, a menos que prove que este valor é superior ao valor real da entrega no lugar de destino".

[39] Em voto proferido no RE 636.331/RJ, a Ministra Rosa Weber se manifestou pela ausência de impeditivo à sua aplicação.

prova diabólica ao transportador, que não teria condições de comprovar o valor dos bens presentes na mala avariada ou perdida.

Neste ponto específico, entende-se que não haveria vedação legal à aplicação da inversão do ônus da prova ou de outras normas processuais mais benéficas ao consumidor, desde que preenchidos os requisitos legais, o que não ocorre para fins de comprovação do teor da bagagem de determinado passageiro. Afinal, não nos parece que o consumidor seria hipossuficiente em relação à empresa, por possuir, inclusive, melhores condições de comprovar o que havia dentro da bagagem que transportava.

Por fim, a Convenção estabelece a possibilidade de adiantamento do valor devido pela companhia aérea, sem que isto crie qualquer assunção de responsabilidade, sendo que deverá o valor ser deduzido da indenização final (art. 28).[40]

3. A antinomia jurídica aparente entre os diplomas em cotejo e os recentes acórdãos do Supremo Tribunal Federal sobre a matéria

Apresentados os textos legais em questão e suas devidas particularidades, resta a princípio caracterizado um cenário de pretensa antinomia que deverá ser superado pelo intérprete ao se debruçar sobre o caso concreto.[41]

Para apreciar a questão posta, em regra, caberá ao intérprete aplicar os já conhecidos critérios hierárquico (*lex superior derogat legi inferior*), cronológico (*lex posterior derogat legi priori*) e da especialidade (*lex specialis derogat legi generali*). Enquanto os dois primeiros se qualificam como critérios de natureza formal, por não adentrarem na natureza material das normas antagônicas, o terceiro leva tal ponto em consideração, sendo melhor classificado, portanto,

---

[40] "Artigo 28 – Pagamentos Adiantados. No caso de acidentes de aviação que resultem na morte ou lesões dos passageiros, o transportador fará, se assim exigir sua lei nacional, pagamentos adiantados sem demora, à pessoa ou pessoas físicas que tenham direito a reclamar indenização, a fim de satisfazer suas necessidades econômicas imediatas. Tais pagamentos adiantados não constituirão reconhecimento de responsabilidade e poderão ser deduzidos de toda quantia paga posteriormente pelo transportador, como indenização".

[41] "Podemos definir, portanto, antinomia jurídica como a oposição que ocorre entre duas normas contraditórias (total ou parcialmente) emanadas de autoridades competentes num mesmo âmbito normativo, que colocam o sujeito numa posição insustentável pela ausência ou inconsistência de critérios aptos a permitir-lhe uma saída nos quadros de um ordenamento dado" (FERRAZ JUNIOR, Tercio Sampaio. *Introdução ao estudo do direito: técnica, decisão, dominação*. 4. ed. São Paulo: Atlas, 2003, p. 212).

como critério interpretativo.[42] No caso, a solução da antinomia por meio de tais critérios postos revela a aparência desta, considerando-se que apenas haveria uma antinomia real quando isto não fosse possível.[43]

Ao analisar o primeiro critério, deverá o intérprete verificar o poder normativo das normas em cotejo, isto é, a proximidade das normas em confronto com o topo da pirâmide normativa kelseniana. Neste, prevalecerá a norma hierarquicamente superior, pois "a inferioridade de uma norma em relação a outra consiste na menor força de seu poder normativo; essa menor força se manifesta justamente na incapacidade de estabelecer uma regulamentação que esteja em oposição à regulamentação de uma norma hierarquicamente superior".[44]

Já no critério cronológico, deverá ser verificada a data de vigência das normas em questão, levando-se em consideração que a norma mais recente tenderá a refletir as mudanças derivadas da evolução social. Por isso, tem-se a primazia, neste critério, da norma mais próxima ao momento em que o intérprete exerce a atividade interpretativa.

Quanto à especialidade, caberá ao intérprete analisar as normas conflitantes para verificar se a norma especial possui os elementos típicos da norma geral, e acrescenta novos, seja de natureza objetiva ou subjetiva.[45] Isto porque a norma especial traria consigo um aprofundamento de diferenciação gradual, ao aprofundar o desenvolvimento do ordenamento, razão pela qual merece ser aplicada.

Ao se analisar as características de cada uma das normas em questão, nota-se que, diferentemente do que poderia acontecer, os critérios elencados não apresentam conflito entre si, deixando de caracterizar uma antinomia real, onde não mais estão em conflito apenas as normas, mas si os critérios entre si.[46]

---

[42] BOAVENTURA, Bruno José Ricci. A solução das antinomias jurídicas aparentes inseridas na consolidação das leis. Disponível em: <https://www.tjrs.jus.br/export/poder_judiciario/historia/>. Acesso em: 1.4.2018.

[43] "A distinção entre antinomias reais e aparentes, fundada na existência ou não de critérios normativos positivos para sua solução pode e deve, pois, ser substituída por outras em que a antinomia real é definida como aquela em que a terceira condição é preenchida, ou seja, a posição do sujeito é insustentável porque não há critérios para sua solução, ou porque entre os critérios existentes há conflito, e é aparente em caso contrário" (FERRAZ JUNIOR, Tercio Sampaio. *Introdução ao estudo do direito*, cit., p. 212).

[44] BOBBIO, Norberto. *Teoria do ordenamento jurídico*. 2. ed. São Paulo: Edipro, 2014, p. 95.

[45] BOAVENTURA, Bruno José Ricci. A solução das antinomias jurídicas aparentes inseridas na consolidação das leis, cit.

[46] Sobre tal ponto, v. BOBBIO, Norberto. *Teoria do ordenamento jurídico*, cit., pp. 106-108.

Na análise concreta dos diplomas em questão temos, em primeiro lugar, o Código Civil de 2002, como norma geral, embora trate em alguns de seus artigos especificamente do contrato de transporte. No critério hierárquico, trata-se de legislação ordinária, não gozando de qualquer prerrogativa em relação às demais fontes em questão.

O Código de Defesa do Consumidor, de 1990, apresenta-se como norma especial para relações de consumo, gozando, assim, de prerrogativa de aplicação em face do Código Civil. Por outro lado, trata-se de legislação mais antiga e que possui o mesmo status hierárquico, isto é, de lei ordinária.

Por fim, apresenta-se a Convenção de Montreal, concluída em 29/05/1999, que goza de status ainda mais especial, em nossa opinião, por regular especificamente o transporte aéreo internacional. Como visto, trata-se de atualização da Convenção de Varsóvia,[47] tendo sido internalizada no Brasil por meio do Decreto Federal nº 5.910, de 27/09/2006,[48] ou seja, posteriormente ao CC e ao Código de Defesa do Consumidor.

Em relação à sua hierarquia, em especial, deve-se lembrar que persiste grande discussão doutrinária e jurisprudencial sobre o status gozado por convenções e tratados internacionais. Enquanto a doutrina majoritária de direito internacional, em especial, afirma que haveria uma primazia do direito internacional sobre o direito local,[49] o Supremo Tribunal Federal tem aplicado o entendimento de que ao ser incorporado no direito brasileiro, determinado

---

[47] "Teve como causa a percepção dominante nos anos vinte, de que as companhias aéreas, cujo desenvolvimento era ainda incipiente, não deveriam estar expostas aos rigores do direito comum. A insegurança do tráfego aéreo naquele período, origem de muitos acidentes, recomendava a adoção de regime jurídico especial para o transporte aéreo com a finalidade de estimular o aperfeiçoamento do setor" (AMARAL Júnior, Alberto. A invalidade das cláusulas limitativas de responsabilidade nos contratos de transporte aéreo. *Revista de Direito do Consumidor*, abr.-jun./1998, pp. 9-17).

[48] "Portanto, a partir de setembro de 2006, o transporte aéreo internacional é regido pela Convenção de Montreal, que prevalecerá sobre toda regra que se aplique ao transporte aéreo internacional entre os Estados-partes da presente Convenção, em virtude de que estes Estados-partes da presente Convenção, em virtude de que estes Estados são comumente partes dos demais instrumentos internacionais (cf. art. 55)" (STOCCO, Rui. *Tratado de Responsabilidade Civil*. 7. ed. São Paulo: Revista dos Tribunais, 2007, p. 367).

[49] "Por esta fenda aberta pelo próprio Kelsen em seu raciocínio, viriam ideais kelsenianos de universalidade da ordem jurídica, preconizando a supremacia do direito internacional sobre toda e qualquer norma de direito interno. Tal concepção restou adotada, entre nós, pela maior parte da doutrina, incluindo Haroldo Valladão, Oscar Tenório, Celso D. Albuquerque Mello e Marotta Rangel" (BINENBOJM, Gustavo. Monismo e dualismo no Brasil: *uma* dicotomia afinal irrelevante. *Revista da EMERJ*, Rio de Janeiro, v. 3, n. 9, set./2000, pp. 180-195).

tratado ou convenção goza de status de legislação ordinária, salvo quando se tratar de pacto internacional relacionado aos direitos humanos.[50]

Postos os critérios, a solução nos parece ser pela aplicação da Convenção de Montreal. Vê-se, de pronto, que a questão não pode ser superada por meio do critério hierárquico se considerado que, nos termos postos pelo Supremo Tribunal Federal, a Convenção também goza de status de lei ordinária.[51] No critério cronológico, previsto no art. 2º, §1º da LINDB,[52] tem-se que a Convenção seria a legislação mais recente sobre o tema. Já em relação ao terceiro critério, embora tenhamos dois diplomas dotados de certo grau de especialidade, a do Código de Defesa do Consumidor não se dá por razão da matéria, mas sim pela categoria do sujeito envolvido,[53] sendo certo que a Convenção também foi celebrada com o fim de tratar de consumidores, embora, ainda mais especialmente, de serviços de transporte aéreo internacional. Por isso, entendemos que a última é a mais específica neste assunto.

Ainda, aplicados os critérios, entende-se não ser necessário tratar das hipóteses em que a doutrina defende que o Código Civil poderá prevalecer sobre o Código de Defesa do Consumidor, por exemplo, mesmo quando se tratar de relações de consumo,[54] vez que a Convenção traz normas mais recentes e especiais.

---

[50] Neste sentido, veja-se ADI 1.480 MC/DF, Rel. Min. Celso de Mello e RE 349.703/RS, Rel. Min. Carlos Britto.

[51] Segundo Luis Roberto Barroso, em seu voto no RE com Agravo (ARE) nº 766.618: "No entanto, como não é esse o caso dos autos, aplica-se a regra geral: o CDC e a Convenção situam-se no mesmo patamar hierárquico. Consequentemente, as eventuais antinomias existentes entre seus preceitos resolvem-se, em princípio, pelos critérios da especialidade e cronológico, sendo que aquele tem preferência sobre este (LINDB, art. 2º, § 2º)".

[52] "Art. 2º Não se destinando à vigência temporária, a lei terá vigor até que outra a modifique ou revogue. §1º A lei posterior revoga a anterior quando expressamente o declare, quando seja com ela incompatível ou quando regule inteiramente a matéria de que tratava a lei anterior. §2º A lei nova, que estabeleça disposições gerais ou especiais a par das já existentes, não revoga nem modifica a lei anterior. § 3 º Salvo disposição em contrário, a lei revogada não se restaura por ter a lei revogadora perdido a vigência".

[53] CAVALIERI FILHO, Sergio. *Programa de responsabilidade civil*, cit., p. 361.

[54] "No que tange às regras que enunciam condutas e suas consequências, a toda relação de consumo aplica-se o Código de Defesa do Consumidor. Porém, se o Código Civil, em vigor a partir de 2003, tem alguma norma que especificamente regula uma situação de consumo, nesse caso, já de se aplicar a norma do Código Civil, isso porque se trata de lei mais recente. Como exemplo, lembro as disposições que temos hoje sobre o contrato de transporte de pessoas e coisas que integram o novo Código Civil, e que compõem um capítulo próprio, não constantes do Código Civil de 1916. Ora, todos sabemos que o transporte é uma relação de consumo estabelecida entre um fornecedor de serviço e um consumidor desse serviço. Embora o legislador tenha posto isso no Código Civil, na

Embora não nos pareça a melhor posição, deve-se apontar que há doutrina que defende uma ideia de diálogo das fontes, sustentando que o intérprete, ao ser confrontado com a pluralidade de diplomas legais, poderá, especialmente em matéria de consumo, colher artigos de diferentes leis, na busca da tutela mais ampla o possível dos consumidores,[55] na linha do que preceitua, por exemplo, o Enunciado 369 da IV Jornada de Direito Civil do CJF.[56] Não se pode, porém, concordar com tal leitura, pois a utilização isolada de artigos legais contrariaria o próprio equilíbrio de interesses feito pelo legislador ao elaborar a lei, trazendo verdadeiro desequilíbrio entre forças dos sujeitos envolvidos, e que ao final, interferirá de maneira muito clara na atividade interpretativa do julgador e no fomento da atividade econômica das companhias aéreas.

Nos julgados do Supremo Tribunal Federal mencionados (RE nº 636.331 e no ARE nº 766.618) também prevaleceu a tese de que a Convenção de Montreal deveria ser aplicada aos casos envolvendo o transporte aéreo internacional de passageiros, tendo sido fixada a já mencionada tese em sede de repercussão geral: *"nos termos do artigo 178 da Constituição Federal, as normas e tratados internacionais limitadoras da responsabilidade das transportadoras aéreas de passageiros, especialmente as Convenções de Varsóvia e Montreal, têm prevalência em relação ao Código de Defesa do Consumidor"*.

É interessante notar, porém, que embora seja reconhecida a antinomia pelos julgadores, em voto vencedor no ARE mencionado, o Ministro Luis Roberto Barroso aponta para o fato de que a questão já seria solucionada pelo próprio art. 178 da Constituição,[57] sendo que, ausente tal dispositivo, sequer se estaria diante de matéria constitucional apreciável pelo Supremo Tribunal Federal. Segundo o relator, a Constituição teria, através daquele artigo, criado

---

verdade, ele está regulando uma relação de consumo, à qual se aplica o Código Civil, não o Código de Defesa do Consumidor" (AGUIAR JUNIOR, Ruy Rosado de. O novo Código Civil e o Código de Defesa do Consumidor – Pontos de Convergência. *Revista da EMERJ*, v. 6, n. 24, 2003, pp. 16-17).

[55] "Ao se determinar a flexibilidade da aplicação de normas oriundas de diferentes diplomas na solução do caso concreto, os critérios tradicionais de solução de antinomias mostram-se insuficientes para a teoria do diálogo das fontes em matéria de consumo" (ROLAND, Beatriz. O diálogo das fontes no transporte aéreo internacional de passageiros, cit., p. 6).

[56] Enunciado 369 da IV Jornada de Direito Civil do CJF: "Diante do preceito constante no art. 732 do Código Civil, teleologicamente e em uma visão constitucional de unidade do sistema, quando o contrato de transporte constituir uma relação de consumo, aplicam-se as normas do Código de Defesa do Consumidor que forem mais benéficas a este".

[57] "Art. 178. A lei disporá sobre a ordenação dos transportes aéreo, aquático e terrestre, devendo, quanto à ordenação do transporte internacional, observar os acordos firmados pela União, atendido o princípio da reciprocidade".

um critério próprio de valoração das normas envolvidas, que prepondera sobre os demais, por ter o status de norma de sobredireito.[58]

Com efeito, um dos fatores decisivos para o Supremo Tribunal Federal ao apreciar tais casos se deu na interpretação do art. 178 em conjunto com o art. 5º, §2º,[59] também da Constituição. A leitura dos acórdãos e das discussões do plenário do Supremo revelam mesmo que a menção específica do art. 178 foi inclusive necessária para a aprovação da tese em sede de repercussão geral.

Ainda que tenha sido firmada tese de repercussão geral e de aplicação genérica, e isto nos interessa principalmente como forma de introdução para o próximo capítulo, há de se considerar as circunstâncias fáticas envolvidas nos casos julgados pelo plenário do Supremo.

No RE nº 636.331, apreciava-se caso envolvendo o sumiço temporário de malas de determinada consumidora em voo operado pela companhia Air France, tendo aquelas sido devolvidas para sua dona tempos depois. Em sede de sentença, a 4ª Vara Cível da Comarca da Capital do Rio de Janeiro caracterizou o sumiço de malas como um fortuito interno – a companhia havia alegado que isto se dera por conta de uma greve geral ocorrida na França – e arbitrou danos morais no valor de R$ 6.000,00, e danos materiais no valor equivalente a reais do total de DES correspondente ao peso da mala extraviada, conforme estabelece a Convenção de Varsóvia e, caso não fosse possível comprová-lo por meio de documento hábil, em 20 kg.[60]

---

[58] Diz o acórdão: "Como se percebe facilmente, o dispositivo constitucional estabelece um critério especial de solução de antinomias: em matéria de transporte internacional, conflitos entre lei e tratado resolvem-se em favor do segundo. Trata-se, portanto, de uma norma de sobredireito – como os demais critérios de resolução de conflitos normativos –, que se singulariza, porém, por seu *status* formal: cuidando-se de um comando constitucional, o art. 178 prepondera sobre outros critérios (como o da especialidade) caso apontem soluções diversas para o mesmo caso".
[59] "§2º Os direitos e garantias expressos nesta Constituição não excluem outros decorrentes do regime e dos princípios por ela adotados, ou dos tratados internacionais em que a República Federativa do Brasil seja parte".
[60] "Outrossim, entende este Juízo, que é perfeitamente cabível as regras contidas na Convenção de Varsóvia, no que tange à estipulação do valor a ser ressarcido pelo extravio da bagagem, diante da falta de outro critério, eis que o Código de Defesa do Consumidor não disciplina esta hipótese. Convém ser ressaltado, que embora tenha a Autora requerido a indenização por dano material em valor alcançado pela relação de bens existentes na mala, esta deixou de apresentar declaração especial do valor da bagagem, facultado aos passageiros, no momento do embarque, razão pela qual torna inviável a fixação da indenização do dano material no valor requerido na petição inicial. Por outro lado, não se recusou a Ré em indenizar a Autora nos termos da Convenção de Varsóvia, aplicando-se a cada quilo de bagagem o valor correspondente a Direitos Especiais de Saque, conforme as regras da citada Convenção e, não sendo alcançada a pesagem da mala da Autora, deve ser estabelecido o limite máximo de 20 kg (vinte quilos), que se refere ao peso máximo, sem que haja necessidade de pagamento de taxa por excesso".

Em grau recursal, a 11ª Câmara Cível do Tribunal de Justiça do Rio de Janeiro, ao apreciar a apelação cível nº 2006.001.006759-0, entendeu pela reforma da sentença, afirmando que o Código de Defesa do Consumidor deveria ser aplicado à hipótese.

Segundo a Câmara, tal diploma seria mais recente que a Convenção de Varsóvia, e seria lei especial, *"porquanto só ele regula as relações de consumo"*.[61] Assim, aplicou a regra de responsabilidade objetiva (art. 51, §1º, II, do CDC), e determinou a reparação integral dos danos causados ao consumidor, por considerar abusiva a cláusula que restringe direito inerente à natureza do contrato.

Por fim, o Tribunal inverteu o ônus da prova (art. 6º, VIII, do CDC), e afirmou que caberia à companhia aérea provar que os objetos descritos em declaração feita pela consumidora não estavam na mala extraviada, razão pela qual condenou a ré ao pagamento de danos materiais equivalentes aos bens declarados – excluindo, porém, os valores incorridos pela autora para comprar roupas e outros objetos durante sua estadia no exterior, por entender que isto configuraria *bis in idem* – e danos morais no valor de R$ 10.000,00, aplicando o Enunciado 45 do Tribunal.[62]

Pela repercussão da matéria, no âmbito do STF, a *International Air Transport Association* e *International Union of Aerospace Insurers*,[63] a *American Airlines* e o Instituto Brasileiro de Direito do Consumidor.[64-65] requereram sua

---

[61] Diz o acórdão: "não se trata de revogação da Convenção de Varsóvia pela legislação consumerista, mas sim, da convivência dos dois diplomas no ordenamento jurídico, que continuam incidindo cada um no seu campo específico de atuação, e devendo ser compatibilizadas quando regulares concomitantemente a mesma situação".

[62] "É devida indenização por dano moral sofrido pelo passageiro, em decorrência do extravio de bagagem, nos casos de transporte aéreo".

[63] Em resumo, as associações afirmaram que não haveria antinomia no caso concreto, especialmente quando considerado o art. 178 da Constituição, que teria feito uma escolha que não permitiria uma conclusão simplista no sentido de que todas as normas constitucionais e infraconstitucionais devem ser interpretadas para garantir a máxima proteção possível ao consumidor. Além disso, aplicar a Convenção seria garantir uma convivência harmônica entre direito interno e direito internacional, com critérios harmônicos mínimos tendo em vista a mobilidade de pessoas; estimular uma previsibilidade e segurança que fomenta o desenvolvimento econômico e social (direito fundamental) e o aprimoramento da rede de transporte aéreo nacional e internacional.

[64] A companhia fez referência ao art. 178 da Constituição, também afirmando que os arts. 7º do CDC e 732 do CC citam expressamente a regulação por meio de "tratados e convenções internacionais", razão pela qual deveriam prevalecer os limites previstos no art. 22 da Convenção para bagagens e mercadorias.

[65] Segundo o IBDC, a Convenção de Varsóvia é anterior ao CDC e à Constituição, sendo que a Convenção de Montreal teria apenas atualizado a norma ao sistema financeiro posterior. Além

intervenção no feito na qualidade de *amici curiae*. Neste caso houve, ainda, parecer da Procuradoria Geral da República pela manutenção do acórdão impugnado.[66]

Após apontar as questões em cotejo,[67] o relator, Ministro Gilmar Mendes, afirmou, em voto vencedor,[68] ao referenciar o art. 178 da Constituição, que a defesa do consumidor não é a única diretriz da ordem econômica, que não há diferença hierárquica entre as normas, e que ao aplicar o critério cronológico, prevalece a Convenção de Montreal, ainda que seja um instrumento de atualização da Convenção de Varsóvia. Ainda, no critério da especialidade, também prevaleceria a Convenção.[69]

Uma ressalva importante feita, porém, é a de que a os limites indenizatórios da Convenção de Montreal só se aplicariam aos danos materiais, por ser este o limite do que se estava questionando pela via recursal, mas também por não haver limites quantitativos preestabelecidos para danos morais, por incompatibilidade com o bem jurídico tutelado. Assim já vem sem posicionando de forma majoritária a doutrina civil-constitucional, apontando que não haveria validade em cláusulas de não indenizar ou mesmo limitativas do

---

disso, a defesa do consumidor é prevista na CF e o CDC impede a limitação da responsabilidade nas relações de consumo (art. 51).

[66] "Destarte, não há, na espécie, qualquer ofensa ao artigo 178 da Constituição Federal, conforme bem expôs o eminente Ministro Marco Aurélio no julgamento do AI n.º 824673/SP, julgado em 08 de setembro de 2011, in verbis: 'descabe cogitar, na espécie, de violência aos artigos 5º, § 2º, e 178 do Diploma Maior, cujo preceito restou atendido, valendo notar que os tratados subscritos pelo Brasil não se superpõem à Constituição Federal. Em síntese, em momento algum deliberou-se contrariamente à regra segundo a qual os direitos e garantias expressos na Constituição não excluem outros decorrentes do regime dos princípios por ela adotados ou dos tratados internacionais em que a República Federativa do Brasil seja parte'".

[67] Voto do Ministro Gilmar Mendes: "A solução dessa controvérsia passa pela consideração de, pelo menos, três aspectos: (1) o possível conflito entre o princípio constitucional que impõe a defesa do consumidor e a regra do art. 178 da Constituição Federal; (2) a superação da aparente antinomia entre a regra do art. 14 da Lei 8.078/90 e as regras dos arts. 22 da Convenção de Varsóvia e da Convenção para Unificação de Certas Regras Relativas aos Transporte Aéreo Internacional; e (3) o alcance das referidas normas internacionais, no que se refere à natureza jurídica do contrato e do dano causado".

[68] Na oportunidade, ficaram vencidos os Ministros Marco Aurélio e Celso de Mello.

[69] Já havia decidido o STF no RE 351.750: "Consumado o juízo de comparação, teremos que o Código de Defesa do Consumidor é lei especial em relação ao Código Civil. Não obstante, se o compararmos com o Código Brasileiro de Aeronáutica e com as disposições de Varsóvia, teremos ser ele lei geral em relação – repito para deixar claro – ao Código Brasileiro de Aeronáutica e às disposições da Convenção de Varsóvia".

quantum devido, em casos envolvendo lesões à dignidade da pessoa humana, incluindo, portanto, os danos morais.[70]

No segundo caso, que se relatará mais brevemente, o Supremo Tribunal Federal, com base em fundamentos jurídicos semelhantes, entendeu pela aplicabilidade do prazo prescricional previsto na Convenção de Montreal. O recurso foi apresentado pela Air Canadá em face de sentença e acórdão que aplicaram o Código de Defesa do Consumidor em caso envolvendo danos decorrentes de atraso de voo e, consequentemente, o prazo prescricional de 5 (cinco) anos (art. 27 do CDC), em detrimento do prazo bienal previsto nas Convenções de Varsóvia e de Montreal (arts. 29 e 35, nº 1, destas, respectivamente). Nos moldes postos pelo voto vencedor, do Ministro Luis Roberto Barroso, prevaleceu o entendimento pela aplicação das Convenções.

As considerações feitas e a intencional descrição, ainda que breve, dos fatos que permeiam cada recurso apreciado, são necessárias para que se possa expor raciocínio concordante com os resultados atingidos pelo Supremo Tribunal Federal em ambas as questões. Contudo, não nos parece que a tese fixada em repercussão geral, tendo como base estes casos específicos, tenha se dado da melhor forma.

Isto porque embora se esteja diante de casos complexos, por envolver pretensa antinomia jurídica, a questão subjacente era estritamente patrimonial, porquanto os casos lidavam com a perda permanente ou temporária de bagagens e seus reflexos indenizatórios, bem como a questão prescricional. Nestas hipóteses específicas, parece-nos que a aplicação das Convenções de Montreal e de Varsóvia, afastando o Código de Defesa do Consumidor e o Código Civil, atinge um resultado razoável e proporcional.

Desconhece-se, contudo, se o mesmo ocorreria em todos os casos em que estas normas se apresentam em confronto, como, ilustrativamente, em hipótese envolvendo a morte de determinado passageiro. Nesta circunstância, a Convenção prevê regulamento que no caso concreto poderá afetar de forma

---

[70] "Dentro do presente tema, é possível afirmar que o respeito à ordem pública indica a invalidade de cláusula de não indenizar devida por danos à integridade psicofísica das pessoas naturais. A proteção à dignidade da pessoa humana, que tem sede constitucional, incide no âmbito específico do direito obrigacional para determinar a nulidade da convenção de não indenizar. Essa vertente interpretativa também conduz à conclusão de que danos morais não poderiam ser objeto de cláusula de não indenizar, sobretudo diante do entendimento de que tais danos são aqueles que surgem diante da violação de direito da personalidade, ou então pela não observância da cláusula geral de tutela da pessoa humana" (BANDEIRA, Luiz Octávio Villela de Viana. As cláusulas de não indenizar no direito brasileiro. São Paulo: Almedina, 2016, p. 131).

consideravelmente negativa o consumidor, ao afastar a responsabilidade objetiva da empresa aérea em determinadas hipóteses.[71]

Por isso, embora não se critique as conclusões dos casos efetivamente apreciados pelo Supremo Tribunal Federal, tem-se dúvidas se estes seriam adequados para a criação de uma tese tão ampla, que servirá como guia para todos os demais casos envolvendo a antinomia dos instrumentos legislativos em confronto.

4. Um passo além: o dever de informação como pressuposto de validade da cláusula limitativa do dever de indenizar no caso das bagagens perdidas, destruídas ou avariadas

Como mencionado, concorda-se com as conclusões do Supremo Tribunal Federal no âmbito dos recursos apreciados, embora veja-se com ressalva a amplitude com que a tese de repercussão geral foi aprovada. Contudo, mesmo no escopo do limite indenizatório para bagagens destruídas, perdidas ou avariadas, parece-nos que ressalva deve ser feita, sob pena de aplicação de entendimento que prejudicará em demasia o consumidor.

A regra geral estabelecida pela Convenção em caso de perda, destruição ou avaria de bagagem, é de que salvo quando houver declaração especial de valor de entrega, ou restar demonstrado dolo ou culpa grave do transportador aéreo internacional ou de seus prepostos *"com intenção de causar dano, ou de forma temerária e sabendo que provavelmente causaria dano, sempre que, no caso de uma ação ou omissão de um preposto, se prove também que este atuava no exercício de suas funções"*, incidirá um teto reparatório de 1.000 DES (art. 22). Assim, tal teto será excepcionado em casos em que o consumidor tiver preenchido a chamada

---

[71] Tal ressalva foi também alvo de análise no voto-vista da Ministra Rosa Weber: "[c]onsiderados os estritos contornos dos recursos ora em exame, a versarem sobre prescrição e indenização por danos materiais decorrentes do extravio de bagagem, não avanço análise a respeito da proporcionalidade, ou não, dos parâmetros estabelecidos, no referido tratado (Convenção de Varsóvia), para a indenização por danos materiais nos casos de morte ou lesão de passageiro. Com efeito, no tocante à responsabilidade do transportador aéreo internacional por morte ou lesão a passageiro, há fatores distintivos que não podem ser ignorados. Em tais hipóteses, não está em jogo discussão de caráter eminentemente patrimonial e, portanto, disponível – como ocorre com a bagagem despachada –, mas, sim, concernente à vida e à integridade física humanas, fundamentos centrais de nossa ordem constitucional (art. 1º, III, da Constituição da República), motivo pelo qual inviável cogitar de mecanismo que, a exemplo do que ocorre com a 'declaração especial', possibilite ajuste prévio e individualizado da indenização por danos materiais a ser recebida na ocorrência de evento danoso".

declaração especial de valor, pela qual poderá ser obrigado a pagar valor adicional, devendo a companhia aérea compensá-lo integralmente pelo dano sofrido.

Ocorre que a regra prevista na Convenção não tem o condão de afastar a aplicação de outras obrigações presentes no ordenamento jurídico brasileiro, mesmo de normas protetivas do consumidor, inclusive previstas no Código de Defesa do Consumidor, quando não conflitantes com a Convenção. É isto que ocorre, em nossa opinião, como o dever de informação, derivado do postulado normativo da boa-fé objetiva.[72]

Assim, sustenta-se que caso não seja oferecido de forma clara ao consumidor a informação de que este poderá optar por realizar uma declaração especial de valor, para que então venha a ser compensado integralmente pelo valor do dano material sofrido, deve ser afastada a aplicação do teto indenizatório imposto pela Convenção de Montreal.

Afinal, sem que o consumidor esteja munido de informações para decidir, o que constitui direito básico do consumidor,[73] poderá a companhia aérea estar se beneficiando de situação de ignorância daquele quanto à existência de tal possibilidade, em violação dos deveres anexos impostos pela boa-fé objetiva. Nesta hipótese, o conteúdo de tal dever está perfeitamente "vinculado e limitado pela função socioeconômica do negócio celebrado",[74] garantindo que as partes irão cooperar para a persecução da finalidade contratual.

---

[72] "A boa-fé objetiva é, em sua versão original germânica, uma cláusula geral que, assumindo diferentes feições, impõe às partes o dever de a celebração do contrato. E foi neste sentido que o Código de Defesa do declaradamente protetiva do código consumerista, também a noção de boa-fé objetiva acabou, na prática jurisprudencial, sendo empregada como instrumento de proteção ao consumidor, embora ontologicamente não se trate de um preceito protetivo, mas de uma sujeição de ambas as partes, e em igual medida, aos padrões objetivos de lealdade e colaboração para os fins contratuais" (TEPEDINO, Gustavo José Mendes; SCHREIBER, Anderson. Os efeitos da Constituição em relação à cláusula de boa fé no Código de Defesa do Consumidor e no Código Civil. *Revista da EMERJ*, v. 6, n. 23. Rio de Janeiro, 2003, p. 142).

[73] "O inciso III assegura justamente este direito básico à informação, realizando a transparência no mercado de consumo objetivada pelo art. 4° do CDC. No CDC, a informação deve ser clara e adequada (arts. 12, 14, 18, 20, 30, 31, 33, 34, 46, 48, 52 e 54), esta nova transparência rege o momento pré-contratual, rege a eventual conclusão do contrato, o próprio contrato e o momento pós-contratual. É mais do que um simples elemento formal, afeta a essência do negócio, pois a informação repassada ou requerida integra o conteúdo do contrato (arts. 30, 33, 35, 46 e 54), ou, se falha, representa a falha (vício) na qualidade do produto ou serviço oferecido (arts. 18, 20 e 35)" (BENJAMIN, Antonio Herman V.; LIMA MARQUES, Claudia; BESSA, Leonardo Roscoe. *Manual de Direito do Consumidor*. 5. ed. São Paulo: Revista dos Tribunais, 2013. p. 73).

[74] TEPEDINO, Gustavo José Mendes. SCHREIBER, Anderson. Os efeitos da Constituição em relação à cláusula de boa fé no Código de Defesa do Consumidor e no Código Civil, cit., p. 147.

Sustenta-se, portanto, que caso a companhia aérea não informe o consumidor de tal possibilidade, não poderá incidir no caso concreto a tese fixada pelo Supremo Tribunal Federal, sob pena de consolidar situação que violaria diversos interesses tutelados pela legislação brasileira.

Tal ponto foi também alvo de ressalva no voto-vista proferido no RE 636.331/RJ pela Ministra Rosa Weber. Neste, a Ministra chama atenção para o fato de que deveria o consumidor ser informado pela companhia aérea da possibilidade de fazer uma declaração especial de valor, mediante pagamento, em alguns casos, para que não estivesse sujeito ao teto indenizatório previsto na Convenção:

> Ressalto, por fim, que, em atenção ao estabelecido no art. 6º, III, do CDC, preceito que não conflita com a Convenção de Varsóvia e com sua sucessora, a Convenção de Montreal, sendo, pois, aplicável em conjunto com tais tratados internacionais, deve o consumidor ser informado sobre a viabilidade de fazer declaração especial de valor, mediante pagamento, se o caso, de taxa suplementar, bem como sobre os riscos existentes na hipótese de não exercer tal faculdade, inclusive com potencial adstrição a limites indenizatórios, quanto a danos materiais decorrentes do eventual extravio de sua bagagem.

Daí porque critica-se, mais uma vez, a amplitude com a qual foi fixada a tese de repercussão geral pelo Supremo Tribunal Federal, sem que se cogitasse do impacto, muitas vezes indevido, que esta terá nos tribunais inferiores em todos os casos envolvendo o extravio de destruição, perda e avaria de bagagens.

5. Conclusão

Ao longo do presente artigo, buscou-se endereçar os diferentes instrumentos legislativos que disciplinam o transporte internacional de pessoas e bagagens, quais sejam, o Código Civil, o Código de Defesa do Consumidor e a Convenção de Montreal, apontando para as principais regras existentes em cada um destes.

Através da breve introdução de critérios de superação de conflitos entre diplomas legais, apresentou-se opinião concordante com aquela adotada pelo Supremo Tribunal Federal no julgamento dos RE nº 636.331 e o ARE nº 766.618, tendo-se, ainda, afastado a possibilidade de aplicação de um diálogo das fontes permissivo da colheita isolada de artigos nestes três instrumentos, que viesse a garantir o cenário o mais benéfico possível aos consumidores. Apontou-se, ainda, que embora se concorde com os resultados atingidos pelo Supremo Tribunal Federal em tais casos, haveria dúvidas se a tese aprovada pelo plenário, em termos tão amplos, subsistiria em casos distintos, como de lesão ou morte de passageiro.

Por fim, indicou-se possível aspecto capaz de alterar a conclusão do Supremo Tribunal Federal no que tange à destruição, perda e avaria das bagagens, quando violado o dever de informação, que encontra respaldo não só no Código de Defesa do Consumidor, mas que é derivado diretamente do postulado da boa-fé, produzindo efeitos sobre todo o ordenamento jurídico pátrio.

Das dúvidas suscitadas ao longo do presente artigo, apenas uma constatação parece absolutamente clara: seguros de viagem nunca foram tão cobiçados.

6. Referências

AGUIAR JUNIOR, Ruy Rosado de. O novo Código Civil e o Código de Defesa do Consumidor – Pontos de Convergência. *Revista da EMERJ*, v. 6, nº 24/2003.

AMARAL Júnior, Alberto. A invalidade das cláusulas limitativas de responsabilidade nos contratos de transporte aéreo. *Revista de Direito do Consumidor*, abr.-jun./1998. pp. 9-17.

ANDRADE, Alessandra Arrojado Lisbôa de. Convenção de Montreal Derradeira Esperança para o Transporte Aéreo Internacional. *Revista Brasileira de Direito Aeroespacial*, n. 78, 1999.

BANDEIRA, Luiz Octávio Villela de Viana. *As Cláusulas de Não Indenizar no Direito Brasileiro*. São Paulo: Almedina, 2016.

BENJAMIN, Antônio Herman. O transporte aéreo e o Código de Defesa do Consumidor. *Revista Brasileira de Direito Aeroespacial*, n. 77, 1999.

BINENBOJM, Gustavo. Monismo e dualismo no Brasil: Uma dicotomia afinal irrelevante. *Revista da EMERJ*. Rio de Janeiro, v. 3, n. 9, set./2000.

BOAVENTURA, Bruno José Ricci. A solução das antinomias jurídicas aparentes inseridas na consolidação das leis. Disponível em: <https://www.tjrs.jus.br/export/poder_judiciario/historia/>. Acesso em: 1.4.2018.

BOBBIO, Norberto. *Teoria do ordenamento jurídico*. 2. ed. São Paulo: Edipro, 2014.

BODIN DE MORAES, Maria Celina. Punitive damages em sistemas civilistas: problemas e perspectivas. *Revista Trimestral de Direito Civil*. Rio de Janeiro: Padma, a. 5, n. 18, abr.-jun./2004.

CALIXTO, Marcelo. *A culpa na responsabilidade civil*: estrutura e função. Rio de Janeiro: Renovar, 2008.

CAVALIERI FILHO, Sergio. *Programa de responsabilidade civil*. 10. ed. São Paulo: Atlas, 2012.

FERRAZ JUNIOR, Tercio Sampaio. *Introdução ao estudo do direito*: técnica, decisão, dominação. 4. ed. São Paulo: Atlas, 2003.

FITZGERALD, Gerald. The Four Montreal Protocols to Amend the Warsaw Convention Regime Governing International Carriage by Air. Disponível em: <http://scholar.smu.edu/cgi/viewcontent.cgi?article=2137&context=jalc>. Acesso em 04.03.2018.

GRASSI NETTO, Roberto. Crise no setor de transporte aéreo e a responsabilidade por acidente de consumo. Disponível em <http://www.publicadireito.com.br/conpedi/manaus/arquivos/anais/bh/roberto_grassi_neto.pdf>. Acesso em 20.11.2017.

GRAU, Eros Roberto. Transporte aéreo de passageiros; dano moral causado a passageiro: prevalência do código brasileiro de aeronáutica sobre o Código de Defesa do Consumidor. *Revista de Direito Bancário e Mercado de Capitais*, vol. 28, abr./2005.

KHOURI, Paulo R. A proteção do consumidor residente no Brasil nos contratos internacionais. *Revista de Informação Legislativa*. Brasília, a. 41, n. 164, out.-dez./2004.

MARQUES, Cláudia Lima. A responsabilidade do transportador aéreo pelo fato do serviço e o CDC – antinomia entre normas do CDC e de leis especiais. *Revista de Direito do Consumidor*. São Paulo: Revista dos Tribunais, n. 3, 1992.

MARTINS-COSTA, Judith. *A boa fé no direito privado*. São Paulo: Revista dos Tribunais, 1999.

MIRAGEM, Bruno. *Direito civil*: responsabilidade civil. São Paulo: Saraiva, 2015.

MORSELLO, Marco Fábio. *Responsabilidade civil no transporte aéreo*. São Paulo: Atlas, 2006.

NERY JÚNIOR, Nelson. Os princípios gerais do Código Brasileiro de Defesa do Consumidor. *Revista de Direito do Consumidor*, 1992.

PEREIRA, Guttemberg Rodrigues. Fato histórico: a Conferência Diplomática para a Modernização do sistema de Varsóvia. *Revista Brasileira de Direito Aeroespacial*, n. 93, 2010.

REFOSCO, Helena. A Convenção de Montreal e a responsabilidade civil no transporte aéreo internacional. *Revista Trimestral de Direito Civil*, vol. 46, 2011.

RILEY, Nelson Mullins. Punitive damages in the airline case. Disponível em: <http://www.nelsonmullins.com/articles/punitive-damages-in-the-airline-case>. Acesso em: 4.1.2018.

ROLAND, Beatriz da Silva. O diálogo das fontes no transporte aéreo internacional de passageiros: Ponderações sobre a aplicabilidade da Convenção de Montreal e/ou do CDC. *Revista de Direito do Consumidor*. São Paulo: Revista dos Tribunais, v. 99, 2015.

ROSSI, J. C. Tutela do Direito de Ação: CDC vs Convenção de Varsóvia. *Revista Dialética de Direito Processual*, v. 109, 2012.

SILVA, Jonas Sales Fernandes da.; SANTOS, J. E. S.; SILVA, D. V. E. Análise da aplicação do Código de Defesa do Consumidor a casos de dano material por extravio de bagagem no contrato de transporte aéreo internacional: um (aparente) conflito de normas jurídicas. *Revista de Direito do Consumidor*, v. 108, 2016.

STOCCO, Rui. *Tratado de responsabilidade civil*. 7. ed. São Paulo: Revista dos Tribunais, 2007.

TEPEDINO, Gustavo José Mendes; SCHREIBER, Anderson. Os efeitos da Constituição em relação à cláusula de boa fé no Código de Defesa do Consumidor e no Código Civil. *Revista da EMERJ*, v. 6, n. 23, 2003.

Controvérsias Sobre as Funções
da Responsabilidade Civil

16. Por Uma Função Promocional da Responsabilidade Civil

Antonio dos Reis Júnior
Doutorando e Mestre em Direito Civil pela Faculdade de Direito da Universidade do Estado do Rio de Janeiro. Especialista em Direito Privado Europeu pela Faculdade de Direito da Universidade de Coimbra, Portugal. Professor de Direito Civil na UCAM e nos cursos de pós-graduação da PUC-RJ, EMERJ e CEPED-UERJ.

1. Introdução

Pretende-se, na presente investigação, lançar ao debate da dogmática civilística a questão de saber se a responsabilidade civil extracontratual deve cumprir com uma função denominada, neste momento, de *função promocional*. Notadamente, procurar-se-á identificar se a ordem jurídica positiva admite, no Brasil, uma finalidade específica à responsabilidade civil (ao lado da tradicional finalidade reparatória e compensatória), conectada à geração de um ambiente propício e de estímulo à reparação espontânea dos danos, como medida de composição ideal entre o interesse lesivo e o interesse lesado.

Para isso, serão abordados, com viés crítico, os fundamentos da aludida função reparatória e compensatória, assim como do movimento contínuo do direito dos danos no sentido de sua objetivação, ou mesmo de sua socialização. Adiante, não serão olvidados os debates em torno das chamadas funções punitiva e preventiva (e de precaução), e como elas se relacionam, ou não, com escopo da responsabilidade civil aquiliana, tal como definida pelo ordenamento jurídico brasileiro, apresentando-se as objeções a tais figuras, a merecer enfrentamento por parte da doutrina.

Em seguida, demonstrar-se-á a utilidade da concepção funcionalista do direito, que identifica no ordenamento jurídico o chamamento ao cumprimento de uma função promocional, através das chamadas sanções positivas, que visam estimular a prática de condutas desejadas. À esta dimensão, serão acrescentados argumentos e fundamentos no sentido da identificação de uma *função promocional da responsabilidade civil*, desassociada do âmbito do controle do comportamento preventivo ou de precaução do agente, mas vinculada ao ambiente de máxima concretização da reparação dos danos já ocorridos. Apresentar-se-ão, ao remate, os desafios do reconhecimento da existência de um modelo de estímulo à reparação espontânea dos danos.

2. A função reparatória-compensatória e a perseguição da justiça comutativa: a finalidade primária da responsabilidade civil

Em se tratando de responsabilidade extracontratual,[75] é lugar comum identificar a *função reparatória* como aquela ligada à finalidade precípua e originária do instituto.[76] É a sua função primária. De fato, o modelo de responsabilidade civil é formatado para funcionar como um mecanismo que tem por escopo tornar *indene* aquele que, por uma conduta ilícita de outrem, sofreu certo dano.[77] Por definição, carrega o desiderato de imputar ao agente ofensor uma obrigação de indenizar, para que seja possível, com esta conduta, recolocar a vítima (lesada) na posição em que estaria se não tivesse ocorrido o evento

---

[75] Por questões de ordem metodológica, não será objeto do problema a abordagem ligada à responsabilidade contratual, ainda que se tenha consciência da respeitável posição daqueles que advogam a irrelevância de tal distinção. De uma maneira ou de outra, não seria adequado tal enfrentamento, pois em se considerando a relevância da distinção, assume-se que a responsabilidade contratual traduz lógica diferenciada da responsabilidade extracontratual, razão pela qual far-se-ia necessário traçar os critérios do *discrimen*. Por outro lado, em se considerando que a distinção não tem relevância, por representar um único sistema de responsabilidade civil, seria necessário explicitar as razões pelas quais se chegou a essa conclusão, pelo que não seria igualmente adequado abordar tal temática nesta seara.

[76] Destaca-se a síntese de José Aguiar DIAS, para quem: "O interesse em restabelecer o equilíbrio econômico-jurídico alterado pelo dano é a causa geradora da responsabilidade civil" (*Da responsabilidade civil*. Rio de Janeiro: Renovar, 2006, p. 55), resultando daí a "finalidade primordial de restituição do prejudicado à situação anterior, desfazendo, tanto quanto possível, os efeitos do dano sofrido" (Ibid., p. 25).

[77] É a formulação de António Menezes CORDEIRO: "Etimologicamente indemnização é a causa ou o efeito de indemnizar, isto é, de tornar indemne (*in + damno*) ou seja, sem dano" (*Tratado de direito civil português*. v. II, t. III. Coimbra: Almedina, 2010, p. 721). Ademais, "está subjacente à responsabilidade civil a ideia de reparação patrimonial de um dano provado, pois o dever jurídico infringido foi estabelecido directamente no interesse da pessoa lesada. O que verdadeiramente importa nas sanções civis é a restituição dos interesses lesados" (COSTA, Mário Júlio de Almeida. *Direito das obrigações*. 12. ed. Coimbra: Almedina, 2001, p. 521).

danoso.[78] Ademais, é tradicionalmente moldada para que a reparação se efetive segundo o "princípio da diferença", por via do qual é devido o valor correspondente ao desfalque patrimonial suportado pelo lesado.[79]

Tal lógica, de viés patrimonial e, em alguma medida, matemático, tem a sua razão de ser. Conquanto o direito moderno dos países integrantes do modelo romano-germânico tenha construído uma sólida dogmática que confirmou, de modo mais elaborado que os antigos, o preceito de *neminem laedere*,[80] também o fez no sentido de consolidar a ideia de justiça comutativa. No âmbito das relações entre particulares, o preceito de que não se deve causar dano a outrem se apoia numa ideia de igualdade formal e equivalência (daí o termo comutativo), que uma vez desequilibrada por uma causa não negocial (atos ilícitos), convoca a correção do estado-juiz para a apuração da diferença entre perdas e ganhos.[81] Eis por que natural compreender que o *justo* é não retirar

---

[78] "*Il risarcimento del danno, sia esso derivante da fatto illecito extracontrattuale che da responsabilità contrattuale, è volto a ripristinare il patrimonio del danneggiato nella situazione in cui si sarebbe trovato se non si fosse verificato il fatto dannoso*" (VISINTINI, Giovanna. *Trattato breve della responsabilità civile*. 3. ed. Milano: CEDAM, 2005, p. 632).

[79] "Para se calcular o *quantum debeatur*, deve ter-se em conta a *diferença* entre a situação real e a situação hipotética *actual* do património do lesado, sendo decisivo, para este efeito, o último momento possível" (MONTEIRO, António Pinto. *Cláusula penal e indemnização*. Coimbra: Almedina, 1999, p. 29). Possível, ainda, a compensação pelo lucro que o lesado poderá ter extraído do evento danoso (*compensatio lucri cum damno*): "*qualora da un sinistro la vittima consegua una perdita e riceva un vantaggio, tra queste opposte conseguenze economiche dovrebbe operarsi una compensazione: il risultato di questa costituisce il danno risarcibile, secondo la regola della* compensatio lucri cum damno" (FRANZONI, Massimo. *Trattato della responsabilità civile*, t. II. Milano: Giuffrè, 2010, p. 38).

[80] "Tal é a significação de cada um dos preceitos do Direito: *honeste vivere* é um preceito da Moral, sobre as regras do Direito; o *alterum non laedere* é um preceito que synthetisa todas as obrigações jurídicas, cuja prática se verifica por meio de omissões, e o *suum cuique tribuere*, finalmente, assignala todas as instituições e regras em que transparecem as obrigações positivas" (PINTO JÚNIOR, João José. *Curso elementar de Direito Romano*. Recife: Typographia Economica, 1888, pp. 62-63). E segue: "o *alterum non laedere*, segundo Heineccio, consiste na posição de respeito e acatamento" (cit., p. 63), "segundo Savigny [...] o *alterum non laedere*, refere se aos direitos originarios ou pessoaes, que consagrarão a segurança, a liberdade, a igualdade da personalidade do indivíduo, agente do direito" (cit., p. 64). Mais recentemente, em obra clássica, Stefano RODOTÀ intrepreta o "*neminem laedere*" como "*precetto da intendersi però come dovere generale di non arrecare quei danni (ingiusti) che siano rilevanti per il diritto in quanto cagionati con iniuria (contra ius). Possiamo pertanto concludere che, se posta in questi termini, la violazion del precetto dell'alterum non laedere possa rappresentare il principio informatore unitario della responsabilità da illecito*" (*Il problema della responsabilità civile*. Milano: Giuffrè, 1964, p. 361).

[81] Eis a razão pela qual na origem da axiologia da justiça corretiva/comutativa não há qualquer preocupação com a qualidade das pessoas envolvidas na lide, mas apenas com o dano efetivamente causado. Assim, o "injusto" representa uma desigualdade que "o juiz se esforça para igualar por meio da penalidade" (ARISTÓTELES. Ética a Nicômacos. 3 ed. Brasília: Editora Universidade de Brasília, 1992, §1132, p. 97). Enquanto o "justo", representando uma prática de prudência na

de outrem aquilo que lhe é de direito, impondo-se a obrigação de reparar, pela diferença de seu desfalque patrimonial, aquilo que lhe foi tolhido ilicitamente.[82] Em derradeiro, no cerne da compreensão desta finalidade primária, está aquela que sintetiza o pensamento de uma época na qual não se cogitava a qualificação de interesses extrapatrimoniais como dano ou lesão juridicamente protegidos.

O pensamento iluminista, que serviu de referência e estruturação básica do direito contemporâneo (pós-revoluções liberais), com apoio nos estudos de direito natural, identificou na *propriedade* um atributo (direito) essencial e inato ao homem (sujeito de direito), justificando-se a criação de um modelo de Direito Civil cujo escopo último orientava-se a regular e *garantir* a fluidez das relações patrimoniais.[83] A responsabilidade (patrimonial) servia, portanto, como garantia geral ao cumprimento das obrigações, dentre as quais se incluía a obrigação de indenização dos danos provenientes de atos ilícitos que efetivamente causassem prejuízos ao lesado.[84]

Convém, neste instante, ressaltar que para os teóricos do positivismo jurídico, que estudam o direito mediante critérios científicos e, assim, restringem a análise do direito àquilo que ele é, ou como ele é – e não o que deve ser ou o que deve alcançar –, a responsabilidade civil cumpriria uma função meramente formalista: a finalidade do instituto estaria conectada às suas regras e pressupostos próprios (dano, nexo causal, conduta ilícita e, eventualmente, a

---

justiça comutativa, constitui-se como "o meio termo entre a perda e ganho" (ARISTÓTELES, cit., §1132, p. 98). Como se vê, notabiliza-se por um parâmetro puramente objetivo e, em alguma medida, matemático de "justiça".

[82] Sobre a "teoria da diferença", confira, por todos, VARELA, João de Matos Antunes. *Das obrigações em geral.* vol. I, 6. ed. Coimbra: Almedina, 1989, pp. 877 e ss.

[83] *"A graduare il senso di queste parole (proprietà, contratto e responsabilità) nel vocabolario di un'epoca dominata dalla dottrina economica del laissez faire e dalla spinta competitiva alla conquista del benessere, il dato che subito risalta è il ruolo primario della proprietà: alla quale dal code civil in poi si cominciò a guardare come attributo e misura di perfezione della stessa personalità umana, tanto più accresciuta nel suo 'essere' quanto più potenziata nel suo 'avere'. E rispetto alla proprietà che è il fine, si può dire che il contratto è il mezzo e la responsabilità è il costo"* (LA TORRE, Antonio. *Cinquant'anni col diritto (saggi).* Vol. I. Milano: Giuffrè, 2008, pp. 178-179).

[84] "Em princípio, diz-se que uma coisa está garantida por determinada forma sempre que, por tal via, ela seja assegurada, na sua manutenção ou na prossecução das suas finalidades. [...] Fica-nos a ideia de que as garantias hão de redundar em esquemas de Direito destinados a assegurar determinadas situações jurídicas. Como sabemos ser este o papel da sanção, podemos definir a garantia jurídica como toda a sanção ou grupos de sanções institucionalizados. Deste modo, a própria responsabilidade civil, globalmente considerada, é uma garantia das situações genericamente cobertas, nos termos do art. 483.º/1, do Código Civil (português)" (CORDEIRO, António Menezes. *Tratado de direito civil português,* vol. II, t. IV. Coimbra: Almedina, 2010, p. 501).

culpa – análise estrutural), sendo, destarte, meramente contingentes, ainda que sempre associada aos viés de sanção reparatória/compensatória.[85] As demais funções eventualmente existentes seriam sempre ocasionais e dependeriam de previsão legal específica, com o seu respectivo delineamento. Neste modo de pensar o direito (que se pauta na análise do dado científico, vale dizer, do direito posto, através de seus textos legais explícitos), a estrutura normativa da categoria *precede* e determinação a sua função.

Não obstante a importância essencial e indelével do dado normativo para o direito, do qual não se pode desvincular-se, fato é que no contexto pós-positivista, no qual se compreende que a Constituição ocupa posição de supremacia formal e material, com regras e princípios de força normativa e aplicabilidade imediata, considerando o ordenamento jurídico em sua complexidade e unidade axiológica (não meramente formal), urge extrair uma ideia de direito que cumpra a certos fins, que são relevados pela leitura axiológica do instituto, conforme a tábua de valores que constituem o ordenamento jurídico.[86] É nesse ambiente – marcadamente principiológico – que se procura identificar se a responsabilidade civil possui outras funções, para além daquela logicamente explicitada pela análise do conjunto de seus textos legais específicos. Se ninguém duvida que a responsabilidade cumpre a uma função primária reparatória/compensatória, o mesmo não se pode afirmar quanto à questão de saber se o direito dos danos persegue uma função preventiva ou punitiva, ou mesmo outra função ainda carente de desenvolvimento analítico. De todo modo, como se verá, é preciso também refletir se, para além de sua função reparatória/compensatória primária, a responsabilidade civil apresenta, igualmente, uma finalidade última, que servirá de parâmetro para a identificação das funções a ela correlatas.

---

[85] Acerca da contingência das funções da responsabilidade civil para a ótica formalista, concluindo que apenas uma perspectiva finalista ou instrumental tem aptidão para identificar as funções do instituto, cf. COLEMAN, Jules. *Risks and wrongs*. Cambridge: Cambridge University Press, 1992, p. 203, para quem *"only instrumentalists believe that tort law has goals"*.

[86] "As Constituições, tidas como ápice na ordem hierárquica das normas dentro de determinado território, por si, não abrangem por completo as relações jurídicas da vida social. No entanto, seus princípios devem nortear todas as searas do ordenamento. Esse pensamento aplica-se tanto nas relações entre Estado e indivíduos quanto nas relações interindividuais; os valores e princípios constitucionais têm sua eficácia reconhecida diretamente nas relações entre os indivíduos" (FACHIN, Luiz Edson. *Direito civil*: sentidos, transformações e fim. Rio de Janeiro: Renovar, 2014, pp. 60-61).

3. Avanço econômico, risco, despersonalização e solidariedade: os fundamentos da socialização da responsabilidade civil

De fato, é com o advento da doutrina do liberalismo que se rompe, de modo paradigmático, com toda a estrutura de pensamento e organização do antigo regime, especialmente o modo de encarar o direito civil. Com efeito, o iluminismo representou um dos avanços mais importantes e determinantes da dogmática jurídico-política moderna, com grande repercussão na vida da sociedade contemporânea. A matriz de pensamento que se insurgiu em contraposição aos privilégios do Estado Absoluto clamava por um modelo em que fosse reconhecido no *indivíduo*, através de sua *Vontade*, a força motriz para o desenvolvimento das nações.[87] Numa apertada síntese, consagrava-se o valor do livre arbítrio como princípio imanente da vida em comunidade, mas cujo fundamento repousava não mais em conceitos de ordem religiosa, senão, simplesmente, na Razão humana. Se o Homem se torna o centro do Universo, é nele que deve residir a fonte criadora de normas de conduta.[88] E se não há, naturalmente, qualquer distinção entre os homens, na medida em que todos são providos de racionalidade, todos devem ser capazes de agir de modo prudente e conforme a sua Razão, que necessariamente tem aptidão para elaborar padrões de comportamento universalmente aceitos.[89]

---

[87] Por todos, SMITH, Adam. *A riqueza das nações*: investigação sobre sua natureza e suas causas, vol. I e II. São Paulo: Nova Cultural, 1996, *passim*.

[88] Kant relaciona claramente a liberdade fundada na Razão (*rectius*: autonomia da vontade) à capacidade intrínseca de todo homem de tornar-se legislador universal e agir conforme suas próprias leis, dentro de um contexto que ele denominou de reino dos fins. "Via-se o homem ligado a leis por seu dever, mas não passava pela cabeça de ninguém que ele estaria submetido apenas à sua legislação própria, embora universal, e que ele só estaria obrigado a agir em conformidade com sua vontade própria, mas legislando universalmente, segundo o <seu> fim natural. [...] Chamarei, portanto, esse princípio de princípio da autonomia da vontade, por oposição a qualquer outro, que, por isso, incluo na heteronomia" (KANT, Immanuel. *Fundamentação da metafísica dos costumes*. Trad. Guido Antônio de Almeida. São Paulo: Barcarola, 2009, pp. 257-258).

[89] Sobre a consagração da isonomia formal entre os Homens, com a queda do Antigo Regime, no sentido de que todos passam a ter aptidão para se tornarem "sujeitos de direito", é emblemático o texto legal original do *Code Civil* francês de 1804, que em seu artigos 7º e 8º, inaugurais ao primeiro capítulo "Do exercício dos direitos civis", consagram: *"L'exercice des droits civils est indépendant de la qualité de citoyen, laquelle ne s'acquiert et ne se conserve que conformément à la loi consitucionnelle"* (art. 7º) e *"Tout français jouira des droits civils"* (art. 8º). Em tradução livre: "O exercício dos direitos civis é independente da qualidade de cidadão, que é adquirido e preservado apenas de acordo com a lei constitucional" (art. 7º) e "Todos os franceses gozarão de direitos civis" (art. 8º).

Um deles, invariavelmente, reflete o mandamento segundo o qual não se deve causar prejuízo a terceiros (*neminem laedere*).[90]

Neste aspecto, o raciocínio liberal não inovou. Já se viu que uma das regras de convivência civil (*rectius*: civilizada) mais remotas de que se tem notícia é aquela que determina que as pessoas, em sociedade, devem se conduzir de maneira a não causar prejuízo a outrem.[91] Tal norma de comportamento é quase um pressuposto da vida em sociedade civilizada e organizada. Em verdade, a grande inovação dogmática do iluminismo ocorreu na maneira como encarar a responsabilidade diante do prejuízo, dando-lhe nova roupagem funcional. Sob a perspectiva das consequências da conduta humana, a *responsabilidade*, como conjunto de normas voltadas à reação coercitiva do Direito diante do ilícito (na responsabilidade extracontratual), consagrou a *liberdade de ação* como seu fundamento. O binômio liberdade-responsabilidade traduz a ideia segundo a qual esta constitui um corolário do princípio natural de que o homem, por ser livre, deve responder pelos seus atos. É a concessão de um contrapeso à balança da justiça, sempre associada à percepção de igualdade.[92] O Estado reconhece e não oprime a liberdade de ação humana, que lhe é natural e imanente, mas impõe que cada um responda por suas próprias condutas. Suprime-se, em absoluto, as técnicas punitivas místicas, de certa maneira fundada em noções pré-deterministas. Admite-se a liberdade do homem por argumentos racionais-individuais, não mais por concepções teológicas. Estabelece-se, enfim, a responsabilidade como atributo, ou corolário, do exercício da liberdade, porém, ainda, notadamente, em âmbito voluntarista e individual.[93]

Tal elaboração sofisticada, malgrado seu enorme sucesso, com ampla adesão da doutrina da cultura romano-germânica, não tardou a sofrer os abalos naturais que a força do tempo e do desenvolvimento das relações sociais imprimem

---

[90] No *Code Civil* de 1804, tal regra estava absorvida pelo artigo inaugural do Ato Ilícito: art. 1.382: "*Tout fait quelconque de l'homme, qui cause à autri un dommage, oblige celui par la faute duquel il est arrivé, à le reparer*". Em tradução livre: "Todo fato do homem que causar dano a outrem, obriga-o por cuja culpa ele ocorreu, a repará-lo".

[91] Como ressalta René SAVATIER: "*une civilisation avancée, et qui craint la décadence, tend instinctivament à assurer autant que possible son équilibre; et la reparation des préjudices causés est une manière de le rétablir*" (Traité de la responsabilité civile en droit français. Paris: Librairie Générale de Droit et de Jurisprudence, 1939, p. 1).

[92] Cf. nota 7.

[93] Leciona Jean-Louis GAZZANIGA que "*comme on l'a fort justement remarqué, les rédacteurs du Code Civil vont lier la responsabilité à la liberté; l'une servant de fondement à l'autre*" (Notes sur l'histoire de la faute. Revue française de théorie juridique, n. 5. Paris: PUF, 1985, p. 26).

sobre os institutos de direito, ainda que a chegada dos tempos atuais tenha revelado, numa velocidade avassaladora (em boa parte atribuída ao avanço econômico), toda sorte de problemas antes inimagináveis.[94] A derrocada do papel da culpa,[95] a ascensão das atividades de risco,[96] a indecisão sobre a conotação do nexo causal, a redefinição hermenêutica do ilícito e a amplificação do significado de dano, aliada à sua expansão sobre a coletividade, formam um contexto propício à atual crise paradigmática do modelo de responsabilidade civil, com a consequente redefinição de suas funções e, por conseguinte, de seus instrumentos de atuação, conferindo remodelação de seu perfil estrutural.[97]

Dentre os fatores que contribuíram para a necessidade de ressignificação do instituto da responsabilidade civil, destaca-se a *força dos fatos*. É indubitável que a humanidade observou um progresso econômico inimaginável, num curto intervalo de tempo, representado em pouco mais de dois séculos. A sociedade hodierna, modelada sobre as bases da produção e do consumo de massa (e das tecnologias disruptivas), acostumou-se a extrair deste ambiente de avanço econômico as benesses do progresso, rejeitando a adoção de um modelo normativo reativo que elimine ou seja, ao menos, tendente a abolir a livre iniciativa.[98] Porém, não ignora que a sociedade organizada por tais valores

---

[94] O mais interessante e ao mesmo tempo paradoxal é que certos valores que representam as raízes do liberalismo são também aqueles contra os quais se passou a invocar a necessidade de mitiga-los, também em razão do próprio sucesso do modelo capitalista. A economia de mercado, com a sua evolução tecnológica, e a consequente rapidez nas técnicas de produção e de consumo de massa, por exemplo, demandou releitura da própria ideia de autonomia privada, antes necessariamente ligada a um de seus aspectos fundamentais: a liberdade, por ambas as partes, de modulação dos efeitos do contrato. Percebendo-se que a contratação individualizada representaria um entrave para o desenvolvimento do mercado (e do consumo), logo se buscou justificar, com sucesso, a legitimidade dos chamados contratos de adesão, onde se admite uma mitigação do conteúdo da autonomia privada (ou uma ressignificação de seu sentido), em prol das vantagens econômicas decorrentes de sua utilização.

[95] Nas palavras de Henri LALOU: "*le problème du fondement de la responsabilité civile ne se pose que depuis une trentaine d'années. Jusque vers l'année 1890, il paraissait admis qu'il n'y avait pas de responsabilité sans faute*" (*La responsabilité civile*: principes élémentaires et applications pratiques. Paris: Dalloz, 1928, p. 33).

[96] Confira, por todos, BECK, Ulrich. *Risk and society*: towards a new modernity. New Delhi: Sage, 1992.

[97] Para uma visão panorâmica, cf. BODIN DE MORAES, Maria Celina. Risco, solidariedade e responsabilidade objetiva. *Na medida da pessoa humana*: estudos de direito civil-constitucional. Rio de Janeiro: Renovar, 2010, pp. 381-421.

[98] No Brasil, como se sabe, nos termos do art. 1º, IV, da CF, são considerados fundamentos estruturantes da República Federativa "os valores sociais do trabalho e da *livre iniciativa*", constituindo-se como cláusula pétrea, nos moldes do art. 60, §4º, da CF.

de liberdade e autonomia é capaz de gerar iniquidades concretas e, no que respeita ao problema aqui delimitado, de potencializar a causação de danos a terceiros, na medida em que as técnicas de produção e consumo de massa – e as novas tecnologias –, dada a velocidade em que se impõem e os meios utilizados, maximizam os riscos de sua realização (lesões a direito alheio).[99]

Neste contexto, à percepção da dura realidade da sociedade de risco, respondem os ordenamentos jurídicos contemporâneos com instrumentos que visam otimizar o modelo de responsabilidade civil, conferindo maior efetividade e proteção à pessoa da vítima, como uma resposta a um esquema fundado primordialmente na culpa, isto é, no juízo de reprovabilidade da conduta do ofensor. A previsão de uma cláusula geral de responsabilidade objetiva,[100] que prescinde da análise do pressuposto subjetivo da culpa, ou mesmo a "objetivação" do critério da culpa, pela adoção da chamada "culpa normativa",[101] são uns desses modelos, embora a resposta ao chamamento da efetividade não se restrinja a eles.[102]

---

[99] De modo pioneiro, sugerindo que a responsabilidade civil deve reconstruir suas bases com fundamento no risco, para além do fundamento da culpa, Raymond SALEILLES, que inicia sua obra observando os julgados recentes de sua década (1890) e realizando a seguinte provocação: *"La vie moderne, plus que jamais, est une question de risques. Done, on agit. Un accident se produit, il faut forcément que quelqu'un en supporte les suites. Il faut que ce soit ou l'anteur du fait ou sa victime. La question n'est pas d'infliger une peine, mais de savoir qui doit supporter le dommage, de celui qui l'a causé ou de celui qui l'a subi. Le point de vue pénal est hors de causa, le point de vue social est seul en jeu. Ce n'est plus à proprement parler une question de responsabilité, mais une question de risques: qui doit les supporter?"* (Les accidents de travail et la responsabilité civile: essai d'une théorie objective de la responsabilitá délictuelle. Paris: Librairie Nouvelle de Droit et de Jurisprudence, 1897, p. 5).

[100] CC, art. 927: "Parágrafo único. Haverá obrigação de reparar o dano, independentemente de culpa, nos casos especificados em lei, ou quando a atividade normalmente desenvolvida pelo autor do dano implicar, por sua natureza, risco para os direitos de outrem".

[101] Conforme sintetiza Anderson SCHREIBER, "a culpa passou a ser entendida como "o erro de conduta", apreciado não em concreto, com base nas condições e na capacidade do próprio agente que se pretendia responsável, mas em abstrato, isto é, em uma objetiva comparação com um modelo geral de comportamento. A apreciação em abstrato do comportamento do agente, imune aos aspectos anímicos do sujeito, justifica a expressão *culpa objetiva*, sem confundi-la com a responsabilidade objetiva, que prescinde da culpa. Para evitar confusões, contudo, parte da doutrina passou a reservar a tal concepção a denominação de *culpa normativa*" (SCHREIBER, Anderson. *Novos paradigmas da responsabilidade civil*. 4. ed. São Paulo: Atlas, 2012, p. 35).

[102] Entre aqueles que defendem a ideia de "socialização do direito", como uma consequência inerente à convivência do homem em sociedade e como um dos pressupostos da responsabilidade objetiva, como novo modelo geral a ser alcançado, remete-se, por todos, a Wilson Melo da SILVA (*Responsabilidade sem culpa e socialização do risco*. Belo Horizonte: Bernardo Alvares, 1962, pp. 239-352).

Foi-se além. Passou-se a argumentar que a consideração da pessoa da vítima, por dano causado no ambiente da sociedade de risco, reclamava a superação do modelo individualista de responsabilidade civil, calcado no binômio liberdade-responsabilidade, que restringe o acesso à obtenção da reparação do dano, pela dificuldade probatória que impõe o requisito da culpa, para um esquema solidário de responsabilidade civil,[103] onde se potencializa a garantia da reparação do dano à vítima, ainda que por meio da socialização das perdas.

A despeito de revelar uma nova roupagem ao instituto, com viés marcadamente inovador e solidário, pesam contra o paradigma da *socialização da responsabilidade civil* fortes argumentos que ainda se faz mister maior esforço para refutá-los. Receia-se que a adoção de seguros obrigatórios para todo e qualquer dano que a pessoa vier a sofrer na esfera extracontratual, ou mesmo de uma espécie de garantia social do estado (semelhante ao sistema de seguridade social), antes de refletir uma escolha mais justa, porque garante a reparação à vítima, pode representar uma iniquidade à toda a sociedade que necessitará suportar os custos de eventos danosos praticados por terceiros.[104] Ademais, fugindo ao argumento meramente econômico-comutativo, cujo teor representa a função primária da responsabilidade civil, repousaria sobre entidades garantidoras (seguros, fundos especiais, etc.) o dever de reparar a vítima, perdendo-se por completo a relevância jurídica da pessoa ou do agente causador do dano na apuração do dever de indenizar. Apresentar-se-ia ao mundo mais um passo decisivo para a despersonalização das relações jurídicas, fenômeno ao qual a realidade tecnológica-virtual já avança a passos largos. Por fim, a absorção completa dos custos de reparação com a contratação de seguros, ou pela via de um sistema social-estatal de reparação, reduziria sobremaneira o estímulo a adoção de condutas preventivas.

---

[103] "A teoria da responsabilidade civil vai abandonando progressivamente seu esquema básico voluntarista, para ser pensada como um problema de justa distribuição dos efeitos danosos" (LORENZETTI, Ricardo Luis. *Fundamentos do direito privado*. São Paulo: RT, 1998, p. 83). Entre aqueles que buscam fundamentar a responsabilidade civil no princípio da solidariedade, veja-se, por todos, RODOTÀ, Stefano. *Il problema della responsabilità civile*, cit., *passim*. Na França, marcante a contribuição de VINEY, Geneviève. *Le déclin de la responsabilità individuelle*. Paris: LGDJ, 1965.

[104] Contra tal objeção, os partidários da socialização das perdas argumentam que o viés sancionatório e de vinculação causal necessária estaria resguardada pela via do direito de regresso. Com outros argumentos a favor, confira, por todos, VINEY, Geneviève. *Le déclin de la responsabilité individuelle*, cit., n. 461.

Sucede que a pessoa humana representa o vértice do ordenamento jurídico. Afronta a sua dignidade qualquer interpretação que visar retirar-lhe o atributo de representar-se como um fim em si mesmo, sempre que por vias diretas ou indiretas buscar-se tratá-la como meio, instrumento, coisa, ou um simples custo. A redução da pessoa a um objeto, a números, ainda que com o subterfúgio de a favorecer, sendo ela a vítima, não deixa de representar um padrão ético-jurídico que deve ser questionado dentro do conteúdo da busca pela finalidade última da responsabilidade civil.[105]

Sabendo-se que a função primária de todo sistema de responsabilidade é a obtenção de uma reparação/compensação dos danos sofridos, em que consistiria a sua função última? Pensa-se que, ao contrário da primeira, que pode exprimir um pensamento simplesmente formal da estrutura do modelo de responsabilidade civil, a segunda só pode ser obtida mediante a adoção de critério interpretativo teleológico que leve em consideração o ordenamento jurídico como um sistema unitário e complexo, organizado por uma ordem valorativa.[106] É evidente que tal afirmação demandará maior desenvolvimento em outra oportunidade, mas aqui se defende que a finalidade última da responsabilidade civil é propiciar um ambiente ético de comportamento das partes no sentido de que, sem desconsiderar o valor da pessoa – pelo contrário, elevando-a ao patamar mais elevado de tutela –, ciente de que ela só pode se desenvolver em sua plenitude nas suas relações interpessoais, otimize-se a plena e concreta satisfação do interesse lesado.

---

[105] "A única constante a ser seguida encontra-se na prevalência da tutela da pessoa humana, princípio previsto no art. 1º, III, da Constituição Federal, considerada a sua dignidade como o valor precípuo do ordenamento, configurando-se como 'a própria finalidade-função do direito'. O princípio da proteção da pessoa humana, determinado constitucionalmente, gerou no sistema particular da responsabilidade civil a sistemática extensão da tutela da pessoa da vítima, em detrimento do objetivo anterior de punição do responsável" (BODIN DE MORAES, Maria Celina. A constitucionalização do direito civil e seus efeitos sobre a responsabilidade civil. *Na medida da pessoa humana*: estudos de direito civil-constitucional. Rio de Janeiro: Renovar, 2010, p. 323).

[106] "Em um ordenamento complexo como vigente, caracterizado pela indiscutível supremacia das normas constitucionais, estas não podem deixar de ter uma posição central. De tal centralidade deve-se partir para a individuação dos princípios e dos valores sobre os quais construir o sistema" (PERLINGIERI, Pietro. *O direito civil na legalidade constitucional*. Rio de Janeiro: Renovar, 2008, p. 217).

4. Reflexões preliminares em torno da suposta função punitiva da responsabilidade civil

A dogmática oitocentista dos países de cultura romano-germânica sedimentou uma ideia de direito marcadamente calcada na separação entre direito público e direito privado.[107] A famosa dicotomia, comemorada pela doutrina de outrora como um avanço científico no modo de compreender do Direito, contribuiu para o estabelecimento de uma cisão de intencionalidades na estrutura do ordenamento jurídico: a grosso modo, caberia ao direito privado mediar os interesses intersubjetivos, entre os particulares, conforme os pilares da liberdade (autonomia) e da igualdade formal, enquanto ao direito público se reservaria o monopólio do controle social, com base no interesse público, pelo qual se fundamenta o poder de punir.[108] Não se cogitava, portanto, nos idos do século XIX, atribuir à responsabilidade civil, cujo escopo se restringe ao âmbito privado, uma função punitiva.

Se a responsabilidade tinha por fundamento a liberdade, isto é, a atuação voluntária do agente, a regra de imputação a ela subjacente só poderia associar-se ao juízo que se deveria fazer sobre o comportamento do autor da ação. Eis a razão pela qual a culpa formava o núcleo essencial do direito dos danos, assim como não se poderia cogitar a responsabilização de alguém que não participou ou contribuiu para o desenrolar dos fatos que culminaram no evento danoso.[109] Culpa e nexo, assim, como pressupostos muito próximos e de utilidade semelhante (servir-se de filtro para evitar a imputação de responsabilidade àquele que não agiu voluntariamente e de modo determinante à ocorrência do dano), encerravam, ao lado da existência do dano, provenientes de um ilícito, os pressupostos da responsabilidade civil de viés exclusivamente reparatório.[110]

---

[107] Sob viés crítico, indispensável a leitura de GIORGIANNI, Michelle. O direito privado e as suas atuais fronteiras (1961). Trad. Maria Cristina de Cicco. *Revista dos Tribunais*, n. 747, 1998, *passim*.

[108] "A separação entre pena e indenização foi, assim, uma consequência dessa mentalidade, e bem se justificava, tendo em vista os objetivos a serem alcançados: era, então, imprescindível retirar da indenização qualquer conotação punitiva; a pena dirá respeito ao Estado e a reparação, mediante a indenização, exclusivamente ao cidadão" (BODIN DE MORAES, Maria Celina. *Danos à pessoa humana*: uma releitura civil-constitucional dos danos morais. Rio de Janeiro: Renovar, 2003, p. 202).

[109] "Quoi qu'il en soit, la théorie actuelle du droit français ne peut faire de doute: 'pas de responsabilité sans faute'. La faute peut être définie, d'une façon générale, l'action de faillir, de manquer à un devoir" (WILLEMS, Jos. *Essai sur la responsabilité civile*. Paris: A. Fontemoing, 1896, p. 28).

[110] "Le trait du code civil en cette matière sur lequel il importe surtout d'insister, sauf à en préciser mieux plus tard le caractère et la portée, c'est que la responsabilité délictuelle y a pour base fondamentale la notion de faute,

Com a ressignificação da responsabilidade civil, consoante exposto amiúde, como modelo tendente à ampliação da eficácia de sua função primária,[111] de viés reparatório/compensatório, no sentido de conferir à vítima um tratamento preferencial, a dar concretude na satisfação do interesse lesado, verificou-se multiplicidade de redefinições que lograram subtrair da apuração do fenômeno danoso a relevância de uma análise valorativa sobre a conduta do agente ofensor.[112] De um lado, o aumento exponencial das hipóteses de responsabilidade objetiva. De outro, a releitura sobre a própria definição de culpa, nas hipóteses de responsabilidade subjetiva, no sentido da construção de um conceito de culpa normativa, retirando-lhe o conteúdo voluntarista. Outrossim, o cerco realizado sobre as excludentes de causalidade, limitando o seu alcance (fortuito interno, causalidade alternativa, presumida, probabilística, etc.). A nova responsabilidade civil mantém o foco na vítima, com preocupação cada vez menor quanto à qualidade ou as características do comportamento do ofensor, ou, simplesmente, da conduta daquele que deverá indenizar, ainda que não tenha necessariamente causado o dano.[113]

É nesse contexto que se mostra, no mínimo, surpreendente a quantidade de adeptos à tese de que a responsabilidade civil atende, ao lado de sua função primária, a uma finalidade punitiva, nos moldes semelhantes aos chamados *punitive damages* do direito norte-americano, especialmente após o veto do art. 16 do Código de Defesa do Consumidor.[114] A referida "indenização

---

c'est-à-dire d'acte coupable, illicite. D'où la double conséquence suivante: 1. Quinconque se plaint d'avoir été lésé par le fait d'autrui doit nécessairement prouver, pour avoir droit à reparation, que ce fait a constitué une faute de la parte de son auteur. 2. L'auteur du fait dommageable doit échapper à la responsabilité de ce préjudice. S'it démontre que ce dommage ne lui est pas imputable à faute" (COLIN, Ambroise; CAPITANT, Henri. *Cours élementaire de droit civil français*, t. II. Paris: Librairie Dalloz, 1915, p. 355).

[111] Já antecipava Maria Celina BODIN DE MORAES que "em atendimento à função promocional do direito, o princípio da democracia impõe a máxima eficácia ao texto constitucional, expressão mais sincera das profundas aspirações de transformação social" (*A constitucionalização do direito civil e seus efeitos sobre a responsabilidade civil*, cit., p. 320).

[112] "*Dinanzi a questa scelta – che ha ampliato le ipotesi di responsabilità per fatto altrui e che ha preso in considerazione la posizione ricoperta della persona, per riferirle eventi lesivi di posizioni soggetive altrui – si è sviluppata una tendenza vòlta ad affermare l'esistenza di una pluralità di criteri di imputazione della responsabilità civile*" (PERLINGIERI, Pietro. *Manuale di diritto civile*, cit., p. 898). Entre nós, veja-se os apontamentos de NORONHA, Fernando. *Direito das obrigações*, vol. 1. São Paulo: Saraiva, 2003, p. 542.

[113] Ver, por todos, SCHREIBER, Anderson. *Novos paradigmas da responsabilidade civil*, cit., pp. 11-51.

[114] O artigo contemplava a única hipótese em que o legislador tentou incluir uma modalidade de pena privada, próxima à figura dos *punitive damages*, para os casos de danos causados por produto ou serviço de "alta periculosidade", ou por "grave imprudência, negligência ou imperícia do fornecedor", casos em que a "multa civil" seria calculada de acordo com "a gravidade e a proporção do dano, bem como a situação econômica do responsável". Mesmo com o veto, são muitos os que,

punitiva", muitos defendem, teria o condão de (i) dissuadir o ofensor de eventual reiteração da conduta lesiva, revelando-se, em igual sentido, uma *função pedagógica*,[115] (ii) sancionar adequadamente – de modo integral – uma conduta extremamente reprovável pelo ordenamento jurídico;[116] e (iii) mitigar os efeitos do cenário jurisprudencial, que mantém relativamente baixos os valores das reparações de danos morais.[117]

Ocorre que a defesa de uma função punitiva à responsabilidade civil, com tais características, inspirando-se numa complexa categoria estrangeira que obedece a uma lógica própria e já bastante problemática em sua origem,[118] não encontra qualquer amparo na moldura da responsabilidade civil brasileira, considerada em sua globalidade, circunstância na qual é inevitável a oposição de algumas objeções à sua adoção. Em primeiro lugar, não há qualquer previsão legal de algo ao menos similar aos *punitive damages* na legislação vigente, o que viola o princípio da legalidade (ou tipicidade) em matéria de previsão de pena (*nulla poena sine lege*);[119] em segundo, a sua importação, à brasileira,

---

a despeito da ausência de previsão legal, defendem a função punitiva à responsabilidade civil, em maior ou menor grau. Dentre eles, vozes como a de Caio Mário da Silva Pereira, Silvio Rodrigues, Sergio Cavalieri Filho, José Carlos Moreira Alves, Carlos Edison do Rêgo Monteiro Filho, Teresa Ancona Lopez, Carlos Alberto Bittar, Nelson Rosenvald, dentre outros. Sempre se mostraram incomodados com a adoção de uma função punitiva à responsabilidade civil autores como José de Aguiar Dias, Francisco Cavalcanti Pontes de Miranda, Wilson Melo da Silva, Orlando Gomes, Maria Celina Bodin de Moraes, Anderson Schreiber, dentre outros.

[115] Como já ressaltava um dos pioneiros em defesa da teoria da "pena privada", STARCK, Boris. *Essai d'une théorie générale de la responsabilité civile considérée en sa double fonction de garantie et de peine privée*. Paris: L. Rodstein, 1947, pp. 361 e ss. Como também por STOLL, Hans. Penal purposes in the Law of Tort. *The American Journal of Comparative Law*, vol. 18. Issue 1. Oxford: Oxford University Press, 1970, p. 3: "*namely, that private law should promote, besides compensation and restoration, the independently significant purpose of controlling unlawful conduct*".

[116] Tal argumento, aliás, seria evidenciado nas indenizações dos chamados "danos morais": "a indenização do dano moral tem um inequívoco sabor de pena, de represália pelo mal injusto" (PORTO, Mário Moacyr. *Temas de responsabilidade civil*. São Paulo: Revista dos Tribunais, 1989, p. 33).

[117] Tal argumento, ainda que desprovido do mesmo nível de juridicidade dos demais, eis que pautado num simples inconformismo empírico a respeito dos valores normalmente arbitrados para fins de compensação dos danos morais, também tem a sua relevância, sendo indicado por Anderson SCHREIBER. *Novos paradigmas da responsabilidade civil*, cit., p. 209: "os equivocadamente chamados 'danos punitivos' encontram, por toda parte, defensores, que apregoam seu caráter dissuasivo da conduta lesiva e sua necessidade diante de um cenário jurisprudencial que mantém relativamente baixos os valores das reparações de danos morais".

[118] Cf., por todos, SUNSTEIN, Cass; KAHNEMAN, Daniel; SCHKADE, David. Assessing punitive damages (with notes on cognition and valuation in law). *Yale Law Journal*, May/1998, *passim*.

[119] "Para que haja pena, mister se torna, em cada caso, um texto legal expresso que comine e um delito que a justifique, ou seja, '*nulla poena sine lege*'. Para que haja dano basta a simples infringência

no sentido de servir-se de critério para majorar, de modo ofuscado, o valor do *quantum debeatur*, viola não apenas a função primária da responsabilidade, como causa insegurança jurídica, tornando o montante a ser arbitrado uma variável absolutamente imprevisível e de difícil controle pela parte interessada, diante da ausência de identificação da parcela do valor que coube à título de reparação ou compensação, daquela que se arbitrou como pena pecuniária privada; terceiro, e, talvez seja esse o maior problema dogmático, considerar que a responsabilidade civil extracontratual, como um todo (ou mesmo apenas para os casos de danos extrapatrimoniais), atende a uma função punitiva implica assumir que um *juízo de valor sobre o comportamento* do ofensor terá relevância para a definição do dever de "indenizar" (ou seria mais correto o termo 'pagar a pena'?), como também para determinar o seu conteúdo ou valor. Tudo isso, reitera-se, num ambiente em que se verifica o ocaso da culpa, a flexibilização do nexo causal, a expansão dos danos indenizáveis e a sua respectiva socialização. Ventos que sopram, todos, a favor e em direção do dano, como principal ator do fenômeno, que é definido em composição com as condições pessoais da vítima, atriz igualmente protagonista, deixando a análise da conduta do agente lesivo, ou simplesmente do responsável, como fator meramente coadjuvante, ou mesmo de figuração.

Em outras palavras, se o objetivo do direito dos danos é, também, punir o agente imputado, é decorrência lógica de tal finalidade que se averigue a sua conduta, para saber o quão reprovável se revelou, como delineamento do próprio dever de indenizar, bem assim para determinar o valor da "indenização", em sua vertente punitiva.[120] Sucede que tal operação remete o intérprete e aplicador do direito, necessariamente, a um juízo de adequação da conduta que muito se aproxima da culpa *lato sensu*, o que representaria um renascimento avassalador do aspecto subjetivo na responsabilidade civil, cada vez mais dominado por hipóteses de responsabilidade objetiva. Nestes casos, parece que a tese da existência de função punitiva à responsabilidade civil, se realizada uma adequada reflexão de sua mínima unidade de efeitos, quando

---

da ampla regra do '*neminem laedere*'" (SILVA, Wilson Melo da. *O dano moral e a sua reparação*. 3. ed. Rio de Janeiro: Forense, 1983, p. 573).

[120] Ciente disso, o STJ tem adotado, com certa tranquilidade, o entendimento segundo o qual "a quantificação do dano extrapatrimonial deve levar em consideração parâmetros como a capacidade econômica dos ofensores, as condições pessoais das vítimas e o caráter pedagógico e sancionatório da indenização, critérios cuja valoração requer o exame do conjunto fático-probatório" (Superior Tribunal de Justiça, REsp n. 1677957/PR, 3ª T., Rel. Min. Ricardo Villas Bôas Cueva, julg. 24.4.2018).

aplicada aos casos de responsabilidade objetiva, pode representar, simplesmente, um oximoro.[121]

Nada impede, entretanto, que o legislador preveja certas hipóteses nas quais se adicionará a função punitiva à responsabilidade civil, diante de determinadas circunstâncias, especialmente dado o alto grau de reprovabilidade social do comportamento do responsável, ou simplesmente porque a extensão ou reiteração do dano se apresenta de tamanha densidade, que se torne imperiosa uma resposta da ordem jurídica. Certo é que, apesar disso, ainda não há qualquer previsão legal nesse sentido, não se podendo extrair da axiologia do direito civil, interpretado à luz da Constituição, que a responsabilidade civil atenda, por essência, a uma função punitiva, ainda que secundária.[122]

5. Reflexões preliminares em torno dos fundamentos da chamada função preventiva da responsabilidade civil

Por razões distintas, tem-se defendido que a responsabilidade civil deve cumprir, também, uma função preventiva. Talvez resida aqui o ponto de menor dissenso doutrinário quanto à assunção desta função pelo direito contemporâneo. Entretanto, é preciso delinear o seu conteúdo e os seus fundamentos, como também, por um chamado de dever acadêmico e doutrinário, expor as objeções pertinentes à sua adoção. Como se verá, a composição do conteúdo da função preventiva vai além da simples percepção generalizada atraída pelo sistema coercitivo-sancionatório de direito. Isto é, a dita função preventiva não reflete apenas a ideia banal de que a consciência em torno da possibilidade de ser condenado a pagar uma indenização na hipótese de causar dano

---

[121] Como bem sentencia Massimo BIANCA, ao criticar a elaboração de Boris STARCK: *"da um canto (lo Starck), oggettivizza la responsabilità, qualificata in termine di 'garanzia', dall'altro, ne ravvisa un compito di pena privata quale sanzione della colpa del danneggiante"* (*Diritto civile*: la responsabilità. Milano: Giuffrè, 1994, p. 543).

[122] Aqui não se concorda com aqueles que encontram a "função punitiva" na axiologia do sistema jurídico, pela identificação de um sentido ético de comportamento humano em sociedade, extraído através da lógica punitiva, ainda que para certos casos, como defende Mafalda Miranda BARBOSA (Reflexões em torno da responsabilidade civil: teleologia e teleonomologia em debate. *Boletim da Faculdade de Direito da Universidade de Coimbra*. n. 81. Coimbra: Ed. Coimbra, 2005, pp. 550- -595). Esta é sempre medida de exceção, extrema, e que traz consigo a necessidade de previsão prévia e expressa de suas consequências, assim como a inelutável necessidade de se debruçar sobre a conduta do ofensor, exercício que vai na contramão da tendência (positivada) de objetivação da responsabilidade civil no Brasil.

a outrem, naturalmente, incutirá no agente, ao agir, maior cuidado de modo a evitar a causação dos danos.[123] Trata-se de uma concepção mais abrangente.

O problema da prevenção dos danos surgiu das reflexões em torno da eficácia do modelo de tutela negativa da responsabilidade civil. Isto é, o direito dos danos estaria satisfeito em apenas oferecer instrumentos para a sua reparação ou compensação, após a sua ocorrência, ou teria também a pretensão de apresentar ferramentas que visem evitá-los? Numa sentença, a atuação do Estado exclusivamente no momento patológico, sem preocupar-se com a fase fisiológica das relações, é a medida mais eficaz e que atende o escopo último da responsabilidade civil?

Tem-se respondido a esta última indagação no sentido negativo, vale dizer, pela insuficiência da função exclusivamente reparatória/compensatória, urgindo a necessidade de elaboração de uma tutela preventiva dos danos.[124] Neste sentido, a doutrina romano-germânica costuma entender por função preventiva aquela que atende ao escopo de buscar instrumentos destinados a evitar ou reduzir o risco atual e conhecido de lesões causadas por uma atividade sabidamente perigosa.[125] Num sentido ainda mais amplo, defende-se também que o direito dos danos deve cumprir com um dever de precaução, presente nas hipóteses nas quais sequer há certeza sobre a periculosidade da atividade ou do produto, atraindo-se uma obrigação ao agente de controlar um risco potencial.[126] Por essa corrente de pensamento, a função preventiva atende a uma prospectiva global e unitária do fenômeno danoso, que não descuida

---

[123] Aliás, fosse apenas esse conteúdo da função preventiva não haveria qualquer razão para conferir-lhe uma autonomia, na medida em que tratar-se-ia de mero reflexo da função reparatória. Na verdade, não se trataria de uma função preventiva, mas de uma eficácia preventiva da função reparatória, como bem destacou Júlio GOMES: "[...] o simples conhecimento pelo agente da possibilidade de vir a reparar o dano que, eventualmente, causar tem uma eficácia preventiva" (Uma função preventiva para a responsabilidade civil e uma função reparatória para a responsabilidade penal? *Revista de Direito e Economia*, a. 15. Coimbra: Ed. Universidade de Coimbra, 1989, p. 106).

[124] "*Nei confronti del fatto illecito, duplice è l'obiettivo della legge: il primo è quello di evitare che esso accada; il secondo è quello di riparere l'effetto negativo da esso prodotto, cioè di eliminare il danno*" (PERLINGIERI, Pietro. *Manuale di diritto civile*. Napoli: ESI, 1997, p. 652).

[125] Já colocava a questão dos instrumentos para uma prevenção eficaz, Wilson Melo da SILVA: "Mas por que forma concretizar-se, nos domínios da responsabilidade civil, acobertada por um seguro, uma tal prevenção?" (*Responsabilidade sem culpa*, cit., p. 334).

[126] "*La précaution est relative à des risques potentiels et la prévention à des risques avérés. [...] Ajoutons que la précaution n'est ni l'inaction, ni une délibération sans fin. C'est un mode d'actions d'un type particulier, requis par le contexte d'incertitude dans lequel la décision doit être prise. Le principe de précaution exige de la vigilance et la mise en aeuvre de mesures proportionnées à la gravité du risque, bien que celui-ci ne soit que potentiel*" (KOURILSKY, Philippe; VINEY, Genevieve. *Le principe de précaution*. St-Denis: Odile Jacob, 2000, p. 11).

das circunstâncias que integram a fase de produção do evento lesivo, interpretação que se mostra coerente com a ordem constitucional, especialmente no sentido da otimização da tutela dos interesses existenciais.[127]

Noutra via – e remetendo às origens dos escritos sobre a composição entre prevenção, risco e dano – há aqueles que, considerando o sistema de responsabilidade civil como um mecanismo de gestão e alocação de riscos e de "internalização de externalidades sociais",[128] argumentam que o sistema de responsabilidade civil tem por função primária, em igual medida, a prevenção dos danos, de modo a conferir às pessoas "incentivos para não praticar actos que causem custos a terceiros; [...] o objectivo [...] é obter o nível de precaução eficiente e, consequentemente, o nível eficiente de risco".[129] Considera-se a *eficiência* como critério de averiguação da necessidade de imputação do dever de indenizar, mas incidente sobre o comportamento pretérito ao dano, no controle do risco, voltando-se o instituto da responsabilidade civil à adoção de uma plataforma de deveres que visam o alcance do comportamento eficiente, que elimina ou mitiga, à curva ótima, o risco incidente sobre a atividade, numa verdadeira relação de custo-benefício.[130] Tal concepção é capaz de livrar certo agente causador de um dano da imputação de responsabilidade caso comprove que envidou esforços (custos) esperados para a prevenção daquela lesão (conforme um *standard* de conduta).[131]

---

[127] "*Il sistema della responsabilità civile deve, cioè, muoversi in una prospettiva unitaria, coerente con il nostro ordinamento costituzionale, nel quale gli interessi non patrimoniali, in particolare gli interessi esistenziali della persona umana, esigono una tutela tanto in via preventiva (nella fase fisiologica di realizzazione), quanto nel momento patologico (ovverosia ogniqualvolta quegli interessi vengano lesi)*" (PERLINGIERI, Pietro. La responsabilità civile tra indennizzo e risarcimento. *Rassegna di diritto civile*, n. 4. Napoli: ESI, 2004, p. 1064).

[128] A expressão é de Mafalda Miranda BARBOSA em Reflexões em torno da responsabilidade civil: teleologia e teleonomologia em debate. *Boletim da Faculdade de Direito da Universidade de Coimbra*, n. 81. Coimbra: Ed. Coimbra, 2005, p. 513.

[129] AGUIAR, Júlio. Abordagem económica do direito: aspectos epistemológicos. In: *Lusíada – Revista de ciência e cultura*, Série Direito, n. 1 e 2. Lisboa: Ed. Universidade Lusíada, 2002, p. 181.

[130] Nesta direção, Robert COOTER, Ugo MATTEI, Pier Giuseppe MONATERI, Roberto PARDOLESI, Thomas UDEN. *Il mercato delle regole*: analisi economica del diritto civile. 2. ed. Vol. 1. Bologna: Il Mulino, 2006, *passim*. Ou, como um dos precursores da análise mais sistemática do problema, no sentido de que a responsabilidade civil representa um modelo para a obtenção da diminuição dos custos (primários, secundários e terciários) dos eventos danosos (acidentes), cf. Guido CALABRESI. *The costs of the accidents*: a legal and economic analysis. New Haven: Yale University Press, 1970, pp. 26-31.

[131] "Assim, os autores apresentam um conceito de culpa baseado na confrontação do comportamento do lesante com um *standard* mínimo de prevenção. Aceitando genericamente que quanto maior for a prevenção – e consequentemente quanto maiores forem os custos com a mesma – menor é a probabilidade de ocorrência de um dano, sustentam que, e tomando como ponto de referência o mencionado *standard*, aquele que investiu em prevenção num montante superior não actuou com

Diante de tais percepções, vale a pena refletir acerca dos problemas de ordem metodológica intrinsecamente ligados à desejável adoção de uma função preventiva à responsabilidade civil:

1. admitir uma abordagem preventiva aos moldes daquela defendida pela análise econômica do direito (utilitarista) não parece refletir a opção do legislador, que concentrou na efetiva ocorrência do dano o aspecto nuclear da responsabilidade civil, não sendo legítimo incluir o esforço "eficiente" ou "ótimo" de prevenção ou precaução do responsável, com base em critérios estatísticos, como excludente de responsabilidade;
2. mesmo levando-se em consideração a abordagem axiológica e concretista da doutrina de tradição romano-germânica, no sentido de impor deveres de prevenção e precaução, fundados na cláusula geral de solidariedade, àqueles que mantêm o controle sobre a atividade arriscada, como um comportamento a mais a ser respeitado, sob pena de imputação de responsabilidade por violação das obrigações de cuidado, é possível verificar alguns problemas:
2.1. à exceção de nichos de atuação já regulados, na ausência de regras que indiquem quais as medidas preventivas devem ser tomadas, ainda se faz necessário desenvolver critérios seguros para a apuração do cumprimento dos deveres de prevenção;
2.2. que, na falta destes critérios, acaba por esvaziar a efetividade de um controle prévio da atividade, levando a averiguação do cumprimento de tais deveres sempre, e apenas, quando o risco já se implementou, causando prejuízos a terceiros, olhando-se somente para o passado, quando o cumprimento de tal função deveria projetar sempre o presente e o futuro;
2.3. superando-se o desafio de aperfeiçoar os instrumentos de controle da atividade, conforme o caráter preventivo e de precaução, há de se destacar, ainda, que trata-se, aqui, de descoberta de um novo interesse legítimo (prevenção), digno de tutela independente, pelo qual a sua violação importa a qualificação de um evento danoso (mesmo que sem a verificação de prejuízo naturalístico); eis por que, tecnicamente, parece equivocada a expressão "responsabilidade sem dano", na esfera preventiva;[132]

---

culpa, ao invés daquele outro que, colocando-se num patamar inferior, deve indemnizar as vítimas" (BARBOSA, Mafalda Miranda. Reflexões..., cit., pp. 526-527).
[132] Sobre a questão, buscando expor as razões do fenômeno, cf. ALBUQUERQUE JÚNIOR, Roberto Paulino de. Notas sobre a teoria da responsabilidade civil sem dano. *Revista de direito civil contemporâneo*. vol. 6. São Paulo: Revista dos Tribunais, jan.-mar./2016, pp. 89-103.

2.4 metodologicamente, ainda é discutível, porque pode refletir uma contradição em termos, exigir, para as atividades arriscadas, que atraem a disciplina da responsabilidade objetiva, o controle sobre o comportamento do agente, na forma como ele conduz as atividades de risco, porquanto tal análise não fugiria da exigência de sua adaptação a certo padrão de comportamento, o que pressupõe, em última análise, a aferição da culpa;[133]

2.5 por fim, e não menos importante, não se pode olvidar que uma função preventiva traz consigo uma conotação própria de penalidade, punibilidade, o que leva a muitos autores a não identificar diferença ontológica entre as funções preventiva e punitiva, constituindo-se com faces da mesma moeda. Tal aproximação, atrairia, neste caso, todas as objeções já elencadas contra função punitiva.[134]

Como se pode observar, não são poucos os desafios daqueles que se esforçam para desvendar novas funções ao instituto da responsabilidade civil. De fato, todo aquele que intentar conduzir o direito dos danos para um caminho diverso de sua função primária (reparatória-compensatória) terá enorme ônus argumentativo. Aqueles que mais obtiveram sucesso o fizeram ao aproximar a "nova função" ao escopo primário de viés reparatório. Assim ocorreu com a função preventiva, no sentido elaborado pela doutrina de tradição romano-germânica. É nessa toada, e consciente de que a proposta aqui realizada será objeto de críticas (e é bom que o seja), passa-se, então, às reflexões em torno de uma possível "função sancionatória promocional" da responsabilidade civil.

---

[133] Seja na vertente originária da função punitiva, seja como fundamento para uma concepção renovada de pena privada, fato é que a análise do comportamento do ofensor sempre será pressuposto para a aplicação da sanção. Em linhas gerais, tal componente é percebido em Massimo FRANZONI, para quem *"si constata l'abbandono dell'idea del risarcimento come sinonimo di sanzione afflittiva, quindi della funzione punitiva della responsabilità civile che presuppone la colpa del danneggiante, quando ci si imbatte in vere e proprie pene private e in vere e proprie sanzioni civili indirette"* (*Trattato della responsabilità civile*, t. II. 2. ed. Milano: Giuffrè, 2010, pp. 706-707).

[134] Não é raro verificar a caracterização da função preventiva ao aspecto punitivo, representando faces complementares do mesmo fenômeno, como se vê em Judith ROCHFELD: *"cette fonction répressive s'allie avec une deuxième fonction, celle de prévention, dite encore fonction prophylactique, préventive, dissuasive ou normative: en punissant efficacement l'auteur d'un dommage ou en prévoyant une sanction efficace, on prévient d'autres actes du même type car on le dissuade, ainsi que les tiers, de les perpétrer à l'avenir"* (*Les grandes notions du droit privé*. Paris: Presses Universitaires de France, 2013, p. 489).

6. A função promocional do direito: a contribuição de Norberto Bobbio

Norberto Bobbio,[135] na propositura de uma concepção funcionalista do direito, considerava insuficientes as tradicionais finalidades "protetora" e "repressiva" do ordenamento jurídico, apresentado como um conjunto de normas negativas. Revelou, neste contexto, que, ao contrário do que antes imaginava a "ciência do direito", o direito positivo se constitui como modelo normativo composto tanto por sanções negativas quanto por sanções positivas, ainda que estas representassem fenômeno ainda rarefeito.

É que o sentido de "sanção" responde a uma conotação distinta daquela ideia exclusivamente ligada a viés negativo. Na sanção não cabem apenas consequências desagradáveis diante da inobservância de normas, mas também é possível usufruir de consequências afáveis em face de sua observância. Aquelas seriam as "sanções negativas", enquanto estas, ainda pouco utilizadas pelos sistemas normativos, constituíram-se como "sanções positivas".[136] Quanto a esta classificação, não se conhecem questionamentos de rigor científico, sendo mesmo assumido por Hans Kelsen a possibilidade de existência de "normas premiais", conquanto tenha afirmado que "elas têm uma importância secundária no interior desses sistemas, que funcionam como ordenamentos coercitivos".[137]

Ocorre que no contexto do pós-guerra, as constituições dos Estados pós-liberais passaram a prever não apenas normas cuja função se reserva a "tutelar" ou "garantir", mas também que se destinam a "promover" certos direitos, não sendo rara a estipulação de objetivos gerais a serem perseguidos pelas instituições, como também a "promoção" expressa de certos valores ou atividades.[138] Nesta direção, a Constituição Federal previu, a título de exemplo, que o Estado deve "promover" (i) o bem de todos, sem preconceitos de origem, raça, sexo, cor, idade e quaisquer formas de discriminação (art. 3º, IV); (ii) a defesa do

---

[135] *Da estrutura à função*: novos estudos de teoria do direito. Daniela Beccaccia Versiani (Trad.). Barueri: Manole, 2007.

[136] Segundo o autor, "o termo 'sanção' é empregado em sentido amplo, para que nele caibam não apenas as consequências desagradáveis da inobservância das normas, mas também as consequências agradáveis da observância, distinguindo-se, no *genus* sanção, duas *species*: as sanções positivas e as sanções negativas" (BOBBIO, Norberto. *Da estrutura à função*, cit., p. 7).

[137] KELSEN, Hans. *Teoria pura do direito*. 6. ed. Trad. João Baptista Machado. São Paulo: Martins Fontes, 1998, p. 46.

[138] BOBBIO, Norberto. Da estrutura à função, cit., pp. 13-14.

consumidor, na forma da lei (art. 5º, XXXII); (iii) como competência da União, a defesa permanente contra calamidades públicas (art. 21, XVIII); (iv) como competência comum dos entes federativos, programas de construção de moradias e a melhoria das condições habitacionais e de saneamento básico, e a integração social de setores desfavorecidos (art. 23, IX e X); (v) como competência municipal, o adequado ordenamento territorial, mediante planejamento e controle do uso, do parcelamento e da ocupação do solo urbano, bem como a proteção do patrimônio histórico-cultural local; (vi) os direitos humanos (art. 134, *caput*); (vii) o turismo (art. 180); (viii) o desenvolvimento equilibrado do país (art. 192); (ix) a saúde, com atendimento universal (art. 196); (x) a integração no mercado de trabalho e na vida comunitária (art. 203, III e IV); (xi) a educação (art. 205); (xii) o desenvolvimento humano, científico e tecnológico (art. 214, V); (xiii) os bens culturais e o patrimônio cultural brasileiro (art. 215, §3º, II e 216, §1º); (xiv) o desporto educacional e de alto rendimento (art. 217, II); (xv) o desenvolvimento científico, a pesquisa, a capacitação científica e tecnológica e a inovação (art. 218, *caput*); e (xvi) educação ambiental em todos os níveis de ensino (art. 225, VI). Teria, pois, o direito, ao lado de uma função protetora-repressiva, uma função promocional.

Com efeito, dentre os instrumentos normativos aptos a realizar a função promocional do direito, expressa na Constituição, destacando-se, nesta seara, que o constituinte elegeu como objetivo republicano a construção de uma "sociedade livre, justa e solidária" (art. 3º, I, da CF), apresenta-se a técnica vinculada às sanções positivas. No escólio de Bobbio:

> "A noção de sanção positiva deduz-se, a *contrario sensu*, daquela mais bem elaborada de sanção negativa. Enquanto o castigo é uma reação a uma ação má, o prêmio é uma reação a uma ação boa. No primeiro caso, a reação consiste em restituir o mal ao mal; no segundo, o bem ao bem. Em relação ao agente, diz-se, ainda que de modo um tanto forçado, que o castigo retribui, com uma dor, um prazer (o prazer do delito), enquanto o prêmio retribui, com um prazer, uma dor (o esforço pelo serviço prestado). Digo que é um tanto forçado porque não é verdade que o delito sempre traz prazer a quem o pratica nem que a obra meritória seja sempre realizada com sacrifício. Tal como o mal do castigo pode consistir tanto na atribuição de uma desvantagem quanto na privação de uma vantagem, o bem do prêmio pode consistir tanto na atribuição de uma vantagem quanto na privação de uma desvantagem".[139]

---

[139] BOBBIO, Norberto. *Da estrutura à função*, cit., pp. 24-25.

Esclarece-se, portanto, que uma ordem jurídica positiva, dentro de um contexto constitucional organizado por uma jurisprudência de valores, como sói ocorrer com a Carta de 88, permite que a coercibilidade do direito, que atua através dos mecanismos de sanção, apresente-se como reação negativa ou positiva ao comportamento de seus atores. Assim, persegue-se a conduta desejada tanto por meio de arranjos legais que afetarão a esfera pessoal ou patrimonial do agente que descumprir ao comando de atuação conforme a lei (sanções negativas), como por via de uma normativa que premie ou agracie o agente que realizou certos escopos elegidos pelo ordenamento como merecedores de tutela diferenciada, dado o cumprimento de certas finalidades essenciais (sanções positivas).[140]

Com apoio nessa ideia de direito, designadamente funcional e de viés axiológico e teleológico, defende-se aqui uma perspectiva de releitura funcional do instituto da responsabilidade civil, reconhecendo nela uma função promocional.

7. A função promocional da responsabilidade civil: o estímulo à reparação espontânea do dano

Com efeito, não é a primeira vez que se argumenta que a responsabilidade civil deve cumprir com uma função promocional. Ilustrativamente, já há registros, inclusive com alusão à perspectiva funcional do direito atribuída a Bobbio, de que "os danos morais devem assumir sua função promocional para maximizar a proteção da pessoa humana".[141] Ou mesmo que a função promocional da responsabilidade civil deve atuar como forma de premiar a "diligência extra-

---

[140] "Se é verdade, de fato, que a recompensa é o meio usado para determinar o comportamento alheio por aqueles que dispõem das reservas econômicas, a isto segue que o Estado, à medida que dispõe de recursos econômicos cada vez mais vastos, venha a se encontrar em condição de determinar o comportamento dos indivíduos, não apenas com o exercício da coação, mas também com o de vantagens de ordem econômica, isto é, desenvolvendo uma função não apenas dissuasiva, mas também, como já foi dito, promocional. Em poucas palavras, essa função é exercida com a promessa de uma vantagem (de natureza econômica) a uma ação desejada, e não com a ameaça de um mal a uma ação indesejada. É exercida, pois, pelo uso cada vez mais frequente do expediente das sanções positivas" (BOBBIO, Norberto. *Da estrutura à função*, cit., p. 68).

[141] RODRIGUES, Francisco Luciano Lima; VERAS, Gésio de Lima. Dimensão funcional do dano moral no direito civil contemporâneo. *Civilistica.com*. Rio de Janeiro, a. 4, n. 2, 2015, p. 18. Disponível em: <http://civilistica.com/tracos-positivistas-das-teorias-de-pontes-de-miranda/>. Acesso em 11.1.2018.

ordinária" de um agente econômico com a "exclusão de uma sanção punitiva (a privação de uma desvantagem)", de modo a beneficiar aqueles que atuam "no sentido de não medir esforços para mitigar a possibilidade de causação de danos a terceiros", cogitando-se a "criação de uma espécie de cadastro positivo de louváveis agentes econômicos em todos os setores da atividade econômica [...] capaz de gerar uma percepção positiva da sociedade em termos de imagem, com reflexos patrimoniais e morais para as empresas".[142]

Contudo, crê-se que tais perspectivas não representam a melhor compreensão do problema. A primeira, por revelar-se insuficiente em termos de concretude, aparentando conteúdo vazio, desprovido de sentido prático-jurídico.[143] A seguinte, por situar a aludida função promocional à perseguição de finalidades puramente preventivas, ou mesmo associadas à polêmica função punitiva, o que não parece refletir a teleologia última do sistema de responsabilidade civil, conectada primariamente ao viés sancionatório, como reação a um evento danoso.[144]

---

[142] ROSENVALD, Nelson. A função promocional da responsabilidade civil II. 2016. Disponível em: <https://www.nelsonrosenvald.info/>. Acesso em 11.1.2018.

[143] Não se questiona que o direito patrimonial deve ser funcionalizado ao interesse existencial que compõe a cláusula geral de tutela da pessoa humana. Neste sentido, cf. BODIN DE MORAES, Maria Celina. A caminho de um direito civil-constitucional. *Na medida da pessoa humana*. Rio de Janeiro: Renovar, 2010, pp. 11-12; e TEPEDINO, Gustavo. Premissas metodológicas para a constitucionalização do direito civil. *Temas de direito civil*, t. I. Rio de Janeiro: Renovar, 2008, p. 23. Todavia, tal compreensão não revela sequer o real sentido da "função promocional", mesmo em sentido genérico. A formulação fica ainda mais frágil porque não consegue se conectar aos mecanismos próprios da responsabilidade civil, de modo a permitir uma definição autônoma e útil à chamada função *promocional da responsabilidade civil*. E quando se relacionam à questões conexas aos direitos dos danos, os autores ilustram que "seria o caso de conferir ampla publicidade aos atos de pessoas jurídicas que se desenvolvem de modo sustentável, sem agredir o meio ambiente, ou daquelas cujas reclamações por inscrição indevida nos órgãos de proteção ao crédito foram eliminadas ou reduzidas substancialmente, emitindo-se certificados de congratulações para as mesmas e disponibilizando-os em meios de fácil acesso para a população como uma forma de divulgação de seus nomes" (RODRIGUES, Francisco Luciano Lima; VERAS, Gésio de Lima. *Dimensão funcional do dano moral no direito civil contemporâneo*, cit., p. 19). Neste caso, parece tratar-se de questão ligada à já referida função preventiva ou de precaução, como mais um instrumento da já aludida função, tornando despicienda a "invenção" de uma nova função (dita promocional) para alcançar finalidade de prevenção de danos.

[144] Tanto a "exclusão de uma sanção punitiva (a privação de uma desvantagem)", como a "criação de uma espécie de cadastro positivo de louváveis agentes econômicos em todos os setores da atividade econômica – com incentivo em obtenção de financiamentos públicos, redução de juros – capaz de gerar uma percepção positiva da sociedade em termos de imagem, com reflexos patrimoniais e morais para as empresas", em razão de uma prática de "diligência extraordinária" na atividade econômica, a fim de evitar os danos, revela um sentido muito limitado, ou mesmo equivocado, à

Em verdade, assentir com a existência de uma *função promocional da responsabilidade civil* pressupõe, fundamentalmente, aderir à tese de que a ordem jurídica positiva (i) visa cumprir determinadas finalidades, podendo delas extrair uma teleologia; (ii) em razão disso, os institutos e categorias devem ser interpretados de maneira funcionalizada ao cumprimento de tais finalidades; (iii) no âmbito do direito dos danos, a responsabilidade civil existe para desempenhar certas funções, que, embora gozem de autonomia, não são alheias às finalidades globais do ordenamento jurídico; (iv) os mecanismos normativos, definidores dos comportamentos desejados, pela via da previsão de reação do direito diante da conduta dos sujeitos, apresentam-se de duas formas: sanções negativas e positivas; (v) a sanção positiva, definida como uma resposta benéfica do ordenamento a um comportamento desejável, que se faz necessário *estimular*, é admitida no âmbito da responsabilidade civil e extraída do contexto global do sistema; (vi) os seus efeitos podem ser revelados mediante uma interpretação teleológica do direito posto, no qual já se pode vislumbrar uma *aplicação prática*, mesmo sem a existência de uma regulamentação específica.

Em cumprimento a este itinerário, já se demonstrou que o direito positivo contemporâneo, pós-positivista, organiza-se por um conjunto de normas cujo escopo não se resume a garantir o seu próprio cumprimento, numa perspectiva puramente formal, mas vinculado às finalidades materialmente determinadas na Constituição. Se o direito atende, desta forma, a uma teleologia que se pode extrair da tábua de valores definida na Carta Maior, a responsabilidade civil se vincula a um axiologia que não se limita ao aspecto lógico e interno do instituto, mas que se conecta com os valores globais do ordenamento (daí o seu aspecto funcional).[145]

---

função promocional da responsabilidade civil. Dogmaticamente, porque: a um, laurear o agente "super diligente" com a exclusão de uma indenização punitiva pressupõe, antes, assumir esta como existente na ordem jurídica positiva, conduzindo a questão ao problema da admissibilidade de uma indenização punitiva autônoma (pena privada), que aqui já se rejeitou; a dois, "funcionalizar" o aspecto promocional da responsabilidade aos atos de prevenção e precaução representa um descolamento da função primária do direito dos danos (a função reparatória/compensatória); a três, a função preventiva, quando admitida, encontra alguns limites e obstáculos no seu aperfeiçoamento, especialmente nas hipóteses de análise de comportamentos cujos danos deles decorrentes atraiam o regime de responsabilidade objetiva; a quatro, o benefício (prêmio) obtido por uma conduta "extraordinariamente diligente" seria demasiadamente indireto, intangível, o que reduziria o poder de estímulo a ele associado.

[145] Nesta direção, acerca do "dano injusto", muito caro ao direito italiano, em face da previsão legal do art. 2.043 do Código Civil, leciona Adolfo DI MAJO que *"il concetto di 'danno ingiusto' realizza una*

Desta forma, se àquele aspecto interno, inerente ao instituto, que remonta às suas origens e aos alicerces de sustentação de sua existência, emerge a sua finalidade primária (função reparatória/compensatória), como resposta negativa (sanção negativa) do ordenamento a um dano injusto produzido na esfera jurídica de alguém,[146] o desafio do intérprete é obter o significado de sua finalidade última.[147] Neste sentido, entende-se por finalidade última aquela que se realiza no escopo global do ordenamento jurídico, como último degrau de concretização do direito, em sua unidade. Tal sentido é identificado através do reconhecimento de um objetivo último destacado na tábua de valores que compõem o vértice da escala hierárquica do ordenamento, cujo teor encontre perfeita harmonização com a intencionalidade primeira do instituto da responsabilidade civil. Eis por que a finalidade última da responsabilidade civil só pode estar associada ao comando do art. 3º, I, da CF, que define como "objetivo fundamental" da República Federativa do Brasil "construir uma sociedade livre, justa e solidária". Se a liberdade já encontra lugar como um dos fundamentos de imputação da responsabilidade e a justeza do modelo é de sua própria natureza, calcada nos parâmetros de igualdade e preservação da incolumidade da esfera jurídica alheia (ambos sustentam a finalidade primária da responsabilidade civil), é na solidariedade que se deve desenvolver o conteúdo da última fronteira na teleologia da responsabilidade civil.

Decerto que já são muitos os esforços no sentido de transpor para a solidariedade o fundamento da responsabilidade civil. Como já demonstrado, costuma-se ancorar no valor da *solidariedade* tanto o movimento de "objetivação" da responsabilidade civil, quanto a corrente que sustenta o abandono do viés individualista do dever de reparar, por um sistema global de socialização dos riscos e das perdas, ou mesmo no sentido de fundamentar a função preventiva ou precaucional da responsabilidade. Entretanto, aqui se defende

---

'*clausola generale*', *la quale ha riguardo a tutte le situazioni giuridiche che possono ricondursi alla violazione di principi, anche più generali, come quello di solidarietà, di cui è parola massimamente nella Costituzione (art. 2) ma non solo in essa*" (Discorso generale sulla responsabilità civile. In: LIPARI, Nicolò; RESCIGNO, Pietro (Coord.). *Diritto civile*, vol. IV, t. III. Milano: Giuffrè, 2009, p. 23).

[146] Importante reforçar que a ideia de sanção não se confunde com a de punição, ou imposição de pena. Neste sentido, sanção negativa representa, em termos gerais, uma resposta negativa a um comportamento negativo, rejeitado pela ordem jurídica, motivo pelo qual a imputação do dever de indenizar ao responsável representa uma forma de aplicação de uma sanção negativa, mesmo que desprovida de viés punitivo.

[147] Segundo Mafalda Miranda BARBOSA, a teleologia última da responsabilidade civil corresponde à "intencionalidade que a caracteriza e que lhe comunica um determinado sentido do direito enquanto direito" (*Reflexões em torno da responsabilidade civil*, cit., p. 512).

outra atribuição de sentido ao valor da solidariedade, que revela a finalidade última da responsabilidade civil, a realizar-se na fronteira derradeira de concretização (máxima efetividade) de sua finalidade primária.

Na busca de seu significado, não é prudente que seja compreendida como contraponto ao valor da liberdade. Antes, deve conviver harmonicamente com ela, delineando, nos confins de sua interseção, o conteúdo daquela e vice-versa. Em outras palavras, não se trata de travar um embate de fundamentos entre liberdade *vs* solidariedade. Cuida-se de identificar em ambos os valores, de igual peso hierárquico, as finalidades e funções que a responsabilidade civil persegue, numa perspectiva unitária.

Neste raciocínio, compreende-se que a liberdade, como fundamento da responsabilidade civil, influenciada pela solidariedade, só pode ser entendida em contexto *inter-relacional*, não-individualista e não-voluntarista, mas que encontra na pessoa humana o *locus* de sua atuação, considerando toda a complexidade de interesses que a envolvem, máxime aqueles de natureza existencial.[148] Ciente de que sua autonomia só pode ser realizada na consideração do Outro, como elemento integrante daquilo que representa a personalidade humana, confere-se à liberdade, assim, um sentido ético (e não moralista), positivo (com senso de dever de conduta), associado à personalidade, que se realiza na comunicação com os demais centros de interesses,[149] ainda que não se perca de vista o seu sentido negativo, associado à definição de seus limites de atuação, onde a responsabilidade atua como modelo de reação ao dano eventualmente proveniente de seu indevido exercício. Aqui se observa

---

[148] "A pessoa – entendida como conexão existencial em cada indivíduo da estima de si, do cuidado com o outro e da aspiração de viver em instituições justas – é hoje o ponto de confluência de uma pluralidade de culturas, que nela reconhecem a sua própria referência de valores. [...] A pessoa é inseparável da solidariedade: ter cuidado com o outro faz parte do conceito de pessoa. [...] Nesta perspectiva, a solidariedade exprime a cooperação e a igualdade na afirmação dos direitos fundamentais de todos" (PERLINGIERI, Pietro. *O direito civil na legalidade constitucional*, cit., pp. 460-462).

[149] "O homem não é mais o indivíduo absoluto, que tem ao seu dispor um mundo objeto manipulável, mas a pessoa convivente, que age no mundo por que é responsável; e por outro lado e consonantemente o direito não é o mero regular do encontro de arbítrios, subjectivamente titulados, que recíproca e mecanicamente se comprimem, mas autenticamente co-instituída exigência de sentido em que a pessoa aceita rever-se" (BRONZE, Pinto. O Visconde de Seabra (um exercício de memória). *Boletim da Faculdade de Direito*, vol. LXXI. Coimbra: Ed. Coimbra, 1995, p. 593). Em conexão com a responsabilidade, Malfada Miranda BARBOSA leciona que "o homem já não pode ser entendido isoladamente, como uma parcela do todo, mas deve ser entendido como um ser que realiza plenamente a dignidade ética na comunicação com os outros semelhantes" (*Reflexões em torno da responsabilidade civil*, cit., p. 557).

a finalidade primária da responsabilidade civil: o viés reativo, de resposta, como sanção negativa, a um dano causado por alguém na esfera jurídica alheia.

À solidariedade, por sua vez, deve-se atribuir um novo sentido que não se contraponha à liberdade, mas que se comunique a ela, extraindo dessa relação a finalidade última do instituto.[150] Nesta direção, a solidariedade[151] exprime também, quando conectada à função primária, um sentido (ligado à ideia de uma liberdade positiva) que convoca os atores envolvidos no evento danoso (que já ocorreu) a movimentarem-se (como senso de dever) do modo mais eficaz possível à realização da reparação ou compensação dos danos concretizados na esfera jurídica da vítima. De um lado, convoca o agente à busca pela maneira mais eficiente de reparar ou compensar a vítima. De outro, invoca a vítima a abrir os canais de comunicação para a realização de tal desiderato, exigindo-se cooperação de sua parte. Abre-se um canal de diálogo possível e desejável (daí o sentido ético) na ambiência normalmente hostil da responsabilidade extracontratual ou aquiliana, onde agente e vítima não mantinham relações ou vínculos pretéritos. É um passo adiante na escala do avanço civilizatório e comunitário.

Ao remate, no constitucionalismo contemporâneo do pós-guerra, não se pode admitir que o modelo de responsabilidade sirva a escopos individualistas, seja na perspectiva da vítima ou pela ótica do agente ofensor. É que o valor da pessoa humana representa o centro maior de interesses do ordenamento jurídico, de maneira que a responsabilidade civil só pode fundamentar-se na consideração da pessoa (e não do indivíduo, ou sujeito de direito), na complexidade de seus atributos (patrimoniais e existenciais), como núcleo maior de tutela e critério-mor de conformação do instituto. Assim é que a dignidade, cuja liberdade emana e que só alcança o seu pleno desenvolvimento na solidariedade, representa a ideia de ter na pessoa a *finalidade do direito*, conferindo à responsabilidade civil um caráter ético imanente. A obrigação de indenizar

---

[150] "Não se trata [...] somente de impor limites à liberdade individual, atribuindo inteira relevância à solidariedade social: o princípio cardeal do ordenamento é o da dignidade humana, que se busca atingir através deu uma medida de ponderação que oscila entre os dois valores, ora propendendo para a liberdade, ora para a solidariedade. A resultante dependerá dos interesses envolvidos, de suas consequências perante terceiros, de sua valoração em conformidade com a tábua axiológica constitucional, e determinará a disponibilidade ou indisponibilidade da situação jurídica protegida" (BODIN DE MORAES, Maria Celina. O princípio da solidariedade. *Na medida da pessoa humana*. Rio de Janeiro: Renovar, 2008, pp. 264-265).

[151] Para além de fundamentar a expansão do regime objetivo da responsabilidade e de permitir, em alguma medida, a socialização dos riscos e das perdas, em prol da vítima, ou mesmo um chamamento ao dever geral de prevenção e precaução.

existe em razão do exercício da liberdade, mas não como limite externo desta, senão como componente de modelação de seu exercício, que exige o cumprimento de deveres (solidariedade). Quanto mais eficazmente forem tais deveres cumpridos (especialmente o dever de reparar ou compensar), melhor para a comunidade na qual as pessoas se inter-relacionam, aproximando-se mais à vítima, em igual medida, de sua reparação integral.

A função promocional da responsabilidade civil, portanto, define-se como finalidade última do direito dos danos, como degrau derradeiro de seu aperfeiçoamento, cujo sentido, conectado à sua finalidade primária, revela-se pelo conjunto de medidas que visam *estimular*, com amparo na ideia de sanção positiva, a reparação ou compensação *espontânea* dos danos.[152]

Com fundamento no binômio liberdade negativa-responsabilidade, em sua finalidade primária, o causador do dano é obrigado, com ou sem culpa (conforme seja a responsabilidade subjetiva ou objetiva), a reparar ou compensar a vítima, medindo a indenização pela extensão do dano (sanção negativa). Sendo este o efeito que se impõe, pelo conjunto normativo estabelecido pelo ordenamento jurídico (art. 186, 187 e 927 do Código Civil), cumpre realizá-lo da maneira mais efetiva possível, permitindo-se, assim, extrair a finalidade última da responsabilidade civil, de modo a emanar do sistema jurídico um conjunto de sanções positivas (prêmios ou recompensas), cujo objetivo é estimular a reparação espontânea e eficiente dos danos. Fala-se de um conjunto de efeitos favoráveis ao agente que (atribuindo-lhe uma vantagem ou privando-o de uma desvantagem), uma vez reconhecidos pela doutrina e pela jurisprudência, terão força suficiente para gerar um ambiente inter-relacional ideal, cujo maior beneficiário continuará sendo a própria vítima: pessoa lesada cujo centro de interesses se mantém como aquele mais importante a tutelar.[153]

Contudo, como parte do desafio da doutrina e da jurisprudência, faz-se mister que se elabore critérios seguros de definição das vantagens (ou da redução ou privação das desvantagens) que o agente causador do dano teria, caso decidisse reparar ou compensar, espontânea e rapidamente, de modo

---

[152] Entende-se que o caminho a percorrer para o preenchimento de uma função promocional no ambiente da tutela preventiva dos danos é mais tortuoso, especialmente porque ainda se faz necessário superar os obstáculos à própria tutela repressiva nas hipóteses de violação dos deveres de prevenção ou precaução.

[153] Valiosas as palavras de Louis JOSSERAND, para quem "a história da responsabilidade é a história da jurisprudência, e também, de alguma forma, da doutrina: é, mais geralmente, o triunfo do espírito, do senso jurídico" (Evolução da responsabilidade civil. *Revista Forense*, a. 38, vol. 86. Rio de Janeiro, 1941, p. 559).

eficiente (alcançando a reparação integral), os danos por ele causados. Tais pontos de desenvolvimento, cruciais à aplicação prática da novel função, devem ser objeto de estudo mais elaborado, fugindo ao escopo e delimitação da presente investigação introdutória, mas que serão trazidos à lume em trabalho posterior.[154]

8. Primeiras conclusões

Ciente de que ainda não se encontram subsídios suficientes para uma conclusão definitiva em torno do delineamento da chamada função promocional da responsabilidade civil, especialmente diante da ausência, por ora, de critérios para a sua implementação prática, não se pode negar que já é possível chegar a inferências iniciais.

Sendo assim, a partir de uma análise panorâmica da teleologia da responsabilidade civil, defendeu-se que:

(i) O direito dos danos persegue uma função primária que lhe é imanente, da qual não se pode desvincular-se: o viés reparatório-compensatório. Tal finalidade se fundamenta nos valores de liberdade, igualdade e solidariedade, interpretados à luz da constituição republicana de 1988;

(ii) A guinada do instituto à especial proteção da vítima, como resultado da expansão dos danos ocasionados no ambiente de avanço econômico e da consciência do risco como fator integrante da sociedade hodierna, não pode levar a sociedade a um contexto de socialização e despersonalização extrema da responsabilidade civil;

(iii) A solidariedade, como princípio constitucional, apresenta-se como vetor que determina a finalidade última da responsabilidade civil, propiciando um ambiente ético de comportamento das partes envolvidas no evento danoso, estimulando o desenvolvimento da plenitude do valor da pessoa, por meio da relação interpessoal (agente-vítima), de modo a otimizar a concreta satisfação do interesse lesado;

(iv) A ordem jurídica vigente não parece incorporar, como valor intrínseco, a chamada função punitiva da responsabilidade civil, seja pela ausência

---

[154] "A função promocional da responsabilidade civil" é o tema da tese de doutoramento do autor, a ser defendida no ano de 2018, no âmbito do Programa de Pós-Graduação da Faculdade de Direito da Universidade do Estado do Rio de Janeiro.

de previsão legal das chamadas "penas privadas", seja pela incompatibilidade sistemática entre a adoção da sanção punitiva (*punitive damages*) e os parâmetros gerais que norteiam a responsabilidade civil brasileira;

(v) Por sua vez, o direito dos danos aparenta atrair para si uma função preventiva a certas atividades produtivas, ainda que seja necessário desenvolver as balizas que definirão o comportamento desejado a ser adotado pelos agentes, no intuito de evitar a causação dos danos, destacando-se uma série de objeções que precisam ser enfrentadas pela dogmática, de maneira a aperfeiçoar a implementação prática da finalidade preventiva;

(vi) Enfim, ao demonstrar que o Direito admite uma função promocional, atendida por meio de sanções positivas, da qual se extrai do próprio texto constitucional, forçoso reconhecer que a responsabilidade civil cumpre com uma função promocional, fundamentada no princípio da solidariedade e conectada à identificação da finalidade última do direito dos danos: como degrau derradeiro do aperfeiçoamento da finalidade primária da responsabilidade civil, revela-se pelo conjunto de medidas que visam *estimular*, com amparo na ideia de sanção positiva, a concretização da reparação ou compensação *espontânea* dos danos.

9. Referências

AGUIAR, Júlio. Abordagem económica do direito: aspectos epistemológicos. In: *Lusíada – Revista de ciência e cultura*, Série Direito, n. 1 e 2. Lisboa: Ed. Universidade Lusíada, 2002.

ALBUQUERQUE JÚNIOR, Roberto Paulino de. Notas sobre a teoria da responsabilidade civil sem dano. *Revista de direito civil contemporâneo*, vol. 6. São Paulo: Revista dos Tribunais, jan.-mar./2016.

ARISTÓTELES. Ética a Nicômacos. 3. ed. Brasília: Editora Universidade de Brasília, 1992.

BARBOSA, Mafalda Miranda. Reflexões em torno da responsabilidade civil: teleologia e teleonomologia em debate. In: *Boletim da Faculdade de Direito da Universidade de Coimbra*, n. 81. Coimbra: Ed. Coimbra, 2005.

BECK, Ulrich. *Risk and society*: towards a new modernity. New Delhi: Sage, 1992.

BIANCA, Massimo. *Diritto civile*: la responsabilità. Milano: Giuffrè, 1994.

BOBBIO, Norberto. *Da estrutura à função*: novos estudos de teoria do direito. Daniela Beccaccia Versiani (Trad.). Barueri: Manole, 2007.

BODIN DE MORAES, Maria Celina. A caminho de um direito civil-constitucional. *Na medida da pessoa humana*: estudos de direito civil-constitucional. Rio de Janeiro: Renovar, 2010.

_____. A constitucionalização do direito civil e seus efeitos sobre a responsabilidade civil. *Na medida da pessoa humana*: estudos de direito civil-constitucional. Rio de Janeiro: Renovar, 2010.

_____. *Danos à pessoa humana*: uma releitura civil-constitucional dos danos morais. Rio de Janeiro: Renovar, 2003.

_____. O princípio da solidariedade. *Na medida da pessoa humana*: estudos de direito civil--constitucional. Rio de Janeiro: Renovar, 2008.

_____. Risco, solidariedade e responsabilidade objetiva. *Na medida da pessoa humana*: estudos de direito civil-constitucional. Rio de Janeiro: Renovar, 2010.

BRONZE, Pinto. O Visconde de Seabra (um exercício de memória). *Boletim da Faculdade de Direito*, vol. LXXI. Coimbra: Ed. Coimbra, 1995.

CALABRESI, Guido. *The costs of the accidents*: a legal and economic analysis. New Haven: Yale University Press, 1970.

COLEMAN, Jules. *Risks and wrongs*. Cambridge: Cambridge University Press, 1992.

COLIN, Ambroise; CAPITANT, Henri. *Cours élémentaire de droit civil français*, t. II. Paris: Librairie Dalloz, 1915.

COOTER, Robert; MATTEI, Ugo; MONATERI, Pier Giuseppe; PARDOLESI, Roberto; UDEN, Thomas. *Il mercato delle regole*: analisi economica del diritto civile, vol. 1. 2. ed. Bologna: Il Mulino, 2006.

CORDEIRO, António Menezes. *Tratado de direito civil português*, vol. II, t. III. Coimbra: Almedina, 2010.

_____. *Tratado de direito civil português*, vol. II, t. IV. Coimbra: Almedina, 2010.

COSTA, Mário Júlio Almeida. *Direito das obrigações*. 12 ed. Coimbra: Almedina, 2001.

DI MAJO, Adolfo. Discorso generale sulla responsabilità civile. In: LIPARI, Nicolò; RESCIGNO, Pietro (Coord.). *Diritto civile*, vol. IV, t. III. Milano: Giuffrè, 2009.

DIAS, José Aguiar. *Da responsabilidade civil*. Rio de Janeiro: Renovar, 2006.

FACHIN, Luiz Edson. *Direito civil*: sentidos, transformações e fim. Rio de Janeiro: Renovar, 2014.

FRANZONI, Massimo. *Trattato della responsabilità civile*, t. II. Milano: Giuffrè, 2010.

GAZZANIGA, Jean-Louis. Notes sur l'histoire de la faute. *Revue française de théorie juridique*, n. 5. Paris: PUF, 1985.

GIORGIANNI, Michelle. O direito privado e as suas atuais fronteiras (1961). Trad. Maria Cristina De Cicco. *Revista dos Tribunais*, n. 747, 1998.

GOMES, Júlio. Uma função preventiva para a responsabilidade civil e uma função reparatória para a responsabilidade penal? In: *Revista de direito e economia*. Ano 15. Coimbra: Ed. Universidade de Coimbra, 1989.

JOSSERAND, Louis. Evolução da responsabilidade civil. *Revista Forense*, a. 38, vol. 86. Rio de Janeiro, 1941.

KANT, Immanuel. *Fundamentação da metafísica dos costumes*. Trad. Guido Antônio de Almeida. São Paulo: Barcarola, 2009.

KELSEN, Hans. *Teoria pura do direito*. 6. ed. João Baptista Machado (Trad.). São Paulo: Martins Fontes, 1998.

KOURILSKY, Philippe; VINEY, Geneviève. *Le principe de précaution*. St-Denis: Odile Jacob, 2000.

LA TORRE, Antonio. *Cinquant'anni col diritto (saggi)*, vol. I. Milano: Giuffrè, 2008.
LALOU, Henri. *La responsabilité civile*: principes élémentaires et applications pratiques. Paris: Dalloz, 1928.
LORENZETTI, Ricardo Luis. *Fundamentos do direito privado*. São Paulo: RT, 1998.
MONTEIRO, António Pinto. *Cláusula penal e indemnização*. Coimbra: Almedina, 1999.
NORONHA, Fernando. *Direito das obrigações*, vol. 1. São Paulo: Saraiva, 2003.
PERLINGIERI, Pietro. La responsabilità civile tra indennizzo e risarcimento. *Rassegna di diritto civile*, n. 4. Napoli: ESI, 2004.
____. *O direito civil na legalidade constitucional*. Trad. Maria Cristina De Cicco. Rio de Janeiro: Renovar, 2008.
____. *Manuale di diritto civile*. Napoli: ESI, 1997.
PINTO JÚNIOR, João José. *Curso elementar de Direito Romano*. Recife: Typographia Economica, 1888.
PORTO, Mário Moacyr. *Temas de responsabilidade civil*. São Paulo: Revista dos Tribunais, 1989.
ROCHFELD, Judith. *Les grandes notions du droit privé*. Paris: Presses Universitaires de France, 2013.
RODOTÀ, Stefano. *Il problema della responsabilità civile*. Milano: Giuffrè, 1964.
RODRIGUES, Francisco Luciano Lima; VERAS, Gésio de Lima. Dimensão funcional do dano moral no direito civil contemporâneo. *Civilistica.com*. Rio de Janeiro, a. 4, n. 2, 2015. Disponível em: <http://civilistica.com/tracos-positivistas-das-teorias-de-pontes-de-miranda/>.
ROSENVALD, Nelson. *A função promocional da responsabilidade civil II*. 2016. Disponível em: <https://www.nelsonrosenvald.info/>.
SALEILLES, Raymond. *Les accidents de travail et la responsabilité civile*: essai d'une théorie objective de la responsabilitá délictuelle. Paris: Librairie Nouvelle de Droit et de Jurisprudence, 1897.
SAVATIER, René. *Traité de la responsabilité civile em droit français*. Paris: Librairie Générale de Droit et de Jurisprudence, 1939.
SCHREIBER, Anderson. *Novos paradigmas da responsabilidade civil*. 4. ed. São Paulo: Atlas, 2012.
SILVA, Wilson Melo da. *Responsabilidade sem culpa e socialização do risco*. Belo Horizonte: Bernardo Alvares, 1962.
____. *O dano moral e a sua reparação*. 3. ed. Rio de Janeiro: Forense, 1983.
SMITH, Adam. *A riqueza das nações*: investigação sobre sua natureza e suas causas, vol. I e II. São Paulo: Editora Nova Cultural, 1996.
STARCK, Boris. *Essai d'une théorie générale de la responsabilité civile considerée en sa double fonction de garantie et de peine privée*. Paris: L. Rodstein, 1947.
STOLL, Hans. Penal purposes in the Law of Tort. *The American Journal of Comparative Law*, vol. 18. Issue 1. Oxford: Oxford University Press, 1970.
SUNSTEIN, Cass; KAHNEMAN, Daniel; SCHKADE, David. Assessing punitive damages (with notes on cognition and valuation in law). *Yale Law Journal*, May/1998.
TEPEDINO, Gustavo. Premissas metodológicas para a constitucionalização do direito civil. *Temas de direito civil*, t. I. Rio de Janeiro: Renovar, 2008.

VARELA, João de Matos Antunes. *Das obrigações em geral*, vol. I. 6. ed. Coimbra: Almedina, 1989.
VINEY, Geneviève. *Le déclin de la responsabilitá individuelle*. Paris: LGDJ, 1965.
VISINTINI, Giovanna. *Trattato breve della responsabilità civile*. 3. ed. Padova: CEDAM, 2005.
WILLEMS, Jos. *Essai sur la responsabilité civile*. Paris: A. Fontemoing, 1896.

17. A Função Preventiva da Responsabilidade Civil Sob a Perspectiva do Dano: É Possível Falar em Responsabilidade Civil Sem Dano?

Cássio Monteiro Rodrigues
Mestrando em Direito Civil no Programa de Pós-Graduação da Faculdade de Direito da Universidade do Estado do Rio de Janeiro – UERJ –, especialista em Responsabilidade Civil e Direito do Consumidor pela EMERJ, graduado em Direito pela Universidade Federal do Rio de Janeiro – UFRJ – e advogado.

1. Introdução

Como se sabe, a responsabilidade civil foi concebida por meio da lógica individualista e patrimonialista[1] em que o direito civil foi criado, tendo sido, desde os primórdios, estruturada pela ótica reparatória, pautada pelo binômio dano--reparação. Ou seja, sua função basilar e de constituição é a função reparatória.[2] Com as novas necessidades da sociedade de massas, diversas situações demandam do direito e, talvez, da responsabilidade civil, novas formas de resposta, sendo a concepção puramente reparatória tida por insuficiente para atender às demandas da nova ordem social.

---

[1] Nesse sentido, vide MORAES, Maria Celina Bodin de. Constituição e direito Civil: tendências. *Revista dos Tribunais*, n. 779, 2000, p. 43; E, ainda, RAMOS, Carmem Lucia Silveira. A constitucionalização do direito privado e a sociedade sem fronteiras. In: FACHIN, Luiz Edson (Coord.). *Repensando fundamentos do direito civil contemporâneo*. Rio de Janeiro: Renovar, 1998, p. 5.
[2] Nesse tocante, aduz-se à lição de San Tiago Dantas, que afirma que "sempre que se verifica uma lesão do direito, isto é, sempre que se infringe um dever jurídico correspondente a um direito, qual é a primeira consequência que daí advém? Já se sabe: nasce a responsabilidade" (DANTAS, San Tiago. *Programa de Direito Civil*. Aulas proferidas na Faculdade Nacional de Direito. Texto revisto com anotações e prefácio de José Gomes Bezerra de Barros. Rio de Janeiro: Ed. Rio, 1979, p. 376).

Focadas no denominador comum de proteção da vítima, influenciadas pelo processo de personalização e despatrimonialização do direito civil, a doutrina elaborou novas formulações aptas a tutelar as situações desafiadoras da responsabilidade civil, com vistas a garantir a reparação integral do ofendido, como ampliação dos danos indenizáveis ou flexibilização do pressuposto da culpa.[3] Porém, cresce também na doutrina a ideia de que há hipóteses em que a reparação não será suficiente para restabelecer o *status quo* e tutelar adequadamente a pessoa humana.[4]

Deve-se ressaltar que tais (não tão) novos problemas não são apenas ligados à questão da quantificação do dano ressarcível, mas ao sistema da responsabilidade civil como posto na atualidade. São, dentre muitas, questões atinentes a condutas que, antes irrelevantes à responsabilidade civil, são agora qualificadas como danosas, acarretando surgimento e expansão de novas espécies de danos.

Tais problemas põem em xeque a própria doutrina da responsabilidade civil, que passa a tratar inclusive das possibilidades de flexibilização ou de superação desse elemento até então imprescindível, o dano,[5] já que não mais se contentaria com a garantia da reparação das lesões, mas sim ir além para evitar a ocorrência destas. Surge, então, o questionamento: poderia a responsabilidade civil atuar previamente à ocorrência do dano ou até mesmo nos casos em que este não ocorra, a ponto de imputar o dever de indenizar a alguém?

As novas exigências colocadas ao campo da responsabilidade civil exteriorizam suposta ineficiência da função meramente reparatória para apresentar soluções às novas demandas, principalmente às oriundas do avanço tecnológico.[6] Nesse contexto, a doutrina recente tem buscado revelar roteiros para

---

[3] Para maior aprofundamento quanto ao tema da flexibilização dos pressupostos da responsabilidade civil, vide SCHREIBER, Anderson. *Novos paradigmas da responsabilidade civil:* da erosão dos filtros da reparação à diluição dos danos. 5. ed. São Paulo: Atlas, 2013, caps. 1 e 2.

[4] Nesse sentido, veja-se TEPEDINO, Gustavo. A tutela da personalidade no ordenamento civil-constitucional brasileiro. *Temas de direito civil.* Rio de Janeiro: Renovar, 2004, pp. 23-58; ainda, SCHREIBER, Anderson. *Novos paradigmas da responsabilidade civil,* cit., p. 91.

[5] "O dano é, dos elementos necessários à configuração da responsabilidade civil, o que suscita menos controvérsia. Com efeito, a unanimidade dos autores convém em que não pode haver responsabilidade sem a existência de um dano, e é verdadeiro truísmo sustentar esse princípio, porque, resultando a responsabilidade civil em obrigação de ressarcir, logicamente não pode concretizar-se onde nada há que reparar" (DIAS, José de Aguiar. *Da responsabilidade civil.* 11. ed. Atual. Rui Berford Dias. Rio de Janeiro: Renovar, 2006, p. 341).

[6] EHRHARDT JR., Marcos Augusto de A.. Responsabilidade civil ou Direito de danos? Breves reflexões sobre a inadequação do modelo tradicional sob o prisma do direito civil constitucional. In: RUZYK, Carlos Eduardo Pianovksi *et alii* (Org.). *Direito civil constitucional*: a ressignificação da

uma necessária refuncionalização do instituto, apta a guia-la para a tutela dos direitos sob ângulo eminentemente preventivo, tal como já internalizada em outros ramos do direito, por exemplo, o ambiental.[7]

Essa nova fundamentação da responsabilidade civil, focada no viés preventivo e caracterizado não apenas como repressivo, diz a doutrina, é essencial para enfrentar aquelas situações danosas nas quais a reparação é insuficiente ou impossível. Cabe investigar se as alterações experimentadas comportam essa ideia e como tal refundamentação afeta sua aplicação e atuação.

Todavia, não pode ser concebida apenas como se fosse decorrência lógica ou imediata da personalização e despatrimonialização do direito civil, muito menos sem uma apurada construção doutrinária de (re)adequação de sua função e de avaliação da inserção dos institutos jurídicos de prevenção em seu repertório, sob pena de alargamento exagerado de seu campo de incidência, de modo a torná-la ineficaz e incapaz de cumprir seu objetivo essencial de proteção e reparação de direitos, bem como, talvez, evitar ou dissuadir condutas potenciais a causar danos irreversíveis.[8]

2. Análise funcional da responsabilidade civil e de seus pressupostos

A responsabilidade civil tem tomado novas direções, bastante debatidas em todo o mundo. Principalmente por causa da crescente configuração da chamada sociedade de risco,[9] impõe-se uma releitura do instituto pela sua perspectiva funcional. E é justamente pela forma cíclica de crises que enfrenta

---

função dos institutos fundamentais do direito civil contemporâneo e suas consequências, vol. 1. Florianópolis: Conceito, 2014, pp. 303-314.

[7] Acerca da consagração do paradigma preventivo na seara ambiental, vide BENJAMIN, Antonio Herman V. O princípio poluidor-pagador e a reparação do dano ambiental. *Dano ambiental, prevenção, reparação e repressão*. São Paulo: Revista dos Tribunais, 1993; MILARÉ, Édis, *Direito do ambiente*: a gestão ambiental em foco: doutrina, jurisprudência, glossário. 6. ed. São Paulo: Revista dos Tribunais, 2009, pp. 823-824.

[8] RUZYK, Carlos Eduardo Pianovski. A responsabilidade civil por danos produzidos no curso de atividade econômica e a tutela da dignidade da pessoa humana: o critério do dano ineficiente. In: RAMOS, Carmem Lucia Silveira et al. (Org.). *Diálogos sobre direito civil*: construindo uma racionalidade contemporânea. Rio de Janeiro: Renovar, 2002, p. 136.

[9] BECK, Ulrich. *Sociedade de risco*: rumo a uma outra modernidade. São Paulo: Editora 34, 2011. Essa expressão foi popularizada pelo autor, primeiramente no campo da sociologia, para mais tarde ser incorporada ao vocabulário jurídico.

que a responsabilidade civil apresenta contínua evolução de sua disciplina, a possibilitar que se adeque a novos valores e demandas sociais.

Assim, nesse quadro, essencial que se pense quais funções que a responsabilidade civil deve assumir no ordenamento – sempre a compatibilizando com sua perspectiva estrutural. Parte da doutrina atual defende ser capital remontar suas funções, de modo a compatibilizá-la com a tutela integral de direitos diante das novas exigências sociais.[10] Por outro lado, há quem reafirme ser necessária a exaltação de seus pressupostos para evitar sua descaracterização.[11]

Destaca-se a importância da análise funcional dos institutos jurídicos[12] para a determinação de sua finalidade social, ao se realizar o processo de qualificação das mais diversas situações jurídicas subjetivas e de sua estrutura.

A responsabilidade civil é um dos instrumentos de pacificação e justiça social do direito, com enfoque principal de reparação dos danos injustos que decorram de condutas contrárias ao ordenamento jurídico ou por ele excepcionadas. E teve seu sistema como um todo pensado na lógica patrimonialista, na qual o seu objetivo primordial e último seria, exclusivamente, a reparação de danos.[13]

A título de ilustração dessa releitura estrutural e funcional do instituto, passa-se, em breves linhas e sem pretensão de esgotar o tema, a analisar os arquétipos da responsabilidade civil, com a ressalva de que suas funções acompanham as transformações dos pressupostos essenciais, numa perspectiva histórico-relativa.

Dogmaticamente, a estrutura da responsabilidade civil enfrentou diversas mudanças desde a criação do paradigma da culpa (que orientou seu arcabouço já nos códigos liberais do século XVIII), e tinha como base os elementos da

---

[10] SCHREIBER, Anderson. As novas tendências da responsabilidade civil brasileira. *Revista Trimestral de Direito Civil*, vol. 22. Rio de Janeiro: Padma 2005, pp. 45-69.
[11] ANGELIN, Karinne Ansiliero. *Dano injusto como pressuposto do dever de indenizar*. Dissertação (mestrado). Faculdade de Direito da Universidade de São Paulo, São Paulo, 2012, p. 137.
[12] Antes de se adentrar no estudo das funções da responsabilidade civil, relembre-se a lição de Salvatore Pugliatti, para quem a função é "a razão genética do instrumento, e a razão permanente de seu emprego, isto é a sua razão de ser. Por via de consequência, é a função que irá determinar a estrutura, pois o interesse tutelado é o centro de unificação em respeito do qual se compõem os elementos estruturais do instituto" (PUGLIATTI, Salvatore. *La proprietà nel nuovo diritto*. Milano: Giuffrè, 1954, p. 300).
[13] DIAS, José de Aguiar. *Da responsabilidade civil*. 11. ed. Atual. Rui Berford Dias. Rio de Janeiro: Renovar, 2006, pp. 23 e ss.

conduta culposa, dano e nexo causal, para que seja configurado o dever de indenizar.[14]

Inicialmente, a culpa ocupava lugar de extremo destaque, ao ponto de se afirmar que não haveria responsabilidade civil sem culpa,[15] ideia que criou a conhecida responsabilidade civil subjetiva.

Assim, imprescindível era para configurar o dever de indenizar a conduta culposa do ofensor. Construiu-se a responsabilidade civil baseada na existência de relação entre a conduta culposa e dano concreto causado ao lesado, vinculados por meio de patente nexo de causalidade, com um viés sancionador e pautado pela lógica reparatória.[16] Na falta de qualquer um dos seus elementos, descaberia falar em qualquer espécie de reparação.

O paradigma reparatório parecia satisfazer todas as demandas indenizatórias. Contudo, é a partir da revolução tecnológica e industrial que a sociedade experimenta novas formas de acidentes e riscos, cada vez maiores, tais como os acidentes de transporte ou de qualquer outra atividade que implique riscos a outrem por sua própria natureza, que demonstraram a insuficiência da responsabilidade subjetiva e do paradigma da culpa.[17]

As vítimas de lesões, em razão da complexidade das novas relações, enfrentavam imensa dificuldade em produzir prova da culpa do ofensor, quando muito o conseguiam identificar. De tal modo, a reposta da doutrina civilista, inicialmente, foi a criação de parâmetros e presunções da culpa do agente,

---

[14] Destaca-se na doutrina nacional os ensinamentos de: Agostinho Alvim, que alude a prejuízo, culpa e nexo casual (ALVIM, Agostinho. *Da inexecução das obrigações e suas consequências*. 3. ed. Rio de Janeiro-São Paulo: Ed. Jurídica e Universitária, 1962, p. 194). Ainda, Silvio Rodrigues que aponta como requisitos: a ação ou omissão do agente, a culpa do agente, a relação de causalidade e o dano experimentado pela vítima (RODRIGUES, Silvio. *Direito civil:* Responsabilidade civil, vol. 4. 20. ed. São Paulo: Saraiva, 2003, pp. 14-18). Por fim, a lição de Fernando Noronha, que leciona serem o dano, cabimento do dano no âmbito de proteção de uma norma, fato antijurídico, nexo de causalidade e nexo de imputação (NORONHA, Fernando. *Direito das obrigações*: fundamentos do direito das obrigações; introdução à responsabilidade civil, vol. 1. 2. ed. rev. e atual. São Paulo: Saraiva, 2007, pp. 466-469).

[15] JOSSERAND, Louis. Evolução da responsabilidade civil. *Revista Forense*. Rio de Janeiro, vol. 86, n. 454, 1941, p. 551.

[16] HIRONAKA, Giselda Maria Fernandes Novaes. *Responsabilidade pressuposta*. Belo Horizonte: Del Rey, 2005, p. 73.

[17] VINEY, Geneviève. As tendências atuais do direito da responsabilidade civil. Trad. Paulo Cezar de Mello. In: TEPEDINO, Gustavo (Org.). *Direito civil contemporâneo*: novos problemas à luz da legalidade constitucional: anais do Congresso Internacional de Direito Civil-Constitucional da cidade do Rio de Janeiro. São Paulo: Atlas, 2008, pp. 42 e 45-46.

inclusive com inversão do ônus probatório, a combater tais provas diabólicas, pois a culpa se demonstrava cada vez mais impossível de provar.[18]

Ainda, a própria noção de culpa foi alterada de culpa psicológica à culpa normativa,[19] que traduz a ideia de adoção de certos deveres de conduta pelo agente, ao se valer do modelo geral de comportamento objetivo, distanciando-se da moral e do subjetivismo, para a situação concreta (pelo parâmetro do homem médio), como destaca MORAES:[20]

> Originalmente, a culpa era apenas a atuação contrária aos direitos, porque negligente, imprudente, imperita ou dolosa, que acarretava danos aos direitos de outrem. Modernamente, todavia, diversos autores abandonaram esta conceituação, preferindo considerar a culpa o descumprimento de um standard de diligência razoável, diferenciando esta noção, dita 'normativa' ou 'objetiva' da outra, dita 'psicológica'.

Por sua vez, debates doutrinários frente às novas demandas, em especial guiados pelo ideal de solidariedade social, possibilitaram a passagem do paradigma da culpa para a responsabilidade civil objetiva, que prescinde do elemento culpa para configuração do dever de indenizar,[21] com o advento da teoria do risco, fundamento dessa nova espécie de responsabilidade, e retirando da culpa seu papel de destaque, a complementar o regime da responsabilidade aquiliana.

---

[18] Nesse sentido, esclarece Rui Stoco "Em determinadas circunstâncias é a lei que enuncia a presunção. Em outras, é a elaboração jurisprudencial que, partindo de uma ideia tipicamente assentada na culpa, inverte a situação impondo o dever ressarcitório, a não ser que o acusado demonstre que o dano foi causado pelo comportamento da própria vítima" (STOCO, Rui. *Responsabilidade civil e sua interpretação jurisprudencial*. 3. ed. São Paulo: Revista dos Tribunais, 1997, p. 65).

[19] A culpa normativa, também denominada culpa objetiva, é entendida como "o erro de conduta, apreciado não em concreto, com base nas condições e na capacidade do próprio agente que se pretendia responsável, mas em abstrato, isto é, em uma objetiva comparação com um modelo geral de comportamento. A apreciação em abstrato do comportamento do agente, imune aos aspectos anímicos do sujeito, justifica a expressão culpa objetiva, sem confundi-la com a responsabilidade objetiva, que prescinde da culpa" (SCHREIBER, Anderson. *Novos paradigmas da responsabilidade civil*: da erosão dos filtros da reparação à diluição dos danos. 5. ed. São Paulo: Atlas, 2013, pp. 34-35).

[20] BODIN DE MORAES, Maria Celina. Risco, solidariedade e responsabilidade objetiva. In: TEPEDINO, Gustavo; FACHIN, Luiz Edson (Coord.). *O direito e o tempo*: embates jurídicos e utopias contemporâneas. Estudos em homenagem ao Professor Ricardo Pereira Lira. Rio de Janeiro: Renovar, 2008, p. 861.

[21] BODIN DE MORAES, Maria Celina. Risco, solidariedade e responsabilidade objetiva, cit., p. 864.

Destaque-se que esse processo se deu de modo a conciliar os modelos de responsabilidade, sem excluir o outro e sua aplicação.

O pressuposto do nexo causal também passa por inúmeras transformações e relativizações. Como se sabe, esse requisito se caracteriza pelo vínculo entre o dano e comportamento específico que lhe deu causa. Várias teorias desde então foram criadas para reconfigurar a causalidade,[22] ao determinar que em certos casos seja adequada, direta ou imediata, suficiente, alternativa, entre outras, para que se possa, independente da *fattispecie* que demande solução do direito, encontrar vínculo entre o ato ilícito e o dano injusto e, ainda, reconhecer em algumas situações o dever de indenizar independentemente do nexo causal,[23] a fim de que a estrutura estática não impeça a realização de sua função e dos valores constitucionais.

Ora, com a funcionalização da responsabilidade civil em prol da pessoa da vítima e busca da indenização dos danos reputados como injustos, não há mais a preocupação central em punir a conduta culposa do ofensor, com estipulações de novas formas de flexibilização do nexo causal,[24] pautadas em *standards* de conduta e presunções que as fundamentem.

Originariamente direcionada para reprovar a conduta culposa, volta sua atenção, agora, para a proteção e reparação da vítima, sob novo fundamento da teoria do risco, ainda que distribua o dever de indenizar, em situações mais específicas, entre aqueles que potencialmente atuam ou se relacionam com o dano injusto experimentado, alterando seu *locus* para a solidariedade.[25]

---

[22] Cf. Capítulos I e III desta obra.

[23] "Situação que também emerge como exemplar é a imputação sem nexo de causalidade na responsabilidade por danos. Não raro se vê a reafirmação tradicional do nexo para imputar responsabilidade, o que, de todo correta, pode não ser, em determinados casos, o mais justo concretamente para a vítima. Quando assim, a direção pode indicar a renovação do conceito de causa, e especialmente do nexo causal. A imputabilidade tem no centro a preocupação com a vítima; a imputação é a operação jurídica aplicada à reconstrução do nexo. Da complexidade e da incerteza nascem fatores inerentes à responsabilização por danos. É de alteridade e de justiça social que deve se inebriar o nexo de causalidade, atento à formação das circunstâncias danosas" (FACHIN, Luiz Edson. *Direito civil*: sentidos, transformações e fim. Rio de Janeiro: Renovar, 2015, p. 86).

[24] SCHREIBER, Anderson, *Novos paradigmas da responsabilidade civil*: da erosão dos filtros da reparação à diluição dos danos. 5. ed. São Paulo: Atlas, 2013, pp. 64-79.

[25] Nas palavras Maria Celina Bodin de Moraes, "A transformação da responsabilidade civil em direção à objetivação corresponde a uma mudança sociocultural de significativa relevância que continua a influenciar o direito civil neste início de século. Ela traduz a passagem do modelo individualista-liberal de responsabilidade, compatível com a ideologia do Código de 1916, para o chamado modelo solidarista, baseado na Constituição da República e agora no Código de 2002, fundado na atenção e no cuidado para com o lesado: questiona-se hoje se à vítima deva ser negado

Anderson Schreiber denomina tais fenômenos de "erosão dos filtros tradicionais da responsabilidade civil". Com isso, o renomado civilista quer revelar a perda da importância da culpa, sua prova, e relativizações do nexo de causalidade nas demandas atuais. Esses filtros atuariam de maneira a escolher quais interesses merecedores de tutela deveriam ser resguardados jurisdicionalmente, com escopo de limitar a reparação não adequada à sua estrutura dogmática.

Tais constatações de novas demandas sociais, em razão das relações massificadas pautadas na impessoalidade e no surgimento de novos danos, levaram a doutrina a indicar a necessidade de repensar a responsabilidade civil para além da função reparatória, voltada para a função preventiva de lesões e de reprimir condutas indesejadas.[26] Sua característica de reparar persiste, mas deveria apenas surgir quando não houver modo de impedir a ocorrência do dano injusto, ressaltando-se a insuficiência da função reparatória do instituto, que deveria, em uma perspectiva constitucionalizada e preocupada com a tutela da pessoa, buscar, prioritariamente, impedir a ocorrência de danos e desestimular aquelas condutas socialmente reprováveis.

O surpreendente crescimento dos danos causados à coletividade e o surgimento de novas espécies ainda levou parte da doutrina a aduzir que a estrutura contemporânea da responsabilidade civil deve ou inclina-se a ser alterada para um "direito de danos", conforme será exposto no terceiro item deste artigo, justamente sob o fundamento da insuficiência diante dos anseios corriqueiros das pessoas de estarem sujeitas ao risco de sofrer danos, modelo que seria capaz de atender a demanda social e criar instrumentos de proteção contra danos potenciais.

Nesse âmbito de transformações, a doutrina aponta três funções da responsabilidade civil. A função reparatória: sua função principal, fundamentada no princípio da reparação integral dos prejuízos experimentados. A função punitiva, que serviria para punir o autor do dano em valores além da sua

---

o direito ao ressarcimento e não mais, como outrora, se há razões para que o autor do dano seja responsabilizado" (BODIN DE MORAES, Maria Celina. Risco, solidariedade e responsabilidade objetiva, cit., p. 857).

[26] Sobre a constatação da insuficiência dos mecanismos tradicionais da responsabilidade civil, destaca-se a lição de Urick Bech, para quem "*Los nuevos peligros están eliminando los cimentos convencionales del cálculo de seguridade. Los daños pierden sus limites espacio-temporales y se convierten en globales y duraderos. Ya es a duras penas posible responsabilizar a individuos concretos de tales daños: el principio de culpabilidad ha ido perdiendo su eficácia. Em numerosas ocasiones, no pueden asignarse compensaciones financeiras a los daños causados; no tiene sentido asegurar-se contra los peores efectos posibles de la espiral de amenazas globales. Por tanto, no existen planes para la reparación en el caso de que ocurra lo peor*" (BECK, Ulrich. *Sociedad de risco*, cit., p. 57)

extensão, com caráter de pena privada. E, por fim, a função preventiva, calcada nos princípios da prevenção e da precaução, de modo a impedir a ocorrência de danos ou fazer cessar sua incidência.

Quanto à função reparatória, sua lógica é calcada no binômio dano-reparação, ou seja, caso tenha ocorrido um dano injusto que gerou prejuízo à vítima, o ofensor é responsável por arcar com os danos, tanto os de natureza patrimonial como extrapatrimonial.

Por muito, foi pautada pela ideia central da chamada teoria da diferença, pela qual o dano seria a diferença entre o que se tem e o que se teria, caso o evento danoso não ocorresse, e patrimônio da vítima deveria ser recomposto até estar idêntico ao que seria no caso de não ocorrência do evento danoso.[27]

Mas sua ineficácia de manutenção e retorno ao *status quo* restou mais que evidenciada, eis que dificilmente o cálculo matemático repara todos os prejuízos ocorridos ou decorrentes do evento danoso, que não é eliminado da vida do ofendido pela mera reparação. Por isso que a doutrina passa a falar em compensação, especialmente para os danos extrapatrimoniais, que não podem, *a priori*, ser mensurados e reparados pela lógica patrimonialista – como exemplo, os danos oriundos de violações de direitos da personalidade.[28]

Importante destacar que, por força de sua função primordial, principalmente na seara patrimonial, independente do grau de culpa do agente ofensor, qualquer indenização advinda da responsabilidade civil deverá obedecer aos parâmetros do princípio da reparação integral,[29] constante do artigo 944 do Código Civil, que preceitua que a indenização se mede pela extensão do dano.

Ou seja, *a priori*, nenhuma indenização poderá superar os prejuízos do evento danoso. Quanto à reparação do dano extrapatrimonial, devido à sua especificidade e dificuldade de mensuração, esta deve ser a mais ampla possível, tendo em vista a repercussão do dano injusto e as condições do ofensor, mas sem chegar ao ponto de proporcionar vantagem excessiva à vítima.

A seu turno, as demais funções mencionadas foram estudadas e atreladas à função reparatória, relacionando-se sempre com a perspectiva patrimonialista da reparação, principalmente a influenciar no *quantum* indenizatório,[30]

---

[27] Acerca da teoria da diferença, vide SEVERO, Sérgio. *Os danos extrapatrimoniais*. São Paulo: Saraiva, 1996.
[28] NORONHA, Fernando. *Direito das obrigações*, cit., p. 437.
[29] RODRIGUES, Francisco Luciano Lima; VERAS, Gésio de Lima. Dimensão funcional do dano moral no direito civil contemporâneo. *Civilistica.com*. Rio de Janeiro, a. 4, n. 2, 2015, p. 12.
[30] Vide MONTEIRO FILHO, Carlos Edison do Rêgo. *Elementos de responsabilidade civil por dano moral*. Rio de Janeiro: Renovar, 2000, p. 152.

a depender da ocorrência de condutas que diminuam ou impeçam o dano de se configurar.

A função punitiva da responsabilidade civil possui o enfoque de punir o causador do dano, por meio de condenações em valores que superem a extensão do dano causado.

É desse modo que esta função, também chamada dissuasória, faz-se presente de modo a promover a redução de condutas ilícitas e, mais ainda, danos recorrentes, a evitar que se repitam.[31] Ainda, para a doutrina, se faria necessária pois a manutenção do mero paradigma reparatório levaria os ofensores a quantificar seus possíveis prejuízos econômicos, havendo casos em que optariam por praticar o ato ilícito.[32-33]

Nessa busca e pretensão de repreensão do agente causador do dano,[34] a função punitiva se vale do chamado mecanismo dos *punitive damages*, tradicionalmente criados em ordenamentos jurídicos de *commom law*, tendo como premissa adotar a condenação em valor reparatório excedente à extensão do dano, na medida em que a conduta ilícita seja praticada com culpa grave ou dolo, dotada de maior reprovabilidade.

A par das críticas, no direito brasileiro, talvez o exemplo mais frequente de menção à função punitiva seja o caráter punitivo-pedagógico que a doutrina e jurisprudência construíram como intrínseco à reparação do dano extrapatrimonial, que alicerça o acolhimento de novas funções da responsabilidade civil.[35]

---

[31] Sobre o tema, cf. o Capítulo XVIII desta obra.

[32] Este é o determinado pelo Código Civil: "Art. 944. A indenização mede-se pela extensão do dano".

[33] Em sentido contrário à adoção da indenização punitiva, v. SCHREIBER, Anderson. Arbitramento do dano moral. *Direito civil e Constituição*. São Paulo: Atlas, 2013, p. 184.

[34] Contudo, destaca-se que se falar em função punitiva da indenização é diferente de se falar em dano punitivo, que representa indenização maior que o dano. O dano punitivo também não se confunde com o dano social, que tem fundamento jurídico distinto. Sobre o dano social, vide o trabalho de AZEVEDO, Antonio Junqueira de. Por uma nova categoria de dano na responsabilidade civil: o dano social. *Novos estudos e pareceres de direito privado*. São Paulo: Saraiva, 2009, p. 381, do qual se destaca a seguinte passagem: "A lesão deve ser coletiva, capaz de trazer [...] diminuição de tranquilidade social, ou de quebra da confiança, em situações contratuais ou paracontratuais, que acarreta a redução da qualidade coletiva de vida". Para maiores e precisas informações sobre o tema, cf. o Capítulo IX desta obra.

[35] "[...] Diz-se, então, que a reparação do dano moral detém um duplo aspecto, constituindo-se por meio de um caráter compensatório, para confortar a vítima – ajudando-a a sublimar as aflições e tristezas decorrentes do dano injusto –, e de um caráter punitivo, cujo objetivo, em suma é impor uma penalidade exemplar ao ofensor, consistindo esta na diminuição de seu patrimônio material

Destarte, o reconhecimento de sua autonomia e aplicabilidade fora da seara das reparações de danos extrapatrimoniais esbarra num impeditivo legal, de que o dano se mede por sua extensão e que a reparação se medirá por esta, conforme já mencionado. Dessa forma, descabida e inaceitável seria a admissão de que a conduta do ofensor deverá ser levada em conta para incrementar o montante da reparação.

Quanto à função preventiva, objeto deste trabalho, maiores considerações serão tecidas no último item. Apenas cabe dizer, para fins de exposição, que, em seu sentido amplo, essa função se preocupa com a tutela de riscos e antecipação dos danos injustos, de modo a fornecer instrumentos que possam impedir sua ocorrência. Na responsabilidade civil, a função preventiva, aduzem seus defensores, atua para evitar a ocorrência de danos futuros, dissuadindo o agente (potencialmente) ofensor a praticar condutas que venham a lesar outrem, contudo sem guardar relação direta com a função punitiva, já que seus fundamentos são distintos.[36]

Dessa forma, parte da doutrina, calcada pela ideia do "Direito de danos", defende o alargamento do campo de incidência da responsabilidade civil, que agora deve também se ocupar de prevenir riscos e ameaças daqueles danos tidos por irreversíveis, atuando por meio de instrumentos preventivos e de tutela inibitória material, sem excluir aspectos punitivos de eventual responsabilização.[37]

A função preventiva da responsabilidade civil pauta-se em dois princípios conhecidos pelo direito: o da prevenção, voltado a impedir os riscos concretos e já conhecidos de se concretizarem,[38] e o da precaução, que é aplicado às situações de risco potencial.[39]

---

e na transferência da quantia para o patrimônio da vítima" (MORAES, Maria Celina Bodin de. *Danos à pessoa humana*: uma leitura civil-constitucional dos danos morais. 4. tir. Rio de Janeiro: Renovar, 2009, p. 219).

[36] BODIN DE MORAES, Maria Celina. *Punitive damages* em sistemas civilistas: problemas e perspectivas. *Revista Trimestral de Direito Civil*, vol. 5, n. 18. Rio de Janeiro: Padma, abr.-jun./2004, p. 53.

[37] Sobre a adoção da expressão criada por Diez-Picazo, veja-se EHRHARDT JR., Marcos. *Responsabilidade civil ou direito de danos?*, cit., pp. 303-314.

[38] Vide, como exemplo doutrinário de aplicação do princípio, a obrigação de segurança positivada no artigo 6º, I, do CDC, que tutela como direito básico do consumidor a "proteção da vida, saúde e segurança contra riscos provocados por práticas de fornecimento de produtos e serviços considerados perigosos ou nocivos".

[39] LOPEZ, Teresa Ancona. Responsabilidade civil na sociedade de risco. *Revista da Faculdade de Direito da Universidade de São Paulo*, vol. 105. São Paulo: USP, 2010, p. 1223.

Justamente por tais motivos e em virtude de todo o processo de personalização e despatrimonialização do direito civil, operado por sua constitucionalização, a doutrina defende que a função preventiva deve guiar a aplicação deste instituto, com prioridade até mesmo sobre a função reparatória, causa de sua existência, para construir uma responsabilidade civil focada na proteção da pessoa, e não apenas em ressarcir o dano, pressuposto que também não poderia ficar alheio a todas as mudanças funcionais experimentadas e, assim, "[...] a norma assumirá expressamente que não o dano, mas o simples perigo de dano será suficiente para ativar o remédio".[40]

Pela breve análise das funções do instituto expostas, pode-se concluir que, diante das alterações estruturais e funcionais, a análise de sua atuação e incidência ainda é a partir do dano e do que foi praticado para a ocorrência da lesão, ou seja, configura uma visão *ex post*. A efetividade da responsabilidade civil, seja por qual das funções se avalie, permanece associada à reparação, quando, segundo parte da doutrina atual, deveria estar voltada a impedir a ocorrência de danos.

Assim, a constatação das mudanças e flexibilizações dos pressupostos da responsabilidade civil, tanto em dimensão estrutural como funcional, deixa evidente que o que se tem é um processo necessário e intrínseco à realidade jurídica, no esforço de adequar o direito às novas demandas sociais no tempo e no espaço.

Nesse contexto de transformações, para além da discussão do momento da atuação da responsabilidade civil, anterior ou posterior ao dano, é justamente esse elemento que se faz sempre presente, em torno do qual todas as espécies de responsabilidade civil gravitam, pelo menos até agora. Qual o papel ocupado pelo dano na disciplina atual da responsabilidade civil? Quais são seus atributos caracterizadores e será que comportam compatibilidade com a dita função preventiva acima citada, a ponto de se falar em uma responsabilidade civil sem dano? É o que se passa a expor.

---

[40] ROSENVALD, Nelson. *As funções da responsabilidade civil*: a reparação e a pena civil. São Paulo: Atlas, 2013, p. 75.

3. O dano e o seu espaço na responsabilidade civil

Desde sua configuração como ramo autônomo do direito, tanto doutrina quanto jurisprudência são uníssonos em afirmar que o dano é o pressuposto inafastável da responsabilidade civil, sendo este consequência do princípio do *neminem laedere*, e que não haveria que se falar em dever de indenizar se não há dano.

De fato, toda a construção da doutrina da responsabilidade civil foi feita a partir da figura do dano, o que lhe dá sentido, com o objetivo de reparar os prejuízos causados por condutas ilícitas. É o dano que exerce papel de fonte do dever de indenizar, a guiar a aplicação e flexibilização dos instrumentos e demais pressupostos da responsabilidade civil.

E, novamente em crise, a responsabilidade civil passa por momento de total expansão dos danos ressarcíveis, sendo que parte da doutrina defende, agora, a possibilidade de alargamento para englobar riscos e ameaças de dano.

Mas o que, em breves linhas, se entende sobre este elemento ainda tido como essencial à disciplina da responsabilidade civil e quais são seus atributos?

Conceitualmente, a responsabilidade civil consiste justamente na imputação do evento danoso a um sujeito determinado, que será obrigado a indenizá-lo.[41] Propriamente, a palavra dano significa "qualquer privação ou subtração sofrida por um sujeito em seu aspecto físico ou moral", tendo Agostinho Alvim conceituado a figura como toda e qualquer diminuição do patrimônio de alguém.[42]

Originariamente, deve-se destacar que o dano, no direito brasileiro, não possuía em suas origens um conceito, uma definição legal. Conforme a normativa do Código Civil de 1916, o ordenamento jurídico apenas indicava o dano como um dos elementos do ato ilícito. Afirmava-se que o dano, em sua acepção jurídica, não poderia se confundir com o prejuízo material, com a lesão fática, eis que há lesões lícitas e permitidas pelo próprio ordenamento jurídico.[43]

Distinção importante que pode auxiliar neste tema é a que tenta distinguir as situações de dano-evento do dano-prejuízo, a defender que o dano possuí

---

[41] LOPES, Miguel Maria Serpa. *Curso de Direito Civil*. 5. ed. Rio de Janeiro: Freitas Bastos, 2001, p. 160.
[42] ALVIM, Agostinho. *Da inexecução das obrigações e suas consequências*. 3. ed. Rio de Janeiro-São Paulo: Ed. Jurídica e Universitária, 1962, p. 317.
[43] SCHREIBER, Anderson, *Novos paradigmas da responsabilidade civil*: da erosão dos filtros da reparação à diluição dos danos. cit., p. 104.

dimensão dúplice e só a compreensão desta é capaz de permitir sua qualificação. Tem-se que o dano-evento é a lesão ao direito subjetivo ou interesse merecedor de tutela e a consequência na esfera jurídica alheia dessa lesão será o dano-prejuízo.[44]

De tal modo, a doutrina vinculou a noção de dano à noção de ilicitude da conduta culposa, o que levou à equivocada equiparação do dano a todo aquele prejuízo causado por um ato ilícito advindo de conduta culposa ou dolosa.

Conforme dito no capítulo anterior, essa aproximação do dano em seu conceito jurídico om o dano em sua dimensão natural, a do prejuízo, não se mostrou totalmente um empecilho, por conta justamente do marcante teor patrimonialista da indenização, calcada na teoria da diferença e na preocupação com o comportamento do ofensor. Nessa linha, era exatamente o dano igual ao prejuízo experimentado, ou seja, igual à diminuição patrimonial experimentada com o evento danoso.

Essa associação passou a sofrer críticas por sua postura restritiva, que implicava dificuldades de tutela de certas situações lesivas e suas consequências, como os danos patrimoniais pela perda de uma chance e lucros cessantes, relegando sua reparação pelos tribunais apenas a hipóteses de responsabilidade contratual em que se previa a responsabilidade por tais verbas.

Mas não era só, na seara do dano extrapatrimonial era patente a insuficiência deste conceito de dano. Com o reconhecimento cada vez maior de interesses existenciais tuteláveis, a reparabilidade do dano moral não poderia mais ser questionada. Com o advento da CRFB/88, que previa expressamente o ressarcimento dos danos morais, não havia mais o que questionar a insuficiência do conceito.

Diversas situações impunham a reparação tanto patrimonial quanto extrapatrimonial, embora da ilicitude da conduta danosa pudesse surgir lesão a interesse puramente extrapatrimonial, a demandar ressarcimento, ainda que nenhum prejuízo econômico de fato tenha surgido.

Constatou-se, assim, que o dano extrapatrimonial ultrapassa a barreira do ato ilícito, não se identificando com este. Soma-se a isso o advento da

---

[44] Vide AZEVEDO, Antonio Junqueira de. O direito como sistema complexo e de segunda ordem; sua autonomia. Ato nulo e ato ilícito. Diferença de espírito entre responsabilidade civil e penal. Necessidade de prejuízo para haver direito de indenização na responsabilidade civil. *Civilistica.com*. Rio de Janeiro, a. 2, n. 3, jul.-set./2013; FLUMIGNAN, Silvano José Gomes. *Dano-evento e dano-prejuízo*. Dissertação de mestrado. São Paulo: USP, 2009. Destaca-se o seguinte trecho: "para a caracterização [...] do dever de ressarcir, ambos precisam estar presentes. Quanto a este ponto não há exceção".

responsabilidade objetiva pautada na teoria do risco, na qual a conduta do agente, seja ela lícita ou ilícita, não importa para a configuração do dever de indenizar.

Da perda da importância da ilicitude na identificação do dano e da maior preocupação com a reparação da vítima ao invés de reprovação do ofensor, talvez tenha ocorrido a alteração mais significativa após o abandono do paradigma da culpa, fenômeno que Orlando Gomes denominou de giro conceitual,[45] a permitir o reconhecimento de outros interesses tuteláveis que não aqueles decorrentes do ato ilícito.

Configurou-se, então, a passagem do dano atrelado ao ato ilícito para o conceito de dano injusto,[46] sendo este, nas palavras de Maria Celina Bodin de Moraes, configurado quando, "ainda que decorrente de conduta lícita, afetando aspecto fundamental da dignidade humana, não for razoável, ponderados os interesses contrapostos, que a vítima dele permaneça irressarcida".

Efetivamente, o que se indeniza não é o dano pura e simplesmente, e sim o dano qualificado, chamado de dano injusto. Em sua obra, De Cupis, após afirmar que há um conhecimento comum de dano oriundo da simples observação de que o homem ou as forças naturais podem alterar ou aniquilar situações favoráveis, ensina que o dano passa a ser objeto de conhecimento apenas quando é juridicamente qualificado. Assim, leciona que a estrutura do dano é constituída de dois elementos: "o elemento material ou substancial, consistente no fato físico, representativo de seu núcleo interior, e o elemento formal, que é proveniente da norma jurídica".[47] É precisamente a consciência de que, do ponto de vista jurídico, não existe dano sem norma legal que o qualifique como tal, que justifica a análise da qualificação dada pelo ordenamento jurídico a determinado evento. Assim, será considerado dano injusto todo aquele evento que o ordenamento jurídico caracterize por intolerável e determine que deva ser eliminado ou compensado.

---

[45] Conforme BODIN DE MORAES, Maria Celina. *Danos à pessoa humana*, cit., p. 177: "Daí porque, há mais de duas décadas, O. GOMES qualificava como "a mais interessante mudança" na teoria da responsabilidade civil o que ele chamou de "giro conceitual do ato ilícito para o dano injusto", que permite "detectar outros danos ressarcíveis que não apenas aqueles que resultam da prática de um ato ilícito. Substitui-se, em síntese, a noção de ato ilícito pela de dano injusto, mais amplo e mais social".

[46] Para uma completa (re)leitura da evolução do instituto do dano, cf. SCHREIBER, Anderson. *Novos paradigmas da responsabilidade civil*, cit., cap. 3, 4 e 5. Ainda, BODIN DE MORAES, Maria Celina. *Danos à pessoa humana*, cit., p. 179.

[47] V. CUPIS, Adriano De. *Il danno*: teoria generale della responsabilità civile. Milano: Giuffrè, 1946.

Tal releitura foi essencial para a evolução do instituto do dano e seu desentrelaçar com a ilicitude, bem como demonstrou a necessidade de se afastar a identificação do dano em sua acepção jurídica com o prejuízo material, para consagrar o conceito de dano com lesão a um interesse juridicamente tutelado, digno de tutela pelo ordenamento jurídico.[48]

Desse modo, não se valorando a ilicitude da conduta, tem-se que apenas a geração do dano em si é tida como antijurídica. Logo, não há que se cogitar o dano pela ilicitude da conduta culposa, mas sim pela consequência gerada, a lesão a determinado interesse tutelável.[49]

Afirma-se, assim, que dano é "a diminuição ou subtração de um bem jurídico" ou "a lesão de qualquer interesse jurídico merecedor de tutela". No entanto, dado à vagueza da expressão, que tanto pode significar o objeto de direito subjetivo, como o próprio direito subjetivo, prefere-se conceituar dano como lesão objetiva a interesse merecedor de tutela.[50] A vantagem deste conceito está no enfoque dado ao objeto atingido (interesse) e não nas consequências advindas da lesão, sejam materiais ou emocionais, a fim de aferir seu merecimento de tutela pelo direito e a afastar indenizações por meros aborrecimentos.

Exposta a evolução do conceito de dano e sua importância como pressuposto do dever de indenizar, cabe aqui tecer breves comentários sobre seus atributos, para saber o que determinadas situações necessitam para configurar o dano indenizável.

A doutrina destaca, dentre vários autores consagrados, três principais atributos do dano para que este seja indenizável. Este tem que ser certo, atual e subsistente, eis que nem todo dano é ressarcível para o ordenamento jurídico.

A certeza do dano[51] está consagrada nos artigos 402 e 403 do Código Civil de 2002,[52] sendo rechaçados, de plano, aqueles danos tidos por incertos ou

---

[48] Acerca da definição de merecimento de tutela, confira-se, por todos: SOUZA, Eduardo Nunes de. Merecimento de tutela: a nova fronteira da legalidade no direito civil. *Revista de Direito Privado*, n. 58. São Paulo: Revista dos Tribunais, abr.-jun./2014, pp. 75-107.
[49] SCHREIBER, Anderson. *Novos paradigmas da responsabilidade civil*, cit., pp. 107 e segs.
[50] OLIVA, Milena Donato. Dano moral e inadimplemento contratual nas relações de consumo. *Revista de Direito do Consumidor*, vol. 93. São Paulo: Revista dos Tribunais, mai./2014.
[51] "Dano certo é aquele cuja existência acha-se completamente determinada, de tal modo que dúvidas não pairem quanto à sua efetividade" (MONTENEGRO, Antonio Lindbergh C. *Ressarcimento de danos*: pessoais e materiais. 7. ed. ampl. e atual. Rio de Janeiro: Lumen Juris, 2001, p. 25).
[52] *Verbis*: "Art. 402. Salvo as exceções expressamente previstas em lei, as perdas e danos devidas ao credor abrangem, além do que ele efetivamente perdeu, o que razoavelmente deixou de lucrar". "Art. 403. Ainda que a inexecução resulte de dolo do devedor, as perdas e danos só incluem os

hipotéticos. Certo é aquele dano que efetivamente existe, que é real, fundando sobre um fato preciso,[53] sendo suportado pela esfera jurídica do lesado.

Judith Martins-Costa aduz quanto ao requisito da certeza que seu significado implica que o dano não poderá jamais ser uma mera hipótese, mas que, contudo, pode-se admitir o ressarcimento de um prejuízo futuro que seja certo, e não apenas hipotético.[54]

Mas o dano deve, ainda, ser atual. A atualidade do dano significa possuir contemporaneidade com a lesão, que o prejuízo já tenha ocorrido,[55] excluindo danos eventuais. Porém, mesmo atrelada à certeza do dano, como evento real que ocorreu e lesou alguém, a doutrina já a vem flexibilizando, não sendo totalmente capital para a reparabilidade.

Afirma-se que não é correto eliminar o dano futuro das hipóteses de ressarcibilidade, eis que poderá ser indenizável "desde que, ao tempo da responsabilização, já se possam verificar os fatos que, com certeza ou com razoável probabilidade darão ensejo a prejuízos projetados no tempo".[56]

Ainda, em um misto de flexibilização dos atributos acima expostos, apenas para citar um dos exemplos, a doutrina passou a admitir a chance perdida como dano indenizável, quiçá suas tormentosas fronteiras entre certeza e probabilidade, bem como atualidade e posterioridade. Filia-se aqui à corrente que defende a chance como dano autônomo indenizável, pois não configura evento incerto ou remoto, mas sim qualifica-se como perda real da oportunidade de um ganho ou de evitar um prejuízo.[57]

Destaca-se, nessa linha, o entendimento de Caio Mário da Silva Pereira, que afirmar que o que se descarta da reparação é o dano meramente hipotético,

---

prejuízos efetivos e os lucros cessantes por efeito dela direto e imediato, sem prejuízo do disposto na lei processual".

[53] GONÇALVES, Carlos Roberto. *Direito civil brasileiro*, vol. 4: responsabilidade civil. 7. ed. São Paulo: Saraiva, 2012, p. 334.

[54] Nesse sentido, indica-se ao leitor conferir o capítulo III de MARTINS-COSTA, Judith. Do inadimplemento das obrigações. In: TEIXEIRA, Sálvio de Figueiredo (Coord.). *Comentários ao Novo Código Civil*, vol. V, t. II. Rio de Janeiro: Forense, 2003.

[55] Vide GUEDES, Gisela Sampaio da Cruz. *Lucros cessantes*: do bom-senso ao postulado normativo da razoabilidade. São Paulo: Revista dos Tribunais, 2011, pp. 79-87; SANTOS, Antonio Jeová dos. Dano moral indenizável. 4. ed. São Paulo: Revista dos Tribunais, 2003, pp. 77-78.

[56] TEPEDINO, Gustavo; BARBOZA, Heloisa Helena; BODIN DE MORAES, Maria Celina. *Código civil interpretado conforme a Constituição da República*, vol. I. Rio de Janeiro: Renovar, 2004, p. 334.

[57] Para devida e eficaz compreensão do tema e de suas controvérsias, cf. CAPÍTULO VII desta obra, e, ainda, FAJNGOLD, Leonardo. Premissas para a aplicação da responsabilidade civil por perda de uma chance. *Revista de Direito Privado*, vol. 69. São Paulo: Revista dos Tribunais, 2016, pp. 69-102.

eventual ou conjuntural, ou seja, aquele que nunca virá a se concretizar, e não o dano futuro.[58]

Por fim, a subsistência relaciona-se com a concretização do dano e que este ainda esteja sendo suportado pela esfera jurídica lesada quando exercida a pretensão, pois se o dano já foi reparado perde-se o interesse da responsabilidade civil, devendo ele subsistir no momento da exigibilidade em juízo.[59]

Como se afirmou, o dever de indenizar se configura a partir do surgimento do dano que decorre da violação de interesse objetivo merecedor de tutela pelo ordenamento.[60] É o dano, então, advindo das consequências da prática de ato antijurídico que desencadeia a responsabilidade civil, ramo que ainda está enraizado com sua função reparatória.

Com o reconhecimento de novos interesses, flexibilização de seus pressupostos e a admissão de indenização de danos não revestidos totalmente de certeza e atualidade,[61] cresce na doutrina a admissão da responsabilidade civil preventiva ou sem dano.

Para a sua configuração, caberia falar em superação do requisito da certeza do dano ou no alargamento deste, a se admitir, por exemplo, danos de ameaça ou por exposição ao risco,[62] ou seja, por prejuízo futuro incerto? Surgiria dever de indenizar pela mera violação a um dever jurídico? Haveria caminho para

---

[58] PEREIRA, Caio Mário da Silva. *Responsabilidade civil*. 9. ed. Rio de Janeiro: Forense, 2001.
[59] GAGLIANO, Pablo Stolze; PAMPLONA FILHO, Rodolfo. *Novo Curso de Direito Civil*: Responsabilidade civil. 8. ed. São Paulo: Saraiva, 2010.
[60] SCHREIBER, Anderson, *Novos paradigmas da responsabilidade civil*, cit., p. 109.
[61] "Em regra, o simples perigo de sofrer um dano não pode se converter em indenização patrimonial, mas nas questões relativas à ofensa à dignidade humana, pode vir a ser admissível a ocorrência de dano moral" (MELO, Marco Aurélio Bezerra de. *Curso de direito civil*, vol. 4. São Paulo: Atlas, 2015, p. 72).
[62] "O reconhecimento dos danos por exposição é de extrema importância porque são eles que demarcam a fronteira última entre o dano e a mera ilicitude como pressuposto para a indenização. Parte dos teóricos da responsabilidade civil sem danos vê neles precisamente a manifestação da novel modalidade de responsabilidade que defendem" (CARRÁ, Bruno Leonardo Câmara. *Responsabilidade civil sem dano*: uma análise crítica – limites epistêmicos a uma responsabilidade civil preventiva ou por simples conduta. São Paulo: Atlas, 2015, p. 251). Vale reproduzir, ainda, relevante passagem de LOPEZ, Teresa Ancona. *Princípio da precaução e evolução da responsabilidade civil*. São Paulo: Quartier Latin, 2010, pp. 240-241: "Em síntese, o princípio da precaução veio para ficar e para se expandir cada vez mais. Com a sua consagração, tivemos uma bipartição da responsabilidade civil em compensatória (reparação integral) e responsabilidade preventiva (precaução e prevenção). Enquanto na primeira precisamos do dano como pressuposto para sua efetivação, na segunda há a imputação da responsabilidade pela exposição de terceiros a riscos que podem se tornar danos irreversíveis. Ou seja, é a responsabilidade sem dano. A ameaça de dano e o medo dos indivíduos basta para sua aplicação".

imputar o dever de indenizar pelo viés exclusivamente preventivo do instituto, sem a ocorrência de um dano desatrelado da característica reparatória e sem implicar em viés punitivo? O desafio do jurista é justamente encontrar balizas e definir *locus* de atuação do instituto.

4. A (in)existência da função preventiva na responsabilidade civil: é possível falar em responsabilidade civil sem dano?

Como visto, a responsabilidade civil foi construída como o ramo dogmático do direito com a missão de estruturar os pressupostos do dever de indenizar e preocupado com a reparação do dano e retorno ao *status quo ante*, com enfoque inicialmente patrimonialista.

As recentes alterações na disciplina da responsabilidade civil também repercutem sobre o instituto do dano, sendo o maior exemplo disso o giro conceitual descrito no capítulo anterior. Atualmente, motivada por novos anseios sociais, pela despatrimonialização do direito civil e pela preocupação com a integral proteção da pessoa, ganha espaço na doutrina a construção teórica de que o futuro da responsabilidade civil está na prevenção de danos, e não no já conhecido paradigma ressarcitório, tido como insuficiente[63] para responder às novas demandas.

Tem-se, então, para parte da doutrina o desafio de estabelecimento de novas molduras da responsabilidade civil, que suportem atuação distinta daquelas funções já conhecidas do instituto, sobretudo em seu aspecto preventivo, como instrumento de tutela da pessoa humana, pois afirmam que não se admite que se restrinja o remédio da responsabilidade civil na sociedade de risco, com ameaça de danos irremediáveis e de impossível reparação ou composição.

Como se sabe, a prevenção deriva do princípio jurídico do *neminem laedere*, o que, a princípio, denotaria inconsistência com as características clássicas da responsabilidade civil. Contudo, com a constitucionalização do direito civil, a redução da atuação desse ramo a regular e reparar danos que decorrem de ilícitos se mostra insuficiente.

---

[63] Pietro Perlingieri esclarece: "A tutela da pessoa nem mesmo pode se esgotar no tradicional perfil do ressarcimento do dano. Assume consistência a oportunidade de uma tutela preventiva: o ordenamento deve fazer de tudo para que o dano não se verifique e seja possível a realização efetiva das situações existenciais" (PERLINGIERI, Pietro. *O direito civil na legalidade constitucional*. Rio de Janeiro: Renovar, 2008, p. 768).

Ademais, a prevenção, no âmbito da responsabilidade civil, é classicamente tida por sua atuação indireta de desestímulo de condutas.[64] Justamente pela constatação de que novas demandas sociais e novos danos impõem o acolhimento da prevenção como novo fundamento, é que a doutrina passa a buscar novas fronteiras a possibilitar o redimensionamento da responsabilidade civil.

Essa releitura já é posta em prática na doutrina estrangeira, sendo inclusive positivada em ordenamentos jurídicos considerados de vanguarda mundo afora.

Na União Europeia, tem-se o *Principles of European Tort Law*, cujo artigo 10.101 expressamente faz alusão à função preventiva da indenização.[65] Na França, o projeto de revisão do *codex* francês, o *Avant-Projet Catala*,[66] em seu artigo 1.344, ressalta a ameaça como ilícito ressarcível, no tocante às despesas e prejuízos que decorrem da prevenção do dano.[67] Por sua vez, o Código Civil chileno, nos artigos 2.333 e 2.334, afirma a possibilidade de ressarcimento dos

---

[64] "Vislumbrando as possibilidades geradas a partir da chamada responsabilidade civil preventiva, sustenta-se uma necessária refundamentação institucional e instrumental do instituto, que não pode se furtar ao aprimoramento de uma função que jamais lhe foi estranha, relacionada à proteção dos direitos essenciais não apenas das gerações presentes, mas também das futuras, por via da gradativa implementação de técnicas ou mecanismos inibitórios que se revelem úteis à garantia da inviolabilidade dos direitos fundamentais constitucionalmente determinada" (VENTURI, Thaís Goveia Pascoaloto. *Responsabilidade civil preventiva*: a proteção contra a violação dos direitos e a tutela inibitória material. São Paulo: Malheiros, 2014, p. 55).

[65] *Verbis*: "A indemnização consiste numa prestação pecuniária com vista a compensar o lesado, isto é, a repor o lesado, na medida em (que) ele estaria se a lesão não tivesse ocorrido. A indemnização tem também uma função preventiva".

[66] *Avant-Projet De Reforme Du Droit Des Obligations (Articles 1101 A 1386 Du Code Civil) Et Du Droit De La Prescription* (Articles 2234 à 2281 du Code civil) Disponível em: <http://www.justice.gouv.fr/>. Acesso em 26.4.2017. Trata-se de um projeto de revisão do Código Civil francês, a fim de atualizar a regulamentação das matérias de obrigações, contratos, responsabilidade civil e prescrição. Até o momento, só as alterações previstas para a matéria de prescrição foram aprovadas no final da última década, estando as demais em fase de debates e implementação no parlamento francês. Em relação à responsabilidade civil, o governo francês lançou consulta pública, em 2016, encaminhando o relatório ao parlamento em 2017, a fim de levar o projeto para a fase de implementação. O seu art. 1.344º consagra expressamente a ressarcibilidade dos prejuízos decorrentes da prevenção do dano ou do seu agravamento, pensa-se sobretudo nos danos que incidem sobre bens supra individuais, à semelhança do meio ambiente. Exclui-se também a componente punitiva para a revisão, pelo que se reafirma a prevenção enquanto fator impulsionador da moderna responsabilidade civil. Uma vez mais, confirma-se que a ressarcibilidade de danos preventivos não se traduz em danos hipotéticos, têm de ser ameaças iminentes aos interesses em causa, existindo um nexo de causalidade entre a ameaça e o investimento em prevenção.

[67] *Verbis*: "Art. 1344. Les dépenses exposées pour prévenir la réalisation imminente d'un dommage ou pour éviter son aggravation, ainsi que pour en réduire les conséquences, constituent un préjudice réparable, dès lors qu'elles ont été raisonnablement engagés".

danos que decorram de situação de ameaça ou perigo iminente por meio de ação popular.[68] Por fim, o Código Civil argentino,[69] nos artigos 1.708º,[70] 1.710º, 1.711º, também prevê expressamente a função preventiva da responsabilidade civil, ao lado da reparatória, bem como promove a adoção de medidas que evitem a ocorrência do dano ou seu agravamento, com o ressarcimento das despesas preventivas.

Na doutrina nacional contemporânea, o tema não escapa dos olhos dos civilistas. Tanto que em encontro de grupos de pesquisa em Direito Civil--Constitucional, realizado em 2013 e liderado pelos professores Gustavo Tepedino (UERJ), Luiz Edson Fachin (UFPR) e Paulo Lôbo (UFPE), foi produzida a Carta de Recife, que expõe a preocupação com a nova "crise" da responsabilidade civil e sua hipótese *sem dano*.[71]

Pautada praticamente na hermenêutica civil-constitucional,[72] a doutrina passou a reconstruir a prevenção, antes apenas vista como desestímulo psí-

---

[68] SILVA, Néstor Pina. La responsabilidade preventiva. *Revista de Estudios Ius Novum*, n. 2, Octubre/2009, p. 263. Tais artigos e legislação consagram a possibilidade de utilizar a ação popular para as situações em que exista um dano contingente, tanto para ocasiões de ameaças a pessoas indeterminadas ou determinadas. Tal dano é entendido como eventual, sendo um perigo iminente, uma ameaça e risco de dano real para os interesses tutelados, que pode vir a se concretizar ou não. O art. 2.334 prevê a ressarcibilidade de todas as despesas recorrentes da propositura da ação, caso com fundamento, sendo o potencial lesado ressarcido destas despesas, em notável ótica de proteção integral da pessoa a afastamento da ótica patrimonialista da responsabilidade civil.

[69] Disponível em: <http://www.infojus.gob.ar/>. Acesso em 26.4.2017. O direito argentino através do seu recente Código Civil (promulgado em 02 de outubro de 2014) trouxe outro alento à tutela preventiva da responsabilidade civil. O art. 1708º prevê as funções da responsabilidade civil, elencando expressamente as funções de prevenção e reparação do dano. O art. 1710º consagra o dever geral de prevenção do dano, concretizando-se pelo dever de não causar danos; de adoção de medidas que visem evitar a produção do dano ou diminuir a sua magnitude, sendo reembolsáveis as despesas, na medida do enriquecimento sem causa, para quem incorreu evitou a provocação de um dano de um terceiro. Por fim, impõe-se o dever não agravar o dano já produzido. A articulação com a parte processual é evidente, visto que o art. 1711º consagra a ação preventiva para as situações em que é previsível a produção do dano ou o seu agravamento.

[70] *Verbis*: "*Artículo 1708. Funciones de la responsabilidad. Las disposiciones de este Título son aplicables a la prevención del daño y a su reparación*".

[71] Destaca-se o seguinte trecho do documento: "A análise crítica do dano na contemporaneidade impõe o caminho de reflexão sobre a eventual possibilidade de se cogitar da responsabilidade sem dano" (*apud* FROTA, Pablo Malheiros da Cunha. *Responsabilidade por danos*: imputação e nexo de causalidade. Curitiba: Juruá, 2014, p. 225).

[72] Vide TEPEDINO, Gustavo. Premissas metodológicas para a constitucionalização do direito civil. *Temas de direito civil*. 3. ed. Rio de Janeiro: Renovar, 2004, pp. 1-22; SCHREIBER, Anderson. Direito civil e Constituição. In: SCHREIBER, Anderson; KONDER, Carlos Nelson (Org.). *Direito civil constitucional*. São Paulo: Atlas, 2016, pp. 1-24.

quico pela ameaça de se atribui dever de indenizar ao ofensor, para um instrumento à disposição da pessoa capaz de evitar danos ou fazer cessar ameaças de forma concreta.[73]

Com efeito, a doutrina aduz que a prevalência das situações existenciais sobre as patrimoniais e o cenário de surgimento de novos danos extrapatrimoniais tornam descabido um sistema de danos meramente reparatório. Impulsiona-se o paradigma preventivo da responsabilidade civil para atuar junto e compatibilizado com o reparatório, de maneira funcionalizada e apta a propiciar efetiva tutela da pessoa *in concreto*.

Teresa Ancona Lopez advoga pela responsabilização dos agentes pelos riscos de danos graves e irreversíveis a que derem causa, considerando essencial desmembrar os conceitos de indenização e responsabilidade, de modo que esta abarque a prevenção de danos, eis que fundada na proibição de causar dano a outrem, bem como que atualmente "podemos afirmar que temos a responsabilidade civil reparatória e a responsabilidade civil preventiva". Sobre o dano em si, Lopez ressalta que "é possível caracterizar-se como dano (prejuízo) a ameaça ou risco de 'danos graves e irreversíveis", ao qual chama de dano de risco.[74]

---

[73] Nesse sentido, destaque-se que "a proteção da dignidade se dá em uma dimensão intersubjetiva – que implica a imposição de limites à ação dos sujeitos, com vistas a evitar que os demais tenham ofendido sua dignidade – pode, e deve, o direito, através da responsabilidade civil, buscar a prevenção de danos à pessoa" (RUZYK, Carlos Eduardo Pianovski. *A responsabilidade civil por danos produzidos no curso da atividade econômica e a tutela da dignidade da pessoa humana*, cit., 2002, p. 135).

[74] "Ainda nos socorrendo do direito à saúde, podemos lembrar de situações em que pessoas tiveram contato com algum vírus, mas não desenvolveram a doença ou porque ainda não passou o período da chamada 'janela imunológica', como no caso da AIDS (hoje essa hipótese é remota), e não é possível ainda averiguar se o exame vai dar positivo ou negativo; ou, então, porque há um lapso de tempo muito grande entre o contato e o desenvolvimento da doença, como no caso da temida 'hepatite C', que leva à cirrose hepática e à morte. Podemos imaginar a hipótese de determinada pessoa ter sido infectada, em transfusão de sangue, pelo vírus da hepatite C, doença que, às vezes, demora 30 anos para se manifestar. Poderá pedir indenização pela ameaça de risco de desenvolver a doença? O medo constante de ser portador de vírus de doença incurável é, com certeza, dano indenizável. Também poderíamos colocar a hipótese de uma ação civil pública contra o Município do Rio de Janeiro, em nome de toda a população carioca (não somente dos já contaminados), pelo risco de adquirir dengue por falta de precaução da Prefeitura do Rio de Janeiro. O dano aqui é o risco". Segundo a autora, o obstáculo que se revela "é como exigir e, por consequência, sancionar os criadores de risco que não gerenciam adequadamente os perigos conhecidos (prevenção) e os riscos possíveis (precaução)" (LOPEZ, Teresa Ancona. *Princípio da precaução e evolução da responsabilidade civil*, cit., pp. 133-139).

Por sua vez, nessa linha de prevenir as condutas potencialmente lesivas, Giselda Hironaka defende a teoria da responsabilidade pressuposta[75] e calcada no ideal da *mise en danger*.[76] Assim, o dever de indenizar seria disparado pela simples exposição injusta ao risco, independente de análise de culpa do agente.

Para Daniel de Andrade Levy, admite-se a chance de haver responsabilidade civil independentemente de dano,[77] com base nos princípios da prevenção e precaução e na estruturação de um modelo preventivo com duas funções: a preventiva como meio de impedir a repetição do dano e a preventiva voltada para a antecipação do dano,[78] seja ele um risco de dano grave ou irreversível ou o risco tido como dano.

Em relação ao risco como dano em si mesmo, principalmente quando se trata de potenciais riscos à saúde ou direitos difusos como o meio ambiente, defende o autor que a função preventiva "consiste em responsabilizar uma conduta considerando que o simples risco que cria para as vítimas já é, em si, um ato lesivo".

Por fim, afirma a necessidade de remodulação da responsabilidade civil em duas: uma que regule condutas e outra que busque a reparação eficiente dos danos. A primeira focada na conduta do agente, o que chama de "direito das condutas lesivas" e a outra preocupada somente com a indenização da vítima e seus mecanismos, a que denomina de "Direito de danos".[79]

---

[75] Para a ilustre Profª. Hironaka, a responsabilidade civil já seria pressuposta pelo ordenamento, assim quando se realiza um ato danoso surge automaticamente o dever de indenizar, depreende-se a responsabilização sem revolvimento de qualquer excludente de causalidade. Portanto, para o surgimento do dever de reparar pela responsabilidade civil pressuposta, bastaria a injusta exposição ao risco (*mise en danger*) decorrente de qualquer atividade desenvolvida pelo agente.

[76] Nas palavras de TARTUCE, em comentário à tese da Profª. Hironaka: "Na percepção deste autor, a responsabilidade pressuposta pode ser resumida nas seguintes palavras: *deve-se buscar, em um primeiro plano, reparar a vítima, para depois verificar-se de quem foi a culpa, ou quem assumiu o risco*. Com isso, o dano assume o papel principal no estudo da responsabilidade civil, deixando de lado a culpa. Ademais, pela tese, *pressupõe-se* a responsabilidade do agente pela exposição de outras pessoas a situações de risco ou de perigo, diante de sua atividade (*mise en danger*)" (TARTUCE, Flávio. *Direito civil*: direito das obrigações e responsabilidade civil. 12. ed. Rio de Janeiro: Forense, 2017, p. 377).

[77] LEVY, Daniel de Andrade. *Responsabilidade civil*: de um direito de danos a um direito das condutas lesivas. São Paulo: Atlas, 2012, pp. 146-147.

[78] Consiste a primeira na adoção de políticas públicas ou decisões judiciais aptas a desestimular que novas práticas ocorram, já a segunda função da prevenção, de antecipação dos danos, objetiva a tutela de duas hipóteses distintas: o risco de dano em si considerado e a do risco de danos graves e irreversíveis (LEVY, Daniel de Andrade. *Responsabilidade civil*, cit., pp. 135 e ss.).

[79] LEVY, Daniel de Andrade. *Responsabilidade civil*, cit., p. 217.

Ainda em defesa da responsabilidade civil sem dano, veja-se a lição de Luiz Edson Fachin:[80]

> Impende, ainda, alterar a passagem da responsabilidade civil ao direito de danos, mais focado na vítima e menos no causador ou na reprovação de sua conduta. O dano ao projeto de vida é outro exemplo de compensação relevante que a racionalidade jurídica vai abrigando. A própria ideia decorrente do princípio da precaução, que pode conduzir à indenizabilidade da ameaça de dano, representa um interesse, ainda que paradoxal, passo à frente ao expor a responsabilidade sem dano.

Também na defesa da responsabilidade civil sem dano, destaca-se a obra de Lucas de Abreu Barroso e Pablo Malheiros da Cunha Frota. Os autores buscam determinar o objeto do "Direito de dano" e distingui-lo da responsabilidade civil. O "Direito de danos" seria focado na vítima e ética da alteridade, enquanto aquela funcionaria como *"moralização jurídica da autonomia privada"*, focada na ética da liberdade e na conduta do ofensor. Defendem que o "Direito de danos" concretiza "a responsabilidade sem danos, pois a possibilidade de sua verificação já acionaria o dever de reparar por parte daquele que possa vir a causá-lo".[81]

Em sentido contrário à admissão do paradigma preventivo direto da responsabilidade civil, Karine Ansiliero Angelin[82] aduz que do chamado "Direito de danos" se pode extrair algumas conclusões, dentre as quais destaca-se que:

> (i) todas elas valem-se dos princípios da precaução e da prevenção para defender a possibilidade de responsabilização civil sem dano; [...] (iii) a responsabilidade civil preventiva consistiria tanto na adoção de políticas públicas quanto de instrumentos jurídicos hábeis a evitar o dano, dentre os quais se admite a fixação de "indenização" mesmo sem haver dano, bem como a fixação de "indenização punitiva" – esta para evitar a ocorrência de outros danos no futuro. (iv) quando se fala em fixação de "indenização" sem dano ora quer-se referir a situações em que, de fato, não há dano, ora quer-se referir a situações em que há dano [...].

---

[80] FACHIN, Luiz Edson. Responsabilidade civil contemporânea no Brasil: notas para uma aproximação. *Revista Jurídica*, n. 397, nov./2010, pp. 17-18.

[81] BARROSO, Lucas Abreu; FROTA, Pablo Malheiros da Cunha. A obrigação de reparar por danos resultantes da liberação do fornecimento e da comercialização de medicamentos. *Revista Trimestral de Direito Civil*, vol. 43. Rio de Janeiro: Padma, jul.-set./2010, pp. 104-106.

[82] ANGELIN, Karinne Ansiliero. *Dano injusto como pressuposto do dever de indenizar*, cit., p. 121.

Prossegue a autora, então, para afirmar que haveria desnecessidade de substituição do que se tem hoje por responsabilidade civil pelo chamado "Direito de danos", eis que não caberia falar de indenização ou responsabilidade por condutas potencialmente lesivas (até porque todas são), já que a tolerabilidade dos riscos e a ilicitude de determinada conduta não é campo de incidência da responsabilidade civil, pois o direito com um todo possui remédios a tutelar tais situações.[83]

Ainda, faz forte crítica à proposta de determinação de indenização preventiva às condutas que implicam risco de dano sem que haja efetivamente dano (ou seja, o que indenizar), ao aduzir que os seus defensores "ora o fazem porque desconhecem ou parecem desconhecer distinções dogmáticas, como a que há entre medida judicial preventiva e medida judicial satisfativa; ora o fazem porque não percebem que a situação que descrevem já é de dano". Isso porque haveria confusão entre duas situações ilícitas diferentes: a que traduziria dano injusto, portanto indenizável pela responsabilidade civil, e a submissão ao risco de dano já atraem disposições preventivas tradicionais do ordenamento jurídico pátrio, como as *astreintes*.

Realmente, os princípios de precaução e prevenção estão presentes por todo o ordenamento jurídico, que tem como função primordial promover e desestimular condutas, em destaque em certas áreas do direito, por conta de seus próprios objetos de tutela, a demandar aplicabilidade preventiva, tais como o direito ambiental, o direito do consumidor, o direito administrativo, a proteção de direitos de propriedade intelectual, bem como o próprio direito civil, entre outros. Mas, de fato, apesar de sua remodelação para ganhar espaço dentro do direito civil, isso não significa que tais princípios devam,

---

[83] "A responsabilidade civil e as ideias de prevenção/precaução estão funcionalizadas a servirem ao princípio do neminem laedere, porém cada uma ao seu modo. Os papéis sociais dos institutos jurídicos da prevenção/precaução e da responsabilidade civil são interdependentes, mas distintos. Há entre eles relação lógica de subsidiariedade, sendo a responsabilidade civil fragmentária à prevenção/precaução. O esquema jurídico de responsabilização civil somente será deflagrado se não houver ou se falhar o esquema jurídico antecedente de prevenção/precaução, daí seu caráter inegavelmente fragmentário. [...] No entanto, é insustentável afirmar que, por ocasião da deflagração da estrutura de responsabilização civil, o Poder Judiciário possa (i) punir o causador do dano, ou (ii) determinar que o agente "indenize" na ausência de dano. Esses modos de desvirtuar a responsabilização civil são incoerentes e irresponsáveis. Incoerentes porque ignoram completamente as mais elementares noções de sistema jurídico; irresponsáveis, porque o fazem ao arrepio de princípios basilares de qualquer sistema jurídico civilizado" (ANGELIN, Karinne Ansiliero. *Dano injusto como pressuposto do dever de indenizar*, cit., pp. 126-127).

necessariamente, permear a atuação da responsabilidade civil, eis que a esta caberia disciplinar as situações danosas.[84]

De tal modo que se reafirma que os chamados princípios da precaução e prevenção não têm o condão de ampliar o objeto da responsabilidade civil para que ela passe a abarcar hipóteses em que não haja dano injusto. Reitere-se: os momentos antecedentes ao dano injusto e que são o *locus proprium* de tais princípios exigem mecanismos de estabilização social que, embora próximos, são inconfundíveis com os da responsabilidade civil.

Também nesse sentido, com consistentes críticas à ampliação do escopo da responsabilidade civil, Bruno Carrá, em sua tese, argumenta que não se deve falar em responsabilidade civil sem dano, mas sim em uma gestão conglobante[85] dos danos e riscos pelo ordenamento jurídico e demais áreas do direito.

Aduz o autor[86] que, para sua aplicação, o dano deve operar seus efeitos jurídicos, não havendo "espaço lógico para a concepção de sanções que evitem os danos no seio da Responsabilidade Civil, que por definição se destina a repará-los". Prossegue de forma contundente a afirmar que

> O fenômeno da ilicitude não se reduz à responsabilidade civil como já mencionado. Esse erro conceitual e histórico, de circunscrever a noção mesma de ilicitude a seus exclusivos domínios como se ela não existisse também fora deles, hoje retorna sob a forma de uma responsabilização não danosa. Antes, falhava-se ao pretender ver na Responsabilidade Civil toda forma de ilicitude. Agora, volta-se a incorrer no mesmo erro ao se sugerir que devem ser admitidos sob sua alçada eventos que ao momento em que estão sendo examinados não revelam mais do que uma potencialidade danosa. [...] uma vez mais que a ilicitude e o dano formam círculos secantes. Somente a área onde ambos se tocam [...] é que seria possível falar de Responsabilidade Civil. Nas demais áreas, a antijuridicidade, que possui uma dimensão própria, prescreve formas diferentes de sanção. [...] a ilicitude cobra uma forma diferente de sanção. [...] Que existam formas preventivas de sanção,

---

[84] MELO, Marco Aurélio Bezerra de. *Direito civil:* responsabilidade civil. 2. ed. Rio de Janeiro: Forense, 2018, p. 9.

[85] "Eis então um ponto crucial no nosso raciocínio: para nós, gestão do dano na sociedade de risco não precisa ser realizada apenas por meio da Responsabilidade Civil. Outros ramos do direito também possuem vocação para isso e só uma atuação coordenada e conjugada entre eles se revelaria capaz de dar algum efetivo alento às potenciais vítimas do progresso tecnológico. [...] A ideia da gestão conglobante, portanto, significa que os danos devem ser atacados por várias frentes, e não unicamente através da Responsabilidade Civil que, na prática, termina sendo o efeito produzido pelos que defendem a sua suposta cisão em uma responsabilidade civil *lato sensu* e em outra em sentido estrito" (CARRÁ, Bruno Leonardo Câmara. *Responsabilidade civil sem dano*, cit., pp. 104-105).

[86] CARRÁ, Bruno Leonardo Câmara. *Responsabilidade civil sem dano*, cit., pp. 161-168.

concordamos integralmente, mas justamente porque elas e realizam enquanto não há dano, mas tão somente antijuridicidade, ou seja, comportamento contrário ao Direito, não há que se falar em Responsabilidade Civil. As medidas de prevenção direta voltam-se mais contra a antijuridicidade da conduta, focando o dano apenas como potencialidade, exatamente porque este ainda é incerto em sua extensão. Seu objeto fundamental, portanto, é o de preservar o ordenamento jurídico como um todo, por isso seu campo primeiro de ambiência não é a Responsabilidade Civil, pois não focam um interesse afetado e sum a amplitude de interesses que podem ser lesados. [...] É certo que toda forma de antijuridicidade pode resultar em um dano. Isso decorre do próprio fenômeno de expansão do dano, como antes noticiado, mas são claras as diferenças sistêmicas entre o indenizar e o prevenir, que se refere na antijuridicidade em si e, desse modo, requer um campo distinto de atuação. Não há, portanto, razão lógica alguma para a inserção de instrumentos de prevenção direta no âmbito da Responsabilidade Civil. [...] tudo que se vem a prognosticar como Responsabilidade Civil sem danos já se encontra sob o pálio da disciplina de um outro ramo do Direito, como destacou Cesari Salvi, motivo mais do que suficiente para recusar seu ingresso em sua seara de incidência.

Indubitavelmente, o estudo é essencial e modifica as balizas teóricas da responsabilidade civil, com base em diversos fundamentos.[87] Desafiador, principalmente, será definir quais os limites e amplitude da atuação preventiva sem incentivar pedidos totalmente descabidos, fundados em meros aborrecimentos.

---

[87] Sobre a reformulação da responsabilidade civil em busca da internalização do viés preventivo, pautada, inclusive, na violação do dever geral de cuidado, v. GONDIM, G. G. *Responsabilidade civil sem dano*: da lógica reparatória à lógica inibitória. Dissertação (mestrado). Pós-Graduação em Direito das Relações Sociais – Mestrado, Universidade Federal do Paraná, Curitiba, 2015, pp. 182 e 192. Ainda, sobre a possibilidade de responsabilidade sem dano, a autora nessa obra propõe "uma nova divisão, na qual o dano será considerado como o resultado da lesão fática (relativa ao que ocorreu, mas não lesou direitos subjetivos) e da lesão jurídica (referente a repercussão aos direitos subjetivos). Como não lesaram, as situações fáticas não adentram o dano jurídico e por isso, enquanto não atingir situações consideradas como relevantes não se trata de dano, juridicamente considerado. Por isso, as situações fáticas, dizem respeito a circunstâncias que não podem ser consideradas como danos jurídicos e assim definidas nesta tese como 'sem dano'. Portanto, o 'sem dano' abrange todas as situações fáticas ocorridas que possam ser consideradas relevantes e ameacem o direito de outrem, ainda que não tenha ocorrido a efetiva lesão jurídica e seja meramente uma ameaça. É uma ação prévia, antes que o direito seja atingido. Por isso, uma responsabilidade preventiva ou 'sem dano' como aqui denominado. [...] Desta forma, para o presente trabalho o dano efetivo e assim a ser considerado é quando há a lesão jurídica e a lesão fática. Ausentes, tanto uma quanto a outra, falar-se-á em responsabilidade civil sem dano".

Tormentosa sua admissibilidade, não menos problemática é sua aplicação no direito brasileiro, ao se considerar os instrumentos postos pela doutrina como sendo meios de exercício de responsabilidade preventiva. Os principais instrumentos destacados se valem da dogmática da tutela inibitória, tanto material quanto processual, para fazer prevenir a lesão a interesse merecedor de tutela e, assim, realizar prevenção direta por meio da responsabilidade civil, deflagrada em sua maioria por condutas de elevado risco ou dano iminente.

Todavia, como afirmado, parte considerável da doutrina de responsabilidade civil, dentre os quais se destaca, além dos autores já citados, Thaís G. Pascoaloto Venturi, aponta para a necessidade de compatibilização com o paradigma da prevenção e de remodelar a responsabilidade civil.[88] Para a autora, sob a ótica de um direito civil constitucionalizado, a integral e eficaz tutela dos direitos fundamentais demanda sua reformulação estrutural e funcional pelo paradigma preventivo, mais adequado à proteção da pessoa.

Venturi é quem traz em sua tese de doutorado[89] uma análise mais profunda dos instrumentos de atuação da responsabilidade civil sem danos, ao propor a efetivação de mecanismos de tutela inibitória material. Em contraponto, como já dito, existem diversas críticas se tais instrumentos seriam pertencentes ao campo da responsabilidade civil ou de outras searas do direito material e processual.

Dentre os institutos destacados pela autora paranaense estão a autotutela e a inibição material de condutas, o ressarcimento de despesas preventivas para impedir a produção de resultados da lesão, bem como a utilização de multas civis para coibir comportamentos e desestimular condutas potencialmente lesivas.

---

[88] "A partir dessa constatação, e assumindo a premissa de que a exsurgência de novas realidades sociais impõem a assunção da prevenção como novo fundamento da responsabilidade civil, pretende-se trilhar caminhos que oportunizem um redimensionamento do tema [...] à implementação de um sistema de responsabilização que funcionando conjunta e paralelamente com o sistema reparatório, seja apto a veicular uma verdadeira tutela inibitória material, que propicia autêntica proteção preventiva dos direitos que facilite e amplie a proteção jurisdicional dos direitos essenciais inerentes à pessoa e aos interesses difusos e coletivos. [...] sistema de responsabilidade civil por um viés preventivo parece ainda mais necessário e oportuno na medida em que se constata que grande parte dos direitos mais caros aos seres humanos [...] caracteriza-se pela nota da extrapatrimonialidade, não comportando solução repressiva satisfatória" (VENTURI, Thaís G. Pascoaloto. A construção da responsabilidade civil preventiva e possíveis instrumentos de atuação: a autotutela e as despesas preventivas. In: TEPEDINO, Gustavo; FACHIN, Luiz Edson; LÔBO, Paulo (Coord.). *Direito civil constitucional*: a ressignificação da função dos institutos fundamentais do direito civil contemporâneo e suas consequências. Florianópolis: Conceito, 2014, p. 360).

[89] VENTURI, Thaís Goveia Pascoaloto. *Responsabilidade civil preventiva*, cit., 2014.

O instrumento da responsabilidade sem dano que destaca inicialmente é a autotutela, com base em interpretação sistêmica de dispositivos do Código Civil vigente, quais sejam, os artigos 12, 249, parágrafo único e 251, parágrafo único, que determinam em certo ponto a defesa de direitos da personalidade e oriundos de obrigações de fazer ou não fazer por meio de tutela inibitória material.

Como se sabe, a autotutela é uma forma de desforço próprio que objetiva impedir a ocorrência de um dano ou impedir que este se perpetue, não podendo ser desproporcional com a conduta perigosa ou danosa.[90]

Contudo, fica a crítica de que tais disposições, sob outro olhar, apontam que a autotutela melhor se coaduna como mecanismo de prevenção e uso geral alocado por todo o direito civil e sem a necessidade de observar os pressupostos para a configuração da responsabilidade civil, vide, por exemplo, o teor do parágrafo único do artigo 249 mencionado acima, que não exige conduta antijurídica do devedor para seu exercício, bem como o desforço imediato e exercício do direito de retenção,[91] nos âmbitos dos direitos reais e obrigacionais.

Outra figura muito festejada como instrumento de responsabilidade civil sem dano é a figura do ressarcimento das despesas preventivas de danos específicos, prováveis ou iminentes.

Tal mecanismo pode ser considerado em três categorias: a reparação de um custo preventivo para manutenção de uma despesa, despesas prévias específicas em face do causador do dano, e hipóteses de risco concreto ou reiterado.[92] Destaca-se que, em todas as hipóteses, a reparação preventiva tem lugar em razão de uma prevenção específica para um risco de grande probabilidade identificável ou conhecido, ao passo que, nas duas últimas, inclusive, há a identificação do agente causador do perigo de dano.

---

[90] Para Koziol, tal mecanismo é voltado para a proteção dos interesses merecedores de tutela e se consubstancia na implementação de medidas de prevenção e ainda na hipótese de condutas danosas em ocorrência, para fazer cessar a conduta: "[...] *it concerns the implementation of preventive protection of legal rights and interests or in the case of attacks already in course the ending of an interference that has already begun in a manner similar to reparative injunctions, in this case however by means of self--help*" (KOZIOL, Helmut. *Basic questions of Tort Law from a Germanic Perspective*. Trad. Fiona Salter Townshend. Vienne: Jan Sramek Verlag, 2012, p. 24).

[91] Cf. SILVA, Rodrigo da Guia. Notas sobre o cabimento do direito de retenção: desafios da autotutela no direito privado. *Civilistica.com*, v. a. 6, 2017.

[92] BÜRGER, Marcelo Luiz Francisco de Macedo; CORRÊA, Rafael. Responsabilidade preventiva: elogio e crítica à inserção da prevenção na espacialidade da responsabilidade civil. *Revista Fórum de Direito Civil – RFDC*. Belo Horizonte, ano 4, n. 10, set.-dez./2015.

De tal modo que suas manifestações implicam que a responsabilidade sem dano no caso de despesas experimentadas antes do evento danoso tem cabimento sempre que custos sejam dispendidos para redução de prejuízos do ameaçado ou lesado, mesmo que já possua o aparato utilizado, bem como apenas serão admitidas se feitos em face de risco específico, respeitada a proporcionalidade, e com grande probabilidade de ocorrência ou consumação iminente.[93]

Apesar da doutrina estrangeira admitir essa hipótese como instrumento de responsabilidade preventiva[94], quais os limites de sua utilização? A dúvida que persiste é se haveria necessidade de êxito na prevenção da lesão para falar exclusivamente em tutela e indenização preventiva ou se, na ocorrência do dano, o ressarcimento das despesas não seria cabível ou estaria, de certa forma, desencadeado pelo evento danoso ou configurando dano autônomo, a integrar a função reparatória da indenização.

Por último, também a doutrina defende a utilização de multas civis, associada à ideia de pena privada, com vistas a impedir que danos ou ameaças de danos a interesses merecedores de tutela sejam repetidos ou continuem a produzir prejuízos, em notória função de desestímulo de condutas. A dificuldade de sua admissão como instrumento de responsabilidade preventiva é justamente sua indissociabilidade do caráter punitivo, não apenas da responsabilidade civil, mas de todo o direito.

---

[93] Acerca da ressarcibilidade das despesas preventivas, Cyril Sintez aduz que "A responsabilidade não repara os danos hipotéticos e este não é o caso das medidas para prevenir um risco de dano na medida em que eles são reais e constituem assim um prejuízo reparável. De lege lata, a jurisprudência é bastante recente e esporádica, as condições necessárias para que tais medidas preventivas sejam indenizadas não são claramente identificadas pela Corte de Cassação. A doutrina defende em contrapartida que as despesas sejam razoáveis e que a realização do dano seja iminente. [...] De lege ferenda, esta proposta parece ser mais restrita que o direito positivo. Nas espécies estudadas, não seria necessário que o risco de dano fosse iminente. A proporcionalidade das despesas efetuadas, no entanto, não está em dúvida. A reparação parece bem antecipada na medida em que o dano final ainda não se realizou. Ao contrário, o dano intermediário consistente nos custos gerados para evitar o dano final é reparado à luz deste objetivo. A prevenção se encontra assim, paradoxalmente, no coração da reparação" (SINTEZ, Cyril. *La sanction préventif en droit de la responsabilité civile*. Thèse, 2009, Université de Montreal. Sous la co-direction de Madame Catherine Thibierge. Disponível em <https://papyrus.bib.umontreal.ca>, *apud* VENTURI, Thaís Goveia Pascoaloto. *Responsabilidade civil preventiva*, cit., 2014, p. 240).

[94] Nesse sentido, veja-se a aplicação da Diretiva 2004/35/CE da União Europeia, que prevê a possibilidade de ressarcimento por despesas preventivas voltadas para evitar danos certos, prováveis ou iminentes, inclusive que atinjam direitos fundamentais, além daquelas já citadas em notas acimas, constantes do projeto de atualização da legislação civil francês e do enunciado 2:104 do *European Group on Tort Law*.

Como se sabe, o ordenamento jurídico pátrio, tal como a maioria dos de tradição romano-germânica, não admitem danos punitivos, parcelas a mais que se incutem na indenização para punir o ofensor e incentivar que não mais incorra na conduta ilícita.[95]

Percebe-se que, com esses delineamentos, o mecanismo da multa civil está mais atrelado à ideia de prevenção indireta de desestímulo psicológico, não à prevenção concreta de evitar dano irreversível, bem como à função punitiva da responsabilidade civil. Ademais, há outros empecilhos quanto à sua admissão, qual seja, o princípio da reparação integral e vedação ao enriquecimento sem causa, e, também, a já citada determinação legal de que a indenização se mede pela extensão do dano.

Para Nelson Rosenvald, as multas civis teriam lugar e justificativa pela necessidade de o direito civil funcionalizado ter de prevenir danos em geral,[96] mas exigiria previsão legal prévia,[97] tais como os casos que o legislador expressamente determinou nos artigos 939 e 940 do Código civil de 2002 (acerca da repetição do indébito, parcela que supera a extensão do dano, mas é admitida pelo ordenamento).

Vê-se, então, o longo percurso, cheio de pedras no meio do caminho para tropeçar, da concretização e adequação da função preventiva no âmbito da

---

[95] Nesse tocante, remeta-se a MARTINS-COSTA, Judith; PARGENDLER, Mariana Souza. *Usos e abusos da função punitiva* (punitive damages e o direito brasileiro). *Revista CEJ*, n. 28, jan.-mar./2005, p. 16.

[96] "A pena do ponto de vista de uma teoria preventiva, deve consistir na ameaça de um mal ou sofrimento maior do que o mal ou dano causado com a violação da norma; caso contrário não haveria a função intimidativa. Ao contrário, com as sanções ressarcitórias se igualam simplesmente dois danos. As sanções punitivas seriam então um sofrimento excedente à gravidade da violação (segundo obviamente uma escala de valores estabelecida pelo legislador) cuja aplicação se direcionaria em face das violações que o direito considera preferencialmente perigosas" (ROSENVALD, Nelson. *As funções da responsabilidade* civil, cit., p. 14).

[97] Na visão de Rosenvald, a pena civil é "substancialmente uma pena criminal, apesar da sanção ser extracriminal. De fato, há a iniciativa privada para a produção de seus efeitos, mas a pena civil é em essência uma técnica de controle social que objetiva primariamente inibir e retribuir comportamentos reprováveis em vista da função de proteção de valores essenciais ao corpo social. O fato de um particular ser aquinhoado com uma vantagem econômica por intermédio de uma sentença é apenas uma necessária transição a um objetivo último perseguido pelo ordenamento, qual seja: o de alinhar condutas humanas com o respeito a direitos fundamentais da coletividade. Ao determinar que determinado fato merece em determinadas condições ser sancionado como pena civil, o sistema jurídico reputa a gravidade de certo comportamento em si, pelo seu valor sintomático, independentemente do evento danoso e suas consequências. A sanção volta o seu olhar para o futuro, para o perigo social presumido de determinadas condutas ou atividades" (ROSENVALD, Nelson. *As funções da responsabilidade civil*, cit., p. 53).

responsabilidade civil, seja por causa de seus fundamentos ou pela aplicabilidade prática dos seus chamados mecanismos de prevenção.

5. Conclusão

Tal como visto, a responsabilidade civil enfrenta e continua a enfrentar diversas transformações estruturais em seus mais variados pilares, como a culpa, dano e nexo de causalidade, alvos de debates doutrinários e jurisprudenciais, principalmente após o fenômeno de constitucionalização do direito civil e sua despatrimonialização.

Contudo, são recentes os esforços e a preocupação da doutrina para remodelar e reler criticamente também a própria função da responsabilidade civil, de modo a tutelar melhor a pessoa humana, num cenário de novos danos e demandas sociais, para além de sua clássica função reparatória, calcada na lógica patrimonialista das codificações liberais.

Deve a doutrina, nesse atual momento, voltar-se para a necessidade de adequação dos pressupostos da responsabilidade civil ao paradigma preventivo, sob o viés da tutela integral da pessoa, em especial dos potenciais danos à sua dignidade e de difícil reparação, quando não impossível. Mas, apesar do reconhecimento da necessidade e do valor de superação do paradigma puramente reparatório (obviamente que sempre o ideal é a prevenção de danos, de modo a evitar que ocorram), o instituto do dano, visto como lesão objetiva a interesse merecedor de tutela, ainda ocupa lugar vital no seu arcabouço.

Para se falar em responsabilidade civil sem dano, deve-se, necessariamente, remodelar sua estrutura e relação com o dano para se admitir novas hipóteses de incidência da responsabilidade civil, seja pelo alargamento de seu conceito, seja pela admissão de novas hipóteses de dano indenizável.

A crítica e ponto que deve ser chamado atenção é não quanto à utilidade de se ter uma tutela preventiva dos danos na própria responsabilidade civil, mas sim à correta compatibilização dos seus pressupostos com os instrumentos de tutela inibitória postos pela doutrina como aptos a lhe dar praticidade e eficiência, já que toda sua estrutura foi pensada para o ressarcimento com elementos e fundamentos sistemáticos para sua consolidação e cumprimento dessa função.

Assim, diante dos novos contornos da responsabilidade civil, com a crescente admissão na doutrina nacional e estrangeira de sua função preventiva, denota-se a necessidade de sua reinterpretação e reformulação do instituto para sua adequação ao ordenamento jurídico e implementação, em atuação complementar à função reparatória.

Todavia, conclui-se que os obstáculos para tanto são diversos e alguns, talvez, instransponíveis, de modo que possa ser recomendável encontrar um *locus* próprio para a prevenção que não o espaço destinado à atuação da responsabilidade civil. Arrisca-se dizer que, caso efetivamente possível se configurar uma responsabilidade sem dano, os instrumentos até então existentes não lhe dão a praticidade exigida pelas novas demandas sociais, pois atuantes, em sua quase totalidade, a partir de um dano conhecido ou recorrente já concretizado, sem atingir a plenitude da prevenção.

Ademais, a gestão de riscos e controle de ilicitude de condutas potencialmente lesivas, no atual estado da arte, ainda possuem *locus* próprios, com seus instrumentos característicos, como a própria autotutela, já conhecida pelos civilistas no âmbito dos direitos reais e obrigacionais, como o instituto do desforço imediato e da retenção.

Deve-se, antes de tudo, fazer uma criteriosa análise do que pode ser aplicado como mecanismo da responsabilidade sem danos, respeitando a opção do ordenamento jurídico pela gestão conglobante dos danos e riscos, para não se incorrer no erro de alargar a incidência da responsabilidade civil para situações jurídicas que lhe são estranhas ou que já possuem guarida pelo direito, de modo a banalizar sua atuação. Não cabe, frise-se, à responsabilidade civil tutelar toda a vida em sociedade.

6. Referências

ALBUQUERQUE JÚNIOR, Roberto Paulino de. Notas sobre a teoria da responsabilidade civil sem dano. *Revista de Direito Civil Contemporâneo*, vol. 6. São Paulo: RT, jan.-mar./2016.

ALVIM, Agostinho. *Da inexecução das obrigações e suas consequências.* 3. ed. Rio de Janeiro-São Paulo: Ed. Jurídica e Universitária, 1962.

ANGELIN, Karinne Ansiliero. *Dano injusto como pressuposto do dever de indenizar.* Dissertação (mestrado). Faculdade de Direito da Universidade de São Paulo. São Paulo, 2012.

AZEVEDO, Antonio Junqueira de. Por uma nova categoria de dano na responsabilidade civil: o dano social. *Novos estudos e pareceres de direito privado.* São Paulo: Saraiva, 2009.

BARROSO, Lucas Abreu; FROTA, Pablo Malheiros da Cunha. A obrigação de reparar por danos resultantes da liberação do fornecimento e da comercialização de medicamentos. *Revista Trimestral de Direito Civil*, vol. 43. Rio de Janeiro: Padma, jul.-set./2010.

BECK, Ulrich. *Sociedade de risco*: rumo a uma outra modernidade. São Paulo: Editora 34, 2011.

BENJAMIN, Antonio Herman V. *O princípio poluidor-pagador e a reparação do dano ambiental*. Dano ambiental, prevenção, reparação e repressão. São Paulo: RT, 1993.

BODIN DE MORAES, Maria Celina. Constituição e direito civil: tendências. *Revista dos Tribunais*, n. 779. São Paulo: Revista dos Tribunais, 2000.

____. *Danos à pessoa humana*: uma leitura civil-constitucional dos danos morais. Rio de Janeiro: Renovar, 2009.

____. *Punitive damages* em sistemas civilistas: problemas e perspectivas. *Revista Trimestral de Direito Civil*, vol. 5, n. 18. Rio de Janeiro: Padma, abr.-jun./2004.

____. Risco, solidariedade e responsabilidade objetiva. In: TEPEDINO, Gustavo; FACHIN, Luiz Edson (Coord.). *O direito e o tempo*: embates jurídicos e utopias contemporâneas. Estudos em homenagem ao Professor Ricardo Pereira Lira. Rio de Janeiro: Renovar, 2008.

BÜRGER, Marcelo Luiz Francisco de Macedo; CORRÊA, Rafael. Responsabilidade preventiva: elogio e crítica à inserção da prevenção na espacialidade da responsabilidade civil. *Revista Fórum de Direito Civil – RFDC*. Belo Horizonte, ano 4, n. 10, set.-dez./2015.

CARRÁ, Bruno Leonardo Câmara. *Responsabilidade civil sem dano*: uma análise crítica – limites epistêmicos a uma responsabilidade civil preventiva ou por simples conduta. São Paulo: Atlas, 2015.

CARVALHO, Daniela Pinto de. Os novos contornos do dano: o dano decorrente da perda de uma chance. **Âmbito Jurídico**, XIV, n. 95, dez./2011.

CATALAN, Marcos. *A morte da culpa na responsabilidade contratual*. São Paulo: RT, 2013.

CUPIS, Adriano De. *Il Danno:* teoria generale della responsabilità civile. Milano: Giuffrè, 1946.

DANTAS, San Tiago. *Programa de direito civil*. Aulas proferidas na Faculdade Nacional de Direito. Texto revisto com anotações e prefácio de José Gomes Bezerra de Barros. Rio de Janeiro: Ed. Rio, 1979.

DIAS, José de Aguiar. *Da responsabilidade civil*. 11. ed. Atual. Rui Berford Dias. Rio de Janeiro: Renovar, 2006.

EHRHARDT JR., Marcos Augusto de A. Responsabilidade civil ou direito de danos? Breves reflexões sobre a inadequação do modelo tradicional sob o prisma do direito civil constitucional. In: RUZYK, Carlos Eduardo Pianovksi *et alii* (Org.). *Direito civil constitucional*: a ressignificação da função dos institutos fundamentais do direito civil contemporâneo e suas consequências, vol. 1. Florianópolis: Conceito, 2014.

FACHIN, Luiz Edson. *Direito civil*: sentidos, transformações e fim. Rio de Janeiro: Renovar, 2015.

____. Responsabilidade civil contemporânea no Brasil: notas para uma aproximação. *Revista Jurídica*, n. 397, nov./2010.

FAJNGOLD, Leonardo. Premissas para a aplicação da responsabilidade civil por perda de uma chance. *Revista de Direito Privado*, vol. 69, 2016.

FLUMIGNAN, Silvano José Gomes. *Dano-evento e dano-prejuízo*. Dissertação de mestrado. São Paulo: USP, 2009.

FROTA, Pablo Malheiros da Cunha. *Responsabilidade por danos*: imputação e nexo de causalidade. Curitiba: Juruá, 2014.

GAGLIANO, Pablo Stolze; PAMPLONA FILHO, Rodolfo. *Novo Curso de Direito Civil*: Responsabilidade civil. 8. ed. São Paulo: Saraiva, 2010.

GONÇALVES, Carlos Roberto. *Direito civil brasileiro*, vol. 4: responsabilidade civil. 7. ed. São Paulo: Saraiva, 2012.
GONDIM, G. G. *Responsabilidade civil sem dano*: da lógica reparatória à lógica inibitória. Dissertação (mestrado). Pós-Graduação em Direito das Relações Sociais – Mestrado, Universidade Federal do Paraná. Curitiba, 2015.
GUEDES, Gisela Sampaio da Cruz. *Lucros cessantes*: do bom-senso ao postulado normativo da razoabilidade. São Paulo: Revista dos Tribunais, 2011.
GUEDES, Gisela Sampaio da Cruz; MEIRELES, Rose Melo Vencelau. Princípios da responsabilidade civil nos estudos clínicos em medicamentos. In: TEPEDINO, Gustavo; TEIXEIRA, Ana Carolina Brochado; ALMEIDA, Vitor (Coord.). *O direito civil entre o sujeito e a pessoa*: estudos em homenagem ao professor Stefano Rodotà. Belo Horizonte: Fórum, 2016.
HIRONAKA, Giselda Maria Fernandes Novaes. *Responsabilidade pressuposta*. Belo Horizonte: Del Rey, 2005.
JOSSERAND, Louis. Evolução da responsabilidade civil. *Revista Forense*. Rio de Janeiro, vol. 86, n. 454, 1941.
KOZIOL, Helmut. *Basic questions of Tort Law from a Germanic Perspective*. Trad. Fiona Salter Townshend. Vienne: Jan Sramek Verlag, 2012.
LEVY, Daniel de Andrade. *Responsabilidade civil*: de um direito de danos a um direito das condutas lesivas. São Paulo: Atlas, 2012.
LOPES, Miguel Maria Serpa. *Curso de direito civil*. 5. ed. Rio de Janeiro: Freitas Bastos, 2001.
LOPEZ, Teresa Ancona. *Princípio da precaução e evolução da responsabilidade civil*. São Paulo: Quartier Latin, 2010.
____. Responsabilidade civil na sociedade de risco. *Revista da Faculdade de Direito da Universidade de São Paulo*, vol. 105. São Paulo: USP, 2010.
MARTINS-COSTA, Judith. Do inadimplemento das obrigações. In: TEIXEIRA, Sálvio de Figueiredo (Coord.). *Comentários ao Novo Código Civil*, vol. V, t. II. Rio de Janeiro: Forense, 2003.
MARTINS-COSTA, Judith; PARGENDLER, Mariana Souza. *Usos e abusos da função punitiva* (punitive dammages e o direito brasileiro). *Revista CEJ*, n. 28, jan.-mar./2005.
MELO, Marco Aurélio Bezerra de. *Direito civil*: responsabilidade civil. 2. ed. Rio de Janeiro: Forense, 2018.
MILARÉ, Édis, *Direito do ambiente*: a gestão ambiental em foco: doutrina, jurisprudência, glossário. 6. ed. São Paulo: Revista dos Tribunais, 2009.
MONTEIRO FILHO, Carlos Edison do Rêgo. *Elementos de responsabilidade civil por dano moral*. Rio de Janeiro: Renovar, 2000.
MONTENEGRO, Antonio Lindbergh C. *Ressarcimento de danos*: pessoais e materiais. 7. ed. ampl. e atual. Rio de Janeiro: Lumen Juris, 2001.
NORONHA, Fernando. *Direito das obrigações*: fundamentos do direito das obrigações; introdução à responsabilidade civil, vol. 1. 2. ed. rev. e atual. São Paulo: Saraiva, 2007.
OLIVA, Milena Donato. Dano moral e inadimplemento contratual nas relações de consumo. *Revista de Direito do Consumidor*, vol. 93. São Paulo: Revista dos Tribunais, mai./2014.
PEREIRA, Caio Mário da Silva. *Responsabilidade civil*. 9. ed. Rio de Janeiro: Forense, 2001.

PERLINGIERI, Pietro. *O direito civil na legalidade constitucional*. Rio de Janeiro: Renovar, 2008.

PUGLIATTI, Salvatore. *La proprietà nel nuovo diritto*. Milano: Giuffrè, 1954.

RAMOS, Carmem Lucia Silveira. A constitucionalização do direito privado e a sociedade sem fronteiras. In: FACHIN, Luiz Edson (Coord.). *Repensando fundamentos do direito civil contemporâneo*. Rio de Janeiro: Renovar, 1998.

RODRIGUES, Francisco Luciano Lima; VERAS, Gésio de Lima. Dimensão funcional do dano moral no direito civil contemporâneo. *Civilistica.com*. Rio de Janeiro, a. 4, n. 2, 2015.

RODRIGUES, Silvio. *Direito civil*: Responsabilidade civil. vol. 4. 20. ed. São Paulo: Saraiva, 2003.

ROSENVALD, Nelson. *As funções da responsabilidade civil*: a reparação e a pena civil. São Paulo: Atlas, 2013.

RUZYK, Carlos Eduardo Pianovski. A responsabilidade civil por danos produzidos no curso de atividade econômica e a tutela da dignidade da pessoa humana: o critério do dano ineficiente. In: RAMOS, Carmem Lucia Silveira et al. (Org.). *Diálogos sobre direito civil*: construindo uma racionalidade contemporânea. Rio de Janeiro: Renovar, 2002.

SANTOS, Antonio Jeová dos. *Dano moral indenizável*. 4. ed. rev., ampl. e atual. São Paulo: Revista dos Tribunais, 2003.

SAVI, Sérgio. *Responsabilidade civil por perda de uma chance*. São Paulo: Atlas, 2006.

SCHREIBER, Anderson. Arbitramento do dano moral. *Direito civil e Constituição*. São Paulo: Atlas, 2013.

_____. As novas tendências da responsabilidade civil brasileira. *Revista Trimestral de Direito Civil*, vol. 22. Rio de Janeiro: Padma, 2005.

_____. Direito civil e Constituição. In: SCHREIBER, Anderson; KONDER, Carlos Nelson (Org.). *Direito civil constitucional*. São Paulo: Atlas, 2016.

_____. *Novos paradigmas da responsabilidade civil*: da erosão dos filtros da reparação à diluição dos danos. 5. ed. São Paulo: Atlas, 2013.

SEVERO, Sérgio. *Os danos extrapatrimoniais*. São Paulo: Saraiva, 1996.

SILVA, Néstor Pina. La responsabilidade preventiva. *Revista de Estudios Ius Novum*, n. 2, Octubre/2009.

SILVA, Rodrigo da Guia. Notas sobre o cabimento do direito de retenção: desafios da autotutela no direito privado. *Civilistica.com*, v. a. 6, 2017.

SOUZA, Eduardo Nunes. Merecimento de tutela: a nova fronteira da legalidade no direito civil. *Revista de Direito Privado*, n. 58. São Paulo: Revista dos Tribunais, abr.-jun./2014.

SINTEZ, Cyril. *La sanction préventif en droit de la responsabilité civile*. Thèse, 2009, Université de Montreal. Sous la co-direction de Madame Catherine Thibierge.

STOCO, Rui. *Tratado de responsabilidade civil*: doutrina e jurisprudência. 7. ed. São Paulo: Revista dos Tribunais, 2007.

_____. *Responsabilidade civil e sua interpretação jurisprudencial*. 3. ed. São Paulo: Revista dos Tribunais, 1997.

TARTUCE, Flávio. *Direito civil*: direito das obrigações e responsabilidade civil. 12. ed. Rio de Janeiro: Forense, 2017.

TEPEDINO, Gustavo; BARBOZA, Heloisa Helena; BODIN DE MORAES, Maria Celina. *Código Civil interpretado conforme a Constituição da República*, vol. I. Rio de Janeiro: Renovar, 2004.

TEPEDINO, Gustavo. Premissas metodológicas para a constitucionalização do direito civil. *Temas de direito civil*. 3. ed. Rio de Janeiro: Renovar, 2004.

VENTURI, Thaís Goveia Pascoaloto. *Responsabilidade civil preventiva:* a proteção contra a violação dos direitos e a tutela inibitória material. São Paulo: Malheiros, 2014.

____. A construção da responsabilidade civil preventiva e possíveis instrumentos de atuação: a autotutela e as despesas preventivas. In: TEPEDINO, Gustavo; FACHIN, Luiz Edson; Lôbo, Paulo (Coord.). *Direito civil-constitucional:* a ressignificação da função dos institutos fundamentais do direito civil contemporâneo e suas consequências. Florianópolis: Conceito, 2014.

VINEY, Geneviève. As tendências atuais do direito da responsabilidade civil. Trad. Paulo Cezar de Mello. In: TEPEDINO, Gustavo (Org.). *Direito civil contemporâneo*: novos problemas à luz da legalidade constitucional: anais do Congresso Internacional de Direito Civil-Constitucional da cidade do Rio de Janeiro. São Paulo: Atlas, 2008.

18. Indenização Punitiva: Potencialidades no Ordenamento Brasileiro

Maria Proença Marinho
Mestranda em Direito Civil pela UERJ. Especialista em Direito Civil-Constitucional pelo CEPED-UERJ. Advogada.

1. Introdução

O artigo 944 do Código Civil é expresso ao dispor que "a indenização mede-se pela extensão do dano". Não obstante, a fixação da indenização por danos morais em valor que supostamente atenda à sua chamada função "punitiva-pedagógica" é uma realidade na jurisprudência brasileira, que, supostamente, teria fundamento na doutrina americana dos *punitive damages*.

O próprio Superior Tribunal de Justiça afirma recorrentemente que "a indenização por danos morais possui tríplice função, a compensatória, para mitigar os danos sofridos pela vítima; a punitiva, para condenar o autor da prática do ato ilícito lesivo, e a preventiva, para dissuadir o cometimento de novos atos ilícitos", para, com base nisso, concluir que a indenização fixada "mostra-se adequada para mitigar os danos morais sofridos, cumprindo também com a função punitiva e a preventiva, sem ensejar a configuração de enriquecimento ilícito".[98]

Trata-se de orientação duramente criticada por parcela relevante da doutrina, a qual entende que a indenização deve ter função exclusivamente compensatória dos danos sofridos pela vítima.[99] Contribui, ademais, para tornar ainda

---

[98] STJ, REsp. 1.440.721/GO, 4ª T., Rel. Min. Maria Isabel Gallotti, julg. 11.10.2016.
[99] Cite-se, por todos, Maria Celina Bodin de Moraes, em entendimento reiterado no prefácio da nova edição de sua obra: BODIN DE MORAES, Maria Celina. *Danos à pessoa humana*: uma leitura civil-constitucional dos danos morais. 2. ed. Rio de Janeiro: Processo, 2017, p. XXIII.

mais tormentosa a discussão a respeito do dimensionamento dos danos morais, especialmente porque não há como se distinguir a parcela da indenização que seria compensatória daquela que teria sido fixada para punir o ofensor.

Não obstante, tal entendimento parece estar sedimentado na jurisprudência, não havendo sinais de mudança.

É nesse cenário que o presente trabalho pretende trazer à baila algumas considerações acerca de possíveis caminhos para a evolução dessa discussão no Brasil, especialmente à luz das peculiaridades dos *punitive damages* no direito americano que, ao menos em tese, seria o instituto que inspirou a introdução da função punitiva-pedagógica da indenização no Brasil.

Assim, após breves notas sobre a função da indenização, apresentando-se a controvérsia a respeito da sua função punitiva, se passará ao estudo do instituto dos *punitive damages* nos Estados Unidos. Ao fim, se analisará algumas potencialidades da aplicação da indenização punitiva no Brasil, em substituição à utilização da função punitiva-pedagógica como critério para fixação dos danos morais.

2. A responsabilidade civil tem uma função punitiva?

A responsabilidade civil, da forma que a conhecemos, é um dos mais modernos institutos do direito civil, tendo se desenvolvido apenas em meados do século XVIII.[100] Em sua origem, o ato ilícito era considerado fonte de um direito de vingança privada, por meio do qual a parte prejudicada poderia punir o ofensor de forma proporcional ao ato ilícito praticado, do que é exemplo a famosa Lei de Talião.[101]

Posteriormente, com o fortalecimento da figura de Estado, veda-se a vingança privada, de modo que o Estado passa a monopolizar a função de aplicar penas àqueles que praticarem atos ilícitos.[102] No direito romano, o foco voltava-se tanto para a punição do ofensor quanto para a compensação

---

[100] GILISSEN, John. *Introdução histórica ao direito*. 3. ed. Lisboa: Fundação Calouste Gulbenkian, 2001, p. 752.
[101] "Se um homem ferir um compatriota, desfigurando-o, como ele fez, assim se lhe fará: fratura por fratura, olho por olho, dente por dente. O dano que se causa a alguém, assim também se sofrerá" (A Bíblia, Levítico 24:19-20)
[102] LEVY, Daniel de Andrade. Uma visão cultural dos *punitive damages*. *Revista de Direito Privado*, vol. 45. São Paulo: Revista dos Tribunais, 2011. Disponível em Revista dos Tribunais Online, acesso em 1.10.2017, p. 4.

da vítima, não havendo uma divisão clara entre a responsabilidade civil e a responsabilidade penal.[103]

Foi só na era das codificações, com a forte cisão entre o direito público e privado, que se separou a pena e a indenização. Afastou-se o Estado das relações entre particulares, relegando ao primeiro a aplicação de penas e aos cidadãos o direito de reparação, mediante o recebimento de indenização.[104]

Atualmente, percebe-se um giro conceitual na responsabilidade civil que, ao invés de buscar a punição do ofensor, passa a atentar para a necessidade de se tutelar os interesses da vítima[105]. Nessa linha, a lição de Bodin de Moraes:

> A constitucionalização do direito dos danos impôs, como se viu, uma releitura da própria função primordial da responsabilidade civil. O foco que tradicionalmente recaía sobre a pessoa do causador do dano, que por seu ato reprovável deveria ser punido, deslocou-se no sentido da tutela especial garantida à vítima do dano injusto, que merece ser reparada. A punição do agente pelo dano causado, preocupação pertinente ao direito penal, perde a importância no âmbito cível para a reparação da vítima pelo dano sofrido.[106]

Daí se extrai que a função da responsabilidade civil é, por excelência, a reparação do dano causado à vítima.[107] A regra da reparação integral é prevista expressamente no Código Civil que, em seu artigo 944, estabelece a estrita proporcionalidade entre o dano sofrido e a indenização a ser paga: "A indenização mede-se pela extensão do dano".

Embora seja mais fácil de se visualizar a regra da reparação integral no que diz respeito aos danos patrimoniais – basta a quantificação, em dinheiro, do prejuízo sofrido –, ela também se aplica aos danos morais, impondo-se a compensação do dano sofrido, mediante o pagamento de indenização.[108]

---

[103] MAZEAUD, Henri et al. *Leçons de droit civil*, t. II, 1er vol. 9. ed. Paris: Montchrestien, 1998. p. 370.

[104] BODIN DE MORAES, Maria Celina. *Danos à pessoa humana*, cit., p. 202.

[105] O termo foi cunhado por Orlando Gomes em indispensi cunhado por Orlando GomeGOMES, Orlando. Tendhado por Orlando Gomes em da responsabilidade civil. In: FRANCESCO, José Roberto Pacheco Di (Org.). *Estudos em homenagem ao professor Silvio Rodrigues*. Sudos em homenagem ao professor Silvio

[106] BODIN DE MORAES, Maria Celina. A constitucionalização do direito civil e seus efeitos sobre a responsabilidade civil. *Direito, Estado e Sociedade*, vol. 9, n. 29. Rio de Janeiro: PUC-Rio, p. 245.

[107] PEREIRA, Caio MáREIRA, Caio M InstituiCaio Me direito civil, vol. I. 25. ed. Rio de Janeiro: Forense, 2009, pp. 558-559. No mesmo sentido: CAVALIERI FILHO, Sergio. *Programa de responsabilidade civil*. 6. ed. São Paulo: Malheiros Editores, 2006, p. 36

[108] RODRIGUES, Francisco Luciano Lima; VERAS, Gésio de Lima. Dimensão funcional do dano moral no direito civil contemporâneo. *Civilistica.com*. Rio de Janeiro, a. 4, n. 2, 2015, p. 12.

Fato é que parece ser tranquilo na doutrina o entendimento de que a principal função da responsabilidade civil é a reparatória ou compensatória, que, em apertada síntese, é "a própria reparação do dano".[109]

Questão mais controversa é a de se seria essa a única função da responsabilidade civil.[110] E, no cerne dessa discussão encontra-se a tão falada função punitiva da indenização.

Com efeito, é inegável que vem crescendo no Brasil a corrente, supostamente baseada na doutrina americana dos *punitive damages*, que sustenta que, além de reparar, a indenização – especialmente por danos morais – teria uma função punitiva ou pedagógica. Ou seja, além de compensar a vítima pelo dano sofrido, a indenização teria uma "função dissuasória dos atos ilícitos", punindo o ofensor e, ao assim fazer, evitando a repetição da conduta.[111]

Nessa linha, afirma-se que a indenização com caráter punitivo atenderia ainda a outros objetivos, como a eliminação do lucro ilícito, retirando do ofensor a vantagem econômica obtida com o ato ilícito,[112] o desestímulo do inadimplemento, o reequilíbrio das relações de consumo e a proteção dos contratantes em posição de vulnerabilidade.[113]

Ou seja, através da aplicação de indenizações exemplares, o Judiciário desestimularia as práticas que comumente causam danos aos indivíduos, destruindo a "razão econômica" segundo a qual "era mais rentável deixar que o prejuízo se realizasse que preveni-lo".[114]

Note-se que a maior parte dos defensores da função punitiva da indenização não sustenta a sua aplicação como uma parcela autônoma, mas como um fundamento a justificar o aumento do *quantum* indenizatório, diante de circunstâncias especialmente reprováveis.[115] Assim, "relacionam-se punição ao

---

[109] BODIN DE MORAES, Maria Celina. *Danos à pessoa humana*, cit., p. XXIII.

[110] Sobre as funções da responsabilidade civil e as principais controvérsias no que tange ao tema, confiram-se os Capítulo XVI e XVII desta obra.

[111] FARIAS, Christiano Chaves de; BRAGA NETTO, Felipe Peixoto; ROSENVALD, Nelson. *Novo tratado de responsabilidade civil*. São Paulo: Atlas, 2015, p. 47.

[112] ANDRADE, André Gustavo Correa de. *Dano moral e indenização punitiva: os punitive damages na experiência do common law e na perspectiva do direito brasileiro*. Rio de Janeiro: Forense, 2009, p. 246.

[113] ANDRADE, André Gustavo Correa de. *Dano moral e indenização punitiva*, cit., p. 246.

[114] ANDRADE, André Gustavo Correa de. *Dano moral e indenização punitiva*, cit., p. 259.

[115] CARVALHO. Luis Fernando de Lima. *As funções da responsabilidade civil. As indenizações pecuniárias e a adoção de outros meios reparatórios*. Tese de Doutorado em Direito pela Pontifícia Universidade de São Paulo (PUC-SP), 2013.

infrator e compensação ao ofendido, via de regra, como duas faces da mesma moeda, a integrar a natureza da reparação do dano moral".[116]

Desse modo, quanto maior o grau de reprovabilidade da conduta ou o grau de culpa, maior deverá ser o valor da indenização. Igualmente, utiliza-se a capacidade econômica do ofensor como parâmetro para aumentar o valor fixado a título de indenização, justamente para garantir que o valor da condenação servirá de desestimulo para a conduta.[117]

Nesse contexto, tornam-se cada vez mais comuns as decisões judiciais que, para justificar o valor arbitrado a título de danos morais, afirmam que a indenização foi fixada "considerando a gravidade do ato, o potencial econômico do ofensor, o caráter punitivo-compensatório da indenização e os parâmetros adotados em casos semelhantes".[118]

Cite-se o exemplo de um julgado do Tribunal de Justiça do Rio de Janeiro em que os pais de uma vítima fatal de acidente de carro pleiteavam indenização por danos morais perante o motorista do carro em que a vítima se encontrava, na qualidade de carona.[119]

Além de verificar a dimensão do dano, aspecto ligado à compensação das vítimas, o acórdão dá grande ênfase ao grau de culpa do agente. A esse respeito, ressaltou-se que a culpa do ofensor "é tanto mais grave por: a) ter causado o acidente; b) estar participando de 'pega'; c) estar sob influência de álcool; e d) não possuir habilitação para direção de veículo automotor".

Analisou-se, ademais, a condição econômica do ofensor e, diante de sua falta de patrimônio, ressaltou-se a dificuldade na quantificação do dano "diante da abissal distância entre a extensão do dano e a capacidade econômica do ofensor". Ao final, a indenização por dano moral foi fixada em R$ 100.000,00 (cem mil reais).

Esse caso é apenas um dentre inúmeros, aqui utilizado para exemplificar a posição verdadeiramente dominante na jurisprudência, no sentido de que a indenização por danos morais tem caráter punitivo-pedagógico e, nessa linha, devem ser aplicados critérios relacionados à gravidade da conduta e à

---

[116] MONTEIRO FILHO, Carlos Edison do Rêgo. *Elementos de responsabilidade civil por dano moral*. Rio de Janeiro: Renovar, 2000, p. 152.
[117] MONTEIRO FILHO, Carlos Edison do Rêgo. *Elementos de responsabilidade civil por dano moral*, cit., p. 153.
[118] STJ, Ag.Rg. no AREsp. 633.251/SP, 4ª T., Rel. Min. Raul Araújo, julg. 5.5.2015, pub. 26.5.2015.
[119] TJRJ, Ap. Civ. 0002811-38.2013.8.19.0012, 2ª C.C., Rel. Des. Elizabete Filizzola Assunção, julg. 29.4.2015, pub. 4.5.2015.

necessidade de punição do causador do dano como parâmetros para a quantificação da indenização.

Porém, há doutrina de peso e até alguns julgados isolados em sentido contrário.

Essa última corrente entende que as funções punitiva e dissuasória não se coadunam com o ordenamento jurídico brasileiro, no âmbito do qual a reparação é o "fim último da responsabilidade civil".[120] Nesse sentido, há julgado – diga-se a bem da verdade, isolado – do Superior Tribunal de Justiça, em que se entendeu que "é inadequado pretender conferir à reparação civil dos danos ambientais caráter punitivo imediato, pois a punição é função que incumbe ao direito penal e administrativo".[121]

Ademais, como o caráter punitivo é utilizado como parâmetro para majoração da indenização, não havendo uma parcela autônoma, "ao responsável não é dado conhecer em que medida está sendo apenado, e em que medida está simplesmente compensando o dano, atenuando, exatamente, o efeito dissuasivo que consiste na principal vantagem do instituto".[122] Soma-se a isso o fato de que, atualmente, "nem sempre o responsável é o culpado e nem sempre o culpado será punido (porque ele pode ter feito um seguro, por exemplo)", esvaziando, ainda mais, a pretensa punibilidade da indenização.[123]

Note-se também que o caráter punitivo-pedagógico da indenização apenas é aplicado em caso de indenização por danos morais e não por danos materiais. Tal constatação é sintomática. Embora os fundamentos da argumentação em defesa da função punitiva da indenização – como a necessidade de punir e coibir condutas graves e reiteradas – também possam ser aplicáveis e se justificar em hipóteses de danos materiais, a majoração da indenização com base nessa função apenas é admitida para os danos morais, notadamente de mais difícil e subjetiva aferição.

Ressalta-se, ainda, que a aplicação de uma pena civil ao ofensor, sem prévia cominação legal, pode não apenas violar o princípio da legalidade, como também embaçar as fronteiras entre o ilícito penal e o ilícito civil.[124]

---

[120] BODIN DE MORAES, Maria Celina. *Punitive damages* em sistemas civilistas: problemas e perspectivas. *Revista Trimestral de Direito Civil*, vol 18. Rio de Janeiro: Padma, abr.-jun./2004, p. 73.
[121] STJ, REsp 1.354.536/SE, 2ª S., Rel. Min. Luis Felipe Salomão, julg. 26.3.2014, pub. 11.5.2015.
[122] SCHREIBER, Anderson. *Novos paradigmas da responsabilidade civil*: da erosão dos filtros da reparação à diluição dos danos. São Paulo: Atlas, 2015, p. 205.
[123] BODIN DE MORAES, Maria Celina. *Punitive damages* em sistemas civilistas: problemas e perspectivas. cit., p. 74.
[124] SCHREIBER, Anderson. *Novos paradigmas da responsabilidade civil*, cit., p. 205.

Talvez, porém, a mais contundente crítica à aplicação da indenização de caráter punitivo no Brasil diga respeito à completa dissociação entre a sua aplicação pela jurisprudência brasileira e a evolução dos *punitive damages* no direito americano, que, em tese, seria a sua fonte inspiradora.

Útil, nesse sentido, breves anotações sobre as peculiaridades do referido instituto em sua origem, de modo a melhor compreender as suas potencialidades e possibilidades de aplicação no ordenamento brasileiro.

3. Os *punitive damages* e a experiência norte-americana

Os *punitive damages* são um instituto de *common law* que surgiu na Inglaterra na segunda metade do Século XVIII, justamente no âmbito de casos relacionados a "sofrimento mental, dignidade ferida, sentimentos feridos",[125] nos quais não obstante não ser possível identificar danos materiais em concreto, entendia-se ser necessária uma punição exemplar, em vista da gravidade da conduta do ofensor.[126]

Os primeiros casos, denominados Huckle v. Money e Wilkes v. Wood, ocorreram em 1763 na Inglaterra. O primeiro caso girou em torno da prisão injustificada de um tipógrafo, supostamente envolvido na publicação da edição n. 45 do jornal 'The North Briton', na qual se criticou duramente o discurso do Rei George III sobre o Tratado de Paris, que pôs fim à Guerra dos Sete Anos. A indenização foi fixada em 300 libras.[127]

O segundo tratou da apreensão de documentos e entrada não autorizada de funcionários do governo na casa de John Wilkes, opositor do Rei, alegadamente responsável pela referida edição de jornal. No julgamento, argumentou-se que "o caso ia muito além do Sr. Wilkes individualmente, envolvendo a liberdade de todos os súditos do país, sendo certo que admitir como legal [a ação dos Réus] fragilizaria a mais preciosa herança do povo inglês".[128] Nesse

---

[125] Tradução livre de: "*mental suffering, wounded dignity, injured feelings*".

[126] CARVALHO. Luis Fernando de Lima. *As funções da responsabilidade civil. As indenizações pecuniárias e a adoção de outros meios reparatórios*. Tese de Doutorado em Direito pela Pontifícia Universidade de São Paulo (PUC-SP), 2013.

[127] 1763 2 Wil's KB 205. Disponível em <http://www.commonlii.org/uk/cases/EngR/1799/225.pdf>. Acesso em: 8.10.2017.

[128] Tradução livre de: "*the case extended far beyond Mr. Wilkes personally, that it touched the liberty of every subject of this country, and if found to be legal, would shake the most precious inheritance of Englishmen*".

caso, os funcionários do Rei foram condenados ao pagamento de indenização 1.000 libras.[129]

Em 1964, no célebre julgamento do caso Rookes v. Barnard,[130] a House of Lords estabeleceu as hipóteses em que é cabível a aplicação de *exemplary damages*, "como uma forma de fortalecer a lei, justificando-se a aplicação no direito civil de um princípio que logicamente pertence ao direito penal".[131] São elas: (i) a existência de ato opressivo, arbitrário ou inconstitucional de um agente do governo; (ii) expressa previsão em lei; e (iii) quando a conduta do ofensor foi calculada para obter vantagem decorrente da conduta ilícita. A respeito da última hipótese, assinalou-se que "quando um réu, cinicamente desrespeitando o direito do autor, calcular que o dinheiro que ganhará com a violação será superior ao que terá que pagar a título de indenização, é necessário mostrar que a lei não pode ser desrespeitada com impunidade".[132] Ademais, estabeleceu-se que as *exemplary damages* só devem ser aplicadas quando a indenização compensatória não for suficiente para punir o ofensor.

Foi, porém, nos Estados Unidos que o instituto dos *punitive damages* mais se desenvolveu e se popularizou. O tratamento do instituto varia conforme os estados da federação, mas a possibilidade de sua aplicação é reconhecida de forma quase unânime no país.[133]

O tradicional *Black's Dictionary* os define como "indenização concedida em adição à indenização de fato, quando o réu atuou com imprudência, dolo ou fraude; específico, indenização auferida com o objetivo de punir o ofensor ou dar um exemplo a terceiros".[134] Igualmente, o §908 do Restatement (Second) of Torts 1979, que sintetiza os princípios gerais do direito americano no que diz respeito a danos, afirma que "*punitive damages* são indenização que não se

---

[129] [1763] EWHC CP J95. Disponível em: <http://www.commonlii.org/uk/cases/EngR/1763/103.pdf>. Acesso em: 8.10.2017.

[130] [1964] UKHL 1, [1964] AC 1129. Disponível em <http://www.bailii.org/uk/cases/UKHL/1964/1.html>. Acesso em: 8.10.2017.

[131] Tradução livre de: "*a useful purpose in vindicating the strength of the law and thus affording a practical justification for admitting into the civil law a principle which ought logically to belong to the criminal*".

[132] Tradução livre de: "*a defendant with a cynical disregard for a plaintiff's rights has calculated that money to be made out of his wrongdoing will probably exceed the damages at risk, it is necessary for the law to show that it cannot be broken with impunity*".

[133] OWEN, David G. A Punitive Damages Overview: Functions, Problems and Reform. *Villanova Law Review*, Radnor Township, vol. 39, 1994, p. 369.

[134] Tradução livre de: "*punitive damages. Damages awarded in addition to actual damages when the defendant acted with recklessness, malice or deceit; specif., damages assessed by way of penalizing the wrongdoer or making an example to others*" (GARNER, Bryan A. *Black's Law Dictionary*. 9. ed. St. Paul, Minnesota: West Group, 2009, p. 418).

confunde com a indenização compensatória, deferida contra uma pessoa de modo a puni-la por sua conduta ultrajante e para prevenir que ela ou outros como ela reproduzam condutas similares no futuro".[135]

Daí já se extrai uma das características mais marcantes dos *punitive damages* e talvez a que mais os distancie da sua aplicação no Brasil: trata-se de uma parcela autônoma e adicional, que não se confunde com a indenização compensatória concedida para reparar o dano sofrido pela vítima.

Em relação à função, afirma-se de forma praticamente uníssona que os *punitive damages* servem para punir o ofensor e prevenir a repetição da conduta por ele ou por terceiros em situação similar.[136] No entanto, há doutrina especializada que sustenta que o instituto teria também outras funções, como (i) educativa, ao conscientizar o ofensor e a sociedade sobre a existência e importância do interesse protegido; (ii) compensatória de custos incorridos pelo autor com o ajuizamento da ação que agiria como um *private attorney general*, ou seja, fazendo as vezes do Ministério Público; e (iii) de reforço ao *rule of law*.[137]

Cumpre ressaltar, ademais, que, de modo geral – variando a sua disciplina de acordo com os estados da federação –, os *punitive damages* somente são aplicáveis em casos de responsabilidade extracontratual e a sua fixação cabe ao júri popular.[138]

Apesar de ser um instituto relativamente antigo, foi na segunda metade do Século XX que os *punitive damages* se alastraram no Judiciário americano, incitando, então, o aumento das controvérsias à sua volta.

Em 1972, um automóvel modelo Ford Pinto expolidiu após uma colisão traseira, ocasionando a morte da condutora e graves queimaduras que desfiguraram o rosto e o corpo do passageiro, seu filho Richard Grimshaw, que veio a ajuizar ação judicial em face da Ford.[139] Restou comprovado nos autos do processo que o protótipo do carro não foi aprovado na fase de testes de

---

[135] "§908 Restatement (Second) of Torts 1979 (1) Punitive damages are damages, other than compensatory or nominal damages, awarded against a person to punish him for his outrageous conduct and to deter him and others like him from similar conduct in the future".

[136] SILVA, Rafael Pettefi da e WALKER, Mark Pickersgill. *Punitive damages*: características do instituto nos Estados Unidos da América e transplante do modelo estrangeiro pela jurisprudência brasileira do Tribunal de Justiça de Santa Catarina. *Seqüência*, n. 74. Florianópolis: dez./2016, p. 302.

[137] OWEN, David G. A Punitive Damages Overview, cit., pp. 374-382.

[138] MARTINS-COSTA, Judith e PARGENDLER, Mariana Souza. Usos e abusos da função punitiva. *Revista CEJ*, n. 28. Brasília: jan.-mar./2005, p. 19.

[139] Grimshaw v. Ford Motor Co. (1981). Civ. No. 20095. Court of Appeals of California, Fourth Appellate District, Division Two. May 29, 1981.

integridade do sistema de combustível, tendo sido verificada a ocorrência de vazamento de combustível em colisões na velocidade de apenas 20 milhas por hora (cerca de 32 quilômetros por hora). Todavia, mesmo tendo conhecimento do problema e do fato de que o referido defeito poderia ser resolvido mediante um custo razoável, a alta diretoria da Ford decidiu prosseguir com a produção do automóvel, sem qualquer modificação.

A ação foi julgada procedente pelo júri popular, tendo a Ford sido condenada ao pagamento de US$2.5 milhões a título de indenização compensatória e US$125 milhões a título de indenização punitiva, o que foi posteriormente reduzido para US$3.5 milhões. Diante de recurso interposto pela Ford, a *Court of Appeals* da California entendeu pelo acerto da condenação, com base na existência de evidência de que "a Ford poderia ter corrigido os nocivos defeitos no desenho por um custo mínimo, mas decidiu adiar as referidas correções, com base em uma análise de custo benefício entre a vida e o corpo humano e seus lucros corporativos".[140] Entendeu-se, ademais, pelo acerto do valor fixado a título de indenização punitiva, uma vez que "uma condenação tão baixa que possa ser amortizada como um custo do negócio não tem qualquer efeito preventivo. Uma condenação que afete a precificação dos produtos e, por conseguinte, sua vantagem competitiva, pode servir como prevenção".[141]

Foi, porém, com o chamado *Hot Coffee Case* que a discussão a respeito dos *punitive damages* se acirrou.[142] A condenação do McDonald's ao pagamento de indenização punitiva no valor de US$2.7 milhões a uma senhora que se queimou ao derramar café quente em suas pernas se tornou o grande exemplo de ações frívolas, com condenações excessivas e imprevisíveis. O caso rendeu até mesmo uma cena no popular seriado *Seinfeld*, em que, após derramar um pouco de café em sua perna, um dos personagens consulta um advogado, que afirma que ele poderá se tornar um homem rico processando a lanchonete que lhe vendeu o produto.

Os detalhes do caso, no entanto, merecem maior atenção.

---

[140] Tradução livre de: *"There was evidence that Ford could have corrected the hazardous design defects at minimal cost but decided to defer correction of the shortcomings by engaging in a cost-benefit analysis balancing human lives and limbs against corporate profits"*.

[141] Tradução livre de: *"An award which is so small that it can be simply written off as a part of the cost of doing business would have no deterrent effect. An award which affects the company's pricing of its product and thereby affects its competitive advantage would serve as a deterrent"*.

[142] A íntegra da decisão não está disponível. Porém, diversos trechos relevantes estão disponíveis em: <http://abnormaluse.com/2011/01/stella-liebeck-mcdonalds-hot-coffee.html>. Acesso em: 8.10.2017.

Stella Liebeck, de 79 anos, comprou um café no *drive-thru* da lanchonete McDonalds e, enquanto seu neto dirigia, colocou o copo entre suas pernas e, com o movimento do carro, o líquido se derramou. Ocorre que o café estava escaldante e causou queimaduras de terceiro grau em suas pernas e genitália. Stella ficou internada durante oito dias, período em que perdeu 20% do seu peso corporal. Foram necessários uma série de enxertos de pele e dois anos de tratamento. Ao ser procurado, o McDonald's rejeitou o pedido de ressarcimento pelos custos hospitalares, o que levou à propositura de ação judicial.

Durante o curso da ação, revelou-se que o McDonald's determinava que o café fosse servido entre 82 e 88ºC, enquanto a temperatura recomendada era 60ºC. Na temperatura praticada pelo McDonald's, apenas 12 segundos de contato com a pele já eram suficientes para gerar queimaduras de terceiro grau. E, na última década, a cadeia já havia recebido mais de setecentas reclamações de consumidores queimados pelo referido produto, o que, porém, foi considerado insuficiente pela empresa para rever os padrões estabelecidos.

O júri entendeu que o acidente era 80% de responsabilidade do McDonald's e 20% de responsabilidade da vítima, razão pela qual reduziu para US$160 mil a indenização compensatória inicalmente fixada em US$ 200 mil. Já a indenização punitiva foi fixada em 2.7 milhões, o que corresponderia ao faturamento obtido pelo McDonald's com apenas dois dias de venda de café. O juiz reduziu a referida indenização para US$ 480 mil, utilizando como parâmetro o valor da indenização compensatória. Um acordo confidencial pôs fim à demanda, antes do julgamento do recurso.

Em meio às discussões a respeito do excesso e da imprevisibilidade da indenização punitiva, o tema chegou à Suprema Corte. Alguns meses após adquirir um carro novo, o médico Ira Gore descobriu que o carro havia sido repintado. Verificou-se que, de fato, o carro teria sofrido danos decorrentes de uma chuva ácida durante o transporte da Alemanha para os Estados Unidos e partes dele haviam sido repintadas em razão disso. No âmbito da ação judicial, a BMW admitiu a sua prática de vender como novos os carros em que haviam sido realizados reparos que correspondessem a menos de 3% do preço automóvel.

Em primeira instância, o júri entendeu que a BMW teria propositalmente omitido informações relevantes que poderiam afetar o preço do produto e, assim sendo, concedeu indenização compensatória no valor de US$4 mil e indenização punitiva equivalente a US$4 milhões, a qual foi posteriormente reduzida para US$2 milhões em sede recursal.

A Suprema Corte decidiu analisar o caso por entender que tal providência serviria para esclarecer os parâmetros a serem utilizados na identificação de condenações excessivas de *punitive damages*. A decisão traz três parâmetros a serem observados: (i) o grau de reprovabilidade da conduta; (ii) a disparidade entre o dano sofrido (indenização compensatória) e o valor fixado a título de indenização punitiva; e (iii) a diferença entre o valor da indenização e as penas civis aplicáveis ao caso.[143]

O primeiro critério foi considerado o mais importante. Citando um precedente de 150 anos atrás, a Suprema Corte reafirmou que "a indenização punitiva imposta a um réu deve refletir a enormidade da ofensa",[144] uma vez que "alguns erros são mais condenáveis do que outros".[145]

Posteriormente, em Abril de 2003, a Suprema Corte novamente se pronunciou sobre os parâmetros aplicáveis à indenização punitiva, afirmando que os seguintes fatores são indicativos da reprovabilidade da conduta:

> Nós instruimos as cortes a determinarem se a conduta do réu é repreensível considerando o seguinte: o dano causado foi físico e não econômico, o ato ofensivo evidencia indiferença ou desrepeito intencional à saúde e segurança de outros, a vítima é financeiramente vulnerável, a conduta envolve repetição de ações ou foi um incidente isolado e o dano foi resultado de dolo, fraude ou negligência ou mero acidente.[146]

Com a imposição de parâmetros e cada vez mais restrições em âmbito de legislação estadual, verifica-se que, apesar de sua fama, os *punitive damages* são verdadeira exceção, sendo aplicados em apenas 2% dos casos de responsabilidade civil julgados perante as cortes norte-americanas.[147] Ademais, como se

---

[143] BMW of North America, Inc. v. Gore (94-896), 517 U.S. 559 (1996). Disponível em <https://www.law.cornell.edu/supct/html/94-896.ZO.html>. Acesso em 13.10.2017.
[144] Tradução livre de: *"exemplary damages imposed on a defendant should reflect the enormity of his offense"*.
[145] Tradução livre de: *"some wrongs are more blameworthy than others"*.
[146] Tradução livre de: *"We have instructed courts to determine the reprehensibility of a defendant by considering whether: the harm caused was physical as opposed to economic; the tortious conduct evinced an indifference to or a reckless disregard of the health or safety of others; the target of the conduct had financial vulnerability; the conduct involved repeated actions or was an isolated incident; and the harm was the result of intentional malice, trickery, or deceit, or mere accident"* (State Farm Mut. Automobile Ins. Co. v. Campbell 538 U.S. 408 (2003). Disponível em: <https://supreme.justia.com/>. Acesso em: 13.10.2017).
[147] FEINMAN, Jay M. Law 101: *Everything You Need to Know About the American Legal System*. New York: Oxford University Press, 2000, p. 133 apud BODIN DE MORAES, Maria Celina. *Danos à pessoa humana*, cit., p. XXV.

viu, a aplicação do instituto é admitida apenas em hipóteses restritas, sendo certo que a sua cominação deve observar critérios prefixados.

4. A substituição da indenização com caráter punitivo por uma indenização punitiva

Não obstante a viva discussão doutrinária apresentada no item 1 acima, fato é que a utilização da função punitiva-pedagógica e de critérios a ela associados na quantificação da indenização por danos morais é uma realidade na jurisprudência brasileira. Não raro, inclusive, encontram-se julgados que se referem expressamente à teoria dos *punitive damages* para justificar o valor da indenização.[148]

Ocorre que, conforme se viu acima, em sua origem, o instituto dos *punitive damages* não consiste em um critério para a majoração do valor fixado a título de indenização, e sim em uma parcela indenizatória autônoma, que não se confunde com a indenização compensatória e que só deve ser aplicada em casos específicos.

Assim, o que a jurisprudência vem aplicando como se *punitive damages* fosse é algo totalmente diverso: trata-se de indenização com caráter punitivo. Ou seja, é a adoção de critérios ligados à noção de punição – como a reprovabilidade da conduta e a condição econômica do ofensor –, como parâmetros para justificar a majoração da indenização concedida por danos morais, muitas vezes de forma totalmente arbitrária.

Nesse sentido lecionam Martins-Costa e Pargendler:

> É preciso, pois, distinguir: uma coisa é arbitrar-se indenização pelo dano moral que, fundada em critérios de ponderação axiológica, tenha caráter compensatório à vítima, levando-se em consideração – para fixação do montante – a concreta posição da vítima, a espécie de prejuízo cause e, inclusive, a conveniência de dissuadir o ofensor, em certos casos, podendo mesmo ser uma indenização 'alta' (desde que guarde proporcionalidade axiologicamente estimada ao dano

---

[148] Apenas exemplificativamente, confira-se frase absolutamente comum em julgados: "o caso sub judice comporta aplicação da teoria dos *punitive damages* para, além de apenas reparar o sofrimento da vítima, garantir a credibilidade do sistema de responsabilização civil, atribuir ao ofensor uma espécie de reprimenda, por meio da qual seja possível inibir a prática de condutas semelhantes, tendo sempre em mira os princípios da razoabilidade e proporcionalidade" (TJRJ, Ap. Civ. 0004256-95.2014.8.19.0064, 24ª C.C., Rel. Des. Keyla Blank de Cnop, julg. 4.1.2016, pub. 5.1.2016).

causado), outra coisa é adotar-se a doutrina dos *punitive damages* que, passando ao largo da noção de compensação, significa efetivamente – e exclusivamente – a imposição de uma pena, com base na conduta altamente reprovável (dolosa ou gravemente culposa) do ofensor, como é próprio do direito punitivo.[149]

Logo, considerando que a função punitiva-pedagógica se tornou uma realidade na jurisprudência brasileira, faltando-lhe, porém, balizas claras e sendo objeto de duras críticas, é de se pensar se não seria o caso de substituí-la por uma indenização punitiva, a ser aplicada de forma semelhante ao que ocorre nos Estados Unidos, guardadas as peculiaridades de cada ordenamento.[150]

Com efeito, se a jurisprudência é firme ao afirmar a importância de punir o ofensor e coibir a repetição da conduta, tal função poderia ser mais bem alcançada mediante a condenação do ofensor ao pagamento de parcela autônoma que tenha claramente essa função, não se confundindo com a compensação pelo dano sofrido. Desse modo, seria possível isolar as duas funções, de modo que tanto o ofensor, quanto a vítima saibam a exata medida da compensação e da punição.

Assim o fez a 4ª Câmara de Direito Privado do Tribunal de Justiça de São Paulo nos autos de ação ajuizada por consumidor visando, para o que aqui interessa, a condenação de plano de saúde a ressarci-lo pelos custos incorridos com internação urgente decorrente de infarto de miocárdio – cuja cobertura havia sido indevidamente negada – e ao pagamento de indenização por danos morais.[151] Em sede de apelação, os julgadores majoraram a indenização por dano moral de R$ 5.000,00 (cinco mil reais) para R$ 50.000,00 (cinquenta mil reais). Mas não só isso: fixaram "indenização punitiva de cunho social que será revertida a uma das instituições de saúde mais atuantes, o que, quem sabe, irá servir para despertar a noção de cidadania da seguradora", no valor de R$ 1.000.000,00 (um milhão de reais).

Com fundamento na reprovabilidade e recorrência da prática, assim como no interesse público envolvido, os julgadores condenaram o plano de saúde ao pagamento de parcela separada, especificamente a título de indenização

---

[149] MARTINS-COSTA, Judith e PARGENDLER, Mariana Souza. Usos e abusos da função punitiva. *Revista CEJ*, n. 28, p. 23.

[150] É o que sustenta Pedro Ricardo e Serpa em dissertação de mestrado dedicada ao tema: SERPA, Pedro Ricardo e. *Indenização Punitiva*. Dissertação de Mestrado em Direito pela Faculdade de Direito Largo de São Francisco da Universidade de São Paulo (USP), 2011.

[151] TJSP, Ap. Civ. 0027158-41.2010.8.26.0564, 4ª C.D.Priv. Rel Des. Teixeira Leite, julg. 18.7.2013, pub. 19.7.2013.

punitiva, a ser paga ao Hospital das Clinicas de São Paulo, o qual não tinha qualquer relação com a disputa ou com a vítima.

Apesar de se tratar de solução interessante no que tange à clara separação da parcela indenizatória e da parcela punitiva da condenação, é preciso ressalvar a ausência de previsão legal que autorize a imposição de pena privada ao ofensor em casos como esse.

Com efeito, para que isso fosse admissível, seria necessária expressa previsão legal, uma vez que, apesar de denominado indenização punitiva, o instituto tem natureza mais próxima da sanção privada do que da indenização propriamente dita, não se destinando a compensar o dano sofrido. Assim, em se tratando de pena privada, conforme leciona Maria Celina Bodin de Moraes, a ausência de previsão legal implica a ausência de garantias para o réu, o qual desconhece os requisitos e parâmetros que serão aplicáveis na fixação de sua punição.[152]

Nesse sentido, em tese dedicada ao tema, Serpa propõe uma alteração legislativa na redação do artigo 944 do Código Civil – vale refletir se esse realmente o ponto mais apropriado, tendo em vista a natureza punitiva da verba –, incluindo-se um parágrafo que preveja a possibilidade de imposição de um valor adicional a título de indenização punitiva "nos casos em que, do ato ilícito cometido com dolo ou culpa grave, resultar dano extrapatrimonial, ou do qual o ofensor extrair benefícios econômicos para si ou para outrem".[153]

Bodin de Moraes também admite essa possibilidade, ressalvando que as hipóteses de aplicabilidade devem ser excepcionais e expressamente previstas em lei:

> Assim, *e.g.*, é de admitir-se, como exceção, uma figura semelhante àquela dos *punitive damages*, em sua função de exemplaridade, quando for imperioso dar uma resposta à sociedade, tratando-se, por exemplo, de conduta particularmente ultrajante, ou insultuosa, em relação à consciência coletiva, ou, ainda, quando se der o caso, não incomum, de prática danosa reiterada.[154]

A delimitação legal das hipóteses de aplicabilidade, aliada à determinação de parâmetros para sua quantificação, parece ser o melhor caminho para a devida introdução da indenização punitiva no ordenamento pátrio, de modo

---

[152] BODIN DE MORAES, Maria Celina. *Punitive damages* em sistemas civilistas: problemas e perspectivas. cit., p. 74.
[153] SERPA, Pedro Ricardo e. *Indenização Punitiva*, cit., p. 358.
[154] BODIN DE MORAES, Maria Celina. *Danos à pessoa humana*, cit., p. XXVI.

a evitar a proliferação do que deveria atuar como uma exceção, como vem ocorrendo atualmente.

Ademais, ambos autores concordam que tal parcela autônoma não deveria ser destinada à vítima – já que não tem caráter compensatório – mas a um fundo específico, beneficiando a sociedade como um todo. Nessa linha, menciona-se o fundo criado pela Lei n.° 7.347/1985,[155] cujos recursos são destinados à reconstituição dos bens lesados.[156]

Trata-se de uma alternativa viável para, de um lado, saciar o que parece ser um interesse social na punição do ofensor em casos efetivamente graves e excepcionais, e de outro, isolar a verba indenizatória apenas como forma de compensação da vítima, que é a sua função primordial.

5. Conclusão

Em suma, considerando que o reconhecimento da função punitiva da indenização continua a ganhar força na jurisprudência, faz-se essencial estudar a aplicação e evolução dos *punitive damages* nos Estados Unidos, de onde se retirou a inspiração para a punição do ofensor através de indenização. Ocorre que, naquele país, o instituto é utilizado de forma inteiramente diversa, sendo aplicável apenas em casos excepcionais e como uma parcela autônoma à indenização compensatória.

Em vista da controvertida aplicação da função punitiva da indenização pela jurisprudência e que, no entanto, esse parece ser um caminho sem volta, é papel da doutrina analisar as potencialidades para transformação e evolução do instituto no ordenamento pátrio. Assim, surge a possibilidade de substituir-se a indenização com função punitiva por uma indenização punitiva, que, positivada em expressa previsão legal e regulamentação específica, será aplicável em hipóteses excepcionais, de modo a punir o ofensor nas situações em

---

[155] Dispõe a Lei n. 7.347/1985: "Art. 13. Havendo condenação em dinheiro, a indenização pelo dano causado reverterá a um fundo gerido por um Conselho Federal ou por Conselhos Estaduais de que participarão necessariamente o Ministério Público e representantes da comunidade, sendo seus recursos destinados à reconstituição dos bens lesados".

[156] Vale registrar que em casos em que há condenação do ofensor ao pagamento de indenização por dano moral coletivo, revertendo-se o valor ao fundo acima referido, é extremamente comum que o julgador se refira ao caráter punitivo da condenação. Confira-se, a tque em casos em que há TJDF, Ap. Civ. 20110112141532, 2ª T.C., Rel. Des. João Egmont, julg. 10.6.2015, pub. 25.6.2015; TJRS, Rec. Ord. 71001281104, 2ª T.R.C., Rel. Des. Eduardo Kraemer, julg. 25.4.2007, pub. 14.5.2007.

que tal punição seja efetivamente digna de tutela. Dessa forma, relega-se a indenização à sua real função de compensação do dano sofrido pela vítima e possibilita-se que tanto a vítima quanto o ofensor conheçam a exata medida de sua compensação e sua punição.

6. Referências

ANDRADE, André Gustavo Correa de. *Dano moral e indenização punitiva: os punitive damages* na experiência do *common law* e na perspectiva do direito brasileiro. Rio de Janeiro: Forense, 2009.

BODIN DE MORAES, Maria Celina. *Danos à pessoa humana*: uma leitura civil-constitucional dos danos morais. Rio de Janeiro: Renovar, 2003.

____. *Danos à pessoa humana*: uma leitura civil-constitucional dos danos morais. 2. ed. Rio de Janeiro: Processo, 2017.

____. A constitucionalização do direito civil e seus efeitos sobre a responsabilidade civil. *Direito, Estado e Sociedade*, vol. 9, n. 29. Rio de Janeiro: PUC-Rio.

____. *Punitive damages* em sistemas civilistas: problemas e perspectivas. *Revista Trimestral de Direito Civil*, vol. 18. Rio de Janeiro: Padma, abr.-jun./2004.

CARVALHO. Luis Fernando de Lima. *As funções da responsabilidade civil. As indenizações pecuniárias e a adoção de outros meios reparatórios*. Tese de Doutorado em Direito pela Pontifícia Universidade de São Paulo (PUC-SP), 2013.

CAVALIERI FILHO, Sergio. *Programa de responsabilidade civil*. 6. ed. São Paulo: Malheiros Editores, 2006.

FARIAS, Christiano Chaves de; BRAGA NETTO, Felipe Peixoto; ROSENVALD, Nelson. *Novo tratado de responsabilidade civil*. São Paulo: Atlas, 2015.

GARNER, Bryan A. *Black's Law Dictionary*. 9. ed. St. Paul, Minnesota: West Group, 2009.

GILISSEN, John. *Introdução histórica ao direito*. 3. ed. Lisboa: Fundação Calouste Gulbenkian, 2001.

GOMES, Orlando. Tendências modernas na teoria da responsabilidade civil. In: FRANCESCO, José Roberto Pacheco Di (Org.). *Estudos em homenagem ao professor Silvio Rodrigues*. São Paulo: Saraiva, 1989, pp. 279-302.

LEVY, Daniel de Andrade. Uma visão cultural dos punitive damages. *Revista de Direito Privado*, vol. 45. São Paulo: Revista dos Tribunais, 2011.

MARTINS-COSTA, Judith e PARGENDLER, Mariana Souza. Usos e abusos da função punitiva. *Revista CEJ*, n. 28. Brasília: jan.-mar./2005.

MAZEAUD, Henri *et al. Leçons de droit civil*, t. II, 1er vol. 9. ed. Paris: Montchrestien, 1998. p. 370.

MONTEIRO FILHO, Carlos Edison do Rêgo. *Elementos de responsabilidade civil por dano moral*. Rio de Janeiro: Renovar, 2000.

OWEN, David G. A Punitive Damages Overview: Functions, Problems and Reform. *Villanova Law Review*. Radnor Township, vol. 39, 1994.

PEREIRA, Caio Mário da Silva. *Instituições de direito civil*, vol. I. 25. ed. Rio de Janeiro: Forense, 2009.

RODRIGUES, Francisco Luciano Lima; VERAS, Gésio de Lima. Dimensão funcional do dano moral no direito civil contemporâneo. *Civilistica.com*. Rio de Janeiro, a. 4, n. 2, 2015.

SCHREIBER, Anderson. *Novos paradigmas da responsabilidade civil*: da erosão dos filtros da reparação à diluição dos danos. São Paulo: Atlas, 2015.

SERPA, Pedro Ricardo e. *Indenização punitiva*. Dissertação de Mestrado em Direito pela Faculdade de Direito Largo de São Francisco da Universidade de São Paulo (USP), 2011.

SILVA, Rafael Pettefi da e WALKER, Mark Pickersgill. *Punitive damages*: características do instituto nos Estados Unidos da América e transplante do modelo estrangeiro pela jurisprudência brasileira do Tribunal de Justiça de Santa Catarina. *Sequência*, n. 74. Florianópolis: dez./2016.

19. Cláusulas Limitativas ou Excludentes do Dever de Restituir: Estudo a Partir da Releitura Funcional dos Efeitos da Resolução

Rodrigo da Guia Silva
Doutorando e mestre em Direito Civil pela Universidade do Estado do Rio de Janeiro (UERJ). Professor dos cursos de pós-graduação lato sensu da Pontifícia Universidade Católica do Rio de Janeiro (PUC-Rio), da Escola da Magistratura do Estado do Rio de Janeiro (EMERJ) e do Centro de Estudos e Pesquisas no Ensino do Direito da UERJ. Membro do Instituto Brasileiro de Direito Civil (IBDCivil) e do Comitê Brasileiro da Association Henri Capitant des Amis de la Culture Juridique Française (AHC-Brasil). Advogado.

1. Introdução: a qualificação funcional das obrigações restitutórias no direito civil

A análise funcional das categorias de obrigações tratadas pelo direito brasileiro parece tornar possível a sua sistematização em torno de três principais regimes (negocial, indenizatório e restitutório),[1] vinculados às respectivas fontes imediatas – negócio jurídico, dano injusto e enriquecimento sem causa.[2]

---

[1] Para um maior desenvolvimento da proposição teórica de revisitação da doutrina tradicional das fontes das obrigações à luz do reconhecimento dos regimes jurídico-obrigacionais gerais, seja consentido remeter a SILVA, Rodrigo da Guia. *Enriquecimento sem causa*: as obrigações restitutórias no direito civil. São Paulo: Thomson Reuters, 2018, item 1.2.

[2] Assim conclui Eduardo Espínola: "O direito contemporâneo, por força das divergências legislativas, reconhece que o enriquecimento sem causa é uma fonte de obrigações, ao lado da declaração da vontade e do ato ilícito, obedecendo a um princípio geral, com requisitos característicos, sem prejuízo de algumas disposições especiais referentes a casos determinados" (ESPÍNOLA, Eduardo. *Garantia e extinção das obrigações*: obrigações solidárias e indivisíveis. Atual. Francisco José Galvão Bruno. Campinas: Bookseller, 2005, pp. 75-77).

A proposta de sistematização ora empreendida permite concluir que a identificação do regime jurídico regente de certa relação obrigacional (sem prejuízo, por certo, à consideração global do ordenamento jurídico) depende da vinculação funcional da específica hipótese de obrigação aos regimes fundamentais consagrados pelo direito brasileiro – os regimes negocial, indenizatório e restitutório. De fato, em matéria obrigacional, o interesse do credor[3] – a ser tutelado de acordo com o respectivo regime jurídico – parece passível de recondução, a depender da hipótese fática que originou a obrigação, à realização das expectativas nascidas de compromissos assumidos, à reparação dos danos causados ou à reversão de transferências patrimoniais injustificadas.[4]

A análise funcional das categorias de obrigações tratadas pelo diploma brasileiro parece tornar possível, então, a sua sistematização em torno de três principais regimes jurídico-obrigacionais (negocial, indenizatório e restitutório), vinculados às respectivas fontes imediatas.[5] Reconhece-se, assim, uma tripartição funcional das obrigações, podendo-se apartar as funções *executória* (de um negócio celebrado), *indenizatória* (de um prejuízo sofrido) e *restitutória* (de um enriquecimento auferido).[6] Destaque-se, nesse sentido, que a vedação

---

[3] Faz-se menção às figuras do *credor* e do *devedor* em razão da consagração do seu uso na práxis nacional, sem qualquer prejuízo à premissa metodológica de que toda relação jurídica (inclusive a obrigacional) consiste, do ponto de vista subjetivo, em uma ligação entre centros de interesse (nesse sentido, v., por todos, PERLINGIERI, Pietro. *O direito civil na legalidade constitucional*. Trad. Maria Cristina De Cicco. Rio de Janeiro: Renovar, 2008, pp. 734 e ss.), e igualmente sem prejuízo à premissa metodológica de que a complexidade da relação obrigacional aponta para a multiplicidade de situações jurídicas subjetivas ativas e passivas atreladas a cada um dos centros de interesse (nesse sentido, v., por todos, LARENZ, Karl. *Derecho de obligaciones*, t. I. Trad. Jaime Santos Briz. Madrid: Editorial Revista de Derecho Privado, 1958, p. 37). Para uma análise mais detida dos influxos dessas premissas metodológicas na compreensão do fenômeno obrigacional, seja consentido remeter a SILVA, Rodrigo da Guia. Novas perspectivas da exceção de contrato não cumprido: repercussões da boa-fé objetiva sobre o sinalagma contratual. *Revista de Direito Privado*, a. 18, v. 78. São Paulo: Revista dos Tribunais, jun./2017, pp. 48 e ss.

[4] Nesse sentido, v. NORONHA, Fernando. *Direito das obrigações*. 4. ed. São Paulo: Saraiva, 2013, p. 440.

[5] Assim conclui Eduardo Espínola: "O direito contemporâneo, por força das divergências legislativas, reconhece que o enriquecimento sem causa é uma fonte de obrigações, ao lado da declaração da vontade e do ato ilícito, obedecendo a um princípio geral, com requisitos característicos, sem prejuízo de algumas disposições especiais referentes a casos determinados" (ESPÍNOLA, Eduardo. *Garantia e extinção das obrigações*, cit., pp. 75-77).

[6] Assim conclui Fernando Noronha: "Falar na diversidade de funções que desempenham as obrigações que acabamos de caracterizar como autônomas, é o mesmo que nos reportarmos à diversidade de interesses que são prosseguidos em cada uma delas. Assim, a tripartição entre obrigações negociais, de responsabilidade civil e de enriquecimento sem causa constitui a divisão fundamental das obrigações, do ponto de vista dos interesses tutelados" (NORONHA, Fernando. *Direito das*

ao enriquecimento sem causa assume papel autônomo como fonte de obrigações, não se confundindo, absolutamente, com a responsabilidade civil.[7] Consagra-se, assim, o reconhecimento da vedação ao enriquecimento sem causa como fonte (autônoma) das obrigações restitutórias que não remetam ao cumprimento de obrigação negocial.[8] Esta última ressalva faz-se de acentuada

---

obrigações, cit., p. 439). Pertinente, na mesma linha de sentido, a conclusão de Bruno Miragem ao comentar a pretensão de *repetição do indébito*: "Uma distinção fundamental no exame da repetição de indébito, diz respeito à natureza da pretensão que a caracteriza em relação à pretensão indenizatória. Quando se fala em indenização tem-se pretensão de reparação de danos, ou seja, do prejuízo causado ou dos lucros cessantes que atingem o patrimônio da vítima, e cujo dever de ressarcir é imputado a alguém. Na repetição de indébito, o que se tem é pretensão de restituição, ou seja, que alguém devolva bem ou quantia que está consigo, embora pertença ao patrimônio de outra pessoa" (MIRAGEM, Bruno. Pretensão de repetição de indébito do consumidor e sua inserção nas categorias gerais do direito privado: comentário à Súmula 322 do STJ. *Revista de Direito do Consumidor*, vol. 79. São Paulo: Revista dos Tribunais, jul.-set./2011, p. 385).

[7] "Além dessa face principiológica, o enriquecimento sem causa também se apresenta como uma fonte de obrigações, mais especificamente, fonte de uma obrigação de restituir aquilo que foi indevidamente objeto de locupletamento. Se antes tal obrigação de restituir era justificada apenas em situações específicas (como no caso de pagamento indevido), agora, este segundo aspecto encontra-se regulamentado de maneira abrangente pelos arts. 884 a 886 do Código Civil: o instituto do enriquecimento sem causa" (KONDER, Carlos Nelson. Enriquecimento sem causa e pagamento indevido. In: TEPEDINO, Gustavo (Coord.). *Obrigações*: estudos na perspectiva civil-constitucional. Rio de Janeiro: Renovar, 2005, p. 369). Pertinente, a propósito, o relato histórico de Luís Manuel Teles de Menezes Leitão: "O movimento do *usus modernus* na Alemanha admitiu, por isso, não apenas a tutela do enriquecimento sem causa com base nas *condictiones* para as atribuições directas, mas também a da *actio de in rem verso* para as atribuições indirectas. Faltou-lhe, assim, dar o passo que representaria a criação de uma acção genérica destinada expressamente a reprimir o enriquecimento sem causa, entendido como fonte autônoma de obrigações. Esse passo, no entanto, tinha sido dado na Holanda por Hugo Grotius [...], justamente considerado o fundador da escola do jusracionalismo, que aparece assim como o primeiro autor na História do Direito a conceber o enriquecimento sem causa como fonte de obrigações, fonte essa que poderia figurar a par do contrato e do delito" (LEITÃO, Luís Manuel Teles de Menezes. *O enriquecimento sem causa no direito civil*: estudo dogmático sobre a viabilidade da configuração unitária do instituto, face à contraposição entre as diferentes categorias de enriquecimento sem causa. Lisboa: Centro de Estudos Fiscais, 1996, pp. 256-257). Para um relato da formulação teórica de Hugo Grócio, v., ainda, BELLING, Detlev W. European Trends in the Law on Unjustified Enrichment – from the German Perspective. *Korea University Law Review*, vol. 13, 2013, pp. 47-48; GRANDON, Javier Barrientos. La *actio de in rem verso* en la literatura jurídica francesa. De Pothier a l'Arrêt Boudier. *Revista de Historia del Derecho Privado*, n. III, 2000, pp. 63-71; e BIAZI, Chiara Antonia Sofia Mafrica. A importância de Hugo Grócio para o Direito. *Cadernos do Programa de Pós-Graduação em Direito PPGDir./UFRGS*, vol. XI, n. 2, 2016, p. 399.

[8] "Compreende-se, de toda sorte, que o enriquecimento sem causa é fonte autônoma de obrigações [...], figurando ao lado dos negócios jurídicos, especialmente os contratos, e da responsabilidade civil, subjetiva (ato ilícito) ou objetiva, como é indicado também em doutrina nacional" (TEPEDINO, Gustavo; BARBOZA, Heloisa Helena; BODIN DE MORAES, Maria Celina *et alii*. *Código Civil*

importância por ser plenamente possível que um negócio jurídico preveja certas obrigações, por assim dizer, de restituir – mais usualmente referidas como obrigações de *restituir (ou devolver) coisa certa*.[9] A restituição relevante ao presente estudo, diversamente, é aquela funcionalmente direcionada, não à promoção de um interesse contratualmente ajustado, mas sim à recomposição de um patrimônio injustificadamente beneficiado.

No que tange às duas fontes das obrigações que mais diretamente interessam ao presente estudo, pode-se notar que a responsabilidade civil e a vedação ao enriquecimento sem causa ostentam certa similitude do ponto de vista estrutural. Tal similitude se depreende da circunstância de que ambos os institutos visam, em alguma medida, à restauração do equilíbrio patrimonial originário – ou, na hipótese específica dos danos morais, à compensação pecuniária da vítima.[10] Assim como o abalo no patrimônio da vítima pode deflagrar

---

interpretado conforma a Constituição da República, vol. II. 2. ed. Rio de Janeiro: Renovar, 2012, p. 754).

[9] Elucida-se o conceito das obrigações negociais de restituir coisa certa. "Entre as obrigações de dar coisas conumera-se a de restituir. Em razão de diferenciar-se da simples obrigação de dar, porque o que se dá, nessa hipótese, é de propriedade do credor, distinguiu-as nosso Código Civil, de maneira mais analítica, nessa parte, do que o Código Germânico. A distinção impõe-se, porque o tratamento das obrigações de restituir está sob o comando de regras diversas em certos aspectos, das de dar. De modo geral, trata-se de restituir a posse e não a propriedade. Em alguns casos referentes a bens fungíveis e consumíveis, a restituição, porém, por não se operar no 'idem corpus', mas no 'tantundem', no equivalente, torna-se idêntica à obrigação de dar. É o problema do dinheiro, de coisa móvel e consumível, por excelência, que pode, por vezes, alterar o tratamento jurídico" (SILVA, Clóvis Veríssimo do Couto e. *A obrigação como processo*. São Paulo: Bushatsky, 1976, p. 153). A partir de tal percepção, Aline de Miranda Valverde Terra diferencia a obrigação de restituição do equivalente na hipótese de resolução contratual da obrigação convencional de restituir coisa certa: "Note-se que a conversão no equivalente pecuniário independe de a restituição *in natura* ter se impossibilitado com ou sem culpa do devedor. Não se aplicam à hipótese os artigos 238 e 239 do Código Civil, relativos à perda da coisa objeto da obrigação de restituir, dado que de dívida de restituição não se trata, e sim de restituição imposta pela desconstituição da obrigação contratada [...]" (TERRA, Aline de Miranda Valverde. *Cláusula resolutiva expressa*. Belo Horizonte: Fórum, 2017, p. 189).

[10] Afirma-se que "[...] a função específica do enriquecimento sem causa é diversa daquela inerente à responsabilidade civil. Contudo, não há como negar certa similitude na estrutura e entre as respectivas funções genéricas destes dois institutos do direito civil brasileiro. Ambos visam repor um equilíbrio que se rompeu e, neste sentido, aproximam-se por estarem ligados pela ideia geral de 'reparação', aqui referida em sentido amplo" (SAVI, Sérgio. *Responsabilidade civil e enriquecimento sem causa*: o lucro da intervenção. São Paulo: Atlas, 2012, p. 50). O autor afirma que "[A] semelhante função genérica de ambos os institutos acaba gerando uma confusão pragmática" (Ibid., p. 52). Gisela Sampaio da Cruz Guedes afirma que, "[...] por mais paradoxal que possa parecer, é preciso reconhecer, ainda que minimamente, certa similitude funcional entre a responsabilidade civil e a disciplina do enriquecimento sem causa, além de alguma semelhança de estrutura" (GUEDES, Gisela Sampaio da Cruz. *Lucros cessantes*: do bom-senso ao postulado normativo da razoabilidade. São Paulo: Revista dos Tribunais, 2011, p. 207).

o dever de indenizar, o incremento patrimonial injustificado de uma pessoa tem o condão de ensejar a obrigação de restituir. Em ambas as hipóteses, o ordenamento jurídico parece buscar promover a restauração do equilíbrio patrimonial anterior à ocorrência do fato causador da variação não tolerada.[11]

Identifica-se, a propósito da referida similitude estrutural, uma identidade do que se convencionou denominar *função genérica dos institutos*, possível origem da invocação indiscriminada que os tribunais pátrios promovem ao invocar a vedação ao enriquecimento sem causa como suposto limite à definição do *quantum debeatur* da compensação dos danos morais.[12] Uma vez que ambos lidam diretamente com a preocupação em preservar a distribuição das riquezas, afirma-se que seria possível associá-los a essa mesma "função genérica".[13] Ressalvada a possível confusão terminológica que tal enunciação pode gerar – uma equivocada impressão sobre a existência de alguma similitude funcional –, o que não se pode perder de vista é a efetiva relevância da análise funcional dos institutos consiste na identificação da denominada

---

[11] Em estudo comparatista dos sistemas jurídicos inglês, alemão e italiano, afirma-se: "Compensação e restituição promovem resultados diferentes, mas o mecanismo de operação é o mesmo em ambas as respostas: após a compensação, a vítima deve estar em uma posição de indiferença em relação às situações anterior e posterior ao ilícito. Após a restituição, o malfeitor deve estar em uma posição de indiferença em relação às suas situações pré-ilícito e pós-restituição" (GIGLIO, Francesco. *The Foundations of Restitution for Wrongs*. Oxford: Hart Publishing, 2007, p. 34. Tradução livre).

[12] Faz-se menção a uma *invocação indiscriminada* para ressaltar que, em realidade, para a adequada delimitação do *quantum* indenizatório basta o emprego dos critérios próprios da responsabilidade civil. Nesse contexto, afirmar que a imposição de uma compensação superior ao dano viola a vedação ao enriquecimento sem causa potencialmente findaria por traduzir duas ordens de equívoco: a uma, porque a decisão judicial configura, em tese, *causa* justificadora do enriquecimento, razão pela qual talvez não se justificasse a alusão a um enriquecimento *sem causa*; a duas, porque uma alusão tão genérica não faz mais do que aludir à noção geral de *suum cuique tribuere*, sem qualquer correspondência com a configuração dogmática das obrigações restitutórias do enriquecimento sem causa. Sem prejuízo a tais considerações, para uma análise da referida tendência jurisprudencial, v. DIAS, Eduardo Rocha; FORTES, Gabriel Barroso. Responsabilidade civil, danos extrapatrimoniais e enriquecimento ilícito nas relações de consumo: uma análise crítica da jurisprudência do STJ. *Revista de Direito do Consumidor*, vol. 104. São Paulo: Revista dos Tribunais, mar.-abr./2016, *passim*.

[13] Em que pese a similitude em referência à denominada *função genérica* dos institutos, reconhece-se haver nítida distinção no tocante à dita *função específica*: "Ao contrário do que ocorre na responsabilidade civil, o enriquecimento sem causa tem por função específica remover o enriquecimento; a remoção do dano é que, neste caso, é indireta e eventual" (SAVI, Sérgio. *Responsabilidade civil e enriquecimento sem causa*, cit., p. 54). Em sentido semelhante, v. GUEDES, Gisela Sampaio da Cruz. *Lucros cessantes*, cit., pp. 224-225; e NORONHA, Fernando. Enriquecimento sem causa. *Revista de Direito Civil, Imobiliário, Agrário e Empresarial*, vol. 56, abr.-jun./1991, item 2.2.

"função específica" (passível de referência simplesmente como "função") de cada um deles.[14]

Somente a análise funcional dos institutos parece possibilitar, então, a delimitação das suas fronteiras dogmáticas, de modo a revelar que a sua similitude estrutural não tem o condão de extirpar a distinção funcional que lhes acompanha desde a gênese.[15] Tal distinção funcional pode ser traduzida, em termos sintéticos, por uma diferença de foco.[16] De uma parte, a vedação ao enriquecimento sem causa visa à restauração do patrimônio da pessoa ao estado em que se encontraria acaso não ocorrido o fato gerador do enriquecimento injustificado.[17] Pouco importa, para a determinação da obrigação de restituir, o estado anímico do enriquecido ou mesmo a ilicitude do fato gerador do enriquecimento.[18] De outra parte, a responsabilidade civil, outrora

---

[14] "Se pode dizer-se que é esta – a de operar uma tal redistribuição da riqueza – a função genérica dos dois institutos, a verdade, porém, é que há entre ambos profundas e inegáveis diferenças, a revelarem a distinta intenção ou função específica de um e outro" (COELHO, Francisco Manuel Pereira. *O enriquecimento e o dano*. Coimbra: Almedina, 1970, p. 22).

[15] Ao analisar o cenário jurídico posterior à Constituição de 1988 e anterior ao Código Civil de 2002, Judith Martins-Costa alude à existência de "[...] confusões doutrinárias e jurisprudenciais entre o princípio (implícito) da reparação integral e o (na época também implícito) do *restitutio in integrum*, que pertence, todavia, ao enriquecimento sem causa, instituto que tem plena autonomia relativamente à responsabilidade civil, reportando-se a fonte obrigacional diversa daquela que leva ao dever de indenizar – num caso, o dano injusto, noutro, o trespasse patrimonial destituído de causa" (MARTINS-COSTA, Judith. Prefácio a SANSEVERINO, Paulo de Tarso Vieira. *Princípio da reparação integral*: indenização no Código Civil. São Paulo: Saraiva, 2010, p. 9). Também a destacar a distinção entre a responsabilidade civil e o enriquecimento sem causa, v., na doutrina espanhola, a lição de LAGOS, Rafael Núñez. *El enriquecimiento sin causa en el derecho español*. Madrid: Reus, 1934, pp. 7-9.

[16] Nesse sentido, v. TERRA, Aline de Miranda Valverde; GUEDES, Gisela Sampaio da Cruz. Considerações acerca da exclusão do lucro ilícito do patrimônio do agente ofensor. *Revista da Faculdade de Direito da UERJ*, n. 28. Rio de Janeiro: UERJ, dez./2015, pp. 21-22.

[17] Sobre a distinção funcional entre responsabilidade civil e vedação ao enriquecimento sem causa, Gisela Sampaio da Cruz Guedes afirma: "O foco da responsabilidade é a situação do lesado (e não a do ofensor) e a sua principal função é eliminar os prejuízos que lhe foram causados, seja na modalidade de dano emergente, seja na forma de lucro cessante, ao passo que o enriquecimento sem causa (e o ilícito) têm por escopo aniquilar um acréscimo, indevidamente injustificado, do qual o ofensor se beneficiou. É por isso que a doutrina tradicional ressalta que a responsabilidade civil e o enriquecimento sem causa estão sujeitos a princípios fundamentalmente diversos" (GUEDES, Gisela Sampaio da Cruz. *Lucros cessantes*, cit., pp. 203-204). Em sentido semelhante, v., na doutrina brasileira, NANNI, Giovanni Ettore. *Enriquecimento sem causa*. 2. ed. São Paulo: Saraiva, 2010, pp. 216-218; e MIRAGEM, Bruno. *Direito civil*: direito das obrigações. São Paulo: Saraiva, 2017, pp. 116-117; e, no direito português, CORDEIRO, António Menezes. *Tratado de direito civil português*, vol. II, t. III. Coimbra: Almedina, 2010, p. 208.

[18] Júlio Manuel Vieira Gomes esclarece que, diversamente da responsabilidade civil, "[...] a obrigação de restituir o que se obteve injustificadamente não depende de um comportamento culposo

focada na pessoa do agente que perpetrava um ato ilícito, hoje se encontra voltada precipuamente à tutela da vítima do dano injusto.[19] Expressão maior de tal preocupação é a determinação, contida no *caput* do art. 944 do Código Civil, de que "[A] indenização mede-se pela extensão do dano".

Relevante exemplo da repercussão prática das considerações aventadas acerca qualificação funcional das obrigações restitutórias no direito civil – com particular destaque para a distinção funcional entre a responsabilidade civil e a vedação ao enriquecimento sem causa – diz respeito à definição do âmbito de incidência das cláusulas excludentes ou limitativas do dever de indenizar. Sem qualquer pretensão de tratamento analítico do regime jurídico aplicável a referidas cláusulas – a variar de acordo com critérios tais como a extensão da limitação, a natureza paritária ou não da relação contratual, a essencialidade ou não da prestação envolvida –,[20] interessa diretamente ao

ou sequer de um comportamento ilícito do enriquecido – em rigor, não é mesmo necessário que tenha havido qualquer conduta do enriquecido, podendo este ter obtido algo à custa alheia em virtude de um comportamento da própria pessoa que vem agora exigir a restituição" (GOMES, Júlio Manuel Vieira. *O conceito de enriquecimento, o enriquecimento forçado e os vários paradigmas do enriquecimento sem causa*. Porto: Universidade Católica Portuguesa, 1998, p. 223). Semelhante conclusão já fora alcançada na doutrina brasileira do século passado: "[...] pode haver o locupletamento embora o locupletador permaneça em atitude puramente passiva, sem o ter desejado ou previsto. Logo, não é possível subordinar a ação de *in rem verso* aos princípios da responsabilidade civil, nem equipará-la à ação de perdas e danos" (SANTOS, J. M. de Carvalho. *Código Civil brasileiro interpretado principalmente no ponto de vista prático*, vol. XII. 3. ed. Rio de Janeiro: Freitas Bastos, 1945, p. 381).

[19] "A constitucionalização do direito dos danos impôs, como se viu, a releitura da própria função primordial da responsabilidade civil. O foco que tradicionalmente recaía sobre a pessoa do causador do dano, que por seu ato reprovável deveria ser punido, deslocou-se no sentido da tutela especial garantida à vítima do dano injusto, que merece ser reparada. A punição do agente pelo dano causado, preocupação pertinente ao direito penal, perde a importância no âmbito cível para a reparação da vítima pelos danos sofridos" (BODIN DE MORAES, Maria Celina. A constitucionalização do direito civil e seus efeitos sobre a responsabilidade civil. *Na medida da pessoa humana*: estudos de direito civil-constitucional. Rio de Janeiro: Renovar, 2010, p. 331).

[20] Sintetiza Aguiar Dias: "São as cláusulas de não indenizar, portanto, sempre válidas, desde que não ofendam a ordem pública e os bons costumes. Como dissemos, não há novidade alguma, nem exigência especial com relação a elas, para terem eficácia. As condições em que se consideram estipulações lícitas são exigidas para qualquer contrato ou ato jurídico: capacidade das partes, objeto lícito, forma prescrita em lei, requisitos de solenidade, consentimento ou acordo de vontades. A cláusula de responsabilidade exige que o autor e a vítima do dano sejam determinados ou determináveis. Como estipulação, que é, sobre reparação do dano futuro, obviamente, só pode ser concertada entre os que incluam essa possibilidade no desenvolvimento de suas relações. É sempre de prever a probabilidade de causarmos dano a outrem, de forma de criar obrigação de reparar e, consequentemente, cabe sempre, em princípio, convenção exonerativa desses efeitos perante cada individualidade jurídica. Seriam, entretanto, incalculáveis as dificuldades práticas opostas a tal pretensão, por ser obra do acaso a escolha da vítima do dano causado pela nossa atividade, de forma que a determinação, na prática, se

presente estudo a diferenciação da natureza das pretensões titularizadas pelo credor que, vitimado pelo inadimplemento absoluto, promove a resolução contratual.

2. Apontamentos iniciais sobre os denominados "efeitos da resolução"

Tradicionalmente se afirma que a resolução do vínculo contratual opera efeitos de variadas ordens, a coincidir com as fontes (ou regimes) gerais de obrigações. Faz-se referência, assim, aos denominados efeitos liberatório, ressarcitório (ou indenizatório) e restitutório.[21] Tais efeitos se vinculam, respectivamente, aos regimes do negócio jurídico, da responsabilidade civil e da vedação ao

---

restringe aos que entram conosco em relações firmadas em vínculo de direito ou em situação de fato especial. Das noções já expostas, é possível limitar o campo de incidência da cláusula de irresponsabilidade, por exclusão das figuras jurídicas que a ela não podem ser assimiladas: *a)* as declarações de irresponsabilidade não aceitas pelo credor eventual da obrigação de reparar; *b)* as convenções de substituições do responsável por um terceiro, que lhe assume o encargo de reparação, como o seguro de responsabilidade e cláusulas congêneres, em que há somente transferência e não supressão do ônus de compor o dano; *c)* as convenções relativas à extensão das obrigações, como a cláusula pela qual o preponente, pondo o preposto à disposição da pessoa com quem contrata, declara não se responsabilizar pelos atos daquele, praticados fora da esfera de sua autoridade; *d)* a estipulação pela qual o contratante reconhece, em virtude dos característicos da coisa, que o dano eventual será considerado resultante dessas condições especiais, como sucede nos boletins de transporte" (DIAS, José de Aguiar. *Cláusula de não-indenizar: chamada cláusula de irresponsabilidade*. 3. ed. Rio de Janeiro: Forense, 1976, pp. 43-44). Para uma análise da compatibilidade das cláusulas limitativas ou excludentes do dever de indenizar ao direito brasileiro e português, v., por todos, respectivamente, PERES, Fábio Henrique. *Cláusulas contratuais excludentes e limitativas do dever de indenizar*. São Paulo: Quartier Latin, 2009, *passim*; e MONTEIRO, António Pinto. *Cláusulas limitativas e de exclusão de responsabilidade civil*. 2. reimpr. Coimbra: Almedina, 2011, *passim*.

[21] Aline de Miranda Valverde Terra sintetiza os denominados efeitos da resolução contratual: "A resolução ostenta, dessa forma, eficácia liberatória das obrigações não executadas, dispensando as partes de prestá-las; eficácia recuperatória, a permitir que os contratantes recuperem tudo o que eventualmente houverem prestado; e eficácia ressarcitória, conferindo ao credor a possibilidade de pleitear as perdas e danos cabíveis. Há, a um só tempo, a extinção das obrigações prestacionais e o nascimento de outras obrigações – de restituir e de ressarcir –, sem prejuízo da incidência de deveres de conduta impostos pela boa-fé objetiva, imperativos durante todo o desenvolvimento da relação contratual e, não raro, inclusive após a sua extinção" (TERRA, Aline de Miranda Valverde. *Cláusula resolutiva expressa*, cit., p. 179). A autora ressalva: "Na realidade, a coincidência entre o efeito extintivo das obrigações preexistentes e o efeito constitutivo de novas obrigações é somente factual, e não conatural à estrutura do instituto da resolução. Significa, em suma, que os três efeitos não estão necessariamente presentes em todas as situações e podem por vezes faltar. Se nenhuma prestação do contrato foi adimplida, não há que se falar, por exemplo, em efeito restitutório" (Ibid., p. 179).

enriquecimento sem causa.[22] A resolução inaugura, desse modo, uma nova fase na relação contratual – por vezes denominada *relação de liquidação* –,[23] no bojo da qual podem vir a se implementarem os aludidos efeitos da resolução.

O efeito liberatório opera no sentido de extinguir as obrigações a cuja prestação as partes haviam previamente se comprometido.[24] Trata-se da consequência mais basilar da resolução, a acarretar a extinção dos deveres impostos pelo contrato a cada uma das partes.[25] A doutrina antecipa-se, contudo, para advertir que a eficácia liberatória da resolução não tem o condão de extirpar os deveres impostos pela boa-fé objetiva ou pela própria convenção das partes

---

[22] Ao propósito, seja consentido remeter a SILVA, Rodrigo da Guia. *Enriquecimento sem causa*, cit., p. 274.

[23] O desenvolvimento da noção de *relação de liquidação* é usualmente atribuído a Karl Larenz, que assim sintetiza: "Objetivo dos preceitos sobre resolução [...] é a liquidação ou extinção da relação obrigacional que por consequência do desfazimento não se chega a executar, mas que se chega em certo modo ao restabelecimento do anterior *statu quo*. A este fim a lei estabelece, no lugar dos deveres de prestação anulados de ambas as partes, outras obrigações encaminhadas à restituição das prestações recebidas [...]" (LARENZ, Karl. *Derecho de obligaciones*, t. I, cit., p. 391. Tradução livre). Em formulação sintética, afirma-se, na doutrina brasileira: "Com a resolução ou a resilição nasce relação jurídica legal de liquidação, com os deveres, pretensões, ações e exceções que dela se irradiem" (MIRANDA, Francisco Cavalcanti Pontes de. *Tratado de direito privado*, t. XXXVIII. Atual. Claudia Lima Marques e Bruno Miragem. São Paulo: Revista dos Tribunais, 2012, p. 458). No mesmo sentido, elucida-se: "A resolução extingue a relação obrigacional, e não o contrato. Tanto isso é verdade que, havendo cláusula compromissória, a resolução da relação obrigacional não extingue a previsão, que poderá ser invocada para que se submeta à arbitragem, por exemplo, a fixação do valor devido a título de perdas e danos pelo inadimplente" (TERRA, Aline de Miranda Valverde. *Cláusula resolutiva expressa*, cit., p. 178). A autora prossegue: "[...] é no âmbito da relação de liquidação que se produzem os efeitos liberatório, restitutório e ressarcitório da resolução. Relação obrigacional e relação de liquidação se projetam como fases de uma relação mais ampla, a relação contratual, que se mantém até o exaurimento de todos os efeitos advindos da extinção do vínculo. A resolução, em verdade, constitui um momento do processo do contrato e introduz uma nova fase da relação contratual" (Ibid., p. 178).

[24] "O exercício do direito formativo de resolução libera as partes da prestação que lhes cabia executar; manifestada a vontade de resolver o contrato, pode o credor se considerar, de plano, desvinculado da relação obrigacional. [...] Não se olvide que o efeito liberatório se produz em relação a ambos os contratantes, dispensando também o devedor de cumprir a prestação inadimplida" (TERRA, Aline de Miranda Valverde. *Cláusula resolutiva expressa*, cit., p. 179). A propósito do efeito liberatório da resolução, v., ainda, ASSIS, Araken de. *Resolução do contrato por inadimplemento*. 5. ed. São Paulo: Revista dos Tribunais, 2013, pp. 152-153; e PEREIRA, Caio Mário da Silva. *Instituições de direito civil*, vol. III. 19. ed. Atual. Caitlin Mulholland. Rio de Janeiro: Forense, 2015, p. 138.

[25] Afigura-se essencial, com efeito, a liberação de ambas as partes – e não apenas do credor vitimado pelo inadimplemento: "[...] para que a situação de reciprocidade não se altere pela resolução, é preciso que esta recaia não apenas sobre a extinção das obrigações da parte que cumpre, mas também sobre as da outra parte" (MOSCO, Luigi. *La resolución de los contratos por incumplimiento*. Trad. La Redacción. Barcelona: Dux, 1955, p. 272. Tradução livre).

precipuamente ajustada para a fase posterior à extinção do vínculo obrigacional – como sucede com os deveres de sigilo ou de não concorrência.[26] Sem que se reduza a questão à controversa classificação sobre deveres principais e acessórios[27] (em entendimento que apontaria para a extinção apenas dos primeiros por ocasião da resolução),[28] parece possível concluir que a eficácia liberatória da resolução exime as partes das prestações que guardarem correspondência mais imediata com a promoção da causa contratual em concreto.[29] Percebe-se, enfim, a vinculação da eficácia liberatória ao regime geral dos negócios jurídicos, exatamente a fim de destacar a insubsistência de obrigações que encontrassem fonte em convenção das partes.

O denominado efeito ressarcitório, por sua vez, deflagra o direito do credor vitimado pelo inadimplemento a postular a condenação do devedor ao pagamento de perdas e danos.[30] Referida condenação traduz, na linguagem própria da responsabilidade civil contratual, o dever de indenização pelos prejuízos causados em razão do inadimplemento.[31] Como se sabe, o legislador brasileiro

---

[26] Nesse sentido, v. LARENZ, Karl. *Derecho de obligaciones*, t. I, cit., p. 394.

[27] Para uma crítica à distinção meramente estruturalista entre deveres os denominados *deveres principais (ou de prestação)* e os *deveres acessórios (ou laterais de conduta)*, seja consentido remeter a SILVA, Rodrigo da Guia. Em busca do conceito contemporâneo de (in)adimplemento contratual: análise funcional à luz da boa-fé objetiva. *Revista da AGU*, v. 16, n. 2, abr.-jun./2017, pp. 300-302.

[28] Veja-se, ilustrativamente: "A resolução do contrato implica a supressão das prestações principais. Mantém-se, todavia, uma relação entre os contraentes, em parte decalcada do contrato existente. Ela é composta: pelos deveres acessórios (de segurança, de lealdade e de informação) que ao caso caibam; por um dever de indenizar que compense o credor fiel pelas vantagens que lhe atribuiria o pontual cumprimento do contrato e, ainda, que suprima todos os demais danos" (CORDEIRO, António Menezes. *Tratado de direito civil português*, vol. II, t. IV. Coimbra: Almedina, 2010, p. 139).

[29] A destacar a vinculação do adimplemento à promoção da causa contratual em concreto, afirma-se: "[...] o que o adimplemento exige não é tanto a satisfação do interesse unilateral do credor, mas o atendimento à causa do contrato, que se constitui, efetivamente, do encontro do concreto interesse das partes com os efeitos essenciais abstratamente previstos no tipo (ou, no caso dos contratos atípicos, da essencialidade que lhe á atribuída pela própria autonomia negocial)" (SCHREIBER, Anderson. A tríplice transformação do adimplemento (adimplemento substancial, inadimplemento antecipado e outras figuras). *Direito civil e Constituição*. São Paulo: Atlas, 2013, p. 107).

[30] A propósito do efeito ressarcitório da resolução contratual, v., por todos, TERRA, Aline de Miranda Valverde. *Cláusula resolutiva expressa*, cit., pp. 200 e ss.; e BARASSI, Lodovico. *La teoria generale delle obbligazioni*, vol. III. Milano: Giuffrè, 1964, pp. 411 e ss. Precisamente em razão da autonomia do efeito ressarcitório em relação ao efeito restitutório, ressalta-se a sua cumulatividade: "[...] se ao lado do retorno ao estado anterior, o parceiro almeja obter indenização, cabe pedi-la cumulativamente ao pedido resolutório. É exemplo de cumulação facultativa de ações, sob a forma de cúmulo sucessivo de pedidos" (ASSIS, Araken de. *Resolução do contrato por inadimplemento*, cit., pp. 144-145).

[31] A identificar a natureza indenizatória da pretensão ao pagamento de perdas e danos, v., por

faz uso recorrente de previsões legais específicas para assegurar o direito do credor vitimado ao pagamento de perdas e danos, em modelo híbrido complementando pelas cláusulas gerais do dever de indenizar contida no *caput* e no parágrafo único do artigo 927 do Código Civil. Evidencia-se, assim, a vinculação do efeito indenizatório da resolução ao regime geral da responsabilidade civil, com todas as dúvidas que acompanham o desenvolvimento dessa matéria – valendo mencionar a controvérsia acerca da indenizabilidade do interesse positivo ou negativo em decorrência da resolução contratual.[32]

Ao lado dos efeitos liberatório e ressarcitório, identifica-se o efeito restitutório. Sem maior resistência, afirma-se em doutrina que a resolução contratual determina que as partes sejam conduzidas ao estado em que se encontrariam caso o contrato jamais houvesse sido celebrado.[33] Precisamente por força do

---

todos, ALVIM, Agostinho. *Da inexecução das obrigações e suas consequências*. 3. ed. Rio de Janeiro: Editora Jurídica e Universitária, 1965, pp. 169 e ss.; e GOMES, Orlando. *Obrigações*. 4. ed. Rio de Janeiro: Forense, 1976, pp. 188-190; e SANTOS, J. M. de Carvalho. *Código Civil brasileiro interpretado principalmente do ponto de vista prático*, vol. XV. 11. ed. Rio de Janeiro: Freitas Bastos, 1986, p. 262.

[32] Parece prevalecer na doutrina brasileira o entendimento que admite apenas a tutela do interesse negativo e rejeita a tutela do interesse positivo na hipótese de resolução contratual. Nesse sentido, v., por todos, TERRA, Aline de Miranda Valverde. *Cláusula resolutiva expressa*, cit., pp. 202 e ss.; e GUEDES, Gisela Sampaio da Cruz. *Lucros cessantes*, cit., pp. 138-141. No mesmo sentido, v., na doutrina portuguesa, VARELA, João de Matos Antunes. *Das obrigações em geral*, vol. II. 7. ed. 5. reimpr. Coimbra: Almedina, 2010, p. 109. Já se pôde sintetizar tal linha de entendimento em outra sede: "[...] a noção de *interesse no cumprimento* colide frontalmente com o pressuposto – indispensável à configuração do inadimplemento contratual absoluto – de *perda do interesse útil*. Em suma, ou bem subsiste interesse útil e se está diante de inadimplemento relativo – a afastar a hipótese de resolução –, ou bem perdeu-se irreversivelmente o interesse útil do credor e resta configurado inadimplemento contratual absoluto. Ao fim e ao cabo, a resolução por inadimplemento mostra-se compatível tão somente com a tutela do interesse contratual negativo, por atenção ao próprio critério distintivo do interesse útil que o direito brasileiro consagra para diferenciação das duas modalidades de inadimplemento contratual" (SILVA, Rodrigo da Guia. Em busca do conceito contemporâneo de (in)adimplemento contratual, cit., p. 318). Em sentido contrário, a rejeitar a limitação da tutela ao interesse negativo, v., na doutrina brasileira, MIRANDA, Francisco Cavalcanti pontes de. *Tratado de direito privado*, t. XXXVIII, cit., p. 324; e, na doutrina portuguesa, CORDEIRO, António Menezes. *Tratado de direito civil português*, vol. II, t. IV, cit., pp. 139-140.

[33] Advirta-se que o propósito genérico de retorno ao *status quo ante* é comum ao efeito restitutório e ao efeito ressarcitório, com as devidas ressalvas decorrentes da distinção funcional entre cada um desses efeitos: "É preciso desapegar-se de rigorismos e entender a afirmação de que o efeito restitutório conduz as partes ao *status quo ante* nos seus devidos termos: há o retorno à situação anterior exclusivamente em relação ao que se prestou, afinal de contas, é disso que se trata quando se analisa o efeito restitutório. Da mesma forma, quando se afirma que o efeito ressarcitório conduz ao *status quo ante*, quer-se significar que se promove o retorno das partes ao que havia antes de se verificar a situação danosa à vítima, recompondo o patrimônio lesado" (TERRA, Aline de Miranda Valverde. *Cláusula resolutiva expressa*, cit., p. 184).

efeito restitutório surgiria para ambos os contratantes[34] a obrigação de restituir, em regra, tudo quanto houverem recebido em razão do contrato.[35] Referida obrigação de restituição não raramente é associada à denominada *eficácia retroativa* da resolução.[36] Assumida a imposição do dever de restituição por ocasião da resolução contratual, deve ser respeitada, nessa relação de liquidação, a ordem de cumprimento estabelecida para as prestações originárias – a

---

[34] A propósito da incidência do efeito restitutório sobre ambas as partes, independentemente da imputabilidade do inadimplemento, afirma-se: "[...] também o contratante não inadimplente deverá restituir o que houver recebido: a obrigação restitutória, uma vez rompido o contrato, incide sobre ambas as partes e prescinde da imputabilidade da resolução, porque ninguém pode se enriquecer sem título de uma prestação alheia" (SICCHIERO, Gianluca. La risoluzione per inadempimento: artt. 1453-1459. In: BUSNELLI, Francesco D. (Coord.). *Il Codice Civile*: commentario. Milano: Giuffrè, 2007, p. 673. Tradução livre).

[35] Advirta-se, contudo, que a amplitude do efeito restitutório pode vir a ser delimitada, especialmente no âmbito de contratos de longa duração: "[...] se por determinado período o contrato é executado regularmente, o inadimplemento superveniente não altera o sinalagma relativo às prestações pregressas. No período em que o contrato é executado, o interesse das partes resulta plenamente satisfeito, e o inadimplemento posterior não compromete o equilíbrio entre as prestações já adimplidas, razão pela qual a resolução não afeta os efeitos produzidos. [...] A regra se aplica, contudo, somente aos contratos em que as prestações de ambos os contratantes sejam de execução continuada ou periódica; basta que uma das duas prestações seja de execução instantânea para que a resolução produza efeitos retroativos, sob pena de configurar-se situação de manifesto desequilíbrio entre as partes" (TERRA, Aline de Miranda Valverde. *Cláusula resolutiva expressa*, cit., pp. 186-187). A autora prossegue: "A irretroatividade dos efeitos da resolução do contrato de duração deve ser bem entendida: mantêm-se os efeitos do contrato produzidos antes do inadimplemento. Significa, portanto, que se alguma prestação for executada após a configuração do inadimplemento absoluto, a resolução exigirá sua restituição, operando retroativamente até aquele momento" (Ibid., p. 187). Em semelhante linha de entendimento, Luigi Mosco ressalva: "Disso se segue que a irretroatividade da resolução em tais contratos deve ser entendida no sentido de que as prestações ou atribuições já realizadas ficam a salvo somente quando há uma proporcionalidade na duração de ambas. Portanto, se à duração do gozo por uma parte não corresponde uma prestação proporcional da outra com relação ao tempo, se dará lugar a uma restituição parcial" (MOSCO, Luigi. *La resolución de los contratos por incumplimiento*, cit., pp. 287-288. Tradução livre). No mesmo sentido, v., ainda, MIRANDA, Francisco Cavalcanti Pontes de. *Tratado de direito privado*, t. XXXVIII, cit., p. 476. A referida linha de entendimento encontra-se expressamente consagrada no artigo 1.458 do *Codice Civile* italiano (a propósito, v., por todos, SICCHIERO, Gianluca. La risoluzione per inadempimento, cit., pp. 671 e ss.) e no artigo 434, n. 2, do Código Civil português (a propósito, v., por todos, CORDEIRO, António Menezes. *Tratado de direito civil português*, vol. II, t. IV, cit., pp. 340 e ss.).

[36] "Os efeitos da resolução são, no caso, *ex tunc*. A retroação justifica-se, dado que a culpa de um dos contratantes é que responde pela destruição do vínculo. Deverão, em consequência, realizar as restituições recomendáveis, para restaurar-se o equilíbrio afetado pelo inadimplemento, restabelecendo-se, em termos, o prístino estado" (BESSONE, Darcy. *Do contrato*: teoria geral. São Paulo: Saraiva, 1997, p. 252).

repercutir, por exemplo, no cabimento da exceção de contrato não cumprido com base na ressignificação da noção de sinalagma.[37] Com efeito, parece não haver óbice ao reconhecimento da possibilidade teórica de configuração do sinalagma também entre obrigações restitutórias decorrentes do desfazimento do vínculo contratual – por vezes denominadas *obrigações de segundo grau*.[38] Caso confirmada tal possibilidade teórica, haver-se-á de reconhecer, na sequência do raciocínio, o cabimento dos remédios dos contratos bilaterais – em particular, a exceção de inadimplemento – também para a hipótese de descumprimento da prestação restitutória.[39]

3. Qualificação do denominado "efeito restitutório da resolução" à luz da vedação ao enriquecimento sem causa

Ao que mais diretamente interessa ao presente estudo, pode-se notar que a enunciação quase pacífica do denominado "efeito restitutório da resolução" não costuma ser acompanhada de maior fundamentação sobre a sua origem

---

[37] Assim conclui Aline de Miranda Valverde Terra: "Tratando-se de contrato sinalagmático, as restituições devem ser simultâneas – salvo ajuste diverso entre os contratantes –, razão pela qual se estende à relação de liquidação a exceção de contrato não cumprido" (TERRA, Aline de Miranda Valverde. *Cláusula resolutiva expressa*, cit., p. 194). No mesmo sentido, v., na doutrina italiana, ROPPO, Vincenzo (*a cura di*). Rimedi – 2. In: ROPPO, Vincenzo. *Trattato del contratto*, vol. V. Milano: Giuffrè, 2006, p. 380.

[38] A sustentar a oponibilidade da *exceptio* nas obrigações restitutórias decorrentes da resolução ou da pronúncia de invalidade do contrato, v., na doutrina brasileira, SALLES, Raquel Bellini de Oliveira. *A autotutela pelo inadimplemento nas relações contratuais*. Tese de doutoramento apresentada à Faculdade de Direito da Universidade do Estado do Rio de Janeiro. Rio de Janeiro, 2011, p. 102; na doutrina portuguesa, CORDEIRO, António Manuel da Rocha e Menezes. *Da boa fé no direito civil*. Coimbra: Almedina, 2007, p. 737, nota de rodapé n. 350; na doutrina italiana, REALMONTE, Francesco. Eccezione di inadempimento [verbete]. *Enciclopedia del diritto*, vol. XIV. Milano: Giuffrè, 1958, pp. 226-227; e GALLO, Paolo. Arricchimento senza causa e quasi contratti (i rimedi restitutori). 2. ed. In: SACCO, Rodolfo (*a cura di*). *Trattato di diritto civile*. Torino: UTET, 2008, p. 253; e, na doutrina francesa, CARBONNIER, Jean. *Droit civil*, vol. II. Paris: PUF, 2004, 2.245; MALAURIE, Philippe; AYNÉS, Laurent; STOFFEL-MUNCK, Philippe. *Droit des obligations*. 7. ed. Paris: LGDJ, 2015, pp. 453-454; e TERRÉ, François; SIMLER, Philippe; LEQUETTE, Yves. *Droit civil*: les obligations. 11. ed. Paris: Dalloz, 2013, p. 688.

[39] Nesse sentido, v. BENEDETTI, Alberto Maria. Le autodifese contrattuali (artt. 1460-1462). In: SCHLESINGER, Piero (Fund.); BUSNELLI, Francesco D. (Coord.). *Il Codice civile*: commentario. Milano: Giuffrè, 2011, pp. 30-35. Seja consentido remeter, ainda, a SILVA, Rodrigo da Guia. Novas perspectivas da exceção de contrato não cumprido, cit., p. 48. Em sentido diverso, a rejeitar o cabimento da exceção de contrato não cumprido e a admitir apenas o cabimento de outros remédios a cargo do credor, v. SICCHIERO, Gianluca. La risoluzione per inadempimento, cit., p. 674.

ou justificativa no direito brasileiro.[40] O questionamento central na matéria poderia ser assim sintetizado: qual é a fonte ou fundamento do difundido efeito restitutório da resolução contratual? O ordenamento brasileiro poderia, por certo, ter seguido a experiência legislativa de alguns países da tradição romano-germânica no sentido de positivar uma previsão genérica acerca da aptidão da resolução contratual para deflagrar as obrigações restitutórias a cargo de ambos os contratantes. Assim sucede, por exemplo, nas codificações italiana, portuguesa e francesa.

Nota-se, com efeito, que o artigo 1.458 do *Codice Civile* italiano[41] estabelece o "efeito retroativo" (*"effetto retroattivo"*) da resolução do contrato por inadimplemento – previsão essa interpretada no sentido da consagração do efeito restitutório da resolução –,[42] ressalvada a irretroatividade a propósito das prestações já cumpridas.[43] No âmbito do direito português, o artigo 433 do

---

[40] Nesse sentido, v. MICHELON JR. Cláudio. *Direito restituitório*: enriquecimento sem causa, pagamento indevido, gestão de negócios. São Paulo: Revista dos Tribunais, 2007, p. 252. Semelhante conclusão é alcançada pela doutrina italiana: "A correlação entre a caducidade dos efeitos do contrato e a obrigação de restituição da prestação parece indubitável, até mesmo banal na sua obviedade, mas constitui ainda no nosso sistema inocente um dos pontos mais tormentosos da matéria do pagamento indevido e da teoria do contrato" (MOSCATI, Enrico. *Studi sull'indebito e sull'arricchimento senza causa*. Padova: CEDAM, 2012, p. 198. Tradução livre). Uma possível razão para a parca atenção usualmente dispensada à fundamentação do denominado efeito restitutório da resolução talvez seja a tendência da sua consagração desde o direito romano: "O direito romano deu aos contratos inominados uma dupla sanção: de uma parte, uma ação em execução; de outra parte, uma *condictio* na repetição da prestação cumprida, *condictio* que era apenas uma aplicação dos princípios romanos do enriquecimento injusto: o contratante poderia retomar sua coisa quando não houvesse obtido a contraprestação, *causa data causa non secuta*" (MAZEAUD, Henri; MAZEAUD, Léon; MAZEAUD, Jean; CHABAS, François. *Leçons de droit civil*, t. II, vol. 1er. Paris: Montchrestien, 1985, p. 1.120. Tradução livre).

[41] *In verbis*: "Art. 1.458. A resolução do contrato por inadimplemento tem efeito retroativo entre as partes, salvo o caso de contratos de execução continuada ou periódica, em relação aos quais o efeito da resolução não se estende às prestações já cumpridas. [...]" (Tradução livre).

[42] Afirma-se, a propósito da consagração do efeito restitutório da resolução: "Fala-se, então, de efeitos liberatórios *ex nunc* em relação às prestações ainda não cumpridas e de efeitos restitutórios *ex tunc* a propósito da necessidade de devolver o quanto recebido em execução do contrato resolvido" (SICCHIERO, Gianluca. La risoluzione per inadempimento, cit., p. 672. Tradução livre). Para uma crítica à tese da retroatividade plena dos efeitos da resolução, v. ARGIROFFI, Carlo. *Caducazione del contratto ad effetti reali*. Napoli: Edizioni Scientifiche Italiane, 1984, pp. 61 e ss. Também em perspectiva crítica, a diferenciar o que denomina "doutrina da retroatividade em sentido fraco" (*"dottrina della retroattività in senso debole"*), "doutrina da retroatividade em sentido forte" (*"dottrina della retroattività in senso forte"*) e "doutrina da irretroatividade" (*"dottrina della irretroattività"*), v. BELFIORE, Angelo. Risoluzione per inadempimento e obbligazioni restitutorie. In: *Studi in onore di Giuseppe Auletta*, vol. II. Milano: Giuffrè, 1988, pp. 246-267.

[43] Afirma-se, a propósito: "O limite de caráter objetivo diz respeito aos contratos de execução continuada ou periódica em que, como já se disse, o efeito da resolução não estende às prestações

Código Civil[44] equipara os efeitos da resolução aos da invalidade do negócio jurídico,[45] ao passo que o artigo 434[46] prevê o "efeito retroactivo" da resolução, com as ressalvas indicadas no dispositivo.[47] Por fim, o artigo 1.229 do *Code civil* francês (com a redação determinada pela *Ordonnance du 10 février 2016*)[48]

---

já cumpridas (art. 1.458 nº 1). A norma [...] se funda sobre o pressuposto de que nos contratos de execução continuada ou periódica as prestações se encontram em uma relação de correspectividade *a coppie* e que, portanto, seja do ponto de vista econômico ou daquele jurídico, podem ser consideradas separadamente tanto das prestações precedentes quanto daquelas sucessivas. A retroatividade operará, portanto, apenas nos limites em que a correspectividade subsiste e, então, se uma prestação não seja proporcional à outra, deverá ter lugar igualmente uma restituição parcial" (CARRESI, Franco. Il contratto. In: MENGONI, Luigi (Coord.). *Trattato di diritto civile e commerciale*, vol. XXI, t. 2. Milano: Giuffrè, 1997, p. 912. Tradução livre).

[44] *In verbis*: "Artigo 433º (Efeitos entre as partes). Na falta de disposição especial, a resolução é equiparada, quanto aos seus efeitos, à nulidade ou anulabilidade do negócio jurídico, com ressalva do disposto nos artigos seguintes".

[45] A propósito, afirma-se: "A faculdade de exigir a restituição do que já tiver sido prestado deve ser aproximada da eficácia retroactiva da resolução – artigo 434º. A restituição tem a natureza da prevista para a invalidação (433º e 289º)" (CORDEIRO, António Menezes. *Tratado de direito civil português*, vol. I, t. IV. Coimbra: Almedina, 2010, p. 139).

[46] *In verbis*: "Artigo 434º (Retroactividade). 1. A resolução tem efeito retroactivo, salvo se a retroatividade contrariar a vontade das partes ou a finalidade da resolução. Nos contratos de execução continuada ou periódica, a resolução não abrange as prestações já efectuadas, excepto se entre estas e a causa de resolução existir um vínculo que legitime a resolução de todas elas".

[47] "A resolução do contrato determina igualmente a restituição das prestações realizadas em execução do contrato. Justamente por isso o legislador equipara o seu regime ao da invalidade do negócio jurídico (art. 433), sendo-lhe em consequência aplicável também o art. 289. Estabelecem-se apenas as restrições de que a resolução não tem efeito retroactivo se essa retroactividade contrariar a vontade das partes ou a finalidade da resolução (art. 434, nº 1), de que nos contratos de execução continuada ou periódica não abrange as prestações já realizadas, excepto se entre estas e a causa de resolução existir um vínculo que legitime a resolução de todas elas (art. 434, nº 2) e de que não prejudica os direitos adquiridos por terceiro, excepto se o contrato respeitar a bens registráveis e o registro da acção de resolução preceder o desses direitos (art. 435). Esta última restrição veda, em princípio, a aplicação à resolução do contrato do regime do art. 289, nº 2" (LEITÃO, Luís Manuel Teles de Menezes. *O enriquecimento sem causa no direito civil*, cit., p. 470). Do mesmo autor, v., ainda, LEITÃO, Luís Manuel Teles de Menezes. *Direito das obrigações*, vol. II. 7. ed. Coimbra: Almedina, 2010, pp. 271 e ss.

[48] *In verbis*: "Art. 1229. Quando as prestações trocadas não puderem atingir a sua utilidade sem a execução completa do contrato resolvido, as partes devem restituir a integralidade daquilo que tiverem entregado uma à outra. Quando as prestações trocadas tiverem atingido a sua utilidade do modo e na medida da execução recíproca do contrato, não tem lugar a restituição para o período anterior à última prestação que não recebeu a sua contrapartida; nesse caso, a resolução é qualificada como resilição [...]" (Tradução livre). A tradução de *"résiliation"* para "resilição" poderia surpreender, uma vez que ambos os remédios previstos pelo legislador francês no dispositivo mencionado (*résolution* e *résiliation*) prestam-se a tutelar uma situação de inadimplemento contratual, ao passo a civilística brasileira reserva a expressão "resilição" para a extinção voluntária

disciplina expressamente o efeito restitutório da resolução.[49] Em regramento minucioso, o legislador francês determina a irretroatividade ou retroatividade do efeito restitutório conforme, respectivamente, o adimplemento parcial tenha ou não produzido resultado útil para os contratantes.[50]

A referida solução francesa – semelhante, nesse ponto, à italiana – parece seguir certa tendência doutrinária no sentido da irretroatividade da resolução (notadamente do seu efeito restitutório) no âmbito de contratos com obrigações de trato sucessivo,[51] reconhecendo-se que as prestações e contra-

---

do contrato, como esclarecem Gustavo Tepedino e Anderson Schreiber: "O novo Código Civil veio a disciplinar este assunto em seu próprio capítulo, o qual, embora não desprovido de certas impropriedades, teve o mérito de regular, expressamente, os dois gêneros de extinção dos contratos tradicionalmente reconhecidos pela doutrina brasileira: (i) a resolução [*résolution*] – forma de extinção resultante da falta de desempenho – e a resilição [*résiliation*] – cuja base reside na manifestação da vontade de uma ou de ambas as partes" (TEPEDINO, Gustavo; SCHREIBER, Anderson; FRADERA, Vera. La rupture du contrat: rapport brésilién. *Le contrat*: travaux de l'Association Henri Capitant des Amis de la Culture Juridique Française. Paris: Société de Législation Comparée, 2005, p. 695. Tradução livre). À luz de tais considerações, o possível equívoco aventado, se realmente existente, parece residir não na tradução de *"résiliation"* para "resilição", mas sim na opção do legislador francês em diferenciar as hipóteses de extinção do vínculo contratual em razão do inadimplemento (unitariamente designadas em português pela expressão "resolução") conforme os efeitos da extinção sejam retroativos (hipótese da *"résolution"*) ou irretroativos (hipótese da *"résiliation"*). Precisamente nesse sentido, a criticar a opção do legislador francês que veio a restar consagrada na reforma de 2016, afirma-se, na doutrina francesa: "Há muito tempo, tomou-se o hábito de dizer que a resolução por inexecução, em princípio retroativa, não é assim quando afeta um contrato de execução sucessiva e que, sendo válida apenas para o futuro, ela muda de nome e é chamada de 'resilição' [*résiliation*]. Na realidade, esta apresentação é errônea, incompleta e largamente desmentida pela jurisprudência moderna" (GENICON, Thomas. "Résolution" et "résiliation" dans le projet d'ordonnance portant réforme du droit des contrats. *JCP G Semaine Juridique*, 2015, 38, p. 1.605. Tradução livre). O autor arremata: "Em suma, a palavra resilição não diz nada sobre os efeitos (não retroativos) da aniquilação de um contrato, mas fala apenas da causa desse aniquilamento" (Ibid., p. 1.606. Tradução livre). No mesmo sentido da crítica, v., ainda na doutrina francesa, LARROUMET, Christian; BROS, Sarah. *Traité de droit civil*. Tome 3. Paris: Economica, 2016, pp. 806-807.

[49] Para uma análise do histórico legislativo que veio a conduzir à reforma promovida pelo *Ordonnance du 10 février 2016* especificamente na matéria da resolução contratual, v. BOUCARD, Hélène. le nouveau régime de l'inexécution contractuelle. In: SCHULZE, Reiner; WICKER, Guillaume; MÄSCH, Gerald; MAZEAUD, Denis (Coord.). *La réforme du droit des obligations en France*: 5ᵉ Journées Franco-Allemandes. Paris: Société de législation comparée, 2015, pp. 165-166.

[50] A propósito, v., por todos, SIMLER, Philippe. *Commentaire de la réforme du droit des contrats et des obligations*. Paris: LexiNexis, 2016, p. 46; e BENABENT, Alain. *Droit des obligations*. Paris: LGDJ, 2016, p. 301.

[51] A regra positivada pela reforma francesa de 2016 consagrou substancialmente o entendimento então já prevalente em sede doutrinária. A propósito, v., por todos, MAZEAUD, Henri; MAZEAUD, Léon; MAZEAUD, Jean; CHABAS, François. *Leçons de droit civil*, t. II, vol. 1ᵉʳ., cit.,

prestações regularmente adimplidas antes da situação do inadimplemento encontrariam *causa* legítima no contrato então vigente.[52] A restituição haveria de se limitar, por conseguinte, às prestações pagas sem o devido correspectivo, o que se verifica após a configuração do inadimplemento.[53] Assevera-se, nesse sentido, que "(O) efeito da resolução entre as partes varia, pois, conforme o contrato seja de execução única ou de duração. No primeiro caso a resolução opera *ex tunc*, no segundo, *ex nunc*".[54]

A positivação expressa do efeito restitutório (por vezes denominado simplesmente retroativo) da resolução não foi, contudo, o caminho trilhado pela legislação brasileira para a regência das relações paritárias.[55] Com efeito, embora o Código de Defesa do Consumidor preveja a restituição ao disciplinar a responsabilidade por vício do produto (artigos 18, §1º, inciso II, 19, inciso IV) e do serviço (artigo 20, inciso III), o Código Civil parece não conter uma previsão genérica acerca da aptidão da resolução contratual para deflagrar as obrigações restitutórias a cargo de ambos os contratantes. Tais obrigações de restituição, então, parecem se vincular, no quadro geral de fontes das obri-

---

p. 1.129; TERRÉ, François; SIMLER, Philippe; LEQUETTE, Yves. *Droit civil*: les obligations, cit., pp. 707-708; FABRE-MAGNAN, Muriel. *Droit des obligations*, vol. 1. 3. ed. Paris: PUF, 2012, pp. 659--660; e CABRILLAC, Rémy. *Droit des obligations*. 12. ed. Paris: Dalloz, 2016, pp. 181-182.

[52] "O efeito específico da resolução é extinguir o contrato retroativamente. Opera *ex tunc*. Esse efeito corresponde à intenção presumida das partes. Extinto o contrato pela resolução, apaga-se o que se executou, devendo-se proceder a restituições recíprocas, se couberem. Contudo, só é possível remontar à situação anterior à celebração do contrato se este não for de trato sucessivo, pois, do contrário, a resolução não tem efeito em relação ao passado; as prestações cumpridas não se restituem" (GOMES, Orlando. *Contratos*. 26. ed. Atual. Antonio Junqueira de Azevedo e Francisco Paulo De Crescenzo Marino. Rio de Janeiro: Forense, 2007, p. 210). No mesmo sentido, v., na doutrina brasileira, BESSONE, Darcy. *Do contrato*: teoria geral, cit., p. 254; na doutrina italiana, SIRENA, Pietro. In: LIPARI, Nicolò; RESCIGNO, Pietro (Org.). *Diritto civile*, vol. III: obbligazioni, t. I: il rapporto obbligatorio. Milano: Giuffrè, 2009, p. 504; e, na doutrina francesa, MAZEAUD, Henri; MAZEAUD, Léon; MAZEAUD, Jean; CHABAS, François. *Leçons de droit civil*, t. II, vol. 1er., cit., p. 1.131.

[53] "Feita exceção para os contratos de duração, a resolução tem efeito retroativo entre as partes, que são obrigadas a restituir as prestações recebidas" (ROPPO, Vincenzo (*a cura di*). Rimedi – 2, cit., p. 379. Tradução livre).

[54] GOMES, Orlando. *Contratos*, cit., p. 210. No mesmo sentido, v. ALPA, Guido. *Corso di diritto contrattuale*. Padova: CEDAM, 2006, p. 159.

[55] Tal omissão se verificava já no Projeto de Código Civil, conforme ressaltado por Ruy Rosado de Aguiar Júnior: "Nada disse [o Projeto de Código Civil] sobre a necessidade de serem as partes restituídas à situação anterior, com devolução das quantias pagas e indenização pelos danos sofridos pelo adimplente, e os casos em que isso ocorre" (AGUIAR JÚNIOR, Ruy Rosado de. Projeto do Código Civil: as obrigações e os contratos. *Revista dos Tribunais*, a. 89, vol. 775. São Paulo: Revista dos Tribunais, mai./2000, p. 27).

gações no direito brasileiro, à vedação ao enriquecimento sem causa, remontando diretamente à hipótese de ausência superveniente de causa de que trata o artigo 885 do Código Civil.[56] De fato, ao desfazer o vínculo contratual, a resolução suprime a fonte que justificava as transferências patrimoniais, as quais deverão, em regra, ser integralmente restituídas a fim de se reprimir a configuração de enriquecimento sem causa.[57] O reconhecimento do efeito restitutório à míngua de previsão legal específica parece traduzir, em suma, decorrência direta da cláusula geral do dever de restituir contida no artigo 884 do Código Civil, na feição própria de ausência superveniente de causa (artigo 885).[58]

---

[56] Na doutrina brasileira, já se cogitou que a extinção de contratos coligados pela frustração de seu fim determina a restituição de valores mutuados entre as partes para fins de possibilitar o empreendimento frustrado, sendo então tais restituições consideradas uma aplicação do artigo 885 do Código Civil (NANNI, Giovanni Ettore. Promessa de fato de terceiro. Coligação contratual e extinção do contrato pela frustração de seu fim. *Revista de Direito Civil Contemporâneo*, vol. 9. São Paulo: Revista dos Tribunais, out.-dez./2016, *passim*). A vinculação do denominado efeito restitutório da resolução à disciplina da vedação ao enriquecimento sem causa traduz acentuada controvérsia em sede doutrinária. Para uma análise do tema, com especial destaque à relação entre a restituição e a indenização correspondente ao interesse negativo, v. PINTO, Paulo Mota. *Interesse contratual negativo e interesse contratual positivo*, vol. II. Coimbra: Coimbra Editora, 2008, pp. 969 e ss.; e PARDOLESI, Paolo. Rimedi che non rimediano e alternative risarcitorie: il disgorgement dei profitti da inadempimento. *Rivista Critica del Diritto Privato*, a. XXV, n. 3, set./2007, pp. 493 e ss.

[57] Em sentido semelhante, a identificar uma função restitutória da obrigação de restituição deflagrada pela resolução contratual, v., na doutrina italiana, D'ADDA, Alessandro. Gli obblighi conseguenti alla pronuncia di risoluzione del contratto per inadempimento tra restituzioni e risarcimento. *Rivista di Diritto Civile*, II, 2000, p. 536. Mesmo no âmbito da formulação teórica que aponta o enriquecimento sem causa como mera espécie do gênero direito restituitório, identifica-se que a resolução elimina a causa justificadora da atribuição patrimonial: "Resolvida a relação obrigacional, surge entre as partes uma relação de liquidação, pela qual cada uma recuperará aquilo que prestou. Isso ocorre porque a resolução elimina a causa justificadora das prestações contratuais e obriga os contratantes a restituir o que receberam em execução do contrato" (TERRA, Aline de Miranda Valverde. *Cláusula resolutiva expressa*, cit., p. 183). No mesmo sentido, v., ainda, MICHELON JR., Cláudio. *Direito restituitório*, cit., pp. 176-178. Em sentido semelhante, sem vincular expressamente o efeito restitutório à vedação ao enriquecimento sem causa, reconhece-se, na doutrina italiana, a eliminação da causa justificadora da atribuição patrimonial: "A resolução elimina a causa justificadora das prestações contratuais e, portanto, obriga a restituir aquilo que se tenha recebido em execução do contrato" (TRIMARCHI, Pietro. *Il contratto*: inadempimento e rimedi. Milano: Giuffrè, 2010, p. 72. Tradução livre).

[58] Semelhante conclusão é alcançada no âmbito da doutrina italiana ao se justificar o reconhecimento do efeito restitutório a partir da exegese do artigo 1.458 do *Codice Civile*: "Coerentemente com o implemento do nosso código e com a vedação ao enriquecimento sem causa, de fato, o rompimento do vínculo, em vez de operar apenas a partir do momento em que se verifica, elimina retroativamente toda modificação produzida pelo acordo, correspondendo, assim, a norma ao

Tal conclusão em nada se altera pela percepção de que, por vezes, o legislador utiliza previsões específicas para disciplinar a restituição no âmbito da extinção contratual.[59] Assim se verifica, a título meramente ilustrativo, nos artigos 182, 234, 236, 239 e 279 do Código Civil. Tais dispositivos – entre outros que poderiam ser mencionados – têm em comum o estabelecimento de obrigações que assumem no contexto da extinção contratual a conotação funcional de pretensões restitutórias, vez que destinadas ao restabelecimento de uma situação patrimonial anterior a um enriquecimento injustificado. Nota-se, assim, que, em qualquer das suas manifestações – como decorrência direta da cláusula geral do dever de restituir ou como objeto de previsão legal específica –, o efeito restitutório da resolução vincula-se funcionalmente à vedação ao enriquecimento sem causa, a atrair para si o regime geral do direito restitutório.[60]

comum sentimento das pessoas, já que quem não teve aquilo lhe compete pretende a restituição daquilo que tenha dado" (SICCHIERO, Gianluca. La risoluzione per inadempimento, cit., p. 673. Tradução livre). No mesmo sentido, v., ainda na doutrina italiana, CARRESI, Franco. Il contratto, cit., p. 910. Também a doutrina francesa alcançava conclusão semelhante antes mesmo da positivação expressa do efeito restitutório pela reforma promovida no direito das obrigações em 2016: "[...] a resolução faz também desaparecer o contrato retroativamente. Há o retorno ao *status quo ante*, o que implica ausência de empobrecimento e de enriquecimento das partes" (TERRÉ, Françcois; SIMLER, Philippe; LEQUETTE, Yves. *Droit civil*: les obligations, cit., p. 705. Tradução livre). Ao propósito, seja consentido remeter a Ao propósito, seja consentido remeter a SILVA, Rodrigo da Guia. *Enriquecimento sem causa*, cit., pp. 284-285.

[59] Partindo de construção teórica diversa no que tange à definição do papel desempenhado pela vedação ao enriquecimento sem causa no quadro de fontes das obrigações, afirma-se que o efeito restitutório da resolução abrangeria somente a devolução do quanto efetivamente prestado em razão do contrato, ao passo que para a restituição de eventual prestação executada indevidamente (sem justificativa ou a maior) seria necessário recorrer à *actio de in rem verso*: "O efeito restitutório decorrente da resolução permite ao credor reaver o que prestou com base no contrato, vale dizer, aquilo que efetivamente devia por força do negócio. Se a prestação não era devida ou se, embora devida, foi prestada em excesso, a resolução da obrigação não promoverá a sua restituição. Nesse caso, o credor deverá exercer a sua pretensão por meio de outro instituto do direito restitutório: a *actio in rem verso*, que permite ao credor recuperar aquilo que transferiu ao devedor sem título jurídico que o justifique" (TERRA, Aline de Miranda Valverde. *Cláusula resolutiva expressa*, cit., pp. 191-192). Parece ser o caso, em sentido diverso, de se reconhecer que todas as referidas pretensões restitutórias se vinculam ao regime geral da vedação ao enriquecimento sem causa, sem embargo do reconhecimento de que uma delas (a pretensão de devolução do quanto prestado em conformidade com o contrato antes da sua resolução) se amolda mais precisamente à hipótese de ausência superveniente de causa de que trata o artigo 885 do Código Civil e outra delas (a pretensão de restituição de prestação cumprida sem lastro no contrato resolvido) se amolda diretamente à hipótese de ausência originária de causa de que trata o artigo 884 do Código Civil.

[60] Karl Larenz alcança semelhante conclusão limitadamente às hipóteses de resolução por fato não imputável a qualquer dos contratantes: "A liquidação de uma relação contratual não executável tem

4. Ausência superveniente de causa e o problema do pagamento do "equivalente" na resolução contratual

No contexto do inadimplemento contratual, observa-se que as recorrentes referências legais à "indenização" do *equivalente* em situações de resolução traduzem, do ponto de vista técnico, menções à obrigação de restituição do valor referente ao quanto recebido por força de contrato não mais em vigor, na hipótese de insubsistência ou impossibilidade de restituição *in natura*.[61] Advirta-se, por oportuno, que o pagamento do *equivalente* assumirá a conotação de restituição do enriquecimento sem causa quando se estiver diante de desfazimento do vínculo em razão da insubsistência do interesse útil (a justificar a resolução contratual).[62] Diversa será a conclusão na hipótese da denominada *execução pelo equivalente*, cogitada em doutrina como uma suposta prerrogativa atribuída ao credor vitimado pelo inadimplemento absoluto, ao qual se facultaria, segundo se afirma, optar entre a resolução do contrato e a sua "execução" com base em pagamento do valor *equivalente* ao da prestação originariamente devida.[63]

Nota-se, desde logo, certo estranhamento nesta última noção de execução pelo equivalente como suposta prerrogativa do credor na hipótese de inadimplemento absoluto. Isso porque soa um tanto quanto contraditória com a afirmação da frustração definitiva do interesse útil (pressuposto basilar da

---

lugar exclusivamente segundo os preceitos do enriquecimento injusto quando a prestação de uma das partes haja chegado a ser impossível por causas não imputáveis a nenhum dos contratantes, e disso desapareça, na sequência, não apenas o seu próprio dever de prestação, mas também a sua pretensão à contraprestação – ainda que dita parte já tenha sido recebida [...]" (LARENZ, Karl. *Derecho de obligaciones*, t. I, cit., p. 401. Tradução livre).

[61] "Não sendo possível a restituição *in natura*, converte-se a prestação no seu equivalente pecuniário. É o que se passa se a prestação consistiu em serviços: o devedor deverá restituir o equivalente em dinheiro da prestação efetivamente executada, e não da que era devida, se houver desconformidade" (TERRA, Aline de Miranda Valverde. *Cláusula resolutiva expressa*, cit., p. 188). Idêntica conclusão é alcançada no âmbito do direito italiano por Gianluca Sicchiero: "Obviamente, se a prestação a restituir perecer, o contratante será obrigado ao ressarcimento do valor equivalente [...]" (SICCHIERO, Gianluca. La risoluzione per inadempimento, cit., p. 674. Tradução livre).

[62] Em sentido semelhante, v. ROPPO, Vincenzo (*a cura di*). Rimedi – 2, cit., p. 383.

[63] "Se, como muito frequentemente ocorre, uma reparação em forma específica a este ponto não é mais útil ou possível, ao credor resta somente o direito de pretender um ressarcimento pelo equivalente da prestação não cumprida" (BRECCIA, Umberto. Le obbligazioni. In: IUDICA, Giovanni; ZATTI, Paolo. *Trattato di diritto privato*. Milano: Giuffrè, 1991, p. 629. Tradução livre). A propósito da execução por equivalente, v., ainda, VARELA, João de Matos Antunes. *Das obrigações em geral*, vol. II, cit., pp. 151-152.

caracterização do inadimplemento absoluto) a sustentação de uma suposta prerrogativa do credor de *executar* o contrato. A se admitir, de algum modo, a execução do contrato (por exemplo, mediante o pagamento de valor equivalente ao da prestação pactuada cujo cumprimento vier a se revelar impossível), provavelmente ter-se-ia de dar um passo atrás no processo de interpretação--qualificação para se reconhecer a configuração de inadimplemento relativo (e não absoluto). A questão ultrapassa os limites do presente estudo, sendo de se registrar, porém, a crítica à difusão dessa construção doutrinária, uma aparente contradição em termos.

Distinguem-se, em suma, as hipóteses da *restituição do equivalente* e da denominada *execução pelo equivalente*. Na primeira hipótese (restituição do equivalente), o desfazimento do vínculo justifica que os contratantes restituam, em regra (incorporadas as ressalvas supramencionadas), tudo aquilo que houverem recebido em razão do contrato e, na impossibilidade de assim procederem, que paguem montante correspondente ao valor da coisa ou prestação não passível de devolução.[64] Já na segunda hipótese (execução pelo equivalente), caso tal alternativa fosse admissível, a perda ou deterioração da coisa não conduziria necessariamente à resolução do contrato[65] e, com isso, o credor assumiria a prerrogativa de cobrar o cumprimento não mais da prestação originariamente pactuada (pois já reputada impossível), mas sim de

---

[64] "Há, ainda, casos em que a reposição do estado de fato anterior ao contrato não pode ter lugar diretamente, como ocorre sempre que a prestação do autor consista em fazer algo ou bem na concessão do gozo de uma coisa. Nesses casos, não se podendo revogar diretamente a prestação efetuada, recorre-se ao sistema da restituição do equivalente em dinheiro" (MOSCO, Luigi. *La resolución de los contratos por incumplimiento*, cit., p. 277. Tradução livre). No mesmo sentido, afirma-se: "O que se recebeu tem de ser restituído. Se houve serviços já prestados, ou consumo ou uso de alguma coisa, satisfaz-se o valor dessas prestações, mesmo se não foi preestabelecido o que se haveria de prestar em caso de resolução ou de resilição" (MIRANDA, Francisco Cavalcanti pontes de. *Tratado de direito privado*, t. XXXVIII, cit., p. 458). Ainda sobre a restituição do equivalente, v. TERRÉ, François; SIMLER, Philippe; LEQUETTE, Yves. *Droit civil*: les obligations, cit., pp. 705-706.

[65] A evidenciar que o âmbito de incidência da execução por equivalente não engloba a hipótese de resolução contratual, afirma-se: "Ora, o legislador não se referiu, nos artigos 234 e 239, à possibilidade de o credor optar entre a execução pelo equivalente e a resolução do contrato, porque nem sempre a obrigação decorre de uma relação contratual. Quando não há contrato, não há o que resolver. Apenas diante do inadimplemento absoluto de obrigação contratual é que se abrirá ao credor a opção entre executar pelo equivalente ou resolver a relação obrigacional" (TERRA, Aline de Miranda Valverde. *Cláusula resolutiva expressa*, cit., p. 137). A autora arremata, ao comentar o artigo 475 do Código Civil: "Em síntese, quando o artigo 475 determina que o credor, configurado o inadimplemento, pode optar entre resolver o contrato ou exigir-lhe o cumprimento, deve-se entender que a opção há de ser feita entre a resolução e a demanda de cumprimento pelo equivalente, e não pela execução específica, restrita às hipóteses de mora" (Ibid., p. 138).

uma prestação a ela correspondente (seja *in natura*, seja pelo valor pecuniário correspondente).[66]

Vale esclarecer, por fim, a distinção entre a quantificação do pagamento de pecúnia no âmbito da restituição do equivalente e da denominada execução pelo equivalente. A restituição deve se pautar pelo valor da prestação injustamente recebida pelo contratante, e a esse cálculo se destina, ilustrativamente, o parágrafo único do artigo 884 do Código Civil. A execução pelo equivalente, caso fosse admitida, deveria se pautar não no valor da prestação (justamente) recebida pelo contratante inadimplente, mas sim no valor da prestação que esse devedor deveria cumprir em benefício do credor. Compreende-se, assim, que a valorização ou desvalorização da prestação (injustamente recebida ou não cumprida pelo contratante) poderá gerar valores diferentes conforme se trate de restituição ou de execução pelo equivalente. Eventual identidade de valores – possível ou mesmo esperada na seara de contratos comutativos – não representaria mais do que mera coincidência, sem o condão de extirpar a distinção funcional entre as pretensões da restituição e da dita execução pelo equivalente.

As obrigações de restituição das prestações recebidas em razão do contrato (ou seu *equivalente*, i.e., o valor referente à coisa entregue ou serviço prestado pelo contratante que não veio a receber a devida contraprestação) no âmbito da resolução contratual correspondem diretamente, portanto, à hipótese de ausência superveniente de causa de que trata o artigo 885 do Código Civil. Com efeito, configura-se enriquecimento sem causa, a deflagrar o dever de restituir, "[...] não só quando não tenha havido causa que justifique o enriquecimento, mas também se esta deixou de existir".[67] O desfazimento do

---

[66] Orlando Gomes sintetiza a noção de execução pelo equivalente: "[...] o crédito pode ser satisfeito coativamente por dois modos: a) execução específica; b) execução genérica. Pela primeira, o credor visa a obter exatamente a prestação prometida. Seu objetivo é conseguir o que é devido. Se a obrigação tem como objeto, por exemplo, a prestação de dar determinada coisa, o credor promove os meios de recebê-la, obtendo, com o auxílio da força pública, essa mesma coisa. Pela segunda, executa os bens do devedor, para obter o valor da prestação não-cumprida. Procura, numa palavra, o equivalente em dinheiro. O crédito encontra plena satisfação quando pode ser exigido mediante execução específica, mas também se satisfaz com a execução genérica, embora a título de compensação" (GOMES, Orlando. *Obrigações*, cit., pp. 214-215). O autor arremata, sustentando o caráter excepcional da execução pelo equivalente: "A execução genérica ocorre quando impossível, física ou juridicamente, a outra. Se alguém tem direito a receber certa coisa, que foi destruída em consequência da negligência do devedor, outra possibilidade não resta do que sua substituição pelo equivalente em dinheiro" (Ibid., p. 215).

[67] Destaque-se, por oportuno, que, em regra, a extensão do efeito restitutório da resolução é limitada às partes diretamente envolvidas, em nome da tutela do terceiro de boa-fé que porventura

vínculo contratual por força da resolução amolda-se precisamente à previsão do referido dispositivo legal, a justificar a qualificação da obrigação de devolver a prestação ou seu equivalente como autêntica pretensão restitutória do enriquecimento sem causa.

Neste ponto do raciocínio, uma relevante dúvida se coloca e reclama esclarecimento: haveria contradição no reconhecimento de efeitos aparentemente antagônicos (o restitutório e o ressarcitório) decorrentes de um mesmo evento (a resolução contratual)? Cogita-se de efeitos antagônicos não por uma suposta (em verdade, inexistente) impossibilidade de cumulação, mas sim em razão da origem de cada um desses efeitos: o efeito restitutório pressupõe a *ausência*

---

tenha adquirido coisa recebida pelo alienante com base no contrato posteriormente resolvido. Nesse sentido, v., por todos, na doutrina brasileira, BESSONE, Darcy. *Do contrato*: teoria geral, cit., p. 254; na doutrina italiana, CARRESI, Franco. Il contratto, cit., p. 913; e, na doutrina francesa, TERRÉ, François; SIMLER, Philippe; LEQUETTE, Yves. *Droit civil*: les obligations, cit., pp. 708--709. No que tange especificamente ao âmbito de incidência do efeito restitutório deflagrado por cláusula resolutiva expressa, sustenta-se que a oponibilidade *erga omnes* depende necessariamente da publicidade do ajuste: "A retroatividade absoluta, ao contrário daquela obrigacional, não pode ser regulada por mera previsão contratual e requer a presença de específico fator de eficácia: a publicidade do ajuste. Cuida-se, em última análise, de circunstância que torna o negócio oponível a terceiros" (TERRA, Aline de Miranda Valverde. *Cláusula resolutiva expressa*, cit., p. 196). A autora distingue as hipóteses de registro facultativo das hipóteses de registro obrigatório: "[...] não basta à oponibilidade da cláusula resolutiva expressa a transcrição do respectivo contrato no Registro de Títulos e Documentos, nos termos do artigo 128, VII, da Lei nº 6.015/1973. Por se tratar de registro facultativo, o conhecimento a respeito da existência e conteúdo do contrato não será reputado, vale dizer, não haverá presunção relativa de ciência dos fatos dele constantes. Exigir-se-á o conhecimento efetivo, a demandar do credor a prova de que o terceiro conhecia efetivamente os eventos referidos. Nessa direção, para que a cláusula resolutiva expressa produza efeitos retroativos absolutos, mister que o terceiro tenha ciência não só da existência do contrato, mas também de seu conteúdo. De outro lado, se o contrato versar sobre direitos reais relativos a imóveis, haverá conhecimento reputado de seu conteúdo se o instrumento constar do registro de imóveis, por se tratar de registro obrigatório, na forma do artigo 168 da Lei nº 6.015/19783, e a resolução da relação obrigacional produzirá efeitos retroativos absolutos, alcançando o bem mesmo nas mãos de terceiros" (Ibid., p. 197). A autora arremata: "Em síntese, versando o contrato sobre direitos reais que recaem sobre imóveis, a cláusula resolutiva expressa produzirá efeitos retroativos em relação a terceiros se o instrumento do qual constar for levado ao respectivo registro. Do contrário, deverá o credor se desincumbir do ônus de provar que o terceiro sabia da existência não só do contrato, mas da própria cláusula resolutiva, sob pena de produzirem-se apenas efeitos retroativos *inter partes* [...]" (Ibid., p. 199). Na mesma linha de sentido, v., na doutrina brasileira, SANTOS, J. M. de Carvalho. *Código Civil brasileiro interpretado principalmente do ponto de vista prático*, vol. XV, cit., p. 258; na doutrina italiana, SICCHIERO, Gianluca. La risoluzione per inadempimento, cit., pp. 722 e ss.; e, na doutrina francesa, CARBONNIER, Jean. *Droit civil*, vol. II, cit., p. 2.235. Em sentido semelhante, a sustentar a oponibilidade *erga omnes* do efeito restitutório na hipótese de prévio registro da demanda de resolução, v. ALPA, Guido. *Corso di diritto contrattuale*, cit., p. 159.

de causa justificadora do incremento patrimonial das partes, ao passo que o efeito ressarcitório pressupõe justamente a *existência de causa* cuja violação possa deflagrar o dever de indenizar.

O esclarecimento dessas dúvidas remonta à própria formulação tradicional dos *efeitos da resolução*, particularmente no que tange ao denominado efeito ressarcitório. Com efeito, sem embargo do mérito didático da formulação tradicional que enuncia o ressarcimento como efeito da resolução contratual, não parece haver efetiva relação de causa e efeito na hipótese. Em realidade, talvez seja mais consentâneo com o sistema brasileiro reconhecer que o denominado "efeito ressarcitório" não traduz autêntica consequência da resolução contratual, mas sim do ilícito contratual – a configurar inadimplemento relativo ou absoluto, respectivamente, conforme se preserve ou não o interesse útil. Precisamente em razão dessa percepção – a afastar a associação automática entre resolução e restituição – é que se reconhece amplamente a possibilidade de configuração de perdas e danos mesmo na hipótese de mora, conforme expressamente estabelecido pelo artigo 395 do Código Civil.

Visualiza-se, assim, que o ressarcimento das perdas e danos não constitui efeito direto da resolução, mas sim do inadimplemento contratual – seja absoluto, seja relativo. Tal conclusão em nada se abala pela possibilidade de que o pleito de indenização por perdas e danos (responsabilidade civil contratual) seja formulado após ou mesmo em conjunto com o pleito de resolução. Por tais razões, talvez fosse mais adequado substituir a noção do ressarcimento como *efeito da resolução* pela noção de que tanto a resolução quanto o ressarcimento traduzem *efeitos do inadimplemento*.

Diversa é a hipótese do efeito restitutório, cuja deflagração pressupõe necessariamente o desfazimento do vínculo contratual. Com efeito, apenas e tão somente após a extinção do vínculo por força da resolução (à semelhança do que sucede em matéria de invalidade, por exemplo)[68] é que se pode cogitar de restituição das prestações recebidas por cada uma das partes. Percebe-se,

---

[68] A vinculação da pretensão restitutória deflagrada pela pronúncia de invalidade à disciplina do enriquecimento sem causa não traduz conclusão peculiar da doutrina contemporânea. Veja-se, por exemplo, o entendimento aventado pela doutrina italiana no Século XIX mesmo diante da relatada tendência de contenção da *actio de in rem verso*: "A jurisprudência italiana, a qual se havia ordinariamente mostrado até estes últimos tempos expressiva na admissão da *actio de in rem verso* para impedir o injusto locupletamento com dano a outrem, parece tender a restringir notavelmente o campo de aplicação deste remédio limitando-o aos casos de enriquecimento produzido pela nulidade das obrigações irregularmente contratadas" (BURZIO, Cesare. Il campo di applicazione dell'"actio de in rem verso" nel diritto civile italiano. *Annali della Giurisprudenza Italiana*, vol. 49, parte 4, 1897, pp. 110-111. Tradução livre).

em suma, que a aparente (e inexistente) contradição entre a restituição e o ressarcimento decorre, em realidade, da inadequada associação prática entre a responsabilidade civil contratual e a resolução contratual.[69] Não há óbice, enfim, à cumulação da pretensão restitutória (deflagrada pela configuração de enriquecimento injustificado em razão da ausência superveniente de causa – *in casu*, por força da resolução) com a pretensão ressarcitória (deflagrada pela produção de perdas e danos em razão da prática de ilícito contratual).

5. Limitação ou exclusão convencionais da obrigação restitutória: distinção entre as "cláusulas de não restituir" e as "cláusulas de não indenizar"

Torna-se possível, por fim, enfrentar diretamente a questão atinente à delimitação do âmbito de incidência das cláusulas excludentes ou limitativas do dever de indenizar no que tange à abrangência ou não da obrigação restitutória deflagrada pela resolução contratual.[70] Cumpre indagar: a cláusula excludente ou limitativa de responsabilidade diz respeito apenas às perdas e danos decorrentes do inadimplemento contratual ou abrange igualmente a restituição (*in natura* ou mesmo do equivalente) ocasionada pela resolução do vínculo? Como já se pôde destacar, embora tendam a surgir em momento idêntico, as referidas pretensões remontam a distintas fontes das obrigações: enquanto a pretensão ao pagamento de perdas e danos vincula-se funcionalmente à responsabilidade civil, a pretensão de restituição da prestação ou seu equivalente associa-se funcionalmente à vedação ao enriquecimento sem causa. Configura-se, assim, uma nítida distinção funcional entre as pretensões, cada qual associada a uma distinta fonte – a pretensão indenizatória vinculada às cláusulas gerais do dever de indenizar (*caput* ou parágrafo único do artigo 927 do Código Civil, a depender da hipótese) e a pretensão

---

[69] A destacar a ausência de contradição – e, em realidade, a possibilidade de cumulação – das pretensões restitutória e indenizatória, afirma-se: "No direito dos contratos a concorrência (entre restituições e dano) é reconhecida possível, ao menos no modelo franco-italiano (e não naquele tedesco), mas pelo fato (*arg. ex* art. 1453) de que a resolução do contrato não cancela o inadimplemento, de modo que, ainda que com algum esforço, poderão concorrer pretensões restitutórias e de ressarcimento (do dano positivo)" (MAJO, Adolfo di. *Restituzioni e responsabilità nelle obbligazioni e nei contratti*, cit., p. 326. Tradução livre).

[70] Ao propósito, seja consentido remeter a SILVA, Rodrigo da Guia. *Enriquecimento sem causa*, cit., item 3.3.2.

restitutória vinculada à cláusula geral do dever de restituir (artigo 884, *caput*, do Código Civil).

Em razão da distinção funcional entre as referidas pretensões relacionadas a dois dos principais efeitos da resolução – o efeito indenizatório e o efeito restitutório –, parece impor-se a conclusão no sentido de que as cláusulas excludentes ou limitativas de responsabilidade não afetam o dever de restituir. Em termos sintéticos, o âmbito de abrangência de tais cláusulas circunscreve-se às obrigações indenizatórias, sem englobar as obrigações restitutórias. Tal percepção, se chega a resolver uma dúvida recorrente, imediatamente suscita outra de expressiva monta: podem as partes, em exercício legítimo da autonomia privada, excluir ou limitar o dever de restituir? Em outras palavras, é legítima a avença contratual que disponha sobre o efeito restitutório da resolução contratual?[71]

Parece ser o caso de se cogitar, em paráfrase da denominação corrente na responsabilidade civil, da admissibilidade, no direito brasileiro, das *cláusulas excludentes ou limitativas do dever de restituir* – ou, em formulação sintética e mais vulgar, *cláusulas de não restituir*. Trata-se de questão acentuadamente delicada no âmbito da teoria geral das obrigações, por dizer respeito à complexa – e pouco explorada – problemática referente à legitimidade da regulação convencional da vedação ao enriquecimento sem causa. Com efeito, a investigação da viabilidade de disposição negocial acerca dos efeitos decorrentes da vedação ao enriquecimento injustificado remonta, em última instância, aos confins da aptidão da autonomia negocial para influenciar a configuração dos tradicionais regimes jurídicos obrigacionais de fonte não convencional – o regime delitual e o regime restitutório.

A peculiaridade da questão no âmbito do presente estudo decorre, então, da percepção de que, diversamente do verificado a propósito da responsabilidade civil, o desenvolvimento doutrinário da vedação ao enriquecimento sem causa parece ter contemplado esforços relativamente reduzidos para a definição do espaço legítimo de atuação da autonomia negocial. Um primeiro e singelo passo na matéria talvez deva consistir, na linha do raciocínio propugnado, em apartar as pretensões – e as correlatas controvérsias – indenizatórias

---

[71] Em sentido tendencialmente afirmativo, assevera-se: "Por fim, em relação ao dever de restituir prestações em decorrência da resolução, deve-se tomar em conta que o art. 885 é regra dispositiva, e não regra cogente. Por essa não é necessariamente inválida a cláusula de 'perda das prestações já pagas até o momento da resolução'. Nas relações de consumo, porém, essa cláusula deve ser considerada nula, por conta do disposto no art. 53 do Código do Consumidor (Lei 8.078/90)" (MICHELON JR. Cláudio. *Direito restituitório*, cit., p. 255).

daquelas restitutórias. Tal advertência assume especial relevo no direito brasileiro contemporâneo em razão da difusão do entendimento jurisprudencial que invoca argumentos referentes ao regime da responsabilidade civil para a resolução de questões jurídicas consistentes basicamente na definição do *quantum* a ser restituído por ocasião da resolução contratual.

Assim sucede, em exemplo já célebre na práxis nacional, na hipótese de desfazimento do compromisso de compra e venda por iniciativa ou por culpa do promitente comprador – a motivar a resilição unilateral ou a resolução do contrato, respectivamente.[72] Uma vez determinado (ou reconhecido) o desfazimento do vínculo contratual, e superada a discussão sobre o dever de indenizar eventuais perdas e danos, deparam-se os tribunais pátrios com questões diretamente pertinentes ao presente estudo: o promitente vendedor pode "reter"[73] algum percentual das parcelas já pagas pelo promitente comprador ou deve, ao revés, restituir integralmente toda a quantia recebida durante a vigência do contrato? É legítima a denominada "cláusula de decaimento", assim entendida a cláusula contratual que limite o montante da restituição a cargo do promitente vendedor nas hipóteses de resilição ou resolução do contrato?[74]

---

[72] Vejam-se, ilustrativamente, as decisões que fundamentam a retenção de percentual das parcelas pagas ora "a título de indenização" (STJ, Ag.Rg. no AREsp. 730.520/DF, 4ª T., Rel. Min. Luis Felipe Salomão, julg. 25.8.2015, publ. 28.8.2015; STJ, REsp. 838.516/RS, 4ª T., Rel. Min. Luis Felipe Salomão, julg. 17.5.2011, publ. 26.5.2011; STJ, REsp. 702.787/SC, 4ª T., Rel. Min. Luis Felipe Salomão, julg. 1.6.2010, publ. 8.6.2010), ora "como forma de ressarcimento pelos custos operacionais da transação" (STJ, REsp. 1.102.562/DF, 3ª T., Rel. Min. Sidnei Beneti, julg. 4.5.2010, publ. 25.5.2010; STJ, REsp. 723.034/MG, 4ª T., Rel. Min. Aldir Passarinho Junior, julg. 9.5.2006, publ. 12.6.2006), ora "como ressarcimento de despesas" (STJ, REsp. 332.947/MG, 4ª T., Rel. Min. Aldir Passarinho Junior, julg. 24.10.2006, publ. 11.12.2006; STJ, REsp. 615.300/MG, 4ª T., Rel. Min. Aldir Passarinho Junior, julg. 17.3.2005, publ. 9.5.2005; STJ, Ag.Rg. no Ag. 650.401/MG, 4ª T., Rel. Min. Aldir Passarinho Junior, julg. 2.6.2005, publ. 1.7.2005; STJ, REsp. 508.053/MG, 4ª T., Rel. Min. Aldir Passarinho Junior, julg. 10.2.2004, publ. 15.3.2004).

[73] Advirta-se, por oportuno, que a "retenção" ora referida (medida de caráter definitivo em benefício do promitente vendedor) não guarda relação com o que se poderia denominar "direito de retenção em sentido estrito" (exceção dilatória oposta para promover a coerção indireta do devedor ao pagamento). Para um desenvolvimento do conceito e das perspectivas de operatividade do direito de retenção em sentido estrito, seja consentido remeter a SILVA, Rodrigo da Guia. Notas sobre o cabimento do direito de retenção: desafios da autotutela no direito privado. *Civilistica.com*, a. 6, n. 2, 2017, pp. 4 e ss.

[74] "A cláusula de decaimento – e qualquer cláusula de perda das prestações pagas (ou limites na devolução) – é cláusula conexa à prestação principal, pois limita o dever de responder (*Haftung*) do fornecedor, limita, assim, na figura de Larenz, a 'sombra' da obrigação principal (*Schuld*) [...]" (MARQUES, Claudia Lima; BENJAMIN, Antonio Herman V.; MIRAGEM, Bruno. *Comentários ao*

Preliminarmente, parece possível afirmar que a questão demanda resolução no contexto argumentativo do direito restitutório.[75] Vislumbra-se, assim, acentuado grau de incompatibilidade teórica na recorrente argumentação segundo a qual a limitação da restituição encontraria justificativa na necessidade de se compensarem os prejuízos suportados pelo promitente vendedor em razão do rompimento prematuro do vínculo.[76] Tal linha argumentativa, ainda que correta no que tange à identificação de danos a serem reparados, nasce viciada pela despercebida confusão entre os efeitos restitutório e reparatório da resolução contratual.[77] Com efeito, argumentos referentes à indenização dos danos sofridos pelo compromitente não têm o condão de influenciar a quantificação do enriquecimento injustificado (por ausência superveniente de causa) a ser restituído ao compromissário – ressalvada, em qualquer caso, a possibilidade de se cogitar da compensação das obrigações, caso admitida mesmo diante da diversidade de natureza (reparatória e restitutória) das pretensões.

A eventual procedência de tais observações teria o êxito de afastar a confusão conceitual entre responsabilidade civil e vedação ao enriquecimento sem

---

Código de Defesa do Consumidor. 5. ed. São Paulo: Revista dos Tribunais, 2016, p. 1.466). Em sentido semelhante, assim se conceituam as "cláusulas de decaimento": "Trata-se de cláusulas contratuais que estabelecem como penalidade ao consumidor que em contratos de pagamento diferido (de modo parcelado) desiste do contrato ou se torna inadimplente (cláusula penal), a perda dos valores já pagos em favor do fornecedor, ou estipula a devolução de parcela ínfima e desproporcional destes valores" (MIRAGEM, Bruno. *Curso de direito do consumidor*. 6. ed. São Paulo: Revista dos Tribunais, 2016, p. 396).

[75] Imbuído de semelhante preocupação, assim conclui Rizzatto Nunes ao analisar o artigo 53 do CDC, que proscreve a retenção integral das parcelas pagas pelo consumidor na hipótese de resolução do compromisso de compra e venda ou de alienação fiduciária em garantia: "O fundamento primeiro do *caput* do art. 53 é o do não enriquecimento sem causa. É inadmissível que se possa pensar que alguém adquira um bem por certo preço, pague parte dele – por vezes grande parte – e, por não poder mais pagar, fique sem o bem e sem o dinheiro que adiantou" (NUNES, Rizzatto. *Curso de direito do consumidor*. 10. ed. São Paulo: Saraiva, 2015, p. 783).

[76] A referida confusão conceitual reflete-se na própria dicção do artigo 53, §2º, do Código de Defesa do Consumidor, que dispõe: "Art. 53. [...] §2º. Nos contratos do sistema de consórcio de produtos duráveis, a compensação ou a restituição das parcelas quitadas, na forma deste artigo, terá descontada, além da vantagem econômica auferida com a fruição, os prejuízos que o desistente ou inadimplente causar ao grupo".

[77] Em ilustração da confusão conceitual entre os regimes indenizatório e restitutório, chega-se a identificar as denominadas "cláusulas de decaimento" às cláusulas penais (nesse sentido, v. MIRAGEM, Bruno. *Curso de direito do consumidor*, cit., pp. 396-398), em inobservância da distinção funcional entre tais cláusulas – voltadas à restituição do enriquecimento sem causa e reparação do dano, respectivamente.

causa, com a consequência positiva de se refutar a invocação de argumentos de matriz indenizatória para a resolução de uma delicada questão de cunho restitutório. Restariam pendentes de resposta, ainda assim, os questionamentos de fundo acerca da legitimidade do que se convencionou denominar *cláusulas excludentes ou limitativas do dever de restituir*.

Na ausência de uma normativa geral no âmbito do Código Civil, assume especial importância a disciplina dispensada pelo Código de Defesa do Consumidor à matéria. Como se sabe, o artigo 51, inciso II, do diploma consumerista estatui a nulidade das cláusulas contratuais que "subtraiam ao consumidor a opção de reembolso da quantia já paga, nos casos previstos neste Código". Trata-se de norma geral destinada a reger hipóteses as mais variadas em que o CDC assegura ao consumidor o direito de reembolso (autêntica pretensão restitutória), como sucede, exemplificativamente, nos artigos 49 (exercício do direito de arrependimento), 18, §1º, II (resolução contratual em razão de vício do produto), 20, II (resolução contratual em razão de vício do serviço), e 35, III (resolução contratual em razão de recusa ao cumprimento da oferta ou publicidade).[78]

Em complemento da disciplina, o artigo 53, *caput*, especificamente na seara dos contratos de compra e venda com pagamento parcelado e das alienações fiduciárias em garantia, estabelece a nulidade das cláusulas que "[...] estabeleçam a perda total das prestações pagas em benefício do credor que, em razão do inadimplemento, pleitear a resolução do contrato e a retomada do produto alienado". Sem embargo da vasta pluralidade de fundamentos atribuídos pela doutrina a tais previsões,[79] não se verifica especial dissenso na percepção de que o legislador, ao proscrever expressamente a "perda total" das prestações pagas, admitiu, *a contrario sensu* – embora sem critérios pré-definidos – a sua perda parcial.[80] As maiores dúvidas na práxis jurisprudencial cingem-se, então,

---

[78] Para uma análise da relação entre essas hipóteses e a norma geral de invalidade prevista no artigo 51, inciso II, do CDC, v. BENJAMIN, Antonio Herman V.; MARQUES, Claudia Lima; BESSA, Leonardo Roscoe. *Manual de direito do consumidor*. 7. ed. São Paulo: Revista dos Tribunais, 2016, p. 411.

[79] A ilustrar a multiplicidade de fundamentos apontados em doutrina, afirma-se: "A análise da abusividade de tal tipo de cláusula é feita tanto em face do direito tradicional e suas noções de abuso de direito e enriquecimento ilícito, quanto em face do direito atual, posterior à entrada em vigor do CDC, tendo em vista a natureza especial dos contratos perante os consumidores e a imposição de um novo paradigma de boa-fé objetiva, equidade contratual e proibição de vantagem excessiva nos contratos de consumo (art. 51, IV) e a expressa proibição de tal tipo de cláusula no art. 53 do CDC" (MARQUES, Claudia Lima. *Contratos no Código de Defesa do Consumidor*: o novo regime das relações contratuais. 6. ed. São Paulo: Editora Revista dos Tribunais, 2011, pp. 1.041-1.042).

[80] "Não se pode simplesmente reputar nula de pleno direito a penalidade de perda parcial das

à definição da medida justa ou razoável de retenção por parte do credor, com especial destaque para o promitente vendedor ou credor fiduciante, destinatários expressos do mencionado artigo 53 do diploma consumerista.[81]

Se mesmo na seara das relações de consumo – justificadoras de especial tutela por comando constitucional expresso (artigo 5º, inciso XXXII, da CRFB) – é admitida a aposição de cláusula que limite o dever de restituir, idêntica conclusão há de se alcançar no âmbito das relações paritárias. Com efeito, parece não haver óbice *prima facie* para que os contratantes, em exercício legítimo de autonomia negocial, limitem previamente a extensão do dever de restituir na hipótese de resolução contratual.[82] A argumentação

---

prestações pagas, intercalada em promessa de compra e venda de imóvel, tendo em vista que o art. 53 impõe tal increpação somente à cláusula de decaimento total" (OLIVEIRA, James Eduardo. *Código de Defesa do Consumidor*. 6. ed. São Paulo: Atlas, 2015, p. 646).

[81] Parece prevalecer, na jurisprudência do Superior Tribunal de Justiça, o entendimento pela retenção de 25% (vinte e cinco por cento) dos valores pagos (STJ, Ag,Rg, no AREsp, 730.520/DF, 4ª T., Rel. Min. Luis Felipe Salomão, julg. 25.8.2015, publ. 28.8.2015; STJ, REsp. 838.516/RS, 4ª T., Rel. Min. Luis Felipe Salomão, julg. 17.5.2011, publ. 26.5.2011; STJ, REsp. 702.787/SC, 4ª T., Rel. Min. Luis Felipe Salomão, julg. 1.6.2010, publ. 8.6.2010; STJ, REsp. 1.102.562/DF, 3ª T., Rel. Min. Sidnei Beneti, julg. 4.5.2010, publ. 25.5.2010; STJ, REsp. 332.947/MG, 4ª T., Rel. Min. Aldir Passarinho Junior, julg. 24.10.2006, publ. 11.12.2006; STJ, REsp. 723.034/MG, 4ª T., Rel. Min. Aldir Passarinho Junior, julg. 9.5.2006, publ. 12.6.2006; STJ, Ag.Rg. no Ag. 650.401/MG, 4ª T., Rel. Min. Aldir Passarinho Junior, julg. 2.6.2005, publ. 1.7.2005; STJ, REsp. 508.053/MG, 4ª T., Rel. Min. Aldir Passarinho Junior, julg. 10.2.2004, publ. 15.3.2004). A ilustrar a pluralidade de entendimentos já verificados na Corte, vejam-se, por exemplo, as decisões que concluíram pela retenção ora de 50% (cinquenta por cento) das parcelas pagas (STJ, REsp. 615.300/MG, 4ª T., Rel. Min. Aldir Passarinho Junior, julg. 17.3.2005, publ. 9.5.2005), ora de 25% (vinte e cinco por cento) dos valores pagos (STJ, REsp. 907.856/DF, 3ª T., Rel. Min. Sidnei Beneti, julg. 19.6.2008, publ. 1.7.2008; STJ, REsp. 397.821/SP, 4ª T., Rel. Min. Hélio Quaglia Barbosa, julg. 18.9.2007, publ. 8.10.2007), ora de 17% (dezessete por cento) das parcelas pagas (STJ, REsp. 686.865/PE, 4ª T., Rel. Min. Aldir Passarinho Junior, julg. 28.8.2007, publ. 5.11.2007). A propósito da determinação do referido *quantum*, afirma-se em doutrina: "[...] com mais de 20 anos de prática do CDC, podemos concluir que a utilização do art. 53 pelos tribunais foi exemplar, enfatizando mais seu espírito e sua *ratio* do que a literalidade do seu texto. Sendo assim, a maioria das decisões propõe a nulidade da cláusula de perda total, a redução de cláusulas semelhantes de perda (até 90%) do valor pago, e autoriza uma retenção mínima de valores (no máximo de 10%) e mesmo compensação pelo uso do imóvel" (MARQUES, Claudia Lima. *Contratos no Código de Defesa do Consumidor*, cit., 2011, p. 1.054). Em outra linha de sentido, sustenta-se: "A solução será a de dizer que o *telos* do *caput* do art. 53 é o de declarar nula a cláusula contratual que, aplicada ao caso concreto, gere vantagem exagerada ao fornecedor na desproporcionalidade resultante da aplicação da pena. Assim por exemplo, é razoável a cláusula contratual que estipula que, se o consumidor pagou 10% do preço, perde 90%; se pagou 20%, perde 80%, e assim por diante" (NUNES, Rizzatto. *Curso de direito do consumidor*, cit., p. 787).

[82] Idêntica conclusão é alcançada por Aline de Miranda Valverde Terra: "O efeito restitutório não encerra efeito essencial da resolução, mas natural, pelo que podem os contratantes discipliná-lo

comparativa entre relações civis paritárias e relações de consumo, embora auxilie em matéria de limitação do dever de restituir, não é de tão simples acolhimento no que tange à exclusão absoluta da restituição. Isso porque, em termos lógico-jurídicos, a mera vedação às cláusulas excludentes do dever de restituir por força do CDC não permite extrair, por si só, qualquer inclinação do ordenamento jurídico à legitimidade ou não de tais cláusulas no âmbito das relações regidas pelo Código Civil.

Diante desse cenário de omissão legislativa, talvez se pudesse cogitar da admissibilidade da exclusão convencional do dever de restituir com base na adoção, neste ponto, de conclusão similar àquela que legitima, com a observância de certos critérios, as cláusulas excludentes de responsabilidade civil no âmbito de relações paritárias. A maior dificuldade imposta a essa espécie de resposta consistiria, porém, na controversa compatibilização da causa concreta do contrato (em especial no âmbito dos contratos comutativos) com a situação de transferência patrimonial sem a obrigatoriedade da prestação correspectiva. A similitude de tal situação com a malversada condição puramente potestativa (causa expressa de invalidade do negócio jurídico a teor dos artigos 122 e 123 do Código Civil) e mesmo com o direito de retirada com base em dolo (tradicionalmente apontada como causa de invalidade da cláusula limitativa ou excludente da responsabilidade civil)[83]

---

de sorte a melhor atender a seus interesses [...]. Admite-se, ainda, que as partes limitem o efeito restitutório, ou afastem sua incidência, desde que não importe em desequilíbrio econômico do contrato ou prejuízo a terceiros" (TERRA, Aline de Miranda Valverde. *Cláusula resolutiva expressa*, cit., pp. 193-194).

[83] "Na verdade, a afirmação de que a cláusula de irresponsabilidade não impede a exigibilidade do direito de crédito nem contradiz o sentido jurídico da obrigação, reporta-se apenas à cláusula de irresponsabilidade por culpa leve, não a uma cláusula através da qual se estipulasse a exclusão da responsabilidade mesmo nos casos em que o devedor faltasse intencionalmente ao cumprimento da prestação. A proibição da cláusula de irresponsabilidade por dolo (chamado pacto *de dolo non praestando*) evitará que essa cláusula possa afetar, de fato, a natureza jurídica da obrigação. Não faria realmente muito sentido se se afirmasse continuar o devedor adstrito à prestação no caso de o afastamento prévio da responsabilidade abranger mesmo situações de não cumprimento doloso. A obrigação tornar-se-ia, na prática, ilusória" (MONTEIRO, António Pinto. *Cláusulas limitativas e de exclusão de responsabilidade civil*, cit., p. 214). No mesmo sentido, v., por todos, na doutrina brasileira, PERES, Fábio Henrique. *Cláusulas contratuais excludentes e limitativas do dever de indenizar*, cit., pp. 168 e ss.; na doutrina portuguesa, OLIVEIRA, Nuno Manuel Pinto. *Cláusulas acessórias ao contrato*: cláusulas de exclusão e de limitação do dever de indemnizar e cláusulas penais. 3. ed. Coimbra: Almedina, 2008, pp. 29 e ss.; na doutrina italiana, BRECCIA, Umberto. Le obbligazioni, cit., pp. 619-620; e, na doutrina alemã, LARENZ, Karl. *Derecho de obligaciones*, cit., pp. 284-286. Para uma análise – incabível nesta sede – da controvérsia a propósito da equiparação ou não da culpa grave ao dolo, v., por todos, DIAS, José de Aguiar. *Cláusula de não indenizar*, cit., pp. 95-124.

reclama, ao menos, redobrada cautela no que tange às cláusulas excludentes do dever de restituir.[84]

De tais constatações não decorre, por certo, a validade incondicional e apriorística das cláusulas excludentes ou limitativas do dever de restituir. Muito ao revés, a validade das referidas cláusulas (ainda que admitida em linha de princípio) dependerá da análise concreta de diversos critérios, partindo-se da identificação da natureza consumerista ou não da relação contratual, em razão da proibição à exclusão integral do dever de restituir nos termos do artigo 53, *caput*, do CDC. Conclusão semelhante – a vedar a exclusão absoluta da restituição – talvez se possa alcançar diante de contratos de adesão em relações paritárias, admitindo-se que o efeito restitutório assume conotação essencial no âmbito da resolução contratual, a justificar a sua especial tutela com base em aplicação (direta ou quiçá analógica)[85] do artigo 424 do Código Civil.[86]

A invalidade da cláusula excludente ou limitativa do dever de restituir decorrerá, ainda, da invalidade do negócio jurídico em que inserido o pacto.

---

[84] Imbuído de semelhantes preocupações, Gianluca Sicchiero sustenta a invalidade de cláusula que estabeleça a irretroatividade dos efeitos da resolução (destacadamente o efeito restitutório) nos contratos de execução instantânea: "A irretroatividade da resolução, a bem ver, daria vida aqui simultaneamente ao direito de recesso pelo inadimplente mesmo no caso de dolo ou culpa grave (art. 1.229), já que ele não sofreria nenhuma consequência do próprio comportamento infiel e poderia, por fim, reter o quanto recebido sem nenhuma contraprestação. É claro que o pacto preventivo de irretroatividade da resolução, sem nenhum corretivo, se tornaria uma formidável ocasião de oportunismo bem pior do que uma condição meramente potestativa [...]" (SICCHIERO, Gianluca. La risoluzione per inadempimento, cit., p. 677. Tradução livre).

[85] Cogita-se de aplicação *analógica* em razão da possibilidade de se entender, ao menos em leitura inicial, que o artigo 424 do Código Civil se voltaria à tutela dos direitos que resultariam da execução regular do contrato, ao passo que a restituição consiste em efeito da resolução – o oposto ontológico da execução contratual. A *ratio* subjacente às hipóteses, contudo, parece ser idêntica – proteger os direitos basilares do contratante aderente –, preocupação essa que se deve concretizar tanto na fase fisiológica da relação contratual quanto na sua fase patológica. Compreende-se, nesses termos, o emprego de construção alternativa entre as aplicações *direta* e *analógica*, em todo caso a ressaltar a incidência do artigo 424 do Código Civil à hipótese.

[86] Em semelhante linha de sentido, destaca-se a necessidade de contenção de cláusulas, insertas em contratos de adesão, que estipulem "a perda das prestações pagas": "A experiência tem mostrado que o contrato de adesão, com as suas condições gerais, tem servido para muitos abusos, e se impunha regramento mais específico para excluir ou diminuir o impacto das estipulações sobre multas e outros acréscimos devidos pela mora, eleição de foro quando significa negativa de acesso à defesa em juízo, perda das prestações pagas, dificuldades para a purga da mora ou para as providências tendentes à conservação do negócio, direito de prévia interpelação, limitação de responsabilidade, imposição de mais deveres a um do que ao outro etc." (AGUIAR JÚNIOR, Ruy Rosado de. Projeto do Código Civil, cit., p. 27).

Tal conclusão decorre diretamente do artigo 184 do Código Civil, que, em concretização do princípio geral segundo o qual o acessório segue o principal (*accessorium sequitur principale*), estabelece que "[...] a invalidade da obrigação principal implica a das obrigações acessórias". Não faria sentido, de fato, cogitar da validade da cláusula de não restituir diante da invalidade do negócio jurídico que lhe serviria de fundamento. Em suma, ressalvadas as hipóteses supramencionadas e a possibilidade de violação concreta a valores fundamentais do ordenamento jurídico, parece possível reconhecer, em linha de princípio, a compatibilidade das cláusulas excludentes ou limitativas do dever de restituir com o ordenamento brasileiro.[87]

6. Conclusão

As precedentes considerações permitiram vislumbrar certas repercussões, sobre a disciplina da resolução contratual, da premissa metodológica de qualificação da obrigação restitutória à luz da vedação ao enriquecimento sem causa. Sem qualquer pretensão de esgotamento da matéria, espera-se que as precedentes observações sirvam, acima de tudo, para destacar a relevância do debate acerca das perspectivas de intervenção da autonomia privada para a definição dos contornos da obrigação restitutória. Com efeito, se é certo que a civilística ainda se ressente de maior desenvolvimento dos critérios de legitimidade das cláusulas de não restituir, é igualmente correto que a inércia em nada auxiliará no tratamento da matéria.

---

[87] A referência à possibilidade de violação concreta de valores do ordenamento se justifica em razão da proposta de ressignificação da causa de nulidade virtual de que trata o artigo 166, inciso VII, do Código Civil. Já se pôde sustentar, a propósito, a necessidade de se imprimirem "[...] novos contornos à causa virtual de nulidade prevista no art. 166, VII, do Código Civil: onde tradicionalmente se leu 'lei em sentido estrito e formal', deve-se passar a ler 'lei em sentido amplo e material', vez que traduziria nefasto contrassenso afirmar a validade de atos que, embora adequados à legalidade formal do Código Civil, não se revelassem compatíveis com a axiologia constitucional. Em suma, todo ato de autonomia privada contrário à normativa superior e fundante do sistema jurídico (a Constituição Federal) deverá ser considerado contrário à 'lei' em sentido amplo e, portanto, nulo nos termos do art. 166, VII, do Código Civil" (SOUZA, Eduardo Nunes de; SILVA, Rodrigo da Guia. Autonomia, discernimento e vulnerabilidade: estudo sobre as invalidades negociais à luz do novo sistema das incapacidades. *Civilistica.com*, a. 5, n. 1, 2016, p. 30). Para um maior desenvolvimento da proposição teórica de releitura da causa de nulidade virtual, v. SOUZA, Eduardo Nunes de. *Teoria geral das invalidades do negócio jurídico*: nulidade e anulabilidade no direito civil contemporâneo. São Paulo: Almedina, 2017, pp. 68 e ss.

7. Referências

AGUIAR JÚNIOR, Ruy Rosado de. Projeto do Código Civil: as obrigações e os contratos. *Revista dos Tribunais*, a. 89, vol. 775. São Paulo: Revista dos Tribunais, mai./2000.

ALVIM, Agostinho. *Da inexecução das obrigações e suas consequências*. 3. ed. Rio de Janeiro: Editora Jurídica e Universitária, 1965.

ALPA, Guido. *Corso di diritto contrattuale*. Padova: CEDAM, 2006.

ARGIROFFI, Carlo. *Caducazione del contratto ad effetti reali*. Napoli: Edizioni Scientifiche Italiane, 1984.

ASSIS, Araken de. *Resolução do contrato por inadimplemento*. 5. ed. São Paulo: Revista dos Tribunais, 2013.

BARASSI, Lodovico. *La teoria generale delle obbligazioni*, vol. III. Milano: Giuffrè, 1964.

BELFIORE, Angelo. Risoluzione per inadempimento e obbligazioni restitutorie. In: *Studi in onore di Giuseppe Auletta*, vol. II. Milano: Giuffrè, 1988.

BELLING, Detlev W. European Trends in the Law on Unjustified Enrichment – from the German Perspective. *Korea University Law Review*, vol. 13, 2013.

BENABENT, Alain. *Droit des obligations*. Paris: LGDJ, 2016.

BENJAMIN, Antonio Herman V.; MARQUES, Claudia Lima; BESSA, Leonardo Roscoe. *Manual de direito do consumidor*. 7. ed. São Paulo: Revista dos Tribunais, 2016.

BESSONE, Darcy. *Do contrato*: teoria geral. São Paulo: Saraiva, 1997.

BIAZI, Chiara Antonia Sofia Mafrica. A importância de Hugo Grócio para o Direito. *Cadernos do Programa de Pós-Graduação em Direito PPGDir./UFRGS*, vol. XI, n. 2, 2016.

BODIN DE MORAES, Maria Celina. A constitucionalização do direito civil e seus efeitos sobre a responsabilidade civil. *Na medida da pessoa humana*: estudos de direito civil-constitucional. Rio de Janeiro: Renovar, 2010.

BOUCARD, Hélène. le nouveau régime de l'inexécution contractuelle. In: SCHULZE, Reiner; WICKER, Guillaume; MÄSCH, Gerald; MAZEAUD, Denis (Coord.). *La réforme du droit des obligations en France*: 5e Journées Franco-Allemandes. Paris: Société de Législation Comparée, 2015.

BRECCIA, Umberto. Le obbligazioni. In: IUDICA, Giovanni; ZATTI, Paolo. *Trattato di diritto privato*. Milano: Giuffrè, 1991.

BURZIO, Cesare. Il campo di applicazione dell'"actio de in rem verso" nel diritto civile italiano. *Annali della Giurisprudenza Italiana*, vol. 49, parte 4, 1897.

CABRILLAC, Rémy. *Droit des obligations*. 12. ed. Paris: Dalloz, 2016.

CARBONNIER, Jean. *Droit civil*, vol. II. Paris: PUF, 2004.

CARRESI, Franco. Il contratto. In: MENGONI, Luigi (Coord.). *Trattato di diritto civile e commerciale*, vol. XXI, t. 2. Milano: Giuffrè, 1997.

COELHO, Francisco Manuel Pereira. *O enriquecimento e o dano*. Coimbra: Almedina, 1970.

CORDEIRO, António Manuel da Rocha e Menezes. *Da boa fé no direito civil*. Coimbra: Almedina, 2007.

_____. *Tratado de direito civil português*, vol. I, t. IV. Coimbra: Almedina, 2010.

_____. *Tratado de direito civil português*, vol. II, t. III. Coimbra: Almedina, 2010.

_____. *Tratado de direito civil português*, vol. II, t. IV. Coimbra: Almedina, 2010.

D'ADDA, Alessandro. Gli obblighi conseguenti alla pronuncia di risoluzione del contratto per inadempimento tra restituzioni e risarcimento. *Rivista di Diritto Civile*, II, 2000.

DIAS, Eduardo Rocha; FORTES, Gabriel Barroso. Responsabilidade civil, danos extrapatrimoniais e enriquecimento ilícito nas relações de consumo: uma análise crítica da jurisprudência do STJ. *Revista de Direito do Consumidor*, vol. 104. São Paulo: Revista dos Tribunais, mar.-abr./2016.

DIAS, José de Aguiar. *Cláusula de não-indenizar*: chamada cláusula de irresponsabilidade. 3. ed. Rio de Janeiro: Forense, 1976.

ESPÍNOLA, Eduardo. *Garantia e extinção das obrigações*: obrigações solidárias e indivisíveis. Atual. Francisco José Galvão Bruno. Campinas: Bookseller, 2005.

FABRE-MAGNAN, Muriel. *Droit des obligations*, vol. 1. 3. ed. Paris: PUF, 2012.

GALLO, Paolo. Arricchimento senza causa e quasi contratti (i rimedi restitutori). 2. ed. In: SACCO, Rodolfo (*a cura di*). *Trattato di diritto civile*. Torino: UTET, 2008.

GENICON, Thomas. "Résolution" et "résiliation" dans le projet d'ordonnance portant réforme du droit des contrats. *JCP G Semaine Juridique*, 2015.

GIGLIO, Francesco. *The Foundations of Restitution for Wrongs*. Oxford: Hart Publishing, 2007.

GOMES, Júlio Manuel Vieira. *O conceito de enriquecimento, o enriquecimento forçado e os vários paradigmas do enriquecimento sem causa*. Porto: Universidade Católica Portuguesa, 1998.

GOMES, Orlando. *Contratos*. 26. ed. Atual. Antonio Junqueira de Azevedo e Francisco Paulo De Crescenzo Marino. Rio de Janeiro: Forense, 2007.

_____. *Obrigações*. 4. ed. Rio de Janeiro: Forense, 1976.

GRANDON, Javier Barrientos. La actio de in rem verso en la literatura jurídica francesa. De Pothier a l'Arrêt Boudier. *Revista de Historia del Derecho Privado*, n. III, 2000.

GUEDES, Gisela Sampaio da Cruz. *Lucros cessantes*: do bom-senso ao postulado normativo da razoabilidade. São Paulo: Revista dos Tribunais, 2011.

KONDER, Carlos Nelson. Enriquecimento sem causa e pagamento indevido. In: TEPEDINO, Gustavo (Coord.). *Obrigações*: estudos na perspectiva civil-constitucional. Rio de Janeiro: Renovar, 2005.

LAGOS, Rafael Núñez. *El enriquecimiento sin causa en el derecho español*. Madrid: Reus, 1934.

LARENZ, Karl. *Derecho de obligaciones*, t. I. Trad. Jaime Santos Briz. Madrid: Editorial Revista de Derecho Privado, 1958.

LARROUMET, Christian; BROS, Sarah. *Traité de droit civil*, t. 3. Paris: Economica, 2016.

LEITÃO, Luís Manuel Teles de Menezes. *Direito das obrigações*, vol. II. 7. ed. Coimbra: Almedina, 2010.

_____. *O enriquecimento sem causa no direito civil*: estudo dogmático sobre a viabilidade da configuração unitária do instituto, face à contraposição entre as diferentes categorias de enriquecimento sem causa. Lisboa: Centro de Estudos Fiscais, 1996.

MALAURIE, Philippe; AYNÉS, Laurent; STOFFEL-MUNCK, Philippe. *Droit des obligations*. 7. ed. Paris: LGDJ, 2015.

MARQUES, Claudia Lima. *Contratos no Código de Defesa do Consumidor*: o novo regime das relações contratuais. 6. ed. São Paulo: Revista dos Tribunais, 2011.

MARQUES, Claudia Lima; BENJAMIN, Antonio Herman V.; MIRAGEM, Bruno. *Comentários ao Código de Defesa do Consumidor*. 5. ed. São Paulo: Revista dos Tribunais, 2016.

MARTINS-COSTA, Judith. Prefácio a SANSEVERINO, Paulo de Tarso Vieira. *Princípio da reparação integral*: indenização no Código Civil. São Paulo: Saraiva, 2010.
MAZEAUD, Henri; MAZEAUD, Léon; MAZEAUD, Jean; CHABAS, François. *Leçons de droit civil*, t. II, vol. 1er. Paris: Montchrestien, 1985.
MICHELON JR. Cláudio. *Direito restituitório*: enriquecimento sem causa, pagamento indevido, gestão de negócios. São Paulo: Revista dos Tribunais, 2007.
MIRAGEM, Bruno. *Curso de direito do consumidor*. 6. ed. São Paulo: Revista dos Tribunais, 2016.
____. *Direito civil*: direito das obrigações. São Paulo: Saraiva, 2017.
____. Pretensão de repetição de indébito do consumidor e sua inserção nas categorias gerais do direito privado: comentário à Súmula 322 do STJ. *Revista de Direito do Consumidor*, vol. 79. São Paulo: Revista dos Tribunais, jul.-set./2011.
MIRANDA, Francisco Cavalcanti Pontes de. *Tratado de direito privado*, t. XXXVIII. Atual. Claudia Lima Marques e Bruno Miragem. São Paulo: Revista dos Tribunais, 2012.
MONTEIRO, António Pinto. *Cláusulas limitativas e de exclusão de responsabilidade civil*. 2. reimpr. Coimbra: Almedina, 2011.
MOSCATI, Enrico. *Studi sull'indebito e sull'arricchimento senza causa*. Padova: CEDAM, 2012.
MOSCO, Luigi. *La resolución de los contratos por incumplimiento*. Trad. La Redacción. Barcelona: Dux, 1955.
NANNI, Giovanni Ettore. *Enriquecimento sem causa*. 2. ed. São Paulo: Saraiva, 2010.
____. Promessa de fato de terceiro. Coligação contratual e extinção do contrato pela frustração de seu fim. *Revista de Direito Civil Contemporâneo*, vol. 9. São Paulo: Revista dos Tribunais, out.-dez./2016.
NORONHA, Fernando. *Direito das obrigações*. 4. ed. São Paulo: Saraiva, 2013.
____. Enriquecimento sem causa. *Revista de Direito Civil, Imobiliário, Agrário e Empresarial*, vol. 56, abr.-jun./1991, pp. 51-78.
NUNES, Rizzatto. *Curso de direito do consumidor*. 10. ed. São Paulo: Saraiva, 2015.
OLIVEIRA, James Eduardo. *Código de Defesa do Consumidor*. 6. ed. São Paulo: Atlas, 2015.
OLIVEIRA, Nuno Manuel Pinto. *Cláusulas acessórias ao contrato*: cláusulas de exclusão e de limitação do dever de indemnizar e cláusulas penais. 3. ed. Coimbra: Almedina, 2008.
PARDOLESI, Paolo. Rimedi che non rimediano e alternative risarcitorie: il disgorgement dei profitti da inadempimento. *Rivista Critica del Diritto Privato*, a. XXV, n. 3, set./2007.
PEREIRA, Caio Mário da Silva. *Instituições de direito civil*, vol. III. 19. ed. Atual. Caitlin Mulholland. Rio de Janeiro: Forense, 2015.
PERES, Fábio Henrique. *Cláusulas contratuais excludentes e limitativas do dever de indenizar*. São Paulo: Quartier Latin, 2009.
PERLINGIERI, Pietro. *O direito civil na legalidade constitucional*. Trad. Maria Cristina De Cicco. Rio de Janeiro: Renovar, 2008.
PINTO, Paulo Mota. *Interesse contratual negativo e interesse contratual positivo*, vol. II. Coimbra: Coimbra Editora, 2008.
REALMONTE, Francesco. Eccezione di inadempimento [verbete]. *Enciclopedia del diritto*, vol. XIV. Milano: Giuffrè, 1958.
ROPPO, Vincenzo (*a cura di*). Rimedi – 2. In: ROPPO, Vincenzo. *Trattato del contratto*, vol. V. Milano: Giuffrè, 2006.

SALLES, Raquel Bellini de Oliveira. *A autotutela pelo inadimplemento nas relações contratuais*. Tese de doutoramento apresentada à Faculdade de Direito da Universidade do Estado do Rio de Janeiro. Rio de Janeiro, 2011.

SANTOS, J. M. de Carvalho. *Código Civil brasileiro interpretado principalmente no ponto de vista prático*, vol. XII. 3. ed. Rio de Janeiro: Freitas Bastos, 1945.

____. *Código Civil brasileiro interpretado principalmente do ponto de vista prático*, vol. XV. 11. ed. Rio de Janeiro: Freitas Bastos, 1986.

SAVI, Sérgio. *Responsabilidade civil e enriquecimento sem causa*: o lucro da intervenção. São Paulo: Atlas, 2012.

SCHREIBER, Anderson. A tríplice transformação do adimplemento (adimplemento substancial, inadimplemento antecipado e outras figuras). *Direito civil e Constituição*. São Paulo: Atlas, 2013.

SICCHIERO, Gianluca. La risoluzione per inadempimento: artt. 1453-1459. In: BUSNELLI, Francesco D. (Coord.). *Il Codice Civile*: commentario. Milano: Giuffrè, 2007.

SILVA, Clóvis Veríssimo do Couto e. *A obrigação como processo*. São Paulo: Bushatsky, 1976.

SILVA, Rodrigo da Guia. Em busca do conceito contemporâneo de (in)adimplemento contratual: análise funcional à luz da boa-fé objetiva. *Revista da AGU*, v. 16, n. 2, abr.-jun./2017.

____. *Enriquecimento sem causa*: as obrigações restitutórias no direito civil. São Paulo: Thomson Reuters, 2018.

____. Notas sobre o cabimento do direito de retenção: desafios da autotutela no direito privado. *Civilistica.com*, a. 6, n. 2. Rio de Janeiro: jul.-dez./2017.

____. Novas perspectivas da exceção de contrato não cumprido: repercussões da boa-fé objetiva sobre o sinalagma contratual. *Revista de Direito Privado*, a. 18, v. 78. São Paulo: Revista dos Tribunais, jun./2017.

SIMLER, Philippe. *Commentaire de la réforme du droit des contrats et des obligations*. Paris: LexiNexis, 2016.

SIRENA, Pietro. In: LIPARI, Nicolò; RESCIGNO, Pietro (Org.). *Diritto civile*, vol. III: obbligazioni, t. I: il rapporto obbligatorio. Milano: Giuffrè, 2009.

SOUZA, Eduardo Nunes de. *Teoria geral das invalidades do negócio jurídico*: nulidade e anulabilidade no direito civil contemporâneo. São Paulo: Almedina, 2017.

SOUZA, Eduardo Nunes de; SILVA, Rodrigo da Guia. Autonomia, discernimento e vulnerabilidade: estudo sobre as invalidades negociais à luz do novo sistema das incapacidades. *Civilistica.com*, a. 5, n. 1, 2016.

TEPEDINO, Gustavo; BARBOZA, Heloisa Helena; BODIN DE MORAES, Maria Celina et alii. *Código Civil interpretado conforma a Constituição da República*, vol. II. 2. ed. Rio de Janeiro: Renovar, 2012.

TEPEDINO, Gustavo; SCHREIBER, Anderson; FRADERA, Vera. La rupture du contrat: rapport brésilien. *Le contrat*: travaux de l'Association Henri Capitant des Amis de la Culture Juridique Française. Paris: Société de Législation Comparée, 2005.

TERRA, Aline de Miranda Valverde. *Cláusula resolutiva expressa*. Belo Horizonte: Fórum, 2017.

TERRA, Aline de Miranda Valverde; GUEDES, Gisela Sampaio da Cruz. Considerações acerca da exclusão do lucro ilícito do patrimônio do agente ofensor. *Revista da Faculdade de Direito da UERJ*, n. 28. Rio de Janeiro: UERJ, dez./2015.

TERRÉ, François; SIMLER, Philippe; LEQUETTE, Yves. *Droit civil*: les obligations. 11. ed. Paris: Dalloz, 2013.

TRIMARCHI, Pietro. *Il contratto*: inadempimento e rimedi. Milano: Giuffrè, 2010.

VARELA, João de Matos Antunes. *Das obrigações em geral*, vol. II. 7. ed. 5. reimpr. Coimbra: Almedina, 2010.

Apêndice

20. Tópicos Especiais de Direito Civil: Controvérsias Atuais em Responsabilidade Civil (programa do curso)

Programa de Pós-Graduação em Direito da UERJ

Mestrado e Doutorado em Direito Civil

Semestre letivo: 2017.1

I. Horário: Quintas-feiras, das 9h às 12h.
II. Carga horária: 1 encontro semanal, em um total de 15 encontros.
III. Frequência: O aluno deve ter frequência igual ou superior a 80% das aulas, sob pena de reprovação.
IV. Avaliação: Serão avaliadas a participação nas aulas, a apresentação de seminário e a elaboração do trabalho de conclusão da disciplina, a ser entregue na Secretaria no prazo determinado pelo PPGD. O trabalho final, em formato de artigo doutrinário, deverá apresentar de 20 a 35 laudas.
V. Objetivos do curso: i) Familiarizar o aluno com a abordagem proposta pela metodologia civil-constitucional para os conceitos fundamentais da responsabilidade civil; ii) Identificar temas atuais de responsabilidade civil a partir de publicações recentes em periódicos científicos nacionais, com particular ênfase para trabalhos de autores filiados a outras escolas hermenêuticas; iii) Problematizar esses temas e analisar a compatibilidade das abordagens estudadas com o pensamento civil-constitucional, buscando extrair resultados úteis do diálogo entre as escolas.
VI. Metodologia do curso: O curso compreenderá uma aula introdutória e será, em seguida, dividido em duas partes. Nos primeiros três encontros, os alunos deverão relatar e debater textos sobre os fundamentos da responsabilidade civil, em sua maioria filiados à metodologia civil-constitucional. Nos onze encontros seguintes, cada aluno apresentará um seminário sobre temas

atuais da responsabilidade civil, com base na bibliografia indicada e em sua pesquisa pessoal sobre o tema que lhe foi designado.

VII. Orientações sobre a relatoria de textos: Durante os primeiros encontros do curso, dois alunos serão designados para relatar as ideias de cada um dos textos indicados. É necessário identificar o pensamento dos autores estudados para, em um segundo momento, problematizar as leituras e levantar pontos para debate com a turma. A turma deve contribuir formulando questionamentos e traçando paralelos entre os textos estudados.

VIII. Orientações sobre os seminários: Na fase de apresentação de seminários, o aluno responsável pelo seminário de cada aula deve indicar para a turma, com uma semana de antecedência, texto de sua escolha relacionado ao tema, fornecendo cópia digital do mesmo. O texto pode consistir em artigo doutrinário, excerto de obra jurídica ou inteiro teor de acórdão. Todos os alunos devem ler tanto os textos indicados pelos expositores quanto aqueles registrados no plano do curso. O seminário pode ser organizado livremente pelo expositor, dando ênfase aos aspectos que julgar mais interessantes, desde que aborde todos os temas da ementa contida no plano do curso e não deixe de explorar trechos dos textos indicados. Todos os alunos devem contribuir com considerações e questionamentos ao longo do seminário. O expositor deve apresentar à turma breve roteiro impresso da exposição, acompanhado de referências bibliográficas.

Ementa e bibliografia do curso

- **Primeira aula:** Introdução

Primeiro eixo: Leituras essenciais de direito civil-constitucional em matéria de responsabilidade civil

- **Segunda aula:** Responsabilidade civil e solidarismo constitucional

Bibliografia:
i) BODIN DE MORAES, Maria Celina. A constitucionalização do direito civil e seus efeitos sobre a responsabilidade civil. *Direito, Estado e Sociedade*, vol. 9, n. 29. Rio de Janeiro: PUC-Rio, jul.-dez/2006, pp. 233-258.

ii) TEPEDINO, Gustavo. A responsabilidade civil por acidentes de consumo na ótica civil-constitucional. *Temas de direito civil*. Rio de Janeiro: Renovar, 2008, pp. 277-296.
iii) PERLINGIERI, Pietro. La responsabilità civile tra indennizzo e risarcimento. *Rassegna di diritto civile*. Napoli: ESI, vol. 4/2004, pp. 1061-1087.
iv) PERLINGIERI, Pietro. *O direito civil na legalidade constitucional*. Rio de Janeiro: Renovar, 2009, §§219-220 e 254. [Comentário do professor preparatório para a aula seguinte]

- **Terceira aula:** Do ato ilícito ao dano injusto

Bibliografia:
v) GOMES, Orlando. Tendências modernas na teoria da responsabilidade civil. In DI Francesco, José Roberto Pacheco (Org.). *Estudos em homenagem ao professor Silvio Rodrigues*. São Paulo: Saraiva, 1989, pp. 279-302.
vi) SILVA, Clóvis do Couto e. O conceito de dano no direito brasileiro e comparado. *Revista de direito civil contemporâneo*, vol. 2. São Paulo: RT, jan.-mar./2015 [1991], pp. 333-348.
vii) BODIN DE MORAES, Maria Celina. *Danos à pessoa humana*. Rio de Janeiro: Renovar, 2003. Capítulo 3, pp. 143-192.
viii) SCHREIBER, Anderson. *Novos paradigmas da responsabilidade civil*: da erosão dos filtros da reparação à diluição dos danos. São Paulo: Atlas, 2015. Capítulo 5, pp. 143-184.

- **Quarta aula:** Responsabilidade civil objetiva e teorias de causalidade

Bibliografia:
ix) RODOTÀ, Stefano. Modelli e funzioni della responsabilità civile. *Rivista critica del diritto privato*. Napoli: Jovene, vol. 3/1984, pp. 595-607.
x) BODIN DE MORAES, Maria Celina. Risco, solidariedade e responsabilidade objetiva. *Revista dos Tribunais*, a. 85, vol. 854. São Paulo: RT, dez/2006, pp. 11-37.
xi) SCHREIBER, Anderson. *Novos paradigmas da responsabilidade civil*: da erosão dos filtros da reparação à diluição dos danos. São Paulo: Atlas, 2015. Capítulo 1, pp. 9-52.
xii) CRUZ, Gisela Sampaio da. *O problema do nexo causal na responsabilidade civil*. Rio de Janeiro: Renovar, 2005. Capítulo 2 (excerto), pp. 64-154.

Segundo eixo: Controvérsias atuais em matéria de responsabilidade civil

Lista de temas para seminário (um tema por aula):

- **Tema 1: Despatrimonialização da indenização.** Propostas de substituição da indenização pecuniária por formas de reparação *in natura*. Aplicações práticas. Limites do conceito jurídico de indenização. Discussão quanto ao caráter cumulativo ou alternativo entre a indenização pecuniária e as chamadas reparações *in natura*. Compatibilidade da reparação *in natura* com o ordenamento jurídico brasileiro e discussão quanto à necessidade de previsão legal específica.

    Texto indicado: COSTA, Adriano Pessoa da; POMPEU, Gina Vidal Marcílio. Corte Interamericana de Direitos Humanos e desmonetarização da responsabilidade civil. *Civilistica.com*, a. 5, n. 2, jul.-dez./2016, pp. 1-20.

- **Tema 2: Funções da responsabilidade civil.** Os problemas da chamada função punitiva da indenização. Estudo de sua aplicação jurisprudencial e de sua viabilidade no direito brasileiro. Abordagem do tema na perspectiva civil-constitucional: correntes favorável e contrária à função punitiva. O chamado "dano moral residual". A chamada função preventiva. Aplicações práticas e distinção em relação à função punitiva. A função promocional da responsabilidade civil.

    Texto indicado: RODRIGUES, Francisco Luciano Lima; VERAS, Gésio de Lima. Dimensão funcional do dano moral no direito civil contemporâneo. *Civilistica.com*. Rio de Janeiro, a. 4, n. 2, 2015, pp. 1-24.

- **Tema 3: O princípio da reparação integral e suas mitigações.** Conceito de reparação integral e suas mitigações legalmente previstas (redução equitativa da indenização pelo julgador, fato concorrente da vítima, caso fortuito concorrente etc.). A tese da previsibilidade do dano como limite à reparação integral. O dever de mitigar o próprio dano (*duty to mitigate the loss*), sua influência sobre o *quantum* indenizatório e sua associação com a boa-fé objetiva.

    Textos indicados: ANDRADE, Fábio Siebeneichler de; RUAS, Celiana Diehl. Mitigação de prejuízo no direito brasileiro: entre concretização do princípio da boa-fé e consequência dos pressupostos da responsabilidade contratual. *Revista de Direito Civil Contemporâneo*, vol. 7. São Paulo: RT, abr.-jun./2016, pp. 119-146; TESCARO, Mauro. A previsibilidade do dano segundo a Convenção de Viena (e não somente?). Trad. Naiara Posenato. *Revista de Direito Civil Contemporâneo*, vol. 6. São Paulo: RT, jan.-mar./2016, pp. 197-224.

- **Tema 4: O dano como requisito da responsabilidade civil.** A chamada responsabilidade civil sem dano. Análise de sua admissibilidade no direito civil brasileiro. A exigência de certeza do dano encontra-se superada? A chamada função preventiva da reparação civil. Identificação de suas áreas mais frequentes de aplicação. O problema da prova do dano moral. A chamada verificação "*in re ipsa*" do dano moral e a consequente noção de "dano moral presumido".
  Texto indicado: ALBUQUERQUE JÚNIOR, Roberto Paulino de. Notas sobre a teoria da responsabilidade civil sem dano. *Revista de Direito Civil Contemporâneo*, vol. 6. São Paulo: RT, jan.-mar./2016, pp. 89-103.

- **Tema 5: As fronteiras objetivas e subjetivas do dano moral.** Indenizabilidade do chamado dano existencial ou dano ao projeto de vida. Indenizabilidade do chamado dano por perda do tempo útil ou produtivo. Discussão quanto à indenizabilidade do chamado dano social ou dano moral coletivo no direito brasileiro. Discussão quanto à possibilidade de dano moral contra a pessoa jurídica e natureza jurídica do dano institucional.
  Textos indicados: ALMEIDA FILHO, Carlos Alberto Souza de. Breves linhas sobre parametrização do cômputo da reparação por dano social. *Revista de Direito Privado*, vol. 70. São Paulo: RT, out./2016, pp. 173-188; SOBREIRA, Marcelo José de Araújo Bichara. Responsabilidade civil por dano existencial: uma violação à autonomia privada. *Revista de Direito Privado*, vol. 72. São Paulo: RT, dez./2016, pp. 51-71.

- **Tema 6: O dano pela perda de uma chance.** A figura da perda de uma chance. Origem e delimitação conceitual. Viabilidade de sua adoção pelo ordenamento brasileiro. Distinção em relação ao dano hipotético. Natureza jurídica do dano decorrente da perda de uma chance: moral ou material, dano emergente ou lucro cessante. Perda de uma chance de evitar prejuízo (o exemplo das profissões liberais: advogado e médico) e a discussão sobre sua indenizabilidade.
  Texto indicado: EHRHARDT JÚNIOR, Marcos; PORTO, Uly de Carvalho Rocha. A reparação das chances perdidas e seu tratamento no direito brasileiro. *Civilistica.com*, a. 5, n. 1, 2016, pp. 1-23.

- **Tema 7: O enfraquecimento dogmático do nexo causal.** Nexo causal *versus* o chamado nexo de imputação: figuras distintas? Delimitação conceitual e estudo da viabilidade no direito brasileiro de figuras como: nexo causal presumido, nexo de imputação sem causalidade, causalidade alternativa ou disjuntiva. A causalidade virtual e sua relevância para a identificação e a quantificação do dever de indenizar.
    Textos indicados: PASQUALOTTO, Adalberto. Causalidade e imputação na responsabilidade civil objetiva: uma reflexão sobre os assaltos em estacionamentos. *Revista de Direito Civil Contemporâneo*, vol. 7. São Paulo: RT, abr.-jun./2016, pp. 185-206; FROTA, Pablo Malheiros da Cunha. Eficácia causal virtual e a causalidade disjuntiva como fatores de erosão das teorias de nexo causal nas relações civis e de consumo. *Revista de Direito do Consumidor*, vol. 93. São Paulo: RT, mai.-jun./2014, pp. 101-128.

- **Tema 8: Probabilidade e nexo causal.** A noção de necessariedade na caracterização do nexo causal: subversão da teoria da causa direta e imediata? Causalidade direta e imediata e sua compatibilidade com o juízo de probabilidade. Delimitação conceitual e estudo da viabilidade no direito brasileiro do chamado nexo causal probabilístico. Limites do recurso ao raciocínio probabilístico e estatístico para caracterização do nexo causal.
    Textos indicados: FACCHINI NETO, Eugênio. A relativização do nexo de causalidade e a responsabilização da indústria do fumo: a aceitação da lógica da probabilidade. *Civilistica.com*, a. 5, n. 1, jan.-jun./2016, pp. 1-41; RODRIGUES JUNIOR, Otavio Luiz. Nexo causal probabilístico: elementos para a crítica de um conceito. *Revista de Direito Civil Contemporâneo*, vol. 8. São Paulo: RT, jul.-set./2016, pp. 115-137.

- **Tema 9: Tutela de dados pessoais na internet e responsabilidade civil.** Sistema de proteção dos dados pessoais no ambiente virtual. Código de Defesa do Consumidor. Marco Civil da Internet. Lei do Cadastro Positivo. Práticas potencialmente lesivas e parâmetros para a identificação de danos injustos delas decorrentes: *data mining, scoring, profiling, cookies* etc. Regime de responsabilidade de provedores e bancos de dados. Exemplos de afastamento do dever de indenizar por interrupção do nexo causal ou por força de termos de uso.

Texto indicado: SARTORI, Ellen Carina Mattias. Privacidade e dados pessoais: a proteção contratual da personalidade do consumidor na internet. *Revista de Direito Civil Contemporâneo*, vol. 9. São Paulo: RT, out.-dez./2016, pp. 49-104.

- **Tema 10: Controvérsias sobre responsabilidade civil no direito do consumidor.** Discussão quanto à indenizabilidade do chamado risco do desenvolvimento. Qualificação da hipótese prevista pelo art. 931 do CC e discussão sobre a aplicabilidade do dispositivo às relações de consumo. O dever de indenizar no âmbito da chamada responsabilidade civil pós-consumo: limites e possibilidades.

    Textos indicados: KROETZ, Maria Cândida. Um Prometeu "pós"-moderno? sobre desenvolvimento, riscos e a responsabilidade civil nas relações de consumo. *Revista Brasileira de Direito Civil*, vol. 9, jul.-set./2016, pp. 81-101; MOREIRA, Danielle de Andrade. Responsabilidade ambiental pós-consumo à luz do Código de Defesa do Consumidor: possibilidades e limitações. *Civilistica.com*, a. 4, n. 2, 2015, pp. 1-30.

- **Tema 11: Responsabilidade civil e o princípio da solidariedade familiar.** Os limites do dano por abandono moral: discussão de seu cabimento em relação a parentes de segundo ou terceiro grau. O chamado abandono afetivo inverso (de pais idosos pelos filhos). A responsabilidade indireta dos pais pelos danos causados pelo menor e a responsabilidade do próprio agente menor. O art. 928 do Código Civil e seus impactos sobre a solidariedade familiar.

    Texto indicado: SIMÕES FILHO, Celso Luiz. A reparação civil do dano causado por menores. *Revista de Direito Privado*, vol. 71. São Paulo: RT, nov./2016, pp. 225-278.

21. Grupo de Pesquisa Institucional: Novos problemas de responsabilidade civil (programa do curso)

Programa de Pós-Graduação em Direito da UERJ

Mestrado e Doutorado em Direito Civil

Semestre letivo: 2017.2

I. Horário: Sextas-feiras, das 9h às 12h.
II. Carga horária: 6 encontros ao longo do semestre em datas pré-estabelecidas.
III. Frequência: O aluno deve ter frequência igual ou superior a 80% das aulas, sob pena de reprovação.
IV. Avaliação: Serão avaliadas a participação nas aulas, a apresentação de seminário e a elaboração do trabalho de conclusão da disciplina, a ser entregue no prazo determinado pelo PPGD. O trabalho final pode adotar dois formatos diferentes, à escolha do aluno:
  i) artigo doutrinário de 20 a 35 laudas (destinado a compor obra coletiva);
  ii) comentário de jurisprudência de, no mínimo, 10 laudas (formato *Civilistica.com*).

V. Objetivo geral do curso: O curso se propõe a dar continuidade às discussões iniciadas na disciplina "Controvérsias atuais em responsabilidade civil", oferecida no semestre letivo anterior, desta vez abordando temas de responsabilidade civil que podem se beneficiar de uma sistematização oferecida pelo direito civil-constitucional.

VI. Objetivos específicos do curso: i) Enfrentar novas discussões em matéria de responsabilidade civil que não tenham sido objeto de aprofundamento na disciplina anterior; ii) Identificar, por meio do estudo dessas discussões, de que modo a abordagem sistemática ínsita à metodologia civil-constitucional pode contribuir para sua adequada qualificação e disciplina jurídica.

VII. Metodologia geral do curso: O curso compreenderá uma parte inicial de relatoria de textos e uma segunda parte de apresentação de seminários sobre as temáticas propostas.

VIII. Sistemática da relatoria de textos: Dois alunos serão designados para relatar os textos indicados. É necessário identificar o pensamento dos autores estudados para, em um segundo momento, problematizar as leituras e levantar pontos para debate com a turma. A turma deve contribuir formulando questionamentos e traçando paralelos entre os textos estudados.

IX. Textos dos seminários: Os textos indicados no programa estarão disponíveis na pasta da turma. O aluno responsável por cada seminário deve indicar para a turma, com uma semana de antecedência, texto de sua escolha relacionado ao tema, inserindo cópia digital na mesma pasta. O texto pode consistir em artigo doutrinário, excerto de obra jurídica ou inteiro teor de acórdão. Após a apresentação, também a versão digital do roteiro do seminário deve ser salva na pasta da turma.

X. Sistemática da apresentação de seminários: Todos os alunos devem ler tanto os textos indicados pelos expositores quanto aqueles registrados no plano do curso. O seminário deve abordar os temas da ementa contida no plano do curso e, ainda, outros aspectos que o expositor considere interessantes sobre o tema escolhido. Todos os alunos devem contribuir com considerações e questionamentos ao longo do seminário. O expositor deve apresentar à turma roteiro da exposição (tanto em via impressa quanto em versão digital PDF), acompanhado de referências bibliográficas.

Ementa e bibliografia do curso:

Relatoria de textos: Os "novos" problemas da responsabilidade civil, anteriores à virada do século

Lista de textos (primeira aula):
i) NORONHA, Fernando. Desenvolvimentos contemporâneos da responsabilidade civil. *Sequência*, vol. 19. Florianópolis: UFSC, 1998; BECK, Ulrich. *La sociedad del riesgo global*. Madrid: Siglo XXI, 1999, pp. 113-121.
ii) DÍEZ-PICAZO, Luis. *Derecho de daños*. Madrid: Civitas, 1999, pp. 219-244.

Seminários: Questões de responsabilidade civil à espera de um tratamento sistemático

Lista de temas (dois temas por aula, a partir da segunda aula):

- **Tema 1: Responsabilidade contratual e extracontratual.** Subsistência e relevância da distinção. Dúvida sobre a unidade ou dualidade da responsabilidade civil no sistema brasileiro. Requisitos de configuração e diferença de regime do dano contratual e aquiliano. Prazo prescricional da pretensão indenizatória.
  Texto indicado: BARBOSA, Mafalda Miranda. Modelos de responsabilidade civil extracontratual. *Revista dos Tribunais*, vol. 977. São Paulo: Revista dos Tribunais, mar./2017.

- **Tema 2: Responsabilidade pós-contratual.** Indenizabilidade do dano pós-contratual e seu fundamento. Aplicação do princípio da boa-fé objetiva? Fonte contratual? Natureza contratual ou aquiliana da responsabilidade. Controvérsia sobre a possibilidade de reparação do dano pós-contratual pelo interesse negativo e pelo interesse positivo.
  Texto indicado: CORDEIRO, António Menezes. A pós-eficácia das obrigações. *Estudos de direito civil*. Volume I. Coimbra: Almedina, 1994.

- **Tema 3: Cláusulas limitativas e excludentes do dever de indenizar.** Hipóteses de invalidade de cláusulas limitativas e excludentes do dever de indenizar e seus fundamentos. A cláusula penal compensatória como cláusula limitativa de indenizar. Influência da cláusula penal compensatória sobre eventuais danos morais decorrentes do inadimplemento.
  Texto indicado: AZEVEDO, Antonio Junqueira de. Cláusula cruzada de não indenizar (*cross-waiver of liability*), ou cláusula de não indenizar com eficácia para ambos os contratantes; renúncia ao direito de indenização; promessa de fato de terceiro; estipulação em favor de terceiro. *Revista dos Tribunais*, vol. 769. São Paulo: Revista dos Tribunais, 1999.

- **Tema 4: Controvérsias em matéria de perdas e danos contratuais.** i) Juros de mora, arras e cláusula penal moratória: eventual função indenizatória e possibilidade de cumulação com perdas e danos contratuais. ii) Danos *circa rem* e *extra rem*: natureza contratual ou extracontratual e relevância atual dessa classificação.

Texto indicado: KONDER, Carlos Nelson. Arras e cláusula penal nos contratos imobiliários. *Revista dos Tribunais*, vol. 4-5/2014. São Paulo: Revista dos Tribunais, 2014.

- **Tema 5: Responsabilidade civil do transportador.** i) A responsabilidade agravada do transportador e o art. 735 do Código Civil: fundamentos valorativos e requisitos de aferição da relevância da culpa de terceiro; ii) Transporte aéreo internacional: resgate da Convenção de Montreal pelo STF e compatibilidade do dano tarifado com o sistema brasileiro.
  Texto indicado: ROLAND, Beatriz da Silva. O diálogo das fontes no transporte aéreo internacional de passageiros: ponderações sobre a aplicabilidade da Convenção de Montreal e/ou do CDC. *Revista de Direito do Consumidor*, vol. 90. São Paulo: Revista dos Tribunais, mai.-jun./2015.

- **Tema 6: Fortuito interno e externo e sua relação com a culpa do agente.** Conceito de fortuito interno e fortuito externo. Critérios para sua distinção em concreto. (In)aplicabilidade da distinção na responsabilidade subjetiva. A aferição de padrões de diligência para se identificar o fortuito interno e sua compatibilidade com um regime de responsabilidade objetiva.
  Texto indicado: FRAZÃO, Ana. Risco da empresa e caso fortuito externo. *Civilistica.com*. Rio de Janeiro, a. 5, n. 1, 2016.

- **Tema 7: Responsabilidade civil nas relações de propriedade e vizinhança.** i) Natureza subjetiva ou objetiva da responsabilidade do proprietário ou do possuidor nos conflitos de vizinhança. ii) Natureza subjetiva ou objetiva da responsabilidade pela ruína de edifício (art. 937 do Código Civil) e imputação do dever de indenizar (ao proprietário e/ou ao possuidor?).
  Texto indicado: CAMBLER, Everaldo Augusto; LUPO, Andrea. O ilícito e a interferência prejudicial: possibilidade de sobreposição e não necessidade de coexistência para configuração do uso anormal da propriedade. *Civilistica.com*. Rio de Janeiro, a. 6, n. 1, 2017.

- **Tema 8: Responsabilidade civil pelo fato e pelo vício dos produtos e serviços.** A figura do fato do produto ou do serviço e sua natureza: novo requisito para o surgimento do dever de indenizar? Pode o dever de indenizar decorrer de vício do produto ou do serviço? Pode uma mesma situação consistir em fato e vício? Quais são os prazos prescricionais aplicáveis?

Texto indicado: Assunção Sobrinho, Marcelo Tadeu de; Santana, Héctor Valverde. Simetrias e assimetrias entre fato e vício do produto/serviço: repercussão doutrinária e jurisprudencial. *Revista de Direito do Consumidor*, vol. 109. São Paulo: Revista dos Tribunais, jan.-fev./2017.

- **Tema 9: O dano continuado ou permanente.** Conceito e relevância da classificação. Distinção quanto ao dano futuro. Critérios para identificação. Termo inicial da prescrição da pretensão indenizatória. A ciência da extensão do dano é um requisito para o exercício da pretensão indenizatória? A chamada imprescritibilidade do dano moral.

    Texto indicado: Guedes, Gisela Sampaio da Cruz; Lgow, Carla Wainer Chalréo. Prescrição extintiva: questões controversas. *Revista do Instituto do Direito Brasileiro*, ano 3, número 3, 2014.